新譯漢書(十)傳㈥

吳榮曾 劉華祝 等注譯

三民書局印行

國家圖書館出版品預行編目資料

新譯漢書(十)傳㈥ / 吳榮曾,劉華祝等注譯.——初
版一刷.——臺北市: 三民, 2013
面； 公分.——(古籍今注新譯叢書)

ISBN 978-957-14-5657-7 (平裝)

1.漢書 2.注釋

622.101 101003246

© 新譯漢書(十)傳㈥

注譯者	吳榮曾 劉華祝等
責任編輯	三民古籍編輯小組
美術設計	陳宛琳
發行人	劉振強
著作財產權人	三民書局股份有限公司
發行所	三民書局股份有限公司
	地址 臺北市復興北路386號
	電話 (02)25006600
	郵撥帳號 0009998-5
門市部	(復北店) 臺北市復興北路386號
	(重南店) 臺北市重慶南路一段61號
出版日期	初版一刷 2013年6月
編號	S 033580

行政院新聞局登記證局版臺業字第〇二〇〇號

ISBN 978-957-14-5657-7 (平裝)

http://www.sanmin.com.tw 三民網路書店

新譯漢書　目次

第十冊

卷九十五

西南夷兩粵朝鮮傳第六十五

【題解】本傳敘述西南夷、兩粵、朝鮮的歷史，以及他們與漢朝的關係。西南夷是指古代西南方各族或各部落，分布於今雲南、貴州及四川西南部，漢武帝時設置郡縣。兩粵，指南粵和東粵。南粵處於今兩廣及越南等地區，其秦漢之際的政權，為漢族人趙佗所建，傳五世九十餘年，至武帝時為郡縣。東粵（又稱閩粵）處於今福建及浙江東部。漢初封越王句踐的後嗣無諸為閩粵王（即東粵王），封越王句踐的後嗣搖為東海王，兩王國至武帝時內附，為郡縣。朝鮮，分布於東北部分地區及朝鮮半島，武帝時設置郡縣。

西漢是中國發展成為多民族統一國家歷史進程中的一個關鍵時期。司馬遷撰寫《史記》時已注意於此，他在《史記》中分立〈南粵〉、〈東粵〉、〈朝鮮〉、〈西南夷〉四傳，詳記漢與這些民族的關係，以及漢在這些民族所在地區設置郡縣的情況，反映出多民族統一的歷史趨勢。班固《漢書》取其成果，合併諸傳為一傳，又補其遺漏，續其後事，以合傳形式寫成較為詳細的〈西南夷兩粵朝鮮傳〉，把西漢時期促進多民族統一的歷史過程作了概括集中的表述。

1 南夷君長以十數❶，夜郎❷最大。其西，靡莫之屬❸以十數，滇❹最大。自滇以北，君長以十數，邛都[5]最大。此皆椎結[6]，耕田，有邑聚[7]。其外，西自桐師[8]以東，北至葉榆[9]，名為嶲、昆明[10]，編髮[11]，隨畜移徙，亡常處[12]，亡君長，地方可[13]數千里。自嶲以東北，君長以十數，徙、莋都[14]最大。自莋[15]以東北，君長以十數，冉駹[16]最大。其俗，或土著[17]，或移徙，在蜀[18]之西。自駹[19]以東北，君長以十數，白馬[20]最大，皆氐類[21]也。此皆巴[22]蜀西南外蠻[23]夷也。

2 始[24]楚威王[25]時，使將軍莊蹻將兵循江上[26]，略巴、黔中[27]以西。莊蹻者，楚莊王苗裔[28]也。蹻至滇池[29]，方三百里，旁[30]平地肥饒數千里，以兵威定屬楚[31]。欲歸報[32]，會秦擊奪楚巴、黔中郡[33]，道塞[34]不通，因迺以其眾王滇[35]，變服[36]，從其俗[37]，以長之[38]。秦時嘗破[39]，略通五尺道[40]，諸此國頗置吏焉[41]。十餘歲[42]，秦滅。及漢興[43]，皆棄此國而關蜀故徼[44]。巴蜀民或竊出商賈[45]，取其莋馬、僰僮、旄牛[46]，以此巴蜀殷富[47]。

3 建元六年[48]，大行王恢擊東粵[49]，東粵殺王郢以報[50]。恢因兵威使番陽令唐蒙風曉南粵[51]。南粵食蒙蜀枸醬[52]，蒙問所從來[53]，曰：「道西北牂柯江，江廣數里，出番禺城下[54]。」蒙歸至長安[55]，問蜀賈人，獨蜀出[56]枸醬，多持竊出市夜郎[57]。夜郎者，臨牂柯江，江廣百餘步[58]，足以行船。南粵以財物役屬[59]夜郎，西至桐師，然亦不能臣使[60]也。蒙迺上書說[61]上曰：「南粵王黃屋左纛[62]，地東西萬餘里，名為外臣，實一州主[63]。今以長沙、豫章往[64]，水道多絕[65]，難行。竊聞夜郎所有精兵可得十萬[66]，浮船牂柯[67]，出不意[68]，此制粵一奇[69]也。誠以漢之強，巴蜀之饒[70]，通夜郎道，為置吏，甚易。」上許[71]之。乃拜蒙以郎中將[72]，將千人，食重[73]萬餘人，從巴苻關入[74]，遂見夜郎侯多同[75]。厚賜，諭以威德，約為置吏，使其子為令[76]。夜郎旁小邑皆貪漢繒帛[77]，以為漢道險，終不能有也[78]，迺且聽蒙約[79]。還報，迺以為犍為郡[80]，發巴蜀卒治道[81]，自僰道指牂柯江[82]。蜀人司馬相如[83]亦言西夷邛、莋[84]可置郡。使相如以郎中將往諭[85]，皆如南夷，為置一都尉[86]，十餘縣，屬蜀。

4 當是時，巴蜀四郡通[87]西南夷道，載轉相饟[88]。數歲，道不通，士罷餓餧[89]，離暑溼[90]，死者甚眾。西南夷又數[91]反，發兵興擊[92]，耗費亡功。上患[93]之，使公孫弘往視問焉[94]。還報，言其不便[95]。及弘為御史大夫[96]，時方築朔方[97]，據河逐胡[98]，弘等因言西南夷為害[99]，可且罷，專力事匈奴[100]。上許之，罷西夷[101]，獨置南夷兩縣[102]一都尉，稍令犍為自保就[103]。

5 及元狩元年[104]，博望侯張騫言使大夏時[105]，見蜀布、邛竹杖[106]，問所從來，曰：

「從東南身毒[107]國，可數千里，得蜀賈人市[108]。」或聞邛西[109]可二千里有身毒國。騫因盛言大夏在漢西南[110]，慕中國[111]，患匈奴隔其道[112]。誠通蜀[113]，身毒國道便[114]近，又亡害。於是天子迺令王然于、柏始昌、呂越人等十餘輩間出西南夷[115]，指求[116]身毒國。至滇，滇王當羌迺留為求道[117]。四歲餘[118]，皆閉昆明[119]，莫能通。滇王與漢使言：「漢孰與我大[120]？」及夜郎侯亦然[121]。各自以一州王[122]，不知漢廣大。使者還，因盛言滇大國，足事親附[123]。天子注意焉[124]。

6 及至南粵反[125]，上使馳義侯因犍為發南夷兵[126]。且蘭君恐遠行，旁國虜其老弱[127]，乃與其眾反，殺使者及犍為太守[128]。漢迺發巴蜀罪人當擊南粵者八校尉[129]擊之。會越已破[130]，漢八校尉不下[131]，中郎將郭昌、衛廣引兵還[132]，行誅[133]隔滇道者且蘭，斬首數萬，遂平南夷為牂柯郡[134]。夜郎侯始倚南粵，南粵已滅，還誅反者[135]，夜郎遂入朝，上以為夜郎王。南粵破後，及漢誅且蘭、邛君，并殺莋侯[136]，冉駹皆震恐[137]，請臣[138]置吏。以邛都為粵嶲郡[139]，莋都為沈黎郡[140]，冉駹為文山郡[141]，廣漢西白馬為武都郡[142]。

7 使王然于以粵破及誅南夷兵威風諭[143]滇王入朝。滇王者，其眾數萬人，其旁東北勞深、靡莫皆同姓相杖[144]，未肯聽。勞、莫[145]數侵犯使者吏卒。元封二年[146]，天子發巴蜀兵擊滅勞深、靡莫，以兵臨滇[147]。滇王始首善[148]，以故弗誅[149]。滇王離西夷[150]，滇舉國[151]降，請置吏入朝。於是以為益州郡[152]，賜滇王王印[153]，復長其民[154]。

西南夷君長以百數，獨夜郎、滇受王印。滇，小邑[155]也，最寵焉[156]。

8 後二十三歲，孝昭始元元年[157]，益州廉頭、姑繒[158]民反，殺長吏[159]。牂柯、談指、同並[160]等二十四邑，凡三萬餘人皆反。遣水衡都尉發蜀郡、犍為犇命[161]萬餘人擊牂柯，大破之。後三歲[162]，姑繒、葉榆[163]復反，遣水衡都尉呂辟胡將郡兵[164]擊之。辟胡不進，蠻夷遂殺益州太守，乘勝與辟胡戰，士[165]戰及溺死者四千餘人。明年[166]，復遣軍正王平與大鴻臚田廣明[167]等並進，大破益州，斬首捕虜五萬餘級[168]，獲畜產[169]十餘萬。上曰：「鉤町侯亡波[170]率其邑君長人民擊反者，斬首捕虜有功，其[171]立亡波為鉤町王。大鴻臚廣明賜爵關內侯[172]，食邑三百戶。」後間歲[173]，武都氐人反，遣執金吾馬適建、龍頟侯韓增[174]與大鴻臚廣明將兵擊之。

9 至成帝河平中[175]，夜郎王興與鉤町王禹、漏臥侯俞更舉兵相攻[176]。牂柯太守請發兵誅興等，議者[177]以為道遠不可擊，迺遣大中大夫蜀郡張匡持節和解[178]。興等不從命，刻木象[179]漢吏，立道旁射之。杜欽說大將軍王鳳[180]曰：「大中大夫匡使和解蠻夷王侯，王侯受詔[181]，已[182]復相攻，輕易[183]漢使，不憚[184]國威，其效[185]可見。恐議者選耎[186]，復守[187]和解，太守察動靜[188]，有變迺以聞[189]。如此，則復曠一時[190]，王侯得收獵[191]其眾，申固其謀[192]，黨助[193]眾多，各不勝忿[194]，必相殄[195]滅。自知罪成，狂犯守尉[196]，遠臧[197]溫暑毒草之地，雖有孫吳將[198]，賁育士[199]，若入水火，往必焦沒[200]，知[201]勇亡所施。屯田守之，費不可勝量[202]。宜因[203]其罪惡未成，未疑漢家[204]加誅，陰敕旁郡守尉練士馬[205]，大司農豫調穀積要害處[206]，選任職[207]太守往，以秋涼時入，誅其王侯尤不軌[208]者。即以為不毛之地[209]，亡用之民，聖王不以勞中國[210]，宜罷郡，放棄其民，絕其王侯勿復通。如以先帝所立累世之功不可墮壞[211]，亦宜因其萌牙[212]，早斷絕之[213]。及已成形然後戰師[214]，則萬姓被害[215]。」

大將軍鳳於是薦金城司馬[216]陳立為牂柯太守。立者，臨邛[217]人，前為連然長，不韋令[218]，蠻夷畏之。及至牂柯，諭告夜郎王興，興不從命，立請[219]誅之。未報[220]，迺從吏數十人出行縣[221]，至興國且同亭[222]，召[223]興。興將數千人往至亭，從邑君數十人入見立。立數責[224]，因斷頭[225]。邑君曰：「將軍誅亡狀，為民除害，願出曉士眾[226]。」以興頭示[227]之，皆釋兵[228]降。鉤町王禹、漏臥侯俞震恐，入粟千斛[229]，牛羊勞吏士[230]。立還歸郡，興妻父[231]翁指與興子邪務收餘兵，迫脅[232]旁二十二邑反。至冬，立奏募諸夷與都尉長史[233]分將攻翁指等。翁指據阸為壘[234]，立使奇兵絕其饟道，縱反間[235]以誘其眾。都尉萬年曰：「兵久不決，費不可共。」[236]引兵獨進，敗走[237]，趨[238]立營。立怒，叱戲下令格之[239]。都尉復還戰，立引兵救之。時天大旱，立攻絕其水道。蠻夷共斬翁指，持首出降。立已平定西夷，徵詣京師[240]。會巴郡有盜賊，復以立為巴郡太守，秩中二千石居[241]，賜爵左庶長[242]。徙為天水太守[243]，勸民農桑為天下最[244]，賜金四十斤[245]。入為左曹衛將軍護軍都尉[246]，卒官[247]。

11 王莽[248]篡位，改漢制，貶鉤町王以為侯。王邯[249]怨恨，牂柯大尹周欽詐殺邯[250]。邯弟承攻殺欽[251]，州郡擊之，不能服[252]。三邊蠻夷愁擾[253]盡反，復殺益州大尹程隆。莽遣平蠻將軍[254]馮茂發巴、蜀、犍為吏士，賦斂取足於民，以擊益州。出入三年，疾疫死者什七[255]，巴、蜀騷動。莽徵茂還，誅之。更遣寧始將軍廉丹與庸部牧史熊大發天水、隴西騎士[256]，廣漢、巴、蜀、犍為吏民十萬人，轉輸者[257]合二十萬人，擊之。始至[258]，頗斬首數千，其後軍糧前後不相及[259]，士卒饑疫，三歲餘死者數萬。而粵巂蠻夷任貴[260]亦殺太守枚根，自立為邛穀王。會莽敗漢興[261]，誅貴，復舊號[262]云。

【章　旨】以上記載了西南夷許多部落國家的地理位置和風俗民情，及其同中央王朝的關係，記載了漢朝撫定西南夷的史實，以及夜郎、滇等邦國先後歸附漢王朝，設置郡縣，委派官吏的過程。最後記載了新莽時期的西南夷起兵反抗新莽政權，以及新莽出兵征討等事件。

【注釋】❶南夷君長以十數　南夷，泛指在蜀之南的少數部族。夷，我國古代對東方少數部族的稱呼，有時也用作四方少數部族的泛稱。君長，即部落首領、酋長、長帥。數，統計；計算。❷夜郎　古代部族名，也是國名。在今貴州西部、北部和雲南東北部、四川南部、廣西壯族自治區西北部一帶。❸其西靡莫之屬　其，代指夜郎。靡莫，古代部族名。即「靡莫之夷」。屬於羌氐族系統。在今雲南東北部尋甸回族彝族自治縣及其周圍地區。❹滇　古代部族、古國名。在今雲南昆明一帶。其地有滇池，因以為名。僰族是滇國的主體民族。❺邛都　即邛都之夷，分布在今四川西昌一帶。❻椎結　亦作「椎髻」、「魋結」。髮髻如椎形。❼邑聚　村鎮。邑，小城鎮。聚，村落；居民點。❽桐師　一作「同師」。古邑名。在今雲南西部龍陵一帶。❾葉榆　一作「楪榆」。古澤名。一名西洱河，即今雲南西部的洱海。漢武帝元封二年（西元前一〇九年）置葉榆縣於今大理北洱海西岸之喜洲。❿巂昆明　巂，同「嶲」。古部族名。分布在今雲南保山一帶。昆明，古部族名。分布在今雲南保山至楚雄一帶。⓫編髮　結髮為辮。編，通「辮」。⓬亡常處　無永久居住的地方。亡，通「無」。常處，固定住處。⓭方可　方，方圓；縱橫。可，大約。⓮徙莋都　徙，古代部族名、古國名。分布在今四川天全一帶。莋都，一作「筰都」。即「筰都夷」。古代部族名、古國名。即莋都夷。分布在今四川西南地區。漢武帝元鼎六年（西元前一一一年）置莋都縣（今漢源東北）。⓯莋　莋都。⓰冉駹　即「冉夷」、「駹夷」。皆古代部族名，屬古羌族。分布在今四川茂汶、松潘一帶。⓱或土著　或，有的。土著，定居某地。⓲蜀　郡名。治成都（今四川成都）。古蜀國地，戰國時，秦併之而為郡。地在今四川中、西部。⓳駹　其上脫「冉」字。⓴白馬　即「白馬氐」。古代氐族的一支。漢代分布在今甘肅南部、四川西北一帶。㉑氐類　氐族的同類；屬於氐族。氐，古代部族名。殷周至南北朝分布在今甘肅、陝西、四川等地。從事畜牧和農業。魏晉時大量接受漢文化，建立過一些割據政權，以前秦為最著名。㉒巴　郡名。古巴國地，戰國時秦併之以為郡，治江州（今重慶嘉陵江北岸）。㉓蠻　我國古代對南方少數部族的稱呼，有時也用作四方少數部族的泛稱，與夷合稱「蠻夷」。㉔始　當初。㉕楚威王　（西元前？—前三二九年），名熊商。戰國時期楚國君，西元前三三九—前三二九年在位。按莊蹻入滇在頃襄王（名熊橫。西元前二九八—前二六三年在位）時，此楚威王當是楚頃襄王之誤。《後漢書》及《華陽國志》皆作頃襄王，是。㉖使將軍句　按：莊蹻於頃襄王二十年（西元前二七九年）率兵沿長江從黔中進入雲南，後因秦兵南侵，堵塞他返楚之路，便在滇中稱王，號莊王。使，派遣。將軍，職官名。春秋時晉國以卿為軍將，因有將軍之稱。戰國時始為武官名，為高級軍事長官，一般為一軍之長。

莊蹻，人名。一作「莊豪」。循江上，謂緣江而上。將，率領。循，沿著。江，長江。㉗略巴黔中　略，攻占。黔中，郡名。戰國楚置，頃襄王二十二年（西元前二七七年）被秦攻取。秦代治臨沅（今湖南常德）。地在今湖南沅水、澧水流域、湖北清江流域、四川黔江流域和貴州東北部。西漢改為武陵郡。㉘楚莊王苗裔　楚莊王的後代。楚莊王（西元前？—前五九一年），芈姓，名旅（一作呂、侶）。西元前六一三—前五九一年在位。他整頓內政，興修水利；攻滅庸國，進攻陸渾之戎；陳兵周郊，問鼎輕重。後在邲（今河南滎陽北）大敗晉軍，陸續使魯、宋、鄭、陳等國歸服，成為霸主。苗裔，後代。㉙滇池　水澤名。又名昆明湖、昆明池。古稱滇南澤。在今雲南昆明西南。㉚旁　四邊；周圍。這裡指滇池周圍。㉛以兵威定屬楚　通過軍事力量平定，使之歸屬楚國。兵威，軍事威力。定，平定。屬，使……歸屬。㉜歸報　返回去報告。㉝會秦擊奪句　恰巧秦國攻占楚國的巴郡、黔中郡。會，恰巧；適逢。擊奪，攻擊奪取。按秦昭襄王於楚頃襄王十九年（西元前二八〇年），奪取楚國黔中之地（見《史記・秦本紀》）。又於頃襄王二十二年（西元前二七七年），再次奪楚黔中郡和巫地（見《史記・楚世家》與《史記・秦本紀》）。㉞塞　阻塞。㉟因迺以其眾王滇　於是就憑藉他的軍隊稱王於滇地。因，趁著；於是。迺，於是；就。以，憑藉；利用。其眾，指莊蹻的大軍。王，稱王。滇，指滇池周圍的廣大地區。㊱變服　改變楚的服飾，穿起當地人的服裝。㊲從其俗　順從當地風俗。㊳長之　為其長帥。即給滇地人當首領。㊴破　攻破；攻克。㊵略通五尺道　大略地開通五尺道。略，大略；大致。五尺道，古道路名。秦統一中國後，為控制西南地區，在四川宜賓至雲南曲靖之間修了一條重要道路，因地勢險厄，路面寬僅五尺，故稱五尺道。㊶諸此國頗置吏焉　在這些邦國中稍微設置了一些官吏。諸此國，據《史記會注考證》說，應作「此諸國」。諸，這些；各個。此，這裡。頗，稍微。焉，於此。即在這裡、在那裡。㊷歲　年。㊸興　興起；建立。㊹皆棄此國句　把這些邦國都捨棄，並關閉蜀郡原來的邊塞。關，關閉。故，原來的。徼，邊界；邊塞。㊺竊出商賈　偷偷出邊關做買賣。竊，暗中；偷偷地。出，出關。商賈，貿易；作買賣。古時稱運貨販賣者為商，囤積營利者為賈。㊻取其筰馬句　取，換取；買到。筰馬，筰都地區所產的馬匹。僰僮，僰人僮僕。漢代僰人多被略為奴，稱僰僮。僰，古代部族名、國名。活動分布於今四川宜賓西南與雲南東北一帶。旄牛，《史記・西南夷列傳》作「髦牛」。即犛牛。是青藏高原的主要力畜。古時常用其尾裝飾旗幟桿頭，有此裝飾的旗子稱為旄。㊼殷富　特別富有。㊽建元六年　西元前一三五年。建元，漢武帝第一個年號（西元前一四〇—前一三五年）。中國封建王朝建立年號由此開始。㊾大行王恢擊東粵　大行，官名。即大行令。秦設典客，漢沿置，景帝時改稱大行令，武帝太初元年（西元前一〇四年）改稱大鴻臚。主要執掌接待外國來使賓客和少數民族事務，為九卿之一。王恢（西元前？—前一三三年），燕國（都薊，今北京城西南隅）人。初為邊郡官吏，武帝時任大行令，擊閩越，為將軍。元光二年（西元前一三三年），設馬邑之謀誘擊匈奴無功，以罪論死，自殺（一說被斬）。東粵，又作「東越」。即閩越。古代部族名、國名。是古代南方越人的一支，分布於今福建和浙江南部。詳見後文。(50)殺王郢以報　郢（西元前？—前一三五年），閩越王名。以侵南越、拒漢兵，被其弟餘善殺死。以報，即「以之報」的省略。以其事向王恢報告。(51)恢因兵威句　因，憑藉。使，派。番陽，縣名。在今江西鄱陽東北。令，縣令。一縣的長官。漢代萬戶以上的縣設令，萬戶以下的縣設長。風，通「諷」。委婉勸告，用含蓄的話暗示或勸告。曉，告知；使知道。南粵，又作「南越」。古代部族名、國名。古代南方越人的一支，分布於今湖南最南部、廣東、廣西大部及越南中、北部。詳見後文。(52)食蒙蜀枸醬　食，給某人吃。蒙，唐蒙。枸醬，即「蒟醬」。用枸的果實做的醬。枸是樹名，即蔞葉樹，又名蒟、扶留藤。其果實綠黃色，可製醬。(53)所從來　從哪裡來。(54)道西北牂柯江三句　道，經由。牂柯江，古代水名。一作「牂牁江」。今雲南、貴州境內的北盤江及其下游流經今廣西、廣東的紅水河、黔江、潯江、西江。一說為今都江、濛江、沅江、烏江等。廣，寬；闊。出，流經。番禺，漢代縣名。今廣州。(55)歸至長安　回到長安。長安，西漢都城。在今西安西北郊，周圍二十五公里。(56)獨蜀出　獨，只有。出，出產。(57)多持竊出市夜郎　多，很多人。持，攜帶。市夜郎，市於夜郎。即與夜郎人作交易。市，交易；做買賣。(58)步　長度單位。秦漢時以六尺（約合今一．六六公尺）為一步。(59)役屬　使歸屬並服役。即歸服之意。(60)臣使　像對臣僕那樣任意驅使。(61)說　勸說；說服。(62)南粵王黃屋左纛　南粵王，當時為文王趙胡。黃屋左纛，言為天子之車服。黃屋，是以黃繒為裡的車蓋，漢代唯皇帝可用，因亦指帝王的車輿。左纛，古代皇帝乘輿車衡左邊的裝飾物，用犛牛尾或雉尾製成。(63)名為外臣二句　外臣，藩臣。州，地方行政區劃名。秦漢以前有「九州」說、「十二州」說。漢武帝始於京師附近地區之外，劃分境內為十三個監察區，稱「十三州」，每州都包括數個郡國，範圍都很大。東漢末，始成為郡以上的一級行政區劃，而範圍漸小。(64)今以長沙豫章往　以，從。與「由」義通。長沙，封國名。包括今湖南東部、南部和廣東連縣、陽山、廣西全州等地。治臨湘（今湖南長沙）。豫章，郡名。在今江西全省，治南昌（今江西南昌）。(65)水道多絕　水道，水路。絕，斷絕不通。(66)竊聞夜郎句　竊，私下；私自。謙詞。所有，所擁有。可得，可能有；大約有。(67)浮船牂柯　意為乘船沿牂柯江順流而下。浮船，行船。牂柯，指牂柯江。(68)出不意　出南粵不意。一說「出」字下脫「其」字。(69)制粵一奇　制伏南粵的一個奇計。制，制伏。奇，奇計；奇策。(70)誠以漢之強二句　誠，假如；果真。饒，富饒；富有。(71)許　答應；允許。(72)拜蒙以郎中將　拜，（用一定的儀式）授予官職。郎中將，官名。隸屬郎中令（光祿勳），有車、戶騎三將，秩皆比千石。《司馬相如傳》、《華陽國志》皆作「中郎將」。中郎將亦屬郎中令，有五官、左、右三人，秩皆比二千石，高於郎中將，而僅次於將軍。[73]食重　指運送糧食輜重的人。[74]從巴苻關入　巴苻關，即符關。古關名。在漢巴郡苻縣（今四川合江）。因地屬巴郡，故稱巴苻關。武帝元鼎二年（西元前一一五年）置苻縣於符關所在地。苻，殿本作「莋」，北宋本作「苻」。王念孫說「莋」是「苻」之誤。入，指進入夜郎。[75]遂見夜郎侯多同　遂，於是；就。夜郎侯，夜郎國的長帥。多同，人名。[76]諭以威德三句　諭，（上級對下級或長輩對晚輩）告知；曉示。威德，威勢與恩德。此處指利害關係。約，約定。使，讓。指任命。令，官名。指相當於縣令一級的官職。[77]夜郎旁小邑句　旁，周圍；附近。小邑，小國；小邦。貪，貪圖。繒帛，絲織品的總稱。[78]以為漢道險二句　以為，認為。漢道，漢朝通往那裡的道路。險，險阻；不易通行。終，終究；最終。有，占有。[79]且聽蒙約　且，姑且；暫且。聽，聽從；接受。[80]還報二句　還報，回來報告。以為，「以之為」的省略語。犍為郡，郡名。武帝建元六年（西元前一三五年）設立。地在今四川南部、貴州西北部、雲南東北隅，岷江下游、大渡河下游和金沙江下游地區。治所初在鄨縣（今貴州遵義西），後移至僰道（今四川宜賓西南安邊鎮）。[81]發巴蜀卒治道　發，徵發。卒，步兵。治，修築；治理。[82]自僰道指牂柯江　僰道，縣名。參見前注。漢代，居民以蠻夷為主的縣稱為道。指，指向；通向。

[83]司馬相如　（西元前？－前一一七年），字長卿，蜀郡成都（今屬四川）人。西漢辭賦家、散文家。善辭賦。景帝時，為武騎常侍，然非其所好。後稱病免，與枚乘等從梁孝王遊。以辭賦而深得漢武帝賞識，召為郎，曾奉命出使西南夷。後為孝文園令。詳見卷五十七〈司馬相如傳〉。[84]邛莋　指邛都夷、莋都夷居住地區。[85]使相如句　以，以某種身分、職務或名義。郎中將，〈司馬相如傳〉作「中郎將」。[86]都尉　官名。是輔佐郡守並掌全郡軍事的武官。秦設郡尉，漢沿置。景帝中元二年（西元前一四八年）改稱都尉。有的邊郡於郡都尉之外，還設立部都尉，如西部都尉、北部都尉等，以加強邊塞地區的軍事防守。有的設立屬國都尉，主管降服的少數民族部眾。部都尉和屬國都尉皆轄領一定數量的縣，如郡守一樣掌管所轄各縣的軍事與民事。[87]巴蜀四郡通　巴蜀四郡，指巴、蜀、廣漢（治梓潼，今四川梓潼）、漢中（治西城，今陝西安康西北）四郡。通，開通；修築。[88]載轉相饟　轉運、供應軍糧。載轉，指以車輛裝載運輸物資。相饟，為軍隊供應糧食。饟，古餉字，指軍糧。

[89]士罷餓餒　築路士兵疲乏、飢餓。罷，通「疲」。疲勞；疲乏。餒，通「餧」。飢餓、沮喪。[90]離暑溼　遭受溼熱之苦。離，通「罹」。遭受。暑溼，溼熱。[91]數　屢次。[92]興擊　發動攻擊。[93]患　憂慮。[94]使公孫弘往視問焉　公孫弘，（西元前二〇〇－前一二一年），複姓公孫，名弘，字季，薛（今山東滕州）人。對策第一，任博士，升左內史、御史大夫，官至丞相。詳見卷五十八〈公孫弘傳〉。視問，察看了解。焉，代詞，相當於「之」。[95]不便　（對國家）沒有好處。便，有利；有好處。

[96]御史大夫　官名。秦漢三公之一，位次丞相。掌監察、執法，兼掌重要圖籍文書。西漢時，丞相缺位，往往以此官遞補，

故有副丞相之稱。元朔三年（西元前一二六年）公孫弘始任御史大夫。[97]築朔方　修築朔方郡城。朔方，郡名。在今內蒙古自治區河套西北部和後套一帶，治朔方（今杭錦旗北）。設此郡時，曾徵發十餘萬人修築朔方城。[98]據河逐胡　據，憑藉；依靠。河，古時黃河專名，即河水。逐胡，驅逐匈奴。胡，我國古代北方少數民族的統稱。秦漢時多指匈奴。[99]因言西南夷為害　因，趁機。西南夷為害，言經營西南夷之地於國家大為有害。[100]專力事匈奴　專力，集中精力。事，對付。匈奴，古代民族名。又稱胡。戰國時活動於燕、趙、秦以北地區。秦漢之際，冒頓單于統一各部，勢力強盛，統一了大漠南北。漢初，常南下殺掠。武帝時，曾多次反擊之，其勢漸衰。詳見卷九十四〈匈奴傳〉。至東漢時，分裂為兩部，南匈奴附漢，於兩晉之際建立過幾個割據政權；北匈奴於漢和帝時被東漢與南匈奴擊敗，部分遷徙歐洲。[101]罷西夷　指撤掉了在西夷地區設置的一都尉、十餘縣。[102]獨置南夷兩縣　獨，僅僅；只有。兩縣，其一為夜郎縣（今貴州關嶺南），另一縣不詳。[103]稍令犍為自保就　顏師古曰：「令自保守，且脩成其郡縣。」稍，逐漸。令，讓；使。保就，猶言保聚。（王念孫說）[104]元狩元年　西元前一二二年。元狩，漢武帝第四個年號（西元前一二二—前一一七年）。[105]博望侯句　博望侯，張騫的封爵。有兩說：一說因地名而授此封號（當時有博望縣，在今河南南陽東北）；一說因張騫見識廣博，眼界開闊，故取廣博瞻望之義而授此封號。張騫（西元前？—前一一四年），漢中成固（今陝西城固）人。先後兩次出使西域，在外共十餘年，加強了中原與西域的聯繫，促進了漢朝與中亞各國友好關係的發展和經濟文化的交流，貢獻很大。詳見卷六十一〈張騫傳〉。使，出使。大夏，中亞古地名和國名。古希臘人稱為巴克特里亞。地在興都庫什山與阿姆河上游之間（今阿富汗北部）。原隸屬他國，西元前三世紀中葉獨立，建都巴克特拉（《史記》作藍氏城），曾一度強盛，約於西元前一三〇年為大月氏入據，後歸附他國，西元八世紀為阿拉伯人所併。參見卷九十六〈西域傳．大月氏國傳〉附〈大夏傳〉。[106]蜀布邛竹杖　蜀布，蜀地生產的一種細布。邛竹杖，用邛竹製作的手杖。邛竹，也作「筇竹」，竹名。竹節高，實中，宜於為杖。《史記正義》以為邛即邛山，在西漢邛都縣（今四川西昌東南）境內，《漢書補注》以為邛乃西漢嚴道之邛崍山（今四川滎經西南）。[107]身毒　古印度的音譯。或譯作「天竺」等。[108]市　買。[109]邛西　邛山或邛崍山以西。[110]盛言大夏在漢西南　盛言，大講特講。大夏在漢西南，大夏極盛時（西元前三世紀末至前二世紀初）領有北起阿姆河上游、南達印度河流域的廣大地區。後國土分裂，勢衰。張騫首次通西域至大夏時，其地已被大月氏占據，大夏各部臣屬大月氏。此處說大夏在漢朝西南，可能指其南方各部。[111]慕中國　仰慕中國。慕，傾慕；敬仰。中國，古時含義不一。此處指漢族中央王朝所統轄的全土。與「中華」含義略似。[112]隔其道　阻塞通往中國的道路。隔，阻塞；阻隔。道，指與中國交通的道路。[113]通蜀　指開通蜀地與西南夷地區的道路。[114]便　相當於現代漢語的「就」。副詞。[115]天

子迺令句　天子，古代統治者謂其政權係受天命所建立，故稱國王或皇帝為「天子」，意為天帝的兒子。此處指漢武帝劉徹。(115)十餘輩，指漢朝派出找尋通往身毒之路的人有十多批。輩，置於數詞之後，表示同類的人或物的多數。間出，從間道而出。間，偏僻的小路、捷徑。西南夷，「南」字衍。《史記・西南夷列傳》無此字。(116)指求　指，通「旨」。意旨。求，找到。(117)滇王當羌句　當羌，一作「賞羌」、「嘗羌」。滇王名。乃留，「乃留之」的省略語。為求道，為他們尋找道路。(118)四歲餘　《史記・西南夷列傳》：「為求道西十餘輩（『十餘輩』三字當置於『呂越人等』後），歲餘，……」《漢書補注》引宋祁說「四」字應作「西」，屬上句，接「道」字。道西，指自滇西去身毒的道路。(119)閉昆明　被閉塞於昆明。閉，阻塞。(120)漢孰與我大　猶漢與我孰大。孰與，意為「與……比，哪一個更……」。孰，誰；哪一個。(121)及夜郎侯亦然　及，還有。亦然，也是如此；也是這樣。(122)以一州王　是一州之王。以，因為；憑藉。王，《漢書補注》引王念孫說當為「主」。(123)足事親附　顏師古曰：「言可專事招來之，令其親附。」即值得招徠他們，使之親近歸附漢朝。(124)注意焉　專注留意這件事。焉，兼詞，相當於「於是（此）」。(125)南粵反　漢武帝元鼎五年（西元前一一二年）春，南粵丞相呂嘉反漢，後被平定，南粵亡國。(126)上使馳義侯因犍為發南夷兵　上，指漢武帝。馳義侯，〈武帝紀〉作「粵馳義侯遺」。遺，人名。因，憑藉；通過。犍為，犍為郡。(127)且蘭君恐遠行二句　顏師古注曰：「恐發兵與漢行後，其國空虛，而旁國來寇，鈔取其老弱也。」且蘭君，且蘭國的長帥。且蘭，古夷國，原為夜郎聯盟部落的成員之一。在今貴州貴定、黃平一帶。一說在今凱里西北。漢滅且蘭後於其地置故且蘭縣。旁國，附近國家；周圍國家。虜，虜掠。(128)使者及犍為太守　使者，指奉命出使南夷的漢朝使者。太守，官名。一郡的最高軍政長官。秦及漢初稱郡守，漢景帝中二年（西元前一四八年）改稱太守。(129)當擊南粵者八校尉　當，本當。校尉，武官名。略次於將軍，隨其職務而冠以名號。西漢時，中壘、屯騎、步兵、越騎、長水、胡騎、射聲、虎賁總稱八校尉，為西漢專掌特種部隊的將領，其名為保衛京師，亦可調用出征。(130)會越已破　會，恰巧；正趕上。越已破，元鼎六年（西元前一一一年）冬，漢軍攻破南粵。(131)不下　指沒有按照原定部署沿牂柯江南下擊南粵。(132)中郎將郭昌句　中郎將，官名。秦置中郎，至西漢分為五官、左、右三署，各置中郎將，統領皇帝侍衛。隸屬光祿勳。郭昌，雲中（今內蒙古托克托）人。以校尉從衛青擊匈奴。後以太中大夫為拔胡將軍屯朔方。因擊昆明無功，被罷官。詳見卷五十五〈衛青傳〉附〈郭昌傳〉。衛廣，人名。生平不詳。據〈武帝紀〉，元封二年（西元前一〇九年），衛廣又奉命與將軍郭昌「發巴蜀兵平西南夷未服者，以為益州郡」。引兵，領兵。(133)行誅　乘行軍之便而討伐懲處之。(134)牂柯郡　郡名。在今貴州大部、廣西之西北部、雲南東部。治故且蘭（今貴州黃平西南。一說在今桂陽附近）。(135)還誅反者　顏師古曰：「謂軍還而誅且蘭。」(136)莋侯　莋都夷君長。(137)冉駹皆震恐　冉駹，指冉夷和駹夷各部。震恐，驚懼。[138]請臣　請求臣屬於漢朝。[139]粵嶲郡　又作「越嶲」。郡名。在今四川西南部、雲南西北部。治邛都（今四川西昌東南）。[140]沈黎郡　郡名。在今四川西南部。治莋都（今四川漢源東北）。陳直說：「沈黎郡首縣仍稱沈黎。」[141]文山郡　一作汶山郡。郡名。在今四川北部。治汶江（今四川茂汶北）。[142]廣漢西白馬為武都郡　廣漢，郡名。在今四川東北部與陝西、甘肅相鄰地帶。治梓潼（今四川梓潼）。白馬，指白馬夷居住地。武都郡，郡名。在今甘肅東南部與陝西相鄰地帶。治武都（今甘肅武都北）。[143]風諭　委婉勸告。風，通「諷」。用含蓄的話暗示或勸告。[144]勞深靡莫句　勞深靡莫，均為古國名，與滇王同姓。勞深，《史記》作「勞浸」。在今雲南昆明陸良一帶。相杖，相依倚為援。杖，通「仗」。依靠；扶持。[145]勞莫　「勞深」、「靡莫」的省稱。[146]元封二年　西元前一〇九年。元封，漢武帝第六個年號（西元前一一〇—前一〇五年）。[147]天子發巴蜀兵二句　〈武帝紀〉，元封二年（西元前一〇九年），「遣將軍郭昌、中郎將衛廣發巴蜀兵平西南夷未服者，以為益州郡。」[148]始首善　顏師古曰：「言初始以來，常有善意。」謂起初本有善意。[149]以故弗誅　因此沒有討伐懲處。以故，因此；所以。[150]離西夷　言滇王離棄西夷，東向奉侍漢朝。[151]舉國　全國。[152]益州郡　郡名。地界相當於今雲南大部。治滇池縣（今雲南晉寧東北之晉城鎮）。[153]滇王王印　漢武帝賜給滇王之印，已在晉寧縣城西南滇池東岸石寨山古墓中出土。印為金質方形，蛇紐，篆字印文曰「滇王之印」。[154]復長其民　依舊為其民眾之君長。復，又；依舊。長其民，顏師古曰：「為之長帥。」即做一國之長，統領其民。長，做君長；做首領。[155]小邑　小邦國。[156]最寵焉　謂最受漢朝皇帝的寵愛。[157]孝昭始元元年　孝昭，漢昭帝劉弗陵（西元前九四—前七四年）。武帝子，西元前八七—前七四年在位。統治期間，由霍光等輔政。移民屯田，屢敗匈奴、烏桓等，鞏固對西南夷的統治，召開鹽鐵會議。詳見卷七〈昭帝紀〉。漢朝統治者推行以孝治天下的政策，提倡孝道，故自惠帝以後，諸帝謚號皆冠以「孝」字。始元元年，即西元前八六年。始元，漢昭帝的第一個年號，相當於西元前八六—前八一年。[158]益州廉頭姑繒　益州，指益州郡。廉頭姑繒，皆西夷別種名。分布在今雲南洱海附近。[159]長吏　秦漢時期，秩二百石以上的官吏為長吏，由朝廷任免，佩帶官印為通官印；秩百石以下的官吏為少吏，由各官署自行任免，佩帶小官印（半通印）。[160]牂柯談指同並　牂柯，指牂柯郡。談指，縣名。本古夷名。在今雲南東部。同並，縣名。本古夷名。在今雲南彌勒等地。（一說在宜良東，一說在澂江。）[161]水衡都尉句　水衡都尉，官名。漢武帝始置，掌上林苑，兼保管皇室財物，為列卿之一。當時，呂辟胡任此職。犇命，即奔命。軍隊名。漢代郡國皆有材官、騎士，若有急難，臨時挑選驍勇善戰者，奉命迅速奔赴作戰，故謂之「奔命」。顏師古曰：「犇，古奔字。有命則奔赴之，言應速也。」[162]後三歲　始元四年（西元前八三年）冬。[163]葉榆　縣名。屬益州郡。在今雲南大理北洱海西岸。以其臨葉榆澤，故名。[164]呂辟胡

將郡兵　呂辟胡，一作「呂破胡」。昭帝時任水衡都尉（西元前八六—前八〇年），後任雲中太守。郡兵，指益州郡兵。《資治通鑑》胡三省注認為此指「益州刺史所部兵」。漢武帝元鼎中，分雍州之南置益州，為十三州（十三刺史部）之一，所部有巴、蜀、牂柯、越巂、益州、廣漢、漢中七郡。據此，則「郡兵」應理解為益州諸郡兵。(165)士　指漢朝兵士。按，《昭帝紀》載，始元四年冬，遣大鴻臚田廣明擊益州。蓋因呂辟胡兵敗，故遣之。(166)明年　指始元五年（西元前八二年）。(167)軍正王平句　軍正，官名。掌執軍法。王平（西元前？—前七八年），字子心，齊國（後改為郡，治臨淄，今山東淄博）人。官至廷尉。曾奉詔持節視察諸郡國。後以治獄逆霍光意，被殺。大鴻臚，官名。秦代稱典客，漢初稱大行令，武帝時改稱大鴻臚。掌管接待少數民族及外國使臣、君長等事務，兼管接待地方每年上計等事。為九卿之一。田廣明（西元前？—前七一年），字子公，鄭縣（今陝西華縣）人。歷任郡都尉、太守，以殺伐為治。入朝歷任大鴻臚、衛尉、御史大夫等職，封昌水侯。後以將軍擊匈奴，因罪自殺。詳見卷九十〈酷吏．田廣明傳〉。(168)斬首捕虜五萬餘級　捕虜，活捉俘虜。級，首級。指作戰斬下的敵軍人頭，一顆頭稱「一級」。秦法，斬下敵人一顆人頭，加爵一級，後即稱所斬敵人的頭顱為首級。有時統稱斬、俘敵人之數為若干「級」（此處即是）。(169)畜產　牲畜。(170)鉤町侯亡波　鉤町，一作「句町」。縣名。在今雲南廣南。本秦時古國名，西漢時置為縣，屬牂柯郡。亡波，人名。本鉤町君長，歸漢後封鉤町侯。(171)其　語氣詞。表示命令。相當於「茲命令」。(172)關內侯　爵位名。秦漢二十等爵的第十九級，僅次於第二十級列侯。無封國，一般封有若干戶食邑，可以徵收食邑內的租稅，其人則居於京師。(173)間歲　隔一年。事在昭帝元鳳元年（西元前八〇年）春。(174)執金吾馬適建句　執金吾，官名。京師治安長官。西漢武帝太初元年（西元前一〇四年）由中尉改名。為九卿之一，秩中二千石。皇帝出行時掌護衛及儀仗。金吾為兩端塗金的銅棒，此官執之以示威權。一說吾讀為「禦」，謂執金以禦非常。另一說金吾為鳥名，主辟不祥。馬適建，人名，複姓馬適，名建。龍頟，封國名。在今山東齊河西北。頟，通「額」。韓增（西元前？—前五六年），漢初諸侯王韓王韓信（戰國韓襄王之孫）後裔。父韓說，以擊匈奴功封龍頟侯。韓增襲父爵，昭帝時官至前將軍。與霍光策立宣帝，益封。曾率軍征匈奴。官至大司馬車騎將軍，領尚書事。卷三十三〈韓王信傳〉末附其傳略。又〈昭帝紀〉亦載其擊武都氐人事，曰：元鳳元年，「武都氐人反，遣執金吾馬適建、龍頟侯韓增、大鴻臚廣明將三輔、太常徒，皆免刑擊之。」(175)成帝河平中　成帝，即劉驁（西元前五一—前七年），字太孫。元帝子。西元前三三—前七年在位。在位期間，專寵皇后趙飛燕及其妹，外戚王氏專權，西漢國勢大衰。詳見卷十〈成帝紀〉。河平，漢成帝的第二個年號，共四年（西元前二八—前二五年）。河平中，指河平二年（西元前二七年）。是年冬，夜郎等夷相攻。(176)夜郎王句　興，人名。禹，人名。漏臥，縣名。在今雲南羅平。或說在今雲南廣南。本西南夷邑名，西漢置為縣，屬牂牁郡。俞，人名。更，相互交替。(177)議者　朝中議政諸臣。漢代，國家對許多大事的解決，往往先交由公卿及其他議政之臣討論，最後匯總各種意見，由皇帝決策。(178)迺遣大中大夫句　大中大夫，秦漢官名。秩比千石。為皇帝親近侍從官員，備顧問應對、奉詔出使，名義上隸屬郎中令（光祿勳）。張匡，為人佞巧。河平四年（西元前二五年）乘日食而中傷丞相王商，致使商罷相嘔血而死，王鳳因此得以進一步專權。節，使臣持之以為憑證之物。(179)象　象徵；模擬。(180)杜欽句　杜欽，字子夏，杜衍（今河南南陽）人。御史大夫杜延年子。任武庫令、議郎等職。深博有謀，佐王鳳治國，嘗告誡鳳勿太專權。詳見卷六十〈杜周傳〉附〈杜欽傳〉。說，勸說；說服。大將軍，官名。戰國始設此職，漢沿置，為將軍的最高稱號，掌領兵征伐之事，多由外戚擔任。元狩四年（西元前一一九年），武帝為尊寵有功的衛青，以衛青為大司馬大將軍，這是西漢將軍前冠以大司馬的開端。其後，霍光、王鳳均以大司馬大將軍與聞朝政，居此位者由軍隊的最高將領一變而為文職的宰輔之官，且與丞相一樣，置官屬以理事。大司馬大將軍盡管位在丞相下，但實權則在丞相之上。王鳳（西元前？—前二二年），字孝卿，東平陵（今山東濟南）人。元帝皇后王政君兄。初為衛尉，襲陽平侯。官至大司馬大將軍、領尚書事。其弟五人皆封侯。他專斷朝政，官吏皆出其門下。卷九十八〈元后傳〉附其事略。(181)詔　皇帝的命令。(182)已　停止；完畢。(183)輕易　輕視。(184)憚　害怕；畏懼。(185)效　效果；效驗。(186)選耎　怯懦不前之意。選，通「巽」。柔弱；懼怯。耎，懦弱；畏怯。(187)守　固守；堅持。(188)動靜　（打聽或偵察的）情況。(189)有變迺以聞　發生變亂才向朝廷報告。(190)復曠一時　言又將空廢一時不早發兵。曠，曠廢。一時，即一季（三個月）。(191)收獵　收攏。(192)申固其謀　申明其謀略並使之嚴密而牢固。申，申明。固，使堅固。(193)黨助　黨援；黨羽。(194)各不勝忿　各自控制不住憤怒。勝，控制住。忿，憤怒怨恨。(195)殄　消滅；滅絕。(196)狂犯守尉　顏師古曰：「言起狂勃之心而殺守尉也。」狂犯，瘋狂侵犯。守，郡太守。尉，郡都尉。(197)臧　通「藏」。隱藏。(198)孫吳將　孫武、吳起那樣的將領。孫，孫武，字長卿，世稱孫子，齊國人。春秋時傑出軍事家。為陳完四世孫，父受封於樂安（今山東惠民），賜姓孫。著《兵法》十三篇（即《孫子兵法》）。孫子曾以《兵法》見於吳王闔廬，闔廬知孫子能用兵，任以為將。西破強楚，入郢，北威齊、晉，顯名諸侯。後功成身退，晚年隱居農耕，不知所終。吳，吳起（西元前？—前三八一年），衛國曹氏（今山東曹縣）人。戰國時傑出軍事家、政治家。曾從學於曾參，後棄文學武，攻讀兵法。初任魯將，後赴魏，佐李悝實行變法。魏文侯以其善用兵，任為西河守，以拒秦、韓，一時威鎮諸侯。後因受猜疑而奔楚。任楚令尹，實行變法。楚悼王死後，被宗室大臣射刺而死。本書卷三十〈藝文志〉著錄《吳起》四十八篇，已佚。今本《吳子》六篇係後人偽託。《史記・孫子吳起列傳》載孫武、吳起生平。將，將軍。(199)賁育士　孟賁、夏育那樣的勇士。賁，孟賁，衛國人，一說齊國人。戰國時著名勇士，能生拔牛角。後歸秦武王。育，夏育，衛國人。戰國時著名勇士，能力舉千鈞。後為田搏所殺。後以「賁、育」泛指勇士。士，勇士。(200)焦沒　被火燒焦，被水淹沒。焦，燒焦。沒，沉沒；淹沒。(201)知　通「智」。智慧。(202)費不可勝量　耗費巨大，無法衡量。費，耗費；費用。勝，盡；完全。量，衡量；計算。(203)因　趁著。(204)漢家　漢朝。(205)陰敕旁郡句　暗中命令附近各郡太守、都尉挑選精兵良馬。陰，暗中。敕，為皇帝詔書的一種。這裡作動詞，命令、告誡之意。練，選擇；選拔。(206)大司農句　大司農，官名。秦設治粟內史，掌國家財政。漢沿置。景帝時改稱大農令，武帝時改稱大司農，掌租稅錢穀鹽鐵和國家的財政收支，為九卿之一。豫，通「預」。預先。調，徵調。要害處，指軍事上於敵對雙方都很重要的地方。顏師古注曰：「要害者，在我為要，於敵為害也。」(207)任職　稱職。任，勝任。(208)尤不軌　尤，特別；突出。不軌，違反法紀或搞叛亂活動。(209)即以為不毛之地　即，猶「若」。如果；假如。不毛之地，指貧瘠的土地或荒涼的地區。不毛，意為不生長草木。(210)不以勞中國　「以」字後省「之」或「其」字。勞，使煩勞；使勞累。(211)先帝句　先帝，先代帝王。指已故帝王。累世，累代；連續數代。墮，通「隳」。毀壞。(212)牙　通「芽」。(213)斷絕之　謂斷絕禍患。(214)戰師　出軍作戰。師，古代軍事編制，二千五百人為一師。泛指軍隊。(215)萬姓被害　廣大百姓遭受其害。萬姓，廣大百姓。被，蒙受；遭受。(216)金城司馬　金城郡司馬。金城，郡名。在今甘肅蘭州以西，青海青海湖以東的黃河、湟水流域和大通河下游一帶。治允吾（今甘肅永靖西北）。司馬，官名。武職。漢皇宮諸門、大將軍、諸將軍、校尉及中尉、郡都尉、屬國都尉、西域都護等的屬官皆有司馬，專管兵事。(217)臨邛　縣名。今四川邛崍。(218)連然長二句　連然，縣名。在今雲南安寧。不韋，縣名。在今雲南保山東北。長、令，縣長、縣令。一縣的長官。漢代萬戶以上的縣設令，萬戶以下的縣設長。(219)請　奏報朝廷請示。(220)未報　指朝廷尚未答覆。(221)從吏句　從，使跟從；使隨從。行，巡行。(222)興國且同亭　興國，指夜郎王興統治的邦國。且同亭，亭名。在今貴州桐梓東北。(223)召　召見；召喚。(224)數責　數落責備。數，責備。(225)斷頭　「斷其頭」之省略。謂砍下夜郎王興的頭。(226)將軍誅亡狀三句　將軍，陳立當時未任將軍，蠻夷君長稱之為將軍，是表示恭維、尊敬。亡狀，即無狀。無善狀；無成績。此處指惡徒、壞人。曉，曉示；告知。(227)示　給人看。(228)釋兵　放下武器。釋，解除；放下。兵，兵器。(229)入粟千斛　貢納一千斛糧食。入，入貢；貢獻。粟，泛指糧食。斛，容量單位。十斗為一斛。(230)牛羊勞吏士　宰殺牛羊來犒勞漢朝官兵。牛羊，指殺牛宰羊。勞，犒勞。(231)妻父　猶岳父。(232)迫脅　脅迫。(233)長史　官名。始見於戰國末期。西漢時丞相、太尉、御史大夫皆置長史，為事務長官；將軍也置長史，為幕僚之長。邊郡置長史，為太守佐官，掌兵馬。(234)據阸為壘　憑險要之地修築營壘。據，憑藉；依憑。阸，險要之地。壘，營壘。(235)縱反間　派出間諜人員。(236)都尉萬年曰三句　萬年，人名。時任牂柯郡都尉。兵，兵事。即戰事、戰爭。決，解決。共，通「供」。供給。237敗走　敗逃。走，跑；逃跑。238趨　奔向；投奔。239叱戲下令格之　喝令部下痛打萬年。叱，呼喝；喝令。戲下，帥旗之下；部下。戲，通「麾」。軍中帥旗。格，擊；打。240徵詣京師　詣，到某處。京師，指首都。京，大。師，眾。古代國都皆地大人眾。241秩中二千石居　秩級為中二千石。秩，官吏的品級等第。漢制，除三公之外的高級官吏，內自九卿郎將，外至郡守尉，其秩級有中二千石、(真)二千石、比二千石等高低差別。郡太守一般秩級為二千石，陳立身為郡太守，卻定秩級為中二千石，乃特殊優待。居，處於某種地位。此字似應在「秩」字後。王先謙《漢書補注》認為「居」字為衍文。242左庶長　爵名。秦漢二十等爵的第十級。243徙為天水太守　徙，徙官。即調任官職。天水，郡名。在今甘肅東部。治平襄(今甘肅通渭西)。244最　漢代官吏政績考核成績的最高等級。245金四十斤　金，黃金。斤，西漢一斤約合今二五八．二五克(○．五一六五斤)。246入為句　入，入朝。左曹，官名。西漢武帝時置，為加官。自列侯、將軍以至郎中等，皆可加此官，備皇帝顧問，參與決策，成為中朝官。衛將軍，官名。漢代將軍不常置。衛將軍列在大將軍、驃騎將軍、車騎將軍之後，為高級軍事長官，掌統兵征伐。護軍都尉，官名。護即督統之意。秦漢時臨時設置護軍都尉或中尉，以調節各將領的關係。陳立所任護軍都尉乃衛將軍之護軍都尉，因此「左曹衛將軍護軍都尉」應連讀。今通行標點本多斷為「左曹衛將軍、護軍都尉」，以為陳立先後擔任過「左曹衛將軍」和「護軍都尉」，不正確。惟有洪業等編《漢書及補注綜合引得》以「左曹衛將軍護軍都尉」為一完整詞條，較為合理。247卒官　謂死於官任上。248王莽(西元前四五—二三年)，字巨君，東平陵(今山東濟南)人。新朝的建立者。漢元帝皇后姪。以外戚掌政，平帝死，立孺子嬰。西元八年稱帝，國號新。王莽附會《周禮》，託古改制，激化了社會矛盾，引發以綠林、赤眉為主的農民起義。西元二三年，他被殺死，新朝滅亡。詳見卷九十九〈王莽傳〉。249邯　鉤町王名。250牂柯大尹句　牂柯，郡名(詳見前文注)。當時，王莽改牂柯為同亭。大尹，即郡太守。王莽改漢的郡太守為大尹。詐殺，以欺詐手段殺害。251邯弟承攻殺欽　事在新始建國四年(西元一二年)。承，人名。252服　降伏；制伏。253三邊蠻夷愁擾　三邊蠻夷，指新朝東部邊陲的濊貊、北部邊陲的匈奴、西南地區的西南夷。始建國四年(西元一二年)，三邊蠻夷盡反。愁擾，愁苦煩擾。始建國四年，王莽徵發高句驪兵擊匈奴，高句驪人愁苦逃亡出塞，騷擾寇掠，殺遼西大尹。莽遣將擊斬高句驪侯，改高句驪名為下句驪，與其關係密切的濊貊遂群起反新。而匈奴、西南夷等亦愁苦怨怒，都起兵反抗。254平蠻將軍　將軍雜號，征戰時臨時所加。255什七　十分之七。256更遣寧始將軍句　更遣，改派。寧始將軍，將軍名號，王莽所立。廉丹(?—西元二二年)，王莽親信。先後任南城將軍、寧始將軍、更始將軍等。曾擊匈奴、西南夷，鎮壓農民起義，縱兵虐民。後與赤眉軍交戰，被殺死。庸部，王莽改益州名庸部。牧，官名。即州牧。漢武帝分全國為十三部（州），部置刺史，為監察官，官階低於郡太守。成帝改稱州牧。哀帝初改歸舊制，不久復稱州牧。史熊（？—西元二三年），王莽末年任將軍，後自殺。隴西，郡名。在今甘肅東部，治狄道（今甘肅臨洮南）。王莽改為厭戎。騎士，騎兵。257轉輸者　轉運輸送軍用物資的人。258始至　剛到時。時在新天鳳三年（西元一六年）冬。259不相及　接續不上。及，趕上。260粵嶲　即粵嶲，又作「越嶲」、「越巂」。郡名（見前文注）。王莽改其名為集嶲。任貴（？—西元四三年），《後漢書・南蠻西南夷列傳》作「長貴」。邛都夷人。王莽時集嶲郡大尹（即越嶲郡太守）枚根調他為軍候（掌軍紀、偵察等事的官吏）。漢更始二年（西元二四年），他率族人攻殺枚根，自立為邛穀王，領太守事。又降公孫述；述滅，受東漢光武帝封為長谷王。建武十四年（西元三八年），又受越嶲太守印綬。後謀殺漢將軍劉尚，事洩，被殺，家屬徙成都。261漢興　此指光武中興，即東漢建立。262舊號　指益州及其諸郡在王莽改制之前的名稱。

【語譯】 南夷各部族的君長，多得要以十來計算，其中夜郎的勢力最強大。夜郎以西的靡莫之夷，也多得要以十來計算，其中滇的勢力最大。從滇往北，各部族的君長多得以十來計算，其中邛都的勢力最大。這些夷人部族居民的頭上都梳椎形髮髻，耕種田地，有小城鎮和村落。在他們以外的地方，西邊從桐師往東，北至葉榆澤，分布著稱為嶲和昆明的夷人部族，居民都把頭髮結成辮子，隨著放牧的畜群到處遷徙流動，沒有固定的居住地，也沒有君長，他們活動的地區縱橫有數千里之廣。從嶲往東北，各部族君長多得要以十來計算，其中徙和莋都的勢力最大。從莋都往東北，各部族君長多得要以十來計算，其中冉、駹的勢力最大。這些夷人部族的習俗，有的定居，有的移徙，都分布在蜀郡的西邊。從冉、駹往東北，各部族君長多得要以十來計算，其中白馬的勢力最大，都是氐族的同類。這些部族都是巴郡、蜀郡西南以外的蠻夷。

2 當初在楚威王時，派遣將軍莊蹻率領軍隊沿著長江而上，攻取了巴郡、黔中郡以西的地區。莊蹻是楚莊王的後代。莊蹻到達滇池，這裡方圓三百里，周圍土地平坦、肥沃富饒，縱橫數千里，莊蹻憑藉他的軍隊威勢平定了這個地方，使它歸屬楚國。他想回去報告楚王，正趕上秦國攻打並奪取了楚國巴郡、黔中郡，道路被阻隔而不能暢通，於是就借助他的部眾之力稱王於滇，改換服飾，順從當地習俗，從而當了滇人的首領。秦朝時，曾攻克其地，大略開鑿通往那裡的寬僅五尺的道路，並在這些邦國中稍稍設置了一些官吏。十幾年後，秦朝滅亡了。等到漢朝建立了，把這些邦國都丟棄了，並且關閉蜀郡原來的邊塞。巴郡和蜀郡百姓中的有些人偷著出關塞做買賣，換取筰國的馬、僰國的僮僕、犛牛，因此巴、蜀兩郡特別富裕。

3 漢武帝建元六年，大行令王恢攻打東粵，東粵人殺死他們的國王郢，並將此事報告給王恢。王恢憑藉兵威派番陽縣令唐蒙把漢朝出兵的意旨委婉地告訴了南粵。南粵拿蜀地出產的枸醬給唐蒙吃，唐蒙詢問枸醬是從何處得來的，南粵人說：「是由西北方向的牂柯江而來的，牂柯江寬有數里，流過番禺城下。」唐蒙回到長安，詢問蜀郡的商人，得知只有蜀郡出產枸醬，很多當地人拿著它偷偷出邊關到夜郎去賣。夜郎緊靠牂柯江，江面寬一百多步，完全可以通行船隻。南粵想用財物使夜郎以至西邊的桐師等各部族都歸屬自己，可是沒能使他們像臣下那樣供自己役使。唐蒙就上書勸皇上說：「南粵王乘坐皇帝才能使用的黃屋左纛車輿，他的土地東西一萬多里，名義上是漢朝的屬國藩臣，實際上是一州之主。如今從長沙國和豫章郡前往那裡，水路多半阻絕不通，難以乘船航行。我私下聽說夜郎所擁有的精兵大約有十多萬人，漢軍乘船沿牂柯江順流而下，乘其沒注意而加以攻擊，這是制伏南粵的一條奇計。如果真能憑藉漢朝的強大和巴蜀地區的富饒，打通前往夜郎的道路，在那裡設置官吏，是很容易的。」漢武帝同意唐蒙的主張。於是任命他為郎中將，率領一千大軍，以及負責糧食、輜重的人員一萬多人，從巴符關進入夜郎，於是會見了夜郎侯多同。唐蒙給了他很多賞賜，又用漢王朝的武威和恩德開導他，並約定給夜郎設置官吏，讓他的兒子擔任相當於縣令一級的職務。夜郎周圍的小國都貪圖漢朝的絲綢，認為漢朝到他們那裡的道路艱難險阻，終究是不能占有他們國土的，就暫且接受了唐蒙的盟約。唐蒙回到京城向皇上報告，漢朝將其周圍小國所在地區設為犍為郡，並調遣巴、蜀兩郡的兵士修築道路，從僰道一直修到牂柯江。蜀郡人司馬相如也向皇上說西夷的邛都、筰都可以設郡。皇帝就派司馬相如以郎中將的身分前去西夷，曉示朝廷的意圖，情況都和唐蒙出使南夷一樣，朝廷為西夷地區委派了一名都尉、設置了十幾個縣，歸蜀郡管轄。

4 在這個時候，巴郡、蜀郡、廣漢郡、漢中郡四郡修築通往西南夷的道路，用車輛裝載、運輸物資、軍糧以供應修路的軍隊。過了幾年，道路也沒修通，而築路士兵疲憊飢餓，飽受潮溼悶熱，死去的人很多。西南夷又屢次起來反叛，漢朝調遣軍隊去進擊，耗費了大量錢財和人力，沒有取得什麼功效。皇上憂慮此事，便派公孫弘去察看了解情況。公孫弘回朝稟告，說經營西南夷對國家沒有好處。等到公孫弘當了御史大夫，這時漢朝正修築朔方郡城，憑藉黃河天險，驅逐匈奴，公孫弘等人乘機進諫說開發西南夷給國家帶來害處，可以暫時停止，集中力量對付匈奴。皇上同意了他們的意見，停止經營西夷的活動，只在南夷的夜郎設置兩個縣和一名都尉，並讓犍為郡保全自己，逐漸完善自己的郡縣體制。

5 到漢武帝元狩元年，博望侯張騫說他出使大夏國時，看到過蜀郡出產的布帛、邛都出產的竹杖，詢問這些東西從哪裡來的，大夏人告訴他說：「從東南邊的身毒國來的，身毒國離此大約有數千里，從在那裡做買賣的中國蜀地商人手裡買來。」有人聽說邛地以西大約二千里處有個身毒國。張騫乘機大談大夏在漢朝西南方，仰慕中國，只是苦於匈奴阻隔他們與中國交通的道路。假若能開通蜀地通往西南的道路，身毒國人取道來漢朝就近便了，對漢朝有利無害。於是漢武帝就命令王然于、柏始昌、呂越人等十多批人通過偏僻小路從南夷出發，去尋求身毒國。他們到達滇國，滇王當羌就留住了他們，並為他們尋找道路。過了四年多，漢朝使者都被昆明夷所阻攔，沒有人能打通前往身毒國的道路。滇王同漢朝使者交談時問道：「漢朝和我們滇國相比，哪個大？」還有夜郎侯也這樣詢問。這是因為道路不通，他們各自以為自己是一州之主，不知道漢朝的遼闊廣大。漢朝使者回到京城，就極力陳說滇是大國，值得讓他親近和歸附漢朝。漢武帝對這事就留心注意了。

6 等到南粵反叛時，皇上派馳義侯遺通過犍為郡徵發南夷的軍隊參加平叛。南夷且蘭君擔心本國士兵應徵遠行後，旁邊的國家會乘機虜掠且蘭年老和體弱之民，於是就同他的部眾謀反，殺死漢朝使者和犍為郡太守。漢朝於是調動原為攻打南粵而徵發來的巴郡和蜀郡被赦從軍罪犯和八校尉所部去攻打且蘭。正趕上南粵已被攻破，漢朝八校尉所部尚未按照既定部署沿牂柯江南下，中郎將郭昌、衛廣率兵撤回，乘行軍之便，懲罰阻隔漢朝與滇國交通的且蘭，斬首數萬，於是平定了南夷，漢朝在那裡設置了牂柯郡。夜郎侯起初依仗南粵，而南粵已被消滅，漢軍返回時又嚴懲了反叛的夷國，夜郎侯就入朝拜見皇上，漢武帝封他為夜郎王。南粵破滅之後，漢朝又誅殺且蘭君長和邛都君長，並且殺了莋都侯，冉、駹各部君長都感到震驚恐懼，便向漢朝請求稱臣，要漢朝在他們那裡設置官吏。漢朝就在邛都夷居住地區設置越巂郡，在莋都夷居住地區設置沈黎郡，在冉夷、駹夷居住地區設置文山郡，在廣漢郡西邊的白馬夷居住地區設置武都郡。

7 皇上派王然于出使滇國，以漢朝破南粵及懲罰南夷君長的兵威，委婉勸告滇王前來朝見漢朝天子。滇王的軍隊有數萬人，滇國東北方相鄰的有勞深和靡莫，都和滇王同姓，相倚為援，不肯聽從王然于的勸告。勞深和靡莫屢次侵犯漢朝使者、官吏和士卒。漢武帝元封二年，天子調動巴郡和蜀郡的軍隊攻打並消滅了勞深和靡莫，大軍逼近滇國。滇王最初時對漢朝本有善意，因此沒有被誅殺。滇王於是離棄西夷，率領全國歸附漢朝，請求漢朝為他們設置官吏並允許進京朝見漢武帝。於是漢朝就把滇國設置為益州郡，賜給滇王王印，仍然統治他的百姓。西南夷的君長多得用百來計算，唯獨夜郎國和滇國的君長得到了漢朝授予的王印。滇是個小邦國，其君長卻最受漢朝皇帝寵愛。

8 過了二十三年，當孝昭皇帝始元元年，益州郡廉頭夷、姑繒夷的民眾反叛，殺害當地的官吏。牂柯郡、談指、同並等二十四個城鄉的夷民共三萬餘人也都起來造反。皇上派遣水衡都尉呂辟胡徵調蜀郡和犍為郡的奔命軍一萬餘人攻打牂柯郡反叛諸夷，大敗他們。三年後，姑繒、葉榆諸夷又起來造反，皇上派遣水衡都尉呂辟胡率領益州諸郡部隊攻打他們。呂辟胡駐兵不進，造反的蠻夷就殺死了益州郡太守，乘勝與呂辟胡大戰，漢朝部隊的士兵戰死和溺水而死的有四千多人。第二年，漢朝又派軍正王平與大鴻臚田廣明等率兵並進，大敗益州反叛諸夷，斬殺和俘獲反叛者五萬餘人，獲取牲畜十餘萬頭。皇上說：「鉤町侯亡波率領其封國內的諸部族君長和人民攻打反叛者，殺、俘敵人有功，茲立亡波為鉤町王。大鴻臚廣明賜予關內侯爵，食邑三百戶。」隔了一年，武都郡氐人反叛，漢朝派執金吾馬適建、龍頟侯韓增與大鴻臚廣明率兵攻打他們。

9 到成帝河平年間，夜郎王興與鉤町王禹、漏臥侯俞輪番興兵相互攻打。牂柯太守請求朝廷發兵討伐夜郎王興等人，而朝中議政大臣認為路途遙遠，不可以發兵討伐，皇上就派遣太中大夫、蜀郡人張匡持節去進行調停，讓他們和解。夜郎王興等不聽從皇帝的命令，還用木頭雕刻人像為漢朝官吏的模樣，豎立於道旁，用箭射擊。杜欽勸告大將軍王鳳說：「太中大夫張匡出使調停蠻夷王侯，讓他們和解，諸王侯接受詔命，過後又相互攻打，輕視漢朝使臣，不懼怕漢朝國威，其效果已經清晰可見。只怕朝中議政諸臣怯懦，又要堅持調停和解的主張，郡太守觀察那裡的動靜，發生變亂才向朝廷報告。如此，就又將空廢一個季度而不能及早發兵前去解決問題，那些蠻夷王侯得以收攏其部眾，申明其謀略並使之嚴密而牢固，各方黨羽眾多，各自控制不住憤怒，勢必相互殘殺消滅。他們自知罪已鑄成，更加生出狂悖之心，冒犯乃至殺害郡太守和郡都尉，然後遠藏於悶熱潮溼、毒草叢生之地，即使有孫武、吳起那樣傑出的將領，孟賁、夏育那樣勇猛的士兵，也好比投入水火之中，前去那裡必定被燒焦，被淹死，智謀和勇力都將無處施展。如果屯田防守那裡，耗費巨大，無法估量。應該趁著他們的罪惡尚未鑄成，尚未懷疑漢朝要誅殺他們，暗中命令附近各郡太守、都尉挑選精兵良馬，大司農預先徵調糧食囤積於要害之地，選用稱職的太守前往，在秋天涼爽時節攻入，誅殺那些特別違法作亂的王侯。如果認為那裡是不毛之地，蠻夷人是無用之民，聖明的帝王不想用這種事煩勞中國，就應該廢除所置郡，放棄當地民眾，與蠻夷王侯斷絕關係，不再往來。如果認為先帝所創立的數世之功業不可毀棄，也應該趁其禍患尚在萌芽之中，及早使禍患斷絕。等到禍患已經形成，然後才出兵作戰，那麼廣大百姓就要遭受其害了。」

大將軍王鳳於是推薦金城司馬陳立擔任牂柯郡太守。陳立是臨邛縣人，此前當過益州郡連然縣長、不韋縣令，蠻夷懼怕他。陳立抵達牂柯郡以後，勸告夜郎王興，興不聽從命令，陳立便奏請誅殺興。朝廷尚未答覆，陳立就讓幾十名吏員跟隨著出去巡行牂柯郡各縣，走到夜郎王興邦國內的且同亭，派人召見興。興率領數千人來到且同亭，讓幾十個小邦國的君長隨從他入亭裡會見陳立。陳立歷數興的罪惡，嚴加斥責，隨即砍下他的腦袋。小邦國的君長說：「將軍殺掉反徒，為民除害，請允許我們出去曉示士卒和百姓。」他們提著興的頭給外面的士兵們看，士兵們都放下武器降服。鉤町王禹、漏臥侯俞聞訊，震驚恐懼，貢納穀物一千斛，並宰殺牛羊犒勞漢朝官兵。陳立返回郡城後，夜郎王興的岳父翁指與興的兒子邪務收攏殘餘兵馬，脅迫周圍二十二個小邦國一起反叛。到了冬天，陳立奏請招募諸蠻夷之民，與都尉、長史分別率領攻打翁指等人。翁指依憑險要之處建造營壘，陳立派奇兵斷絕翁指部隊運送糧餉的道路，又派出反間人員打入其內部，去引誘其部眾。牂柯都尉萬年說：「戰事長久得不到解決，軍需費用就不能供給上。」他率領部隊獨自向前推進，結果兵敗逃回，跑進陳立的軍營中。陳立大怒，喝令部下痛打他。萬年又跑回去與翁指廝殺，陳立率兵救援他。當時天氣大旱無雨，陳立進攻斷絕翁指部隊的取水通道。蠻夷一起斬殺了翁指，拿著他的腦袋出營投降。陳立已經平定了西夷叛亂，應朝廷徵召到達京城。趕上巴郡發生盜賊，又任命他為巴郡太守，秩級為中二千石，賜予左庶長的爵位。後來調任為天水郡太守，鼓勵百姓勤於農桑，政績考核為天下第一，賞賜黃金四十斤。入朝為左曹衛將軍護軍都尉，他最後死在官任上。

11 王莽篡奪漢朝帝位，改變漢朝制度，貶鉤町王為鉤町侯。鉤町王邯怨恨，牂柯郡大尹周欽以欺詐手段殺死邯。邯的弟弟承率眾攻打周欽並殺死他，當地州郡官兵攻打承，不能降伏。這時，中國東北部、北部、西南部邊境地區的蠻夷都因愁苦煩擾而起來造反，西南夷又殺死益州大尹程隆。王莽派遣平蠻將軍馮茂徵調巴郡、蜀郡、犍為郡的官吏士卒，賦斂百姓，湊足軍需糧餉，以攻打益州造反的蠻夷。馮茂的部隊進出蠻夷地區三年之久，將士感染疾病而死亡的有十分之七，巴、蜀地區受到戰爭的影響而不得安寧。王莽徵召馮茂還朝，殺了他。改派寧始將軍廉丹與庸部牧史熊大規模徵發天水、隴西二郡的騎士，以及廣漢、巴、蜀、犍為四郡的吏民十萬人，加上轉運物資的夫役，合計有二十萬人，攻打西南夷。軍隊剛到那裡的時候，還勉強斬殺數千人，後來軍糧前後接濟不上，士兵飢餓，又感染疾病，三年多內死亡數萬人。而粵嶲蠻夷任貴又攻殺太守枚根，自立為邛穀王。後來因為王莽敗亡，漢朝重新振興，殺掉任貴，恢復了益州及其諸郡縣的舊稱。

1 南粵王趙佗❶，真定❷人也。秦并天下，略定揚粵❸，置桂林、南海、象郡❹，以適徙民與粵雜處❺。十三歲，至二世時❻，南海尉任囂病且死❼，召龍川令趙佗語曰❽：「聞陳勝等作亂❾，豪傑叛秦相立❿，南海辟遠⓫，恐盜兵⓬侵此。吾欲興兵絕新道⓭，自備待諸侯變，會疾甚。且番禺負山險阻⓮，南北東西數千里，頗有中國人相輔，此亦一州之主，可為國。郡中長吏亡足與謀者⓯，故召公⓰告之。」即被佗書⓱，行南海尉事⓲。囂死，佗即移檄告橫浦、陽山、湟谿關⓳曰：「盜兵且至，急絕道⓴聚兵自守。」因稍㉑以法誅秦所置吏，以其黨為守假㉒。秦已滅，佗即擊并桂林、象郡，自立為南粵武王㉓。

2 高帝㉔已定天下，為㉕中國勞苦，故釋㉖佗不誅。十一年，遣陸賈㉗立佗為南粵王，與剖符㉘通使，使和輯百粵㉙，毋為南邊害㉚。與長沙㉛接境。

3 高后㉜時，有司請禁粵關市鐵器㉝。佗曰：「高皇帝立我，通使物㉞，今高后聽讒臣㉟，別異蠻夷㊱，鬲絕㊲器物，此必長沙王㊳計，欲倚中國，擊滅南海并王之㊴，自為功㊵也。」於是佗乃自尊號為南武帝㊶，發兵攻長沙邊，敗㊷數縣焉。高后遣將軍隆慮侯竈㊸擊之，會暑溼，士卒大疫㊹，兵不能隃領㊺。歲餘，高后崩㊻，即罷兵。佗因此以兵威財物賂遺閩粵、西甌駱㊼，役屬焉。東西萬餘里。迺乘黃屋左纛，稱制㊽，與中國侔㊾。

4 文帝元年㊿，初鎮撫天下，使告諸侯四夷從代來即位意(51)，諭盛德(52)焉。迺為佗親冢在真定，置守邑[53]，歲時奉祀[54]。召其從昆弟[55]，尊官厚賜寵之[56]。詔丞相平舉[57]可使粵者，平言陸賈先帝時使粵。上召賈為大中大夫[58]，謁者[59]一人為副使，賜佗書曰：「皇帝謹問南粵王[60]：甚苦心勞意[61]。朕，高皇帝側室之子[62]，棄外奉北藩[63]于代，道里遼遠[64]，壅蔽樸愚[65]，未嘗致書[66]。高皇帝棄群臣[67]，孝惠皇帝即世[68]，高后自臨事[69]，不幸有疾，日進不衰[70]，以故誖暴乎治[71]。諸呂為變故亂法[72]，不能獨制[73]，迺取它姓子為孝惠皇帝嗣[74]。賴宗廟之靈[75]，功臣之力，誅之已畢。朕以王侯吏不釋[76]之故，不得不立，今即位。乃者聞王遺將軍隆慮侯書[77]，求親昆弟[78]，請罷長沙兩將軍[79]。朕以王書罷將軍博陽侯[80]，親昆弟在真定者，已遣人存問[81]，脩治先人冢。前日聞王發兵於邊，為寇災不止。當其時長沙苦之[82]，南郡[83]尤甚，雖王之國，庸獨利乎[84]！必多殺士卒，傷良將吏，寡人之妻，孤人之子，獨人父母[85]，得一亡[86]十，朕不忍為也。朕欲定地犬牙相入者[87]，以問吏，吏曰『高皇帝所以介長沙土[88]也』，朕不得擅變[89]焉。吏曰：『得王之地不足以為大，得王之財不足以為富，服領[90]以南，王自治之。』雖然[91]，王之號為帝。兩帝並立，亡一乘之使[92]以通其道，是爭也；爭而不讓[93]，仁者不為也。願與王分棄前患[94]，終今以來[95]，通使如故。故使賈馳諭告王朕意，王亦受之[96]，毋為寇災矣。上褚五十衣，中褚三十衣，下褚二十衣[97]，遺王。願王聽樂娛憂[98]，存問鄰國[99]。」

陸賈至，南粵王恐，乃頓首謝[100]，願奉明詔，長為藩臣，奉貢職[101]。於是下令國中曰：「吾聞兩雄不俱立，兩賢不並世[102]。漢皇帝賢天子。自今以來，去帝制黃屋左纛。」因為書稱：「蠻夷大長老夫臣佗昧死再拜上書皇帝陛下[103]：老夫故粵吏也，高皇帝幸賜臣佗璽[104]，以為南粵王，使為外臣，時內貢職[105]。孝惠皇帝即位，義不忍絕，所以賜老夫者厚甚。高后自臨用事，近細士[106]，信讒臣，別異蠻夷，出令[107]曰：『毋予蠻夷外粵金鐵田器；馬牛羊即予，予牡，毋與牝[108]。』老夫處辟，馬牛羊齒已長[109]，自以祭祀不脩，有死罪，使內史藩、中尉高、御史平凡三輩上書謝過，皆不反[110]。又風聞老夫父母墳墓已壞削[111]，兄弟宗族已誅論[112]。吏相與議曰：『今內不得振於漢，外亡以自高異[113]。』故更號為帝，自帝其國[114]，非敢有害於天下也。高皇后聞之大怒，削去南粵之籍[115]，使使[116]不通。老夫竊疑長沙王讒臣[117]，故敢發兵以伐其邊。且南方卑溼[118]，蠻夷中西有西甌，其眾半羸[119]，南面稱王；東有閩粵，其眾數千人[120]，亦稱王；西北有長沙，其半蠻夷[121]，亦稱王。老夫故敢妄竊[122]帝號，聊以自娛。老夫身定[123]百邑之地，東西南北數千萬里，帶甲百萬有餘[124]，然北面[125]而臣事漢，何也？不敢背先人之故。老夫處粵四十九年，于今抱孫焉。然夙興夜寐[126]，寢不安席，食不甘味[127]，目不視靡曼[128]之色，耳不聽鍾鼓之音者，以不得事漢也。今陛下幸哀憐[129]，復故號，通使漢如故，老夫死骨不腐[130]，改號不敢為帝矣！謹北面因使者獻白璧一雙，翠鳥千，犀角十，紫貝五百，桂蠹一器，生翠四十雙，孔雀二雙[131]。昧死再拜，以聞皇帝陛下。」

6 陸賈還報，文帝大說。遂至孝景[132]時，稱臣遣使入朝請[133]。然其居國[134]，竊如故號[135]；其使天子[136]，稱王朝命如諸侯[137]。

7 至武帝建元四年[138]，佗孫胡為南粵王。立三年[139]，閩粵王郢興兵南擊邊邑[140]。粵使人上書曰：「兩粵俱為藩臣，毋擅興兵相攻擊。今東粵擅興兵侵臣，臣不敢興兵，唯[141]天子詔之。」於是天子多[142]南粵義，守職約[143]，為興師，遣兩將軍[144]往討閩粵。兵未踰領，閩粵王弟餘善殺郢以降[145]，於是罷兵。

8 天子使嚴助往諭意[146]，南粵王胡頓首曰：「天子迺興兵誅閩粵，死亡以報德[147]！」遣太子嬰齊入宿衛[148]。謂助曰：「國新被寇[149]，使者行矣。胡方日夜裝[150]入見天子。」助去後，其大臣諫[151]胡曰：「漢興兵誅郢，亦行以驚動南粵[152]。且先王言事天子期毋失禮[153]，要之不可以怵好語入見[154]。入見則不得復歸，亡國之勢[155]也。」於是胡稱病，竟[156]不入見。後十餘歲，胡實病甚，太子嬰齊請歸。胡薨[157]，謚曰文王。

9 嬰齊嗣立[158]，即臧其先武帝、文帝璽[159]。嬰齊在長安時，取邯鄲摎氏女[160]，生子興[161]。及即位，上書請立摎氏女為后，興為嗣。漢數使使者風諭[162]，嬰齊猶尚樂擅殺生自恣[163]，懼入見，要以用漢法，比內諸侯[164]，固稱病[165]，遂[166]不入見。遣子次公入宿衛。嬰齊薨，謚為明王。

10 太子興嗣立，其母為太后[167]。太后自未為嬰齊妻時，曾與霸陵人安國少季通[168]。及嬰齊薨後，元鼎四年[169]，漢使安國少季諭王、王太后入朝，令辯士諫大夫終軍等宣其辭[170]，勇士魏臣等輔其決[171]，衛尉路博德將兵屯桂陽[172]，待使者。王年少，太后中國人，安國少季往，復與私通，國人頗知之，多不附[173]太后。太后恐亂起，亦欲倚漢威，勸王及幸臣求內屬[174]。即因使者上書，請比內諸侯，三歲壹朝[175]，除邊關[176]。於是天子許之，賜其丞相呂嘉銀印，及內史、中尉、太傅[177]印，餘得自置[178]。除其故黥劓刑[179]，用漢法。諸使者皆留填撫[180]之。王、王太后飭治行裝重資[181]，為入朝具[182]。

11 相呂嘉年長矣，相三王[183]，宗族官[184]貴為長吏七十餘人，男盡尚[185]王女，女盡嫁王子弟宗室，及蒼梧秦王有連[186]。其居國中甚重[187]，粵人信[188]之，多為耳目者，得眾心愈[189]於王。王之上書，數諫止[190]王，王不聽。有畔[191]心，數稱病不見漢使者。使者注意嘉，勢[192]未能誅。王、王太后亦恐嘉等先事發[193]，欲介[194]使者權，謀誅嘉等。置酒請使者，大臣皆侍坐飲。嘉弟為將，將卒[195]居宮外。酒行[196]，太后謂嘉：「南粵內屬，國之利，而相君苦不便[197]者，何也？」以激怒使者。使者狐疑相杖[198]，遂不敢發。嘉見耳目非是[199]，即趨出。太后怒，鏦[200]嘉以矛，王止太后。嘉遂出，介弟兵就舍[201]，稱病，不肯見王及使者。迺陰謀作亂。王素亡意誅嘉，嘉知之，以故數月不發。太后獨欲誅嘉等，力又不能[202]。

12 天子聞之，罪使者怯亡決[203]。又以為王、王太后已附漢，獨呂嘉為亂，不足以興兵，欲使莊參以二千人往。參曰：「以好往，數人足；以武往，二千人亡足以為也[204]。」辭不可[205]，天子罷參兵。郟壯士故濟北相韓千秋奮曰[206]：「以區區[207]粵，又有王應[208]，獨呂嘉為害，願得勇士三百人，必斬嘉以報。」於是天子遣千秋[209]與王太后弟摎樂將二千人往。入粵境，呂嘉迺遂反，下令國中曰：「王年少。太后中國人，又與使者亂[210]，專欲內屬，盡持先王寶入獻天子以自媚[211]，多從人，行至長安，虜賣[212]以為僮。取自脫[213]一時利，亡顧趙氏社稷為萬世慮之意[214]。」迺與其弟將卒攻殺太后、王，盡殺漢使者。遣人告蒼梧秦王及其諸郡縣，立明王長男粵妻子術陽侯建德為王[215]。而韓千秋兵之入也，破數小邑。其後粵直開道給食[216]，未至番禺四十里，粵以兵擊千秋等，滅之。使人函封漢使節置塞上[217]，好為謾辭謝罪[218]，發兵守要害處。於是天子曰：「韓千秋雖亡成功[219]，亦軍鋒[220]之冠。封其子延年為成安侯[221]。摎樂，其姊為王太后，首願屬漢，封其子廣德為龔[222]侯。」乃赦天下[223]，曰：「天子微弱，諸侯力政，譏臣不討賊[224]。呂嘉、建德等反，自立晏如[225]。今粵人及江淮以南樓船十萬師[226]往討之。」

13 元鼎五年[227]秋，衛尉路博德為伏波將軍，出桂陽，下湟水[228]；主爵都尉楊僕[229]為樓船將軍，出豫章[230]，下橫浦[231]；故歸義粵侯二人為戈船、下瀨將軍[232]，出零陵[233]，或下離水[234]，或抵蒼梧[235]；使馳義侯[236]因巴蜀罪人，發夜郎兵，下牂柯江：咸會番禺[237]。

14 六年冬，樓船將精卒先陷尋陿[238]，破石門[239]，得粵船粟[240]，因推而前[241]，挫粵鋒[242]，以粵數萬人[243]待伏波將軍。伏波將軍將罪人，道遠後期[244]，與樓船會乃[245]有千餘人，遂俱進。樓船居前，至番禺，建德、嘉皆城守[246]。樓船自擇便處，居東南面；伏波居西北面。會暮，樓船攻敗粵人，縱火燒城。粵素聞伏波[247]，莫[248]，不知其兵多少。伏波迺為營[249]，遣使招降者，賜印綬，復縱令相招[250]。樓船力攻燒敵，反敺而入伏波營中。遲旦[251]，城中皆降伏波。呂嘉、建德以夜與其屬數百人亡入海。伏波又問降者，知嘉所之[252]，遣人追。故其校司馬[253]蘇弘得建德，為海常侯[254]；粵郎都稽[255]得嘉，為臨蔡侯[256]。

15 蒼梧王趙光與粵王同姓，聞漢兵至，降，為隨桃侯[257]。及粵揭陽令史定降漢，為安道侯[258]。粵將畢取以軍降，為膫侯[259]。粵桂林監居翁諭告甌駱四十餘萬口降，為湘城侯[260]。戈船、下瀨將軍兵及馳義侯所發夜郎兵未下，南粵已平。遂以其地為儋耳、珠崖、南海、蒼梧、鬱林、合浦、交阯、九真、日南九郡[261]。伏波將軍益封[262]。樓船將軍以推鋒陷堅為將梁侯[263]。

16 自尉佗王凡五世[264]，九十三歲而亡[265]。

【章旨】以上較詳細地記載了南粵王趙佗建國及其四位繼承者同漢王朝的關係，描述了漢武帝出師攻滅南粵，將南粵置於漢王朝直接統治下的過程，反映了南粵歸漢是各民族走向統一的必然趨勢。

【注釋】❶南粵王趙佗　南粵，又作「南越」。古越族之一，分布於今兩廣及越南部分地區。又是南粵王趙佗所建的國名，秦漢之際勃興，立國近百年，於百越中為最強盛。粵，亦作「越」。古族名。古代分布於長江中下游以南廣大區域的民族，部落眾多，有「百越」之稱。長於水上航行和金屬冶煉。秦漢以後漸與其他民族融合，其中另有一部分與今之壯、黎、傣諸族有密切的淵源關係。趙佗，佗一作「他」。因曾任秦南海尉，故當時一般稱他為「尉佗」。❷真定　縣名。在今河北石家莊東北。❸略定揚粵　攻取並平定了揚粵。略定，攻取並且平定。揚粵，一作「楊越」。因越人所居住之地屬古九州之一的揚州（今中國東南部），故稱揚粵。❹桂林南海象郡　並為郡名。桂林，地在今廣西東部和廣東肇慶、茂名一帶。治今廣西桂平西南古城。漢武帝時改置鬱林郡。南海，地在今廣東珠江三角洲和綏江流域以東，滃江、大羅山以南。治番禺（今廣州）。象郡，在今廣西西部、越南北部、中部，治象林（今越南濰川南茶蕎）。一說在今廣西西部、廣東西南部和貴州南部一帶，治臨塵（今廣西崇左）。❺以適徙民與粵雜處　秦始皇三十三年（西元前二一四年），徵發諸嘗逋亡人（逃亡者）、贅婿、上任為兵，略取南越陸梁地，置南海、桂林、象郡，並以謫徙民五十五萬人戍守五嶺（越城、萌渚、騎田、大庾、都龐嶺，一說有揭陽嶺而無都龐嶺），與越人雜處。適徙，被判刑而遷徙。適，通「謫」。被罰流放或貶官；被罰罪的人。❻十三歲二句　十三歲，《史記集解》引徐廣曰：「秦并天下，至二世元年十三年。并天下八歲，乃平越地，至二世元年，六年耳。」二世，指秦二世皇帝胡亥（西元前二三〇—前二〇七年），姓嬴，秦始皇少子。西元前二一〇—二〇七年在位。繼續大興土木。賦役有增無減，宦官趙高專權，社會矛盾激化，爆發農民起義。他被趙高逼迫自殺，秦朝旋即滅亡。❼南海尉句　南海尉，掌南海郡軍事。尉，即郡尉。參見前文「都尉」注文。秦時在南粵設立桂林、南海、象郡三郡，不設郡守，只設郡尉。任囂，人名。曾任南海郡尉。病，病重。古時「病」字意為病重，而一般性的生病則常用「疾」字表示。且，將要；臨近。❽召龍川令趙佗語曰　龍川，縣名。在今廣東龍川西北。語曰，告訴說。❾陳勝等作亂　陳勝（西元前？—前二〇八年），字涉，陽城（今河南登封）人。雇農出身。二世元年，與吳廣在蘄縣大澤鄉（今安徽宿州東南劉村集）發動同往漁陽（今北京密雲西南）戍守的士卒九百人起義。起義軍迅速發展到數萬人，並在陳縣（今河南淮陽）建立大楚政權。他被推立為王，派兵攻取趙、魏等地，又派主力軍進攻關中。與秦將章邯戰，敗退至下城父（今安徽渦縣東南），被叛徒殺害。詳見卷三十一〈陳勝傳〉。作亂，犯上作亂。指造反。❿豪傑叛秦相立　豪桀，才智出眾的人。相立，爭相自立為王；互相推立為王。⓫辟遠　偏僻遙遠。辟，通「僻」。⓬盜兵　強盜之兵；盜賊之兵。這是趙佗對秦末反秦義軍的蔑稱。⓭興兵絕新道　調動軍隊切斷通往中原的新修大路。絕，斷絕；切斷。新道，秦朝所修通往南粵的道路。相傳在今粵北樂昌一帶。⓮番禺負山險阻　番禺背靠高山，地勢險要。番禺，縣名（見前文注）。此處泛指南海郡乃至整個南越故地，故後文言其地域有數千里之廣。負，背負。此指背後緊靠著。⓯郡中長吏句　長吏，秦漢時期，秩二百石以上的官吏為長吏。縣令、長、縣丞、縣尉以上的官吏都是秩二百石以上。這裡的長吏即指南海郡內縣令、長、縣丞、縣尉等官吏。亡足與謀者，沒有誰值得我與他謀劃。意為無人夠得上與我共商大計。足，夠得上；配得上。⓰公　對男子的尊稱。⓱被佗書　向趙佗頒布任命文書之意。《史記索隱》引服虔云：「囂詐作詔書，使為南海尉。」據此，則本句實指任囂在偽造的詔書中加上任命趙佗行都尉事一類的內容。被，加於……之上。楊樹達《漢書窺管》引《說文解字・貝部》云：「貱，迻（移）予也。」認為「被」乃「貱」之同音假借字，「被佗書」謂「予（給予）佗書」。⑱行南海尉事　秦漢時期，以品秩低的官職代理品秩高的官職，稱作「行某官職事」。此處趙佗以縣令（秩不超過千石）代理南海郡尉（秩比二千石），故稱「行南海尉事」。⑲移檄句　移檄，傳遞檄文。移，移送；傳遞。檄，古代用以徵召、聲討等事的文書。橫浦，古關名。秦置。即今梅關（今廣東南雄東北、江西大余西南大庾嶺）。陽山，古關名。秦置。在今廣東陽山東北鑼寨嶺之上，當騎田嶺通道。湟谿，古關名。秦置。在今廣東英德西南連江（古稱湟水，一作「洭水」）注入北江處。一說在今連縣西北。⑳道　指前文所說的「新道」。上述三關皆扼通往嶺南之要道。㉑稍　逐漸；漸次。㉒以其黨為守假　黨，黨羽；親信。守假，指暫時代理的郡縣官職。守，代理。假，非正式。㉓自立為南粵武王　事在漢王劉邦元年（西元前二〇六年）。㉔高帝　漢高祖劉邦（西元前二五六或前二四七—前一九五年）。詳見卷一〈高帝紀〉。㉕為　因為。㉖釋　放過而不予追究。㉗十一年遣陸賈　十一年，即漢高帝十一年（西元前一九六年）。此年五月，漢遣陸賈至南粵。陸賈，楚人。漢初政論家、辭賦家。從高帝定天下。常出使諸侯為說客。官至太中大夫。力主提倡儒學而輔以黃老無為思想，對漢初政治有一定影響。著有《新語》。詳見卷四十三〈陸賈傳〉。㉘與剖符　與，「與之」之省。同他；和他。符，是古代君臣間的一種信物，皇帝分封諸侯或封賞功臣，或調兵遣將等，將金、玉、銅、木製成的一符一分為二，君臣各持其半，以備合符相驗。此處的剖符是漢朝確認趙佗為南粵王的一種表示。㉙使和輯百粵　讓趙佗協調百粵，使其和睦相處。和輯，和諧安定。這裡作使動用法。輯，通「集」。㉚毋為南邊害　不要成為漢朝南邊的禍害。毋，通「無」。不要。南邊，指漢朝南部邊境。害，禍害。㉛長沙　原為秦郡名，漢代封吳芮為長沙王，遂為國名。地在今湖南東部、南部和廣西全州、廣東連縣、陽山一帶。治臨湘（今長沙）。㉜高后　（西元前二四一—前一八〇年），即呂后。漢高帝皇后。漢高祖死後，她把持朝中實權，前後長達十六年。詳見卷三〈高后紀〉。㉝有司句　有司，古代設官分職，各有專司，因稱官吏為「有司」。關市，漢朝在邊關所設與其他民族進行貿易活動的集市。此處意為在關市購買（鐵器）。市，兼有「市場」、「買」二義。按，呂后四年（西元前一八四年）有司請禁南粵關市鐵器，從之。㉞使物　使者與物資。㉟聽讒臣　聽信讒臣之言。讒臣，進讒言陷害忠良的奸臣。㊱別異蠻夷　將蠻夷與「華夏」區別對待，即歧視蠻夷。㊲鬲絕　斷絕。指不賣給。鬲，通「隔」。㊳長沙王　指第四代長沙王吳右，西元前一八六—前一七八年在位。㊴擊滅南海并王之　南海，先秦古籍有時用作南方各族居住區域的泛稱，或有實際海域可指。此處指南粵，《史記・南越列傳》即作「南越」。并王之，謂一併統治之。王，為……的王；稱王統治……。㊵自為功自謀功利；為自己建立功業。㊶自尊號為南武帝　尊，尊奉。南武帝，《史記》、《漢紀》、《通鑑》作「南越武帝」。此處脫「越」字。按，趙佗自尊號為南越武帝事在呂后五年（西元前一八三年）春。㊷敗　毀壞；蹂躪。㊸隆慮侯竈　隆慮，縣名。今河南林州。因縣西隆慮（林慮）山而得名。竈，周竈（西元前？—前一六三年），秦末從劉邦起兵，擊項羽，以功封侯。呂后七年（西元前一八一年）九月，奉命率軍擊南粵。㊹大疫　指患病者很多且病得很厲害。㊺隃領　翻過陽山嶺。隃，逾越。領，通「嶺」。指陽山嶺，是南嶺的一部分。㊻歲餘二句　歲餘，過了一年多。按，呂后八年（西元前一八〇年）七月，呂后死，上距周竈率軍擊南越之時（呂后七年九月）不足一年，此處說「歲餘」，不正確。㊼佗因此句　因此，乘此機會。賂遺，賄贈；賄賂。閩粵，即閩越。古越族之一。活動於今福建北部及浙江南部。西甌，古越族之一。活動於今嶺南廣大地區，與今壯族有密切淵源關係。一說即駱越。言西者，以別於東甌。駱，即駱越。古越族之一。活動於今廣東、海南、廣西及越南北部，與今壯、黎族有密切的淵源關係。㊽稱制　自稱皇帝發號施令。制，皇帝的命令。㊾侔　相等；平起平坐。㊿文帝元年　即西元前一七九年。文帝（西元前二〇二—前一五七年），即劉恆。高帝子，西漢著名皇帝，西元前一八〇—前一五七年在位。在位時期，經濟發展，政權鞏固。史家將他與景帝統治時期並舉，譽為「文景之治」。詳見卷四〈文帝紀〉。(51)使告諸侯四夷從代來即位意　使，派遣使者。代，代國。漢文帝劉恆未當皇帝前被封為代王，呂后死後，周勃等平定了諸呂之亂，擁戴劉恆為帝，他便從代國來到西漢京城長安。意，意圖；打算。(52)諭盛德　意謂不以威武加於遠方。盛德，猶聖德、深恩大德。(53)為佗句　親冢，父母的墳墓。置守邑，指定守墓的人家。守邑，猶「守家」，指守墓的人家。(54)歲時奉祀　每逢年節，舉行祭祀。奉，奉行；舉行。敬辭。祀，祭祀。(55)從昆弟　堂兄弟。(56)尊官厚賜寵之　用尊貴的官職和豐厚的賞賜表示對他們的優寵。尊官，尊貴的官職。厚賜，豐厚的賞賜。寵，優寵；優待。(57)詔丞相平舉　詔，皇帝的命令（包括口頭命令和詔書）；皇帝下命令（即頒詔書）。平，陳平（西元前？—前一七八年），陽武（今河南原陽）人。秦末先後在魏王咎、項羽處任職；歸劉邦後任護軍中尉，為重要謀士之一。漢朝建立，封曲逆侯。後任丞相。呂后死，他與周勃謀劃誅諸呂，迎立文帝。詳見卷四十〈陳平傳〉。舉，舉薦；推薦。(58)上召賈為大中大夫　高帝時，陸賈以使南粵功被任為大中大夫。後見呂后重用諸呂，乃藉口有病辭職，居好時（今陝西乾縣東）。此時文帝召賈，重新任命為大中大夫。大中大夫，郎中令屬官，掌論議。(59)謁者　官名。春秋戰國時設置，專為國君掌管傳達之事。秦漢沿置，在朝中掌賓贊受事。其長官稱謁者僕射，屬郎中令。少府屬官也有中書謁者令（後改稱中謁者令），掌在宮中為君主傳遞文書。(60)皇帝謹問南粵王　這是詔書的開頭語，意為皇帝謹問南粵王好。(61)苦心勞意　猶費心勞神。(62)側室之子　言非正妻所生。側室，庶子（即妾所生的兒子）。文帝劉恆之母薄姬是漢高帝的妾。63奉北藩　奉職為北邊藩王。藩，帝王分給諸侯王的封國。因代國在漢朝北部邊疆，故稱北藩。64道里遼遠　路途遙遠。道里，道路；路程。遼遠，遙遠。65壅蔽樸愚　壅蔽，亦作「雍蔽」、「擁蔽」。隔絕、蒙蔽。樸愚，猶愚鈍、質樸愚昧。66未嘗致書　顏師古曰：「言未得通使於越。」未嘗，未曾。致書，送信。67棄群臣　丟下群臣而去。稱皇帝死亡的婉辭。68孝惠皇帝即世　孝惠皇帝（西元前二一六—前一八八年），漢惠帝劉盈。劉邦子。西元前一九四—前一八八年在位。在位期間，其母呂后掌握實權。詳見卷二〈惠帝紀〉。即世，猶去世。69自臨事　自己臨朝執政。70日進不衰　謂病情日益嚴重。71以故誖暴乎治　指國事日非，政治混亂。以故，因此。誖暴，悖逆狂暴。乎，介詞，相當於「於」。治，治理（國家）；政治。72諸呂為變故亂法　諸呂，指呂后家族的一些掌權成員，有時也泛指呂后家族所有成員。呂后當政時，違背高帝非劉氏不得封王之約，大封諸呂為王侯，使之參與軍政。諸呂集團在呂后死後陰謀發動政變，被陳平、周勃等大臣粉碎，皆被殺。變故，改變舊制。亂法，破壞法律。73獨制　獨自控制。74取它姓句　呂后為培植外戚勢力，竟立其女魯元公主（即惠帝姊）之女張氏為惠帝皇后。張皇后無子，呂后命其取他人之子養之，立為太子，而殺其母。惠帝死，太子即位，為少帝。呂后又以後宮子不疑為恆（常）山王、強為淮陽王、義為襄成侯（三年後為恆山王）、朝為軹侯（後為恆山王）、武為壺關侯（六年後為淮陽王）、大為昌平侯（七年後為呂王）。據說這些人都是呂氏子，而皆以惠帝子的名義受封。高后四年（西元前一八四年），呂后幽殺少帝，另立恆山王義（改名弘）為帝，而她仍臨朝稱制。嗣，子孫；後代；繼承人。75賴宗廟之靈　仰賴祖宗的庇佑。賴，仰賴。宗廟，古代帝王、諸侯或卿、大夫、士祭祀祖宗的處所（後世自卿大夫以下皆稱家廟）。此處指列祖列宗。靈，神靈；靈佑。76王侯吏不釋　意謂其辭讓帝位而王侯大臣不答應。釋，放過。77乃者聞王遺將軍隆慮侯書　乃者，猶言曩日、往日。遺，給。書，信。78求親昆弟　謂請朝廷訪求其宗親兄弟。親昆弟，未出五服的同宗兄弟。79長沙兩將軍　指漢朝派駐長沙王國征討南粵的兩位將軍，當即周竈與周聚或陳濞。80博陽侯　《史記・高祖功臣侯者年表》和本書卷十六〈高惠高后文功臣表〉皆列有兩博陽侯。其一為陳濞（西元前？—前一六一年），從劉邦起兵反秦，以都尉擊項羽，有功，於漢高帝六年（西元前二〇一年）十二月封博陽侯（《史記索隱》說博陽為縣名，在汝南。汝南郡治上蔡，位於今河南上蔡西南）。其二為周聚（西元前？—前一七一年），從劉邦反秦，以擊項羽功任將軍。淮南王黥布反叛，他率軍平定吳郡，有功，於高帝十二年（西元前一九五年）十月封為博陽侯（《史記索隱》說博陽為縣名，在彭城。西元前六九年始改楚國為彭城郡，不久復為楚國。治彭城，即今江蘇徐州）。不知孰為當時派駐長沙國之博陽侯，故兩存之。《資治通鑑》胡三省注、王先謙《漢書補注》皆以為陳濞。81存問　猶言慰問。存，看望。82長沙苦之　此意謂粵兵寇邊，使得長沙郡受害。83南郡　指長沙國南部的郡。

或認為指南郡（治江陵，今湖北江陵），誤。南郡不與南粵國鄰接，不應是受戰事禍害最嚴重的郡。(84)庸獨利乎　難道獨自有利嗎。庸，難道。獨，唯獨；獨自。利，有利；得利。(85)寡人之妻三句　寡，使……成為寡婦。孤，使……成為孤兒。獨，使……成為孤獨的老人（古代稱老而無子的人為獨）。(86)亡　損失。(87)定地犬牙相入者　謂劃定彼此間犬牙交錯之地。(88)所以介長沙土　用來分隔長沙國與南粵國的疆土。所以，所用來；用以。介，通「界」。界隔；間隔。土，疆土。(89)擅變　擅自改變。(90)服領　山嶺名。在長沙國南部（約在今湖南南部），處於長沙國與南粵國之間。顏師古注引蘇林曰：「山領名也。」又引如淳曰：「長沙南界也。」或認為泛指五嶺以南的荒服之外地區。（《資治通鑑》胡三省注）領，通「嶺」。(91)雖然　即使如此；雖然這樣。(92)一乘之使　坐著一駕馬車的使者。猶言一介之使、一名使者。乘，量詞。古代稱一車駕四馬為「乘」。或「一乘」。漢代朝廷派遣的使者皆乘坐四馬傳車。(93)讓　謙讓；讓步。(94)分棄前患　共同捐棄先前爭鬥之患。分棄，謂彼此共棄。前患，從前的災難；往日的爭鬥之患。(95)終今以來　謂自今以後，直到永遠。(96)王亦受之　亦，語氣詞，表示祈請，略如「也請」。受之，接受這個意見。(97)上褚五十衣三句　顏師古曰：「以綿裝衣曰褚。上中下者，綿之多少薄厚之差也。」褚，是以綿裝成之衣。以綿之多少厚薄，分褚為上、中、下三等。(98)聽樂娛憂　謂聽聽音樂以消憂愁。樂，音樂。娛憂，娛懷取樂，排憂解悶。(99)鄰國　指與南粵相鄰的東粵、西甌、駱越等大小邦國或部落。(100)頓首謝　磕頭謝罪。頓首，磕頭。謝，謝罪。(101)奉貢職　遵從納貢的職責。奉，尊奉；遵守。貢職，進貢等職責。(102)並世　並世而存。謂同時並立。(103)蠻夷大長句　大長老夫，趙佗自稱其身世，意謂我是個年老的大君長。大長，大君長。老夫，老年男子的自稱。昧死，冒昧而犯死罪之意。臣子上書時常用的客套話。再拜，接連行拜禮兩次，表示非常恭敬。再，兩次。拜，行拜禮。陛下，對皇帝的代稱。陛，宮殿的臺階。古時群臣對皇帝說話，不敢直指皇帝，故呼在陛下者（站在臺階下的侍衛人員）而告之，是以卑達尊之意。(104)幸賜臣佗璽　幸蒙賜給我金璽。幸，意為對方的某種做法使自己感到榮幸、幸運。璽，印。漢制，諸侯王金璽盭綬，印文刻作「某王之璽」。漢高帝封趙佗為南粵王，比於諸侯王，其印當亦為金璽。(105)時內貢職　按時履行納貢的職責。時，按時。內，通「納」。交納。(106)細士　猶言小人。(107)出令　發布命令，即下詔。《史記・秦始皇本紀》說秦始皇規定皇帝之「命為制，令為詔」。後世皇太后的命令也稱詔。(108)毋予蠻夷四句　外粵，顏師古注曰：「言非中國，故云外越。」金，指銅。田器，農具。即，即使；假設；如果。牡，雄性鳥獸。牝，雌性鳥獸。不予牝，是為了防其繁殖。(109)馬牛羊齒已長　齒已長，謂年已老。將自己比作馬牛羊一類的賤物，不稱老而說牙齒已長，這是自言年老的極謙卑之辭。(110)使內史藩二句　內史，官名。此為諸侯王國的內史，為諸侯王的重要輔佐之臣，掌治國民、刑獄。藩，人名。中尉，諸侯王國的中尉為武職，掌王國內軍隊。高，人名。御史，官名。漢朝御史因職務不同，有侍御史、符璽御史、治書御史、監軍御史等。諸侯王國亦設御史。平，人名。三輩，三批人。書，奏書。謝，道歉；謝罪。過，過失；罪過。反，通「返」。歸來；返回。(111)風聞句　風聞，顏師古注曰：「聞風聲。」即聽到傳聞、聽到傳言。壞削，毀壞。(112)誅論　按照死罪論處。論，論罪。(113)今內不得振於漢二句　振於漢，謂歸屬漢朝而得到振興。亡以自高異，謂無以自我顯示高強，超越稱王的諸蠻夷。亡，通「無」。(114)自帝其國　稱帝於本國之內。(115)削去南粵之籍　從登記諸侯王及蠻夷藩王的名籍中削除。削，削除。籍，名籍。即登記諸侯王及蠻夷藩王的名籍。(116)使使　派遣使者。前「使」字為動詞，後「使」字為名詞。(117)老夫竊疑句　竊，暗中；私下。讒臣，進讒言詆毀我。(118)卑溼　地勢低下，氣候潮溼。(119)半羸　半，有一半人。羸，劣弱；瘦弱。王先謙《漢書補注》引何焯曰：「《史記》作『其西甌駱裸國』，則『羸』者，『臝』（臝、裸的異體字）之訛也。」此說有理。(120)其眾數千人　這是趙佗在故意貶損閩粵。閩粵之眾實際上絕不止數千人。(121)西北有長沙二句　長沙，指漢所封的長沙國。其半蠻夷，謂長沙王國之人半數是蠻夷（南方各族）。(122)妄竊　妄自竊稱。(123)身定　親自平定。身，自身；親自。(124)東西南北二句　這是趙佗自炫其國廣大、兵眾多的誇大之辭。帶甲，身穿鎧甲的士兵。泛指戰士。有，用在整數與零數之間，相當於「又」。(125)北面　古代以面朝南為尊位，君主臨朝面南而坐，臣下見君則面朝北而拜。故「北面」表示臣服。(126)夙興夜寐　早起晚睡。形容勤勞不懈。夙，早。興，起；起床。寐，睡覺。(127)寢不安席二句　謂睡不好覺，吃不好飯。甘，美好。(128)靡曼　華麗。(129)哀憐　可憐。(130)老夫死骨不腐　人死後屍體腐爛，而骨頭不易腐爛。趙佗以此為比方，表示自己不再稱帝的決心。猶如「海枯石爛」、「山為砥，河為帶」之類的誓言。(131)因使者七句　謂趁使者回朝之機，委託他帶去所進獻的珍貴禮物。因，趁著；憑藉。白璧，一種玉器。圓而扁平，邊緣寬度倍於中心圓孔，色純白。古代貴族用於朝聘、祭祀、喪葬的禮器，也用為裝飾器。古人視為珍寶。翠鳥，亦稱「釣魚郎」。頭大，體小，嘴強而直。額、肩背等部羽毛以蒼翠、暗綠色為主，其他部位為黑褐、栗棕、棕黃和白色等。喜啄食魚蝦。為中國東、南部常見的鳥。犀角，犀牛角。有涼血、解毒、清熱等作用，是珍貴藥材。又是用來雕刻工藝品的珍稀材料。紫貝，王先謙《漢書補注》引沈欽韓曰：「《表異錄》紫貝即砑螺也。」據說古代南海沿岸及島上蠻夷採之用作貨幣。桂蠹，顏師古引應劭曰：「桂樹中蠍蟲也。」顏師古曰：「此蟲食桂，故味辛，而漬之以蜜食之也。」桂當指肉桂（玉桂、牡桂、菌桂），是樟科常綠喬木，產於兩廣、雲南等地。桂皮極香，可入藥，性大熱，味辛甘，有健胃、強身、散寒、止痛等作用。也可作香料或製桂油。生翠，未經塗蠟的翡翠。(132)孝景　漢景帝劉啟（西元前一八八—前一四一年），文帝子。西元前一五七—前一四一年在位。繼續實行「與民休息」的政策，輕徭薄賦；削弱諸侯王勢力，平定吳楚七國之亂，採取有效措施加強中央集權。史稱他與文帝統治時期為「文景之治」。詳見卷五〈景帝紀〉。(133)朝請　謁見、拜見（皇帝）。春曰朝，秋曰請。(134)居國　在國內。(135)竊如故號　竊用帝號如故。楊樹達《漢書窺管》說應作「竊號如故」。(136)使天子　派使者到漢朝天子這裡。(137)稱王朝命如諸侯　謂趙佗遣使朝見漢天子時，仍遵循諸侯王的規格。稱王，指稱趙佗為王。即趙佗自稱為南粵王（不稱帝）。朝，朝見。命，接受朝廷的命令。(138)建元四年　西元前一三七年。按，《史記》本傳作「至建元四年卒」。趙佗若卒於此年，則當已一百一十歲以上。建元，漢武帝第一個年號（西元前一四〇—前一三五年）。(139)立三年　指漢武帝建元六年（西元前一三五年）。(140)南擊邊邑　《史記》、《漢紀》、《通鑑》等作「擊南粵邊邑」。(141)唯　句首語氣詞，表示希望。(142)多　猶「重」。稱讚；讚許。(143)守職約　守藩臣之職而不逾約。(144)兩將軍　指王恢和韓安國。建元六年八月，武帝派大行王恢和大農令韓安國前去討伐閩粵王郢。(145)閩粵王句　事詳後文。以，連詞，相當於「而」。(146)嚴助往諭意　嚴助（西元前？—前一二二年），本姓莊，後世為避漢明帝劉莊名諱，改為「嚴」，會稽郡吳縣（今江蘇蘇州）人。武帝時郡舉為賢良文學，擢中大夫。建元三年（西元前一三八年）奉命發兵擊閩粵以救東甌，兵未至而閩粵罷戰。六年又奉命諭南粵王。遷會稽太守，歸長安為侍中。淮南王謀反，莊助牽連被殺。善應對，有辯才，長於文辭，有賦十餘篇。詳見卷六十四上〈嚴助傳〉。諭意，說明（皇帝的）有關意圖，使對方明白。(147)天子迺興兵二句　迺，竟然。表示對方的做法出乎意料，超過期望，含有感激的意味。亡以，無法。即不知用什麼來表達心意。亡，通「無」。(148)遣太子嬰齊入宿衛　趙胡派遣太子嬰齊入朝宿衛，是表示自己對漢朝絕對忠誠，把太子留在漢朝，有做人質的用意。漢朝的藩屬國往往遣送侍子、質子於漢，名義是侍衛、宿衛，實為人質，以表示對漢朝的忠誠。太子，帝王兒子中已確立為繼承帝王之位者。宿衛，宮中的侍衛。(149)國新被寇　指南粵國剛剛遭受閩粵的侵犯。新，新近；剛剛。被，遭受。寇，寇掠；侵擾。(150)胡方日夜裝　方，正在。裝，整裝待發。(151)諫　規勸，使改正錯誤。(152)亦行以驚動南粵　同時也是用來威嚇南粵。行以，猶「以行」，用這行動。(153)事天子期毋失禮　事，奉事；侍候。期，要求。(154)要之句　要之，總之；最重要的是。怵好語，被甜言蜜語所引誘。怵，引誘；誘惑。好語，好話；動聽的言詞。(155)勢　指危險的趨勢或局勢。(156)竟　終究；始終。(157)薨　古代用來稱諸侯王或有高爵位者死亡。(158)嗣立　繼位；繼立。嗣，繼承；繼承人。(159)即臧句　嬰齊繼位後藏帝璽，是表示去掉私自稱用的帝號，不再稱帝。西元一九八三年，在廣州發現的南粵王趙眜（即趙胡）墓中出土「文帝行璽」金印一枚，蟠龍紐。關於此印，或曰是專門用來隨葬的物品，或曰是墓主生前實用之物。(160)取邯鄲摎氏女　取，同「娶」。邯鄲，古都邑名、郡名、縣名。摎氏女，摎姓人家的女兒。摎，《史記》作「樛」。「樛」、「摎」本為一字，可通假。(161)興　人名。《史記集解》引徐廣曰：「興，一作『典』。」(162)風諭　諷諭南粵王，令其入朝。(163)嬰齊一句　猶尚，仍然；還是。樂，喜歡。擅，專擅；自作主張。殺生，指讓人死或讓人活。恣，放縱。164要以用漢法二句　謂南粵王被強迫執行漢朝法令，像內地諸侯一樣對待。要，要脅；強迫。比，比況；比照。內諸侯，內地諸侯。165固稱病　固，固執；堅持。稱病，推說有病。166遂　竟；始終。167太后　帝王的母親稱太后。漢代諸侯王的母親也稱太后。168與霸陵句　霸陵，縣名。本芷陽縣，漢文帝九年（西元前一七一年）於此築霸陵，並改縣名。在今陝西西安東北。文帝死後葬於此。安國少季，人名。姓安國，名少季。通，私通；通姦。169元鼎四年　即西元前一一三年。元鼎，武帝第五個年號（西元前一一六—前一一一年）。170令辯士句　辯士，善於言談和辯論的人。諫大夫，官名。掌論議，隸屬於郎中令（光祿勳），無一定員額。終軍（西元前？—前一一二年），字子雲，濟南郡（今山東章丘）人。年十八為博士弟子，任謁者給事中，遷諫大夫。奉使南粵時被殺。為人能言善辯，長於文辭，本書卷三十〈藝文志〉儒家有〈終軍〉八篇，今有清人輯本。詳見卷六十四下〈終軍傳〉。宣，宣讀；傳達。其辭，指希望南粵王、王太后入朝的言詞。171輔其決　輔助其決斷。輔，輔助。決，決策；決斷。《史記》作「缺」，缺失；不足。172衛尉句　衛尉，官名，為九卿之一。掌宮門警衛，主南軍。景帝時一度改稱中大夫令。路博德，西河郡平州（本書卷二十八〈地理志〉有平周縣，在今山西介休西，一說在靈石境內。當即平州）人。以右北平太守伐匈奴有功，封符離侯。擊平南粵後增封。後失侯爵，任強弩都尉，屯兵居延（今內蒙古額濟納旗東南）。本書卷五十五附其傳。將，率領。屯，駐軍。桂陽，郡名。在今湖南耒陽以南的耒水、春陵水流域，北到洣水入湘江處附近，南達廣東英德以北的北江流域。治郴縣（今湖南郴州）。173附　依附；親附。174勸王及幸臣求內屬　幸臣，猶寵臣。內屬，內歸漢朝隸屬。175壹朝　朝見一次。壹，通「一」。176除邊關　撤掉邊境上的關塞。177內史中尉太傅　皆諸侯王國的官名。太傅，執掌輔佐君主，位次太師，多為高官加銜，無實權。太子的輔導官亦有太傅，西漢時稱太子太傅。178餘得自置　謂丞相、內史、中尉、太傅以外的官職可由南粵王自己任命，不由漢朝頒印綬。179除其故黥劓刑　除，廢除。故，原有的。黥，古代的一種刑罰。用刀刺刻犯人的面額，再塗上墨，所以又叫「墨刑」。劓，古代的一種刑罰，割掉犯人的鼻子。180填撫　安撫。填，通「鎮」。181飭治行裝重資　飭治，整治；準備。重資，行路者攜帶的貴重財物。資，《史記》作「齎」。182具　備辦；準備。183相三王　輔佐三位國王，即先後擔任文王趙胡、明王趙嬰齊和當時的國王趙興的丞相。相，做丞相輔佐。184官　當官；為官。185尚　特指娶公主為妻。186及蒼梧秦王有連　指與蒼梧秦王有聯姻關係。及，同；與。蒼梧秦王，即趙光。他是粵人之王，居住於漢朝所設的蒼梧郡，趙與秦本屬同姓，故自稱秦王。有連，有婚姻關係。187居國中甚重　謂在南粵國內有很大的權威。居國中，在國內。甚重，甚有權威，即權力甚大。188信　信賴；信任。189愈　勝過；超過。190諫止　勸阻。191畔　通「叛」。叛亂；叛逆。192勢　形勢。此指被形勢所限。193先事發　在事前首先發難。194介　依恃；憑藉。195將卒　統率部卒。196酒行　依次斟過了酒；正喝著酒。197相君苦不便　相君，對丞相的尊稱。苦，不滿意；遺憾。便，利；好。198狐疑相杖　心中懷疑而沒有主意。狐疑，懷疑。由狐性多疑轉來。相杖，相持。指面面相覷，沒有主意。199耳目非是　謂耳目異常，在跟前的人皆不同於以往。200鏦　小矛。這裡指用矛戟衝刺。201介弟兵就舍　借助他弟弟所率士兵的護衛回到府第。介，借助。《漢書補注》引王念孫說當從《史記》作「分」。就，趨就。舍，指呂嘉的府第。202力又不能　謂力量又不足，不能行誅呂嘉等之事。不能，猶不及、不足。203罪使者怯亡決　怪罪使者膽怯而不果斷。罪，怪罪。怯亡決，怯懦而不果斷。亡，通「無」、「毋」。不；不能。204以好往四句　以好往，為了友好而前往。以，為了。武，指打仗、交戰。亡足以為，不足以有所為。意思是幹不成什麼大事。205辭不可　推辭不幹。辭，推辭。不可，不同意去做。206郟壯士句　郟，縣名，今河南郟縣。故，以前的。濟北，這裡是封國名。地在今山東泰安、聊城一帶。治盧縣（今山東長清南）。相，官名。指諸侯王國的丞相。漢初於諸侯國置相國，後改稱相，權位相當於郡太守。列侯國亦有相，權位相當於縣令長。奮，奮然，即奮起的樣子。207區區　小小的。208應　策應；作內應。209於是天子遣千秋　據《史記集解》引徐廣說，韓千秋當時為校尉，被遣往南粵。210亂　淫亂。指太后與安國少季通姦。211盡持先王寶句　寶，《史記》作「寶器」。指宗廟重器及金璽等，泛指各種珍寶。自媚，自作諂媚。212虜賣　掠賣。213自脫　自身逃脫。214亡顧趙氏社稷句　亡顧，不顧；不考慮。社，土地神。稷，穀神。古代帝王均祭祀社稷，故以社稷指代國家。慮，考慮；著想。215立明王句　長男，長子。粵妻子，明王嬰齊的南粵籍妻子（不同於摎氏女，摎為中國人）所生的兒子，即建德。建德後來降漢，始被封為術陽侯，此處是追記。術陽侯國在東海郡下邳（今江蘇睢寧西北、邳州西南）。216粵直開道給食　徑直讓開道路並提供飲食。這是呂嘉等所設引誘漢軍深入，以便聚殲的計策。直，徑直。開道，讓開道路。給食，供給飲食。217函封漢使節置塞上　函封，用木匣裝好封上。節，符節，使者的信物。塞，指漢朝與南粵邊界的關塞。218好為謾辭謝罪　以好聽的假話表示謝罪。謾辭，騙人的文辭。219亡成功　沒有成功。220軍鋒　軍中的先鋒，即作戰或行軍的先頭部隊。221封其子延年為成安侯　延年，韓延年，後隨李陵戰死於匈奴。成安，侯國名，在今河南汝縣東南。222龔　此字應是「龍亢」二字之誤併。《史記》作「龍亢」。龍亢，縣名，在今安徽懷遠西北。223赦天下　對天下罪犯予以特赦（包括免除刑罰和減刑）。224天子微弱三句　《春秋》記述東周之世，天子威權衰弱，諸侯互相攻伐，其意在於譏諷臣下不為君討賊。力政，謂以武力相互征伐。225晏如　心安理得的樣子。226令粵人句　粵人，《史記》作「罪人」。樓船，水軍。漢朝軍兵種包括材官騎士、樓船。北方多置材官騎士，操練射箭、駕戰車、騎馬奔馳和軍陣。江淮以南則編練樓船，操練戰射、行船。師，軍隊。227元鼎

五年　西元前一一二年。元鼎，漢武帝年號（西元前一一六—前一一一年）。[228]湟水　古水名。一作「洭水」，即今廣東北部的連江。[229]主爵都尉楊僕　主爵都尉，官名。秦設主爵中尉，漢景帝時改稱主爵都尉。掌有關封爵之事。武帝太初元年（西元前一〇四年）改稱右扶風，治內史右地（京師之一部分），為三輔之一。楊僕，宜陽（今河南宜陽）人。武帝時，由御史漸遷為主爵都尉。平南粵後，封將梁侯。又與王溫舒擊破東粵。後與荀彘擊朝鮮，朝鮮降，他歸朝後被免官。詳見卷九十〈酷吏・楊僕傳〉。[230]豫章　郡名。在今江西全省。治南昌（今江西南昌）。[231]橫浦　即橫浦關。〈武帝紀〉作「湞水」。案，出橫浦關南下，則至湞水（今滃江）。[232]故歸義粵侯二人一句　原先歸降漢朝而被封為侯的兩個南粵人。歸義，歸向大義，此指投降漢朝。粵侯，被封侯的南粵人。二人，指降漢的粵人嚴和甲。嚴為戈船將軍，甲為下瀨將軍。戈船下瀨，皆為將軍名號。[233]零陵　郡名。治零陵（今湖南零陵）。[234]或下離水　其中一人下離水。據本書卷六〈武帝紀〉載，歸義越侯嚴為戈船將軍，出零陵，下離水；甲為下瀨將軍，下蒼梧。離水，即今灕江。[235]抵蒼梧　抵，至。蒼梧，指蒼梧地方，以其地有蒼梧山（今湖南寧遠南），故名。[236]馳義侯　南粵人，其名為遺。[237]咸會番禺　全都在番禺會師。咸，全都。會，會師。[238]陷尋陿　攻克尋峽。尋陿，通「尋峽」。即湞陽峽，南粵在湞水上所修的險要關口。在今廣東英德南、清遠東。[239]石門　山名。在今廣州西北。[240]船粟　船隻與粟米。[241]因推而前　乘機向前推進。[242]挫粵鋒　挫敗南粵的先頭部隊。挫，挫敗；摧折。鋒，兵鋒；先鋒。[243]以粵數萬人　此句中的「粵」字衍，《史記・南越列傳》無。[244]後期　過了約定的期限，誤了軍期。期，事先約定的期限。指楊僕、路博德兩軍原先約定的會師時間。[245]乃　才；僅僅。[246]城守　據城堅守。[247]粵素聞伏波　粵，指南粵人。素，一向；平日。伏波，《史記》作「伏波名」。《漢書補注》說「有『名』字，語較足。」[248]莫　通「暮」。日落之時。[249]為營　紮營寨。顏師古注：「設營壘以待降者。」[250]復縱令相招　把投降的南粵人又放回去，讓他們招降粵人將士。縱，放。令，使。相招，招降粵人將士。[251]遲旦　猶言遲明。黎明。[252]之　往；到某處。[253]故其校司馬　此誤。《史記》作「其故校尉司馬」。朱一新曰：「《史》作『其故校尉司馬』，蓋以故校尉而今為軍司馬也。故〈功臣表〉云『蘇弘以伏波司馬得南粵王建德侯』，未聞有校司馬之稱也。此『故其』二字誤倒，又脫『尉』字。」司馬，官名，指軍司馬。漢制，大將軍下設司馬一人，主兵，類似今之參謀長；大將軍營五部，每部各設軍司馬一人，主兵。蘇弘當時任路博德軍司馬。[254]海常侯　《史記集解》引徐廣說該封國在東萊郡（今山東萊州）。《資治通鑑》胡三省注：「余以〈王子侯表〉參考，則海常侯當食邑琅邪。」琅邪，縣名、郡名。縣在今山東膠南西南。郡在今山東半島東南部，治琅邪縣。[255]粵郎都稽　粵郎，南粵的郎官。郎，官名。皇帝侍從官的統稱。諸侯王國亦有郎官。都稽，人名。〈功臣表〉作「孫都」。[256]臨蔡侯　〈功臣表〉載，臨蔡侯國在河內郡（地在今河南西北部，治懷縣，即今武陟西南)。[257]隨桃侯　據《史記・建元以來侯者年表》司馬貞《索隱》云：「〈表〉在南陽。」南陽，郡名。在今河南西南部，治宛縣(今南陽)。按，本書卷十七〈景武昭宣元成功臣表〉並無隨桃侯國在南陽的字樣。[258]揭陽令二句　揭陽，縣名。在今廣東揭陽。史定，人名。安道侯，〈景武昭宣元成功臣表〉載該侯國在南陽(郡)。[259]粵將畢取二句　顏師古注：「越將姓畢名取也。」以軍降，謂率其所部粵軍投降漢朝。膫侯，前引〈功臣表〉載該侯國在南陽(郡)。[260]粵桂林監居翁二句　桂林監，南粵所設掌管桂林的官名。顏師古注引服虔曰：「桂林部監也。」桂林，地名。桂林當屬南粵國所屬之一部，其地曾為秦的桂林郡。監，即監御史，官名。秦置，掌監郡。漢省。此為南粵沿襲秦制所置地方官。居翁，人名，姓居名翁。湘城侯，〈功臣表〉作「湘成侯」，載此侯國在「堵陽」。堵陽，縣名。在今河南方城東。湘城為堵陽縣之鄉名。[261]儋耳句　儋耳，郡名。在今海南島西部。治儋耳縣(今海南儋縣西北)。珠崖，郡名。珠，一作「朱」。崖，一作「厓」。因海崖邊出真珠而得名。地在今海南島東北部。治瞫都縣(今海南瓊山東南)。南海，郡名。見前文注。蒼梧，郡名。在廣東西部偏北與廣西東部偏北相鄰縣和湖南江永、江華以南。治廣信(今廣西梧州)。鬱林，郡名。在今廣西除東部桂林、梧州兩市及玉林一部分地區以外的廣大地區。治布山(今廣西桂平西故城)。合浦，郡名。在今廣東西南和廣西東南一帶。治合浦(今廣西合浦東北)。交阯，郡名。阯，一作「趾」。地在今越南北部。治羸陵(今越南河內西北)。原為趙佗所置郡。九真，郡名。在今清化、義淨一帶。治胥浦(今越南清化西北)。原為趙佗所置郡。日南，郡名。在今越南中部。治西捲(今越南廣治西北)。[262]伏波將軍益封　〈功臣表〉載，邳離侯路博德，封地在朱虛縣(今山東臨朐東南)，食邑一千六百戶。此時以平南粵功而增加其食邑戶數。益封，增加食邑戶數。[263]樓船將軍句　推鋒，楊樹達說「『推』當讀為『摧』，即上文之『挫粵鋒』也。」陷堅，攻破敵人的中堅力量(主力)。將梁，鄉名。屬廣望侯國(今河北清苑西南)。此據《史記會注考證》說。[264]自尉佗王凡五世　尉佗，趙佗曾行南海郡尉事，故當時一般稱之為尉佗。五世，即趙佗、佗孫趙胡、胡子趙嬰齊、嬰齊子趙興及趙佗子某(史書失載其名)，凡五代。[265]九十三歲而亡　南粵亡於元鼎六年(西元前一一一年)，由此上溯九十三年，推知趙佗始稱王於漢王劉邦三年(西元前二〇四年)或四年。

【語　譯】南粵王趙佗是真定人。秦統一了天下，攻取並平定了揚粵，設置了桂林、南海和象郡，把犯罪而被遷徙的百姓安置到這些地方，同粵人雜居。過了十三年，到秦二世時，南海郡尉任囂病重將死，把龍川縣令趙佗召來，告訴他說：「聽說陳勝等發動了叛亂，豪傑們背叛秦朝，爭相自立為王，南海郡偏僻遙遠，恐怕盜賊部隊也會打到這裡。我想調動軍隊切斷通往中原的新修大路，自己早作防備，等待諸侯的變化，卻碰上我的病重了。再說番禺這個地方，背後有險要的山勢可以依靠，東西南北幾千里，有不少中原人能夠輔助我們，在這裡也能當一州之主，可以建立國家。南海郡的長吏中沒有誰值得我同他謀劃這些事，所以把你召來把我的想法告訴你。」任囂當即向趙佗頒布任命文書，讓他代行南海郡尉的職務。任囂死後，趙佗就傳布檄文，通令橫浦關、陽山關、湟谿關各處鎮守官吏，說：「盜賊的軍隊將要打過來了，要迅速切斷新道，集合軍隊，守衛自己。」趙佗逐漸借用法律殺了秦朝安置的官吏，而用他的親信黨羽代理郡縣官吏。秦朝滅亡後，趙佗就攻奪並兼併了桂林郡和象郡，自立為南粵武王。

2 漢高祖平定天下之後，因為中原連年戰亂，百姓勞頓困苦，所以放過了趙佗，沒有討伐。漢高帝十一年，派遣陸賈去南粵，追立趙佗為南粵王，同他剖符為憑，並定約互通使者，讓他協調百粵，使其和睦相處，不要成為漢朝南邊的禍害。南粵之地與長沙國接境。

3 高后時代，有關部門的官吏奏請禁止南粵在邊境市場上購買鐵器。趙佗說：「高帝立我為南粵王，雙方互通使者和物資，如今高后聽信讒臣的意見，把蠻夷視為異類，斷絕我們所需要的器物的來源，這一定是長沙王的主張，他想依靠中原的漢王朝，消滅南粵，一併統治之，自己建立功勞。」於是趙佗就自加尊號為南越武帝，出兵攻打長沙國的邊境城邑，蹂躪了幾個縣。高后派遣將軍隆慮侯周竈率軍攻打南粵，正遇上酷暑潮溼的天氣，大批士兵身染瘟疫，致使大軍無法越過陽山嶺。過了一年多，高后去世，漢軍就停止了進攻。趙佗趁此機會耀武揚威，用財物賄賂收買閩粵、西甌和駱越，使他們都歸屬南粵役使。他的領地從東到西長達一萬餘里。趙佗竟然乘坐黃屋左纛之車，以皇帝身分發號施令，同漢朝皇帝平起平坐，不相上下。

4 漢文帝元年，剛剛統治天下，便派出使者向諸侯和四方蠻夷的君長告知他從代國入朝即位的想法，讓他們知道天子的聖明美德。於是為趙佗在真定的父母的墳墓，設置守墓的人家，每年按時舉行祭祀。又召來他的堂兄弟，授予尊貴的官職，給予豐厚的賞賜，表示對他們的優寵。天子命令丞相陳平等推薦可以出使南粵的人，陳平推薦陸賈，說他在先帝時曾出使南粵。皇上就召來陸賈，任命他為太中大夫，另派謁者一人為副使，賜趙佗詔書說：「皇帝謹向南粵王表示問候：你治理南粵一定很是費心勞神。朕是高皇帝側室之子，被棄置在外，奉職在代國為北邊藩王，與南粵相距遙遠，為千山萬水所隔絕，而朕又質樸愚鈍，不曾致信於王。高皇帝拋棄群臣而去，孝惠皇帝去世，高后自己臨朝執政，不幸有病，日益加重，以致國事日非，政治混亂。諸呂改變舊制，破壞法律，又不能獨自控制漢朝天下，竟然取外姓之子作為孝惠皇帝的後代和皇位繼承人。仰賴宗廟神靈保佑和功臣們的幫助，已經將諸呂消滅。朕因王侯大臣不同意辭讓的緣故，不得不允其擁立，現在即帝位。往日聽說你寫信給將軍隆慮侯周竈，請求朝廷尋訪你的宗親兄弟，並撤走駐守在長沙國的兩位將軍。朕按照你的書信要求，撤走了將軍博陽侯，並已派人看望慰問你在真定老家的宗親兄弟，修治了你先人的墳墓。前些日子，聽說你發兵於漢朝邊境，寇掠不止。在那時長沙國蒙受其苦，南部的郡尤為嚴重，即便對你的南粵國，難道就唯獨有什麼好處嗎！一定會有很多士卒戰死，損失好的將官，使他人之妻成為寡婦，使他人之子成為孤兒，使他人父母成為孤獨的老人，獲得一分而損失十分，朕不忍心這樣做。朕打算劃定漢朝與南粵邊界上犬牙交錯之地，使之整齊劃一，有關官吏說『這些犬牙交錯之地是高皇帝用來間隔長沙國與南粵國的疆土』，朕不能擅自改動它們。官吏說：『奪得南粵王之地不足以使漢朝變大多少，奪得南粵王的財物不足以使漢朝富裕多少，服領以南由南粵王自行治理。』雖然如此，你現在卻號稱為帝。兩帝並立於世，卻沒有派一名使者來打開通聘之道，這便是爭奪名分地位；爭奪而不謙讓，是仁者不做的事。希望與你共同捐棄以往爭鬥之患，從今以後，互通使節如故。因此派遣陸賈前往，將朕的想法告訴你，也請你接受這個意見，不要寇略邊境、製造災難了。有上褚五十件，中褚三十件，下褚二十件，贈送給你。希望你多聽音樂，娛樂解悶，關心和安撫鄰近邦國。」

5　陸賈到了南粵，南粵王趙佗惶恐，當場叩頭謝罪，表示願意敬奉皇上明詔，永做漢朝的藩臣，謹奉納貢的職責。於是趙佗就向國內發布命令，說：「我聽說兩個英雄豪傑不能並存，兩個賢哲之人也不能共同生活在同一世界。漢朝皇帝是賢明天子。從今以後，我去掉帝制，不再乘坐黃屋左纛的車子。」接著就寫信給皇上，說：「蠻夷大長、老夫臣佗昧死再拜上書皇帝陛下：老夫原本是在南粵供職的一名官吏，幸蒙高皇帝賜給我金璽，封我為南粵王，讓我做漢朝的藩臣，按時履行納貢的職責。孝惠皇帝即位後，施行恩義，不忍棄絕，用來賜予老夫的財物很豐厚。高后親自臨朝執政，親近小人，聽信讒臣，把蠻夷當作異類，頒布命令說：『不得賣給蠻夷外粵銅鐵農具；馬牛羊之類，即便賣給，也只賣給雄性的，不得賣雌性的。』老夫居處在偏遠荒蠻之地，年紀已老了，自知背國棄祖，罪該萬死，便派內史藩、中尉高、御史平共三批人上書謝過，但都沒有返回。又風聞老夫父母的墳墓已被毀壞，兄弟宗族已被判罪處死。老夫手下的官吏一起議論說：『而今南粵內不能通過歸屬漢朝得到振興，外又不能在蠻夷中自顯高強。』所以改號為帝，這只是自己在國內稱帝，並非膽敢有害於漢朝天下。高皇后聽說這件事後大怒，削除南粵王國之籍，斷絕使者往來。老夫私下懷疑長沙王進讒言侮蔑我，因此膽敢征伐長沙的邊境地區。再說南方是低溼之地，處於蠻夷中間，西面有西甌，其民眾多半劣弱，其君長卻南面而稱王；東邊有閩粵，其民眾只有數千人，其君長也稱為王；西北有長沙國，其民眾的一半為蠻夷，國君也稱王。所以我敢於狂妄地竊取皇帝的尊號，聊以自我安慰。老夫親自平定百邑之地，疆域東西南北縱橫數千里乃至萬里，精兵有一百餘萬，卻仍然北面稱臣，奉事漢朝，這是為什麼呢？是因為不敢背叛先人的緣故。老夫身處南粵四十九年，現在已經抱孫子了。然而夙興夜寐，寢不安席，食不甘味，目不視靡麗之色，耳不聽鐘鼓之音，原因就是不得奉事漢朝而憂慮悲傷。如今幸蒙陛下慈悲垂憐，恢復舊時爵號，像高帝時一樣能通使漢朝，除非老夫死後骨頭都腐爛了，否則，我現在改變名號，再不敢稱帝了！謹北面敬拜，通過使者敬獻白璧一雙，翠鳥一千隻，犀角十隻，紫貝五百枚，桂蠹一器，生翠四十雙，孔雀二雙。昧死再拜，報告皇帝陛下。」

6 陸賈回朝報告，漢文帝非常高興。延續到漢景帝時代，趙佗向漢朝稱臣，春秋兩季派人到長安朝見天子。但是在南粵國內，趙佗仍舊竊用皇帝的名號；只是他派使者朝見天子時才稱王，朝拜、接受天子的命令如同諸侯王一樣。

7 到了漢武帝建元四年，趙佗的孫子趙胡當了南粵王。即位的第三年，閩粵王騶郢發兵南下，攻打南粵邊境城鎮。趙胡派人向漢天子上書說：「南粵和東粵都是漢朝的藩臣，不能擅自發兵相互攻擊。如今東粵發兵侵犯臣，臣不敢發兵抗擊，希望天子下詔書處理這事。」於是天子讚揚南粵有忠義的行為，遵守藩臣職責和盟約，為他出兵，派遣王恢、韓安國兩位將軍前去討伐閩粵。漢軍還沒越過五嶺，閩粵王的弟弟餘善就殺死了騶郢，投降了漢朝，於是漢朝罷兵。

8 漢天子派嚴助去向南粵王講明朝廷的意思，南粵王趙胡深深叩頭說：「天子竟肯發兵討伐閩粵，就是臣死了也無法報答天子的深恩大德！」趙胡派太子嬰齊到朝廷去充當宿衛。他對莊助說：「敝國剛剛遭受寇略，請使者先走吧。趙胡我正在日夜整理行裝，準備去京城朝見天子。」莊助離開後，他的大臣勸告趙胡說：「漢朝發兵討伐閩粵王騶郢，同時也是用這個行動來警告南粵。況且先王過去曾說過，事奉天子，只希望不要失禮，總之不可被使者的好話所誘惑而去朝見天子。要是去朝見天子就不能再回來了，這是亡國的危機啊。」於是趙胡就以生病為藉口，最終也沒去朝見漢天子。過了十多年，趙胡真病得很嚴重，太子嬰齊請求回國。趙胡去世後，賜給他文王的諡號。

9 嬰齊繼立為南粵王之後，就把他先人武帝、文帝的金璽收藏起來。嬰齊到長安做宿衛時，娶了邯鄲摎家的女兒做妻子，生了個兒子叫趙興。待到他即位為王，便向漢天子上書，請求立摎氏女為王后，趙興為太子。漢朝屢次派使者婉轉勸告嬰齊去朝拜天子，嬰齊一味喜歡獨操生殺予奪之權，可以為所欲為，懼怕進京朝拜天子，會被強迫執行漢朝法令，像內地諸侯一樣對待他，因此堅持以有病為託辭，始終未去朝見天子。他只派遣兒子次公入朝當宿衛。嬰齊死去，加給他明王的諡號。

10 太子趙興繼立為南粵王，他母親當了太后。太后在沒嫁做嬰齊妻子時，曾經同霸陵人安國少季私通。等到嬰齊死後，元鼎四年，漢朝派安國少季前去規勸南粵王和王太后入朝，命令善辯之士諫大夫終軍等宣達這個意思，讓勇士魏臣等輔助決斷，命衛尉路博德率兵駐守在桂陽，等待使者。南粵王年輕，太后是中原人，安國少季此次出使來到南粵國，又和她私通，南粵國的人們多半知道這事，大多不親附太后。太后害怕發生動亂，也想依靠漢朝的威勢，所以勸說南粵王和受親幸的臣子請求歸屬漢朝。於是就通過漢朝使者上書天子，請求比照內地諸侯，每三年朝見天子一次，撤除邊境的關塞。於是天子答應了他們的要求，賜給南粵丞相呂嘉銀印，也賜給內史、中尉、太傅等官印，其餘的官職由南粵王自己選任。廢除他們從前的黥刑和劓刑，採用漢朝的法律。漢朝使者都留下來鎮撫南粵。南粵王及王太后整治行裝和貴重財物，為進京朝見天子做準備。

11 南粵丞相呂嘉年齡很大了，輔佐過三位國王，他的宗族內官居要職的有七十多人，他的子孫男的都娶王女做妻子，女的都嫁給王子和其他宗室貴族，又同蒼梧郡的秦王趙光有聯姻關係。他在南粵國內的權力甚大，南粵人都信任他，很多人是他的耳目，他得民心的程度超過了南粵王。南粵王要上書漢天子請求內屬，他屢次勸阻，南粵王不聽從。他就產生了叛逆的念頭，屢次推託有病，不肯會見漢朝使者。使者注意到呂嘉的動向，因為形勢所限，不能誅殺呂嘉。南粵王和王太后也怕呂嘉等首先發難，想借助漢朝使者的權威，設謀殺死呂嘉等人。於是，宮中大擺酒宴，招待漢朝使者，並讓大臣們都來陪坐飲酒。呂嘉的弟弟當將軍，率兵守候在宮外。席間依次斟過了酒，太后對呂嘉說：「南粵內屬漢朝，對國家有利，而丞相你嫌這樣做不利，是什麼原因？」王太后想以此激怒漢朝使者。使者心中狐疑，面面相覷，沒有主意，終究沒敢動手殺呂嘉。呂嘉看到周圍人與以往不同，隨即站起身走了出去。王太后發怒了，拿起矛要刺殺呂嘉，南粵王阻止了太后的行為。呂嘉就出去了，借助他弟弟所率士兵的護衛，回到府第，託病不肯去會見王和漢朝使者。他就暗中謀劃發動叛亂。南粵王一向無意殺害呂嘉，呂嘉知道這一點，因此幾個月也沒有發動叛亂。只有太后想誅殺呂嘉，又沒有能力做成。

12 漢天子聽說這些情況，怪罪使者膽怯而不果斷。又認為南粵王和太后已經歸附漢朝，獨有呂嘉作亂，不值得發兵，想派莊參率兩千人前往南粵。莊參說：「若是為友好而去，幾個人就足夠了；若是為動武而去，兩千人不足以幹出大事來。」莊參推辭不肯去，天子就放棄派莊參帶兵前去。郟地壯士、前濟北王的相韓千秋奮然說道：「這麼一個小小的南粵，又有國王做內應，獨有丞相呂嘉從中破壞，我願意帶三百個勇士前往南粵，一定殺死呂嘉，回來向天子報告。」於是天子派遣韓千秋和王太后的弟弟摎樂，率兵二千人前往南粵。他們進入南粵境內，呂嘉等終於造反了，並向南粵國的人下令說：「國王年輕，太后是中國人，又同漢朝使者有淫亂行為，一心想歸屬漢朝，把先王的珍寶重器全部拿去獻給漢天子，自作諂媚；帶走很多隨從的人，走到長安，便要把他們賣給漢人做僮僕。太后只想得到自己一時逃脫南粵的好處，沒有顧及到趙氏的國家政權，沒有為趙氏子孫萬代長遠謀劃的意思。」於是呂嘉就同他弟弟率兵攻擊並殺害了太后和國王，又殺光了漢朝的使者。他派人告知蒼梧秦王和各郡縣官員，立明王的長子即明王與南粵籍的妻子所生的兒子後降漢被封為術陽侯的趙建德為南粵王。這時韓千秋的軍隊進入南粵境內，攻破幾個小城鎮。後來，南粵人徑直讓開道路，供給飲食，讓韓千秋的軍隊順利前進，走到離番禺四十里的地方，南粵出兵襲擊韓千秋等，把他們全部消滅。呂嘉讓人把漢朝使者的節封裝在木匣內，放置到邊塞之上，向漢朝守邊官吏說了些好聽的假話表示謝罪，同時派兵守衛在要害的地方。於是天子下詔說：「韓千秋雖然沒有取得成功，但也夠得上軍人的先鋒之冠了。封韓千秋的兒子韓延年為成安侯。摎樂，他姊姊是王太后，她首先願意歸屬漢朝，因此封摎樂的兒子摎廣德為龍亢侯。」接著發布赦令說：「天子衰微，諸侯以武力相互征伐，《春秋》記載其事以譏刺人臣不為國君討伐亂賊。如今呂嘉、趙建德等造反，自立為王，還心安理得。我命令粵人及江淮以南水兵十萬大軍前去討伐他們。」

13 元鼎五年秋天，衛尉路博德為伏波將軍，率兵出桂陽郡，下湟水；主爵都尉楊僕為樓船將軍，率兵出豫章郡，下橫浦關；原來為南粵人而後歸順漢朝被封侯的嚴、甲二人為戈船將軍和下瀨將軍，率兵出零陵縣，然後一人下離水，一人直抵蒼梧；派馳義侯遺利用巴蜀地區的罪人，並調發夜郎的兵卒，直下牂柯江：約定各路兵馬都在番禺會師。

14 元鼎六年冬天，樓船將軍楊僕率領精銳兵卒，首先攻下了尋陿，然後攻破石門，繳獲了南粵的戰船和糧食，乘機向前推進，挫敗南粵的先頭部隊，率數萬大軍等候伏波將軍。伏波將軍率領被赦的罪人，道路遙遠，耽誤了會師的日期，同樓船將軍會師的僅有一千餘人，於是兩支部隊一同前進。樓船將軍在前頭，直打到番禺，趙建德和呂嘉據城防守。樓船將軍自己選擇有利的地形，駐兵在番禺的東南面；伏波將軍駐軍在番禺西北邊。趕上天黑了，樓船將軍攻擊並打敗了南粵人，放大火燒番禺城。南粵人平時就聽過伏波將軍的大名，如今天黑，不知道他有多少軍隊。伏波將軍就安營紮寨，派使者招誘些投降的人，賜給他們印綬，又放他們回去招降別的人。樓船將軍奮力攻擊，火燒敵人，反而將南粵人驅趕入伏波將軍的營中。黎明時分，城中的南粵軍民都投降了伏波將軍。呂嘉和趙建德已在夜裡同部下幾百人逃入大海。伏波將軍又詢問已投降的南粵人，知道呂嘉的去向，派人去追捕他。伏波將軍麾下原為校尉而現為司馬的蘇弘捉到趙建德，被封為常海侯；南粵郎官都稽抓到呂嘉，被封為臨蔡侯。

15 蒼梧王趙光同南粵王是同姓，聽說漢朝大軍已到，就投降了，受封為隨桃侯。還有南粵揭陽縣令史定歸降漢朝，受封為安道侯。南粵將軍畢取率領其部隊投降，受封為瞭侯。南粵桂林郡監居翁，告知西甌、駱粵四十餘萬人歸降漢朝，被封為湘城侯。戈船將軍和下瀨將軍的軍隊，以及馳義侯徵發的夜郎軍隊還未南下，南粵已經被平定了。於是漢朝在此設置了儋耳、珠崖、南海、蒼梧、鬱林、合浦、交阯、九真、日南九個郡。伏波將軍增加了封邑。樓船將軍的軍隊挫敗敵人先頭部隊，又攻破敵人的堅固防守，被封為將梁侯。

16 從趙佗最初稱王以後，傳國五世，共九十三年，南粵國就滅亡了。

1 閩❶粵王無諸及粵東海❷王搖，其先皆粵王句踐之後❸也，姓騶❹氏。秦并天下，廢為君長，以其地為閩中郡❺。及諸侯畔秦，無諸、搖率粵歸番陽令吳芮，所謂番君者也❻，從諸侯滅秦。當是時，項羽主命❼，不王❽也，以故不佐楚❾。漢❿擊項籍，無諸、搖帥⓫粵人佐漢。漢五年⓬，復立無諸為閩粵王，王閩中故地⓭，都冶⓮。孝惠三年⓯，舉高帝時粵功⓰，曰閩君搖功多，其民便附⓱，乃立搖為東海王，都東甌⓲，世號曰東甌王。

2 後數世，孝景三年⓳，吳王濞反⓴，欲從閩粵㉑，閩粵未肯行，獨東甌從。及吳破[22]，東甌受漢購[23]，殺吳王丹徒[24]，以故得不誅[25]。

3 吳王子駒亡走[26]閩粵，怨東甌殺其父，常勸閩粵擊東甌。建元三年[27]，閩粵發兵圍東甌，東甌使人告急天子[28]。天子問太尉田蚡[29]，蚡對曰：「粵人相攻擊，固其常[30]，不足以煩中國往救[31]也。」中大夫嚴助詰蚡[32]，言當救。天子遣助發會稽郡兵浮海救之[33]，語具在助傳[34]。漢兵未至，閩粵引兵去[35]。東粵請舉國徙中國[36]，迺悉與眾[37]處江淮之間。

4 六年，閩粵擊南粵，南粵守天子約，不敢擅發兵，而以聞。上遣大行王恢[38]出豫章，大司農韓安國[39]出會稽，皆為將軍。兵未隃領，閩粵王郢發兵距險[40]。其弟餘善與宗族謀曰：「王以擅發兵，不請[41]，故天子兵來誅。漢兵眾強，即幸[42]勝之，後來益多[43]，滅國乃止。今殺王以謝天子，天子罷兵，固國完[44]。不聽[45]，迺力戰，不勝即亡入海。」皆曰：「善。」即鏦殺王，使使奉其頭致大行[46]。大行曰：「所為來者，誅王，王頭至，不戰而殞，利莫大焉[47]。」迺以便宜案兵告大司農軍[48]，而使使奉王頭馳報天子。詔罷兩將軍兵，曰：「郢等首惡，獨無諸孫繇君丑不與謀[49]。」乃使郎中將立丑為粵繇王，奉閩粵祭祀[50]。

5 餘善以[51]殺郢，威行國中[52]，民多屬[53]，竊自立為王，繇王不能制。上聞之，為餘善不足復興師[54]，曰：「餘善首誅郢，師得不勞。」因立餘善為東粵王，與繇王並處。

6 至元鼎五年，南粵反，餘善上書請以卒八千從樓船[55]擊呂嘉等。兵至揭陽[56]，以海風波為解[57]，不行，持兩端[58]，陰使[59]南粵。及漢破番禺，樓船將軍僕上書願請引兵擊東粵。上以士卒勞倦，不許。罷兵，令諸校留屯豫章梅領待命[60]。

7 明年[61]秋，餘善聞樓船請誅之，漢兵留境[62]，且往[63]，乃遂發兵距漢道[64]，號[65]將軍騶力等為「吞漢將軍」，入白沙、武林[66]、梅領，殺漢三校尉。是時，漢使大司農張成、故山州侯齒將屯[67]，不敢擊，卻就便處[68]，皆坐畏懦誅[69]。餘善刻「武帝」璽自立，詐[70]其民，為妄言[71]。上遣橫海將軍韓說出句章[72]，浮海從東方往，樓船將軍僕出武林，中尉王溫舒[73]出梅領，粵侯為戈船、下瀨將軍出如邪、白沙[74]。元封元年[75]冬，咸入東粵。東粵素發兵距嶮[76]，使徇北將軍守武林，敗樓船軍數校尉，殺長史。樓船軍卒錢唐榬終古[77]斬徇北將軍，為語兒[78]侯。自兵未往[79]。

8 故粵衍侯吳陽[80]前在漢，漢使歸諭餘善，不聽。及橫海軍至，陽以其邑七百人反[81]，攻粵軍於漢陽[82]。及故粵建成侯敖與繇王居股謀[83]，俱[84]殺餘善，以其眾降橫海軍。封居股為東成侯[85]，萬戶[86]；封敖為開陵[87]侯；封陽為卯石[88]侯，橫海將軍說為按道⑧⑨侯，橫海校尉福為繚嫈⑨⓪侯。福者，城陽王⑨①子，故為海常侯，坐法失爵，從軍亡功，以宗室故侯。及東粵將多軍⑨②，漢兵至，棄軍降，封為無錫⑨③侯。故甌駱將左黃同斬西于王⑨④，封為下鄜⑨⑤侯。

9 於是天子曰「東粵陿多阻，閩粵悍，數反覆⑨⑥」，詔軍吏皆將其民徙處江淮之間。東粵地遂虛⑨⑦。

【章　旨】以上記述東粵的變遷，重點記載了東越與中原的歷史淵源和密切關係。可分為兩部分。前一部分寫秦末漢初時，東粵由郡縣變為閩粵國和東海國，句踐的後裔無諸成為閩粵王，搖成為東海王（東甌王）。後來，東海（東甌）舉國遷處江淮間。餘善殺閩粵王郢而得立東粵王。第二部分寫餘善謀反而被殺，東粵國重新變為郡縣，其民遷處江淮間。

【注　釋】❶閩　《史記集解》引韋昭說閩是「東越之別名」。《史記索隱》案：「《說文》云『閩，東越蛇種也』，故字從『虫』。」據此推測，古代閩粵人當有繪、刺龍蛇圖案的紋身習俗。❷東海　指今浙江南部濱海地區。❸其先皆粵王句踐之後　先，祖先。粵，古國名。亦作「越」，又稱於越。姒姓。相傳始祖為夏王少康的庶子無餘，建都於會稽（今浙江紹興）。春秋末年常與相鄰的吳國爭戰，至句踐時滅吳稱霸。戰國時漸衰，西元前三〇六年為楚所滅。句踐（西元前？—前四六五年），句，一作「勾」。又稱菼執。越王允常之子。西元前四九七—前四六五年在位。曾與吳王闔閭相戰，敗之，闔閭重傷而死。後被吳王夫差大敗，國都被攻破。他屈膝求和，臥薪嘗膽，發憤圖強，任用范蠡、文種等人治國，十年生聚，十年教訓，終於轉弱為強，滅吳稱霸。後，後代。❹騶　當為「駱」。《史記集解》引徐廣曰：「騶，一作『駱』。」陳直《史記新證》以為「騶為齊大姓，不聞在閩粵。傳文為『駱』字之誤無疑。」❺閩中郡　郡名。在今福建和浙江寧海及其以南的靈江、甌江、飛雲江流域。治東治（今福建福州）。此郡不在秦三十六郡之數內。❻率粵歸二句　率粵，率領粵人。番陽，縣名。在今江西鄱陽東北。秦置，漢改稱鄱陽縣。吳芮（西元前？—前二〇二年），漢初諸侯王。初為秦番陽令，被稱為「番君」。秦末率粵漢民眾起兵，並派部將率軍從劉邦入關。項羽分封諸侯王時，他被封為衡山王。漢朝建立後，以其助漢有功，封為長沙王。詳見卷三十四〈吳芮傳〉。「所謂番君者也」一句，楊樹達說乃「番陽令吳芮」之注文。❼主命　把持向諸侯發布命令的大權。❽不王　謂不封無諸與搖為王。❾楚　指秦漢之際以項羽為首的楚政權。西元前二〇九年，項梁起兵，次年立楚懷王（戰國末年楚國君）之孫熊心為楚王（仍號稱楚懷王），建都盱眙（今江蘇盱眙），後遷至彭城（今江蘇徐州）。秦亡後，項羽尊懷王為義帝（後殺之），自立為西楚霸王，號令諸侯。在楚漢戰爭中，於西元前二〇二年亡於漢。❿漢　指秦漢之際以劉邦為首的漢政權。西元前二〇六年，劉邦被項羽封為漢王，占有漢中、巴、蜀之地。後與項羽爭奪天下，滅楚，建立漢朝。⓫帥　通「率」。率領。⓬漢五年　漢王劉邦五年（當年二月劉邦稱帝），即西元前二〇二年。按稱漢係從劉邦於西元前二〇六年被項羽封為漢王開始。⓭王閩中故地　王，稱王；統治。閩中故地，指原秦朝閩中郡舊地。⓮治　《史記》作「東冶」。縣名，在今福建福州。⓯孝惠三年　漢惠帝三年，即西元前一九二年。⓰舉高帝時粵功　追論高帝時粵人助漢的功勞。舉，列舉；提出。粵功，粵人的功勞。⓱便附　指粵人願意親附漢朝。便，安適；安逸。這裡作以動用法。附，親附；歸附。⓲都東甌　建都於東甌。都，建都城。東甌，地名，在今浙江溫州北永嘉縣境。⓳孝景三年　漢景帝三年，即西元前一五四年。⓴吳王濞反　景帝三年正月，吳王濞聯合趙、楚等國發動了所謂誅鼂錯、清君側的「七國之亂」。事詳卷三十五〈吳王濞傳〉。吳王濞，即劉濞（西元前二一五—前一五四年），劉邦之姪。漢高帝十二年受封，地在今江蘇和浙江、安徽之一部分。建都廣陵（今江蘇揚州西北）。㉑欲從閩粵　意謂想讓閩粵跟隨他造反。從，隨從。這裡作使動用法，意為使隨從、使跟隨。㉒吳破　吳國破滅。指吳王劉濞兵敗。事在景帝三年二月。㉓購　以重金收買。㉔殺吳王丹徒　即殺吳王於丹徒。卷三十五〈吳王濞傳〉載：「漢使人以利啗東越，東越即紿吳王，吳王出勞軍，使人鏦殺吳王，盛其頭，馳傳以聞。」丹徒，縣名。今江蘇鎮江東。㉕誅　懲罰；責罰。㉖亡走　逃跑。亡，逃亡。㉗建元三年　即西元前一三八年。建元，為漢武帝第一個年號（西元前一四〇—前一三五年）。㉘告急天子　向天子告急。天子，此處指漢武帝。㉙太尉田蚡　太尉，官名。秦至東漢置，為全國軍政最高官員，與丞相、御史大夫合稱三公。武帝時改稱大司馬，並用為將軍的加官（如「大司馬大將軍」）。田蚡（西元前？—前一三一年），長陵（今陝西咸陽）人。景帝王皇后同母異父弟。武帝初，封武安侯，任太尉，後任丞相。驕橫專斷、推崇儒術。詳見卷五十二〈田蚡傳〉。㉚固其常　本屬平常之事。固，固然；本來。常，常事。㉛不足以煩中國往救　不足以，不值得。煩，煩擾；麻煩。中國，指漢朝。㉜中大夫　中大夫，官名。掌議論，屬郎中令（光祿勳），秩比二千石。武帝太初元年（西元前一〇四年）

改稱光祿大夫。詰，詰難；質問。(33)發會稽郡兵浮海救之　會稽，郡名。治吳縣（今江蘇蘇州）。浮海，航海；渡海。(34)語具在助傳　謂有關詳情都記載於〈嚴助傳〉（本書卷六十四上）。具，全部；詳盡。(35)引兵去　率領軍隊離開。(36)東粵請舉國徙中國　東粵，《漢書補注》引王念孫曰：「東粵，當依上文作『東甌』。此涉下文『東粵』而誤。下文『立餘善為東粵王』，始有『東粵』之名。此不當稱東粵也。《史記》及《通典・邊防二》、《通鑑・漢紀九》並作『東甌』。」此說是。舉國，全國。指東粵所有的部眾。舉，全部；整個。徙中國，遷移到漢朝境內。(37)悉與眾　悉，全；都。與，《史記》作「舉」，是。(38)大行王恢　見前〈西南夷傳〉注文。(39)大司農韓安國　大司農，官名。即大農令，又簡稱大農。掌租稅錢穀鹽鐵和國家的財政收支，為九卿之一。秦置治粟內史，漢景帝時改稱大農令，武帝太初元年（西元前一〇四年）始改稱大司農。此處應作大農令。韓安國（西元前？—前一二七年），字子孺，梁國成安（今河南民權）人。初為梁孝王中大夫，吳楚七國之亂時，擊退吳兵，由此聞名。武帝時任御史大夫、衛尉。後以將軍屯兵漁陽，敗於匈奴，徙屯右北平。詳見卷五十二〈韓安國傳〉。(40)距險　在險要之地設防抵禦。距，通「拒」。抵禦。(41)不請　不向漢天子請示。(42)幸　僥倖。(43)後來益多　指漢朝的增援部隊更多。後來，後來者。指後面增援來討伐的漢軍。益，更加。(44)固國完　固，固然。完，保全；完整。(45)不聽　謂漢朝天子不接受他們的謝罪和請求而罷兵。(46)奉其頭致大行　奉，同「捧」。雙手捧送、進獻。致，送到。大行，指王恢。(47)所為來者五句　所為來者，所以前來的目的。殞，死亡。莫大，沒有比這更大的。(48)以便宜句　便宜，不作請示，方便靈活地處理事情。案兵，停止軍事活動。案，通「按」。止住。大司農軍，指韓安國的軍隊。(49)郢等首惡二句　首惡，首先做惡的人。此指首先挑起戰爭的人。繇，據顏師古注引張晏說是邑號。丑，人名。與，參加。(50)奉閩粵祭祀　奉事對閩粵王祖先的祭祀。奉，奉事。閩粵祭祀，指祭祀閩粵王祖先之事。(51)以　通「已」。《史記》作「已」。(52)威行國中　威望傳布全國。行，傳布。(53)屬　跟隨；追隨。(54)為餘善不足復興師　為，認為。不足，猶「不足以」。不值得。興師，興兵；發兵。(55)樓船　指樓船將軍楊僕。(56)揭陽　縣名。今廣東揭陽，近海。其西北有揭陽嶺，為閩粵通南粵必經之地。(57)以海風波為解　海風波，海風掀起大浪。解，解釋；藉口。(58)持兩端　採取騎牆態度，即採取兩不得罪的政策。兩端，兩頭；兩面；騎牆態度。成語有「首鼠兩端」，形容人在兩者之間動搖不定。(59)陰使　暗中派人出使。(60)令諸校句　校，軍營之稱，軍隊的一部稱一校。漢武帝設中壘等八校，編制自七百人至一千二百人不等，統領一校的軍官稱校尉。梅領，山嶺名，即大庾嶺，在今江西廣昌西。待命，等候詔命。(61)明年　指元鼎六年（西元前一一一年）。(62)留境　停留屯駐在邊境。境，指漢朝與東粵相鄰邊境。(63)且往　指漢軍將要前往攻打東粵。且，將要。往，指前往東粵。(64)漢道　漢軍將要經過的道路。(65)號　加封官號。(66)白沙武林　白沙，即白砂，地名。在今江西南昌東北二百里。因其地砂白如雪而得名。武林，地名。在今江西鄱陽南約百里。67大司農句　大司農，當作「大農令」。武帝太初元年始改大農令為大司農。故，原來的；從前的。齒，劉齒，城陽恭王劉喜之子，元朔四年（西元前一二五年）受封山州侯，元鼎五年（西元前一一二年）因罪被免去侯爵。所以這裡稱「故山州侯」。將屯，率兵駐防。68卻就便處　卻，後退。就，往；靠近。便處，方便有利的地方。指安全地帶。69坐畏懦誅　坐，因犯某罪或錯誤。畏懦，怯懦畏敵。猶貪生怕死。70詐　欺騙。71為妄言　製造和散布荒謬、不敬的言論。72韓說出句章　韓說（西元前？—前九一年），弓高侯韓隤當（原匈奴相國，降漢後封侯）的庶孫。以擊匈奴功封龍頟侯。後坐酎金失侯。又以擊東粵功封按道侯。後為將軍，屯五原外列城。入朝為光祿勳。因掘蠱（木偶人）於太子宮，被戾太子劉據殺死。卷九十三〈佞幸・劉嫣傳〉末、卷三十三〈韓王信傳〉末皆有其事略。句章，縣名。在今浙江寧波西北。73中尉王溫舒　中尉，官名。掌徼巡京師。武帝太初元年（西元前一〇四年）更名執金吾。西漢在諸侯國內也設有中尉，掌武事。王溫舒（西元前？—前一〇四年），陽陵（今陝西高陵）人。歷任御史、郡都尉、太守、中尉、少府等職。治獄酷急，為當時著名的酷吏。後以受賄等罪被判滅族，自殺。詳見卷九十〈酷吏・王溫舒傳〉。74粵侯句　粵侯，見前〈南粵傳〉「歸義粵侯」注文。如邪，《史記》作「若邪」。又作「若耶」。山名，在今浙江紹興一帶。戈船、下瀨將軍征南粵時，一出離水，一出蒼梧。此次征東粵時，一出若邪，一出白沙。75元封元年　即西元前一一〇年。元封，漢武帝第六個年號（西元前一一〇—前一〇五年）。76素發兵距嶮　素，一向。嶮，險要之地；險阻之處。77錢唐榬終古　錢唐，縣名。今浙江杭州西。榬終古，人名。姓榬，名終古。榬，《史記》作「轅」。陳直《漢書新證》考證以「榬」為是。78語兒　又作「禦兒」、「蘌兒」、「蓹兒」，鄉名。在今浙江餘杭東北。79自兵未往　指樓船將軍楊僕未親自率兵前往武林（因他率軍渡海從東方攻擊）。自兵，自己率軍隊。80故粵衍侯吳陽　原東粵衍侯吳陽。81以其邑七百人反　以，猶「率」。其邑，指吳陽的封邑。反，指反抗餘善。82漢陽　古城名。在今福建浦城北。83故粵建成侯敖與繇王居股謀　故粵建成侯敖，敖原為東粵建成侯。後封開陵侯，故此處稱「故粵建成侯」。敖，人名。《史記・建元以來侯者年表》、本書卷十七〈景武昭宣元成功臣表〉並作「建成」，顏師古注：「疑〈表〉誤。」居股，（西元前？—前九〇年），當是繇王丑之子。後坐戾太子舉兵反，被殺。84俱　一起。85東成侯　〈功臣表〉作「東城侯」，《史記》也如此。東成，縣名，在今安徽定遠東南。86萬戶　食邑萬戶。87開陵　侯國名。地屬臨淮郡（今江蘇泗洪東南）。88卯石　地名。殿本原作「印石」。〈功臣表〉作「外石」，載在濟陽（縣名，在今河南蘭考東北）。《史記》本傳及〈建元以來侯者年表〉作「北石」。郭嵩燾《史記札記》認為當是「羊石」，侯國在北海郡。又北宋本、汲古閣本此處作「卯石」，慶元本、蔡琪本、白鷺洲書院本作「印石」。

89按道　地名。不詳。90繚嫈　縣名。當在今江西，一說在今山東。91城陽王　即劉喜（西元前？—前一四四年）。漢初諸侯王齊悼惠王劉肥孫、城陽景王劉章（原封朱虛侯）子。文帝四年（西元前一七六年）嗣為城陽王（一度徙為淮南王），在位三十三年，死謚曰共（通「恭」）王。城陽，漢初置為郡，文帝二年改為國。治莒縣（今山東莒縣）。92多軍　人名。93無錫　縣名。今江蘇無錫。94將左黃同斬西于王　將左黃同，疑「將左」二字誤倒。〈功臣表〉作「左將黃同」，《史》表作「左將軍黃同」。左將，官名。黃同，人名。西于王，東粵的一個小王。95下鄜　《史記‧建元以來侯者年表》作「下酈」。《史記志疑》認為下酈即南陽郡之酈縣（今河南南陽西北）。96東粵陿多阻三句　東粵，《史記會注考證》引日本中井積德之說，認為本段前一「東粵」蓋指東甌之地，東甌人已於建元三年徙居江淮間，其地入閩粵；後一「東粵」則兼閩粵、東甌舊地而言。然則，東粵、閩粵，本為一地，「天子曰」分言之，而「東粵地遂虛」仍然作一地。陿，指地勢狹小。阻，山勢險要。悍，兇悍；強悍。數反覆，叛服無常。數，屢次；多次。97虛　空。

【語　譯】閩粵王無諸和粵東海王搖，他們的祖先都是粵王句踐的後代，姓騶。秦朝統一天下後，都被廢除王號，成為蠻夷君長，把他們這地方設置為閩中郡。待到諸侯反叛秦朝，無諸和搖便率領粵人歸附番陽縣令吳芮，就是人們所說的「番君」，跟隨諸侯滅亡了秦朝。在當時，項籍把持向諸侯發布命令的大權，沒有封無諸和搖為王，因此，他們沒有輔助楚。漢攻打項籍，無諸和搖就率領粵人輔助漢王。漢王五年時，重新立無諸為閩粵王，統治原閩中郡舊地，建都於治縣。漢惠帝三年，列舉高帝時粵人助漢之功，朝廷認為閩君搖的功勞多，他的百姓也願意親附漢朝，於是就立搖當了東海王，建都在東甌，世人稱他為東甌王。

2 過了幾代人之後，漢景帝三年，吳王劉濞謀反，想讓閩粵跟隨他反叛漢朝，閩粵不肯採取行動，只有東甌跟隨吳王造反。等到吳國被攻破，東甌接受了漢朝的重金收買，在丹徒殺死了吳王劉濞，因此都沒有受到責罰。

3 吳王的兒子劉駒逃亡到閩粵，怨恨東甌殺了他父親，經常勸說閩粵去攻打東甌。到漢武帝建元三年，閩粵出兵圍攻東甌，東甌派人向漢天子告急。天子詢問太尉田蚡，田蚡回答說：「粵人之間相互攻打，本來是常有的事，不值得煩擾中國前去救援。」中大夫嚴助詰難田蚡，陳說應當救援。天子就派遣嚴助調發會稽郡兵從海上去救援東甌，有關情況詳載〈嚴助傳〉。漢朝軍隊尚未到達東甌，閩粵就領兵撤離了。東甌王請求把全國都遷徙到中國去，於是就和他的全體民眾遷居江淮之間。

4 建元六年，閩粵攻打南粵，南粵遵守天子的約束，不敢擅自發兵迎戰，而把這事報告天子。天子派遣大行令王恢領兵出豫章，大農令韓安國領兵出會稽，都擔任將軍之職。他們的軍隊還未越過陽山嶺，閩粵王郢就派兵扼守在險要的地方，抗擊漢朝軍隊。郢的弟弟餘善和宗族成員商量說：「我們的國王因為擅自發兵攻打南粵，沒有向天子請示，所以天子的軍隊才來討伐。漢朝軍隊眾多而強大，即使僥倖戰勝他們，而後面會派更多的軍隊來，直到把我們國家消滅為止。現在不如殺了國王，向天子謝罪，如果天子接受了我們的謝罪，停止戰爭，我們的國家必定會完整保存下來。如果天子不理睬我們的謝罪，我們就奮力戰鬥，不能取勝，我們就逃入大海。」大家都說：「好。」於是他們就用鐵柄小矛刺殺了國王，派使者手捧他的頭送到大行令王恢那裡。王恢說：「我們出兵來這裡的目的，就是為了誅殺東粵王，現在王的頭已經送到，不用打仗就消除了禍患，沒有比這再大的好事了。」他未向天子請示，自行停止軍事行動，並把情況告知了大司農韓安國，又派使者攜帶閩粵王的頭顱急馳長安，報告天子。天子詔令王恢和韓安國的軍隊停止軍事行動，說：「東粵王郢等首先作惡，只有無諸的孫子繇君丑沒有參與這個陰謀。」於是派遣郎中將去冊立繇君丑當粵繇王，奉事對閩粵王祖先的祭祀。

5 餘善殺了郢以後，他的威望傳布全國，百姓多半歸向他，他暗中自立為王。粵繇王不能控制他。天子聽到此事，認為不值得為餘善的事再興師動眾，說：「餘善帶頭殺死了閩粵王郢，漢軍得以避免勞苦。」於是冊立餘善做東粵王，同繇王並處。

6 到了元鼎五年，南粵造反，東粵王餘善向漢朝天子上書，請求率兵八千人跟隨樓船將軍去攻打呂嘉等。待到他的軍隊到達揭陽時，他就以海上出現大風巨浪為藉口，不再向前進軍，採取騎牆觀望的態度，暗中又派人出使南粵。等到漢軍攻陷番禺，樓船將軍楊僕向天子上書，希望讓他領兵攻打東粵。天子說士卒已經勞累疲倦，沒有批准樓船將軍的請求。漢朝停止了軍事行動，下令諸位校官，讓他們駐軍在豫章的梅領等候命令。

7 第二年秋天，餘善聽說樓船將軍請求討伐他，而且漢軍已經留駐在東粵邊境，將要攻過來了，於是他就派兵守住漢軍的必經之路，給將軍騶力等人加上了「吞漢將軍」的封號，大軍進入白沙、武林和梅領，殺了漢軍的三個校尉。這時，漢朝派遣大農令張成、前山州侯劉齒率兵駐守在這裡，而他們不敢出擊，撤退到安全地方，他們都犯了畏懼敵人、怯懦軟弱的罪而被殺。餘善刻了一枚有「武帝」字樣的印璽，自立為皇帝，欺騙東粵百姓，又散布種種妄自尊大、誹謗朝廷的言論。漢天子派遣橫海將軍韓說從句章出兵，渡海從東邊進軍東粵，樓船將軍楊僕從武林出兵，中尉王溫舒從梅領出兵，歸附漢朝後被封侯的南粵人嚴、甲二人擔任戈船將軍和下瀨將軍，分別從如邪、白沙出兵。元封元年冬天，各路大軍全都進入東粵。東粵原先已經派兵在險要的地方防守，派徇北將軍鎮守武林，打敗了樓船將軍部下的幾個校尉，殺死其長史。樓船將軍率領錢唐人榬終古殺了徇北將軍，被封作語兒侯。樓船將軍未親率大軍前往武林。

8 前東粵衍侯吳陽此前留居漢朝，漢朝派他回到東粵勸說餘善，餘善不聽勸告。等到橫海將軍韓說率兵先到了東粵，吳陽就率領他封邑中的七百人反戈，在漢陽城攻打東粵軍隊。還有前東粵建成侯敖，與繇王居股謀劃，共同殺掉餘善，率領他們的部眾歸降橫海將軍。漢朝封居股為東成侯，食邑一萬戶；封敖為開陵侯；封吳陽為卯石侯，封橫海將軍韓說為按道侯，封橫海將軍部下校尉劉福為繚嫈侯。劉福是城陽共王劉喜的兒子，原先為海常侯，因為犯法而失掉侯爵。這次從軍出征，沒有立功，因為是宗室子弟的原因而被封侯。還有東粵的將軍多軍，在漢軍到來時，放棄了他的軍隊投降了，因而被封為無錫侯。前甌駱左將黃同斬殺東粵西于王，封為下鄜侯。

9 在這時，漢天子說「東粵狹小而多險阻之地，閩粵之人強悍難制，叛服無常」，命令漢軍將士把全部東粵民眾遷徙到江淮一帶居住。東粵這地方於是空無人煙。

1 朝鮮王滿❶，燕❷人。自始燕時❸，嘗略屬真番❹、朝鮮，為置吏築障❺。秦滅燕，屬遼東外徼❻。漢興，為遠難守，復脩遼東故塞❼，至浿水❽為界，屬燕❾。燕王盧綰❿反，入匈奴，滿亡命⓫，聚黨⓬千餘人，椎結蠻夷服而東走出塞⓭，度⓮浿水，居秦故空地上下障⓯，稍役屬真番、朝鮮蠻夷及故燕、齊亡在者王之⓰，都王險⓱。

2 會孝惠、高后天下初定，遼東太守即約滿為外臣⓲，保⓳塞外蠻夷，毋使盜邊；蠻夷君長欲入見天子，勿得⓴禁止。以聞，上許之，以故滿得以兵威財物侵降㉑其旁小邑，真番、臨屯皆來服屬㉒，方數千里㉓。

3 傳子至孫右渠㉔，所誘漢亡人滋多㉕，又未嘗入見㉖；真番、辰國㉗欲上書見天子，又雍閼㉘弗通。元封二年㉙，漢使涉何譙㉚諭右渠，終不肯奉詔㉛。何去至界，臨浿水，使馭㉜刺殺送何者朝鮮裨王長㉝，即度水，馳入塞。遂歸報天子曰「殺朝鮮將」。上為其名美㉞，弗詰，拜何為遼東東部都尉㉟。朝鮮怨何，發兵攻襲，殺何。

4 天子募罪人擊朝鮮。其秋㊱，遣樓船將軍楊僕從齊浮勃海㊲，兵五萬；左將軍荀彘㊳出遼東，誅㊴右渠。右渠發兵距險。左將軍卒多率遼東士兵先縱㊵，敗散。

多還走，坐法斬(41)。樓船將齊兵(42)七千人先至王險。右渠城守(43)，窺知樓船軍少，即出擊樓船，樓船軍敗走。將軍僕失其眾，遁山中十餘日，稍求收散卒(44)，復聚。左將軍擊朝鮮浿水西軍(45)，未能破。

5 天子為兩將未有利，乃使衛山(46)因兵威往諭右渠。右渠見使者，頓首謝：「願降，恐將詐殺臣(47)；今見信節(48)，請服降(49)。」遣太子入謝(50)，獻馬五千疋，及餽(51)軍糧。人眾萬餘持兵(52)，方度浿水，使者及左將軍疑其為變(53)，謂太子已服降，宜令人毋持兵。太子亦疑使者左將軍詐之，遂不度浿水，復引歸。山報，天子誅山。

6 左將軍破浿水上軍，迺前至城(54)下，圍其西北。樓船亦往會，居城南。右渠遂堅城守(55)，數月未能下(56)。

7 左將軍素侍中(57)，幸(58)。將燕代(59)卒，悍，乘勝(60)，軍多驕。樓船將齊卒，入海已多敗亡，其先與右渠戰，困辱亡卒(61)，卒皆恐，將(62)心慙。其圍右渠，常持和節(63)。左將軍急擊之，朝鮮大臣迺陰間使人私約降樓船(64)，往來言(65)，尚未肯決(66)。左將軍數與樓船期戰(67)，樓船欲就其約(68)，不會(69)。左將軍亦使人求間隙降下朝鮮(70)，不肯，心附樓船(71)。以故兩將不相得(72)。左將軍心意樓船前有失軍罪(73)，今與朝鮮私善[74]而又不降，疑其有反計[75]，未敢發[76]。天子曰：「將率不能前[77]，乃[78]使衛山諭降右渠，不能顓決[79]，與左將軍相誤[80]，卒沮約[81]。今兩將圍城又乖異[82]，以故久不決[83]。」使故濟南太守公孫遂往正之[84]，有便宜得以從事[85]。遂至，左將軍曰：「朝鮮當下久矣，不下者[86]，樓船數期不會。」具以素所意[87]告遂曰：「今如此不取[88]，恐為大害，非獨樓船，又且與朝鮮共滅吾軍。」遂亦以為然[89]，而以節召樓船將軍入左將軍軍計事[90]，即令左將軍戲下[91]執縛樓船將軍，并[92]其軍。以報，天子誅遂。

8 左將軍已并兩軍，即急擊朝鮮。朝鮮相路人、相韓陶、尼谿相參、將軍王唊[93]相與謀曰：「始欲降樓船，樓船今執[94]，獨左將軍并將[95]，戰益急，恐不能與[96]，王又不肯降。」陶、唊、路人皆亡降漢[97]。路人道死[98]。元封三年夏，尼谿相參迺使人殺朝鮮王右渠來降。王險城未下，故右渠[99]之大臣成已又反，復攻吏[100]。左將軍使右渠子長降、相路人子最[101]，告諭其民，誅成已。故遂定朝鮮為真番、臨屯、樂浪、玄菟[102]四郡。封參為澅清[103]侯，陶為秋苴[104]侯，唊為平州[105]侯，長為幾[106]侯。最以父死頗有功，為沮陽侯[107]。左將軍徵至[108]，坐爭功相嫉乖計[109]，棄市[110]。樓船將軍亦坐兵至列口[111]當待左將軍，擅先縱，失亡[112]多，當誅，贖為庶人[113]。

【章　旨】以上記朝鮮，主要寫了衛滿及其子孫之事，而重點記述朝鮮變為漢朝四郡的過程，顯示了朝鮮與中國密切的歷史關係。

【注　釋】❶朝鮮王滿　朝鮮，古族名、國名。古代朝鮮人主要居住於今朝鮮半島及我國東北部。最初的居民大概來自北面大陸，屬於蒙古人種。《史記》有殷紂王諸父箕子於殷周之際率族人入朝鮮的記載，朝鮮後來傳說箕子是最早建立王朝和統一國家的人。習慣上稱朝鮮北部由中國移民建立的早期政權為古朝鮮。滿，人名。相傳姓衛。燕人。秦漢之際率眾入據朝鮮，驅逐箕氏勢力，舊王箕准奔馬韓。漢惠帝元年（西元前一九四年），滿稱王。衛氏朝鮮（西元前一九四—前一〇八年）統治的中心在今平壤一帶。❷燕　先秦時國名，都於薊（今北京城西南隅）。本作匽、郾。西元前十一世紀西周分封的諸侯國，姬姓，開國君主是召公奭。戰國時為七雄之一，向東北擴展。西元前二二六年被秦攻破，燕王喜遷往遼東。西元前二二二年亡於秦。❸自始燕時　《史記》、《通鑑》等皆作「自始全燕時」，指戰國時代燕國全盛之時。《漢書補注》引王念孫曰：「全燕者，指戰國時燕國言之，所以別於漢之燕國也。今本脫『全』字，則文義不明。」自始，當初從某時起。❹略屬真番　略，攻取。屬，使……歸屬。真番，部族名。《史記會注考證》引丁謙曰：「真番，本朝鮮附屬番部，七國時為燕所略。」漢武帝元封三年（西元前一〇八年）置為郡，治霅縣（今漢江、禮成江間）。始元五年（西元前八二年）廢，部分轄境併入樂浪郡。指今朝鮮半島北部。❺障　邊塞險要處用於防禦敵人的城堡。❻遼東外徼　遼東郡界外。遼東，郡名。戰國時燕始置郡，地在今遼寧大淩河以東，治襄平（今遼寧遼陽）。外徼，猶外邊、邊外或界外。徼，邊界。❼遼東故塞　指戰國時燕國和後來的秦朝在遼東地區所修築的邊塞。❽浿水　古水名。今平壤北之清川江，或說指今大同江或鴨綠江。❾屬燕　歸燕國管轄。按，此燕國為漢初諸侯王國之一。西元前二〇六年，項羽封臧荼為燕王，地較戰國燕國全盛時為小，建都於薊。西元前二〇三年，臧荼反，被漢誅滅。次年，封盧綰為燕王，至高帝十二年（西元前一九五年）盧綰反，降匈奴。次年立劉建為燕王。文帝初，立劉澤為燕王，至武帝元朔元年（西元前一二八年），燕王定國犯罪自殺，國除為郡。後復為國。❿盧綰　（西元前二四七—前一九三年，一作西元前二五六—前一九三年），豐（今江蘇豐縣）人。漢初異姓諸侯王。秦末隨劉邦起義，為將軍。漢擊項羽時，官太尉。後以功封燕王。陳豨反，他與之聯合，並勾結匈奴，事敗，逃入匈奴。匈奴以他為東胡盧王。死於匈奴。詳見卷三十四〈盧綰傳〉。⓫滿亡命　漢高帝十二年（西元前一九五年），盧綰降匈奴。當時征討盧綰的漢軍尚在燕境作戰，鎮壓追隨盧綰的反叛者。衛滿大概曾追隨盧綰反叛，故亡命。亡命，逃亡。⓬黨　黨羽。⓭椎結蠻夷服而東走出塞　椎結，古代少數民族的一種髮式，結髮如椎，上細下粗。蠻夷服，指改穿蠻夷服裝。塞，指前文所說的「遼東故塞」。⑭度　通「渡」。⑮上下障　可能指高低兩處的城堡。《史記索隱》案：「〈地理志〉樂浪有去部（障）。」⑯稍役屬句　稍，逐漸；慢慢地。役屬，奴役並使之隸屬。齊，西周至戰國時的諸侯國，春秋時為五霸之一，戰國時為七雄之一。西元前二二一年被秦滅亡。亡在者，逃亡而留居（於此地）者。王之，為他們的王；在他們當中稱王。⑰王險　古朝鮮都城，今平壤。⑱外臣　指藩屬國的君主。⑲保　保護。⑳勿得　不得。㉑侵降　侵略並降服。㉒真番臨屯皆來服屬　臨屯，部族名。臨屯部落即濊（穢）人部落，居東朝鮮灣沿岸。漢武帝元封三年（西元前一〇八年）於其地置郡，治東暆（今咸鏡道南北部）。後廢，轄境大多併入樂浪郡。服屬，降服並歸屬。㉓方數千里　方圓數千里。方，方圓；縱橫。㉔傳子至孫右渠　指衛滿傳王位於子，再傳至孫衛右渠。㉕所誘漢亡人滋多　所招誘漢朝逃亡的人越來越多。亡人，逃亡的人。滋多，越來越多。滋，日益。㉖入見　指朝見漢天子。㉗辰國　指辰韓之國。在今朝鮮半島東南部。至西元四世紀，辰韓發展為新羅國。㉘雍閼　堵塞。雍，通「壅」。壅塞。閼，堵塞。㉙元封二年　即西元前一〇九年。元封，為漢武帝第六個年號（西元前一一〇—前一〇五年）。㉚譙　通「誚」。誚讓；責備。㉛奉詔　接受漢朝皇帝的詔諭。㉜馭　駕馭車馬的人，即車夫。㉝裨王長　裨王，小王。長，人名。㉞上為其名美　上，天子。為，因為。名美，美名。㉟遼東東部都尉　漢朝為加強軍事控制，在遼東郡增設東部都尉，專掌東部軍事。治武次（今遼寧鳳城東北）。遼東郡另有中部都尉、西部都尉。㊱其秋　當年秋天，即漢武帝元封二年（西元前一〇九年）秋天。㊲從齊浮勃海　從齊地出發渡過勃海。齊，地區名。今山東泰山以北黃河流域和膠東半島地區為戰國時齊國地域，漢以後仍稱為齊。勃海，即今渤海及黃海北部。㊳左將軍荀彘　左將軍，官名。高級武官，與右、前、後將軍並列，地位稍次於大將軍、驃騎將軍、車騎將軍和衛將軍。荀彘（西元前？—前一〇八年），廣武（今山西代縣）人。詳見本傳及卷五十五〈衛青霍去病傳〉附〈荀彘傳〉。㊴誅　《史記》作「討」。㊵卒多率遼東士兵先縱　卒多，《史記》作「卒正多」，指名字叫多的卒正。按卒正是中級軍官。多能夠率遼東兵攻敵，說明他不是普通的小卒，應從《史記》作「卒正多」。縱，縱兵進擊（敵人）。㊶多還走二句　謂卒正多戰敗而跑回來，是違犯軍法的行為，故被斬首。還走，往回逃跑。坐法斬，因觸犯軍法而被斬首。㊷齊兵　從齊地徵發來的士兵。㊸城守　即守城，在城上防守。㊹求收散卒　尋找收攏潰散的士兵。求，搜求；尋找。收，收攏。㊺朝鮮浿水西軍　駐防在浿水之西的朝鮮軍隊。㊻衛山　人名。此人非〈功臣表〉、〈霍去病傳〉之義陽侯衛山。㊼恐將詐殺臣　將，《史記》作「兩將」。指楊僕、荀彘兩將軍。詐殺，用欺詐手段殺害，即誘殺之類。㊽信節　表示誠信的符節。信，誠信；可靠。㊾服降　即降服。投降歸順。㊿入謝　入朝謝罪。(51)餽　饋贈；贈送。(52)持兵　手執兵器。(53)為變　發動變亂。變，變亂；叛變。(54)城　指王險城。(55)堅城守　據城堅守；堅持守城。(56)下　攻下；攻克。(57)素侍中　一向在宮中侍從於天子左右。中，宮中。(58)幸　謂親幸於天子、受寵。(59)燕代　皆古國名。這裡泛指北方。(60)乘勝　憑藉勝利，即依恃打了勝仗。乘，趁；憑藉。(61)困辱亡卒　困辱，被圍困受辱。亡卒，士卒蒙受傷亡。(62)將　指楊僕及其部下。(63)和節　和，指講和不戰。節，指雖戰而有節制。與後文「急擊」對應。(64)陰間句　暗中尋找機會派人私下與樓船將軍約定投降。陰，暗中。間，尋找機會。私約，私下約定（指避開朝鮮王右渠）。(65)往來言　指朝鮮大臣派出的使者往來於雙方之間傳話、講條件等。(66)尚未肯決　還沒有決定下來。(67)期戰　約定共同對敵作戰的日期。(68)就其約　實現他與朝鮮大臣的約定。就，完成；實現；達到。約，指樓船將軍與朝鮮的約定（即朝鮮向樓船將軍投降）。(69)不會　不與左將軍相會合。(70)使人句　派人尋找機會讓朝鮮投降。求，尋找。間隙，機會。降下朝鮮，即降伏朝鮮，讓朝鮮投降。(71)不肯二句　謂朝鮮不肯降於左將軍，而願降於樓船將軍。心附，內心親近、親附。(72)不相得　不和睦；不團結。相得，互相投合；互相配合。(73)心意句　心意，心想；心中懷疑；心中揣度。失軍，作戰失敗；損失兵將。(74)私善　私下交好。原作「和善」。《史記》作「私善」。王先謙《漢書補注》說「和」是「私」字因形近而誤。據改。(75)反計　造反陰謀。(76)未敢發　指楊僕未敢發動反叛。(77)將率不能前　將帥不能進擊破敵。率，通「帥」。前，進擊敵人。(78)乃　才。《史記》作「及」。(79)顓決　專斷。指獨自處理事情。顓，同「專」。(80)與左將軍相誤　指衛山與荀彘懷疑朝鮮王太子中途變卦而造成太子不肯入朝的失誤。與左將軍，《史記》作「與左將軍計」。(81)卒沮約　最終破壞了朝鮮歸降的約定。卒，終於；最終。沮約，使朝鮮投降的約定遭到破壞。沮，敗壞；毀壞。(82)乖異　相互違背，不能一致行動。乖，違背；不協調。(83)決　解決。指攻克王險城，解決朝鮮問題。(84)正之　糾正他們的錯誤。(85)有便宜得以從事　完整的說法應是「有便宜得以便宜從事」。謂有利可圖時可以自行靈活處理而不必請示。這是上級給予外出人員的一種機動決斷事情的特權，簡單的說法是「便宜從事」。從事，辦理事情。(86)不下者　沒有攻克王險城的原因。(87)意　懷疑；揣度。(88)取　指拿問（楊僕）。(89)以為然　認為是這樣。(90)計事　商議事情。(91)戲下　將帥的部下。戲，通「麾」。指揮作戰用的旗子。(92)并　吞併；合併。(93)朝鮮相路人句　相路人，謂名字叫路人的相國。相是朝鮮最高的行政長官，如同中國的丞相。下文「相韓陶」、「尼谿相參」之「相」同此。《史記索隱》引應劭曰：「路人，漁陽縣（今北京密雲）人。」韓陶，《史記》作「韓陰」，《資治通鑑》從《史記》。尼谿，當是朝鮮某小國。王唊，人名。姓王，名唊。(94)執　抓住；逮捕。此處作「被抓住」解。(95)并將　合併兩軍而統一指揮。(96)不能與　《漢書補注》引王念孫曰：「《史記》『與』下有『戰』字，則後人妄加之也。與，猶『敵』也。言左將軍並將兩軍而戰益急，恐不能敵也。古者謂相敵曰『與』。」敵，抵擋。(97)亡降漢　逃跑到漢軍那裡投降。98 道死　在路上死去。99 故右渠　因右渠已死，所以加「故」字。故，原來。100 攻吏　攻打不跟隨成已反叛的朝鮮官吏。101 右渠子句　長降，人名。《史記》本傳作「長降」。《史記·建元以來侯者年表》作「長路」。本書卷十七〈功臣表〉作「長路」。顏師古則斷「降」字屬下，降相路人，謂朝鮮相路人此前已降漢而死於道，故稱「降相」。最，人名。102 真番句　真番，郡名。見前文注。臨屯，郡名。見前文注。樂浪，郡名。治朝鮮縣（今平壤南）。玄菟，郡名。治沃沮（今朝鮮咸鏡南道咸興），後移治遼河流域，轄境亦縮小。103 澅清　縣名。在今山東淄博東北。104 秋苴　地名。本書卷十七〈功臣表〉作「荻苴」，屬勃海郡。《讀史方輿紀要》說在勃海郡南皮縣（今河北南皮東北）境。105 平州　縣名。在今山東萊蕪西。106 幾　鄉名。在元城縣（今河北大名東）。107 沮陽侯　當作「涅陽侯」。王念孫說：「〈景武昭宣元成功臣表〉：涅陽康侯最，以父朝鮮相路人漢兵至首先降道死子侯。〈淯水注〉：涅水東南逕涅陽侯故城西，（〈地理志〉：涅陽屬南陽郡）漢武帝元封四年封路最為侯國，皆其證。舊本《北堂書鈔》封爵部中引此正作涅陽侯。」涅陽，在今河南南陽西南。108 徵至　召來。特指君召臣。109 乖計　指違背軍事計劃或謀略。110 棄市　在鬧市執行死刑，並將屍體暴露在街頭示眾。111 列口　一作「洌口」。縣名。今朝鮮殷栗。112 失亡　指損失（士兵）。包括死亡和散失的士兵。113 贖為庶人　楊僕以入竹二萬個贖死罪，見卷十七〈景武昭宣功臣表〉。

【語譯】朝鮮王衛滿原是燕國人。最初，在燕國全盛的時候，曾經攻取占領真番、朝鮮，使它們歸屬燕國，並為它們設置官吏，並修築防禦城堡。後來秦國滅掉燕國，朝鮮就成了遼東郡界外的國家。漢朝建國後，因為朝鮮地遠難守，便重新修復遼東郡先前的那些關塞，一直到浿水為界，屬燕國管轄。後來燕王盧綰造反，逃入匈奴，衛滿也逃亡，聚集親族部眾一千多人，頭梳椎形髮髻，身穿蠻夷服裝，向東逃跑出塞外，渡過浿水，居住到秦國原來空曠之地的上下鄣中，並逐漸地役使真番、朝鮮蠻夷以及原燕國和齊國的逃亡者，使他們歸屬自己，在朝鮮稱王，建都在王險城。

2 到了漢惠帝和高后時代，天下剛剛安定，遼東郡的太守就約定衛滿做漢朝的外臣，保護遼東塞以外的各蠻夷部族，不要讓他們到邊境來騷擾搶奪；各蠻夷的首領想到漢朝進見天子，衛滿不得禁止。遼東太守把這情況向天子做了彙報，天子同意了。因此，衛滿得以憑藉軍事威脅和財物引誘等手段，侵略並降服他周圍的小國，真番、臨屯部族都來投降歸屬衛滿，他統轄的地域縱橫數千里。

3 衛滿死後，傳位給兒子，再傳到其孫衛右渠。這時，朝鮮所招誘來的漢朝逃亡人員越來越多，而朝鮮王又未曾朝見漢天子；真番、辰國想上書要求朝見漢天子，又受到朝鮮王的阻撓，堵塞不通。武帝元封二年，漢朝派涉何前往朝鮮，責備和勸告右渠，右渠終究不肯接受漢朝的詔命。涉何離開朝鮮，走到邊界，前臨浿水，就派駕車的車夫刺殺了護送涉何的一個叫長的朝鮮小王，然後立即渡過浿水，疾馳而回，進入漢朝邊塞內。於是回到京城向天子報告說「我殺了一個朝鮮將軍」。天子因為他有殺死朝鮮將軍的美名，就沒有追究他的過失，任命他為遼東郡東部都尉。朝鮮怨恨涉何，調兵偷襲，殺了涉何。

4 漢朝天子下令招募在押的犯人，赦免其罪，讓他們去攻打朝鮮。當年秋天，漢朝派樓船將軍楊僕從齊地乘船渡過勃海，率領五萬大軍；左將軍荀彘率兵出遼東郡，一起去討伐右渠。右渠調兵據守在險要的地方，抵禦漢朝軍隊。左將軍部下一個名字叫多的卒正率遼東郡兵，首先進擊，隊伍戰敗而潰散。多跑回來，觸犯了軍法，被殺。樓船將軍率領齊地兵士七千人，首先到達王險城下。右渠據城防守，暗中探聽到樓船將軍的部隊人數少，就出城攻打樓船將軍，樓船將軍的軍隊失敗而四散奔逃。將軍楊僕丟掉了自己的軍隊，逃到山中躲藏了十多天，才逐漸尋找收攏潰散的兵卒，部隊重新聚集到一起。左將軍荀彘攻擊駐守浿水西岸的朝鮮軍隊，未能攻破他們。

5 天子因為兩將軍沒能取得軍事勝利，就派衛山憑藉兵威前去曉諭右渠。右渠接見了漢朝使者，叩頭謝罪說：「我願意投降，只怕楊、荀二將軍用欺詐的手段殺死我；如今我看到了表示誠信的符節，請允許我們投降歸順。」他就派遣太子入朝謝罪，進獻五千匹馬，又向在朝鮮的漢軍贈送軍糧。有一萬多朝鮮人手執兵器護送太子，正要渡過浿水，使者和左將軍懷疑他們要發動變亂，說太子已投降歸順，應當命令隨從之人不攜帶兵器。太子也懷疑漢朝使者和左將軍要欺騙和殺害自己，於是就不再渡河，又率領部眾返回去。衛山回朝向天子報告這些情況，天子殺了衛山。

6 左將軍攻破浿水上的朝鮮軍隊，就揮師前進，直到王險城下，包圍了城的西北部。樓船將軍也前去會師，駐軍城南。右渠於是堅守王險城，幾個月過去了，漢軍也未能攻下王險城。

7 左將軍一向在宮中侍奉皇上，得寵。他所率領的是燕、代地區的士卒，強悍難制，又依恃打了勝仗，軍中的很多將士都很驕傲。樓船將軍率領齊地士兵，渡海打仗，本來就有許多失敗傷亡，他們先前和右渠交戰時，遭受了圍困和恥辱，損兵折將，士卒都恐懼畏敵，將官則心中慚愧。他們包圍右渠，樓船將軍經常採取和而不戰，戰而有所節制的態度。左將軍盡力攻打王險城，朝鮮大臣就暗中尋機和樓船將軍聯繫，商量朝鮮投降的事，使者往來傳話，還沒有做出決定。左將軍屢次同樓船將軍約定同時進擊的日期，樓船將軍則盤算他與朝鮮達成降約，所以不與左將軍會合。左將軍也派人去尋機讓朝鮮投降，朝鮮不肯降左將軍，而心中願意歸附樓船將軍。因此，兩位將軍不能相互協調，共同對敵。左將軍揣度樓船將軍此前有打敗仗的罪過，如今又同朝鮮大臣私下友好，而朝鮮又不肯投降，就懷疑樓船將軍有造反陰謀，只是未敢採取行動。天子說：「將帥不能進擊破敵，我才派衛山去曉諭右渠投降，右渠派遣太子來謝罪，而衛山身為使者卻不能獨自果斷地處理事情，同左將軍一起造成失誤，終於毀壞了朝鮮歸降之約。現在兩將軍圍攻王險城，又不能同心協力，一致行動，因此長時間沒能解決問題。」派遣原濟南太守公孫遂前去糾正他們的錯誤，如有方便有利的機會，可以隨時自行靈活處理事務，不必請示。公孫遂到達朝鮮後，左將軍說：「朝鮮早就該攻下了，之所以還未攻下來，是屢次與樓船將軍約定進軍日期，而樓船將軍不來相會。」他把他平時所懷疑樓船將軍謀反的想法一一都告訴了公孫遂，說：「現在問題如此嚴重還不拿問他，恐怕會成為大禍害，不僅是樓船將軍要謀反，而且他又要聯合朝鮮一起來消滅我軍。」公孫遂也認為是這樣，就用符節召樓船將軍來左將軍軍營中商量事情，當場命令左將軍的部下把樓船將軍捉拿捆綁起來，並把他的軍隊合併到左將軍手下。公孫遂把這件事報告了漢天子，天子殺了公孫遂。

8 左將軍合併了兩軍後，就竭力攻打朝鮮軍隊。朝鮮相路人、相韓陶、尼谿相參、將軍王唊等相互商議說：「開始我們要投降樓船將軍，如今樓船將軍被抓起來，左將軍一人統率兩支軍隊，戰爭越打越猛烈，我們恐怕不能抵擋下去，國王又不肯投降。」韓陶、王唊、路人都逃亡到漢軍那裡，向漢朝投降。路人在半道上死去了。元封三年夏天，尼谿相參便派人殺死了朝鮮王右渠，向漢朝投降。王險城還沒攻下來，前右渠的大臣成已又造反，並攻打不肯跟隨他造反的朝鮮官吏。左將軍派右渠的兒子長降、相路人的兒子路最去曉諭朝鮮民眾，殺了成已。因此漢朝終於平定了朝鮮，設立了真番、臨屯、樂浪、玄菟四個郡。漢天子封參為澅清侯，韓陶為秋苴侯，王唊為平州侯，長為幾侯。路最因為父親死於奔降漢軍之途，很有功勞，封為涅陽侯。左將軍被召回京城，犯了爭搶功勞、相互嫉妒而違背作戰計劃的罪過，被處棄市。樓船將軍也犯了軍隊到達列口，應當等候左將軍，卻擅自搶先攻擊敵人，致使傷亡很多的罪過，應當判處死刑，他出錢贖罪，免除死刑，成為平民百姓。

贊曰：楚、粵之先❶，歷世有土❷。及周之衰，楚地方五千里，而句踐亦以粵伯❸。秦滅諸侯，唯楚尚有滇王❹。漢誅西南夷，獨滇復寵。及東粵滅國遷眾，繇王居股等猶為萬戶侯。三方之開❺，皆自好事之臣❻。故西南夷發❼於唐蒙、司馬相如，兩粵起嚴助、朱買臣❽，朝鮮由❾涉何。遭世富盛❿，動⓫能成功，然已勤矣⓬。追觀太宗填撫尉佗⓭，豈古所謂「招攜以禮，懷遠以德⓮」者哉！

【章旨】以上為本傳的總結。先總述滇和東粵自先祖以來，歷代享有封國。繼而對漢朝開發西南夷、兩粵、朝鮮給予評論，認為給國家造成了過度勞苦和消耗。

【注釋】❶楚粵之先　本傳記述西南夷、兩粵、朝鮮史實，其中滇、東粵始稱王者分別為楚將莊蹻和粵王句踐後裔，故曰「楚、粵之先」云云。❷有土　猶有國。土本義為領土、疆土，轉指封國、國家。❸伯　通「霸」。稱霸，即做諸侯盟主。❹滇王　指楚威王將軍莊蹻的後代而為滇王者。❺三方之開　指西南夷、兩粵、朝鮮三邊的開發。開，開發；開拓。❻自好事之

臣　由喜好多事之臣所引發。自，出自；由……引發。❼發　發端；引發。❽朱買臣　字翁子，吳縣（今江蘇蘇州）人。家貧，苦讀書，由嚴助推薦入宮，被任命為中大夫。主張經營四方，言東粵可滅，任為會稽郡太守，奉命擊東粵，有功，入為主爵都尉（列卿之一）。後為丞相長史，被殺。詳見卷六十四〈朱買臣傳〉。❾由　由於。❿遭世富盛　遇到漢朝富有強盛。遭，遇；逢。世，改朝換代建立新王朝為一世。這裡主要指漢代武帝時期。⓫動　動輒；經常。⓬然已勤矣　顏師古注曰：「已，甚也。言其事甚勤勞。」勤，勞；勞苦。⓭追觀太宗句　謂回顧漢文帝以德安撫尉佗。追觀，回顧。太宗，漢文帝廟號。填，通「鎮」。⓮招攜以禮二句　顏師古注：「《春秋左氏傳．僖公七年》，諸侯盟於甯母，管仲言於齊侯（齊桓公）曰：『臣聞之，招攜以禮，懷遠以德。』攜，謂離貳者也。懷，來也。言有離貳者則招集之，恃險遠者則懷來之也。故贊引之。」招，招徠。攜，離貳。指親附的人漸漸生離心，叛離。懷，安撫；使歸向。遠，謂遠離者。贊語引此二句以表彰文帝鎮撫趙佗。楊樹達《漢書窺管》曰：「此班氏（班固）之微詞，意謂武帝之興師不如文帝之德化也。」

【語　譯】史官評議說：楚國、粵國的祖先，歷代享有封國。到周朝衰敗之時，楚國疆土縱橫五千里，而句踐也憑藉粵國之強大得以稱霸。秦滅六國諸侯以後，只有楚國還留有滇王。漢朝征服西南夷，只有滇王又受天子寵愛。直到東粵國遷居江淮之間，繇王居股等仍封為萬戶侯。漢朝開發經營西南夷、兩粵、朝鮮地區，都是出自好事之臣的主意。其中對西南夷的征討，發端於唐蒙、司馬相如，對兩粵的征討，起因於嚴助、朱買臣，對朝鮮的征討，起因於涉何殺害朝鮮小王。遇到國家富有強盛，出兵爭戰總能取得成功，但是也過於使天下百姓勞苦不堪了。回顧太宗皇帝安撫尉佗的史實，不就是古人所說的「以禮招徠叛離者，以德安撫恃遠者」嗎！

【研　析】《漢書．西南夷兩粵朝鮮傳》記載了西漢時期中國西南、東南、東北等周邊地區民族的歷史，這些地區和民族在此時期都陸續歸入漢朝版圖，成為西漢帝國的一部分。如今，本傳已成為研究西漢時期疆域史、行政區劃史、民族史的重要資料。班固撰寫本傳時，充分利用了《史記》中的〈南粵〉、〈東粵〉、〈朝鮮〉、〈西南夷〉四列傳，但它並不是《史記》的簡單翻版，它補充了《史記》的缺略，較《史記》〈南粵〉諸傳具有更高的史料價值。

首先，它增加了一些《史記》中所沒有的資料，例如〈南粵傳〉部分，增加了漢文帝賜趙佗書；趙佗與漢文帝書，《史記》雖有所錄，然僅撮述其意，而未錄全文，《漢書》則全文錄下。這些都是重要的史料。其次，它增補了《史記》所記歷史之後的史事。例如〈西南夷〉部分，昭帝以後至新莽時期的記載，都是班固所續，它補充了這一時期西南夷地區發生的一系列歷史事件。

作為中國第一部紀傳體斷代史書，《漢書》在《史記》的基礎上，為融入漢朝的周邊蠻夷民族立傳，為後世同類體裁的史書開創了一個很好的範例。

閱讀本傳時，應與《史記》的〈南粵〉、〈東粵〉、〈朝鮮〉、〈西南夷〉四列傳相對照，這樣，不僅可以知道《漢書》對《史記》的增補內容有哪些，還可以知道《漢書》在採用《史記》文字的同時，在何處對《史記》的行文作了修改。例如，南海尉任囂臨終前對趙佗所說的一段話，《漢書》較《史記》要簡練許多。《史通・六家篇》說《漢書》「言皆精練，事甚該密」，確實如此。

卷九十六上

西域傳第六十六上

【題解】〈西域傳〉上、下兩分卷，敘述西域形勢及其五十多個國家或城邦、地區的情況，以及漢與西域的密切關係。內容豐富、具體，具有極高的史料價值。漢武帝派張騫通西域，漢宣帝置西域都護，促使中原與西部、中國與外國的經濟和文化的交流，反映了漢人的開放精神與世界意識。司馬遷在《史記》中置〈大宛列傳〉，記述張騫兩次出使西域始末、李廣利征伐大宛，還敘及西域十九國，使《史記》具有世界史的性質。班固繼承和發展了這個事業，所記西域地理、歷史以及漢與西域關係，都較為翔實。

1 西域以孝武時始通❶，本三十六國，其後稍分至五十餘，皆在匈奴之西，烏孫❷之南。南北有大山❸，中央有河❹，東西六千餘里，南北千餘里。東則接漢，阸以玉門、陽關❺，西則限以蔥嶺❻。其南山，東出金城❼，與漢南山屬焉❽。其河有兩原❾：一出蔥嶺山，一出于闐❿。于闐在南山下，其河北流，與蔥嶺河合，東注蒲昌海⑪。蒲昌海，一名鹽澤者也，去玉門、陽關三百餘里，廣袤⑫三百里。其水亭居⑬，冬夏不增減，皆以為潛行地下，南出於積石⑭，為中國河⑮云。

2 自玉門、陽關出西域有兩道。從鄯善傍南山北⑯，波河西行至莎車⑰，為南道；南道西踰蔥嶺則出大月氏、安息⑱。自車師前王庭⑲隨北山，波河西行至疏勒⑳，為北道；北道西踰蔥嶺則出大宛、康居、奄蔡焉㉑。

3 西域諸國大率土著㉒，有城郭田畜，與匈奴、烏孫異俗，故皆役屬匈奴㉓。匈奴西邊日逐王置僮僕都尉㉔，使領西域，常居焉耆、危須、尉黎㉕間，賦稅諸國，取富給焉㉖。

4 自周衰，戎狄錯居涇渭之北㉗。及秦始皇攘卻戎狄，築長城，界㉘中國，然西不過臨洮㉙。

【章　旨】以上為上卷的第一部分，主要是對西域的地理環境、疆域、交通、風俗及社會狀況等，做了概括敘述。

【注　釋】❶西域以孝武時始通　西域，是自漢以來對於玉門關（今甘肅敦煌西北）、陽關（今甘肅敦煌西南）以西地區的總稱，有狹廣兩種含義，狹義專指玉門關、陽關以西、蔥嶺以東的地區而言，廣義則指蔥嶺東、西地區，包括亞洲中、西部、印度半島，甚至更廣的地方。孝武，漢武帝劉徹的諡號。通，往來交通。❷烏孫　古族名、國名。最初在祁連、敦煌間。西元前二世紀中葉西遷至今伊犁河及伊塞克湖一帶，都赤谷城。❸南北有大山　它的南北兩面都有大山。南面為崑崙山，由於位於西域之南俗稱南山；北面為天山，由於位於西域北面俗稱北山。❹中央有河　中央有河橫貫。河，指塔里木河。❺阸以玉門陽關　阸，要塞。玉門，玉門關，在今甘肅敦煌西北。陽關，在今甘肅敦煌西南。全句意為東面通過玉門關和陽關要塞與漢朝接壤。❻西則限以葱嶺　西面則以葱嶺為界限。限，界限。葱嶺，山名，是帕米爾高原和崑崙山、喀喇崑崙山西部群山的總稱，是古代中西方交通的孔道。在今新疆喀什西。古人或以為山上長滿蔥而得名。❼金城　郡名。治允吾（今甘肅永靖西北）。❽與漢南山屬焉　與漢朝的南山相連。漢南山，漢朝的南山，指今陝西西安秦嶺。屬，聯也。❾其河有兩原　它的河有兩源。原，通「源」。❿于闐　國名。在今新疆和田一帶。居民從事農牧。⓫蒲昌海　今羅布泊。⓬廣袤　指土地的長和寬。東西為「廣」，南北為「袤」。⓭其水亭居　謂水不流動。亭，通「停」。⓮積石　山名。在今青海東南部。即今阿尼瑪卿山。⓯中國河　指黃河。⓰從鄯善傍南山北　從鄯善循著南山北麓走。鄯善，國名，在今新疆若羌一帶。南山，指今新疆境內崑崙山脈東段。⓱波河西行至莎車　順著河床向西去可到莎車。波河，順著河。莎車，國名。在今新疆莎車一帶。⓲西踰葱嶺句　意為走南道西越葱嶺，到大月氏、安息。踰，越過。大月氏，古族名和國名。安息，伊朗高原古國。⓳車師前王庭　車師前王國的都城，當時名交河城，在今新疆吐魯番西。⓴疏勒　國名。都於疏勒（今新疆喀什）。㉑大宛康居奄蔡焉　大宛，國名。在今中亞費爾干納盆地。王治貴山城（今中亞卡散賽）。盛產葡萄、苜蓿，以產汗血馬著名。康居，國名。在烏孫之西。約在今巴爾喀什湖和鹹海之間。王都在卑闐城。南部為農業區、北部為游牧區。奄蔡，古族名。約分布於今鹹海至頓河下游一帶。從事游牧。舊本焉下有「耆」字。王先謙《漢書補注》注引王念孫曰：景祐本無「耆」字是也。「焉」字絕句，「焉」下「耆」字，則後人妄加之也。大宛、康居、奄蔡，皆在蔥嶺之西，自都護治所西至大宛四千三十一里，至康居五千五百五十里，又自康居西北至奄蔡可二千里，故曰「西踰蔥領出大宛、康居、奄蔡」也，若焉耆則在蔥領之東，且在都護治所之東北四百里，豈得云西踰蔥領出焉耆乎？《漢紀・孝武紀》、《後漢書・西域傳》、《通典・邊防七》「焉」下皆有「耆」字，此後人依誤本《漢書》加之耳。《通鑑》《漢紀》無「耆」字，與景祐本同，則北宋本尚未誤也。故知諸書內「耆」字皆後人所加。先謙曰：由疏勒而西為大宛，在大月氏北，亦蔥嶺西國也。其北為康居，為奄蔡，又極西北為條支，是為蔥嶺西北諸國。又極西為大秦。〈陳湯傳〉云「從南道踰蔥嶺，徑大宛」。是大宛亦可從南道踰嶺，後稍迤而北耳。㉒大率土著　大率，大抵。土著，附著土地，指定居，不隨畜牧而遷徙不定。㉓役屬匈奴　服屬匈奴而為其奴役。㉔日逐王置僮僕都尉　日逐王，匈奴官名，地位次於左賢王。僮僕都尉，匈奴專門設立來統治西域的官名。㉕焉耆危須尉黎　焉耆，國名，在今新疆焉耆一帶。危須，國名，在今新疆焉耆東北。尉黎，亦作尉犂，國名，在今新疆焉耆西南一帶。㉖賦稅諸國二句　向各國徵收賦稅，索取充裕的給養。賦稅，徵收賦稅。動詞。㉗戎狄錯居涇渭之北　戎狄，古代史書中常常把東南西北的周邊部族分別為東夷、南蠻、西戎、北狄來稱呼，這裡的「戎狄」泛指西方、北方的部族。錯居，錯綜雜居。涇渭，涇水和渭水，在今陝西境。㉘界　境界。㉙臨洮　縣名。今甘肅岷縣。

【語　譯】西域自從漢武帝的時候開始和中原來往，本來有三十六個城國，後來陸續分置為五十多個，地理位置都位於匈奴的西面和烏孫的南面。它的南北是大山，中央有河橫貫，東西長六千多里，南北寬千餘里。東面通過玉門關和陽關要塞與漢朝接壤，西面則以葱嶺為界。西域的南山，東頭始於金城郡，與漢朝的南山山脈相連。它的河有兩源：一出葱嶺，一出于闐。于闐在南山腳下，這條河由于闐發源後向北流，與葱嶺河匯合，折東注入蒲昌海。蒲昌海又名鹽澤，東去玉門關、陽關三百餘里，周圍廣三百里。它的水停聚而不流，不因冬夏季節的更替而增減，人們都認為水潛入地下，成為暗流，又從南邊的積石山冒出地面，是中國黃河的上源。

2 由玉門關、陽關去西域有兩條路。從鄯善循著南山北麓走，順著河床向西去到莎車，為南道；走南道西越葱嶺，到大月氏、安息。由車師前國都城循著北山，順河床向西去到疏勒，為北道；走北道西過葱嶺，則到大宛、康居和奄蔡。

3 西域各國大抵從事農業，生活是定居的，具有城郭、田地和牲畜，與匈奴、烏孫的風俗不同，原來都是匈奴的藩屬。匈奴西部的日逐王特地設置稱做僮僕都尉的官統制西域，僮僕都尉交替常駐焉耆、危須和尉黎等國，向各國徵收賦稅，索取充裕的給養。

4 自從周朝衰落，西北戎狄部族錯綜雜居於涇、渭二河以北。到秦始皇征伐戎狄，修築長城，成為中國的疆界，然而西面只到達臨洮一帶。

1 漢興至于孝武，事征四夷，廣威德，而張騫❶始開西域之迹。其後票騎將軍擊破匈奴右地❷，降渾邪、休屠王，遂空其地❸，始築令居❹以西，初置酒泉郡❺，後稍發徙民充實之，分置武威、張掖、敦煌❻，列四郡，據兩關❼焉。自貳師將軍伐大宛❽之後，西域震懼，多遣使來貢獻，漢使西域者益得職❾。於是自敦煌西至鹽澤❿，往往起亭，而輪臺、渠犁皆有田卒數百人⓫，置使者校尉領護，以給使外國者⓬。

2 至宣帝時，遣衛司馬使護鄯善以西數國。及破姑師⓭，未盡殄⓮，分以為車師前、後王及山北六國⓯。時漢獨護南道，未能盡并北道也，然匈奴不自安矣。其後日逐王畔單于⓰，將眾來降，護鄯善以西使者鄭吉迎之⓱。既至漢，封日逐王為歸德侯，吉為安遠侯。是歲，神爵三年⓲也。乃因使吉并護北道，故號曰都護⓳。都護之起，自吉置也。僮僕都尉由此罷，匈奴益弱，不得近西域。於是徙屯田，田於北胥鞬⓴，披㉑莎車之地，屯田校尉始屬都護。都護督察烏孫、康居諸外國動靜，有變以聞。可安輯㉒，安輯之；可擊，擊之。都護治烏壘城㉓，去陽關二千七百三十八里，與渠犁田官相近，土地肥饒，於西域為中㉔，故都護治焉。

3 至元帝時，復置戊己校尉㉕，屯田車師前王庭。是時匈奴東蒲類㉖王茲力支將人眾千七百餘人降都護，都護分車師後王之西為烏貪訾離㉗地以處之。

4 自宣、元後，單于稱藩臣，西域服從，其土地山川王侯戶數道里遠近翔㉘實矣。

【章旨】以上為上卷的第二部分，寫了漢設置河西四郡、西域都護及經營西域各國的歷史過程。

【注釋】❶張騫　生年不詳，卒於元鼎三年（西元前一一四年），漢中成固（今陝西城固）人。漢武帝時期偉大的外交家和旅行家，一生兩次出使西域，建立和發展了漢朝與西域各民族的友好關係，成為打通西域——亞洲大陸國際路線的第一人。事跡詳見本書卷六十一〈張騫傳〉。❷票騎將軍句　票騎將軍，指霍去病（西元前一四〇—前一一七年），河東平陽（山西臨汾）人。西漢著名的軍事將領。右地，指西部。❸降渾邪休屠王二句　意為降服渾邪部落和休屠部落，那裡遂空無匈奴人。渾邪，也寫作「昆邪」，指渾邪王，匈奴渾邪部落的首領。休屠王，匈奴休屠部落的首領。❹令居　縣名，在今甘肅永登西。❺酒泉郡　郡名。治祿福（今甘肅酒泉）。❻武威張掖敦煌　武威，郡名。治武威（今甘肅民勤東北）。張掖，郡名。治觻得（今甘肅張掖西北）。敦煌，郡名。治敦煌（今甘肅敦煌西）。❼兩關　指玉門關、陽關。❽貳師將軍伐大宛　貳師將軍，指李廣利。李廣利為漢武帝愛妃李夫人之兄，伐大宛，於貳師城得寶馬而歸，漢武帝因此封他為貳師將軍。貳師，大宛國城名。❾益得職　益，更加。得職，完成使命。❿鹽澤　即今新疆東部羅布泊。⓫往往起亭二句　意為往往建起了許多亭舍，而且在輪臺、渠犂等處屯田，都有屯田兵士幾百人起亭。起亭，建蓋亭舍。輪臺，地名。在今新疆輪臺東南。渠犂，國名。在今新疆庫爾勒至尉犂一帶。田卒，屯田的士卒。⓬置使者校尉領護二句　使者校尉，統領保護營田事務的官員。給，供給。⓭及破姑師　指等到打敗姑師。及，到。姑師，國名。在今新疆吐魯番、奇台等一帶。約在初元元年（西元前四八年），漢分其地為車師前後兩部。車師前部治交河城，後部治務塗谷（今新疆吉木薩爾南山中）。⓮未盡殄　沒有全部滅絕。殄，滅絕。⓯山北六國　山，指天山。六國，指東且彌、西且彌、卑陸、卑陸後國、蒲類、蒲類後國。⓰畔單于　背叛單于。畔，通「叛」。單于，匈奴君主的稱號。全稱為「撐犂孤塗單于」，在匈奴語裡，「撐犂」是「天」，「孤塗」是「子」，「單于」是「廣大」，寓意是具有至高無上的權力的君主。⓱護鄯善句　護衛鄯善以西的漢使者鄭吉迎接了他的歸降。護，都。鄭吉，漢宣帝時設置西域都護，為漢派駐西域地區的最高長官，鄭吉擔任首任都護。⑱神爵三年　西元前五九年。神爵，漢宣帝年號（西元前六一—前五八年）。⑲都護　總護南北道之意。⑳田於北胥鞬　屯田於北胥鞬地方。田，動詞，屯田，耕種意。北胥鞬，地名。㉑披　分。㉒輯　通「集」。㉓烏壘城　漢西域都護治所。在今新疆輪臺東北。㉔於西域為中　地處西域的中心。㉕戊己校尉　官名。掌管西域屯田事務，為屯田區最高長官。戊己，居中之意。㉖東蒲類　古西域國名，即蒲類，在今新疆巴里坤一帶。㉗烏貪訾離　古西域國名。㉘翔　通「詳」。

【語譯】漢朝建國到了漢武帝時，從事征伐周邊部族，擴大漢王朝的聲威德望，因而有張騫開始通西域的事。後來，漢票騎將軍霍去病打敗匈奴西部，降服渾邪部落和休屠部落，那裡遂空無匈奴人，開始構築令居以西的亭障，最初設置了酒泉郡，稍後遣發內地的人遷去充實，分置為武威、張掖、敦煌，共四郡，外以兩關為依託。自從貳師將軍李廣利伐大宛以後，西域各國懼怕漢朝的兵威，多派遣使節來通好，進獻特產珍奇，漢朝派往西域的使節執行使命都能有所作為。隨著發展的需要，由敦煌西至鹽澤一線，往往建起了許多亭舍，而且在輪臺、渠犂等處屯田，都有屯田兵士幾百人，並設置了使者校尉統領監護，以便供給和保護來往西域的漢使。

2 到了漢宣帝的時候，派遣衛司馬鄭吉監護鄯善以西幾個城國。待到打敗姑師，沒有全部滅絕其國，分為車師前國、車師後國以及山北六個城國。當時漢朝只監護西域南道，而北道尚未能全部降服，然而控制北道的匈奴因為漢的影響擴大而日益不安。後來匈奴日逐王叛離單于，率領部眾降漢，護衛鄯善以西的漢使者鄭吉負責受降事宜，前往迎接。等到了朝廷，漢宣帝封日逐王為歸德侯，鄭吉為安遠侯。這年，是神爵三年。因而漢就派遣鄭吉同時監護北道，於是就將這一官職命名為都護。都護的設置，是從鄭吉開始的。匈奴設置統治西域的僮僕都尉因失去價值而作罷，匈奴的勢力日益削弱，以致不能再接近西域。漢於是遷徙屯田於北胥鞬地方，分莎車之地，自此屯田校尉隸屬西域都護。都護開始觀察監督烏孫、康居各國動靜，一旦有何變亂就上報朝廷。能夠安撫的就安撫；能夠打擊的就打擊。都護駐烏壘城，距陽關二千七百三十八里，與渠犂屯田鄰近，土地肥沃富饒，處於西域的中心，所以都護駐在這裡。

3 到漢元帝時，又設立旨在防範匈奴的戊己校尉，屯田於車師前國都城。當時匈奴東蒲類王茲力支率領部眾一千七百多人投降都護，都護分車師後國西邊烏貪訾離國土地安置他們。

4 自從漢宣帝、漢元帝以後，匈奴單于向漢朝稱屬國，西域也都臣服，西域各國的土地、山川、王侯、戶數、道里遠近，都詳盡確實。

出陽關，自近者始，曰婼羌❶。婼羌國王號去胡來❷王。去陽關千八百里，去長安六千三百里，辟❸在西南，不當孔道❹。戶四百五十，口千七百五十，勝兵者❺五百人。西與且末接❻。隨畜逐水草，不田作，仰鄯善、且末穀❼。山有鐵，自作兵❽，兵有弓、矛、服刀❾、劍、甲。西北至鄯善，乃當道云。

【章　旨】以上為上卷的第三部分，敘述婼羌地理位置、戶口、軍隊、習俗及物產等概況。

【注　釋】❶婼羌　族名、國名。其國在今新疆若羌東南、阿爾金山脈南。其族活動於漢代南山一帶。❷去胡來　婼羌國王的稱號，寓意離開胡而歸附漢。❸辟　通「僻」。❹孔道　通衢大道。孔，通也。❺勝兵者　能操兵器作戰的。勝，勝任。❻與且末接　且末，國名。今新疆且末一帶。接，接壤。❼隨畜逐水草三句　隨畜牧就水草而居，不種田，依賴鄯善、且末提供五穀。畜，放牧，動詞。逐，追逐。不田作，不從事農作。仰，依賴。穀，五穀糧食。❽自作兵　自己製造兵器。兵，兵器。❾服刀　也稱拍髀，是一種佩帶於腰間的短刀。

【語　譯】西出陽關，從近處開始，稱婼羌。婼羌國王號為去胡來王。婼羌離陽關一千八百里，離長安六千三百里，位置偏僻，在西南方，不在大道上。戶四百五十，人一千七百五十，勝任從軍作戰的五百人。婼羌西面與且末接壤。人民過著追逐水草而放牧牲畜的生活，不種田，依賴鄯善、且末提供五穀。山有鐵礦，自己製作兵器，兵器有弓、矛、短刀、劍、甲。西北到達鄯善，就是大道了。

1 鄯善國❶，本名樓蘭，王治扜泥城❷，去陽關千六百里，去長安六千一百里。戶千五百七十，口萬四千一百，勝兵二千九百十二人。輔國侯、卻胡侯、鄯善都尉、擊車師都尉、左右且渠、擊車師君各一人，譯長❸二人。西北去都護治所千七百八十五里，至山國❹千三百六十五里，西北至車師千八百九十里。地沙鹵❺，少田，寄田❻仰穀旁國。國出玉，多葭葦、檉柳、胡桐❼、白草。民隨畜牧逐水草，有驢馬，多橐它❽。能作兵❾，與婼羌同。

2 初，武帝感張騫之言，甘心欲通大宛諸國，使者相望於道，一歲中多至十餘輩。樓蘭、姑師當道，苦之❿，攻劫漢使王恢⓫等，又數為匈奴耳目，令其兵遮漢使。漢使多言其國有城邑，兵弱易擊。於是武帝遣從票侯趙破奴將⓬屬國騎及郡兵數萬擊姑師。王恢數為樓蘭所苦，上⓭令恢佐破奴將兵。破奴與輕騎七百人先至，虜樓蘭王，遂破姑師，因暴兵威以動烏孫、大宛之屬⓮。還，封破奴為浞野侯，恢為浩侯。於是漢列亭障至玉門矣。

3 樓蘭既降服貢獻⓯，匈奴聞，發兵擊之。於是樓蘭遣一子質⓰匈奴，一子質漢。後貳師軍⑰擊大宛，匈奴欲遮之，貳師兵盛不敢當，即遣騎因樓蘭候漢使後過者⑱，欲絕勿通。時漢軍正⑲任文將兵屯玉門關，為貳師後距⑳，捕得生口㉑，知狀以聞㉒。上詔文便道引兵捕樓蘭王。將詣闕，簿責王㉓，對曰：「小國在大國間，不兩屬無以自安。願徙國入居漢地。」上直其言㉔，遣歸國，亦因使候伺㉕匈奴。匈奴自是不甚親信樓蘭。

4 征和元年㉖，樓蘭王死，國人來請質子在漢者，欲立之。質子常坐漢法㉗，下蠶室宮刑㉘，故不遣。報曰：「侍子㉙，天子愛之，不能遣。其更立其次當立者。」樓蘭更立王，漢復責其質子，亦遣一子質匈奴。後王又死，匈奴先聞之，遣質子歸，得立為王。漢遣使詔新王，令入朝，天子將加厚賞。樓蘭王後妻，故繼母也，謂王曰：「先王遣兩子質漢皆不還，奈何欲往朝乎㉚？」王用其計，謝㉛使曰：「新立，國未定，願待後年入見天子。」然樓蘭國最在東垂㉜，近漢，當白龍堆㉝，乏水草，常主發導㉞，負水儋糧㉟，送迎漢使，又數為吏卒所寇，懲艾㊱不便與漢通。後復為匈奴反間，數遮殺漢使。其弟尉屠耆降漢，具言狀㊲。

5 元鳳四年㊳，大將軍霍光白遣平樂監傅介子㊴往刺其王。介子輕將勇敢士㊵，齎㊶金幣，揚言以賜外國為名。既至樓蘭，詐其王欲賜之，王喜，與介子飲，醉，將其王屏語㊷，壯士二人從後刺殺之，貴人左右皆散走。介子告諭以「王負漢罪，天子遣我誅王，當更立王弟尉屠耆在漢者。漢兵方至，毋敢動，自令滅國矣」，介子遂斬王嘗歸㊸首，馳傳詣闕㊹，縣首北闕下㊺。封介子為義陽侯。乃立尉屠耆為王，更名其國為鄯善，為刻印章，賜以宮女為夫人，備車騎輜重，丞相將軍率百官送至橫門外，祖㊻而遣之。王自請天子曰：「身在漢久，今歸，單弱，而前王有子在，恐為所殺。國中有伊循城，其地肥美，願漢遣一將屯田積穀，令臣得依其威重。」於是漢遣司馬一人、吏士四十人，田伊循以填撫之㊼。其後更置都尉。伊循官置始此矣。

6 鄯善當漢道衝，西通且末七百二十里。自且末以往㊽皆種五穀，土地草木，畜產作兵，略與漢同，有異乃記云㊾。

【章旨】以上為上卷的第四部分，寫了鄯善的地理位置、戶口、軍隊、習俗及物產等概況以及漢與匈奴爭奪樓蘭、經營樓蘭的歷史過程。

【注釋】❶鄯善國　古西域國名。本名樓蘭，漢元鳳四年（西元前七七年）改稱鄯善，在今新疆羅布泊以南車臣河下游一帶。❷扜泥城　今新疆若羌縣治。❸譯長　翻譯長官。❹山國　國名。其國山居。在今新疆庫魯克塔格山脈西段。❺沙鹵　不生穀物的沙漠鹽鹵地。❻寄田　寄託於他國種田。❼葭葦檉柳胡桐　葭葦，蘆葦。檉柳，即河柳。胡桐，木名。其脂稱胡桐淚，可入藥。❽橐它　即駱駝。❾作兵　製造兵器。❿苦之　使動用法，以之為苦。意為以迎送漢使節造成的負擔為苦。

⓫王恢　人名，漢武帝派往西域的漢使，元封三年（西元前一〇八年）封為浩侯。與策劃馬邑之謀的大行王恢同名。⓬將率領。⓭上　聖上，指漢武帝。⓮因暴兵威句　因而顯揚了兵威，震動了烏孫、大宛等國。因，憑藉。暴，顯揚。動，威震。屬，類。⓯既降服貢獻　既，已經。降服貢獻。⓰質　做抵押的人質。⓱貳師軍　貳師將軍李廣利的部隊。⓲即遣騎因樓蘭候漢使後過者　就派遣胡騎到樓蘭偵查遠離漢軍的小股漢使。騎，騎兵。因，到。候，偵查。⓳軍正　軍官名。⓴後距　後續部隊。距，通「拒」。㉑生口　俘虜。㉒知狀以聞　意為知道了事情的底細，報告給朝廷。㉓將詣闕二句　意為樓蘭王被解送到朝廷，漢武帝依據簿籍記載一一歷數他的罪過。將，解送。詣，到。闕，宮闕，這裡指朝廷。㉔直其言意為認為他的話是率直之言。直，以……為直。㉕候伺　窺伺；偵察。㉖征和元年　西元前九二年。征和，漢武帝年號。㉗坐漢法　觸犯漢朝的法律。坐，犯法；犯罪。㉘下蠶室宮刑　蠶室，專供受過宮刑的人所居住的地下室。《後漢書・光武帝紀》注：「宮刑者畏風，須暖，作窨室（地下室）蓄火如蠶室，因名焉。」宮刑，也叫腐刑，閹割生殖器之刑。㉙侍子　古代諸侯或屬國的王派遣兒子入侍皇帝的稱侍子。㉚奈何欲往朝乎　為什麼還要去漢朝拜呢。㉛謝　婉辭謝絕。㉜垂　通「陲」。邊陲意。㉝白龍堆　在今羅布泊東的沙漠。㉞主發導　主，掌管。發導，嚮導。㉟負水儋糧　負，背負。儋，同「擔」。肩挑。㊱懲艾　將失敗引以為戒。艾，同「乂」。受創。㊲具言狀　把事情的過程統統通報了。具，同「俱」。全部。狀，情狀；事情的經過。㊳元鳳四年　西元前七七年。元鳳，漢昭帝年號。㊴白遣平樂監傅介子　白，陳述，這裡指向皇上稟告。傅介子，北地義渠（今甘肅寧縣）人，出使西域，功績顯著，封義陽侯。㊵輕將勇敢士　指帶領少數勇敢的士卒。輕，輕便；快捷。將，帶領。㊶齎　攜帶。㊷屏語　摒除其他人而私語。㊸嘗歸　樓蘭王名，〈昭帝紀〉和〈傅介子傳〉都寫作「安歸」。嘗，當為「安」之誤。㊹馳傳詣闕　乘快速驛車報送京城。闕，指朝廷。㊺縣首北闕下　懸首於未央宮北門下示眾。縣，同「懸」。北闕，指漢長安未央宮北門。㊻祖　為設祖道之禮。祖道之禮是餞行的一種隆重儀式，祭祀路神後，在路上設宴為人送行。㊼田伊循以填撫之　伊循，在今新疆若羌城東北。填，通「鎮」。填撫，即鎮定安撫。㊽以往　指由且末國往外邊走。㊾有異乃記云　有不同的地方就記載。乃，就。

【語　譯】鄯善國，原名樓蘭，王都扜泥城，離陽關一千六百里，離長安六千一百里。戶一千五百七十，人一萬四千一百，勝任從軍作戰的二千九百一十二人。設有輔國侯、卻胡侯、鄯善都尉、擊車師都尉、左右且渠、擊車師君等官職各一人，譯長二人。鄯善西北離都護府一千七百八十五里，離山國一千三百六十五里，西北離車師國一千八百九十里。土地屬沙質鹽鹼地，可耕地少，寄託於鄰國耕種田地，再從鄰國輸入糧食。這個國家出產玉石，盛產蘆葦、河柳、胡桐和白草。人民過著逐水草而游牧的不定居生活，牲畜有驢馬，駱駝很多。能製造兵器，與婼羌的情況大致相同。

2 當初，漢武帝為張騫西域之行的報告所打動，願意和大宛等國交往，漢朝派往西域的一批批使者前後相望，絡繹不絕，一年中多達十幾批。樓蘭、姑師正處於通往西域的大道要衝，深為迎送漢使節造成的負擔而痛苦，以致發生了襲擊搶劫王恢等漢朝使節的事，又屢屢為匈奴窺探漢使行跡，派兵攔擊漢使。漢使一再報告樓蘭、姑師有城邑，兵力弱，容易攻打。於是漢武帝派遣從票侯趙破奴率領隴西、北地、上郡、朔方、雲中等五郡匈奴渾邪王、休屠王的胡騎和各郡兵幾萬人攻伐姑師。王恢為漢使的時候屢遭樓蘭所困，漢武帝命令他襄助趙破奴帶兵前往。趙破奴率輕騎七百人先到，俘獲樓蘭王，又大敗姑師，因而顯揚了兵威，震動了烏孫、大宛等國。軍隊班師歸來，漢武帝封趙破奴為浞野侯，王恢為浩侯。於是漢將構築的哨所和堡壘等軍事防線一直向西延伸到玉門關一帶。

3 樓蘭已經向漢降服朝貢，匈奴聽到後，便發兵攻打樓蘭。於是樓蘭遣送一王子在匈奴做人質，一王子在漢做人質。後來貳師將軍李廣利軍隊伐大宛，匈奴想攔擊，因為貳師軍兵眾多不敢擋，就派遣胡騎到樓蘭偵查遠離漢軍的小股漢使，伺機行事，想不讓他們通過。當時漢軍正任文率領軍隊屯駐玉門關，作為貳師將軍李廣利的後援，捕獲敵軍俘虜，從中知道上述樓蘭王與匈奴之間的串通隱祕，上報朝廷。漢武帝命令任文就近帶兵捕捉樓蘭王。樓蘭王被解送到朝廷，漢武帝依據簿籍記載歷數他的罪過，他回答說：「樓蘭是小國，處在漢朝和匈奴兩大國間，如果不這樣臣屬兩方，就不能自存。我希望將樓蘭人全部遷到漢朝轄地居住。」漢武帝認為他的話率直真誠，便不再怪罪他，送他回國，並叫他偵查窺伺匈奴。自此以後，匈奴便不太信任樓蘭了。

4 漢武帝征和元年，樓蘭王死了，樓蘭派使者請求讓在漢朝做人質的王子回國繼位。由於樓蘭質子經常觸犯漢朝國法，已受宮刑下了蠶室，所以不將他遣返。漢朝通報樓蘭使者說：「在漢的侍子，由於皇帝愛而難捨，不便遣歸。你們改立第二個應當繼位的王子吧。」樓蘭更立國王後，漢朝要求再新派遣一質子來，後來樓蘭又向匈奴派去了一質子。後樓蘭王又死了，匈奴最先得到消息，便遣送在匈奴的質子回國立為新王。漢朝遣使詔令新王來長安朝見，說皇帝要厚加賞賜。樓蘭王的後妻，也就是他的繼母，對他說：「先王曾派兩個兒子到漢做質子都沒有回來，為什麼還要去漢朝拜呢？」樓蘭王聽從了她的意見，便委婉答謝漢使說：「我剛繼位，國家尚未安穩，誠願等到後年入朝覲見皇帝。」因為樓蘭國在西域最東邊，離漢最近，地處白龍堆沙漠地帶，缺乏水草，常常承擔派人充當嚮導的事務，背水擔糧，接送漢朝使節，又屢次被過往官吏和官軍所敲詐劫掠，心生警戒不願與漢往來。後來又受到匈奴從中施加反間計，屢次攔截和殺害往還西域的漢使。樓蘭王的弟弟尉屠耆投降了漢，把上述情況統統揭發報告了。

5 漢昭帝元鳳四年，大將軍霍光授意平樂監傅介子前往行刺樓蘭王。傅介子率領少數勇敢士兵，攜帶金銀財寶，宣揚說是要賞賜外國的。他到了樓蘭，佯裝要賜贈樓蘭王，王欣喜並請傅介子宴飲，待到樓蘭王酒醉，傅介子稱有話單獨同樓蘭王說，讓他摒退從人，於是埋伏好的兩名壯士即乘機從身後刺殺了他，樓蘭宮廷近臣一時逃散。傅介子宣告皇帝命令說「樓蘭王犯了虧負漢朝的罪，皇帝派遣我來殺掉他，現在應當另立王的兄弟入侍漢朝的尉屠耆。漢朝軍隊即將趕到，不許妄動，否則便是自招滅國之禍」，傅介子遂斬樓蘭王安歸首級，乘快速驛車報送京城，懸首於未央宮北門下示眾。漢遂封傅介子為義陽侯。朝廷立尉屠耆為王，改樓蘭國名為鄯善，頒刻了新印章，賜漢宮女為新王夫人，準備好車馬行資，丞相和將軍率文武百官送到長安城北門外，舉行了隆重的送行祭禮而去。鄯善王親自請求漢昭帝說：「臣在漢朝已久，如今回國，身單力弱，而我朝前國王還有兒子在，惟恐被他殺害。鄯善國中有一城叫伊循城，那地方土壤肥沃，但願漢朝派一名官員帶軍隊在這裡屯田積儲穀物，也使臣能有漢軍的靠山可依。」於是漢朝派司馬一人，配備兵吏四十人，屯田伊循，藉以鎮撫鄯善。後來又設置了都尉。伊循官職的設置從此開始。

6 鄯善正處於漢通西域的大道要衝，西面路通且末國，相距七百二十里。從且末往外邊去，都種植糧食作物，土地、草木、畜產、兵器，大體與中原相同，有不同的則記載下來。

1 且末國，王治且末城❶，去長安六千八百二十里。戶二百三十，口千六百一十，勝兵三百二十人。輔國侯、左右將、譯長各一人。西北至都護治所二千二百五十八里，北接尉犁，南至小宛可三日行❷。有蒲陶❸諸果。西通精絕❹二千里。

2 小宛國，王治扜零城❺，去長安七千二百一十里。戶百五十，口千五十，勝兵二百人。輔國侯、左右都尉各一人。西北至都護治所二千五百五十八里，東與婼羌接，辟❻南不當道。

3 精絕國，王治精絕城，去長安八千八百二十里。戶四百八十，口三千三百六十，勝兵五百人。精絕都尉、左右將、譯長各一人。北至都護治所二千七百二十三里，南至戎盧國❼四日行，地阸陿❽，西通扜彌四百六十里。

4 戎盧國，王治卑品城❾，去長安八千三百里。戶二百四十，口千六百一十，勝兵三百人。東北至都護治所二千八百五十八里，東與小宛、南與婼羌、西與渠勒接❿，辟南不當道。

5 扜彌國，王治扜彌城⓫，去長安九千二百八十里。戶三千三百四十，口二萬四十，勝兵三千五百四十人。輔國侯、左右將、左右都尉、左右騎君各一人，譯長二人。東北至都護治所三千五百五十三里，南與渠勒、東北與龜茲⓬、西北與姑墨⑬接，西通于闐⑭三百九十里。今⑮名寧彌。

6 渠勒國，王治鞬都城⑯，去長安九千九百五十里。戶三百一十，口二千一百七十，勝兵三百人。東北至都護治所三千八百五十二里，東與戎盧、西與婼羌、北與扜彌接。

7 于闐國，王治西城⑰，去長安九千六百七十里。戶三千三百，口萬九千三百，勝兵二千四百人。輔國侯、左右將、左右騎君、東西城長、譯長各一人。東北至都護治所三千九百四十七里，南與婼羌接，北與姑墨接。于闐之西，水皆西流，注西海；其東，水東流，注鹽澤⑱，河原⑲出焉。多玉石。西通皮山⑳三百八十里。

8 皮山國，王治皮山城㉑，去長安萬五十里。戶五百，口三千五百，勝兵五百人。左右將、左右都尉、騎君、譯長各一人。東北至都護治所四千二百九十二里，西南至烏秅國㉒千三百四十里，南與天篤接，北至姑墨千四百五十里，西南當罽賓、烏弋山離道㉓，西北通莎車三百八十里。

9 烏秅國，王治烏秅城，去長安九千九百五十里。戶四百九十，口二千七百三十三，勝兵七百四十人。東北至都護治所四千八百九十二里，北與子合、蒲犂㉔，西與難兜㉕接。山居，田石間。有白草。累石為室。民接手飲㉖。出小步馬㉗，有驢無牛。其西則有縣度[28]，去陽關五千八百八十八里，去都護治所五千二十里。縣度者，石山也，谿谷不通，以繩索相引而度云。

10 西夜國[29]，王號子合王，治呼犍谷，去長安萬二百五十里。戶三百五十，口四千，勝兵千人。東北到都護治所五千四十六里，東與皮山、西南與烏秅、北與莎車、西與蒲犂接。蒲犂及依耐、無雷[30]國皆西夜類也。西夜與胡異，其種類羌氐行國[31]，隨畜逐水草往來。而子合土地出玉石。

11 蒲犂國，王治蒲犂谷，去長安九千五百五十里。戶六百五十，口五千，勝兵二千人。東北至都護治所五千三百九十六里，東至莎車五百四十里，北至疏勒五百五十里，南與西夜子合接，西至無雷五百四十里。侯、都尉各一人。寄田莎車。種俗與子合同。

12 依耐國，王治去長安萬一百五十里。戶一百二十五，口六百七十，勝兵三百五十人。東北至都護治所二千七百三十里，至莎車五百四十里，至無雷五百四十里，北至疏勒六百五十里，南與子合接，俗相與同。少穀，寄田疏勒、莎車。

13 無雷國，王治盧城[32]，去長安九千九百五十里。戶千，口七千，勝兵三千人。東北至都護治所二千四百六十五里，南至蒲犂五百四十里，南與烏秅、北與捐毒㉝、西與大月氏接。衣服類烏孫，俗與子合同。

14 難兜國，王治去長安萬一百五十里。戶五千，口三萬一千，勝兵八千人。東北至都護治所二千八百五十里，西至無雷三百四十里，西南至罽賓三百三十里，南與婼羌、北與休循㉞、西與大月氏接。種五穀、蒲陶諸果。有銀銅鐵，作兵與諸國同，屬罽賓。

【章　旨】以上為上卷的第五部分，依次敘述且末、小宛、精絕、戎盧、扜彌、渠勒、于闐、皮山、烏秅、西夜、蒲犂、依耐、無雷、難兜國的地理位置、戶口、軍隊、習俗及物產等概況。

【注　釋】❶且末城　在今新疆且末城南。❷南至小宛可三日行　小宛，國名。在今新疆且末南。三日行，距離相當於徒步三日的行程。❸蒲陶　即葡萄。❹精絕　國名。在今新疆民豐北。❺扜零城　湮沒於塔里木沙漠。❻辟　通「僻」。偏僻。❼戎盧國　古西域國名。位於精絕國南和小宛國西，今新疆民豐南一帶。❽阸陿　狹窄。陿，通「狹」。❾卑品城　大約在今新疆民豐南。❿南與婼羌西與渠勒接　意為南與婼羌國、西與渠勒國接壤。下文有渠勒國「西與婼羌接」、于闐國「南與婼羌接」、難兜國「南與婼羌接」等，可見婼羌族人分布於漢代南山以至喀什米爾一帶，活動範圍較廣。渠勒，國名。在今新疆于闐南。接，接壤。⓫扜彌城　在今新疆于闐東北。⓬龜茲　國名。在今新疆庫車一帶。⓭姑墨　國名。在今新疆阿克蘇一帶。⓮于闐　國名。在今新疆和田一帶。⓯今　指班固著《漢書》的時代。⓰犍都城　約在今新疆于闐南。⓱西城　在今新疆和田南。⓲鹽澤　即蒲昌海。⓳原　通「源」。⓴皮山　國名。在今新疆皮山縣一帶。㉑皮山城　大約在今新疆皮山縣城附近。㉒烏秅國　在今新疆葉城西南阿孜尕爾一帶。㉓西南當罽賓烏弋山離道　罽賓，國名。在今喀什米爾至伊斯蘭堡一帶。烏弋山離，國名。在今阿富汗的坎大哈一帶。㉔子合蒲犂　子合，國名。在今新疆葉城南。蒲犂，國名。在今新疆葉城西南。㉕難兜　國名。在今喀什米爾地區。㉖民接手飲　居民像猿那樣用手接山澗溪水吮飲。㉗小步馬　矮小而善走的馬。㉘縣度　即懸渡，地名。以在兩山澗引繩而渡而得名。縣，古「懸」字。度，通「渡」。㉙西夜國　在今新疆葉城南。㉚依耐無雷　依耐，國名。在蒲犂西南、烏秅北。在今新疆葉城西南布倫木沙一帶。無雷，國名。今帕米爾一帶。㉛行國　謂游牧民族。㉜盧城　今新疆塔什庫爾幹。㉝捐毒　國名。在今新疆烏恰西。㉞休循　國名。在今吉爾吉斯境。

【語　譯】且末國，王治所駐且末城，距離長安六千八百二十里。戶二百三十，人口一千六百一十，勝任從軍作戰的三百二十人。設置輔國侯、左右將、譯長各一人。西北至都護府二千二百五十八里，北與尉犂國接壤，南至小宛國大約有三天的行程。出產葡萄等水果。西面路通精絕國，相距二千里。

2 小宛國，王治所駐扜零城，距離長安七千二百一十里。戶一百五十，人口一千零五十，勝任從軍作戰的二百人。設置輔國侯、左右都尉各一人。西北至都護府二千五百五十八里，東與婼羌國接壤，偏僻靠南而不在漢通西域的大道上。

3 精絕國，王治所駐精絕城，距離長安八千八百二十里。戶四百八十，人口三千三百六十，勝任從軍作戰的五百人。設置精絕都尉、左右將、譯長各一人。北至都護府二千七百二十三里，南至戎盧國有四天的行程，土地狹窄而乏少，西面路通扜彌國，相距四百六十里。

4 戎盧國，王治所駐卑品城，距離長安八千三百里。戶二百四十，人口一千六百一十，勝任從軍作戰的三百人。東北至都護府二千八百五十八里，東與小宛國、南與婼羌國、西與渠勒國接壤，偏僻靠南，不在漢通西域的大道上。

5 扜彌國，王治所駐扜彌城，距離長安九千二百八十里。戶三千三百四十，人口二萬零四十，勝任從軍作戰的三千五百四十人。設置輔國侯、左右將、左右都尉、左右騎君各一人，譯長二人。東北至都護府三千五百五十三里，南與渠勒國、東北與龜茲國、西北與姑墨國接壤，西面路通于闐國，相距三百九十里。現在的名字稱寧彌。

6 渠勒國，王治所駐鞬都城，距離長安九千九百五十里。戶三百一十，人口二千一百七十，勝任從軍作戰的三百人。東北至都護府三千八百五十二里，東與戎盧國、西與婼羌國、北與扜彌國接壤。

7 于闐國，王治所駐西城，距離長安九千六百七十里。戶三千三百，人口一萬九千三百，勝任從軍作戰的二千四百人。設置輔國侯、左右將、左右騎君、東西城長、譯長各一人。東北至都護府三千九百四十七里，南與婼羌國接壤，北與姑墨國接壤。于闐以西，河水都往西流，注入西海；于闐以東，河水則往東流，注入鹽澤，黃河就從這裡發源。此地玉石很多。西面路通皮山國，相距三百八十里。

8 皮山國，王治所駐皮山城，距離長安一萬零五十里。戶五百，人口三千五百，勝任從軍作戰的五百人。設置左右將、左右都尉、騎君、譯長各一人。東北至都護府四千二百九十二里，西南至烏秅國一千三百四十里，南與天篤國接壤，北至姑墨國一千四百五十里，正處在漢通西南罽賓國和烏弋山離國的道路上，西北路通莎車國，相距三百八十里。

9 烏秅國，王治所駐烏秅城，距離長安九千九百五十里。戶四百九十，人口二千七百三十三，勝任從軍作戰的七百四十人。東北至都護府四千八百九十二里，北與子合國、蒲犁國、西與難兜國接壤。這個國家在山上，種田於山石之間。生長白草。人民住在用石塊累砌成的房室裡。居民像猿那樣用手接山澗溪水吮飲。出產體形矮小而善馳走的小步馬，有驢而沒有牛。它的西境有用繩索相引而渡的縣度，這裡離陽關五千八百八十八里，距離都護府五千二百里。縣度這地方，盡是石山，谷陡溪深，無法行走，只有用繩索相引才可通過。

10 西夜國，國王號稱子合王，王治所駐呼犍谷，距離長安一萬零二百五十里。戶三百五十，人口四千，勝任從軍作戰的一千人。東北至都護府五千零四十六里，東與皮山國、西南與烏秅國、北與莎車國、西與蒲犁國接壤。蒲犁國、依耐國、無雷國都和西夜國同屬一類。西夜與匈奴不同，它的種屬為羌氏游牧部族，逐水草而放牧。子合國土地出產玉石。

11 蒲犁國，王治所駐蒲犁谷，距離長安九千五百五十里。戶六百五十，人口五千，勝任從軍作戰的二千人。東北至都護府五千三百九十六里，東至莎車國五百四十里，北至疏勒國五百五十里，南面與西夜國、子合國接壤，西至無雷國五百四十里。設置侯、都尉各一人。寄託於莎車國耕種田地。種族風俗與子合國相同。

12 依耐國，王治所距離長安一萬零一百五十里。戶一百二十五，人口六百七十，勝任從軍作戰的三百五十人。東北至都護府二千七百三十里，至莎車國五百四十里，至無雷國五百四十里，北至疏勒國六百五十里，南與子合國接壤，風俗與子合國相同。糧食五穀乏少，寄託於疏勒國和莎車國耕種田地。

13 無雷國，王治所駐盧城，距離長安九千九百五十里。戶一千，人口七千，勝任從軍作戰的三千人。東北至都護府二千四百六十五里，南至蒲犂國五百四十里，南與烏秅國、北與捐毒國、西與大月氏國接壤。人民衣飾類似烏孫國，風俗則與子合國相似。

14 難兜國，王治所距離長安一萬零一百五十里。戶五千，人口三萬一千，勝任從軍作戰的八千人。東北至都護府二千八百五十里，西至無雷國三百四十里，西南至罽賓國三百三十里，南與婼羌國、北與休循國、西與大月氏國接壤。種植五穀和葡萄等果樹。有銀、銅、鐵等礦產，鑄造兵器與周圍各國相同，是罽賓國藩屬。

1 罽賓國，王治循鮮城❶，去長安萬二千二百里。不屬都護。戶口勝兵多，大國也。東北至都護治所六千八百四十里，東至烏秅國二千二百五十里，東北至難兜國九日行，西北與大月氏、西南與烏弋山離接。

2 昔匈奴破大月氏，大月氏西君大夏❷，而塞❸王南君罽賓。塞種分散，往往為數國。自疏勒以西北，休循、捐毒之屬，皆故塞種也。

3 罽賓地平，溫和，有目宿❹，雜草奇木，檀、櫰❺、梓、竹、漆。種五穀、蒲陶諸果，糞治園田❻。地下溼，生稻，冬食生菜❼。其民巧，雕文刻鏤，治宮室，織罽❽，刺文繡，好治食❾。有金銀銅錫，以為器。市列❿。以金銀為錢，文為騎馬，幕為人面[11]。出封牛、水牛、象、大狗、沐猴、孔爵[12]、珠璣、珊瑚、虎魄、璧流離[13]。它畜與諸國同。

4 自武帝始通罽賓，自以絕遠，漢兵不能至，其王烏頭勞數剽殺漢使。烏頭勞死，子代立，遣使奉獻。漢使關都尉文忠送其使。王復欲害忠，忠覺之，迺與容屈王[14]子陰末赴共合謀，攻罽賓，殺其王，立陰末赴為罽賓王，授印綬。後軍候趙德使罽賓，與陰末赴相失，陰末赴鎖琅當[15]德，殺副已下[16]七十餘人，遣使者上書謝。孝元帝以絕域不錄[17]，放其使者於縣度，絕而不通。

5 成帝時，復遣使獻，謝罪，漢欲遣使者報送其使，杜欽說大將軍王鳳[18]曰：「前罽賓王陰末赴本漢所立，後卒畔逆[19]。夫德莫大於有國子民，罪莫大於執殺使者，所以不報恩，不懼誅者，自知絕遠，兵不至也。有求則卑辭，無欲則驕嫚[20]，終不可懷服。凡中國所以為通厚蠻夷，愜快[21]其求者，為壤比而為寇也。今縣度之阸，非罽賓所能越也。其鄉慕[22]，不足以安西域；雖不附，不能危城郭[23]。前親逆節，惡暴[24]西域，故絕而不通；今悔過來，而無親屬貴人，奉獻者皆行賈賤人，欲通貨市買，以獻為名，故煩使者送至縣度，恐失實見欺。凡遣使送客者，欲為防護寇害也。起皮山南，更不屬漢之國四五，斥候[25]士百餘人，五分夜擊刁斗自守㉖，尚時為所侵盜。驢畜負糧，須諸國稟食㉗，得以自贍。國或貧小不能食，或桀黠不肯給，擁彊漢之節，餒㉘山谷之間，乞匄㉙無所得，離㉚一二旬則人畜棄捐曠野而不反。又歷大頭痛、小頭痛之山，赤土、身熱之阪，令人身熱無色，頭痛嘔吐，驢畜盡然。又有三池、盤石阪，道陿者尺六七寸，長者徑三十里。臨崢嶸㉛不測之深，行者騎步相持，繩索相引，二千餘里乃到縣度。畜隊㉜，未半阬谷盡靡碎；人墮，勢不得相收視㉝。險阻危害，不可勝言。聖王分九州，制五服㉞，務盛內，不求外。今遣使者承至尊之命，送蠻夷之賈，勞吏士之眾，涉危難之路，罷弊所恃以事無用㉟，非久長計也。使者業已受節，可至皮山而還。」於是鳳白從欽言。罽賓實利賞賜賈市，其使數年而壹至云。

【章　旨】以上為上卷的第六部分，敘述罽賓國的地理位置、戶口、軍隊、習俗、物產概況及漢交通罽賓的歷史過程。

【注　釋】❶循鮮城　在今喀什米爾地區斯利那加東。❷西君大夏　大月氏向西遷徙臣服大夏國。君，動詞，做……國君，即臣服意。大夏，國名。在今阿富汗境。❸塞　古族名。西元前二世紀以前分布於今伊犁河流域及伊塞克湖附近一帶。西元前二世紀前期因大月氏人西遷入其地，塞族分散，一部分南下至罽賓等地，一部分留居故地與新來的烏孫人混合。❹目宿　即苜蓿。原產西域，漢武帝時自大宛傳入中原，為馬牛飼料及綠肥作物。❺櫰　木名。槐類。❻糞治園田　施糞肥以耕作園田。❼冬食生菜　冬季可以吃到新鮮蔬菜。食，動詞，吃。生，新鮮。❽罽　一種毛織物。❾好治食　喜好烹調。好，喜好。

治食，烹調。⑩市列　前面脫一「有」字。意為通過市場買賣。市，買賣。列，陳列。⑪文為騎馬二句　意為貨幣正面的圖案為騎士，背面為人的頭像。文，花紋；圖案。幕，錢幣的背面。⑫出封牛句　封牛，一種項肉隆起的牛。沐猴，即獼猴。孔爵，即孔雀。⑬虎魄璧流離　虎魄，即琥珀。璧流離，寶石名。⑭容屈王　罽賓國王下的小王。⑮鎖琅當　鎖，鐵鎖，其上省一「以」字。琅當，即鋃鐺。此作鐵索牽動聲。⑯副已下　副，副使。已下，即以下。已，通「以」。⑰錄　統領。⑱杜欽句　杜欽，杜周之孫。說，勸說。王鳳，西漢元帝王皇后之弟，為王莽之叔。成帝時以外戚身分任大司馬大將軍，領尚書事，獨攬朝政。⑲畔逆　即叛逆。畔，通「叛」。⑳驕嫚　驕橫怠慢。嫚，同「慢」。㉑懕快　快意；滿足。㉒鄉慕　嚮往羨慕。鄉，通「嚮」。㉓城郭　指西域諸城郭。㉔暴　暴露。㉕斥候　偵察；候望。㉖五分句　五分，即五更。刁斗，古代行軍用具。可作炊具及打更之用。㉗稟食　意為提供食物。稟，通「廩」。㉘餒　忍飢受餓。㉙匄　同「丐」。㉚離　同「歷」。即經歷、經過。㉛崢嶸　深險貌。㉜畜隊　牲畜墜落。隊，同「墜」。㉝不得相收視　意為彼此不能相救。㉞五服　指侯服、甸服、綏服、要服、荒服。㉟罷弊所恃以事無用　意為以漢朝人的疲困為代價去從事無用的事情。罷，通「疲」。所恃，所以依賴，這裡指漢朝的人力物力。無用，指遠方諸國的事。

【語　譯】罽賓國，王治所駐循鮮城，距離長安一萬二千二百里。不隸屬西域都護府。戶口和勝任從軍作戰的人眾多，是一個很大的國家。東北至都護府六千八百四十里，東至烏秅國二千二百五十里，東北至難兜國有九天的行程，西北與大月氏國、西南與烏弋山離國接壤。

2 從前匈奴打敗大月氏，大月氏向西遷徙臣服大夏國，而塞王臣服了南方的罽賓。塞種人分布比較廣而鬆散，往往分為好幾個國家。自疏勒國往西往北，是休循、捐毒等國，都屬於原來的塞種。

3 罽賓國土平坦，氣候溫和，產苜蓿和異草奇木，有檀、櫰、梓、竹、漆。種植五穀和葡萄等果樹，施糞肥以耕作田園。土地溼潤，生長水稻，冬季可以吃到新鮮蔬菜。罽賓人技藝精巧，長於繪畫雕刻、建造宮室、編織毛織物、綴花刺繡，喜好烹飪飲食。罽賓有金、銀、銅、錫等礦產，用來製造各種器物。這裡有市場進行貿易買賣。流通金幣和銀幣，貨幣正面的圖案為騎士，背面為人的頭像。產有封牛、水牛、大象、大狗、獼猴、孔雀、珍珠、珊瑚、琥珀、璧琉璃。其他牲畜與鄰國相同。

4 自從漢武帝開始與罽賓交往以來，罽賓以為兩國距離極遠，漢朝軍隊到達不了，國王烏頭勞多次搶劫和殺害漢朝使節。烏頭勞死了以後，他的兒子繼位，又派遣使臣來朝貢。漢朝派遣守關都尉文忠護送罽賓來使回國。文忠到了罽賓國，新王又圖謀殺害他，文忠覺察到了，就與罽賓國小王容屈王的兒子陰末赴共同施計，攻入罽賓，殺了國王，立陰末赴為罽賓王，並頒授了印章和綬帶。後來軍候趙德奉使罽賓，與陰末赴相處失睦，陰末赴就將他拘捕下獄，殺害副使以下七十多人，事後又派使節上書謝罪。漢元帝認為兩國距離極遠而不宜統領，把罽賓使節放逐回縣度，從此不再往還。

5 漢成帝的時候，罽賓再次派使臣進獻、請罪，朝廷準備派遣使臣以禮護送罽賓使臣回返，杜欽勸阻大將軍王鳳說：「從前罽賓國王陰末赴本來是漢朝冊立的，後來究竟還是背叛作亂了。天下德行沒有大過國君像對待子女一樣對待百姓的，世上罪惡沒有大過拘捕殺害使者的。罽賓之所以有恩不報，不害怕討伐，原因在於看到兩國相距極遠，漢朝軍隊到不了他們那裡。他們有求於人時就恭敬謙虛，無求於人時則驕橫怠慢，終究是不能安撫臣服的。舉凡中國之所以與周邊部族交往中待之以厚道，滿足他們的貪婪要求，是出於毗鄰接壤而容易受其侵暴劫掠。如今縣度天險，不是罽賓能夠越過的。他們嚮往敬慕漢朝，不足以產生安撫西域的影響；即使不臣服於漢朝，也不至於危及西域各城國。罽賓先歸順後叛逆，罪惡暴露於西域，造成惡劣影響，所以斷絕了和他們的關係；現在表示悔過派使臣前來，但來使中並無國王的宗親和宮廷要人，朝貢者都是身分卑賤的買賣人，目的是通商做買賣，以進獻為名罷了，所以說勞煩我方使節以禮護送他們遠至縣度，恐怕要受騙上當的。所有派遣去送客的人，都想設法防護客人而免受賊寇侵害，更有甚者，從皮山國以南開始，還有四五個不屬漢西域都護府的國家，每到那裡需要放哨警戒的軍士上百人，五更之夜要敲擊刀斗警戒自衛，即使如此還常遭洗劫和侵害。驢畜馱著口糧，必須由所經各國供給人畜糧草，才得維持。倘若所經國度貧弱無力供應，或者兇暴狡詐不予供給，那些肩負堂堂大漢使命者，忍飢受餓於深山曠谷，向人乞討也難有所獲得，過十天二十天，勢必人畜餓死荒野，再也回不來了。還要經歷高山缺氧的大頭痛山、小頭痛山和酷暑難當的赤土、身熱二阪，深受酷熱煎熬而面無人色，頭痛嘔吐，驢畜也難幸免。又要通過三池、盤石阪，那裡道路狹窄僅僅一尺六七寸，這等狹隘的小路長的往往一直延伸三十里。身臨幽邃無底的陡險山谷，行人和驢畜相互偎傍挽牽，繩索相引，二千餘里才能到達縣度。這樣的山路，驢畜失足墜落下去，還不到半山谷就跌撞碎了；人墜落下去，勢必不能互相救援。其中艱難危險，難以言盡。古代聖賢劃分天下為九州，制定五服制度，致力於海內的興盛，並不求干涉域外的事。如今派遣使臣秉承最尊貴的帝王使命，送僻遠部族的商賈，勞煩官吏賓士眾人，履涉艱險路途，以疲困為代價去從事無用的事情，不是長久之計。現在既然使臣已經接受符節，承擔使命，那麼到達皮山國就可以返回來。」於是王鳳稟告皇帝聽從了杜欽的意見。因為罽賓國實則出於討漢朝賞賜和做買賣，因此後來使節幾年才來一次。

1 烏弋山離國，王去長安萬二千二百里。不屬都護。戶口勝兵，大國也。東北至都護治所六十日行，東與罽賓、北與撲挑、西與犂靬、條支接❶。

2 行可百餘日，乃至條支。國臨西海❷，暑溼，田稻。有大鳥❸，卵如甕。人眾甚多，往往有小君長，安息役屬之，以為外國❹。善眩❺。安息長老傳聞條支有弱水、西王母❻，亦未嘗見也。自條支乘水西行，可百餘日，近日所入❼云。

3 烏弋地暑熱莽平❽，其草木、畜產、五穀、果菜、食飲、宮室、市列、錢貨、兵器、金珠之屬皆與罽賓同，而有桃拔、師子❾、犀牛。俗重妄殺❿。其錢獨文為人頭，幕為騎馬。以金銀飾杖⓫。絕遠，漢使希至。自玉門、陽關出南道，歷鄯善而南行，至烏弋山離，南道極矣。轉北而東得安息。

4 安息國，王治番兜城⑫，去長安萬一千六百里。不屬都護。北與康居⑬、東與烏弋山離、西與條支接。土地風氣，物類所有，民俗與烏弋⑭、罽賓同。亦以銀為錢，文獨為王面，幕為夫人面。王死輒更鑄錢。有大馬爵⑮。其屬小大數百城，地方數千里，最大國也。臨媯水⑯，商賈車船行旁國。書革⑰，旁行⑱為書記。

5 武帝始遣使至安息，王令將將二萬騎⑲迎於東界。東界去王都數千里，行比至，過數十城，人民相屬⑳。因發使隨漢使者來觀漢地，以大鳥卵及犛靬眩人獻於漢，天子大說。安息東則大月氏。

【章旨】以上為上卷的第七部分，敘述烏弋山離與安息國的地理位置、戶口、軍隊、習俗、物產概況等。

【注釋】❶北與撲挑句　撲挑，疑即「安息」對音。犛靬，國名。指古羅馬帝國。條支，古國名、地名。約在今伊拉克境內。❷西海　即地中海。❸大鳥　即鴕鳥。❹外國　藩國之意。❺善眩　擅長幻術，即魔術。善，愛好，這裡指擅長。眩，通「幻」。戲法。❻安息長老句　長老，指對年長者的通稱。弱水，言無浮力之水。傳說鴻毛不能浮起。西王母，傳說中的神奇人物。❼日所入　日落之處。❽莽平　莽莽平野之貌。❾桃拔師子　桃拔，獸名。孟康曰：「『桃撥』，一名『符拔』，似鹿，長尾，一角者或為天鹿，兩角者或為辟邪。」師子，即獅子。師，通「獅」。❿重妄殺　言重仁善而戒殺。⓫杖　兵器。⓬番兜城　今伊朗西部曼沙赫省哈馬丹城。番兜，疑即「安息」、「撲挑」之對音。參考馮承鈞《西域地名》。⓭康居　國名。約在今巴爾喀什湖和鹹海之間。⓮烏弋　烏弋山離的省文。⓯大馬爵　即鴕鳥。爵，通「雀」。⓰媯水　即今阿姆河。⓱書革　在皮革上書寫。⓲旁行　即橫行。⓳王令將將二萬騎　意為國王差將率領二萬騎兵。前一個「將」為名詞，意為將領。後一個「將」為動詞，率領。⓴相屬　接連不斷。意為人煙稠密不斷。

【語　譯】烏弋山離國，王城距離長安一萬二千二百里。不隸屬西域都護府。戶數人數和其中勝任從軍作戰的人數都不少，是西域的大國。東北至都護府為六十天的行程，東與罽賓國、北與撲挑國、西與犂靬國和條支國接壤。

2　再走大約一百餘天，就到了條支國。條支瀕臨西海，氣候炎熱，土地潮溼，種植水稻。有鴕鳥，卵大如汲水甕。人口稠密眾多，各地一般都有小君長，為安息國所臣屬，是它的藩屬國。條支人善於魔術。安息國古老傳說條支有弱水和西王母，也未曾見到。從條支下海乘船西行，大約經一百餘天，就接近了所謂太陽西落的地方了。

3　烏弋山離國氣候炎熱，地勢平闊無際，它的草木、牲畜、五穀、瓜果蔬菜、飲食、宮殿格局、市場、貨幣、兵器、金銀珠寶之類都與罽賓相同，不同的是有桃拔、獅子和犀牛。有重仁善不妄殺的風俗。它的貨幣與罽賓所不同的是正面為人的頭像，背面則為騎士。用金銀裝飾兵器把。因為路途極遠，漢朝使節很少到這裡。從玉門關、陽關出，走南道，經鄯善向南行，到烏弋山離，就到南道的盡頭了。從烏弋山離轉向北走則可到達安息國。

4　安息國，王都番兜城，距離長安一萬一千六百里。不隸屬西域都護府。北與康居、東與烏弋山離、西與條支接壤。土地氣候、物產、人民風俗，與烏弋山離和罽賓相同。它也是用銀作貨幣，只是正面為國王頭像，背面為國王夫人頭像。國王一旦謝世就重新鑄造錢幣。有鴕鳥。安息統轄大小好幾百座城池，疆域幾千里，是西域最大的國家。安息國瀕臨媯水，商賈車船通行周邊鄰國。文字寫在皮革上，橫行行文。

5　漢武帝當初派遣使臣到安息，安息國王差遣將領率領二萬騎兵迎接於東部邊界。東界離國王都城有幾千里，走到都城，經歷幾十座城池，人煙稠密相連。於是國王差遣使節跟隨漢使來漢朝考察，以鴕鳥卵及犂靬國魔術師為獻禮給漢朝，武帝大為高興。安息的東面就是大月氏國。

1 大月氏國，治監氏城❶，去長安萬一千六百里。不屬都護。戶十萬，口四十萬，勝兵十萬人。東至都護治所四千七百四十里，西至安息四十九日行，南與罽賓接。土地風氣，物類所有，民俗錢貨，與安息同。出一封橐駝❷。

2 大月氏本行國❸也，隨畜移徙，與匈奴同俗。控弦❹十餘萬，故彊輕匈奴❺。本居敦煌、祁連間，至冒頓單于攻破月氏，而老上單于殺月氏，以其頭為飲器，月氏乃遠去，過大宛，西擊大夏而臣之❻，都嬀水北為王庭。其餘小眾不能去者，保南山羌❼，號小月氏。

3 大夏本無大君長，城邑往往置小長，民弱畏戰，故月氏徙來，皆臣畜之❽，共稟❾漢使者。有五翖侯❿：一曰休密翖侯，治和墨城⓫，去都護二千八百四十一里，去陽關七千八百二里；二曰雙靡翖侯，治雙靡城⓬，去都護三千七百四十一時，去陽關七千七百八十二里；三曰貴霜翖侯，治護澡城⓭，去都護五千九百四十里，去陽關七千九百八十二里；四曰肸頓翖侯，治薄茅城⓮，去都護五千九百六十二里，去陽關八千二百二里；五曰高附翖侯，治高附城⓯，去都護六千四十一里，去陽關九千二百八十三里。凡五翖侯，皆屬大月氏。

4 康居國，王冬治樂越匿地。到卑闐城。去長安萬二千三百里。不屬都護。至越匿地馬行七日，至王夏所居蕃內九千一百四里。戶十二萬，口六十萬，勝兵十二萬人。東至都護治所五千五百五十里。與大月氏同俗。東羈事匈奴[16]。

5 宣帝時，匈奴乖亂[17]，五單于並爭，漢擁立呼韓邪單于，而郅支單于怨望，殺漢使者，西阻康居[18]。其後都護甘延壽、副校尉陳湯發戊己校尉西域諸國兵至康居，誅滅郅支單于，語在甘延壽、陳湯傳。是歲，元帝建昭三年[19]也。

6 至成帝時，康居遣子侍漢，貢獻，然自以絕遠，獨驕嫚，不肯與諸國相望[20]。都護郭舜數上言：「本匈奴盛時，非以兼有烏孫、康居故也；及其稱臣妾[21]，非以失二國也。漢雖皆受其質子，然三國內相輸遺，交通如故[22]，亦相候伺，見便則發[23]；合不能相親信，離不能相臣役。以今言之，結配[24]烏孫竟未有益，反為中國生事。然烏孫既結在前，今與匈奴俱稱臣，義不可距[25]。而康居驕黠，訖不肯拜使者。都護吏至其國，坐之烏孫諸使下，王及貴人先飲食已，乃飲啗都護吏[26]，故為無所省以夸旁國[27]。以此度[28]之，何故遣子入侍？其欲賈市為好，辭之詐也[29]。匈奴百蠻大國[30]，今事漢甚備，聞康居不拜，且使單于有自下[31]之意，宜歸其侍子，絕勿復使，以章[32]漢家不通無禮之國。敦煌、酒泉小郡及南道八國，給使者往來人馬驢橐駝食，皆苦之。空罷耗所過[33]，送迎驕黠絕遠之國，非至計[34]也。」

漢為其新通，重致遠人㉟，終羈縻㊱而未絕。

7 其康居西北可二千里，有奄蔡㊲國。控弦者十餘萬人。與康居同俗。臨大澤，無崖㊳，蓋北海㊴云。

8 康居有小王五：一曰蘇䪥王，治蘇䪥城㊵，去都護五千七百七十六里，去陽關八千二十五里，二曰附墨王，治附墨城㊶，去都護五千七百六十七里，去陽關八千二十五里；三曰窳匿王，治窳匿城㊷，去都護五千二百六十六里，去陽關七千五百二十五里；四曰罽王，治罽城㊸，去都護六千二百九十六里，去陽關八千五百五十五里；五曰奧鞬王，治奧鞬城㊹，去都護六千九百六里，去陽關八千三百五十五里。凡五王，屬康居。

【章　旨】以上為上卷的第八部分，敘述大月氏、大夏、康居國的社會制度及歷史、戶口、軍隊、習俗、物產概況及漢經營康居的歷史過程。

【注　釋】❶監氏城　《史記‧大宛列傳》作「藍市城」，《後漢書‧西域傳》作「藍氏城」。古波斯稱為Zariaspa，即今阿富汗巴里黑(Balkh)。❷出一封橐駝　出產背僅一峰的駱駝。一封橐駝，即單峰駱駝。❸行國　人民不定居之國。意為游牧部族。❹控弦　指能引弓作戰的士兵。❺彊輕匈奴　意為依仗自己的強盛而輕視匈奴。❻西擊大夏而臣之　向西攻擊大夏國，並使大夏臣屬於自己。大夏，國名，在今阿富汗北部。臣，動詞，使……臣服。❼保南山羌　退守而保全於羌人世居的南山。南山，即祁連山。❽皆臣畜之　就都臣屬統治了它們。臣，把……當作臣民。畜，畜養，意為奴役、統治。❾共稟　即供給。

共，通「供」。稟，通「廩」。⑩翎侯　古西域烏孫、康居、月氏等國的官名。翎，同「翕」。⑪和墨城　今阿富汗東北境之瓦漢 (Wakhan)。⑫雙靡城　今巴基斯坦北境之馬斯圖季 (Mastuj)。⑬護澡城　在雙靡城西，今阿富汗之瓦漢附近。⑭薄茅城　今阿富汗喀布爾以北之帕爾萬 (Parwan)。⑮高附城　今阿富汗首都喀布爾。⑯東羈事匈奴　藩屬於東面的匈奴。羈，馬籠頭，比喻籠絡，這裡指受其控制。事，侍奉。⑰乖亂　分裂動亂。乖，分離。⑱西阻康居　言在西方依恃康居之險阻對抗漢朝。阻，依憑。⑲建昭三年　西元前三六年。建昭，漢元帝的年號。⑳不肯與諸國相望　不肯與其他城國看齊。相望，指視同，看齊。㉑及其稱臣妾　後來匈奴向漢稱藩臣。及，到；後來。臣妾，古代的男女奴隸，這裡指臣服意。㉒三國內相輸遺二句　三國私下互相輸送和贈與，往來交通跟過去一樣。輸，送。遺，饋贈。㉓見便則發　見有便宜便發兵侵略攻伐。便，便宜；有利。發，發兵攻伐。㉔結配　指和親。㉕義不可距　拒絕則不合道義。義，道義。距，通「拒」。㉖王及貴人先飲食已二句　國王及其宮廷顯貴飲食完畢，才讓都護府官員就餐。已，完畢。乃，副詞，才。啗，飲食。㉗故為無所省以夸旁國　故意不省視都護官員而抬舉別的國家。故，故意。省，省視；理睬。夸，誇耀；炫耀。㉘度　推測。㉙其欲賈市為好二句　他們想從與漢朝通商貿易中撈取好處，他們的言詞是欺騙的詐詞。㉚百蠻大國　在百蠻中為最大之國。㉛自下　言自以事漢為卑下。㉜章　表白；顯示。㉝空罷耗所過　徒然疲困耗費所經過的地方。空，徒然；白白地。罷，通「疲」。所過，所經過之地。㉞至計　上策。至，極；最好的。㉟重致遠人　言以招致遠人為重。重，重視；以……為重。㊱縻　指籠絡，維繫。㊲奄蔡　古族名。約分布於今鹹海至頓河下游一帶，從事游牧。㊳無崖　無高原，即謂低地。㊴北海　指今裏海。㊵蘇䪥城　在今中亞撒馬爾罕以南之沙赫裡夏勃茲地方。㊶附墨城　在今中亞撒馬爾罕之西北。㊷窳匿城　今中亞之塔什干。㊸罽城　今中亞之布哈拉。㊹奧鞬城　在今中亞鹹海南之基發 (Khiva) 一帶。

【語　譯】大月氏國，都監氏城，距離長安一萬一千六百里。不隸屬於西域都護府。戶十萬，人口四十萬，勝任從軍作戰的十萬人。東至都護府四千七百四十里，西至安息有四十九天的行程，南面與罽賓國接壤。土地、氣候、物產、風俗、貨幣，與安息雷同。出產單峰駱駝。

2 大月氏是逐水草而遷徙的游牧部族國家，隨著放牧移居，與匈奴的風俗相同。能彎弓射箭的戰士有十餘萬，因此憑藉強大的實力而輕視匈奴。大月氏原來居住於敦煌、祁連山之間，到匈奴冒頓單于打敗月氏，繼而他的兒子老上單于殺死月氏王，用月氏王的頭骨作為飲酒器，月氏就遠遠逃去，穿越大宛，向西攻擊大夏國，並迫使大夏臣屬於月氏，奠都於媯水北。月氏西遷時未能隨遷的一些小部落，退到羌人世居的南山一帶保存下來，號稱小月氏。

3 大夏國沒有統一的君長，各城邑一般設有小長，居民懦弱害怕戰爭，因而月氏遷來，就都臣屬統治了他們，同時接待供給漢朝使節。大夏有類乎酋長的五個翎侯：一稱休密翎侯，治所駐和墨城，距離都護府二千八百四十一里，距離陽關七千八百零二里；二稱雙靡翎侯，治所駐雙靡城，距離都護府三千七百四十一里，距離陽關七千七百八十二里；三稱貴霜翎侯，治所駐護澡城，距離都護府五千九百四十里，距離陽關七千九百八十二里；四稱肸頓翎侯，治所駐薄茅城，距離都護府五千九百六十二里，距離陽關八千二百零二里；五稱高附翎侯，治所駐高附城，距離都護府六千零四十一里，距離陽關九千二百八十三里。所有五個翎侯，都臣屬大月氏國。

4 康居國，國王冬季治所在樂越匿地。這裡可到達王都卑闐城。距離長安一萬二千三百里。不隸屬於西域都護府。卑闐城距離越匿地騎馬需要七日，到國王夏季所居住的蕃內為九千一百零四里。戶十二萬，人口六十萬，勝任從軍作戰的有十二萬人。東至都護府五千五百五十里。康居與大月氏風俗相同。藩屬於東面的匈奴。

5 漢宣帝的時候，匈奴內部發生內亂，五個單于並立相爭，漢冊封和擁護呼韓邪單于，而郅支單于心懷不滿，殺害了漢朝使節，聯絡西面的康居並依恃康居的險阻對抗漢朝。後來，西域都護甘延壽、副校尉陳湯統率戊己校尉軍隊及西域各城國軍隊西進康居，消滅郅支單于，這件事詳細過程記載於〈甘延壽〉、〈陳湯傳〉裡。這一年是漢元帝建昭三年。

6 到漢成帝時，康居國派遣王子來到漢朝侍奉漢天子，進貢方物，然而他們以為與漢朝相距遙遠，態度驕橫，不肯與其他城國看齊。西域都護郭舜多次上奏朝廷，說：「原來匈奴強盛時，並非出於領有烏孫、康居的緣故；後來向漢稱藩臣，並非出於失去了二國。漢朝雖然都接受了他們的王子為人質，然而這三國私下互相輸送和贈與，照舊聯繫交往，窺測動靜，一旦有機可乘，就會攻擾侵掠；聯合做不到相親信，背離做不到相役使。從現在的實際情況說，與烏孫和親終究沒有見到好處，反而為漢王朝招惹是非。不過既然已與烏孫結好在前，如今與匈奴都向漢稱藩臣，拒絕是不合道義的。然而康居驕橫狡詐，竟不肯禮遇漢朝使節。西域都護府官吏到了他們國家，他們竟讓都護府官吏坐在烏孫等使者的後面，國王及其宮廷顯貴飲食完畢，才讓都護府官員就餐，故意不省視都護府官員而抬舉別的國家。從這裡揣度分析，他們為什麼派送王子入侍漢朝呢？其目的是想從與漢朝通商貿易中撈取好處，言詞雖好但意在欺詐。匈奴為所有戎狄中最大的國家，如今侍奉漢朝甚為周到，聽說康居不尊重漢朝，使單于感到自己如此侍奉漢朝顯得過於卑下，以致產生改變現狀的意向，應該遣返康居侍子，絕對不讓他們再派來，以便顯示漢朝是不與無禮的國家有來往。敦煌、酒泉兩個小郡以及西域南道八個城國，都以供給來往使節及其驢馬駱駝而深感痛苦。白白地疲困和耗費所經過的地方，接送蠻橫狡詐的僻遠國家，不是最好的計策。」朝廷以為康居是新近才有來往的邦交，從珍惜遠方的朋友來考慮，還是加以籠絡為好，故未予以絕交。

7 康居西北大約二千里，有奄蔡國，能張弓射箭作戰的有十餘萬人。與康居的風俗相同。瀕臨大澤，澤無邊無際，大概就是所謂的北海。

8 康居國有五個小王：一稱蘇䪥王，治所駐蘇䪥城，距離都護府五千七百七十六里，距離陽關八千零二十五里；二稱附墨王，治所駐附墨城，距離都護府五千七百六十七里，距離陽關八千零二十五里；三稱窳匿王，治所駐窳匿城，距離都護府五千二百六十六里，距離陽關七千五百二十五里；四稱罽王，治所駐罽城，距離都護府六千二百九十六里，距離陽關八千五百五十五里；五稱奧鞬王，治所駐奧鞬城，距離都護府六千九百零六里，距離陽關八千三百五十五里。所有五王，都隸屬康居國。

1 大宛國❶，王治貴山城❷，去長安萬二千五百五十里。戶六萬，口三十萬，勝兵六萬人。副王、輔國王各一人。東至都護治所四千三十一里，北至康居卑闐城千五百一十里，西南至大月氏六百九十里。北與康居、南與大月氏接，土地風氣物類民俗與大月氏、安息同。大宛左右以蒲陶為酒，富人藏酒至萬餘石，久者至數十歲不敗。俗耆❸酒，馬耆目宿。

2 宛別邑七十餘城，多善馬。馬汗血❹，言其先天馬子❺也。

3 張騫始為武帝言之，上遣使者持千金及金馬，以請宛善馬。宛王以漢絕遠，大兵不能至，愛其寶馬不肯與。漢使妄言，宛遂攻殺漢使，取其財物。於是天子遣貳師將軍李廣利將兵前後十餘萬人伐宛，連四年。宛人斬其王毋寡❻首，獻馬三千匹，漢軍乃還，語在張騫傳。貳師既斬宛王，更立貴人素遇漢善者名昧蔡為宛王。後歲餘，宛貴人以為昧蔡諂，使我國遇屠，相與共殺昧蔡，立毋寡弟蟬封為王，遣子入侍，質於漢，漢因使使賂賜鎮撫之。又發使十餘輩，抵宛西諸國求奇物❼，因風諭以伐宛之威❽。宛王蟬封與漢約，歲獻天馬二匹。漢使采蒲陶、目宿種歸。天子以天馬多，又外國使來眾，益種蒲陶、目宿離宮館旁，極望焉。

4 自宛以西至安息國，雖頗異言，然大同，自相曉知也。其人皆深目，多須頿。善賈市，爭分銖❾。貴女子，女子所言，丈夫乃決正❿。其地皆絲漆，不知鑄鐵器。及漢使亡卒降，教鑄作它兵器。得漢黃白金⓫，輒以為器⓬，不用為幣。

5 自烏孫以西至安息，近匈奴。匈奴嘗⑬困月氏，故匈奴使持單于一信到國，國傳送食，不敢留苦⑭。及至漢使，非出幣物不得食，不市畜不得騎，所以然者，以遠漢，而漢多財物，故必市乃得所欲。及呼韓邪單于朝漢，後咸尊漢矣。

【章　旨】以上為上卷的第九部分，敘述大宛國地理位置、戶口、軍隊、習俗、物產概況及漢征伐大宛的經過。

【注　釋】❶大宛國　國名。在今中亞費爾干納盆地。居民從事農牧業，盛產葡萄、苜蓿，尤以汗血馬最為著名。自張騫通西域後，與漢往來頻繁。❷貴山城　今中亞卡散賽。❸耆　同「嗜」。愛好。❹馬汗血　指汗血馬，古代名馬。汗血，流汗似血。❺天馬子　孟康曰：「言大宛國有高山，其上有馬不可得，因取五色母馬置其下與集，生駒，皆汗血，因號曰天馬子云。」❻毋寡　大宛王名。〈陳湯傳〉作「毋鼓」。❼抵宛西諸國求奇物　抵，至；到。求奇物，索取地方的奇珍異物。❽因風諭以伐宛之威　藉以顯示討伐大宛的國威。因，憑藉。風，通「諷」。❾爭分銖　指在財利上斤斤計較，算計得很精細。❿決正　意謂以她的決斷為正確。⓫黃白金　金、銀。⓬器　器皿。⓭嘗　曾經。⓮留苦　意為因怠慢而使其受到困苦。

【語　譯】大宛國，王都貴山城，距離長安一萬二千二百五十里。戶六萬，人口三十萬，勝任從軍作戰的六萬人。設置副王和輔國王各一人。東至都護府四千零三十一里，北至康居都城卑闐城一千五百一十里，西南至大月氏六百九十里。北面與康居、南面與大月氏接壤，土地、氣候、物產和風俗與大月氏、安息相同。大宛各地用葡萄釀酒，富有之家儲存酒竟至一萬多石，儲存長久的到數十年不壞。風俗喜歡飲酒，馬喜食苜蓿。

2 大宛除了都城外另有七十餘座城池，盛產好馬。最著名的是汗血馬，這種馬就是先前所傳言的天馬所產的。

3 張騫最初向漢武帝言及大宛產寶馬的事，武帝派遣使節攜重金和用純金鑄成的金馬，前去請求換取大宛的寶馬。大宛國王以為漢朝相距遙遠，漢朝部隊到不了那裡，愛其寶馬捨不得給。漢朝使節言語放肆，大宛便殺害了漢使節，並搶劫了所帶財物。漢武帝派遣貳師將軍李廣利帶兵先後十幾萬人討伐大宛，一連四年。大宛人便斬殺國王毋寡首級，並奉獻馬匹三千，漢朝軍隊才撤軍，這件事記載於〈張騫傳〉。貳師將軍斬了大宛國王，改立向來對待漢朝友好的貴人昧蔡為大宛王。過了一年多，大宛貴人認為昧蔡諂媚漢朝，使大宛遭受屠宰，便共同殺死了昧蔡，立毋寡的弟弟蟬封為王，遣王子入侍長安，在漢朝做人質，朝廷遣使攜帶賞禮前往安撫。繼而派遣使節十幾批，到大宛以西各國索取地方珍奇特產，藉以顯示伐大宛的國威。大宛王蟬封與漢朝使節約定，每年奉獻汗血馬二匹。漢使於當地採集了葡萄和苜蓿的種子回國。漢武帝以天馬漸多，西域各國使節來漢日眾，廣種葡萄和苜蓿於各處離宮別館的房前屋後，隨處都可以看到。

4 自大宛以西至安息國，各地語言雖然多有差異，然而大略相同，彼此能曉得對方的意思。那裡的人都眼目深陷，下巴、面頰多鬍鬚。人們擅長經商，在財利上分銖必爭。尊重女子；女子說了，丈夫就認為正確而決斷。當地有很多蠶桑絲織和漆工藝，不懂得鑄鐵器。待到漢朝使節去和逃兵投降過去，才教會了他們製造弓矛以外的一些其他兵器。那些國家得到漢朝賜贈的黃金和白銀，往往作為陳設器物，不用作流通貨幣。

5 從烏孫以西至安息各國，地近匈奴。匈奴曾奴役月氏，因此匈奴使節攜帶單于一封信到哪個國家，哪個國家遞送飲食，不敢滯留並使之受苦。待到漢朝使節來了，不交納厚禮財物就吃不到飯，不花錢買牲畜就不能騎行，之所以會這樣，是因為與漢朝相距甚遠，並且漢朝又極其富有，因此漢使必須花錢購買才能滿足自己的需求。待到匈奴呼韓邪單于臣服於漢朝，隨後各國才都敬重漢朝。

1 桃槐國，王去長安萬一千八十里。戶七百，口五千，勝兵千人。

2 休循國，王治鳥飛谷❶，在蔥嶺西，去長安萬二百一十里。戶三百五十八，口千三十，勝兵四百八十人。東至都護治所三千一百二十一里，至捐毒衍敦谷❷

二百六十里，西北至大宛國九百二十里，西至大月氏千六百一十里。民俗衣服類烏孫，因畜隨水草，本故塞種也。

3 捐毒國，王治衍敦谷，去長安九千八百六十里。戶三百八十，口千一百，勝兵五百人。東至都護治所二千八百六十一里。至疏勒❸。南與葱領屬❹，無人民。西上葱領，則休循也。西北至大宛千三十里，北與烏孫接。衣服類烏孫，隨水草，依葱領，本塞種也。

4 莎車國，王治莎車城❺，去長安九千九百五十里。戶二千三百三十九，口萬六千三百七十三，勝兵三千四十九人。輔國侯、左右將、左右騎君、備西夜君各一人，都尉二人，譯長四人。東北至都護治所四千七百四十六里，西至疏勒五百六十里，西南至蒲犂七百四十里。有鐵山，出青玉。

5 宣帝時，烏孫公主❻小子萬年，莎車王愛之。莎車王無子死，死時萬年在漢。莎車國人計欲自託於漢，又欲得烏孫心，即上書請萬年為莎車王。漢許之，遣使者奚充國送萬年。萬年初立，暴惡，國人不說。莎車王弟呼屠徵殺萬年，并殺漢使者，自立為王，約諸國背漢。會衛侯❼馮奉世使送大宛客，即以便宜發諸國兵擊殺之，更立它昆弟子為莎車王。還，拜奉世為光祿大夫。是歲，元康元年❽也。

6 疏勒國，王治疏勒城❾，去長安九千三百五十里。戶千五百一十，口萬八千六百四十七，勝兵二千人。疏勒侯、擊胡侯、輔國侯、都尉、左右將、左右騎君、左右譯長各一人。東至都護治所二千二百一十里，南至莎車五百六十里。有市列，西當大月氏、大宛、康居道也。

7 尉頭國❿，王治尉頭谷⓫，去長安八千六百五十里。戶三百，口二千三百，勝兵八百人。左右都尉各一人，左右騎君各一人。東至都護治所千四百一十一里，南與疏勒接，山道不通，西至捐毒千三百一十四里，徑道⓬馬行二日。田畜隨水草，衣服類烏孫。

【章　旨】以上為上卷的第十部分，敘述桃槐國、休循國、捐毒國、莎車國、疏勒國、尉頭國的地理位置、戶口、軍隊、習俗、物產概況及漢馮奉世平定莎車的經過。

【注　釋】❶烏飛谷　地名。約在今中亞吉爾吉斯之薩雷一塔什。❷捐毒衍敦谷　捐毒，國名。在今新疆烏恰西一帶。衍敦谷，地名。在今新疆烏恰西。❸疏勒　國名。在今新疆喀什一帶。❹與葱領屬　葱領，即葱嶺。領，同「嶺」。屬，連接。❺莎車城　今新疆莎車。❻烏孫公主　指解憂公主。楚王劉戊孫女，後以漢公主身分遠嫁烏孫王。❼衛候　官名，衛尉屬官。❽元康元年　即西元前六五年。元康，漢宣帝第三個年號。❾疏勒城　今新疆喀什。❿尉頭國　國名。在今新疆阿合奇境。⓫尉頭谷　在今新疆阿合奇縣治東之色帕巴依。⓬徑道　指小路，捷徑。

【語　譯】桃槐國，王城距離長安一萬一千零八十里。戶七百，人口五千，勝任從軍作戰的一千人。

2 休循國，王治所駐烏飛谷，在葱嶺的西面，距離長安一萬零二百一十里。戶三百五十八，人口一千零三十，勝任從軍作戰的四百八十人。東至都護府三千一百二十一里，至捐毒王城衍敦谷二百六十里，西北至大宛國九百二十里，西至大月氏一千六百一十里。人民風俗和穿戴類似烏孫國，逐水草放牧而變換活動區域，民族本屬塞種。

3 捐毒國，王治所駐衍敦谷，距離長安九千八百六十里。戶三百八十，人口一千一百，勝任從軍作戰的五百人。東至都護府二千八百六十一里。至疏勒。南與葱嶺連接，這裡沒有居民。西面翻過葱嶺，就是休循國了。西北至大宛國一千零三十里，北面與烏孫國接壤。居民穿戴類似烏孫，逐水草而遷徙，依託葱嶺而生息，民族本屬塞種。

4 莎車國，王治所駐莎車城，距離長安九千九百五十里。戶二千三百三十九，人口一萬六千三百七十三，勝任從軍作戰的三千零四十九人。設置輔國侯、左右將、左右騎君、備西夜君各一人，都尉二人，譯長四人。東北至都護府四千七百四十六里，西至疏勒國五百六十里，西南至蒲犂國七百四十里。國境有鐵山，產青玉。

5 漢宣帝的時候，烏孫王夫人漢解憂公主的次子萬年，深為莎車王所喜愛。莎車王死了，沒有留下兒子，當時萬年在漢朝。莎車人計議想要依靠漢。又想取得烏孫國人心，就上書請求立萬年為莎車王。漢朝應許了，遂派遣奚充國為使節護送萬年赴莎車。萬年初繼王位，暴戾殘忍，莎車人民不歡迎他。前莎車王的弟弟呼屠徵殺死萬年，並殺死漢使奚充國，自立為莎車王，約齊西域各國反叛漢朝。這時候適逢衛候馮奉世出使大宛護送使節，乘機發動西域各國軍隊擊殺了呼屠徵，改立他的姪子為莎車王。馮奉世返回朝廷，被拜為光祿大夫。這一年是漢宣帝元康元年。

6 疏勒國，王治所駐疏勒城，距離長安九千三百五十里。戶一千五百一十，人口一萬八千六百四十七，勝任從軍作戰的二千人。設置疏勒侯、擊胡侯、輔國侯、都尉、左右將、左右騎君、左右譯長各一人。東至都護府二千二百一十里，南至莎車五百六十里。疏勒有進行買賣的市場，地處西通大月氏、大宛和康居諸國的大道上。

7 尉頭國，王治所駐尉頭谷，距離長安八千六百五十里。戶三百，人口二千三百，勝任從軍作戰的八百人。

設置左右都尉各一人，左右騎君各一人。東至都護府一千四百一十一里，南與疏勒國接壤，山路不能通行，西至捐毒一千三百一十四里，走小路捷徑騎馬二日便可到達。耕田、放牧逐水草而移徙，穿戴類似烏孫。

卷九十六下

西域傳第六十六下

1 烏孫國，大昆彌治赤谷城❶，去長安八千九百里。戶十二萬，口六十三萬，勝兵十八萬八千八百人。相，大祿❷，左右大將二人，侯三人，大將、都尉各一人，大監二人，大吏一人，舍中大吏二人，騎君一人。東至都護治所千七百二十一里，西至康居蕃內地五千里。地莽平。多雨，寒。山多松樠❸。不田作種樹，隨畜逐水草，與匈奴同俗。國多馬，富人至四五千匹。民剛惡，貪狠無信❹，多寇盜，最為彊國。故服❺匈奴，後盛大，取羈屬❻，不肯往朝會。東與匈奴、西北與康居、西與大宛、南與城郭諸國相接。本塞地也，大月氏西破走塞王，塞王南越縣度，大月氏居其地。後烏孫昆莫擊破大月氏，大月氏徙西臣大夏，而烏孫昆莫居之，故烏孫民有塞種、大月氏種云。

2 始張騫言烏孫本與大月氏共在敦煌間，今烏孫雖彊大，可厚賂招，令東居故地，妻以公主，與為昆弟，以制匈奴。語在張騫傳。武帝即位，令騫齎金幣往⑦。昆莫見騫如單于禮⑧，騫大慚，謂曰：「天子致賜，王不拜，則還賜。」昆莫起拜，其它如故。

3 初，昆莫有十餘子，中子大祿彊，善將⑨，將眾萬餘騎別居。大祿兄太子，太子有子曰岑陬⑩。太子蚤⑪死，謂昆莫曰：「必以岑陬為太子。」昆莫哀許之。大祿怒，迺收其昆弟，將眾畔⑫，謀攻岑陬。昆莫與岑陬萬餘騎，令別居，昆莫亦自有萬餘騎以自備。國分為三，大總⑬羈屬昆莫。騫既致賜，諭指⑭曰：「烏孫能東居故地，則漢遣公主為夫人，結為昆弟，共距匈奴，不足破也。」烏孫遠漢，未知其大小，又近匈奴，服屬日久，其大臣皆不欲徙。昆莫年老國分，不能專制，迺發使送騫，因獻馬數十匹報謝。其使見漢人眾富厚，歸其國，其國後迺益重漢。

4 匈奴聞其與漢通，怒欲擊之。又漢使烏孫，乃出其南，抵⑮大宛、月氏，相屬不絕。烏孫於是恐，使使獻馬，願得尚⑯漢公主，為昆弟。天子問群臣，議許，曰：「必先內⑰聘，然後遣女。」烏孫以馬千匹聘⑱。漢元封⑲中，遣江都王建⑳

女細君為公主，以妻焉。賜乘輿服御物，為備官屬宦官侍御數百人，贈送甚盛。烏孫昆莫以為右夫人。匈奴亦遣女妻[21]昆莫，昆莫以為左夫人。

5 公主至其國，自治宮室居，歲時一再與昆莫會，置酒飲食，以幣帛賜王左右貴人。昆莫年老，語言不通，公主悲愁，自為作歌曰：「吾家嫁我兮天一方，遠託異國兮烏孫王。穹廬為室兮旃為牆，以肉為食兮酪為漿。居常土思兮心內傷，願為黃鵠兮歸故鄉。」天子聞而憐之，間歲[22]遣使者持帷帳錦繡給遺焉。

6 昆莫年老，欲使其孫岑陬尚公主。公主不聽[23]，上書言狀，天子報曰：「從其國俗，欲與烏孫共滅胡。」岑陬遂妻公主。昆莫死，岑陬代立。岑陬者，官號也，名軍須靡。昆莫，王號也，名獵驕靡。後書「昆彌」云。岑陬尚江都公主，生一女少夫。公主死，漢復以楚王戊之孫解憂為公主，妻岑陬。岑陬胡婦子泥靡尚小，岑陬且死，以國與季父大祿子翁歸靡，曰：「泥靡大，以國歸之。」

7 翁歸靡既立，號肥王，復尚楚主解憂，生三男兩女：長男曰元貴靡；次曰萬年，為莎車王；次曰大樂，為左大將；長女弟史為龜茲王絳賓妻；小女素光為若呼翖侯妻。

8 昭帝時，公主上書，言「匈奴發騎田車師，車師與匈奴為一，共侵烏孫，唯天子幸救之㉔！」漢養士馬，議欲擊匈奴。會昭帝崩，宣帝初即位，公主及昆彌皆遣使上書，言「匈奴復連發大兵侵擊烏孫，取車延、惡師地，收人民去，使使謂烏孫趣持公主來，欲隔絕漢。昆彌願發國半精兵，自給人馬五萬騎，盡力擊匈奴。唯天子出兵以救公主、昆彌」。漢兵大發十五萬騎，五將軍分道並出。語在匈奴傳。遣校尉常惠使持節護烏孫兵，昆彌自將翎侯以下五萬騎從西方入，至右谷蠡王庭，獲單于父行及嫂、居次、名王、犁汙都尉、千長、騎將以下四萬級，馬牛羊驢橐駝七十餘萬頭，烏孫皆自取所虜獲。還，封惠為長羅侯。是歲，本始三年㉕也。漢遣惠持金幣賜烏孫貴人有功者。

9 元康二年㉖，烏孫昆彌因惠上書：「願以漢外孫元貴靡為嗣，得令復尚漢公主，結婚重親，畔絕匈奴，願聘馬贏各千匹。」詔下公卿議，大鴻臚㉗蕭望之以為「烏孫絕域，變故難保，不可許」。上美烏孫新立大功，又重絕故業㉘，遣使者至烏孫，先迎取㉙聘。昆彌及太子、左右大將、都尉皆遣使，凡三百餘人，入漢迎取少主。上迺以烏孫主解憂弟子㉚相夫為公主，置官屬侍御百餘人，舍上林中㉛，學烏孫言。天子自臨平樂觀，會匈奴使者、外國君長大角抵㉜，設樂而遣之。使長羅侯光祿大夫惠為副，凡持節者四人，送少主至敦煌。未出塞，聞烏孫昆彌翁歸靡死，烏孫貴人共從本約，立岑陬子泥靡代為昆彌，號狂王。惠上書：「願留少主敦煌，惠馳至烏孫責讓不立元貴靡為昆彌，還迎少主。」事下公卿，望之復以為「烏孫持兩端，難約結。前公主在烏孫四十餘年，恩愛不親密，邊竟㉝未得安，此已事之驗也。今少主以元貴靡不立而還，信無負於夷狄，中國之福也。少主不止，繇役㉞將興，其原起此」。天子從之，徵還少主。

10 狂王復尚楚主解憂，生一男鴟靡，不與主和，又暴惡失眾。漢使衛司馬魏和意、副候任昌送侍子㉟，公主言狂王為烏孫所患苦，易誅也。遂謀置酒會，罷，使士拔劍擊之。劍旁下，狂王傷，上馬馳去。其子細沈瘦會兵圍和意、昌及公主於赤谷城。數月，都護鄭吉發諸國兵救之，迺解去。漢遣中郎將張遵持醫藥治狂王，賜金二十斤，采繒㊱。因收和意、昌係瑣，從尉犂檻車至長安，斬之。車騎將軍長史張翁留驗公主與使者謀殺狂王狀，主不服，叩頭謝，張翁捽主頭罵詈㊲。主上書，翁還，坐死。副使季都別將醫養視狂王，狂王從十餘騎送之。都還，坐知狂王當誅，見便不發㊳，下蠶室㊴。

11 初，肥王翁歸靡胡婦子烏就屠，狂王傷時驚，與諸翎侯俱去，居北山中，揚言母家匈奴兵來，故眾歸之。後遂襲殺狂王，自立為昆彌。漢遣破羌將軍辛武賢將兵萬五千人至敦煌，遣使者案行表[40]，穿卑鞮侯井以西[41]，欲通渠轉穀[42]，積居廬倉以討之。

12 初，楚主侍者馮嫽能史書，習事，嘗持漢節為公主使，行賞賜於城郭諸國，敬信之，號曰馮夫人。為烏孫右大將妻，右大將與烏就屠相愛，都護鄭吉使馮夫人說烏就屠，以漢兵方出，必見滅，不如降。烏就屠恐，曰：「願得小號。」宣帝徵馮夫人，自問狀。遣謁者竺次、期門甘延壽為副[43]，送馮夫人。馮夫人錦車[44]持節，詔烏就屠詣長羅侯赤谷城，立元貴靡為大昆彌，烏就屠為小昆彌，皆賜印綬。破羌將軍不出塞還。後烏就屠不盡歸諸翎侯民眾，漢復遣長羅侯惠將三校屯赤谷，因為分別其人民地界，大昆彌戶六萬餘，小昆彌戶四萬餘，然眾心皆附小昆彌。

13 元貴靡、鴟靡皆病死，公主上書言年老土思，願得歸骸骨，葬漢地。天子閔[45]而迎之，公主與烏孫男女三人俱來至京師。是歲，甘露三年[46]也。時年且七十，賜以公主田宅奴婢，奉養甚厚，朝見儀比公主。後二歲卒[47]，三孫因留守墳墓云。

14 元貴靡子星靡代為大昆彌，弱，馮夫人上書，願使烏孫鎮撫星靡。漢遣之，卒百人送焉。都護韓宣奏，烏孫大吏、大祿、大監皆可以賜金印紫綬，以尊輔大昆彌，漢許之。後都護韓宣復奏，星靡怯弱，可免，更以季父左大將樂[48]代為昆彌，漢不許。後段會宗[49]為都護，招還亡畔，安定之。

15 星靡死，子雌栗靡代。小昆彌烏就屠死，子拊離代立，為弟日貳所殺。漢遣使者立拊離子安日為小昆彌。日貳亡，阻康居。漢徙己校[50]屯姑墨，欲候便討焉。安日使貴人姑莫匿等三人詐亡從[51]日貳，刺殺之。都護廉褒[52]賜姑莫匿等金人二十斤，繒三百匹。

16 後安日為降民所殺，漢立其弟末振將代。時大昆彌雌栗靡健，翎侯皆畏服之，告民牧馬畜無使入牧[53]，國中大安和[54]翁歸靡時。小昆彌末振將恐為所并，使貴人烏日領詐降刺殺雌栗靡。漢欲以兵討之而未能，遣中郎將段會宗持金幣與都護圖方略[55]，立雌栗靡季父公主孫伊秩靡為大昆彌。漢沒入小昆彌侍子在京師者。久之，大昆彌翎侯難栖殺末振將，末振將兄安日子安犁靡代為小昆彌。漢恨不自責誅末振將，復使段會宗即斬其太子番丘。還，賜爵關內侯。是歲，元延二年[56]也。

17 會宗以翎侯難栖殺末振將，雖不指為漢，合於討賊，奏以為堅守都尉。責大祿、大吏、大監以雌栗靡見殺狀，奪金印紫綬，更與銅墨[57]云。末振將弟卑爰疐本共謀殺大昆彌，將眾八萬餘口北附康居，謀欲藉兵兼并兩昆彌。兩昆彌畏之，親倚58都護。

18 哀帝元壽二年59，大昆彌伊秩靡與單于並入朝，漢以為榮。至元始60中，卑爰疐殺烏日領以自效，漢封為歸義侯。兩昆彌皆弱，卑爰疐侵陵61，都護孫建襲殺之。自烏孫分立兩昆彌後，漢用憂勞，且無寧歲。

【章旨】以上為下卷的第一部分，敘述烏孫國的地理位置、戶口、軍隊、習俗、社會制度及漢與烏孫和親、外交關係變化的詳細經過。

【注釋】❶大昆彌治赤谷城　昆彌，亦作昆莫。漢時烏孫王的名號。赤谷城，今中亞吉爾吉斯之伊什提克。❷大祿　烏孫官職名。權位低於相。❸樠　木名。其心似松。❹民剛惡二句　民性剛強兇暴，貪婪殘忍，不講信義。❺故服　故，謂舊時，指過去。服，服屬。❻取羈屬　僅僅受羈縻臣屬而已。意為受其牽制程度很小。❼令騫齎金幣往　派遣張騫攜帶著黃金玉帛等厚禮前往。齎，攜帶。金幣，指黃金玉帛等財禮。❽昆莫見騫如單于禮　指昆莫用單于的禮儀來會見張騫。如，等同。❾將　謂將兵。❿岑陬　烏孫官職。《史記》作「岑娶」。⓫蚤　古「早」字。⓬畔　通「叛」。反叛。⓭大總　大體上。⓮諭指　意為以天子的意旨告曉他們。指，通「旨」。⓯抵　至；到。⓰尚　指上娶皇室之女公主為妻。尚，同「上」。有攀上之意。⓱內　通「納」。交納。⓲聘　聘金。這裡為動詞，指作為聘金。⓳元封　漢武帝年號，共六年（西元前一一〇—前一〇五年）。⓴江都王建　景帝之孫劉建。㉑妻　動詞，即嫁給。㉒間歲　謂每隔一年。㉓不聽　不答應；不服從。㉔唯天子幸救之　指希望皇帝能出兵救援。唯，副詞，表示祈使。幸，希望。㉕是歲二句　這一年是本始三年。本始三年，西元前七一年。㉖元康二年　西元前六四年。㉗大鴻臚　漢官職名，九卿之一，執掌接待外來賓客。㉘故業　謂原先的姻親關係。㉙取　同「娶」。㉚解憂弟子　指解憂妹妹的女兒。㉛舍上林中　舍，住宿。上林，古苑名，供皇家春秋狩獵。㉜角抵　秦漢的一種技藝表演，猶今摔跤。㉝邊竟　即邊境。竟，通「境」。㉞繇役　即傜役。繇，通「傜」。㉟副候任昌送侍子　候，衛候。軍官名。送侍子，護送在漢朝的烏孫王子回國。㊱采繒　絲織品。采，通「彩」。㊲捽主頭罵詈　捽，揪住。詈，責罵。㊳見便不發　指未能乘機發兵捕之。㊴下蠶室　指處以腐刑。㊵案行表　巡視地界，核以標誌。案行，巡視。表，界標。㊶穿卑鞮侯井以西　在卑鞮侯井以西穿井。西域多為坎兒井。西，原作「面」，據王先謙《漢書補注》注引宋祁說改。㊷通渠轉穀　通渠，疏浚管道。轉穀，轉運穀物。㊸遣謁者句　謁者，官名，郎中令（光祿勳）屬官，掌賓儀。期門，官名，漢武帝時開始設置的掌執兵器出入護衛。㊹錦車　以錦蒙飾的車。錦，華美。㊺閔　通「憫」。㊻甘露三年　西元前五一年。㊼後二歲卒　兩年後（即黃龍元年，西元前四九年）死亡。卒，死。㊽左大將樂　當作「左大將大樂」。㊾段會宗　上邽（今甘肅天水）人。西漢著名將領，一生兩任漢西域都護，多次出使烏孫，多謀略。本書卷七十有其傳。㊿己校　己校尉，軍官名。(51)詐亡從　假裝逃亡投從。亡，逃亡。從，跟隨。(52)廉褒　字子上，大約建始三年（西元前三〇年）開始任西域都護。(53)無使入牧　言不要使民進入大昆彌牧區放牧。(54)和　相當。(55)圖方略　圖謀計謀策略。圖，圖謀。(56)元延二年　西元前一一年。元延，漢成帝年號。(57)銅墨　銅印墨綬。(58)倚　倚賴；依附。(59)元壽二年　西元前一年。元壽，漢哀帝年號。(60)元始　漢平帝年號，共五年（西元一—五年）。(61)侵陵　侵犯欺淩。陵，通「淩」。

【語譯】烏孫國，大昆彌的王都在赤谷城，距離長安八千九百里。戶十二萬，人口六十三萬，勝任從軍作戰的十八萬八千八百人。職官設置相，大祿，左右大將二人，侯三人，大將、都尉各一人，大監二人，大吏一人，舍中大吏二人，騎君一人。烏孫東至西域都護府一千七百二十一里，西至康居國、蕃內五千里。土地為遼闊的平野，雨量豐沛，氣候寒涼，山上多松樹樠樹。居民不從事農業種植，隨牲畜逐水草而居，社會風俗與匈奴相同。這個國家產馬多，富裕之家往往多到四五千匹。民性剛強兇暴，貪婪殘忍，不講信義，搶劫和偷竊者多，是西域最強盛的國家。烏孫原來服屬於匈奴，後來隨著國勢強盛，改取只受羈縻臣屬，不肯前去參加其朝會。烏孫東與匈奴、西北與康居、西與大宛、南與天山南麓各城國接壤。這裡當初是塞種人活動的地方，大月氏從西而來逐走塞王，塞王南徙，遷到縣度以南，大月氏占領了塞種的舊地。後來烏孫昆莫打敗大月氏，大月氏則向西遷徙，臣服了大夏，烏孫遂占領了本來屬塞種所居後來為大月氏所居的地方，所以烏孫的居民中雜有塞種和大月氏種人。

2 當初，張騫述說烏孫本來與大月氏都居於敦煌一帶，如今烏孫雖然國力強大，可以通過優厚地饋贈財物加以招引，使他們向東進駐舊地，並遣漢公主下嫁烏孫王，與他結為兄弟關係，共同遏制匈奴。此事記載於〈張騫傳〉。漢武帝即位以後，派遣張騫攜帶黃金財禮前往。烏孫昆莫接見張騫時以單于自居，儼然行單于的禮儀。張騫很感難堪，於是正告昆莫說：「天子賞賜的東西，國王接受時如果不起拜，就還回來。」昆莫遂起拜，其他還是照舊。

3 當初，昆莫有十餘個兒子，排行居中而官居大祿的兒子最為強悍，善於為將，統領一萬餘騎兵在別處另駐。大祿的長兄為太子，太子有兒子任岑陬。太子死得早，臨終向昆莫訴說：「務必以岑陬為太子，繼承王位。」昆莫在悲傷中許諾了。大祿對此很憤怒，於是聯絡和組織他的兄弟們，率領部眾發動反叛，策劃襲擊岑陬。昆莫給與岑陬一萬多騎兵，讓他另到一處駐軍，以便防備，昆莫自己也留有萬餘騎兵作為自衛。烏孫遂分散為大祿、岑陬和昆莫等三支力量，但大體上隸屬於昆莫。張騫已經向昆莫交付了賞賜，並傳達皇帝的諭旨說：「烏孫若能東歸進駐敦煌一帶舊地，漢朝將派一位公主做王夫人，漢、烏孫結兄弟之國，共同拒抗匈奴，就不會被打敗。」烏孫離漢很遠，不清楚漢國土大小國力虛實，又接近匈奴，臣屬於匈奴很久了，大臣們都不願意東徙。昆莫年事已高，國家權力分散，他主宰不了局面，於是派遣使節禮送張騫，並獻馬數十匹表示答謝。烏孫使節見到漢朝人煙稠密，物產富饒雄厚，回到他的國家後，烏孫更加看重漢朝了。

4 匈奴聽說烏孫與漢朝來往，憤怒之下想攻打它。而且漢朝通使烏孫，就須通過匈奴的南邊，到達大宛、月氏，漢使絡繹不斷。烏孫害怕匈奴報復，派遣使者來漢獻馬，表示希望迎娶漢公主，結為兄弟之國。皇帝就烏孫所請徵詢群臣意見，大家議論的結果是可以許諾。他們說：「必須先履行獻納婚禮儀式，然後才能遣送公主。」烏孫奉獻駿馬千匹以做聘禮。漢武帝元封年間，派遣江都王劉建女細君為公主，下嫁烏孫王昆莫。公主臨行，皇帝依車服制度賜送車乘衣冠章服和車馬相關輜重，同時配備給屬吏和宮內侍從等數百人，贈送非常豐盛。烏孫昆莫立江都公主為右夫人。匈奴也遣一女嫁予昆莫，昆莫立為左夫人。

5 江都公主到達烏孫，自主營建宮室居住，一年四季一再與昆莫聚會，置酒飲宴，以金錢財物賜予烏孫王的近臣和顯貴。昆莫年老，與公主語言不通，公主悲傷憂愁，就自作〈黃鵠歌〉唱道：「母家嫁我啊到西天一方，遠來異國啊託付與烏孫王。穹廬為居室啊旃為牆，用肉為食啊用酪為漿。居住此地常常思懷故土啊心內悲傷，希望化為黃鵠啊飛回故鄉。」漢武帝聽到這首歌，憐惜之心油然而生，於是每隔一年派遣使者，攜帶草原生活極需的上好帳幕之類前往探望和供給。

6 昆莫年老，想使他的孫子岑陬改娶江都公主。公主不從，上書報告情況，漢武帝回答說：「可以隨從烏孫的風俗，改嫁岑陬，以利於聯合烏孫共同消滅匈奴。」岑陬於是娶了公主。昆莫死後，岑陬繼承了王位。岑陬，是官號，其人名為軍須靡。昆莫，是王號，其人名為獵驕靡。即下文所謂的「昆彌」。岑陬娶了江都公主，生有一個女兒，名少夫。公主死後，漢朝又以楚王劉戊的孫女解憂為公主，續嫁岑陬。岑陬的匈奴籍夫人所生的兒子泥靡尚幼，岑陬臨死前，把國家權力交給他叔父大祿的兒子翁歸靡，留下遺囑說：「泥靡長大以後，把國家權力歸還給他。」

7 翁歸靡已經即位，號稱肥王，再娶楚公主解憂，生了三個兒子和兩個女兒：長子名元貴靡；次子名萬年，後來為莎車國王；三子名大樂，為烏孫左大將；長女弟史為龜茲國王絳賓夫人；小女素光是烏孫小王若呼翎侯的妻子。

8 漢昭帝的時候，解憂公主上書，說「匈奴派遣胡騎到車師國屯田，車師與匈奴聯合，共同侵犯烏孫；希望皇帝救援！」漢朝招兵備馬，商議準備討伐匈奴事宜。這時候適逢昭帝逝世，漢宣帝剛即位，解憂公主和昆彌都派遣使者上書，說「匈奴又連續發大兵侵犯烏孫，占領車延、惡師等地，劫掠人民而去，還派遣使者揚言要烏孫趕緊把公主送給他們，想隔絕烏孫與漢的聯繫。昆彌願意發烏孫國一半精兵，自備五萬騎兵輜重給養，盡全力攻打匈奴。請求皇帝出兵援救公主和昆彌」。漢朝發大兵十五萬騎，由五位將軍率領分道同時出兵。此事記載於〈匈奴傳〉。漢派遣校尉常惠持朝廷符節監護烏孫軍隊，昆彌親自統率翎侯以下五萬騎兵，由西攻入匈奴，直打到右谷蠡王庭，俘獲單于父輩、嫂、公主、名王、犂汙都尉、千長、騎將以下四萬人，馬、牛、羊、驢、駱駝七十餘萬頭，俘獲皆歸烏孫所有。出征匈奴歸來，漢封常惠為長羅侯。這一年，是漢宣帝本始三年。漢朝派遣常惠攜帶金銀財物賞賜烏孫有功的貴人。

9 漢宣帝元康二年，烏孫昆彌翁歸靡通過常惠上書：「願以漢外孫元貴靡為王位繼承人，請求獲准再娶漢朝公主，結兩重姻親，斷絕與匈奴的聯繫，還願以馬、騾各千匹做聘禮。」宣帝詔命朝廷公卿大臣謀商，大鴻臚蕭望之以為「烏孫地處極遠，易生變故，難以保全，不應許諾」。宣帝讚賞烏孫新近所立大功，又難以斷絕往昔與烏孫建立的和親，於是派遣使節前往烏孫，先行迎取聘禮。昆彌及太子、左右大將、都尉等都派遣了各自的使者，共三百餘人，來漢朝迎娶少公主。宣帝就以解憂公主弟弟的女兒相夫為公主，設置屬吏、侍從百餘人，住在上林苑，學習烏孫語言。皇帝親臨上林苑平樂觀，會集匈奴使者和各部族首領進行隆盛的摔跤表演，舉行了禮樂儀式歡送少公主。派遣長羅侯光祿大夫常惠為副使，持節的使臣共有四人，護送少公主到達敦煌。他們尚未出玉門關，聽到烏孫昆彌翁歸靡死了，烏孫貴人共同按照當初岑陬遺囑的約定，立岑陬子泥靡繼位為昆彌，王號狂王。常惠上書漢宣帝說：「我打算暫留少公主於敦煌，由我以輕騎快馬到烏孫，譴責不立元貴靡為昆彌之過，回來迎送少公主。」這件事情下達公卿大臣討論，蕭望之再次認為「烏孫持首鼠兩端態度，難以用和親相約束。前解憂公主下嫁烏孫四十餘年，恩愛並不親密，邊境亦未獲得安寧。這次不立元貴靡而立泥靡的事，已經是一很好的驗證了。如今少公主因為元貴靡未得繼承王位而歸來，並不失信於夷狄，反而是中國的福分了。公主西行不停步，徭役將要加重，根本原因正在於遠嫁公主這件事」。皇帝採納了蕭望之的意見，便召回少公主。

10 狂王泥靡又娶了楚公主解憂，生一男兒鴟靡，與公主相處不和順，又為人暴戾兇惡，喪失民心。漢遣衛司馬魏和意、副侯任昌護送烏孫侍子回國，公主陳說狂王成為烏孫的禍患，容易斬除。他們於是策劃設置了酒宴，待酒酣欲醉時，指派力士拔劍刺殺。劍劈偏了，狂王傷而未死，上馬逃掉了。狂王的兒子細沉瘦聚集兵力，把魏和意、任昌及公主包圍在赤谷城。一連相持了幾個月，都護鄭吉發動西域各城國兵力前往援救，才使赤谷城得以解圍。漢派遣中郎將張遵帶醫藥給狂王治療，賜金二十斤和各色織錦。於是拘捕魏和意、任昌，帶上枷鎖，從尉犁用囚車解回長安後，斬殺。車騎將軍長史張翁留下審理公主與使者謀殺狂王案，公主拒絕認罪，只是叩頭謝恩，張翁揪住公主的頭髮加以責罵。公主上書告發，張翁回朝後，受到追究而被處死。副使季都另帶醫生護理狂王，季都回京時狂王偕十餘騎護送。季都回到京師，朝廷以他明知狂王獲罪應當誅殺而不見機行事，被處以宮刑。

11 當初，肥王翁歸靡匈奴夫人所生兒子烏就屠，狂王被殺傷時，非常驚駭，與各翎侯一起逃離，避居北山，揚言外婆家匈奴將發兵來討伐，所以眾人都紛紛來依附他。後來便殺死狂王，烏就屠自立為昆彌。漢朝派遣破羌將軍辛武賢帶兵一萬五千人到敦煌，派使者巡視地界，核以標誌，穿鑿卑鞮侯井以西大井六通渠，準備從水路漕運軍糧，建倉屯穀，用以討伐烏就屠。

12 當初，楚公主解憂的侍從馮嫽，會寫史書，善於辦事，曾經持漢朝符節充任公主的使者，巡行賞賜西域各城國，深得各國的敬重和信賴，被稱為馮夫人。馮夫人為烏孫右大將的妻子，右大將與烏就屠過從甚密，都護鄭吉派馮夫人勸導烏就屠，說漢朝即將出兵，那樣的話烏就屠必被消滅，不如降伏。烏就屠害怕了，說：「希望獲得漢朝一個小的封號。」漢宣帝召見馮夫人，親自了解情況。遂派遣掌禮賓的竺次、掌朝廷護衛的甘延壽保護，送馮夫人回烏孫。馮夫人乘華車持符節，以皇帝詔命烏就屠前往當時長羅侯常惠所駐的赤谷城，立元貴靡為大昆彌，烏就屠為小昆彌，都頒賜漢朝印綬。破羌將軍辛武賢尚未出塞而返。後來烏就屠不肯完全歸還各翎侯原屬部眾，漢朝再遣長羅侯常惠率領三校兵屯駐赤谷城，以便劃清烏孫各部所屬人民和地理疆界，大昆彌為六萬餘戶，小昆彌為四萬餘戶，然而眾心都歸向小昆彌。

13 元貴靡、鴟靡都病死了，解憂公主上書說，年老了，思念故土，希望身歸故里，埋葬在漢朝土地上。天子出於憐恤和同情，迎回解憂公主。公主偕她在烏孫的孫子孫女三人都回到長安。這是漢宣帝甘露三年的事。這時公主年近七十歲高齡，漢比照公主通例賜予土地、住宅和男女僕人，侍奉供給非常優厚，天子朝見時行皇帝女兒的禮儀。兩年後，解憂公主死了，三位孫子孫女於是留下來守護她的墳墓。

14 元貴靡的兒子星靡繼承王位為大昆彌，為人懦弱，馮夫人上書，願意出使烏孫監護星靡的統制和安定。漢朝遂派遣馮夫人出使烏孫，有士卒百人護送她。西域都護韓宣進言：烏孫大吏、大祿、大監都可以比照二品以上授金印紫綬，用以顯示輔佐大昆彌之尊，漢朝許諾。後來都護韓宣又進言：星靡懦弱膽怯，可以將其免官，更換其叔左大將樂為昆彌，漢朝不允許。後來段會宗為西域都護，招撫流亡叛離的人民，安定他們。

15 星靡死後，其子雌栗靡繼位大昆彌。小昆彌烏就屠死後，其子拊離繼位，被弟弟日貳所殺。漢朝派遣使者立拊離的兒子安日為小昆彌。日貳逃亡，投靠康居國。漢朝將己校尉由高昌壁向西移屯姑墨，以便就近伺機討伐。安日指使貴人姑莫匿等三人假降而跟隨日貳，刺殺了他。西域都護廉褒賞賜姑莫匿等每人二十斤金，絲錦三百匹。

16 後來安日為降民所殺，漢朝冊立他的弟弟末振將繼位。當時大昆彌雌栗靡剛強有實力，屬下的各小王翎侯都出於害怕而服從他，告訴牧民們放牧牲畜不許進入大昆彌牧場，國家大為安定，如同翁歸靡時代。小昆彌末振將恐怕被大昆彌所兼併，指使貴人烏日領假降，刺殺了雌栗靡。漢朝想發兵討伐而未能實施，派遣中郎將段會宗攜帶黃金財禮會同西域都護研究方略，冊立雌栗靡叔父即解憂公主的孫兒伊秩靡為大昆彌。漢朝扣留了小昆彌在長安的侍子。過了很久，大昆彌的翎侯難栖殺了末振將，末振將哥哥安日的兒子安犁靡繼位為小昆彌。漢朝悔恨未能親自誅殺末振將，又令段會宗就近斬殺了他的太子番丘。段會宗回朝，漢賞賜爵位關內侯。這一年是漢成帝元延二年。

17 段會宗以為翎侯難栖殺末振將，雖然不是出於漢朝的指使，但符合漢朝討伐壞人的意願，於是向天子進言擢拔為堅守都尉。指責大祿、大吏、大監就末振將殺害大昆彌雌栗靡一事坐視而不救，剝奪二品金印紫綬，改換頒發三品以下銅印墨綬。末振將的弟弟卑爰疐原來參與了共同謀殺大昆彌，帶領民眾八萬餘人北去投靠康居國，圖謀利用外兵兼併大小兩昆彌。兩昆彌害怕他，遂緊緊依靠西域都護府。

18 漢哀帝元壽二年，大昆彌伊秩靡與匈奴單于一起來朝賀，漢朝引為榮耀。到漢平帝元始年間，卑爰疐殺了烏日領表示立功贖罪，漢朝冊封為歸義侯。大小兩昆彌都怯弱，卑爰疐侵犯欺凌，西域都護孫建攻殺了他。自從烏孫分立大小兩昆彌以後，漢朝因此憂慮和勞困，而且沒有了平安無事的年月。

1 姑墨國❶，王治南城❷，去長安八千一百五十里。戶三千五百，口二萬四千五百，勝兵四千五百人。姑墨侯、輔國侯、都尉、左右將、左右騎君各一人，譯長二人。東至都護治所二千二十一里，南至于闐馬行十五日，北與烏孫接。出銅、鐵、雌黃❸。東通龜茲六百七十里。王莽時，姑墨王丞殺溫宿王，并其國。

2 溫宿國❹，王治溫宿城❺，去長安八千三百五十里。戶二千二百，口八千四百，勝兵千五百人。輔國侯、左右將、左右都尉、左右騎君、譯長各二人。東至都護治所二千三百八十里，西至尉頭三百里，北至烏孫赤谷六百一十里。土地物類所有與鄯善諸國同。東通姑墨二百七十里。

3 龜茲國❻，王治延城❼，去長安七千四百八十里。戶六千九百七十，口八萬一千三百一十七，勝兵二萬一千七十六人。大都尉丞、輔國侯、安國侯、擊胡侯、卻胡都尉、擊車師都尉、左右將、左右都尉、左右騎君、左右力輔君各一人，東西南北部千長❽各一人，卻胡君三人，譯長四人。南與精絕、東南與且末、西南與扜彌、北與烏孫、西與姑墨接。能鑄冶，有鉛。東至都護治所烏壘城❾三百五十里。

4 烏壘❿，戶百一十，口千二百，勝兵三百人。城都尉、譯長各一人。與都護同治。其南三百三十里至渠犂⑪。

5 渠犂，城都尉一人，戶百三十，口千四百八十，勝兵百五十人。東北與尉犂⑫、東南與且末、南與精絕接。西有河⑬，至龜茲五百八十里。

【章　旨】以上為下卷的第二部分，寫了姑墨國、溫宿國、龜茲國、烏壘國、渠犂國的地理位置、戶口、軍隊、物產習俗及社會制度等概況。

【注　釋】❶姑墨國　國名。在今新疆阿克蘇一帶。❷南城　今新疆阿克蘇。❸雌黃　礦物名。半透明，晶體，多呈黃色，可製作顏料。❹溫宿國　國名。在今新疆烏什一帶。❺溫宿城　今新疆烏什。❻龜茲國　國名。在今新疆輪臺至拜城一帶。❼延城　今新疆庫車。❽千長　職官名。以統領千人而命名。❾烏壘城　在今新疆輪臺東北。❿烏壘　古西域國名。治烏壘城。⓫渠犂　國名。在今新疆庫爾勒至尉犂一帶。⓬尉犂　國名。在今新疆庫爾勒至焉耆一帶。⓭河　指孔雀河。

【語　譯】姑墨國，王都南城，離長安八千一百五十里。戶三千五百，人口二萬四千五百，勝任從軍作戰的四千五百人。職官設姑墨侯、輔國侯、都尉、左右將、左右騎君各一人，譯長二人。東至西域都護府二千零二十一里，南至于闐國騎馬需要十五天，北與烏孫接壤。出產銅、鐵和雌黃。東通龜茲國六百七十里。王莽的時候，姑墨王丞殺害溫宿王，兼併了他的國家。

2 溫宿國，王都溫宿城，離長安八千三百五十里。戶二千二百，人口八千四百，勝任從軍作戰的一千五百人。職官設輔國侯、左右將、左右都尉、左右騎君、譯長各二人。東至西域都護府二千三百八十里，西至尉頭國三百里，北至烏孫國赤谷城六百一十里。土地、物產所有與鄯善各城國相同。東通姑墨二百七十里。

3 龜茲國，王都延城，離長安七千四百八十里。戶六千九百七十，人口八萬一千三百一十七，勝任從軍作戰的二萬一千零七十六人。職官設大都尉丞、輔國侯、安國侯、擊胡侯、卻胡都尉、擊車師都尉、左右將、左右都尉、左右騎君、左右力輔君各一人，東西南北部千長各一人，卻胡君三人，譯長四人。南與精絕國、東南與且末國、西南與扜彌國、北與烏孫國、西與姑墨國接壤。能鑄鐵，有鉛礦。東至西域都護府烏壘城三百五十里。

4 烏壘國，戶一百一十，人口一千二百，勝任從軍作戰的三百人。職官設城都尉、譯長各一人。與西域都護府治所在一起。南面三百三十里到渠犁國。

5 渠犁國，職官設城都尉一人，戶一百三十，人口一千四百八十，勝任從軍作戰的一百五十人。東北與尉犁國、東南與且末國、南與精絕國接壤。西有孔雀河，距離龜茲國五百八十里。

自武帝初通西域，置校尉，屯田渠犁。是時軍旅連出，師行❶三十二年，海內虛耗。征和中，貳師將軍李廣利以軍降匈奴❷。上既悔遠征伐，而搜粟都尉桑弘羊❸與丞相御史奏言：「故輪臺以東捷枝❹、渠犁皆故國，地廣，饒水草，有溉田五千頃以上，處溫和，田美，可益通溝渠，種五穀，與中國同時熟。其旁國少錐刀，貴黃金采繒，可以易穀食❺，宜給足不可乏。臣愚以為可遣屯田卒詣故輪臺以東，置校尉三人分護，各舉圖地形，通利溝渠，務使以時益❻種五穀。張掖、酒泉遣騎假司馬為斥候❼，屬校尉，事有便宜，因騎置❽以聞。田一歲，有積穀，募民壯健有累重❾敢徙者詣田所，就畜積為本業，益墾溉田，稍築列亭，連城而西，以威西國，輔烏孫，為便。臣謹遣徵事臣昌分部行邊，嚴敕太守都尉明逢火，選士馬，謹斥候，蓄茭草。願陛下遣使使西國，以安其意。臣昧死請。」

上迺下詔，深陳既往之悔，曰：「前有司奏，欲益民賦⑩三十助邊用，是重困老弱孤獨也。而今又請遣卒田輪臺。輪臺西於車師千餘里，前開陵侯⑪擊車師時，危須、尉犂、樓蘭六國子弟在京師者皆先歸，發畜食迎漢軍，又自發兵，凡數萬人，王各自將，共圍車師，降其王。諸國兵便罷，力不能復至道上食漢軍。漢軍破城，食至多，然士自載不足以竟師⑫，彊者盡食畜產，羸者道死數千人。朕發酒泉驢槖駝負食，出玉門迎軍，吏卒起張掖，不甚遠，然尚廝留⑬甚眾。曩者⑭，朕之不明，以軍候弘上書言『匈奴縛馬前後足，置城⑮下，馳言「秦人，我匄若馬⑯」』，又漢使者久留不還，故興師遣貳師將軍，欲以為使者威重也。古者卿大夫與謀⑰，參以蓍龜⑱，不吉不行。迺者以縛馬書徧視丞相御史二千石諸大夫郎為文學者⑲，迺至郡屬國都尉成忠、趙破奴等⑳，皆以『虜自縛其馬，不祥甚哉』，或以為『欲以見彊㉑，夫不足者視人㉒有餘』。易之，卦得大過㉓，爻在九五㉔，匈奴困敗。公車方士、太史治星望氣㉕，及太卜龜蓍㉖，皆以為吉，匈奴必破，時不可再得也。又曰『北伐行將㉗，於鬴山㉘必克』。卦諸將㉙，貳師㉚最吉。故朕親發貳師下鬴山，詔之必毋深入。今計謀卦兆皆反繆㉛。重合侯㉜得虜候者，言『聞漢軍當來，匈奴使巫埋羊牛所出諸道及水上以詛軍㉝。單于遺天子馬裘，常使巫祝之。縛馬者，詛軍事也』。又卜『漢軍一將不吉』。匈奴常言『漢極大，然不能饑渴㉞，失一狼，走千羊』。乃者貳師敗，軍士死略離散，悲痛常在朕心。今請遠田輪臺，欲起亭隧，是擾勞天下，非所以優民也。今朕不忍聞。大鴻臚等又議，欲募囚徒送匈奴使者，明封侯之賞以報忿，五伯㉟所弗能為也。且匈奴得漢降者，常提掖搜索㊱，問以所聞。今邊塞未正，闌出不禁㊲，障候長吏使卒獵獸，以皮肉為利，卒苦而逢火乏，失亦上集不得㊳，後降者來，若捕生口虜，迺知之。當今務在禁苛暴，止擅賦，力本農，修馬復令㊴，以補缺，毋乏武備而已。郡國二千石各上進畜馬方略補邊㊵狀，與計對㊶。」由是不復出軍。而封丞相車千秋為富民侯，以明休息，思富養民也。

【章　旨】以上為下卷的第三部分，寫了漢武帝輪臺詔頒布的經過及具體內容。

【注　釋】❶師行　指軍事行動。❷李廣利以軍降匈奴　李廣利率兵敗降了匈奴。此事發生在征和三年（西元前九〇年）。❸搜粟都尉桑弘羊　搜粟都尉，秦漢官名，掌管全國穀物錢帛。桑弘羊，西漢著名的理財專家。❹捷枝　城名，在今新疆庫爾勒西北。❺其旁國少錐刀三句　意為周圍國家缺少錐刀，看重黃金采繒，於是使用錐刀與黃金采繒與周邊國家交換糧食。❻益　多。❼假司馬為斥候　假司馬，軍官名。斥候，偵察，候望。❽騎置　猶後世之驛馬。❾累重　指妻子家業。累，謂妻孥。重，謂家業。❿益民賦　百姓每口增加賦稅三十錢。⓫開陵侯　指成娩，前匈奴介和王，率眾附漢。⓬竟師　完成軍事任務。⑬廝留　指首尾分散離析，前後滯留不一。廝，通「斯」。⑭曩者　指從前。⑮城　指長城。⑯秦人二句　秦人，指中原人。匄，乞與。若，你。⑰與謀　即參與謀劃。與，參與。⑱蓍龜　指占卜。蓍，蓍草。龜，烏龜。古代人用蓍草和烏龜來占卜。這裡引申為占卜。⑲徧視丞相句　視，通「示」。為文學者，學儒家經書之人。⑳迺至郡句　郡，指郡長官（如郡守、郡尉）。趙破奴，此非浞野侯趙破奴，因其以巫蠱事已遭族誅。當是另一人。㉑見彊　顯示強大。見，通「現」。㉒視人　顯示於人。視，通「示」。㉓易之二句　此事做過占卜，得的是〈大過〉卦。易，《周易》，此處引申為占卜。大過，《周易》卦名。㉔爻在九五　《易・大過》九五爻辭曰：「枯楊生華。」此意謂容易衰敗。所以下文說「匈奴困敗」。㉕公車方士句　公車，漢代曾以公家車馬接送入京應試或應召的人，後來就以「公車」作為入京應試或應召的人的代稱。方士，原來指古代求仙、煉丹以追求長生不老的人，後來泛指醫、卜、星、相家者流。太史，官名，屬太常，掌天文曆法。治星望氣，分析星宿，觀望天象。㉖太卜龜著　指太卜進行占卜。太卜，官名，屬太常，掌卜筮。㉗行將　謂遣將率行。㉘鬴山　山名。鬴，古「釜」字。㉙卦諸將　指占卜諸將誰最吉利。㉚貳師　指貳師將軍李廣利。㉛反繆　與預期相反。繆，通「謬」。妄謬；錯差。㉜重合侯　指重合侯莽通。㉝匈奴使巫句　匈奴指使巫人在漢軍要走的各條水陸通道下埋羊牛，用以詛咒漢軍。按，這是匈奴的一種巫蠱之術。㉞不能饑渴　不能忍受飢渴。能，通「耐」。㉟五伯　指春秋五霸。伯，通「霸」。諸侯盟主。㊱提掖搜索　提掖，挾住兩腋將人提起。搜索，搜查是否攜帶兵刃凶器。㊲闌出不禁　言擅自出逃，而不加禁止。㊳失亦上集不得　都沒有記入上報文書。失，亡失。上集，上報集於文書簿籍。不得，未記錄。㊴馬復令　減免養馬者徭賦的法令。㊵補邊　邊馬有一定數額，馬匹減損，則補充之。㊶與計對　與上計者同赴京師報告。

【語　譯】自從漢武帝最初開通西域以來，設置校尉，屯田於渠犂。那時連年出兵，戰爭延續了三十二年，天下因戰爭消耗而致空虛。征和年間，貳師將軍李廣利兵敗投降了匈奴。武帝已經對遠地征伐感到悔恨，而搜粟都尉桑弘羊與丞相、御史大夫等上奏說：「原來輪臺以東的捷枝、渠犂都是舊的城國，土地平闊，水草豐饒，有水澆地五千頃以上，當地氣候溫和，土質優良，可以開通更多水渠，種植五穀，與中國同時成熟。當地周圍鄰國都缺少錐刀，看重黃金和各色絲織品，可以用這類貨品交換當地的穀物供給田卒，從情理上說供給充足而不會匱乏。臣等愚昧以為可以派遣屯田士卒到舊輪臺以東地區，設置校尉三人分別統領，各自憑地圖所示地形，開通疏導溝渠，務必按照農時多種五穀。張掖、酒泉兩郡派遣騎兵的代理司馬充任偵察和哨兵，隸屬校尉，有事因利乘便，依靠驛馬上報朝廷。屯田一年後，有了貯存的糧食，招募身強力壯有妻子眷屬而敢於遷徙的人到屯田處，以一歲所積穀物為產業，多墾種和澆灌，建造一些必要的哨所亭障，連接中途各城市而向西延伸，用以揚威西域各國，藉以輔助烏孫，這是有益的。臣等謹慎派遣徵事臣郭昌分部巡哨邊塞，嚴加告誡當地郡守、都尉健全烽火制度，精選士卒和馬匹，加強偵察巡哨，積貯草料。祈請皇上派使臣出使西域各城國，以便安定他們出於貳師將軍李廣利敗降匈奴後所產生的畏懼情緒。臣等冒昧不避死罪請示。」

漢武帝於是頒布詔書，深切陳述對往事的悔恨，說：「以前有官員提出，想增加百姓每人每年三十錢的稅賦用於加強邊防，這是加重老弱孤獨的負擔。如今又要求派兵到輪臺屯田。輪臺地處車師以西千餘里，原來開陵侯成娩征伐車師的時候，危須、尉犂、樓蘭等六個國家王家子弟在長安的都先行回國，準備牲畜和飲食以支援漢朝軍隊，各國還直接發兵參戰，共有幾萬人，國王們都親自統率自家軍隊，共同包圍車師，降服車師王。各國軍隊都很疲憊了，再沒有在大道上為漢軍提供飲食的力量了。漢軍攻占車師都城，繳獲的食物雖極多，然而士卒所親身攜帶的，不足以維繫完成這次軍事行動的需要，以致在返回的路上為了充飢，身強力壯的爭相把牲畜宰殺光了，病弱者餓死路上的數千人。朕發動酒泉郡用毛驢和駱駝馱載糧食，出玉門關接濟軍隊，迎軍官兵從張掖出發，路程並不遠，然而還首尾分散，前後滯留，貽誤軍情。以前的事，是朕的不明智，依據軍候弘上書所說『匈奴捆綁住馬的前後足，置於長城下，揚言「漢人，我施捨給你馬」』，又漢朝遣往西域的使者長久被阻攔扣留不回還，所以派遣貳師將軍出兵，想作為漢使的後援和倚重。古時出兵，卿大夫參與謀劃，參考占卜，卦兆不吉利不行動。往日就匈奴『縛馬』的上書全都出示給丞相、御史大夫、二千石官員以及深通經術文學的郎官，直至郡和屬國都尉如成忠、趙破奴等，都以為『胡虜自縛其馬，不吉利得很』，或者認為『想故意顯示其強大，越是力量不足越要向人顯示力量有餘』。此事做過占卜，得的是〈大過〉卦，爻在九五，匈奴將疲困失敗。公車、方士、太史、星相家、望氣家，乃至經過太卜占卜，全都以為吉利，匈奴必敗，真是機不可失。又說『北伐遣將，在釃山必捷』。占卜遣將應該派誰，貳師將軍最吉利。所以朕親自派遣貳師將軍出兵攻下釃山，命令他務必不要深入。如今計謀和占卜顯示的徵兆與結果都大謬不然。

重合侯捕獲匈奴偵探，說『聽說漢朝軍隊要來，匈奴指使巫人在漢軍要走的各條水陸通道下埋了羊牛，用以詛咒漢軍。單于贈予漢天子覆馬的皮衣，常指使巫人施法術詛咒降禍。縛馬的事，正是出於詛咒漢軍』。再占卜，卦辭顯示『漢軍一將不吉』。匈奴常說『漢朝極大，然而不耐飢渴，喪失一將，千兵散亡』。從前貳師將軍戰敗，士卒或陣亡，或被虜，或失蹤，悲痛常存朕心。現在請求到僻遠的輪臺屯田，想要建造哨所和險要通道，是擾害勞困天下，不能用來優惠百姓。這是朕不忍心聽的。大鴻臚等人又建言，想招募囚徒去送匈奴使者，明示封侯之賞以回報怨仇，乃是春秋五霸不能做到的。況且匈奴獲得漢朝投降過去的人，常會挾住兩腋將他提起，進行搜索，訊問所知所聞。如今邊塞秩序不嚴正，未得許可而擅出逃亡的事屢禁不止，哨所長官慫恿士卒打獵，以經營野獸皮肉獲取私利，士卒勞苦以至烽火臺上缺人報警，凡此失誤，都不記入上報文書，直到後來有投降過來的人，或是抓獲了俘虜，才知道這些情況。如今當務之急是必須禁止苛政和官吏暴虐，杜絕任意徵收賦稅，著力務本勸農，恢復民間養馬者可免除徭役的馬復令，以便補充戰馬的缺額，只要不放鬆武備就行了。郡國二千石官員各上交進獻畜馬方可大略彌補邊防所需的狀況，與上計者同來核對。」從此不再出兵，而冊封丞相車千秋為富民侯，以表明休養生息，一心圖富國富民的決心。

初，貳師將軍李廣利擊大宛，還過扜彌❶，扜彌遣太子賴丹為質於龜茲。廣利責龜茲曰：「外國皆臣屬於漢，龜茲何以得受扜彌質？」即將賴丹入至京師。昭帝乃用桑弘羊前議❷，以扜彌太子賴丹為校尉，將軍田輪臺，輪臺與渠犂地皆相連也。龜茲貴人姑翼謂其王曰：「賴丹本臣屬吾國，今佩漢印綬來，迫吾國而田，必為害。」王即殺賴丹，而上書謝漢，漢未能征。

宣帝時，長羅侯常惠使烏孫還，便宜發諸國兵❸，合五萬人攻龜茲，責以前殺校尉賴丹。龜茲王謝曰：「迺我先王時為貴人姑翼所誤，我無罪。」執姑翼詣惠，惠斬之。時烏孫公主遣女來至京師學鼓琴，漢遣侍郎樂奉送主女，過龜茲。龜茲前遣人至烏孫求公主女，未還。會女過龜茲，龜茲王留不遣，復使使報公主，主許之。後公主上書，願令女比宗室入朝，而龜茲王絳賓亦愛其夫人，上書言得尚漢外孫為昆弟，願與公主女俱入朝。元康元年❹，遂來朝賀。王及夫人皆賜印綬。夫人號稱公主，賜以車騎旗鼓，歌吹數十人，綺繡雜繒琦珍凡數千萬。留且一年，厚贈送之。後數來朝賀，樂漢衣服制度，歸其國，治宮室，作徼道❺周衛，出入傳呼，撞鐘鼓，如漢家儀。外國胡人皆曰：「驢非驢，馬非馬，若龜茲王，所謂贏也。」絳賓死，其子丞德自謂漢外孫，成、哀帝時往來尤數，漢遇之亦甚親密。

【章旨】以上為下卷的第四部分，追述了漢與龜茲之間建立親密外交關係的經過。

【注釋】❶扜彌　指扜彌接近龜茲之境，非扜彌城。❷桑弘羊前議　屯田輪臺之諫議。❸便宜發諸國兵　謂以便宜擅發諸國之兵。便宜，指因利乘便，無須請示，見機行事。❹元康元年　西元前六五年。元康，漢宣帝年號。❺徼道　巡行警戒的道路。徼，巡察。

【語　譯】當初，貳師將軍李廣利出兵大宛，回來時經過扜彌國，得知扜彌遣送太子賴丹在龜茲做質子。李廣利指責龜茲說：「外國都臣服於漢朝，龜茲怎麼能收受扜彌質子呢？」就把賴丹帶到京師長安。漢昭帝就用桑弘羊原來的奏議，以扜彌太子賴丹為校尉，帶兵屯田於輪臺，輪臺與渠犂地相接連。龜茲貴人姑翼告訴他的國王說：「賴丹本來臣屬於我國，如今佩帶漢朝印綬而來，迫近我國屯田，必然對我國不利。」龜茲王就襲殺了賴丹，而上書漢朝謝罪，漢未能征伐。

漢宣帝的時候，長羅侯常惠出使烏孫歸來，乘便發動西域各城國兵力，聚集五萬人攻打龜茲，懲罰以前殺害校尉賴丹之罪。龜茲王謝罪說：「這是我已經謝世的前王被貴人姑翼蠱惑所為，我沒有罪責。」解押姑翼到常惠處，常惠斬殺了他。當時烏孫公主遣送女兒來到長安學習彈琴，漢朝派遣侍郎樂奉護送公主女兒回國，經過龜茲。龜茲此前已就公主女兒差人前去烏孫求婚，尚未回來。今適逢公主女兒路過龜茲，龜茲王挽留不送，再次派出使者報請公主，公主許諾了他。後來解憂公主上書，希望使女兒比照公主禮儀來長安朝賀，而龜茲王絳賓也愛其夫人，遂上書說有幸娶漢朝外孫女結為昆弟，要求與公主女兒一同入朝。元康元年，於是同來朝賀。龜茲王及夫人都獲得漢賜印綬。夫人被尊為公主，依例配備給車騎旗鼓，樂班幾十人，素彩各色織錦、奇異珍寶，共值數千萬錢。逗留在長安將近一年，優厚賜贈而送回國。後來多次來漢朝賀，喜歡漢朝的衣服制度，回到他們的國家時，營建宮室，設置皇家警戒道路和警衛制度，王和夫人出入要傳呼，鳴鐘鼓，儼如漢朝禮儀。各國胡人都說：「驢子不是驢，馬又不是馬，像龜茲王，就是所說的騾子了。」絳賓死後，他的兒子丞德自稱漢朝外孫。漢成帝、漢哀帝年間往來最多，漢朝給他的禮遇也非常親密。

1 東通尉犂六百五十里。

2 尉犂國，王治尉犂城❶，去長安六千七百五十里。戶千二百，口九千六百，勝兵二千人。尉犂侯、安世侯、左右將、左右都尉、擊胡君各一人，譯長二人。西至都護治所三百里，南與鄯善、且末接。

3 危須國❷，王治危須城❸，去長安七千二百九十里。戶七百，口四千九百，勝兵二千人。擊胡侯、擊胡都尉、左右將、左右都尉、左右騎君、擊胡君、譯長各一人。西至都護治所五百里，至焉耆百里。

4 焉耆國❹，王治員渠城❺，去長安七千三百里。戶四千，口三萬二千一百，勝兵六千人。擊胡侯、卻胡侯、輔國侯、左右將、左右都尉、擊胡左右君、擊車師君、歸義車師君各一人，擊胡都尉、擊胡君各二人，譯長三人。西南至都護治所四百里，南至尉犂百里，北與烏孫接。近海❻水多魚。

5 烏貪訾離國❼，王治于婁谷❽，去長安萬三百三十里。戶四十一，口二百三十一，勝兵五十七人。輔國侯、左右都尉各一人。東與單桓、南與且彌、西與烏孫接。

6 卑陸國❾，王治天山東乾當國❿，去長安八千六百八十里。戶二百二十七，口千三百八十七，勝兵四百二十二人。輔國侯、左右將、左右都尉、左右譯長各一人。西南至都護治所千二百八十七里。

7 卑陸後國⑪，王治番渠類谷⑫，去長安八千七百一十里。戶四百六十二，口千一百三十七，勝兵三百五十人。輔國侯、都尉、譯長各一人，將二人。東與郁立師、北與匈奴、西與劫國、南與車師接⑬。

8 郁立師國，王治內咄谷⑭，去長安八千八百三十里。戶百九十，口千四百四十五，勝兵三百三十一人。輔國侯、左右都尉、譯長各一人。東與車師後城長⑮、西與卑陸、北與匈奴接。

9 單桓國⑯，王治單桓城，去長安八千八百七十里。戶二十七，口百九十四，勝兵四十五人。輔國侯、將、左右都尉、譯長各一人。

10 蒲類國⑰，王治天山西⑱疏榆谷，去長安八千三百六十里。戶三百二十五，口二千三十二，勝兵七百九十九人。輔國侯、左右將、左右都尉各一人。西南至都護治所千三百八十七里。

11 蒲類後國⑲，王去長安八千六百三十里。戶百，口千七十，勝兵三百三十四人。輔國侯、將、左右都尉、譯長各一人。

12 西且彌國⑳，王治天山東于大谷，去長安八千六百七十里。戶三百三十二，口千九百二十六，勝兵七百三十八人。西且彌侯、左右將、左右騎君各一人。西南至都護治所千四百八十七里。

13 東且彌國㉑，王治天山東兌虛谷，去長安八千二百五十里。戶百九十一，口千九百四十八，勝兵五百七十二人。東且彌侯、左右都尉各一人。西南至都護治所千五百八十七里。

14 劫國，王治天山東丹渠谷，去長安八千五百七十里。戶九十九，口五百，勝兵百一十五人。輔國侯、都尉、譯長各一人。西南至都護治所千四百八十七里。

15 狐胡國㉒，王治車師柳谷㉓，去長安八千二百里。戶五十五，口二百六十四，勝兵四十五人。輔國侯、左右都尉各一人。西至都護治所千一百四十七里，至焉耆七百七十里。

16 山國㉔，王去長安七千一百七十里。戶四百五十，口五千，勝兵千人。輔國侯、左右將、左右都尉、譯長各一人。西至尉犁二百四十里，西北至焉耆百六十里，西至危須二百六十里，東南與鄯善、且末接。山出鐵，民山居，寄田糴穀於焉耆、危須。

17 車師前國㉕，王治交河城㉖。河水分流繞城下，故號交河。去長安八千一百五十里。戶七百，口六千五十，勝兵千八百六十五人。輔國侯、安國侯、左右將、都尉、歸漢都尉、車師君、通善君、鄉善君各一人，譯長二人。西南至都護治所千八百七里，至焉耆八百三十五里。

18 車師後國㉗，王治務塗谷㉘，去長安八千九百五十里。戶五百九十五，口四千七百七十四，勝兵千八百九十人。擊胡侯、左右將、左右都尉、道民君㉙、譯長各一人。西南至都護治所千二百三十七里。

19 車師都尉國㉚，戶四十，口三百三十三，勝兵八十四人。

20 車師後城長國，戶百五十四，口九百六十，勝兵二百六十人。

【章　旨】以上為下卷的第五部分，依次寫了尉犂國、危須國、焉耆國、烏貪訾離國、卑陸國、卑陸後國、郁立師國、單桓國、蒲類國、蒲類後國、西且彌國、東且彌國、劫國、狐胡國、山國、車師前國、車師後國、車師都尉國、車師後城長國的地理位置、戶口、軍隊、物產習俗及社會制度等概況。

【注　釋】❶尉犂城　在今新疆焉耆西南。❷危須國　在今新疆焉耆以北一帶。❸危須城　在今新疆焉耆東北。❹焉耆國　在今新疆焉耆一帶。❺員渠城　今新疆焉耆。❻海　今博斯騰湖。❼烏貪訾離國　今新疆呼圖壁一帶。❽于婁谷　疑在新疆呼圖壁附近。❾卑陸國　在今新疆阜康一帶。❿乾當國　國，當是「谷」。此谷當在柏格達山北。⓫卑陸後國　在今新疆阜康一帶。⓬番渠類谷　當在柏格達山北。⓭東與郁立師句　郁立師，國名。約在今新疆吉木薩爾一帶。劫國，約在今新疆米泉縣一帶。車師，指車師前國。⓮內咄谷　當在柏格達山北。⓯車師後城長　國名，在今新疆奇台一帶。⓰單桓國　在今新疆昌吉一帶。⓱蒲類國　在今新疆巴里坤哈薩克自治縣一帶。⓲天山西　當時天山山脈北麓。⓳蒲類後國　在今新疆巴里坤湖以西一帶。⓴西且彌國　約在今新疆烏魯木齊西北雀爾溝一帶。㉑東且彌國　在今新疆烏魯木齊西。㉒狐胡國　在今新疆吐魯番西北一帶。㉓車師柳谷　約在今新疆烏魯木齊東南潘家地附近。㉔山國　約在今新疆庫爾勒以東乾草湖一帶。㉕車師前國　在今新疆吐魯番一帶。㉖交河城　在今新吐魯番縣治西。㉗車師後國　約在今新疆吉木薩爾一帶。㉘務塗谷　約在今新疆吉木薩爾以南泉子街附近。㉙道民君　掌教化的官。道，通「導」。開導；疏導。㉚車師都尉國　在今新疆艾丁湖以北。

【語譯】 東通尉犁六百五十里。

2 尉犁國，王都尉犁城，距離長安六千七百五十里。戶一千二百，人口九千六百，勝任從軍作戰的二千人。職官設尉犁侯、安世侯、左右將、左右都尉、擊胡君各一人，譯長二人。西至西域都護府三百里，南與鄯善國、且末國接壤。

3 危須國，王都危須城，距離長安七千二百九十里。戶七百，人口四千九百，勝任從軍作戰的二千人。職官設擊胡侯、擊胡都尉、左右將、左右都尉、左右騎君、擊胡君、譯長各一人。西至西域都護府五百里，至焉耆國一百里。

4 焉耆國，王都員渠城，距離長安七千三百里。戶四千，人口三萬二千一百，勝任從軍作戰的六千人，職官設擊胡侯、卻胡侯、輔國侯、左右將、左右都尉、擊胡左右君、擊車師君、歸義車師君各一人，擊胡都尉、擊胡君各二人，譯長三人。西南至西域都護府四百里，南至尉犁國一百里，北與烏孫國接壤。地近海水，產魚多。

5 烏貪訾離國，王都于婁谷，距離長安一萬零三百三十里。戶四十一，人口二百三十一，勝任從軍作戰的五十七人。職官設輔國侯、左右都尉各一人。東與單桓國、南與且彌國、西與烏孫國接壤。

6 卑陸國，王都在天山東麓的乾當谷，距離長安八千六百八十里。戶二百二十七，人口一千三百八十七，勝任從軍作戰的四百二十二人。職官設輔國侯、左右將、左右都尉、左右譯長各一人。西南至西域都護府一千二百八十七里。

7 卑陸後國，王都番渠類谷，距離長安八千七百一十里。戶四百六十二，人口一千一百三十七，勝任從軍作戰的三百五十人。職官設輔國侯、都尉、譯長各一人，將二人。東與郁立師國、北與匈奴、西與劫國、南與車師國接壤。

8 郁立師國，王都內咄谷，距離長安八千八百三十里。戶一百九十，人口一千四百四十五，勝任從軍作戰的三百三十一人。職官設輔國侯、左右都尉、譯長各一人。東與車師後城長國、西與卑陸國、北與匈奴接壤。

9 單桓國，王都單桓城，距離長安八千八百七十里。戶二十七，人口一百九十四，勝任從軍作戰的四十五人。職官設輔國侯、將、左右都尉、譯長各一人。

10 蒲類國，王都在天山西麓疏榆谷，距離長安八千三百六十里。戶三百二十五，人口二千零三十二，勝任從軍作戰的七百九十九人。職官設輔國侯、左右將、左右都尉各一人。西南至西域都護府一千三百八十七里。

11 蒲類後國，王庭距離長安八千六百三十里。戶一百，人口一千零七十，勝任從軍作戰的三百三十四人。職官設輔國侯、將、左右都尉、譯長各一人。

12 西且彌國，王都在天山東麓于大谷，距離長安八千六百七十里。戶三百三十二，人口一千九百二十六，勝任從軍作戰的七百三十八人。職官設西且彌侯、左右將、左右騎君各一人。西南至西域都護府一千四百八十七里。

13 東且彌國，王都在天山東麓的兌虛谷，距離長安八千二百五十里。戶一百九十一，人口一千九百四十八，勝任從軍作戰的五百七十二人。職官設東且彌侯、左右都尉各一人。西南至西域都護府一千五百八十七里。

14 劫國，王都在天山東麓的丹渠谷，距離長安八千五百七十里。戶九十九，人口五百，勝任從軍作戰的一百一十五人。職官設輔國侯、都尉、譯長各一人。西南至西域都護府一千四百八十七里。

15 狐胡國，王都在車師柳谷，距離長安八千二百里。戶五十五，人口二百六十四，勝任從軍作戰的四十五人。職官設輔國侯、左右都尉各一人。西至西域都護府一千一百四十七里，至焉耆國七百七十里。

16 山國，王庭距離長安七千一百七十里。戶四百五十，人口五千，勝任從軍作戰的一千人。職官設輔國侯、左右將、左右都尉、譯長各一人。西至尉犁國二百四十里，西北至焉耆國一百六十里，西至危須國二百六十里，東南與鄯善國、且末國接壤。山出產鐵，人民居住在山下，耕種田地、購買穀物寄託於焉耆國和危須國。

17 車師前國，王都交河城。河水分流，環繞城下，所以命名為交河城。距離長安八千一百五十里。戶七百，人口六千零五十，勝任從軍作戰的一千八百六十五人。職官設輔國侯、安國侯、左右將、都尉、歸漢都尉、車師君、通善君、鄉善君各一人，譯長二人。西南至西域都護府一千八百零七里，至焉耆八百三十五里。

18 車師後國，王都務塗谷，距離長安八千九百五十里。戶五百九十五，人口四千七百七十四，勝任從軍作戰的一千八百九十人。職官設擊胡侯、左右將、左右都尉、道民君和譯長各一人。西南至西域都護府一千二百三十七里。

19 車師都尉國，戶四十，人口三百三十三，勝任從軍作戰的八十四人。

20 車師後城長國，戶一百五十四，人口九百六十，勝任從軍作戰的二百六十人。

1 武帝天漢二年❶，以匈奴降者介和王為開陵侯，將樓蘭國兵始擊車師，匈奴遣右賢王將數萬騎救之，漢兵不利，引去。征和四年❷，遣重合侯馬通❸將四萬騎擊匈奴，道過車師北，復遣開陵侯將樓蘭、尉犁、危須凡六國兵別擊車師，勿令得遮重合侯。諸國兵共圍車師，車師王降服，臣屬漢。

2 昭帝時，匈奴復使四千騎田車師。宣帝即位，遣五將❹將兵擊匈奴，車師田者驚去，車師復通於漢。匈奴怒，召其太子軍宿，欲以為質。軍宿，焉耆外孫，不欲質匈奴，亡走焉耆。車師王更立子烏貴為太子。及烏貴立為王，與匈奴結婚姻，教匈奴遮漢道通烏孫者。

3 地節二年❺，漢遣侍郎鄭吉、校尉司馬憙將❻免刑罪人田渠犁，積穀，欲以攻車師。至秋收穀，吉、憙發城郭諸國兵萬餘人，自與所將田士千五百人共擊車師，攻交河城，破之。王尚在其北石城中，未得，會軍食盡，吉等且罷兵，歸渠犁田。秋收畢，復發兵攻車師王於石城。王聞漢兵且至，北走匈奴求救，匈奴未為發兵。王來還，與貴人蘇猶議欲降漢，恐不見信。蘇猶教王擊匈奴邊國小蒲類，斬首，略其人民，以降吉。車師旁小金附國❼隨漢軍後盜車師，車師王復自請擊破金附。

4 匈奴聞車師降漢，發兵攻車師，吉、憙引兵北逢之，匈奴不敢前。吉、憙即留一候❽與卒二十人留守王，吉等引兵歸渠犁。車師王恐匈奴兵復至而見殺也，迺輕騎奔烏孫，吉即迎其妻子置渠犁。東奏事，至酒泉，有詔還田渠犁及車師，益積穀以安西國，侵匈奴。吉還，傳送車師王妻子詣長安，賞賜甚厚，每朝會四夷，常尊顯以示之。於是吉始使吏卒三百人別田車師。得降者言，單于大臣皆曰：「車師❾地肥美，近匈奴，使漢得之，多田積穀，必害人國，不可不爭也。」果遣騎來擊田者，吉迺與校尉❿盡將渠犁田士千五百人往田，匈奴復益遣騎來，漢田卒少不能當，保車師城⓫中。匈奴將⓬即其城下謂吉曰：「單于必爭此地，不可田也。」圍城數日迺解。後常數千騎往來守車師，吉上書言：「車師去渠犂千餘里，間⑬以河山，北近匈奴，漢兵在渠犂者勢不能相救，願益田卒。」公卿⑭議以為道遠煩費，可且罷車師田者。詔遣長羅侯⑮將張掖、酒泉騎出車師北千餘里，揚威武車師旁。胡騎引去，吉迺得出，歸渠犂，凡三校尉屯田。

5 車師王之走烏孫也，烏孫留不遣，遣使上書，願留車師王，備國有急，可從西道以擊匈奴。漢許之。於是漢召故車師太子軍宿在焉耆者，立以為王，盡徙車師國民令居渠犂，遂以車師故地與匈奴。車師王得近漢田官，與匈奴絕，亦安樂親漢。後漢使侍郎殷廣德責烏孫，求車師王烏貴，將詣闕⑯，賜第與其妻子居。是歲，元康四年⑰也。其後置戊己校尉⑱屯田，居車師故地。

6 元始⑲中，車師後王國有新道，出五船北，通玉門關，往來差近，戊己校尉徐普欲開以省道里半，避白龍堆之阸。車師後王姑句以道當為拄置⑳，心不便也。地又頗與匈奴南將軍地接，普欲分明其界然後奏之，召姑句使證之，不肯，繫之。姑句數以牛羊賕㉑吏，求出不得。姑句家矛端生火，其妻股紫陬謂姑句曰：「矛端生火，此兵氣也，利以用兵。前車師前王㉒為都護司馬所殺，今久繫必死，不如降匈奴。」即馳突出高昌壁㉓，入匈奴。

【章　旨】以上為下卷第六部分，追述了漢與匈奴激烈爭奪車師的歷史過程。

【注　釋】❶天漢二年　西元前九九年。天漢，漢武帝年號。❷征和四年　西元前八九年。征和，漢武帝年號。❸馬通　漢軍事將領，屢次出征匈奴，後以謀反而被殺。東漢明帝馬皇后嫌其祖先謀反，因改起名為「莽通」。❹五將　本始二年，以田廣明為祁連將軍，趙充國為蒲類將軍，田順為虎牙將軍，以及度遼將軍范明友，前將軍韓增。❺地節二年　西元前六八年。❻將　帶領。❼金附國　在今新疆艾丁湖北。❽侯　軍侯。❾車師　指車師前國。❿校尉　司馬犂。⓫車師城　交河城。⓬匈奴將　指匈奴左大將。⓭間　隔。⓮公卿　指魏相等。⓯長羅侯　常惠。⓰詣闕　至長安朝廷。⓱元康四年　西元前六二年。⓲戊己校尉　官名。掌西域屯田的最高長官。⓳元始　漢平帝年號，共五年（西元一—五年）。⓴以道當為拄置　意謂以此道通，當為漢使設置帳篷。拄置，支撐帳篷。㉑賕　賄賂。㉒車師前王　謂兜莫。㉓高昌壁　即戊己校尉駐所，在新疆艾丁湖北。

【語　譯】漢武帝天漢二年，以投降過來的匈奴介和王成娩為開陵侯，統率樓蘭國軍隊開始進擊車師，匈奴派遣右賢王統領幾萬騎兵援救，漢朝軍隊失利，退去。征和四年，派遣重合侯馬通率領四萬騎兵征伐匈奴，路過車師北部，又派遣開陵侯統領樓蘭、尉犂、危須等共六個國家的兵力進攻車師，使它不得攔擊重合侯的部隊。西域各城國的兵力共同圍攻車師，車師王投降順服，臣屬於漢朝。

2 漢昭帝的時候，匈奴再次指使四千胡騎到車師屯田。漢宣帝即位，派遣五位將軍帶兵攻打匈奴，屯田車師的胡騎驚懼逃走，車師重新與漢通好往來。匈奴惱怒之餘，命車師遣太子軍宿到匈奴做人質。軍宿，是焉耆國的外孫，不樂意去匈奴做人質，而逃奔到焉耆。車師王於是改立兒子烏貴為太子。等到烏貴代立為車師王後，與匈奴結為姻親，慫恿匈奴攔截漢朝通往烏孫大道的使者。

3 漢宣帝地節二年，漢朝派遣侍郎鄭吉和校尉司馬憙帶領免刑罪人屯田於渠犂，貯積糧食，準備用以討伐車師。等到秋天穀物收穫後，鄭吉、司馬憙發動各城國兵力萬餘人，親自帶領屯田士卒一千五百人合力進軍車師，攻打交河城，攻破了城池。當時車師王還在他北部的石城，未能擒獲，適逢軍糧告罄，鄭吉等姑且撤軍，退回渠犂屯田，待秋收完畢，又出兵攻打車師王於石城。車師王聽說漢兵將到，往北到匈奴求救，匈奴沒有為他發兵。車師王從匈奴回來，與貴人蘇猶商議想投降漢朝，又惟恐不得信任。蘇猶獻計讓車師襲擊匈奴邊遠屬國小蒲類，斬王首，虜掠居民，而後去降鄭吉。車師旁邊小國金附國尾隨漢朝軍隊之後，偷襲車師，車師王又主動請戰打敗金附。

4 匈奴得知車師投降漢朝，發兵攻打車師，鄭吉和司馬憙率領軍隊向北迎擊匈奴，匈奴不敢前進。鄭吉、司馬憙便留一名軍候與二十名軍士留守於車師王城，鄭吉等帶兵回渠犂。車師王惟恐匈奴軍隊再來而被殺，於是輕騎逃奔烏孫，鄭吉就迎接王的妻子安置到渠犂。鄭吉從渠犂東返朝廷奏事，走到酒泉時，宣帝下詔令他返回渠犂以及車師，多貯積糧食以穩定西域各國，進擊匈奴。鄭吉回到渠犂，令驛站護送車師王妻子到長安，漢朝賞賜非常優厚，遇到天子接見少數民族和屬國人士，總是對他們格外尊重。於是鄭吉開始派遣官兵三百人另行屯田於車師。獲得來自匈奴方面的投降者說，單于和大臣都說：「車師土地肥沃富饒，靠近匈奴，假使漢朝得到它，廣屯田多積糧，必將危害他國，不能不與之爭奪。」果然派遣胡騎來襲擊車師田卒，鄭吉於是和校尉率領全部渠犂屯田士卒一千五百人前往車師屯田，匈奴則又進一步增派胡騎來，漢朝田卒少而不能抵擋，退守車師城中。匈奴將領就在城下對鄭吉喊話：「單于必爭這塊地方，你們不能屯田。」圍城幾天才撤軍。後來常常有幾千騎兵來來往往守護車師，鄭吉上書說：「車師離渠犂一千多里，中間隔河流和山脈，北邊臨近匈奴，漢朝軍隊在渠犂的兵力勢必不能互相援救，希望增加屯田兵卒。」大臣謀商，以為道路遙遠，人力財力耗費繁多，可以姑且撤回在車師的田卒。宣帝下令讓長羅侯常惠統率張掖、酒泉兩郡騎兵出擊車師以北千餘里，顯示軍威於車師周邊。匈奴胡騎退去，鄭吉才得以撤離車師，回到渠犂，共三校尉屯田。

5 車師王烏孫貴為避匈奴出奔烏孫，烏孫留住不遣歸，派使者上書漢天子，希望留下車師王，以備烏孫出現緊急事態時有助於從西道出擊匈奴。漢朝准許了烏孫的請求。這時漢朝召原來為避匈奴逃到焉耆的車師前太子軍宿，冊立為車師王，命令車師居民全部遷徙移居渠犂，車師舊地留給匈奴。車師王軍宿得以靠近漢朝屯田官邸，與匈奴隔絕，也享有安樂，與漢朝往來密切。後來漢朝派侍郎殷廣德指責烏孫，索求前車師王烏貴，送到京師，賜給住宅，使他與妻子團聚。這是漢宣帝元康四年的事。後來設置戊己校尉屯田，居於車師舊地。

6 漢平帝元始年間，車師後王國發現新的通道，路循五船北，通玉門關，往來較近捷，戊己校尉徐普想開通此道以便節省一半里程，避開白龍堆沙漠的險阻。車師後王姑句認為道路開通後當為漢朝設置帳篷，而心有不便明言的不快。這裡又與匈奴南將軍地連接，徐普想查明地界然後上奏，召姑句前來核實。姑句不肯從命，被捆綁拘押。姑句多次用牛羊賄賂官吏，爭取出獄但未如願。姑句家裡有枝矛的頂端出火，他的妻子股紫陬告訴他說：「矛端生火，這是兵氣的徵兆，利於用兵。從前車師前王被都護司馬所殺，如今長久被拘押必然會死，不如投降匈奴。」姑句遂疾馳衝出校尉城高昌壁，逃入匈奴境。

1 又去胡來王❶唐兜，國比❷大種赤水羌，數相寇，不勝，告急都護❸。都護但欽不以時救助，唐兜困急，怨欽，東守玉門關。玉門關不內❹，即將妻子人民千餘人亡降匈奴❺。匈奴受之，而遣使上書言狀。是時，新都侯王莽❻秉政，遣中郎將王昌等使匈奴，告單于西域內屬，不當得受。單于謝罪，執二王以付使者。莽使中郎王萌待西域惡都奴界上逢受❼。單于遣使送，因請其罪❽。使者以聞，莽不聽，詔下會西域諸國王，陳軍❾斬姑句、唐兜以示之。

2 至莽篡位，建國二年❿，以廣新公甄豐為右伯⓫，當出西域。車師後王須置離聞之，與其右將股鞮、左將尸泥支謀曰：「聞甄公為西域太伯⓬，當出，故事給使者牛羊穀芻茭，導譯⓭，前五威將⓮過，所給使尚未能備。今太伯復出，國益貧，恐不能稱⑮。」欲亡入匈奴。戊己校尉刁護聞之，召置離⑯驗問，辭服⑰，乃械致都護但欽在所埒婁城。置離人民知其不還，皆哭而送之。至，欽則斬置離。置離兄輔國侯狐蘭支將置離眾二千餘人，驅畜產，舉國亡降匈奴。

3 是時，莽易單于璽，單于恨怒，遂受狐蘭支降，遣兵與共寇擊車師，殺後城長，傷都護司馬及狐蘭⑱兵復還入匈奴。時戊己校尉刁護病，遣史陳良屯桓且谷備匈奴寇，史終帶取糧食，司馬丞韓玄領諸壁，右曲候任商領諸壘，相與謀曰：「西域諸國頗背叛，匈奴欲大侵，要死⑲。可殺校尉，將人眾降匈奴。」即將數千騎至校尉府，脅諸亭令燔積薪⑳，分告諸壁曰：「匈奴十萬騎來入，吏士皆持兵，後者斬！」得三四百人，去校尉府數里止，晨火爇。校尉開門擊鼓收吏士，良等隨入，遂殺校尉刁護及子男四人、諸昆弟子男，獨遺㉑婦女小兒。止留戊己校尉城，遣人與匈奴南將軍㉒相聞，南將軍以二千騎迎良等。良等盡脅略㉓戊己校尉吏士男女二千餘人入匈奴。單于以良、帶為烏賁都尉㉔。

4 後三歲，單于死，弟烏絫單于咸立，復與莽和親。莽遣使者多齎金幣賂單于，購求陳良、終帶等。單于盡收四人及手殺刁護者芝音妻子以下二十七人，皆械檻車付使者。到長安，莽皆燒殺之。其後莽復欺詐單于，和親遂絕。匈奴大擊北邊，而西域亦瓦解。焉耆國近匈奴，先叛，殺都護但欽，莽不能討㉕。天鳳三年㉖，迺遣五威將王駿、西域都護李崇將戊己校尉出西域，諸國皆郊迎，送兵穀。焉耆詐降而聚兵自備。駿等將莎車、龜茲兵七千餘人，分為數部入焉耆，焉耆伏兵要遮㉗駿。及姑墨、尉犂、危須國兵為反間，還共襲擊駿等，皆殺之。唯戊己校尉郭欽別將兵，後至焉耆。焉耆兵未還，欽擊殺其老弱，引兵還。莽封欽為剼㉘胡子。李崇收餘士，還保龜茲。數年莽死，崇遂沒，西域因絕。

【章旨】以上為下卷的第七部分，寫了西漢末王莽時期，漢與西域斷絕的歷史經過和原因。

【注釋】❶去胡來王　婼羌國王之號。❷比　近；鄰。❸告急都護　向都護告急求救。❹不內　不接受。內，同「納」。❺即將妻子句　於是便率領妻子人民千餘人投降匈奴。將，率領。亡降，奔降。❻王莽（西元前四五—二三年），字巨君。漢元帝皇后王政君的姪子，以外戚身分執掌政權，後篡漢自立為帝，國號「新」。後被赤眉、綠林起義軍殺死。❼逢受　迎受。謂遇見而受取之。❽請其罪　請求免除其罪。❾陳軍　陳列軍隊。陳，陳列。❿建國二年　西元一〇年。建國，即始建國，王莽新朝第一個年號。⓫右伯　新莽的官名。⓬太伯　對右伯的尊稱。⓭導譯　嚮導和翻譯。⓮五威將　據〈王莽傳〉，始建國元年秋，遣五威將王奇等十二人班符命四十二篇於天下，西出者至西域，盡改其王為侯。⓯不能稱　言不能滿足其要求。⓰置離　「須置離」的省稱。⓱辭服　供認不諱。辭，口供。⓲狐蘭　「狐蘭支」的省稱。⓳要死　謂總之一死。⓴燔積薪　謂舉烽火。㉑遺　留置不殺。㉒南將軍　屬匈奴南犂汗王。㉓脅略　強力挾持。㉔烏賁都尉　匈奴官名。㉕莽不能討　王莽無力去征討。㉖天鳳三年　西元一六年。天鳳，王莽新朝年號。㉗要遮　攔截。要，通「邀」。㉘剼　本作「剹」，意為絕。

【語譯】又婼羌國去胡來王唐兜，他的國家鄰接羌族的大種赤水羌，兩國屢次相互劫掠侵伐，總不能取勝，於是向西域都護告急求援。都護但欽不及時發兵救助，唐兜被困心急，怨恨但欽，向東欲入玉門關。玉門關方面不予接納，他就率領妻子居民一千餘人奔降匈奴。匈奴接受了他們，又派遣使者向漢說明事情經過。當時，新都侯王莽執政，派遣中郎將王昌等出使匈奴，告訴單于西域既已內屬漢朝，匈奴就不應當接納。單于謝罪，拘捕車師後王姑句和婼羌去胡來王唐兜交給漢使者。王莽差中郎將王萌事先等待於西域惡都奴山谷疆界上迎受。單于派使臣護送，以便請求赦免他們的罪過。使者把此事上報後，王莽不聽，詔令召集西域各國國王，陳列軍隊斬殺姑句、唐兜以示眾。

2 到王莽篡漢，於始建國二年，封廣新公甄豐為右伯，即將出鎮西域。車師後王須置離聽到消息，與他的右將股鞮、左將尸泥支謀議說：「聽說甄公任命為西域太伯，行將出任，按以往成例須供給漢使者的牛羊、糧食、草料和嚮導、翻譯，以前五威將軍經過，所應供給都尚未交齊，今太伯又出任，我國更窮困，恐怕不能滿足他們的要求。」想逃入匈奴。戊己校尉刁護聽到這個消息，召來置離訊問，供認屬實，於是披枷戴鎖解到都護但欽治所埒婁城。置離民眾知道置離將一去不還，都悲傷地哭著送別他。到了埒婁城，但欽就斬殺了置離。置離兄輔國侯狐蘭支率領置離民眾二千餘人，驅趕著牲畜，舉國上下奔降匈奴而去。

3 當時，王莽更換單于佩授的漢朝印璽，單于怨恨惱怒，於是受降狐蘭支，發兵與他共同侵掠車師，殺後城長國王，傷西域都護司馬，和狐蘭支軍隊又進入匈奴。這時戊己校尉刁護生病，便派遣佐史陳良屯駐桓且谷防範匈奴寇掠，佐史終帶運送軍糧，司馬丞韓玄統領各壁、右曲候任商統領各壘。他們一起策劃說：「西域各國多背叛了都護，匈奴正想大舉入侵，大家快要被殺了。我們可以殺掉校尉，統領人馬投降匈奴。」於是他們就帶幾千騎兵直奔校尉府，脅迫各亭障舉烽火，分頭通告各壁壘說：「匈奴來了十萬騎兵，所有官兵都拿起兵器迎敵，怠慢者殺！」聚集了三四百人，離校尉府還有幾里遠時停下來，凌晨時分點燃了烽火。校尉不明真相，開門擊鼓放吏士進府，陳良等乘勢湧入，於是殺死校尉刁護及其兒子四人、各兄弟子姪，唯獨剩下婦女兒童。只留下戊己校尉城，派人向匈奴南將軍通報了事態情況，南將軍派二千胡騎迎接陳良等。陳良等人脅迫虜掠戊己校尉官兵和眷屬男女二千多人逃入匈奴。單于拜陳良、終帶為烏賁都尉。

4 三年後，單于死了，他的弟弟烏纍單于咸繼位，又與新莽和親。王莽派遣使者攜帶大量黃金財物賄賂單于，購求陳良、終帶等人。單于全部拘捕陳良、終帶、韓玄、任尚等四人以及親手殺害刁護的人芝音妻子以下二十七人，都施加刑具，裝入囚車，交給使者。解到長安，王莽把他們全部燒殺了。此後王莽又欺詐單于，和親於是斷絕。匈奴大肆進犯北方邊地，而西域的經營也紛紛瓦解。焉耆國地近匈奴，首先叛變，殺了西域都護但欽，王莽無力討伐。

天鳳三年，王莽派遣五威將軍王駿、西域都護李崇率戊己校尉出兵西域，各城國都出郊遠迎，派兵助戰，獻納軍糧，焉耆國佯裝投降而聚兵備戰。王駿等率領莎車、龜茲兵力七千餘人，分幾路進入焉耆，焉耆伏兵從中攔擊王駿部隊。待到姑墨、尉犂、危須等國軍隊伺機充當間諜，回過頭來共同襲擊王駿等，全部擊殺了他們。只有戊己校尉郭欽另外率領一支軍隊，到達焉耆較遲。當時焉耆軍隊尚未回來，郭欽於是擊殺其留守的老弱，然後率軍返回長安。王莽冊封郭欽為剼胡子。李崇聚齊殘餘士卒退守龜茲。過了幾年王莽死了，李崇所部於是覆沒，西域同中原王朝的聯繫隨之斷絕。

最凡❶國五十。自譯長、城長、君、監、吏、大祿、百長、千長、都尉、且渠、當戶、將、相至侯、王，皆佩漢印綬，凡三百七十六人。而康居、大月氏、安息、罽賓、烏弋之屬，皆以絕遠不在數中，其來貢獻則相與報，不督錄總領也。

【章　旨】以上為下卷的第八部分，小結西域五十國接受漢朝冊封的官吏人數。

【注　釋】❶最凡　最，總計。凡，共。

【語　譯】總共西域有五十個國家。從譯長、城長、君、監、吏、大祿、百長、千長、都尉、且渠、當戶、將、相至侯、王，都佩受漢朝印綬，共三百七十六人。而康居、大月氏、安息、罽賓、烏弋之類，都因地處極遠不算在數中，他們若來貢獻就相互報聘，不督率入簿籍而加統領。

贊曰：孝武之世，圖制匈奴，患其兼從西國❶，結黨南羌❷，迺表❸河西❹，列四郡❺，開玉門，通西域，以斷匈奴右❻臂，隔絕南羌、月氏。單于失援，由是遠遁，而幕❼南無王庭。

遭值文、景玄默❽，養民五世，天下殷富，財力有餘，士馬彊盛。故能睹犀布、瑇瑁則建珠崖七郡❾，感枸醬、竹杖則開牂柯、越巂❿，聞天馬、蒲陶則通大宛、安息。自是之後，明珠、文甲、通犀⓫、翠羽之珍盈於後宮，蒲梢、龍文、魚目、汗血⓬之馬充於黃門，鉅象、師子、猛犬、大雀⓭之群食於外囿。殊方異物，四面而至。於是廣開上林，穿昆明池⓮，營千門萬戶之宮⓯，立神明通天⓰之臺，興造甲乙之帳⓱，落以隨珠和璧⓲，天子負黼依⓳，襲翠被⓴，馮㉑玉几，而處其中。設酒池肉林以饗四夷之客，作巴俞都盧、海中碭極、漫衍魚龍、角抵之戲㉒以觀視之。及賂遺贈送，萬里相奉，師旅之費，不可勝計。至於用度不足，迺榷酒酤，筦鹽鐵，鑄白金，造皮幣，算至車船，租及六畜㉓。民力屈，財用竭，因之以凶年，寇盜並起，道路不通，直指之使㉔始出，衣繡杖斧，斷斬於郡國，然後勝之。是以末年遂棄輪臺之地，而下哀痛之詔，豈非仁聖之所悔哉！且通西域，近有龍堆[25]，遠則葱嶺，身熱、頭痛、縣度之阸。淮南、杜欽、揚雄之論[26]，皆以為此天地所以界別區域，絕外內也。書曰「西戎即序[27]」，禹既就而序之，非上威服致其貢物也[28]。

西域諸國，各有君長，兵眾分弱，無所統一，雖屬匈奴，不相親附。匈奴能得其馬畜旃[29]罽，而不能統率與之進退。與漢隔絕，道里又遠，得之不為益，棄之不為損。盛德在我，無取於彼。故自建武[30]以來，西域思漢威德，咸樂內屬。唯其小邑鄯善、車師，界迫匈奴，尚為所拘。而其大國莎車、于闐之屬，數遣使置質于漢，願請屬都護。聖上[31]遠覽古今，因時之宜，羈縻不絕，辭而未許。雖大禹之序西戎[32]，周公之讓白雉[33]，太宗之卻走馬[34]，義兼之矣，亦何以尚茲[35]！

【章旨】以上是作者的論贊。論贊中，作者對西漢武帝開通西域的歷史功績給予了肯定，對開通和經略西域付出的巨大代價、經略西域政策的得失進行了剖析。開通西域，利在千秋，影響深遠，但卻因此使殷實富有的西漢陷入了財政危機之中，引發了一系列社會矛盾，因此，漢武帝晚年下輪臺詔，悔征伐事，與民休息，對此作者給予了肯定。但作者認為西域「與漢隔絕」，得失無關漢朝損益，這顯然是為光武帝因國力弱小而無力經略西域只好採取羈縻之策而開脫。

【注釋】❶兼從西國　兼併聯合西域各國。❷南羌　指祁連山以南的羌人。❸表　面向。❹河西　原作「河曲」。王先謙《漢書補注》注引王念孫曰：「曲」當為「西」字之誤也。武帝所開四郡，皆在河西，故云表河西。〈食貨志〉云「初置張掖、酒泉郡，而上郡、朔方、西河、河西開田官，斥塞卒六十萬人戍田之」。《霍去病傳》云「開河西、酒泉之地」。《後漢書・西羌傳》云「武開河西，列置四郡」。皆其證。四郡非在河曲中，不得言表河曲也。❺四郡　武威、酒泉、張掖、敦煌。原作「西郡」，據《補注》引宋祁、錢大昭說改。❻右　西邊。❼幕　通「漠」。沙漠；大漠。❽遭值文景玄默　時逢漢文帝、漢景帝無為而治。遭值，時逢。玄默，沉靜無為；無為而治。❾故能句　布，「象」之訛。七郡，元鼎六年漢平定南越，設為南海、蒼梧、鬱林、合浦、交趾、九真、日南、珠崖、儋耳九郡。稍後，棄珠崖、儋耳兩郡。❿感枸醬句　枸醬，用枸子製成的醬。牂柯、越巂，兩郡名。牂柯郡治故且蘭（今貴州貴定東北）。越巂郡治邛都（今四川西昌東）。⓫文甲通犀　文甲，指玳瑁。通犀，犀牛角的一種，即通天犀。⓬蒲梢龍文魚目汗血　四種駿馬名。⓭鉅象師子猛犬大雀　鉅象，大象。大雀，即鴕鳥。⓮昆明池　在今陝西西安西南。⓯千門萬戶之宮　指建章宮。根據《三輔黃圖》記載：建章宮二十餘里，千門萬戶。⓰神明通天　兩臺名。神明臺在建章宮。通天臺，又名望仙臺，在甘泉宮。⓱興造甲乙之帳　《太平御覽》卷六百九十九引《漢武故事》曰：「上以琉璃、珠玉、明夜光珠、錯雜天下珍寶為甲帳，其次為乙帳，甲以居神，乙以自居。」⓲落以隨珠和璧　落，通「絡」。網絡繫綴。隨珠，隨侯珠。和璧，和氏璧。⓳黼依　畫有黑白斧形花紋的屏風。依，通「扆」。屏風。⓴襲翠被　襲，重疊。翠被，飾以翠羽的外氅。㉑馮　通「憑」。憑藉；倚靠。㉒作巴俞句　巴俞，指漢時巴郡、俞水（即今嘉陵江）地區的一種樂舞。都盧，指都盧國人的一種緣竿歌舞。碭極，樂名。漫衍魚龍，兩種魔術。角抵，雜技，猶今摔跤。㉓算至車船二句　謂車船與六畜都在緡算之列。㉔直指之使　指繡衣直使。職官名，為朝廷直接派往地方督察決斷的官員。㉕龍堆　即白龍堆。㉖淮南杜欽揚雄之論　淮南，淮南王劉安。淮南之論見卷四十四附〈劉安傳〉。杜欽之論見本傳。揚雄之論見卷九十四〈匈奴傳〉。㉗西戎即序　見《尚書・禹貢》，意為西邊戎族各國就會安定順從。即，就。序，次序，引申為服從。㉘非上句　指並非君主通過武力征服而求得其貢物。㉙旃　通「氈」。㉚建武　東漢光武帝年號，共三十二年（西元二五－五六年）。㉛聖上　這裡指光武帝。㉜大禹之序西戎　即指《尚書・禹貢》所謂「西戎即序」。㉝周公之讓白雉　《尚書大傳》云：昔周公相成王，越裳氏重九譯而獻來白雉。成王問周公。周公曰：「德不加焉，則君子不享其質；政不施焉，則君子不臣其遠。吾何以獲此物也？」㉞太宗之卻走馬　太宗，指漢文帝。卷六十四下〈賈捐之傳〉云：有人向漢文帝獻千里馬，漢文帝不接受，還之，賜給路費。㉟尚茲　高於此。尚，同「上」。超過。

【語　譯】史官評議說：漢武帝時代，圖謀遏制匈奴，憂慮其兼併或役從西域，結盟南羌，於是面向河西，設置四郡，開闢玉門關，通西域，以便從西邊切斷匈奴右臂，隔絕匈奴與南羌、月氏之間的地緣聯繫。單于失去來自西方和南方的策應配合，從此遠逃北方，大漠以南再也沒有匈奴王庭。

時逢漢文帝、漢景帝無為而治，與民休養生息，歷經高祖、惠帝、文帝、景帝、武帝五代，天下殷實富足，財力有餘，兵強馬肥。所以才能因觀賞犀象、玳瑁之類而建置南海珠崖七郡，有感於枸醬、竹杖之類就開闢牂柯、越巂兩郡，有聞於天馬、葡萄之屬就通大宛、安息。從此以後，明珠、玳瑁、通天犀、翠羽等珍奇充溢於後宮，蒲梢、龍文、魚目、汗血諸名馬充滿宮門，大象、獅子、猛犬、鴕鳥等禽獸群飼於外苑。異域奇物，四方雲集而來。於是拓展上林苑，穿鑿昆明池，營建千門萬戶之宮，築起神明通天二臺，興造甲乙兩種幃幕，絡綴以名貴珠寶，天子寶座後倚立繡有斧鉞的屏風，身披飾以翠羽的外氅，憑扶以玉飾小案，身置其中。設置酒池肉林，用以飲宴各方外族賓客，表演巴俞、都盧地方雜技、〈碭極〉南海樂舞、漫衍魚龍魔術和摔跤角力給他們觀看。還有賄賂饋贈財物，往來萬里接送，發兵征伐所需，各項開支之大，無法計算。到了財用不足，便官營酒類、專賣鹽、鐵，鑄白金錢，造白鹿皮幣，緡算計入車船，徵收租賦及於六畜。民力凋敝，財力枯竭，加上遇到荒年，因而強盜、竊賊蜂起，道路阻斷不通，於是朝廷只得派出直指使者出京，衣著錦繡，手持斧鉞，斷獄誅殺於郡國，然後才能戰勝盜賊。因此漢武帝晚年放棄屯田輪臺，而頒下哀痛的詔書，豈不是仁愛聖明之君的悔悟嗎！而且通西域，近有白龍堆大沙漠，遠有山高氣寒的葱嶺，天氣酷暑的身熱阪、缺氧令人嘔吐的頭痛山、又高又陡的奇險縣度。淮南王、杜欽、揚雄的論述，都認為這是所說的天地間以疆界區分各自所轄的區域，阻斷內外的自然之理。《尚書》說「西邊戎族各國都會安定服從」，大禹治水取得成功，天下安定井然了，不是君上通過威力征服而使他們前來貢物的。

西域諸國，各有君長，兵雖多但因各自分制而致弱小，沒有誰能來統一，雖歸屬匈奴，並不相親附。匈奴可以獲得他們的馬畜和毛皮製品，而不能加以統率與其同心同德。西域與漢王朝中間阻隔不通，道路又遠，得到它沒有收益，放棄它沒有損失。盛德在於我方，而不是取決於對方。所以自從光武帝建武年間以來，西域各國思念漢朝的聲威與德行，都樂意歸附。唯有其中的小城國鄯善、車師，疆界迫近匈奴，尚被它控制。而其中的大國莎車、于闐等，屢次派遣使臣送王子入漢為質，希望歸屬漢西域都護府。聖上光武帝遠覽古今，因時制宜，只加籠絡而不斷絕關係，對他們遣子入侍之事推辭而沒有允許。即使像大禹平治洪水劃分地界博得西戎的順服，周公勸成王婉拒南海越裳國饋贈的白雉，漢文帝謝絕人家奉獻的千里馬，光武帝的高義可說是兼而有之，又有誰能超過他呢！

【研析】〈西域傳〉的主要內容及價值：

一、〈西域傳〉是《漢書》中專門記載我國少數民族歷史和與我國鄰近國家歷史的重要篇章之一。《史記》有〈大宛列傳〉，主要記載大宛，附帶敘述烏孫、康居、奄蔡、大月氏、安息、條支等。受客觀條件的限制，司馬遷所記載的國別不全，區域不廣，內容過於疏略。〈西域傳〉在一定程度上彌補了《史記》的不足，共記載了五十多個國家，記事時間與西漢王朝相始終。對於每一國，具體敘述都城所在、距離西漢都城長安的里程，戶口數字，軍隊數量，當地的物產，風俗民情，與西漢王朝的關係。今天，西域史的研究已經發展成為一種專門的學問。〈西域傳〉則是西域史研究中極為重要的史料之一。

二、我國自古以來就是一個多民族國家。漢代以前的歷史著作，雖然有對少數民族的生活狀況的記載，但都顯得十分的零星，沒有專門的、較為全面的、集中的反映，司馬遷首開其端，專門創設〈大宛列傳〉，班固繼承和發揚了這一優良傳統，從而成為我國以後的正史修撰仿效的典範。

三、開通西域是件意義十分重大的事情。首先，加強了漢與西域各族的友好關係，打擊了匈奴勢力，促進了國家的統一。各族人民的友好往來，從漢代開始，歷經魏晉南北朝而至隋唐，達到了鼎盛時期，對我國政治、經濟和文化產生了巨大而深遠的影響。歷史上我國成為一個統一的多民族的封建國家，各族人民共同創造出絢麗多彩的中華文化，這與西域開通有著重要的關係。其次，加強了中西經濟、文化交流，促進了內地和西域各國商業貿易的發展。隨著貿易道路的暢通，西域各國的農作物種子、蔬菜、瓜果以及皮革、毛毯等生活用品以及夜光璧、明月珠等奢侈品也相繼傳入中原，發展和豐富了中國的農業生產和人民生活。尤其是西域傳入內地的音樂、舞蹈、樂器等，也以其特有的文化內涵，深刻地影響了內地文化事業的發展。再者，西域開通，絲路也隨之暢通。由漢代開闢的著名的絲綢之路是世界上最早的開通連接亞、歐、非三洲的洲際交通大動脈，是中國、西域及歐洲、非洲各國進行物質文明和精神文化雙向交流的孔道，它把當時世界上的四大文明古國——中國、貴霜、安息和羅馬聯結起來，並使這四個國家以其經濟和文化的最高水準相互吸引。開通西域，對促進我國及西方各民族王國經濟發展、社會進步和文化繁榮起著巨大的作用。西域開通意義之重要及西漢王朝經略西域之努力，幸賴〈西域傳〉的記載而得以彰顯。

四、〈西域傳〉雖然是研究中國古代西北各民族歷史最珍貴的資料，也是研究亞洲有關各國歷史最珍貴的資料，但也存在著些許不足之處，比如作者說什麼西域「與漢隔絕，道里又遠，得之不為益，棄之不為損。盛德在我，無取於彼」，似乎就有點惟我獨尊和保守思想，但這並不影響〈西域傳〉的價值。

卷九十七上

外戚傳第六十七上

【題解】〈外戚傳〉分上下兩分卷，分別記載了西漢時期二十幾位外戚及其家族在西漢不同時期所起的積極與消極作用及事跡。上卷寫從漢高祖到漢宣帝時的外戚，下卷除元帝皇后王政君自有傳外，記載了從元帝到平帝九位皇后、妃嬪及其家族的事跡。這對於了解、認識當時的社會、歷史與人生都有重要啟迪。

自古受命[1]帝王及繼體[2]守文[3]之君，非獨內德[4]茂也，蓋亦有外戚[5]之助焉。夏[6]之興也以塗山[7]，而桀[8]之放也用[9]末喜[10]；殷[11]之興也以有娀及有㜪[12]，而紂[13]之滅也嬖[14]妲己[15]；周[16]之興也以姜嫄[17]及太任[18]、太姒[19]，而幽王[20]之禽[21]也淫褒姒[22]。故易基乾坤[23]，詩首關雎[24]，書美釐降[25]，春秋譏不親迎[26]。夫婦之際，人道之大倫[27]也。禮之用，唯昏姻為兢兢[28]。夫樂調[29]而四時和[30]，陰陽之變，萬物之統也[31]，可不慎與[32]！人能弘道，末如命何[33]。甚哉妃匹之愛，君不能得之臣，父不能得之子，況卑下乎㉞！既驩合矣，或不能成子姓㉟，成子姓矣，而不能要其終㊱，豈非命也哉！孔子罕㊲言命，蓋難言之。非通幽明㊳之變，惡㊴能識乎性命㊵！

【章　旨】以上敘述自遠古以來外戚在帝王事業成敗中所起的重大作用，及古人對這種現象的認識。此部分對全卷有著畫龍點睛的作用。

【注　釋】❶受命　受天命。即接受天的意旨，行使統治權。❷繼體　指嗣位、繼承國體。❸守文　遵守前代成法。❹內德　本身內在的美德。❺外戚　帝王的妻族、母族。❻夏　夏朝，中國歷史上的第一個朝代，建立在約西元前二○三三年。第一個國王叫啟。❼塗山　即塗山氏。傳說禹娶塗山氏之女生啟。❽桀　夏朝末代國君。在位時，暴虐荒淫，被商湯所攻，放逐南方而死，夏亡。❾用　因；由。❿末喜　一作妹喜，有施部落美女，嫁給桀，無德，備受寵幸，昏亂失道，後與桀同被放逐而死。⓫殷　朝代名，又稱商，或殷商。商是始祖契所居與商湯建都之地，後盤庚遷都於殷。所以，稱商、稱殷是以定都之地而得名。⓬有娀及有㜪　有娀，遠古氏族部落，在今山西運城蒲州鎮。其女簡狄生契，為商始祖。有㜪，遠古部落名，在今山東曹縣西北，有㜪氏女嫁商湯為妃，助湯建商朝。㜪，或作莘。⓭紂　殷末代國君帝辛，又稱受或紂。⓮嬖　寵幸。⓯妲己　紂妃，有蘇氏女。紂用其言，毒虐眾庶。武王克殷，斬妲己頭。以為紂之亡國，由此女也。⓰周　朝代名。武王建立，約在西元前一○四六年。定都鎬。⓱姜嫄　有邰氏之女，帝嚳之妃，生后稷，為周始祖。⓲太任　文王母。⓳太姒　武王母。⓴幽王　西周末代國王。周宣王子，重用奸佞，寵幸褒姒。㉑禽　同「擒」。捉拿。㉒褒姒　褒國美女，姓姒。幽王立她為后，幽王被殺後，褒姒被犬戎俘虜。㉓易基乾坤　指《易經》六十四卦的開端就是〈乾〉、〈坤〉兩卦。又由於乾代表陽性，坤代表陰性，陰陽交融，產生萬物。故曰《易》的開始是這兩卦。基，開始。㉔詩首關雎　《詩經》的首篇就是兩性戀愛的〈關雎〉篇。㉕書美釐降　《書經》讚美舜能以德讓堯的二女為妻。見《尚書・堯典》。釐降，師古曰：「釐，理也。」一說：釐，賜予。降，下嫁。㉖春秋譏不親迎　《春秋》譏刺紀國國君派大夫而不親自來魯國迎親的不合禮制的行為。見《春秋公羊傳・隱公二年》。㉗倫　理。㉘兢兢　小心謹慎。㉙樂調　音樂聲音協調。㉚四時和　四季季節和順。㉛陰陽二句指陰陽的變化是萬物的根本。㉜與　同「歟」。感歎詞。㉝末如命何　指最終卻把握不了命運。末，終；無。㉞況卑下乎　指夫妻情愛，雖君父之尊也不能奪其本意，何況地位卑下的人呢。㉟姓　生。㊱要其終　指的是生了兒子，也不得善終。㊲罕　少。《論語・子罕》：「子罕言利與命與仁。」㊳幽明　幽暗與顯明。㊴惡　通「烏」。何。㊵性命　人性與命運。《論語・公治長》子貢曰：「夫子之文章可得而聞也，夫子之言性與天道，不可得而聞也。」師古曰：「孔子不言性命及天道。」

【語譯】 自古承受天命的帝王與繼承王位遵守成法的君主，不僅內在的德行茂美，大致也有外戚的輔助。夏朝的興起是靠娶了塗山部落的女兒，而夏桀的被放逐是因寵幸美女末喜；殷朝的興起也是靠娶了有娀及有㜪兩個部落的女兒，而紂王的滅亡則是由於寵信妲己；周朝的興起是由於有了姜嫄及太任、太姒三個賢能的母親，而幽王被俘虜是由於與褒姒淫亂。所以，《易經》把〈乾〉、〈坤〉代表陰陽的兩卦作為開端的基礎，《詩經》以男女婚戀的〈關雎〉為首篇，《書經》讚美堯把兩個女兒下嫁給舜，《春秋》譏刺紀國的國君喪失禮儀不親自迎親。夫婦的關係，是人類行為中最大的倫理。禮儀制度的運用，就屬男女婚姻最為小心謹慎。音樂聲音的和諧，四季節氣的自然和順，陰陽兩性的變化，是萬事萬物的根本，能不審慎嗎！人的才德能弘揚大道，而對於最終的命運卻沒有辦法。夫婦的愛情多麼特別啊，君主不能從臣下得到，父親不能從兒子取得，何況地位卑下的人呢！既然夫妻已經歡合，有的卻不能生兒子，有的生了兒子，但也不能保證最終能有美好的結果，這難道不是命運的安排嗎！孔子很少講命運，大概是因為太難講了。不通達陰陽變化玄妙哲理的人，怎麼能認識性命與天道呢！

漢興，因秦之稱號，帝母稱皇太后，祖母稱太皇太后，適❶稱皇后，妾❷皆稱夫人。又有美人❸、良人❹、八子、七子❺、長使、少使❻之號焉。至武帝制倢伃❼、娙娥❽、傛華❾、充依❿，各有爵位，而元帝加昭儀⓫之號，凡十四等⓬云。

昭儀位視⑬丞相，爵比⑭諸侯王。倢伃視上卿⑮，比列侯⑯。娙娥視中二千石⑰，比關內侯⑱。傛華視真二千石⑲，比大上造⑳。美人視二千石㉑，比少上造㉒。八子視千石㉓，比中更㉔。充依視千石㉕，比左更㉖。七子視八百石㉗，比右庶長㉘。良人視八百石㉙，比左庶長㉚。長使視六百石㉛，比五大夫㉜。少使視四百石㉝，比公乘㉞。五官㉟視三百石㊱。順常視二百石㊲。無涓㊳、共和㊴、娛靈㊵、保林㊶、良使㊷、夜者㊸皆視百石㊹。上家人子㊺、中家人子視有秩斗食㊻云。五官以下，葬司馬門外㊼。

【章　旨】以上敘述西漢在因襲秦制的基礎上又加發展，形成了後宮嬪妃女官的十四等級制度，奠定了後來後宮制度的基礎。

【注　釋】❶適　通「嫡」。正妻，稱皇后。❷妾　小妻。❸美人　內宮女官名，西漢初建。❹良人　女官名，取良善之意。❺八子七子　皆女官名。❻長使少使　皆女官名。主供使者。❼倢伃　女官名。倢，指接幸於上。伃，美稱也。❽娙娥　女官名。意皆美貌也。❾傛華　女官名。猶言奕奕也。❿充依　女官名。意為進獻衣服有秩序。⓫昭儀　昭顯其儀，以示隆重。元帝設的女官，僅次皇后，在嬪妃中地位最高。⓬凡十四等　顏師古曰：「除皇后，自昭儀以下至秩百石，十四等。」⓭視　相當；等於。⓮比　並列；擬。如昭儀位相當於丞相，爵與諸侯王並列。⓯上卿　先秦有卿級官名，分上、中、下三等，諸侯下的執政官。漢因舊制有九卿，分別掌朝廷政務。⓰列侯　為二十等爵制中最高的第二十等爵。⓱中二千石　按顏師古說：中二千石，此級官月得百八十斛，一年得二千一百六十石。稱二千石，此說的是整數。⓲關內侯　第十九等爵。⓳真二千石　月得百五十斛，一年得一千八百石。⓴大上造　第十六等爵。㉑二千石　月得百二十斛，一年得一千四百四十石。㉒少上造　第十五等爵。㉓千石　月得九十斛，年得一千零八十石。㉔中更　第十三等爵。㉕千石　《補注》引王念孫說：千石誤，《漢紀》為年九百石。㉖左更　爵位名，第十二等爵。㉗八百石　年八百石。㉘右庶長　爵位名，第十一等爵。㉙八百石　《補注》引王念孫說：八百石誤，《漢紀》為七百石。㉚左庶長　爵位名，第十等爵。㉛六百石　月得七十斛，年得八百四十石。㉜五大夫　爵位名，第九等爵。㉝四百石　月得五十斛，年得六百石。㉞公乘　爵位名，第八等爵。㉟五官　女官名。仿外朝五官郎中設，五官郎中為皇帝的護衛侍從官。㊱三百石　月得四十斛，年得四百八十石。㊲二百石　月得三十斛，年得三百六十石。㊳無涓　無所不潔之意。㊴共和　恭順柔和之意。共，通「恭」。㊵娛靈　娛樂性靈之意。㊶保林　安眾如林之意。保，安。㊷良使　優良使者之意。㊸夜者　主管守夜之意。㊹百石　月得十六斛，年得百九十二石。㊺家人子　選擇良家子女入宮，叫家人子。無官職稱號。㊻有秩斗食　指佐史一類小官。斗食，指一歲不滿百石，日食一斗二升。㊼葬司馬門外　葬在皇帝陵的司馬門的外面。

【語譯】漢朝建立，因襲秦朝後宮制度的稱號，皇帝的母親叫皇太后，祖母叫太皇太后，正妻叫皇后，小妻通稱夫人。還有美人、良人、八子、七子、長使、少使的稱號。到武帝時，制定了倢伃、娙娥、傛華、充依等女官，各有品級爵位，而元帝又增加了昭儀的稱號，總共有女官十四個級別。昭儀的品級相當於丞相，爵位與諸侯王並列。倢伃相當於上卿，爵位與列侯並列。娙娥相當於中二千石，爵位與關內侯並列。傛華相當於真二千石，爵位與大上造並列。美人相當於二千石，爵位與少上造並列。八子相當於千石，爵位與中更並列。充依相當於千石，爵位與左更並列。七子相當於八百石，爵位與右庶長並列。良人相當於八百石，爵位與左庶長並列。長使相當於六百石，爵位與五大夫並列。少使相當於四百石，爵位與公乘並列。五官相當於三百石。順常相當於二百石。無涓、共和、娛靈、保林、良使、夜者等都相當於百石。上家人子、中家人子相當於有秩被稱為斗食者的下級官吏。五官以下的品位，死後只能埋葬在皇帝陵園的司馬門外。

1 高祖呂皇后❶，父呂公❷，單父❸人也，好相❹人。高祖微時❺，呂公見而異之，乃以女妻高祖，生惠帝、魯元公主。高祖為漢王❻，元年❼封呂公為臨泗侯❽，二年立孝惠為太子。

2 後漢王得定陶[9]戚姬[10]，愛幸，生趙隱王如意[11]。太子為人仁弱[12]，高祖以為不類己[13]，常欲廢之而立如意，「如意類我」。戚姬常從上之關東[14]，日夜啼泣，欲立其子。呂后年長，常留守[15]，希見[16]，益疏[17]。如意且立為趙王，留長安，幾[18]代太子者數。賴公卿[19]大臣爭之，及叔孫通[20]諫，用留侯之策[21]，得無易。

3 呂后為人剛毅[22]，佐高帝定天下，兄二人皆為列將，從征伐。長兄澤為周呂侯[23]，次兄釋之為建成侯[24]，逮[25]高祖而侯者三人[26]。高祖四年，臨泗侯呂公薨。

4 高祖崩[27]，惠帝立，呂后為皇太后，迺令永巷[28]囚戚夫人，髡鉗[29]衣赭衣[30]，令舂[31]。戚夫人舂且歌曰：「子為王，母為虜[32]，終日舂薄暮[33]，常與死為伍[34]。相離三千里[35]，當誰使告女[36]？」太后聞之大怒，曰：「乃[37]欲倚[38]女子[39]邪？」乃召趙王誅之[40]。使者三反[41]，趙相[42]周昌不遣。太后召趙相，相徵至長安。使人復召趙王，王來。惠帝慈仁，知太后怒，自迎[43]趙王霸上[44]，入宮，挾[45]與起居飲食[46]。數月，帝晨出射，趙王不能蚤[47]起，太后伺[48]其獨居，使人持鴆[49]飲之。遲[50]帝還，趙王死。太后遂斷戚夫人手足，去眼[51]，煇耳[52]，飲瘖[53]藥，使居鞠域[54]中，名曰「人彘」[55]。居數月，迺召惠帝視「人彘」。帝視而問知其戚夫人，迺大哭，因病，歲餘不能起。使人請太后曰：「此非人所為。臣為太后子，終不能復治天下[56]！」以此日飲為淫樂，不聽政，七年而崩。

5 太后發喪，哭而泣不下[57]。留侯子張辟彊為侍中，年十五，謂丞相陳平曰：「太后獨有帝，今哭而不悲，君知其解未？」陳平曰：「何解？」[58]辟彊曰：「帝無壯子，太后畏君等。今請拜[59]呂台、呂產[60]為將，將兵[61]居[62]南北軍[63]，及諸呂皆官，居中[64]用事[65]。如此則太后心安，君等幸[66]脫[67]禍矣！」丞相如辟彊計請之，太后說，其哭迺哀。呂氏權由此起。迺立孝惠後宮子[68]為帝，太后臨朝[69]稱制[70]。復殺高祖子趙幽王友[71]、共王恢[72]及燕王建子[73]。遂立周呂侯子台為呂王，台弟產為梁王，建成侯釋之子祿為趙王，台子通為燕王，又封諸呂凡六人皆為列侯，追尊父呂公為呂宣王，兄周呂侯為悼武王。

6 太后持[74]天下八年[75]，病犬禍[76]而崩，語在五行志。病困[77]，以趙王祿為上將軍居北軍，梁王產為相國居南軍，戒[78]產、祿曰：「高祖與大臣約[79]，非劉氏王[80]者天下共擊之，今王呂氏，大臣不平。我即崩，恐其為變，必據兵衛宮，慎毋送喪，為人所制。」太后崩，太尉周勃、丞相陳平、朱虛侯劉章[81]等共誅產、祿，悉捕諸呂男女，無少長皆斬之。而迎立代王，是為孝文皇帝。

【章　旨】以上寫漢高祖呂皇后的事跡。

【注　釋】❶呂皇后　劉邦正妻，名雉，字娥姁。又稱高后、呂后。❷呂公　呂后父。❸單父　縣名。治今山東單縣。❹相　給人相面。❺微時　貧賤時。❻漢王　劉邦的封號。有巴、蜀、漢中三郡，都南鄭，今陝西漢中。❼元年　西元前二〇六年。❽臨泗侯　呂公以呂后父封為臨泗侯。漢四年呂公死，又尊為呂宣王。❾定陶　縣名。在今山東定陶西北。❿戚姬　戚，姓。姬，眾妾通稱。⓫趙隱王如意　劉邦與戚姬之子。漢九年（西元前一九六年）由代王徙為趙王。惠帝元年趙王被呂后用毒酒毒死。死後諡號為隱王。隱，哀。⓬仁弱　仁慈懦弱。⓭不類己　不像自己。類，像；似。⓮常從上之關東　指戚姬常跟隨劉邦到關東。⓯留守　指呂后常在長安留守。⓰希見　見面少。希，同「稀」。⓱益疏　日益疏遠。⓲幾　差不多；幾乎。⓳公卿　三公九卿。⓴叔孫通　姓叔孫，名通。原為秦博士。為漢朝制定朝儀。見卷四十三〈叔孫通傳〉。㉑留侯之策　指張良請商山四皓保住太子的謀劃。留侯，張良的封爵。留，縣名。在今江蘇沛縣東南。見卷四十〈張良傳〉。㉒剛毅　剛強果斷。㉓周呂侯　呂后長兄呂澤的封爵。漢六年（西元前二〇一年）封侯。食邑呂縣，在今江蘇徐州東南。㉔建成侯　呂后次兄呂釋之的封爵。因護衛劉邦父封侯，漢六年（西元前二〇一年）封。建成，縣名。在今河南永城東南。㉕逮　及；等到。㉖侯者三人　指到高祖稱帝以後，呂后家呂公、呂澤、呂釋之三人封了侯。㉗高祖崩　劉邦建漢十二年（西元前二〇六—前一九五年）而亡，死時五十三歲。崩，山崩地塌之意。古稱天子死為崩。㉘永巷　後宮中的長巷，囚禁嬪妃、宮女的住所，設宦官管理。武帝時改永巷為掖庭，設獄叫掖庭獄。㉙髡鉗　髡，剃去頭髮。鉗，以鐵箍束頸。㉚赭衣　囚犯穿的赤色衣服。㉛舂　舂米，女囚的一種刑罰。㉜虜　囚徒。㉝薄暮　傍晚；天黑。薄，迫近。㉞死為伍　與死罪為伍。㉟三千里　指與其子趙王相距遙遠。㊱告女　指誰能告訴你。女，汝；你。㊲乃　亦「汝」。㊳欲倚　想依靠。㊴女子　你兒子。㊵召趙王誅之　誅字上脫「欲」字。見《補注》王念孫曰與《漢紀》等。㊶使者三反　使者三次返回。顏師古曰：「反，還也，三還猶今言三回也。」㊷趙相　趙國丞相。漢初諸侯王國設丞相，景帝時改為相。㊸自迎　親迎。㊹霸上　又作灞上，在今西安東郊。㊺挾　同「攜」。㊻與起居飲食　指惠帝與趙王一同起居飲食。㊼蚤　早。㊽伺　伺機；探察。㊾鴆　毒酒。㊿遲　使惠帝回來得遲了。遲，遲延；遲緩。(51)去眼　挖去眼珠。(52)熏耳　用藥物熏耳使成為聾子。(53)瘖　不能言也。指以瘖藥飲之。(54)鞠域　鞠，用皮革做成的圓球。鞠域，又作鞠室，像皮球內的空間，指地窖一類的房子。《史記・呂太后本紀》鞠域作「廁中」。(55)人彘　人豬。(56)終不能句　指不能再治理天下。顏師古曰：「令太后視事，己自為太子然。」(57)哭而泣不下　指惠帝死後發喪時，呂后哭而不落淚。(58)何解　作何解釋。下文解說了其中的原因。(59)拜　授官。(60)呂台呂產　皆呂后姪子，呂后長兄呂澤之子。(61)將兵　領兵。(62)居　掌握。(63)南北軍　南軍是守衛未央宮的屯衛兵。因在京城南，稱南軍。北軍是守衛京城的屯衛兵。因在京城北，稱北軍。(64)居中　居禁宮之中。(65)用事　執政；當權。(66)幸　幸運；慶幸。(67)脫　顏師古曰：「脫，免也。」(68)後宮子　後宮嬪妃所生子。一般認為非惠帝子。(69)臨朝　當朝處理國事。(70)稱制　行使皇帝權力。(71)趙幽王友　劉邦第六子劉友。初封淮陽王，呂后時被徙趙為幽王，娶呂氏女，不寵愛。後被呂后殺。(72)共王恢　劉邦第五子劉恢。初封為梁王，取呂產女為后，因愛姬被殺，自殺。呂后時，恢徙為趙王。共，通「恭」。(73)燕王建子　舊本為「燕靈王建」，經考證，周壽昌認為，當為「燕王建子」。劉建為劉邦第八子。高祖十二年封劉建為燕王。建去世，其子為呂后所殺。(74)持　掌握；掌權。(75)八年　呂后稱制共八年（西元前一八七—前一八〇年）。(76)病犬禍　據卷二十七〈五行志〉載：呂后八年三月，住灞上返宮時，在路上見一隻狗向她撲來噬其腋下，回宮得病，稱為犬禍。(77)病困　病情危急。(78)戒　告誡。(79)約　盟約。劉邦得天下，殺白馬與大臣盟誓：「非劉氏而王，天下共擊之」，史稱白馬之盟。(80)王　封王；稱王。(81)朱虛侯劉章　齊王劉肥之子，劉邦之姪孫。封朱虛侯，後封城陽王，與太尉周勃、丞相陳平等誅呂氏有功。朱虛，縣名。在今山東臨朐東南。城陽國，治今山東莒縣。

【語譯】高祖的呂皇后，父親叫呂公，是單父縣的人，好給人相面。高祖地位卑微時，呂公一看到他就覺得相貌奇異，於是就把女兒嫁給高祖為妻，生惠帝劉盈、魯元公主。高祖當了漢王，元年封呂公為臨泗侯，二年立劉盈為太子。

2 後來漢王娶了定陶縣的戚姬，很寵愛她，生了趙隱王劉如意。太子劉盈為人仁慈懦弱，劉邦認為不像自己，常想廢掉他而立劉如意為太子，以為「如意像我」。戚姬經常跟隨劉邦外出關東，她日夜哭泣，想立兒子如意為太子。呂后因為年長，經常留守長安，很少和劉邦見面，兩人日益疏遠。況且，如意已經立為趙王，還留在長安，有幾次幾乎取代了太子的地位。依靠公卿大臣的力爭，與叔孫通的直諫規勸，及用留侯張良請出商山四皓保太子的謀劃，太子劉盈才沒有被廢掉。

3 呂后為人剛強果斷，輔佐高祖平定天下，兩位哥哥都是將領，跟隨劉邦征伐。長兄呂澤被封為周呂侯，次兄呂釋之封為建成侯，到高祖稱帝以後呂氏家族被封為侯者三人。高祖四年，臨泗侯呂公去世。

4 高祖逝世後，惠帝劉盈即位，呂后做了皇太后，於是下令在後宮永巷囚禁戚夫人，受髡鉗的刑罰、穿囚犯穿的赤色囚衣，命令她舂米。戚夫人邊舂米邊唱道：「兒子封了王，母親卻當了囚徒，終日舂米到天黑，常與判死罪者結為伍。母子相距三千里，將派誰去告訴你？」呂太后聽到後大怒，說：「你想依靠你做王的兒子嗎？」於是就想招來趙王如意殺掉他。派使臣到趙國往返三次，趙國相周昌不放行。呂太后又召趙國相周昌，周昌被徵召到了長安。又派人召趙王，趙王來到長安。惠帝仁慈，知道太后惱怒，親自到霸上迎接趙王，進宮以後，與趙王攜手共同起居飲食。幾個月以後，有天惠帝早晨出去射箭，趙王不能早起相隨，呂后窺伺到趙王獨居的機會，派人拿毒酒給趙王喝。故意讓惠帝回來較遲，而趙王已經死去。呂太后於是又斷去戚夫人的手足，挖了她的眼珠，熏聾她的耳朵，逼她喝藥成為啞巴，讓她住在土洞中，給她起名叫「人彘」。過了幾個月，呂太后召喚惠帝視察「人彘」。惠帝看到了問知這就是原來的戚夫人，於是大哭，因此得病，一年多不能起床。惠帝派人奏請太后說：「這不是人幹的事。臣為太后的兒子，終究不能再治理天下！」從此惠帝便天天喝酒作樂，不聽朝政，在位七年就逝世了。

5 太后給惠帝發喪時，哭而不落淚。留侯張良之子張辟彊為侍中，才十五歲，告訴丞相陳平說：「太后只有皇帝一個兒子，現在只乾哭而不悲哀，您知道其中的緣故嗎？」陳平說：「如何解釋？」辟彊回答說：「惠帝沒有壯年的兒子繼承皇位，太后害怕的是您們這一批老臣的權勢。現在奏請太后，拜授她的姪子呂台、呂產為將領，統率衛戍未央宮和京城長安的南北軍，以及那些呂姓子弟都封予官職，在朝中當權。如此才會使太后安心，您們大臣就可以幸運地免除禍害！」丞相如辟彊所說報請太后，太后很高興，哭兒子時才悲哀地落下了淚。呂氏家族掌權從此開始。這時就立了惠帝後宮美人生的兒子為皇帝，太后臨朝處理國事，代掌皇帝大權。又殺了高祖的兒子趙幽王劉友、共王劉恢，以及燕王劉建的兒子。於是封長兄呂澤的兒子呂台為呂王，呂台的弟弟呂產為梁王，建成侯呂釋之之子呂祿為趙王，呂台之子呂通為燕王。又封呂氏子弟共六人為侯，追認尊父呂公為呂宣王，長兄周呂侯為悼武王。

6 呂后執掌天下大權八年，遇到犬禍得病而亡，有關話語記在〈五行志〉裡。太后病情危急的時候，任趙王呂祿為上將軍掌握在北軍，梁王呂產為相國掌握在南軍，告誡呂產、呂祿說：「高祖與大臣有盟約，不是劉姓而稱王的人，天下共擊之。現在呂姓的人稱王，大臣深為不平。我很快就要去世，恐怕他們要發動叛亂，你們一定要掌握禁衛兵保衛住皇宮，要小心謹慎、不要給我送葬，恐怕會被人控制。」太后逝世，太尉周勃、丞相陳平、朱虛侯劉章等大臣共同殺掉呂產、呂祿，全部逮捕呂姓男女，不分年齡長幼一律處斬。於是迎接代王即位，這就是孝文帝。

孝惠張皇后。宣平侯敖❶尚❷帝姊魯元公主，有女。惠帝即位，呂太后欲為重親❸，以公主女配帝❹為皇后。欲其生子，萬方❺終❻無子，迺使陽❼為有身❽，取後宮美人❾子名之❿，殺其母，立所名子為太子。

惠帝崩，太子立為帝⓫，四年⓬，迺⓭自知非皇后子，出言曰：「太后安能⓮殺吾母⓯而名我⓰！我壯⓱即為所為⓲。」太后聞而患⓳之，恐其作亂，迺幽⓴之永巷，言帝病甚，左右莫得見。太后下詔廢之，語在高后紀。遂幽死，更立恆山王弘㉑為皇帝，而以呂祿女為皇后。欲連根固本㉒牢甚，然而無益也。呂太后崩，大臣正之，卒滅呂氏。少帝恆山、淮陽㉓、濟川㉔王，皆以非孝惠子誅。獨置孝惠皇后，廢處北宮㉕，孝文後元年㉖薨，葬安陵㉗，不起墳。

【章　旨】以上寫孝惠帝張皇后一生的事跡。

【注　釋】❶宣平侯敖　即張敖。張耳之子。❷尚　娶公主為妻稱尚。《史記・絳侯周勃世家》引韋昭注：「尚，奉也。不敢言娶。」❸重親　親上加親。❹以公主女配帝　即惠帝與其姊魯元公主之女為婚，即舅舅以外甥女為后。此喪失人倫之舉。故《漢紀》曰：「姊子而為后，昏于禮而瀆于人情，非所以示天下民作則也。」❺萬方　想盡一切辦法。❻終　最後。❼陽通「佯」。假裝。❽有身　有身孕。❾美人　嬪妃女官中的第五等。❿名之　名為惠帝皇后之子。⓫帝　即少帝。⓬四年指呂后稱制的第四年。⓭迺　才。⓮安能　怎麼可以。⓯吾母　即被殺的後宮美人。⓰名我　讓我名為皇后子。⓱壯　長大。⓲為所為　要做自己所想做的事。即要為生母報仇。《史記・呂太后本紀》作「壯即為變」。⓳患　擔憂。⓴幽　囚禁。㉑恒山王弘　呂后元年初封襄城侯，二年由襄城侯為恒山王，四年立為帝。史稱後少帝。㉒連根固本　連結勢力，鞏固根本。㉓淮陽　淮陽王劉武。舊本原作「淮南」，《補注》引錢大昕曰：淮南當為淮陽。呂后元年以惠帝後宮子封。都陳（在今河南淮陽）。《史記》載武為淮陽王。㉔濟川　劉太，以惠帝後宮子封。呂后四年封平昌侯，後為濟川王。濟川即原梁國，治睢陽。㉕北宮　皇宮名。在漢長安城西北，桂宮北。㉖孝文後元年　西元前一六三年。㉗安陵　惠帝陵墓。置縣，在今陝西咸陽東北。

【語　譯】孝惠帝的張皇后，是宣平侯張敖的女兒。張敖與惠帝姊姊魯元公主婚配，生一女。惠帝即皇位，呂太后想親上加親，以魯元公主的女兒許配惠帝做皇后。想要她生兒子，用盡一切辦法也生不了兒子，於是就讓她假裝懷孕，取了一個美人生的兒子說是皇后生的兒子，又把這個孩子的母親殺掉，立他做了太子。

惠帝死後，太子立為皇帝，第四年，小皇帝知道了自己不是皇后生的兒子，放出話說：「太后怎麼能夠殺了我的親生母親反倒說我是皇后的兒子！我長大了就要做我要做的事情。」太后聽了這樣的話很是擔憂，怕他將來作亂，就把他囚禁在永巷，說皇帝的病很重，左右親近的人也不能相見。太后下詔把小皇帝廢了，這些話記在〈高后紀〉裡。小皇帝因此被囚死了，改立恒山王劉弘為皇帝，而以呂祿的女兒為皇后。這樣做是為了連根固本牢固地掌握權力，然而這也沒有什麼用處。呂太后死後，大臣要撥亂反正，終於滅了呂氏家族。少帝恆山王劉弘、淮陽王劉武、濟川王劉太，都以不是惠帝的兒子被誅殺。只有孝惠帝的張皇后沒被誅殺，被廢除了尊號而安置在北宮居住，活到了孝文帝後元年去世，葬在惠帝的安陵，沒有修墳堆。

1 高祖薄姬，文帝母也。父吳人❶，秦時與故魏王宗女❷魏媼❸通❹，生薄姬。而薄姬父死山陰❺，因葬焉。及諸侯❻畔秦，魏豹❼立為王，而魏媼內❽其女於魏宮❾。許負❿相⓫薄姬，當生天子。是時項羽方與漢王相距⓬滎陽⓭，天下未有所定。豹初與漢擊楚，及聞許負言，心喜，因背⓮漢而中立，與楚⓯連和⓰。漢使曹參等虜魏王豹，以其國為郡⓱，而薄姬輸織室⓲。豹已死，漢王入織室，見薄姬，有詔內後宮，歲餘不得幸⓳。

2 始姬少時，與管夫人、趙子兒⓴相愛，約曰：「先貴㉑毋相忘！」已而㉒管夫人、趙子兒先幸漢王。漢王四年，坐河南成皋㉓靈臺㉔，此兩美人侍，相與笑薄姬初時約㉕。漢王問其故，兩人俱以實告。漢王心悽然憐㉖薄姬，是日召，欲幸之。對曰：「昨暮夢龍據妾胸。」上曰：「是貴徵也，吾為汝成之。」遂幸，有身。歲中㉗生文帝，年八歲立為代王㉘。自有子後，希見㉙。高祖崩，諸幸姬戚夫人之屬，呂后怒，皆幽之不得出宮。而薄姬以希見故，得出從子㉚之代，為代太后。太后弟薄昭從如代㉛。

3 代王立十七年㉜，高后崩。大臣㉝議立後㉞，疾㉟外家呂氏彊暴㊱，皆稱薄氏仁善㊲，故迎立代王為皇帝，尊太后為皇太后，封弟昭為軹侯㊳。太后母亦前死，葬櫟陽39北。迺追尊太后父為靈文侯，會稽郡40置園邑41三百家，長丞42以下使奉守43寢廟44，上食45祠46如法47。櫟陽亦置靈文夫人園48，令如靈文侯園儀49。太后蚤50失父，其奉51太后外家魏氏有力52，迺召53復54魏氏，賞賜各以親疏55受之。薄氏侯者一人56。

4 太后後文帝二歲57，孝景前二年58崩，葬南陵59。用呂后不合葬長陵60，故特61自起陵，近文帝62。

【章　旨】以上寫漢文帝母親薄太后一生的事跡。

【注　釋】❶吳人　吳中、吳地人。本為吳國，國都在今江蘇蘇州。❷宗女　宗室女。❸媪　古時對婦女或老婦人的通稱。❹通　私通。指秦朝時薄姬父與魏王宗室女魏媪私通，生了薄姬。❺山陰　縣名。治今浙江紹興，因地在會稽山之北，故名山陰。❻諸侯　指被秦滅掉的諸侯國。戰國時的舊貴族。❼魏豹　戰國舊貴族，其兄魏咎在秦末為魏王，後自殺。西元前二〇七年豹自立為魏王，後被項羽徙河東，都平陽（今山西臨汾西南），稱西魏王。見卷三十三〈魏豹傳〉。❽內　同「納」。❾魏宮　魏王後宮。❿許負　河內人，以相術聞名。⓫相　看相；相面。⓬距　通「拒」。抗拒。⓭滎陽　地名。古代軍事必爭之地，在今河南滎陽東北。⓮背　反叛。⓯楚　指西楚霸王項羽。⓰連和　連結和好。⓱郡　指劉邦使曹參等滅魏，分其國為河東、太原、上黨三郡。⓲薄姬輸織室　漢滅魏後把薄姬轉送織室。織室，漢代官府絲織品織造之所，屬少府。有罪婦女輸其中勞作。⓳幸　御幸；與皇帝同房。⓴管夫人趙子兒　均為劉邦的姬妾，姓名事跡不詳。㉑先貴　首先尊貴的人。㉒已而　過了不久。㉓成皐　縣名。治今河南滎陽西汜水鎮。即春秋時之虎牢。㉔靈臺　天子觀天象望雲氣所築之臺。㉕約　約言。即「先貴毋相忘」。㉖憐　哀憐；同情。㉗歲中　一年之中。即漢王四年（西元前二〇二年）。㉘立為代王　高祖十一年（西元前一八五年），定代地，立薄姬之子劉恆為代王。㉙希見　少見。希，同「稀」。㉚從子　指薄姬隨從兒子到了代國，為王太后。㉛如代　往代。指薄太后弟薄昭也前往代國。㉜十七年　指漢文帝做代王十七年（西元前一九六—前一七九年）。㉝大臣　指周勃、陳平等人。㉞立後　立後嗣。皇帝的繼承人。㉟疾　厭惡；憎恨。㊱彊暴　強橫與暴虐。㊲薄氏仁善　薄氏仁義善良。㊳軹侯　薄太后弟薄昭被封為軹侯。軹，縣名。在今河南濟源東南。㊴櫟陽　縣名。在今陝西高陵東北。㊵會稽郡　郡名。治吳縣，今江蘇蘇州。㊶園邑　陵園和陵邑。㊷長丞　陵邑中的長與丞。㊸奉守　奉命守護。㊹寢廟　陵園中的廟，前為祭祀的地方稱廟；後為藏衣冠的地方稱寢。㊺上食　獻食。㊻祠　祭祀。㊼如法　按規定。㊽靈文夫人園　指給薄太后母親魏媼設陵園。㊾園儀　陵園的禮儀與薄太后父親陵園同。㊿蚤　早。(51)奉　奉養。(52)魏氏有力　由於薄太后父早死，外家魏氏在供養方面出了力。(53)召　通「詔」。詔告。(54)復　免除徭役租稅。(55)親疏　指給的賞賜按親疏不同區別給予。(56)侯者一人　指薄昭。(57)後文帝二歲　文帝死後的第二年。(58)孝景前二年　景帝前二年（西元前一五五年）。(59)南陵　因薄太后陵墓在文帝的陵墓霸陵之南，故稱南陵。又稱薄陵。(60)不合葬長陵　因呂后是正嫡，故薄太后不能與高祖合葬長陵。(61)特單獨。(62)近文帝　接近文帝的霸陵。

【語　譯】漢高祖的薄姬，文帝劉恆的母親。她的父親是吳國人，在秦朝的時候，和前魏王的王室宗族的女兒魏媼私通，生了薄姬。薄姬的父親死在會稽郡山陰縣，因此就埋葬在那裡。等到各地諸侯起兵反秦的時候，魏豹自立為王，魏媼就把她的女兒納入魏王的後宮。許負給薄姬相了面，說她當會生下天子。這時項羽正和漢王在滎陽相持不下，天下還沒有定局。魏豹最初和漢王連結攻擊楚國項羽，等聽到了許負的話，心中暗喜，因而背叛漢王採取中立，並與項羽連結和好。漢王便派了曹參等人俘虜了魏王豹，把魏國改成了郡，並且把薄姬送到織室勞作。魏豹死後，漢王來到織室，看到了薄姬，下詔納入後宮，一年多沒有受到御幸。

2　當初薄姬還年輕時，與管夫人、趙子兒相親相愛，互相約定說：「誰先得到尊貴，不要忘記姊妹！」不久，管夫人、趙子兒先受到了漢王的愛幸。漢王四年，漢王坐在河南成皋縣的靈臺上看天象，管夫人、趙子兒兩位美人也陪坐身旁，互相談笑說起當年與薄姬的約定。漢王問其中的緣故，兩人都具實以告。漢王內心悽然而憐憫薄姬，當天就召見，想御幸她。薄姬對漢王說：「昨天傍晚臣妾夢見了一條龍盤據在胸脯上。」漢王說：「這是一個尊貴的象徵，我成全你。」於是與她同房，有了身孕。一年內生了文帝，在八歲時立為代王。自從有了兒子後，薄姬與漢王很少見面。高祖逝世以後，那些受寵幸的愛妾如戚夫人一類的人，因呂后的遷怒，都被囚禁不得出宮。而薄姬因為很少與漢王見面，所以得以出宮隨同兒子劉恆到代國，當了代王太后。薄太后的弟弟薄昭也隨從前往代國。

3 代王立了十七年時，高后去世。大臣商議立後繼皇帝事，大家都厭惡呂氏家族的強橫暴虐，一致稱讚薄氏仁慈善良，所以迎立代王為皇帝，尊稱代王薄太后為皇太后。封太后弟薄昭為軹侯。薄太后的母親之前已死，葬在櫟陽縣的北邊。於是追尊太后的父親為靈文侯，在會稽郡設立了陵園守邑，有戶口三百家，邑長、丞以下奉命守護陵園寢廟，祭祀獻食的禮儀法度按規定辦理。在櫟陽縣也設立了太后生母靈文夫人陵園，規定依照靈文侯陵園的禮儀辦理。太后早年死了父親，那些養育太后的外家魏氏出了力，就詔告免除他們的徭役賦稅，賞賜的財物依各人的親疏遠近不同而授予。薄氏家族封侯者一人。

4 太后在文帝逝世後的第二年，景帝的前二年逝世，葬在南陵。因為呂后是高帝的皇后，薄太后不能和高帝合葬長陵，所以單獨為薄太后修建了陵墓，靠近漢文帝的霸陵。

1 孝文竇皇后，景帝母也，呂太后時以良家子❶選入宮。太后出宮人以賜諸王❷各五人，竇姬與❸在行❹中。家在清河❺，願❻如❼趙❽，近家，請其主遣宦者吏❾「必❿置我籍⓫趙之伍⓬中」。宦者忘之，誤置籍代⓭伍中。籍奏⓮，詔可。當行，竇姬涕泣，怨其宦者，不欲往，相彊⓯迺肯行。至代，代王獨⓰幸竇姬，生女嫖⓱。

2 孝惠七年⓲，生景帝。

代王王后⓳生四男，先代王未入立為帝而王后卒，及代王為帝後，王后所生四男更[20]病死。文帝立數月，公卿請立太子，而竇姬男最長[21]，立為太子。竇姬為皇后，女[22]為館陶長公主。明年[23]，封少子[24]武為代王，後徙梁[25]，是為梁孝王。

3 竇皇后親[26]蚤卒，葬觀津[27]。於是薄太后乃詔有司追封竇后父為安成侯，母曰安成夫人，令清河置園邑二百家，長丞奉守，比[28]靈文園法。

4 竇后兄長君[29]。弟廣國[30]字少君，年四五歲時，家貧，為人所略[31]賣，其家不知處。傳[32]十餘家至宜陽[33]，為其主人入山作炭[34]。暮[35]臥岸下[36]百餘人，岸崩，盡厭[37]殺臥者，少君獨脫不死。自卜[38]，數曰[39]當為侯。從其家之長安[40]，聞皇后新立，家在觀津，姓竇氏。廣國去時[41]雖少，識[42]其縣名及姓，又嘗與其姊采桑，墮[43]，用[44]為符信[45]，上書[46]自陳。皇后言帝，召見問之，具言其故，果是。復問其所識，曰：「姊去我西時，與我決[47]傳舍[48]中，匄[49]沐[50]沐我，已，飯我[51]，乃去。」於是竇皇后持之而泣，侍御[52]左右皆悲。迺厚賜之，家於長安[53]。絳侯[54]、灌將軍[55]等曰：「吾屬[56]不死，命乃且[57]縣[58]此兩人。此兩人所出微[59]，不可不為擇師傅，又復放[60]呂氏大事也。」於是乃選長者[61]之有節行[62]者與居。竇長君、少君由此為退讓[63]君子，不敢以富貴驕人。

5 竇皇后疾[64]，失明。文帝幸邯鄲[65]慎夫人、尹姬[66]，皆無子。文帝崩，景帝立，皇后為皇太后，乃封廣國為章武侯67。長君先死，封其子彭祖為南皮侯68。吳楚反69時，太后從昆弟子70竇嬰71俠，喜士，為大將軍，破吳楚，封魏其侯。竇氏侯者凡72三人73。

6 竇太后好黃帝74、老子75言76，景帝及諸竇77不得不讀老子尊其術。太后後景帝六歲78，凡立五十一年79，元光六年80崩，合葬霸陵81。遺詔盡以東宮82金錢財物賜長公主嫖。至武帝時，魏其侯竇嬰為丞相，後誅。

【章旨】以上寫漢文帝竇皇后一生的事跡。

【注釋】❶良家子　出身家庭清白的子女。西漢有七種人要被謫戍邊，稱七科謫。這七種人為：一、吏有罪；二、亡命；三、贅婿；四、賈人；五、故有市籍；六、父母有市籍；七、大父母有市籍。不在這七科的為良家，其子女稱良家子。❷諸王　漢代皇帝的兒子封諸侯王，簡稱諸王。❸與　通「預」。參與。❹行　行列。❺清河　郡名，漢高帝置。治清陽，今河北清河縣東南。屬趙。❻願　願望；希望。❼如　往。❽趙　趙國。❾主遣宦者吏　主持發遣的宦官。❿必　一定。⓫籍　名籍；名簿。⓬伍　行列；隊伍。⓭籍代　屬代國的名冊。⓮籍奏　名冊上奏皇帝。⓯彊　強迫。⓰獨　唯獨；單獨。⓱嫖　文帝劉恆的女兒劉嫖，尊稱館陶公主。⓲孝惠七年　西元前一七九年。⓳王后　即文帝當諸侯王時的王后。⓴更　相繼；連續。㉑竇姬男最長　竇姬生的男孩劉啟年齡最長，立為太子，即後來的景帝。㉒女　即劉嫖，封館陶公主，文景時稱長公主，武帝時稱竇太主。㉓明年　即文帝前元二年（西元前一七八年）。㉔少子　小兒子，即劉啟弟劉武。㉕梁　地名，梁國。都睢陽，在今河南商丘南。㉖親　父母親。㉗觀津　縣名。屬清河郡，治今河北衡水縣東。竇皇后原籍清河郡觀津縣。故其雙親死後葬此。㉘比　比照；按照。㉙長君　竇皇后兄竇長君，事跡不詳。其子竇彭祖，景帝即位以皇太后兄子封南皮侯。㉚廣國　字少君，竇皇后弟。景帝即位封章武侯。㉛略　虜掠；侵奪。㉜傳　指轉換買賣。㉝宜陽　縣名，屬弘農郡。治今河南宣陽西。㉞作炭　一說採木作炭。一說挖煤。㉟暮　傍晚。㊱岸下　懸崖下。㊲厭　同「壓」。㊳自卜　自己占卜而預測未來。㊴數曰　舊本作「數日」,《漢書補注》考證「日」當為曰。數曰,即多次占卜,皆說當封侯。按:廣國到長安見竇后在文帝初,廣國封侯在景帝時,故云「數曰」誤。㊵之長安　往長安。之,往也。㊶去時　被掠賣離開老家觀津時。去,離開。㊷識　記。㊸墮　墜落地上。㊹用　用作;因。㊺符信　憑證。符,古代用竹木或金玉作成的憑證。㊻上書　向皇帝皇后報告。㊼決　通「訣」。訣別;分離。㊽傳舍　古代驛站所設的供客人住宿的客舍。㊾匄　同「丐」。乞求。㊿沐　洗髮的米汁。(51)飯我　讓我吃飯。(52)侍御　供皇后使喚的侍從。(53)家於長安　在長安安家。(54)絳侯　周勃。曾任太尉,封絳侯。見卷四十〈周勃傳〉。(55)灌將軍　灌嬰。曾任大將軍、太尉、丞相等。封潁陰侯。見卷四十一〈灌嬰傳〉。(56)吾屬　我輩;我等。(57)乃且　就將。(58)縣　通「懸」。繫住。指如果以後長君、少君二人當政,朝廷大臣的命運就掌握在他們手中。(59)出微　出身微賤。(60)放　通「仿」。效法。(61)長者　忠厚君子。(62)節行　節操品行。(63)退讓　謙遜不爭。(64)疾　有病。(65)邯鄲　地名,趙國國都。今河北邯鄲。(66)慎夫人尹姬　失名,皆文帝妾。(67)章武侯　竇廣國以太后弟封章武侯。章武,縣名。在今河北黃驊西北。(68)南皮侯　竇彭祖以太后兄子封南皮侯。南皮,在今河北南皮東北。(69)吳楚反　指吳楚七國之亂。(70)從昆弟子　堂兄弟子,即堂姪。昆,兄。(71)竇嬰　字王孫,喜任俠,竇太后姪,曾任大將軍、丞相等職,封魏其侯。(72)凡　共。(73)三人　指章武侯竇廣國、南皮侯竇彭祖、魏其侯竇嬰共三人。(74)黃帝　以「黃帝」為書名,屬道家。本書卷三十〈藝文志〉載《黃帝四經》四篇、《黃帝銘》六篇、《雜黃帝》五十八篇。(75)老子　又名《道德經》,春秋末楚國老子作。老子,叫李耳,字聃。道家創始人。(76)言　著作;學說。(77)諸竇　指竇氏子弟。(78)後景帝六歲　指太后於景帝死後第六年,即武帝建元六年(西元前一三五年)逝世。(79)立五十一年　竇姬於文帝即位前元年(西元前一七九年)立為皇后,武帝建元六年死,實為四十五年,非五十一年。(80)元光六年　此誤。應為建元六年(西元前一三五年),而非元光六年。(81)合葬霸陵　霸陵為文帝陵墓,竇太后死後與文帝合葬。(82)東宮　稱太后所居宮為東宮。當時太后居長樂宮,在未央宮東,稱東宮。皇帝居未央宮,稱西宮。

【語　譯】孝文皇帝的竇太后,是景帝的母親。呂太后執政時,她以良家子身分,被選入宮中。呂太后遣發宮女出宮,賞賜諸侯王每位各五人,竇姬就在其中。竇姬的家原在趙國清河郡,她希望前往趙國,因為趙國離家近,所以她向主管遣發的宦官請求「務必把我的名籍放在發往趙國的行列中」。宦官把這事忘了,錯把她的名籍放在發往代國的行列中。名冊上奏,下詔批准了。應當動身出發時,竇姬痛哭,怨恨那個宦官,不願前往，在被強迫之下才前往代國。到代國後，代王卻單獨寵幸她，生了女兒名叫嫖。到惠帝七年，又生了景帝。

2 代王以前的王后生過四個男孩，在代王還沒有做皇帝時王后就先死了。到代王當皇帝後，王后生的四個男孩又先後病死。文帝即位幾個月後，公卿大臣請求立太子，由於竇姬生的兒子劉啟在眾妾生的兒子中最年長，就立為太子。竇姬當了皇后，女兒劉嫖為館陶長公主。第二年又封竇皇后生的小兒子劉武為代王，後來徙封到梁國，是為梁孝王。

3 竇皇后的父母親去世得早，葬在清河郡的觀津縣。於是薄太后就詔令有關主管官吏追封竇皇后父親為安成侯，母親為安成夫人，下令清河郡建立陵園、守邑二百家，陵園長、丞侍奉守護，禮儀按薄太后父親靈文侯陵園的規定辦理。

4 竇皇后的哥哥叫長君。弟弟廣國字少君，年齡在四五歲時，家裡貧窮，被人掠走出賣，他家裡的人不知他在何處。他被轉賣十餘家到了宜陽縣，為他的主人到山裡作木炭。傍晚與同夥一百多人躺在懸崖下，懸崖崩塌，在下面躺臥的人全被壓死，只有少君一人逃脫不死。自己占卜，幾次卦象都告知他應當封侯。跟從他的主人家到了長安，聽說新立的皇后，家在觀津縣，姓竇。廣國離開家裡的時候雖然年齡小，但能記得家鄉的縣名與自己的姓，又曾與他的姊姊採桑，有從桑樹上墜下的標記，用這當作憑證，上書自己陳述。皇后把此事告訴皇帝，就召見他詢問，他把往事一一陳述，果然如此。再問他還能記得一些什麼事，他說：「姊姊離開我西去長安時，和我在驛站的客房中分別，姊姊要來米汁給我洗頭，洗完後，又給我吃飯，然後才和我分手。」這時竇皇后就抱住他哭泣，左右侍從婢妾都感動悲傷。於是賞賜給廣國豐厚的財物，在長安安了家。絳侯周勃、灌將軍灌嬰等說：「我輩不死，命運就掌握在竇氏這兩人手裡。這兩人出身微寒，不可不為他們選擇師傅加以教誨，不然他們又會仿效呂氏鬧出大亂子。」於是就選擇忠厚長者中有節操的人與他們二人共同生活。竇長君、少君由此成為謙遜退讓的君子，不敢以富貴在人前驕傲。

5 竇皇后患病，雙目失明。文帝寵幸的邯鄲慎夫人、尹姬都沒有兒子。文帝逝世，景帝立為皇帝，竇皇后為皇太后，於是封竇廣國為章武侯。竇長君先死，封他的兒子竇彭祖為南皮侯。吳楚七國之亂時，太后堂兄弟的兒子竇嬰，好任俠，喜歡結交遊士，被任命為大將軍，打敗吳楚七國平定叛亂後，封為魏其侯。竇氏封侯的共三人。

6 竇太后喜好《黃帝》、《老子》的學說，景帝及竇氏諸兄弟不能不讀《老子》的書，尊重《老子》的學術。竇太后後景帝六年去世，於立為皇后以後四十五年，建元六年逝世，和文帝合葬霸陵。她留下遺詔把所有東宮的金銀財物都賜給長公主劉嫖。到武帝時，她的堂姪魏其侯竇嬰做了丞相，後被誅殺。

孝景薄皇后，孝文薄太后❶家女也。景帝為太子時，薄太后取❷以為太子妃❸。景帝立，立薄妃為皇后，無子無寵。立六年，薄太后崩❹，皇后廢❺。廢後四年薨，葬長安城東平望亭❻南。

【章　旨】以上寫漢景帝薄皇后一生的事跡。

【注　釋】❶薄太后　文帝母親。❷取　通「娶」。❸妃　太子正妻的稱號。❹立六年二句　此處有誤。〈景帝紀〉載景帝前元二年（西元前一五五年）夏四月薄太后崩。則薄太后崩不在景帝前元六年而在前元二年。❺皇后廢　指薄太后在景帝前元二年逝世後，薄皇后就被廢了。❻平望亭　地名。在長安城東。亭，漢制十里一亭，十亭一鄉，亭有長。

【語　譯】景帝的薄皇后，乃文帝薄太后家的女兒。景帝為太子時，薄太后讓他娶她做了太子妃。景帝即位當了皇帝，立薄妃為皇后，她沒有生兒子，也未受寵愛。做皇后的第二年，薄太后逝世，她作為皇后也被廢黜。被廢後的第四年去世，葬在長安城東邊的平望亭南面。

1 孝景王皇后❶，武帝母也。父王仲，槐里人也。母臧兒❷，故燕王臧荼孫也，為仲妻❸，生男信❹與兩女❺。而仲死，臧兒更嫁❻為長陵❼田氏婦❽，生男蚡、勝。臧兒長女嫁為金王孫婦，生一女矣❾，而臧兒卜筮❿曰兩女當貴，欲倚⓫兩女，奪金氏。金氏怒，不肯與決，乃內太子⓬宮。太子幸愛之，生三女⓭一男⓮。男方⓯在身⓰時，王夫人夢日入其懷⓱，以告太子，太子曰：「此貴徵也。」未生而文帝崩，景帝即位，王夫人生男。是時，薄皇后無子。後數歲，景帝立齊栗姬⓲男為太子，而王夫人男為膠東王⓳。

2 長公主⓴嫖㉑有女㉒，欲與㉓太子㉔為妃㉕，栗姬妒，而景帝諸美人㉖皆因㉗長公主見得貴幸㉘，栗姬日怨怒，謝長主㉙，不許㉚。長主欲與㉛王夫人，王夫人許之。會㉜薄皇后廢，長公主日譖㉝栗姬短㉞。景帝常屬㉟諸姬子㊱，曰：「吾百歲後㊲，善視㊳之。」栗姬怒不肯應，言不遜㊴，景帝心銜㊵之而未發㊶也。

3 長公主日譽㊷王夫人男之美㊸，帝亦自賢㊹之。又耳㊺曩者㊻所夢日符㊼，計㊽未有所定。王夫人又陰㊾使人趣㊿大臣立栗姬為皇后。大行(51)奏事，文曰：「『子以母貴，母以子貴(52)。』今太子母號宜為皇后。」帝怒曰：「是(53)乃(54)所當言邪！」遂案誅(55)大行，而廢太子(56)為臨江王(57)。栗姬愈恚(58)，不得見，以憂死。卒(59)立王夫人為皇后，男(60)為太子。封皇后兄信為蓋侯(61)。

4 初，皇后始入太子家[62]，後女弟[63]兒姁亦復入[64]，生四男。兒姁蚤卒，四子皆為王[65]。皇后長女為平陽公主[66]，次南宮公主[67]，次隆慮公主[68]。

5 皇后立九年[69]，景帝崩。武帝即位，為皇太后[70]，尊太后母臧兒為平原君[71]，封田蚡為武安侯[72]，勝為周陽侯[73]。王氏、田氏侯者凡三人[74]。蓋侯信好酒，田蚡、勝貪，巧[75]於文辭[76]。蚡至丞相，追尊王仲[77]為共侯，槐里起園邑二百家，長丞奉守。及平原君薨，從田氏[78]葬長陵，亦置園邑如共侯法。

6 初，皇太后微時[79]所為[80]金王孫生女俗[81]，在民間，蓋諱[82]之也。武帝始立，韓嫣[83]白[84]之。帝曰：「何為不蚤言？」乃車駕[85]自往迎之[86]。其家在長陵小市[87]，直至其門，使左右入求之。家人驚恐，女[88]逃匿[89]。扶將[90]出拜[91]，帝下車立曰：「大姊，何臧之深也[92]？」載至長樂宮，與俱謁太后，太后垂涕，女亦悲泣。帝奉酒[93]，前為壽[94]。錢千萬，奴婢三百人，公田[95]百頃，甲第[96]，以賜姊。太后謝曰：「為帝費。」因賜湯沐邑[97]，號脩成君。男女各一人[98]，女嫁諸侯，男號[99]脩成子仲[100]，以太后故，橫[101]於京師。太后凡立二十五年[102]，後景帝[103]十五歲，元朔三年崩，合葬陽陵[104]。

【章　旨】以上寫漢景帝王皇后一生的事跡。

【注　釋】❶王皇后　名娡，槐里縣人。槐里，原為廢丘，今陝西興平東南。❷臧兒　王皇后之母，是燕王臧荼之孫。臧荼原為燕國將軍，秦末從項羽入關，被封為燕王。後被劉邦滅。❸仲妻　指臧兒為王仲之妻。❹信　臧兒子王信。❺兩女　王皇后與妹兒姁。❻更嫁　改嫁。❼長陵　高祖陵邑，即長陵縣。❽田氏婦　田氏家媳婦。❾臧兒長女二句　指臧兒的長女即後來的王皇后先嫁給金王孫為妻，生了一個女兒。❿卜筮　古代推測未來吉凶命運的一種方法。用龜甲與蓍草占卜算卦。⓫倚　依靠。⓬太子　指景帝當太子時。⓭三女　即長女平陽公主、次女南宮公主與三女隆慮公主。⓮一男　漢武帝劉徹。⓯方　正。⓰在身　懷孕在身。⓱日入其懷　太陽進入懷中。⓲齊栗姬　景帝妾齊人栗姬。栗姬之子劉榮，在諸妾生子中年最長，立為太子。廢太子後，封為臨江王。⓳膠東王　武帝初封為膠東王，都即墨，即今山東平度東南。⓴長公主　即景帝姊，館陶長公主。㉑嫖　長公主名。㉒有女　指長公主之女陳阿嬌。㉓與　同「予」。㉔太子　指栗姬子劉榮。㉕為妃　為太子劉榮之妃。㉖諸美人　景帝愛幸的諸位美人。㉗因　憑藉。㉘見得貴幸　被景帝寵幸。㉙謝長主　謝絕長公主。㉚不許　不允許太子劉榮與長公主女阿嬌婚配。㉛長主欲與　長公主想把女兒與王夫人子劉徹。㉜會　恰逢；剛好。㉝譖　進讒言；說人的壞話。㉞短　壞處；缺點。㉟常屬　曾經囑託。常，通「嘗」。曾經。屬，同「囑」。囑託；囑咐。㊱諸姬子　眾妾所生兒子。㊲百歲後　死後。㊳善視　好好照顧。㊴言不遜　說話不恭順。㊵銜　含怨；含恨。㊶發　發作。㊷譽　稱讚。㊸美　指才德好。㊹賢　指才能、德行好。㊺耳　耳聞；聽到。㊻曩者　以往；從前。㊼符　符瑞；符應。㊽計　計議；計謀。㊾陰　暗中；背地裡。㊿趣　同「促」。催促；趕快。(51)大行　官名。原名典客，管少數民族事務。景帝改名大行令，武帝改名大鴻臚。(52)母以子貴　指兒子為太子，母應為皇后。以，因。(53)是　此事；這事。(54)乃　汝也。(55)案誅　判罪處死。案，判罪。(56)廢太子　太子劉榮在景帝前元七年（西元前一五〇年）廢。(57)臨江王　太子劉榮被廢後，貶為臨江王，都江陵，今湖北江陵。(58)恚　怨恨。(59)卒　終；最後。(60)男　指王皇后子劉徹。由膠東王立為太子。時在景帝中元元年（西元前一四九年）。(61)蓋侯　指王皇后兄王信為蓋侯。蓋，縣名。治今山東沂源東南。(62)太子家　即太子宮。太子，文帝子劉啟。(63)女弟　妹妹。(64)復入　指王皇后的妹妹又被納入太子宮。(65)四子皆為王　即廣川惠王劉越、膠東康王劉寄、清河哀王劉乘、常山憲王劉舜。(66)平陽公主　景帝女，先嫁平陽侯曹壽，後嫁大將軍衛青。平陽，縣名。今山西臨汾西南。(67)南宮公主　食邑南宮，在今河北南宮境。(68)隆慮公主　食邑隆慮，屬河內郡。在今河南林縣，即林州。(69)九年　即景帝後元三年（西元前一四一年）。(70)皇

太后　指景帝王皇后，在武帝即位後為皇太后。(71)平原君　王太后母臧兒封號。平原，縣名。在今山東平原西南。(72)武安侯　武帝舅田蚡的封爵。武安，縣名。屬魏郡，在今河北武安。(73)周陽侯　武帝舅田勝的封爵。周陽，在今山西聞喜東北。(74)三人　即王信、田蚡、田勝。(75)巧　巧妙；精巧。(76)文辭　語言詞彙。(77)王仲　王太后之父。(78)田氏　田姓。臧兒在丈夫王仲死後，改嫁長陵田氏。臧兒死後，從其田氏丈夫葬長陵縣。(79)微時　貧賤時。(80)為　給。(81)俗　指生女名俗。(82)諱　隱瞞；不明說。(83)韓嫣　武帝身邊佞臣，字王孫。後被太后賜死。(84)白　說了；告訴。(85)車駕　指天子所用車駕。(86)迎之　迎接太后所生之女。(87)小市　小街；小巷。(88)女　指太后所生女俗。(89)匿　隱藏；躲藏。(90)扶將　扶持。(91)出拜　從隱藏的地方出來以禮相見。拜，以禮會見。(92)也　同「耶」。語尾助詞，表疑問。(93)奉酒　獻酒。(94)為壽　祝壽。(95)公田　政府管理的國有田地。(96)甲第　上等住宅。(97)湯沐邑　在周代為諸侯貴族祭祀用於齋戒沐浴潔身的采邑。漢代為自天子以下大小貴族、功臣衣食租稅的封邑。(98)男女各一人　脩成君生了一男一女。(99)男號　脩成君所生男的稱號。(100)脩成子仲　即脩成君之子名仲。(101)橫　橫行不法。卷九十〈酷吏傳〉載義縱曾捕修成子仲。(102)二十五年　指王太后在景帝前元七年（西元前一五〇年）立為皇后，到武帝元朔三年（西元前一二六年）死，總共二十五年。(103)後景帝　指景帝死後。(104)陽陵　景帝的陵墓。置縣，治今陝西高陵西南。

【語　譯】景帝的王皇后，是武帝的母親。王皇后的父親叫王仲，槐里縣人。母親叫臧兒，乃以往燕王臧荼的孫女，嫁給王仲為妻子，生了男孩王信與兩個女兒。王仲病死後，臧兒改嫁做了長陵縣田氏的媳婦，生了兒子田蚡、田勝。臧兒的大女兒嫁給金王孫為媳婦，生了一個女兒。而臧兒卜筮算卦，說她的兩個女兒都會富貴，臧兒想依靠她這兩個女兒，便從金氏家把大女兒強奪回來。金氏惱怒，不肯與妻子離婚，臧兒就把大女兒獻納給太子劉啟為後宮，太子很寵愛她，生了三個女兒和一個男孩。當男孩還在娘胎時，王夫人曾夢見太陽落入她的懷中，她把這事告訴太子劉啟，太子說：「這是尊貴的徵兆。」孩子還沒有出生，文帝就逝世了，景帝即位，王夫人生了一個男孩。這時，薄太后沒有兒子。幾年後，景帝立了齊國人栗姬生的兒子為太子，王夫人生的兒子做了膠東王。

2　長公主嫖生有一女，想嫁給景帝的太子為妃，栗姬嫉妒，因景帝後宮眾多美人都是靠長公主的關係而受到寵幸與顯貴的，栗姬為此天天怨恨惱怒，所以謝絕了長公主，不答應這門婚事。長公主又想把女兒許配給王夫人的兒子，王夫人答應了。恰逢薄皇后被廢，長公主便每天在景帝面前說栗姬的壞話。景帝曾想把眾妾所生子囑託給栗姬說：「我去世之後，你要好好照看這些孩子。」栗姬因怨怒不答應，出言不恭順，景帝心中怨恨而未發作。

3 長公主每天稱讚王夫人的兒子如何好，景帝也認為他很賢能，又聽到王夫人往日夢日入懷的符瑞，是否改立太子，主意還沒有拿定。王夫人又暗地裡使人催促大臣建議皇帝立栗姬為皇后。主管禮儀的大行向皇帝上奏章說：「『兒子靠母親尊貴，母親靠兒子尊貴。』現在皇太子的母親理應封為皇后。」景帝大怒說：「這是你應當說的話嗎！」於是給大行判處死刑，又廢太子劉榮讓他去做臨江王。栗姬更加怨怒，又不能和皇帝見面，於是憂憤而死。最後景帝立王夫人為皇后，王夫人的兒子為太子，封王夫人的哥哥王信為蓋侯。

4 當初，王皇后開始進入太子宮就受到了寵愛，後來她的妹妹兒姁也進了宮，生了四個男孩。兒姁死得早，四個兒子都封了王。皇后的大女兒封為平陽公主，二女兒封為南宮公主，三女兒封為隆慮公主。

5 皇后被立以後的第九年，景帝逝世。漢武帝即皇位，尊皇后為皇太后，尊太后母為平原君，封舅父田蚡為武安侯，田勝為周陽侯。王氏、田氏兩個外戚家封侯的一共有三人。蓋侯王信好酒貪杯，田蚡、田勝貪婪，又會花言巧語。田蚡官位做到了丞相，追尊外祖父王仲為共侯，在槐里縣建起陵園守邑，有戶二百家，陵園長、丞奉命守護。到平原君臧兒去世，隨從田氏的外祖父葬長陵，也設置園陵守邑，祭祀禮儀如同共侯成規。

6 當初，王太后貧賤時嫁給金王孫生下一個女兒叫俗，在民間，大概是隱瞞了這件事情。武帝剛剛即位，佞臣韓嫣把這件事情告訴了武帝。武帝說：「為什麼不早說呢？」於是皇帝坐上車駕便親自前去迎接。她的家在長陵縣的小巷，車駕一直到了門口，派了身邊的左右侍從進門找人。家中人都感到驚慌恐懼，王太后的女兒逃走躲藏。人們扶她出去拜見，武帝下了車子站著說：「大姊，為什麼要躲藏得這樣深呢？」用車子載著她前往太后住的長樂宮，與她共同拜見太后，太后流下了眼淚，女兒俗也傷心哭泣。武帝捧著酒杯，上前給母親祝壽。又用錢千萬，奴婢三百人，公田一萬畝，上等住宅，賞賜給大姊。太后感謝說：「這樣的賞賜，讓皇帝破費了。」又按照公主的待遇，賜予湯沐邑，封脩成君。修成君有一男一女，女兒嫁給了諸侯，男的稱號為脩成子仲，因為太后的緣故，在京師橫行不法。王太后立為皇后二十五年，在景帝去世後的十五年，即武帝元朔三年逝世，和景帝合葬在陽陵。

孝武陳皇后❶，長公主嫖女也。曾祖父陳嬰❷與項羽俱起，後歸漢，為堂邑侯❸。傳子❹至孫❺午，午尚長公主，生女。

初，武帝得立為太子，長主有力❻，取主女❼為妃。及帝即位，立為皇后，擅寵❽驕貴❾，十餘年而無子，聞衛子夫❿得幸，幾⓫死者數焉。上⓬愈怒。后又挾⓭婦人媚道⓮，頗覺。元光五年⓯，上遂⓰窮治⓱之，女子楚服⓲等坐⓳為皇后巫蠱⓴祠祭祝詛㉑，大逆無道㉒，相連及誅者三百餘人。楚服梟首㉓於市。使有司賜皇后策㉔曰：「皇后失序㉕，惑㉖於巫祝，不可以承天命。其上㉗璽㉘綬㉙，罷退居長門宮㉚。」

明年㉛，堂邑侯午㉜薨，主男須㉝嗣侯。主寡居，私近㉞董偃㉟。十餘年，主薨。須坐淫亂㊱，兄弟爭財，當死㊲，自殺，國除。後數年，廢后㊳乃薨，葬霸陵郎官亭㊴東。

【章　旨】以上寫漢武帝陳皇后一生的事跡。

【注　釋】❶陳皇后　陳午之女，母長公主嫖。小名阿嬌。陳嬰的曾孫女。❷陳嬰　陳午的祖父，秦末曾為項羽下屬，後歸劉邦，封堂邑侯。❸堂邑侯　陳嬰封號。堂邑，縣名。治今江蘇六合西北。❹子　陳嬰之子陳祿，高后五年嗣位。❺孫　陳祿之孫陳午，文帝三年嗣位，娶長公主為妻，生陳阿嬌。❻長主有力　指劉徹立為太子，長公主出了力。❼主女　指長公主女阿嬌。❽擅寵　專寵。❾驕貴　因高貴而驕縱。❿衛子夫　姓衛，名子夫。武帝衛皇后。衛媼之女。⓫幾　幾乎；差不多。⓬上　君上，指武帝。⓭挾　持；挾制。⓮媚道　以巫詛咒之術騙取人歡心的方法。道，方法。⓯元光五年　西元前一三〇年。元光，漢武帝的年號。⓰遂　終於；於是。⓱窮治　根治。⓲楚服　人名。⓳坐　犯罪。⓴巫蠱　用巫術詛咒埋在地下的木偶人以加禍於人。㉑祝詛　訴於鬼神，使降禍於憎惡之人。祝，告神。詛，詛咒。㉒大逆無道　罪大惡極。逆，叛逆。㉓梟首　即斬首高懸以示眾。㉔策　木簡。秦漢制度，皇帝用二尺或一尺長的木簡，上書任免大臣的命令叫策書。武帝廢皇后的詔書就是這種策書。㉕序　次第；秩序。顏師古曰：「言失德義之序，而妄祝詛也。」㉖惑　迷惑。㉗上　上交；收回。㉘璽　玉製印。《漢舊儀》：「皇后玉璽，金螭虎紐。」《說文》：「螭，若龍而黃。」㉙綬　繫印的絲帶。㉚長門宮　館陶長公主有長門園，公主獻給武帝，因改為長門宮。陳皇后被廢後，居此宮。長門宮也叫離宮。㉛明年　指陳皇后廢後的第二年，即元光六年（西元前一二九年）。㉜堂邑侯午　堂邑侯陳午，館陶長公主的丈夫，陳嬰的曾孫，在文帝三年（西元前一七七年）嗣堂邑侯位，在位四十八年而死。㉝主男須　長公主的兒子陳須。據〈功臣表〉，須作季須，元光六年嗣堂邑侯位。㉞私近　親近；私幸。㉟董偃　原為賣珠兒，以賣珠入館陶公主家，受公主愛幸。㊱須坐淫亂　元鼎元年（西元前一一六年），館陶公主死，服喪期，其子陳須淫亂，獲罪。㊲當死　當處死罪。㊳廢后　被廢的陳皇后。㊴郎官亭　亭名，在文帝霸陵，今陝西西安東。

【語　譯】武帝的陳皇后，是長公主嫖的女兒。曾祖父陳嬰在秦末與項羽同時起兵，後陳嬰歸順漢朝，封為堂邑侯。侯位傳到曾孫陳午，午與長公主婚配，生了這個女兒。

起初，武帝得立為太子，長公主出了大力，太子娶長公主的女兒為妃。等到武帝登上皇位，太子妃立為皇后，她專寵驕貴，十幾年沒有生兒子。她聽到衛子夫得到武帝的寵幸，鬧得幾次幾乎死去。武帝愈加憤怒。

她又使用了女人媚惑男人的巫術，武帝頗有察覺。元光五年，武帝徹底追究此事，女巫楚服等人犯了為皇后用巫蠱之術祝詛加禍於人的罪，被指大逆不道，牽連被處死的三百多人。楚服被斬首示眾。使有關主管官員賜皇后策書說：「皇后失去了該有之體統，迷惑於巫祝邪道，不能承受天命為皇后，應將玉璽與綬帶上交，廢除皇后之號退居長門宮。」

第二年，堂邑侯陳午去世，長公主的兒子陳須繼承侯位。長公主過著寡居生活，與董偃私通。十餘年後，長公主逝世。陳須因犯淫亂之罪，又和兄弟爭奪財產等，當處死刑，自殺，堂邑侯國廢除。數年後，被廢的陳皇后才去世，葬在霸陵郎官亭東邊。

孝武衛皇后字子夫，生微❶也。其家號曰衛氏❷，出平陽侯❸邑。子夫為平陽主❹謳者❺。武帝即位，數年無子。平陽主求良家女十餘人飾❻置家。帝祓❼霸上❽，還過平陽主。主見❾所侍❿美人，帝不說。既飲，謳者進，帝獨說子夫。帝起更衣⓫，子夫侍尚衣⓬軒中⓭，得幸。還坐驩甚⓮，賜平陽主金千斤。主因奏⓯子夫送入宮。子夫上車，主拊⓰其背曰：「行矣⓱！強飯⓲勉之。即貴⓳，願無相忘！」入宮歲餘，不復幸。武帝擇宮人不中用者⓴斥出㉑之，子夫得見，涕泣請出。上憐之，復幸，遂有身，尊寵㉒。召其兄衛長君㉓、弟青㉔侍中。而子夫生三女㉕，元朔元年生男據㉖，遂立為皇后。

先是衛長君死，乃以青為將軍㉗，擊匈奴有功㉘，封長平侯。青三子在襁褓㉙

中，皆為列侯。及皇后姊子霍去病亦以軍功為冠軍侯㉚，至大司馬票騎將軍。青為大司馬大將軍。衛氏支屬㉛侯者五人。青還㉜，尚㉝平陽主㉞。

皇后立七年㉟，而男立為太子。後色衰，趙㊱之王夫人㊲、中山㊳李夫人㊴有寵，皆蚤卒。後有尹倢伃㊵、鉤弋夫人㊶更幸。衛后立三十八年㊷，遭巫蠱事起㊸，江充為姦㊹，太子懼不能自明㊺，遂與皇后共誅充，發兵，兵敗，太子亡走㊻。詔遣宗正㊼劉長樂、執金吾㊽劉敢奉策收皇后璽綬，自殺。黃門㊾蘇文、姚定漢輿置公車令㊿空舍，盛(51)以小棺，瘞(52)之城南桐柏(53)。衛氏悉滅(54)。宣帝(55)立，乃改葬衛后，追諡(56)曰思后，置園邑三百家，長丞周衛(57)奉守焉。

【章旨】以上寫漢武帝衛皇后一生的事跡。

【注釋】❶生微　出身貧賤。❷衛氏　姓衛。子夫父名鄭季，河東平陽人，做縣小吏，常到平陽侯家當差，與其家奴婢衛媼私通，生了衛子夫、衛青等，因私生，冒姓衛。❸平陽侯　武帝姊平陽公主丈夫曹壽的封爵。平陽，縣名。今山西臨汾西南。❹平陽主　景帝女兒平陽公主，即陽信公主。❺謳者　唱歌的歌女、歌伎。❻飾　裝飾；打扮。❼祓　祭名。古代每年三月三日到水邊祭神除邪惡叫祓禊。祓禊，古代人消除不祥之祭。❽霸上　地名。今在陝西西安東。❾見　同「現」。陳顯。❿侍　儲備。《史記・外戚世家》作「待」，侍者。⓫更衣　入廁。古時因不便直言，也叫更衣。⓬尚衣　主管衣服；掌管衣服。尚，主；管。⓭軒中　說法不一。一說為皇帝整理與更換衣服之處。一說為廁所中。⓮驩甚　十分歡喜。⓯奏　向皇帝進言。⓰拊　同「撫」。拍。⓱行矣　好好去吧。顏師古曰：「行矣，猶今言好去。」⓲強飯　好好加餐，注意保重。⓳即貴　若能尊貴。即，若。⓴不中用者　不合意者。中，合適。㉑斥出　逐出；開除。㉒尊寵　尊貴寵愛。㉓衛長君　衛媼所生長子，衛子夫兄，名長君。㉔弟青　衛子夫弟，衛媼生，名青。曾為大將軍、大司馬。㉕三女　衛子夫所生三女為衛長公主、諸邑公主、陽石公主。㉖據　劉據。衛子夫生，後立為太子。死後諡名戾，稱戾太子。㉗青為將軍　元光六年（西元前一二九年），任衛青為車騎將軍，擊匈奴。㉘有功　元朔二年（西元前一二七年）衛青等將領取河南地，封衛青為長平侯。元朔五年（西元前一二四年）高闕之戰，衛青等殲滅匈奴右賢王主力，封衛青為大將軍，三個兒子封侯。㉙襁褓　背負小孩的帶子與布兜。襁，背帶。褓，背包。㉚冠軍侯　元朔六年（西元前一二三年）十八歲的霍去病為票姚校尉，因軍功封冠軍侯。後以軍功封大司馬、驃騎將軍。㉛支屬　衛氏的支族與從屬於衛氏的家族。㉜青還　衛青擊匈奴後撤軍回漢。㉝尚　匹配。㉞平陽主　武帝姊，嫁與平陽侯曹壽，壽死，又嫁衛青。㉟七年　即元狩元年（西元前一二二年）。這年四月，立衛皇后子劉據為太子。㊱趙　王國名，國都在今河北邯鄲。㊲王夫人　失名，齊王劉閎之母。㊳中山　王國名，都盧奴，在今河北定州。㊴李夫人　昌邑王劉髆生母。其兄為貳師將軍李廣利。㊵尹倢伃　武帝寵幸的美妾，曾與邢夫人比美，後終悟自己不及。見《史記・外戚世家》。㊶鉤弋夫人　姓趙，失名。河間（今河北獻縣）人。昭帝母親。㊷三十八年　即武帝征和二年（西元前九一年）。㊸巫蠱事起　征和二年，因巫蠱事，殺丞相公孫賀父子，及陽石公主等人。武帝住甘泉宮，有病，江充謂病在巫蠱，受命治巫蠱，誣衊太子等人。其禍由此而起。㊹江充為姦　江充治巫蠱時，派胡巫在太子宮埋木偶人，汙衊太子陷害武帝，太子誅江充。武帝不明真相，派丞相統兵擊太子軍，造成太子畏罪自殺等惡果。㊺自明　自我說明解釋清楚。㊻亡走　逃走。後被發覺，自殺。㊼宗正　官名，九卿之一，掌管皇家宗親的長官，多由皇族中人擔任。㊽執金吾　由中尉改名，督察京師治安的長官。金吾，兩端塗金的銅棒，執此武器，故名。㊾黃門　本指黃色宮門內執事的人，後為宦官的代稱。㊿公車令　公車司馬令，漢代宮門掌傳達的官員。司馬門是宮城的外門，凡上書或面見皇帝者，均在此受理。《漢官儀》：「公車司馬掌殿司馬門，天下上事及闕下，凡所徵召皆總領之。」(51)盛　裝入。(52)瘞　埋葬。(53)桐柏　亭名。(54)悉滅　指全家族滅亡。(55)宣帝　劉詢。戾太子之孫，武帝曾孫。昭帝死後，嗣帝位。(56)諡　帝王、后、大臣死後，據生前事跡，給以稱號。(57)周衛　周圍防護。

【語　譯】武帝的衛皇后字子夫，出身卑賤。她家號稱姓衛，出於平陽侯的封邑。她做了平陽公主家的一名歌女。武帝登了皇位，幾年沒有兒子。平陽公主找到了家庭出身好的姑娘十餘人，把她們打扮起來，安置在家中。武帝到霸上祭祀神靈除惡求福，返回時經過平陽公主家，公主就把她儲備的美人展示出來，武帝不喜歡。

喝完了酒，歌女出來表演，武帝獨喜歡子夫。武帝起身更衣上廁所，子夫侍從到廁所中，得以受武帝御幸。武帝回來坐下後，非常高興。賞賜平陽公主黃金千斤。平陽公主奏請送子夫進入後宮。子夫入宮時，公主用手拍著她的後背說：「好好去吧！努力加餐保重身體。如果富貴了，希望不要忘掉我！」入宮有一年多，沒有再受武帝的愛幸。武帝選擇宮女中不中用的發放出宮，子夫得到機會見到武帝，她哭泣著請求出宮。武帝同情哀憐她，又愛幸了她，於是有了身孕，受到了尊寵。徵召她的哥哥衛長君、弟弟衛青為侍中。後子夫生了三個女兒，元朔元年生了兒子劉據，於是立為皇后。

起先衛長君死了，就任用衛青做將軍，攻打匈奴有戰功，封他為長平侯。衛青的三個兒子還在襁褓之中，全都封為了列侯，及衛皇后姊姊的兒子霍去病也因軍功封為冠軍侯，後至大司馬驃騎將軍。衛青為大司馬大將軍。衛家的支屬封侯的有五人。衛青攻打匈奴後回朝，與平陽公主婚配。

皇后立了七年，她的兒子劉據當了太子。後來衛皇后色衰，趙國的王夫人、中山國的李夫人都得到武帝的寵幸，兩人都死得早。後來有尹倢伃、鉤弋夫人陸續受到寵幸。衛皇后立了三十八年，遇到巫蠱之禍發生，江充誣陷太子，太子害怕不能說明真相，遂與皇后共同誅殺江充，動用了軍隊，後來兵敗，太子亡命逃走。武帝下詔派遣宗正劉長樂、執金吾劉敢拿著策書，沒收皇后的玉璽與綬帶，皇后自殺。宦官蘇文、姚定漢用車子載著皇后屍體放在公車令的空房裡，用一口小棺材裝著，埋葬在長安城南邊的桐柏亭。衛氏家族全被處死。宣帝劉詢做皇帝後，才改葬了衛皇后，追補諡號為思后，設立了陵園，有守邑三百家，邑長、丞守衛四周，守護陵墓。

1 孝武李夫人，本以倡❶進。初，夫人兄延年❷性知音，善歌舞，武帝愛之。每為❸新聲變曲❹，聞者莫不感動。延年侍❺上起舞，歌曰：「北方有佳人，絕世❻

而獨[7]立，一顧[8]傾人城[9]，再顧傾人國[10]。寧[11]不知傾城與傾國，佳人難再得！」上嘆息曰：「善！世豈有此人乎？」平陽主因言延年有女弟[12]，上乃召見之，實妙麗[13]善舞。由是得幸，生一男，是為昌邑哀王[14]。李夫人少而蚤卒，上憐閔[15]焉，圖畫其形於甘泉宮。及衛思后廢後四年，武帝崩[16]，大將軍霍光緣[17]上雅意[18]，以李夫人配食[19]，追上尊號曰孝武皇后。

2 初，李夫人病篤[20]，上自臨[21]候[22]之，夫人蒙被[23]謝[24]曰：「妾久寢病[25]，形貌[26]毀壞，不可以見帝。願[27]以王[28]及兄弟[29]為託。」上曰：「夫人病甚，殆[30]將不起[31]，一見我屬託[32]王及兄弟，豈不快哉？」夫人曰：「婦人貌不修飾[33]，不見君父[34]。妾不敢以燕[35]媠[36]見帝。」上曰：「夫人第[37]一見我，將[38]加賜千金[39]，而予[40]兄弟尊官。」夫人曰：「尊官在帝，不在一見。」上復言欲必[41]見之，夫人遂轉鄉[42]歔欷[43]而不復言。於是上不說而起。夫人姊妹讓[44]之曰：「貴人[45]獨[46]不可一見上屬託兄弟邪？何為恨[47]上如此？」夫人曰：「所以不欲見帝者，乃欲以深託[48]兄弟也。我以容貌之好，得從微賤愛幸[49]於上。夫以色[50]事[51]人者，色衰而愛弛[52]，愛弛則恩絕。上所以攣攣[53]顧念我者，乃[54]以平生容貌也。今見我毀壞，顏色非故[55]，必畏[56]惡吐棄[57]我，意尚肯復追思[58]閔[59]錄[60]其兄弟哉！」及夫人卒，上以后禮[61]葬焉。其後，上以夫人兄李廣利[62]為貳師[63]將軍，封海西侯[64]，延年為協律都尉[65]。

3 上思念李夫人[66]不已，方士[67]齊人少翁言能致[68]其神[69]。迺夜張燈燭，設帳帷[70]，陳酒肉，而令上居他帳，遙望見好女如李夫人之貌，還幄坐而步[71]。又不得就視[72]，上愈益相思悲感，為作詩曰：「是邪，非邪？立而望之，偏[73]何姍姍[74]其來遲！」令樂府[75]諸音家絃歌[76]之。上又自為作賦[77]，以傷悼夫人，其辭曰：

4 「美連娟[78]以脩[79]嫭[80]兮，命樔絕[81]而不長。飾新宮[82]以延[83]貯[84]兮，泯[85]不歸乎故鄉。慘[86]鬱鬱[87]其蕪穢[88]兮，隱[89]處幽[90]而懷傷。釋[91]輿馬[92]於山椒[93]兮，奄[94]脩夜[95]之不陽[96]。秋氣[97]憯[98]以淒淚[99]兮，桂枝[100]落而銷[101]亡。神煢煢[102]以遙思[103]兮，精[104]浮游[105]而出畺[106]。託[107]沉陰[108]以壙[109]久兮，惜蕃華[110]之未央[111]。念窮極[112]之不還[113]兮，惟[114]幼眇[115]之相羊[116]。函菱荴[117]以俟[118]風兮，芳[119]雜襲[120]以彌章[121]。的[122]容與[123]以猗靡[124]兮，縹[125]飄姚[126]虖[127]愈莊[128]。燕[129]淫[130]衍而撫楹[131]兮，連流[132]視而娥揚[133]。既激感[134]而心逐[135]兮，包[136]紅顏[137]而弗明[138]。驩接狎[139]以離別兮，宵[140]寤[141]夢之芒芒[142]。忽遷化[143]而不反[144]兮，魄放逸[145]以飛揚[146]。何靈魂之紛紛[147]兮，哀裴回[148]以躊躇[149]。勢路[150]日以遠兮，遂荒忽[151]而辭去。超兮[152]西征[153]，屑兮[154]不見。寖淫[155]敞苀[156]，寂[157]兮無音。

思若流波[158]，怛[159]兮在心。

5 「亂[160]曰：佳俠[161]函[162]光，隕[163]朱榮[164]兮。嫉妒闒茸[165]，將安[166]程[167]兮。方[168]時隆盛[169]，年夭傷[170]兮。弟[171]子[172]增欷[173]，洿沫[174]悵兮。悲愁於邑[175]，喧[176]不可止兮。嚮[177]不虛應[178]，亦云已[179]兮。嫶妍[180]太息[181]，嘆稚子[182]兮。懰慄[183]不言，倚[184]所恃[185]兮。仁者[186]不誓[187]，豈約親[188]兮。既往不來，申[189]以信[190]兮。去[191]彼昭昭[192]，就[193]冥冥[194]兮。既下[195]新宮[196]，不復故庭[197]兮。嗚呼[198]哀哉，想魂靈兮！」

6 其後李延年弟季[199]坐[200]姦亂後宮，廣利降匈奴[201]，家族滅矣。

【章旨】以上寫漢武帝李夫人一生的事跡。

【注釋】❶倡　樂伎。❷延年　李夫人兄，知音律，善歌舞。曾犯法，處宮刑。入皇宮，為狗監。後任協律都尉，官位比二千石。事見卷九十三〈李延年傳〉。❸為　創作。❹新聲變曲　吸收西域樂曲創作的曲調。❺侍　侍候；服侍。❻世　一代。❼獨　單一；獨特。❽顧　回頭看。❾傾人城　傾覆城邦。❿傾人國　傾覆國家。⓫寧　難道。表示反問。⓬女弟　妹。⓭妙麗　美麗。⓮昌邑哀王　武帝子劉髆。封昌邑王，諡號哀。昌邑，封國名。國都在今山東金鄉西北。⓯憐憫　哀憐；同情。⓰崩　武帝後元二年漢武帝逝世。即西元前八十七年。⓱緣　因。⓲雅意　平素之意。⓳配食　配饗武帝宗廟，受祭祀。⓴篤　重。㉑自臨　親自到來。㉒候　探望。㉓蒙被　用被子遮蓋。㉔謝　辭謝。㉕寢病　臥病在床。㉖形貌　形體容貌。㉗願　希望。㉘王　李夫人所生昌邑哀王。㉙兄弟　李廣利、李延年、李季。㉚殆　恐怕。㉛不起　指不癒。㉜屬託　囑託；託付。㉝脩飾　整理裝飾。㉞君父　尊長之輩。㉟燕　通「宴」。安閒。㊱嫷　懶惰。指不打扮。㊲第　但；只。㊳將　就會。㊴加賜千金　加賜千金於李夫人兄弟。㊵予　給與。㊶必　一定。㊷鄉　同「向」。轉面而向裡也，或轉面向壁。㊸歔欷　抽泣的聲音。㊹讓　責備。㊺貴人　顯貴之人。對李夫人的尊稱。㊻獨　難道。㊼恨　通「很」。違逆。㊽深

託　猶重託。㊾愛幸　寵幸。㊿色　容貌；美色。51事　服侍。52弛　鬆懈；廢。53孌孌　愛戀不捨。54乃　就。55故　舊。56畏　恐懼。57吐棄　拋棄；唾棄。58追思　追念；顧念。59閔　憐憫。60錄　任用。61后禮　指以皇后的禮儀安葬李夫人。62李廣利　中山（今河北定州）人。武帝後期曾任李廣利為貳師將軍。63貳師　大宛城名，武帝要取貳師城，因以為將軍名號。64海西侯　以海西為侯名。海西，縣名。在今江蘇東海縣南。65協律都尉　武帝所封掌音律的官名。66李夫人　李夫人當作「王夫人」，周壽昌曰：「〈封禪書〉上有所幸王夫人，夫人卒，少翁以方，蓋夜致王夫人。是即前所云趙之王夫人，非李夫人也。」《通鑑》據《史記》亦作王夫人。67方士　方術之士。68致　招喚。69神　魂魄；靈魂。70帳帷　四周相圍的帷幕。71幄坐而步　夫人之神在帳中坐，並出而漫步。72就視　靠近觀看。73偏　獨。74姍姍　行走時緩慢從容的樣子。75樂府　主管音樂的官府。76絃歌　用絃樂器伴奏唱歌。絃，樂器上用以發音的絲線。77賦　古代的一種用散文和韻文相混合的文體。78連娟　纖細柔弱。79脩　同「修」。長。80嫮　美麗。81樔絕　夭絕；短命。82新宮　新造宮室。指為李夫人招魂所設帷幕。83延　迎接。84貯　通「佇」。等待。85泯　滅絕。指毫無信息。86慘　淒慘；悲痛。87鬱鬱　憂愁苦悶貌。88蕪穢　雜草叢生。指墓地荒涼。89隱　藏。90幽　昏暗；幽冥。91釋　放；鬆解。92輿馬　車馬。93山椒　山陵，指李夫人之墓。94奄　久留。95脩夜　長夜。96陽　光明。97秋氣　指秋風。98憯　通「慘」。悲痛。99淒淚　同「淒戾」。悲涼。100桂枝　桂樹的枝葉。指桂花，喻李夫人。101銷　同「消」。102煢煢　孤獨貌。103遙思　遐想。指武帝懷念李夫人。104精　精神。105浮游　漂浮。106畺　古疆字。邊界。107託　依。108沉陰　沉埋地下。109壙　同「曠」。時間持久。110蕃華　繁華。蕃，通「繁」。指年華正茂。111未央　未半。央，當中；盡。112窮極　永遠之意。113還　返。114惟　思念。115幼眇　窈窕。女子文靜美貌之意。116相羊　翱翔。形容步履回旋如鳥之飛翔。117函菱扶　含香散布。喻夫人容顏如春花含香布散。菱，同「荾」。香菜。扶，散開。118俟　等待。119芳　香氣。120雜襲　重積。相雜而積累。121彌章　益彰。章，通「彰」。顯也。122的確。123容與　容顏。124猗靡　極為美麗。125縹　輕縹；輕盈。126飄姚　飄蕩。127虖　乎。128莊　端莊。129燕　通「宴」。歡樂。130淫　同「盈」。滿。131楹　廳堂的前柱。132連流　同「流連」。即戀戀不捨。133娥揚　娥眉飛揚。134激感　激動感慨。135心逐　指武帝心中追逐李夫人不能自已。136包　藏。137紅顏　美色；美女。138弗明　不現。言李夫人已埋地下，不能再見。弗，不。139驪接狎　親近昵愛的歡樂。狎，親近。140宵　夜。141寤　醒來。142芒芒　同「茫茫」。無知之貌也。指武帝追念李夫人而不可得。143遷化　仙化。144反　返。145放逸　放失。逸，同「佚」。146飛揚　飄逸不定。147紛紛　雜亂。指靈魂捉摸不定。148裴回　即「徘徊」。往來走動。149躊躇　止步不前。150勢路　即世路。勢，通「世」。151荒忽　同「恍惚」。不真切之貌。荒，同「恍」。(152)超兮　極迅速。(153)西征　西往。(154)屑兮　極迅速。屑，疾。(155)寖淫　漸入；漸染。(156)敞莌　心情悵惘。(157)寂　寂靜無聲。(158)流波　流水之波。(159)怛　憂傷。(160)亂　理也，總結賦中之意。音樂歌曲末章稱亂。詩賦作品總結語叫「亂詞」。(161)佳俠　猶佳麗。指李夫人。(162)函　同「含」。(163)隕　落。(164)朱榮　紅色的花。榮，花。(165)闒茸　地位卑賤，或品德低劣的小人。闒，一作塌。(166)安　何。(167)程　程式；法式。(168)方　正。(169)隆盛　茂盛。(170)夭傷　短命。夭，早死。傷，同「殤」。早死。(171)弟　指其兄弟李延年、李季等。(172)子　指昌邑王劉髆。(173)欷　唏噓；抽泣。(174)洿沫　涕淚雙流滿面。(175)於邑　鬱悒的假借字。愁貌。(176)喧　涕泣不止之聲。(177)嚮　啼哭的聲音。(178)虛應　空無回應。(179)云已　即無望之意。(180)嫶妍　猶「僬冥」。古代陝西方言，憂愁使面容消瘦。(181)太息　大聲歎氣。(182)稚子　幼小之子。指李夫人子昌邑王。(183)懰慄　悲傷之意。(184)倚　靠著；依賴。(185)恃　依仗。(186)仁者　仁愛之人。(187)不誓　不為盟誓之事。(188)約親　親人的約言。(189)申　重申；再三。(190)信　信念。(191)去　死去；離世。(192)昭昭　光明；明亮。指陽世間。(193)就　依就。(194)冥冥　幽暗。指陰間。(195)下　地下。(196)新宮　新葬的棺槨。宮，漢代皇帝的棺材稱梓宮。(197)故庭　指原來所住的宮庭。(198)嗚呼　表示歎息。借指死亡。(199)季　李季。(200)坐　犯罪。(201)廣利降匈奴　武帝征和三年（西元前九〇年），李廣利擊匈奴至蕪然山，因與劉屈氂陰謀立昌邑王為太子事發，劉被腰斬，李廣利畏罪降匈奴。

【語　譯】武帝的李夫人，本是以歌女出身入宮的。起初，夫人的哥哥李延年懂音律，善於唱歌跳舞，武帝喜歡他。李延年根據歌詞譜出的新聲變曲，使聽者沒有不感動的。延年侍奉武帝，一邊跳舞，一邊歌唱道：「北方有美人，絕世無有而獨立地站著，她只要一回顧看人就能使全城人傾倒，再一回顧就會使全國人傾倒。怎麼會不知道美人能征服人家的城邑與國家，只因如此的美人實難再找到！」武帝聽後歎息地說：「好啊！世間哪有這樣的美人呢？」平陽公主因此說，李延年就有一個這樣的妹妹，武帝於是召見了她，果然長得很美麗又會跳舞。此後她得到了武帝的寵幸，生了一個兒子，就是昌邑王劉髆。李夫人年紀輕輕就死了，武帝哀憐她，把她的形貌畫在甘泉宮內。到了衛皇后被廢的第四年，武帝逝世，大將軍霍光揣摩武帝的心意，讓李夫人靈位與武帝一起享受祭祀，追認尊號為孝武皇后。

2 起初，李夫人病重時，武帝親臨看望，夫人把頭蒙在被子裡謝罪說：「妾臥病在床已久，形體容貌枯槁，不可以見皇上。希望以我兒昌邑王及兄弟託付給皇上。」武帝說：「夫人病情很重，大概將會不癒，見我一面囑託昌邑王和你兄弟的事情，難道不快慰嗎？」夫人說：「婦人容貌不修飾好，不拜見君父。妾不敢懶惰邋遢面見皇上。」武帝說：「夫人只要見我一面，就會賞給你兄弟黃金千金，而且還會給你兄弟提高官位。」夫人說：「提高官位在帝，不在見我一面。」皇帝又說一定要見她一面，夫人就轉側身子面向裡面抽泣而不再說話。於是皇帝很不高興地起身走了。夫人的姊妹都責備她說：「貴人為何不見皇帝一面囑託兄弟啊？為什麼違逆皇帝到這種地步呢？」夫人說：「我所以不願見皇帝的原因，就是因為想深託兄弟給陛下。我是憑著容貌的美麗，才從微賤地位受到皇帝寵幸的。凡是用容顏侍奉別人的人，顏色衰敗就會失去寵愛，失去寵愛就會恩情斷絕。皇帝所以愛戀顧念我，就是因為我平生容貌美麗。現在見我容貌枯槁，不如從前好看，必定會畏懼厭惡拋棄我，怎麼還肯追念舊情憐憫任用我的兄弟呢！」到夫人死後，皇帝用皇后的禮節安葬了她。後來，皇帝任用夫人的哥哥李廣利為貳師將軍，封海西侯。任用李延年為協律都尉。

3 武帝思念李夫人不能自已，方士齊國人少翁說他能招來李夫人的魂魄，於是在夜間張設燈光蠟燭，圍起帳幕，案上擺設酒肉，又讓武帝留在另一帷幕內，遠遠望去見一美女如同李夫人之容貌，在帷幕裡迴轉，時而坐下時而走步。又不能就近觀看，武帝就愈加思念而傷悲為此作詩說：「是真的，還是假的呢？站立望去，為何慢慢悠悠而來遲！」武帝又自己作了一篇賦，以悲痛的心情，悼念李夫人，文中寫道：

4 「纖細柔弱多麼修長美麗啊，生命夭折竟然不能久長。裝飾了新的宮室迎接等候你的到來啊，卻寂靜無息不見回到故土家鄉。那淒慘荒涼的墓地啊，你已埋葬在幽暗的地下使我傷懷。把車馬停放在陵墓的山岡啊，那漫漫長夜久久不見日光。颯颯的秋風無比的淒涼啊，桂花已凋謝而不再飄香。寂寞孤單只有遙遠的思念啊，神魂已跑出體外而飄飄蕩蕩。你依託深埋的黃土很久很久了啊，痛惜繁茂的年華早早離去。思念你永遠也不再回來啊，只有窈窕的身姿在空中翱翔。天生麗質如同含香的春花只等待風的吹播啊，一陣陣吹來的是更加濃郁的芳香。她的容顏的確是極其美麗啊，在風中飄蕩舉止輕盈顯得更加端莊。往日堂前的飲宴是多麼無比的歡樂啊，戀戀難捨的相視只見那娥眉飛揚。激動感慨地追念過往的事情啊，紅顏已經埋沒而不可再現。歡快的親昵已變成永久的離別啊，晚上夢中醒來只覺一片茫然。忽然化為神仙不再返回啊，散失了的魂魄到處飛揚。為何靈魂之出現使我捉摸不定啊，可憐的疑慮又使我徘徊不前。人世間的道路一天天隔遠啊，於是恍恍惚惚而告別離去。飛快啊到了西方，迅速啊眨眼不見。只有漸漸加深的悵惘，寂靜啊沒有半點音信。像流水一樣的沒完沒了的思念，哀傷啊永遠留在我的心間。

5 「結尾歸結道：美麗的佳麗不再含有容光，鮮紅的花朵已經凋謝了啊。那些嫉妒的卑賤之徒，怎能與夫人品格相比啊。正當年華茂盛，不幸短命而亡啊。兄弟和兒子加倍悲哀，涕淚雙流傷心無限啊。悲痛憂愁內心鬱悒，號啕痛哭不能抑止啊。如同空響沒有了回應，只能絕望了啊。憂愁消瘦了而大聲歎息，哀歎年幼的孩子竟成了孤兒啊。悲傷抽泣不再說話，依仗的是那平素的恩寵啊。仁愛的人不能盟誓，難道相親相愛的人還要什麼約言啊。已經一去不返，只有重申永遠不變的信念啊。離開了光明的人間，去到那幽暗的地下啊。棺木已經埋下，不會再回到原來的宮庭啊。嗚呼哀哉，想念你的靈魂啊！」

6 後來李延年的弟弟李季犯了淫亂後宮宮女之罪，李廣利又投降了匈奴，李氏家族全被誅滅。

孝武鉤弋❶趙倢伃，昭帝❷母也，家在河間❸。武帝巡狩❹過河間，望氣者❺言此有奇女，天子亟❻使使召之。既至，女兩手皆拳❼，上自披❽之，手即時❾伸。由是得幸，號曰拳夫人。先是其父坐法宮刑❿，為中⓫黃門⓬，死長安，葬雍門⓭。拳夫人進⓮為倢伃，居鉤弋宮⓯，大有寵，太始三年⓰生昭帝，號鉤弋子。任身⓱十四月迺生，上曰：「聞昔堯⓲十四月而生，今鉤弋亦然。」迺命⓳其所生門曰堯母門⓴。後衛太子㉑敗，而燕王旦㉒、廣陵王胥㉓多過失，寵姬王夫人男齊懷王㉔、李夫人男昌邑哀王㉕皆蚤薨，鉤弋子年五六歲，壯大㉖多知㉗，上常言「類我㉘」，又感其生與眾異㉙，甚奇愛之，心欲立㉚焉，以其年穉㉛母少，恐女主顓㉜恣㉝亂國家，猶與㉞久之。

鉤弋倢伃從幸甘泉㉟，有過㊱見㊲譴，以憂死㊳，因葬雲陽㊴。後上疾病，乃立鉤弋子為皇太子。拜㊵奉車都尉㊶霍光㊷為大司馬大將軍，輔少主㊸。明日，帝崩。昭帝即位，追尊鉤弋倢伃為皇太后，發卒二萬人起㊹雲陵㊺，邑㊻三千戶。追尊外祖趙父㊼為順成侯，詔右扶風㊽置園邑二百家，長丞奉守如法。順成侯有姊君姁，賜錢二百萬，奴婢第宅以充實焉。諸昆弟各以親疏受賞賜。趙氏無在位者㊾，唯趙父追封。

【章旨】以上寫漢武帝鉤弋夫人一生的事跡。

【注釋】❶鉤弋　河間人，姓趙，武帝妃。居鉤弋宮，故亦稱鉤弋夫人。❷昭帝　劉弗陵（西元前九四—前七四年），武帝子。在帝位十三年（西元前八六—前七四年）。❸河間　郡、國名。治樂城，今河北獻城東南。❹巡狩　天子巡察地方叫巡狩。狩，同「守」。❺望氣者　古代迷信占卜法。望氣，附會人事，預言吉凶。俗稱巫祝占卜之人為術士。❻亟　急。❼拳　握住拳頭，手指不伸。❽披　掰開。❾即時　立刻。❿宮刑　又稱腐刑。男子割生殖器，女子幽閉，稱宮刑。⓫中　內宮；禁中。⓬黃門　宦官。⓭雍門　在長安西北三十里孝里西南。今陝西西安西北。⓮進　升。⓯鉤弋宮　宮在長安城西直城門南，一說在長安西城外。未央宮有鉤弋殿。⓰太始三年　西元前九四年。太始原作「元始」，據景祐本改。⓱任身　即妊娠。懷孕。⓲堯　人名。父系氏族社會部落聯盟首領。晉皇甫謐《帝王世紀》：「帝堯，陶唐氏祁姓也，母慶都，十四月生堯。」

⑲命　名。⑳堯母門　生鉤弋子所處宮殿門命名為堯母門。㉑衛太子　即衛皇后所生子劉據。諡號戾太子。㉒燕王旦　武帝子，李姬生，封於燕。衛太子死後，昭帝即位，燕王旦與鄂邑長公主、上官桀等謀逆，被賜死。㉓廣陵王胥　武帝子，李姬生。封於廣陵（今江蘇揚州西北），昭帝即位，欲奪位失敗，後自殺。㉔齊懷王　武帝子劉閎，王夫人生，元狩六年（西元前一一七年）封為齊王。㉕昌邑哀王　武帝子，李夫人生，封為昌邑王，在今山東金鄉西北。㉖壯大　指身體壯大。㉗多知　多有智慧。知，通「智」。㉘類我　像我。㉙生與眾異　懷孕十四個月而生，與眾不同。㉚立　指立為太子。㉛年穉　年幼。㉜顓　專權。㉝恣　放肆；任意。㉞猶與　同「猶豫」。遲疑不決。㉟甘泉　即甘泉宮。武帝常來此避暑。㊱過　錯誤。㊲見　被；遭受。㊳憂死　憂愁而死。據《史記・外戚世家》載，鉤弋非憂死，實被武帝賜死。㊴雲陽　縣名。治今陝西淳化西北。甘泉宮在其北，鉤弋夫人之墓在甘泉南，稱雲陵。㊵拜　授官。㊶奉車都尉　官名。主管皇帝車馬的武官。㊷霍光　字子孟，河東平陽（今山西臨汾）人。霍去病的異母弟。㊸少主　指昭帝劉弗陵。㊹起　修建。㊺雲陵　鉤弋夫人墓，因在雲陽而得名。㊻邑　因陵墓所設之陵邑。㊼趙父　指鉤弋夫人之父，因失其名稱趙父。因犯法曾被處宮刑。㊽右扶風　京畿的行政區劃，治渭城以西二十三縣。相當於郡。㊾無在位者　沒有當官的人。

【語　譯】漢武帝的鉤弋夫人趙倢伃，乃昭帝劉弗陵的母親，家在河間郡。武帝巡察各地時路過河間，觀望雲氣的術士說這裡有一位奇異的女子，武帝急派使臣召見了她。來到後，這女子兩手緊握拳頭，手指伸不開，武帝親自去掰，兩手立時伸開。從此開始，她受到了武帝的寵幸，她的稱號叫拳夫人。起先，她的父親犯法受了宮刑，做了宮中的宦官，死在長安，埋葬在雍門。

拳夫人進位做了倢伃，住在鉤弋宮，很受武帝寵愛，太始三年生了昭帝，叫做鉤弋子。母親懷孕十四個月才出生，武帝說：「聽說過去堯懷了十四個月才出生，今鉤弋子也是這樣。」於是把鉤弋子出生的宮門稱為堯母門。後來衛太子誅江充起兵失敗自殺，而燕王旦、廣陵王胥又多過錯，寵姬王夫人的兒子齊懷王和李夫人的兒子昌邑王都死得早。鉤弋子年五、六歲，長得壯大而多智慧，武帝常對人說「鉤弋子像我」。又感到懷他十四個月才出生與眾不同，特別地喜歡他，心中想立他為太子，因其年幼，母親年輕，恐怕以後女主專權放縱危害國家，心中遲疑，沒有決定下來。

鉤弋倢伃跟隨武帝住甘泉宮，有過錯被譴責，因此憂愁而死，就近葬在雲陽縣。後來武帝得了重病，就立鉤弋子為皇太子。授命奉車都尉霍光為大司馬大將軍，輔佐少主。第二天，武帝逝世。昭帝即位，追尊鉤弋倢伃為皇太后。調遣二萬士卒修建她的墳墓雲陵。設置陵邑三千戶。追尊外祖父趙父為順成侯，下詔令右扶風設立趙父的園陵守邑，有戶二百家，邑長、丞受命守護。禮儀照成法。順成侯有個姊姊叫君姁，賜錢二百萬，奴婢房屋都得到了充實。她的兄弟都依親疏不同受到了相應的賞賜。趙家沒有當官的人，只有鉤弋父趙父追封了侯爵。

1 孝昭上官皇后❶。祖父桀❷，隴西❸上邽❹人也。少時為羽林❺期門郎❻，從武帝上甘泉，天大風，車不得行，解❼蓋❽授桀。桀奉❾蓋，雖風常屬車❿；雨下，蓋輒⓫御⓬。上奇其材力⓭，遷⓮未央廄令⓯。上嘗體不安，及愈，見馬，馬多瘦，上大怒：「令⓰以⓱我不復見馬邪！」欲下吏⓲，桀頓首⓳曰：「臣聞聖體不安，日夜憂懼，意誠⓴不在馬。」言未卒㉑，泣㉒數行下。上以為忠，由是親近，為侍中，稍遷至太僕㉓。武帝疾病，以㉔霍光為大將軍㉕，太僕桀為左將軍㉖，皆受遺詔輔少主。以前捕斬反者莽通㉗功，封桀為安陽侯㉘。

2 初，桀子安取㉙霍光女，結婚相親㉚，光每休沐㉛出，桀常代光入㉜決事㉝。昭帝始立，年八歲，帝長姊鄂邑蓋長公主㉞居禁中㉟，共㊱養帝。蓋主私近㊲子客㊳

河間(39)丁外人(40)。上與大將軍(41)聞之，不絕主驩(42)，有詔外人侍長主(43)。長主內(44)周陽氏(45)女，今配耦(46)帝。時上官安有女，即霍光外孫(47)，安因光欲內之。光以為尚幼，不聽。安素(48)與丁外人善(49)，說(50)外人曰：「聞長主內女，安子(51)容貌端正，誠(52)因(53)長主時(54)得入為后，以臣父子在朝而有椒房(55)之重，成之(56)在於足下(57)，漢家故事(58)常以列侯尚主，足下何憂不封侯乎？」外人喜，言於長主。長主以為然(59)，詔召安女入為倢伃，安為騎都尉(60)。月餘，遂立為皇后，年甫(61)六歲。

3 安以(62)后父(63)封桑樂侯(64)，食邑(65)千五百戶，遷(66)車騎將軍(67)，日以驕淫。受賜殿中，出對賓客言：「與我婿(68)飲，大樂！」見其服飾(69)，使人歸，欲自燒物(70)。安醉則裸(71)行內(72)，與後母及父諸良人(73)、侍御(74)皆亂。子病死，仰(75)而罵天。數守(76)大將軍光，為丁外人求侯，及桀欲妄(77)官祿外人，光執正(78)，皆不聽。又桀妻父所幸充國為太醫監(79)，闌入(80)殿中，下獄當死。冬月且盡(81)，蓋主(82)為充國入馬二十匹贖罪(83)，迺(84)得減死論(85)。於是桀、安父子深怨光而重德蓋主。知燕王旦帝兄，不得立，亦怨望(86)，桀、安即記光過失予燕王(87)，令上書告之，又為丁外人求侯。燕王大喜，上書稱：「子路(88)喪姊，朞而不除(89)，孔子非之(90)。子路曰：『由不幸寡(91)兄弟，不忍除之(92)。』故曰：『觀過知仁(93)。』今臣與陛下獨有長公主為姊，陛下幸[94]使丁外人侍之[95]，外人宜蒙[96]爵號。」書奏，上以問光，光執[97]不許。及告光罪過，上又疑之，愈親光而疏[98]桀、安。桀、安寖[99]恚[100]，遂結黨與[101]謀殺光，誘徵燕王至而誅之，因廢帝而立桀。或[102]曰：「當[103]如皇后何？」安曰：「逐麋之狗，當顧菟邪[104]！且用[105]皇后為尊，一旦人主意有所移[106]，雖欲為家人[107]亦不可得。此百世之一時也。」事發覺，燕王、蓋主皆自殺。語在霍光傳。桀、安宗族既滅，皇后以年少不與[108]謀，亦光外孫，故得不廢。皇后母前死，葬茂陵[109]郭[110]東，追尊曰敬夫人，置園邑二百家，長丞奉守如法。皇后自使私奴婢守桀、安家。

4 光欲皇后擅寵[111]有子，帝時體不安，左右[112]及醫皆阿意[113]，言宜禁內[114]，雖宮人使令[115]皆為窮絝[116]，多其帶[117]，後宮[118]莫有進[119]者。

5 皇后立十歲而昭帝崩[120]，后年十四五云[121]。昌邑王賀[122]徵即位，尊皇后為皇太后。光與太后共廢王賀[123]，立孝宣帝[124]。宣帝即位，為太皇太后[125]。凡立四十七年，年五十二，建昭二年[126]崩，合葬平陵[127]。

【章旨】以上寫漢昭帝上官皇后一生的事跡。

【注釋】❶上官皇后　姓上官。上官安之女，上官桀孫女，霍光的外孫。❷桀　上官桀，曾為左將軍，武帝逝世受遺詔與霍光等人輔政。昭帝元鳳元年因與燕王旦、桑弘羊、蓋長公主等謀反被族誅。❸隴西　郡名。治臨洮，在今甘肅臨洮南。❹上

邽　縣名。治今甘肅天水。⑤羽林　武帝即位後建立的護衛軍。選隴西、天水、安定、北地、上郡、西河六郡良家子，又會騎射者任此職，護衛建章宮，名建章騎營，後改稱羽林，取「為國羽翼，如林之盛」之意。⑥期門郎　郎官名。武帝建立的護衛軍，建元三年武帝微服外行，「八九月中與侍中常侍武騎及待詔隴西北地良家子能騎射期諸殿門，故有期門之號，自此始。」期門，約會殿門之意。期門、羽林屬光祿勳領導。⑦解　脫掉。⑧蓋　車篷。⑨奉　通「捧」。兩手捧著。⑩屬車　跟隨車駕。屬，顏師古曰：「連也。」⑪輒　立即。⑫御　進用。⑬材力　能力；才能氣力。⑭遷　升官。⑮未央廄令　管皇帝御馬的官，屬太僕。《百官公卿表》：「太僕，秦官，掌皇帝用御馬，屬官有：大廄、未央、家馬三令，各五丞尉。」廄，馬棚。未央廄令，秩六百石。⑯令　指未央廄令。武帝呼其官名。⑰以　以為。⑱下吏　指交執法吏治罪。⑲頓首　叩頭。⑳誠　真；實。㉑卒　畢；完。㉒泣　淚。㉓太僕　官名。九卿之一。掌皇帝用輿馬。㉔以　用；任用。㉕霍光為大將軍　在武帝後元二年（西元前八七年），武帝病重時。㉖左將軍　《百官公卿表》：「前後左右將軍，皆周末官，秦因之，位上卿，金印紫綬。漢不常置，或有前後，或有左右，皆掌兵及四夷，有長史，秩千石。」㉗莽通　即馬通。東漢明帝馬皇后，厭惡祖先有反罪，改馬為莽。馬皇后為馬援之女，馬通為馬援曾祖父。馬通兄馬何羅因謀殺武帝，其兄弟皆被處死。㉘安陽侯　上官桀封號，以食邑安陽而得名。安陽，縣名。在今河南安陽東南。㉙取　通「娶」。㉚相親　互為姻親而相親愛。㉛休沐　漢代官員的例假。漢制，五日一休沐。休，休息。沐，沐浴。㉜入　入朝。㉝決事　裁決政事。㉞鄂邑蓋長公主　簡稱鄂邑公主。昭帝之姊。漢代稱帝姊為長公主。儀比諸侯王。鄂邑，長公主所食封邑名。漢江夏郡有鄂縣。今湖北鄂城。蓋，縣名。治今山東沂源東南。武帝舅王信之子王充襲封蓋侯，即長公主的丈夫。稱蓋長公主者，取蓋侯尚長公主之意。㉟禁中　皇宮稱禁中，因門戶有禁，不能隨便出入。㊱共　通「供」。供奉。㊲私近　私自親近，指情夫。㊳子客　兒子的賓客。㊴河間　郡名。治樂成，今河北獻縣東南。㊵丁外人　姓丁名外人。㊶大將軍　指霍光。㊷不絕主驩　不斷絕長公主與丁外人的歡愛。㊸侍長主　侍奉長公主。㊹內　通「納」。納女入宮。㊺周陽氏　淮南王舅趙兼封周陽侯，後遂以周陽為姓。周陽，縣名。在今山西聞喜東北。㊻耦　通「偶」。配偶；夫婦。㊼外孫　女所生子女為外孫。因女嫁於外而生，故名。㊽素　平日；平生。㊾善　友善；友好。㊿說　勸說。(51)安子　指上官安女。(52)誠　假使。(53)因　憑藉。(54)長主時　指長公主得勢之時。(55)椒房　殿名，皇后所居，在未央宮中。用椒和泥塗壁，取其溫暖有香氣，故名椒房。(56)成之　成為皇后之事。(57)足下　古人對平輩或長輩的敬稱。(58)故事　先例；成規。(59)然　對；是。(60)騎都尉　掌領騎兵的武官。(61)甫　始。(62)以　因。(63)后父　皇后的父親。(64)桑樂侯　上官安在始元五年（西元前八二年）封桑樂侯，食邑在千乘。(65)食邑　在封地內有衣食租稅的待遇，稱食邑。(66)遷　升遷。(67)車騎將軍　西漢的高級軍事將領。(68)我婿　即昭帝劉弗陵。婿，女婿。(69)服飾　衣冠車服的裝飾。(70)欲自燒物　即想要燒毀自有之物。(71)裸　裸體。(72)內　內室，有婦女住的房間。(73)父諸良人　父親的各位姬妾。諸，各；眾。(74)侍御　即侍從女婢。(75)仰　抬頭。(76)數守　多次請求。數，多次。守，請求。(77)妄　胡亂。(78)執正　持正不阿私。持，堅持。正，正直。(79)太醫監　漢代太常、少府都有太醫令丞。屬太常者，主醫藥治病；屬少府者，管飲食起居雜事。此處充國似屬少府屬下太醫監。(80)闌入　妄入，隨便進入皇宮。(81)且盡　將盡。(82)蓋主　指蓋長公主。(83)贖罪　用金錢財物贖罪。(84)迺　才。(85)論　處分。(86)怨望　怨恨。(87)記光過失予燕王　據〈霍光傳〉所載記霍光過失為：光到郡檢閱軍事演習有僭越行為、擅自增調校尉等，後被昭帝揭發皆為捏造。(88)子路　名仲由，春秋時魯國人。孔子學生。(89)朞而不除　指子路姊姊去世，服喪期滿，不除喪服。(90)非之　以為不對。(91)寡　少。(92)不忍除之　不忍心除去喪服。以上均引自《禮記・檀弓上》。(93)觀過知仁　引自《論語・里仁》孔子說的話。意思是說：各種不同等級的人，都有過失，從過失中觀察，可了解人有無仁愛之心。(94)幸　幸運。(95)侍之　侍奉長公主。(96)蒙　受。(97)執　堅持。(98)疏　疏遠。(99)寖　逐漸。(100)恚　怨恨。(101)結黨與　勾結同夥。(102)或　有人。(103)當　應；如何。(104)逐麋之狗二句　指打獵時獵狗只顧追逐大的麋鹿，顧不上小的兔子。麋，麋鹿。比鹿大。菟，同「兔」。(105)用　以。(106)移　轉移。(107)家人　指一般平民。(108)與　通「預」。預先參加。(109)茂陵　武帝陵墓。因墓置縣，在今陝西興平東南。(110)郭　外城。(111)擅寵　專受寵愛。擅，專。(112)左右　身旁的人。(113)阿意　阿諛逢迎。(114)禁內　即禁止房事。(115)使令　受差遣的宮女。(116)窮絝　束了襠的褲子。絝，即褲子。(117)多其帶　指束褲襠的帶子增多。(118)後宮　指後宮嬪妃。(119)進　進御；同房侍寢。(120)昭帝崩　元平元年（西元前七四年）昭帝劉弗陵逝世，在位十三年，壽二十一年。(121)后年十四五云　皇后在始元四年（西元前八三年）立為后，年六歲。立十年昭帝死，是年為十五歲。「四」字為衍文。(122)昌邑王賀　即劉髆子劉賀。劉髆死後，劉賀繼位。昭帝死無子，霍光召劉賀入長安繼帝位。(123)廢王賀　劉賀繼帝位後，行為荒淫昏亂，被廢歸國，國除。宣帝立，封為海昏侯。(124)孝宣帝　初名病已，後改名詢，字次卿。武帝曾孫，戾太子之孫，史皇孫劉進之子，史稱皇曾孫。年十八即帝位，在位二十六年（西元前七四—前四九年），西漢中興君主。(125)太皇太后　皇帝的祖母。(126)建昭二年　西元前三十七年。建昭，元帝的第三個年號。(127)平陵　昭帝陵墓，在今陝西咸陽西北。

【語　譯】昭帝的上官皇后，祖父上官桀是隴西郡上邽縣人，年少時做羽林期門郎，跟從武帝去甘泉宮，天颳起大風，車子不能動，把車蓋解下來交給上官桀。上官桀捧著車蓋，雖然颳著大風但他一直緊跟車子不離開；

下了雨，又立即把車蓋安裝在車身上前進。武帝感到他的能力很優異，升遷他為未央廄令。武帝曾經身體不舒適，等到病癒，去看馬，見多數馬都瘦了。武帝大怒說：「廄令，你認為我再也見不到馬了嗎！」想把他交法吏懲辦，上官桀叩頭說：「臣聽到皇上身體欠安，日日夜夜憂愁恐懼，心思確實不在養馬。」話未說完，就眼淚雙流。武帝認為他很忠心，由此親近他，提升他為侍中，漸漸升為太僕。武帝病重，任用霍光為大將軍，太僕上官桀為左將軍，都受遺詔輔佐幼主。憑藉過去捕斬反叛者馬通的功勞，封上官桀為安陽侯。

2　起初，上官桀的兒子上官安娶了霍光的女兒，上官桀與霍光成了兒女親家，霍光每次出宮休假，上官桀經常代霍光入朝裁決政事。昭帝開始立為皇帝，年僅八歲，由他的大姊鄂邑蓋長公主居住在後宮中，供養這位小皇帝。蓋長公主和她兒子的賓客河間郡的丁外人有了私情。昭帝與霍光都曾聽說，為不斷絕蓋長公主的歡樂，有詔讓丁外人侍奉長公主。長公主要納周陽氏的女兒入內宮，使她與昭帝成為配偶。這時上官安有個女兒，就是霍光的外孫，上官安想借霍光的力量把女兒納入皇帝的後宮。霍光則認為外孫年紀小，沒有聽從。上官安平日與丁外人友好，對丁外人說：「聽說長公主要給皇帝婚配，我上官安的女兒容貌端莊秀麗，假如能憑藉長公主的權勢進宮做皇親，對於臣父子來說在朝內就有了椒房之親的重要地位。辦成這事就在足下，按漢朝的先例，常常以列侯配娶公主，足下還擔心不會封侯嗎？」丁外人聽了很高興，就向長公主說了此事。長公主認為說得對，下詔召上官安之女進宮做倢伃，其父上官安做騎都尉。一個多月後，就立為皇后，年齡才六歲。

3　上官安靠皇后父親的身分封桑樂侯，食邑一千五百戶，升遷為車騎將軍，日日驕奢淫逸。在宮中受皇帝賜宴，出來對賓客說：「與我女婿一同飲酒，大為快樂！」又把受賞賜的服飾展示出來，使人回家，想把自己原有之物燒掉。上官安喝醉了就裸著身子走進內屋，與後娘及父親的眾多姬妾、婢女淫亂。兒子病死，他抬頭咒罵上天。多次請求大將軍霍光，為丁外人討封侯爵，又上官桀想隨便把官位和俸祿送給丁外人，霍光持正不阿，都不聽從他們意見。又上官桀的岳丈有個親近的叫充國的人在做太醫監，擅自走入殿中，判罪下獄當死。冬月快盡，長公主為充國用馬二十匹入官贖罪，才得以減免死刑。因此上官桀、上官安父子就深深怨恨霍光而感激蓋長公主的恩德。他父子兩人知道燕王劉旦是昭帝的兄長，未能立為皇帝，也有怨恨，上官桀、上官安父子就把霍光的過失一件件記錄下來送給燕王，令燕王上書告發霍光，又為丁外人討求侯爵。燕王非常高興，上書稱說：「孔子的學生子路的姊姊死了，過了服喪期，還不脫掉身上的喪服，孔子說他違背了喪禮。子路說：『我子路生來不幸，兄弟少，姊姊喪期雖滿，不忍心脫掉喪服。』所以《論語》說：『看人犯的過錯，就知道他有無仁愛之心。』現在臣與陛下只有一個長公主為姊姊，陛下幸好派了丁外人侍奉她，外人應該蒙受爵位的封號。」報告奏上，昭帝詢問霍光的意見，霍光堅持不許。等到燕王告發霍光的罪過，昭帝又產生懷疑，更加親近霍光而疏遠上官桀、上官安父子。上官桀、上官安怨恨，於是勾結黨與要謀殺霍光，並引誘燕王旦來京師殺掉霍光，繼而廢昭帝，立上官桀為皇帝。有的黨徒說：「那皇后應該怎麼辦？」上官安說：「追逐麋鹿的獵犬，能顧及那小小的兔子嗎！況且以皇后的尊貴，一旦皇帝主意不專而另有所好，皇后想做平民百姓也不可得。所以這是百代一時的好時機。」謀反被發覺後，燕王、蓋長公主都自殺。這些話記載在〈霍光傳〉裡。上官桀、上官安的宗族全被殺掉，上官皇后因年少沒有參與謀反，又是霍光的外孫女，所以沒有廢除。皇后的母親死在先，葬在武帝茂陵外的東邊，追認尊號為敬夫人，設置園陵守邑二百家，邑長、邑丞奉命守護，禮儀祭祀如成規。皇后自己派私奴婢守護祖父上官桀、父親上官安的墳墓。

4 霍光想要皇后受昭帝的專心寵愛生個兒子，昭帝時常身體不好，左右侍從與太醫皆阿諛奉承，說皇帝應該禁止房事，一般宮人和聽使喚的婢女都縫製了束襠的褲子，結紮了許多褲帶，後宮沒有與昭帝同房侍寢的人。

5 皇后立了十年而昭帝就逝世了，皇后當時年齡才十四五歲。昌邑王劉賀被徵召來京登了帝位，尊皇后為皇太后。後來霍光和皇太后又廢除了劉賀的帝位，立孝宣帝。宣帝即位，尊皇太后為太皇太后。她在立皇后以後有四十七年，到五十二歲，元帝建昭二年去世，與昭帝合葬在平陵。

衛太子❶史良娣❷，宣帝祖母也。太子有妃❸，有良娣，有孺子❹，妻妾凡三等，子皆稱皇孫。史良娣家本魯國❺，有母貞君，兄恭。以❻元鼎四年❼入為良娣，生男進，號史皇孫❽。

武帝末，巫蠱事起，衛太子及良娣、史皇孫皆遭害。史皇孫有一男，號皇曾孫❾，時生數月，猶坐太子繫獄❿，積⓫五歲乃遭赦⓬。治獄使者邴吉⓭憐皇曾孫無所歸，載以付史恭。恭母貞君年老，見孫孤，甚哀之，自⓮養視⓯焉。後曾孫收養於掖庭⓰，遂登至尊⓱位，是為宣帝。而貞君及恭已死，恭三子皆以舊恩封⓲。長子高為樂陵侯⓳，曾為將陵侯⓴，玄為平臺侯㉑，及高子丹以功德封武陽侯㉒，侯者凡㉓四人。高至大司馬㉔車騎將軍，丹左將軍，自有傳。

【章旨】以上寫衛太子史良娣一生的事跡。

【注釋】❶衛太子　即武帝子劉據。❷史良娣　稱史夫人，在巫蠱之禍中被殺。史，姓。良娣，太子妻妾品位的稱號。❸妃　本義為匹配。先秦時，天子的正妻和妾皆稱妃。秦始皇稱帝以後，正妻稱皇后，太子的正妻稱妃，漢因不改。❹孺子　這裡是太子妻妾品級的稱號。位次於良娣。❺魯國　王國名。都曲阜，在今山東曲阜。❻以　於。❼元鼎四年　西元前一一三年。❽史皇孫　即劉進。宣帝之父，因皇帝之孫，稱皇孫。史，從外家姓。❾皇曾孫　即宣帝劉詢。按輩分計算，劉詢為衛太子劉據之孫、漢武帝的曾孫。❿繫獄　囚繫入牢房。〈宣帝紀〉：「曾孫雖在襁褓，猶坐繫郡邸獄。」⓫積　累計。⓬赦　免罪。⓭邴吉　也作「丙吉」。字少卿，魯國人。原為魯獄吏，官至廷尉監（司法官），受命治巫蠱，救史皇孫。宣帝即位，邴吉曾任丞相，封博陽侯。見卷七十四〈丙吉傳〉。⓮自　親自。⓯養視　撫養照顧。⓰掖庭　宮中旁舍，妃嬪所居的地方。

秦稱永巷，武帝太初元年（西元前一〇四年）改名掖庭。因設宦官管理，又成官獄，有掖庭令丞。皇曾孫即由掖庭令張賀輔導成長。⑰至尊　最尊貴、最崇高的地位。⑱舊恩封　指因舊日養育照顧的恩德而封侯。楊樹達《漢書窺管》認為史恭三子，史曾、史玄二人以舊恩封侯，史高是以舉發反者霍禹之功封侯的。〈史丹傳〉、〈霍光傳〉均有記載。⑲樂陵侯　史高初為侍中，因揭發霍禹有功，在地節四年（西元前六六年）封侯，後任大司馬車騎將軍，領尚書事，宣帝死，輔佐元帝即位。樂陵，縣名。今山東樂陵東南。⑳將陵侯　史曾以舊恩於元康三年（西元前六三年）封侯，後五年死。㉑平臺侯　史玄以舊恩在元康三年（西元前六三年）封平臺侯。後二十五年死。㉒武陽侯　史丹的封爵。史丹字君仲，史高之子。成帝即位，升丹為右將軍，後徙左將軍，鴻嘉元年（西元前十七年）封武陽侯。見卷八十二〈史丹傳〉。㉓凡　共。㉔大司馬　官名。武帝改太尉為大司馬。

【語　譯】衛太子的史良娣，是宣帝的祖母。太子有妃、良娣、孺子，妻妾共三個等級，生下的孩子都叫皇孫。史良娣的家本在魯國，有母親叫貞君，哥哥叫史恭。在元鼎四年她進入太子宮做良娣，生下的兒子叫進，隨母親的姓氏號史皇孫。

武帝末年，巫蠱之禍發生，衛太子及良娣、史皇孫都遭到了殺害。史皇孫有一個兒子，號皇曾孫，那時才生下來幾個月，還是被株連收捕入獄，五年後才逢大赦出獄，管理牢獄的使者邴吉同情皇曾孫沒有歸宿，用車子載著他交給舅公史恭。這時史恭的母親貞君年紀已經很老，見皇曾孫孤苦零丁，甚為傷心，就親自撫養照料他。

後來皇曾孫被收養在皇宮的掖庭，最後他登上了皇帝的寶座，這就是宣帝。這時外曾祖母貞君與舅公史恭都已經不在人世了。史恭的三個兒子都靠舊恩受了封。大兒子史高封為樂陵侯，二兒子史曾封為將陵侯，三兒子史玄封為平臺侯，及史高的兒子史丹靠自己的功德封為武陽侯，史家封侯的共有四人。史高做到了大司馬車騎將軍，史丹做到了左將軍，他兩人自有傳。

史皇孫王夫人❶，宣帝母也，名翁須，太始❷中得幸於史皇孫。皇孫妻妾無號位❸，皆稱家人子。征和❹二年，生宣帝。帝生數月，衛太子、皇孫敗❺，家人子皆坐誅，莫有收葬者，唯❻宣帝得全❼。即尊位後，追尊母王夫人諡曰悼后，祖母史良娣曰戾后❽，皆改葬，起園邑，長丞奉守。語在戾太子傳❾。地節三年❿，求得外祖母王媼⓫，媼男無故，無故弟武皆隨使者詣闕⓬。時乘黃牛車，故百姓謂之黃牛嫗⓭。

初，上即位，數遣使者求⓮外家⓯，久遠⓰，多似類而非是⓱。既得王媼，令太中大夫⓲任宣⓳與丞相御史屬⓴雜考問鄉里識知者，皆曰王嫗。嫗言名妄人㉑，家本涿郡㉒蠡吾㉓平鄉。年十四嫁為㉔同鄉王更得妻。更得死，嫁為廣望㉕王迺始婦，產子男無故、武，女翁須。翁須年八九歲時，寄居廣望節侯㉖子劉仲卿宅，仲卿謂㉗迺始曰：「予我翁須，自養長之。」媼為翁須作㉘縑㉙單衣，送仲卿家。仲卿教翁須歌舞，往來㉚歸取冬夏衣。居四五歲，翁須來言：「邯鄲㉛賈長兒求歌舞者，仲卿欲以我與之。」媼即㉜與翁須逃走，之㉝平鄉。仲卿載㉞迺始共求媼，媼惶急，將㉟翁須歸，曰：「兒㊱居君㊲家，非受一錢㊳也，奈何欲予它人？」仲卿詐㊴曰：「不㊵也。」後數日，翁須乘長兒車馬過門，呼曰：「我果㊶見行㊷，當之柳宿(43)。」媪與廼始之柳宿，見翁須相對涕泣，謂曰：「我欲為(44)汝自言(45)。」翁須曰：「母置之(46)，何家(47)不可以居？自言無益也。」媪與廼始還求錢(48)用，隨逐(49)至中山(50)盧奴，見翁須與歌舞等比(51)五人同處，媪與翁須共宿。明日，廼始留視(52)翁須，媪還求錢，欲隨至邯鄲。媪歸，糴買(53)未具(54)，廼始來歸曰：「翁須已去，我無錢用隨也。」因絕(55)至今，不聞其問(56)。賈長兒妻貞(57)及從者師(58)遂(59)辭(60)：「往二十歲，太子舍人(61)侯明從長安來求歌舞者，請(62)翁須等五人。長兒使(63)遂送至長安，皆入太子家(64)。」及廣望三老(65)更始(66)、劉仲卿妻其(67)等四十五人辭，皆驗(68)。宣(69)奏王媪悼后母明白，上皆召見，賜無故、武爵關內侯，旬月(70)間，賞賜以鉅萬(71)計。頃之(72)，制(73)詔御史賜外祖母號為博平(74)君，以博平、蠡吾兩縣戶萬一千為湯沐邑。封舅無故為平昌侯(75)，武為樂昌侯(76)，食邑各六千戶。

初，廼始以本始四年(77)病死，後三歲，家廼富貴，追賜諡曰思成侯(78)。詔涿郡治冢室(79)，置園邑四百家，長丞奉守如法。歲餘，博平君薨，諡曰思成夫人。詔徙思成侯合葬奉明(80)顧成廟(81)南，置園邑長丞，罷(82)涿郡思成園。王氏侯者二人，無故子接(83)為大司馬車騎將軍，而武子商至丞相，自(84)有傳。

【章　旨】以上寫史皇孫王夫人一生的事跡。

【注　釋】❶王夫人　史皇孫劉進的妻子。❷太始　武帝在位時的第九個年號（西元前九六－前九三年）。❸無號位　因史皇孫未立為太子，故無號位。號位，稱號、品級、官位。❹征和　武帝的第十個年號（西元前九二－前八九年）。❺敗　敗亡。❻唯　只。❼全　保全不死。❽戾后　從祖父戾太子的謚號為戾后。❾戾太子傳　見卷六十三〈武五子傳〉。❿地節三年　即西元前六十七年。地節，宣帝在位時的第二個年號（西元前六九－前六六年）。⓫媼　古代對老婦的稱呼。因宣帝外祖母在民間，故稱王媼。⓬詣闕　到達宮廷。詣，到。闕，皇宮門前兩邊的城樓。泛指皇帝住所。⓭黃牛媼　指王媼。因乘黃牛車而名。媼，老婦人的稱呼。與「媼」同義。⓮求　尋找。⓯外家　母族。⓰久遠　指隔斷關係的時間久遠。⓱似類而非是　好像是而又非是。⓲太中大夫　官名，屬光祿勳，掌議論，秩比千石。⓳任宣　曾為大司馬霍禹長史，後為太中大夫，出為代郡太守。⓴丞相御史屬　即丞相、御史大夫下的屬官。如長史、司直、御史中丞等。御史，即御史大夫的省稱。㉑妄人　即王媼名。㉒涿郡　郡名。治涿縣，今河北涿州。㉓蠡吾　縣名。治今河北博野西南。㉔嫁為　嫁與。㉕廣望　縣名。屬涿郡，治今河北清苑西南。漢時為侯國。㉖廣望節侯　〈王子侯表〉有廣望節侯忠。武帝時封。㉗謂　告訴。㉘作　縫製。㉙縑　即絹。㉚往來　指往來母親家。㉛邯鄲　郡名。治今河北邯鄲。其地古為歌舞之鄉。㉜即　立刻。㉝之　往。㉞載　運載；車載。㉟將　帶領。㊱兒　指女兒翁須。㊲君　對劉仲卿的尊稱。㊳非受一錢　言沒有得到聘幣。㊴詐　欺騙。㊵不　通「否」。㊶果　果真。㊷見行　被送往邯鄲。見，被。㊸柳宿　聚邑名。在今河北定州東北。㊹為　代替。㊺自言　顏師古曰：「言自訟理，不肯行。」㊻置之　猶言聽任之，不須自言。㊼何家　指任何人家，皆可安居。㊽求錢　指求路費錢。㊾逐　追趕。㊿中山　郡國名。治盧奴縣，在今河北定州。51等比　等輩。52留視　停留照看。53糶買　猶糶賣。指賣出糧食。54未具　沒有辦妥。具，完備。55絕　斷；隔離。56不聞其問　沒有再聽到此事。57貞　賈長兒妻名。58從者師　跟從翁須的歌舞教師。59遂　教師之名。60辭　指對答的言詞。61太子舍人　太子的侍從官。62請　召。63使　使者；派遣的人。64太子家　指衛太子劉據宮。65三老　官名。掌鄉里教化，多由有聲望的長者擔任。66更始　人名。三老的名字。67其　人名。劉仲卿妻。68驗　證實。69宣　任宣。70旬月　滿一月。71鉅萬　萬萬。言厚賞。72頃之　不久。73制　皇帝的命令。74博平　縣名。在今山東茌平西博平鎮。75平昌侯　王無故的封爵。食邑平昌，在今山東商河縣西北。76樂昌侯　王武的封爵，食邑樂昌。在今河南南樂西北。77本始四年　西元前七〇年。本始，宣帝的第一個年號（西元前七三－前七〇年）。78思成侯　指王廼始死後三年，被追賜諡號為思成侯。79冢室　墳墓。室，墓室。80奉明　縣名。本稱廣明。史皇孫葬此。後因置園邑奉守，改廣明為奉明。治長安東南，今陝西西安西北郊。81顧成廟　文帝四年（西元前一七六年）所建之廟。簡陋速成，若顧望而成，故名顧成。在長安城南。82罷　廢免。83接　即王接，宣帝五鳳元年（西元前五七年）嗣平昌侯。元帝時為大司馬車騎將軍。84自　指自己另有傳。見本書卷八十二〈王商傳〉。

【語譯】史皇孫的王夫人，是宣帝母親，名叫翁須，武帝太始年間受到史皇孫的寵愛。皇孫的妻妾都沒有官號品位，都稱為家人子。武帝征和二年，翁須生下宣帝。宣帝生下才幾個月，在巫蠱之禍中衛太子、史皇孫同時被害，家人子都被處死，沒有收屍埋葬的人，只有宣帝保全了性命。宣帝當了皇帝後，追尊母親王夫人諡曰悼后，祖母史良娣諡曰戾后，都重新安葬，興建了陵園守邑，有邑長、邑丞奉命守護，這些都記載在〈戾太子傳〉裡。宣帝地節三年，找到了外祖母王媼，媼的兒子王無故、無故的弟弟王武，都隨使臣一同來到宮門前。當時他們乘的是黃牛車，所以老百姓稱王媼為黃牛媼。

起初，宣帝登位，屢次派遣使臣尋找外婆家的人，因為斷隔的時間久遠，找到的對象多似是而非。找到王媼以後，令太中大夫任宣與丞相、御史大夫的下屬官員共同考察詢問她的家鄉里居和記得並了解她的人，都說她就是王媼。老太太自己說她名叫妄人，一家本住在涿郡蠡吾縣的平鄉。年十四歲時嫁給同鄉王更得為妻。更得死後，又嫁給廣望縣的王廼始做妻子，生了兒子王無故與王武，女兒王翁須。翁須年齡八、九歲的時候，寄居在廣望節侯子劉仲卿家。仲卿對王廼始說：「把翁須送給我，我親自把她撫養成人。」王媼給女兒做了絹絲縫製的單衣，送到劉仲卿家。仲卿教翁須唱歌跳舞，往來母親家取冬衣、夏衣。在仲卿家住了四、五年，翁須回家說：「邯鄲賈長兒尋求會唱歌跳舞的姑娘，仲卿打算把我給他。」王媼隨即與翁須逃走，到了平鄉。劉仲卿用車載著王廼始共同尋找王媼，媼恐慌著急，只好領著翁須歸家，說：「我女兒住在您家裡，沒有接受一文錢，怎麼想把她給別人呢？」仲卿欺騙說：「沒有的事。」過了幾天以後，翁須乘著賈長兒的車馬過門，呼喊道：「我果然要被送走了，將會前往柳宿。」王媼與王廼始到了柳宿，見了翁須相對哭泣，告訴翁須說：「我想為你上訴。」翁須說：「母親，隨它去吧，哪個人家不可以安身呢？上訴也沒有什麼用。」

王媼與王迺始回來籌措了路費，然後追趕到了中山國的盧奴縣，看到了翁須與歌舞的同伴五位姑娘同住在一起，王媼與翁須也睡在一起。第二天，王迺始留下照看翁須，王媼又回家尋求路費，想跟隨翁須到邯鄲。王媼回到家，賣了糧食換錢還沒有辦妥，王迺始回來說：「翁須已經離開了盧奴縣，我沒錢跟隨她同行。」因此斷絕音信到如今，沒有聽到翁須的一點消息。賈長兒的妻子名叫貞以及跟隨翁須同行的歌舞教師叫遂的回答說：「過去二十年前，太子舍人叫侯明的從長安來尋找會唱歌跳舞的姑娘，請到翁須等五人。長兒派遣歌舞教師遂送她們到長安，都進了太子宮。」還有廣望縣三老叫更始的，劉仲卿的妻子名叫其的，一共有四十五人的問答辭，都證實王媼不假。任宣上奏王媼確實是悼后的母親，宣帝都加以召見，賞賜王無故、王武關內侯爵位，一個月之間，賞賜錢物以萬萬計。沒過多久，皇帝令制詔御史賜外祖母封號為博平君，用博平、蠡吾兩縣一萬一千戶為湯沐邑。封舅父王無故為平昌侯，王武為樂昌侯，食邑各六千戶。

起初，王迺始在宣帝本始四年病死，死後三年，他家才富貴，追賜諡號為思成侯。詔令在涿郡興建墳墓，設置園陵守邑有戶四百家。邑長、丞奉命守護，禮儀祭祀照成規。一年多以後，博平君去世，賜諡號為思成夫人。詔令遷徙思成侯與思成夫人合葬奉明縣顧成廟的南邊，設置園陵守邑長丞，廢除涿郡的思成園。王家封侯的有二人，王無故的兒子王接做了大司馬車騎將軍，王武的兒子王商官至丞相，他自己有傳。

孝宣許皇后，元帝❶母也。父廣漢❷，昌邑人，少時為昌邑王郎。從武帝上甘泉，誤取它郎❸鞍以被其馬，發覺，吏劾❹從行❺而盜❻，當死❼，有詔募❽下蠶室❾。後為宦者丞❿。上官桀謀反時，廣漢部索⓫，其⓬殿中廬⓭有索⓮長數尺可以縛人者數千枚⓯，滿一篋⓰緘⓱封，廣漢索不得⓲，它吏往得之。廣漢坐論為鬼薪⓳，輸[20]掖庭，後為暴室[21]嗇夫[22]。時宣帝養於掖庭，號皇曾孫，與廣漢同寺[23]居。時掖庭令張賀[24]，本衛太子家吏，及太子敗，賀坐下刑[25]，以舊恩養視皇曾孫甚厚。及曾孫壯大，賀欲以女孫[26]妻之。是時，昭帝始冠[27]，長[28]八尺二寸[29]。賀弟安世[30]為右將軍，與霍將軍[31]同心輔政，聞賀稱譽皇曾孫，欲妻以女，安世怒曰：「曾孫迺衛太子後[32]也，幸[33]得以庶人[34]衣食縣官[35]，足矣，勿復言予女事。」於是賀止[36]。時許廣漢有女平君[37]，年十四五，當[38]為內者令[39]歐侯[40]氏子婦。臨當入[41]，歐侯氏子死。其母將[42]行[43]卜相[44]，言當大貴，母獨[45]喜。賀聞許嗇夫有女，迺置[46]酒請[47]之，酒酣[48]，為言[49]：「曾孫體近[50]，下人[51]，乃關內侯[52]，可妻也。」廣漢許諾[53]。明日嫗[54]聞之，怒[55]。廣漢重令為介[56]，遂與曾孫[57]，一歲生元帝。數月，曾孫立為帝，平君為倢伃。是時，霍將軍有小女[58]，與皇太后有親[59]。公卿議更立皇后，皆心儀[60]霍將軍女，亦未有言。上乃詔求微時故劍[61]，大臣知指[62]，白[63]立許倢伃為皇后。既立，霍光以后父廣漢刑人[64]不宜君國[65]，歲餘乃封為昌成君[66]。

霍光夫人顯[67]欲貴[68]其小女，道[69]無從[70]。明年[71]，許皇后當娠[72]，病。女醫淳于衍者，霍氏[73]所愛，嘗入宮侍皇后疾。衍夫賞[74]為掖庭戶衛[75]，謂衍：「可過辭霍夫人行[76]，為我求安池監[77]。」衍如言[78]報[79]顯。顯因生心[80]，辟[81]左右，字謂衍[82]：

「少夫幸[83]報[84]我以事[85]，我亦欲報少夫[86]，可乎？」衍曰：「夫人所言，何等不可[87]者！」顯曰：「將軍[88]素愛小女成君，欲奇[89]貴之，願以累[90]少夫。」衍曰：「何謂邪[91]？」顯曰：「婦人免乳[92]大故[93]，十死一生。今皇后當[94]免身[95]，可因投[96]毒藥去[97]也，成君即得為皇后矣。如蒙力[98]事成，富貴與少夫共之。」衍曰：「藥雜治[99]，當先嘗[100]，安可[101]？」顯曰：「在少夫為之[102]耳[103]。將軍領[104]天下，誰敢言者？緩急相護[105]，但恐少夫無意耳！」衍良久[106]曰：「願盡力。」即擣[107]附子[108]，齎[109]入長定宮[110]。皇后免身後，衍取附子并合大醫[111]大丸[112]以飲皇后。有頃[113]曰：「我頭岑岑[114]也，藥中得無[115]有毒？」對曰[116]：「無有。」遂加[117]煩懣[118]，崩。衍出，過[119]見顯，相勞問[120]，亦未敢重謝[121]衍。後人有上書告諸醫[122]侍疾無狀[123]者，皆收繫詔獄[124]，劾[125]不道[126]。顯恐事急，即以[127]狀具[128]語光[129]，因曰：「既失計[130]為之，無令吏[131]急衍[132]！」光驚鄂[133]，默然不應。其後奏上[134]，署[135]衍勿論[136]。

許后立三年[137]而崩，謚曰恭哀皇后，葬杜南[138]，是為杜陵南園。後五年[139]，立皇太子[140]，迺封太子外祖父昌成君廣漢為平恩[141]侯，位特進[142]。後四年[143]，復封廣漢兩弟，舜為博望侯[144]，延壽為樂成侯[145]。許氏侯者凡三人。廣漢薨，謚曰戴侯，無子，絕[146]。葬南園旁，置邑三百家，長丞奉守如法。宣帝以延壽為大司馬車騎將軍，輔政[147]。元帝即位[148]，復封延壽中子[149]嘉[150]為平恩侯，奉[151]戴侯後，亦為大司馬車騎將軍。

【章旨】以上寫漢宣帝許皇后一生的事跡。

【注釋】❶元帝　劉奭，宣帝之子。西元前四九—前三三年在位。在位期間，愛儒術，宦官專權，西漢開始由盛轉衰。❷廣漢　即許廣漢，宣帝許皇后之父，昌邑人，曾為昌邑王府郎官。❸它郎　其他的郎官。❹吏劾　官吏揭發罪行。❺從行　指跟隨武帝而行。❻而盜　指卻當了盜賊。而，卻。❼當死　犯罪當死。❽募　求。❾下蠶室　就蠶室受宮刑。蠶室，養蠶的房子要求常溫，密封而不通風，處宮刑也要在密封溫室進行，所以受宮刑叫下蠶室。❿宦者丞　官名。少府有宦者令丞。⓫部索　分部搜索。⓬其　指上官桀。⓭殿中廬　上官桀在宮中住的廬舍。⓮索　繩。⓯枚　根。⓰篋　箱子。⓱緘　封；捆紮。⓲得　得到；搜出。⓳鬼薪　刑名，服刑期三年。⓴輸　送。㉑暴室　漢代掖庭主管織作染練的官府名，取暴曬為義。因暴室所管職務多，又設獄治罪人，所以有暴室獄之名。㉒嗇夫　此處指宮內小吏。㉓寺　掖庭的官舍。㉔張賀　廷尉張湯之子，右將軍張安世兄，曾為衛太子家臣，太子兵敗自殺，張賀受牽連當死。後下蠶室，為掖庭令。㉕下刑　即受宮刑，下體受刑。㉖女孫　即孫女。㉗冠　加冠。《周禮》規定：貴族男子年滿二十，要行加冕禮，由父主持，並由來賓取字。加冕禮成，表示已經成人。冠，指頭上的飾物。㉘長　身高。㉙八尺二寸　漢一尺為二十三．一公分，八尺二寸約合一．八九公尺。㉚安世　張安世，字子孺，杜陵人。張湯之子。昭帝時，任右將軍。見卷五十九〈張湯傳〉附子安世傳。㉛霍將軍　霍光。㉜後　後人；後嗣。㉝幸　僥倖；幸運。㉞庶人　平民。庶，眾。㉟縣官　官府；朝廷。㊱止　停止。指不再談嫁女之事。㊲平君　許皇后名。㊳當　應該；應當。㊴內者令　官名，少府屬官，掌宮中布張諸褻物。㊵歐侯　姓。㊶臨當入　臨近應當過門時。㊷將　帶領。㊸行　往。㊹卜相　占卜看相，預測前途。㊺獨　私下。㊻置　設。㊼請　邀請；召喚。㊽酒酣　酒興極濃時。㊾為言　與言。為，通「謂」。㊿體近　身為近親。指曾孫是武帝直系血親。(51)下人　下等人才。指即使是下等之才。(52)乃關內侯　乃，就是。指就是下等人才，也可以當關內侯。(53)諾　答應。(54)媼　老婦。指許廣漢妻。(55)怒　指「廣漢之妻不欲」把女兒嫁給曾孫。(56)重令為介　即重新令人作媒介紹。重令，重新使人。為介，做介紹。(57)遂與曾孫　於是嫁給曾孫。遂，於是。58小女　指霍光女兒霍成君。59有親　皇太后為上官安女，是霍光外孫女。稱霍光小女為姨，故有親。60心儀　心向；心有所向。61微時故劍　微賤時的舊寶劍。喻不忘舊情，要以許平君為皇后。62指　即旨。旨意。63白　建議。64刑人　受宮刑之人。65不宜君國　不適宜做封國之君。66昌成君　封號。後封平恩侯。67顯　霍光妻名。68貴　尊貴。69道　道路；門路。70從　由。71明年　許平君當皇后的次年。即本始二年（西元前七二年）。72當娠　正在懷孕。當，正。娠，妊娠。73霍氏　霍家。氏，姓。74賞　淳于衍丈夫的名字。75戶衛　門戶的守衛。76過辭霍夫人行　拜訪霍夫人後入宮。過，經過，引申為拜訪。辭，辭行。77安池監　主管安池的官名。安池在上林苑中，屬十池之一。監，此指主管安池的官吏。78如言　指淳于衍如夫賞所言做。79報　告知。80生心　生心計。81辟　通「避」。迴避。82字謂衍　用淳于衍的表字稱呼淳于衍，表示親昵之意。字，表字；別號。淳於于字少夫。83幸　幸運之意。84報　告。85事　指求安池監之事。86我亦欲報少夫　我也想報答少夫。87何等不可　何事不行。88將軍　指霍光。任大將軍。89奇　特別。90累　牽累；託付。91何謂邪　即叫我做什麼。92免乳　娩子；生孩子。免，同「娩」。分娩。乳，產子。93大故　大事。94當　適逢；正當。95免身　產子。96投　投放。97去　去掉。指去掉許皇后。98蒙力　蒙受其力。蒙，受。99藥雜治　指眾醫用藥共同治療。雜，共同。100先嘗　指先嘗藥味，以辨別是否有毒。101安可　怎麼可以。安，何。102為之　去做。103耳　罷了。104領　指霍光統領全國軍政大權。105相護　給予袒護、包庇。106良久　很久。良，很；甚。107擣　此處指搗碎。108附子　藥物名。一種有毒的植物。109齎　攜帶。110長定宮　許皇后所居宮。111大醫　即太醫。官名，屬太常，後改屬少府。大，通「太」。112大丸　一種丸藥。據《金匱要略》載漢代丸藥有大小兩種。此處大丸為澤蘭丸，但藥方已失傳。113有頃　過了一會兒。指時間不長。114岑岑　痹悶；脹悶。115得無　莫非。116對曰　指女醫淳于衍之類回答「無有」。117加　加重。118煩懣　內熱鬱結之症。119過　往。120相勞問　互相慰問，表示祝賀。121未敢重謝　指怕人知道未敢重謝淳于衍。122諸醫　眾醫生。123無狀　不像樣子。有罪不可言狀叫無狀。狀，情況。124詔獄　奉皇帝詔令禁閉罪人的監獄。125劾　彈劾；檢舉。126不道　大逆不道；罪大惡極。127以　把。128具　通「俱」。完全。129光　霍光。130失計　即失策。計，計策。131吏　獄吏；法官。132急衍　緊急追問淳于衍。133鄂　通「愕」。驚訝；發愕。134奏上　向皇帝上奏。135署　簽署；簽字。136勿論　不判處罪行。137三年　指立為皇后三年。許皇后於元平元年（西元前七四年）立，本始三年（西元前七一年）逝世。138杜南　杜陵之南。杜陵，宣帝陵墓，在今陝西西安東南。139後五年　五年之後，即地節三年（西元前六七年）。140立皇太子　立許皇后所生子為皇太子，即後來的元帝。141平恩　縣名。治今河北曲周東南。142特進　加官之號，謂在列侯中有特殊地位，表示榮寵。143後四年　即元康元年（西元前六三年)，又封許廣漢兩弟為侯。⑭博望侯　許舜封爵。舜於元康三年為長樂衛尉，以舊恩封。博望，漢置縣名。屬南陽郡，治今河南南陽東北。⑮樂成侯　許延壽封爵。延壽於元康三年為侍中光祿大夫，以舊恩封。樂成，縣名。屬南陽郡，治河南鄧州西南。⑯絕　無後嗣。⑰輔政　幫助皇帝行使政權。⑱元帝即位　黃龍元年(西元前四九年)宣帝逝世，元帝即位。⑲中子　次子。中，同「仲」。⑳嘉　許嘉。許廣漢姪，初元元年(西元前四八年)繼廣漢平恩侯爵。㉑奉　繼承。

【語　譯】孝宣帝的許皇后，是元帝的母親。她父親叫許廣漢，是昌邑縣人，年輕時為昌邑王的郎官。跟隨漢武帝到甘泉宮，錯拿了一個郎官的馬鞍放在自己的馬背上，被發覺，官吏揭發他犯了從行盜竊罪，判罪當死，有詔令願下蠶室受宮刑可免死，於是許廣漢受宮刑。後來就做了宦者丞。上官桀謀反時，廣漢受命分部搜查罪證，上官桀在住的宮殿裡藏了幾尺長用來綁人的繩子有好幾千根，裝滿了一大箱被封鎖著，廣漢沒有搜索到，被別的官吏搜查到了，廣漢因此被判了鬼薪的徒刑，送掖庭服役，後來當了暴室小吏嗇夫。那時，宣帝被收養在掖庭，稱號皇曾孫，和廣漢同住在掖庭的官舍裡。當時，掖庭令是張賀，他原是衛太子得意的家臣，太子起兵敗亡，張賀被牽連受了宮刑，因與衛太子有舊恩，所以撫養關照皇曾孫非常周到，到曾孫長大成人，張賀想把孫女嫁給他。這時，昭帝年二十行冠冕禮，身高八尺二寸。張賀的弟弟張安世為右將軍，與大將軍霍光同心輔政，聽到張賀稱讚皇曾孫，想把孫女嫁皇曾孫為妻，張安世面帶怒氣地說：「曾孫是衛太子的後人，僥倖能當一個庶人靠朝廷養活，就應該滿足了，再不要提嫁給孫女的事了。」於是張賀從此不再提此事。這時許廣漢有女名叫平君，年齡十四五歲，應當做內者令歐侯氏兒子的妻子。臨過門，歐侯氏的兒子死了。平君的母親帶著她去算命看相，言當大貴，母親聽了私下感到高興。張賀聽說許嗇夫有個女兒，就擺酒席邀請他，酒興正濃的時候，對廣漢說：「皇曾孫與武帝有血緣關係，就是人才下等，也可封關內侯，可以把你的女兒嫁給他。」許廣漢答應了。第二天廣漢的妻子聽到這事，因不同意而發脾氣。廣漢重新讓人為媒介紹，於是把女兒嫁給皇曾孫，一年生下元帝。幾個月後，皇曾孫立為皇帝，平君當了倢伃。這時，霍光大將軍有一個小女兒，和上官皇太后是親戚。公卿大臣商議立皇后，心裡都傾向大將軍的女兒，但沒有明說。宣帝下詔令尋找卑賤時在民間用的舊寶劍，大臣懂得了他的意旨，就建議立許倢伃做皇后。既已立為皇后，霍光認為皇后的父親廣漢受過宮刑，不宜為封國之君。一年多以後，才封他為昌平君。

霍光夫人名叫顯，想讓她的小女兒尊貴當皇后，沒有門路可走。次年，許皇后懷孕，有病。有女醫叫淳于衍的，是霍夫人所喜愛的人，曾進宮侍奉皇后給她看病。淳于衍的丈夫叫賞，做掖庭門戶的守衛，對淳于衍說：「你應該到霍夫人處辭行後進宮，為我謀求安池監的職位。」衍如她丈夫說的話告知顯，顯因此生出了心計，讓身旁的人迴避，親熱地叫著衍的表字說：「少夫幸而有事要告知我，我也想告知你一件事，可以嗎？」衍說：「夫人要說的事，何事不行啊！」顯說：「霍將軍平日最喜愛小女成君，想讓她特別尊貴，希望把這事託付給少夫。」衍說：「叫我做什麼事呢？」顯說：「婦人分娩生孩子是件大事，是十死一生的事，現在皇后就要分娩，可以投毒藥除掉她，成君就可以當上皇后，如承蒙少夫把事辦成，富貴與少夫一同分享。」衍說：「投藥是太醫的共同處方，服藥有人要先嘗味，怎麼能投毒呢？」顯說：「事情只在少夫肯不肯去辦了，霍將軍總領全國大權，誰敢說什麼呢？如果有緊急就會加以保護，只恐怕少夫就無意做罷了！」淳于衍想了好一會說：「願盡力而為。」即刻搗碎有毒的藥物附子，攜帶著進入長定宮。皇后分娩後，淳于衍拿了附子與太醫開的大丸藥相拌後，給皇后服用。一會兒，皇后說：「我的頭悶脹得很，藥裡會不會有毒？」淳于衍回答：「沒有。」於是皇后更加內熱鬱結，最終死亡。淳于衍出宮，過門看望霍夫人，互相慰問。霍夫人怕人知道，也不敢重謝衍。後來有人上書告發諸醫侍奉皇后服藥不像樣子，這些人都被逮捕，收繫入詔獄，彈劾她們大逆不道。霍顯惶恐著急，就把真實情況全都告訴了霍光，因而說：「已經失策做錯了事，不要讓官吏對淳于衍逼供！」霍光聽了驚得發愣，默然無聲。後來上書作了解釋，皇帝簽字，對淳于衍不予定罪。

許皇后立皇后以後三年逝世，諡號恭哀皇后，葬在南園，這就是杜陵南園。過了五年後，立了許皇后兒子劉奭為皇太子，才封太子外祖父昌成君許廣漢為平恩侯，又加特進之位。此後四年，又封了廣漢兩個弟弟，許舜為博望侯，許延壽為樂成侯。許氏家族封侯爵的一共三人。廣漢去世諡號戴侯，沒有兒子，斷了後代，葬在南園的旁邊，設置園邑有戶三百家，邑長、丞奉命守護，祭祀禮儀如成規。宣帝用許延壽做大司馬車騎將軍，輔佐幼主執政。元帝即位，又封延壽的第二個兒子許嘉為平恩侯，繼承戴侯爵位，他也做了大司馬車騎將軍。

孝宣霍皇后[1]，大司馬大將軍博陸侯[2]光女也。母顯，既使淳于衍陰殺[3]許后，顯因為成君衣補[4]，治[5]入宮具[6]，勸光內之[7]，果[8]立為皇后。

初許后起[9]微賤[10]，登至尊[11]日淺[12]，從官[13]車服[14]甚節儉，五日一朝皇太后[15]於長樂宮[16]，親奉案[17]上食[18]，以婦道[19]共養[20]。及霍后立，亦脩[21]許后故事。而[22]皇太后親[23]霍后之姊子[24]，故常竦體[25]，敬而禮之。皇后輿[26]駕侍從甚盛[27]，賞賜官屬以千萬計，與許后時縣絕[28]矣。上亦寵之，顓[29]房燕[30]。立三歲[31]而光薨[32]。後一歲，上立許后男為太子[33]，昌成君者為平恩侯[34]。顯怒恚不食，歐血[35]，曰：「此乃民間時子[36]，安得立？即[37]后[38]有子，反為王邪！」復教[39]皇后令毒太子。皇后數召太子賜食，保阿[40]輒先嘗之，后挾毒[41]不得行[42]。後殺許后事頗[43]泄，顯遂與諸壻[44]昆弟[45]謀反，發覺，皆誅滅。使有司賜皇后策曰：「皇后熒惑[46]失道，懷不德，挾毒與母博陸宣成侯[47]夫人顯謀欲危[48]太子，無人母之恩，不宜奉[49]宗廟[50]衣服，不可以承天命[51]。嗚呼[52]傷哉！其[53]退避宮[54]，上[55]璽綬有司。」霍后立五年[56]，廢處昭臺宮[57]。後十二歲[58]，徙雲林館[59]，迺[60]自殺，葬昆吾[61]亭東。

初，霍光及兄驃騎將軍去病皆自❻❷以功伐❻❸封侯居位❻❹，宣帝以光故❻❺，封去病孫山❻❻、山弟雲❻❼皆為列侯，侯者前後四人。

【章　旨】以上寫漢宣帝霍皇后一生的事跡。

【注　釋】❶霍皇后　霍光小女霍成君。❷博陸侯　霍光在武帝後元元年（西元前八八年）以誅反者莽何羅功封博陸侯。博，大。陸，高平地。食邑為北海、河間、東郡。❸陰殺　暗殺。即使淳于衍毒死許后事。❹衣補　衣被。❺治　辦理。❻具　用具；器具。指備辦嫁妝。❼內之　勸告霍光納成君為宣帝皇后。內，通「納」。❽果　果然；果真。❾起　興起。❿微賤　卑賤。⓫至尊　極尊貴。⓬淺　時間不久。⓭從官　侍從官。⓮車服　車馬服飾。服飾，衣服裝飾。⓯皇太后　昭帝上官皇后。⓰長樂宮　皇太后住的皇宮。在長安城東南，今西安市西北郊。長樂宮原為皇帝舉行朝會的地方，惠帝以後用為皇太后住所。⓱奉案　用雙手托起放有食物的盤子。案，方形有腳的盤子，放碗筷食物用。⓲上食　獻上食物。⓳婦道　以兒媳身分孝敬父母。⓴共養　供養。㉑脩　學習；遵循。指霍后立亦遵循許皇后之事。㉒而　但是。㉓皇太后親　言上官太后是霍光長女與上官安所生，是霍光的外孫女。㉔霍后之姊子　指皇太后是霍皇后姊姊所生的女兒。比霍皇后晚一輩。㉕竦體　身體哆嗦。竦，害怕的樣子。㉖轝　本為車廂。泛指車子。㉗甚盛　很盛。盛，旺盛；豐盛。㉘縣絕　相差極遠。縣，通「懸」。㉙顓　通「專」。㉚房燕　房中樂。燕，樂。㉛立三歲　指霍光小女成君立為皇后三年。㉜光薨　霍光死。㉝太子　指宣帝立許皇后所生男孩為太子，即後來之元帝。㉞平恩侯　指許廣漢先封為昌成君，後又封為平恩侯。㉟歐血　吐血。歐，通「嘔」。吐。㊱民間時子　指霍光妻霍顯認為元帝為宣帝在民間時生的孩子，不應立為太子。㊲即　假使。㊳后　霍皇后。㊴教　教唆。㊵保阿　即保姆。照看小孩的女妾。㊶挾毒　藏毒。㊷不得行　不能行施。得，能；可。㊸頗　略微。㊹諸壻　眾女婿。如未央衛尉范明友、長樂衛尉鄧廣漢、中郎將王漢等。㊺昆弟　兄弟。如霍山、霍禹、霍雲等。㊻熒惑　迷惑。火星名熒惑，亮度時隱時顯，使人迷惑。故用其意。㊼宣成侯　霍光生封博陸侯。死謚宣成侯。㊽危　危害；謀殺。㊾奉　繼承。㊿宗廟　天子諸侯祭祀祖先的處所。51承天命　接受上帝的意旨。承，受。天命，上帝的意旨。52嗚呼　哀傷的感歎辭。53其　當。54宮　皇宮。漢代皇后為中宮。55上　上交；交還。56立五年　霍后於本始四年（西元前七〇年）立，地節四年（西元前六六年）廢。57昭臺宮　在上林苑。58後十二歲　十二年後，即宣帝五鳳四年（西元前五四年）。59雲林館　離宮名，在上林苑。60迺　竟。61昆吾　地名。在陝西藍田西三十里。62自　從；由。63功伐　功勞；功勳。「用力曰功」，「積功曰伐」。64居位　在官位。65故　緣故。66山　霍山。宣帝時封樂平侯。樂平，西漢稱清縣，東漢稱樂平。在今山東聊城西。67雲　霍雲。宣帝時封冠陽侯。

【語譯】宣帝霍皇后，是大司馬大將軍霍光的女兒。母親名顯，她令女醫淳于衍暗裡害死許皇后，於是又給小女兒成君縫作嫁時的衣被，辦理進宮的嫁妝，勸霍光納女入宮，後來果然做了皇后。

起先，許皇后出身卑賤，當皇后的時間不長，侍從官不多，車馬服飾很節約，五天一次到長樂宮去朝見上官皇太后，親自端著盤子奉獻食物，以晚輩媳婦的禮節供養皇太后。到霍成君做了皇后，也遵循許皇后的先例，供養太后。可是皇太后是霍皇后姊姊所生的女兒，因害怕這些規矩而身體常常哆嗦，對皇后總是表示尊敬和以禮相待。霍皇后的車馬、侍從人員都很多，賞賜屬官錢財以千萬計算，與許皇后的節約儉樸相比太懸殊了。宣帝也寵愛她，房中宴樂侍候被她壟斷。皇后立三年而霍光逝世。一年以後，宣帝立許皇后的兒子為太子，昌平君許廣漢又封為平恩侯。霍夫人惱怒怨恨得吃不了飯，氣得吐了血，說：「這是皇上在民間生的孩子，怎麼能立為太子？要是霍皇后有了男孩，反而只能當諸侯王了！」於是又教唆皇后去毒死太子。皇后幾次召喚太子賞賜飲食，保姆每次都要先試味，皇后挾藏的毒藥無法下手。後來謀殺許皇后的事逐漸洩露，霍夫人於是和她的女婿、兄弟等人策劃造反，被發覺，都被誅滅。宣帝派有關官員賜霍皇后策書說：「皇后迷惑昏亂喪失原則，心懷極不道德，挾毒藥與母親博陸宣成侯夫人顯想謀害太子，沒有做母親的恩情，不適宜承繼宗廟祭祀，不能承受天命。嗚呼傷哉！當退避後宮，上交璽綬給有關官員。」霍皇后立五年，被廢黜住在昭臺宮。隔了十二年，又遷往雲林館，竟然自殺了，葬在藍田縣的昆吾亭東邊。

最初，霍光與哥哥驃騎將軍霍去病都靠了功勞封侯和在官位，宣帝因霍光的緣故，封霍去病的孫子霍山，霍山的弟弟霍雲都做了列侯，霍家封侯的前後共四人。

孝宣王皇后❶。其先❷高祖時有功賜爵關內侯，自沛❸徙長陵❹，傳爵至后父奉光❺。奉光少時好鬬雞，宣帝在民間數與奉光會❻，相識。奉光有女年十餘歲，每當適人❼，所當適輒❽死，故久不行❾。及宣帝即位，召入後宮，稍❿進⓫為倢伃。是時，館陶王母華倢伃及淮陽憲王⓬母張倢伃、楚孝王⓭母衛倢伃皆愛幸。霍皇后廢後，上憐許太子⓮蚤失母，幾為霍氏所害，於是乃選後宮素⓯謹慎而無子者，遂立王倢伃為皇后⓰，令母養⓱太子。自為后後，希⓲見無寵。封父奉光為邛成侯⓳。立十六年⓴，宣帝崩，元帝即位，為皇太后。封太后兄舜㉑為安平侯。後二年，奉光薨，謚曰共侯，葬長門南，置園邑三百家，長丞奉守如法。元帝崩㉒，成帝㉓即位，為太皇太后。復爵太皇太后弟駿為關內侯，食邑千戶。王氏列侯二人，關內侯一人。舜子章，章從弟㉔咸，皆至左右將軍。時成帝母亦姓王氏㉕，故世號太皇太后為邛成太后㉖。

邛成太后凡立四十九年㉗，年七十餘，永始元年㉘崩，合葬杜陵，稱東園㉙。奉光孫勳坐法免㉚。元始㉛中，成帝太后㉜下詔曰：「孝宣王皇后，朕㉝之姑㉞，深念奉質㉟共㊱脩㊲之義，恩結于心㊳。惟㊴邛成共侯國廢祀絕㊵，朕甚閔㊶焉。其封共侯曾孫堅固㊷為邛成侯。」至王莽乃絕。

【章　旨】以上寫漢宣帝王皇后一生的事跡。

【注　釋】❶王皇后　史書佚名。❷先　先人；祖先。❸沛　縣名。治今江蘇沛縣。❹長陵　高祖劉邦陵墓，在今陝西咸陽東北。❺奉光　王皇后父，元康二年（西元前六四年）封邛成侯。❻與奉光會　奉光喜游俠，鬥雞走馬，宣帝與奉光興趣相投，常相會合。❼適人　嫁人。適，出嫁。❽輒　每每；總是。❾行　出行；嫁出。❿稍　逐漸。⓫進　升。⓬淮陽憲王　即宣帝子劉欽。元康三年（西元前六三年）封王。淮陽，國名。都陳，在河南淮陽。⓭楚孝王　即宣帝子劉囂。甘露二年（西元前五二年）封定陶王。後徙楚，稱楚孝王。見卷八十〈宣元六王傳〉。⓮許太子　即許皇后所生子，生於民間，八歲立為太子，即後來的元帝。⓯素　平素；原來。⓰立王倢伃為皇后　立王奉光女為皇后。在元康二年（西元前六四年）。⓱母養　以母后身分撫養太子。⓲希　通「稀」。少。⓳邛成侯　王奉光封爵。邛成，縣名。屬濟陰郡，治今山東定陶境。⓴立十六年　指王皇后立十六年當是宣帝神爵四年（西元前五八年），按宣帝死在黃龍元年（西元前四九年），據此當為王皇后立后以後二十六年。㉑舜　王舜，王奉光子元帝初元元年（西元前四八年）以太后兄封安平侯。㉒元帝崩　元帝在位十五年，於竟寧元年（前三三年）死。㉓成帝　劉驁，元帝子，王皇后（王政君）生，在位時，外戚專權，政治腐敗。㉔從弟　堂弟。㉕王氏　元帝皇后王政君姓氏。㉖邛成太后　因其父封邛成侯為稱。㉗立四十九年　即元帝元康二年至永始元年（西元前六四—前十六年）。㉘永始元年　西元前十六年。永始，成帝在位的第五個年號（西元前十六—前十三年）。㉙東園　王皇后雖與宣帝合葬杜陵，但不同墳。她的墳在杜陵之東，稱東園。㉚坐法免　因罪犯法免除邛成侯爵。〈外戚恩澤侯表〉言勳於建平二年坐選舉不實，罵廷史，大不敬，免。㉛元始　漢平帝年號（西元一—五年）。㉜成帝太后　即元帝皇后王政君。㉝朕　天子自稱。王政君因臨朝稱制，故也稱朕。㉞姑　婆婆。古時稱公公為舅，婆婆稱為姑。㉟奉質　獻質，初次見面的禮物。質，通「贄」。㊱共　通「供」。貢獻。㊲脩　肉乾。為摻入了薑、桂的肉乾。㊳恩結于心　言恩情深厚。㊴惟　思念。㊵祀絕　祭祀斷絕。㊶閔　通「憫」。憐憫。㊷堅固　邛成侯王奉光曾孫。

【語　譯】孝宣帝的王皇后，她的祖先在高祖起兵反秦時有戰功，賜關內侯爵位，從沛縣遷往長陵，侯爵傳到皇后的父親王奉光。奉光年輕時喜好鬥雞，宣帝在民間時曾多次與奉光相會，彼此相識。奉光有女兒年齡十幾歲，每當要嫁人時，嫁給的對象常常死去，所以很久都嫁不出去。到宣帝即位，召她進入後宮，逐漸升為倢伃。這時館陶王的母親華倢伃及淮陽憲王的母親張倢伃、楚孝王的母親衛倢伃都受到了宣帝的寵愛。

霍皇后被廢後，皇帝憐憫許太子幼年喪母，又幾乎被霍氏毒害，於是就選擇在後宮一向小心謹慎而沒有生孩子的人，因此就選王倢伃立為皇后，讓她以母后身分撫養太子成人。從她立為皇后以後，很少與皇帝見面，沒有受寵愛。她父親王奉光被封為邛成侯。立為皇后二十六年，宣帝逝世，元帝即位，皇后被尊為皇太后。封太后哥哥王舜為安平侯。隔二年王奉光去世，謚號共侯，葬在長門的南邊，設置守陵園邑三百家，邑長、丞奉命守護，祭祀禮儀照成規。元帝逝世，成帝登位，尊皇太后為太皇太后。又賜封太皇太后的弟弟王駿為關內侯，食邑一千戶。王氏列侯二人，關內侯一人。王舜的兒子王章，王章的堂弟王咸，都做到了左右將軍的地位。那時成帝的母親也姓王，所以把太皇太后稱為邛成太后。

邛成太后立為皇后以後共四十九年，年紀七十多歲，在成帝永始元年逝世。與宣帝合葬杜陵，但在宣帝墓東另起墳，稱東園。王奉光的孫子王勳因犯罪免去了邛成侯的爵位。漢平帝元始中，成帝太后王政君當權，下詔令說：「孝宣皇帝的王皇后，是我的婆婆，深刻懷念初次見面獻贄的禮物與供奉肉乾的禮儀原則，恩情掛結於心。思念邛成侯國已廢，祭祀斷絕，我十分難過，因此封共侯曾孫王堅固為邛成侯。」到王莽執政時，邛成侯國才斷絕。

卷九十七下

外戚傳第六十七下

1 孝元王皇后❶，成帝母也。家凡十侯❷，五大司馬❸，外戚莫盛焉。自有傳。

2 孝成許皇后❹，大司馬車騎將軍平恩侯嘉女❺也。元帝悼傷母恭哀后❻居位❼日淺而遭霍氏之辜❽，故選嘉女以配皇太子。初入太子家❾，上令中常侍❿黃門⓫親近者侍送⓬，還白太子懽說狀，元帝喜謂左右：「酌酒賀我！」左右皆稱萬歲⓭。久之，有一男，失之⓮。及成帝即位，立許妃⓯為皇后，復生一女，失之。

3 初后父嘉自元帝時為大司馬車騎將軍輔政⓰，已八九年矣。及成帝立，復以元舅⓱陽平侯王鳳⓲為大司馬大將軍，與嘉並⓳。杜欽⓴以為故事㉑后父重於帝舅㉒，乃說鳳曰：「車騎將軍至貴，將軍宜尊之敬之，無失其意。蓋輕細微眇㉓之漸，必生乖忤㉔之患，不可不慎。衛將軍㉕之日盛於蓋侯㉖，近世之事，語尚在於長老[27]之耳，唯[28]將軍察焉。」久之，上欲專委任鳳，迺策[29]嘉曰：「將軍家重身尊，不宜以吏職自絫。賜黃金二百斤，以特進侯[30]就朝位。」後歲餘薨，諡曰恭侯。

4 后聰慧，善史書[31]，自為妃至即位[32]，常寵於上，後宮[33]希[34]得進見。皇太后[35]及帝諸舅[36]憂上無繼嗣，時又數有災異，劉向[37]、谷永等皆陳其咎在於後宮。上然其言。於是省減椒房[38]掖庭[39]用度。皇后迺上疏[40]曰：

5 「妾誇布服糲食[41]，加以幼稚愚惑，不明義理，幸得免離茅屋之下，備後宮埽除。蒙過誤[42]之寵，居[43]非命所當託[44]，洿穢不修，曠職[45]尸官[46]，數逆至法[47]，踰越制度，當伏放流之誅，不足以塞責[48]。迺[49]壬寅日大長秋[50]受詔：『椒房儀制[51]，御服[52]輿駕[53]，所發諸官署，及所造作，遺賜外家[54]群臣妾，皆如竟寧[55]以前故事。』妾伏[56]自念，入椒房以來，遺賜外家未嘗踰故事，每輒決上[57]，可覆問[58]也。今誠時世異制，長短相補，不出漢制而已，纖微之間，未必可同。若竟寧前與黃龍[59]前，豈相放哉[60]？家吏[61]不曉，今壹受詔如此，且使妾搖手不得。今言[62]無得發取諸官，殆謂未央宮[63]不屬妾，不宜獨取也。言[64]妾家府[65]亦不當得[66]，妾竊[67]惑焉。幸得賜湯沐邑[68]以自奉養，亦小發取其中，何害於誼[69]而不可哉？又詔書言服御所造，皆如竟寧前，吏誠不能揆[70]其意，即且[71]令妾被服[72]所為不得不如前。設妾欲作某屏風張[73]於某所，曰故事無有，或不能得，則必繩[74]妾以詔書矣。此二事誠不可行，唯陛下省察。

6 「宦吏忮佷[75]，必欲自勝[76]。幸妾尚貴時，猶[77]以不急事操人[78]，況今日益侵[79]，又獲此詔，其操約[80]人，豈有所訴？陛下見妾[81]在椒房，終不肯給妾纖微內邪[82]？若不私府[83]小取，將安所仰[84]乎？舊故[85]，中宮[86]乃私奪左右之賤繒[87]，及發乘輿[88]服繒[89]，言為待詔補[90]，已而[91]貿易其中[92]。左右多竊怨者，甚恥為之。又故事以特牛[93]祠大父母[94]，戴侯[95]、敬侯[96]皆得蒙恩以太牢[97]祠，今當率[98]如故事，唯[99]陛下哀之。

7 「今吏[100]甫[101]受詔讀記[102]，直[103]豫[104]言使后知之，非可[105]復若[106]私府有所取也。其萌芽[107]所以約制[108]妾者，恐失人理[109]。今但損車駕[110]，及毋[111]若未央宮有所發[112]，遺賜衣服如故事，則可矣。其餘誠[113]太迫急，奈何[114]？妾薄命，端[115]遇竟寧前。竟寧前於今世而比之，豈可邪？故時酒肉有所賜外家，輒上表迺決。又故杜陵[116]梁美人[117]歲時遺酒一石，肉百斤耳。妾甚少之，遺田八子[118]誠不可若是[119]。事率[120]眾多，不可勝[121]以文陳[122]。俟[123]自見[124]，索[125]言之，唯陛下深察焉！」

8 上於是采劉向、谷永之言[126]以報[127]曰：

9 「皇帝問[128]皇后，所言事聞之。夫日[129]者眾陽之宗[130]，天光[131]之貴，王者之象[132]，人君之位也。夫以陰而侵陽[133]，虧其正體，是非[134]下陵[135]上，妻乘[136]夫，賤踰[137]貴之變與[138]？春秋二百四十二年[139]，變異為眾，莫若日蝕大[140]。自漢興，日蝕亦為呂、霍[141]之屬[142]見。以今揆之，豈有此等之效[143]與？諸侯拘迫[144]漢制，牧[145]相[146]執持[147]之也，又安獲齊、趙七國之難？將相大臣褱誠秉忠，唯義是從，又惡有上官[148]、博陸[149]、宣成[150]之謀？若乃徒步[151]豪桀[152]，非有陳勝、項梁之群也；匈奴、夷狄，非有冒頓[153]、郅支[154]之倫[155]也。方外[156]內鄉[157]，百蠻賓服，殊俗[158]慕義[159]，八州懷德，雖使其懷挾邪意，猶不足憂，又況其無乎？求於夷狄無有，求於臣下無有，微[160]後宮也當[161]，何[162]以塞[163]之？

10 「日者[164]，建始[165]元年正月，白氣[166]出於營室[167]。營室者，天子之後宮也。正月於尚書為皇極[168]。皇極者，王氣之極也。白者西方之氣[169]，其於春當廢。今正於皇極之月，興廢氣於後宮[170]，視[171]后妾無能懷任[172]保全者，以著[173]繼嗣[174]之微[175]，賤人將起也。至其九月，流星如瓜[176]，出於文昌[177]，貫紫宮[178]，尾委曲如龍，臨於鉤陳[179]，此又章顯[180]前尤[181]，著在內[182]也。其後則有北宮[183]井溢[184]，南流逆理[185]，數郡水出，流殺人民。後則訛言[186]相傳驚震，女童入殿[187]，咸莫覺知。夫河者水陰[188]，四瀆[189]之長，今乃大決[190]，沒漂陵邑[191]，斯昭陰盛盈溢，違經[192]絕紀[193]之應也。迺昔之月，鼠巢于樹，野鵲變色[194]。五月庚子，烏焚其巢[195]太山之域。易曰：『烏焚其巢，旅人先笑，後號咷。喪牛于易，凶。』[196]言王者處民上，如烏之處巢也，不顧卹[197]百姓，百姓畔[198]而去之，若烏之自焚也，雖先快意說笑，其後必號而無及也。百姓喪其君，若牛亡其毛[199]也，故稱凶。泰山，王者易姓告代[200]之處，今正於岱宗[201]之山，甚可懼也。三月癸未，大風自西搖祖宗寢廟[202]，揚裂帷席[203]，折拔樹木，頓僵[204]車輦[205]，毀壞檻屋[206]，災及宗廟，足[207]為寒心[208]！四月己亥，日蝕東井[209]，轉旋[210]且[211]索[212]，與既[213]無異。己猶戊也[214]，亥復水也[215]，明陰盛，咎在內。於戊己，虧君體[216]，著絕世[217]於皇極，顯禍敗及京都[218]。於東井，變怪眾備，末重[219]益大，來數[220]益甚。成形之禍月以迫切，不救之患日寖[221]婁[222]深，咎[223]敗灼灼[224]若此，豈可以忽[225]哉！

11 「書云[226]：『高宗[227]肜[228]日，粵[229]有雊[230]雉[231]。祖己[232]曰：「惟[233]先假[234]王正[235]厥[236]事[237]。」』又曰[238]：『雖休勿休[239]，惟敬五刑[240]，以成三德[241]。』即飭[242]椒房及掖庭耳。今皇后有所疑，便[243]不便，其條[244]刺[245]，使大長秋來白之。吏拘於法[246]，亦安[247]

足過(248)？蓋矯枉者過直(249)，古今同之。且財幣(250)之省，特牛之祠，其於皇后，所以扶助德美(251)，為華寵也。咎根(252)不除，災變相襲(253)，祖宗且不血食(254)，何戴侯也！傳不云乎？『以約失之者鮮(255)。』審(256)皇后欲從其奢與？朕亦當法孝武皇帝也，如此則甘泉(257)、建章(258)可復興矣。世俗歲殊(259)，時變日化，遭事制宜(260)，因時而移，舊之非者，何(261)可放(262)焉！君子(263)之道，樂因循(264)而重改作(265)。昔魯人為長府(266)，閔子騫(267)曰：『仍(268)舊貫(269)，如之何？何必改作！』蓋惡之也。詩云(270)：『雖無老成人(271)，尚有典刑(272)，曾是莫聽(273)，大命(274)以傾(275)。』孝文皇帝，朕之師也。皇太后(276)，皇后成法(277)也。假使太后在彼時(278)不如職(279)，今見親厚，又惡(280)可以踰(281)乎！皇后其刻心(282)秉德(283)，毋違先后(284)之制度，力誼(285)勉行，稱(286)順婦道，減省群事，謙約(287)為右(288)。其孝東宮(289)，毋闕朔望(290)，推誠永究(291)，爰何不臧(292)！養名顯行，以息眾讙(293)，垂則(294)列妾，使有法(295)焉。皇后深惟毋忽！」

12 是時大將軍鳳用事，威權尤盛。其後，比(296)三年日蝕，言事者(297)頗歸咎於鳳矣。而谷永等遂著之許氏(298)，許氏自知為鳳所不佑。久之，皇后寵亦益衰，而後宮多新愛。后姊平安剛侯(299)夫人謁(300)等為媚道(301)祝詛(302)後宮有身者王美人及鳳等，事發覺，太后大怒，下吏考問，謁等誅死(303)，許后坐廢(304)處昭臺宮(305)，親屬皆歸故郡(306)，山陽，后弟子(307)平恩侯旦(308)就國(309)。凡(310)立十四年而廢，在昭臺歲餘，還徙長定宮(311)。

13 後九年(312)，上憐許氏，下詔曰：「蓋聞仁不遺遠(313)，誼不忘親。前平安剛侯夫人謁坐大逆罪(314)，家屬幸蒙赦令，歸故郡。朕惟(315)平恩戴侯，先帝外祖(316)，魂神廢棄，莫奉祭祀，念之未嘗忘于心。其還平恩侯旦及親屬在山陽郡者。」是歲，廢后敗(317)。先是廢后姊孊(318)寡居，與定陵侯淳于長私通，因為之小妻(319)。長紿(320)之曰：「我能白(321)東宮，復立許后為左皇后(322)。」廢后因孊私賂遺長，數通書記(323)相報謝。長書有誖(324)謾(325)，發覺，天子使廷尉(326)孔光持節(327)賜廢后藥，自殺，葬延陵(328)交道廄(329)西。

【章旨】以上寫漢成帝許皇后的事跡。

【注釋】❶王皇后　指元帝皇后王政君。事跡見卷九十八〈元后傳〉。❷十侯　陽平頃侯王禁、禁子敬侯王鳳、安成侯王崇、平阿侯王譚、成都侯王商、紅陽侯王立、曲陽侯王根、高平侯王逢時、安陽侯王音、新都侯王莽，共十人。一說十人不包括王鳳，其中有王政君姊子定陵侯淳于長。❸五大司馬　指王鳳、王音、王商、王根、王莽。❹許皇后　成帝皇后，宣帝皇后許平君的姪女。❺嘉女　指為平恩侯許嘉的女兒。❻恭哀后　宣帝皇后許平君的謚號。❼居位　指在皇后位。❽遭霍氏之辜　指受霍氏毒害而死。辜，罪惡。❾太子家　太子宮室。《漢舊儀》：「皇太子稱家。」❿中常侍　加官名。原有官職外的加官，加此官號，可出入宮廷，侍從皇帝，成為近臣。⓫黃門　本意為黃色的宮門，此處為宦官的代稱。⓬侍送　侍從護送。⓭萬歲　萬年。表示時間長久，用做祝福、祝賀的頌詞。⓮失之　指死亡。⓯妃　太子的正妻稱妃。⓰輔政　輔佐皇帝執政。⑰元舅　大舅父。元，長。⑱王鳳　王禁的長子，元帝皇后王政君之兄。⑲與嘉並　指與許嘉並列執政。⑳杜欽　人名，杜周之孫。好談災異，歸咎後宮。事跡見卷六十〈杜周傳〉附其傳。㉑故事　先例；成規。㉒后父重於帝舅　皇后的父親比皇帝的大舅父重要。㉓微眇　極其細小。眇，微小。㉔乖忤　互相抵觸。乖，不合。忤，違背。㉕衛將軍　衛青，武帝衛皇后之弟。㉖蓋侯　王信，武帝之舅。蓋，侯國名。治今山東沂源東南。㉗長老　長一輩的老年人。㉘唯　希望。㉙策　策書免官。把竹簡編結起來叫策，寫上任免的文書叫策書。策，也叫冊或「筴」。㉚特進侯　特進是加官的名稱，西漢後期置。㉛善史書　擅長於史官寫的隸書文字。善，擅長。史，指史官。書，書法。所說「史書」，即為當時通行的隸書。㉜為妃至即位　指從當上太子妃到登上皇后位。即位，指登位。㉝後宮　指後宮所居嬪妃。㉞希　稀少；很少。㉟皇太后　指成帝母王政君。㊱諸舅　眾舅。王政君之父生八男，所以成帝舅父多，故稱諸舅。㊲劉向　此處劉向當為杜欽之誤。楊樹達《漢書窺管》指出：〈谷永傳〉記其事，而〈劉向傳〉則無之。〈杜欽傳〉卻記述其事甚詳。……〈五行志下之下〉記其事，亦以永、欽二人并列。又下文引《書・高宗肜日》也為杜欽文，而非劉向。總之，此二處均為杜欽。㊳椒房　皇后的住房；皇后的代稱。㊴掖庭　後宮旁側的房子，妃嬪的住所。㊵疏　分條陳述叫疏，一般稱奏章。㊶妾誇布服糲食　誇，許皇后之名。李慈銘曰：「誇為許后之名。」糲食，糙米飯。㊷過誤　過分、不當。㊸居　居皇后位。㊹當託　指不是自己命運所當寄託的。㊺曠職　空有職位。㊻尸官　同「尸位」。指做官不理事。㊼數逆至法　多次違反法規。㊽塞責　指抵塞罪責。㊾迺　竟至；可是。㊿大長秋　官名。皇后近侍，管理後宮，多由宦官充任。(51)儀制　禮儀制度。(52)御服　皇帝所穿的衣服。(53)輿駕　車馬。(54)外家　指皇后家族，因為異姓，故名。(55)竟寧　元帝用的最後一個年號。竟寧元年（西元前三三年），元帝死於此年。(56)伏　俯伏，面向下，自謙的敬詞。(57)每輒決上　每事皆奏決於天子，乃敢行也。(58)可覆問　可察問。(59)黃龍　宣帝最後一個年號。僅一年（西元前四九年）。(60)豈相放哉　豈相仿哉。放，通「仿」。指元帝竟寧以前與宣帝黃龍以前不同。(61)家吏　指皇后所屬官吏。(62)今言　指詔書新有所限約之言。(63)未央宮　指未央宮是天子之宮，皇后不得取其財物。(64)言　指皇后家吏所言。(65)家府　皇后私家府庫。(66)不當得　不能取用。(67)竊　私下。(68)湯沐邑　漢代皇帝、皇后、公主都有湯沐邑，收其租稅，供私人消費。(69)誼　義。(70)揆　揣測；推測。(71)即且　就將。(72)被服　被子衣服。(73)張　放置。(74)繩　指以詔書規定制裁。(75)忮佷　忌刻狠毒。佷，通「狠」。(76)自勝　逞強好勝。(77)猶　還。(78)操人　受人操縱。(79)益侵　更加受到侵凌。(80)操約　指受人操持約束。(81)見妾　現在的妾。見，通「現」。(82)纖微內邪　指不採納絲毫意見。內，通「納」。邪，通「也」。(83)私府　皇后私家的府庫。與家府同。(84)仰　仰賴；希求。(85)舊故　舊事。故，事。(86)中宮　皇后的代稱。《漢舊儀・卷下》：

「皇后稱中宮。」87賤繒　廉價絲織品。88乘輿　皇帝坐的車子。89服繒　被服所用絲織品。90言為待詔補　託言此繒別詔有所補換。91已而　過後不久。92貿易其中　指私自換取其好者自用。貿易，交換。93特牛　祭祀祖先用牛一頭作祭品叫特牛。特，獨；一。94大父母　即祖父祖母。95戴侯　宣帝皇后的父親許廣漢死後諡戴侯。成帝許皇后的祖父。96敬侯　許廣漢的弟弟，許嘉的父親，死後諡敬侯。97太牢　古代用牛、羊、豬三牲的祭禮叫太牢。98率　遵循。99唯　希望。100吏　皇后家吏。101甫　開始。102受詔讀記　接受詔書，宣讀手記。詔、記，都是皇帝下的公文，區別為詔書用璽，手記用印。103直特。104豫　同「預」。預先。105非可　不可以。106若　指如未奉詔之前也。107萌芽　開始。108約制　制約。109失人理　喪失人情事理。110損車駕　指減省皇后的車馬制度。損，減省。111毋　無；不得。112所發　調發的用物。113誠　真的；的確。114奈何　怎麼辦。115端　正。116杜陵　宣帝陵墓所在地，設縣。治今陝西西安東南。117梁美人　宣帝宮嬪。美人，女官名。位視二千石，爵比少上造（十五等爵）。118田八子　姓田的宮嬪。八子，女官名。在美人下，「視千石，比中更（十三等爵）。」119不可若是　不可如此。120率　計也。121勝　盡。122文陳　文字陳述。123俟　等待。124自見　指皇后自見於天子。125索　盡；詳盡。126劉向谷永之言　二人言災異之變，咎在後宮。此處劉向應為杜欽之誤。127報　報書。回答皇后的書。128問　問候皇后。129日　太陽。130宗　宗主。131天光　天地發出的光。132王者之象　君主的象徵。133陰而侵陽　中國古代用陰陽兩種屬性解釋萬事萬物。天體中，太陽為陽，月亮為陰。人間皇帝為陽，皇后為陰。陰陽分明，不得逾越。陰侵陽，就是違反常道，虧損正體。134是非　豈非。135陵　超越；欺侮。136乘　超過。137踰　同「逾」。超越。138與　同「歟」。139春秋二百四十二年　指《春秋》記載了二百四十二年的歷史。140莫若日蝕大　指變異為多，沒有如日食重大的。141呂霍　指呂后、霍光家族。142屬類。143效　效驗。144拘迫　被逼受約束限制。145牧　州牧，一州的行政長官。武帝把全國分為十三州，州設刺史巡察郡國，成帝廢刺史，改為州牧。146相　諸侯王國的相。147執持　執行與堅持。148上官　指上官桀與其子上官安謀刺霍光事件。149博陸　指霍光子博陸侯霍禹謀反事件。150宣成　霍光死諡宣成侯。其妻顯稱宣成夫人，因其妻毒死宣帝許皇后與霍禹謀反事件被誅殺。151徒步　步行。平民出行無車馬，只能步行，故以徒步代稱平民。152桀　同「傑」。153冒頓　秦末漢初的匈奴單于。154郅支　漢宣帝、漢元帝時的匈奴單于之一。呼韓邪單于之兄。155倫　輩。156方外　指漢朝原來管轄之外的地區。157內鄉　皆嚮往中國。158殊俗　指有與漢朝不同的風俗。159慕義　羨慕仁義。160微　莫非。161當　應是。162何　怎麼。163塞　擔當；塞責。164日者　往日。165建始　漢成帝的第一個年號（西元前三二—前二九年）。166白氣　本書卷二十七下之下〈五行志〉：「成帝建始元年正月，有星孛于營室，青白色，長六、七丈，廣尺餘。」這是關於天象變異的白氣的記載。167營室　原指二十八宿中「室」、「壁」兩星宿，後專指「室宿」星。古代把它作為帝王後宮的象徵。168皇極　指正、中之義。《尚書・洪範》：「建用皇極。」卷二十七下之上〈五行志〉解釋說：「皇，君也。極，中。建，立也。」意思是說，君王建立萬事，要本著正中的原則。所以說「正月于《尚書》為皇極。」正，中。極，同「中」。169白者西方之氣　按陰陽五行家的說法，金為西方，白色為西方之氣，與時為秋季，不應在春季出現，出現為變異。170廢氣於後宮　指白氣在春天出現為不當之氣，現在正是春正月，不當之氣卻在象徵後宮的「營室」星興起了，說明後宮出現了災異。171視　示；顯示。172懷任　懷孕。任，同「妊」。妊娠；有孕。173著　昭示。174繼嗣　後嗣。175微　無。176流星如瓜　據本書卷二十六〈天文志〉載成帝建始元年九月「有流星出文昌，白色，光燭地，長可四丈，大一圍，動搖如龍蛇形」。流星如瓜指此。177文昌　星名。屬紫微垣，包含六顆星，位在北斗七星旁。178貫紫宮　指流星出文昌星貫穿紫宮。紫宮，又稱紫微宮或紫微垣。在黃河流域看北方天空，以北極星為準，集周圍各星所合成的一個星空區，叫紫宮或紫微垣，代表天上之宮庭。179臨於鉤陳　指流星臨近於鉤陳星。鉤陳，星名。在紫微垣內，靠近北極星。古人稱它是後宮。《晉書・天文志》：「鉤陳，後宮也，大帝之正妃也，大帝之常居也。」180章顯　彰明顯示。章，同「彰」。181前尤　以前的過錯。182內　內宮。皇后嬪妃所住的宮。古代稱其為後宮。183北宮　宮名。在長安城西北角，桂宮之北。184井溢　成帝建始二年三月「北宮中井泉稍上，溢出南流，……井水，陰也」。見卷二十七中之上〈五行志〉。185逆理　違背常理。186訛言　謊言。187女童入殿　指成帝建始三年十月「京師相驚，言大水至」，九歲小女陳持弓，「走入橫城門，入未央宮尚方掖門，殿門門衛戶者莫見，至勾盾禁中而覺得」。見卷二十七上〈五行志〉。188河者水陰　河，指黃河。水陰，按五行家的說法，水為陰性。189四瀆　指江、淮、河、濟，四條大河，各獨流入海，故稱四瀆。瀆，獨也。190大決　本書卷十〈成帝紀〉：「建始四年秋，大水，河決東郡金堤。」191沒漂陵邑　沒，淹沒。漂，漂走。陵，大土山。邑，城鎮。192違經　違背常規。經，常。193絕紀　敗壞綱紀。194鼠巢于樹二句　老鼠在樹上做巢，違反常規，使野鵲吃驚變色。195烏焚其巢　指成帝河平元年五月泰山發生了「烏焚其巢」的怪事。據卷二十七中之下〈五行志〉載此事發生在河平元年二月，此處為五月或有誤。196易曰六句　見《易經・旅卦》上九爻辭。咲，古笑字。號咷，號啕。喪牛于易，指商先王王亥喪牛於有易氏。197顧卹　照顧體恤。198畔　通「叛」。199牛亡其毛　毛，疑為主字之誤，言百姓喪其君，猶牛喪其主。見施丁《漢書新注》引吳恂之說。200易姓告代　改朝換代，易姓代位要禱告上天，封禪泰山。201岱宗　泰山別名。諸山所宗。202寢廟　古代帝王祖宗的寢廟分前後。前為祭祀的地方稱廟，後為藏衣冠的地方稱寢。203揚裂帷席　風吹帷席飄起或破裂。帷，布幕。席，蘆葦編的草席。204頓僵　停頓、破壞。205輦　天子坐的人力推挽的車子。206檻屋　有欄杆的房屋。207足　值得。208寒心　畏懼；恐懼。209東井　星宿名。二十八宿之一，有八顆星。210轉旋　轉瞬間；頃刻間。211且　將。212索　盡。213既　古代天文學稱日全食為食既。既，盡。214己猶戊也　在十天干之中，己為第六位，戊為第五位，均屬中位。所以說己為戊也。中，指中宮，代表君主。所以，日食對君主不利。215亥復水也　亥，十二地支的末位，按五行家的說法，「亥為水，陰氣也」。而陰指內宮，代表皇后。216虧君體　損害君位體制。217絕世　指沒有後嗣。218京都　指禍害就在京都長安。219末重　末重於本；本末倒置。220來數　指災害頻繁，次數越來越多。221寖　甚也。222婁　多次。婁，古「屢」字。223咎　災禍。224灼灼　明白透徹。225怨　怠忘。226書云　以下引文見《尚書・高宗肜日》。227高宗　商王武丁的廟號。228肜　商朝祭祀名。229粵　同「越」。發語詞，無義。230雊　雄雉的鳴叫聲。231雉　野雞。232祖己　武丁的賢臣。233惟　只。234假　寬慰；寬解。235正　治理。236厥　其。237事　政事。238又曰　以下引文見《尚書・呂刑》。239雖休勿休　雖休息而未休息，喻勤勞。240五刑　古代墨、劓、剕、宮、大辟為五刑。241三德　一說剛、柔、正直為三德；一說夏禹、商湯、周文王三人的德政為三德。242飭　同「敕」。告誡。243便　適宜；省事。244條　分條目。245刺　書刺；書寫。即在木板刺字。246拘於法　受法規的約束。247安　何。248過　過錯；罪過。249矯枉者過直　顏師古曰：「矯，正也。枉，曲也。言意在正曲，遂過於直。」250財幣　財物錢幣。251扶助德美　扶助美好的德行。252咎根　禍根。253相襲　接連侵害。254血食　古人殺生祭祀，故稱受祭祀為血食。255以約失之者鮮　見《論語・里仁》。約，儉。鮮，少。256審　詳察；細究。257甘泉　即甘泉宮。在陝西淳化西北甘泉山。258建章　即建章宮。規模宏大，千門萬戶，極為奢侈，在長安城外未央宮的西邊，今西安西北。259歲殊　年年不同。殊，異。260制宜　制定合乎時宜的辦法。261何　為什麼。262放　同「仿」。仿效。263君子　古代對有地位、有道德的人的稱呼。264因循　沿襲舊的。265改作　改變舊的，創作新的。266長府　儲藏貨物的府庫。267閔子騫　名損，孔子學生。春秋時魯國人。268仍　因也。269貫　事也。270詩云　引文見《詩經・大雅・蕩》。271老成人　舊故之臣。272典刑　常法；舊法。273莫聽　不聽從。274大命　國命；國本。275傾　傾覆。276皇太后　指元帝皇后王政君。277成法　成規；先例。278彼時　昔時；往時。此指皇太后在元帝竟寧年代以前。279不如職　不依照常規。如，依照；遵從。職，常規。280惡　何。281踰　超越。282刻心　銘刻在心；牢記。283秉德　保持德行。秉，持。德，好的品行。284先后　指元帝皇后王政君。285誼　通「義」。合理適宜的事。286稱　相當；符合。顏師古曰：「稱，副也。」287謙約　謙遜節約。288右　先；上。古人以右為尊。289東宮　太后所居宮。指太后。290朔望　農曆每月初一稱朔、十五稱望。漢制每逢這兩日皇后要去東宮朝謁太后。291究　窮盡；終極。顏師古曰：「究，竟也。」292爰何不臧　意為：「何事而不善也。」爰，於。臧，善也。293眾讙　眾議。讙，通「喧」。即「喧譁」。294垂則　指垂法則於後宮。垂，流傳下去。(295)有法　使有法遵行。(296)比　連續。(297)言事者　議事的朝臣。(298)著之許氏　指谷永等人把日食災咎歸在許皇后身上。著，著於；固定。(299)平安剛侯　指嗣平安剛侯封號的王舜之子王章。(300)夫人謁　指許皇后之姊許謁。(301)媚道　指巫蠱邪術。(302)祝謯　祈禱神加災禍於人的方法。謯，同「詛」。(303)誅死　處死。(304)坐廢　因犯罪被廢。坐，犯罪。(305)昭臺宮　宮名。在上林苑。(306)故郡　原出生郡為故郡。許后出生於山陽郡，被廢後，親屬全部回山陽郡。(307)后弟子　許后弟弟的兒子。(308)平恩侯旦　許旦。平恩侯許廣漢的孫子。許旦於鴻嘉二年（西元前十九年）襲祖父侯爵。(309)就國　歸國。(310)凡　總共。(311)長定宮　宮名。在今陝西淳化西北甘泉山。(312)後九年　即綏和元年（西元前八年）。(313)遺遠　遺棄疏遠之人。(314)坐大逆罪　犯大逆罪。(315)惟　思念。(316)先帝外祖　漢元帝的外祖父，即戴侯許廣漢。(317)廢后敗　指綏和元年許后賄賂淳于長求復位之事敗露。(318)孊　許后姊名。(319)小妻　妾。(320)紿　欺騙；謊言。(321)白　建議。(322)左皇后　皇后名號。地位次於皇后，故稱。(323)書記　記事的書寫文字，指書信。(324)誖　惑亂；逆亂。(325)謾　輕視；侮辱。(326)廷尉　官名。掌刑獄，九卿之一。(327)節　符節。皇帝用的憑證信物。符，用竹、木，或金屬所製。節，用竹製成。(328)延陵　成帝陵。在今陝西咸陽北。(329)交道廄　在今陝西咸陽西北。

【語　譯】 孝元帝的王皇后，是成帝的母親。其家共有十人封了侯爵，有五人當了大司馬，外戚中沒有這樣興盛的有勢力的家族。王皇后自有傳。

2　孝成帝的許皇后，乃大司馬、車騎將軍平恩侯許嘉的女兒。元帝哀傷地悼念其母恭哀皇后許平君在位沒多久就遭霍氏毒害而慘死，所以選許嘉之女匹配皇太子成婚。她最初進入太子宮時，元帝命令中常侍、宦官中親近者侍從陪送，他們回來說了太子在婚後的歡悅情況，元帝聽了高興地說：「酌酒來祝賀我！」侍從左右皆呼萬歲，表示祝賀。過了好久，太子妃生了一個男孩，夭折了。及成帝即位，立許妃為皇后，又生一女，也夭折了。

3　起先皇后的父親許嘉從元帝時開始就當大司馬、車騎將軍輔佐皇帝處理政事，已經有八、九年了。等到成帝即位，又以成帝大舅陽平侯王鳳為大司馬、大將軍，與許嘉並列。杜欽認為按以前的先例皇后的父親重於皇帝的舅舅，於是就對王鳳說：「車騎將軍許嘉至為尊貴，將軍應尊敬他，敬重他，不要忽略其中的意義。

如果忽視輕細微小的摩擦漸漸發展，就會產生互相抵觸的禍害，所以不能不慎重。大將軍衛青在武帝時權位超過武帝的舅舅蓋侯王信，是近世不遠的事，議論的言語在長輩老人中還能聽到，希望將軍明察。」過了好久，成帝想把政事專門委託給王鳳處理，於是下策書免除許嘉職務說：「將軍家門貴重地位尊貴，不應受職務的勞累。賞賜黃金二百斤，憑特進侯爵位位列朝中。」一年多以後許嘉死，謚恭侯。

4 許皇后聰慧，擅長書寫隸書，從當上太子妃到登上皇后，常受到成帝的寵愛，後宮嬪妃很少能進見皇帝，皇太后及成帝的各位舅父憂慮皇帝沒有太子，那時又多次發生災異，杜欽、谷永都陳述禍患是由後宮過失引起的。成帝認為他們說得對。於是裁減皇后的開支費用，皇后為此上疏說：

5 「臣妾誇穿粗布衣吃糙米飯，出身貧窮，加以幼稚愚惑，不明義理，僥倖能脫離茅屋草房居住，來後宮備做打掃清除的賤役。承蒙受到意想不到的過分的寵愛，居皇后之位並非我的命運所能擔當得起的寄託，品行不潔美而無修養，空占高位而沒有做與其相適應的事情，幾次違法至甚，逾越制度，應當接受流放罪行的懲罰，還不夠抵償罪行。可是到王寅日那天，大長秋接到詔書說：『皇后宮的禮儀制度，所用被服車馬，所調發的各官府，及其所造作的東西，贈送、賞賜外家的眾多臣妾，用度都應遵照竟寧元年以前的成規辦理。』臣妾低頭思量，入宮做皇后以來，贈送、賞賜外家的東西未曾超越過去的成規，每事都報請皇上決定，才敢於施行，可以加以察問。現在確是時間不同制度有別，長短可以互補，只要大的方面不超出漢朝的制度就可以了，至於細微之間，則未必盡同。如同竟寧年代與黃龍年代之前，由於二帝奢儉不同，豈能互相仿效？由於宮中家吏不明此理，現在一接受加強限制的詔書施行，將會使臣妾動輒得咎。現在的詔書說不能發取各官府的東西，大概是說未央宮是天子之宮，其財物皇后不得取也。現在家吏說臣妾私家府庫的東西也不能取用，臣妾私下就大惑不解了。有幸受皇帝賞賜湯沐邑作為我個人用費的開支，在這裡面取用一小部分，這對『義』有什麼損害而不可以嗎？又詔書說服車所造，皆如竟寧前，家吏不能揣測其中的含義，就令臣妾被服的製作不得不照以前。如臣妾想做一屏風設置於某處，說沒有先例，或得不到，則必然以詔書的規定約束臣妾。此二事確實行不通，希望陛下省視明察。

6 「宦官忌刻狠毒，逞強好勝。臣妾受寵愛尊貴之時，還有一些不緊要的事情受人操縱，何況現在天天受人侵陵，又獲得了這樣的詔書，怎能不受人的制約把持，豈有申訴的地方？陛下見臣妾還是皇后，不是也終究不肯對臣妾的意見採納絲毫嗎？如若不在臣妾的私人府庫取一些財物，還有什麼可以指望呢？先例，皇后用度受限制就私下裡奪取侍從廉價的絲織品，等到發放皇帝輿服所用的絲織品時，又說要等待詔書補齊，過後不久卻私自換取好的以自用。左右侍從多私下抱怨，這使我感到羞恥而不能為之。又按照先例以禮用一頭牛祭祀祖父祖母，我的祖父輩的戴侯、敬侯蒙皇恩都曾受到牛、羊、豬三牲齊備的太牢禮祭祀，現在應當遵循先例不變，希望陛下哀憐辦理。

7 「現在宦吏開始接受詔令手書，特預言在先使皇后知道，不能如同過去一樣在私家府庫取用財物。這種制約妾的做法一實施，恐怕失去了人情常理。現在只要減省車馬用費，以及不像天子在未央宮有種種調發，贈送賞賜衣物服飾依照成規，就可以了。其餘的限制確實過於急迫，怎麼辦呢？妾的命運淺薄，正好遇上要照竟寧前的規章辦理。竟寧前與現在相比，怎麼會相同呢？過去酒肉有所賞賜外家，每次上了表就算決定了。又舊時杜陵縣的梁美人逢年過節送酒一石、肉一百斤，妾以為太少，送給田八子的實在不能如此。事類很多，不能完全用文字陳述。等待親自謁見皇帝時，全部說出來，希望陛下深切明察啊！」

8 皇上於是採用劉向、谷永的意見回答說：

9 「皇帝問候皇后，奏章陳說各事都已知道。太陽是一切光亮的本原，是天地光源中的尊貴，帝王的象徵，人間君主之位。用陰道侵犯陽道，虧損正體，這不就是下級越過上級，妻子超過丈夫，卑賤超過尊貴的變異嗎？《春秋》記載有二百四十二年，變異的現象很多，而只有日食最為重大。從漢朝興起，日食曾為呂氏、霍氏這類外戚作亂時顯現過。以現在的變異情況來推斷，難道也有類似的效驗嗎？諸侯王國如果順服漢朝廷的管制，又有州牧國相堅定把持，又怎麼會有齊、趙七國的叛亂呢？朝中將相心懷忠誠，唯義是從，又怎會有上官桀父子、博陸侯霍禹、宣成夫人霍顯那樣的陰謀叛亂發生呢？平民豪傑也沒有像陳勝、項梁能率眾起義的人了；匈奴、夷狄也沒有像冒頓、郅支之類的人了。四方蠻夷都嚮往中國，百蠻歸服，風俗殊異的外族都能羨慕仁義，全國胸懷德義，雖然有人懷有邪念，也不值得擔憂，何況又沒有這種情況呢？日食變異的應驗，在夷狄外族方面找不到，在朝廷臣下中也找不到，莫非後宮和它相應，該用什麼辦法來阻止它呢？

10 「往日，建始元年正月，白色的雲氣在營室星宿出現。營室，是天子的後宮。正月在《尚書》中為皇極。所謂皇極，就是帝王之氣的極限。白色雲氣為西方之氣，在春季出現是不恰當的。現在它出現在為皇極的正月裡，就是在天子的後宮興起了不應有之氣，顯示後宮皇后嬪妃不能生育或生育了也不能保存，表明沒有太子繼承人，卑賤的下人就會興起了。到了這年九月，天上有如瓜的流星，出現於文昌星旁邊，貫穿紫微垣，尾巴彎曲像條龍，臨近鉤陳星，這種現象又顯示了前述的過失，明白表示問題存在於皇后後宮。後來又有北宮井水溢出，向南流動違背常理。又有幾個郡發生水災，淹死人民。後來又有謠言流傳使人互相驚駭，一個小女孩無故跑進皇宮大殿，卻無一人看見。黃河水在五行中屬陰，為四條大河中最大的一條，現在卻堤岸大決口，漂沒山陵與城鎮，這表明陰道旺盛盈溢，是違背常規絕滅法紀的一種應驗。在過去的月分裡，老鼠竟然在樹上築巢，使野鵲吃驚變色。五月庚子日那天，在太山地區突然有鳥焚燒自己的巢窠。《易經》上說：『鳥自焚其巢，旅行的人先笑後嚎啕大哭。商祖王亥喪牛於有易氏，凶。』這卦的意思是說，帝王位居人民之上，如同鳥在巢穴中所處的地位一樣，不顧念體恤百姓，百姓就會反叛逃離，如同鳥的自焚其巢一樣，雖然先快意說笑，其後必然會嚎啕痛哭而追悔莫及。百姓喪失君主，如同牛喪失主人一樣，所以卦象上稱之為凶兆。泰山，是帝王改朝換代後告上天祈禱的地方，現在正是在這裡發生了鳥巢自焚，非常地可怕。三月癸未日那天，大風從西來搖動祖宗寢廟，吹揚破損幃帳席墊，折斷拔起樹木，停頓、破壞車輦，毀壞有檻欄的房屋，災禍及於宗廟，實在令人震驚！四月己亥日那天，井宿星附近出現了日食，頃刻間太陽就快被全部遮蓋，與日全食沒有區別。天干中己與戊都處在中間位置，地支中的末位又為水，是陰氣，說明陰道旺盛，禍咎出在皇后宮內。日食發生在戊日與己日，要損害君位的體制，正月出現白氣顯示後嗣要斷絕，又顯示災禍及於長安京都。在星宿中的井宿，出現眾多的災變怪異，屬陰的末位日益重要與增大，次數日益增多。有形災禍月月迫近，無法挽救的禍患日日浸淫加深，禍害災殃的破壞如此明顯，難道可以忽視嗎！

11 「《尚書》中說：『商朝高宗武丁在行肜祭的那天，出現雄野雞飛來鳴叫的異象，賢臣祖己說：「王只有首先治理好國家政事。」』又說：『雖然休息時也不休息，只有尊敬五刑，才能成就三王的德政。』這就是告誡皇后和嬪妃的話。現在皇后對減裁用費有疑問，為了辯明不便執行，還分條書寫了出來，並派宦官大長秋前來說明。宮吏對條規不知變通，又有什麼過失呢？大抵矯枉必然過正，古今相同。況且財物錢幣的節省，以特牛禮儀祭祀祖宗，對於皇后來說，主要是用來幫助增長美德，這是榮耀的寵愛。災禍的根源不除掉，怪異接連侵害，祖宗尚且得不到子孫的祭祀，何況外家戴侯呢！解釋《論語》的書不是說過嗎？『因節約而產生過失是很少見的。』審察皇后上書所說的是想跟從奢侈浪費的事例走嗎？我也就要效法孝武皇帝了，這樣像甘泉宮、建章宮那樣規模宏大的修建工程就要再一次地興起了。時代風俗年年不同，四時有改變天天有更換，遇事制定合理的規章，順著時代轉變，舊時代不正確的事，如何能效仿它！君子處世的方法，樂於遵守舊習而慎重改變和創建。從前春秋時的魯國設立長府，閔子騫說：「根據舊事辦理怎麼樣呢？何必改變和創建！」大概就是厭惡它啊。《詩經》說：『雖然沒有舊臣，還有舊法，對此竟然不肯聽從，國家因此覆滅。』孝文皇帝，是朕的老師。皇太后，是皇后現成的榜樣。假使皇太后在往時的竟寧年代前服飾用度節約，不依常規，今皇后被親近厚愛，又如何能超越皇太后的制度呢！皇后要牢記保持品德，不要違背先前的制度，努力遵守並加以實行，符合順從為婦之道，諸事節儉，謙謹為上。要孝順母后，每月逢初一、十五的朝謁禮不能缺少，竭誠盡心至於永久，還有什麼美善不能獲致呢！保養名聲顯揚美行，平息眾人的議論，為眾妾留下準則，使她們有法可依。皇后應深慎思考、不要疏忽！」

12 當時大將軍王鳳掌權，威名權勢尤為興盛。此後，連續三年發生日食，議論國事的朝臣多把罪責歸咎在王鳳身上。而谷永等人則歸咎於許皇后，許氏自知王鳳是不會庇護她的。日子長了，皇后受的寵愛日益衰減，而後宮新受寵愛的嬪妃日多。皇后的姊姊平安剛侯夫人許謁等人，用巫蠱邪術詛咒陷害有身孕的王美人及王鳳等，事情被發覺後，太后大怒，交有關官吏考訊審問，許謁等人被處死，許皇后因株連被廢黜住在昭臺宮，她的親屬都發送回老家山陽郡。皇后弟弟的兒子平恩侯許旦發送就封國。許皇后在位總共十四年被廢黜，在昭臺宮住了一年多，還遷長定宮。

13 九年以後，成帝哀憐許氏，下詔令說：「聽說仁愛的人不拋棄被疏遠的人，有情義的人不忘記曾被親近的人。從前平安剛侯夫人許謁犯大逆不道的死罪，家屬有幸蒙受赦令，遣回故鄉山陽郡。朕思念平恩戴侯許廣漢，是先皇帝漢元帝的外祖父，死後魂神無主，無人祭祀，想念此事心中不敢忘記。茲遣回平恩侯許旦及親屬在山陽郡的人。」這一年，被廢的許皇后敗滅。先是被廢許皇后的姊姊許孊守寡獨居，與定陵侯淳于長私下通姦，因此就成了他的小老婆。淳于長誆騙說：「我能向東宮太后說明，重新立許后為左皇后。」被廢的許后通過許孊私下賄賂淳于長，多次通過書信互相報謝。淳于長的書信有戲弄侮辱輕狂之語，被發覺，天子派遣廷尉孔光帶著符節賜廢皇后毒藥，令其自殺，埋葬在延陵交道廄的西邊。

1 孝成班倢伃，帝初即位選入後宮。始為少使❶，蛾而❷大幸❸，為倢伃，居增成舍❹，再就館❺，有男，數月失之❻。成帝遊於後庭，嘗欲與倢伃同輦❼載，倢伃辭❽曰：「觀古圖畫，聖賢之君皆有名臣在側，三代末主❾迺有嬖女❿，今欲同輦，得無近似⓫之乎？」上善其言而止。太后聞之，喜曰：「古有樊姬⓬，今有班倢伃。」倢伃誦詩及窈窕、德象、女師⓭之篇。每進見上疏，依則古禮。

2 自鴻嘉⓮後，上稍⓯隆⓰於內寵⓱。倢伃進侍者李平，平得幸，立為倢伃。上曰：「始衛皇后⓲亦從微起。」迺賜平姓曰衛，所謂衛倢伃也。其後趙飛燕姊弟⓳亦從自微賤興，踰越禮制，寖盛於前⓴。班倢伃及許皇后皆失寵，稀復進見。鴻嘉三年，趙飛燕譖㉑告許皇后、班倢伃挾媚道，祝詛後宮，詈㉒及主上。許皇后坐廢。考問班倢伃，倢伃對曰：「妾聞『死生有命，富貴在天㉓』，脩正㉔尚未蒙福，為邪欲以何望？使鬼神有知，不受不臣之愬；如其無知，愬之何益？故不為也。」上善㉕其對，憐憫之，賜黃金百斤。

3 趙氏姊弟驕妒㉖，倢伃恐久見危㉗，求共養㉘太后長信宮㉙，上許焉。倢伃退處東宮㉚，作賦自傷悼，其辭曰：

4 「承祖㉛考㉜之遺德㉝兮，何㉞性命之淑㉟靈㊱。登㊲薄軀㊳於宮闕㊴兮，充㊵下陳㊶於後庭㊷。蒙聖皇之渥惠㊸兮，當日月之盛明。揚光烈之翕赫㊹兮，奉㊺隆寵㊻於增成㊼。既過幸㊽於非位兮，竊庶幾㊾乎嘉時㊿。每寤寐(51)而絫息(52)兮，申(53)佩離(54)以自思。陳(55)女圖(56)以鏡監(57)兮，顧(58)女史(59)而問詩。悲晨婦(60)之作戒兮，哀褒(61)、閻(62)之為郵(63)；美皇、英(64)之女(65)虞(66)兮，榮任(67)、姒(68)之母周。雖愚陋(69)其靡(70)及兮，敢舍心(71)而忘茲(72)？歷年歲而悼懼(73)兮，閔蕃華(74)之不滋(75)。痛陽祿與柘館(76)兮，仍(77)繈褓(78)而離(79)災。豈妾人(80)之殃咎(81)兮？將(82)天命(83)之不可求？

5 「白日忽已移光(84)兮，遂晻(85)莫(86)而昧幽(87)。猶(88)被覆載(89)之厚德兮，不廢捐(90)於罪郵(91)。奉(92)共養于東宮兮，託(93)長信之末流(94)。共洒埽於帷幄(95)兮，永(96)終死(97)

以為期。願歸骨[98]於山足[99]兮，依松柏之餘休[100]。

6 「重曰[101]：潛[102]玄宮[103]兮幽以清，應門[104]閉兮禁闥[105]扃[106]。華殿[107]塵[108]兮玉階[109]落[110]，中庭萋[111]兮綠草生。廣室[112]陰兮帷幄暗，房櫳[113]虛兮風泠泠[114]。感[115]帷裳[116]兮發[117]紅羅[118]，紛綷縩兮紈素聲[119]。神眇眇[120]兮密靚[121]處，君不御[122]兮誰為榮[123]？俯視兮丹墀[124]，思君兮履綦[125]。仰視兮雲屋[126]，雙涕兮橫流[127]。顧左右兮和顏[128]，酌羽觴[129]兮銷[130]憂。惟[131]人生兮一世，忽一過兮若浮[132]。已獨享[133]兮高明，處生民[134]兮極休[135]。勉[136]虞[137]精兮極樂，與福祿兮無期[138]。綠衣[139]兮白華[140]，自古兮有之。」

7 至成帝崩，倢伃充奉[141]園陵[142]，薨[143]，因葬園中。

【章旨】以上寫漢成帝班倢伃的事跡。

【注釋】❶少使　後宮女官。供使喚的宮嬪。位等四百石，爵與公乘並列。❷蛾而　不久。蛾，通「俄」。❸大幸　很受寵幸。❹增成舍　漢宮有八區，增成舍為第三區。❺再就館　因要生孩子，遷居外館。外館指陽祿、柘館兩館。❻失之　喪失；死去。❼輦　皇帝坐的手推車。❽辭　辭謝；推卸。❾三代末主　指夏商周三代的末位君主。❿嬖女　寵愛的美女。⓫近似　指與三代末位君主近似。⓬樊姬　春秋楚莊王的夫人，莊王好田獵，曾諫止，並不食禽獸之肉。⓭窈窕德象女師　古代三種規誡婦女的書。⓮鴻嘉　漢成帝的第四個年號（西元前二〇—前一七年）。⓯稍　逐漸。⓰隆　盛。⓱內寵　內宮的寵愛。⓲衛皇后　指漢武帝皇后衛子夫。⓳姊弟　姊姊與妹妹。⓴寖盛於前　指漸漸超過以前的內寵。㉑譖　進讒言；說別人的壞話。㉒詈　責罵。㉓死生有命二句　見《論語・顏淵》。㉔脩正　修養好的品德。㉕上善　指成帝稱讚。㉖驕妒　驕傲嫉妒。㉗見危　被危害。㉘共養　供養。共，通「供」。㉙長信宮　太后居住的宮。長信宮在長樂宮中。㉚東宮　太后居住的地方，指長樂宮。因在未央宮東邊，故稱東宮。㉛祖　祖父。㉜考　父親死後稱考。《爾雅・釋親》：人死後「父為考，母為妣」。㉝遺德　遺留下的美德。㉞何　顏師古曰：「何，任也；負也。」㉟淑　美好；善良。㊱靈　靈性；靈巧。㊲登　登進；登記。㊳薄軀　賤軀。㊴宮闕　古時帝王所居宮門有雙闕。如未央宮，立東闕、北闕。故稱宮殿為宮闕。㊵充　充當。㊶下陳　指堂下陳列。㊷後庭　後宮。㊸渥惠　厚恩。渥，厚。㊹翕赫　盛大的樣子。翕，盛。赫，顯。㊺奉　受。㊻隆寵　深厚的寵愛。㊼增成　增成舍。班倢伃住處。㊽過幸　過分的寵愛。㊾庶幾　差不多；願意。㊿嘉　善；美。(51)寤寐　夢寐。寤，睡醒。寐，睡眠。(52)絫息　顏師古曰：「言懼而喘息也。」(53)申　表明；伸展。(54)佩離　古代女子出嫁時所繫的佩帶。顏師古曰：「離，褂衣之帶也。」女子嫁人，「父親結其離（佩帶）而戒之，故云自思也。」(55)陳　陳列。(56)女圖　古代賢淑女子的畫像。(57)鏡監　用鏡子對照自己。監，通「鑑」。鏡子；對照。(58)顧　回頭看；瞻望。(59)女史　女官名。《周禮》中天官女史掌王后禮儀，佐治內。春官女史掌文書。(60)晨婦　《書經・牧誓》：「牝雞無晨。」牝，母雞。無晨，不報曉。指「婦人無男事也」。(61)褎　褎姒。指周幽王寵褎姒而亡國之事。(62)閻　指豔美之妻。《詩・小雅・十月之交》「閻妻煽方處」言周厲王無道，內寵盛，天降災異。閻，顏師古注：「嬖寵之族也。煽，熾也。」見卷八十五〈谷永傳〉。閻，作豔。豔妻，指褎姒。(63)郵　通「尤」。過錯；罪過。(64)皇英　指堯的女兒娥皇、女英。(65)女　嫁。(66)虞　舜，因舜原為有虞氏部落首領，故稱虞舜。(67)任　太任。周文王的母親。(68)姒　太姒。周武王的母親，有莘氏之女。(69)愚陋　愚昧淺陋。(70)靡　不。(71)舍心　停止思考。舍，通「捨」。(72)茲　此，指古代的賢淑女性。(73)悼懼　悲傷與恐懼。(74)蕃華　繁茂的年華。蕃，通「繁」。(75)滋　益；增加。(76)陽祿與柘館　均館名。在上林苑中。班倢伃曾在此兩館生育。(77)仍　頻也。(78)繈褓　背負嬰兒的帶子與布兜。(79)離　通「罹」。遭受。(80)妾人　我這人。妾，自謙詞。(81)殃咎　災禍與過失。(82)將　還是。(83)天命　上帝的意志。(84)移光　日光轉移。指時間由白天轉向黑夜。(85)晻　同「暗」。昏暗不明。(86)莫　通「暮」。晚。一說，莫，靜也。(87)昧幽　昏暗。(88)猶　還。(89)覆載　天覆地載。喻主上恩比天地。(90)廢捐　廢棄。(91)罪郵　罪過。郵，通「尤」。過錯。(92)奉　奉命。(93)託　依託；寄託。(94)末流　一說恩顧之末；一說等列之末。(95)帷幄　宮中的帷幕。(96)永　永久；長久。(97)終死　到死為止。(98)歸骨　歸葬。(99)山足　山腳下；山麓。謂陵下也。(100)餘休　餘蔭之意。休，蔭也。(101)重曰　又說。顏師古曰：「重者，情志未深，更作賦也。」故稱重曰。(102)潛　隱伏。(103)玄宮　北方之宮。天子所居。李善注：「玄，北方也。」(104)應門　正門。(105)禁闥　禁外人入宮的小門。(106)扃　關閉。(107)華殿　光輝的宮殿。(108)塵　灰塵。(109)玉階　玉石做的臺階。(110)菭　青苔。(111)萋　草生長貌。(112)廣室　寬敞的房屋。(113)房櫳　窗戶。(114)泠泠　清涼的樣子。(115)感　動。(116)帷裳　古代朝君所穿的衣服，不裁剪，用布圍著，名帷裳。(117)發　展開。(118)紅羅　紅色的絲織品。(119)紛綷縩句　此言風吹動帷裳羅綺的聲音。紛，雜亂。綷縩，衣服摩擦聲。紈素，潔白的細絹。(120)神眇眇　神態高遠。眇，通「渺」。高遠。(121)密靚　安靜。(122)御　御幸。(123)誰為榮　誰還打扮使容貌美麗呢。榮，此處指色美。(124)丹墀　古代以紅色塗飾宮殿前的臺階，名丹墀。墀，臺階。(125)履綦　一說：鞋帶。履，鞋。綦，鞋帶。另一說：履跡、腳印或鞋印。晉灼曰：「綦，履迹也。」即鞋印。見本書卷八十七〈揚雄傳·反離騷〉。顏師古曰：「言視殿上之地，則想君履綦之迹也。」後一說合理。(126)雲屋　成帝在甘泉宮的紫殿，設雲帳、雲幄、雲幕，號稱三雲殿。故此稱雲屋。(127)橫流　形容眼淚多。(128)和顏　和顏悅色。(129)羽觴　飲酒器具。(130)銷　消除。(131)惟　想。(132)若浮　似飄浮；如浮雲。(133)獨享　獨當；獨處得當。(134)生民　生人；平民。(135)休　美。(136)勉　努力。(137)虞　同「娛」。娛樂。(138)無期　無望。(139)綠衣　《詩經·國風·邶風》篇名。譏刺衛莊公「妾上僭，夫人失位」顛倒貴賤等級制度的詩篇。(140)白華　《詩經·小雅》篇名。此詩為周人譏刺周幽王寵褒姒、廢申后的詩篇。(141)奉　侍奉。(142)園陵　帝王的墓地。(143)薨　古代諸侯死稱薨，倢伃位視諸侯，故亦稱薨。

【語譯】 孝成皇帝的班倢伃，是在成帝即位初年被選進後宮的。開始時做少使，不久大受寵愛，為倢伃，居住在增成舍，因要生孩子就又搬往外館，生了一個男孩，幾個月後就夭折了。成帝在後庭遊樂，曾想與班倢伃乘同一輛車子，倢伃推辭說：「看古代的圖畫，聖賢之君都有著名的賢臣在身旁，只有夏商周三代末代的亡國之君，才讓寵幸的美女在身邊。現在與妾同車共坐，莫不和那些亡國之君相似嗎？」成帝讚賞她說的話而沒有同車。王太后聽到了，就高興地說：「古時楚莊王有賢慧的樊姬，現今有賢慧的班倢伃。」班倢伃喜歡誦讀《詩經》和《窈窕》、《德象》、《女師》這類規誡的書。每次進見和上疏皇上，都依照古禮的準則。

2 從鴻嘉年間以後，皇上逐漸寵愛內宮的其他嬪妃。班倢伃進獻侍者李平，李平受到寵幸，被立為倢伃。皇上說：「武帝衛皇后也是從微賤起家的。」於是賜李平姓為衛，也就是所說的衛倢伃。後來趙飛燕姊妹也是從微賤起家的，超越禮法制度，漸漸超過以往的內寵，班倢伃與許皇后都失去了寵愛，很少再能得到進見。鴻嘉三年，趙飛燕進讒言誣告許皇后、班倢伃挾巫術詛咒後宮嬪妃，還罵到皇上身上。許皇后因此被廢黜，考問班倢伃，班倢伃回答說：「我聽說『死生有命，富貴在天』，修養正道尚且未能蒙受福氣，想為邪道還能有什麼指望呢？假使神鬼有知，也不會接受叛逆亂臣的訴說；如果鬼神無知，訴說又有何益？因此我不做這類事情。」皇上稱讚她的對答，憐憫她，賜她黃金百斤。

3 趙氏姊妹驕傲嫉妒，班倢伃擔心日久會被陷害，請求到長信宮侍奉王太后，皇上許可了。班倢伃退居東宮，作賦自我哀傷悼念，其辭說：

4 「繼承了祖父、父親遺留下的美德啊，生來就具備了美好的靈性。登錄微賤的身軀於皇宮啊，在後宮充當了下位美人。承蒙聖明皇上的厚恩啊，當時如日月一樣的光明。發揚那熾烈隆盛的光輝啊，受隆恩寵幸於增成。既然過分的寵幸已經超過我的地位啊，私下希望得到和善美好的時刻。每日白天黑夜心懷疑懼而喘息啊，伸展佩帶以父戒而自思。陳列賢女圖畫以對照借鑑啊，環顧女史官而學習詩書。悲婦人要以干預男事為戒啊，哀歎褒姒豔妻亂政的過失；嘉美娥皇、女英嫁給虞舜啊，要以太任、太姒為文王、武王的賢母而感到榮耀。我雖愚笨淺陋趕不上這些女中英賢啊，怎敢停止思索而把這些忘記？多少年來經過的哀傷和恐懼啊，可憐繁茂的年華已不再增加。痛心在陽祿與柘館分娩時啊，生下幼嬰卻連續遭到夭折。難道這是我本人的災禍罪過嗎？還是天命的不可求？

5 「白天陽光忽而移動向西啊，遂昏暗不明到了幽黑的夜晚。還有天覆地載的恩德啊，不因我的罪過而廢棄。奉命供養太后於東宮啊，依託長信宮恩顧之末流。供灑掃於帷幕之中啊，一直到死就是我的期限。願意把屍骨埋葬在山腳下的陵墓啊，依託松柏而為之餘蔭。

6 「又說：隱藏北宮內啊幽靜又清涼，正門關閉了啊禁門又緊鎖。光輝的宮殿多灰塵啊臺階上長出了青苔，中堂處處啊綠草叢生。寬敞的住室陰涼啊帷幕暗，窗戶空虛啊涼風颼颼。風吹動衣服啊紅色的羅綺，衣服互相摩擦啊白色綢衣的聲音。神態高遠啊靜靜安處，君王不來御幸啊誰還打扮儀容？低頭看啊紅色的宮殿臺階，思念君王啊不見他的足跡。抬頭看啊稱為雲屋的高高的宮殿，止不住兩眼眼淚啊淚落滿面。環顧左右侍從啊和顏悅色，酌滿爵中酒啊消憂愁。思念人生啊一世苦短，忽忽一世過去啊有如浮雲。已獨處得當啊實高明，處在生民之中啊多美好。努力娛悅精神啊使自己快樂，我與幸福、俸祿啊已遙遙無期。〈國風・綠衣〉啊〈小雅・白華〉，喜新厭舊的事啊自古就有。」

7 到漢成帝去世後，班倢伃充當侍奉園陵，去世後，葬於成帝園陵中。

1 孝成趙皇后❶，本長安宮人。初生時，父母不舉❷，三日不死，迺收養之。及壯，屬❸陽阿主❹家，學歌舞，號曰飛燕❺。成帝嘗微行出，過陽阿主，作樂❻。上見飛燕而說之，召入宮，大幸。有女弟復召入，俱為倢伃，貴傾❼後宮。

2 許后之廢也，上欲立趙倢伃。皇太后嫌其所出微甚，難之。太后姊子淳于長為侍中❽，數往來傳語❾，得太后指❿，上立封趙倢伃父臨⓫為成陽侯⓬。後月餘，乃立倢伃為皇后。追⓭以長前白⓮罷⓯昌陵功，封為定陵侯⓰。

3 皇后既立⓱，後寵⓲少衰⓳，而弟⓴絕幸㉑，為昭儀。居昭陽舍㉒，其中庭彤朱㉓，而殿上髹㉔漆，切㉕皆銅沓黃金塗㉖，白玉階㉗，壁帶㉘往往為黃金釭㉙，函㉚藍田璧㉛，明珠㉜、翠羽㉝飾之，自後宮未嘗有焉。姊弟顓㉞寵十餘年，卒㉟皆無子。

4 末年，定陶王㊱來朝，王祖母傅太后㊲私賂遺趙皇后、昭儀，定陶王竟㊳為太子。

5 明年㊴春，成帝崩。帝素彊㊵，無疾病。是時楚思王衍㊶、梁王立㊷來朝，明旦(43)當辭去，上宿供張(44)白虎殿(45)。又欲拜(46)左將軍孔光為丞相，已刻侯印(47)書贊(48)。昏夜平善(49)，鄉晨(50)，傅(51)絝(52)韈(53)欲起，因失衣(54)，不能言，晝漏(55)上十刻而崩。民間歸罪趙昭儀，皇太后詔大司馬(56)莽(57)、丞相(58)、大司空(59)曰：「皇帝暴崩(60)，群眾讙譁(61)怪之。掖庭令(62)輔(63)等在後庭左右，侍燕(64)迫近，雜(65)與御史(66)、丞相、廷尉(67)治(68)問皇帝起居發病狀(69)。」趙昭儀自殺。

6 哀帝(70)既立，尊趙皇后為皇太后，封太后弟侍中駙馬都尉(71)欽(72)為新成侯。趙氏侯者凡二人(73)。後數月，司隸(74)解光奏言：

7 「臣聞許美人(75)及故中宮史(76)曹宮皆御幸(77)孝成皇帝，產子，子隱(78)不見。

8 「臣遣從事掾(79)業(80)、史(81)望(82)驗問(83)知狀者掖庭獄丞(84)籍武，故中黃門(85)王舜、吳恭、靳嚴，官婢曹曉、道房、張棄，故趙昭儀御者(86)于客子、王偏、臧兼等，皆曰宮即曉子女(87)，前屬中宮，為學事史(88)，通詩，授皇后。房與宮對食(89)，元延元年(90)中宮語房曰：『陛下幸宮(91)。』後數月，曉入殿中，見宮腹大，問宮。宮曰：『御幸有身(92)。』其十月中，宮乳(93)掖庭牛官令舍(94)，有婢六人。中黃門田客(95)持詔記(96)，盛綠綈(97)方底(98)，封御史中丞印(99)，予武曰(100)：『取牛官令舍婦人、新產兒，婢六人，盡置暴室獄(101)，毋問兒男女，誰兒也！』武迎置獄。宮曰：『善臧[102]我兒胞[103]，丞知是何等兒[104]也！』後三日，客持詔記與武，問：『兒死未？手書對牘背[105]。』武即書對：『兒見在，未死。』有頃，客出曰：『上與昭儀大怒，奈何[106]不殺？』武叩頭啼曰：『不殺兒，自知當死；殺之，亦死！』即因客奏封事[107]，曰：『陛下未有繼嗣[108]，子無貴賤，惟[109]留意！』奏入，客復持詔記予武曰：『今夜漏[110]上五刻，持兒與舜，會東交掖門[111]。』武因問客：『陛下得武書，意何如？』曰：『憆[112]也！』武以兒付舜。舜受詔，內[113]兒殿中，為擇乳母，告『善養兒，且[114]有賞。毋令漏泄[115]！』舜擇棄為乳母[116]，時兒生八九日。後三日，客復持詔記，封如前予武，中[117]有封小綠篋[118]，記曰：『告武以篋中物書予獄中婦人[119]，武自臨[120]飲之。』武發篋中有裹藥[121]二枚，赫蹏書[122]，曰：『告偉能[123]：努力飲此藥，不可復入。女[124]自知之。』偉能即宮。宮讀書已[125]，曰：『果也，欲姊弟[126]擅[127]天下！我兒男也，額[128]上有壯髮[129]，類孝元皇帝。今兒安在？危殺[130]之矣！奈何令長信[131]得聞之？』宮飲藥死。後宮婢六人召入，出語武曰：『昭儀言：「女[132]無過。寧自殺[133]邪？若外家[134]也？」我曹言願自殺。』即自繆[135]死。武皆表奏狀。棄[136]所養兒十一日，宮長[137]李南以詔書取兒去，不知所置[138]。

9 「許美人前在上林涿沐館[139]，數召入飾室[140]中若舍[141]，一歲再三召，留數月或半歲御幸。元延二年[142]褱子[143]，其十一月乳。詔使嚴[144]持乳醫[145]及五種和藥丸[146]三，送美人所。後客子、偏、兼[147]聞昭儀謂成帝曰：『常紿[148]我言從中宮來，即從中宮來，許美人兒何從生中[149]？許氏竟當復立邪？』對[150]，以手自擣[151]，以頭擊壁[152]戶柱[153]，從牀上自投地，啼泣不肯食，曰：『今當安置我[154]？欲歸耳！』帝曰：『今故[155]告之，反怒為[156]！殊不可曉[157]也。』帝亦不食。昭儀曰：『陛下自知是[158]，不食謂何[159]？陛下常自言「約不負女[160]」，今美人有子，竟負約，謂何？』帝曰：『約以趙氏[161]，故不立許氏。使天下無出趙氏上者，毋憂也！』後詔使嚴持綠囊書[162]予許美人，告嚴曰：『美人當有以予女，受來，置飾室中簾南[163]。』美人以葦篋[164]一合盛所生兒，緘封[165]，及綠囊報書[166]予嚴。嚴持篋書，置飾室簾南去。帝與昭儀坐，使客子解篋緘。未已[167]，帝使客子、偏、兼皆出，自閉戶，獨與昭儀在。須臾[168]開戶，嘑[169]客子、偏、兼，使緘封篋及綠綈方底，推置屏風東。恭[170]受詔，持篋方底予武，皆封以御史中丞印，曰：『告武：篋中有死兒，埋屏處[171]，勿令人知。』武穿[172]獄樓垣下[173]為坎[174]，埋其中。

「故長定[175]許貴人[176]及故成都[177]、平阿侯[178]家婢王業、任孋、公孫習前免為庶人，詔召入，屬昭儀為私婢。成帝崩，未幸[179]梓宮[180]，倉卒[181]悲哀之時，昭儀自知罪惡大，知業等故許氏、王氏婢，恐事泄[182]，而以大婢羊子等賜與業等各且十人，以慰其意[183]，屬[184]無道我家過失。

11 「元延二年五月，故掖庭令[185]吾丘遵[186]謂武曰：『掖庭丞[187]吏以下皆與昭儀合通[188]，無可與語者，獨欲與武有所言[189]。我無子，武有子，是家[190]輕族人[191]，得無不敢乎[192]？掖庭中御幸生子者輒死[193]，又飲藥傷墮[194]者無數，欲與武共言之大臣，票騎將軍[195]貪耆[196]錢，不足計事，奈何令長信得聞之？』遵後病困[197]，謂武：『今我已死，前所語事，武不能獨為也，慎語[198]。』

12 「皆在今年四月丙辰[199]赦令前。臣謹[200]案[201]永光三年[202]男子忠等發[203]長陵[204]傅夫人冢，事更[205]大赦，孝元皇帝下詔曰：『此朕不當所得赦也[206]！』窮治[207]，盡伏辜[208]，天下以為當。魯嚴公[209]夫人殺世子，齊桓召而誅焉，春秋[210]予之[211]。趙昭儀傾亂聖朝，親滅繼嗣，家屬當伏天誅[212]。前平安剛侯夫人謁[213]坐大逆，同產[214]當坐，以蒙赦令[215]，歸故郡。今昭儀所犯尤[216]誖逆[217]，罪重於謁，而同產親屬皆在尊貴之位，迫近[218]帷幄[219]，群下寒心，非所以懲惡[220]崇誼[221]示四方也。請事[222]窮竟[223]，丞相以下議正法[224]。」

13 哀帝於是免[225]新成侯趙欽[226]、欽兄子成陽侯訢[227]，皆為庶人，將[228]家屬徙遼西郡(229)。時議郎(230)耿育上疏言：

14 「臣聞繼嗣失統(231)，廢適(232)立庶，聖人(233)法禁(234)，古今至戒(235)。然太伯(236)見歷(237)知適(238)，逡循(239)固讓(240)，委身(241)吳(242)粵(243)，權變(244)所設，不計常法，致位(245)王季(246)，以崇聖嗣，卒有天下(247)，子孫承業，七八百載，功冠三王，道德最備，是以尊號追及太王(248)。故世必有非常之變，然後迺有非常之謀。孝成皇帝自知繼嗣不以時立(249)，念雖末(250)有皇子，萬歲(251)之後未能持國，權柄之重，制(252)於女主(253)，女主驕盛則耆(254)欲無極(255)，少主幼弱則大臣不使(256)，世無周公(257)抱負(258)之輔，恐危社稷，傾亂天下。知陛下有賢聖(259)通明之德，仁孝子愛(260)之恩，懷獨見(261)之明，內斷(262)於身，故廢後宮就館(263)之漸(264)，絕微嗣(265)禍亂之根，乃(266)欲致(267)位陛下以安宗廟。愚臣(268)既不能深援(269)安危，定金匱之計(270)，又不知推演(271)聖德，述先帝之志，迺(272)反覆校(273)省內(274)，暴露私燕(275)，誣(276)汙(277)先帝傾惑(278)之過，成結寵妾妒媚(279)之誅，甚失賢聖遠見之明，逆(280)負(281)先帝憂國之意。

15 「夫論大德不拘俗(282)，立大功不合眾(283)，此迺孝成皇帝至思(284)所以萬萬於眾臣(285)，陛下聖德盛茂所以符合於皇天也，豈當世庸庸斗筲(286)之臣所能及哉？且褒廣(287)將順(288)君父(289)之美，匡捄(290)銷滅既往之過，古今通義(291)也。事不當時固爭(292)，防禍於未然，各隨指阿從[293]，以求容媚[294]，晏駕[295]之後，尊號[296]已定，萬事已訖[297]，迺探追[298]不及之事，訐揚[299]幽昧[300]之過，此臣所深痛也。

16 「願下有司議，即[301]如臣言，宜宣布天下，使咸曉知先帝聖意所起。不然，空[302]使謗議[303]上及山陵，下流後世，遠聞百蠻[304]，近布海內[305]，甚非先帝託後[306]之意也。蓋孝子善述[307]父之志，善成人之事，唯陛下省察。」

17 哀帝為太子，亦頗得趙太后[308]力，遂[309]不竟[310]其事[311]。傅太后恩[312]趙太后，趙太后亦歸心[313]，故成帝母[314]及王氏[315]皆怨之。

18 哀帝崩，王莽白太后[316]詔有司曰：「前皇太后與昭儀[317]俱侍帷幄，姊弟專寵錮寢[318]，執[319]賊亂[320]之謀，殘滅繼嗣以危宗廟，誖天犯祖[321]，無為天下母之義。貶[322]皇太后為孝成皇后，徙居北宮[323]。」後月餘，復下詔曰：「皇后自知罪惡深大，朝請希闊[324]，失婦道，無共養之禮，而有狼虎之毒，宗室所怨，海內之讎也，而尚在小君[325]之位，誠非皇天之心。夫小不忍亂大謀[326]，恩之所不能已者[327]義之所割[328]也。今廢皇后為庶人，就[329]其園[330]。」是日自殺。凡立十六年而誅。先是有童謠曰：「燕燕，尾涎涎[331]，張公子[332]，時相見。木門[333]倉琅根[334]，燕飛來[335]，啄[336]皇孫。皇孫死，燕啄矢[337]。」成帝每微行出，常與張放俱，而稱富平侯家，故曰張公子。

倉琅根，宮門銅鍰338也。

【章旨】以上寫漢成帝皇后趙飛燕姊妹的事跡。

【注釋】❶趙皇后　趙飛燕。❷舉　養育。《史記・孟嘗君列傳》：「其母竊舉生之。」《索隱》：「舉謂浴而乳之，生謂長養之也。」❸屬　隸屬；歸屬。❹陽阿主　即陽阿公主。陽阿，縣名，屬上黨郡。今山西陽城西北。❺飛燕　因體態輕盈，故號。❻作樂　作樂舞表演。❼傾　超越。❽侍中　加官名。侍從皇帝，出入禁中，稱侍中。❾傳語　傳話。指在太后與成帝之間傳話。❿指　通「旨」。旨意。⓫臨　指趙飛燕父趙臨。⓬成陽侯　爵名。食成陽邑，在新息縣，今河南息縣。⓭追詔　追補。⓮白　建議；陳述。⓯罷　罷除。指停止修建成帝陵墓昌陵。⓰定陵侯　侯國名。治今河南郾城西北。⓱皇后既立　趙飛燕在永始元年（西元前十六年）立為皇后。⓲後寵　後來的被寵幸者。⓳少衰　略衰；稍衰。⓴弟　指趙飛燕的女弟（妹妹）。㉑絕幸　無比寵幸；極大寵幸。㉒昭陽舍　宮殿名。即後宮八區中的昭陽殿。㉓中庭彤朱　正中大廳塗以朱紅色彩。中庭，正中大廳。彤朱，朱紅。㉔髹　用漆漆物叫髹。㉕切　門限。即門欄。㉖銅沓黃金塗　黃金塗的套子。沓，金屬套子。㉗白玉階　白玉砌成的臺階。㉘壁帶　壁中橫木外露像帶子。㉙黃金釭　宮室壁帶上的黃金飾物。㉚函　通「含」。包著。㉛藍田璧　即藍田產的美玉的製品。藍田，山名。在今陝西藍田西。其山產美玉。璧，玉製品，圓形，扁平，中有圓孔。㉜明珠　明亮的珍珠。㉝翠羽　翠色的羽毛。㉞顓　同「專」。㉟卒　最後；最終。㊱定陶王　即後來的漢哀帝劉欣。原為定陶王劉康之子。劉康死，陽朔三年（西元前二二年）嗣王位。綏和元年（西元前八年）因成帝無子，立為太子，次年即帝位。定陶，縣名。在今山東定陶西北。㊲傅太后　即元帝宮嬪傅昭儀。定陶王劉康之母，哀帝的祖母。㊳竟　終於；竟然。㊴明年　即綏和二年（西元前七年）。㊵素彊　一向身體強壯。㊶楚思王衍　宣帝孫。宣帝子劉囂立為楚王，死後，成帝立其子劉衍為思王繼其位，稱楚思王。見卷八十〈宣元六王傳〉。㊷梁王立　景帝弟梁孝王劉武的八代孫劉立，成帝陽朔元年（西元前二四年）嗣梁王位。見卷十四〈諸侯王表二〉。㊸明旦　明天早晨。㊹供張　供設帷帳。張，通「帳」。㊺白虎殿　在未央宮中。㊻拜　授予官職。㊼侯印　侯位的印章。㊽書贊　書寫在簡冊上的拜官贊詞。㊾平善　平安美好。㊿鄉晨　接近早晨。鄉，通「向」。接近；將近。(51)傅　穿著。(52)絝　褲子。(53)韤　襪子。古名足衣。(54)失衣　衣襪脫手掉落地上。(55)漏　漏壺。一種古代計時的器具。壺上刻度數符號表示時間。(56)大司馬　武官名。漢武帝廢太尉，置大司馬。軍事上的最高長官。

(57)莽　即王莽。(58)丞相　指孔光。(59)大司空　原稱御史大夫，副丞相。成帝綏和元年（西元前八年）改名大司空。此時大司空為何武。(60)暴崩　突然死亡。(61)讙譁　喧譁；大聲吵嚷。(62)掖庭令　管理後宮婢女侍役的官，多由宦官充當。《漢舊儀》：「婕妤以下。皆居掖庭，置令丞。」掖庭，秦時的永巷，為宮中旁側的住房。(63)輔　掖庭令的名，失姓。(64)侍燕　侍奉寢燕。(65)雜　混合；共同。(66)御史　指御史大夫。(67)廷尉　官名。掌刑獄，九卿之一。(68)治　審問。(69)狀　狀況；情況。(70)哀帝　劉欣，成帝之姪，以定陶王徵入為太子，後嗣為皇帝。(71)駙馬都尉　官名。漢武帝時置，掌副車之馬，即「掌騎從」，為近侍官的一種。魏晉以帝婿授此官，後稱帝婿為駙馬。(72)欽　趙欽，趙飛燕弟，封新成侯。新成，侯國名。以河南南陽郡穰縣為封國，故城在今河南鄧州西北。(73)侯者凡二人　指趙飛燕父趙臨封成陽侯、弟趙欽為新成侯。(74)司隸　司隸校尉簡稱，官名。武帝置，成帝元延四年省去，哀帝綏和二年復置，但稱司隸，不言校尉。(75)美人　後宮女官。位視二千石，爵比少上造（十五等爵）。(76)中宮史　皇后的女史，知書史的女奴。中宮，皇后所居。《漢舊儀》：「皇后稱中宮。」中宮為皇后的代稱。(77)御幸　受皇帝的愛幸；與皇帝同房。(78)隱　沒。(79)從事掾　辦事的屬吏。掾，屬官。(80)業　人名。失姓。(81)史　從事史，辦事屬吏。主管文書、記事。《續漢志》：「司隸置從事史十二人，主督促文書，察舉非法。」(82)望　人名，失姓。(83)驗問　考問查證。(84)掖庭獄丞　掖庭監獄的副長官。長官為令，副為丞。(85)中黃門　在宮中服役的宦官。本書卷十九〈百官公卿表・少府〉注「中黃門，謂閹人居禁中，在黃門之內給事也」。黃門，黃色的宮門。此處黃門為宦官代稱。(86)御者　侍奉的人。(87)即曉子女　指曹宮就是曹曉的女兒。(88)史　女史。學事史，或可理解為學習當女史。(89)房與宮對食　指宮婢道房與曹宮互相約為同性戀夫妻。(90)元延元年　西元前一二年。(91)陛下幸宮　皇帝與曹宮同房。陛下，臣下對皇帝的尊稱。陛，宮殿中的臺階。(92)有身　有孕。(93)乳　生子。《說文》：「人及鳥生子曰乳。」(94)牛官令舍　名牛官令的房舍。(95)田客　人的姓名。(96)詔記　天子手令，後世稱手記。周壽昌曰：「詔記，是天子手詔，故用印封。若通用詔書，常用璽也。」這說明詔記與詔書二者有區別。(97)綠綈　綠色的厚繒。(98)方底　裝書的口袋。(99)封御史中丞印　指用御史中丞的印章密封著。(100)予武曰　給籍武時說。(101)暴室獄　暴室是官署的名稱，屬掖庭令。主管織作染練，取曝曬之意。《漢官儀》：宮中婦女有病及罪，亦就此室，稱暴室獄。(102)臧　通「藏」。收藏。(103)兒胞　胎兒胞衣。(104)何等兒　什麼身分的孩兒。意為皇帝所生之兒。(105)手書對牘背　書寫回答的文字在木簡的背面。手書，手寫的文字。對，指回答的文字。牘背，木簡的背面。(106)奈何　如何；為什麼。(107)封事　密封的奏章。(108)繼嗣　繼承人；皇太子。(109)惟　希望。(110)夜漏　夜間計時器。漏壺計時，分夜漏與晝漏。(111)東交掖門　宮門名。原名東司馬門，後改東交門。交，交會於內，入內宮之門。(112)憆　同「瞪」。兩目直視發呆的樣子。(113)內　通「納」。

入。(114)且 將。(115)漏泄 使機密洩露。(116)擇棄為乳母 選擇宮婢張棄為乳母。(117)中 裝詔記的封袋中。(118)綠篋 綠色的盒子。篋，小盒子。(119)獄中婦人 即中宮史曹宮，成帝曾御幸的宮人。(120)自臨 親自監視。(121)裹藥 被包裹的藥丸；丸藥。(122)赫蹏書 一種染成赤色的形小如蹄子的紙，叫赫蹏紙。赫，指色赤。蹏，同「蹄」。指其式小。(123)偉能 曹宮字。(124)女 通「汝」。你。(125)已 指讀完了赫蹏書。(126)姊弟 指趙飛燕姊妹。弟，女弟；妹妹。(127)擅 專斷；獨攬。(128)額 眉上髮下部位叫額。(129)壯髮 覆蓋在額上的頭髮。(130)危殺 有被殺害的危險。(131)長信 指太后王政君。(132)女 通「汝」。你。指宮婢六人。(133)寧自殺 寧肯自殺。(134)若外家 或者在外舍處死。(135)自繆 自絞；自縊。(136)棄 指乳母張棄。(137)宮長 後宮服役的女官。《漢舊儀》：「女御長如侍中。」宮長或即女御長。(138)所置 所安置的地方。(139)上林涿沐館 上林苑中的涿沐館。上林別館之一。(140)飾室 室名。應為涿沐館中的房舍。(141)若舍 為飾室中的房舍之一。(142)元延二年 西元前十一年。(143)褱子 懷孕。褱，同「懷」。(144)嚴 指宦官靳嚴。(145)乳醫 助產的女醫。(146)五種和藥丸 五種藥物合製而成的藥丸。(147)客子偏兼 指前述趙昭儀的御者于客子、王偏、臧兼三人。(148)紿 哄騙。(149)何從生中 指許美人的兒子何曾生於中宮。(150)懟 怨怒。(151)擣 捶打。(152)壁 牆壁。(153)戶柱 門柱。(154)今當安置我 現在如何安置我。安，有如何之意。(155)故 故意；特地。(156)反怒為 反而發怒呢。(157)殊不可曉 完全不可理解；特別不可理解。殊，特別；完全。曉，理解。(158)自知是 自知是對的。(159)不食謂何 不吃飯為了什麼。(160)約不負女 不違背與你的盟約。(161)約以趙氏 指盟約要立趙氏子為太子，不立許氏。(162)綠囊書 綠色袋子中裝的書信。(163)簾南 簾子的南邊。(164)葦篋 蘆葦編成的盒子。篋身與篋蓋配為一盒。(165)緘封 用繩子結紮封好。(166)報書 回報皇帝的書信。(167)未已 沒有完。(168)須臾 片刻間。(169)嘑 呼喚。(170)恭 人名。宦官吳恭。(171)屏處 有遮擋的地方。屏，隱蔽。(172)穿 指穿通或挖通。(173)垣下 牆下。(174)坎 土坑。(175)長定 宮名。許皇后廢後住此。(176)許貴人 許皇后廢後的貶稱。(177)成都 又作城都。成都侯王商的封爵。故址在今山東鄄城東南。(178)平阿侯 王譚的封爵。故址在今安徽懷遠西南。(179)未幸 未曾行幸，這裡指皇帝未入殮。(180)梓宮 皇帝或皇后用梓木做的棺材，漢代稱為梓宮。(181)倉卒 匆忙；突然間。卒，同「猝」。(182)恐事泄 恐滅皇帝子嗣之事洩露。(183)慰其意 寬慰他們的意思。(184)屬 通「囑」。吩咐。(185)掖庭令 官名。《漢舊儀補遺》：「掖庭詔獄令丞，宦者為之。主理婦人，女官。」(186)吾丘遵 姓名。吾丘，姓。遵，名。(187)丞 令的副職。〈百官公卿表〉：「掖庭八丞。」(188)合通 合謀勾通。(189)所言 指言趙昭儀謀害繼嗣之事。(190)是家 此家。指成帝。(191)輕族人 輕易用刑法治人罪至死刑。(192)得無不敢乎 指掖庭令籍武不敢揭發。顏師古曰：「遵既無子，故無所顧懼，武既有子，恐禍相反，當止不敢言也。」(193)輒死 常常被害死。(194)傷墮 傷害使墮胎。(195)票騎將軍 官名。此處指曲陽侯王根。票，同「驃」。(196)耆 同「嗜」。貪也。

197病困　病危。198慎語　言語謹慎。不要洩露兩人商量的事情。199四月丙辰　夏曆四月十三日。200謹　恭謹。201案　考查。202永光三年　西元前四一年。永光，漢元帝年號。203發　挖掘。204長陵　漢高祖陵墓名稱，及其所在的長陵縣。205更　經過；經歷。206不當所得赦也　不應當赦免的。207窮治　徹底查辦。208伏辜　受到法辦。辜，罪。209魯嚴公　即春秋時的魯莊公。班固寫史，避明帝劉莊諱，改莊為嚴。魯莊公夫人齊人哀姜，行為淫亂，殺死兒子子般與閔公，齊桓公認為哀姜失為母之道，召哀姜歸齊而殺之。210春秋　書名。孔子據魯國史記編的一部編年體史書。211予之　讚許。212天誅　指因其罪大惡極，應天誅地滅。213平安剛侯夫人謁　指許皇后姊許謁。214同產　同母所生。215以蒙赦令　已經承上赦令赦免。以，同「已」。已經。蒙，承上。216尤　更加；突出。217誖逆　違亂忤逆。誖，違背；謬誤。218迫近　逼近。219帷幄　宮殿上設的帷帳。統治者起居議事的地方。220懲惡　懲辦邪惡。221崇誼　推崇道義。誼，道義。222事　從事。223窮竟　追查到底。224正法　依法治罪。225免　廢。226新成侯趙欽　趙飛燕弟，綏和二年封新成侯。227成陽侯訢　趙欽兄子。成陽侯原為趙飛燕父趙臨的封爵，元延二年（西元前十一年）趙訢嗣侯爵。228將　攜帶。229遼西郡　郡名。治陽樂，在今遼寧義縣西。230議郎　官名。屬光祿勳，掌顧問應對。秩比六百石。231失統　指繼嗣失去正統。232適　通「嫡」。按古代宗法制度，正妻生的長子叫嫡長子，非正妻所生子叫庶子，庶子不得繼統。廢嫡立庶，違背宗法原則。233聖人　道德品格極高的人。或指帝王。234法禁　指宗法制度禁止。235至戒　極大的禁戒。至，極。236太伯　吳太伯，吳國的祖先。古公亶父的長子，有弟仲雍和季歷。237歷　季歷，文王之父。武王滅商後尊為王季。238知適　知季歷將要立為嫡子繼位。239逡循　有顧忌而徘徊不前。240固讓　堅決退讓。241委身　託身。242吳　吳國，太伯創建。都梅里，今江蘇無錫。243粵　越國，都會稽，今浙江紹興。吳、越兩國是太伯、仲雍避位託身之處。244權變　通權達變。245致位　傳位。246王季　即季歷。古公幼子，文王父。247卒有天下　指最後滅商，擁有了天下的統治權。248太王　古公的尊稱。文王祖父。武王滅商後，尊古公為太王。249不以時立　指立太子要因時而立。不到時機而立，仍無法掌握政權。250末　晚年。251萬歲　顏師古曰：「言晏駕也。」指去世。252制　控制。253女主　指母后。254者　同「嗜」。貪欲。255無極　無窮；無終極。256不使　不聽從驅使；不聽從命令。使，從。257周公　即周公旦，武王弟。武王死後，成王姬誦年幼，代理執政七年，成為著名的輔政大臣。258抱負　手抱著，背背著。259聖　通達。260子愛　慈愛。子，通「慈」。261獨見　獨特的見解。262內斷　內心獨斷。263後宮就館　後宮嬪妃有孕，必就外舍生子，稱為就館。264漸　習慣。265微嗣　幼主。266乃　於是。267致　送達；到達。268愚臣　愚蠢不智之臣。269援　引也。270金匱之計　值得珍藏的計策。金匱，金屬製成的書櫃，書藏其中，可保永久。271推演　推廣。272迺　竟。273校　計較。274省內　指禁內、後宮。275私燕　成帝的私生活，即男女私事。燕，通「宴」。指宴飲、褻瀆之事。顏師古曰：「私燕謂成帝閑宴之私也。」276誣　汙衊；不真實。277汙　汙穢。278傾惑　偏聽迷惑。279妒媚　嫉妒諂媚。280逆　違反。281負　辜負。282拘俗　不受流俗的約束。283不合眾　不與一般群眾合流。284至思　考慮極周到。285萬萬於眾臣　萬倍於眾臣。286斗筲　斗、筲都是很小的量器，用來比喻人的才識短淺，器量狹小。斗，容十升。筲，竹器，容一斗二升。287褒廣　推廣褒揚。288將順　隨順。289君父　對皇帝的尊稱，視君上如父親。290匡救　匡正挽救。匡，扶正。291通義　通用的原則。292固爭　堅定地諫諍。293隨指阿從　隨旨意奉迎順從。指，通「旨」。阿，奉迎。294容媚　容合諂媚。295晏駕　指皇帝去世。296尊號　指皇帝逝世後的尊號，即諡號。297訖　終了。298探追　探討與追求。299訐揚　揭發暴露。訐，揭發人的隱私。300幽昧　隱藏的祕密。301即　倘若。302空　白白地。303謗議　誹謗的議論。304遠聞百蠻　指使遠方少數民族都知道。305近布海內　近處傳布到全國。海內，指全國。306託後　寄託後代。307述　遵循。308趙太后　即趙飛燕，哀帝即位，尊其為太后。309遂　於是。310不竟　不追究。311其事　指趙太后家族犯罪事。312恩　指在立哀帝後嗣問題上，傅太后感謝趙太后的恩惠。313歸心　歸順之意。314成帝母　即元帝后王政君。315王氏　指外戚王氏家族。316太后　指王太后，成帝母。317皇太后與昭儀　指趙飛燕姊妹。318錮寢　指專寢。319執　持。320賊亂　叛逆作亂。321誖天犯祖　誖，同「悖」。違也。祖，先帝也。322貶　降低。指取消對趙飛燕的皇太后尊稱，只稱成帝皇后，表示哀帝不承認她是母后。323北宮　皇后住的後宮稱北宮。324朝請希闊　請，謁也。闊，闕也。希，稀少。漢制皇后在每月初一、十五要朝見請謁母后，趙飛燕都有缺失。325小君　古時稱國君妻為小君，趙飛燕雖為皇后，犯了大罪，稱小君不當。326小不忍亂大謀　見《論語·衛靈公》，意在戒人「慎口忍事」。327者　在句中，表停頓。328義之所割　顏師古曰：「言以義割恩也。」329就　歸。330園　陵園。331涎涎　顏師古曰：「光澤之貌也。」332張公子　即張放。其祖上昭帝時為右將軍光祿勳張安世，封富平侯，傳數代，成帝時裔孫張放嗣侯爵。公子，公侯家的子弟。成帝微行時冒稱富平侯家人，故稱其為張公子。333木門　宮門。334倉琅根　裝置在門首上的青色銅環。顏師古曰：「門之鋪首及銅環也。銅色青，故曰倉琅，鋪首銜環，故謂之根。」見卷二十七〈五行志第七中之上〉。335燕飛來　喻趙皇后入宮。336啄　鳥用嘴取食。337矢　同「屎」。糞便。燕啄矢，罵趙氏姊妹的話。338鋄環。

【語譯】成帝趙皇后，本是長安宮中聽使喚的婢女。她初生時，父母不哺育，三天沒餓死，才收養了她。長大成人後，她歸屬於陽阿公主家，學習歌舞，號曰飛燕。成帝曾經微服出行，路過拜訪陽阿公主家，她表演了音樂歌舞。成帝一見飛燕就很喜愛，召她進入後宮，大受寵幸。她有個妹妹也被召入宮內，兩人都做了倢伃，其貴幸超過了後宮其他嬪妃。

2 許皇后被廢後，皇帝想立趙倢伃為皇后。太后王政君厭惡她出身太卑賤，不同意。太后姊姊的兒子淳于長為侍中，往來在太后與皇帝之間傳話，得到太后旨意允立後，皇帝立即封趙倢伃的父親趙臨為成陽侯。一個多月以後，就立趙倢伃為皇后。追認淳于長建議罷休昌陵的功勞，封他為定陵侯。

3 趙皇后立了以後，後來受到寵幸的嬪妃稍有減少，而皇后的妹妹卻得到無比的寵幸，當上了昭儀。居住在昭儀舍中，宮殿中間的大廳塗著朱紅顏色，殿上用漆漆過，門限頂上的銅套用黃金塗飾，臺階用玉石砌成，宮殿的壁帶上常常裝有環狀的黃金飾物，上面裝飾有藍田出的美玉製的玉璧、明珠、翠羽，後宮的其他嬪妃從來沒有這樣奢華的住處。趙皇后姊妹享有皇上的專寵十餘年，終了都沒有生兒子。

4 成帝末年，定陶王劉欣來朝見，劉欣的祖母傅太后私下賄賂趙皇后及其妹趙昭儀，定陶王竟然做了皇太子。

5 第二年春天，成帝逝世。成帝一向身體強壯，沒有疾病。這時楚思王劉衍、梁王劉立前來朝見，明天早上應當告辭回封國去，皇上就在白虎殿張設帷帳住宿。又想拜授左將軍孔光為丞相，已經刻了封侯的印璽與寫好了文書贊詞。深夜時身體平安，接近天亮早晨時，穿褲襪想起床，衣服卻掉落地上，口不能言語，晝漏上顯示白天十刻的時候就逝世了。皇上的死因民間歸之於趙昭儀，皇太后詔令大司馬王莽、丞相孔光、大司空何武說：「皇帝突然逝世，民眾感到奇怪議論紛紛。掖庭令輔等人侍從左右，侍候皇帝寢安最為接近，應與御史大夫、丞相、廷尉共同審問皇帝生活起居和發病狀況。」趙昭儀因此自殺。

6 哀帝即位以後，尊趙皇后為皇太后，封太后的弟弟侍中駙馬都尉趙欽為新成侯，趙家封侯的共有兩人。幾個月以後，司隸解光上奏章說：

7 「臣聽說許美人和原中宮史曹宮都和孝成皇帝曾經同房過，生過兒子，兒子隱沒不見。

8 「臣派遣從事掾業、從事史望考問驗證了解情況的掖庭獄丞籍武，原中黃門王舜、吳恭、靳嚴，宮廷侍婢曹曉、道房、張棄，原趙昭儀侍從于客子、王偏、臧兼等，都說曹宮就是曹曉的女兒，以前隸屬於皇后，擔任學事史職務，通曉《詩經》，教授皇后。道房與曹宮同性相戀，在元延元年中曹宮對道房說：『陛下與我曾同房過。』幾個月後，曹曉來到殿中，見曹宮肚子大了起來，問曹宮。曹宮回答說：『陛下與我同房有了身孕。』那年十月，曹宮在後宮牛官令舍生下了皇子，有供使喚的奴婢六人。中黃門太監田客手持成帝詔令手記，裝在綠綢子做的書袋裡，蓋著御史中丞的印章密封著，交給掖庭獄丞籍武說：『取牛官令舍的婦人、新生兒，婢六人，全部留置在掖庭令屬下的暴室獄中，不要問新生兒是男是女，是誰的兒子！』籍武迎來留置在獄中。曹宮說：『妥善地藏好我兒的胎衣，掖庭獄丞哪知道這是誰的嬰兒！』三天後，田客拿著手令詔記給籍武，問他：『嬰兒死了沒有？在木簡的背面寫上答詞。』籍武立即書寫回答：『嬰兒現在還在，沒有死。』過了不久，田客出來對籍武說：『皇上和趙昭儀大怒，質問為何不殺死嬰兒？』籍武叩頭啼哭著回答說：『不殺嬰兒，自己知道犯了死罪；殺死嬰兒，也是死罪啊！』隨即透過田客呈上祕密的奏章，說：『陛下沒有皇位繼承人，嬰兒沒有貴賤之別，希望留意察看！』奏章呈入，田客又拿皇上的詔令手記對籍武說：『今晚夜漏到五刻時，把嬰兒交給王舜，在東交掖門相會。』籍武問田客：『陛下見了我的上書，有何想法？』田客回答：『兩眼直視瞪了起來！』籍武就把嬰兒交給了王舜。王舜接到詔令，把嬰兒送入宮殿中，替他選擇了奶娘，告訴乳母說『好好養育嬰兒，將有獎賞。不要洩露消息！』王舜選擇了宮婢張棄為奶娘，這時嬰兒生下已有八九天了。三天後，田客又拿著詔令手記，與前次一樣加封給了籍武，中有密封的小綠盒，手記說：『告訴籍武把小盒裡的藥物和手書交給在獄中的婦人曹宮，籍武要親自監視她服用。』籍武打開綠色的小盒，裡面有裹著的丸藥二粒，用赤色的薄小的紙寫的字書，說：『告訴偉能：好好服用此藥，不能再進宮來。你自己應該知道。』偉能就是曹宮。曹宮讀完字書後，說：『果然是真的啊，趙氏姊妹想要專權天下！我兒是個男孩，額頭上長有壯髮，像似孝元皇帝。現在我兒在何處？怕是被殺死了啊！如何能使太后也知道此事？』曹宮服藥而死。之後曹宮的那六個奴婢也被召喚進宮，出來對籍武說：『趙昭儀對我們說：「你們沒有罪過，願自殺呢？還是處死在外舍？」我輩都回答願意自殺。』六人就自己上吊自殺。籍武就把這些情況寫明上報。張棄乳育養嬰兒十一天，宮長李南拿出詔書取走嬰兒，不知安置在何處。

9 「許美人從前住在上林苑的涿沐館，多次被召入飾室若舍居住，一年中兩三次的召入，留下來幾個月或半年與皇上同房侍寢。元延二年許美人懷了孩子，那年十一月就出生了。詔令中黃門靳嚴帶領女醫和五種藥合成的丸藥三粒，送到許美人的住所。後侍奉趙昭儀的于客子、王偏、臧兼聽到趙昭儀對成帝說：『你常哄騙我說是從中宮皇后那兒來，假使從中宮來，許美人的兒子是從中宮出生的嗎？竟然要把許美人再立為皇后嗎？』趙昭儀發怒，用手捶打自己，用頭去撞牆壁和門柱，從床上摔到地下，哭哭啼啼不肯吃飯，對成帝說：『現在要如何安置我？我想回老家去！』成帝說：『現在特地把情況告訴你，為何反而大怒！真不知為什麼。』成帝也不吃飯。趙昭儀說：『陛下如果知道自己是對的，為什麼又不吃飯呢？陛下常說「發誓不背棄你」，現在許美人生了孩子，竟然違背誓言，這是為什麼？』成帝說：『我已發誓要立趙氏之子，因此不立許氏做皇后。一定使天下沒有超過趙氏的人，你不必憂慮！』後下詔使中黃門靳嚴拿著綠色綢袋子裝的書信給許美人，並告訴靳嚴說：『許美人應當有東西給你，接受了拿過來，放置在飾室門簾的南邊。』許美人用蘆葦編的一個盒子裝了所生孩子，用繩把盒蓋與盒子封好，又用綠色綢袋子裝上回報的書信給了靳嚴。靳嚴拿著盒子與書信，放置在飾室門簾南邊就離去了。成帝與趙昭儀在飾室中坐著，使于客子解開盒子上的封線。還沒有完，成帝就讓于客子、王偏、臧兼都出去，親自關上門，單獨與趙昭儀在一起。片刻後開了門，呼喚于客子、王偏、臧兼，把封好的盒子與綠綢子做的方底袋子，移置在屏風的東邊。中黃門吳恭接到詔書，拿著盒子與方底袋子交給了籍武，都蓋了御史中丞的大印封著，說：『告訴籍武：盒子裡有死嬰，埋藏在隱蔽處，不要讓人知道。』籍武就在牢獄的牆下挖了個土洞，把盒子埋在那裡。

10 「原長定宮許貴人和原成都侯王商、平阿侯王譚家的奴婢王業、任孋、公孫習以前已經免罪做了平民，有詔召他們入宮，令做趙昭儀的私人奴婢。成帝逝世，還未殮屍入棺，在倉促悲哀之時，趙昭儀自知罪大惡極，知王業等人原是許貴人、外戚王氏家的奴婢，恐怕事情敗露，就把她的大奴婢羊子等賜予王業等每人十名，用來安慰他們，叮囑他們不要說出自己的過失。

11 「元延二年五月，原來的掖庭令吾丘遵對籍武說：『掖庭宮署從丞吏以下的官員都和趙昭儀串通一氣，沒有一個能說話的人，只想和你籍武說一說。我沒有兒子，你籍武有兒子，這帝王家把殺人滅族看得很容易，你是不是不敢說話？掖庭中宮女與皇帝同房生了兒子常常被害死，還有吃藥墮胎的不計其數，我想與你籍武共同向大臣訴說，驃騎將軍王根貪財愛錢，不值得和他謀事，用什麼辦法能讓長信宮王太后知道呢？』吾丘遵後來病危時，對籍武說：『現在我要病死了，以前和你談的事情，你籍武不要單獨去做，要小心謹慎不要說出。』」

12 「以上所說都在今年四月丙辰日下大赦令以前的事。臣謹慎地審查過永光三年男子忠等人盜掘了長陵縣傅夫人墓一案，這件事是在大赦令以前，可是孝元皇帝下詔說：『這個盜竊陵墓的案子，是我不應當赦免的啊！』追辦到底，所有罪犯都受到了應有的懲辦，天下的人都認為做得對。春秋時魯莊公的夫人齊國人哀姜殺死嫡子，齊桓公認為不道召她回齊國處死了她，《春秋》給予了讚許的評價。趙昭儀作亂傾覆聖朝，親手殺死皇子，家屬應受上天的誅滅。前平安剛侯夫人許謁因犯大逆不道罪，兄弟姊妹判處連坐，因蒙上赦令，遣歸原籍。現在趙昭儀所犯罪行尤為大逆不道，罪惡比許謁還重，而她的兄弟姊妹等人都還處在尊貴的地位，迫近宮殿帷帳中樞，群臣在下的感到寒心，這不是懲辦罪惡推崇道義宣示於四方的做法啊。請求對此事窮追到底，丞相以下群臣討論治罪。」

13 哀帝於是罷免了新成侯趙欽、欽兄之子成陽侯趙訢，皆為平民，連同家屬一起遷到遼西郡。這時議郎耿育上奏章說：

14 「臣聽說繼位嗣君不依正統，廢嫡立庶，聖人宗法禁止，自古到今都視為極大的禁戒。然周太王的嫡子太伯知道弟季歷要立為太子，堅決避開讓位，委身於吳越之地，通權達變的辦法，不計常規，把繼承的位子給了季歷，以推崇聖明的嗣君，最後周朝得了天下，子孫相承，七八百年，功績列於三王之首，道德最為完備，所以尊號往上推到了周太王。因此世界上必有非常的變化，然後才會有非凡的謀略。孝成皇帝自己知道不能及時立太子，考慮到雖然晚年有了皇子，自己去世後仍不能掌握國家政權，重要的權力，要被女主母后操縱，女主驕傲氣盛則嗜欲無限，小皇帝幼弱則大臣不會聽從命令，當世沒有像周公那樣輔佐幼主的大臣，恐怕國家危險，發生動亂。孝成皇帝知道陛下有賢能聖明通達的品德，仁孝慈愛的情懷，高人一等的明見，自身能夠裁決一切，所以孝成皇帝廢除了後宮美人就館生子的習慣，斷絕立幼主產生禍亂的根源，於是就傳位給陛下以安宗廟。愚昧的臣下既不能引經據典考慮國家的安危，也不能提出不朽的治國良策，又不知道推廣聖明的大德，陳述先帝的心志，竟然反覆考究後宮禁內，暴露宴寢私生活，誣衊侮辱先帝偏聽迷惑的過失，歸結為寵愛婢妾嫉妒迷惑的罪惡，甚為喪失聖賢高深遠見之明，違反先帝憂慮國家之意。

15 「要有大德就不能受習俗的束縛，要建立大功就不能與眾人合流，這就是孝成皇帝思慮極為周密高於眾臣萬倍的原因，也是陛下聖德盛茂符合上天意志的原因，豈是當世平庸的眼光短淺心胸狹小的朝臣所能趕得上的嗎？況且廣泛褒揚、隨順君父的美德，匡正消滅過去的錯誤，這是古今通用的原則。事情發生時未在當時堅定地諫諍，以防禍患於發生之前，每個人都隨旨意阿諛逢迎，只想以諂媚求得包容，皇帝晏駕之後，謚號已定，萬事已終了，才來探討追究不可挽回的事情，揭發與宣揚隱祕的過失，這是臣深切痛心的事情。

16 「希望這一問題交給下屬有關主管單位進行討論，如果意見與臣的一樣，應當頒布全國，使全國上下都知道先帝意見的英明之處。不這樣，白白使誹謗的言論上及埋在山陵中的先帝，往下流傳後世，遠傳至眾多蠻族，近則在全國傳播，這根本不是先帝託付後代的意思。凡孝子善於遵循父親的遺志，善於成就他人的事業，希望陛下省視明察。」

17 哀帝立為太子，也很得趙飛燕太后出力，於是就不追究此事。傅太后感謝趙太后支持其孫立為太子的恩惠，趙太后見哀帝不追究此事也心悅誠服，因此只有成帝母太皇王太后和外戚王氏家族都在怨怒。

18 哀帝逝世，王莽稟告王政君太后後下詔令給有關官府說：「以前皇太后趙飛燕與趙昭儀都在皇帝寢宮侍奉，姊妹二人專斷了寵愛、禁錮了房寢，憑持反叛作亂的陰謀，殘害皇子危害宗廟，違背天意侵害先帝，沒有天下母后的原則。貶降皇太后為孝成皇后，遷居北宮。」一個多月以後，又下詔說：「孝成皇后自知罪惡深大，朝見請謁的禮儀稀少有缺，失去了為婦之道，沒有供養之禮，而有虎狼一樣的毒惡心腸，為宗室所怨恨，天下的仇敵，但還占著小君的尊位，這決不是上天的心願。小事不忍耐就會敗亂大謀略，施恩解決不了的問題就要用正義來割斷。現在廢孝成皇后為平民，歸往陵園侍奉先帝。」這天趙飛燕自殺。一共立為皇后十六年而被誅死。先是有童謠說：「燕子、燕子，羽尾光滑豔麗，張公子，時常見面相會。宮門上只有青色的倉琅根，燕子飛來了，嘴啄皇帝的兒孫。皇帝的兒孫死完了，燕子只能啄屎了。」成帝每次便服外出，常與張放同行，就說自己是富平侯張家的家人，所以稱他是張公子。青色的琅根，就是宮門上的銅環。

1 孝元傅昭儀，哀帝祖母也。父河內❶溫❷人，蚤❸卒，母更嫁為魏郡❹鄭翁妻，生男惲。昭儀少為上官太后才人❺，自元帝為太子，得進幸。元帝即位，立為倢伃，甚有寵。為人有材略❻，善事人❼，下至宮人左右❽，飲酒酹❾地，皆祝延❿之。產一男一女，女為平都公主⓫，男為定陶恭王⓬。恭王有材藝⓭，尤愛於上。元帝既重傅倢伃，及⓮馮倢伃亦幸，生中山孝王⓯，上欲殊之⓰於後宮，以二人皆有子為王，上尚在，未得稱太后⓱，乃更號曰昭儀⓲，賜以印綬⓳，在倢伃上。昭其儀⓴，尊之也。至成、哀時，趙昭儀、董昭儀皆無子，猶稱焉㉑。

2 元帝崩㉒，傅昭儀隨王㉓歸國，稱定陶太后。後十年，恭王薨，子㉔代為王。王母曰丁姬㉕。傅太后躬㉖自養視㉗，既壯大，成帝無繼嗣。時中山孝王在。元延四年㉘，孝王及定陶王皆入朝。傅太后多以珍寶賂遺趙昭儀及帝舅票騎將軍王根，陰[29]為王求漢嗣。皆見上無子[30]，欲豫[31]自結為久長計，更[32]稱譽定陶王。上亦自器之[33]，明年[34]，遂徵定陶王立為太子。語在哀紀。月餘，天子立楚孝王[35]孫景為定陶王，奉[36]恭王後。太子議[37]欲謝[38]，少傅[39]閻崇以為「春秋不以父命廢王父[40]命，為人後[41]之禮不得顧私親[42]，不當謝」。太傅[43]趙玄以為當謝，太子從之。詔問所以謝狀[44]，尚書[45]劾[46]奏玄，左遷[47]少府，以光祿勳[48]師丹為太傅。詔傅太后與太子母丁姬自居定陶國邸[49]，下有司議皇太子得與傅太后、丁姬相見不，有司奏議不得相見。頃之[50]，成帝母王太后欲令傅太后、丁姬十日一至太子家，成帝曰：「太子承[51]正統，當共養陛下，不得復顧私親。」王太后曰：「太子小，而傅太后抱養之，今至太子家，以[52]乳母恩耳，不足有所妨[53]。」於是令傅太后得至太子家。丁姬以不小養[54]太子，獨不得[55]。

3 成帝崩[56]，哀帝即位。王太后詔令傅太后、丁姬十日一至未央宮[57]。高昌侯[58]董宏希指[59]，上書言宜立丁姬為帝太后。師丹劾奏「宏懷邪[60]誤朝[61]，不道[62]」。上初即位，謙讓，從師丹言止。後迺白令王太后下詔，尊定陶恭王為恭皇。哀帝因是[63]曰：「春秋『母以子貴』，尊傅太后為恭皇太后，丁姬為恭皇后，各置左右詹事[64]，食邑[65]如長信宮[66]、中宮[67]。追尊恭皇太后父為崇祖侯，恭皇后父為褒德侯。」後歲餘，遂下詔曰：「漢家之制，推親親以顯尊尊[68]，定陶恭皇之號不宜復稱定陶。其尊恭皇太后為帝太太后，丁后為帝太后。」後又更號帝太太后為皇太太后，稱永信宮[69]，帝太后稱中安宮[70]，而成帝母太皇太后本稱長信宮，成帝趙后為皇太后，並四太后，各置少府、太僕[71]，秩[72]皆中二千石。為恭皇立寢廟[73]於京師，比宣帝父悼皇考制度，序昭穆[74]於前殿[75]。

4 傅太后父同產[76]弟四人，曰子孟、中叔[77]、子元、幼君。子孟子喜[78]至大司馬，封高武侯[79]。中叔子晏[80]亦大司馬，封孔鄉侯[81]。幼君子商[82]封汝昌侯，為太后父崇祖侯後[83]，更號崇祖曰汝昌哀侯。太后同母弟鄭惲前死[84]，以惲子業為陽信侯[85]，追尊惲為陽信節[86]侯。鄭氏、傅氏侯者凡六人，大司馬二人，九卿二千石六人，侍中[87]諸曹[88]十餘人。

5 傅太后既尊，後尤驕，與成帝母[89]語，至謂之嫗[90]。與中山孝王母馮太后[91]並事元帝，追怨[92]之，陷以祝詛罪，令自殺。元壽元年[93]崩，合葬渭陵[94]，稱孝元傅皇后云。

【章旨】以上寫漢元帝傅昭儀的事跡。

【注釋】❶河內　郡名。治懷縣，今河南武陟西南。❷溫　縣名。在今河南溫縣西南。❸蚤　通「早」。❹魏郡　郡名。治鄴城，在河北臨漳西南。❺才人　宮中女官名。❻材略　才能謀略。❼事人　對待人；侍奉人。❽左右　指身邊近侍。❾酹以酒灑地，表示祭奠或祝福。❿祝延　祝之使延長壽命也。⓫平都公主　因公主湯沐邑在平都，故名。平都，縣名。在今陝西安定境。⓬定陶恭王　即劉康，哀帝劉欣之父。劉欣後徙封定陶，死後諡恭，故稱定陶恭王。定陶，縣名。在今山東定陶西北。⓭材藝　才能技藝。卷八十〈宣元六王傳〉說恭王「多材略，習知聲音，上奇器之」。⓮及　等到。⓯中山孝王　元帝馮昭儀生，即劉興，平帝之父。後封為中山王，死諡孝，故稱中山孝王。⓰殊之　指元帝想給傅倢伃、馮倢伃以特殊待遇。⓱未得稱太后　楊樹達《漢書窺管》說：「太后謂王太后，據此，知王有父在時，母不得稱太后。」⓲更號曰昭儀　昭儀稱號始此，為次皇后。⓳印綬　印指昭儀印，綬為繫印的絲帶。⓴昭其儀　昭顯其儀。表示尊重。㉑焉　這樣。㉒元帝崩　元帝在竟寧元年（西元前三三年）去世。㉓王　指定陶王。㉔子　定陶恭王之子劉欣，即後來的哀帝。㉕丁姬　定陶恭王之妾，姓丁。姬，妾。漢代宮中女官亦稱姬，秩比二千石，位在倢伃下。㉖躬　親自。㉗養視　撫養照顧。㉘元延四年　西元前九年。元延，成帝年號。㉙陰　暗地裡。㉚皆見上無子　皆字前有「昭儀及根」四字，此處脫。〈哀帝紀〉有此四字。㉛欲豫　想預先。㉜更　輪流交替。㉝器之　器重他。㉞明年　綏和元年（西元前八年）。㉟楚孝王　宣帝子劉囂。衛倢伃生。㊱奉指繼承。㊲議　商議。㊳欲謝　想答謝。㊴少傅　輔導太子的官。㊵王父　祖父。《爾雅・釋親》：「父為考，母為妣，父之考為王父。」即稱死去的父親為考，母親為妣，祖父為王父。所以，不能以父命廢王父命。㊶人後　指為人的後嗣子孫。㊷私親　自己原來的親人。㊸太傅　輔佐國君的官。周代，太師、太傅、太保合稱三公。㊹所以謝狀　指詔問所以答謝的原因。狀，情形。㊺尚書　中朝（內朝）的官員，主管文書奏章。㊻劾　彈劾。㊼左遷　降職。㊽光祿勳　官名。原名郎中令，武帝時改稱光祿勳。㊾邸　王侯在京城的住所。猶今之公館。㊿頃之　一會兒；不多久。(51)承　輔佐；秉承。(52)以　因。(53)妨妨礙；損害。(54)小養　從幼小時撫養。(55)不得　不能。(56)成帝崩　成帝於綏和二年（西元前七年）死去。(57)未央宮　高祖七年（西元前二〇〇年）由蕭何主持修建，宮址在今陝西西安西北郊，漢長安故城西南角。漢代皇帝居此。(58)高昌侯　宣帝時封董昌為高昌侯，元帝時其子董宏嗣位。(59)希指　希求迎合天子的意指也。指，通「旨」。(60)懷邪　心藏惡念。(61)誤朝　錯亂朝政。(62)不道　大逆不道。(63)因是　因此。(64)詹事　官名，秦置。管理皇后或太子家事。(65)食邑　衣食封邑中的租稅叫食邑。(66)長信宮　母后所居。母后代稱。(67)中宮　皇后所居。皇后代稱。(68)推親親以顯尊尊　推廣至親，顯明至尊。(69)稱永信宮　指傅太后與成帝母王太后地位相等，永信宮與長信宮相同。(70)中安宮　中安與中宮義相同。丁姬與趙飛燕地位相同。(71)太

僕　官名。掌車馬與馬政，九卿之一。此太僕指專掌皇太后輿馬的中太僕。(72)秩　官吏的品級。(73)寢廟　如淳曰：「廟之前曰殿，半以後曰寢。」寢是藏衣冠的地方，廟是祭祀的地方。(74)昭穆　始祖居中，其子孫按血統次序分左右排列，二、四、六在左，三、五、七在右，形成左昭右穆的昭穆制度。(75)前殿　宗廟前部的祭神之處。(76)同產　同母兄弟。(77)中叔　即仲叔。中，同「仲」。(78)子孟子喜　指子孟的兒子傅喜。見卷八十二〈傅喜傳〉。(79)高武侯　爵名。建平元年（西元前六年）封，封國在杜衍縣，在今河南南陽西南。(80)晏　傅晏，哀帝皇后的父親，傅太后的姪子。(81)孔鄉侯　傅晏在綏和二年（西元前七年）封孔鄉侯，地在夏丘，在今安徽泗縣。(82)商　傅商，建平四年（西元前三年）封汝昌侯，封地在陽穀，在今山東陽穀東北。(83)為太后父崇祖侯後　指傅商被立為傅太后父親崇祖侯的後繼人。(84)前死　死在先。(85)陽信侯　建平四年封，封地在新野，今河南新野東南。(86)節　謚號。《謚法》：「好廉自克曰節。」(87)侍中　加官名。侍從皇帝，出入宮廷。(88)諸曹　尚書下分職治事的部門與官吏，受尚書事。(89)成帝母　元帝皇后王政君。(90)嫗　古代對老婦的通稱。(91)馮太后　元帝的馮昭儀，平帝的祖母。(92)追怨　追究以往的怨恨。(93)元壽元年　西元前二年。元壽，哀帝年號。(94)渭陵　漢元帝陵墓。

【語　譯】孝元皇帝的傅昭儀，是哀帝的祖母。她的父親是河內郡溫縣人，死得早，母親改嫁做魏郡鄭翁的妻子，生有男孩叫鄭惲。傅昭儀少年時為宣帝上官太后的才人，從元帝立為太子，才進身得到寵幸。元帝即位後，她被立為倢伃，甚受寵幸。她為人有才智謀略，善於與人相處，下至宮人左右侍從，飲酒時要把酒灑在地上，都會替她們祝福延壽。生一男一女，女為平都公主，兒子為定陶恭王。恭王有才能技藝，尤其得到皇帝的喜愛。元帝既已看重傅倢伃，等到馮倢伃也被寵幸，馮倢伃又生了中山孝王，元帝想使二人在後宮得到特殊的榮耀，以二人都有子封王，由於自己還健在，不能稱她倆為國王的太后，就改其官號為昭儀，賜給大印和繫印的綵帶，官位在倢伃之上。昭儀就是昭顯其儀，以表示對兩人的尊崇。到成帝、哀帝時，趙昭儀、董昭儀都沒有兒子，還是用了昭儀的顯貴稱號。

2　元帝去世，傅昭儀跟隨定陶王回封國，稱為定陶太后。十年以後，定陶恭王去世，兒子劉欣代為王。王的母親稱丁姬。傅太后親自撫養照料年幼的孫子劉欣，等到劉欣長大，成帝沒有子嗣。當時中山孝王健在。元延四年，中山孝王與定陶王都進京朝見。傅太后用了很多珍寶賄賂趙昭儀和帝舅驃騎將軍王根，暗地裡為定陶王謀求做漢天子的繼嗣。趙昭儀、王根都明白皇帝沒有兒子，想預先與其交結為自己做長久的打算，二人交替著稱讚定陶王。成帝也很器重他，隔年就徵召定陶王立為太子。這些都記載在〈哀帝紀〉裡。一個多月以後，成帝立楚孝王的孫子劉景為定陶王，做恭王的後嗣。太子劉欣提出想答謝此事，少傅閻崇認為「《春秋》經文上說，不因父命廢棄祖上的命令，做了別人的後代從禮法上說就不能顧及親生父母，因此不應該答謝」。太傅趙玄認為應當答謝，太子聽從了他的意見。成帝詔書問到為何要答謝，尚書上奏章彈劾了太傅趙玄，使其降職任少府，又以光祿勳師丹為太傅。詔令傅太后與太子母親丁姬自己居住在定陶國的官邸裡，下令有關官府討論太子能不能與傅太后、丁姬相見，有關官府奏議不能相見。不久，成帝母親王太后想令傅太后、丁姬十天一次來到太子家，成帝說：「太子繼承正統，應該供奉侍養於陛下，不能再顧及親生父母。」王太后說：「太子年紀幼小，是傅太后抱養大的，現在她到太子宮，是因為乳母的恩情，不會妨礙什麼。」於是就令傅太后得到太子家。丁姬因太子幼小時沒有撫養，因此不得到來。

3 成帝逝世，哀帝即位。王太后詔令傅太后、丁姬十天一次到天子住的未央宮。高昌侯董宏希求迎合天子的意旨，上書說應當立丁姬為帝太后。師丹上奏章彈劾說「董宏心懷邪念迷誤朝政，犯了大逆不道罪」。皇上初即位，謙遜退讓，聽了師丹的話停止了立丁姬為太后。後來才建議王太后下詔令，尊稱定陶恭王為恭皇。哀帝因此說：「《春秋》說『母以子貴』，尊稱傅太后為恭皇太后，丁姬為恭皇后，各自設置左右詹事官，食封的湯沐邑如長信宮、中宮一樣。追尊恭皇太后的父親為崇祖侯，恭皇后的父親為褒德侯。」一年多以後，又下詔說：「漢家的制度，推崇至親來顯示至尊，定陶恭皇之號不宜再稱定陶。令尊恭皇太后為帝太太后，丁后為帝太后。」後又改號帝太太后為皇太太后，稱永信宮，帝太后稱中安宮，而成帝母太皇太后本稱長信宮，成帝趙后為皇太后，共為四太后，各設置少府、太僕，俸祿等級都是中二千石。為恭皇在京師建立了寢廟，比照宣帝父親悼皇考的制度，在寢廟的前殿按左昭右穆的制度排定次序配享祭祀。

4 傅太后的父親有同胞兄弟四人，名叫子孟、中叔、子元、幼君。子孟的兒子傅喜官做到大司馬，封為高武侯。中叔的兒子傅晏也做到大司馬，封為孔鄉侯。幼君的兒子傅商封為汝昌侯，立為傅太后父親崇祖侯的繼嗣，改封號崇祖為汝昌哀侯。傅太后的同母弟鄭惲死得早，就讓鄭惲的兒子鄭業當了陽信侯，追尊鄭惲為陽信節侯。鄭氏、傅氏封侯的人共六人，大司馬二人，當了九卿俸祿二千石的六人，做了侍中諸曹官的十多人。

5 傅太后已經尊貴後，特別驕傲，和成帝母親說話時，甚至叫她老婆子。與中山孝王母親馮太后侍奉過元帝，因追究以前的怨恨，誣陷她犯了祝詛罪，令其自殺。在哀帝元壽元年死去，合葬於元帝陵墓渭陵，稱孝元傅皇后。

1 定陶❶丁姬，哀帝母❷也，易祖師❸丁將軍❹之玄孫❺。家在山陽❻瑕丘❼，父至盧江❽太守❾。始定陶恭王先為山陽王❿，而丁氏內其女為姬。王后姓張氏，其母鄭禮，即傅太后同母弟也。太后以親戚故，欲其有子，然終無有。唯丁姬河平四年⓫生哀帝。丁姬為帝太后，兩兄忠、明。明以帝舅封陽安侯⓬。忠蚤死，封忠子滿為平周侯⓭。太后叔父憲、望。望為左將軍，憲為太僕。明為大司馬票騎將軍輔政。丁氏侯者凡二人，大司馬一人，將軍、九卿、二千石六人，侍中諸曹亦十餘人。丁、傅以一二年間暴興⓮尤盛。然哀帝不甚假⓯以權勢，權勢不如王氏在成帝世也。

2 建平二年⓰，丁太后崩。上曰：「詩云『穀則異室，死則同穴⓱』。昔季武子成寢⑱，杜氏之墓在西階⑲下，請合葬⑳而許之。附葬㉑之禮，自周興焉㉒。孝子事㉓亡如事存，帝太后宜起陵恭皇之園㉔。」遣大司馬票騎將軍明東送葬于定陶，貴㉕震山東㉖。

3 哀帝崩，王莽秉政㉗，使有司舉奏㉘丁、傅罪惡。莽以㉙太皇太后詔皆免官爵，丁氏徙歸故郡㉚。莽奏貶傅太后號為定陶共㉛王母，丁太后號曰丁姬。

4 元始五年㉜，莽復言：「共王母、丁姬前不臣妾㉝，至葬渭陵，冢高與元帝山齊㉞，懷帝太后、皇太太后璽綬以葬，不應禮㉟。禮有改葬，請發㊱共王母及丁姬冢，取其璽綬消滅㊲，徙共王母及丁姬歸定陶㊳，葬共王冢次㊴，而葬丁姬復其故㊵。」太后以為既已㊶之事，不須復發。莽固㊷爭之，太后詔曰：「因故棺為致㊸椁㊹作冢，祠以太牢㊺。」謁者㊻護既發傅太后冢，崩㊼壓殺數百人；開丁姬椁戶㊽，火出炎㊾四五丈，吏卒以水沃㊿滅迺得入，燒燔(51)椁中器物。

5 莽復奏言：「前共王母生(52)，僭(53)居桂宮(54)，皇天震怒，災其正殿；丁姬死，葬踰制度，今火焚其椁。此天見變以告，當改如媵妾(55)也。臣前奏請葬丁姬復故，非是。共王母及丁姬棺皆名梓宮(56)，珠玉之衣非藩妾服(57)，請更以木棺代，去珠玉衣，葬丁姬媵妾之次(58)。」奏可。既開傅太后棺，臭聞數里。公卿在位(59)皆阿莽指[60]，入錢帛，遣子弟及諸生[61]四夷[62]，凡十餘萬人，操持作具[63]，助將作[64]掘平共王母、丁姬故冢，二旬間皆平。莽又周棘[65]其處以為世戒云。時有群燕數千，銜[66]土投丁姬穿[67]中。丁、傅既敗，孔鄉侯晏將家屬徙合浦[68]，宗族皆歸故郡。唯高武侯喜得全，自有傳[69]。

【章旨】以上寫漢哀帝之母丁姬的事跡。

【注釋】❶定陶　此指定陶王劉康。❷哀帝母　指丁姬是哀帝的母親。❸祖師　一個學派或技藝、宗教的創始人，都可稱祖師。祖，始。師，師傅。❹丁將軍　即丁寬，曾從田何等學《易》，作《易》說三萬言，自成《丁氏易》的一個學派。景帝時，丁寬為梁孝王將軍，抗吳楚，號丁將軍。見卷八十八〈儒林傳〉。❺玄孫　孫之子為曾孫，曾孫之子為玄孫。❻山陽　漢郡、國名。景帝中元六年（西元前一四四年）分梁國，置山陽國，治昌邑，今山東金鄉西北。❼瑕丘　縣名。治今山東兗州東北。❽廬江　郡名。治舒縣，在今廬江西南。❾太守　郡的行政長官，初名郡守，景帝時改稱太守。❿定陶恭王先為山陽王　劉康在竟寧元年（西元前三三年）徙山陽，稱山陽王。河平四年（西元前二五年）徙定陶，為定陶王。故山陽在定陶之前。⓫河平四年　西元前二五年。河平，成帝的第一個年號（西元前二八—前二五年）。⓬陽安侯　丁明於綏和二年（西元前七年）被封陽安侯。陽安，縣名。治今河南確山縣東北。⓭平周侯　丁滿於綏和二年（西元前七年）封平周侯。封地在湖陽。今河南唐河湖陽鎮。⓮暴興　突然興起。⓯假　給予。⓰建平二年　西元前五年。建平，哀帝年號。⓱穀則異室二句　見《詩經・國風・大車》。意為生不同室，死後同穴。穀，生也；活著。則，就。異室，不同住。同穴，同墳；同埋。⓲成寢　新成寢宮。見《禮記・檀弓上》與《晏子春秋・內篇諫二》。⓳西階　指寢宮西邊的臺階下。⓴合葬　父母死亡要合葬。㉑附葬　母附父而葬，稱附葬。㉒自周興焉　據《禮記・檀弓上》載季武子說，合葬之禮起於周公。故說自周興。㉓事　侍奉。㉔園　陵園。㉕貴　尊貴。㉖山東　古稱崤山或華山以東為山東。㉗秉政　執政。㉘舉奏　揭發罪狀向皇帝上奏章。㉙以　憑藉；用。㉚故郡　原來所在的郡，指山陽郡。㉛共　通「恭」。㉜元始五年　西元五年。元始，平帝年號。㉝不臣妾　不守做臣妾的本分。㉞冢高句　墳高得竟與元帝山陵相齊。冢，墳。㉟懷帝太后二句　指隨身懷藏帝太后、皇太太后璽綬入葬不合禮制。㊱發　打開；發掘。㊲消滅　銷毀。㊳徙共王母及丁姬歸定陶　王先謙引顧炎武說「丁姬先已葬定陶，『及丁姬』三字衍。」此論與事實相符合。㊴次　指按恭王冢的位次安葬。㊵復其故　指按丁姬原來的身分照舊埋葬。㊶既已　已經了結。㊷固　堅持。㊸致　累；重疊。一層上加一層。㊹椁　套在棺上的外槨。㊺太牢　祭祀名。用牛羊豬各一祭祀為太牢。㊻謁者　官名。郎中令（光祿勳）屬官，掌賓贊受事。少府屬官也有中書謁者令或稱中謁者令。㊼崩　倒塌。㊽椁戶　槨門。㊾炎　火焰；火苗。㊿沃　澆水。(51)燔　焚燒。(52)生　活著；在世。(53)僭　越規。(54)桂宮　宮名。在未央宮北。(55)媵妾　隨嫁的侍妾。(56)梓宮　指皇帝以梓木為棺名梓宮，而共王母與丁姬也用梓宮，應以木棺代。(57)珠玉之衣句　指珠玉之衣不是藩妾的服飾，應當去掉。(58)媵妾之次　侍妾的等次。(59)在位　在朝有職位的官員。(60)阿莽指　逢迎王莽的意旨。(61)諸生　在國家學校讀書的學生。(62)四夷　在京的外族成員。(63)作具　勞作的工具。(64)助將作　協助掌管土木工程的將作大匠掘平共王母、丁姬的墳墓。(65)周棘　周圍植荊棘環繞。(66)銜　含。(67)穿　墓穴。(68)合浦　郡名。在今廣西合浦東北。(69)自有傳　即卷八十二〈傅喜傳〉。

【語譯】定陶王的丁姬，為哀帝的母親，《易》學祖師號丁將軍的丁寬的玄孫。家住在山陽郡瑕丘縣，父親官至廬江太守。一開始定陶恭王先封為山陽王，丁氏就把女兒納聘給他為姬妾。定陶王王后姓張氏，她的母親叫鄭禮，就是傅太后同一個母親的妹妹。太后因為是親戚的緣故，想讓王后生兒子，然而最終都沒有生。只有丁姬在河平四年生了哀帝。丁姬做了皇帝的太后，兩個哥哥叫丁忠、丁明。丁明由於是帝舅封了陽安侯。丁忠因為早死，封丁忠的兒子丁滿為平周侯。太后的叔父叫丁憲、丁望。丁望當了左將軍，丁憲當了太僕。丁明受命任大司馬驃騎將軍輔佐政事。丁氏一門封侯的有二人，做大司馬的一人，做將軍、九卿、二千石的六人，做侍中、諸曹的也有十多人。丁、傅兩外戚在一、二年間突然興起而鼎盛。然而哀帝不太給他們權勢，所以他們的權勢不如王氏在成帝的時候。

2 建平二年，丁太后去世，哀帝說：「《詩經》說『生不同室，死後同穴』。從前春秋時季武子新建成寢宮，杜氏的墳墓就在西邊的臺階下，請求父母合葬被批准。母親附葬父親墳墓的禮制，是從周代興起的。孝子侍奉已死的與在世的應一樣。帝太后應當在恭皇陵園中修陵墓。」於是派遣大司馬驃騎將軍丁明送太后靈柩向東在定陶與恭皇合葬，高貴的氣勢震動了山東廣大地區。

3 哀帝去世，王莽執政，使有關主管部門檢舉上奏丁、傅兩家的罪惡。王莽憑藉太皇太后的詔令免除了他們的官爵，丁氏遣返原籍。王莽又上奏貶謫傅太后的稱號而稱為定陶共王母，丁太后稱為丁姬。

4 元始五年，王莽又說：「定陶共王母和丁姬以前不按做臣妾的規則，死後葬到元帝的渭陵，墳堆的高大與元帝的山陵相等，埋葬時懷藏了帝太后、皇太太后的玉璽和綬帶，不符合禮制。按禮要改變葬制，請發掘共王母與丁姬的墳墓，取出她倆的玉璽和綬帶銷毀，遷徙共王母與丁姬遺骨回歸定陶國，葬在共王墳墓，丁姬則依原來的身分照舊埋葬。」王太后認為事情已經過去，墳墓不需要再發掘。王莽力爭要發掘，王太后下詔說：「以原來的內棺外套著外槨，祭祀用牛羊豬三牲俱全的太牢禮。」名叫護的謁者被授命發掘傅太后墓，墓道崩塌壓死好幾百人；開丁姬墓的外槨門，噴出火焰四五丈遠，官吏役卒用水澆滅火才進去，然而套槨裡殉葬的器物全被焚燒。

5 王莽再次上奏章說：「從前共王母在世的時候，超越自己的地位住在桂宮，上天大怒，正殿遭災；丁姬死了，埋葬超過了禮制，現在火焚燒了外槨。這是上天顯現變異以告知朝廷，應當改變她的葬禮如婢妾一樣。臣以前奏請丁姬的葬禮照舊，這是不對的。共王母與丁姬用的棺木都名梓宮，穿珠玉的衣服也不是藩臣婢妾所該有的，請改以木棺代替梓宮，去掉珠玉衣服，葬丁姬按婢妾的等次。」奏章批准。打開傅太后的內棺，數里之外都能聞到臭味。在位的公卿大臣都阿諛逢迎王莽的意旨，獻上錢幣絲帛，派遣子弟與太學生、四夷各族在京人員，總共十多萬人，拿了勞作的工具，幫助將作大匠掘平共王母、丁姬二人的舊墳，二十天內全部鏟平。王莽又在墳的周圍栽上荊棘以為世人警戒。當時有一群數千隻的燕子，銜著泥土投放到丁姬的墓穴中。丁、傅勢力已經衰敗，孔鄉侯傅晏帶著家屬流徙到合浦郡，孔氏宗族也都回到故郡。只有高武侯傅喜得以保全，他自己有傳。

孝哀傅皇后，定陶太后從弟子❶也。哀帝為定陶王時，傅太后欲重親❷，取以配王。王入為漢太子，傅氏女為妃。哀帝即位，成帝大行❸尚在前殿，而傅太后封傅妃父晏為孔鄉侯，與帝舅陽安侯丁明同日俱封。時師丹諫，以為「天下自王者所有，親戚何患不富貴？而倉卒❹若是，其不久長矣」。晏封後月餘，傅妃立為皇后。傅氏既盛，晏最尊重❺。哀帝崩，王莽白太皇太后下詔曰：「定陶共王太后與孔鄉侯晏同心合謀，背恩忘本，專恣❻不軌，與至尊❼同稱號❽，終沒，至迺❾配食❿於左坐⓫，誖逆⓬無道。今令孝哀皇后退就⓭桂宮。」後月餘，復與孝成趙皇后俱廢為庶人，就其園自殺。

【章　旨】以上寫漢哀帝傅皇后的事跡。

【注　釋】❶從弟子　堂兄弟的女兒，即姪女。此處誤，據楊樹達考證應為姪孫女。❷重親　親上加親。❸大行　諱言剛死亡的皇帝。❹倉卒　同「倉猝」。匆忙。❺尊重　尊貴顯要。❻專恣　專斷放縱。恣，放縱。❼至尊　指太皇太后王政君。❽同稱號　指傅太后與太皇太后王政君的稱號相同。❾迺　竟然。❿配食　指新死者的神位遷入祖廟與祖先共享祭祀。⓫左坐　左邊的座位。坐，同「座」。⓬誖逆　狂悖忤逆。誖，通「悖」。違背；違反。⓭就　歸；遷。

【語　譯】孝哀帝的傅皇后，是定陶太后的姪孫女。哀帝做定陶王的時候，傅太后想親上加親，娶姪孫女與王成婚配。定陶王被漢朝立為太子，傅氏女就做了太子妃。哀帝登皇位，剛去世的成帝屍體還停在前殿，傅太后就封了傅妃的父親傅晏為孔鄉侯，與哀帝舅父陽安侯丁明同一天受封。當時師丹提出規諫，認為「天下本是帝王家所有，親戚還怕不能富貴嗎？這樣匆忙地加官封爵，恐怕就不能長久保持了」。傅晏受封一個多月以後，傅妃立為皇后。傅氏外戚興盛之後，傅晏的地位最為尊貴。哀帝去世，王莽建議太皇太后下詔說：「定陶共王太后與孔鄉侯傅晏同心合夥策劃，辜負朝廷恩德忘了根本，專斷放縱不守法度，與至尊王政君太后同一稱號，死後，竟然在宗廟配享祭祀坐在左位，違背宗法大逆不道。現在令孝哀皇后退位往歸桂宮。」一個多月以後，孝哀皇后又和孝成帝趙皇后一同廢為平民，回陵園後自殺身亡。

1 孝元馮昭儀❶，平帝祖母也。元帝即位二年❷，以選入後宮。時父奉世❸為執金吾。昭儀始為長使❹，數月至美人❺，後五年❻就館❼生男，拜為倢伃❽。時父奉世為右將軍光祿勳❾，奉世長男野王為左馮翊❿，父子並居朝廷，議者以為器能⓫當其位，非用女寵⓬故也。而馮倢伃內寵與傅昭儀等。

2 建昭⓭中，上幸虎圈⓮鬭獸，後宮皆坐。熊佚⓯出圈，攀檻欲上殿。左右貴人傅昭儀等皆驚走，馮倢伃直前當熊而立，左右⓰格殺⓱熊。上問：「人情驚懼，何故前當熊？」倢伃對曰：「猛獸得人⓲而止，妾恐熊至御坐，故以身當之。」元帝嗟嘆，以此倍敬重焉。傅昭儀等皆慚⓳。明年夏，馮倢伃男立為信都王⓴，尊倢伃為昭儀。元帝崩，為信都太后，與王俱居儲元宮㉑。河平㉒中，隨王之國。後徙中山，是為孝王。

3 後徵定陶王為太子，封中山王舅參㉓為宜鄉侯。參，馮太后少弟也。是歲，孝王甍，有一男㉔，嗣為王，時未滿歲，有眚㉕病，太后自養視，數禱祠㉖解㉗。

4 哀帝即位，遣中郎謁者㉘張由將㉙醫治中山小王。由素有狂易病㉚，病發怒去，西歸長安。尚書簿責㉛擅去㉜狀㉝，由恐，因誣㉞言中山太后祝詛上及太后。太后即傅昭儀也，素常怨馮太后，因是遣御史丁玄案驗㉟，盡收㊱御者㊲官吏及馮氏昆弟在國者百餘人，分繫雒陽、魏郡、鉅鹿。數十日無所得，更使中謁者令㊳史立與丞相長史㊴大鴻臚丞雜治㊵。立受傅太后指㊶，幾㊷得封侯，治馮太后女弟㊸習及寡弟婦㊹君之，死者數十人。巫㊺劉吾服祝詛。醫徐遂成言習、君之㊻曰：「武帝時醫脩氏刺治㊼武帝得二千萬耳，今愈上㊽，不得封侯，不如殺上，令中山王代，可得封。」立等劾奏祝詛謀反，大逆。責問馮太后，無服辭。立曰：「熊之上殿何其勇，今何怯也！」太后還謂左右：「此迺中語㊾，前世事，吏何用㊿知之？是欲陷我效[51]也！」迺飲藥自殺。

5 先未死，有司請誅之，上不忍致法[52]，廢為庶人，徙雲陽宮[53]。既死，有司復奏「太后死在未廢前」。有詔以諸侯王太后儀葬之。宜鄉侯參、君之、習夫[54]及子當相坐[55]者，或自殺，或伏法。參女弁為孝王后[56]，有兩女，有司奏免為庶人，與馮氏宗族徙歸故郡。張由以先告賜爵關內侯[57]，史立遷中太僕[58]。

6

哀帝崩，大司徒59孔光奏「由60前誣告骨肉，立61陷人入大辟，為國家結怨於天下，以取秩遷62，獲爵邑63，幸蒙赦令，請免為庶人，徙合浦」云。

【章　旨】以上寫漢元帝馮昭儀的事跡。

【注　釋】❶馮昭儀　名媛，馮奉世長女，中山孝王母。❷二年　元帝初元二年（西元前四七年）。❸奉世　字子明，馮昭儀之父。上黨潞縣（今山西長治）人，曾任右將軍等職，見卷七十九〈馮奉世傳〉。❹長使　宮中女官名。秩視六百石，爵比五大夫（九等爵）。❺美人　宮中女官名。秩視二千石，爵比少上造（十五等爵）。❻後五年　指元帝永光五年（西元前四二年）。❼就館　在外舍。漢代宮嬪生子叫就館。❽倢伃　宮中女官名。武帝時置，位視上卿，秩比列侯。❾光祿勳　秦置郎中令，漢武帝時改為光祿勳，掌管宮殿門戶。❿左馮翊　官名。亦指行政區劃名。漢武帝太初元年（西元前一〇四年）改左內史為左馮翊，相當一個郡，與京兆尹、右扶風合稱三輔。⓫器能　才能。⓬女寵　受寵愛的女子。⓭建昭　元帝年號（西元前三八－前三四年）。⓮虎圈　放置養虎豹籠子的地方。在上林苑內。⓯佚　同「逸」。逃出。⓰左右　指身旁侍衛。⓱格殺　擊殺。⓲得人　得到人。⓳慙　慚愧。⓴信都王　即劉興。建昭二年（西元前三七年）封為信都王。封國。所屬有信都縣，在今河北棗強東北。㉑儲元宮　宮名。在上林苑。㉒河平　漢成帝年號（西元前二八－前二五年）。㉓參　馮奉世少子，馮太后弟。曾任郡太守。綏和中封馮參為宜鄉侯。㉔一男　名箕子。即平帝。㉕眚　病名。一說妖病，一說肝厥。眼生白翳也叫眚。一般認為此病應為肝厥。㉖禱祠　求神禱告祭祀。㉗解　同「懈」。指病情緩解。㉘中郎謁者　官名。據《漢書補注》說此乃《續漢志》所載謁者郎中，掌賓贊受事。秩比三百石，屬光祿勳。中郎，疑為郎中。㉙將　帶領。㉚狂易病　一種精神失常的狂病。發病前狂怒，發病後怒消。㉛簿責　按文書所載罪狀責問審理。簿，公文文書。㉜擅去　擅自離去。㉝狀　罪狀。㉞誣　汙衊；誣陷。㉟案驗　查問驗證。㊱收　收捕。㊲御者　侍從。㊳中謁者令　官名。漢武帝置中書令，宦官為之。成帝時改中書令為中謁者令。㊴丞相長史　官名。相當今之祕書長。㊵雜治　指共同審理。㊶指　旨意。㊷幾　同「冀」。希望。㊸女弟　妹妹。㊹寡弟婦　弟死妻存曰寡弟婦。㊺巫　古代稱能以舞降神的人。男稱覡，女稱巫。㊻徐遂成言習君之　指徐遂成轉述馮習和君之的話。㊼刺治　針刺治療。㊽愈上　指治好皇帝的病。㊾中語　在禁中說的話，外人不得而知也。

㊿何用　何以；為何。51效　徵驗；證明。52致法　送去法辦。53雲陽宮　宮名。在今陝西淳化西北甘泉山。54習夫　馮習的丈夫。55坐　定罪。56孝王后　中山孝王的王后。57關內侯　二十等爵制中的第十九等爵。次於列侯。58中太僕　官名。掌皇太后的車馬。59大司徒　官名。哀帝元壽二年（西元前一年）改丞相為大司徒。60由　即中郎謁者張由。61立　即中謁者令史立。62秩遷　升官。秩，官職的品級。63爵邑　封爵與食邑。

【語　譯】孝元帝的馮昭儀，是平帝的祖母。元帝即位的第二年，她被選進後宮。這時她父親馮奉世任執金吾，昭儀開始做長使，幾個月後升為美人，以後的五年她就在外舍生了一個男孩，拜為倢伃，那時她父親馮奉世任右將軍光祿勳，馮奉世的大兒子馮野王任職左馮翊，父子都在朝廷做官，議論者認為父子二人才能完全能勝任官職，不是憑藉女兒受皇帝寵愛得到的官位。馮倢伃受皇帝的寵愛與傅昭儀相等。

2　建昭年間，皇上到上林苑的虎圈裡去看鬥獸，後宮美人都陪坐。有隻熊從圈裡跑了出來，攀欄檻要登上大殿。皇帝身邊的貴人傅昭儀等都受驚嚇跑走，馮倢伃直往前擋住熊站著，左右侍衛擊殺了熊。皇上問馮倢伃：「眾人心情都驚慌害怕，你為何會往前攔阻熊？」倢伃回答說：「猛獸得到人就會停止，妾害怕熊跑到皇上座位上來，所以用身子擋住牠。」元帝聽了非常感歎，因此對她倍加敬重。傅昭儀等都感到自慚不如。第二年夏天，馮倢伃的兒子立為信都王，尊倢伃為昭儀。元帝去世，她做了信都太后，與信都王同住在上林苑的儲元宮。河平年間，跟隨信都王到了封國，後又改徙中山國，是為中山孝王。

3　後來成帝徵召定陶王做太子，封中山王的舅父馮參為宜鄉侯。馮參，是馮太后最小的弟弟。這年，中山孝王死，有一男孩，繼承王位，當時未滿一歲，患有肝厥病，馮太后親自養育照料，多次禱告神靈解脫他病的困擾。

4　哀帝即位，派遣中郎謁者張由帶領醫生診治中山小王的病。張由一向患有精神狂易病，病發作後狂怒就離開了，往西回到長安。尚書發文書指責他擅自離去的罪狀，張由恐懼，就誣陷中山馮太后求神降禍給皇帝與太后。太后就是傅昭儀，一向怨恨馮太后，因此派遣御史丁玄就此案驗證查問，收捕了所有馮太后的侍從官吏和她的兄弟在封國的共有一百多人，分別囚拘在雒陽、魏郡、鉅鹿等郡。審訊數十天沒有得到什麼結果，又改派中謁者令史立和丞相長史大鴻臚丞共同審問。史立接受了傅太后的旨意，希望能封侯爵，懲辦馮太后妹妹馮習及弟寡婦君之，整死的人有數十人。女巫劉吾供認了祝詛皇帝罪。御醫徐遂成誣陷轉述馮習、君之的話說：「武帝時御醫修氏用針刺療法治好了武帝的病，只得了兩千萬罷了，現在治好皇上，不能封侯，不如殺了他，讓中山王當皇帝，就能封侯。」史立等人上奏章彈劾揭發這是祝詛皇帝謀反，大逆不道。責備審問馮太后，她卻沒有認罪的言詞。史立說：「當年熊跑上宮殿時，何其勇敢，如今受審又何其膽怯呢！」馮太后轉身對侍從說：「這是禁中的話，前代的事了，差吏從什麼地方知道的呢？這是想陷害我的證明！」於是喝毒藥自殺。

5　在馮太后自殺以前，主管官員請求處死她，皇上不忍心讓她受到法律制裁，把她廢為平民，遷往雲陽宮。自殺之後，主管官員又上奏章說「馮太后死在廢免之前」。乃下詔許可用諸侯王太后的禮儀來安葬。宜鄉侯馮參、君之、馮習的丈夫和兒子，這些因牽連要辦罪的，有的自殺，有的被處死。馮參的女兒馮弁是中山孝王的王后，有兩個女兒，主管官員上奏免除她王后的稱號做平民，與馮氏宗族一起遷回原籍。中郎謁者張由因為首先告發馮太后賜爵關內侯，中謁者令史立升遷為中太僕。

6　哀帝去世後，大司徒孔光上書說「張由以前誣告馮太后家族，史立使人陷入極刑，給朝廷與國家結怨恨於天下，以此取得官職的升遷，得到封爵和食邑，僥倖蒙受赦令不殺做了平民，應流放合浦」云云。

中山衛姬，平帝母也。父子豪，中山盧奴❶人，官至衛尉❷。子豪女弟為宣帝倢伃，生楚孝王❸；長女又為元帝倢伃，生平陽公主。成帝時，中山孝王無子，上以衛氏吉祥❹，以子豪少女配孝王。元延四年❺，生平帝❻。

平帝年三歲，孝王薨，代為王。哀帝崩，無嗣，太皇太后與新都侯❼莽迎中山王立為帝。莽欲顓國權，懲❽丁、傅行事❾，以帝為成帝後，母衛姬及外家不當得至京師。迺更立宗室桃鄉❿侯子成都為中山王，奉孝王後，遣少傅左將軍甄豐賜衛姬璽綬，即拜為中山孝王后，以苦陘縣⓫為湯沐邑。又賜帝舅衛寶、寶弟玄爵關內侯。賜帝三妹，謁臣⓬號脩義君，哉皮為承禮君，鬲子為尊德君，食邑各二千戶。莽長子宇非莽⓭隔絕衛氏，恐久後受禍，即私與衛寶通書記⓮，教衛后上書謝恩，因陳丁、傅舊惡，幾得至京師。莽白太皇太后詔有司曰：「中山孝王后深分明為人後之義⓯，條陳⓰故定陶傅太后、丁姬誖天逆理⓱，上僭位號，徙定陶王於信都⓲，為共王立廟於京師⓳，如天子制，不畏天命⓴，侮㉑聖人言，壞亂法度㉒，居非其制㉓，稱非其號㉔。是以皇天震怒，火燒其殿，六年之間大命㉕不遂㉖，禍殃仍㉗重，竟令孝哀帝受其餘災，大失天心，夭命㉘暴崩㉙，又令共王祭祀絕廢，精魂無所依歸。朕惟孝王后深說經義，明鏡聖法，懼古人之禍敗，近事之咎殃㉚，畏天命，奉聖言，是迺久保一國，長獲天祿㉛，而今孝王永享無疆之祀，福祥之大者也。朕甚嘉之。夫褒義賞善，聖王之制，其以中山故安㉜戶七千益中山后湯沐邑，加賜及中山王黃金各百斤，增傅相㉝以下秩。」

衛后日夜啼泣㉞，思見帝，而但益戶邑。宇復教令上書求至京師。會事發覺，莽殺宇㉟，盡誅衛氏支屬㊱。衛寶女為中山王后，免后，徙合浦。唯衛后在，王莽篡國，廢為家人㊲，後歲餘卒，葬孝王旁。

【章旨】以上寫漢平帝之母中山衛姬的事跡。

【注釋】❶盧奴　縣名。治今河北定州。❷衛尉　官名。漢時為九卿之一，掌管宮門警衛。❸楚孝王　宣帝子劉囂。甘露二年（西元前五二年）立為定陶王，後徙楚為楚王，謚為孝，稱楚孝王。❹吉祥　吉利祥和。❺元延四年　西元前九年。元延，成帝年號（西元前一二－前九年）。❻平帝　劉衎，初名箕子，二歲嗣立為中山王，九歲登帝位。❼新都侯　爵名。成帝永始元年（西元前十六年）封王莽為新都侯。侯國在河南新野。❽懲　警戒。❾行事　用事，即弄權之意。❿桃鄉　侯國名。在今山東汶上東北。⓫苦陘縣　治今河北無極東北。⓬謁臣　人名。平帝妹。下哉皮、鬲子同。⓭非莽　不同意王莽；反對王莽。⓮書記　書信手記。⓯深分明為人後之義　能深刻明瞭為人後的原則。深，深刻。分，辨別。義，原則。⓰條陳　分條陳述。⓱誖天逆理　違背天理。⓲徙定陶王於信都　元帝子劉康封定陶王，康死，子劉欣嗣定陶王位，成帝無子，以劉欣為太子繼帝位。又立楚孝王孫劉景為定陶王，繼劉康後。傅、丁弄權，將劉景徙信都，又以哀帝劉欣繼定陶王後。此推翻成帝所立，故為違背天理。⓳共王立廟於京師　共王為定陶共（恭）王，因丁姬為哀帝母，而在京師為共王立廟，是違背天理的。⓴不畏天命　《論語．季氏》：「孔子曰：君子有三畏：畏天命，畏大人，畏聖人之言。小人不知天命是不畏也，狎大人，侮聖人之言。」㉑侮　同「侮」。㉒法度　禮法制度。㉓居非其制　傅太后居帝太太后位，丁姬居帝太后位，不合禮制，故稱居非其制。㉔稱非其號　傅太后稱永信宮，丁姬稱永安宮，皆稱非其號。㉕大命　大壽。㉖遂　延長。㉗仍　頻繁。㉘夭命　夭折；短命。㉙暴崩　突然死亡。㉚咎殃　禍害。㉛天祿　天賜的福祿。㉜故安　縣名。在今河北易縣東南。㉝傅相　太傅和相。王國原有丞相，景帝時改丞相為相。㉞啼泣　哭泣。古有聲為哭，無聲為泣。㉟莽殺宇　王莽殺兒子王宇。事見〈平帝紀〉。㊱支屬　支族。㊲家人　編戶之民，指平民。

【語譯】中山孝王的衛姬，是漢平帝的母親。她的父親衛子豪，是中山國盧奴縣人，官職做到了衛尉。子豪的妹妹為宣帝的倢伃，生楚孝王劉囂。子豪的長女又是元帝的倢伃，生了平陽公主。成帝時，中山孝王沒有兒子，皇上以為衛氏吉祥，以子豪的少女婚配孝王。在成帝元延四年，生了平帝。

平帝三歲時，孝王去世，繼承王位。哀帝去世時，沒有太子，太皇太后王政君與新都侯王莽迎來中山王立為皇帝。王莽想壟斷國家權力，警戒丁、傅外戚弄權的教訓，把平帝立為成帝的後嗣，平帝母親衛姬和娘家親戚就不能名正言順地來到京城。又改立宗室中桃鄉侯的兒子劉成都做中山王的兒子，繼承孝王的後嗣，派遣少傅左將軍甄豐賜予衛姬玉璽和綬帶，就授命她為中山孝王的王后，把苦陘縣給了她做湯沐邑。又賞賜平帝舅父衛寶、衛寶弟衛玄二人關內侯爵。賜給平帝的三個妹妹封號：謁臣為脩義君、哉皮為承禮君、鬲子為尊德君，每人都有兩千戶租稅收入的封邑。王莽的大兒子王宇反對王莽隔斷皇帝與衛氏的關係，恐怕時間久了會受禍害，就私自與平帝舅衛寶有書信來往，教衛后上書感謝皇帝的恩德，順便陳述丁、傅兩家的罪惡，希望能來到京師。王莽建言太皇太后給主管官員下詔說：「中山孝王王后能深刻分辨清楚做別人後嗣的大道理，分條列舉前定陶傅太后、丁姬違背天理，超越地位定尊稱名號，遷定陶王劉景到信都去，在京師給定陶共王立廟，如天子的制度，不畏懼天命，侮辱聖人，破壞擾亂法度，居位不合禮制，稱謂不合名分。因此上天發怒，降火燒了她的宮殿，只六年的時間壽命就不能延續，禍殃仍在加重，竟然讓孝哀帝承受餘下的災禍，大大失去上天的照應，突然短命而亡，又令共王的祭祀廢絕，精神靈魂無所依歸。我思考孝王王后深明經義，明鑑聖人大法，警惕古人的禍亂敗亡，以及近來的災變禍殃，敬畏天命，尊奉聖人之言，這樣才能長久保存王國，長久獲得天賜的福祿，就能使孝王永久無止境地享受子孫的祭祀，這才是最幸福吉祥的大事。我極為稱讚。褒揚正義獎賞善良，是聖王的制度，令以中山國故安縣七千戶作為給中山王后湯沐邑的增封，加賜黃金及中山王各人一百斤，增加中山國傅、相以下官員的秩祿品級。」

衛后日夜啼哭，想見到平帝，但卻只增加了湯沐邑的戶口。王宇又教她上書要求來京師。恰巧事情被發覺，王莽殺了王宇，衛氏支屬親族全部被殺。衛寶的女兒是中山王后，免除她的后位，流徙到合浦。只有中山王衛后還在，王莽篡漢後，廢她做了平民，一年多以後去世，埋葬在孝王身旁。

孝平王皇后，安漢公[1]太傅大司馬莽女也。平帝即位，年九歲，成帝母太皇太后稱制[2]，而莽秉政。莽欲依霍光故事，以女配帝，太后意不欲也。莽設[3]變詐，令女必入，因以自重，事在莽傳。太后不得已而許之，遣長樂少府[4]夏侯藩、宗正[5]劉宏、少府[6]宗伯鳳、尚書令[7]平晏納采[8]，太師光、大司徒馬宮、大司空甄豐、左將軍孫建、執金吾尹賞、行太常[9]事大中大夫劉歆及太卜[10]、太史令[11]以下四十九人賜皮弁[12]素績[13]，以禮雜卜筮[14]，太牢祠宗廟，待吉月日。明年春，遣大司徒宮、大司空豐、左將軍建、右將軍甄邯、光祿大夫[15]歆奉[16]乘輿[17]法駕[18]，迎皇后於安漢公第[19]。宮、豐、歆授皇后璽紱[20]，登車稱警蹕[21]，便時[22]上林延壽門，入未央宮前殿[23]。群臣就位行禮，大赦天下。益封父安漢公地滿百里，賜迎皇后及行禮者，自三公以下至騶[24]宰[25]執事[26]長樂、未央宮、安漢公第者，皆增秩，賜金帛各有差。皇后立三月，以禮見高廟。尊父安漢公號曰宰衡[27]，位在諸侯王上。賜公夫人號曰功顯君，食邑。封公子安為褒新侯[28]，臨為賞都侯[29]。

后立歲餘，平帝崩。莽立孝宣帝玄孫嬰[30]為孺子[31]，莽攝[32]帝位，尊皇后為皇太后。三年[33]，莽即真[34]，以嬰為定安公，改皇太后號為定安公太后。太后時年十八矣，為人婉[35]瘱[36]有節操。自劉氏廢，常稱疾不朝會[37]。莽敬憚[38]傷哀，欲嫁之，乃更號為黃皇㊴室主㊵，令立國將軍成新公孫建世子㊶襐㊷飾將醫往問疾。后大怒，笞鞭其旁侍御。因發病，不肯起，莽遂不復彊㊸也。及漢兵誅莽，燔燒未央宮，后曰：「何面目以見漢家！」自投火中而死。

【章旨】以上寫漢平帝王皇后的事跡。

【注釋】❶安漢公　王莽的稱號。平帝元始元年（西元一年），王莽以出現祥瑞令群臣給自己加的封號。❷稱制　行使皇帝職權。制，皇帝的命令。❸設　施行。❹長樂少府　官名。秦置詹事，掌皇帝、太子家事。漢初名長信詹事，景帝時改為長信少府。平帝元始四年又改為長樂少府。❺宗正　官名。管皇室宗親。平帝時改名宗伯。❻少府　官名。掌山海園囿池澤的租稅，及皇帝私人財政。❼尚書令　官名。漢沿襲，為少府屬官，掌管奏章文書。漢武帝時以宦官擔任。漢成帝時改用士人。❽納采　古婚禮六禮之一。男方送求婚的禮物。言納者，以其始相採擇，恐女家不許，故言納。❾太常　官名。秦置奉常，漢景帝中元六年改名太常，九卿之一，掌禮樂郊廟社稷事宜。❿太卜　官名。掌卜筮。漢武帝時太卜屬太常。⓫太史令　官名。掌天文曆法，秩六百石。屬太常。⓬皮弁　用鹿皮製成的帽子，形如人手之相合也。⓭素績　細褶的白布衫。⓮卜筮　古代預測吉凶的方法。一種用龜甲或獸骨經處理而後灼燒的叫卜；一種用蓍草算的叫筮。⓯光祿大夫　官名。光祿勳屬官，掌議論，秩比二千石。初名中大夫，武帝時改名光祿大夫。⓰奉　引導。⓱乘輿　天子乘坐的車輛。⓲法駕　天子車駕的一種。⓳第　府宅。下句「宮」字原與「第」字連讀。顏師古曰：「本自莽第，以皇后在，是因呼曰宮。」王先謙《漢書補注》引董教增曰：「此當以第為句，宮字連下豐歆讀，即前文大司徒宮、大司空豐、光祿大夫歆三人也。顏說失之。」據改。⓴紱　繫印璽的絲繩。㉑警蹕　古時帝王出入，左右侍衛警戒行人，以保安全。出時稱警，入時稱蹕。蹕，路上禁人行，即清道。㉒便時　吉利之時。㉓前殿　大殿。㉔騶　管駕駛車馬的官吏。㉕宰　管膳食的小吏。㉖執事　指一般辦事人員。㉗宰衡　周公輔政稱冢宰，伊尹輔政稱阿衡。王莽輔政稱宰衡，要與周公、伊尹媲美。㉘褎新侯　王安，王莽第三子。後病死。㉙賞都侯　王臨，王莽第四子。因謀殺莽事洩自殺。㉚嬰　廣戚侯劉顯之子劉嬰。宣帝玄孫中最年幼者，二歲被立為皇帝。㉛孺子　兒童之稱，周公曾稱成王為孺子，王莽亦仿此。㉜攝　代理。㉝三年　指王莽居攝三年（西元八年）。㉞即真　即位做了真皇帝。㉟婉 柔順。㊱瘱 文靜。㊲朝會 古代諸侯定期朝見天子之禮。㊳敬憚 敬畏。㊴黃皇 王莽自稱土德，故稱黃皇。㊵室主 言若漢之公主。㊶世子 正妻生的長子。㊷襐 盛飾。一說為首飾。㊸彊 勉強。

【語 譯】孝平帝的王皇后，是安漢公太傅大司馬王莽的女兒。平帝即位，年僅九歲，由成帝母太皇太后王政君臨時代政，然而大權掌握在王莽手中。王莽想依照霍光的先例，把自己的女兒嫁給皇帝，太皇太后的意思不想這樣做，王莽用其他手法進行欺詐，要自己的女兒一定入後宮，藉以抬高自己，這事在〈王莽傳〉裡有記載。太皇太后不得已答應了婚事，派遣長樂宮少府夏侯藩、宗正劉宏、少府宗伯鳳、尚書令平晏送納采禮訂婚，太師孔光、大司徒馬宮、大司空甄豐、左將軍孫建、執金吾尹賞、暫代太常事太中大夫劉歆及主管卜筮的太卜、主管天文曆法的太史令以下四十九人賜給鹿皮冠、白麻布細褶衫，依婚禮又摻雜著卜筮，用三牲祭祀祖廟的太牢禮，等待良辰吉日接親。隔年春天，派遣大司徒馬宮、大司空甄豐、左將軍孫建、右將軍甄邯、光祿大夫劉歆奉引車馬儀仗，迎接皇后於安漢公府第。馬宮、甄豐、劉歆授予皇后玉璽和綬帶，警戒清道登上了車子，取吉日之便經上林苑延壽門，進入未央宮大殿。群臣各自就位行禮，下令大赦天下。增加皇后父親安漢公封地縱橫各百里。賞賜迎接皇后與執行禮儀的人，從三公以下到駕車、主膳等在長樂宮、未央宮、安漢公府的一般辦事的官員都增加職位品級，各按等級差別賜給黃金絲帛。皇后立位三個月，以禮拜見高祖廟。尊稱父親安漢公叫宰衡，位列在諸侯王上。賜給安漢公夫人尊號功顯君，食湯沐邑。封安漢公兒子王安做襃新侯，王臨為賞都侯。

皇后立位一年多，平帝去世。王莽立孝宣帝的玄孫劉嬰為孺子，王莽代為主政稱假皇帝。尊稱皇后為皇太后。過了三年，王莽篡漢當了真皇帝，封孺子劉嬰為定安公，改皇太后稱號叫定安公太后。太后當時年十八歲，為人柔順、文靜有節操。自從劉家皇帝被廢，她常稱有病不參加朝會。王莽對她既尊敬畏懼又哀傷，想把她改嫁，於是又改稱號叫她黃皇室主。令立國將軍成新公孫建嫡長子整飭衣冠帶領女醫前往問候她的病。太后大怒，用鞭子抽打她身邊的侍從。以發病為由，不肯起床，王莽就不再勉強她了。到後來，漢兵誅殺王莽，焚燒未央宮，太后說：「我有何臉面去見漢家天子！」自己跳入火中被燒死。

贊曰：易著吉凶而言謙盈之效❶，天地鬼神至于人道靡❷不同之。夫女寵之興，繇❸至微❹而體至尊，窮富貴而不以功❺，此固❻道家所畏，禍福之宗❼也。序❽自漢興，終于孝平，外戚後庭色寵著聞二十有餘人，然其保位全家者，唯文、景、武帝太后❾及邛成后❿四人而已。至如史良娣⓫、王悼后⓬、許恭哀后⓭身皆夭折不辜⓮，而家⓯依託舊恩，不敢縱恣，是以能全。其餘大者夷滅⓰，小者放流，烏嘑！鑒⓱茲行事⓲，變⓳亦備⓴矣。

【章旨】以上是對〈外戚傳〉全卷的評論與總結。思想深刻，值得人們深思。

【注釋】❶易著句　此句指《易・謙卦》所云：「天道虧盈而易謙，地道變盈而流謙，鬼神害盈而福謙，人道惡盈而好謙。」著，說明。謙，謙虛退讓。盈，驕傲自滿。效，驗證。❷靡　無。❸繇　同「由」。❹至微　極其微賤。❺窮富貴句　指享盡榮華富貴而不憑功勞。❻固　本來。❼宗　主體；根本。❽序　敘述。❾文景武帝太后　指文帝母薄太后、景帝母竇太后、武帝母王太后。❿邛成后　宣帝皇后，即元帝養母王太后。因成帝養母也姓王，故稱為邛成后。⓫史良娣　武帝衛太子劉據之妻，宣帝祖母。良娣原為太子妾號。⓬王悼后　史皇孫夫人王翁須，宣帝母，諡悼后。⓭許恭哀后　宣帝皇后，諡號恭哀皇后。⓮不辜　無罪。⓯家　外家。⓰夷滅　誅滅。⓱鑒　考察。⓲行事　往事；過往的事情。⓳變　變化。⓴備　具備；完備。

【語譯】史官評議說：《易經》一書說明了吉凶與講求謙虛盈滿的效驗，天地神靈以至於人事的法則是沒有不相同的。從美女受寵幸開始，由地位極其微賤卻能親近極為尊貴的天子，享盡榮華富貴卻不是憑藉功勞，這本來就是道家所畏懼的，禍福產生的根本啊。本卷敘述了從漢朝建立時起，到孝平皇帝終了，外戚後宮以美色受寵幸著名的二十多人，然而能夠確保祿位保全家家族的，只有文帝、景帝、武帝太后和邛成太后四人而已。至於像史良娣、王悼后、許恭哀后都是夭折而死於無辜，而家族卻依靠舊的恩德，不敢放肆恣縱，因此能得以保全。其餘罪大的被誅滅，罪小的被流放到邊遠的地方，啊呀！考察了這段以往的事情，記載變化的情況也就完備了。

【研　析】《漢書．外戚傳》繼《史記．外戚世家》之後，補充了西漢中後期外戚的有關事跡，從而對西漢外戚的事跡做了系統的記載，對於認識兩性關係對歷史發展的重要作用和人生都有重大意義。

傳中指出，「自古受命帝王及繼體守文之君，非獨內德茂也，蓋亦有外戚之助焉」，並以具體事實指出夏、商、周三代的興衰與外戚的作用有著密切的關係。漢代也是如此，漢初呂后家族輔助高帝定天下是有功的，但惠帝、高后當政時期呂氏家族不斷專權、篡權幾乎造成一次社會大動亂。漢武帝時期衛皇后家族對漢朝的振興做出了重大貢獻；而元帝皇后王政君則為王氏家族篡奪漢朝政權創造了條件，導致了西漢王朝衰亡。此外，皇后妃嬪負擔了繁殖後代的責任，為王朝的延續起了不可替代的作用。因此對西漢外戚在歷史上所起的正面、負面的作用全面進行考察，確實有其必要。

西漢後宮的妃嬪制度也在變化之中，除皇后之外，在秦朝制度的基礎上，漢武帝加了倢伃、娙娥、傛華、充依，漢元帝又加昭儀之號。於是形成西漢昭儀、倢伃、娙娥、傛華、美人、八子、充依、七子、良人、長使、少使、五官、順常、無涓等共十四個等級的妃嬪制度。以後各朝代的妃嬪制度都是在這個基礎上加以調整改進形成的。

本傳還記載了皇后與妃嬪之間為爭權奪位而進行的明爭暗鬥。如呂后鴆死趙王如意，又斷戚夫人手足，名曰「人彘」。再如霍光夫人為讓自己的小女當皇后，使人毒死宣帝許皇后之事。這說明後宮鬥爭的狠毒殘忍。

當然後宮中也不乏賢德的皇后，如文帝時的竇皇后就是一例。

傳中一再強調中國古時對夫妻與男女兩性關係的重視。如說：「夫婦之際，人道之大倫也。」又說：「禮之用，唯昏姻為兢兢。」「陰陽之變，萬物之統也，可不慎與！」這與現在一些人視兩性關係為「小節」，輕率地處理兩性關係的做法，實不可同日而語。

〈外戚傳〉是《漢書》中頗為引人注目的篇章。它是《漢書》中除〈高后紀〉、〈元后傳〉之外，唯一專門記載女性歷史的重要篇章，為人們探究中國封建社會的后妃制度和婦女歷史提供了重要的史料價值。

〈外戚傳〉也是人們研究外戚勢力與西漢政治的重要依據。漢代是女主稱制和外戚干政比較突出的時代。西漢雖沒有東漢嚴重，但後妃干政與外戚勢力之滋長對漢代政治已經形成了比較大的影響，如呂后、竇太后、元后、趙飛燕以及外戚霍光、王莽等。綜觀整篇〈外戚傳〉，凡是自覺或不自覺捲入宮廷鬥爭或權力角逐的后妃及其外家，其最終結局都十分悲慘。如何避免悲劇之重演，如何正確發揮外戚作用以有助於漢代之統治，這似乎是班固撰著〈外戚傳〉的目的之一。

卷九十八

元后傳第六十八

【題解】〈元后傳〉記載了漢元帝皇后王政君經歷元、成、哀、平四世，由皇后而太皇太后，在位六十一年，造成外戚王氏世代交替執政，王氏一門出了五大司馬、十位列侯，又刺史、郡國守相、官員皆出其門，最終導致王莽篡漢。這個史實是值得人們深思和研究的。

1 孝元❶皇后，王莽❷之姑也。莽自謂黃帝❸之後，其自本❹曰：黃帝姓姚氏，八世生虞舜❺。舜起媯汭❻，以媯為姓。至周武王❼封舜後❽媯滿於陳❾，是為胡公，十三世生完❿。完字敬仲，犇齊⓫，齊桓公以為卿，姓田氏⓬。十一世，田和有齊國⓭，三世稱王⓮，至王建⓯為秦所滅。項羽起，封建孫安為濟北王⓰。至漢興，安失國，齊人謂之「王家」，因以為氏⓱。

2 文、景間，安孫遂字伯紀，處東平陵⓲，生賀，字翁孺。為武帝繡衣御史⓳，逐捕魏郡[20]群盜堅盧等黨與，及吏畏懦[21]逗遛[22]當坐[23]者，翁孺皆縱不誅[24]。它部御史暴勝之[25]等奏殺[26]二千石，誅千石以下，及通行[27]飲食[28]坐連[29]及者，大部至斬萬餘人，語見酷吏傳。翁孺以奉使不稱[30]免，嘆曰：「吾聞活千人有封子孫，吾所活者萬餘人，後世其興乎！」

3 翁孺既免，而與東平陵終氏為怨[31]，迺徙魏郡元城[32]委粟里，為三老[33]，魏郡人德之。元城建公[34]曰「昔春秋沙麓崩[35]，晉史卜[36]之，曰：『陰為陽雄，土火相乘[37]，故有沙麓崩。後六百四十五年[38]，宜有聖女[39]興。其齊田[40]乎！』今王翁孺徙，正直[41]其地，日月當之[42]。元城郭東有五鹿之虛[43]，即沙鹿地也。後八十年[44]，當有貴女興天下」云。

4 翁孺生禁，字稚君，少學法律長安，為廷尉史[45]。本始三年[46]，生女政君，即元后也。禁有大志，不修廉隅[47]，好酒色，多取傍妻[48]，凡有四女八男：長女君俠，次即元后政君，次君力，次君弟；長男鳳孝卿，次曼元卿，譚子元，崇少子，商子夏，立子叔，根稚卿，逢時季卿。唯鳳、崇與元后政君同母。母，適妻[49]，魏郡李氏女也。後以妒去，更嫁[50]為河內苟賓妻。

5 初，李親[51]任[52]政君在身，夢月入其懷。及壯大，婉順得婦人道。嘗許嫁，未行，所許者死。後東平王(53)聘政君為姬(54)，未入，王薨。禁獨怪之，使卜數者相政君，「當大貴，不可言。」禁心以為然，迺教書，學鼓琴。五鳳(55)中，獻政君，年十八矣，入掖庭(56)為家人子(57)。

【章旨】以上為第一部分，寫元帝皇后王政君家世源流與十八歲以前的遭遇。

【注釋】❶孝元　漢元帝，西元前四十九－前三十三年在位。其事跡見卷九〈元帝紀〉。❷王莽　元帝皇后王政君兄弟王曼的兒子。其事跡見卷九十九〈王莽傳〉。❸黃帝　姓公孫，因居軒轅之丘，號軒轅氏。又居姬水，改姓姬。又稱有熊氏。傳說中與炎帝同為中華民族之始祖。相傳為少典之子。❹自本　自傳類材料。在《漢書窺管》中說：「莽〈自本〉與司馬遷〈自序〉，楊雄〈自傳〉，王充〈自紀〉同，名各異耳。」❺虞舜　姓姚，號有虞氏，名重華。傳說中的中國古代帝王，經禪讓繼堯位。❻媯汭　媯，水名，在今山西永濟南。汭，河流彎曲之處。❼周武王　姓姬，名發。周朝開國君主。約在西元前十一世紀前期滅商。❽舜後　舜的後人。❾陳　國名。在今河南淮陽及安徽亳州一帶。春秋末為楚所滅。❿完　字敬仲。陳厲公之子，厲公為蔡人所殺，後陳國內亂，公子完逃亡到齊國。⓫犇齊　逃亡到齊國。⓬姓田氏　段玉裁《說文解字注》說古代田、陳二字音同，田是陳的同音假借字。⓭田和有齊國　田和為陳完的十一代孫，田常曾孫，相齊康公。齊康公十四年，田和將他遷於海邊，僅食一城。康公十九年，田和為齊侯，遂有齊國。⓮三世稱王　指田和有齊國後，傳到第三代稱王。田和死，其子桓公午立，桓公死，子因齊立，號威王。故曰三世稱王。見《史記．田敬仲完世家》。⓯王建　齊王田建，齊威王的玄孫。此時田齊為秦所滅。⓰濟北王　指項羽時封齊王建的孫子安為濟北王，都博陽，在今山東泰安東南。⓱因以為氏　指漢初濟北王安失國，齊人仍稱其為「王家」，因此以王為姓氏。⓲東平陵　漢置的縣名。在今山東歷城東。⓳繡衣御史　官名，又稱繡衣直指。漢武帝末年，派官員穿著繡衣，持節發兵以鎮壓各地動亂，並有權誅殺鎮壓不力的地方官員。因由侍御史充任，所以稱繡衣御史。⓴魏郡　郡名，治鄴，在今河北臨漳西南。㉑畏懦　畏懼懦弱。㉒逗遛　停留不前。㉓坐　即連坐，一同受罰。㉔不誅　不殺戮。㉕暴勝之　武帝時曾任繡衣使者、御史大夫等職，後在戾太子事件過程中自殺。㉖奏殺　指奏明皇帝後誅殺二千石官員。而千石以下官員可以專殺。㉗通行　指有來往和暗中通氣。㉘飲食　曾共同飲食。㉙連　牽連。

㉚不稱　不稱職；不勝任。㉛怨　結怨。㉜元城　漢置縣名，在今河北大名東。㉝三老　漢代郡、縣、鄉都有三老，幫助地方政府推行政令教化。㉞元城建公　元城姓建的老年人。公，古代對德高望重的老年人或平輩的尊稱。㉟沙麓崩　沙麓，山名，在今河北大名東。此事發生在春秋時，《春秋左傳．僖公十四年》有記載。㊱晉史卜　晉國史官對此事進行了占卜。㊲陰為陽雄二句　李奇曰：占卜的卜辭說「陰，元后也。陽，漢也。王氏舜後，土也。漢，火也。故曰土火相乘，陰盛而沙麓崩」。元后是女為陰，漢天子是男為陽。漢哀帝死後，元后代行天子事，故曰陰為陽雄。又元后為舜後以土德興，漢以火德興，二者鬥爭的結果，陰盛陽衰，所以元后攝政。此均為附會之言。㊳後六百四十五年　張晏曰：「陰數八，八八六十四。土數五，故六百四十五歲也。《春秋．僖十四年》，沙麓崩，歲在乙亥，至哀帝元壽二年，哀帝崩，元后始攝政，歲在庚申，沙麓崩後六百四十五歲。」㊴聖女　聖哲的女子，指元后。㊵齊田　戰國齊國田氏的後代。㊶直　當。㊷日月當之　日月都照耀著這個地方。㊸虛　同「墟」。㊹後八十年　建公說這話以後八十年。㊺廷尉史　廷尉的屬官。㊻本始三年　西元前七十一年。本始，漢宣帝的第一個年號（西元前七十三─前七十年）。㊼不修廉隅　私生活不檢點。廉隅，棱角。㊽傍妻　妾。㊾適妻　正妻。適，通「嫡」。㊿更嫁　改嫁。(51)李親　指王政君姓李的母親。(52)任　通「妊」。懷孕。(53)東平王　名宇。見卷八十〈宣元六王傳〉。(54)姬　妾。(55)五鳳　漢宣帝的第五個年號（西元前五十七─前五十四年）。(56)掖庭　嬪妃所住的宮中旁舍。(57)家人子　漢代宮廷中沒有名號的宮女。

【語　譯】孝元皇后，是王莽的姑母。王莽自稱是黃帝的後代，在自述的傳記〈自本〉中，他說：黃帝姓姚氏，第八代生了虞舜。虞舜興起於嬀汭，於是就以嬀為姓。至周武王，封舜的後裔嬀滿於陳，就是陳胡公，到第十三代生了公子完。完的字叫仲敬，逃亡到了齊國，齊桓公用他為卿，姓田氏。經過十一代，田和擁有了齊國，歷經三世，齊國就稱了王，到齊王田建，被秦國滅掉。項羽興起，封建的孫子田安為濟北王。到漢朝興起，田安失去了國家，齊人稱他家為「王家」，因此就以「王」為姓。

2　漢文帝、漢景帝期間，王安的孫子王遂，字伯紀，居住在東平陵，生子王賀，字翁孺。王翁孺在漢武帝時做繡衣御史，追捕魏郡群盜堅盧等的同黨，那些官吏畏懼懦弱，遲滯不前應當連坐的，翁孺對他們都放縱不加殺戮。而別部的御史暴勝之等奏明天子殺掉二千石官員，直接專殺千石以下官吏，以及和盜賊有來往同飲食應當連坐的人，人數多到甚至殺掉一萬多人，有關記載在〈酷吏傳〉裡。王翁孺以奉命出使不稱職被免除了職務，他歎息地說道：「我聽說救活了千人，子孫就會有封賞，我這次救活了萬餘人，後世子孫應當會興旺吧！」

3 王翁孺被免除職務後，與東平陵的終氏結下了怨仇，因此就遷徙到魏郡元城委粟里，擔任了郡裡的三老，魏郡人感激他的恩德。元城一位姓建的老人說「往日春秋時沙麓山崩壞，晉朝史官進行了占卜，說：『陰與陽爭雄，土與火鬥爭，所以才有沙麓山崩壞的事情。其後六百四十五年，應該有聖哲的女子興起。大概就是齊國田氏的後代吧！』現在王翁孺徙居之地，正是那塊地方，太陽、月亮都照耀著它。元城外東邊有個五鹿之墟的地方，就是沙麓之地。八十年之後，當有尊貴的女子從這裡興起」云云。

4 王翁孺生了兒子王禁，字稚君，年少時在長安學法律，當了廷尉史。宣帝本始三年，王禁生女王政君，就是孝元皇后。王禁有很大的志向，但生活不檢點，好酒色，娶了好幾個妻子，生了四個女兒、八個兒子：長女王君俠，次女就是孝元皇后王政君，三女王君力，四女王君弟；長子王鳳字孝卿，次子王曼字元卿，三子王譚字子元，四子王崇字少子，五子王商字子夏，六子王立字子叔，七子王根字稚卿，八子王逢時字季卿。只有王鳳、王崇與元后王政君是同一個母親生的。他們的母親是王禁的嫡妻，乃魏郡李家的女子。後來由於不滿王禁的妾太多而離去，改嫁河內人苟賓。

5 當初，李母懷王政君在身時，夢見月亮進入她的懷中。等到長大，王政君性格溫和柔順深得婦人處世之道。曾經許配了人家，還未過門，許配的人就死了。後來東平王劉宇聘王政君為妾，沒有過門，東平王又死了。王禁對這些情況感到奇怪，讓占卜者給王政君相面，占卜者說「應當大貴，貴得不可說。」王禁心裡也認為該當如此，於是就教她讀書，學彈琴。五鳳年間，就把她獻入皇宮，當時王政君已經十八歲，進入後宮當了家人子。

1 歲餘，會皇太子所愛幸司馬良娣❶病，且死，謂太子曰：「妾死非天命，迺諸娣妾❷良人❸更❹祝詛殺我。」太子憐之，且以為然。及司馬良娣死，太子悲恚❺發病，忽忽❻不樂，因以過怒❼諸娣妾，莫得進見者。久之，宣帝聞太子恨過諸娣妾，欲順適其意，迺令皇后擇後宮家人子可以虞❽侍太子者，政君與❾在其中。及太子朝，皇后迺見政君等五人，微❿令旁長御⓫問知太子所欲。太子殊無意於五人者，不得已⓬於皇后，彊應曰：「此中一人可。」是時政君坐近太子，又獨衣絳緣⓭諸于⓮，長御即以為是。皇后使侍中杜輔⓯、掖庭令濁賢⓰交送政君太子宮，見丙殿⓱。得御幸⓲，有身⓳。先是者，太子後宮娣妾以十數，御幸久者七八年，莫有子，及王妃壹幸而有身。甘露三年⓴，生成帝於甲館㉑畫堂㉒，為世適㉓皇孫。宣帝愛之，自名㉔曰驁，字太孫，常置左右。

2 後三年㉕，宣帝崩，太子即位，是為孝元帝。立太孫為太子，以母王妃為倢伃，封父禁為陽平侯㉖。後三日，倢伃立為皇后，禁位特進㉗，禁弟宏至長樂衛尉㉘。永光二年㉙，禁薨，謚曰頃侯。長子鳳嗣侯，為衛尉㉚侍中㉛。皇后自有子後，希復進見。太子壯大，寬博恭慎，語在成紀。其後幸酒㉜，樂燕樂㉝，元帝不以為能㉞。而傅昭儀㉟有寵於上，生定陶共王㊱。王多材蓺，上甚愛之，坐則側席[37]，行則同輦，常有意欲廢太子而立共王。時鳳在位，與皇后、太子同心憂懼，賴侍中史丹[38]擁右[39]太子，語在丹傳。上亦以皇后素謹慎，而太子先帝所常留意，故得不廢。

3 元帝崩，太子立，是為孝成帝。尊皇后為皇太后，以鳳為大司馬大將軍領[40]尚書[41]事，益封五千戶。王氏之興自鳳始。又封太后同母弟崇為安成[42]侯，食邑萬戶。鳳庶弟譚等皆賜爵關內侯[43]，食邑。

4 其夏，黃霧四塞[44]終日[45]。天子以問諫大夫[46]楊興[47]、博士駟勝[48]等，對皆以為「陰盛侵陽[49]之氣也。高祖之約也，非功臣不侯，今太后諸弟皆以無功為侯，非高祖之約，外戚未曾有也，故天為見異[50]」。言事者多以為然。鳳於是懼，上書辭謝曰：「陛下即位，思慕諒闇[51]，故詔臣鳳典領[52]尚書事，上無以明聖德，下無以益政治。今有茀星[53]天地赤黃之異，咎在臣鳳，當伏顯戮，以謝天下。今諒闇已畢，大義皆舉，宜躬親萬機[54]，以承[55]天心。」因乞骸骨[56]辭職。上報曰：「朕承先帝聖緒，涉道未深，不明事情，是以陰陽錯繆[57]，日月無光，赤黃之氣，充塞天下。咎在朕躬，今大將軍迺引過自予，欲上尚書事，歸大將軍印綬，罷大司馬官，是明朕之不德也。朕委將軍以事，誠欲庶幾[58]有成，顯先祖之功德。將軍其專心固意，輔朕之不逮(59)，毋(60)有所疑。」

5 後五年，諸吏散騎(61)安成侯崇薨，謚曰共侯。有遺腹子奉世嗣侯，太后甚哀之。明年，河平二年(62)，上悉封舅譚為平阿(63)侯，商成都(64)侯，立紅陽侯(65)，根曲陽(66)侯，逢時高平(67)侯。五人同日封，故世謂之「五侯」。太后同產(68)唯曼蚤(69)卒，餘畢侯矣。太后母李親，苟氏妻，生一男名參，寡居。頃侯禁在時，太后令禁還(70)李親。太后憐參，欲以田蚡(71)為比而封之。上曰：「封田氏，非正也。」以參為侍中水衡都尉(72)。王氏子弟皆卿大夫侍中諸曹(73)，分據勢官滿朝廷。

6 大將軍鳳用事(74)，上遂謙讓無所顓(75)。左右常(76)薦光祿大夫劉向少子歆通達(77)有異材。上召見歆，誦讀詩賦，甚說之，欲以為中常侍(78)，召取衣冠。臨當拜(79)，左右皆曰：「未曉(80)大將軍。」上曰：「此小事，何須關(81)大將軍？」左右叩頭爭之。上於是語(82)鳳，鳳以為不可，迺止。其見憚(83)如此。

7 上即位數年，無繼嗣(84)，體常不平(85)。定陶共王來朝，太后與上承先帝意，遇共王甚厚，賞賜十倍於它王，不以往事為纖介(86)。共王之來朝也，天子留，不遣歸國。上謂共王：「我未有子，人命不諱(87)，一朝有它(88)，且不復相見。爾長留侍我矣！」其後天子疾益有瘳(89)，共王因留國邸(90)，旦夕侍上，上甚親重。大將軍鳳心不便共王在京師，會日蝕，鳳因言：「日蝕陰盛(91)之象，為非常異。定陶王雖親，於禮當奉藩在國(92)。今留侍京師，詭正(93)非常，故天見戒(94)。宜遣王之國。」上不得已於鳳而許之。共王辭去，上與相對涕泣而決(95)。

8 京兆尹(96)王章(97)素剛直敢言，以為鳳建(98)遣共王之國非是。迺奏封事(99)言日蝕之咎矣。天子召見章，延(100)問以事，章對曰：「天道聰明(101)，佑善而災惡(102)，以瑞異(103)為符效(104)。今陛下以未有繼嗣，引近定陶王，所以承宗廟，重社稷，上順天心，下安百姓。此正義(105)善事(106)，當有祥瑞，何故致災異？災異之發，為大臣顓政者也。今聞大將軍猥(107)歸日蝕之咎於定陶王，建遣之國，苟欲使天子孤立於上，顓擅(108)朝事以便其私，非忠臣也。且日蝕，陰侵陽，臣顓君之咎，今政事大小皆自鳳出，天子曾不壹舉手，鳳不內省責，反歸咎善人，推遠定陶王。且鳳誣罔(109)不忠，非一事也。前丞相樂昌(110)侯商(111)本以先帝外屬(112)，內行(113)篤(114)，有威重，位歷將相，國家柱石臣也，其人守正，不肯詘(115)節隨鳳委曲(116)，卒用閨門之事(117)為鳳所罷，身以憂死，眾庶愍(118)之。又鳳知其小婦弟(119)張美人已嘗(120)適人(121)，於禮不宜配(122)御(123)至尊(124)，託以為宜子，內之後宮，苟以私其妻弟(125)。聞張美人未嘗任身(126)就館(127)也。且羌胡尚殺首子(128)以盪腸正世(129)，況於天子而近已出之女(130)也！此三者皆大事，陛下所自見，足以知其餘，及它所不見者。鳳不可令久典事[131]，宜退使就第[132]，選忠賢以代之。」

9 自鳳之白罷商後遣定陶王也，上不能平[133]。及聞章言，天子感寤[134]，納之，謂章曰：「微[135]京兆尹直言，吾不聞社稷[136]計！且唯賢知賢，君試為朕求可以自輔者。」於是章奏封事，薦中山孝王[137]舅琅邪[138]太守馮野王[139]：「先帝時歷二卿[140]，忠信質直，知謀有餘。野王以王舅出，以賢復入，明聖主樂進賢也。」上自為太子時數聞野王先帝名卿，聲譽出鳳遠甚，方倚欲以代鳳。

10 初，章每召見，上輒辟左右[141]。時太后從弟[142]長樂衛尉弘[143]子侍中音[144]獨側聽，具知章言，以語鳳。鳳聞之，稱病出就第[145]，上疏乞骸骨，謝上曰：「臣材駑愚戇[146]，得以外屬[147]兄弟七人封為列侯，宗族蒙恩，賞賜無量。輔政出入七年，國家委任臣鳳，所言輒聽，薦士常用。無一功善，陰陽不調，災異數見，咎在臣鳳奉職無狀[148]，此臣一當退也。五經[149]傳記[150]，師所誦說[151]，咸以日蝕之咎在於大臣非其人，易曰『折其右肱[152]』，此臣二當退也。河平以來，臣久病連年，數出在外，曠職[153]素餐[154]，此臣三當退也。陛下以皇太后故不忍誅廢，臣猶自知當遠流放，又重自念，兄弟宗族所蒙不測[155]，當殺身靡骨[156]死輦轂下[157]，不當以無益之故有離寖門[158]之心。誠[159]歲餘以來，所苦[160]加侵[161]，日日益甚，不勝[162]大願[163]，願乞骸骨，歸自治養。冀賴陛下神靈，未埋髮齒[164]，期月[165]之間，幸得瘳愈，復望帷幄[166]。不然，必寘[167]溝壑。臣以非材見私[168]，天下知臣受恩深也；以病得全骸骨歸，天下知臣被恩見哀，重巍巍[169]也。進退[170]於國為厚，萬無纖介之議。唯陛下哀憐！」其辭指甚哀，太后聞之為垂涕，不御食[171]。

11 上少而親倚鳳，弗忍廢[172]，迺報[173]鳳曰：「朕秉事[174]不明，政事多闕[175]，故天變[176]婁[177]臻[178]，咸在朕躬[179]。將軍迺深引過自予，欲乞骸骨而退，則朕將何嚮[180]焉！書不云乎？『公毋困我[181]。』務專精神，安心自持，期於亟瘳[182]，稱朕意[183]焉。」於是鳳起視事[184]。上使尚書劾奏[185]章「知野王前以王舅出補吏[186]，而私薦之，欲令在朝阿附諸侯；又知張美人體御[187]至尊，而妄稱引[188]羌胡殺子蕩腸，非所宜言[189]」。遂下章吏。廷尉致其大逆罪，以為「比上夷狄，欲絕繼嗣之端；背畔天子，私為定陶王」。章死獄中，妻子徙合浦[190]。

12 自是公卿見鳳，側目而視，郡國守相刺史[191]皆出其門[192]。又以侍中太僕[193]音為御史大夫，列于三公[194]。而五侯[195]群弟，爭為奢侈，賂遺[196]珍寶，四面而至；後庭姬妾，各數十人，僮奴以千百數，羅鐘磬，舞鄭女，作倡優[197]，狗馬馳逐；大治第室，起土山漸臺[198]，洞門[199]高廊閣道[200]，連屬彌望[201]。百姓歌之曰：「五侯初起，曲陽[202]最怒，壞決高都，連竟外杜[203]，土山漸臺西白虎[204]。」其奢侈如此。然皆通敏人事，好士養賢，傾財施予，以相高尚。

13 鳳輔政凡十一歲。陽朔三年[205]秋，鳳病，天子數自臨問，親執其手，涕泣曰：「將軍病，如有不可言[206]，平阿侯譚[207]次[208]將軍矣。」鳳頓首泣曰：「譚等雖與臣至親，行皆奢僭[209]，無以率導百姓，不如御史大夫音謹敕[210]，臣敢以死保之。」及鳳且死，上疏謝上，復固薦音自代，言譚等五人必不可用。天子然[211]之。

【章旨】以上為第二部分，寫元后為皇后、太后後，大封王氏兄弟及王鳳專權的事跡。

【注釋】❶良娣　漢女官名，太子之妾。太子妻妾有妃、良娣、孺子三等。❷諸娣妾　眾妾。娣，妾。❸良人　漢女官名，秩八百石，爵比左庶長。❹更　連續；交替。❺恚　怨恨；發怒。❻忽忽　恍惚；失意貌。❼過怒　責怒。❽虞　同「娛」。❾與　參與。❿微　暗中。⓫長御　宮中級別較高的婢女。《補注》引沈欽韓曰：「《漢舊儀》女長御如侍中。」⓬不得已　師古曰：「恐不副（符合）皇后意，故言不得已。」⓭絳緣　深紅色的邊緣。⓮諸于　顏師古曰：「大掖衣，即袿衣之類也。」⓯杜輔　建平敬侯杜延年的曾孫，元始二年繼承爵位。⓰濁賢　人名。⓱丙殿　殿名。⓲御幸　與皇帝同房共寢。⓳有身　懷孕。身，通「娠」。⓴甘露三年　西元前五十一年。甘露，宣帝年號。㉑甲館　即甲觀。漢太子宮有甲觀。師古曰：「甲乙丙丁之次也。」㉒畫堂　有彩畫的堂室。㉓世適　嫡系。適，嫡。㉔自名　親自命名。㉕後三年　宣帝甘露三年，經甘露四年，到黃龍元年宣帝崩，實數為二年。此處說「後三年」宣帝崩為虛數。㉖陽平侯　王禁封爵。陽平，縣名，在東郡，具體地址不詳。㉗特進　官名。漢制，凡諸侯功德優越，朝廷所敬異者，賜位特進，位在三公下。㉘長樂衛尉　長樂宮衛隊之長，長樂宮為太后所居，在京城長安東南隅，為東宮。㉙永光二年　西元前四十二年。永光，漢元帝第二個年號（西元前四三—

前三九年）。㉚衛尉　官名。漢為九卿之一。掌管宮門警衛。㉛侍中　官名。侍從皇帝，出入宮廷，應對顧問，地位漸漸貴重。㉜幸酒　好酒；嗜酒。㉝樂燕樂　喜愛宴私之樂。燕，通「宴」。㉞能　才能。㉟傅昭儀　漢元帝妃子。昭儀之號為元帝所置，位視丞相，爵比諸侯王。地位在婕妤之上。㊱定陶共王　名康。共，通「恭」。謚號名。㊲側席　靠近帝之御坐。㊳史丹　字君仲。成帝時曾為大司馬、大司空。㊴擁右　擁戴佑助。右，通「佑」。㊵領　高官兼任較低的職務。㊶尚書　官名，掌管群臣奏章。㊷安成　縣名，在今河南正陽東北。㊸關內侯　秦漢二十等爵制的第十九等爵。位次徹侯，可享衣食租稅。㊹四塞　四方充塞。㊺終日　整天。㊻諫大夫　掌議論之官。屬光祿勳。㊼楊興　曾為長安令。見卷三十六〈楚元王傳〉。㊽駟勝　博士的姓名。㊾陰盛侵陽　陰指外戚元后家。陽指漢朝。陰盛侵陽指外戚王氏過分隆盛，侵害了漢朝。㊿見異　顯示怪異的現象。見，通「現」。(51)思慕諒闇　思念愛慕去世的父親，三年守喪不言。諒闇，也作「亮陰」、「涼陰」。古代天子居喪，政事委由大臣處理，默而不言。(52)典領　掌管。(53)茀星　即光芒四射的彗星，古人認為是由惡氣所生。茀，通「孛」、「勃」。(54)萬機　指皇帝紛繁的日常事務。機，指事物的樞紐與關鍵環節。(55)承　順。(56)乞骸骨　古代官吏因年老請求退職的一種委婉的說法。言使骸骨得歸葬其故里。(57)錯繆　錯誤；差錯。繆，通「謬」。(58)庶幾　希望。(59)逮　及。(60)毋　通「無」。不要。(61)散騎　官名。皇帝的騎從，騎馬護衛皇帝乘輿，侍從左右。(62)河平二年　西元前二十七年。河平，漢成帝的第二個年號（西元前二八—前二五年）。(63)平阿　縣名，在今安徽懷遠西南。(64)成都　又作「城都」，侯國名。在今山東鄄城東南。(65)紅陽侯　王立封爵。紅陽，縣名，在今河南葉縣南。(66)曲陽　縣名，在今安徽淮南東南。(67)高平　縣名，在今江蘇泗洪東南。(68)同產　同父即為同產，不必父母全同。(69)蚤　同「早」。(70)還　接回來，歸王氏家族。(71)田蚡　漢景帝王皇后的同父異母弟。見卷五十二〈竇田灌韓傳〉。(72)水衡都尉　官名，武帝元鼎二年初置，掌上林苑。(73)諸曹　加官名。分職治事的官吏，如左右曹，受尚書事。掌傳達奏章。(74)用事　當權。(75)顓　同「專」。擅權。(76)常　經常。(77)通達　見識廣博遠大。(78)中常侍　秦置，漢沿用。侍從皇帝，出入宮廷，常為列侯與郎中的加官。東漢專用宦官任此職，傳達詔令，掌理文書，地位重要。(79)拜　舉行一定儀式授官。(80)曉　告訴。(81)關　關白；打招呼。(82)語　告訴。(83)憚　畏懼；怕。(84)繼嗣　繼承人；後代。(85)體常不平　體多疾病。(86)纖介　細小的怨恨。指元帝想以共王為太子。纖，細微。介，同「芥」。小草。(87)諱　隱瞞；迴避。(88)有它　指死亡。(89)瘳　病癒。(90)國邸　指諸侯王國在京師的住所。(91)陰盛　共王被尊崇過分為陰盛。臣為陰。(92)奉藩在國　指奉守在藩國即藩臣之禮。常住京師非禮。(93)詭正　違反正常規定。詭，違反。(94)見戒　顯示警戒。(95)決　同「訣」。離別。(96)京兆尹　官名，又為行政地區名。相當於郡，治長安以東十二縣，治長安。(97)王章　字仲卿，見卷七十六〈趙尹韓張兩王傳〉。(98)建　提出意見。(99)封事　密封的奏章。奏機密事，為防洩露，用皁囊封緘呈進，稱封事，也稱封章。(100)延　引進。(101)聰明　視聽明察。(102)災惡　給予惡人災禍。(103)瑞異　指自然界出現的特異現象。(104)符效　古人有的認為天降瑞異與人事相應，是上天意志的表現。(105)正義　公正的道理。一說正義為「正議」。(106)善事　好事。(107)猥　曲也。(108)顓擅　獨斷專行。(109)誣罔　虛詞騙人。(110)樂昌　侯國名。在今安徽太和東南。(111)商　王商。見卷八十二〈王商史丹傅喜傳〉。(112)外屬　外家親戚。(113)內行　平日家居操行。(114)篤　敦厚。(115)詘　通「屈」。(116)委曲　屈身折節。(117)閨門之事　王商得罪王鳳，王鳳使太中大夫張匡檢舉王商與其妹妹和父親婢女淫亂，並唆使家奴殺死妹夫等，雖赦罪，但免去丞相職務。商罷相後，吐血而死。(118)愍哀憐。(119)小婦弟　妾的妹妹。小婦，妾。弟，女弟；妹妹。(120)嘗　曾。(121)適人　嫁人。(122)配　匹配。(123)御　侍奉。(124)至尊天子。(125)私其妻弟　使其妾妹得到好處。私，偏私。(126)任身　懷孕。(127)就館　往住外館。漢代嬪妃分娩，往住外館。(128)首子頭胎子。(129)正世　正其世系，確保所生子為自己的後代。(130)已出之女　被休出之女。(131)典事　主管國家政事。(132)第　第宅，指王鳳自己府第。(133)不能平　內心不平；不服。(134)感寤　醒悟。(135)微　只有；無。(136)社稷　國家的代稱。社，土地神。稷，五穀神。古代國家有祭祀社稷的特權。故社稷代表國家。(137)中山孝王　劉興。元帝馮昭儀生子。見卷八十〈宣元六王傳〉。(138)琅邪　郡名，治東武，在今山東諸城。(139)馮野王　字君卿，見卷七十九〈馮奉世傳〉。(140)歷二卿　馮野王曾任大鴻臚，為九卿之一。又任左馮翊，為京官，可參加朝請，故說歷二卿。(141)辟左右　使左右之臣避開。辟，通「避」。(142)從弟　堂弟。(143)弘王弘。元后的叔父。(144)音　王音，王弘之子。元后堂弟，即長樂衛尉。(145)出就第　出衙府就私第。(146)戇　剛直而愚。(147)外屬外家親屬。(148)無狀　無功狀；不像樣子。(149)五經　漢代指《易》、《書》、《詩》、《禮》(《儀禮》)、《春秋》。後世以《禮記》置換《儀禮》，《春秋》則包括《春秋左傳》。(150)傳記　解釋經義的著作。(151)誦說　述說，指對經義的闡述解釋。(152)折其右肱折斷其右臂。肱，從肘到腕的部分，泛指手臂。比喻大臣。(153)曠職　空廢職務。(154)素餐　白吃飯；空廢祿秩，不勞而食。(155)不測　不可測度；不可計算。(156)靡骨　碎骨。(157)輦轂下　天子車駕下。(158)寢門　天子五門，最內一層叫寢門。(159)誠　確實。(160)所苦　病痛。(161)加侵　加重了侵害。(162)不勝　不可勝任。(163)大願　指為天子服役。(164)埋髮齒　指死亡。(165)期月　一整月。(166)帷幄　宮室的帷幕，代指天子。(167)寘　同「置」。王先謙曰：「寘當作闐。」即「填」。(168)見私　受到偏愛。私，偏私。(169)重巍巍　指天子的重大恩典。巍巍，高貌。(170)進退　進，指過去受重用。退，指被黜退。(171)御食　進食；用餐。(172)廢　廢止其官職。(173)報　回答。(174)秉事　掌管政事。秉，執持。(175)闕　過失。(176)天變　天顯示的災異。(177)婁　同「屢」。(178)臻　至。(179)朕躬　我自己。朕，天子自稱。(180)何嚮　向什麼方向。(181)公毋困我　你不要困惑我。見《尚書・洛誥》。毋，通「無」。(182)亟瘳迅速健康。亟，急。瘳，病癒。[183]稱朕意　符合我的心意。稱，符合。[184]視事　治理政事。[185]劾奏　向皇帝檢舉彈劾別人的罪狀。[186]補吏　委任官職。[187]體御　親身侍奉。[188]妄稱引　胡亂稱引。[189]非所宜言　此為漢代的一條法律，指說了與自己身分不符、不應當說的話，要受懲處。[190]合浦　郡名，治合浦。在今廣西合浦東北。[191]刺史　武帝在全國置十三部刺史監督各地長官、豪強。刺，指檢舉不法。史，皇帝所使。[192]皆出其門　師古曰：「言其家僚屬者，皆得大官。」[193]太僕　九卿之一。掌御馬及九卿之事。[194]三公　漢以大司馬（丞相）、大司徒（太尉）、大司空（御史大夫）為三公。[195]五侯　指河平二年，王譚、王商、王立、王根、王逢時五人同日封侯事。[196]賂遺　以財物賄賂、收買人。[197]倡優　歌舞雜技藝人。[198]漸臺　楚昭王、齊宣王、漢武帝都在水邊建過漸臺。指水邊高臺。[199]洞門　指重重相對的門。謂列侯深邃的第宅。[200]閣道　指閣樓間以木架空的通道天橋。[201]彌望　極目遠望。彌，久；遠。[202]曲陽　指曲陽侯王根。怒，形容氣勢盛。[203]壞決高都二句　李奇等注曰：「長安有高都水，外杜里，既壞高都作殿，復衍及外杜里。」[204]白虎　即漢代宮殿白虎觀，在未央宮。師古曰：「皆仿效天子之制也。」[205]陽朔三年　西元前二十二年。陽朔，成帝的第三個年號（西元前二四—前二一年）。[206]不可言　指死亡，避不明言。[207]平阿侯譚　王鳳弟王譚。[208]次　順序。指王鳳死後，由王譚依次繼位輔政。[209]僭　超越身分，冒用職權行事。[210]謹敕　謹慎而整飭。敕，同「飭」。[211]然　認為對。

【語　譯】一年多以後，正遇上皇太子所寵愛的司馬良娣病了，將死時，對太子說：「妾的死並非天命，是眾娣妾良人交替詛咒讓我死的。」太子很憐惜她，並認為她說的是事實。等到司馬良娣死了，太子悲痛怨恨得發了病，精神恍恍惚惚很不快樂，由於遷怒眾娣妾，沒有人能再獲得進見。過了一段日子之後，宣帝聽說太子怨恨責備眾娣妾，想順適他的心意使他愉快起來，便令皇后選擇可以愉悅太子的後宮宮人，去侍奉太子，王政君也被選入在這幾個宮人之列。等到太子朝見皇后，皇后便讓王政君等五人出來拜見太子，暗中派身旁的長御問明太子想要的人。太子對這五個人都沒有特別的好感，但又不願違背太后的意願，勉強應承說：「她們之中有一個可以。」當時王政君坐得靠近太子，又只有她一個人穿著邊緣是深紅色的袿衣，長御以為指的就是她。皇后就派侍中杜輔、掖庭令濁賢送王政君到太子宮，在丙殿拜見了太子。王政君得以侍奉太子同房共寢，有了身孕。在此之前，太子後宮眾妾有幾十個，有的侍奉太子同房有七、八年之久，都沒有生孩子，而王政君同房一次就有了身孕。甘露三年，在甲館畫堂生下了成帝，為嫡親皇孫。宣帝很喜愛他，親自給他取名叫驁，字太孫，常常帶他在身邊。

2 三年以後，宣帝逝世，太子即位，就是孝元帝。立太孫為太子，封太子母王政君為倢伃，封倢伃父王禁為陽平侯。三天之後，倢伃被立為皇后，王禁官位加封為特進，王禁弟弟王宏官至長樂衛尉。永光二年，王禁去世，諡封為頃侯。長子王鳳繼承陽平侯爵位，擔任衛尉侍中。皇后自從有了兒子後，很少再進見元帝。太子長大後，胸懷博大寬廣恭敬謹慎，這些都記載在〈成帝紀〉裡。其後太子好酒，喜愛宴私之樂，元帝以為他沒有才幹，不喜愛。而傅昭儀得到皇帝的寵幸，生下定陶共王。共王多才多藝，皇上很喜愛，坐就坐在他的身旁，走就與他同乘一輛車子，常有意想廢太子而改立共王。當時王鳳在位，與皇后、太子心裡都很憂愁恐懼，全靠侍中史丹擁護輔佐太子，這些都記載在〈史丹傳〉裡。皇上也因皇后平素小心謹慎，而先帝在世時又常常關心著太子，所以太子才沒有被廢掉。

3 元帝去世，太子即位，就是孝成帝。尊稱皇后為皇太后，以王鳳為大司馬大將軍兼管尚書事，增封五千戶。王氏的興盛是從王鳳開始的。又封太后同母弟王崇為安成侯，食邑一萬戶。王鳳的異母弟王譚等都賜給關內侯的爵位，都有食邑。

4 這年夏天，黃霧整天充滿四方。天子以此事問諫大夫楊興、博士駟勝等，回答都認為是「陰氣盛侵犯陽氣的一種天象。高祖與天下有約定，不是功臣不能封侯，今太后諸弟都以無功而封侯，不符合高祖的約定，外戚中從來沒有這樣的事情，所以上天顯示了這樣怪異的現象」。議論國事的人大多認為是這樣的。王鳳因此很恐懼，上書辭謝說：「皇上即位，思念愛慕逝世的父親，守喪不語，所以令臣王鳳管理尚書事，臣對上不能申明皇上的聖德，對下沒有做有益的政事。如今出現了彗星與天地赤黃的怪異現象，罪過完全應在臣王鳳身上，臣應接受公開的誅戮，以謝天下。現在三年守喪已經完畢，應行的喪禮都已舉行，皇上理應親自處理國家事務，以順天下人的心意。」王鳳因此請求辭職歸家。皇上回答說：「朕繼承了先帝聖明的事業，對大道領會不深，不明白治理國家的事情，因此陰陽錯亂，日月無光，赤黃色的霧氣，充滿天下。過失在朕的身上，現在大將軍把過錯歸於自己，想辭去尚書事，送歸大將軍印綬，罷去大司馬官職，這是明示朕的無德。朕把事情委託給將軍，真誠希望事業有成，以顯先祖之功德。將軍你一心一意，輔佐朕的不及，不要有所疑慮。」

5 五年以後，諸吏散騎安成侯王崇去世，謚封叫共侯。王崇有遺腹子王奉世繼承了侯爵，太后王政君十分哀傷。第二年，即河平二年，皇上封了所有的舅舅為侯，封王譚為平阿侯、王商為成都侯、王立為紅陽侯、王根為曲陽侯、王逢時為高平侯。五兄弟同日受封，所以當時稱之為「五侯」。太后的兄弟只有王曼早死，其他兄弟全部都封了侯。太后的媽媽李母，改嫁苟賓為妻，生了一個兒子叫苟參，後來死了丈夫寡居。頃侯王禁在世時，太后令王禁接回李母。太后憐憫苟參，想依照田蚡的舊例封他。皇上說：「封田氏，不是正規制度。」於是，以苟參為侍中水衡都尉。王氏的子弟都成了卿大夫侍中諸曹，分別占據著有權勢的官位，布滿朝廷。

6 大將軍王鳳當權，皇上於是就謙讓不敢做主。左右大臣常常推薦光祿大夫劉向的小兒子劉歆見識廣博有奇異的才能。皇上召見了劉歆，聽他朗誦了詩賦，甚為喜悅，想讓他做中常侍，召他來取衣冠。臨到舉行授官儀式時，左右臣子都說：「還沒告訴大將軍。」皇上說：「這是小事，何必告訴大將軍？」左右臣子叩頭諫諍。皇上於是告訴王鳳，王鳳認為不可以，此事就停止了。皇上畏懼王鳳竟到了這樣的程度。

7 皇上即位好幾年，沒有繼承皇位的兒子，身體常常有病。定陶共王來京朝拜，太后與皇上繼承先帝的意志，對待共王很優厚，賞賜的財物十倍於其他的王，不因過去的事有任何纖介。共王來朝後，天子挽留，不讓他回國。皇上對共王說：「我還沒有兒子，人命無常，不可隱諱，一旦發生了這樣的事，就不能再相見了，你長期留在這裡侍奉我吧！」這以後天子的病越來越好轉，共王因此就留在京師的公館裡，白天黑夜侍奉著皇上，皇上很親重他。大將軍王鳳感到共王留在京師不方便，正巧碰上了日食，王鳳因此說：「日食為陰盛的象徵，是非常的變異。定陶王雖然很親，按照禮制應當遵循藩臣的規矩回到自己的封國。現在留在京師侍奉皇上，違背了正常的規定，所以上天顯示了警戒。應當遣定陶王回自己的封國。」皇上迫於王鳳的壓力而允許。共王辭行，皇上與他相對哭泣而別。

8 京兆尹王章平素剛直敢說話，認為王鳳建議遣共王回封國是不對的，於是送上密封的奏章講論日食的災咎。天子召見王章，引他進宮詢問國家大事。王章回答說：「天道明察，佑助善人而降災惡人，用瑞異的自然現象作為他意志的符應與效驗。現在皇上因沒有繼承人，引定陶王靠近自己，是為了繼承宗廟，重視社稷，上順天意，下安百姓。這是合於正義的好事，應當有祥瑞，怎麼會招致災異？災異的出現，是大臣專擅朝政的緣故。現在聽說大將軍把日食之罪過錯誤地歸咎於定陶王，建議遣他回封國，實是想使天子在上受到孤立，以方便他專擅朝政的私利，這不是忠臣。而且，日食是陰侵陽，是臣子專擅政事的凶咎，如今政事大小皆出於王鳳，天子竟一點也不能插手，王鳳不反省責備自己，反而把過失歸於好人，把定陶王遠遠推開。而且王鳳虛詞騙人不忠於朝廷，不只一件事情。前丞相樂昌侯王商，本是先帝外家親屬，平日操行敦厚，又威嚴莊重，歷任將與相，是國家的柱石大臣。其人堅持正道，不肯曲身折節阿附王鳳，王鳳終於用家中的閨房私事罷免了他，王商憂憤而死，眾庶百姓都哀傷憐憫他。又王鳳知道他小妾的妹妹張美人已經嫁人，按禮制不應再匹配侍奉天子，但他藉口這個婦女會生育孩子，送進後宮，隨便以私情使他的妾妹得到好處。聽說張美人還不曾懷孕就到外館將養。羌胡民族還有殺掉頭胎子洗蕩腸腹，以正世系血統，何況漢家天子而幸進被休棄之女！這三件都是大事，皇上都是見過的，其他所沒有見過的事情也就可想而知。王鳳不可令他久管政事，應當令他黜退歸家，另選忠誠賢能的人來代替。」

9 自從王鳳報告皇上罷免王商與遣定陶王回國，皇上心中很不平。等到聽了王章的話，天子醒悟，採納了他的意見，對王章說：「不是京兆尹說直話，我就聽不到忠於國家的計議！只有賢人才能了解賢人，請你試著為我尋求輔佐我的人。」於是王章奉上密封的奏章，推薦中山孝王的舅舅琅邪太守馮野王說：「先帝時歷任二卿，為人忠信質樸正直，富有智謀。野王由於是王舅出任外官，因賢能又提拔進京，說明聖主是樂意提拔賢人的。」皇上從做太子時，就時常聽說馮野王是先帝的名臣，名聲遠遠超過了王鳳，所以想以馮野王代替王鳳。

10 當初，每召見王章，皇上總是要左右迴避。那時太后的堂弟長樂衛尉王弘的兒子侍中王音獨自在旁側聽，全都知道王章的話，並把這些話都告訴了王鳳。王鳳聽說，就稱病出衙府而住私第，上疏乞求告老歸家，他向皇上謝罪說：「臣的材質愚笨憨直，由於是外屬親戚，兄弟七人得以封為列侯，宗族蒙恩，得到了無數的賞賜。我出入朝廷輔政七年，把國家大事委託給我，提出的意見常被採納，推薦的人才常受任用。但一無功效，陰陽不調，災異屢次出現，過失在於臣王鳳供職不像樣子，這是臣第一條應當告退的。《五經》與解釋經義的傳記，以及宗師對經義的闡釋，都認為日食的災咎在於國家任用的大臣不得其人，《易經》說『折其右臂』，這是臣第二條應當告退的。從河平年間以來，臣連年生病，多次離職外出，曠廢職位白受俸祿，這是臣第三條應當告退的。皇上由於皇太后的緣故不忍誅殺廢棄，臣自己知道應當遠遠流放，但臣又再三思念，我家兄弟宗族所蒙受的恩惠無法估計，應當殺身碎骨死以報答皇上，不當以無益的緣故有離開皇宮的想法。只是一年多以來，困苦著我的病痛更加強烈，一天比一天嚴重，不能勝任所應承擔的大任，所以願告老退位，歸家治療休養。冀望能仰賴皇上的神威，得以不死，一月之間，幸得痊癒，還能來看望陛下您。不然，臣必定會填埋進溝壑之中。臣以不好的材質受到皇帝的偏愛，天下都知道臣所受的皇恩之深；由於有病得以告退歸家，天下的人也都知道臣是受了深恩而被哀憐，恩德是多麼重大。過去的提拔與現在的告退都是國家的厚恩，臣萬萬不敢有任何細微的議論。希望皇上哀憐！」王鳳的言詞意指都很哀傷，太后聽了為之落淚，飯也吃不下。

11 皇上從年少時就親近倚重王鳳，不忍心廢黜，於是回答王鳳說：「我執掌事務不能明察，國家政事有很多缺失，所以上天的災異屢次出現，這些都應在我的身上。將軍竟深深地把過失歸於自己，想告退歸家，那麼朕將何去何從呢！《書經》上不是說過嗎？『公不要困惑我。』務必專一精神，安心保養自己，務求迅速痊癒，以符合我的心意。」於是王鳳又重新出來掌管政事。皇上指使尚書彈劾王章「知馮野王以前以王舅身分出外任職，而私自推薦，想使在朝廷的官員阿諛附益諸侯；又知張美人親身侍奉皇上，而胡亂稱引羌胡殺子洗蕩腸腹做比喻，這不是你應該說的話」。遂把王章交付法辦。廷尉給王章定了大逆不道的罪名，認為他「把皇上比成夷狄，想讓皇上斷絕後嗣；背叛了天子，私心只為定陶王」。王章死在監獄中，妻、子都流放遷徙合浦。

12 從此以後，公卿大臣見到王鳳，只敢從旁側看，郡國首相、刺史等大官都出在他的門下。又任用侍中太僕王音做御史大夫，列於三公的位置。五個封侯的弟弟，爭相比賽奢侈，賄賂的珍奇寶物，從四面送來；後庭的美女妻妾，各有數十人，男女奴僕成百上千，鐘磬羅列，鄭女群舞，歌伎作樂，帶著狗馬打獵追逐。又大建屋第，造假山，起高臺，深邃的門洞、高廊和閣道，極目遠望連成一片。百姓歌唱道：「五侯初興起，曲陽侯最為興盛，修第宅決壞高都河，一直綿延到外杜，有土山有漸臺，西邊的樓閣就像白虎觀。」他們奢侈僭越到如此程度，然而他們對人事關係都通達精明，喜愛人才，供養賢能，傾盡錢財進行施予，以此比賽誰更高明。

13 王鳳輔政共十一年。陽朔三年秋天，王鳳病了，天子數次到王鳳家親臨慰問，握著他的手，流著眼淚說：「將軍病了，如果發生不可避諱的事，平阿侯王譚將接替將軍輔政了。」王鳳頓首流著淚說：「王譚雖然與臣是至親，但行為奢侈僭越，不能率領教導百姓，不如御史大夫王音謹慎守規矩，臣敢以死擔保。」等到王鳳將死，上書感謝皇上，又再三推薦王音代替自己，說王譚等五人必不可用，天子認為很對。

1 初，譚倨❶，不肯事鳳，而音敬鳳，卑恭如子，故薦之。鳳薨，天子臨弔贈寵❷，送以輕車介士❸，軍陳自長安至渭陵❹，謚曰敬成侯。子襄嗣侯，為衛尉。御史大夫音竟代鳳為大司馬車騎將軍❺，而平阿侯譚位特進❻，領城門兵❼。谷永❽說譚，令讓不受城門職，由是與音不平，語在永傳。

2 音既以從舅越親❾用事，小心親職❿，歲餘，上下詔曰：「車騎將軍音宿衛⓫

忠正，勤勞國家，前為御史大夫，以外親宜典兵馬，入為將軍，不獲宰相之封，朕甚慊⑫焉！其封音為安陽⑬侯，食邑與五侯等，俱三千戶。」

3 初，成都侯商嘗病，欲避暑，從上借明光宮⑭。後又穿長安城，引內灃水⑮注第中大陂⑯以行船，立羽蓋⑰，張周帷⑱，輯濯⑲越歌⑳。上幸商第，見穿城引水，意恨，內銜㉑之，未言。後微行㉒出，過曲陽侯㉓第，又見園中土山漸臺似類白虎殿㉔。於是上怒，以讓㉕車騎將軍音。商、根兄弟欲自黥㉖劓㉗謝太后。上聞之大怒，乃使尚書責問司隸校尉㉘、京兆尹㉙「知成都侯商擅穿帝城，決引灃水，曲陽侯根驕奢僭上，赤墀㉚青瑣㉛，紅陽侯立父子臧匿姦猾㉜亡命㉝，賓客為群盜，司隸、京兆皆阿㉞縱不舉奏正法㉟」。二人頓首㊱省戶㊲下。又賜車騎將軍音策書㊳曰：「外家何甘樂禍敗，而欲自黥劓，相戮辱㊴於太后前，傷慈母之心，以危亂國！外家宗族彊，上一身寖㊵弱日久，今將一施之㊶。君其召諸侯㊷，令待府舍。」是日，詔尚書奏文帝時誅將軍薄昭㊸故事。車騎將軍音藉稾㊹請罪，商、立、根皆負斧質㊺謝。上不忍誅，然後得已。

4 久之，平阿侯譚薨，諡曰安侯，子仁嗣侯。太后憐弟曼蚤死，獨不封，曼寡婦渠供養東宮，子莽幼孤不及等比㊻，常以為語。平阿侯譚、成都侯商及在位多稱莽者。久之，上復下詔追封曼為新都[47]哀[48]侯，而子莽嗣爵為新都侯。後又封太后姊子淳于長為定陵[49]侯。王氏親屬，侯者凡十人。

5 上悔廢平阿侯譚不輔政而薨也，迺復進成都侯商以特進，領城門兵，置幕府[50]，得舉吏[51]如將軍。杜鄴[52]說車騎將軍音令親附商，語在鄴傳。王氏爵位日盛，唯音為修整，數諫正[53]，有忠節，輔政八年，薨。弔贈如大將軍[54]，謚曰敬侯。子舜嗣侯，為太僕侍中。特進成都侯商代音為大司馬衛將軍[55]，而紅陽侯立位特進，領城門兵。商輔政四歲，病乞骸骨，天子閔之，更以為大將軍，益封二千戶，賜錢百萬。商薨，弔贈如大將軍故事，謚曰景成侯，子況嗣侯。紅陽侯立次當輔政，有罪過，語在孫寶傳。上迺廢立而用光祿勳曲陽侯根為大司馬票騎將軍[56]，歲餘益封千七百戶。高平[57]侯逢時無材能名稱[58]，是歲薨，謚曰戴侯，子買之嗣侯。

6 綏和元年[59]，上即位二十餘年無繼嗣，而定陶共王已薨，子嗣立為王。王祖母定陶傅太后[60]重賂遺票騎將軍根，為王求漢嗣，根為言，上亦欲立之，遂徵定陶王為太子。時根輔政五歲矣，乞骸骨，上迺益封根五千戶，賜安車[61]駟馬[62]，黃金五百斤[63]，罷就第。

【章　旨】以上為第三部分，寫成帝時王太后任用王音、王商、王根掌政的事跡。

【注　釋】❶倨　傲慢。❷贈寵　贈給死者財物以示寵愛。❸介士　武士。❹渭陵　漢元帝陵墓。在陝西咸陽東北。❺車騎將軍　將軍名號。❻特進　官名。漢制，諸侯功德優勝，朝廷所敬，賜位特進，位在三公下。❼城門兵　即城門校尉，掌城門屯兵武官。❽谷永　字子雲。見卷八十五〈谷永傳〉。❾越親　超越親疏次第。王音為王鳳叔父王弘之子，與王鳳為堂兄弟關係。❿親職　親自處理職務內的事。⓫宿衛　在宮內值宿，擔任警衛。⓬慊　嫌恨；不滿足。⓭安陽　縣名。在今河南正陽南。⓮明光宮　漢宮名，漢武帝置。明光宮有三：一為北宮，南與長樂宮相連；一為尚書奏事處；一在甘泉宮。此指後者。⓯灃水　源出陝西秦嶺山中，北流至西安市西北，分流注入渭水。⓰大陂　大池塘。⓱羽蓋　以翠羽為飾的船蓋。⓲周帷　船周圍的帷幕。⓳輯濯　行船。輯，通「楫」。濯，通「櫂」。划船用的工具。⓴越歌　唱越人的歌曲。㉑銜　怨恨。㉒微行　便裝出行，為使人不知其身分。㉓曲陽侯　指王根。㉔白虎殿　漢宮殿名，在未央宮。㉕讓　責備。㉖黥　古代五刑之一。即墨刑。㉗劓　古代五刑之一，即割鼻。㉘司隸校尉　官名。漢武帝置，負責捕巫蠱，督察大奸猾。後察三輔、三河、弘農七郡。㉙京兆尹　武帝太初元年，改右內史為京兆尹，治長安以東；左內史為左馮翊，治長陵以北。右扶風，治渭城以西。三個地方稱三輔，相當於郡。㉚赤墀　皇帝宮殿階地塗丹漆，稱赤墀，也稱丹墀。㉛青瑣　宮門上刻鏤的青色圖紋。《漢書》注引孟康曰：「以青畫戶邊鏤中，天子制也。」㉜姦猾　奸險狡猾的人。㉝亡命　喪失戶籍逃亡在外的人。㉞阿　曲從迎合。㉟正法　依法懲處犯罪者。㊱頓首　叩頭到地，表示認罪。㊲省戶　宮禁之門。省，省中；宮禁之中。戶，門。㊳策書　皇帝的書面命令。㊴戮辱　刑辱。㊵寖　逐漸。㊶施之　施行刑法。㊷召諸侯　召王家有爵位的人。㊸薄昭　文帝母薄太后弟。曾殺漢使者，文帝令其自殺。見〈文帝紀〉。㊹籍槀　顏師古曰：「自坐槁上，言就刑戮也。」籍，通「藉」。鋪墊。槀，謂草墊上。㊺斧質　古刑具。質，鐵砧。置人於砧上，用斧砍之。㊻等比　並列。㊼新都　侯國名，在今河南新野東南。㊽哀　諡號。㊾定陵　縣名，在今河南郾城西北。㊿幕府　將帥在外的營帳。軍旅無固定住所，以帳幕為府署。故稱幕府或莫府。(51)舉吏　薦舉官吏。漢朝廷令郡國守相舉薦。(52)杜鄴　字子夏。見卷八十五〈谷永杜鄴傳〉。(53)諫正　直言規諫。(54)弔贈如大將軍　指大將軍王鳳死時，天子臨弔贈寵，送輕車介士等儀節。(55)衛將軍　將軍名號。(56)票騎將軍　將軍名號。票，同「驃」。(57)高平　縣名，在今江蘇泗洪東南。(58)名稱　聲望。(59)綏和元年　西元前八年。綏和，漢成帝的第七個年號（西元前八—前七年）。(60)傅太后　漢元帝的傅昭儀。(61)安車　用一匹馬拉的可坐的小車。(62)駟馬　供拉車的四匹馬。(63)斤　漢代一斤約相當於今二百五十克左右。

【語譯】當初，王譚傲慢，不肯服侍王鳳，而王音很敬重王鳳，謙卑恭敬如同兒子，所以王鳳推薦了他。王鳳去世，天子親臨弔唁贈送財物，還送來輕車與武士，送殯隊伍從長安到渭陵排列成整齊的行陣，諡封為敬成侯。他的兒子王襄繼承了侯爵，擔任了衛尉。御史大夫王音終於代替王鳳擔任大司馬車騎將軍。平阿侯王譚賜位特進，兼任掌管城門兵武官。谷永遊說王譚，要他辭謝不接受城門兵武官的職務，由此王譚與王音不和。這些都記載在〈谷永傳〉裡。

2 王音既以堂舅身分超越親疏次第掌管朝政，小心謹慎親自處理國家事務，一年多以後，皇上下詔說：「車騎將軍王音，在宮中值宿警衛忠誠正直，為國家辛勤勞苦，以前擔任御史大夫，由於外屬親戚適宜掌管兵馬，調入擔任將軍職務，沒有獲得宰相的封賞，我甚感內疚！茲封王音為安陽侯，食邑與五侯相等，都封三千戶。」

3 當初，成都侯王商曾經有病，想避暑，向皇上借明光宮住。後又挖穿長安城，引進灃水注入府裡的大水池用來划船，船上立著用翠羽裝飾的船蓋，船的四周張設帷幔，讓划船的人唱著越地的歌謠。皇上駕臨王商的府第，看到他打穿城牆以引河水，很生氣，心懷怨恨，沒有明言。後來皇上微服私訪，經過曲陽侯王根府第，看見園中起了土山漸臺，類似皇宮中的白虎殿。於是皇上大怒，以此責備車騎將軍王音。王商、王根兄弟想自已行黥刑、劓刑向太后謝罪。皇上聽到大怒，便派尚書責問司隸校尉、京兆尹說「知道成都侯王商擅自挖穿京城城牆，決灃水引入府第，曲陽侯王根驕縱奢侈僭越，擬於皇上，階地塗赤，門窗刻鏤花紋塗青，紅陽侯王立父子窩藏奸猾亡命之徒，賓客結為群盜，司隸、京兆尹都迎合、放縱他們，不檢舉奏明依法處理」。二人在禁門下叩頭謝罪。又賜車騎將軍王音策書說：「外戚家為何甘心樂意自取禍敗，而想自黥自劓，在太后面前自刑受辱，傷害慈母之心，以使國家危亡紛亂呢！外戚家宗族強盛，皇上本身長期以來衰落不振，現在將好好的施行刑罰。請你召集王家諸侯，令他們在你府舍裡等候。」這一天，詔尚書奏明文帝誅將軍薄昭的舊例。車騎將軍王音坐在禾稈墊上請罪願受刑，王商、王立、王根都背負斧質以謝罪。皇上不忍心誅殺，然後事情才算了結。

4 過了一段時日之後，平阿侯王譚逝世，諡號安侯，他的兒子王仁嗣侯爵。太后哀憐她的弟弟王曼早死，只有他沒有封爵，王曼的寡婦名渠由太后東宮供養，她的兒子王莽年幼孤苦不能與同輩的王氏兄弟相比，太后常常講這些話。平阿侯王譚、成都侯王商及在位的人大多稱讚王莽。不久之後，皇上又下詔追封王曼為新都哀侯，他的兒子王莽嗣侯爵為新都侯。後來又封太后姊姊的兒子淳于長為定陵侯。外戚王氏的親屬，封侯的多至十人。

5 皇上後悔被廢置的平阿侯王譚沒有輔政就逝世了，於是再次提拔成都侯王商，加封特進，兼任城門兵的武官，設立幕府，可以像將軍一樣薦舉官吏。杜鄴向車騎將軍王音遊說，要他親附王商，這些話記載在〈杜鄴傳〉裡。王氏家族爵位日益興盛，只有王音注意修養生活嚴謹，屢次直言規諫皇上，有忠君的氣節，輔政八年，去世。皇上對他的弔唁與送禮物都按大將軍的舊例，諡號敬侯。兒子王舜繼承了侯爵，為太僕侍中。特進成都侯王商代替王音為大司馬衛將軍，而紅陽侯王立加官特進，兼領城門兵武官。王商輔政四年，有病告老歸家，天子哀憐他，改封為大將軍，加封兩千戶，賜錢一百萬。王商去世，皇上弔唁送禮如大將軍舊例，諡號景成侯，兒子王況繼承了侯爵。依照慣例應由紅陽侯王立輔政，他有罪在身，這些記載在〈孫寶傳〉裡。皇上因此就廢置了王立而用光祿勳曲陽侯王根為大司馬驃騎將軍，一年多以後，增封一千七百戶。高平侯王逢時沒有什麼才能聲譽，這一年去世，諡號戴侯，兒子王買之繼承了侯爵。

6 綏和元年，皇上即位二十多年沒有兒子，定陶共王已經去世，兒子繼立為定陶王。王的祖母定陶傅太后送重禮給驃騎將軍王根，為定陶王謀求繼承漢朝的帝位，王根為這事向皇帝進言，皇上也想立他，於是徵召定陶王為太子。當時王根輔政已有五年，告老歸家，皇上就增封王根五千戶，賜他安車駟馬，黃金五百斤，罷歸回自己的府第。

1 先是定陵侯淳于長以外屬能謀議，為衛尉侍中，在輔政之次。是歲，新都侯莽告長伏罪❶與紅陽侯立相連，長下獄死，立就國，語在長傳。故曲陽侯根薦莽以自代，上亦以為莽有忠直節，遂擢❷莽從侍中騎都尉❸光祿大夫❹為大司馬。

2 歲餘，成帝崩，哀帝即位。太后詔莽就第，避帝外家❺。哀帝初優莽，不聽。莽上書固乞骸骨而退。上迺下詔曰：「曲陽侯根前在位，建社稷策❻。侍中太僕安陽侯舜往時護太子家，導朕，忠誠專壹，有舊恩。新都侯莽憂勞國家，執義堅固，庶幾❼與為治，太皇太后詔休就第，朕甚閔焉。其益封根二千戶，舜五百戶，莽三百五十戶。以莽為特進，朝朔望❽。」又還紅陽侯立京師。哀帝少❾而聞知王氏驕盛，心不能善，以初立，故優之。

3 後月餘，司隸校尉解光奏：「曲陽侯根宗重身尊，三世據權❿，五將秉政⓫，天下輻湊⓬自效⓭。根行貪邪，臧⓮累鉅萬⓯，縱橫恣意，大治室第，第中起土山，立兩市⓰，殿上赤墀，戶青瑣；遊觀射獵，使奴從者被甲持弓弩，陳為步兵⓱；止宿離宮，水衡⓲共張⓳，發民治道，百姓苦其役。內懷姦邪，欲筦⓴朝政，推親近吏主簿張業以為尚書，蔽上壅下，內塞王路㉑，外交藩臣㉒，驕奢僭上㉓，壞亂制度。案根骨肉至親㉔，社稷大臣，先帝棄天下㉕，根不悲哀思慕，山陵㉖未成，公聘取故掖庭㉗女樂五官㉘殷嚴、王飛君等，置酒歌舞，捐忘㉙先帝厚恩，背臣子義。及根兄子成都侯況幸得以外親繼父為列侯侍中，不思報厚恩，亦聘取故掖庭貴人以為妻，皆無人臣禮，大不敬不道。」於是天子曰：「先帝遇根、況父子，至厚也，今迺背忘恩義！」以根嘗建社稷之策，遣就國。免況為庶人，歸故郡。根及況父商所薦舉為官者，皆罷。

4 後二歲，傅太后㉚、帝母丁姬㉛皆稱尊號。有司奏「新都侯莽前為大司馬，貶抑尊號之議，虧損孝道㉜，及平阿侯仁臧匿趙昭儀親屬㉝，皆就國」。天下多冤王氏。

5 諫大夫㉞楊宣㉟上封事言：「孝成皇帝深惟㊱宗廟之重㊲，稱述陛下至德以承天序㊳，聖策深遠，恩德至厚。惟念先帝之意，豈不欲以陛下自代，奉承東宮㊴哉！太皇太后㊵春秋七十，數更㊶憂傷，敕令親屬引領㊷以避丁、傅。行道之人為之隕涕，況於陛下，時登高遠望，獨不慙於延陵㊸乎！」哀帝深感其言，復封商中子㊹邑為成都侯。

6 元壽元年㊺，日蝕。賢良㊻對策㊼多訟㊽新都侯莽者，上於是徵㊾莽及平阿侯仁還京師侍太后。曲陽侯根薨，國除。

7 明年，哀帝崩，無子，太皇太后以莽為大司馬，與共徵立中山王[50]奉哀帝後[51]，是為平帝。帝九歲，常年被疾，太后臨朝，委政於莽，莽顓威福。紅陽侯立莽諸父[52]，平阿侯仁素剛直，莽內憚[53]之，令大臣以罪過奏遣立、仁就國。莽日誑燿[54]太后，言輔政致太平，群臣奏請尊莽為安漢公。後遂遣使者迫守立、仁令自殺，賜立諡曰荒侯，子柱嗣，仁諡曰刺侯，子術嗣。是歲，元始三年[55]也。明年，莽風[56]群臣奏立莽女為皇后。又奏尊莽為宰衡[57]，莽母及兩子皆封為列侯，語在莽傳。

8 莽既外壹[58]群臣，令稱己功德，又內媚事[59]旁側長御以下，賂遺以千萬數。白尊太后姊妹君俠為廣恩君，君力為廣惠君，君弟為廣施君，皆食湯沐邑，日夜共譽莽。莽又知太后婦人，厭居深宮中，莽欲虞[60]樂以市[61]其權，迺令太后四時車駕巡狩[62]四郊[63]，存見[64]孤寡貞婦[65]。春幸繭館[66]，率皇后列侯夫人桑，遵霸水而祓除[67]；夏遊篽宿[68]、鄠[69]、杜[70]之間；秋歷東館[71]，望昆明[72]，集[73]黃山宮[74]；冬饗[75]飲飛羽[76]，校獵[77]上蘭[78]，登長平館[79]，臨涇水[80]而覽焉。太后所至屬縣[81]，輒施恩惠，賜民錢帛牛酒，歲以為常。太后從容[82]言曰：「我始入太子家時，見於丙殿，至今五六十歲尚頗識[83]之。」莽因曰：「太子宮幸近，可壹往遊觀，不足以為勞。」於是太后幸太子宮，甚說。太后旁弄兒[84]病在外舍，莽自親候[85]之。其欲得太后意如此。

9 平帝崩，無子，莽徵宣帝玄孫選最少者廣戚侯[86]子劉嬰，年二歲，託[87]以卜相為最吉。迺風公卿奏請立嬰為孺子[88]，令宰衡安漢公莽踐阼[89]居攝[90]，如周公傅[91]成王故事。太后不以為可，力不能禁，於是莽遂為攝皇帝，改元[92]稱制[93]焉。俄而[94]宗室安眾侯劉崇[95]及東郡太守翟義[96]等惡[97]之，更[98]舉兵欲誅莽。太后聞之，曰：「人心不相遠[99]也。我雖婦人，亦知莽必以是[100]自危，不可。」其後，莽遂以符命[101]自立為真皇帝，先奉諸符瑞[102]以白太后，太后大驚。

10 初，漢高祖入咸陽至霸上[103]，秦王子嬰[104]降於軹道[105]，奉上始皇璽[106]。及高祖誅項籍[107]，即天子位，因御服[108]其璽，世世傳受，號曰漢傳國璽[109]。以孺子未立[110]，璽臧[111]長樂宮。及莽即位，請璽，太后不肯授莽。莽使安陽侯舜[112]諭指。舜素謹敕[113]，太后雅[114]愛信之。舜既見，太后知其為莽求璽，怒罵之曰：「而屬[115]父子宗族蒙漢家力，富貴累世[116]，既無以報，受人孤寄[117]，乘便利時[118]，奪取其國，不復顧恩義。人如此者，狗豬不食其餘[119]，天下豈有而兄弟[120]邪！且若[121]自以金匱[122]符命為新皇帝，變更正朔[123]服制[124]，亦當自更[125]作璽，傳之萬世，何用此亡國不祥璽為，而欲求之？我漢家老寡婦，旦暮且死，欲與此璽俱葬，終不可得！」太后因涕泣而言，旁側長御以下皆垂涕。舜亦悲不能自止，良久迺仰謂太后：「臣等已無可言[126]者。莽必欲得傳國璽，太后寧能[127]終不與邪！」太后聞舜語切，恐莽欲脅之，迺出漢傳國璽，投之地以授舜，曰：「我老已死[128]，知而兄弟，今[129]滅族也！」舜既得傳國璽，奏之，莽大說，迺為太后置酒未央宮漸臺，大縱眾樂。

11 莽又欲改太后漢家舊號[130]，易其璽綬，恐不見聽，而莽疏屬[131]王諫欲諂[132]莽，上書言：「皇天廢去漢而命立新室，太皇太后不宜稱尊號，當隨漢廢，以奉天命[133]。」莽迺車駕至東宮，親以其書白太后。太后曰：「此言是也[134]！」莽因曰：「此誖[135]德之臣也，罪當誅！」於是冠軍[136]張永[137]獻符命銅璧[138]，文言[139]「太皇太后當為新室文母太皇太后」。莽迺下詔曰：「予視[140]群公，咸曰：『休[141]哉！其文字非刻非畫，厥性自然[142]。』予伏念皇天命予為子[143]，更命太皇太后為『新室文母太皇太后』，協[144]于新故交代之際[145]，信[146]於漢氏。哀帝之代，世傳行詔籌[147]，為西王母共具之祥[148]，當為歷代為母[149]，昭然[150]著明[151]。予祗畏[152]天命，敢不欽承[153]！謹以今月[154]吉日，親率群公諸侯卿士，奉上皇太后璽紱[155]，以當順[156]天心，光于四海焉。」太后聽許。莽於是鴆殺[157]王諫，而封張永為貢符子[158]。

12 初，莽為安漢公時，又諂太后，奏尊元帝廟為高宗，太后晏駕[159]後當以禮配食[160]云。及莽改號太后為新室文母，絕之於漢，不令得體元帝[161]。墮壞[162]孝元廟，更為文母太后起廟，獨置[163]孝元廟故殿以為文母篹食堂[164]，既成，名曰長壽宮。以太后在，故未謂之廟。莽以太后好出遊觀，迺車駕[165]置酒長壽宮，請太后。既至，見孝元廟廢徹塗地[166]，太后驚，泣曰：「此漢家宗廟，皆有神靈，與何治而壞之[167]！且[168]使鬼神無知，又何用廟為[169]？如令有知，我迺人之妃妾，豈宜辱帝之堂以陳饋食[170]哉！」私謂左右曰：「此人嫚神[171]多矣，能久得祐乎？」飲酒不樂而罷。

13 自莽篡位後，知太后怨恨，求所以媚太后無不為，然愈不說。莽更漢家黑貂[172]，著黃貂，又改漢正朔[173]伏臘日[174]。太后令其官屬黑貂，至漢家正臘日，獨與其左右相對飲酒食。

14 太后年八十四，建國五年[175]二月癸丑[176]崩。三月乙酉[177]，合葬渭陵[178]。莽詔大夫揚雄[179]作誄[180]曰：「太陰之精，沙麓之靈，作合[181]於漢，配元生成[182]。」著其協於元城沙麓[183]。太陰精者，謂夢月也。太后崩後十年，漢兵誅莽。

15 初，紅陽侯立就國南陽[184]，與諸劉[185]結恩[186]，立少子丹為中山[187]太守。世祖[188]

初起，丹降為將軍，戰死。上閔之，封丹子泓為武桓侯，至今189。

【章 旨】以上為第四部分，寫王莽在元后的卵翼下從執政到篡漢的事跡。

【注 釋】❶伏罪 未能揭發出來的罪行。伏，隱匿。❷擢 提拔。❸騎都尉 官名。漢武帝元鼎二年初置。❹光祿大夫 光祿勳屬官。❺避帝外家 指迴避哀帝外戚傅氏、丁氏。帝，哀帝。外家，指哀帝祖母傅太后與母丁太后家。❻建社稷策 指王根為言立哀帝為太子事。❼庶幾 希望；差不多。❽朝朔望 每月在初一、十五兩天朝見天子。朔，每月初一。望，每月十五。❾少 年輕。❿三世據權 指王禁一代、王鳳兄弟一代、王莽一代，都曾掌握國家大權。⓫五將秉政 指大司馬大將軍領尚書事王鳳、大司馬車騎將軍王音、大司馬衛將軍王商、大司馬驃騎將軍王根、大司馬王莽。這五將都曾掌握國家政權。⓬輻湊 聚合；會合。車輻集中於軸心，比喻人或物聚集在一處。也作「輻輳」。⓭自效 獻出自己的忠心。效，獻。⓮臧 通「贓」。指贓款贓物。⓯鉅萬 萬萬，億。⓰立兩市 於第宅中設兩市以取利。⓱陳為步兵 列為步兵行陣。陳，通「陣」。⓲水衡 武帝元鼎二年置水衡都尉。水衡丞，在上林苑，掌皇室財物和鑄錢。⓳共張 供給帳幕等張設之物。共，通「供」。張，通「帳」。⓴筦 主管。㉑內塞王路 對內堵塞諸侯王與天子間的聯繫。路，聯繫的通道。㉒藩臣 指諸侯王。㉓僭上 冒用天子職權行事。僭，超越等級。㉔骨肉至親 指王根為元帝皇后兄弟，成帝舅父。㉕先帝棄天下 指成帝逝世。㉖山陵 帝王的陵園墳墓。㉗掖庭 宮中官署名，掌宮中人事。秦名永巷，武帝太初元年改為掖庭。有令丞，由宦官充任。㉘五官 女官名，官秩比三百石。㉙捐忘 拋棄；忘記。捐，捨棄。㉚傅太后 即元帝傅昭儀。其孫即後來的哀帝劉欣。見卷九十七下〈外戚傳下・孝元傅昭儀〉。㉛帝母丁姬 哀帝之母。見卷九十七下〈外戚傳下・定陶丁姬〉。㉜貶抑尊號之議二句 指哀帝崩後，王莽白太皇太后下詔，罷孝成皇后趙飛燕及其妹趙昭儀的名號，將其廢為庶人之事。哀帝曾為太子，乃成帝之後，與趙飛燕為母子關係，哀帝為天子，廢其母為庶人，是為不孝。故為虧損孝道。㉝平阿侯仁臧匿趙昭儀親屬 平阿侯王仁為王譚之子，其藏匿趙昭儀親屬事不詳。㉞諫大夫 官名，光祿勳屬官，掌議論，多至數十人。東漢改為諫議大夫，歷代相因。㉟楊宣 本書僅見於此與〈五行志〉。事跡不詳。㊱惟 思。㊲重 重要；重大。㊳天序 帝王的世系。㊴東宮 太后所居之宮。太后居長樂宮，在未央宮東，故稱太后為東宮。㊵太皇太后 指元帝皇后。㊶更 經歷。㊷引領 師古曰：「自引首領而退也。」㊸延陵 成帝墓，在今陝西咸陽北。㊹中子 指位於中間的兒子。或曰次子。中，通「仲」。㊺元壽元年 西元前二年。元壽，漢哀帝劉欣的第四個年號（西元前二—前一年）。(46)賢良　漢代察舉科目之一，有的稱賢良文學，有的稱賢良方正。各級政府都得依詔察舉有德行、通經術、能直言極諫之士。(47)對策　漢代察舉的人對答皇帝有關政治、經義的策問叫「對策」。(48)訟　通「頌」。(49)徵　徵召。(50)中山王　劉衎之，漢元帝的庶孫，中山孝王之子。(51)後　繼嗣人。(52)諸父　父之兄弟，伯父或叔父。(53)內憚　內心畏懼。(54)誑燿　欺騙迷惑。(55)元始三年　西元三年。元始，漢平帝年號。(56)風　通「諷」。示意。(57)宰衡　商湯時伊尹為阿衡，周時周公為太宰，王莽自比伊尹、周公，所以要尊自己為宰衡。(58)壹　指統一、一致。(59)媚事　奉承迎合。(60)虞　同「娛」。(61)市　收買。(62)巡狩　此處指巡視京都長安各縣。(63)郊　此指長安京郊各縣。(64)存見　慰問；省視。(65)貞婦　從一而終，夫死不再嫁。(66)繭館　養蠶之所，在上林苑。(67)祓除　古代除凶求福的一種祭祀。歲首於宗廟社壇行之，三月於水濱行之。(68)篽宿　篽宿苑在長安城南。唐代稱為篽宿川。(69)鄠　縣名，即今陝西戶縣。(70)杜　地名，在今陝西西安東南。本名杜原，秦置杜縣。漢宣帝在此築陵，改名杜陵。(71)東館　王先謙引沈欽韓說：「黃圖豫中觀，武帝造，在昆明池中，亦曰昆明觀，即東館也。」(72)昆明　指昆明池。武帝欲通身毒國，為昆明等地所阻，於是在長安近郊作昆明池，以習水戰，池周圍四十里。在今陝西西安西南郊斗門鎮東南。(73)集　停留。(74)黃山宮　宮名，在槐里。在今陝西興平東南。(75)饗　大宴賓客。(76)飛羽　即飛羽殿，在未央宮中。(77)校獵　設柵欄以圈圍野獸，而後獵取。(78)上蘭　觀名，在上林苑中。(79)長平館　在長平阪。在今陝西涇陽南，涇水南岸。(80)涇水　水名。有二源，北源出平涼，南源出華亭。至涇川匯合，東南流至陝西彬縣再折向東南入渭水。(81)屬縣　指京郊所屬各縣。(82)從容　不慌不忙。(83)識　記住。(84)弄兒　供人玩弄的幼童。(85)候　探望；守護。(86)廣戚侯　劉勳，楚孝王子。見卷十五下〈王子侯表〉。廣戚，縣名，在今江蘇沛縣東。(87)託　假託。(88)孺子　兒童的統稱。此指幼弱的天子。周成王年幼時也稱孺子。(89)踐阼　皇帝登位。(90)居攝　指暫居皇帝之位，代為處理政事。(91)傅　通「輔」。輔佐。(92)改元　新君即位，次年改用新年號紀年，稱改元。(93)稱制　行使皇帝權力為稱制。制，帝王的命令、詔令。(94)俄而　頃刻；不久。(95)安眾侯劉崇　長沙定王孫。居攝元年起兵反王莽，被殺。安眾，縣名，在今河南鄧州東北。(96)翟義　汝南上蔡人，翟方進少子。見卷八十四〈翟方進傳〉。(97)惡　憎恨；厭惡。(98)更　交替；連續。(99)人心不相遠　人們的看法相差不遠。(100)以是　以此。(101)符命　天賜祥瑞予人君，以為受命的憑證。(102)符瑞　祥瑞的徵兆。(103)霸上　地名，在陝西西安東灞水西岸白鹿原北首。(104)秦王子嬰　秦始皇之孫，一說秦始皇之姪。趙高殺二世，立子嬰，去帝號，稱王。劉邦至霸上，子嬰降，後為項羽殺。(105)軹道　亭名，子嬰向劉邦投降的地方。在陝西西安東北。(106)璽　印章。秦漢以後，惟皇帝印稱璽。(107)項籍　名籍，字羽，下相（今江蘇宿遷）人。見卷三十一〈項籍傳〉。(108)御服　皇帝御用。(109)傳國璽秦以後皇帝的印章稱璽，相傳秦始皇得和氏璧雕刻為璽，劉邦得之，世世傳受。後失傳。(110)孺子未立　孺子未正式行使皇帝權力。(111)臧　同「藏」。(112)安陽侯舜　王莽的堂弟王舜。安陽，縣名，在今河南正陽南。(113)謹敕　謹慎而整飭。(114)雅　平素；極。(115)而屬　你們。而，同「爾」。你。(116)累世　歷代；幾代。(117)孤寄　將孤兒託付給人。孤，幼年喪父。寄，寄託。(118)乘便利時　乘其方便，利用可乘之機。(119)狗豬不食其餘　剩餘之食物，狗豬都不願食。師古曰：「言惡賤。」(120)而兄弟　你們兄弟，指舜與莽。(121)若　你。(122)金匱　天子的金屬藏書櫃。(123)正朔　一年的第一天。正，正月。朔，一月的開始。(124)服制　按身分等級所規定的服飾車馬制度。(125)更　再；復。(126)無可言　再無話可說了。師古曰：「言不可諫止。」(127)寧能　豈能；怎麼能。(128)已死　必定會死。已，必定。(129)今　即；就會。(130)舊號　指元后太皇太后的尊號。(131)疏屬　遠親。(132)諂　諂媚。(133)奉天命　奉承天命。(134)此言是也　師古曰：「恚怒之辭也。」指太后無奈而說的順從話。(135)誖　乖違。(136)冠軍　縣名。在河南鄧州西北。(137)張永　人姓名。(138)銅璧　服虔曰：「如璧形，以銅為之也。」璧，扁平，圓形，中有圓孔。(139)文言　銅璧上的文字說道。為偽造。(140)視　同「示」。給人看。(141)休　美也。(142)厥性自然　指字體是自然形成的，非人工雕刻。厥，其。(143)皇天命予為子　王莽說自己乃受天命而為天子。(144)協　相合。(145)新故交代之際　楊樹達《漢書窺管》說：「故為漢，新為莽也。新室文母四字合于新，太皇太后四字合于漢也。」(146)信　符合。(147)行詔籌　傳送詔書的一種符節。籌，籌碼，此指符節。(148)西王母共具之祥　指行詔籌是西王母提供的祥瑞。並暗示銅璧也是同一類東西。共具，提供；準備。西王母，中國古代傳說中的神話人物。(149)當為歷代為母　《漢書窺管》說：「謂太后既為漢室母，又當為新室母也。」(150)昭然　明亮。(151)著明　明顯。(152)祗畏　敬畏；獨畏。(153)欽承　敬奉；奉承。(154)令月　吉月。令，美好。(155)紱　繫璽的絲帶。(156)當順　應當順從。(157)鴆殺　用鴆酒毒殺。鴆，有毒的鳥，雄曰運日，雌曰陰諧，傳說羽有毒刺，可浸製毒酒。(158)貢符子　王莽為張永設的爵位。屬公、侯、伯、子、男五等爵位中的第四等。(159)晏駕　古人諱言帝王死，稱為晏駕。(160)配食　指元后死後，漢室祭祀元帝時，元后與元帝一起配享祭祀。(161)體元帝　與元帝連接在一起。體，謂夫妻一體。(162)墮壞　毀壞。墮，通「隳」。(163)獨置　特別單獨建立。(164)篹食堂　食堂。篹，通「饌」。備食；飲食。(165)車駕　帝王的代稱。此處指王莽。(166)廢徹塗地　指徹底毀壞。(167)與何治而壞之　顏師古曰：「言此何罪，于汝無所干預，何為毀壞之！」(168)且　句首發語詞。(169)為　句末語氣詞。(170)饋食　祭祀時，以牲、黍、稷為祭品進獻謂之饋食。(171)嫚神　輕慢神靈。(172)貂　孟康曰：「侍中所著貂也。莽更漢制也。」(173)改漢正朔　王莽於居攝三年（西元八年），以十二月為歲首。(174)伏臘日　秦漢時，夏天的伏日，冬天的臘日，均為節日，合稱伏臘。伏日，專指伏日中祭祀的日子。臘日，歲終祭祖先與眾神的日子。(175)建國五年　西元十三年。建國，新莽的第一個年號（西元九—十三年)。176 二月癸丑　當為夏曆正月初四日。據王莽改正朔，以十二月為正。177 三月乙酉　夏曆二月初七日。178 渭陵　漢元帝陵墓，在今陝西咸陽東北。179 揚雄　(西元前五十三—十八年)，字子雲，西漢蜀郡成都人。著名學者與辭賦家。見卷八十七〈揚雄傳〉。180 誄　歷述死者恩德以示哀悼的文辭，即今之悼詞。181 作合　作配；配合。指成為漢天子的配偶。182 配元生成　配元帝、生成帝。183 元城沙麓　顯示元后一生與元城沙麓的靈異相符合。184 南陽　在今河南南陽。185 諸劉　指漢劉姓宗室諸家。186 結恩　連結互惠。187 中山　地名，在今河北定州一帶。188 世祖　東漢光武帝劉秀。189 至今　指到東漢班固在世之時。

【語譯】先前，定陵侯淳于長因為是外家親屬能參與謀議，擔任了衛尉侍中，處於輔政的行列。這一年，新都侯王莽揭發了淳于長與紅陽侯王立有牽連的隱伏未發的罪行，淳于長下獄死，王立回自己的封國，這些記載在〈淳于長傳〉裡。因此曲陽侯王根推薦王莽代替自己，皇上也認為王莽有忠直氣節，就把王莽從侍中騎都尉兼光祿大夫提拔為大司馬。

2 一年多以後，成帝逝世，哀帝即位。太后詔令要王莽退休歸家，迴避哀帝的外戚家。哀帝起初優待王莽，沒有批准。王莽上書堅決請求退休。皇上就下詔書說：「曲陽侯王根從前在位，對帝位繼立問題提出過好建議。侍中太僕安陽侯王舜從前保護太子家，輔導我，忠誠專一，對朕有舊恩。新都侯王莽為國家憂心勤勞，堅決維護原則，朕希望與他共同治理國家，太皇太后下詔讓他退休歸家，朕非常同情他。茲增封王根二千戶，王舜五百戶，王莽三百五十戶。加封王莽為特進，在初一、十五朝見。」又詔令紅陽侯王立回京師。哀帝小時聽說王氏驕縱貴盛，心裡不認為他們良善，因為初即位，所以優待他們。

3 過了一個多月，司隸校尉解光上奏說：「曲陽侯王根宗族顯耀自身尊貴，三代掌握國家大權，五位將軍主持國家政事，就像輻條聚集到軸心一樣天下四方圍繞著他們獻其忠心。王根行為貪婪邪僻，家中積累的財富上萬萬，恣縱妄為，大修府第，府第中建起土山，設置兩個集市取利，殿中的階地塗赤色，窗戶的花紋塗青色；平時遊觀射獵，使跟隨的奴僕穿甲冑持弓箭，排列成步兵的行陣；到晚上住宿在離宮，命水衡供給帳幃等張設的物件，徵發民眾修治道路，百姓深受徭役的痛苦。他們內心懷著奸邪的念頭，想把持朝廷政務，推薦親信官吏主簿張業擔任尚書，蒙蔽皇上，阻隔臣下，對內堵塞諸侯王與天子間的聯繫，對外結交藩臣，驕縱奢侈僭上，破壞擾亂國家制度。按王根是漢室骨肉至親，國家的大臣，先帝去世時，王根不悲傷哀痛思念，陵墓還沒有建成，竟公然聘娶前掖庭女樂歌伎五官殷嚴、王飛君等，設置酒宴，唱歌跳舞，忘掉了先帝的深恩，背棄了臣下的道義。還有王根哥哥的兒子成都侯王況有幸能以外戚親屬繼承父親為列侯侍中，不思報答皇上的厚恩，也聘娶前掖庭貴人為妻，都沒有人臣的禮儀，犯了大不敬與不道之罪。」於是天子說：「先帝對待王根、王況父子，恩德至為深厚，現在竟忘恩背義！」由於王根曾對帝位繼承提出過建議，遣他回到自己的封國。免除王況的爵位貶為平民，回到原來住的郡。凡是由王根與王況父親王商舉薦的官員，一律罷免。

4 過了兩年，傅太后、皇上的母親丁姬都有了尊貴的稱號。有關官員上奏說「新都侯王莽從前做大司馬，所提出的貶抑趙太后、趙昭儀尊號之建議，虧損了皇上的孝道，及平阿侯王仁曾收藏隱匿趙昭儀的親屬，都應罷官回歸封國」。天下人大多為王氏感到冤枉。

5 諫大夫楊宣向天子上密封奏事說：「孝成皇帝深思宗廟繼承問題的重要，稱述皇上的崇高品德使你繼承漢家帝王世系，這是聖明的深遠大計，恩德至厚。思念先帝的用意，豈不是想讓皇上代替他供養東宮嗎！太皇太后高壽七十，經歷多次憂傷，命令親屬各自引退以迴避丁、傅兩家。路上行人也為之落淚，何況皇上您在登高遠望時，面對成帝延陵能不慚愧嗎！」哀帝被這些話所感動，又封王商的中子王邑為成都侯。

6 元壽元年，發生了日食。賢良們在對策中多稱頌新都侯王莽，皇上於是徵召王莽及平阿侯王仁回京師服侍太后。曲陽侯王根去世，封國被廢除。

7 明年，哀帝逝世，沒有子嗣，太皇太后以王莽為大司馬，與他共同徵召中山王立為哀帝的繼承人，這就是漢平帝。平帝這年九歲，長年有病，太皇太后臨朝聽政，把國家政務委託給王莽，王莽專擅威福。紅陽侯王立是王莽的叔父，平阿侯王仁平素剛強正直，王莽內心畏懼他們，唆使大臣以他倆的罪過上奏，於是遣王立、王仁回歸自己的封國。王莽日日欺騙迷惑太后，說他的輔政帶來了國家的太平，群臣上奏請求尊王莽為安漢公。後來竟派使者守著逼使王立、王仁二人自殺，賜王立諡號荒侯，兒子王柱繼其爵位，賜王仁諡號剌侯，兒子王術嗣其爵位。這一年，是元始三年。第二年，王莽示意群臣上奏立王莽之女為皇后。又上奏章尊稱王莽為宰衡，王莽的母親及兩個兒子都封為列侯，這些事記載在〈王莽傳〉裡。

8 王莽既在外朝統一了群臣，令他們稱頌自己的功德，又在內宮逢迎獻媚太后身旁長御以下的女官，送給她們的財物以千萬計。又告訴太后尊太后姊妹君俠為廣恩君，君力為廣惠君，君弟為廣施君，都食湯沐邑，讓她們日夜共同稱讚王莽。王莽又知道太后是婦人，厭煩長居深宮之中，王莽想用娛樂收買換取太后的權力，就讓太后四時車駕巡狩京師四郊，慰問視察孤兒寡母與從一而終的守節寡婦。春天幸臨繭館，率領皇后與列侯夫人採桑養蠶，沿霸水而行，在水邊舉行除凶求福的祭祀儀式；夏天在籞宿苑和鄠縣、杜陵之間遊觀；秋天遊歷東館，眺望昆明池，止宿於黃山宮；冬天在飛羽殿大宴賓客，在上蘭觀打獵，登上長平館，駕臨涇水遊覽。太后所到屬縣，總是在施恩惠，賜給百姓錢財、布帛、牛、酒，年年以此為常。太后從容說道：「我當初到太子家時，在丙殿見到太子，到現在已有五、六十年了，仍然記得很清楚。」王莽趁勢說：「幸好太子宮很近，可一往遊觀，不足以勞累。」於是太后幸臨太子宮，甚為高興。太后身旁的弄兒病在外舍，王莽親自前往探望，他為獲得太后的歡心竟然到了這個地步。

9 平帝去世，沒有子嗣，王莽徵召宣帝玄孫，選其中年紀最小的廣戚侯的兒子劉嬰，當時年僅兩歲，藉口占卜的結果他最吉利。於是暗示公卿上奏請求立劉嬰為孺子，令宰衡安漢公王莽登帝位暫時代理天子政務，如周公輔成王舊例。太后不認為可以，但沒有力量禁止，於是王莽就成了攝皇帝，改用新的年號行使皇帝權力。不久漢朝宗室安眾侯劉崇與東郡太守翟義等厭惡王莽的行為，先後發兵要誅滅王莽。太后聽到這件事說：「人的心思都相差不遠。我雖是婦人，也知道王莽必定因此事危害自己，他的行為是不可以的。」後來，王莽又以天賜祥瑞為由自立為真皇帝，先捧著各種符瑞去告訴太后，太后大驚。

10 當初，漢高祖入咸陽先到霸上，秦王子嬰在軹道亭投降，捧著獻上秦始皇的天子印璽。等到高祖誅滅項籍，即天子位，就御用了這顆印璽，世世傳受，稱為漢朝的傳國璽。由於孺子還沒有正式立為天子，這顆傳國璽藏在太后的長樂宮。等到王莽即位，請求要這顆璽，太后不肯授給王莽。王莽使安陽侯王舜傳達他的意旨，王舜平素謹慎而整飭，深受太后的信任和愛重。王舜拜見太后，太后知他是為王莽求璽的，怒罵他說：「你們父子宗族憑藉漢家的力量，富貴了好幾代，既沒有報答，現在受人寄託孤兒，卻乘著方便有利之機，奪取他的國家，不再顧及恩義。像這樣的人，他的惡劣、下賤連豬狗都不吃他們剩餘的東西，天下哪裡還有你們這樣的兄弟啊！況且你們既然已經憑著金匱符命做了新朝的皇帝，變更了正朔服飾車馬制度，也應當自己改做印璽，傳之萬代，為何要用這亡國不祥之璽，而想來求取它呢？我是漢家的老寡婦，早晚將要死了，想與此璽一同埋葬，你們最終也得不到！」太后一邊哭泣一邊說著，身邊長御以下宮女都流下了眼淚。王舜也悲傷不能自止，很久以後才抬起頭來對太后說：「臣等已經沒有話可以諫止王莽。王莽一定要得到傳國印璽，太后哪有辦法始終不給他呢！」太后聽到王舜言詞懇切，恐怕王莽要脅迫她，就拿出漢家傳國印璽，投在地下給了王舜，說：「我已老了，必定會死，但知道你們兄弟這樣，必定會被滅族的！」王舜既然得到傳國璽，就奏明獻上，王莽很高興，於是為太后在未央宮漸臺設置酒宴，放縱群臣大肆宴樂。

11 王莽又想改掉太后漢家原有的太皇太后的尊號，要改變她的印璽與綬帶，恐怕太后不聽從，王莽的一個遠親王諫欲諂媚王莽，上書說：「皇天廢除漢朝而授命建立新室，太皇太后不宜再用漢朝的尊號，應隨漢朝的廢除而廢除，以奉天命。」王莽就乘車駕到東宮，親自把王諫的上書告訴太后。太后說：「這話對呀！」王莽接著說：「他是悖逆大德的臣子，罪當誅滅！」當時冠軍縣人張永獻上反映天命的銅璧，上面有文字說「太皇太后當為新室文母太皇太后」。王莽於是下詔書說：「我把這塊銅璧給群公看，都說：『美啊！它的文字既不是刻的也不是畫的，它的體形是自然而然的啊。』我恭敬地思考，皇天命我為天子，改命太皇太后為『新室文母太皇太后』，既與新與漢兩代交替之際的情況相合，也符合漢朝的稱謂。哀帝的時代，曾經流傳一種行詔籌，據說是西王母提供的祥瑞之物。同樣的，根據銅璧上面的文字，太皇太后應是兩代的母后，這是十分明白的。我敬畏天命，敢不奉承！現在謹慎地以吉月吉日，親自率領群公諸侯卿士，獻上皇太后印璽綬帶，以順承天心，光照四海啊。」太后聽從了。於是王莽用鴆酒毒死王諫，而封張永為貢符子。

12 當初，王莽為安漢公時，又諂媚太后，上奏尊稱元帝廟號為高宗，太后逝世後應按照禮制配食元帝。等到王莽改稱太后為新室文母，已斷絕她與漢朝之間的聯繫，讓她不能合配元帝。於是毀壞孝元帝廟，另外為文母太后建寢廟。特意在孝元廟故殿遺址建文母饌食堂，建成後，名叫長壽宮。因為太后還健在，所以沒有稱為廟。王莽以為太后喜愛遊覽觀賞，就命車駕到長壽宮，設置酒宴請太后。太后一到，看見孝元廟被徹底毀壞，大為吃驚，哭著說：「這是漢家宗廟，都有神靈的，妨礙了你們什麼而要把它毀壞！如果鬼神無知，建廟又有何用？如果有知，我乃是人家的妃妾，豈能侮辱先帝的殿堂而陳列食物啊！」她私下對左右的人說：「此人輕慢神靈太多了，能長久得到保佑麼？」飲酒不樂而結束。

13 自從王莽篡天子位以後，知道太后怨恨，所以為求諂媚太后無所不為，然而太后愈加不悅。王莽改換漢家的黑貂帽飾，換為黃貂帽飾，又更改漢家的元旦日和伏祭、臘祭的日子。太后令其下屬官吏仍戴黑貂帽飾，到了漢家正式的臘祭日，獨與她身旁的臣子相對飲酒食。

14 太后年齡八十四歲，王莽建國五年二月癸丑日逝世。三月乙酉日，合葬於元帝渭陵。王莽詔令大夫揚雄作悼文說：「太陰的精氣，沙麓的神靈，來與漢宗作配，配元帝而生成帝。」昭示她符合於元城沙麓的徵兆。關於太陰之精，說的是李母懷王政君在身，夢見月亮投入她懷抱的事。太后逝世後十年，漢兵誅滅王莽。

15 當初，紅陽侯王立歸國到南陽，與南陽諸劉姓宗室互結恩義，王立少子王丹做中山太守。世祖劉秀開始起事時，王丹投降他做了將軍，在戰爭中犧牲。皇上憐憫他，封王丹的兒子王泓為武桓侯，一直到當今。

司徒掾❶班彪曰：三代❷以來，春秋所記，王公國君，與其失世，稀❸不以女寵❹。漢興，后妃之家呂、霍、上官❺，幾❻危國者數矣。及王莽之興，由孝元后歷漢四世❼為天下母❽，饗國❾六十餘載，群弟世權，更持❿國柄⓫，五將⓬十侯⓭，卒成新都⑭。位號已移於天下，而元后卷卷⑮猶握一璽，不欲以授莽，婦人之仁⑯，悲夫！

【章　旨】以上為第五部分，寫班彪對元帝皇后王政君一生的評價。

【注　釋】❶司徒掾　司徒的副官，輔助司徒主管教化。司徒，西漢哀帝改丞相為大司徒，東漢光武時去大，只稱司徒。掾，屬員。❷三代　指夏商周三個朝代。❸稀　少。❹女寵　天子寵幸的婦女，如妲己、褒姒等。❺呂霍上官　指高祖呂皇后、孝宣霍皇后、孝昭上官皇后。❻幾　幾乎；差不多。❼歷漢四世　元、成、哀、平四代。❽為天下母　皇后母儀天下，故曰為天下母。❾饗國　享有國家。❿更持　交替把持。⓫國柄　國家權力。⓬五將　即五大司馬：王鳳、王音、王商、王根、王莽。⓭十侯　顏師古說：「陽平頃侯禁、禁子敬侯鳳、安成侯崇、平阿侯譚、成都侯商、紅陽侯立、曲陽侯根、高平侯逢時、安陽侯音、新都侯莽。」一說鳳繼父侯爵不計，加封太后姊子定陵侯淳于長為十侯。⓮新都　指新都侯王莽。⓯卷卷　即「拳拳」，忠誠懇切之意。⓰婦人之仁　行小惠而忘大德，如婦人之愛人。

【語　譯】司徒掾班彪說：夏商周三代以來，《春秋》所記載的，王公國君的斷絕世系，很少不是由於寵幸婦女所造成的。漢朝興起，后妃外家呂、霍、上官皇后，差點兒危及國家生存的有好幾次。等到王莽的興起，由於孝元皇后經歷元、成、哀、平四代為天下國母，享有國家政權六十多年，太后的弟弟們世代相繼執掌政權，交替把持國家權柄，五人位將軍十人位侯爵，最後造成新都侯王莽篡漢。帝位與名號在天下已經轉移，而元后還忠誠懇切地握著一顆傳國璽，不想把它授予王莽，她的婦人之仁，實在悲哀啊！

【研　析】西元前四十八年，漢元帝即位，以王政君為皇后。西元前三十三年，漢成帝即位，以王政君為皇太后。歷元、成、哀、平四帝，到西元十三年新始建國五年而王政君亡，在世八十四年。從元帝即位起當皇后，到去世六十一年；從成帝時當皇太后，到去世四十六年，她對外戚王氏的關心可以說無微不至。這似乎是在貫徹儒家的「親親」思想，實際不是如此。作為漢朝皇后、皇太后的她卻不忠於漢朝；她縱容她的兄弟、近親僭越無度，不受國法懲罰；縱容她的兒子漢成帝荒淫無度，與趙飛燕勾結虐殺嬪妃、宮女生的皇子。對朝廷中的異己勢力，如成帝許皇后及許嘉、元帝馮昭儀及其兄馮野王、與耿直大臣京兆尹王章等無不加以打擊誅殺，導致外戚王氏世代獨攬大權。最後並由她的姪兒王莽篡奪了漢朝江山，西漢滅亡。

〈元后傳〉雖名為「元后傳」，但實際上是對元帝之后、王莽之姑王政君及其整個王氏家族興衰始末的記述，甚至王氏家族事跡佔據了本傳的主要內容，從而為人們瞭解西漢亡於新莽的歷史保存了大量的資料。我們可以將此視為〈王莽傳〉之「前傳」。

《漢書・元后傳》是《漢書》中較為特殊的一篇。之所以言其特殊，是因為元后是除呂后之外，班固唯一為其立「專傳」的女性傳主。儘管元后未像呂后那樣公然「臨朝稱制」，但其對西漢後期之歷史以及王莽代漢有著巨大的影響。班固既未像如呂后那樣為元后立「本紀」，也未像〈外戚傳〉中以「合傳」的方式再次別記呂后事跡那樣，而是選取為其立專傳，並且將其安排在〈王莽傳〉之前，反映出作者對「元后」複雜的心情。班固認為西漢亡於新莽，元后難辭其咎，正如其在〈王莽傳・贊〉中所說的：「莽既不仁而有佞邪之材，又乘四父歷世之權，遭漢中微，國統三絕，而太后壽考為之宗主，故得肆其姦慝，以成篡盜之禍。」但是，作為一代史學巨匠，他又不得不遵照歷史本相，發揚司馬遷「實錄」的精神，秉筆直書。所以儘管班固《漢書》體現出頌劉抑王、貶新褒漢之傾向，但又不失客觀地詳細記載了元后及其外家的事跡，從而使〈元后傳〉成為《漢書》中著墨最多、篇幅最長的女性傳記。這是讀史者所應格外注意的。

王船山在《讀通鑑論》卷五中說：「亡西漢者，元后之罪通于天矣。」王氏專權「鳳死而音代，音死而商代，商死而根代，根死而莽代，一以世及之法取漢之天下，而使相嗣以興，非后之內主于宮中，亦豈能蔓引延之如此哉？」王夫之此言，實為至論。

卷九十九上

王莽傳第六十九上

【題解】本卷為新朝建立者王莽一生的傳記，因內容繁多，分上、中、下三分卷。上卷述王莽建立新朝以前事。王莽（西元前四五—西元二三年），為漢元帝皇后王政君異母弟之子。起初他通過各種矯情偽飾之舉，博得朝野上下一片讚譽，走上仕途。哀帝死後，王莽憑藉王太后之力掌控朝政，擁立平帝，野心逐漸膨脹，開始陰謀篡權。其間雖有宗室劉崇和東郡太守翟義先後起兵聲討王莽，都被鎮壓下去。居攝三年，王莽終於即位為真皇帝，建立國號「新」。中卷記載王莽新朝始建國元年（西元九年）至天鳳三年（西元十六年）事跡。王莽一旦達到自己的目的，登上皇帝位之後，便撕下所有偽裝，將其兇殘的本性暴露無遺。為了實現他的空想王國，他推行一系列改制和改革，由於不切實際，不斷遭遇失敗，他仍一意孤行，橫徵暴斂，嚴刑峻法，全然不顧人民的生命財產安全。內憂外患使新建立的新莽政權處於風雨飄搖之中。下卷記載王莽天鳳四年（西元十七年）至其覆亡過程，並簡略述至劉秀建立東漢政權。王莽改制給國民經濟、社會穩定、人民生活帶來巨大危害，各地不斷爆發起義，統治階級內部也危機四伏。王莽對此完全不顧，仍狂熱堅持改制。「多行不義必自斃」，這句中國古諺毫釐不爽地又一次在王莽身上應驗，他最終落得滅國身裂的下場。新莽後期發生的嚴重的自然災害，也是加速王莽覆亡的一個重要因素。

1 王莽字巨君，孝元皇后❶之弟子也。元后父及兄弟皆以元、成世封侯❷，居位輔政，家凡九侯❸、五大司馬❹，語在元后傳❺。唯莽父曼蚤❻死，不侯。莽群兄弟❼皆將軍❽五侯❾子，乘時❿侈靡，以輿⓫馬聲色⓬佚遊⓭相高⓮。莽獨孤⓯貧，因折節⓰為恭儉。受禮經⓱，師事沛郡⓲陳參，勤身博學，被服⓳如儒生。事⓴母及寡嫂，養孤兄子，行甚敕㉑備。又外交英俊㉒，內事諸父㉓，曲㉔有禮意。陽朔㉕中，世父㉖大將軍鳳㉗病，莽侍疾，親嘗藥，亂首垢面，不解衣帶連月。鳳且㉘死，以託㉙太后及帝，拜為黃門郎㉚，遷射聲校尉㉛。

2 久之，叔父成都侯商㉜上書，願分戶邑㉝以封莽，及長樂少府㉞戴崇㉟、侍中㊱金涉㊲、胡騎校尉㊳箕閎、上谷都尉㊴陽並、中郎㊵陳湯㊶，皆當世名士，咸為莽言㊷，上由是賢莽。永始㊸元年，封莽為新都侯，國南陽新野㊹之都鄉㊺，千五百戶。遷騎都尉㊻光祿大夫㊼侍中，宿衛㊽謹敕，爵位㊾益㊿尊，節操(51)愈謙。散輿馬衣裘，振施(52)賓客(53)，家無所餘。收贍(54)名士，交結將相卿大夫(55)甚眾。故在位(56)更(57)推薦之，游者(58)為之談說，虛譽隆洽(59)，傾(60)其諸父矣。敢為激發之行(61)，處之不慚恧(62)。

3 莽兄永(63)為諸曹(64)，蚤(65)死，有子光(66)，莽使學博士(67)門下。莽休沐(68)出，振車騎[69]，奉羊酒[70]，勞[71]遺其[72]師，恩施下竟[73]同學。諸生縱觀[74]，長老歎息[75]。光年小於莽子宇[76]，莽使同日內婦[77]，賓客滿堂。須臾，一人言太夫人[78]苦某痛，當飲某藥，比[79]客罷者數起焉。嘗私買侍婢[80]，昆弟[81]或頗[82]聞知，莽因曰：「後將軍朱子元[83]無子，莽聞此兒種宜子[84]，為買之。」即日以婢奉子元。其匿情[85]求名如此。

4 是時，太后姊子淳于長[86]以材能為九卿[87]，先進[88]在莽右[89]。莽陰[90]求其罪過，因[91]大司馬曲陽侯根[92]白[93]之，長伏誅，莽以獲忠直，語在長傳[94]。根因乞骸骨[95]，薦莽自代，上遂擢[96]為大司馬。是歲，綏和[97]元年也，年三十八矣。莽既拔出[98]同列，繼四父[99]而輔政，欲令名譽過前人，遂克己[100]不倦，聘請賢良[101]以為掾史[102]，賞賜邑錢[103]悉以享士，愈為儉約。母病，公卿列侯遣夫人問疾[104]，莽妻迎之，衣不曳地，布蔽膝[105]。見之者以為僮使[106]，問知其夫人，皆驚。

【章　旨】以上為卷上的第一部分，述王莽出身及早年經歷。王莽雖為元帝皇后王政君的姪子，但因父親早死，不如其他王氏顯貴。為了改變自己的命運，他謹敕言行，廣交才俊，尊事叔伯。最終在三十八歲之年登上大司馬寶座。

【注　釋】❶孝元皇后　王政君（西元前七一——十三年），魏郡元城（今河北大名）人。漢元帝皇后，漢成帝之母。事跡詳見本書卷九十八〈元后傳〉。❷元后父句　元帝和成帝時期，王政君父親王禁，弟王鳳、王譚、王崇、王商、王立、王逢時，堂弟王音等先後封侯。侯，列侯，秦漢二十等爵位中最高一級，先稱徹侯，後改稱通侯，復又改稱列侯。元，漢元帝劉奭（西元前七六—前三三年），漢宣帝長子，在位十六年（西元前四九—前三三年），統治時期重視儒術，各種社會矛盾顯現，西漢王朝開始走向衰落。成，漢成帝劉驁（西元前五一—前七年），元帝長子，在位二十六年（西元前三三—前七年），統治時期社會矛盾劇烈，王氏家族外戚集團逐漸掌控朝政。❸家凡九侯　本書卷九十七〈外戚傳〉和卷九十八〈元后傳〉說王氏家族十人為侯，此處言九侯。有兩種解釋。一說因王禁死後王鳳以長子嗣侯，故合為九侯，九侯即陽平侯王禁、平阿侯王譚、安成侯王崇、成都侯王商、紅陽侯王立、曲陽侯王根、高平侯王逢時、安陽侯王音、新都侯王莽。一說十侯包括了王政君外甥定陵侯淳于長，去掉淳于長即為九侯。❹五大司馬　大司馬，官名。負責全國最高軍政事務。「五大司馬」指擔任過大司馬大將軍的王鳳、王商，大司馬驃騎將軍的王根，大司馬車騎將軍的王音和擔任過大司馬的王莽。❺元后傳　即本書卷九十八〈元后傳〉。❻蚤　通「早」。❼莽群兄弟　指王莽的堂兄弟們。❽將軍　官名。此處泛指高級軍政官員，如大將軍、驃騎將軍、車騎將軍等。❾五侯　王譚、王商、王立、王根、王逢時成帝河平二年（西元前二七年）六月同日封侯，時稱「五侯」。❿乘時　趁此時日。乘，因。⓫輿　車。⓬聲色　歌舞和女色。⓭佚遊　遊蕩。佚，通「逸」。⓮相高　攀比。⓯孤　孤兒。⓰折節　降低身分，屈己下人。⓱禮經　指《儀禮》。《儀禮》是儒家經典三《禮》之一，相傳出自周公之手，或由孔子採集周代殘留的禮編輯而成，共有十七篇，內容包括古代貴族生活的各種規範。漢武帝設《五經》博士，其中的《禮經》指的就是《儀禮》。《儀禮》本名《禮》，東晉時始稱《儀禮》，唐代石刻《九經》，採用《儀禮》之名，遂成為通稱。⓲沛郡　在今江蘇、安徽、河南交界地區，治相縣（今安徽濉溪西北）。⓳被服　穿戴。⓴事　侍奉；服侍。㉑敕　莊重；謹嚴。㉒英俊　出眾的人士。㉓諸父　伯父和叔父。㉔曲　委婉周到。㉕陽朔　漢成帝年號，西元前二十四—前二十一年，共四年。㉖世父　伯父。㉗大將軍鳳　大將軍本為武官名，戰國始設，漢代沿襲。西漢後期多由貴戚擔任，常與大司馬聯稱，是權力的實際掌控者。鳳，王鳳。成帝年間，王鳳任大司馬大將軍，輔政十一年，王氏家族自此開始控制朝政。㉘且　將要。㉙託　託付。㉚黃門郎　負責皇帝和後宮生活的官員。㉛射聲校尉　武官名，漢武帝時始置。㉜商　王商（？—西元前十年）。成帝時任大司馬大將軍，輔政四年。㉝戶邑　封邑中的民戶。㉞長樂少府　長樂，漢長安城宮名，漢初在此朝會議政，惠帝以後改為太后住所。長樂少府是管理長樂宮事務的官員。㉟戴崇　沛郡沛縣（今江蘇沛縣）人，活動於西漢後期，本書卷八十一〈張禹傳〉、卷八十八〈儒林傳·施讎〉等文獻記有其事跡。㊱侍中　官名。秦代始置，本為丞相史，因往來殿中奏事故名。西漢成為列侯、將軍、都尉、尚書等的加官，加有侍中銜可入宮侍從皇帝。㊲金涉　其曾祖父是匈奴休屠王子，漢武帝時入漢。本人在成帝和哀帝朝擔任高官。本書卷六十八〈金日磾傳〉記有其事跡。㊳胡騎校尉　武官名。漢武帝時始置，掌管漢軍中的胡人騎兵。㊴上谷都尉　上谷，郡名。秦始皇時始置，地在今河北北部，治沮陽（今河北懷來東南）。都尉，武官名，負責郡軍事事務。㊵中郎　官名。文獻中的中郎有不同所指。常見的是隸屬郎中令（武帝時更名光祿勳）的中郎，此職秦始置，漢沿設，由五官、左、右中郎將統領。此外還指從事中郎，為大將軍或車騎將軍之屬官。據本書卷七十〈陳湯傳〉，大將軍王鳳以陳湯為從事中郎，大將軍幕府事務由陳湯決定。可知此處之「中郎」當指從事中郎。㊶陳湯　山陽瑕丘（今山東兗州）人，西漢後期名臣，曾與甘延壽統領漢軍在郅支城（今哈薩克斯坦共和國江布爾城附近）消滅匈奴郅支單于部。本書卷七十有傳。㊷咸為莽言　陳湯上奏的部分內容見載卷七十〈陳湯傳〉中。㊸永始　成帝年號。西元前一六—前一三年，共四年。㊹南陽新野　在今河南新野。南陽，郡名。秦置，地包括今河南南陽至湖北襄陽一帶，治宛縣（今河南南陽）。㊺都鄉　秦漢制度，縣以下設鄉，縣治所在的鄉稱都鄉，其他鄉稱離鄉。㊻騎都尉　武官名。秦末漢初為統領騎兵之武職，無固定職掌，不統兵時為侍衛武官。宣帝時以一人監羽林軍，一人領西域都護，秩比二千石，遂成定制。㊼光祿大夫　官名。本為中大夫，隸屬於郎中令。漢武帝時郎中令更名為光祿勳，改為光祿大夫。執掌顧問應對。西漢後期貴戚多在本職之外加此職。㊽宿衛　在宮中值宿警衛。㊾爵位　爵和官位。指王莽受封新都侯和官職不斷遷升。㊿益　更加。(51)節操　氣節操守。(52)振施　救濟。振，通「賑」。(53)賓客　也稱客。貴族豪富家中的依附人口。(54)收贍　接納；供養。(55)卿大夫　卿與大夫爵位的合稱。(56)在位　當權者。(57)更　愈加；連續不斷。(58)游者　說客。(59)隆洽　隆，盛大。洽，周遍廣博。(60)傾　超越。(61)激發之行　矯揉造作、與眾不同的行為。(62)慙恧　慚愧。(63)永　王永。(64)諸曹　加官名。(65)蚤　通「早」。(66)光　王光。(67)博士　學官名。戰國始置。秦和漢初博士執掌保管書籍，備皇帝顧問應對，漢武帝置《五經》博士，負責傳授經學。(68)休沐　休假。漢代官員每五日一休沐。(69)振車騎　駕起車騎。一說整備好車騎。(70)羊酒　羊肉和酒。漢代人視羊肉和酒為美食，故常以之為慰勞和饋贈的物品。(71)勞　慰問。(72)其　指王光。(73)竟　遍及。(74)縱觀　圍觀。(75)歎息　此處指因感動而讚歎。(76)宇　王宇。(77)內婦　娶妻。內，通「納」。(78)太夫人　指王莽的母親。漢制，列侯之母稱太夫人。(79)比　及；至。(80)侍婢　主人的貼身婢女。(81)昆弟　堂兄弟。(82)頗　稍微；略微。(83)朱子元　朱博字。朱博，京兆杜陵（今陝西西安）人，活動於西漢後期，本書卷八十三有傳。(84)宜子　適宜生子。指生育能力強。(85)匿情　藏匿真情；矯情。(86)淳于長　魏郡元城（今河北大名）人，活動於西漢後期，受封定陵侯，因罪下獄死。詳見本書卷九十三〈佞幸傳〉。(87)九卿　漢代以太常、光祿勳、衛尉、太僕、廷尉、大鴻臚、宗正、大司農、少府為九卿，包括了中央機構的各行政部門。據卷九十三〈佞幸傳・淳于長〉，此時淳于長擔任衛尉。88先進　發跡較早。89右　漢代尊右，「在莽右」即地位比王莽尊貴。90陰　暗中；祕密。91因　通過；依靠。據卷九十三〈佞幸傳・淳于長〉，王莽先了解了王根的態度，而後在王根的支持下將淳于長的事情報告給王太后。92根　王根。王莽叔父。93白　稟告；告訴。94長傳　即本書卷九十三〈佞幸傳・淳于長〉。95乞骸骨　漢代官吏自請退休稱乞骸骨。96擢　提拔。97綏和　成帝年號。西元前八—前七年，共兩年。98拔出　超出。99四父　指王莽伯父王鳳、叔父王商、從叔父王音和叔父王根。100克己　克制自己的欲望。101賢良　漢代選官科目，即舉賢良方正能直言極諫科，由郡國推舉文學之士充選。始於漢文帝時。102掾史　秦漢時官署屬吏。103邑錢　封邑的賦稅收入。104問疾　探視病人。105蔽膝　圍裙。106僮使　僕人。

【語　譯】王莽表字巨君，是孝元皇后弟弟的兒子。元后的父親及其兄弟們都在元帝和成帝在位時受封侯爵，身居高位，輔佐朝政，一家中出了九個列侯、五個大司馬，這些情況都記載於〈元后傳〉中。只有王莽的父親王曼死得早，沒有封侯。王莽的那些堂兄弟們都是將軍和列侯的兒子，他們趁著家族位高權重的時候，生活奢侈浪費，相互之間比試誰的車馬眾多昂貴，歌舞鋪張，姬妾漂亮，到何處玩得開心，以此攀比為榮。王莽自個兒因為喪父家貧，所以屈己低調，待人恭敬，生活儉樸。他師從沛郡人陳參，學習《禮經》，勤奮博學，穿著和儒生一樣。他侍奉母親和守寡的嫂子，撫養去世哥哥的獨子，行為舉止頗為嚴謹。此外，他在社會上結交出眾的人物，在家族內服侍伯父和叔父，委婉細致，合乎禮規。陽朔年間，伯父大將軍王鳳生病，王莽在旁侍候疾病，接連幾個月，親自嘗藥，蓬頭垢面，不脫衣服睡覺。王鳳臨死時，把王莽託付給王太后和漢成帝，王莽被任命為黃門郎，提拔為射聲校尉。

2　過了許久，王莽叔父成都侯王商上書朝廷，表示願意把自己封邑中的一部分民戶分出來轉封給王莽，另有長樂少府戴崇、侍中金涉、胡騎校尉箕閎、上谷都尉陽並、從事中郎陳湯這些人，均是當時的知名人士，都為王莽說話，皇上由此認為王莽是一個有能力的人。永始元年，封王莽為新都侯，封國在南陽郡新野縣的都鄉，有一千五百戶。後升任騎都尉光祿大夫加官侍中，在宮中值宿警衛謹慎小心，受封的爵位越高，當的官越大，在品德上越發顯得謙虛。他把自己的車馬衣服皮裘分散出去，賑濟賓客，家中沒有多餘的物品。他接待供養知名人士，結交許多將軍、丞相和卿大夫之流。因此當權者愈加推薦他，說客們為他遊說，虛假的聲譽很高，到處流傳，超過了他的那些伯父和叔父們。他敢於做一些與眾不同的事情，而且坦然自若毫不慚愧。

3 王莽的兄長王永任諸曹，死得早，有一個兒子叫王光，王莽讓他跟著博士讀書。王莽休假離開官署，就駕著車騎，帶上羊肉和酒，慰問和饋贈王光的老師，賞賜遍及王光的同學。儒生們圍觀，長老們讚歎不已。王光的年齡比王莽之子王宇要小，王莽讓他們同一天娶妻，堂上坐滿了客人。一會兒，一個人來說太夫人某處疼痛，要喝某種藥，到客人全部辭別前王莽多次起身探視太夫人。王莽曾私下買了一個貼身婢女，他的堂兄弟中有人聽到了風聲，王莽便說：「後將軍朱子元沒有子嗣，莽聽說這個小姑娘家善於生子，因此替朱子元買了她。」當天就把婢女送給了朱子元。王莽就是這樣矯情追求名譽。

4 這時王太后外甥淳于長因有才能位列九卿，比王莽發跡早，地位在王莽之上。王莽暗中追查他的罪過，依靠大司馬曲陽侯王根告發了他，淳于長伏法受誅。王莽因此獲得忠誠耿直的名聲，這些情況記載於〈淳于長傳〉中。王根因此請求退休，推薦王莽代替自己，皇上遂將王莽提拔為大司馬。這一年是綏和元年，王莽三十八歲了。王莽既從同輩人中脫穎而出，繼四個伯父和叔父之後輔佐朝政，為了讓自己的名聲超過前人，他孜孜不倦地克制自己的欲望，聘請眾賢良做自己的屬吏，皇上的賞賜和自己封邑的收入都用來款待士人，自己的生活更加簡樸節約。王莽的母親生病，公卿列侯派夫人來問候，王莽的妻子出去迎接，她的衣服沒有拖到地上，繫著布圍裙。看見她的人以為是王家的僕人，詢問知道她是王莽夫人，都吃了一驚。

1 輔政歲餘，成帝崩，哀帝❶即位，尊皇太后為太皇太后❷。太后詔莽就第❸，避❹帝外家❺。莽上疏乞骸骨，哀帝遣尚書令❻詔莽曰：「先帝❼委政於君❽而棄群臣[9]，朕得奉宗廟[10]，誠嘉[11]與君同心合意。今君移病[12]求退，以著[13]朕之不能奉順先帝之意，朕甚悲傷焉。已詔尚書待君奏事。」又遣丞相[14]孔光[15]、大司空[16]何武[17]、左將軍[18]師丹[19]、衛尉[20]傅喜[21]白太后曰：「皇帝聞太后詔，甚悲。大司馬即不起[22]，皇帝即不敢聽政。」太后復令莽視事[23]。

2 時哀帝祖母定陶[24]傅太后[25]、母丁姬[26]在[27]，高昌侯董宏上書言：「春秋之義[28]，母以子貴[29]，丁姬宜上尊號。」莽與師丹共劾[30]宏誤朝不道，語在丹傳[31]。後日[32]，未央宮[33]置酒，內者令[34]為傅太后張幄[35]，坐於太皇太后坐[36]旁。莽案行[37]，責內者令曰：「定陶太后藩妾[38]，何以得與至尊[39]並！」徹[40]去，更設坐。傅太后聞之，大怒，不肯會[41]，重怨恚[42]莽。莽復乞骸骨，哀帝賜莽黃金五百斤，安車[43]駟馬[44]，罷[45]就第。公卿大夫多稱之者，上乃加恩寵，置使家[46]，中黃門[47]十日一賜餐。下詔曰：「新都侯莽憂勞國家，執義[48]堅固，朕庶幾[49]與為治。太皇太后詔莽就第，朕甚閔[50]焉。其[51]以黃郵聚[52]戶三百五十益封莽，位特進[53]，給事中[54]，朝朔望[55]見禮如三公[56]，車駕乘綠車從[57]。」後二歲，傅太后、丁姬皆稱尊號，丞相朱博奏：「莽前不廣[58]尊尊[59]之義，抑貶尊號，虧損孝道，當伏顯戮，幸蒙赦令，不宜有爵土[60]，請免為庶人[61]。」上曰：「以莽與太皇太后有屬[62]，勿免，遣就國[63]。」

3 莽杜門[64]自守，其中子[65]獲殺奴，莽切責[66]獲，令自殺。在國三歲，吏[67]上書冤訟莽[68]者以百數。元壽[69]元年，日食[70]，賢良周護、宋崇等對策[71]深訟[72]莽功德，上於是徵[73]莽。

4 始莽就國，南陽太守[74]以莽貴重，選門下掾[75]宛[76]孔休守[77]新都相[78]。休謁見莽，莽盡禮自納[79]，休亦聞其名，與相答。後莽疾，休候[80]之，莽緣[81]恩意，進其玉具寶劍[82]，欲以為好[83]。休不肯受，莽因曰：「誠見君面有瘢[84]，美玉可以滅瘢，欲獻其瑑[85]耳。」即解其瑑，休復辭讓。莽曰：「君嫌其賈[86]邪？」遂椎碎[87]之，自裹以進休，休乃受。及莽徵去，欲見休，休稱疾不見[88]。

5 莽還京師歲餘，哀帝崩，無子，而傅太后、丁太后皆先薨[89]，太皇太后即日駕之未央宮收取璽綬[90]，遣使者馳召莽。詔尚書，諸發兵符節[91]，百官奏事，中黃門、期門兵[92]皆屬莽。莽白：「大司馬高安侯董賢[93]年少，不合眾心，收印綬。」賢即日自殺。太后詔公卿舉可[94]大司馬者，大司徒孔光、大司空彭宣[95]舉莽，前將軍何武、後[96]將軍公孫祿互相舉[97]。太后拜莽為大司馬，與議立嗣。安陽[98]侯王舜[99]莽之從弟[100]，其人脩飭[101]，太后所信愛也，莽白以舜為車騎將軍，使迎中山王[102]

奉成帝後，是為孝平皇帝[103]。帝年九歲，太后臨朝稱制[104]，委政於莽。莽白趙氏前害皇子[105]，傅氏驕僭[106]，遂廢孝成趙皇后[107]、孝哀傅皇后[108]，皆令自殺，語在外戚傳[109]。

【章 旨】以上為卷上的第二部分。哀帝時，哀帝外家傅氏、丁氏及哀帝寵臣董賢等與王氏家族展開權力爭奪，王氏失勢，王莽被免官，並一度被遣回封國。哀帝死後，王莽重新控制朝政，擁立平帝。

【注 釋】❶哀帝 劉欣（西元前二六－前一年）。元帝孫，定陶恭王劉康之子，成帝之姪。成帝無子，遂被立為太子，繼承皇位，是為哀帝。在位六年（西元前七－前一年）。統治時期壓制王氏家族勢力，試圖有所作為，但回天乏術。❷太皇太后 皇帝祖母尊稱。❸就第 漢代高官爵者離職歸家稱「就第」。第，貴族的住宅。本書卷一〈高帝紀下〉云：「為列侯食邑者，皆佩之印，賜大第室。吏二千石，徙之長安，受小第室。」❹避 避開。此處指讓權。❺帝外家 指哀帝祖母家傅氏和母家丁氏。外家，外戚家族。❻尚書令 官名。秦和西漢時為尚書長官，執掌文書章奏，隸屬於少府。西漢中期以後，職權漸重。❼先帝 去世的皇帝。這裡指成帝。❽君 您。第二人稱的尊稱。❾棄群臣 皇帝死亡的委婉說法。❿奉宗廟 本意為有侍奉祖廟的資格，這裡指繼承皇位。⓫嘉 高興；喜歡。⓬移病 上書稱病。⓭著 彰顯。⓮丞相 官名。戰國時秦始置，秦漢沿置。執掌全國政務。成帝時以丞相、大司馬、大司空為三公，同稱宰相，三分相權。哀帝改丞相為大司徒。⓯孔光 魯國魯縣（今山東曲阜）人，西漢後期名臣，本書卷八十一有傳。⓰大司空 官名。執掌監察和圖籍祕書，地位次於丞相。秦及成帝以前稱御史大夫，成帝時改稱大司空。⓱何武 蜀郡郫（今四川郫縣）人，西漢後期名臣，本書卷八十六有傳。⓲左將軍 官名。與前、右、後將軍並列上卿，地位次於大將軍及驃騎、車騎和衛將軍等。平時無具體職務，參與朝政，有兵事則掌禁軍戍衛京師。⓳師丹 琅邪東武（今山東諸城）人，西漢後期名臣，本書卷八十六有傳。⓴衛尉 武官名。九卿之一，執掌宮廷警衛。㉑傅喜 河內溫縣（今河南溫縣）人，哀帝傅太后從弟，西漢後期名臣，本書卷八十二有傳。㉒起 這裡指出來做官。㉓視事 辦理公務。㉔定陶 封國名。在今山東新安，治定陶（今山東定陶西北）。㉕傅太后 河內溫縣（今河南溫縣）人，元帝妃，生定陶恭王劉康，哀帝祖母。本書卷九十七〈外戚傳〉等文獻記其事跡。㉖丁姬 山陽瑕丘（今山東兗州）人，定陶恭王劉康妃，生哀帝，〈外戚傳〉等文獻記其事跡。㉗在　健在。㉘春秋之義　春秋，記錄從魯隱公元年（西元前七二二年）至魯哀公十四年（西元前四八一年）的編年體史書，相傳孔子根據魯國史書整理而成，是儒家的重要典籍《五經》之一。古代學者認為，《春秋》以尊尊親親為原則，寓褒貶於敘事之中，稱「《春秋》筆法」。㉙母以子貴　母親依靠兒子而尊貴。這是《公羊傳》所闡發的倫理精神。㉚劾　彈劾；指控。㉛丹傳　即本書卷八十六〈師丹傳〉。㉜後日　後來有一天。㉝未央宮　宮名。漢王朝建立後，蕭何組織人營造，為歷代皇帝所居。位於漢長安城西南，在今陝西西安北郊。因位於長樂宮之西，又稱西宮。㉞內者令　官名。隸屬於少府，執掌宮廷生活。㉟張幄　布置好帷幄。漢代貴族常在殿堂上張幄飲宴。據文獻和文物資料，幄帳多用彩繪絲物製成，四面合圍，有的上設屋頂。㊱坐　通「座」。㊲案行　巡視。㊳藩妾　藩，諸侯王國。妾，帝王正妻之外的妃子。傅太后原是漢元帝之妃，後又隨子去了定陶國，故王莽有「藩妾」之說。㊴至尊　通常指皇帝，這裡指太皇太后王政君。㊵徹　通「撤」。㊶會　參加宴會。㊷怨恚　怨恨。㊸安車　設有座位的車輛，車上有低矮的車蓋。㊹駟馬　四匹馬駕的車。㊺罷　免官。㊻置使家　派專人服侍其家。㊼中黃門　官名。執掌皇宮黃門以內各種雜務，宿衛宮殿，是宦官中地位較低者。㊽執義　堅持原則。㊾庶幾　希望；但願。㊿閔　通「憫」。51其　應當。副詞，表示祈使。52黃郵聚　黃郵，地名，在南陽郡棘陽縣（今河南南陽境）。聚，自然形成的一種鄉村組織。53特進　加官名。始置於西漢末期，常賜給列侯中有特殊地位者，位在三公下。54給事中　加官名。秦漢為列侯、將軍、謁者等的加官。侍從皇帝左右，備顧問應對，參議政事，因執事於殿中，故名。55朝朔望　每月初一和十五朝見皇帝。朔，每月第一天。望，每月月中。56三公　丞相（大司徒）、太尉（大司馬）和御史大夫（大司空）統稱「三公」。成帝綏和元年始建三公制度。57綠車從　漢代制度綠車為皇孫乘車，哀帝讓王莽乘綠車隨皇帝出行，以示榮寵。58廣　推行。59尊尊　尊貴尊者。第一個「尊」為動詞。指給傅太后和丁姬上尊號事。60爵土　爵位和封土。61庶人　無爵的平民。62有屬　有親屬關係。63就國　回到封國。64杜門　閉門。65中子　長子和幼子中間的兒子。66切責　嚴厲責備。67吏　宋祁說「吏」下當有「民」字。68冤訟莽　為王莽申訴冤枉。69元壽　哀帝年號，西元前二－前一年，共兩年。70日食　按照當時流行的天人感應學說，發生日食是上天對皇帝的警告。71對策　應答皇帝策問。72訟　歌頌。通「頌」。73徵　徵召。74太守　官名。秦以郡為地方最高行政區域，設郡守掌管行政事務。漢沿秦制，漢景帝時改稱郡守為郡太守。75掾　屬吏。76宛　南陽郡宛縣。地在今河南南陽境。77守　代理。78相　漢諸侯王國和侯國均設相，執掌日常事務。侯國相地位相當於縣令長。79自納　主動結交。80候　問候。81緣　因；藉。82玉具寶劍　用玉裝飾的寶劍。83為好　結好。84瘢　傷痕。85瑑　「璏」的訛字。劍鞘旁的玉製附件。古人佩劍，以帶穿璏繫在腰間。86賈　通「價」。87椎碎　用椎擊碎。椎，一種用於捶擊的工具。88休稱疾不見　稱疾，稱病。漢代人常以生病作為推辭的藉口。又據《後漢書》卷二十五〈卓茂列傳〉，新朝建立後，王莽聘請孔休為國師，孔休嘔血託病，閉門不出。89薨　古代禮制稱諸侯去世為薨。太后和皇后去世本應稱「崩」，但因傅太后和丁太后都被廢黜，故仍以諸侯制稱「薨」。90璽綬　璽，皇帝之印。綬，繫印鈕的絲帶。91符節　符，朝廷徵調軍隊和傳達命令所用的憑證。據文獻和文物資料，符有虎符和竹使符，虎符用銅、金等製成，用於調兵作戰，其形如虎，故得名。虎符從中分左右兩半，右半藏於皇宮，左半發至郡國，只有兩半相合方能聽命。竹使符用竹片製成，形質不詳，用於戰事以外的徵調。節，使者所持的憑證。節是在八尺長的竹竿上裝三重用氂牛尾製成的旄。92期門兵　禁衛軍。建於漢武帝時，隸屬於光祿勳。其主要職責是護衛皇帝，偶爾也參加戰事。93董賢　馮翊雲陽（今陝西淳化）人，漢哀帝嬖臣，哀帝在位期間權傾一時。本書卷九十三〈佞幸傳〉記其事跡。94可　適合。95彭宣　淮陽陽夏（今河南太康）人，西漢後期名臣，本書卷七十一有傳。96後　錢大昕說，當為「左」。97互相舉　互相推舉。98安陽　縣名。在今河南正陽南。99王舜　王音之子。100從弟　堂弟。101脩飭　行為端正謹嚴，不逾規矩。飭，整；謹嚴。102中山王　元帝和其妃馮昭儀之子劉興封中山王，其子劉衎繼位，即此處所說的中山王。103孝平皇帝　劉衎（西元前九—五年），在位六年（西元前一—五年）。104臨朝稱制　臨，以尊適卑；監臨。制，皇帝文書之一種，用於頒布法令制度。呂后當政時也使用制書，開皇太后稱制先河。故後世用「臨朝稱制」指太后或太皇太后代替皇帝行使權力。105趙氏前害皇子　指成帝皇后趙飛燕、寵妃趙昭儀姊妹害死成帝妃子所生男嬰之事。哀帝時期，趙飛燕與傅太后關係密切，頗令王氏家族銜恨，故此時王莽提出往事。106傅氏驕僭　指哀帝為祖母元帝傅昭儀上皇太太后尊號，傅氏死後又以皇太后禮儀安葬等違背禮規之事。107趙皇后　即成帝皇后趙飛燕。趙氏本長安宮人，後為陽阿公主家所收留。因體態輕盈善舞，號「飛燕」。入宮後大得成帝寵幸，被立為皇后。哀帝時被尊為皇太后。108傅皇后　即哀帝皇后傅氏，傅太后堂弟傅晏之女。109外戚傳　即本書卷九十七〈外戚傳〉。

【語　譯】王莽輔佐朝政一年多，成帝去世，哀帝繼承皇位，尊奉王太后為太皇太后。王太后下詔讓王莽回家，讓權給哀帝的外家。王莽上書請求退休，哀帝派尚書令向王莽宣讀詔書說：「先帝把國政委託給您棄群臣而去，我能夠繼承皇位，真心高興與您同心合意。現在您上書說因為有病要退休，這是彰顯我不能遵循先帝的意旨，我感到十分悲傷啊。我已經下詔尚書等您來彙報工作。」又派遣丞相孔光、大司空何武、左將軍師丹、衛尉傅喜報告王太后說：「皇帝聽到太后的詔令，非常悲傷。大司馬若是不出來做事，皇帝就不敢理政。」王太后就又命令王莽出來辦公。

2 這時哀帝祖母定陶國傅太后和母親丁姬都還健在，高昌侯董宏上書說：「《春秋》的原則是母親靠著兒子而尊貴，因此丁姬應當加上尊號。」王莽與師丹一同彈劾董宏惑亂朝廷，大逆不道，此事的詳情記載在〈師丹傳〉中。後來有一天，未央宮中舉行酒宴，內者令為傅太后布置了帷幄，讓她坐在太皇太后座位的旁邊。王莽視察後批評內者令說：「定陶國傅太后不過是諸侯王的太后，先皇的妃子，怎麼可以與地位最高的人平起並坐！」把傅太后的位子撤掉，重新安排座位。傅太后聽到此事後，大為惱怒，不肯參加酒宴，非常怨恨惱怒王莽。王莽又請求退休，哀帝賞賜王莽五百斤黃金，一輛四匹馬拉的乘車，免職回家。許多公卿大夫都稱讚王莽，皇上便提高了對王莽的待遇，在其家中設置專人侍候，讓宮中的太監每十天賞賜一次餐飯。又下詔書說：「新都侯王莽為國家殫精竭慮，堅守正義而有原則，我希望與他一同實現天下太平。太皇太后詔令王莽回家，我對此深感惋惜啊。令以黃郵聚三百五十戶民戶加封王莽，令其位特進，給事中，每月初一和十五朝見皇帝時享受三公的禮遇，皇帝出行時讓他乘坐綠車隨從。」過了兩年，傅太后、丁姬都被封了尊貴的稱號，丞相朱博上奏說：「以前王莽不推廣尊敬尊長的原則，壓制貶低尊號，讓孝道殘缺不全，應當明正典刑，雖有幸蒙皇上恩赦，但也不應擁有爵位和封土，請皇上免除其爵位和封地，降為平民。」皇上說：「因王莽與太皇太后有親屬關係，不要免除他的爵位和封地，讓他回到封國。」

3 王莽閉門不出，他的次子王獲殺死了家中的奴僕，王莽嚴厲責備王獲，叫他自殺。在封國三年中，數以百計的官吏和百姓向朝廷上書為王莽申辯冤情。元壽元年，出現日食，賢良周護、宋崇等人在應答皇帝策問時對王莽的功德大加讚頌，於是皇上徵召王莽入京。

4 當初王莽回到封國，南陽太守因為王莽地位尊顯，選派太守府屬吏宛縣人孔休代理新都國相。孔休拜見王莽，王莽禮數周備主動結交，孔休也聽說了王莽的名聲，與之禮尚往來。後來王莽患病，孔休來問候他，王莽藉著報答孔休美意，送上自己用玉裝飾的寶劍，想以此結好。孔休不肯接受，王莽便說：「真的是因為看到您的臉上有疤痕，美玉可以磨消疤痕，只是想送給您這個玉做的劍鼻罷了。」遂取下那個劍鼻，孔休還是辭讓。王莽說：「您顧慮它太昂貴嗎？」於是把劍鼻敲碎，親自包好遞給孔休，孔休才接受了。等到王莽被徵召赴京，想要見孔休，孔休以生病為藉口不見王莽。

5 王莽回到京城後一年多，哀帝逝世，沒有兒子，而傅太后和丁太后都已經去世，太皇太后當天坐著車去未央宮收取皇帝璽綬，派遣使者急速召見王莽。下詔尚書，所有調動軍隊的符節，各部門彙報工作，中黃門和期門禁軍，都由王莽負責。王莽報告說：「大司馬高安侯董賢年輕，不符合大家的心意，應收繳他的印綬。」董賢當天自殺。王太后下詔公卿大臣推舉適合大司馬的人選，大司徒孔光、大司空彭宣推薦王莽，前將軍何武、左將軍公孫祿互相推舉。王太后任命王莽為大司馬，與他商量立皇位繼承人。安陽侯王舜是王莽的堂弟，他為人穩重謹慎，是王太后信任喜歡的人，王莽提議任命王舜為車騎將軍，讓他迎接中山王來繼承成帝後嗣，他就是孝平皇帝。皇帝年方九歲，王太后臨朝代掌朝政，把政務委託給王莽。王莽提出趙氏從前害死了皇子，傅氏驕橫僭越制度，於是廢黜孝成趙皇后和孝哀傅皇后，都讓她們自殺，這些事情記載在〈外戚傳〉中。

1 莽以大司徒孔光名儒，相三主❶，太后所敬，天下信之，於是盛❷尊事光，引光女壻甄邯為侍中奉車都尉❸。諸❹哀帝外戚及大臣居位素所不說者，莽皆傅致其罪❺，為請奏，令邯持與光。光素畏慎，不敢不上之，莽白太后，輒可❻其奏。於是前將軍何武、後❼將軍公孫祿坐互相舉免，丁、傅及董賢親屬皆免官爵❽，徙遠方❾。紅陽侯立太后親弟❿，雖不居位，莽以諸父內⓫敬憚之，畏立從容言⓬太后，令己不得肆意⓭，乃復令光奏立舊惡：「前知定陵侯淳于長犯大逆⓮罪，多受其賂⑮，為言誤朝⑯；後白以官婢⑰楊寄私子⑱為皇子，眾言曰呂氏、少帝⑲復出，紛紛為天下所疑，難以示⑳來世，成襁褓之功㉑。請遣立就國。」太后不聽。莽曰：「今漢家衰，比世無嗣㉒，太后獨代幼主統政，誠可畏懼，力㉓用公正先天下，尚恐不從，今以私恩㉔逆大臣議如此，群下傾邪㉕，亂從此起！宜可且遣就國，安㉖後復徵召之。」太后不得已，遣立就國。莽之所以脅持㉗上下，皆此類也。

2 於是附順㉘者拔擢，忤恨㉙者誅滅。王舜、王邑㉚為腹心，甄豐、甄邯主擊斷㉛，平晏㉜領機事㉝，劉歆㉞典文章㉟，孫建㊱為爪牙㊲。豐子尋、歆子棻、涿郡㊳崔發㊴、南陽陳崇㊵皆以材能幸於莽。莽色厲而言方㊶，欲有所為，微見㊷風采㊸，黨與㊹承其指意㊺而顯奏之，莽稽首㊻涕泣，固㊼推讓焉，上以惑太后，下用示信於眾庶㊽。

3 始㊾，風㊿益州(51)令塞外(52)蠻夷(53)獻白雉(54)，元始(55)元年正月，莽白太后下詔，以白雉薦(56)宗廟。群臣因奏言太后「委任大司馬莽定策(57)安宗廟(58)。故(59)大司馬霍光(60)有安宗廟之功，益封三萬戶，疇其爵邑(61)，比(62)蕭相國(63)。莽宜如(64)光故事(65)」。太后問公卿曰：「誠(66)以大司馬有大功當著(67)之邪？將(68)以骨肉(69)故欲異之也？」於是群臣乃盛陳「莽功德致周成白雉之瑞(70)，千載同符(71)。聖王之法，臣有大功則生有美號，故周公[72]及身[73]在而託號於周。莽有定國安漢家之大功，宜賜號曰安漢公，益戶，疇爵邑，上應古制[74]，下準行事[75]，以順天心」。太后詔尚書具[76]其事。

4 莽上書言：「臣與孔光、王舜、甄豐、甄邯共定策，今願獨[77]條[78]光等功賞，寢置[79]臣莽，勿隨輩列。」甄邯白太后下詔曰：「『無偏無黨，王道蕩蕩[80]。』屬有親者[81]，義不得阿[82]。君有安宗廟之功，不可以骨肉故蔽隱[83]不揚。君[84]其[85]勿辭。」莽復上書讓。太后詔謁者[86]引莽待殿東廂[87]，莽稱疾不肯入。太后使尚書令恂[88]詔之曰：「君以選[89]故而辭以疾，君任重，不可闕[90]，以時亟[91]起。」莽遂[92]固辭。太后復使長信太僕[93]閎[94]承制[95]召莽，莽固稱疾。左右[96]白太后，宜[97]勿奪[98]莽意，但[99]條孔光等，莽乃肯起。太后下詔曰：「太傅[100]博山[101]侯光宿衛四世[102]，世為傅相，忠孝仁篤[103]，行義顯著，建議定策，益封萬戶，以光為太師[104]，與[105]四輔[106]之政。車騎將軍安陽侯舜積累仁孝，使迎中山王，折衝[107]萬里，功德茂著[108]，益封萬戶，以舜為太保[109]。左將軍光祿勳[110]豐宿衛三世[111]，忠信仁篤，使迎中山王，輔導共[112]養，以安宗廟，封豐為廣陽[113]侯，食邑五千戶，以豐為少傅[114]。皆授四輔之職，疇其爵邑，各賜第一區。侍中奉車都尉邯宿衛勤勞，建議定策，封邯為承陽[115]侯，食邑二千四百戶。」四人既受賞，莽尚未起，群臣復上言：「莽雖克讓[116]，朝所宜章[117]，以時加賞，明重元功[118]，無使百僚元元[119]失望。」太后乃下詔曰：「大司馬新都侯莽三世[120]為三公，典周公之職，建萬世策，功德為忠臣宗[121]，化流海內[122]，遠人[123]慕義，越裳氏[124]重譯[125]獻白雉。其以召陵[126]、新息[127]二縣戶二萬八千益封莽，復[128]其後嗣，疇其爵邑，封功如蕭相國。以莽為太傅，幹[129]四輔之事，號曰安漢公。以故蕭相國甲第[130]為安漢公第，定著於令[131]，傳之無窮。」

於是莽為[132]惶恐，不得已而起受策[133]。策曰：「漢危無嗣，而公[134]定之；四輔之職，三公之任，而公幹之；群僚眾位，而公宰[135]之；功德茂著，宗廟以安，蓋白雉之瑞，周成象焉[136]。故賜嘉號[137]曰安漢公，輔翼[138]于帝，期於致平[139]，毋[140]違朕意。」莽受太傅安漢公號，讓還益封疇爵邑事，云願須[141]百姓家給[142]，然後加賞。群公復爭，太后詔曰：「公自期百姓家給，是以聽之。其令公奉[143]、舍人[144]、賞賜皆倍故[145]。百姓家給人足，大司徒、大司空以聞。」莽復讓不受，而建言宜立諸侯王後[146]及高祖[147]以來功臣子孫，大者封侯，或賜爵關內侯[148]食邑，然後及[149]諸在位[150]，各有第序[151]。上尊宗廟，增加禮樂；下惠士民鰥寡，恩澤之政無所不施。語在平紀[152]。

【章　旨】以上為卷上的第三部分。王莽掌握大權後，鏟除異己，培植親信，籠絡人心，誘使太后封他為太傅、安漢公，向篡奪皇位邁出了第一步。

【注　釋】❶三主　指成帝、哀帝、平帝三代皇帝。❷盛　極；甚。❸奉車都尉　官名。漢武帝時始置，執掌皇帝車馬，多由皇帝親信擔任。❹諸　眾多。❺傅致其罪　羅織罪名，陷人於罪。傅，通「附」。❻可　許可。❼後　據錢大昕考證，當為「左」。❽丁傅及董賢親屬皆免官爵　丁家人有丁太后之兄大司馬陽安侯丁明、其叔父太僕丁憲、其叔父左將軍丁望、其姪子平周侯丁滿。傅家人有傅太后堂弟大司馬孔鄉侯傅晏、堂弟汝昌侯傅商、從姪陽信侯鄭業。董家人有董賢之父董恭、其弟駙馬都尉董寬信和其岳父將作大匠某。❾徙遠方　流放到遙遠的地方。徙，流放。遠方，指合浦郡，地在今廣東、廣西交界地區，治合浦（今廣西合浦東北），這裡是漢代流放罪犯的地方。❿紅陽侯立太后親弟　王立和王太后是同父異母姊弟。王政君之父王禁妻妾成群，生有四女八男，其中王政君與王鳳、王崇同母。⓫內　內心。⓬從容言　平日說閒話。從容，悠閒舒緩，不慌不忙。⓭肆意　任意。肆，放。⓮大逆　罪名。指危害君父、宗廟、宮闕等罪行，為古代最嚴重的罪名。⓯賂　贈送的禮物。⓰為言誤朝　替淳于長說話，惑亂朝廷。⓱官婢　沒入官府做奴婢的女子。⓲私子　私生子。⓳呂氏少帝　呂氏，漢高帝皇后呂雉。漢惠帝無子，惠帝死後呂后以後宮美人之子冒稱惠帝太子，立為皇帝，是為少帝。⓴示　昭示。㉑成襁褓之功　襁，背負兒童的寬帶，用絲或布做成。褓，小兒之被。這裡借指養育平帝。㉒比世無嗣　比，接連。成帝和哀帝均無子，故有此言。㉓力　努力。㉔私恩　個人感情。㉕傾邪　偏私、奸邪。㉖安　有兩種解釋。一云：慢慢地；隨後。一云：安定。據文義，似可理解為朝事安定。㉗脅持　挾制。㉘附順　阿附順從。㉙忤恨　違逆怨恨。㉚王邑　王商之子，嗣父為成都侯。㉛擊斷　專斷；決斷。㉜平晏　扶風平陵（今陝西咸陽）人，活動於西漢末和王莽時期。㉝機事　機密之事。㉞劉歆　沛郡沛縣（今江蘇沛縣）人，西漢著名經學家，劉向之子，本書卷三十六有傳。㉟文章　禮樂法度。㊱孫建　活動於西漢後期和王莽時期，以幹練殘忍知名。㊲爪牙　指武臣、武將。㊳涿郡　漢代郡名，在今河北中部，治涿縣（今河北涿州）。㊴崔發　活動於西漢後期和王莽時期。新朝滅亡後投降劉玄，被殺。㊵陳崇　活動於西漢末年和王莽時期。㊶色厲而言方　神色嚴厲而言詞正直。方，原作「之」，南監本及《漢書補注》本作「方」。當是。㊷微見　略微顯示。見，通「現」。㊸風采　神色。㊹黨與　黨羽。與，同盟者；黨與。㊺指意　意圖。㊻稽首　叩首至地。㊼固　堅持。㊽眾庶　眾民；萬民。㊾始　當初。㊿風　通「諷」。用委婉的語言暗示。51益州　郡名，在今雲南西南部，治滇池（今雲南晉寧東）。52塞外　境外。53蠻

夷　古代對華夏民族之外的少數民族的稱謂。漢代時尤指南方和西南地區的民族。帶有貶義。(54)白雉　白色羽毛的雉。雉，野雞。(55)元始　平帝年號。西元一—五年，共五年。(56)薦　進獻。(57)定策　制定國策，尤指大臣擁立皇帝。(58)宗廟　此處指政權。(59)故　過去；從前。(60)霍光　河東平陽（今山西臨汾）人。昭宣朝名臣。武帝臨終前遺詔霍光與金日磾、上官桀共同輔佐年幼的昭帝。昭帝去世後先迎昌邑王劉賀為帝，繼而廢黜劉賀，迎立宣帝。執政達二十年。本書卷六十八有傳。(61)疇其爵邑　本人死後子孫擁有與其相同的爵位封邑。漢律規定有爵邑者每傳一代，減少民戶十分之一。疇其爵邑是一種特殊榮寵。疇，使相等。(62)比　並列。(63)蕭相國　即蕭何，泗水沛縣（今江蘇沛縣）人，漢開國名臣，漢朝建立後曾任丞相、相國。事跡詳見《史記》卷五十三〈蕭相國世家〉及本書卷三十九本傳。(64)如　按照。(65)故事　成例。(66)誠　果真。(67)著　顯明；彰顯。(68)將　抑或。(69)骨肉　這裡指太后宗親。(70)周成白雉之瑞　相傳周成王時南方邊遠地區的越裳族進奉白羽野雞，被視為吉祥的兆頭。周成，周成王。(71)千載同符　符，符瑞。祥瑞的徵兆。從周成王時期到西漢末年超過了一千年，故言千載。(72)周公　姬旦，亦稱叔旦。因封邑在周（今陝西岐山北），故稱周公。他是周文王之子，周武王之弟，是西周初年的著名政治家。先協助武王滅商，武王死後輔佐年幼的周成王，平定叛亂，營建洛邑為東都。相傳周代的各種制度都出自於他。(73)及身　在世的時候。(74)古制　指周公所享受的待遇。(75)下準行事　比照已有的成例。指霍光益封之事。準，比照。(76)具　記錄。(77)獨只。(78)條　分條列舉。(79)寢置　放置。(80)無偏無黨二句　語出《尚書・洪範》。偏，偏私。黨，結黨、偏袒。蕩蕩，廣大平坦的樣子。(81)屬有親者　有親屬關係者。(82)阿　偏私。(83)蔽隱　遮蔽；隱藏。(84)君　對人的尊稱。(85)其　應當。副詞，表示祈使。(86)謁者　官名。執掌賓贊事宜，亦作為皇帝使者出使傳達命令，隸屬光祿勳。選孝廉、郎官中不滿五十歲、儀表威嚴、聲音洪亮者擔任。(87)東廂　東廂房。(88)恂　姚恂。平帝時擔任尚書令。(89)選　有兩種解釋。一云：善之意，「以選」意謂因善而為朝廷褒賞。一云：通「巽」。巽即遜，謙遜、遜讓。(90)闕　通「缺」。(91)亟　急；迅速。(92)遂　終究。(93)長信太僕　長信宮，漢宮名，太后居處。長信太僕，官名，執掌太后車馬。(94)閎　王閎，王譚之子。(95)制　制書。皇帝下達的命令文書的一種。此處為王太后下達的制書。(96)左右　此處指王太后的近從。(97)宜　應當；應該。(98)奪　用強力使之改變。(99)但　只。(100)太傅　官名。呂后時始置，後省。哀帝時復置，位在三公之上。(101)博山　縣名。在今河南淅川東南。(102)四世　指元帝、成帝、哀帝、平帝四朝。(103)篤　忠厚。(104)太師　官名。漢平帝時置，位在太傅之上。(105)與　通「豫」。參與。(106)四輔　相傳古代天子身邊有四個輔佐，漢時有四輔為疑、承、輔、弼（或道、弼、輔、承）的說法，王莽託古改制，置四輔以配三公，又為太子設師疑、傅承、阿輔和保拂（弼）之官。(107)折衝　周旋。(108)茂著　彰明；卓著。(109)太保　官名。漢平帝時置，位次於太傅。(110)光祿勳　官名。為九卿之一，執掌宮殿門戶宿衛。秦和西漢前期稱郎中令，西漢武帝時改稱光祿勳。(111)三世　指成帝、哀帝、平帝三朝。(112)共　通「供」。(113)廣陽　地名，屬南陽郡，今地不詳。(114)少傅　官名。王莽所置三孤之一，居少師下，少保上。(115)承陽　地名，屬汝南郡，今地不詳。(116)克讓　能謙讓。克，能。(117)章　通「彰」。表彰。(118)元功　首功；開創之功。(119)元元　百姓。(120)三世　指成帝、哀帝、平帝三朝。(121)宗　指某一類事物中有統領楷模作用或為首者。(122)化流海內　教化流播國內。海內，國境之內；全國。古人認為我國疆土四面臨海，故稱。(123)遠人　遠方的人。(124)越裳氏　古族名，居地在今越南南部。(125)重譯　輾轉翻譯。(126)召陵　漢縣名，在今河南郾城東。(127)新息　漢縣名，在今河南息縣。(128)復　免除賦稅傜役。(129)幹　主管；總責。(130)甲第　漢代第宅有等級之分，最好的第宅稱甲第。(131)定著於令　明確寫在令上。令，漢代法律兩種載體形式之一，一為「律」，一為「令」。(132)為　通「偽」。(133)策　策書。(134)公　因太后欲賜王莽安漢公號，故稱。(135)宰　主持。(136)周成象焉　是周公輔佐周成王的象徵。象，象徵；徵兆。(137)嘉號　美好的稱號。(138)輔翼　輔佐協助。(139)致平　獲得太平。(140)毋　不要；不可。(141)須　等待。(142)家給　家家自足。給，豐足；充裕。(143)奉　通「俸」。俸祿。(144)舍人　家臣。(145)倍故　比原來增加一倍。(146)諸侯王後　後，後嗣。漢初封同姓（劉姓）和異姓諸侯王，文帝時長沙國王吳產死後，諸侯王只有劉姓皇族。隨著歲月的流逝，一些封國因多種原因被中斷取消。(147)高祖　劉邦。泗水沛縣（今江蘇沛縣）人，西漢王朝的建立者。在位七年（西元前二〇二－前一九五年）。詳見本書卷一〈高帝紀〉。(148)關內侯　秦漢二十等爵制中的第十九級，僅次於徹侯。(149)及　波及；延及。(150)在位　這裡指現存的王侯以及在位的官僚。(151)第序　等級；次序。(152)平紀　即本書卷十二〈平帝紀〉。

【語　譯】王莽因大司徒孔光是著名的儒者，輔佐過三位皇帝，是王太后所敬重、舉國上下都信賴的人，於是就竭力尊重他，任用孔光的女婿甄邯擔任奉車都尉加侍中之銜。對那些哀帝的外戚和自己素來不喜歡的在位大臣，王莽都羅織了他們的罪名，寫成奏章，讓甄邯交給孔光。孔光一向謹慎小心，不敢不呈上這些奏章，王莽報告王太后，就批准了他的奏章。於是前將軍何武和左將軍公孫祿因互相推舉而被免官，丁氏、傅氏和董賢的親屬都被免去官職和爵位，流放到遙遠的地方。紅陽侯王立是王太后同父異母的親弟弟，雖沒有擔任官職，王莽對叔父們心存敬畏，懼怕王立平日和王太后話家常時說一些不利於自己的話，使自己不能隨心所欲，於是讓孔光上奏王立過去的劣跡：「以前知道定陵侯淳于長犯有大逆之罪，卻接受了淳于長的許多禮物，替他說話，惑亂朝廷；後來提出以官婢楊寄的私生子為皇子，大家都說呂后和少帝的事情又出現了，鬧得沸沸揚揚，讓天下人感到疑惑，難以昭示來世，達成輔佐幼主的功業。請求發遣王立回到封國去。」王太后不聽取。王莽說：「如今漢朝衰落，接連兩代都沒有子嗣，太后一個人代替幼主統領朝政，實在需要小心謹慎，努力以公正率領天下，尚且擔心人們不追隨順從，現在像這樣因個人感情拂逆大臣意見，群臣就會行為不端，禍亂就會由此而起了！應當允許暫且發遣他回封國，待情況穩定後再徵召回來。」王太后沒有辦法，發遣王立回封國。王莽脅迫挾持上下的手段，都是這個樣子。

2 這時阿附依順王莽的人得到提拔，違逆怨恨他的人則被誅殺消滅。他以王舜、王邑為自己的心腹，用甄豐、甄邯主持生殺予奪，用平晏統領機密事務，用劉歆掌管典章制度，用孫建為武將。甄豐之子甄尋、劉歆之子劉棻、涿郡人崔發、南陽人陳崇都因才能出眾得到王莽的寵愛。王莽表面上神色嚴厲又言詞正直，想要做什麼，神色上略有表現，黨羽們便迎合他的意思明白地上奏，王莽叩頭流淚，堅持推讓，用這種手段對上迷惑王太后，對下向百姓顯示他的誠信。

3 當初，王莽暗示益州的地方官員讓邊塞以外的異族貢獻白羽野雞，元始元年正月，王莽建議王太后下詔令，用白羽野雞進獻宗廟。群臣藉此上奏王太后說「太后委任大司馬王莽擁立新皇帝，安定漢室宗廟。過去大司馬霍光有安定漢室宗廟的功績，給他增加了三萬戶封戶，規定他的子孫可以全部繼承其爵位和封邑，與蕭相國待遇相同。王莽也應當比照霍光的成例」。王太后詢問公卿大臣說：「果真是因為大司馬有大功應當表彰呢？還是因為他是我的親屬的緣故而要給予特別待遇呢？」於是大臣們便極力陳說「王莽的功德招致周成王時白羽野雞出現的祥瑞，這是千年之中相同的好兆頭。按照聖王的法則，臣子有大功勞就要在他活著的時候加上美好的稱號，因此周公在世的時候便被封了周的稱號。王莽有安定國家安寧漢家的大功，應當賜號叫安漢公，增加封戶，規定他的子孫可以全部繼承其爵位和封邑，往遠處說可以應合周代封賞周公的制度，往近處說可以比照霍光受封賞的成例，來順應上天的意旨」。王太后詔令尚書記錄下這件事情。

4 王莽上書說：「臣與孔光、王舜、甄豐、甄邯共同制定國策，現在希望只列出孔光等人的功勞賞賜，擱置臣王莽的事情，不要把臣和他們放在一起。」甄邯建議王太后下詔令說：「『不偏私不袒護，聖王的正道寬廣平坦。』有親屬關係的人，按道理是不能偏私的。你有安定宗廟的功勞，不可因為是我的親人就隱藏你的功績而不褒揚。你就不要推辭了。」王莽又上書辭讓。王太后詔令謁者把王莽帶到宮殿東廂房等候，王莽推說自己有病不肯入宮。王太后又派尚書令姚恂向他傳達詔令說：「你因謙讓之故而託病辭讓，你責任重大，國家不能沒有你，應當即時迅速上朝辦事。」王莽還是堅決推辭。王太后又派長信太僕王閎帶著太后的制書召王莽進宮，王莽堅持說自己有病。左右侍從建議王太后說，應當不要強行改變王莽的意願，只列出孔光等人的功勞和賞賜，這樣王莽才會出來主持政務。王太后下詔令說：「太傅博山侯孔光護衛了四代皇帝，每朝都是輔佐者，忠誠孝敬仁愛厚道，品行德義世人皆知，建議決策擁立新皇帝，給他增加一萬戶封戶，任命孔光為太師，參與四輔之事輔佐國家。車騎將軍安陽侯王舜長期以來始終仁愛孝順，派遣他迎接中山王，萬里周旋，功德卓著，給他增加一萬戶封戶，任命王舜為太保。左將軍光祿勳甄豐護衛三代皇帝，忠心誠信，仁義厚道，派遣他迎接中山王，輔佐引導，侍奉養育，安定了漢朝，封甄豐為廣陽侯，封邑戶口五千戶，任命甄豐為少傅。都授予四輔的職務，令其子孫可以全部繼承其爵位和封邑，每個人都賞賜一座府第。奉車都尉加官侍中甄邯護衛勤勤懇懇，建議決策擁立新皇帝，封甄邯為承陽侯，封邑民戶二千四百戶。」四人已經受了賞賜，王莽還沒有出來主持朝政，大臣們又上書說：「王莽雖然能謙讓，朝廷也應當給予表彰，及時給予賞賜，以表明重視首功，不要讓百官和百姓失望。」王太后便下詔書說：「大司馬新都侯王莽三朝任三公，擔任著周公那樣的職責，建立了永傳萬代的國策，他的功勞和德行是忠臣的楷模，教化流播國內，遠方的人們也仰慕其品德，越裳族通過輾轉翻譯來進獻白羽野雞。令以召陵、新息二縣二萬八千戶加封王莽，免除他的後代的徭役賦稅，他的子孫可以全部繼承其爵位和封邑，封賞功勞與蕭何相國相同。任命王莽為太傅，總管四輔事務，稱號為安漢公。將從前蕭何相國的甲第作為安漢公的府第，明確將此詔寫定在令上，永遠傳下去。」

5 當時王莽假裝惶恐，迫不得已上朝接受策書。策書說：「漢皇位沒有繼承人情況危殆，是公平息了危難；

四輔的職位，三公的責任，是公總責其事；眾多的臣僚和官位，是公來總體負責；你的功勞品德卓著，漢朝靠你而得以安寧，大概白羽野雞的吉兆，就是周公輔佐周成王的象徵吧。因此賞賜你光榮的稱號叫安漢公，輔佐皇帝，希望能夠實現天下太平，不要違背我的意願。」王莽接受了太傅官位和安漢公稱號，辭讓了增加封邑和規定子孫可以全部繼承其爵位和封邑的賞賜，說要等到老百姓家家富足了，然後再加上這樣的封賞。大臣們又為王莽力爭，王太后下詔令說：「安漢公自己希望等到百姓家家富足之後再接受封賞，因此我依從了他。令把安漢公的俸祿、家臣以及賞賜數量都增加一倍。百姓家富人足時，大司徒、大司空要上報。」王莽又辭讓沒有接受，卻建議應當立諸侯王的後嗣以及從高祖以來功臣子孫，大功臣後代封為列侯，或賜爵關內侯賞賜封邑，然後賞及在位的官員們，各按等級順序加賞。對上尊敬漢宗廟，增加祭祀時的禮儀程序和樂隊規模；對下施惠於士人百姓以及鰥夫寡婦，恩惠政策沒有不普及到的。這些情況都記錄在〈平帝紀〉中。

1 莽既說眾意，又欲專斷❶，知太后猒❷政，乃風公卿奏言：「往者，吏以功次❸遷至二千石❹，及州部❺所舉茂材異等❻吏，率❼多不稱❽，宜皆見安漢公。又太后不宜親省❾小事。」令太后下詔曰：「皇帝幼年，朕且統政，比❿加元服⓫。今眾事煩碎，朕春秋高⓬，精氣不堪，殆⓭非所以安躬體⓮而育養皇帝者也。故選忠賢，立四輔，群下勸職⓯，永以康寧。孔子曰：『巍巍乎，舜禹之有天下而不與焉！』⓰自今以來，惟封爵乃以聞。他事，安漢公、四輔平決⓱。州牧、二千石及茂材吏初除⓲奏事者，輒引入至近署對安漢公，考故官，問新職，以知其稱否。」於是莽人人延問，致密[19]恩意，厚加贈送，其不合指[20]，顯奏免之，權與人主[21]侔[22]矣。

2 莽欲以虛名說太后，白言：「親承[23]前孝哀丁、傅奢侈之後，百姓未贍[24]者多，太后宜且衣繒練[25]，頗[26]損[27]膳，以視[28]天下。」莽因上書，願出錢百萬，獻田三十頃，付大司農[29]助給貧民。於是公卿皆慕效[30]焉。莽帥群臣奏言：「陛下春秋尊[31]，久衣重練，減御膳，誠非所以輔精氣，育皇帝，安宗廟也。臣莽數叩頭省戶[32]下，白爭[33]未見許。今幸賴陛下德澤，間者[34]風雨時[35]，甘露[36]降，神芝[37]生，蓂莢[38]、朱草[39]、嘉禾[40]，休徵[41]同時並至。臣莽等不勝大願，願陛下愛精休神，闊略[42]思慮，遵帝王之常服，復大官[43]之法膳[44]，使臣子各得盡驩[45]心，備共[46]養。惟哀省察！」莽又令太后下詔曰：「蓋聞母后[47]之義，思不出乎門閾[48]。國不蒙佑，皇帝年在襁褓，未任親政[49]，戰戰兢兢，懼於宗廟之不安。國家之大綱，微[50]朕孰[51]當統之？是以孔子見南子[52]，周公居攝[53]，蓋權時[54]也。勤身極思，憂勞未綏[55]，故國奢則視之以儉，矯枉者過其正，而朕不身帥，將謂天下何！夙夜[56]夢想，五穀[57]豐孰[58]，百姓家給，比皇帝加元服，委政而授焉。今誠未皇[59]于輕靡[60]而備味，庶幾與百僚有成，其勗[61]之哉！」每有水旱，莽輒素食[62]，左右以白。

太后遣使者詔莽曰：「聞公菜食，憂民深矣。今秋幸孰，公勤於職，以時食肉，愛身為國。」

3 莽念中國已平，唯四夷[63]未有異，乃遣使者齎[64]黃金幣帛[65]，重賂[66]匈奴[67]單于[68]，使上書言：「聞中國譏二名[69]，故名[70]囊知牙斯今更名知，慕從聖制。」又遣王昭君[71]女須卜居次入侍。所以誑耀[72]媚事太后，下至旁側長御[73]，方[74]故萬端。

4 莽既[75]尊重[76]，欲以女配帝為皇后，以固[77]其權，奏言：「皇帝即位三年，長秋宮[78]未建，液廷[79]媵[80]未充。乃者[81]，國家之難，本從亡嗣[82]，配取[83]不正。請考論[84]五經[85]，定取禮[86]，正十二女之義[87]，以廣繼嗣。博采二王[88]後及周公孔子世列侯在長安者適子女[89]。」事下有司[90]，上眾女名，王氏女多在選中者。莽恐其與己女爭，即上言：「身[91]亡德，子材[92]下，不宜與眾女並采[93]。」太后以為至誠，乃下詔曰：「王氏女，朕之外家，其勿采。」庶民、諸生[94]、郎吏[95]以上守闕[96]上書者日[97]千餘人，公卿大夫或詣[98]廷[99]中，或伏省戶下，咸言：「明詔聖德巍巍如彼，安漢公盛勳堂堂若此，今當立后，獨[100]奈何廢公女？天下安所[101]歸命！願得公女為天下母[102]。」莽遣長史[103]以下分部[104]曉止公卿及諸生，而上書者愈甚。太后不得已，聽公卿采莽女。莽復自白：「宜博選眾女。」公卿爭曰：「不宜采諸女以貳正統[105]。」莽白：「願見[106]女。」太后遣長樂少府[107]、宗正[108]、尚書令納采[109]見女，還奏言：「公女漸漬[110]德化，有窈窕[111]之容，宜承天序[112]，奉祭祀。」有詔遣大司徒、大司空策告宗廟，雜加卜筮[113]，皆曰：「兆[114]遇金水王相[115]，卦[116]遇父母得位[117]，所謂『康強』之占，『逢吉』之符[118]也。」信鄉侯佟[119]上言：「春秋[120]，天子將娶於紀[121]，則褒紀子稱侯[122]，安漢公國未稱[123]古制。」事下有司，皆曰：「古者天子封后父百里[124]，尊而不臣[125]，以重宗廟，孝之至也。佟言應禮[126]，可許。請以新野田二萬五千六百頃益封莽，滿百里。」莽謝[127]曰：「臣莽子女誠不足以配至尊，復聽眾議，益封臣莽。伏[128]自惟念，得託肺腑，獲爵土，如使子女誠能奉稱[129]聖德，臣莽國邑足以共朝貢，不須復加益地之寵。願歸所益。」太后許之。有司奏：「故事，聘[130]皇后黃金二萬斤，為錢二萬萬。」莽深辭讓，受四千萬，而以其三千三百萬予十一媵家。群臣復言：「今皇后受聘，踰群妾亡幾[131]。」有詔，復益二千三百萬，合為三千萬。莽復以其千萬分予九族[132]貧者。

5 陳崇時為大司徒司直[133]，與張敞[134]孫竦相善。竦者博通士[135]，為崇草奏[136]，稱莽功德，崇奏之，曰：

6 「竊[137]見安漢公自初束脩[138]，值世俗隆[139]奢麗之時，蒙兩宮[140]厚骨肉之寵，被[141]

諸父赫赫[142]之光，財饒勢足，亡所牾意[143]，然而折節行仁，克心履禮，拂[144]世矯[145]俗，確然[146]特立[147]；惡[148]衣惡食，陋車駑馬，妃匹[149]無二，閨門之內，孝友之德，眾莫不聞；清靜樂道，溫良下[150]士，惠于故舊，篤于師友。孔子曰『未若貧而樂，富而好禮』[151]，公之謂矣。

7 「及為侍中，故定陵侯淳于長有大逆罪，公不敢私，建白[152]誅討。周公誅管蔡[153]，季子鴆叔牙[154]，公之謂矣。

8 「是以孝成皇帝命公大司馬，委以國統[155]。孝哀即位，高昌侯董宏希指[156]求美，造作二統[157]，公手[158]劾之，以定大綱。建白定陶太后不宜在乘輿[159]幄坐，以明國體[160]。詩[161]曰『柔亦不茹[162]，剛亦不吐，不侮鰥寡，不畏彊圉[163]』，公之謂矣。

9 「深執謙退，推誠讓位。定陶太后欲立僭號，憚彼面刺[164]幄坐之義，佞惑[165]之雄，朱博之疇[166]，懲[167]此長、宏[168]手劾之事，上下一心，讒賊交亂，詭辟[169]制度，遂成篡號[170]，斥逐仁賢，誅殘戚屬，而公被[171]胥[172]、原[173]之訴[174]，遠去就國[175]，朝政崩壞，綱紀廢弛[176]，危亡之禍，不隧[177]如髮。詩云『人之云亡，邦國殄顇』[178]，公之謂矣。

10 「當此之時，宮亡儲主[179]，董賢據重，加以傅氏有女之援[180]，皆自知得罪天下，結鏈中山[181]，則必同憂，斷金相翼[182]，藉假[183]遺詔，頻用賞誅，先除所憚，急引所附，遂誣往冤，更徵遠屬[184]，事勢張見[185]，其不難矣。賴公立入，即時退賢，及其黨親。當此之時，公運獨見之明，奮亡前[186]之威，盱衡[187]厲色，振揚武怒，乘其未堅，厭[188]其未發，震起機動[189]，敵人摧折，雖有賁育[190]不及持刺[191]，雖有樗里[192]不及回知[193]，雖有鬼谷[194]不及造次[195]，是故董賢喪其魂魄，遂自絞殺。人不還[196]踵，日不移晷[197]，霍然四除[198]，更為寧朝[199]。非陛下莫引立公，非公莫克此禍。詩云[200]『惟師尚父[201]，時[202]惟鷹揚[203]，亮[204]彼武王[205]』，孔子曰『敏則有功』[206]，公之謂矣。

11 「於是公乃白內[207]故泗水[208]相豐[209]、斄[210]令[211]邯[212]，與大司徒光、車騎將軍舜建定社稷，奉節東迎，皆以功德受封益土，為國名臣。書曰『知人則哲』[213]，公之謂也。

12 「公卿咸歎公德，同盛公勳，皆以周公為比[214]，宜賜號安漢公，益封二縣，公皆不受。傳[215]曰申包胥[216]不受存楚之報，晏平仲[217]不受輔齊之封，孔子曰『能以禮讓為國乎何有』[218]，公之謂也。

13 「將為皇帝定立妃后，有司上名，公女為首，公深辭讓，迫不得已然後受詔。

父子之親天性自然，欲其榮貴甚於為身[219]，皇后之尊侔[220]於天子，當時之會[221]千載希有，然而公惟國家之統，揖[222]大福之恩，事事謙退，動[223]而固辭。書曰『舜讓于德不嗣』[224]，公之謂矣。

14 「自公受策，以至于今，亹亹[225]翼翼[226]，日新其德，增脩雅素[227]以命下國[228]，逡[229]儉隆約以矯世俗，割財損家以帥群下，彌[230]躬執平以逮[231]公卿，教子尊學以隆國化[232]。僮奴衣布，馬不秣穀，食飲之用，不過凡庶[233]。詩云『溫溫恭人，如集于木』[234]，孔子曰『食無求飽，居無求安』[235]，公之謂矣。

15 「克身自約，糴食逮給[236]，物物卬市[237]，日闋[238]亡儲。又上書歸孝哀皇帝所益封邑，入錢獻田，殫盡舊業，為眾倡[239]始。於是小大鄉和[240]，承風從化，外則王公列侯，內則帷幄侍御，翕然[241]同時，各竭所有，或入金錢，或獻田畝，以振貧窮，收贍不足者。昔令尹子文朝不及夕[242]，魯公儀子不茹園葵[243]，公之謂矣。

16 「開門延士，下及白屋[244]，婁[245]省朝政，綜管眾治，親見牧守以下，考迹[246]雅素，審知白黑。詩云[247]『夙夜匪解[248]，以事一人[249]』，易曰[250]『終日乾乾[251]，夕惕[252]若厲[253]』，公之謂矣。

17 「比[254]三世為三公，再奉送大行[255]，秉冢宰職，填[256]安國家，四海輻湊，靡[257]

不得所。書曰『納于大麓，烈風雷雨不迷』[258]，公之謂矣。

18 「此皆上世之所鮮[259]，禹稷[260]之所難，而公包其終始，一以貫之[261]，可謂備矣！是以三年之間，化行如神，嘉瑞疊累，豈非陛下知人之效，得賢之致哉！故非獨君之受命也，臣之生亦不虛矣。是以伯禹錫玄圭[262]，周公受郊祀[263]，蓋以達[264]天之使，不敢擅[265]天之功也。揆[266]公德行，為天下紀[267]；觀公功勳，為萬世基。基成而賞不配[268]，紀立而褒不副[269]，誠非所以厚[270]國家，順天心也。

19 「高皇帝褒賞元功，相國蕭何邑戶既倍，又蒙殊禮，奏事不名[271]，入殿不趨[272]，封其親屬十有餘人。樂善無厭，班賞亡遴[273]，苟[274]有一策，即必爵之，是故公孫戎[275]位在充郎，選繇[276]旄頭，壹明樊噲[277]，封二千戶。孝文皇帝[278]褒賞絳侯[279]，益封萬戶，賜黃金五千斤。孝武皇帝[280]卹錄[281]軍功，裂三萬戶以封衛青[282]，青子三人[283]，或在襁褓，皆為通侯。孝宣皇帝[284]顯著霍光，增戶命疇，封者三人，延及兄孫[285]。夫絳侯即因漢藩[286]之固，杖[287]朱虛[288]之鯁，依諸將之遞[289]，據相扶之勢，其事雖醜[290]，要[291]不能遂[292]。霍光即席[293]常任[294]之重，乘大勝[295]之威，未嘗遭時不行，陷假離朝[296]，朝之執事，無非同類，割斷[297]歷久，統政曠世，雖曰有功，所因[298]亦易，然猶有計策不審過徵之累[299]。及至青、戎，摽末[300]之功，一言之勞，然猶皆蒙邱山之賞。

課功[301]絳、霍，造之與因也；比於青、戎，地之與天也。而公又有宰治之效，乃當上與伯禹、周公等盛齊隆，兼其褒賞，豈特與若云者[302]同日而論哉？然曾[303]不得蒙青等之厚，臣誠惑之！

「臣聞功亡原[304]者賞不限，德亡首[305]者褒不檢[306]。是故成王[307]之於周公也，度[308]百里之限[309]，越九錫[310]之檢，開七百里之宇[311]，兼商[312]、奄[313]之民，賜以附庸[314]殷民六族[315]，大路[316]大旂[317]，封父[318]之繁弱[319]，夏后[320]之璜[321]，祝宗卜史[322]，備物典策[323]，官司彝器[324]，白牡之牲[325]，郊[326]望[327]之禮。王曰：『叔父，建爾元子。』[328]子父俱延拜而受之[329]。可謂不檢亡原者矣。非特止此，六子皆封[330]。詩曰[331]：『亡言不讎[332]，亡德不報。』報當如之，不如非報也[333]。近觀行事，高祖之約非劉氏不王，然而番君[334]得王長沙，下詔稱忠，定著於令，明有大信不拘於制也。春秋[335]晉悼公[336]用魏絳[337]之策，諸夏[338]服從。鄭伯[339]獻樂，悼公於是以半賜之。絳深辭讓，晉侯曰：『微子[340]，寡人[341]不能濟河[342]。夫賞，國之典，不可廢也。子其[343]受之。』魏絳於是有金石之樂，春秋[344]善之，取其臣竭忠以辭功，君知臣以遂賞也。今陛下既知公有周公功德，不行成王之褒賞，遂聽公之固辭，不顧春秋之明義，則民臣何稱，萬世何述？誠非所以為國也。臣愚以為宜恢[345]公國，令如周公，建立公子，令如伯禽。所賜之品，亦皆如之。諸子之封，皆如六子。即群下較(346)然輸忠，黎庶(347)昭然感德。臣誠輸忠，民誠感德，則於王事何有(348)？唯陛下深惟祖宗之重，敬畏上天之戒，儀刑(349)虞、周之盛，敕(350)盡伯禽之賜，無遴周公之報，令天法有設，後世有祖(351)，天下幸甚！」

21 太后以視(352)群公，群公方議其事，會(353)呂寬事起。

22 初(354)，莽欲擅權，白太后：「前哀帝立，背恩義，自貴外家丁、傅，撓亂(355)國家，幾(356)危社稷。今帝以幼年復奉大宗(357)，為成帝後，宜明一統(358)之義，以戒前事，為後代法。」於是遣甄豐奉璽綬，即拜帝母衛姬(359)為中山(360)孝王后，賜帝舅衛寶、寶弟玄爵關內侯，皆留中山，不得至京師。莽子宇，非莽隔絕衛氏，恐帝長大後見怨。宇即私遣人與寶等通書，教令帝母上書求入。語在衛后傳(361)。莽不聽。宇與師吳章及婦兄呂寬議其故，章以為莽不可諫，而好鬼神，可為變怪以驚懼之，章因推類說令歸政於衛氏。宇即使寬夜持血灑莽第，門吏(362)發覺之，莽執宇送獄，飲藥(363)死。宇妻焉(364)懷子(365)，繫獄，須(366)產子已(367)，殺之。莽奏言：「宇為呂寬等所詿誤(368)，流言惑眾，惡(369)與管蔡同罪，臣不敢隱其誅。」甄邯等白太后下詔曰：「夫唐堯(370)有丹朱(371)，周文王(372)有管蔡，此皆上聖亡奈下愚子何，以共性不可移也。公居周公之位，輔成王之主，而行管蔡之誅，不以親親害尊尊，朕甚嘉之。昔周公誅四國[373]之後，大化乃成，至於刑錯[374]。公其專意翼[375]國，期[376]於致平。」莽因是誅滅衛氏，窮治呂寬之獄，連引[377]郡國豪桀[378]素非議己者，內及敬武公主[379]、梁王立[380]、紅陽侯立、平阿侯仁[381]，使者迫守，皆自殺。死者以百數，海內震焉。大司馬護軍褒奏言：「安漢公遭子宇陷於管蔡之辜，子愛至深，為帝室故不敢顧私。惟宇遭辠，喟然[382]憤發作書八篇，以戒子孫。宜班郡國，令學官[383]以教授。」事下群公，請令天下吏能誦公戒者，以著官簿[384]，比孝經[385]。

【章　旨】以上為卷上的第四部分，述平帝元始元年至三年事。王莽哄騙太后，將朝權攬在自己手中。並用以退為進的手段，將自己的女兒嫁給平帝做皇后。阿諛之徒張竦、陳崇上奏章，歌功頌德。王莽之子王宇與呂寬因反對王莽，被殺，王莽藉機鏟除異己。

【注　釋】❶專斷　專權獨斷。❷猒　通「厭」。討厭；厭棄。❸功次　指功績的大小、官階升遷的先後順序。❹二千石　秦漢官秩級別。漢初御史大夫、列卿為二千石，文帝時御史大夫、列卿升至中二千石，郡守、王國相等仍為二千石。❺州部　漢武帝時將全國除京師附近之外地區劃分為十三個州部，每部設刺史，督察郡縣官吏、地方豪右和諸侯王。刺史官階不高，秩六百石，無治所。成帝更名州牧，秩真二千石。東漢刺史有固定治所，實際上成為比郡高一級的地方行政長官。❻茂材異等　西漢薦舉科目有秀才科，特優者稱異等。東漢時避劉秀名諱，改稱秀才為茂才。材，通「才」。❼率　大抵；大都。❽稱　稱職；相稱。❾省　視察；過問。❿比　及；等到。⓫加元服　古時為男子成年舉行的戴冠儀式。元，首；頭。元服，冠。⓬春秋高　年邁。春秋，年齡的代稱。⓭殆　或許；恐怕。⓮躬體　自身。⓯勸職　勤於職守。勸，勤勉；努力。⓰孔子曰

三句　出自《論語・泰伯》。巍巍，高聳的樣子。舜，虞舜，姓姚，名重華，有虞氏。傳說中的遠古君王，相傳因四岳推舉，堯命其攝政。堯去世後繼位，挑選賢人，治理民事。又選拔治水有功的禹為繼承人。禹，姓姒，夏后氏，傳說中遠古君王，因治水有功為舜選為繼承人。其子啟建立夏朝。與，通「豫」。參與。⑰平決　評判決定。⑱初除　新授官職。除，拜官授職。⑲致密　細緻周到。⑳指　通「旨」。㉑人主　君主。㉒侔　齊等；相當。㉓承　繼承；接續。㉔贍　充裕。㉕繒練　無花紋的絲織物。繒，絲織物的總稱。練，白色的熟絹。㉖頗　略微。㉗損　減少。㉘視　通「示」。昭示。㉙大司農　官名。列卿之一，執掌全國租賦收入和財政開支。秦稱治粟內史，漢景帝時改稱大農令，武帝時改稱大司農。㉚慕效　仰慕效法。㉛春秋尊　年事高。㉜省戶　皇宮門戶，有守衛，非侍御者、召見者不得入。㉝爭　通「諍」。勸諍。㉞間者　近來。㉟時及時。㊱甘露　甘美的雨露。古人認為天降甘露是祥瑞的徵兆。㊲神芝　靈芝。古人認為出現靈芝是瑞兆。㊳蓂莢　傳說中的一種瑞草，隨月生死。一名歷莢。㊴朱草　一種紅色的草，可作染料。古人認為這種草是祥瑞的徵兆。㊵嘉禾　生長得特別茁壯的禾。古人認為是瑞兆。㊶休徵　吉祥的徵兆。㊷闊略　寬簡；簡略。㊸大官　官名。也作「太官」。秦漢少府屬官，執掌宮廷飲食。㊹法膳　皇帝享用的食物。㊺驩　通「歡」。㊻共　通「供」。原作「其」，據景祐諸本改。㊼母后　太后。㊽門閫　門檻；門坎。㊾親政　親自主持朝政。皇帝年幼繼位，先由太后或大臣執政，成年後開始主政是為親政。㊿微　無；沒有。(51)孰　誰。疑問代詞。(52)孔子見南子　南子，春秋時衛靈公夫人，為衛靈公所寵幸，孔子為遊說衛靈公，故求見南子。(53)周公居攝　指周公代周成王執政之事。居攝，天子年幼不能親政，由大臣代理處理政務，是為居攝。攝，假代；代理。(54)權時　即權宜。權，審度；衡量。(55)綏　安定。(56)夙夜　朝夕。(57)五穀　泛指穀物。具體所指說法不同，一說為麻、菽、麥、稷、黍。一說為黍、稷、菽、麥、稻。(58)孰　通「熟」。(59)皇　通「遑」。空閒；閒暇。(60)靡　細。(61)勗　勉力；努力。(62)素食　飯食不用酒肉，只備蔬菜，又稱菜食。(63)四夷　古代華夏族對四方少數民族的統稱。含有輕蔑之意。(64)齎　送與；付與。(65)幣帛　古人用於進貢、饋贈禮物等的絲帛。(66)重賂　贈送厚禮。重，厚；多。賂，贈送財物。(67)匈奴　古代中國北方游牧民族，傳說是夏后氏後裔。戰國時期活動於長城以北。西漢時漢王朝與匈奴長期和戰交替。東漢時一部分匈奴西遷，造成歐亞大陸的民族大遷徙。南北朝時期，匈奴民族逐漸消亡，其成員融入漢民族和其他民族中。(68)單于　匈奴君主稱號。(69)譏二名　出自《公羊傳・定公六年》：「譏二名，二名非禮也。」古人起名多用一個字。譏，非議。(70)故名　本名。(71)王昭君　王嬙，字昭君，南郡秭歸（今湖北秭歸）人。漢元帝時入宮。竟寧元年（西元前三三年），呼韓邪單于來朝和親，元帝以王昭君出嫁匈奴，為呼韓邪單于閼氏（夫人）。王昭君與呼韓邪單于生有一子，呼韓邪單于死後，再嫁呼韓邪大閼氏之子復株絫單于，生二女，須卜居次即其長女。(72)誑耀　欺騙炫惑。(73)長御　漢皇后、太后宮內女官名。(74)方　方法；辦法。(75)既　既然；已經。(76)尊重　尊顯重要。(77)固　加固；鞏固。(78)長秋宮　漢宮名，皇后所居。此處代指皇后。(79)液廷　液，通「掖」。掖廷，嬪妃和宮女居住之處。(80)媵　隨嫁的女子。此處指嬪妃。(81)乃者　從前；以往。(82)亡嗣　沒有子嗣。亡，通「無」。嗣，後代。(83)取　通「娶」。下同。(84)考論　考察論證。(85)五經　即《詩》、《書》、《易》、《禮》、《春秋》。儒家的五部經典，漢武帝置《五經》博士，始有《五經》之稱。(86)取禮　嫁娶的禮儀。(87)正十二女之義　相傳古代天子娶十二女子做后妃。(88)二王　此處指商周王族。(89)適子女　正妻所生的女兒。適，通「嫡」。(90)有司　主管部門。(91)身　自身。(92)材　資質。(93)並采　同時被選取。(94)生　太學生。(95)郎吏　泛指郎官。屬郎中令（光祿勳），君主侍從之官，宿衛宮廷，並參與議論政事。西漢時期按職責不同設有郎中、中郎、外郎、侍郎、議郎等官職，無定員，多時有千餘人。(96)闕　古代宮門、城門兩側的高臺，中間有道路，臺上起樓觀，登之可以遠觀。清汪中《述學・釋闕》：「天子諸侯宮城皆四周，辟其南為門，城至此而闕，故謂之闕。」(97)日　每日。(98)詣　前往。(99)廷　朝廷。(100)獨　唯獨。(101)安所　何處；哪裡。(102)天下母　國母。即皇后。(103)長史　官名。秦漢時丞相、太尉、御史大夫等都設有長史，為所在官署掾屬長官。執掌府中事務，並佐丞相等參與國政。(104)分部　分批；分次。(105)貳正統　違背正統。貳，違背；背叛。此處是說為皇帝廣選民女破壞了王莽之女應得的皇后位置。(106)見　接見；認識。(107)長樂少府　官名。西漢平帝時更名長信少府置，掌皇太后宮中事務。(108)宗正　官名。西周至戰國時已置，掌君主宗親事務。秦漢時位列卿，執掌皇族和外戚事務。平帝時更名宗伯。(109)納采　即行聘。古代婚禮六禮之一，男方家向女方家送求婚禮物。(110)漸漬　漸受浸染。(111)窈窕　嫻靜貌；美好貌。(112)天序　皇帝世系。(113)卜筮　古代占卜方法。用龜甲或獸骨占卜為卜，用蓍草占卜為筮。(114)兆　古代占卜先在龜板或獸骨上鑽刻，而後用火灼，觀察上面的裂紋判斷吉凶，裂紋就是兆。(115)金水王相　按五行學說，金能生水。王，通「旺」。陰陽家以王（旺盛）、相（強壯）、胎（孕育）、沒（沒落）、死（死亡）、囚（禁錮）、廢（廢棄）、休（休退）八字與五行、四時、八卦等遞相配搭，以表示事物的消長更迭。五行用事者為王，王所生為相，表示物得其時。(116)卦　古人用來表現自然和人文現象發生和變化的一套符號。其基本符號是陽爻和陰爻，分別以「⚊」和「⚋」表示。一卦由三爻組成，可以組合為八卦。兩卦重疊，可以組成六十四卦。(117)父母得位　一種卦象。得位，指居應有之位置。(118)康強之占逢吉之符　這是兩種吉兆。語出自《書・洪範》：「身其康強，子孫其逢，吉。」前者是說本人康強，後者是說子孫繁盛。逢，大。(119)信鄉侯佟　信鄉侯劉佟，漢文帝八世孫。王莽建新朝後賜姓王。因古代「信」、「新」同音，本書卷十五〈王子侯表下〉作「新鄉侯」。(120)春秋　《公羊傳・隱公二年》經稱紀子，桓公二年稱紀侯。此處所引的《春秋》

即本於此。(121)紀　古國名。姜姓，地在今山東壽光東南，春秋時期為齊國所滅。(122)褒紀子稱侯　紀國原為子爵，周桓王娶紀君之女為后，先封紀國為侯爵，增加封地縱橫一百里，提高了紀君的地位。(123)稱　符合。(124)百里　即方百里。縱橫一百里。(125)尊而不臣　尊重他而不以臣子對待。(126)應禮　符合禮制。(127)謝　謝絕；辭謝。(128)伏　伏地。敬詞。古時臣對君奏言多用之。(129)稱　相稱。(130)聘　娶妻的彩禮。(131)亡幾　不多。(132)九族　漢儒有兩種說法。一云：父族四代、母族三代、妻族二代，合為九族；一云：從高祖到玄孫九代親屬為九族。(133)司直　官名。漢武帝初設丞相司直，執掌輔佐丞相糾察彈劾。(134)張敞　漢宣帝朝名臣。本書卷七十六有傳。(135)博通士　知識淵博的人。(136)草奏　起草奏章。(137)竊　私自。謙辭。(138)束脩　十條乾肉。古代入學用束脩作敬師的禮物，故以束脩為入學代稱。此處指王莽開始去學官學習之時。(139)隆　崇尚。(140)兩宮　未央宮和長樂宮。因分別居住皇帝和太后，故也借指皇帝和太后。此處指漢成帝和王太后。(141)被　承受。(142)赫赫　顯耀。(143)亡所牾意　無人能違逆其意。亡，通「無」。牾，違逆。(144)拂　違背。(145)矯　改正。(146)確然　剛強；堅定。(147)特立　行為舉止與眾不同。(148)惡　粗劣。(149)妃匹　配偶。此處指妻子。妃，通「配」。(150)下　居人之下；謙讓。(151)孔子曰二句　語出《論語・學而》。此為孔子答子貢語。子貢問：「貧而無諂，富而無驕，何如？」孔子遂有此答。(152)建白　建議。(153)周公誅管蔡　管，管叔，名鮮。蔡，蔡叔，名度。二人均是周武王之弟。武王滅商後，封鮮於管（今河南鄭州），封度於蔡（今河南上蔡西南）。武王去世後，成王年幼，周公旦攝政，管叔和蔡叔等不服，與紂王之子武庚叛亂，為周公所平定。管叔被殺（一說自殺），蔡叔被流放。(154)季子鴆叔牙　季子，名季友，與叔牙同為魯桓公之子。魯莊公患病，叔牙欲立其同母兄慶父做魯君，季子遂鴆殺叔牙。(155)國統　君主一脈相傳的系統。猶如正統。(156)希指　迎合上面的意旨。希，迎合。指，通「旨」。(157)造作二統　製造兩種國統。董宏提議給丁姬上尊號為帝太后，這意味著承認哀帝之父丁陶恭王與成帝地位相當，此即「二統」。(158)手　親自。(159)乘輿　皇帝乘坐的車輛。(160)國體　國家的體制。(161)詩　中國最早的詩歌總集，共三百零五篇，分「風」、「雅」、「頌」三類。漢武帝將《詩》列入《五經》中，確定了《詩》的儒家經典地位。此處所引詩句出自〈大雅・烝民〉，用以讚美仲山甫的美德。(162)茹　食用。(163)彊圉　強暴。彊，通「強」。(164)面刺　當面指責。(165)佞惑　花言巧語迷惑人。(166)疇　通「儔」。同類。(167)懲　引以為戒。(168)長宏　淳于長、董宏。(169)詭辟　荒謬邪僻。詭，違反。辟，通「僻」。奸邪。(170)篡號　竊取名號。(171)被　承受；遭受。(172)胥　伍員，字子胥。春秋時吳國大夫，幫助闔閭奪取吳王之位，率軍攻破楚國。吳王夫差時，因直言勸諫而被迫自殺。(173)原　屈平，字原。戰國時楚貴族，任左徒、三閭大夫。因主張舉賢任能觸犯楚國貴族利益，被免官放逐。楚國都郢被秦軍攻破後，投汨羅江而死。傳世有〈離騷〉、〈九章〉等。(174)訴　誹謗。(175)遠去就國　意謂王莽蒙受了伍子胥和屈原那樣的冤屈，被迫遠離朝廷，回到封國。(176)弛　解；鬆懈。(177)隧　通「墜」。(178)詩云二句　出自《詩・大雅・瞻卬》。意為為政不善，賢人就會逃走亡命，天下邦國陷入困苦中。殄，盡。瘁，病。殄瘁，困窮；困苦。(179)儲主　太子。(180)傅氏有女之援　指傅氏家族有哀帝傅皇后為後盾。(181)結讎中山　中山，指元帝昭儀、平帝祖母馮氏。哀帝時傅太后誣陷馮氏祝詛，迫使其自殺。(182)斷金相翼　語本《易・繫辭上》「二人同心，其利斷金」。翼，助；輔助。(183)藉假　假借。藉，通「借」。(184)遠屬　指劉姓宗室中的遠親。(185)張見　表露；顯現。(186)亡前　意謂無人敢阻擋。(187)盱衡　揚眉張目。盱，張目。衡，眉毛上的部分。(188)厭　壓制；抑制。(189)機動　機關發動。(190)賁育　賁，孟賁。育，夏育。戰國時秦國勇士。(191)持刺　持兵刃刺殺。(192)樗里　樗里子，名疾。戰國時人，秦惠王異母弟，因居於樗里而得名。秦武王時任丞相。為人滑稽多智，秦人號曰「智囊」。(193)回知　回神；轉念。(194)鬼谷　鬼谷子。戰國時縱橫家，姓氏不詳，因其所居而得名。傳說為蘇秦、張儀師。(195)造次　倉猝行事。(196)還　通「旋」。(197)晷　日影。(198)四除　四方安定。除，修治；整治。(199)寧朝　安寧的朝廷。(200)詩云　此處所引詩出自《詩・大雅・大明》。(201)師尚父　姜尚，呂氏，又名牙。輔佐周文王和周武王，被武王尊為師尚父。周朝建立後封於齊。俗稱姜太公。(202)時　通「是」。(203)鷹揚　若雄鷹飛翔。形容威武之貌。(204)亮　輔助。(205)武王　姬發。周文王之子。聯合諸多部族東征，在牧野（今河南汲縣北）之戰大破商紂軍，滅商，建立周王朝，建都於鎬（今陝西西安南）。(206)孔子曰句　出自《論語・陽貨》，孔子對子張說，做事應當迅速，才能成功。敏，迅疾。(207)內　通「納」。接納；引進。(208)泗水　西漢封國名，在今江蘇北部，治淩縣（今江蘇泗陽西北）。(209)豐　甄豐。(210)斄　漢代縣名。在今陝西武功西。(211)令　縣令，秦漢縣一級行政長官。萬戶以上縣為縣令，萬戶以下縣為縣長。(212)邯　甄邯。(213)書曰句　書，《尚書》，儒家典籍《五經》之一。此處引語出自《書・皋陶謨》。哲，睿智；聰明。(214)比　相比。(215)傳　記載歷史的書籍。(216)申包胥　春秋時人，楚國貴族。楚昭王時吳國攻破楚國，申包胥赴秦國求救，在秦宮廷上痛哭七晝夜，終使秦發兵救楚。楚復國後昭王欲行賞，申包胥不受。(217)晏平仲　即晏嬰，字平仲。春秋時齊國大夫，輔佐靈公、莊公、景公三世。景公要封他，晏嬰謝絕。(218)孔子曰句　語出自《論語・里仁》。(219)身　自己。(220)侔　相等。(221)會　機會；時機。(222)揖　辭讓。(223)動　往往。(224)書曰句　語出自《尚書・舜典》。意謂舜自謙於德薄，不足以繼承堯的事業。(225)亹亹　勤勉。(226)翼翼　恭敬。(227)雅素　高雅恬淡；高雅質樸。(228)下國　王侯封國。(229)後　有兩說。顏師古解為退；清人王引之以為通「遵」，意為遵循。(230)彌　通「弭」。克制。(231)逮　推及。(232)國化　國家的教化。(233)凡庶　普通百姓。(234)詩云二句　出自《詩・小雅・小宛》。溫溫，柔和的樣子。(235)孔子曰二句　此處所引句出自《論語・學而》。意思是君子好學樂道，故志不在安飽。(236)糴食逮給　糴，買入穀物。逮，及；達到。意謂王莽的食物僅能充飢。(237)物物卬市　卬，通「仰」。意謂王莽日常用品都從市場購得，不經商贏利。238日闋　一天結束。闋，盡。239倡　倡導。240鄉和　響應。鄉，通「響」。241翕然　聚合；趨附。242令尹子文句　令尹子文，一稱鬥穀於菟，春秋時期楚國人，任令尹。楚國發生內亂，子文捐家財以解楚國之難，做官不要俸祿，因貧困，朝不保夕，吃了早餐沒有晚餐。243魯公儀子句　魯公儀子，戰國時魯國人，任魯國相。在位期間倡導食祿者不與民爭利，不讓家人種葵、織布。葵，又稱冬葵，一種蔬菜。茹，食菜。244白屋　用白茅草覆蓋屋頂的房屋，平民所居，故以之代指平民。245婁　通「屢」。246考迹　考察追蹤。247詩云　此處引詩出自《詩・大雅・烝民》。248解　通「懈」。249一人　指君主。250易曰　易，也叫《周易》、《易經》，中國古代有哲學思想的占卜書，儒家經典《五經》之一。主要通過八卦形式推測自然和人事的變化，認為陰和陽的相互作用是產生萬物的根源。此處引文出自《易・乾》。251乾乾　自強。252惕恐懼。253厲　疾病。254比　接連。255大行　一去不返。古代稱剛死而尚未定諡號的皇帝、皇后。256填　通「鎮」。257靡　無；沒有。258書曰二句　出自《書・舜典》。描寫舜的德行，有兩說。一云，麓，通「錄」。管理，意謂堯讓舜管理國家大事，舜臨大亂而不迷惑。一云，麓即山麓，意謂舜有聖德，在山麓中遭遇雷雨大風而不迷惑。259鮮　少。260稷　后稷，名棄。古代周部族始祖，相傳堯、舜時任農官，天下得其利。舜號其曰「后稷」。261一以貫之　語本《論語・里仁》孔子謂曾參「參乎，吾道一以貫之」，指曾參將孔子的忠恕之道貫穿在一切事物中。後泛指一種思想或理論貫通始終。262伯禹錫玄圭　伯禹，大禹。相傳大禹治水大功告成，堯賜其玄圭，進行獎彰。事見《書・禹貢》。263周公受郊祀　周成王年幼，周公輔佐其七年。歸政後成王為褒揚其勳勞，遂封周公於魯，令魯世代以天子禮樂祭祀周公。事見《禮記・明堂位》。264達　傳達；申明。265擅　自專；獨攬。266揆　度量；揣度。267紀　理；綱紀。268配　符合；相符。269副　符合；相符。270厚　重視；尊敬。271奏事不名　名，稱名。古代禮制，大臣對皇帝奏事要稱自己的名字，以示對皇帝的恭敬。因蕭何功高，故高帝特許其可以不書名。272入殿不趨　趨，小步快走。古代禮制，大臣上朝入殿時要小步快走，以示對皇帝的恭敬。273遴　通「吝」。274苟　如果。275公孫戎楚漢戰爭時為漢旍頭（古代皇帝儀仗中擔任先驅的騎兵）。劉邦圍項羽，謠傳樊噲謀反，公孫戎辨明真相，劉邦封其二千戶。事見《楚漢春秋》。276繇　通「由」。277樊噲　秦末泗水沛（今江蘇沛縣）人，漢開國名將。《史記》卷九十五和本書卷四十一有傳記其事跡。278孝文皇帝　劉恆（西元前二〇三—前一五七年）。劉邦之子。在位期間（西元前一八〇—前一五七年）施行與民休息國策，促進了西漢王朝的經濟恢復。史稱文帝和景帝時期為「文景之治」。《史記》卷十和本書卷四有本紀記其事跡。279絳侯　周勃（？—西元前一六九年），秦末泗水沛（今江蘇沛縣）人，西漢初期名臣，呂后死後與眾臣誅殺諸呂，迎立文帝。事跡詳見《史記》卷五十七〈絳侯周勃世家〉和本書卷四十本傳。280孝武皇帝　劉徹（西元前一五六—前八七年）。景帝之子。

在位期間（西元前一四〇—前八七年）在政治上加強中央集權，削弱諸侯王勢力；在經濟上加強中央政府對財政的控制；在思想文化上尊崇儒家思想；對外反擊匈奴，遣使出使西域。為西漢王朝的鼎盛時期，但因國力耗竭引起大規模動盪，晚年對國策有所調整。事跡詳見《史記》卷十二和本書卷六本紀。281卹錄　因體念而記錄。282衛青　字仲卿，河東平陽（今山西臨汾）人。漢武帝朝名將，前後七次出擊匈奴，戰功卓著。《史記》卷一百十一和本書卷五十五有傳記其事跡。283青子三人　指衛青子衛伉、衛不疑和衛登。284孝宣皇帝　劉詢（西元前九二—前四九年）。武帝曾孫。在位期間（西元前七四—前四九年）強調「王道」和「霸道」雜治，國勢平穩。史稱昭帝和宣帝時期為「昭宣中興」。本書卷八有本紀記其事跡。285封者三人二句　指霍光之子霍禹、霍光兄霍去病之孫霍雲、霍山。286漢藩　指西漢初年齊、楚、吳等劉氏同姓諸侯王。287杖　憑藉；依靠。288朱虛　劉章（？—西元前一七七年）。西漢宗室，齊悼惠王劉肥之子。呂后執政時入京城長安侍衛，封朱虛侯，為諸呂所憚。呂后死與周勃等誅滅諸呂，迎立文帝。289遞　圍繞。290其事雖醜　指諸呂心懷醜惡，欲謀反為亂。291要　總。292遂　成功。293席　憑藉；倚仗。294常任　古代君主左右執掌政務的長官。後泛稱皇帝近臣。295大勝　指粉碎上官桀等人政變事，參見卷六十八〈霍光傳〉。勝原作「滕」，據景祐本等改。296陷假離朝　遭陷害而被迫離朝而去。假，通「瑕」。瑕疵。297割斷　專斷；決斷。298因　依託；憑藉。299過徵之累　指霍光迎立昌邑王劉賀為帝隨後又廢黜之事。累，連累；牽連。300摽末　刀尖。摽，通「鏢」。301課功　考核功績。302若云者　像上面所說的周勃、霍光、衛青、公孫戎。303曾　乃；還。304亡原　不能測其本原。意為無量。305亡首　無出其上。306檢　局限；限制。307成王　周第二任君主姬誦，周武王之子。武王死後繼位，因年幼由其叔父周公旦攝政，後周公歸政。308度　超過。309百里之限　傳說周初分封諸侯，最高爵位的公、侯封地是縱橫百里。310九錫　古代天子賜給諸侯、大臣的九種器物，是一種最高禮遇。其名目說法不一。311開七百里之宇　周成王封周公於魯國，封地縱橫七百里。312商　古國名。在今陝西商洛一帶。313奄　古國名。在今山東曲阜。314附庸　周時稱附屬於諸侯大國的小國。315殷民六族　指跟隨武庚叛亂的殷遺民條氏、徐氏、蕭氏、索氏、長勺氏、尾勺氏六個部落。316大路　通「大輅」。玉輅。古時天子所乘之車。《周禮・春官・巾車》稱王有玉路、金路、象路、革路、木路五路。317大旂　一種旗幟。《周禮・春官・巾車》說「金路建大旂」。鄭玄認為大旂是繪有蛟龍的九旗。成王賜周公大路九旂等事見《左傳・定公四年》。318封父　古代諸侯國名。在今河南封丘。319繁弱　弓名。《荀子・性惡》說是古良弓名，顏師古說是古大弓名。320夏后　即夏朝。321璜　玉器名。狀如半璧。古代朝聘、祭祀、喪葬時所用的禮器。也作裝飾用。322祝宗卜史　即太祝、太宗、太卜、太史，分別執掌祝賀祈禱，宗廟祭祀，卜筮和天文曆法、史記。323備物典策　備齊了物品（指大路等）和典籍簡冊。典策，記載典章制度的重要冊籍。324官司彝器　官司，百官。彝器，一說常用的器物。一說，祭祀宗廟使用的青銅酒器。《周禮》有六彝。325白牡之牲　古代王侯祭祀用的白色公牛。326郊　郊祀。在郊外祭祀上帝的禮儀。327望　望祭。祭祀山川的禮儀。328王曰三句　語出自《詩・魯頌・閟宮》：「王曰叔父，建爾元子，俾侯于魯。」叔父，成王稱周公。元子，嫡長子。建爾元子，意謂成王命周公封其子伯禽為魯公。329子父俱延拜而受之　意謂周公在前、魯公在後拜受。330六子皆封　即周公的六個兒子、伯禽的弟弟們，都被分封為諸侯，為凡、蔣、邢、茅、胙、祭六國。331詩曰　引自《詩・大雅・抑》。332亡言不讎　讎，一云採用，意謂有好的意見就要採納；一云相配，意謂對好的意見給予相應的獎賞。333報當如之二句　意謂獎賞回報的規格應符合其德行，如果和其德行不相稱，就不要回報。334番君　即長沙國王吳芮（？—西元前二〇一年）。吳芮，秦末任番縣（今江西鄱陽東北）縣令，參加反秦戰爭，漢王朝建立後，劉邦封其為長沙王。後異姓諸侯王大多亡國，獨長沙國王享國長久。事跡詳見本書卷三十四本傳。335春秋　時代名。因魯國編年史《春秋》而得名。其起始有不同說法，現通常以周平王元年（西元前七七〇年）到周敬王四十四年（西元前四七六年）為春秋時代。336晉悼公　春秋時晉國國君姬周，西元前五七二—前五五八年在位。曾會合諸侯，和好戎族，擊敗秦國。337魏絳　即魏莊子。春秋時晉國大夫，提出與戎族和好的策略，為晉悼公所採納。338諸夏　古代漢族自稱「夏」或「華夏」。這裡指周王朝分封的中原地區的諸侯國。339鄭伯　即鄭國國君鄭簡公。340微子　微，無。子，古代對男子的尊稱。341寡人　本義為寡德之人，古代君主的自謙詞。342河　黃河。343其　應當。副詞，表示祈使。344春秋　編年體史書，相傳孔子據魯史修訂而成，所記自魯隱公元年（西元前七二二年）到魯哀公十四年（西元前四八一年），是儒家的重要典籍《五經》之一。傳《春秋》者《左氏》、《公羊》和《穀梁》三家。此處所記晉悼公和魏絳事見《左傳・襄公十一年》。345恢　大；增大。作動詞。346較　明；明顯。347黎庶　百姓。348臣誠輸忠三句　設問句。意謂如果大臣們都貢獻出忠誠，百姓們都感激皇帝的大德，則國家之事還有什麼辦不到的。349儀刑　效仿；效法。350敕　備；整備。351祖　始；肇端。352視　通「示」。353會　恰巧；適逢。354初　當初。355撓亂　擾亂。撓，擾。356幾　幾乎。357大宗　周代宗法制度以始祖的嫡長子為大宗，其他為小宗。這裡指皇位。358一統　一脈相承的正統。359衛姬　元帝少子中山孝王劉興之妃，平帝之母。360中山　諸侯國名。在今河北中部，治盧奴（今河北定州）。361衛后傳　即本書卷九十七〈外戚傳・中山衛姬〉。362門吏　看門的小吏。漢代貴族家中通常都有門吏。363藥　毒藥。364焉　王宇妻子之名。365懷子　懷孕。366須　等待。367已　結束；完畢。368詿誤　貽誤；連累。369惡　越本、邵本、南監本無「惡」字。370唐堯　陶唐氏，名放勳。史稱唐堯。傳說中的遠古君王。相傳設官掌時令，制定曆法，諮詢四岳，以舜為繼承人。371丹朱　名朱，傳說中堯之子。因居於丹水，故名丹朱。為人傲慢荒淫，堯遂禪位於舜。372周文王　姬昌。商末周族領袖。商周時封為西伯，故也稱伯昌。統治期間，國勢強盛。建都於豐（今陝西西安西南）。373四國　指管、蔡、霍和淮夷。374錯　通「措」。捨棄；置而不用。375翼　輔佐；幫助。376期　希望。377連引　牽連；連及。378豪桀　桀，通「傑」。豪桀，才能出眾的人，引申為地方上有地位有勢力的人。379敬武公主　元帝的妹妹。380梁王立　梁王劉立，文帝九世孫。381平阿侯仁　平阿侯王仁。王譚之子。382喟然　感歎、歎息的樣子。383學官　負責學校教育的官員。384官簿　記錄官吏功績和經歷的簿籍。385孝經　儒家重要典籍，宣傳孝道和孝治思想。漢代列為《七經》之一。

【語譯】王莽既已取悅眾人，又打算獨斷專行，他知道王太后厭棄政事，便暗示公卿大臣上奏說：「以前，官吏根據功勞的大小按次序升遷為二千石官，還有州部所推舉的有突出表現的秀才做官吏，他們大都不稱職，應當讓他們都來見安漢公接受考核。再者太后不宜親自過問瑣細的事情。」讓王太后下詔令說：「皇帝年紀幼小，我暫且統領政務，等到皇帝舉行了成人之禮就把朝政交還給皇帝。現在事務眾多繁瑣細碎，我年事已高，精力不濟，恐怕無法確保我的身體無恙以養育皇帝。所以才選拔了忠臣賢能，建立四輔，率領大臣們恪盡職守，使國家永遠安寧。孔子說：『崇高偉大啊，虞舜和大禹得到天下後卻不躬親政事！』從今以後，只把賜封爵位的事情來向我報告。其他事情由安漢公和四輔評定決斷。州牧、二千石官員以及新擔任官職的秀才彙報工作，都要帶到最近的官署應對安漢公提問，讓安漢公考察在職官員，詢問新任官員，以便了解是否稱職。」於是王莽把每個人都召來詢問，對他們備加體恤，饋贈許多禮物，那些不合乎王莽想法的人，王莽公開上奏免除他們的官職，他的權力與君主相當了。

2 王莽想要用虛假的聲名取悅王太后，建議說：「您在孝哀皇帝外戚家族丁家和傅家的奢侈行為之後接管朝政，生活不富裕的百姓很多，太后您應當暫且穿沒有繡花紋的絲織衣服，略微降低飲食規格，以此來昭示天下。」王莽趁機上書，願意出錢一百萬，捐獻田地三十頃，交給大司農幫助貧窮的百姓。於是公卿大臣都仰慕效仿王莽。王莽率領大臣們上奏王太后說：「陛下年事已高，長期穿著沒有繡紋的粗絲衣服，降低膳食規格，這確實不是滋養精神，養育皇帝，安定國家的做法。臣王莽頻頻到宮門前叩頭，稟告勸諍，卻得不到您的允許。如今幸運的是依賴陛下的德行滋潤，近來風調雨順，甘露降臨，神芝生長，蓂莢、朱草、嘉禾，這些吉祥的徵兆同時出現了。臣王莽等人心中最大的願望，就是希望陛下愛惜精力休養精神，放寬心情勿多思慮，遵循帝王日常的服裝，恢復太官法定的膳食，讓大臣們都能盡力使您歡心，好好地奉養您。祈求您哀憐明察大臣們的一片心意！」王莽又讓王太后下詔令說：「我聽說做太后的法則是所思所想不超出宮門。國家沒有得到上天護佑，皇帝年幼，不能親自理政，我謹慎畏懼，擔心國家得不到安定。國家存亡的大事，如果沒有我誰能夠擔當？所以孔子拜會南子，周公代周成王處理政務，都是權衡時勢的權宜之舉。勤勤懇懇殫精竭慮，為國家尚未安定而憂心思慮，所以國家有奢侈的風氣就要宣揚儉樸，糾正偏差就要超過應有的限度，而我如果不以身作則，將如何向天下交代！日夜都在夢想著五穀豐登，百姓家家富足，等到皇帝加冠成人，把朝政交還給他。如今的確還不容許穿著精美的服裝，享受美味佳餚，希望能夠和大臣們有所作為，我們努力吧！」每當出現水災和旱災，王莽就吃素食，不備酒肉，左右侍從將此事上報太后。王太后派遣使者詔令王莽說：「聽說你只吃素食，對百姓有著深切的擔憂。今年秋季幸好糧食豐收，公勤於職守，要按時吃肉，為國家愛惜身體。」

3 王莽考慮到國內已經搞定，只有周邊各族還沒有出現奇異的事情，便派遣使者帶著黃金財物，給匈奴單于送去重禮，讓單于上書說：「聽說漢朝鄙夷使用兩個字作名字，我過去的名字叫囊知牙斯，現在更名為知，仰慕依從聖朝制度。」又派遣王昭君女兒須卜居次入漢朝侍奉王太后。他為了欺騙迷惑取媚王太后，甚至討好王太后身邊的長御女官，採取了各種各樣的方法。

4 王莽已位尊權重，想要讓自己的女兒嫁給皇帝做皇后，來鞏固自己的權力，上奏說：「皇帝即位三年了，還沒有冊立皇后，掖廷中的妃子也沒有選滿額。從前，國家的危難，原本因為沒有子嗣，皇帝婚配不正引起的。請求查考討論《五經》，確定婚嫁禮儀，確立皇帝娶十二名女子作后妃的原則，以使子嗣繁多。廣泛挑選商、周兩代王室的後人以及周公、孔子世代列侯在京城者的正妻所生的女兒。」將此事交給有關部門辦理，呈上這些女子的姓名，王氏家族女子大都在候選人中。王莽擔心她們與自己的女兒相爭，便上書說：「我自己沒有德行，女兒資質低下，不應當與其他女子同時被選取。」王太后認為他發自內心，便下詔令說：「王氏家族女子，是我的娘家親屬，不要選取。」百姓、太學生、郎吏以上官員到宮殿前的高闕旁上書的每天有一千多人，公卿大夫有的到朝廷上，有的匍匐在宮外，都說：「皇太后英明的詔令所表現出的崇高道德是那樣的巍峨，安漢公的偉大功勳是這樣的壯美，現在冊立皇后，為什麼單單要把安漢公的女兒排除在外？國家到哪裡寄託命運！希望讓安漢公女兒為國母。」王莽派遣大司馬府長史以下分批勸阻公卿大臣和太學生，但上書的人卻越來越多。王太后沒有辦法，只好聽任公卿大臣選取王莽女兒。王莽又自己陳說：「應當廣泛選取眾人的女兒。」公卿大臣爭辯說：「不應當選取那些人的女子來違背正統。」王莽說：「希望接見審查我的女兒。」王太后派遣長樂少府、宗正、尚書令帶著聘禮見王莽的女兒，回來後上奏說：「安漢公女兒從小受到道德教化的浸潤，有著端莊賢淑的容貌，應當接續皇帝血脈，供奉漢朝宗廟祭祀。」王太后下詔令派遣大司徒、大司空用策書禱告宗廟，並採用多種占卜方法預測吉凶，都說：「兆遇到了金水相生這樣旺盛的吉兆，卦顯示出父母各得其位，即所謂『本人健康強大』、『子孫大吉大利』的象徵。」信鄉侯劉佟上書說：「《春秋》記載，天子將要娶紀國國君之女為王后，就將紀君的子爵升為侯爵，安漢公的封國不符合古代制度。」事情交給有關部門討論，都說：「古代天子賜封王后父親縱橫各一百里的土地，尊重他而不把他當作臣子，以此表示對宗廟的重視，這是孝道的最高表現。劉佟所言符合禮制，可以批准。請求用新野二萬五千六百頃土地加封王莽，達到縱橫各一百里之數。」王莽謝絕說：「臣王莽的女兒實在配不上皇帝，現在又聽從大家的意見，增加臣王莽的封地。我誠惶誠恐捫心自問，可以成為皇親國戚，獲得爵位和封土，如果我的女兒真的能配上皇帝的偉大品德，臣王莽的封邑收入已經足夠供給朝貢，不需要再賜予增加封地的恩寵。希望歸還所增加的土地。」王太后批准了他的請求。有關部門上奏：「按照成例，皇帝聘娶皇后用黃金二萬斤，折合錢二萬萬錢。」王莽極力辭讓，接受了四千萬錢，而把其中的三千三百萬錢給了十一戶陪嫁女兒的人家。大臣們又說：「現在皇后所接受的聘禮，幾乎沒有超過那些妃妾多少。」太后下詔令說，再增加二千三百萬錢，合為三千萬。王莽又以其中的一千萬分給家族中貧窮之人。

陳崇這時擔任大司徒司直，與張敞之孫張竦關係很好。張竦是知識淵博之士，為陳崇起草了一個奏章，稱頌王莽功德，陳崇送上了奏章，其上寫道：

6 「我私下看到安漢公自開始受學時，正值社會風氣崇尚奢侈靡麗之時，他得到皇帝和王太后厚愛親人的恩寵，籠罩在伯父叔父們顯赫的光環下，有錢有勢，沒有人能違逆他的意旨，然而他卻降低身分做仁愛之事，克制欲望履踐禮規，違抗世風矯正習俗，剛毅堅定特立獨行；他穿的是粗糙的衣服，吃的是粗劣的飯食，坐的是簡陋的車輛，駕車的是瘦弱的馬匹，只娶一個妻子，沒有姬妾，在家中孝敬尊長、友愛兄弟的美德，人們沒有不知道的；他為人恬淡，追求崇高的道德，溫和善良，禮賢下士，對以前的老朋友施以恩惠，對老師和友人十分忠厚。孔子說『比不上雖然貧窮卻很快樂，雖然富有卻愛好禮節』，安漢公就是這樣的人啊。

7 「等到擔任侍中，前定陵侯淳于長犯有大逆之罪，安漢公不敢以私害公，建議嚴懲。周公嚴懲管叔和蔡叔，季子毒殺叔牙，安漢公就是這樣的人啊。

8 「因此孝成皇帝任命安漢公為大司馬，把國家的命脈委託給他。孝哀皇帝即位後，高昌侯董宏迎合傅氏和丁氏家族的意旨，為他們請求美好的稱號，編造出兩個皇位系統，安漢公親自彈劾他，以此確定了國家最根本的原則。安漢公提出定陶太后不應當坐在皇太后使用的帷帳中，從而明確了國家的體統。《詩經》說『軟的也不吃，硬的也不吐，不欺負鰥寡之人，不畏懼強暴之徒』，安漢公就是這樣的人啊。

9 「他深懷謙讓，誠心要讓出大司馬的職位。定陶太后想要為自己建立超出本分的稱號，懼怕他像過去那樣當面指出她不應坐在皇太后使用的帷帳中，以朱博為首的諂媚奸邪之徒，鑑於淳于長、董宏被他親自彈劾之事，上下齊心，勾結在一起造謠陷害，用奸詐手段破壞制度，終於讓她篡取了稱號，排斥驅逐了仁愛賢能之人，殺戮殘害了他們的親屬，而安漢公蒙受了伍子胥、屈原所遭受的誹謗，遠離京師被遣回封國。當時朝政崩潰破壞，綱常法度廢棄鬆弛，滅亡的災禍，危險如懸於一髮。《詩經》說『賢人們都逃亡了，天下國家就要陷入困苦之中了』，說的就是安漢公啊。

10 「在這個時候，皇宮中沒有皇位繼承人，董賢身居重位，加上傅氏家族有其女兒的支援，都知道得罪了天下之人，與中山國王結下冤仇，因此就必然有著共同的憂慮，同心相助，用偽造的遺詔，頻繁行使賞罰權力，首先除去他們所忌憚的人，緊急引進依附他們的人，於是誣陷過去的仇人，再進而把矛頭指向宗族的遠親，形勢發展已經很明顯，十分危難了。幸賴安漢公立刻入朝，當時就驅逐了董賢及其黨羽和親屬。在那個時候，安漢公運用自己獨到的英明智慧，奮發一往無前的威力，張目揚眉，神色嚴厲，發揚威怒，趁著他們陣營尚不堅固，把他們的陰謀消滅在萌芽之中，奮起發動機關，敵人全部被擊垮，即使有孟賁、夏育那樣的身手也來不及拿起兵器抵擋，即使有樗里子那樣的智慧也回不過神來，即使有鬼谷子那樣的機謀也來不及反應，因此董賢魂飛魄散，便上吊自殺了。人還沒有轉身，日影還沒有怎麼移動，忽然之間天下太平，又成為安寧的國家。不是太后陛下就沒有人能任用安漢公，不是安漢公就不能平息這個災禍。《詩經》說『只有師尚父啊，如雄鷹展翅，輔助武王』，孔子說『當機立斷才能成功』，說的就是安漢公啊。

11 「於是安漢公便建議引進前泗水國相甄豐、鬷縣縣令甄邯，與大司徒孔光、車騎將軍王舜建策安定國家社稷，捧著朝廷節杖去東方迎接新皇帝，都因為有功勞德行受到封爵增加封地，成為國家的名臣。《尚書》說『善於識人就是睿智』，說的就是安漢公啊。

12 「公卿大臣都讚歎安漢公的品德，共同稱頌安漢公的功勳，都認為他可與周公相比，應當賜號安漢公，增加兩個封縣，安漢公都不接受。史書上說申包胥不接受對他保全楚國的酬勞，晏平仲不接受對他輔佐齊國的封賞，孔子說『能用禮讓治理國家，還有什麼困難呢』，說的就是安漢公啊。

13 「將要為皇帝冊立后妃，主管部門呈上名冊，安漢公女兒居於首位，安漢公極力辭讓，迫不得已，之後才接受了詔書。父親和子女的親情是天性自然，想要讓子女榮華富貴的願望超過了為自己考慮，皇后的尊貴與皇帝相等，當時的機會千載難逢，然而安漢公考慮的是國家的體統，辭讓這樣大福的恩寵，事事都謙讓，總是堅持推辭。《尚書》說『虞舜認為自己德行不足以繼承唐堯的帝位』，安漢公就是這樣的人啊。

14 「自從安漢公接受策命以來，直至今天，勤懇恭敬，每天都在提高自己的品德，不斷修養自己的高雅質樸的品性來影響王侯封國，遵循簡樸提倡節約來糾正社會風氣，把自家的財產分給貧窮者做為百官的表率，克制自己主持公道來引導公卿大臣，教育兒子崇尚學習來加強國家的教化。他的奴僕穿著布衣，他家的馬匹不餵穀物，他所飲所食之物，不超過普通百姓。《詩經》說『溫和謙恭的人，待人處事如同小鳥站在樹上一樣戰戰兢兢，惟恐掉下去』，孔子說『吃東西不要追求吃飽，住房子不要追求安逸』，說的就是安漢公啊。

15 「他克制欲望自我約束，所購買的糧食剛剛好夠吃，所有的東西都依靠市場供應，到了晚上家中的東西就已用完。此外還上書歸還孝哀皇帝給他增加的封國民戶，捐錢獻地，耗盡了原有的家業，為大家帶了頭。於是上上下下都響應他，按照他的所作所為行動起來，外有王公列侯，內有宮中侍從，一同出來，每人都竭盡所有，有的捐錢，有的獻地，來救濟貧窮者，收養生活困難之人。從前楚國令尹子文早晨沒有辦法準備晚餐，魯國公儀子不吃自家園中的葵菜，安漢公就是這樣的人啊。

16 「他敞開大門接待士人，包含普通百姓，常常省察朝政，總體負責各種行政工作，親自接見州牧和郡守以下的官員，考察他們平日的工作情況，審查了解功績和過錯。《詩經》說『從早到晚都不懈怠，來為皇帝服務』，《易經》說『整天自強不息，晚上還十分警覺，好像恐懼的樣子』，安漢公就是這樣的人啊。

17 「他連續在三朝皇帝時擔任三公，兩次安葬大行皇帝，承擔首輔大臣的職責，安定了國家，全國歸心，無不各得其所。《尚書》說『堯讓舜管理國家大事，舜臨大亂而不迷惑』，安漢公就是這樣的人啊。

18 「這些都是前代所罕見的，大禹和后稷都感到困難，而安漢公卻自始至終，始終如一，可以說是很完美了！因此三年之中，教化的推行如神一般，吉祥的徵兆連連出現，難道不是陛下善於識人的效驗，得到賢人的結果嗎！所以不是只有君王才是受了天命的，賢臣的出現也不是白來的啊。因此大禹得到玄圭的賞賜，周公享受了郊祀，是為了表明是上天派來的賢臣輔佐了君王，君王不敢獨攬上天之功。揣度安漢公的德行，可以作為天下人的準則；觀察安漢公的功勳，可以成為國家千秋萬代的基石。基石已成而賞賜不相配，準則已建立而褒獎不相符，的確不是尊重國家、順應天意的做法。

19 「高皇帝褒揚賞賜首功，相國蕭何封邑的民戶已增加了一倍，又受到了特殊的禮遇，上書奏事時不稱自己的名字，入宮殿時不必小步快走，封賞了他的親屬十餘人。樂於善行不感到厭煩，頒行賞賜從不吝嗇，只要進獻一個良策，就一定賞賜爵位，所以公孫戎只是充任郎官，選自軍中旄頭，一次辨明樊噲的是非，就被封賞二千戶。孝文皇帝褒揚賞賜絳侯周勃，增加封邑民戶一萬戶，賞賜黃金五千斤。孝武皇帝撫恤記錄有軍功的人，分出三萬戶封賞衛青，衛青的三個兒子有的還在襁褓之中，都被封為列侯。孝宣皇帝表彰霍光，增加他的封邑民戶，規定子孫可以全部繼承，受封賜者三人，包括他兄長的孫子。絳侯周勃乃是依靠漢同姓諸侯王國的穩固，依仗朱虛侯的耿直，依賴將領們的團結，憑藉互相援助的形勢，諸呂雖然心懷醜惡，終歸不能得逞。霍光乃是憑藉擔任輔政要職，趁著大勝的威力，沒有遇到不利的時勢，蒙受冤屈而離開朝廷，朝廷中的主事官員，無不都是他的同黨，他長期掌握決斷之權，統領政權很長時間了，雖說有功勞，但是能做到這些也比較容易。但還是有計策不審慎錯誤迎立昌邑王的連累。至於衛青、公孫戎，不過是刀鋒之功，一句話之勞，但卻都接受了山丘一樣巨大的封賞。評價安漢公與絳侯周勃、霍光的功績，是創造之功與憑藉時勢的區別；將衛青、公孫戎的功勞與安漢公相比，是地與天的區別。而且安漢公又有主持治理國家的成就，那是可以上與大禹、周公相提並論的偉大功績，兼具他們二人所擁有的褒揚賞賜，上面提到的那些人怎麼能與安漢公相提並論呢？然而封賞卻還不及衛青等人豐厚，臣對此真的感到迷惑！

20 「臣聽說對巨大功勳的人賞賜不受限制，對至高無上品德的褒揚沒有界限。所以周成王對周公的封賞，超過了縱橫一百里的限制，逾越了九錫的界限，建立了縱橫七百里的封疆，兼有商國和奄國的人民，把殷朝遺民六族賜給他作附庸，賞賜他天子所用的大車和大旂，封父國的良弓，夏后氏的玉璜，設置了太祝、太宗、太卜、太史的職官，備齊了物品和典籍冊書，設置百官和祭祀用品，享受白色雄性的祭牲，舉行郊祀、望祭大禮。周成王說：『叔父，為你的兒子伯禽建立封國。』周公父子相繼下拜接受封賜。這可以說是不限制對大功勳的賞賜了。不僅如此，他的六個兒子都被分封。《詩經》說：『沒有建言得不到報償，沒有功德得不到報答。』回報應當如此，否則不如不報答。觀察近世的行事，高祖與群臣誓約，不是劉姓的人不得封王，然而番君吳芮卻受封長沙王，高祖下詔稱讚其忠誠，將其寫在法令上，表明對有大忠大信的人可以不拘泥於制度規定。春秋時代晉悼公採納魏絳的計策，華夏諸國都服從晉。鄭伯奉獻樂器和女樂，晉悼公於是將一半賞賜給魏絳。魏絳極力辭讓，晉悼公說：『沒有您，我的勢力就不能越過黃河。賞賜是國家的制度，不可廢除。

您就接受吧。』魏絳因此就有了金石做的樂器，《春秋》讚揚這件事情，是因為大臣對君王竭盡忠誠而辭讓賞賜，君王了解大臣而完成賞賜。如今陛下既然知道安漢公有周公那樣的功德，卻不實行周成王給予周公的褒揚賞賜，最終接受安漢公的堅決推辭，不顧及《春秋》的明確道義，那麼百姓和大臣如何去看這件事，後代又如何敘述這件事？我真心認為這樣做不是為了國家。臣愚見以為應當擴大安漢公的封國，和周公一樣，分封其長子，和伯禽一樣。所賞賜的物品，也應如此。對安漢公其他兒子的封賞，都應當像周公其他六個兒子那樣。這樣，群臣就會明明白白地獻出忠誠，百姓們就會清清楚楚地感戴恩德。做臣子的真心奉獻忠誠，做百姓的真心感恩戴德，那麼君王的大業還會有什麼問題呢？期望陛下深念祖宗的重託，敬畏上天的告誡，仿效虞舜和周成王的盛舉，給安漢公伯禽那樣的封賞，不要吝嗇對周公那樣的報償，使神聖的法規得以設立，開後代之先河，那麼天下人都將十分幸運！」

21 太后把陳崇的奏章給大臣們看，大臣們正討論這件事，恰逢此時發生了呂寬事件。

22 當初，王莽想要專權，對王太后說：「以前哀帝立為皇帝，背棄恩義，自己尊貴外戚丁家和傅家，擾亂國家，幾乎危及國家。如今皇帝以幼年又繼承了漢朝皇統，成為成帝的後嗣，應當明確一脈相承正統的原則，以防備再發生以前的事情，作為後代的法則。」於是派遣甄豐捧著印綬，在中山國拜皇帝母親衛姬為中山孝王后，賜皇帝之舅衛寶、衛寶之弟衛玄關內侯爵位，令他們都留在中山國，不許到京城來。王莽兒子王宇，反對王莽隔離衛氏家族，擔心皇帝長大成人後怨恨這件事。王宇就私下派人與衛寶等人通信，教他們讓皇帝母親上書請求入京，這件事情記載在〈衛后傳〉中。王莽不答應。王宇與他的老師吳章以及大舅子呂寬商量此事，吳章認為王莽無法勸諫，但他迷信鬼神，可以製造出怪異事情讓他感到驚恐，吳章再趁機以此類比勸說讓他把國政交給衛氏家族。王宇就讓呂寬晚上拿血灑在王莽第宅上，被守門吏發現，王莽捉住王宇送進監獄，王宇服毒藥而死。王宇妻子呂焉正在懷孕，將其關進監獄，等生完孩子，殺了她。王莽上奏說：「王宇受呂寬等所迷惑，散布流言惑亂眾人，所犯與管叔、蔡叔同罪，臣不敢隱瞞，把他處死了。」甄邯等人建議王太后下詔說：「唐堯有丹朱那樣的兒子，周文王有管叔、蔡叔那樣的兒子，這都是大聖人拿愚蠢的兒子沒有辦法的例子，因為他們的本性是不能改變的。公身居周公那樣的位置，輔佐著周成王那樣的幼主，而實行了周公對管叔和蔡叔那樣的誅罰，不因對親人的親愛之情破壞對尊貴者的尊貴之心，對此我很讚賞。以前周公誅滅四國之後，大的教化才得以完成，以至於刑法都被擱置不用了。公應當一心一意輔佐國家，期待著能夠實現太平。」王莽藉此事件誅滅了衛氏家族，徹底查辦呂寬案件，牽連出郡國豪傑中一向批評自己的人，朝中則牽連了敬武公主、梁王劉立、紅陽侯王立、平阿侯王仁，使者急去抓捕，都自殺了。死者數以百計，國內震動。一個名叫褒的大司馬護軍上奏說：「安漢公遭遇了兒子王宇陷於管叔、蔡叔那樣的罪過，父親對兒子的關愛是極深的，為了皇室的緣故不敢顧及個人情感。想到王宇犯罪，感慨不已，發憤寫了八篇文章來告誡子孫。應當把這些文章分發到郡國，讓負責教育的官員用來教授學生。」這件事情交大臣們討論，他們請求下令全國官吏能夠背誦安漢公告誡文章者，記錄在官府檔案中，把安漢公的這些文章視同《孝經》。

1 四年春，郊祀高祖以配天，宗祀孝文皇帝以配上帝。四月丁未，莽女立為皇后，大赦天下。遣大司徒司直陳崇等八人分行❶天下，覽觀❷風俗。

2 太保舜等奏言：「春秋列功德之義❸，太上有❹立德，其次有立功，其次有立言，唯至德大賢然後能之。其在人臣，則生有大賞，終為宗臣❺，殷之伊尹❻，周之周公是也。」及民上書者八千餘人，咸曰：「伊尹為阿衡❼，周公為太宰❽，周公享七子之封，有過上公❾之賞。宜如陳崇言。」章下有司，有司請「還前所益二縣及黃郵聚、新野田，采伊尹、周公稱號，加❿公為宰衡，位上公。掾史秩⓫

六百石。三公言事，稱『敢言之⑫』。群吏毋得與公同名。出從期門二十人，羽林⑬三十人，前後大車十乘。賜公太夫人號曰功顯君，食邑二千戶，黃金印赤韍⑭。封公子男二人，安⑮為褒新侯，臨⑯為賞都侯。加后聘三千七百萬，合為一萬萬，以明大禮」。太后臨前殿，親封拜。安漢公拜前，二子拜後，如周公故事。莽稽首辭讓，出奏封事⑰，願獨受母號，還安、臨印韍及號位戶邑。事下太師光等，皆曰：「賞未足以直⑱功，謙約退讓，公之常節，終不可聽。」莽求見固讓。太后下詔曰：「公每見，叩頭流涕固辭，今移病，固當聽其讓，令眡事⑲邪？將當遂行其賞，遣歸就第也？」光等曰：「安、臨親受印韍，策號通天，其義昭昭。黃郵、召陵⑳、新野之田為入尤多，皆止於公，公欲自損以成國化，宜可聽許。治平之化當以時成，宰衡之官不可世及㉑。納徵㉒錢，乃以尊皇后，非為公也。功顯君戶，止身不傳。褒新、賞都兩國合三千戶，甚少矣。忠臣之節，亦宜自屈，而信㉓主上之義。宜遣大司徒、大司空持節承制，詔公亟㉔入眡事。詔尚書勿復受公之讓奏。」奏可。

3 莽乃起眡事，上書言：「臣以元壽㉕二年六月戊午倉卒之夜㉖，以新都侯引入未央宮；庚申拜為大司馬，充三公位；元始㉗元年正月丙辰拜為太傅，賜號安漢公，備四輔官；今年四月甲子復拜為宰衡，位上公。臣莽伏自惟，爵為新都侯，號為安漢公，官為宰衡、太傅、大司馬，爵貴號尊官重，一身蒙大寵者五，誠非鄙臣所能堪。據元始三年，天下歲㉘已復，官屬宜皆置。穀梁傳㉙曰：『天子之宰㉚，通于四海。』臣愚以為，宰衡官以正百僚平海內為職，而無印信，名實不副。臣莽無兼官之材，今聖朝既過誤而用之，臣請御史刻宰衡印章曰『宰衡太傅大司馬印』，成，授臣莽，上太傅與大司馬之印。」太后詔曰：「可。韍如相國，朕親臨授焉。」莽乃復以所益納徵錢千萬，遺與長樂長御㉛奉共養者。太保舜奏言：「天下聞公不受千乘之土㉜，辭萬金之幣，散財施予千萬數，莫不鄉化㉝。蜀郡㉞男子路建等輟訟㉟慚怍㊱而退，雖文王卻虞芮何以加㊲！宜報告天下。」奏可。宰衡出，從㊳大車前後各十乘，直事㊴尚書郎、侍御史、謁者、中黃門、期門羽林。宰衡常持節，所止，謁者代㊵持之。宰衡掾史秩六百石，三公稱「敢言之」。

4 是歲，莽奏起明堂㊶、辟雍㊷、靈臺㊸，為學者築舍萬區㊹，作會市㊺、常滿倉，制度甚盛。立樂經㊻，益博士員㊼，經各五人。徵天下通一藝㊽教授十一人以上，及有逸禮㊾、古書㊿、毛詩(51)、周官(52)、爾雅(53)、天文、圖讖(54)、鍾律(55)、月令(56)、兵法、史篇[57]文字，通知[58]其意者，皆詣公車[59]。網羅天下異能[60]之士，至者前後千數，皆令記說[61]廷中，將令正乖繆[62]，壹[63]異說云。群臣奏言：「昔周公奉繼體之嗣，據上公之尊，然猶七年制度乃定。夫明堂、辟雍，墮廢[64]千載莫能興，今安漢公起于第家[65]，輔翼陛下，四年于茲，功德爛然[66]。公以八月載生魄[67]庚子奉使朝[68]，用書[69]臨賦[70]營築，越若[71]翊[72]辛丑，諸生、庶民大和會，十萬眾並集，不作[73]二旬，大功畢成。唐虞發舉，成周造業[74]，誠亡以加。宰衡位宜在諸侯王上，賜以束帛[75]加璧[76]，大國乘車[77]、安車各一，驪馬[78]二駟[79]。」詔曰：「可。其議九錫之法。」

冬，大風吹長安城東門屋瓦且[80]盡。

【章旨】以上為卷上的第五部分。元始四年，王莽加宰衡號，開始著手進行託古改制，建明堂、辟雍、靈臺，廣招天下學士，整理古代典籍制度。

【注釋】❶分行　分部巡視。❷覽觀　觀察了解。❸春秋列功德之義　語出《左傳·襄公二十四年》。❹有　為。❺宗臣　世所敬仰的名臣。❻伊尹　名伊，一說名摯，尹是官名（輔弼君主之官）。商初大臣。傳說本為有莘氏女的陪嫁奴隸，後為湯所重用。湯去世後，先後輔佐卜丙、仲壬二王。仲壬死後，太甲繼位。因太甲不理國政，破壞商湯制度，被伊尹放逐。三年後太甲悔過，伊尹將其接回復位。❼阿衡　一作「保衡」。商代官名，師保之官，執掌保護和輔佐皇帝。❽太宰　相傳殷始置太宰，周亦名冢宰，為天官之長，輔佐君王治理國家。❾上公　周制，三公八命，有德者加一命為上公。❿加　加官銜。⓫秩官吏的品級或俸祿級別。⑫敢言之　冒昧陳言。漢代公文程式用語，一般見於下級向上司報告公務時。⑬羽林　皇帝衛隊。漢武帝時置建章營騎，後改名羽林騎，掌宿衛侍從。⑭韍　繫印璽的絲帶。⑮安　王安，王莽第三子。⑯臨　王臨，王莽第四子。⑰封事　密封的奏章。古時臣下上書奏事，防有洩漏，用皁囊封緘，故稱。⑱直　通「值」。相當；相符。⑲眡事　任職治理。眡，通「視」。⑳召陵　漢代縣名，在今河南郾城東。㉑世及　世襲；世代相傳。父子曰世，兄弟曰及。父傳與子，無子，則兄傳與弟。㉒納徵　即納幣。古代婚禮程序之一，男女雙方訂婚後，男家將聘禮送給女家。㉓信　通「申」。申明。㉔亟　急。㉕元壽　哀帝年號。西元前二—前一年，共兩年。㉖倉卒之夜　指漢哀帝死亡之時。㉗元始　平帝年號。西元一—五年，共五年。㉘歲　年成。㉙穀梁傳　亦稱《春秋穀梁傳》或《穀梁春秋》，儒家典籍之一，專門闡釋《春秋》，與《左傳》和《公羊傳》並稱《春秋》三傳。此處引語見《穀梁傳·僖公九年》。㉚宰　泛指大臣。㉛長樂長御　皇太后隨從宦官。㉜千乘之土　乘，車的數量。春秋戰國時以擁有戰車數量衡量國家規模，大國稱萬乘之國，小國稱千乘、百乘之國。這裡比喻王莽封國很大。㉝鄉化　仰慕德化。鄉，通「向」。㉞蜀郡　漢郡名，在今四川西部，治成都（今四川成都）。㉟輟訟　中止訴訟。㊱慙怍　慚愧。慙，通「慚」。怍，羞慚。㊲雖文王卻虞芮何以加　文王，周文王。虞，古國名，姬姓，在今山西平陸北。芮，古國名，姬姓，在今陝西大荔南（一說在今甘肅華亭西南）。周文王時，兩國國君爭田久而不決，後二人聽說文王有德，遂入周境聽文王決斷。見周人謙讓有禮，深感慚愧，遂不再爭田。事見《史記·周本紀》。㊳從　隨從。㊴直事　當直。㊵代　代替。㊶明堂　古代帝王宣明政教的地方，凡朝會、祭祀、慶賞、選士、養老、教學等大典均在此舉行。漢明堂在長安西南七里。㊷辟雍　周王朝為貴族子弟所設的大學，以四周有水，形如環璧而得名。㊸靈臺　觀測天象之所。㊹區　居處房屋單位。㊺會市　「會」據《漢書補注》和《漢書窺管》補。會市，太學生進行商品交易的場所。㊻樂經　儒家經典，通常認為秦末已經失傳。這裡所說的《樂經》可能指《樂記》。㊼員　員額；數額。㊽一蓺　一經。蓺，通「藝」。㊾逸禮　《儀禮》十七篇以外的古文《禮》，相傳有三十九篇，今佚。漢武帝時與《古文尚書》同發現於孔子住宅牆壁中。今文學家認為是偽書。逸，散亡。㊿古書　《今文尚書》以外的《古文尚書》，計十六篇，漢武帝時與逸《禮》同發現於孔子住宅牆壁中。今文學家認為是偽書。(51)毛詩　今本《詩經》。相傳為漢初學者毛亨和毛萇所傳，故稱。據稱其學出於孔子弟子子夏，屬經古文學派。本書卷三十〈藝文志〉著錄有《毛詩》二十九卷、《毛詩故訓傳》三十卷。(52)周官　即《周禮》。漢代初出時稱《周官》，因容易與《尚書·周官》相混，改稱《周官經》。自劉歆以後稱《周禮》。(53)爾雅　現存中國最早的字典和詞典，解釋語辭和名物術語。由秦漢間學者綴輯周漢諸書舊文，遞相增益而成。本書卷三十〈藝文志〉著錄二十篇，今本十九篇。(54)圖讖　符命占驗的書，通過隱語和預言作為吉凶的徵兆。55鍾律　樂器及音樂理論。56月令　記述每年農曆十二個月時令宜忌的書。漢代統治者十分重視《月令》，以之指導不同季節的行政舉措。當時行世的有不同本子。57史篇　相傳為周代教學童識字的字書。又名《史籀篇》。原有十五篇，以大篆（籀文）書寫，傳為周宣王太史史籀所作，久佚。58通知　通曉。59公車　漢代官署名，隸屬於衛尉，設公車令。負責宮殿中司馬門警衛，以及臣民上書和徵召的接待。60異能　特殊才能。61說　說法；解說。62乖繆　錯謬。乖，背離；違背。繆，通「謬」。63壹　統一。64墮廢　毀壞。65第家　世家。漢代貴族高官多居於第中，故以之借指貴族世家。66爛然　昭彰。爛，光明；明亮。67載生魄　指農曆十六日。語出《書・康誥》。載，開始。魄，通「霸」。月初出或將沒時的微光。一說，指月初生或圓而始缺時不明亮處。68朝　早晨。69用書　掌握登記勞役的文書。70臨賦　親自安排徵發事宜。賦，徵發勞役。71越若　發語辭。同「至於」。72翊　同「翌」。明日。73丕作　原作「平作」，據何焯及王念孫說，當為「丕」。丕，大。74成周造業　指周公營建洛邑，地在今河南洛陽。75束帛　古代聘問、賞賜和饋贈的禮物。將三丈六尺帛兩端合捲為一匹，五匹捆成一束，即是束帛。76璧　玉製禮器。平圓形中心有孔。77大國乘車　大國國王的乘車。78驪馬　並駕的馬。驪，通「麗」。偶；成對。79二駟　馬四匹為駟，二駟即八匹馬。80且　將要。

【語譯】四年春季，在郊外祭祀天地時讓高祖配享上天，祭祀祖宗時讓孝文皇帝配享上帝。四月丁未日，王莽女兒被冊封為皇后，全國大赦。派遣大司徒司直陳崇等八人分路巡視全國，觀察了解風俗民情。

2 太保王舜等人上奏說：「《春秋》所陳列的功德的標準，最高的是建立德業，其次是建立功業，其次是著書立說，這些只有具有最高德行的大賢才能做到。做臣子的，則是在有生之年得到大賞賜，死後成為人們所敬仰效法的名臣，就像殷商的伊尹，周的周公。」及至百姓上書者有八千多人，都說：「伊尹擔任阿衡，周公擔任太宰，周公享受了七個兒子被賜封國的待遇，有超過對上公的賞賜。應當依從陳崇的建議。」奏章交給主管部門，主管部門請示「把從前增加的兩個縣以及黃郵聚、新野的土地歸還給安漢公，採用伊尹、周公的稱號，為安漢公加上宰衡的官號，居上公之位。公府的掾史秩六百石。三公向安漢公彙報工作要說『冒昧陳言』。眾吏不得與安漢公同名。出行時隨從期門衛兵二十人，羽林騎兵三十人，前後大車十輛。賜安漢公母親號為功顯君，賜給二千戶的食邑，使用黃金印章和紅色的絲帶。賜封安漢公的兩個兒子，王安封為褒新侯，王臨封為賞都侯。增加皇后聘禮三千七百萬錢，與原有的聘禮合為一萬萬錢，以表明皇帝納皇后的大禮」。王太后來到前殿，親自封拜。安漢公在前面下拜，他的兩個兒子在後面下拜，仿照周公的成例。王莽叩頭辭讓，出宮後呈上密封的奏章，希望只接受母親的封號，交還王安、王臨的印章綬帶以及稱號、爵位、食邑。事情交給太師孔光等人討論，都說：「賞賜不足以與功勞相稱，謙虛簡約退讓，是安漢公的一貫品德，根本不能聽從。」王莽求見王太后堅持辭讓，王太后下詔說：「安漢公每次進見，都叩頭流淚堅持辭讓，現在稱有病不能辦公，是否應當聽從他的辭讓，讓他辦公呢？還是應當對他進行封賞，讓他回家休息呢？」孔光等人說：「王安、王臨親自接受了印章綬帶，對他們的冊封已上達天聽，這個道理也十分明顯。黃郵、召陵、新野土地的收入非常豐厚，都被安漢公拒絕了，安漢公想要減少自己的收入來促成國家的教化，應該可以聽取他的意見。治理太平的教化應當順時而成，宰衡的官位是不能世襲的。聘禮錢，乃是為了尊敬皇后，不是為了安漢公。功顯君的封戶，止於其本身，不能傳給後代。褒新、賞都兩個侯國合計有三千戶，已經很少了。忠臣的節操，應當委屈自己，而申明君主的道義。應當派遣大司徒、大司空持節杖秉承制書，詔令安漢公迅速入朝辦公。詔令尚書不要再接受安漢公辭讓的奏章。」上奏得到批准。

3 王莽便出來辦公，上書說：「臣在元壽二年六月戊午日出現緊急情況的夜晚，以新都侯的身分被帶入未央宮；庚申日接受大司馬的任命，忝列三公之中；元始元年正月丙辰日接受太傅的任命，被賜予安漢公的稱號，在四輔官中充數；今年四月甲子日又接受了宰衡的任命，位列上公。臣王莽誠惶誠恐捫心自問，爵位為新都侯，稱號為安漢公，官做到了宰衡、太傅、大司馬，爵位高、稱號尊、權力重，一人蒙受五大恩寵，這的確不是鄙陋之臣我所能承受的。查元始三年，全國收成已經恢復，各種官職應當都設置齊備。《穀梁傳》說：『天子的主管大臣，管理的範圍遍及全國。』臣愚以為，宰衡官以匡正百官治平國內為職責，但卻沒有印信，名與實不相符合。臣王莽沒有兼任官職的才能，如今聖明的朝廷既然誤用了臣，臣請求御史刻製宰衡印章為『宰衡太傅大司馬印』，刻成後，授予臣王莽，臣上繳太傅和大司馬印章。」王太后下詔說：「同意。宰衡印章的綬帶和相國相同，我親自臨朝頒授。」王莽便又把所增加的聘禮錢一千萬，送給長樂長御負責侍候王太后的宦官。太保王舜奏言說：「天下之人聽說安漢公不接受千乘之國的封土，謝絕一萬斤黃金聘禮，拿出數以千萬的財產進行施捨，無不仰慕他的德化。蜀郡男子路建等人停止了訴訟，慚愧地回去了，即使是周文王感化虞國和芮國國君，讓他們不再爭田，也比不上安漢公啊！應當將此事告知全國。」上奏被批准。宰衡出行，隨從有大車前後各十輛，當值的尚書郎、侍御史、謁者、中黃門、期門衛兵和羽林兵。宰衡常手持符節，停留時，則由謁者代他手持。宰衡的掾史秩六百石，三公向他報告工作時稱「冒昧陳言」。

4 這一年，王莽上奏建議興建明堂、辟雍、靈臺，為太學生修建宿舍一萬棟，建成市場、常滿倉，典章制度十分興盛。在太學設立《樂經》，增加博士名額，每一經各有博士五人。徵召全國精通一經教授十一人以上者，以及藏有散失的《禮經》、《古文尚書》、《毛詩》、《周官》、《爾雅》、天文、圖讖、鍾律、《月令》、兵法、《史篇》文字，通曉它們的意思之人，都到公車府。網羅了全國有特殊才能的人，來到京師的前後有一千多人，都讓在朝廷上記錄下自己的說法，準備將來訂正錯誤，統一不同說法。群臣上奏說：「從前周公擁戴繼承正統的君王，居於上公的尊貴位置，但還是花費了七年才確定典章制度。明堂、辟雍已荒廢千年沒有人能復興它們，如今安漢公出身貴族世家，輔佐陛下，至今四年，功德輝煌。安漢公於八月十六庚子日接受使命，早晨拿著文書，親自安排徵發營建事宜，到第二天辛丑日，眾多的儒生、百姓大聚會，十萬人集中在一起，大造二十天，大功告成。唐堯、虞舜興功作業，周公營造洛邑，肯定無法超過這項工程。宰衡的位應當在諸侯王之上，賞賜他一束絲帛，一枚玉璧，大國國王乘車和坐車各一輛，並駕四馬駕車兩套。」王太后下詔說：「同意。你們討論一下賞賜九種物品的方案。」

5 冬季，大風將長安城東門房屋上的瓦幾乎全部吹落。

1 五年正月，祫祭❶明堂，諸侯王二十八人，列侯百二十人，宗室子九百餘人，徵助祭❷。禮畢，封孝宣曾孫信❸等三十六人為列侯，餘皆益戶賜爵，金帛之賞各有數。是時，吏民以莽不受新野田而上書者前後四十八萬七千五百七十二人，及諸侯王、公、列侯、宗室見者皆叩頭言，宜亟❹加賞於安漢公。於是莽上書曰：「臣以外屬❺，越次備位，未能奉稱❻。伏念聖德純茂，承天當古，制禮以治民，作樂以移風，四海奔走，百蠻❼並臻❽，辭去之日，莫不隕涕。非有款誠，豈可虛致？自諸侯王以下至於吏民，咸知臣莽上與陛下有葭莩❾之故，又得典職，每歸功列德者，輒以臣莽為餘言。臣見諸侯面言事於前者，未嘗不流汗而慚愧也。雖性愚鄙，至誠自知，德薄位尊，力少任大，夙夜悼栗❿，常恐汙辱聖朝。今天下治平，風俗齊同⓫，百蠻率服⓬，皆陛下聖德所自躬親，太師光、太保舜等輔政佐治，群卿大夫莫不忠良，故能以五年之間至致此焉。臣莽實無奇策異謀。奉承太后聖詔，宣之于下，不能得什一；受群賢之籌畫，而上以聞，不能得什伍⓭。當被無益之辜，所以敢且保首領⓮須臾者，誠上休⓯陛下餘光，而下依群公之故也。陛下不忍⓰眾言，輒下其章於議者。臣莽前欲立奏止，恐其遂不肯止。今大禮已行，助祭者畢辭，不勝至願，願諸章下議者皆寢勿上，使臣莽得盡力畢制禮作樂事。事成，以傳示天下，與海內平⓱之。即有所間非⓲，則臣莽當被詿⓳上誤朝之罪；如無他譴，得全命賜骸骨歸家，避賢者路，是臣之私願也。惟陛下哀憐財[20]幸！」甄邯等白太后，詔曰：「可。惟公功德光於天下，是以諸侯王、公、列侯、宗室、諸生、吏民翕然[21]同辭，連守闕庭，故下其章。諸侯、宗室辭去之日，復見前重陳[22]，雖曉喻罷遣，猶不肯去。告以孟夏[23]將行厥賞，莫不驩[24]悅，稱萬歲而退。今公每見，輒流涕叩頭言願不受賞，賞即加不敢當位。方制作未定，事須公而決，故且聽公。制作畢成，群公以聞。究[25]于前議，其九錫禮儀亟奏。」

2 於是公卿大夫、博士、議郎[26]、列侯富平侯張純[27]等九百二人皆曰：「聖帝明王招賢勸能，德盛者位高，功大者賞厚。故宗臣有九命上公[28]之尊，則有九錫登等[29]之寵。今九族親睦，百姓既章，萬國和協，黎民時雍[30]，聖瑞畢溱[31]，太平已洽[32]。帝者之盛莫隆於唐虞，而陛下任之；忠臣茂功莫著於伊周，而宰衡配之。所謂異時而興，如合符者也。謹以六蓺[33]通義[34]，經文所見，周官、禮記[35]宜於今者，為九命之錫[36]。臣請命錫。」奏可。策曰：

3 「惟[37]元始五年五月庚寅，太皇太后臨于前殿，延登，親詔之曰：公進，虛[38]聽朕言。前公宿衛孝成皇帝十有六年，納策盡忠，白誅故定陵侯淳于長，以彌[39]亂發姦，登大司馬，職在內輔。孝哀皇帝即位，驕妾[40]窺欲，姦臣[41]萌亂[42]，公手劾高昌侯董宏，改正故定陶共王母之僭坐。自是之後，朝臣論議，靡不據經。以病辭位，歸于第家，為賊臣所陷。就國之後，孝哀皇帝覺寤[43]，復還公長安，臨病加劇，猶不忘公，復特進位。是夜倉卒，國無儲主，姦臣充朝，危殆甚矣。朕惟定國之計莫宜于公，引納于朝，即日罷退高安侯董賢，轉漏[44]之間，忠策輒建，綱紀咸張。綏和、元壽，再遭大行，萬事畢舉，禍亂不作。輔朕五年，人倫之本正[45]，天地之位定[46]。欽[47]承神祇，經緯四時[48]，復千載之廢，矯百世之失[49]，天下和會，大眾方輯[50]。詩之靈臺[51]，書之作雒[52]，鎬京之制[53]，商邑之度[54]，於今復興。昭章[55]先帝之元功，明著祖宗之令德，推顯[56]嚴父配天[57]之義，修立郊禘[58]宗祀[59]之禮，以光大孝。是以四海雍雍，萬國慕義，蠻夷殊俗，不召自至，漸化端冕[60]，奉珍助祭[61]。尋舊本道，遵術重古，動而有成，事得厥中。至德要道[62]，通於神明，祖考[63]嘉享。光耀顯章，天符仍臻，元氣大同。麟鳳龜龍，眾祥之瑞[64]，七百有餘。遂制禮作樂，有綏靖[65]宗廟社稷之大勳。普天之下，惟公是賴，官在宰衡，位為上公。今加九命之錫，其以助祭，共[66]文武之職，乃遂及厥祖[67]。於戲[68]，豈不休[69]哉！」

4 於是莽稽首再拜[70]，受綠韍[71]袞[72]冕衣裳，瑒[73]琫[74]瑒珌[75]，句履[76]，鸞路[77]乘馬[78]，龍旂[79]九旒[80]，皮弁[81]素積[82]，戎路[83]乘馬，彤[84]弓矢，盧[85]弓矢，左建朱鉞[86]，右建金戚[87]，甲冑[88]一具，秬鬯[89]二卣[90]，圭瓚[91]二，九命青玉珪[92]二，朱戶[93]納陛[94]。署[95]宗官、祝官、卜官、史官，虎賁[96]三百人，家令丞[97]各一人，宗、祝、卜、史官皆置嗇夫[98]，佐安漢公。在中府[99]外第[100]，虎賁為門衛，當出入者傳籍[101]。自四輔、三公有事府第，皆用傳[102]。以楚王邸為安漢公第，大繕治，通周衛。祖禰[103]廟及寢[104]皆為朱戶納陛。陳崇又奏：「安漢公祠祖禰，出城門，城門校尉[105]宜將騎士從。入有門衛，出有騎士，所以重國也。」奏可。

5 其秋，莽以皇后有子孫瑞[106]，通子午道[107]。子午道從杜陵[108]直絕南山[109]，徑[110]漢中[111]。

6 風俗使者八人還，言天下風俗齊同，詐為郡國造歌謠，頌功德，凡三萬言。莽奏定著令。又奏為市無二賈[112]，官無獄訟，邑無盜賊，野無飢民，道不拾遺，男女異路[113]之制，犯者象刑[114]。劉歆、陳崇等十二人皆以治明堂，宣教化，封為列侯。

7 莽既致太平，北化匈奴，東致海外，南懷黃支[115]，唯西方未有加。迺遣中郎將[116]平憲等多持金幣誘塞外羌[117]，使獻地，願內屬。憲等奏言：「羌豪良願等種[118]，人口可[119]萬二千人，願為內臣，獻鮮水海[120]、允谷[121]鹽池，平地美草皆予漢民，自居險阻[122]處為藩蔽[123]。問良願降意，對曰：『太皇太后聖明，安漢公至仁，天下太平，五穀成熟，或禾長丈餘，或一粟三米，或不種自生，或繭不蠶自成，甘露從天下，醴泉[124]自地出，鳳皇來儀[125]，神爵[126]降集。從四歲以來，羌人無所疾苦，故思樂內屬。』宜以時處業[127]，置屬國[128]領護。」事下莽，莽復奏曰：「太后秉統數年，恩澤洋溢，和氣四塞[129]，絕[130]域殊俗，靡不慕義。越裳氏重譯獻白雉，黃支自三萬里貢生犀，東夷王度[131]大海奉國珍，匈奴單于順制作，去二名，今西域[132]良願等復舉地為臣妾[133]，昔唐堯橫被[134]四表[135]，亦亡以加之。今謹案已有東海、南海、北海郡[136]，未有西海郡，請受良願等所獻地為西海郡。臣又聞聖王序天文，定地理，因山川民俗以制州界。漢家地廣二帝三王[137]，凡十三州[138]，州名及界多不應經。堯典十有二州[139]，後定為九州[140]。漢家廓地遼遠，州牧行部[141]，遠者三萬餘里，不可為九。謹以經義正十二州名分界，以應正始[142]。」奏可。又增法五十條[143]，犯者徙之西海。徙者以千萬數，民始怨矣。

8 泉陵侯劉慶[144]上書言：「周成王幼少，稱孺子[145]，周公居攝。今帝富於春秋[146]，宜令安漢公行天子事[147]，如周公。」群臣皆曰：「宜如慶言。」

9 冬，熒惑入月中[148]。

10 平帝疾，莽作策[149]，請命[150]於泰畤[151]，戴璧秉[152]圭，願以身代。藏策金縢[153]，置于前殿，敕諸公勿敢言。十二月平帝崩，大赦天下。莽徵明禮者宗伯鳳[154]等與定天下吏六百石[155]以上皆服喪三年[156]。奏尊孝成廟曰統宗，孝平廟曰元宗。時元帝世絕，而宣帝曾孫有見王五人[157]，列侯廣戚侯顯[158]等四十八人，莽惡[159]其長大[160]，曰：「兄弟不得相為後。」[161]迺選玄孫中最幼廣戚侯子嬰[162]，年二歲，託以為卜相[163]最吉。

11 是月，前煇光[164]謝囂奏武功[165]長孟通浚井[166]得白石，上圓下方，有丹書著[167]石，文曰「告安漢公莽為皇帝」。符命之起，自此始矣。莽使群公以白太后，太后曰：「此誣罔[168]天下，不可施行！」太保舜謂太后：「事已如此，無可奈何，沮[169]之力不能止。又莽非敢有它，但欲居[170]攝以重其權，填[171]服天下耳。」太后聽許[172]。舜等即共令太后下詔曰：「蓋聞天生眾民，不能相治，為之立君以統理之。君年幼稚，必有寄託而居攝焉，然後能奉天施而成地化[173]，群生茂育。書不云乎？『天工，人其代之[174]。』朕以孝平皇帝幼年，且統國政，幾[175]加元服，委政而屬[176]之。今短命而崩，嗚呼哀哉！已使有司徵孝宣皇帝玄孫二十三人，差度[177]宜者，以嗣孝平皇帝之後。玄孫年在繈褓，不得至德君子，孰能安之？安漢公莽輔政三世，比[178]遭際會[179]，安光漢室，遂同殊風，至于制作，與周公異世同符。今前煇光嚣、武功長通上言丹石之符，朕深思厥意，云『為皇帝』者，乃攝行皇帝之事也。夫有法成易，非聖人者亡法。其今安漢公居攝踐祚[180]，如周公故事，以武功縣為安漢公采地[181]，名曰漢光邑。具禮儀奏。」

12 於是群臣奏言：「太后聖德昭然，深見天意，詔令安漢公居攝。臣聞周成王幼少，周道[182]未成，成王不能共[183]事天地，修文武之烈[184]。周公權而居攝，則周道成，王室安；不居攝，則恐周隊[185]失天命。書曰[186]：『我嗣事子孫，大不克共上下[187]，遏失[188]前人光，在家[189]不知命不易。天應棐[190]諶[191]，乃亡隊命[192]。』說[193]曰：周公服天子之冕，南面[194]而朝群臣[195]，發號施令，常稱王命。召公[196]賢人，不知聖人[197]之意，故不說也。禮明堂記[198]曰：『周公朝諸侯於明堂，天子負[199]斧依[200]南面而立。』謂『周公踐天子位，六年朝諸侯，制禮作樂，而天下大服』也。召公不說。時武王崩，縗麤[201]未除。由是言之，周公始攝則居天子之位，非乃六年而踐祚也。書逸嘉禾篇[202]曰：『周公奉鬯立于阼階，延登，贊[203]曰：「假王[204]莅政，勤和天下。」』此周公攝政，贊者[205]所稱。成王加元服，周公則致政。書曰[206]：『朕復子明辟[207]』，周公常稱王命，專行不報，故言我復子明君也。臣請安漢公居攝踐阼，服天子韍冕，背斧依于戶牖之間，南面朝群臣，聽政事。車服出入警蹕[208]，民臣[209]稱臣妾，皆如天子之制。郊祀天地，宗祀明堂，共祀宗廟，享祭群神，贊曰『假皇帝』，民臣謂之『攝皇帝[210]』，自稱曰『予』。平決朝事，常以皇帝之詔稱『制』，以奉順皇天之心，輔翼漢室，保安孝平皇帝之幼嗣，遂[211]寄託之義，隆治平之化。其朝見太皇太后、帝皇后[212]，皆復臣節。自施政教於其宮家[213]國采[214]，如諸侯禮儀故事。臣昧死請。」太后詔曰：「可。」明年，改元[215]曰居攝。

【章　旨】以上為卷上的第六部分。元始五年，王莽受九命之錫。令風俗使者偽造歌謠，賄賂羌人獻地，為其篡權製造輿論。年底，平帝去世，王莽立年僅兩歲的劉嬰為帝，並以符命脅迫太后立其為假皇帝攝政，改元居攝。

【注　釋】❶祫祭　古代祭名。將遠近祖先神主集合到太祖廟的合祭。❷助祭　臣屬陪位佐君主祭祀。❸信　劉信。宣帝曾孫，東平煬王劉雲子，王莽封其為嚴鄉侯。王莽居攝二年，東郡太守翟義舉兵，立劉信為天子，兵敗，死。關於其封侯時間，本書卷十五〈王子侯表下〉載為元始元年，與本卷不同，表誤。事跡可參見卷八十四〈翟方進傳附子義〉。❹亟　急。❺外屬　外戚。❻稱　稱職。❼百蠻　古代南方少數民族的總稱，也泛指周邊外族，帶有蔑視之義。❽轃　通「臻」。至。❾葭莩　蘆葦中的薄膜。比喻關係疏遠淡薄。❿悼栗　驚恐戰慄。栗，通「慄」。⓫齊同　整齊劃一。⓬率服　相率而服；順服。⓭奉承太后聖詔六句　王莽自言既不能準確下達太后的意旨，又不能完全上達大臣的意見。什一，十分之一。什，通「十」。什伍，十分之五。⓮保首領　保全性命。首領，頭和脖子。⓯休　庇蔭。⓰不忍　不能忍受。⓱平　通「評」。評定。⓲間非　離間非議。⓳詿　欺騙。⓴財　通「才」。㉑翕然　一致稱頌。㉒重陳　一再陳說；重複陳請。㉓孟夏　農曆夏季第一個月，即農曆四月。㉔驩　通「歡」。㉕究　竟；完成。㉖議郎　郎官名。屬光祿勳，執掌顧問應對，參與議政。㉗富平侯張純景祐本無「富平侯」三字。張純，京兆杜陵（今陝西西安）人，活動於西漢末東漢初。富平侯張安世之後。明習典章，東漢時曾奏立宗廟祭祀之禮。《後漢書》卷三十五有傳。㉘九命上公　出自《周禮・春官・典命》「上公九命」。周代以命數來區分官爵等級，共九等，最高一級稱九命。㉙登等　超越同等。登，升。㉚今九族親睦四句　語本《書・堯典》，敘堯之德的語言。百姓，指百官。章，分明。時，通「是」。雍，和諧；和睦。㉛溱　通「臻」。至。㉜洽　周遍；遍及。㉝六埶　指《六經》，即《易》、《書》、《詩》、《禮》、《春秋》、《樂》。埶，通「藝」。㉞通義　普遍的道理。㉟禮記　儒家經典之一。西漢前期劉德發現，後經劉向整理的《禮記》有二百一十四篇。當時尚未成為定本流傳。近代流傳的《禮記》又名《小戴禮記》，有四十九篇，是西漢人戴聖採自先秦舊籍。㊱九命之錫　按《禮・含文嘉》，九錫依次是：車馬、衣服、樂懸、朱戶、納陛、武賁、鈇鉞、弓矢、秬鬯。㊲惟　句首助詞。㊳虛　虛心；謙虛。㊴彌　通「弭」。制止；消除。㊵驕妾　指傅太后。㊶姦臣　指董宏等人。㊷萌亂　企圖作亂。亂原作「動」，據景祐、汲古諸本改。㊸寤　通「悟」。㊹轉漏　古代以漏壺滴漏計算時間。漏壺用銅製成，故又名銅漏。銅壺上有刻度標出時間，壺中盛水，壺上有浮箭，漏壺起漏後，漏壺中的水由水管滴出，浮箭逐漸下沉，通過箭上的刻度觀察時間變化。轉漏，指漏箭移動的頃刻，形容時間很短。㊺人倫之本正　指制定冠禮和婚禮。㊻天地之位定　指改變郊祀壇址等事。㊼欽　敬；恭敬。㊽經緯四時　指按照《月令》的規定行事。㊾復千載之廢二句　指封周公、孔子後人，立古文經，建明堂、辟雍等事。㊿輯　通「集」。(51)詩之靈臺　《詩・大雅・靈臺》描寫了周文王建築靈臺之事：「經始靈臺，經之營之，庶人攻之，不日成之。」(52)書之作雒　《書・洛誥》記述了周公經營雒邑之事：「召公既相宅，周公往營成周，使來告卜，作〈洛誥〉」。(53)鎬京之制　周文王作邑於豐，建立靈臺。豐與鎬相近，故總稱鎬京。(54)商邑之度　周公經營雒邑為王都，是為成周。成周建成後，遷入殷頑民，故稱「商邑之度」。(55)章　通「彰」。(56)推顯　闡明。(57)嚴父配天　尊敬祖先要讓其配享上天。嚴，尊敬。此句語本《孝經・開宗明義》。(58)郊禘　古帝王行郊天祭禮時，以始祖配祭。此處指祀漢高祖以配天之事。禘，祭名。古代帝王、諸侯舉行各種大祭的總名，凡祀天、宗廟大祭、宗廟時祭、殷祭等皆稱。(59)宗祀　指宗祀文帝以配上帝之事。(60)端冕　玄衣和大冠，古代帝王、貴族的禮服。端，玄端，淄布衣。冕，大冠，禮帽。此句意謂異族漸受漢朝熏染，穿戴漢人的朝服。(61)奉珍助祭　捧著自己國家的珍物來陪同祭祀。(62)至德要道　指忠孝思想。此句語本自《孝經・開宗明義》。(63)祖考　祖先。(64)瑞　象徵或預示吉祥的事物。(65)綏靖　安定平服。(66)共　通「供」。供奉；承擔。(67)祖　祖先。此句意謂對王莽的榮寵，要上延到他的先祖。(68)於戲　通「嗚呼」。(69)休　美。(70)再拜　連拜兩次。表示恭敬的禮節。(71)綠韍　綠色的蔽膝。韍，古代大夫以上祭祀或朝覲時遮蔽在衣裳前的服飾，用熟皮製成，形制、圖案、顏色按等級有所區別。(72)袞　袞衣。古代帝王及上公穿的繪有捲龍的禮服。古代帝王和貴族的禮服。(73)瑒　通「璗」。金之美者。(74)琫　佩刀鞘口的裝飾。(75)珌　佩刀鞘末端的裝飾。(76)句履　鞋名，鞋頭伸出三寸，分杈。句，通「絇」。鞋頭的裝飾物。(77)鸞路　有鈴的車乘，以四馬牽拉，上設八鑾，是古代君王所乘之車。鸞，通「鑾」。車鈴。路，通「輅」。車。(78)乘馬　四匹馬。(79)龍旂　繪有龍形的大旗。(80)旒　旗幟下懸垂的飾物。(81)皮弁　冠名。用白鹿皮製成，為朝服。(82)素積　腰間有褶襉的素裳。是古代的一種禮服。(83)戎路　戰車。(84)彤　紅色。(85)盧　黑色。(86)朱鉞　紅色的鉞。鉞，一種類似斧的兵器。(87)金戚　金色的戚。戚，一種類似斧的兵器。(88)胄　古代作戰時所戴的頭盔。(89)秬鬯　用黑黍和鬱金草釀造的香酒，用於祭祀。秬，黑黍。(90)卣　中型酒樽。禮器，青銅製，一般為橢圓形，大腹，斂口，圈足，有蓋與提梁。(91)圭瓚　用玉石製成的酒器，狀如勺，以圭為柄，用於祭祀。(92)九命青玉珪　象徵九命、用青玉石製成的珪。按照五行學說，青色為東方之色，象徵生長。(93)朱戶　塗紅漆的大門。(94)納陛　臺階遮蔽在屋簷之下，鑿殿基而成，不使尊者在沒有遮蔽的情況下升入殿堂。陛，臺階。(95)署　設置。(96)虎賁　禁衛軍。平帝時改期門為虎賁，掌持兵器扈從皇帝，由虎賁中郎將統領。(97)家令丞　家令和家令丞，即管家和副管家。(98)嗇夫　官名。低級官署長官。(99)中府　官府。(100)外第　官員的住宅。(101)傅籍　將姓名、身分等登記入簿。(102)傳　憑證。(103)祖禰　先祖和先父。(104)廟及寢　宗廟前面的殿堂稱廟，後面放置祖先遺物的房屋稱寢。(105)城門校尉　官名。執掌京師城門警衛。(106)子孫瑞　此時平帝王皇后十四歲，到了可以生育的年齡，故言有子孫瑞。(107)通子午道　子和午有兩種解釋。其一，子表示水，午表示火，兩者相協喻兩性相合。其二，子表示北方，屬陰；午表示南方，屬陽。也是兩性相合的象徵。通子午道指南北道交錯，此舉有祈望王皇后生育之寓意。(108)杜陵　漢代縣名。在今陝西西安東南。(109)南山　即終南山，在今陝西西安南。(110)徑　直接；一直。(111)漢中　漢代郡名。在今陝西西南部和湖北西北部，治西城（今陝西安康西北）。(112)賈　通「價」。(113)男女異路　男人和女人分開行走。相傳孔子治魯令男子行道右，女子行道左。見《呂氏春秋·樂成》。(114)象刑　有兩種解釋。一說以特殊的服飾象徵五刑，以示恥辱。一說象天道以作刑法。(115)黃支　國名。在今印度塔米納杜邦的坎契普藍。(116)中郎將　官名。有五官、左、右、虎賁中郎將，執掌統領皇帝侍衛，隸屬光祿勳。(117)羌　部族名。分布在今青海、甘肅和四川一帶。(118)種　部族。(119)可　大約。(120)鮮水海　即今青海湖，在今青海東北。又稱西海。(121)允谷　地名。在今青海湖東南。(122)險阻　山川險要之地。(123)藩蔽　屏障。(124)醴泉　甘泉。(125)鳳皇來儀　皇，通「凰」。儀，有容儀。相傳出現太平盛世，鳳凰就會飛來。(126)爵　通「雀」。(127)處業　使人安居並有謀生之業。(128)屬國　附屬國。漢代對周邊一些部族設置屬國機構管理其事務。(129)四塞　四處充塞；遍布。(130)絕　遼遠；遠隔。(131)度　通「渡」。(132)西域　狹義的西域指玉門關（今甘肅敦煌西北）以西、巴爾喀什湖以東以南地區，初有三十六國，後分為五十五國。宣帝時始設西域都護，行使統轄之權。廣義的西域泛指葱嶺（今中亞帕米爾高原）以西諸國。此處指狹義的西域。133臣妾　原指奴隸，男稱臣，女稱妾。後用以稱臣下。134橫被　遍及。135四表　四方極遠的地方，亦泛指天下。136東海南海北海郡　東海郡，地在今山東、江蘇交界處，治郯縣（今山東郯城北）。南海郡，地在今廣東東部，治番禺（今廣州）。北海郡，地在今山東濰坊、昌邑一帶，治營陵（今山東樂昌東南）。137二帝三王　二帝：唐堯、虞舜。三王：夏禹、商湯、周文王（或周武王）。相傳唐堯、虞舜和周統治範圍縱橫七千里，夏和商縱橫三千里。漢王朝從南到北一萬三千里，疆域超過前代。138十三州　漢武帝分置十三州，為并州、冀州、幽州、兖州、青州、徐州、揚州、荊州、豫州、益州、涼州、交趾和朔方。原作十二州，據景祐本改。139堯典十有二州　〈堯典〉指《書・堯典》，今本〈堯典〉無此語。《書・舜典》有「肇十有二州」之語，但未列州名。後人據《書・禹貢》、《周禮・職方》和《爾雅・釋地》等認為是冀、兖、青、徐、荊、揚、豫、梁、雍、幽、并、營十二州。140九州　指《書・禹貢》所說的冀、兖、青、徐、荊、揚、豫、梁、雍九州。141行部　漢制，州刺史每年八月視察轄區，考察官吏政務及獄事，稱行部。142正始　正王道之始。143五十條　即甘肅敦煌懸泉置出土的平帝元始五年的《詔書四時月令五十條》。144泉陵侯劉慶　泉陵，侯國名，在今湖南零陵北。本書卷十五〈王子侯年表〉作「眾陵」，據顏師古考證係「泉陵」之誤。劉慶，漢景帝玄孫。145孺子　兒童之意。146富於春秋　春秋，歲月。意謂年少，將來還可以活很長的歲月。147行天子事　代替天子行事。148熒惑入月中　熒惑，火星，因隱現不定令人迷惑而得名。入月中，指火星經過日月之間月光中出現黑點的天文現象。149策　古代的一種文體。150請命　請求保全性命。151泰畤　漢代皇帝祭祀天地五帝之處。建於漢武帝時。152秉　拿著；握著。153金縢　儲藏貴重物品的櫃子。《書・金縢》說周武王病，周公祈禱，願替代武王，將祝策藏於金縢中。154宗伯鳳　人名，複姓宗伯。155吏六百石　六百石，官秩。秦漢時期位大夫官的起始秩級，公、卿府官署長官及縣令等官，均為六百石。156服喪三年　為親尊服喪是中國古代禮制的重要組成部分，服喪時間和服色因服喪對象不同而有異。禮制規定子女為父母、大臣為君主服喪是三年，但漢建立以來大臣為君主均未實行三年之喪，王莽始令大臣為平帝服三年喪。157見王五人　現在為諸侯王的有五人。即淮陽王劉演、東平王劉開明、中山王劉成都、楚王劉紆、信度王劉景。158顯　劉顯。159惡　忌諱。160長大　長大成人。161兄弟不得相為後　先秦時有父死子繼和兄終弟及兩種繼承方式，漢代實行父死子繼制度。劉演等人與平帝是兄弟輩分的關係。162嬰　劉嬰。163卜相　卜，占卜。相，相面。164前煇光　漢平帝元始四年（西元四年）王莽將京師分為前煇光和後丞烈兩郡，其長官亦用此名。165武功　漢縣名，在今陝西眉縣境。166浚井　淘井。浚，疏通；深挖。167著　依附；附著。168罔　欺騙。169沮　阻止；破壞。

[170]居　景祐諸本作「稱」。[171]填　通「鎮」。[172]聽許　聽而許之。[173]奉天施而成地化　天施，上天所給予的。地化，大地的化育功能。意謂順從天地之命。[174]天工二句　語出自《書・虞書・皋陶謨》。意謂人代天治理工事。[175]幾　通「冀」。希望。[176]屬託付。[177]差度　選擇。[178]比　頻頻。[179]際會　遇合的機會。此處指屢屢受到皇帝的信任，被委以輔政之職。[180]踐阼　又作踐祚。登上皇位。阼，東階。古代堂前有兩排臺階，東階是主位，西階是客位，故以之形容主人理事，進而代指天子登位。[181]采地　封地。采，官。因官受地，故稱采。[182]周道　周王朝的治國方略。[183]共　通「恭」。[184]烈　事業；功業。[185]隊　通「墜」。[186]書曰　引文出自《書・君奭》。召公為保，周公為師，輔佐成王。召公不悅，周公作〈君奭〉曉之以義。[187]上下　天地。[188]遏失　斷絕；喪失。失，《書》作「佚」。[189]在家　謙詞。居於家；沒離家門。[190]棐　輔助。[191]諶　誠信。[192]隊命　失去天命。[193]說　解說經義的著作。[194]南面　古代以坐北朝南為尊位，故帝王見群臣南面而坐。[195]朝群臣　使群臣朝見。朝，使朝見。下文引《禮・明堂記》「周公朝諸侯於明堂」亦同。[196]召公　一作邵公，召康公姬奭，周朝王族。初封於召（今陝西岐山西南），佐周武王滅商後封於燕（今河北、遼寧交界地區）。經古文說，周成王時任太保，與周公分陝（今河南陝縣）而治，陝以西由其治理。[197]聖人　指周公。[198]禮明堂記　指劉向、劉歆所作《禮記・明堂陰陽記》。[199]負　背靠。[200]斧依　即斧扆，古代天子殿堂上類於屏風的器具，東西向立在戶牖之間，高八尺，上繡有斧形圖案，以示威嚴。依，通「扆」。[201]縗麤　亦作「縗粗」。粗麻布喪服。[202]書逸嘉禾篇　嘉禾篇，《書》的篇名，久逸。[203]贊　祭祝之辭。[204]假王　代理國王。假，暫時代理。[205]贊者主持儀式的人。[206]書曰　出自《書・洛誥》。[207]辟　天子；國君。[208]警蹕　古代帝王出入所經路途侍衛警戒，清道止行，謂之「警蹕」。蹕，止行者。[209]民臣　百姓和官吏。[210]攝皇帝　代理皇帝。攝，代理。[211]遂　成。[212]帝皇后　指平帝皇后。[213]宮家　指王莽在京城的官署和第宅。[214]國采　指王莽的封國采邑。[215]改元　君主改用新年號紀年。年號以一為元，故稱「改元」。

【語　譯】五年正月，在明堂上合祭遠近祖宗，諸侯王二十八人，列侯一百二十人，皇族子弟九百餘人，受徵召陪同祭祀。祭祀禮儀結束後，賜封孝宣皇帝曾孫劉信等三十六人為列侯，其餘的人都增加封邑戶數，或賜予爵位，並賞賜數量不等的黃金和絲綢。這時，官吏百姓因為王莽不接受新野土地而上書者前後共有四十八萬七千五百七十二人，還有進見王太后的諸侯王、公、列侯、皇親們都叩頭上言，應當立即給安漢公增加封賞。於是王莽上書說：「臣以皇帝外親身分，超越順序，忝列官位，不能稱職。匍匐自念陛下聖德純正豐茂，上承天意，符合古道，制定禮儀來治理百姓，制作樂來移風易俗，四海人民奔走相告，四方異族同心歸附，他們離別朝廷的時候，沒有不感動流淚的。如果沒有發自內心的忠誠，豈能由虛情所致？自諸侯王以下以至官吏百姓，都知道臣王莽首先和陛下有親屬關係，又得以掌管朝政，因此每談功論德時，就要附帶上提到臣莽。臣看到諸侯們跟您談這些的時候，沒有不流汗深感慚愧的。臣雖生性愚鈍鄙陋，卻真心地了解自己，臣德行淺薄但地位尊貴，能力微薄但責任重大，日日夜夜都處在緊張恐懼的情緒中，經常擔心有辱聖明的朝廷。如今國家治理太平，風俗整齊劃一，四方異族相率來歸附，這都是因為陛下聖明的德行親自實踐，太師孔光、太保王舜等人輔佐朝政治理，眾卿大夫無不是忠良，因此能在五年時間之中到此程度。臣王莽實在沒有奇妙的方略獨到的計謀。臣接到太后聖明的詔令，向下面傳達，不能領會轉達其中的十分之一；接受賢臣們的計謀，向上面彙報，不能領會轉達其中的十分之五。臣應當承擔於政無益的罪責，之所以斗膽暫且保全性命苟活一時，確實是由於上受陛下光輝的庇護，下靠各位大臣的緣故。陛下不忍心違背眾人的議論，一接到臣下的奏章就把它交給議事的官員。臣王莽以前想立即上奏制止此類事情，卻擔心他們終究不會停止。如今大祭禮已經舉行，佐助祭祀活動的人都已辭行，臣有一個最大的心願，希望交給議事官員的所有奏章都擱置起來不要上報，使得臣王莽得以盡力完成制定禮樂的工作。此事完成之後，以郵傳向全國公布，讓天下之人評論。若是遭到了一些指責非議，那麼臣王莽理當承擔矇騙聖上貽誤朝廷之罪；如果沒有其他譴責，得以保全性命恩賜退休回家，給賢者讓路，這是臣個人的心願。希望陛下垂哀憐憫為盼！」甄邯等人向王太后彙報，王太后下詔說：「同意。只是安漢公的功勞德行光耀天下，因此諸侯王、公、列侯、宗室、太學生們、官吏百姓交口稱讚，接連守候在宮闕大殿前，因此才將他們的奏章下達你們討論。諸侯和宗室辭別之日，又一次當面呈交這一建議，雖然給他們講明了道理讓他們解散回家，還是不肯離去。當告知他們在孟夏時將頒行這項賞賜，無不歡欣鼓舞，歡呼著『萬歲』而離開。現在安漢公每次進見，都流淚叩頭說不願意接受賞賜，如果行賞就不敢擔任輔正之職。如今制作禮樂的工作尚未完成，這件事情需要安漢公來決定，所以姑且聽從安漢公的意見。制定禮樂的工作完成之後，大臣們上報情況。仔細考量以前的建議，把賞賜九種物品的禮儀迅速上報。」

2 於是公卿大夫、博士、議郎、列侯張純等九百零二人都說：「聖明的帝王這樣招攬賢德之人和獎勵有能力的人，德行偉大者給他高位，功勳傑出者給他厚賞。所以為人們所敬仰的大臣有九命上公的尊貴地位，相應則賞賜有九錫物品高於他人的榮耀。如今皇親關係親密和睦，百官秩序井井有條，四方各國和諧相處，黎民百姓生活和美，盛世祥瑞全都降臨，太平景象遍及全國。帝王的偉業沒有比唐堯、虞舜更隆盛的，而陛下的事業也與之相當；忠臣的傑出功勳沒有比伊尹、周公更顯著的，而宰衡可與之相比。這就是所謂在不同時代興起，如同符信相合。謹根據《六藝》的普遍原則，經文中所記載的，《周官》、《禮記》中適用於今天的規定，設計出賞賜九種器物的方案。我們請求下令實行這項賞賜。」上奏被批准。策書寫道：

3 「元始五年五月庚寅日，太皇太后來到前殿，引安漢公登殿，親自下詔書說：公上前來，虛心聽取我的話。從前公侍從護衛孝成皇帝十六年，獻策盡忠，建議懲治前定陵侯淳于長，從而制止了動亂，揭發了奸邪，升任大司馬，承擔起在朝內輔佐皇帝的職責。孝哀皇帝繼承皇位，驕橫的妃妾覬覦大位，奸臣圖謀作亂，公親自彈劾高昌侯董宏，改正前定陶共王母親僭越身分的座位。自此以後，朝廷大臣議論政事，無不依據經典。後來因病辭職，回到家中，被奸賊所陷害。到封國之後，孝哀皇帝醒悟了，又把公徵調回長安，他臨到病情加重的時候，還沒有忘記公，恢復了你特進之位。當天夜晚皇帝突然故去，國家沒有皇位繼承人，奸臣充斥朝廷，危險達到了極點。我考慮制定安定國家大計沒有比你更合適的人了，因此把你引入朝中，當天就罷免斥退高安侯董賢，頃刻之間，忠誠的國策就建立起來，國家綱紀都得到伸張。綏和、元壽年間，兩次遭遇皇帝大行，把所有事情都處理得很好，沒有發生災禍和動亂。輔佐我五年，規正了人倫的根本，確定了祭祀天地的位置。恭敬地承奉上天神祇，規劃治理四時的活動，恢復了被廢棄千載的事物，矯正了百代以來的過失，天下和諧，大眾嚮往。《詩經》提到的靈臺，《尚書》提到的興建雒邑，鎬京制度，商邑規模，在今天復興了。彰顯先帝的偉大功勳，宣揚祖宗的美好道德，闡明尊敬祖先要讓其配享上天的原則，建立起郊祀、宗祀的禮儀，以光大孝道。因此國內十分和睦，各國都仰慕我國的道德風尚，異族的風俗不同於我國，卻也不用召喚自己前來，漸漸為我們的禮儀所感化穿戴上衣冠，進獻珍品輔助祭禮。探求以往以道為本，遵循儒家思想，重視古代傳統，行動就能有所成就，辦事不偏不倚。具備了最高的品德，掌握了根本原則，就能與神明溝通，祖先欣然享受祭祀。光芒四射，上天的符命頻頻降臨，精神偕同。麒麟、鳳凰、寶龜、神龍，所有吉祥的徵兆，出現了七百餘次。於是制定禮儀制作樂章，有安定劉氏宗族漢朝社稷的大功勳。普天之下，能依靠的只有公一個人，擔任宰衡之官，位列在上公。現在增加您九命的賞賜，以此來輔助祭祀，擔任文武之職，並惠及你的祖先。嗚呼，這樣難道不美好嗎！」

4 於是王莽兩次下拜叩首，接受了綠色的蔽膝、袞衣和冠冕衣裳，用金裝飾的佩刀刀鞘，句履，裝有鈴鐺的四匹馬拉的乘車，裝飾著九條旒帶的龍旗，皮革製成的冠和白色絲綢下裳，四匹馬拉的戰車，紅色的弓和箭，黑色的弓和箭，左邊豎著紅色的鉞，右邊豎著金色的戚，盔甲一套，美酒兩卣，圭瓚兩件，象徵九命的用青玉石製成的珪兩枚，府第大門塗紅漆，廳堂前的臺階不暴露在屋簷外。設置宗官、祝官、卜官、史官，虎賁三百人，家令和丞各一人，宗官、祝官、卜官、史官都設置嗇夫，輔佐安漢公。在官府和家宅，有虎賁擔任門衛，要進出的人都要在名籍上登記。自四輔、三公以下到安漢公官署和家宅中辦事，都要使用通行證。將楚王府邸作為安漢公第宅，進行大規模繕修，四周都設置警衛。先祖、先父的廟和寢大門都塗上紅漆，臺階不暴露在屋簷外。陳崇又上奏：「安漢公祭祀祖宗，要出城門，城門校尉應當派騎兵隨從。入內有門衛，外出有騎兵，這樣是為了尊重國家。」上奏得到批准。

5 這年秋季，王莽因皇后到了可以生育的年齡，開通子午道。子午道從杜陵縣一直穿過南山，直抵漢中郡。

6 風俗使者八人返回，說全國風俗整齊劃一，偽造各郡國作歌謠，歌功頌德，共有三萬字。王莽上奏將這些歌謠錄入法令中。又上奏實行市場上統一價格，官府中沒有訴訟之事，城邑中沒有盜賊，鄉野中沒有飢民，道路上沒有人拾取遺失的財物，男人和女人分開行走的制度，違反者要受到象徵性懲罰。劉歆、陳崇等十二人都因為修建明堂，宣傳教化，封為列侯。

7 王莽既已實現了太平，北方感化了匈奴，東方引來了外國進見，南方懷柔了黃支國，只有西方還沒有動作。於是派遣中郎將平憲等人攜帶大量黃金絲綢禮物引誘境外的羌人，讓他們獻出土地，願意歸屬漢朝。平憲等人上奏說：「羌人首領良願等部族，人口約有一萬二千人，願意成為漢朝臣子，他們獻出了鮮水海、允谷鹽池，把平敞的土地和水草豐美的草原都給漢朝百姓，自己居住在險要阻塞的地方作為漢朝的屏障。我們詢問良願歸降的原因，他回答說：『太皇太后聖明，安漢公最為仁義，天下太平，五穀豐登，有的禾苗長到一丈多高，有的一粒粟上結了三粒粟米，有的作物不用播種自己就能生長，有的繭不用蠶自己就能生成，甘露從天而降，甘泉由地下湧出，鳳凰來到飛舞，神雀降臨聚集。自四年以來，羌人沒有遇到過艱難困苦，故而想望樂於內附漢朝。』應當及時安置他們的生活和生產，設置屬國機構管理保護他們。」此事下交王莽處理，王莽又上奏說：「太后主持國政數年，恩惠流播，和氣遍及天下，絕遠的地方不同風俗的國度，無不仰慕漢朝德望。越裳氏經過輾轉翻譯進獻白色羽毛的野雞，黃支國從三萬里以外進貢活犀牛，東夷王渡過大海奉獻國寶，匈奴單于順從漢朝的風俗改了名字。現在西域良願等人又拿出土地願意成為漢朝的藩臣，從前唐堯的聲望橫及四海，也無法超越今天。現謹查已有東海、南海、北海郡，沒有西海郡，請求接受良願等所獻出的土地作為西海郡。臣又聽說聖王序列天文，確定地理，依據山川和民俗來劃定州界。漢朝國土超過了唐堯、虞舜二帝和夏禹、商湯、周文王三王時，共有十三州，州名和州界大都不符合經書記載。〈堯典〉記錄有十二州，後來定為九州。漢朝開拓土地到了遙遠的地方，州牧視察轄區，遠的有三萬餘里，不能分作九州。謹請根據經書的原則訂正十二州名稱和分界，以順應合乎肇始之制。」上奏被批准。又增加月令五十條，違反者流放到西海郡。被流放的人成千上萬，百姓開始怨恨了。

8 泉陵侯劉慶上書說：「周成王年紀幼小，稱作孺子，周公居位攝政。如今皇帝年紀尚輕，應當讓安漢公代行天子職責，按照周公的成例。」大臣們都說：「應當按照劉慶的話辦理。」

9 冬季，火星運行到日月之間，月亮中出現黑影。

10 平帝生病，王莽寫了策文，到泰畤祈禱請求保全平帝性命，他佩帶玉璧握著玉圭，表示願意用自己來替代平帝。將策文收藏在金縢中，放在前殿，告誡公卿大臣不要說出此事。十二月平帝去世，全國大赦。王莽徵召明習禮儀的宗伯鳳等人參與決定全國官吏六百石以上的人都服喪三年。上奏尊奉孝成皇帝廟稱統宗，孝平皇帝廟稱元宗。當時元帝子系斷絕，而宣帝曾孫現在為諸侯王的有五人，列侯中有廣戚侯劉顯等四十八人，王莽忌諱他們都已長大成人，說：「兄弟不得相互作為後嗣。」便選取了宣帝玄孫中年紀最幼小的廣戚侯子劉嬰，年齡兩歲，藉口說他占卜相面最吉利。

11 這月，前煇光謝囂上奏說武功縣長孟通挖井得到一塊白色的石頭，上圓下方，石頭上有朱紅色的字，文字說「通告安漢公王莽做皇帝」。符命的興起由此開始了。王莽讓公卿大臣把此事上報王太后，王太后說：「這是欺騙迷惑天下，不能施行！」太保王舜對王太后說：「事情已經如此，沒有辦法，想阻止卻已力不能及。況且王莽又不敢有其他想法，只不過是想通過居位攝政來加重他的權力，鎮服天下罷了。」王太后聽後答應了。王舜等人立即一同讓王太后下詔說：「聽說上天生育萬民，民不能互相治理，為他們設立君主來統治管理他們。君主年紀幼小，必定要有所託付而讓受託付者居位攝政，然後才能秉承上天意願而完成大地的化育，讓所有的生靈茂盛繁育。《尚書》不是說了嗎？『上天的工事，人可以代它完成。』我因孝平皇帝年紀幼小，暫且統領國政，盼望著孝平皇帝成人加冠之後，把政權交給他。現在他短命去世，可悲可痛！已派主管部門徵召孝宣皇帝玄孫二十三人，選擇合適者，來繼承孝平皇帝的後嗣。玄孫尚處襁褓之年，如果不能得到德行高尚的君子，誰能夠保護他？安漢公王莽輔佐朝政已有三代，頻頻遇到皇帝崩逝而輔佐朝政的機會，安定光大漢室，終於統一了風俗，到達了制定禮儀樂教的階段，與周公時代不同但符命卻相同。現在前煇光謝囂、武功縣長孟通上奏報告丹書白石的符命，我深刻思考它的意思，說『為皇帝』，應當是指代行皇帝職責之事。有了法度就會容易成功，不是聖人就不會有法度。現令安漢公居位攝政登基，按照周公的成例，將武功縣作為安漢公的封地，名字稱為漢光邑。制定這一禮儀奏上來。」

12 於是大臣們上奏說：「太后聖明的德行洞徹一切，深深地體會到天意，詔令安漢公居位攝政。臣子們聽說周成王年紀幼小，周朝治國原則尚未確立，成王不能敬事天地，繼承周文王和周武王的事業。周公權且居位攝政，周朝的治國原則得以建立，周王室得以安寧；如果周公不居位攝政，恐怕周朝就要失去天命。《尚書》說：『我們繼承事業的子孫，若不能很好地敬事天地，喪失了先王光輝偉大的傳統，在家不知道接受天命的艱難。上天只輔助那些誠實的人，只有誠實才不會失去天命。』解說說：周公穿上天子的冕服，面朝南接受大臣的朝見，發布命令，常說這是周王的命令。召公只是一個賢人，不懂得聖人的意圖，因此不高興了。《禮記·明堂記》說：『周公在明堂接受諸侯朝見，像天子那樣背靠著斧依，面朝南站立。』又說『周公登上天子的位子，六年中接受諸侯朝見，制作禮儀和樂教，從而天下之人都服從他』。召公不高興。那時武王逝世，喪服還未除去。照這樣說來，周公剛開始攝政就居天子之位，而不是等了六年才登上王位。《尚書》散佚的〈嘉禾篇〉說：『周公捧著香酒站在大殿前東邊的臺階上，迎接大臣登殿，贊辭說：「代理天子主持國政，致力和諧天下。」』這是周公攝政，司儀所說的話。成王行冠禮後，周公就交還權力。《尚書》說『我把明君的權力交還給您』，周公常把自己的命令稱為周王的命令，專斷行事不上報，所以說我把明君的權力交還給您。臣子們請求安漢公居位攝政登上天子之位，穿上天子的禮服，背靠著設在門窗之間的斧依，面朝南接受大臣們的朝見，處理政事。乘車出入經過的地方要侍衛警戒禁止通行，百姓與官吏要自稱臣妾，都要符合天子制度。在郊外祭祀天地，在明堂祭祀祖宗，在宗廟中敬祀天地祖先，配祭群神，祭祝辭稱他為『假皇帝』，百姓和官吏稱他為『攝皇帝』，自稱『予』。議論決定朝政，通常採用皇帝的詔令形式稱『制』，以奉承順應上天的意志，輔佐漢朝，保護孝平皇帝年幼的繼承者，完成寄託的重任，興盛治平的教化。朝見太皇太后、平帝皇后時，則令恢復做臣子的禮節。在其官署、家中、封國采邑自行實施管理教化，按照諸侯禮儀成例行事。臣子們冒昧以死罪請求。」王太后下詔說：「批准。」明年，改年號為居攝。

1 居攝元年正月，莽祀上帝❶於南郊，迎春❷於東郊，行大射禮❸於明堂，養三老五更❹，成禮而去。置柱下五史❺，秩如御史，聽政事，侍旁記疏❻言行。

2 三月己丑，立宣帝玄孫嬰為皇太子，號曰孺子。以王舜為太傅左輔❼，甄豐為太阿右拂⑧，甄邯為太保後承。又置四少⑨，秩皆二千石。

3 四月，安眾侯劉崇⑩與相張紹謀曰：「安漢公莽專制朝政，必危劉氏。天下非之者，乃莫敢先舉，此宗室恥也。吾帥宗族為先，海內必和⑪。」紹等從者百餘人，遂進攻宛，不得入而敗。紹者，張竦之從兄⑫也。竦與崇族父⑬劉嘉詣闕自歸，莽赦弗⑭罪。竦因為嘉作奏曰：

4 「建平⑮、元壽之間，大統⑯幾⑰絕，宗室幾棄。賴蒙陛下⑱聖德，扶服⑲振救，遮扞⑳匡衛，國命復延，宗室明目。臨朝統政，發號施令，動以宗室為始，登用九族為先。並錄支親，建立王侯，南面之孤㉑，計以百數。收復絕屬㉒，存亡續廢，得比肩首㉓，復為人㉔者，嬪然㉕成行，所以藩漢國，輔漢宗也。建辟雍，立明堂，班天法，流聖化，朝群后㉖，昭文德，宗室諸侯，咸益土地。天下喁喁㉗，引領㉘而歎，頌聲洋洋，滿耳而入㉙。國家所以服此美，膺㉚此名，饗此福，受此榮者，豈非太皇太后日昃㉛之思，陛下夕惕㉜之念哉！何謂㉝？亂則統其理，危則致其安，禍則引其福，絕則繼其統㉞，幼則代其任㉟，晨夜屑屑㊱，寒暑勤勤，無時休息，孶孶㊲不已者，凡以為天下，厚劉氏也。臣無愚智，民無男女，皆諭㊳至意。

5 「而安眾侯崇乃獨[39]懷悖[40]惑之心，操畔[41]逆之慮，興兵動眾，欲危宗廟，惡不忍聞，罪不容誅，誠臣子之仇，宗室之讎，國家之賊，天下之害也。是故親屬震落[42]而告其罪，民人潰畔而棄其兵[43]，進不跬步[44]，退伏其殃[45]。百歲之母，孩提[46]之子，同時斷斬，懸頭竿杪[47]，珠珥[48]在耳，首飾猶存，為計若此，豈不詩[49]哉！

6 「臣聞古者畔逆之國，既以誅討，則豬其宮室以為汙池[50]，納垢濁焉，名曰凶虛[51]，雖生菜茹[52]，而人不食。四牆[53]其社[54]，覆上棧下[55]，示不得通。辨社諸侯[56]，出門見之，著[57]以為戒。方今天下聞崇之反也，咸欲褰[58]衣手[59]劍而叱之。其先至者，則拂[60]其頸，衝其匈[61]，刃其軀，切其肌；後至者，欲撥其門，仆[62]其牆，夷[63]其屋，焚其器，應聲滌[64]地，則時成創[65]。而宗室尤甚，言必切齒焉。何則？以其背畔恩義，而不知重德之所在也。宗室所居或遠，嘉幸得先聞，不勝憤憤之願，願為宗室倡始[66]，父子兄弟負籠倚鍤[67]，馳之南陽，豬崇宮室，令如古制。及崇社宜如亳社[68]，以賜諸侯，用永監戒[69]。願下四輔公卿大夫議，以明好惡，視[70]四方。」

7 於是莽大說。公卿皆曰：「宜如嘉言。」莽白太后下詔曰：「惟嘉父子兄弟，雖與崇有屬，不敢阿私，或見萌芽，相率告之，及其禍成，同共讎之，應合古制，忠孝著焉。其以杜衍[71]戶千封嘉為帥[72]禮侯，嘉子七人皆賜爵關內侯。」後又封竦為淑德侯。長安為之語曰：「欲求封，過張伯松[73]；力戰鬭，不如巧為奏。」莽又封南陽吏民有功者百餘人，汙池劉崇室宅。後謀反者，皆汙池云。

8 群臣復白：「劉崇等謀逆者，以莽權輕也。宜尊重以填[74]海內。」五月甲辰，太后詔莽朝見太后稱「假皇帝」。

9 冬十月丙辰朔[75]，日有食之。

10 十二月，群臣奏請：「益[76]安漢公宮及家吏，置率更令[77]，廟[78]、廄[79]、廚長丞，中庶子[80]，虎賁以下百餘人，又置衛士三百人。安漢公廬[81]為攝省，府為攝殿，第為攝宮。」奏可。

11 莽白太后下詔曰：「故太師光雖前薨，功效已列。太保舜、大司空豐、輕車將軍[82]邯、步兵將軍建皆為誘進單于籌策，又典靈臺、明堂、辟雍、四郊[83]，定制度，開子午道，與宰衡同心說德，合意并力，功德茂著。封舜子匡為同心侯，林為說德侯，光孫壽為合意侯，豐孫匡為并力侯。益邯、建各三千戶。」

12 是歲，西羌龐恬、傅幡等怨莽奪其地作西海郡，反攻西海太守程永，永奔走。

莽誅永，遣護羌校尉㉞竇況擊之。

【章旨】以上為卷上的第七部分，記居攝元年事。王莽進一步為篡位作準備。皇族安眾侯劉崇起兵反王莽，失敗。西羌因失去土地，反攻漢。危機初顯端倪。

【注釋】❶上帝　天帝。❷迎春　古代的禮俗。在立春日舉行儀式迎接春季到來。❸大射禮　古代重武習射，常舉行射禮。射禮有大射、賓射、燕射、鄉射四種，一說無賓射。將為祭祀擇士而舉行的射禮為大射。❹三老五更　古代設三老五更之位，天子以父兄之禮養之，父事三老，兄事五更，以示天下孝悌。稱三五，一說，取象三辰五星，上天所照明天下者；一說，指三德五事，三德謂正直、剛、柔，五事謂貌、言、視、聽、思。❺柱下五史　官名。周王朝有柱下史，執掌文書記事。秦改稱御史，王莽另設柱下史，員額五人，故稱柱下五史。❻疏　條陳；條列。❼太傅左輔　太傅左輔及下文的太阿右拂和太保後承，是王莽按照相傳古代天子身邊有疑、承、輔、弼（或道、弼、輔、承）四個輔佐而設置。執掌輔佐教導。❽拂　通「弼」。❾四少　即少師、少傅、少阿、少保。❿劉崇　漢景帝八世孫。詳見卷十五〈王子侯表〉。⓫和　響應。⓬從兄　堂兄。⓭族父　遠房的伯父或叔父。⓮弗　不。⓯建平　哀帝年號。西元前六—前三年，共四年。⓰大統　皇位。⓱幾　幾乎。⓲陛下　指王莽。⓳扶服　通「匍匐」。伏地爬行。形容急遽、竭力。⓴扞　護衛；遮擋。㉑孤　王侯自稱謙辭。㉒絕屬　指斷絕了後代的劉姓封國。㉓得比肩首　得以並肩齊首。㉔人　此處指皇族。㉕嬪然　眾多貌。㉖群后　指王侯。㉗喁喁　形容眾人嚮慕，如群魚之口向上。㉘引領　伸頸遠望。㉙頌聲洋洋二句　語本《論語·泰伯》孔子語「師摯之始，〈關雎〉之亂，洋洋乎盈耳哉！」㉚膺　承受；接受。㉛日昃　太陽偏西。㉜惕　警惕；誡懼。㉝何謂　為什麼說。這裡採用了先問後答的設問方式。㉞絕則繼其統　皇統斷絕就接續其統。指王莽立平帝和孺子。㉟幼則代其任　指平帝和孺子年幼，王莽則代其攝政。㊱屑屑　切切；勞碌貌。㊲孳孳　通「孜孜」。勤勉不怠。㊳諭　曉；了解。㊴獨　唯獨；暗自。㊵悖　乖；謬亂。㊶畔　通「叛」。㊷震落　震驚之極。㊸兵　兵器。㊹跬步　半步。㊺殃　災禍。㊻孩提　二、三歲的幼兒。孩，小兒笑。提，抱。㊼竿杪　竿端。杪，末端。㊽珥　懸掛在耳旁的飾物。㊾誖　惑。㊿豬其宮室以為汙池　將住宅毀壞為汙水池。豬，通「瀦」。水積聚。宮室，住宅。(51)凶虛　兇惡之人曾經居住過的地方。虛，通「墟」。故居。(52)菜茹　蔬菜。茹，可供人食用的蔬菜。(53)牆　修築牆壁。(54)社　祭祀土地神的場所。漢代除朝廷設國社外，諸侯王國、郡縣鄉里都有祭祀社神的場所。(55)覆上棧下用竹木覆蓋社頂，鋪在地上，以阻隔不通陰陽之氣。56辨社諸侯　把對安眾侯社的處理模型送達各諸侯。辨，通「班」。57著明。58褰　撩起、揭開（衣服等）。59手　持。動詞。60拂　通「刜」。砍。61匈　通「胸」。62仆　推倒。63夷　蕩平。64滌滌蕩。65則時成創　立即出現創傷。則時，即時。66倡始　首倡；先導。67負籠倚鍤　背著竹籠扛著鍤。籠，竹子編製的盛土器具。鍤，又作臿，鏟土的農具。倚，景祐諸本作「荷」。兩字可通。68亳社　殷社。古代建國必先立社。殷都亳，故稱。69監戒　鑑察往事，警戒將來。監，通「鑑」。70視　通「示」。71杜衍　在今河南南陽西南。72帥　原作「師」，據王先謙《漢書補注》引諸說改。73張伯松　張竦，字伯松。74填　通「鎮」。75朔　又作朔日。陰曆每月初一，月亮運行到地球與太陽之間，地面上看不到月光，這種自然現象叫朔，故稱初一日為朔。76益　增加。77率更令　官名。為太子屬官，掌漏刻。78廟　家廟。79廄　馬廄。80中庶子　官名。太子屬官。81廬　此處指王莽在宮中辦事居住的房屋。82輕車將軍　武官名。漢武帝時始置，指揮車兵。王莽時又置。83四郊　指京師長安四周祭祀天地等的場所，即東、西、南、北郊。84護羌校尉　武官名。執掌羌族地區治安和軍事活動。

【語譯】居攝元年正月，王莽在南郊祭祀上帝，在東郊迎春，在明堂舉行大射禮，為三老五更舉行尊養之禮，禮儀完成後便回去了。設置柱下史五人，官秩與御史相同，在王莽處理政事時，在旁邊分條記錄他的言語行動。

2　三月己丑日，立宣帝玄孫劉嬰為皇太子，號稱孺子。任命王舜為太傅左輔，甄豐為太阿右拂，甄邯為太保後承。又設置四少，官秩都是二千石。

3　四月，安眾侯劉崇與國相張紹謀劃說：「安漢公王莽把持朝政，必定會危害劉家。天下反對他的人，竟然沒有敢於率先起來行動的，這是皇族的恥辱。我帶領自己的宗族率先舉事，國內必然相應。」張紹等跟隨他的有一百多人，於是進攻宛縣，沒有攻進去而失敗。張紹是張竦的堂兄。張竦與劉崇的同族叔父劉嘉到朝廷自首，王莽赦免他們無罪。張竦便替劉嘉作奏章說：

4　「建平、元壽年間，皇統幾乎斷絕，皇室宗親幾乎被拋棄。幸而蒙受陛下聖明的德行，努力援救，遮擋匡扶護衛，國家命脈得以重新延續，皇室宗親看到了光明。您臨朝統領政權，發號施令，行動總是從皇室宗親開始，首先任用皇室九族。還一併錄用旁支宗親，建立了王國和侯國，面向南稱王侯者，數以百計。恢復了斷絕後代的封國，保存了滅亡的諸侯國，接續了被廢除的諸侯國，使得以與其他皇親並肩齊首，重新成為宗室的人，紛紜成行，這都是為了屏障漢朝，輔佐漢室。修建辟雍，建立明堂，頒行上天的法則，傳播聖人的教化，召集王侯們入朝，昭顯禮樂之德，皇族諸侯都增加了封地。萬民敬仰，引頸讚歎，一片歌頌之聲，灌滿耳中。國家之所以擁有如此美譽，得到如此美名，享有如此的福祉，受到如此的榮耀，難道不是因為太皇太后整日思慮、陛下夜晚惕懼的結果嗎！為什麼這樣說呢？出現了混亂就治理得有條有理，出現危險就讓它平定安寧，出現禍亂就給它引來福祉，皇嗣斷絕就讓它有繼承人延續國統，繼位者年幼就代他主持國政，日日夜夜辛苦勞碌，寒來暑往勤勤懇懇，沒有休息的時候，孜孜不倦，這樣做都是為了國家，厚待劉氏。做臣子的不分愚智，做百姓的不分男女，都清楚這一深切用意。

5「而安眾侯劉崇卻獨自懷著忤逆昏亂之心，動了叛逆的心思，興師動眾，想要危害朝廷，他的罪惡使人聽不下去，他的罪行處死他都嫌輕，這真是大臣的仇人，皇室宗親的敵人，國家的敗類，天下的禍害。所以他的親屬震驚不已告發他的罪行，他的民眾潰敗叛離扔掉了兵器，還沒有前進半步，便敗退伏法。百歲老母，幼小子女，同時被斬首，頭顱懸掛在竹竿頭上，珠珥還掛在耳旁，首飾還留在頭上。像這樣來制定計策，豈不荒謬嗎！

6「我聽說古代對叛逆的國家，在進行了征討懲罰後，則要將其住宅房屋毀壞成為汙水池，在其中藏汙納垢，名字叫做凶墟，即使上面生出蔬菜，人也不去吃它。在祭祀土地神社的四周修築牆壁，用竹木覆蓋社頂，鋪在地上，表示不能與陰陽之氣相通。把對社的這種處理模型送達各諸侯，讓他們出門就可以看到它，引以為戒。當今天下之人聽說劉崇反叛，都想撩衣持劍斥責他。那些先到達的人，就會砍他的脖頸，捅他的胸，割他的身體，切他的肉；後到達的人，則想撥開他的門，推倒他的牆壁，鏟平他的房屋，焚燒他的器物，齊聲滌蕩那塊地方，立即出現創傷。而皇室宗親尤為憤怒，說到這件事情就咬牙切齒。這是什麼原因呢？這是因為劉崇背叛恩義，不知道大德在哪裡。有的皇室宗親生活的地方很遠，嘉有幸得以先聽說了此事，抑制不住憤怒的心情，我願意為皇室宗親帶頭，父子兄弟背著竹籠扛著鍤，趕赴南陽，把劉崇的住宅毀壞為汙水池，使其和古代制度一樣。還有劉崇的土地神社應當像亳社一樣，賜予諸侯國，永遠作為借鑑。希望把我的建議下達四輔公卿大夫討論，以表明好惡之情，讓全國都知道。」

7 於是王莽十分高興。公卿大臣都說：「應當按照劉嘉所說的辦。」王莽建議王太后下詔說：「劉嘉父子兄弟，雖與劉崇有親屬關係，卻不敢因私回護，有的看到了謀反的萌芽，相繼來告發，等到叛亂已成，共同將其視為仇敵，這符合古代制度，鮮明地體現了忠孝之道。令以杜衍縣一千戶賜封劉嘉為帥禮侯，劉嘉的七個兒子都賜封關內侯之爵。」以後又賜封張竦為淑德侯。長安人把這件事編成順口溜說：「想要求賜封，就去拜訪張伯松；浴血戰鬥，不如巧作奏文。」王莽又封南陽郡有功勞的官吏和百姓一百餘人，把劉崇的房屋住宅搗毀成汙池。以後謀反的人，都把他們的住宅搗毀成汙池。

8 大臣們又建議：「劉崇等人之所以謀反，是因為王莽的權力太輕。應當更加尊敬重視他來鎮服國內。」五月甲辰日，王太后下詔令王莽朝見太后時自稱「假皇帝」。

9 冬季十月丙辰朔日，發生日食。

10 十二月，大臣們上奏請求：「增加安漢公官署和家中的吏員，設置率更令，廟長和廟丞、廄長和廄丞、廚長和廚丞，中庶子，以及虎賁以下一百餘人，又設置衛士三百人。安漢公在宮中辦事的居所稱攝省，官署稱攝殿，住宅稱攝宮。」上奏得到批准。

11 王莽建議王太后下詔說：「前太師孔光雖已去世，但功效已顯現出來。太保王舜、大司空甄豐、輕車將軍甄邯、步兵將軍孫建都為勸誘匈奴單于服膺出謀劃策過，又主持了修建靈臺、明堂、辟雍和長安四郊，制定制度，開通子午道，與宰衡同心慕悅道德，齊心協力，功德卓著。賜封王舜之子王匡為同心侯，王林為說德侯，孔光之孫孔壽為合意侯，甄豐之孫甄匡為并力侯。增加甄邯、孫建封邑各三千戶。」

12 這一年，西羌龐恬、傅幡等人怨恨王莽奪走他們的土地作為西海郡，反叛攻打西海太守程永，程永逃走。王莽處死程永，派護羌校尉竇況進攻西羌。

1 二年春，竇況等擊破西羌。

2 五月，更造貨❶：錯刀❷，一直❸五千；契刀❹，一直五百；大錢❺，一直五十，與五銖錢❻並行。民多盜鑄者。禁列侯以下不得挾❼黃金，輸御府❽受直❾，然卒❿不與直。

3 九月，東郡⓫太守翟義⓬都試⓭，勒⓮車騎，因發犇命⓯，立嚴鄉侯劉信⓰為天子，移檄⓱郡國，言莽「毒殺平帝，攝天子位，欲絕漢室，今共⓲行天罰誅莽」。郡國疑惑，眾十餘萬。莽惶懼不能食，晝夜抱孺子告禱郊廟⓳，放⓴大誥㉑作策，遣諫大夫㉒桓譚㉓等班於天下，諭㉔以攝位當反政孺子之意。遣王邑、孫建等八將軍擊義㉕，分屯諸關，守阸塞㉖。槐里㉗男子趙明、霍鴻等起兵，以和㉘翟義，相與謀曰：「諸將精兵悉東，京師空，可攻長安。」眾稍多，至且十萬人，莽恐，遣將軍王奇、王級將兵拒之。以太保甄邯為大將軍，受鉞高廟㉙，領天下兵，左杖節，右把鉞，屯城外。王舜、甄豐晝夜循行㉚殿中。

4 十二月，王邑等破翟義於圉㉛。司威㉜陳崇使監軍㉝上書言：「陛下奉天洪範㉞，心合寶龜㉟，膺受元命㊱，豫㊲知成敗，咸應兆占㊳，是謂配天。配天之主，慮則移氣，言則動物，施㊴則成化。臣崇伏讀詔書下日，竊計其時，聖思㊵始發，而反虜仍㊶破；詔文始書，反虜大敗；制書始下，反虜畢斬。眾將未及齊其鋒芒，臣崇未及盡其愚慮，而事已決矣。」莽大說。

【章　旨】以上為卷上的第八部分，記居攝二年事。王莽實行貨幣改革。東郡太守翟義舉兵反，槐里男子響應，共二十餘萬人。王莽派兵鎮壓，翟義兵敗。

【注　釋】❶貨　貨幣。❷錯刀　亦稱金錯刀，貨幣名。因以黃金錯其文而得名。形狀如刀，上有環，長二寸，上有「一刀直五千」錢文。每枚當五銖錢五千。❸直　通「值」。❹契刀　亦作栔刀，貨幣名。形狀如刀，上有環，長二寸，上有「栔刀五百」錢文。每枚當五銖錢五百。❺大錢　貨幣名。圓形，徑寸二分，重十二銖，上有「大泉十五」錢文。每枚當五銖錢或小錢五十。❻五銖錢　貨幣名。始鑄於漢武帝元狩五年（西元前一一八年）。圓形，有周郭，上有「五銖」錢文。為漢代使用時間最久、數量最多的貨幣。❼挾　持有。❽御府　亦稱中御府，官署名。隸屬少府，掌宮廷金錢、衣服、珍玩等物。❾直　通「值」。價值。❿卒　終於；最終。⓫東郡　郡名。在今河南、山東交界地區，治濮陽（今河南濮陽西南）。⓬翟義　汝南上蔡（今河南上蔡）人，翟方進子。本書卷八十四〈翟方進傳〉附有其傳。⓭都試　漢代閱兵制度。郡國每年秋季要進行軍隊操練，太守、都尉、縣令長等官員都要參加。⓮勒　約束；統率。⓯犇命　因軍情緊急而臨時徵發的精勇之人，取聞命奔赴之意。⓰劉信　漢宣帝曾孫，東平煬王劉雲之子。⓱移檄　傳遞檄文。檄，用於徵召、申討、曉諭等的官方文書。漢代寫在長一尺二寸的木簡上。⓲共　通「恭」。⓳郊廟　郊，郊祀祭壇。廟，漢朝宗廟。⓴放　通「仿」。模仿。㉑大誥　《書》的篇名，是周公東征文告，傳為周公所作。㉒諫大夫　官名。隸屬光祿勳，執掌議論。㉓桓譚　沛國相縣（今安徽濉溪）人，活動於兩漢之際。《後漢書》卷二十八有傳。㉔諭　曉諭；曉告。㉕八將軍擊義　本書卷八十四〈翟方進傳附子義〉說王莽遣孫建等七將軍進攻翟義，與此處記載有異。㉖阸塞　險要的地方。㉗槐里　縣名。在今陝西興平東南。㉘和　應和。㉙高廟　漢高祖劉邦祠廟。㉚循行　巡視。㉛圉　縣名。在今河南杞縣南。㉜司威　官名。職掌不詳。㉝使監軍　奉使監軍。㉞洪範　天地的大法。洪，大。範，法則。㉟寶龜　龜甲是古代占卜吉凶的工具，故將龜視為吉物。此句意謂王莽能預知未來。㊱膺受元命　接受天命。膺，受。元命，天命。㊲豫　通「預」。㊳兆占　龜卜；占卜。㊴施　施行；行動。㊵思　思慮。㊶仍頻繁。

【語 譯】二年春天，竇況等人擊敗西羌。

2 五月，改鑄貨幣：錯刀，一枚值五千錢；契刀，一枚值五百錢；大錢，一枚值五十錢，與五銖錢一同使用。民間有許多私自鑄錢的。下令禁止列侯以下的人藏有黃金，黃金送到御府可以得到相等的錢幣，但最終卻沒有付給相等的錢幣。

3 九月，東郡太守翟義舉行例行的軍隊演練，統率車兵和騎兵，乘機徵發勇士，擁戴嚴鄉侯劉信為皇帝，傳檄文於各郡國，說王莽「毒死平帝，代理了皇帝之位，想要滅絕漢室，現在一起執行上天的懲罰誅殺王莽」。各郡國受其蠱惑，翟義人馬達到十餘萬人。王莽惶恐害怕吃不下飯，日夜抱著孺子到郊祀祭壇和宗廟禱告，仿照〈大誥〉寫了一篇策文，派諫大夫桓譚等人頒行全國，曉告自己暫且攝政定會把權力交還孺子的意思。派王邑、孫建等八個將軍攻打翟義，分別屯兵各個關口，把守要塞。槐里男子趙明、霍鴻等起兵，以響應翟義，一起謀劃說：「各將帥精兵都開往東方，京城空虛，可以進攻長安。」人馬逐漸增多，達到將近十萬人，王莽恐懼，派將軍王奇、王級率軍抵擋他們。任命太保甄邯為大將軍，在高帝廟接受鉞斧，統領全國軍隊，左手拿著符節，右手拿著鉞，駐紮在長安城外。王舜、甄豐日夜在宮殿中巡視。

4 十二月，王邑等人在圉縣擊敗了翟義。司威陳崇被派去監軍，他上書說：「陛下秉承上天的大法，心意與能預知未來的神龜相合，接受天命，預先知道事情的成敗，所有的舉措都應和了占卜，這就是所謂的上配天意。上配天意的君主，思慮一動就可以移動氣運，言語一出就可以變動萬物，一有舉措就可以實現教化。臣陳崇俯伏拜讀詔書下達之日，私下計算了那段時間，您聖明的思慮剛一出現，而反賊就被頻頻擊敗；詔文開始書寫，反賊大敗；制書才下達，反賊都被斬殺。眾位將領還沒有來得及一起施展他們的銳利進攻，臣陳崇還沒有來得及全部提出愚見，而事情就已經解決了。」王莽十分高興。

1 三年春，地震。大赦天下。

2 王邑等還京師，西與王級等合擊明、鴻，皆破滅，語在翟義傳❶。莽大置酒未央宮白虎殿❷，勞賜❸將帥。詔陳崇治校❹軍功，第❺其高下。莽乃上奏曰：「明聖之世，國多賢人，故唐虞之時，可比❻屋而封，至功成事就，則加賞焉。至於夏后塗山之會❼，執玉帛❽者萬國，諸侯執玉，附庸❾執帛。周武王孟津❿之上，尚有八百諸侯。周公居攝，郊祀后稷以配天，宗祀文王於明堂以配上帝，是以四海之內各以其職⓫來祭，蓋⓬諸侯千八百矣。禮記王制千七百餘國⓭，是以孔子著孝經曰⓮：『不敢遺⓯小國之臣，而況於公侯伯子男⓰乎？故得萬國之歡心以事先王。』此天子之孝也。秦為亡道，殘滅諸侯以為郡縣⓱，欲擅天下之利，故二世而亡。高皇帝受命除殘，考功施賞，建國數百，後稍衰微，其餘僅存。太皇太后躬統大綱，廣封功德以勸善，興滅繼絕以永世，是以大化⓲流通⓳，旦暮且成。遭羌寇害西海郡，反虜流言東郡，逆賊惑眾西土，忠臣孝子莫不奮怒，所征殄滅，盡備厥辜⓴，天下咸寧。今制禮作樂，實考周爵五等㉑，地四等㉒，有明文；殷爵三等㉓，有其說，無其文。孔子曰㉔：『周監㉕於二代㉖，郁郁㉗乎文哉！吾從周。』臣請諸將帥當受爵邑者爵五等，地四等。」奏可。於是封者高為侯伯，次為子男，當賜爵關內侯者更名曰附城㉘，凡數百人。擊西海者以「羌」為號，槐里以「武」為號，翟義以「虜」為號。

3 群臣復奏言：「太后修㉙功錄德，遠者千載，近者當世，或以文封，或以武爵，深淺大小，靡不畢舉。今攝皇帝背依㉚踐阼，宜異於宰國之時，制作雖未畢已㉛，宜進二子爵皆為公。春秋『善善及子孫㉜』，『賢者之後，宜有土地㉝』。成王廣封周公庶子㉞六人，皆有茅土㉟。及漢家名相大將蕭、霍之屬，咸及支庶㊱。兄子光，可先封為列侯；諸孫，制度畢已，大司徒、大司空上名，如前詔書。」太后詔曰：「進攝皇帝子褒新侯安為新舉公，賞都侯臨為褒新公，封光為衍功侯。」是時，莽還歸新都國，群臣復白以封莽孫宗為新都侯。莽既滅翟義，自謂威德日盛，獲天人助，遂謀即真㊲之事矣。

4 九月，莽母功顯君死，意不在哀，令太后詔議其服㊳。少阿㊴、羲和㊵劉歆與博士諸儒七十八人皆曰：「居攝之義，所以統立天功，興崇帝道，成就法度，安輯㊶海內也。昔殷成湯㊷既沒㊸，而太子蚤㊹夭，其子太甲㊺幼少不明，伊尹放諸桐宮㊻而居攝，以興殷道。周武王既沒，周道未成，成王幼少，周公屏㊼成王而居攝，以成周道。是以殷有翼翼之化㊽，周有刑錯之功㊾。今太皇太后比㊿遭家之不造[51]，委任安漢公宰尹[52]群僚，衡平[53]天下。遭孺子幼少，未能共上下[54]，皇天[55]降瑞，出丹石之符[56]，是以太皇太后則天[57]明命，詔安漢公居攝踐阼，將以成聖漢之業，與唐虞三代[58]比隆也。攝皇帝遂開祕府[59]，會群儒，制禮作樂，卒定庶官[60]，茂[61]成天功。聖心周悉，卓爾[62]獨見，發得周禮，以明因監[63]，則天稽古，而損益焉，猶仲尼之聞韶[64]，日月之不可階[65]，非聖哲之至，孰能若茲[66]！綱紀咸張，成在一匱[67]，此其所以保佑聖漢，安靖元元之效也。今功顯君薨，禮[68]『庶子為後[69]，為其母緦』，傳曰『與尊者[70]為體[71]，不敢服[72]其私親[73]也』。攝皇帝以聖德承皇天之命，受太后之詔居攝踐阼，奉漢大宗之後，上有天地社稷之重，下有元元萬機之憂，不得顧其私親。故太皇太后建厥元孫[74]，俾[75]侯新都，為哀侯[76]後。明攝皇帝與尊者[77]為體，承宗廟之祭，奉共養太皇太后，不得服其私親也。周禮曰[78]『王為諸侯緦繐[79]』，『弁而加環絰[80]』，同姓則麻，異姓則葛[81]。攝皇帝當為功顯君緦繐，弁而加麻環絰，如天子弔諸侯服，以應聖制。」莽遂行焉，凡壹弔再會[82]，而令新都侯宗為主[83]，服喪三年云。

司威陳崇奏，衍功侯光私報執金吾[84]竇況，令殺人，況為收繫，致其法。莽大怒，切責光。光母曰：「女[85]自眡孰與長孫[86]、中孫[87]？」遂母子自殺，及況皆死。初，莽以事母、養嫂、撫兄子為名，及後悖虐，復以示公義[88]焉。今光子嘉嗣爵為侯。

6 莽下書曰：「遏密[89]之義，訖于季冬[90]，正月郊祀，八音[91]當奏。王公卿士，樂凡幾等？五聲[92]八音，條各云何？其與所部儒生各盡精思，悉陳其義。」

7 是歲廣饒侯劉京[93]、車騎將軍千人[94]扈雲、大保[95]屬臧鴻奏符命。京言齊郡[96]新井，雲言巴郡[97]石牛，鴻言扶風雍[98]石，莽皆迎受[99]。十一月甲子，莽上奏太后曰：「陛下至聖，遭家不造[100]，遇漢十二世三七之阸[101]，承天威命，詔臣莽居攝，受孺子之託，任天下之寄。臣莽兢兢業業[102]，懼於不稱[103]。宗室廣饒侯劉京上書言：『七月中，齊郡臨淄縣昌興亭長[104]辛當一暮數夢，曰：「吾，天公[105]使也。天公使我告亭長曰：『攝皇帝當為真。』即不信我，此亭中當有新井。」亭長晨起視亭中，誠[106]有新井，入地且百尺。』十一月壬子，直建[107]冬至，巴郡石牛，戊午，雍石文，皆到于未央宮之前殿。臣與太保安陽侯舜等視，天風起，塵冥[108]，風止，得銅符[109]帛圖[110]於石前，文曰：『天告帝符，獻者封侯。承天命，用神令。』騎都尉崔發[111]等眡說[112]。及前孝哀皇帝建平二年六月甲子下詔書，更為太初元將[113]元年，案其本事[114]，甘忠可[115]、夏賀良[116]讖書臧[117]蘭臺[118]。臣莽以為元將元年者，大將居攝改元之文也[119]，於今信矣。尚書康誥『王[120]若[121]曰：「孟侯[122]，朕其[123]弟，小子封[124]。」』此周公居攝稱王之文也。春秋隱公不言即位[125]，攝也。此二經[126]周公、孔子所定，蓋為後法[127]。孔子曰[128]：『畏天命，畏大人[129]，畏聖人之言。』臣莽敢不承用！臣請共事神祇宗廟，奏言太皇太后、孝平皇后，皆稱假皇帝。其號令天下，天下奏言事，毋言『攝』。以居攝三年為初始[130]元年，漏刻以百二十為度[131]，用應天命。臣莽夙夜養育隆就[132]孺子，令與周之成王比德，宣明太皇太后威德於萬方，期[133]於富而教之。孺子加元服，復子明辟[134]，如周公故事。」奏可。眾庶知其奉符命，指意[135]群臣博議別奏，以視[136]即真之漸矣。

8 期門郎[137]張充等六人謀共劫[138]莽，立楚王[139]。發覺，誅死。

9 梓潼[140]人哀章學問[141]長安，素無行[142]，好為大言。見莽居攝，即作銅匱[143]，為兩檢[144]，署其一曰「天帝行璽[145]金匱圖」，其一署曰「赤帝[146]行璽某[147]傳予黃帝[148]金策書」。某者，高皇帝名也。書言王莽為真天子，皇太后如[149]天命。圖書皆書莽大臣八人[150]，又取令名王興、王盛[151]，章因自竄[152]姓名，凡為十一人，皆署官爵，為輔佐。章聞齊井、石牛事下，即日昏時，衣黃衣，持匱至高廟，以付僕射[153]。僕射以聞。戊辰，莽至高廟拜受金匱神嬗[154]。御[155]王冠，謁太后，還坐未央宮前殿，下書曰：「予以不德，託于皇初[156]祖考黃帝之後，皇始祖考虞帝之苗裔[157]，而太皇太后之末屬[158]。皇天上帝隆顯大佑，成命統序[159]，符契圖文，金匱策書，神明詔告，屬[160]予以天下兆民[161]。赤帝漢氏高皇帝之靈，承天命，傳國金策之書，予甚祗[162]畏，敢不欽受！以戊辰直定[163]，御王冠，即真天子位，定有天下之號曰新。其改正朔[164]，易服色[165]，變犧牲[166]，殊徽幟[167]，異器制[168]。以十二月朔癸酉為始[169]建國元年正月之朔，以雞鳴為時[170]。服色配德上黃[171]，犧牲應正用白[172]，使節之旄旛[173]皆純黃，其署曰『新使五威[174]節』，以承皇天上帝威命也。」

【章旨】以上為卷上的第九部分，記居攝三年事。王莽軍隊擊敗槐里義軍。王莽認為時機成熟，遂以符命為由，即位為真皇帝，建國號為「新」。其間，又發生期門郎張充等六人謀劃劫持王莽事件，發覺，被殺。

【注釋】❶翟義傳　即本書卷八十四〈翟方進傳附子義〉。❷白虎殿　未央宮殿名。又名中白虎殿。❸勞賜　慰勞賞賜。❹治校　核定；核准。❺第　排列等級。動詞。❻比　相鄰；緊鄰。❼夏后塗山之會　相傳禹在塗山大會諸侯。塗山，亦作嵞山，其地所在有三說：一、今安徽懷遠東南，淮河東岸，又名當塗山；二、今重慶巴縣；三、今浙江紹興西北。❽玉帛　玉圭璋和束帛。古代祭祀、會盟、朝聘等用之，以示友好。❾附庸　附屬於諸侯的小國。❿孟津　黃河渡口名，在今河南孟津東北。相傳周武王在此會合諸侯渡黃河伐商紂。⓫職　此處指貢賦。⓬蓋　大約；大概。⓭禮記王制千七百餘國　《禮記・王制》說九州之內有一千七百七十三國。⓮孝經曰　語出自《孝經・孝治》。⓯遺　遺漏。⓰公侯伯子男　周代分封諸侯五等爵位名。⓱殘滅諸侯以為郡縣　秦統一全國後，廢除分封制，實行郡縣制度，郡縣長官均由朝廷任免。⓲大化　廣遠深入的教化。⑲流通　流布通行。⑳盡備厥辜　都伏了罪。厥，其，代詞。辜，罪。㉑周爵五等　即公侯伯子男。㉒地四等　公一等，侯伯二等，子男三等，附庸四等。㉓殷爵三等　公一等，侯二等，伯、子、男三等。㉔孔子曰　語出自《論語・八佾》。㉕監　借鑑。㉖二代　夏代和商代。㉗郁郁　豐富茂盛狀。㉘附城　即附庸。㉙脩　清理；整理。動詞。㉚依　斧依。㉛已完畢；完成。㉜善善及子孫　褒揚善人延及他的子孫。語出自《公羊傳・昭公二十年》。㉝賢者之後二句　不知其語出自何處。㉞庶子　妾所生之子。妻所生子除嫡長子外也稱庶子。㉟茅土　茅，草名，也作「茆」。土，青、赤、白、黑、黃五色土，分別象徵東、南、西、北、中五個方位。古代帝王社壇用五色土建成，分封諸侯時用茅包裹封者所在方向的色土，令封者以之在封國內立社。故以「茅土」作為封王侯之代稱。㊱支庶　宗族旁出的親屬。㊲即真　指正式做皇帝。㊳服　喪服。古代喪服制度根據親疏、尊卑關係分為斬衰、齊衰、大功、小功和緦麻五等。㊴少阿　官名。王莽模仿傳說的古代制度所置的職官，四少之一，執掌教育太子。㊵羲和　官名。王莽時將大司農更名羲和，後又更名納言。㊶輯　通「集」。㊷成湯　亦作「成商」。子姓，名履，又稱天乙。商開國之君商湯。契的後代，夏桀無道，湯伐之，建立商，都於亳。成，一說湯伐桀，武功成，故以為號；一說，為諡號。㊸沒　通「歿」。死亡。㊹蚤　通「早」。㊺太甲　商王。湯的嫡長孫，曾因不理國政，違反湯法而被伊尹放逐。歸位後勵精圖治，社會安寧。㊻桐宮　傳為湯的墓地，在今河北臨漳境內。㊼屏　退；屏退。一說，擁。㊽殷有翼翼之化　本自《詩・商頌・殷武》「商邑翼翼，四方之極」。翼翼，莊嚴雄偉貌。㊾周有刑錯之功　相傳周成王和周康王時社會清平，囹圄空虛。錯，通「措」。停止。㊿比　頻；連。(51)遭家之不造　本自《詩・周頌・閔予小子》「閔予小子，遭家不造」。造，成。不造，不成。一說，造，通「穀」。吉。不造，不吉。(52)宰尹　統領。宰，治。尹，匡正。(53)衡平　公平。(54)共上下　恭敬地侍奉天地。共，通「恭」。上下，指天地。(55)皇天　上天。(56)出丹石之符　指前文謝囂等人所獻的丹書白石。(57)則天　以上天的意旨為法則。(58)三代　指夏、商、周三朝。(59)祕府　宮中收藏圖書的地方。(60)庶官　百官。庶，眾多。(61)茂　美好。(62)卓爾　形容超群出眾。(63)以明因監　以明瞭繼承和借鑑。因，沿襲；繼承。監，借鑑。指殷商因於夏禮，周以夏、殷為借鑑。(64)仲尼之聞韶　《論語・述而》說孔子在齊聞〈韶〉，三月不知肉味。這是關於孔子聞〈韶〉的最早記載。後來相傳孔子到齊國都門外遇見一兒童，二人相伴而行，孔子看到他行為舉止端正，就知道這時正在演奏〈韶〉樂，讓駕車的人加速前進。到了那裡聽到〈韶〉樂，三日不知肉味。此處以此比喻王莽像孔子那樣是見微知著的天才。仲尼，孔子的表字。韶，相傳是舜制作的樂曲，因其聲音美妙，鳳凰都來傾聽。(65)日月之不可階　孔子弟子子貢說孔子如同日月一樣偉大，他人無法企及。又說他人不可能趕上孔子，猶如人不能爬著梯子上天。語見《論語・子張》。(66)茲　此。(67)成在一匱　匱，用草編成的器物，用於盛土。語出自《論語・子罕》：「譬如為山，未成一簣，止吾止也。譬如平地，雖覆一簣，進吾往也。」意謂王莽修行政化，以致太平，原本出自一簣，是一點點完成的。68禮　語本自《儀禮・喪服》。69後　繼承人。古代宗法制度規定，嫡長子是首位的繼承人，在沒有嫡長子的情況下，庶子可以成為繼承人。70尊者　指父親和嫡母。71體　承宗繼祖的系統；血統。72服　服喪。73私親　指生母。74建厥元孫　指立王莽孫王宗為新都侯。元孫，長孫。75俾　使。76哀侯指王曼。77尊者　此處指漢朝皇室。78周禮曰　語本自《周禮・春官・司服》。79弁而加環絰　在弁上加環絰。環絰，以一股麻繞成環狀。80麻　中國古代使用的麻質服裝包括大麻和苧麻兩種，大麻原產中亞地區，至晚在西周傳入中國。苧麻是中國本土物產。81葛　一種草本植物，纖維可織布，細者稱絺，粗者稱綌。82壹弔再會　古代喪禮的程序。83主　喪主。通常由後子擔任。84執金吾　武官名。漢武帝時由中尉改置，執掌京師治安。皇帝出行時負責護衛及儀仗。85女　通「汝」。86長孫　王莽兒子王宇的表字。87中孫　王莽兒子王獲的表字。88公義　公正正義。89遏密　禁絕樂聲。《書・舜典》說舜死後百姓悲傷，三年中「遏密八音」。這裡援引此典。遏，絕。密，靜。90訖于季冬　季冬，夏曆十二月。91八音　古代稱金、石、絲、竹、匏、土、革、木為八音，其中，金為鐘，石為磬，琴瑟為絲，簫管為竹，笙竽為匏，塤為土，鼓為革，柷為木。92五聲　古代音階中宮、商、角、徵、羽五個音級。93廣饒侯劉京　廣饒，侯國名。在今山東廣饒東北。本書卷十五〈王子侯表上〉說此時廣饒侯是劉麟，與本傳不同。94千人　武官名。隸屬將軍。95大保　景祐諸本作「太保」。大，通「太」。96齊郡郡名。治臨淄（今山東淄博）。97巴郡　郡名。在今四川東部和重慶一帶，治江州（今重慶北）。98扶風雍　扶風，又作右扶風，三輔之一，在今陝西關中地區西部。雍，縣名，在今陝西鳳翔南。99迎受　迎接、接受。100遭家不造　遭遇皇族不幸。101遇漢十二世三七之阸　西漢後期流行漢王室到第十二代統治者和二百一十年（即「三七」）時會出現災難的說法。從漢高祖到平帝（包括呂后執政時期）正好十二世，二百一十餘年。阸，危難；災難。102兢兢業業　謹慎戒懼的樣子。兢兢，謹慎。業業，危懼。103稱　稱職。104亭長　官名。秦漢時期在鄉村每十里設一亭，亭有亭長，負責該地區的治安，兼管容留旅客。設於城中的亭稱都亭，亦設亭長掌管與鄉村亭長相類的事務。105天公　天帝。106誠　實。107建　古代天文學稱北斗星斗柄所指為建。一年之中，斗柄旋轉而依次指向十二辰，稱為十二月建。夏曆（農曆）的月分即由此而定，如正月稱建寅，二月稱建卯……十一月稱建子，十二月稱建丑。108冥　晦暗。109銅符　銅製的符信。110帛圖　書寫於絲帛上的圖畫文字。111崔發涿郡安平（今河北安平）人，《後漢書》卷五十二〈崔駰列傳〉有其事跡。112眡說　看文字而說其意。眡，古「視」字。113太初元將　漢哀帝聽從方士的話，建平二年六月下詔改年號為太初元將，自稱「陳聖劉太平皇帝」。114本事　原本之事。此處指漢哀帝更改年號的過程。[115]甘忠可　西漢後期方士，著有《天官曆》、《包元太平經》等讖書。[116]夏賀良　西漢後期方士，甘忠可的學生。[117]臧　通「藏」。[118]蘭臺　漢代皇宮中收藏圖書的地方。[119]元將元年者二句　王莽是大司馬，故以「元將」、「大將」之語為其製造輿論。[120]王　指周公。[121]若　如此；這樣。[122]孟侯　諸侯之長。孟，長。[123]其　之。助詞。[124]封　姬封。周武王之弟。起初封於康（今河南禹州西北），故稱康叔。周公東征消滅武庚後，將殷民七族和商王朝故都附近地區封給姬封，國號衛（今河南淇縣一帶）。文中所引的《書・康誥》就是周公分封姬封的文告。[125]春秋隱公不言即位　《春秋》以魯隱公元年起首，但沒有指出魯隱公即位之事。魯隱公是庶子，按照嫡子繼承的宗法制度，魯國國君之位不應由其繼承。古人認為這是《春秋》寓褒貶於敘事之中的特殊筆法。[126]二經　指《書》和《春秋》。[127]後法　後世之法。[128]孔子曰　語出自《論語・季氏》。[129]大人　有三種說法，即居於高位之人、有德之人或長輩。[130]初始　或作始初，說見《漢書補注》。[131]漏刻以百二十為度　漢代漏刻為一天一百度，王莽用夏賀良改元之說改為一百二十度，這是王莽取代漢朝的一個舉措。[132]隆就　幫助其長大。[133]期　希望。[134]辟　君主。[135]指意　授意。[136]視　通「示」。[137]期門郎　皇帝侍從軍官名。漢武帝時置，掌執兵扈從護衛。武帝喜微行，多與西北六郡良家子能騎射者期約在殿門會合，故稱。平帝元始元年更名為虎賁，本傳稱期門，可能是沿用舊稱。[138]劫　劫持。[139]楚王　即楚王劉紆，漢宣帝曾孫。[140]梓潼　縣名。在今四川梓潼一帶。[141]學問　學習；問學。[142]無行　品行不好。[143]銅匱　銅製之匱。據漢代文物資料所見，匱為長方形，有足。當時匱多用於儲藏貴重之物。[144]檢　封書題簽。古代用竹簡或木簡著述，完成後以繩穿結，在繩結之處封泥，在封泥上鈐印，是為檢。[145]行璽　秦漢時皇帝印璽的一種。[146]赤帝　古代傳說中的五個天帝之一，漢代流傳漢高祖劉邦是赤帝之子的說法。[147]某　原文應為劉邦。班固為避諱而隱名姓以「某」代之。[148]黃帝　姬姓，號軒轅氏、有熊氏。傳說華夏族的始祖。少典之子。傳說他聯合其他部落，先後擊敗炎帝和蚩尤，被擁戴為首領。相傳文字、養蠶、舟車、音律、醫學、數學等的發明都與黃帝有關。此處的「黃帝」暗指王莽先祖，以五德終始說為王莽代漢尋找合理性，故為王莽所接受和渲染。[149]如　遵照。[150]莽大臣八人　即太傅王舜、大司徒平晏、少阿羲和劉歆、太保後承甄邯、丕進侯王尋、步兵校尉王邑、太阿右拂甄奉、輕車將軍孫建。[151]又取令名王興王盛　令名，美名。王興、王盛是哀章編造出來的名字，意思是要王莽興盛，故言令名。[152]竄　夾雜。[153]僕射　官署長官名。此為負責高廟事務的官員。[154]神嬗　上天讓劉氏宗室轉讓政權的命令。嬗，通「禪」。[155]御　戴。[156]皇初　最初的帝王。[157]苗裔　子孫。[158]末屬　微末的親屬。[159]成命統序　決定了皇統更代的順序。統，皇統。[160]屬　通「囑」。囑託；託付。[161]兆民　人民。[162]祗恭敬。[163]以戊辰直定　古代術數家以為天文中的十二辰，分別象徵人事上的建、除、滿、平、定、執、破、危、成、收、開、閉十二種情況。後因以「建除」指根據天象占測人事吉凶禍福的方法。按照建除家推算，此日為吉日，故以為登位之日。164改正朔　正，指年始。朔，指月初。古代帝王易姓受命，必改正朔，以示王者得政從我始。165服色　車馬、服飾的顏色。服色是一個王朝的象徵，因此王朝更替要改變服色以表明與舊王朝的區別。166犧牲　供祭祀用的牲畜。167殊徽幟　改變旗幟。殊，使不同。使動用法。徽幟，指旌旗之類。168器制　器物的形制、規格。169始　原無「始」字，據《漢書補注》引劉攽說，「建國」前當有「始」字。170以雞鳴為時　雞鳴，漢代計時單位。漢代通行十二時制和十六時制兩種計時方法，雞鳴即丑時。漢代以夜半即子時為一天之始，王莽改變一日之始，以示區別於漢朝。171服色配德上黃　王莽自認是土德，而與之相配的顏色是黃色，故要崇尚黃色。下文用黃色旄旛也是此意。上，通「尚」。172犧牲應正用白　王莽將新王朝正月定在夏曆十二月，該月建丑，相應白色，故祭祀要用毛色是白色的牲畜。173旄旛　節上用作裝飾物的犛牛尾。174五威　指奉從東方青帝、南方赤帝、西方白帝、北方黑帝、中央黃帝五位天帝的威命。

【語譯】三年春季，發生地震。全國大赦。

2 王邑等人回到京城，向西與王級等人一同進攻趙明和霍鴻，把他們都消滅了，這些事情記載在〈翟義傳〉中。王莽在未央宮白虎殿大設酒宴，犒勞賞賜將帥。詔令陳崇核定軍功，按功勞的大小排列等級。王莽便上奏說：「聖明的時代，國家會出現很多賢人，因此唐堯、虞舜之時，可以挨家挨戶來分封，等到功成事就時，就加以賞賜了。到了夏禹在塗山大會諸侯，帶著玉帛參加的有一萬個國家，諸侯拿著玉，附庸捧著帛。周武王在孟津上會合諸侯，還有八百諸侯。周公居位攝政，郊祀天地以后稷配上天，在明堂祭祀祖宗讓周文王配上帝，因此全國各地都帶著各自的貢賦來參加祭祀，大約有一千八百諸侯了。《禮記·王制》記載有一千七百餘國，因此孔子寫《孝經》說：『不敢遺漏小國的臣子，何況對於公侯伯子男呢？所以能得到萬國的歡心來侍奉他的先王。』這是天子的孝道。秦朝做沒有道德的事情，消滅諸侯建立了郡縣，想要獨占天下的利益，因此只傳了兩代就滅亡了。高皇帝秉承天命驅除暴政，考核功勞頒行賞賜，建立數百個王國和侯國，後來這些王國和侯國逐漸衰微，剩下的不多了。太皇太后親自統領國家大政，大封有功德之人來勸獎善行，恢復那些失去封號的侯國讓他們永遠延續，因此廣遠深入的教化流布暢通指日可待。遭受羌人搶掠禍害西海郡，反虜在東郡散布流言，逆賊在西部蠱惑眾人，忠臣孝子莫不震憤，征討所至殲滅敵人，他們都受懲伏罪，天下都得到了安寧。現在制定禮儀制作樂教，按實考查周代的爵位分為五等，封地分為四等，這是有明文記載的；殷商的爵位分為三等，有這樣的說法，但沒有明文記載。孔子說：『周代借鑑了夏和殷商兩代，禮樂制度是何等的豐富茂盛啊！我遵從周代的制度。』我請求對諸位將帥應當接受爵位和封邑者，按五等爵和四等封地來賞賜。」上奏得到批准。於是分封的人高的為侯、伯，其次為子男，應當賞賜關內侯爵的人改名為附城，一共分封了數百人。攻打西海郡的將帥以「羌」作為稱號，攻打槐里的將帥以「武」作為稱號，攻打翟義的將帥以「虜」作為稱號。

3 大臣們又上奏說：「太后彰顯有功者記錄有德者，遠的千年，近的在當代，有的因文德而得封賞，有的因武功而得爵位，無論德行功勞深淺大小，沒有不被封賞的。現在代理皇帝背靠斧依登上皇位，應當不同於他主持國政的時候。禮樂的制作雖然尚未完成，應當將他兩個兒子的爵位提升為公。《春秋》說『褒揚善人延及他的子孫』，『賢者的後代，應當有封土』。周成王普遍封賞周公的六個庶子，讓他們都有封地。還有漢家名相大將蕭何、霍光這些人，對他們的封賞都擴大到旁支庶出的親屬。他的姪子王光可以先封為列侯；他的孫子們，等到禮樂制度建成後，讓大司徒、大司空提出名單，按照以前詔書行事。」王太后下詔說：「提升代理皇帝之子褒新侯王安為新舉公，賞都侯王臨為褒新公，封王光為衍功侯。」這時，王莽交還了新都國，大臣們又建議封王莽的孫子王宗為新都侯。王莽既然消滅了翟義，自以為威望德行日盛一日，得到了上天和人民的幫助，於是開始謀劃正式做皇帝的事情了。

4 九月，王莽母親功顯君去世，他的心思不在哀痛上，讓王太后下詔議論他的喪服規格。少阿、羲和劉歆與博士群儒七十八人都說：「居位攝政之義，在於統領建立帝王功業，推崇興盛帝王的治國之道，建立法律和制度，安定國內。從前殷商成湯去世，而太子早夭，他的兒子太甲年紀幼小不明事理，伊尹將其放逐到桐宮而居位攝政，以復興殷商的治國原則。周武王去世後，周的治國原則尚未建立，成王年紀幼小，周公屏退成王居位攝政，由此建立了周的治國原則。所以殷商有了莊嚴的教化，周有了擱置刑罰的績效。現在太皇太后連連遭受皇室不幸，委任安漢公統領大臣，以公平治理天下。碰到了孺子年幼，不能恭敬地侍奉天地，上天降下祥瑞，出現了丹書白石的符命，因此太皇太后順應上天的意旨，明瞭符命意義所在，詔令安漢公居位攝政登上皇位，將以此成就聖漢的大業，與唐堯、虞舜和夏、商、周三代的隆盛相媲美。代理皇帝於是開放祕府，匯集群儒，制定禮規，制作樂法，最終確定百官制度，出色地完成了上天之任。他聖明的思慮無所不知，有卓爾不群的獨到見識，發掘了解周代的禮制，因此搞清楚了三代因循和借鑑的道理；他以上天意旨為法則，考察古代制度，加以增減調整，猶如仲尼聽〈韶〉樂那樣見微知著，如同日月一樣偉大，他人無法攀梯而及，如果不是極其聖明智慧的人，誰能達到這樣的程度！國家的綱紀已經張開，是一點點積累而成，這是用來保佑聖漢、安定百姓的功效。現在功顯君去世，《禮》規定『庶子成為家族的繼承人，為他的生母服喪要按緦麻規格』，注解說『既然成為父親和嫡母的繼承人，就不敢為自己的生母服重喪』。代理皇帝因聖德而秉承上天之命，接受太皇太后詔令居位攝政登上皇位，接續漢朝皇帝的後代，上有天地和國家的重任，下有黎民百姓各種事情的憂慮，不能顧及自己的生母。所以太皇太后封立了他的長孫，讓他做了新都侯，作為哀侯的後代。這表明了代理皇帝與漢朝皇室是一體的，要承接漢朝宗廟的祭祀，侍奉供養太皇太后，不能為自己的生母服喪。《周禮》說『王要為諸侯服緦麻之喪』，『在弁上加上用麻環繞的絰帶』，對同姓諸侯用麻繩對異姓諸侯用葛繩。代理皇帝應當為功顯君服緦麻服，在弁上加上用麻環繞的絰帶，按照天子弔唁諸侯的喪服，以符合聖人的制度。」王莽便照此而行，共舉行了一弔再會的禮儀，而讓新都侯王宗作喪主，讓他守三年的喪服。

5 司威陳崇上奏說，衍功侯王光私自告訴執金吾竇況，讓他為自己殺人，竇況替王光關押了那個人，處死了他。王莽大怒，嚴厲責備王光。王光的母親對王光說：「你自己掂量一下你能比得上王宇、王獲嗎？」於是母子二人便自殺了，以及竇況也都死了。當初，王莽以侍奉母親、贍養嫂嫂、撫養姪子獲得了名譽，等到後來行為悖亂暴虐，又這樣做來顯示自己的公正無私。讓王光之子王嘉繼承爵位為衍功侯。

6 王莽下文書說：「禁絕樂聲的規定，止於十二月，正月郊祀，應當演奏八音。王公卿士所使用的樂器應分為幾等？五聲八音每一條都說的是什麼？要與所屬的儒生各自用心考慮，詳細上陳其中的含義。」

7 這一年廣饒侯劉京、車騎將軍千人扈雲和大保屬官臧鴻上奏符命。劉京說齊郡的新井，扈雲說巴郡的石牛，臧鴻說右扶風雍縣的石頭，王莽都迎接接受了。十一月甲子日，王莽上奏王太后說：「陛下至為聖明，遭遇皇族不幸，碰上了漢朝傳十二代二百一十年後所出現的厄運，秉承上天威嚴的命令，詔令臣王莽居位攝政，接受孺子的委託，擔當起天下的厚望。臣王莽戰戰兢兢，懼怕不能勝此任。皇室廣饒侯劉京上書稱：『七月中旬，齊郡臨淄縣昌興亭長辛當一夜做了好幾個夢，夢見有人對他說：「我，是天公的使者。天公讓我告訴亭長說：『攝皇帝應當成為真皇帝。』若是不信我的話，這個亭中當會出現一口新井。」亭長清晨起來看亭中，果然有一口新井，深入地下將近一百尺。』十一月壬子日，當建辰冬至，巴郡石牛，戊午日，雍縣石文，都到了未央宮前殿。臣與太保安陽侯王舜等察看時，天突然颳起風，塵埃瀰漫，天昏地暗，風停之後，在石前得到了銅符帛圖，上面寫著：『上天告知皇帝的符命，進獻者應當封侯。秉承天命，採用神令。』騎都尉崔發等人看文字而解釋其意。還有從前孝哀皇帝建平二年六月甲子日下詔書，改為太初元將元年，查考當時之事，甘忠可和夏賀良的讖書收藏在蘭臺中。臣王莽認為元將元年，是說大將居攝改元之文，到今天可以證明了。《尚書・康誥》云『王如此說：「諸侯之長，我的弟弟，小子姬封。」』這是周公居攝稱王時的文告。《春秋》記載魯隱公不說即位，因為他是代理魯國國君。這兩部經書是周公和孔子所編定的，是後代遵循的法則。孔子說：『敬畏上天的意旨，敬畏身居高位者，敬畏聖人的話。』臣王莽怎敢不秉承執行！臣請求恭敬地侍奉神祇宗廟，向太皇太后和孝平皇帝上奏時，都自稱代理皇帝。臣向全國發布命令，天下之人向臣報告情況時，都不稱『代理』。將居攝三年改為初始元年，銅壺滴漏的刻度改為一百二十度，以上應天命。臣王莽日夜養育孺子，幫助他長大成人，讓他可與周成王的美德相提並論，把太皇太后的聲威德行傳揚到各個地方，期望不斷以此教化他們。孺子行冠禮之後，把君主的權力交還給明君，仿照周公的成例。」上奏得到批准。人們知道王莽奉承符命，授意群臣廣泛議論分別上奏，以此顯示王莽做真皇帝有了新的進展。

8 期門郎張充等六人謀劃共同劫持王莽，擁立楚王為皇帝。被發覺，處死。

9 梓潼人哀章在長安學習，素來品行不好，喜歡說大話。他看到王莽攝政，就製作了一個銅匱，作了兩道封書題簽，在一個上面寫道「天帝行璽金匱圖」，在另一個上面寫道「赤帝行璽某傳予黃帝金策書」。其中所說的「某」，是高皇帝的名字。策書說王莽做真皇帝，皇太后應按照天命行事。圖和策書上都寫了王莽的八個大臣，又取了好名字王興、王盛，哀章趁機把自己名字也夾在裡面，共有十一人，都標明官位和爵位，作為輔佐。哀章聽說朝廷下達了齊郡新井和巴郡石牛之事，當天黃昏時分，穿上黃色的衣服，拿著銅匱來到高祖祠廟，把它交給了僕射。僕射上報了此事。戊辰日，王莽到高祖祠廟接受寫有天帝讓漢朝禪讓政權的金匱。王莽頭戴王冠，謁見王太后，回來坐在未央宮前殿，下文告說：「我以無德之身，有幸成為皇初祖先黃帝的後代，皇始祖先虞帝的子孫，以及太皇太后微末的親屬。皇天上帝盡顯其廣闊的護佑，決定了皇統更代的順序，以圖文展示符命，金匱藏著策書，神明曉諭天下，把普天下的人民託付給我。赤帝漢氏高皇帝的神靈秉承上天的命令，傳給我禪讓權力的金策之書，我甚為敬畏，不敢不恭敬地接受！在戊辰日當定辰，我戴王冠，即真皇帝之位，確定擁有天下的國號為『新』。令改換年號朔日，變易車馬、服飾的顏色，改變祭牲的毛色，變換旗幟，使器物的規格與以往不同。將十二月朔日癸酉定為始建國元年正月的朔日，將丑時作為一天的開始。車馬、服飾的顏色配合土德崇尚黃色，祭祀使用的牲畜符合正月建丑用白色，使者符節上的旄牛尾都用純黃顏色，署其名為『新使五威節』，以之秉承皇天上帝的威嚴命令。」

卷九十九中

王莽傳第六十九中

1 始建國元年正月朔，莽帥公侯卿士奉❶皇太后璽韍❷，上太皇太后，順❸符命❹，去漢號焉。

2 初，莽妻❺宜春侯王氏❻女，立為皇后。本生四男：宇、獲、安、臨。二子前誅死，安頗荒忽❼，迺以臨為皇太子，安為新嘉辟❽。封宇子六人：千為功隆公，壽為功明公，吉為功成公，宗為功崇公，世為功昭公，利為功著公。大赦天下。

3 莽乃策命❾孺子曰：「咨爾❿嬰，昔皇天⓫右⓬乃太祖⓭，歷世⓮十二，享國⓯二百一十載，歷數⓰在于予躬⓱。詩不云乎？『侯服于周，天命靡常⓲。』封爾為定安公，永為新室賓⓳。於戲⓴！敬天之休㉑，往踐乃位，毋廢予命。」又曰：「其以平原㉒、安德㉓、漯陰㉔、鬲㉕、重丘㉖，凡戶萬，地方百里，為定安公國。立漢祖宗之廟於其國，與周後並㉗，行其正朔㉘、服色㉙。世世以事其祖宗，永以命德㉚茂功㉛，享歷代之祀㉜焉。以孝平皇后為定安太后。」讀策畢，莽親執孺子手，流涕歔欷㉝，曰：「昔周公攝位㉞，終得復子明辟㉟，今予獨迫㊱皇天威命，不得如意！」哀嘆良久。中傅將㊲孺子下殿，北面㊳而稱臣。百僚陪位，莫不感動。

4 又按金匱㊴，輔臣㊵皆封拜㊶。以太傅、左輔、驃騎將軍安陽侯王舜為太師，封安新公；大司徒就德侯平晏為太傅，就新公；少阿、羲和、京兆尹紅休侯劉歆為國師㊷，嘉新公；廣漢梓潼哀章為國將㊸，美新公：是為四輔㊹，位上公。太保、後丞㊺承陽侯甄邯為大司馬，承新公；丕進侯王尋為大司徒，章新公；步兵將軍成都侯王邑為大司空，隆新公：是為三公。大阿㊻、右拂、大司空、衛將軍廣陽侯甄豐為更始將軍，廣新公；京兆王興為衛將軍，奉新公；輕車將軍成武侯孫建為立國將軍，成新公；京兆王盛為前將軍，崇新公：是為四將。凡十一公。王興者，故城門令史㊼。王盛者，賣餅。莽案符命求得此姓名十餘人，兩人容貌應卜相，徑從布衣㊽登用㊾，以視㊿神焉。餘皆拜為郎。是日，封拜卿大夫、侍中、尚書官凡數百人。諸劉(51)為郡守，皆徙為諫大夫。

改明光宮[52]為定安館，定安太后居之。以故大鴻臚府為定安公第，皆置門衛使者監領。敕阿保[53]乳母[54]不得與語，常在四壁中，至於長大，不能名[55]六畜。後莽以女孫宇子妻[56]之。

6 莽策群司[57]曰：「歲星[58]司[59]肅[60]，東嶽[61]太師典[62]致時雨，青煒[63]登平[64]，考[65]景[66]以晷[67]。熒惑[68]司悊[69]，南嶽太傅典致時奧[70]，赤煒[71]頌[72]平，考聲[73]以律[74]。太白[75]司艾[76]，西嶽國師典致時陽[77]，白煒[78]象[79]平，考量[80]以銓[81]。辰星[82]司謀[83]，北嶽國將典致時寒，玄煒[84]和[85]平，考星以漏[86]。月刑[87]元[88]股左[89]，司馬典致武應[90]，考方法矩[91]，主司天文，欽[92]若[93]昊天[94]，敬授民時，力來[95]農事，以豐[96]年穀[97]。日德[98]元厷[99]右，司徒典致文瑞[100]，考圜合規[101]，主司人道[102]，五教[103]是輔，帥民承上，宣美風俗[104]，五品[105]乃訓[106]。斗[107]平元心中[108]，司空典致物圖[109]，考度[110]以繩[111]，主司地里[112]，平治水土，掌名[113]山川，眾殖[114]鳥獸，蕃茂[115]草木。」各策命以其職，如典誥[116]之文。

7 置[117]大司馬司允[118]，大司徒司直，大司空司若[119]，位皆孤卿[120]。更名大司農曰羲和[121]，後更為納言[122]，大理[123]曰作士，太常曰秩宗[124]，大鴻臚曰典樂[125]，少府曰共工[126]，水衡都尉曰予虞，與三公司卿[127]凡九卿，分屬三公。每一卿置大夫[128]三人，一大夫置元士[129]三人，凡二十七大夫，八十一元士[130]，分主中都官[131]諸職。更名光祿勳曰司中[132]，太僕曰太御，衛尉曰太衛，執金吾曰奮武，中尉[133]曰軍正[134]，又置大贅官[135]，主乘輿服[136]御物[137]，後又典兵秩，位皆上卿[138]，號曰六監。改郡太守曰大尹[139]，都尉曰太尉[140]，縣令長曰宰[141]，御史曰執法，公車司馬[142]曰王路四門，長樂宮[143]曰常樂室，未央宮曰壽成室，前殿曰王路堂，長安曰常安。更名秩百石曰庶士[144]，三百石曰下士，四百石曰中士，五百石曰命士，六百石曰元士，千石曰下大夫，比二千石曰中大夫，二千石曰上大夫，中二千石曰卿。車服黻[145]冕[146]，各有差品[147]。又置司恭、司從[148]、司明、司聰[149]、司睿[150]大夫及誦詩工、徹膳宰，以司[151]過。策曰：「予聞上聖欲昭厥德，罔[152]不慎脩厥身，用綏[153]于遠，是用建爾司于五事[154]。毋隱尤[155]，毋將[156]虛[157]，好惡[158]不愆[159]，立于厥中。於戲，勗[160]哉！」令王路設進善之旌[161]，非謗之木[162]，敢諫之鼓[163]。諫大夫四人常坐王路門受言事者。

8 封王氏齊縗[164]之屬為侯[165]，大功[166]為伯，小功[167]為子，緦麻[168]為男，其女皆為任[169]。男以「睦」、女以「隆」[170]為號焉，皆授印韍[171]。令諸侯立大夫人[172]、夫人[173]、世子[174]，亦受[175]印韍。

9 又曰：「天無二日，土無二王，百王不易[176]之道也。漢氏諸侯或稱王，至于四夷亦如之，違於古典(177)，繆於一統。其定諸侯王之號皆稱公，及四夷僭(178)號稱王者皆更為侯。」

10 又曰：「帝王之道，相因(179)而通(180)；盛德之祚(181)，百世享祀。予惟黃帝、帝少昊(182)、帝顓頊(183)、帝嚳(184)、帝堯、帝舜、帝夏禹、皋陶(185)、伊尹(186)咸有聖德，假(187)于皇天，功烈巍巍(188)，光施(189)于遠。予甚嘉之，營求其後，將祚(190)厥祀。」惟王氏，虞帝之後也，出自帝嚳(191)；劉氏，堯之後也(192)，出自顓頊(193)。於是封姚恂為初睦侯，奉黃帝後(194)；梁護為脩遠伯，奉少昊後(195)；皇孫功隆公千，奉帝嚳後；劉歆(196)為祁烈伯，奉顓頊後；國師劉歆子疊為伊休侯，奉堯後；媯昌為始睦侯，奉虞帝後；山遵為褒謀子，奉皋陶後；伊玄為褒衡子，奉伊尹後。漢後定安公劉嬰，位為賓。周後衛公姬黨，更封為章平公，亦為賓。殷後宋公孔弘，運轉(197)次(198)移，更封為章昭侯，位為恪(199)。夏後遼西(200)姒(201)豐，封為章功侯，亦為恪。四代古宗(202)，宗祀(203)于明堂，以配(204)皇始祖考(205)虞帝。周公後褒魯子姬就，宣尼公(206)後褒成子孔鈞，已前定焉。

11 莽又曰：「予前在攝時(207)，建郊宮(208)，定祧廟(209)，立社稷(210)，神祇報況(211)，或光自上復(212)于下，流(213)為烏，或(214)黃氣熏烝，昭燿(215)章明(216)，以著黃、虞之烈焉(217)。

自黃帝至于濟南伯王[218]，而祖世氏姓[219]有五矣。黃帝二十五子，分賜厥姓十有二氏[220]。虞帝之先，受姓曰姚，其在陶唐曰嬀[221]，在周曰陳[222]，在齊曰田[223]，在濟南曰王[224]。予伏念皇初祖考黃帝，皇始祖考虞帝，以[225]宗祀于明堂，宜序於祖宗之親廟。其立祖廟五[226]，親廟四[227]，后夫人皆配食[228]。郊祀[229]黃帝以配天，黃后[230]以配地。以新都侯東第[231]為大禖[232]，歲時[233]以祀。家之所尚，種祀天下[234]。姚、嬀、陳、田、王氏凡五姓者，皆黃、虞苗裔，予之同族也。書不云乎？『惇序九族[235]。』其令天下上此五姓名籍于秩宗[236]，皆以為宗室。世世復[237]，無有所與[238]。其元城王氏，勿令相嫁娶，以別族理親焉[239]。」封陳崇為統睦侯，奉胡王[240]後；田豐為世睦侯，奉敬王[241]後。

12 天下牧守[242]皆以前有翟義、趙明[243]等領州郡，懷忠孝，封牧為男，守為附城。又封舊恩戴崇、金涉、箕閎、陽並等子皆為男。

13 遣騎都尉囂等分治黃帝園[244]位於上都[245]橋時[246]，虞帝於零陵[247]九疑[248]，胡王於淮陽[249]陳，敬王於齊臨淄，愍王[250]於城陽[251]莒，伯王[252]於濟南[253]東平陵，孺王[254]於魏郡[255]元城，使者四時致祠。其廟當作者，以天下初定，且祫祭於明堂太廟[256]。

14 以漢高廟為文祖廟[257]。莽曰：「予之皇始祖考虞帝受嬗[258]于唐，漢氏初祖唐帝，世有傳國之象(259)，予復親受金策於漢高皇帝之靈。惟思褒厚前代，何有忘時？漢氏宗祖有七(260)，以禮立廟于定安國。其園寢廟(261)在京師者，勿罷，祠薦(262)如故。予以秋九月親入漢氏高、元、成、平之廟。諸劉更屬籍(263)京兆大尹，勿解其復，各終厥身，州牧數存問(264)，勿令有侵冤(265)。」

15 又曰：「予前在大麓(266)，至于攝假(267)，深惟漢氏三七(268)之阸(269)，赤德(270)氣盡，思索廣求，所以輔劉延期之術，靡所不用。以故作金刀之利(271)，幾(272)以濟(273)之。然自孔子作春秋以為後王法，至于哀之十四(274)而一代畢，協(275)之於今，亦哀之十四(276)也。赤世(277)計盡，終不可強濟。皇天明威，黃德(278)當興，隆顯大命，屬(279)予以天下。今百姓咸言皇天革(280)漢而立新，廢劉而興王。夫『劉』之為字『卯、金、刀』也，正月剛卯(281)，金刀之利，皆不得行(282)。博謀卿士，僉(283)曰天人同應，昭然著明。其去剛卯莫以為佩(284)，除刀錢勿以為利，承順天心，快百姓意。」乃更作小錢，徑六分，重一銖(285)，文曰「小錢直(286)一」，與前「大錢五十」者為二品(287)，並行。欲防民盜鑄，乃禁不得挾(288)銅炭。

16 是歲四月，徐鄉侯劉快(289)結黨數千人起兵於其國。快兄殷，故漢膠東(290)王，時改為扶崇公。快舉兵攻即墨，殷閉城門，自繫獄(291)。吏民距(292)快，快敗走，至長廣[293]死。莽曰：「昔予之祖濟南愍王[294]困於燕寇，自齊臨淄出保于莒。宗人田單[295]廣設奇謀，獲殺燕將，復定齊國。今即墨士大夫復同心殄滅[296]反虜，予甚嘉其忠者，憐其無辜。其赦殷等，非快之妻子它親屬當坐者皆勿治[297]。弔問死傷，賜亡者葬錢，人五萬。殷知大命，深疾惡快，以故輒伏厥辜[298]。其滿[299]殷國戶萬，地方百里。」又封符命臣十餘人。

17 莽曰：「古者，設廬井[300]八家，一夫一婦田百畝，什一而稅[301]，則國給[302]民富而頌聲作。此唐虞之道，三代所遵行也。秦為無道，厚[303]賦稅[304]以自供奉，罷[305]民力以極欲，壞聖制，廢井田[306]，是以兼并[307]起，貪鄙[308]生，強者規[309]田以千數，弱者曾無立錐[310]之居。又置奴婢之市，與牛馬同蘭[311]，制於民臣[312]，顓斷[313]其命。姦虐之人因緣[314]為利，至略[315]賣人妻子，逆天心，誖[316]人倫，繆[317]於『天地之性人為貴[318]』之義。書曰『予則奴戮女[319]』，唯不用命者，然後被[320]此辠[321]矣。漢氏減輕田租，三十而稅一，常有更賦[322]，罷癃[323]咸[324]出，而豪民侵陵[325]，分田[326]劫假[327]。厥名三十稅一，實什稅五也。父子夫婦終年耕芸[328]，所得不足以自存。故富者犬馬餘菽粟[329]，驕而為邪；貧者不厭[330]糟糠[331]，窮而為姦。俱陷于辜，刑用不錯[332]。予前在大麓，始令天下公田口井[333]，時則有嘉禾之祥，遭反虜逆賊且止。今更名天下田曰『王田』，奴婢曰『私屬』，皆不得賣買。其男口不盈[334]八，而田過一井者，分餘田予九族鄰里鄉黨[335]。故無田，今當受田者，如制度。敢有非[336]井田聖制，無法[337]惑眾者，投諸四裔[338]，以禦[339]魑魅[340]，如皇始祖考虞帝故事[341]。」

18 是時百姓便安[342]漢五銖錢，以莽錢大小兩行[343]難知，又數變改不信[344]，皆私以五銖錢市買[345]。訛言[346]大錢當罷[347]，莫肯挾。莽患之，復下書：「諸挾五銖錢，言大錢當罷者，比非井田制，投四裔。」於是農商失業，食貨[348]俱廢，民人至涕泣於市道。及坐賣買田宅奴婢，鑄錢，自諸侯卿大夫至于庶民，抵罪者不可勝數[349]。

19 秋，遣五威將[350]王奇等十二人班符命四十二篇於天下。德祥[351]五事，符命二十五，福應[352]十二，凡四十二篇。其德祥言文、宣之世黃龍見於成紀、新都[353]，高祖考伯王墓門梓柱生枝葉[354]之屬。符命言井石、金匱之屬。福應言雌雞化為雄之屬。其文爾雅[355]依託[356]，皆為作說，大歸言莽當代漢有天下云[357]。總而說之曰：「帝王受命，必有德祥之符瑞，協成五命[358]，申[359]以福應，然後能立巍巍之功，傳于子孫，永享無窮之祚。故新室之興也，德祥發於漢三七九世[360]之後。肇命於新都[361]，受瑞於黃支[362]，開王於武功[363]，定命於子同[364]，成命於巴宕[365]，申福於十二應，天所以保佑新室者深矣，固矣！武功丹石出於漢氏平帝末年，火德銷盡，土德當代，皇天眷然[366]，去漢與新，以丹石始命於皇帝。皇帝謙讓，以攝居之，未當天意，故其秋七月，天重以三能[367]文馬[368]。皇帝復謙讓，未即位，故三以鐵契[369]，四以石龜，五以虞符[370]，六以文圭[371]，七以玄印[372]，八以茂陵[373]石書[374]，九以玄龍石，十以神井[375]，十一以大神石[376]，十二以銅符帛圖。申命之瑞，寖[377]以顯著，至于十二，以昭告新皇帝。皇帝深惟上天之威不可不畏，故去攝號，猶尚稱假，改元為初始，欲以承塞[378]天命，克[379]厭上帝之心。然非皇天所以鄭重[380]降符命之意，故是日天復決以勉書[381]。又侍郎王盱見人衣白布單衣，赤繢[382]方領，冠小冠，立于王路殿前，謂盱曰：『今日天同色[383]，以天下人民屬皇帝。』盱怪[384]之，行十餘步，人忽不見。至丙寅暮，漢氏高廟有金匱圖策：『高帝承天命，以國傳新皇帝。』明旦，宗伯[385]忠孝侯劉宏以聞，乃召公卿議，未決，而大神石人談[386]曰：『趣[387]新皇帝之[388]高廟受命，毋留！』於是新皇帝立登車，之漢氏高廟受命。受命之日，丁卯也。丁，火[389]，漢氏之德也。卯，劉姓所以為字也。明漢劉火德盡，而傳於新室也。皇帝謙謙[390]，既備固讓，十二符應迫[391]著[392]，命不可辭，懼然[393]祗畏[394]，葦然[395]閔[396]漢氏之終不可濟，亹亹[397]左右[398]之不得從意，為之三夜不御寢，三日不御食。延問公侯卿大夫，僉曰：『宜奉如上天威命。』於是乃改元定號[399]，海內更始(400)。新室既定，神祇懽喜，申以福應，吉瑞累仍(401)。詩曰：『宜民宜人，受祿于天；保右命之，自天申之(402)。』此之謂也。」五威將奉符命，齎(403)印綬，王侯以下及吏官名更(404)者，外及匈奴、西域，徼外(405)蠻夷，皆即授新室印綬，因收故漢印綬。賜吏爵人二級(406)，民爵人一級(407)，女子百戶羊酒(408)，蠻夷幣帛各有差(409)。大赦天下。

20 五威將乘乾文車(410)，駕坤六馬(411)，背負鷩鳥(412)之毛，服飾甚偉。每一將各置左右前後中帥，凡五帥。衣冠車服駕馬，各如其方面色數(413)。將持節，稱太一(414)之使；帥持幢(415)，稱五帝之使。莽策命曰：「普天之下，迄(416)于四表，靡所不至。」其東出者，至玄菟(417)、樂浪(418)、高句驪(419)、夫餘(420)；南出者，隃(421)徼外，歷益州(422)，貶句町(423)王為侯；西出者，至西域，盡改其王為侯；北出者，至匈奴庭(424)，授單于印，改漢印文，去「璽」曰「章」(425)。單于欲求故印，陳饒椎破(426)之，語在匈奴傳(427)。單于大怒，而句町、西域後卒(428)以此皆畔(429)。饒還，拜為大將軍，封威德子。

21 冬，靁(430)，桐華(431)。

22 置五威司命(432)，中城(433)四關(434)將軍。司命司上公以下，中城主十二城門。策命統睦侯陳崇曰：「咨爾崇。夫不用命者，亂之原也；大姦猾[435]者，賊之本也；鑄偽金錢[436]者，妨寶貨[437]之道也；驕奢踰制[438]者，凶害之端也；漏泄省中[439]及尚書事者，『機事不密則害成[440]』也；拜爵王庭，謝恩私門[441]者，祿去公室[442]，政從亡矣：凡此六條，國之綱紀。是用建爾作司命，『柔亦不茹，剛亦不吐，不侮鰥寡，不畏強圉[443]』，帝命帥繇[444]，統睦于朝。」命說符侯崔發曰：「『重門擊柝，以待暴客[445]』。女作五威中城將軍，中德既成，天下說符。」命明威侯王級曰：「繞霤[446]之固，南當荊楚[447]。女作五威前關將軍，振武奮衛，明威于前。」命尉睦侯王嘉曰：「羊頭[448]之阸，北當燕趙[449]。女作五威後關將軍，壺口[450]捶扼[451]，尉[452]睦于後。」命掌[453]威侯王奇曰：「肴黽[454]之險，東當鄭衛[455]。女作五威左關將軍，函谷[456]批難[457]，掌威于左。」命懷羌子王福曰：「汧隴[458]之阻，西當戎狄[459]。女作五威右關將軍，成固[460]據守，懷[461]羌[462]于右。」

23 又遣諫大夫五十人分鑄錢於郡國。

24 是歲長安狂女子碧[463]呼[464]道中曰：「高皇帝大怒，趣[465]歸我國。不[466]者，九月必殺汝！」莽收捕[467]殺之。治者[468]掌寇大夫[469]陳成自免去官。真定[470]劉都等謀舉兵，發覺，皆誅。真定、常山[471]大雨[472]雹。

【章旨】以上為卷中的第一部分，記錄王莽新始建國元年事。此年，王莽廢漢，正式登上皇帝位，建立新朝，並仿周制進行大規模改制：建立四輔三公九卿二十七大夫八十一元士的官僚體系；實行王田、私屬制度，禁止買賣；廢除五銖錢，實行大小錢二品制。發生幾起反抗王莽篡漢事件，旋即被鎮壓。

【注釋】❶奉　捧。❷璽韍　璽綬。指王莽給王太后新製的「新室文母太皇太后」的御璽。韍，通「紱」。古代印璽上所繫的彩色絲帶。❸順　順應；依順。❹符命　上天預示帝王受命的符兆。此處指張永所獻上有「太皇太后當為文母太皇太后」字樣的銅幣。❺妻　動詞。娶作妻子。❻宜春侯王氏　昭帝元鳳四年（西元前七七年）王欣為丞相，封宜春侯，傳爵至孫王咸。莽妻，王咸之女。❼荒忽　通「恍惚」。神思不定的樣子。❽辟　新朝爵位名。封國之君。❾策命　以策書賜命。策，古代君臣對臣下封土、授爵、免官等時頒布的以竹簡木牘編連的賜命之書。❿咨爾　咨，歎詞。爾，你。代詞。「咨爾」用於句首，表示讚歎或祈使。⓫皇天　對天及天神的敬稱。⓬右　通「佑」。幫助。⓭太祖　漢高帝劉邦。事跡詳見卷一〈高帝紀〉。⓮歷世　累世。謂經過幾代。⓯享國　王朝統治年數。⓰歷數　歷，通「曆」。指帝王易姓交替統治的順序。古人認為帝位相承和天象運行次序相應。⓱予躬　我自身；我身上。⓲侯服于周二句　出自《詩・大雅・文王》。寫周滅商後，封商紂庶兄微子啟於宋國，為周的諸侯，服事周室，故說天命無常。侯服，指古代王畿外圍按距離遠近劃分的區域之一。靡，通「無」。⓳賓　賓客。⓴於戲　嗚乎。感歎詞。㉑休　美；美好。㉒平原　縣名。在今山東平原南。㉓安德　縣名。在今山東陵縣境。㉔漯陰　縣名。在今山東臨邑東。㉕鬲　縣名。在今山東平原西北。㉖重丘　縣名。在今山東德州東。㉗與周後並　與周的後嗣同等看待。王莽新室否定秦朝的正統地位，直接把漢朝和周朝作為前代王朝看待。㉘正朔　指漢的曆法。古代帝王易姓受命，必改正朔，故夏、殷、周、秦及漢的正朔各不相同。㉙服色　車馬和祭牲的顏色。與正朔一樣，各代各有所尚。㉚命德　通「名德」。著名的德行。㉛茂功　盛大的功績。㉜祀　對祖先舉行的祭禮。㉝歔欷　歎息、抽泣聲。㉞攝位　代理君位。㉟復子明辟　還政於明君。出自《書・洛誥》：「朕復子明辟。」㊱迫　迫於。被動用法。㊲將　帶領。㊳北面　面向北。古禮，君、尊者居北朝南，臣、卑者居南朝北，故臣拜君、卑幼拜尊長，皆面向北行禮，故稱北面。㊴金匱　廣漢梓潼人哀章獻來的金匱圖、金策書。㊵輔臣　輔佐皇帝的大臣。㊶封拜　賜爵授官。㊷國師　新朝官名。為四輔之一。㊸國將　新朝官名。為四輔之一。㊹四輔　相傳古代天子身邊的四個輔佐。《書・洛誥》有「四輔」之稱。《尚書大傳》、賈誼《新書》均有「四輔」之說。至王莽託古改制，始置四輔（太師、太傅、國師、國將），以配三公。四輔位上公，在三公上。㊺丞祐諸本作「承」。46大阿　新朝官名。大，通「太」。傳說商伊尹輔太甲為阿衡，故稱。47城門令史　城門校尉屬吏，掌管文書。48布衣　平民的衣服，借指平民。49登用　進用。50視　通「示」。51諸劉　指漢劉姓皇族。52明光宮　漢宮名，武帝時建。在北宮，南與長樂宮相連。53阿保　古代教育撫養貴族子女的婦女。原無「保」字，根據王先謙《漢書補注》補，又見〈平帝紀〉。54乳母　奶媽。55名　動詞。呼其名；稱其名。56妻　動詞。嫁作妻子。57群司　百官。58歲星　即木星。古人認識到木星約十二年運行一周天，其軌道與黃道相近，因將周天分為十二分，稱十二次。木星每年行經一次，即以其所在星次來紀年，故稱歲星。59司　主持；掌管。60肅　莊重；嚴肅。61東嶽　嶽原作獄，據王先謙《漢書補注》改。62典　掌管；主持。63青煒　古代五行說指東方青色的光華。引申為春天。煒，同「輝」。64登平　上升。65考　考究；研求。66景　通「影」。日影。67晷　指日晷。測度日影以確定時刻的儀器。68熒惑　古指火星。因隱現不定，令人迷惑，故名。69悊　同「哲」。明智。70奧　通「燠」。暑熱；炎熱。71赤煒　古代五行說指南方赤色盛陽之氣的光華，引申為盛夏。72頌　通「容」。寬容。73聲　指宮、商、角、徵、羽五音。74律　樂律；音律。古人按音階高低分為六律：黃鐘、太簇、姑洗、蕤賓、夷則、亡射；六呂：大呂、夾鐘、中呂、林鐘、南呂、應鐘，合稱十二律。75太白　星名，即金星。又名啟明、長庚。76艾　通「乂」。安；順。77陽　乾旱。78白煒　古代五行說指西方白色的光輝，指秋令之氣。79象　成形；成熟。80量　計量物體多少的容器。81銓　指權衡。衡量輕重的器具。82辰星　即水星。83謀　計策；謀略。84玄煒　古代五行說指北方黑色的光輝，指冬天。85和　通「合」。86考星以漏　以漏刻推五星行度。星，指金、木、水、火、土五星。漏，漏壺。古代計時器，因漏壺的箭上刻符號表時間，又稱漏刻。87月刑　月亮象徵威刑。88元　天。隱喻君主。89股左　左腿。象徵有力的輔佐。90武應　武備；軍威。91矩　畫方形或直角的用具，即曲尺。92欽　尊敬；恭敬。93若　順；順從。94昊天　蒼天。昊，元氣博大的樣子。95力來　勞來；勸勉。96豐　使動用法。使豐足、豐裕。97年穀　一年中種植的穀物。98日德　太陽照育萬物的德性。用以比喻帝王之德。99厷　古「肱」字。手臂。用以比喻帝王的輔佐。100文瑞　文象與符瑞。101考圜合規　以圓規來考校圓形。圜，同「圓」。圓形。規，圓規，畫圓形的工具。102人道　人倫。指社會的倫理等級關係。103五教　即父義、母慈、兄友、弟恭、子孝五種倫理道德的教育。104宣美風俗　指宣揚教化，使風俗淳美。105五品　即五常。仁、義、禮、智、信五種道德規範。106訓　通「順」。順從；遵循。107斗　指北斗。主齊七政。108心中　內心。109物圖　《易》說「河出圖，洛出書」。司空主水土，故令其負責招致此類符命祥瑞。110度　計量長短的標準。111繩　準繩。木工用以測定直線的墨線。112地里　通「地理」。113名　大。114殖　孳生；繁殖。115蕃茂　使繁茂。116典誥　指典章詔令類文體。源自《尚書》中的〈堯典〉、〈湯誥〉

等篇。[117]置　設置。[118]司允　新朝官名。允，信。[119]司若　新朝官名。若，順。[120]孤卿　新朝官名。低於三公，而高於卿。關於孤卿，經今古文家有不同說法。王莽所設孤卿，與今古文說皆不同。[121]羲和　新朝官名。關於羲和，古代有幾種不同傳說，一說堯曾命羲仲、羲叔、和仲、和叔兩對兄弟分駐四方，以觀天象，並制曆法。新莽改大司農為羲和不知採自何說。[122]納言　新朝官名。傳說周時有此官，主出納王命。見《書・舜典》。[123]大理　掌刑獄之官。秦為廷尉，漢景帝中六年（西元前一四四年）更名大理，武帝建元四年（西元前一三七年）復為廷尉，哀帝元壽二年（西元前一年）復為大理。[124]秩宗　新朝官名。傳說周時為掌宗廟祭祀的官。見《書・舜典》。[125]典樂　新朝官名。傳說周時為掌管朝廷音樂事務之官。見《書・舜典》。[126]共工　新朝官名。傳說為古官，掌管百工。見《書・舜典》。[127]司卿　指司允、司直、司若，三者皆位孤卿，故稱。[128]大夫　官名。在公、卿位之下，士位之上。大夫又分上、中、下三級。秦漢時大夫對應二千石至六百石官。[129]元士　周時稱天子之士為元士，新莽仿周制設此位。[130]二十七大夫二句　與三公九卿共同構成完整的王制系統。見《春秋繁露》。[131]中都官　漢代京師中央各官署的統稱。[132]司中　星名。屬文昌宮第五星。時人認為司中主宗室。[133]中尉　劉攽說此中尉應為中壘校尉，上脫「中壘」兩字。[134]軍正　古代軍中執法官。[135]大贅官　新朝官名。贅，通「綴」。[136]乘輿服　皇帝的車馬、衣服。古代車輿與冠服都有定式，以表尊卑等級。[137]御物　帝王專用之物。[138]上卿　官名。卿之地位最高者，在三公下，卿上。[139]大尹　新朝官名。春秋、戰國時宋國有此官。[140]太尉　官名。秦至西漢置，為全國軍政首腦，位次丞相。不常置。新莽所設太尉，如漢代的郡都尉。[141]宰　新朝官名。周時官吏多稱宰，《周禮》有冢宰、大宰、小宰、宰夫、內宰、里宰。春秋卿大夫的家臣和采邑的長官，也稱宰。[142]公車司馬　新朝官名。漢代為官署名。屬衛尉，掌管宮殿司馬門的警衛。設有公車，天下上事及徵召等事宜，經由此處受理。[143]長樂宮　漢宮名。在長安城東南，為太后所居，因位於未央宮東，又稱東宮。[144]庶士　新朝官名。春秋戰國時稱官府小吏為庶士。[145]黻　古代禮服上繡的黑與青相間的亞形花紋。[146]冕　古代天子、諸侯、百官等行朝儀、祭禮時所戴的禮帽。[147]差品　等級；品級。[148]司從　從原作「徒」，《漢書補注》引劉攽等說，「徒」當改為「從」。[149]司聰　司聽察。指彈劾糾察。《左傳・昭公九年》：「女為君耳，將司聰也。」[150]司睿　睿原作「中」，據《漢書窺管》改。[151]司　通「伺」。偵察。[152]罔　無；沒有。[153]綏　安；安撫。[154]五事　即指恭、從、明、聰、睿。出自《書・洪範》：「五事：一曰貌，二曰言，三曰視，四曰聽，五曰思。貌曰恭，言曰從，視曰明，聽曰聰，思曰睿。」[155]尤　過失；罪愆。[156]將　助。[157]虛　虛美；虛譽。[158]好惡　指喜好與嫌惡。[159]愆　違；差錯。[160]勗　勉勵。[161]進善之旌　相傳唐堯時曾在交通要道豎立長幡，讓人們站在長幡下發表意見，提出建議，稱為「進善旌」或「告善旌」。旌，古代用氂牛尾或兼五彩羽毛飾竿頭的旗子。

162非謗之木　相傳唐、虞時曾在交通要道豎立木牌，讓人們在上面書寫批評意見，稱為「誹謗木」。非，通「誹」。163敢諫之鼓　相傳唐堯時曾在庭前設鼓，讓人們敲響它來提出申訴，後代也稱「登聞鼓」。敢原作「欲」，《漢書補注》據景祐本，認為當為「敢」。164齊縗　通「齊衰」。喪服名。為五服（斬衰、齊衰、大功、小功、緦麻）的第二服。用粗麻布製成，以其緝邊縫齊，故稱「齊衰」。服期有三年的，為繼母、慈母；有一年的，為「齊衰期」，如孫為祖父母，夫為妻；有三月的，如為曾祖父母。此處指伯叔父、兄弟、庶子、姪子、嫡孫等。165侯　諸侯爵名。五等爵（公、侯、伯、子、男）第二等。166大功　喪服名。五服之第三服，一般服期九月。其服用熟麻布做成，較齊衰稍細，較小功為粗，故稱大功。堂兄弟、未婚的堂姊妹、已婚的姑、姊妹、姪女及眾孫、姪婦等之喪，都服大功。女為伯父、叔父、姑、姊妹等服喪，也服大功。此處指堂兄弟、眾孫等。167小功　喪服名。五服之第四服。其服以熟麻布製成，較大功為細，較緦麻為粗。服期五月。凡本宗為從祖祖父母、伯叔祖父母、堂伯叔祖父母，堂姊妹，兄弟之妻，從堂兄弟；外親為外祖父母、母舅、母姨等，均服之。此處指伯叔祖父、堂伯叔父、從堂兄弟、堂姪兒、姪孫等。168緦麻　五服中之最輕者，孝服用細麻布製成，服期三月。凡本宗為族曾祖父母、族祖父母，族伯叔父母，族兄弟及從姪、曾孫；外姓中為表兄弟，岳父母等，均服之。此處指族曾祖父以下不屬於上述齊縗、大功、小功範圍的親屬。169任　新朝女爵位名。任，充。170男以睦女以隆　「睦」和「隆」，均為受封邑的名號，以其意命名。後文王莽的兩個女兒都是用「睦」做稱號，所以當改為「男以『隆』、女以『睦』」。171韍　綬。繫印璽的絲帶。172大夫人　大，景祐諸本作「太」，兩字可通。指諸侯的母親。漢制則列侯之母稱太夫人，諸侯母稱太后。173夫人　諸侯之妻。漢代列侯之妻稱夫人。174世子　諸侯的嫡長子。古時也稱帝王之嫡子。175受　通「授」。付與。176易　改變；更改。177古典　古代的典章制度。178僭　超越本分，冒用在上者的職權、名義行事。179因　沿襲；繼承。180通　通達；貫通。181祚　君位；國統。182少昊　亦作「少皞」。號金天氏。傳說古代東夷族首領，以鳥為圖騰，相傳少昊曾以鳥名為官名。設有工正和農正，管理手工業和農業。183顓頊　號高陽氏。傳說古代部族首領，相傳他曾設南正官掌管祭祀，設北正官掌管民事。184帝嚳　號高辛氏。傳說的五帝之一。黃帝子玄囂後裔。居亳，卜辭中商人以帝嚳為高祖。185皋陶　傳說東夷族的首領。相傳他在虞舜時曾任掌管刑法的官，後被夏禹選為繼承人，因先死，所以沒有接位。186伊尹　名伊，尹是官名。相傳生於伊水，故名。商湯大臣，是商湯妻子陪嫁的奴隸，後助湯伐夏桀，被尊為阿衡。湯去世後歷佐卜丙（即外丙）、仲壬二王。後太甲即位，因荒淫失度，被伊尹放逐到桐宮，三年後迎之復位。一說，伊尹藉故放逐太甲，自立七年，後太甲還，被殺。187假　至；到。188功烈巍巍　功勳事業崇高偉大。功烈，亦作「功列」。巍巍，高大的樣子。189施　延續；延伸。190祚　流傳；延續。使動用法。191出自

帝嚳 據《史記·五帝本紀》記載，虞舜是黃帝的九代孫，顓頊的七代孫，不是帝嚳的後代。[192]劉氏二句 相傳唐堯的後代有受封於劉邑的，因此為劉姓，劉邦是這一支派的後代。[193]出自顓頊 據《史記·五帝本紀》記載，唐堯是黃帝的玄孫，帝嚳的兒子，不是顓頊的後代。「出自帝嚳」和「出自顓頊」可能是倒文。[194]於是封姚恂為初睦侯二句 相傳虞舜生在姚丘，得姓為姚。所以封姚恂奉黃帝後。[195]梁護為脩遠伯二句 認為梁護為伯益的後人，故封之。[196]劉歆 此劉歆不是國師劉歆，兩人同姓同名。[197]運轉 指天道按照一定的軌跡運行。[198]次 位次。[199]恪 敬。周代以舜的後人及杞、宋為三恪，其地位如「賓」。[200]遼西 郡名。在今河北、遼寧交界地區，治陽樂（今遼寧義縣西）。[201]姒 夏姓。[202]四代古宗 指夏禹、商湯、周武王、漢高帝。[203]宗祀 對祖宗的祭祀。[204]配 配享；合祭；祔祀。[205]祖考 祖先。[206]宣尼公 平帝時追諡孔丘為褒成宣尼公。[207]在攝時 指王莽代孺子嬰攝政時期，即居攝年間。攝，假代；代理。[208]建郊宮 指居攝元年，王莽在南郊建宮祭祀上帝、在東郊建宮行迎春禮。[209]祧廟 遠祖廟。毀廟之主，皆藏於祧廟。[210]社稷 古代帝王、諸侯所祭的土神和穀神。社，土神。稷，穀神。[211]報況 回賜；酬贈。況，賜。[212]復 通「覆」。籠罩；覆蓋。[213]流 變化；演變。[214]或 有。[215]昭燿 照耀。燿，古「耀」字。[216]章明 昭著；顯揚。章，通「彰」。[217]以著黃虞之烈焉 以彰顯黃帝、虞舜的餘業。王莽自稱為黃帝、虞舜之後。烈，餘業。[218]濟南伯王 指王莽的高祖王遂，表字伯紀，住在濟南東平陵。王莽追尊王遂為濟南伯王。[219]氏姓 即氏與姓。古時天子分封諸侯為國君，又賜之以姓，諸侯以國為氏。[220]十有二氏 姬、酉、祁、己、滕、葴、任、荀、僖、姞、儇、衣。[221]嬀 傳說舜曾居嬀汭（嬀水隈曲之處），他的後人因以為氏。嬀水在山西永濟南，源出歷山，西流入黃河。[222]陳 周武王封虞舜後代嬀滿於陳國，稱陳胡公。[223]田 陳胡公的後代陳完避難到齊國，改姓田。[224]王 田完的後代奪得了齊國的政權，後被秦國滅亡，他的後代田安曾被項羽封為濟北王，田安失敗後，齊國人稱他為王家，因而改姓王。[225]以 王先謙《漢書補注》認為「以」當作「已」。[226]祖廟五 黃帝廟、虞舜廟、陳胡王廟、齊敬王廟、齊愍王廟。[227]親廟四 高祖（王遂）廟、曾祖（王賀）廟、祖（王禁）廟、禰（王曼）廟。[228]配食 祔祭；配享。[229]郊祀 古代於郊外祭祀天地，南郊祭天，北郊祭地。郊指大祀，祀為群祀。詳見本書卷二十五〈郊祀志下〉。[230]黃后 黃帝的正妃嫘祖。[231]第 宅第。[232]大禖 大祠廟。禖，祀。[233]歲時 每年一定的季節或時間。[234]家之所尚二句 王莽家所奉的祭祀為種祀，天下人必須奉祀。[235]惇序九族 出自《尚書·皋陶謨》。惇序，按照順序，使他們敦睦。惇，厚。九族，一說，以自己為本位，上推至四世之高祖，下推至四世之玄孫為九族；一說父族四、母族三、妻族二為九族。[236]秩宗 新朝官名。漢為太常，掌管宗廟禮儀。[237]復 即復除。免除徭役或賦稅。[238]與 通「豫」。參與；參加。[239]其元城王氏三句 元城，王莽的祖籍，在今河北大名東。王莽既認為姚、嬀、陳、田與王氏同宗，故令元城王氏不得與四姓婚配，其他王氏則不在此限。240胡王　追尊陳胡公為王，故稱。241敬王　追尊陳敬仲為王，故稱。242牧守　州牧和郡太守。243翟義趙明　詳見卷八十四〈翟方進傳附子義〉。244園　帝王、后妃的墓地。245上都　郡名。在今陝西北部和內蒙古交界地區，治膚施（今陝西榆林東南）。246橋時　即橋陵。相傳黃帝葬在橋山（今陝西黃陵西北）上，因稱橋陵或橋時。247零陵　郡名。在今湖南、廣西交界地區，治零陵（今廣西全州西南）。248九疑　也作「九嶷」，即蒼梧山，在今湖南寧遠南。249淮陽　國名。在今河南淮陽一帶，治陳縣（今淮陽）。250愍王　即齊愍王（？—西元前二八四年）田地（一作遂）。齊宣王田辟彊之子。曾聯合韓、魏，先後敗楚、秦。此後，又敗燕，滅宋。曾自稱東帝，國力達到極盛，自矜驕橫。愍王十五年（西元前二八六年），燕以樂毅為上將軍，聯合三晉、秦伐齊，齊愍王出奔，為楚將淖齒所殺。251城陽　國名。在今山東莒縣一帶，治莒縣（今莒縣）。252伯王　王莽的高祖，名遂，字伯紀，以其字追尊為伯王。253濟南　郡名。在今山東濟南一帶，治東平陵（今章丘西）。254孺王　王莽的曾祖父，名賀，字翁孺，以其字追尊其為孺王。255魏郡　郡名。在今河北、河南、山東交界地區，治鄴縣（今河北臨漳西南）。256太廟　帝王的祖廟。257文祖廟　《書・舜典》載虞舜受命於堯後，為堯建文祖廟，王莽效法這一做法，以此表示自己受禪於漢。258受嬗　嬗，古「禪」字。新皇帝接受舊帝讓給的帝位。傳說堯禪位於舜。259有傳國之象　唐堯傳國給虞舜，漢傳國給王莽，漢以唐堯為始祖，王莽自認為是舜的後代，故說有傳國之象。260宗祖有七　漢本祭祀文帝、景帝、武帝、宣帝四位宗祖，王莽又加元帝、成帝、平帝為宗，所以共有宗祖七。261園寢廟　園陵附設的寢廟。古代宗廟的正殿稱廟，後殿稱寢，合稱寢廟。廟是接神之處，有東西廂，有序牆。寢是陳設衣冠之處，只有一室。262祠薦　以祭品祀神靈祖先。263屬籍　指登記宗室譜籍。原來劉氏宗室譜籍隸屬宗正（掌管王室親族事務的長官），現在改屬京兆大尹（京師地方長官）。264存問　慰問；慰勞。265侵寃　侵淩之，使受寃屈。266大麓　指任職大司馬、宰衡輔政時，這是王莽借用「舜納于大麓，烈風雷雨不迷」的典故。267攝假　指自稱攝皇帝、假皇帝之時。268三七　二百一十年。從漢高祖建國（西元前二〇六年）至平帝崩（西元六年），共二百一十年。又見卷五十一〈路溫舒傳〉。269阸　困厄；困窘。270赤德　指漢朝的氣運。漢自以為得火德而有天下，火色赤，故火德也稱赤德。271作金刀之利　指鑄造新貨幣錯刀、契刀的事。272幾　通「冀」。期望；希望。273濟　補救；補益。274哀之十四　《春秋》記事到魯哀公十四年為止。275協　符合；相同。276亦哀之十四　漢哀帝在位六年，平帝五年，孺子三年，合計也是十四年。277赤世　赤德的世代，指漢王朝統治的氣運。278黃德　土德，土色黃，故又稱黃德。王莽自認為得土德。279屬　通「囑」。囑託。280革　更改；變革。281剛卯　漢代人用以辟邪的佩飾。於正月卯日製成，以金、玉或桃木為材料，長條形四方體，從側面穿孔，穿繩佩帶，上刻有辟邪內容的文字：「正月剛卯既央，靈殳四方，赤青白黃，四色是當。帝令祝融，以教夔、龍，庶疫剛癉，莫我敢當。」一說其文字為：「疾日嚴卯，帝令夔化，順爾固伏，化茲靈殳。既正既直，既觚既方，庶疫剛癉，莫我敢當。」[282]行　流通；使用。「剛卯」的「卯」和「金」「刀」三字拼湊在一起為「劉」字，王莽忌諱此事，故將這三種東西加以取締。[283]僉　都；皆。[284]佩　古代繫於衣帶的裝飾品，常用珠玉、容刀、帨巾、觿之類。[285]銖　古代衡制中的重量單位，為一兩的二十四分之一。[286]直　通「值」。[287]品　等級；等第。[288]挾　夾持，引申為持有。[289]徐鄉侯劉快　膠東恭王劉授的兒子，漢景帝第六代孫，成帝元延元年（西元前十二年）二月封。封國在今山東黃縣西南。卷十五〈王子侯表下〉「快」作「炔」，誤。[290]膠東　封國名。在今山東平度一帶，治即墨（今平度東南）。[291]繫獄　囚禁於牢獄。[292]距　通「拒」。抵抗；抵禦。[293]長廣　縣名。在今山東萊陽東。[294]濟南愍王　指齊愍王。因為濟南、濟北都是戰國齊國的中心地區，所以後文又稱為濟北愍王。[295]田單　戰國時齊臨淄人，齊王遠支宗族。初為臨淄市掾。燕攻打齊時，與齊愍王一起逃到即墨。即墨大夫戰死，被推舉為將軍，堅守即墨。後來施反間計，使燕王撤換主將。又向齊詐降，繼用火牛陣大敗燕軍，殺死燕將，全部收復失地。被齊襄王任為相，封安平君。齊襄王死後，入趙，後為相。[296]殄滅　消滅；滅絕。殄，滅絕；絕盡。[297]治　治罪；處置。[298]伏厥辜　服其罪；承擔其罪責而死。厥，其；他的。辜，罪；罪過。[299]滿　使之滿。使動用法。[300]廬井　傳說古代井田制，八家共一口井，因稱共一井的八家廬舍為廬井。廬，建在田地中央供耕作時住宿休息用的簡易房。[301]什一而稅　徵收十分之一的稅。什一，即十分之一。[302]給　豐足；充裕。[303]厚　增加；加重。[304]賦稅　國家為了財政需要，向人民徵收的各種財物，包括實物和貨幣。最初，賦、稅的徵收對象和用途區分明確。賦以人為徵收對象，用以供給軍隊開支和賞賜；稅主要以土地上的收穫物為對象，包括田租、礦產、水產和工商業品，用於供給祭祀和官僚俸祿。後來賦稅逐漸混合。秦漢時，賦按人丁徵收，田租則按田畝徵收。[305]罷　通「疲」。使疲敝；使困乏。使動用法。[306]井田　相傳商、周時的一種土地制度。關於其形制有不同的說法。較流行的說法，以方九百畝為一里，劃為九區，形如「井」字，故名。其中為公田，外八區為私田，八家均私百畝，同養公田。公事畢，然後治私事。多認為商鞅時始廢井田制。[307]兼并　併吞。指土地侵併，或經濟侵占。[308]貪鄙　貪婪卑鄙。[309]規　規劃並占有。[310]立錐　插立錐尖。形容地方極小。[311]蘭　通「欄」。家畜圈。[312]民臣　平民和官吏。猶官民。[313]顓斷　獨自決斷。顓，通「專」。[314]因緣　勾結。[315]略　奪取；虜掠。[316]誖　亂。[317]繆　錯誤；乖誤。[318]天地之性人為貴　出自《孝經・聖治》，孔子曰：「天地之性，人為貴。」性，生命。[319]予則奴戮女　語出自《尚書・甘誓》。奴戮，施以刑辱，使為奴隸。女，你。[320]被　後世作「披」。蒙；受。[321]辠　景祐諸本均作「辜」。二字意同。[322]更賦　漢代的一種賦稅。關於此賦稅的內容，學界意見有分歧。[323]罷癃　老病殘疾，沒有勞動能力。324咸　都；全。325侵陵　也作「侵淩」。侵犯欺淩。326分田　分取田地上的收穫物。貧者無田，租種富人的土地，將收成的一部分交給出租田者。327劫假　一說，假指貧人租賃富人之田，劫假即向租種者徵收高額地租，形同搶劫。一說，假指假民公田之假，即租種國家土地，假稅通常與田稅相當，有時國家還免除假稅。劫假，即富人冒用窮人名義假公田，再向窮人出租，收取高額地租。328芸　通「耘」。除草。329菽粟　豆類和小米，泛指糧食。330厭　吃飽；飽足。331糟糠　酒滓、穀皮等粗劣食物。332錯　通「措」。捨棄；置而不用。333口井　按人口多少規劃井田。334盈　滿；足。335鄰里鄉黨　此四者均為古代居民組織單位。有幾種說法，一說，五戶為鄰，二十五戶為里，五百戶為黨，一萬二千五百戶為鄉。336非　通「誹」。誹謗。337無法　無視法紀。338四裔　指幽州、崇山、三危、羽山四個邊遠地區。因在四方邊裔，故稱。這裡泛指四方邊遠之地。339禦　對抗；抵擋。340魑魅　能害人的山澤神怪。亦泛指鬼怪。341虞帝故事　相傳虞舜曾把四個不服從的部族首領流放到很遠的地方，以警告效尤者。見《左傳・文公十八年》：「舜臣堯，賓于四門，流四凶族，渾敦、窮奇、檮杌、饕餮，投諸四裔，以禦螭魅。」342便安　便利安適。安，謂對某種環境、事物感到安適或習慣。343兩行　兩者一起通行、流行。344不信　不誠信；沒有信用。345市買　買賣；交易。346訛言　謠傳。347罷　停止。348食貨　古代用以稱國家財政經濟。食，指農殖嘉穀等可食的糧食。貨，指布帛及金刀龜貝等流通的貨幣。349不可勝數　不計其數，極言其多。勝，盡。350五威將　官名。王莽即帝位後，置五威將；每一將各置左、右、前、後、中五帥，將持節，稱太一之使；帥持幢，稱五帝之使，統稱五威將帥。持節，奉符命，齎印綬，著五色衣冠，周行四方，以威天下。五威，意為威鎮五方。351德祥　預示德行的祥瑞。352福應　指預示幸福吉祥的徵兆。353文宣之世黃龍見於成紀新都　本書卷四〈文帝紀〉載文帝十五年黃龍見於成紀。卷八〈宣帝紀〉黃龍元年顏師古注說：「《漢注》云此年二月黃龍見廣漢郡，故改年。」廣漢郡有新都縣。354墓門梓柱生枝葉　墓門前梓木做的柱子上長出枝葉。此事亦見卷二十七〈五行志中之下〉。355爾雅　雅正，接近正式的經文。356依託　偽託；假託。357大歸言莽當代漢有天下云　卷二十七〈五行志中之下〉記載其文辭說：「初元四年，莽生之歲也，當漢九世火德之厄，而有此祥興于高祖考之門。門為開通，梓猶子，言王氏當有賢子開通祖統，起于柱石大臣之位，受命而王之符也。」大歸，大要；大旨。358五命　古代帝王按五行相勝之理承受天命。359申　重複；一再。360九世　從漢高帝到平帝凡九世，其中，惠帝、文帝算一世，哀帝、平帝算一世。361肇命於新都　指封新都侯。362受瑞於黃支　指黃支國獻犀牛。363開王於武功　指於武功得丹石。364定命於子同　指梓潼縣人哀章所獻金匱、金策書。王莽改梓潼為子同。365成命於巴宕　指巴郡宕渠（今四川渠縣東北）得石牛。366眷然　顧念貌；依戀貌。367三能　星名。即三臺星。《史記・天官書》：「魁下六星，兩兩相比者，名曰三能。三能色齊，君臣和；不齊為乖戾。」[368]文馬　赤鬣白身黃金目的馬。[369]鐵契　鐵製的契券。[370]符　古代用作信物的憑證。[371]文圭　有文采的玉製成的圭。[372]玄印　黑色玉石製成的印章。[373]茂陵　縣名。因漢武帝茂陵在此故置縣，在今陝西興平東北。[374]石書　石頭上刻有文字。[375]神井　指齊郡臨淄縣昌興亭井。[376]大神石　指扶風雍縣石。[377]寖　逐漸。[378]塞　當。[379]克　能夠。[380]鄭重　頻繁；反覆多次。[381]復決以勉書　決字下原有「其所」二字。景祐諸本皆無「所」字，邵本亦無「其」字。當以邵本為是。勉書，指哀章所作金策書。策書上稱數有瑞應，而王莽自謙居攝，天復決其疑，勸勉讓他做真皇帝。[382]赤繢　繢有紅色的絲綢。繢，通「繪」。[383]天同色　東方青帝、南方赤帝、西方白帝、北方黑帝、中央黃帝意見統一，五色同一。[384]怪驚異；覺得奇怪。[385]宗伯　漢代官名。原名宗正，九卿之一，掌皇室宗族事務。平帝元始四年，改名宗伯。[386]人談　像人那樣說話。[387]趣　通「促」。趕快；從速。[388]之　往；至。[389]丁火　古代把五行與十干相配：甲乙木，丙丁火，戊己土，庚辛金，壬癸水。[390]謙謙　謙遜貌。[391]迫　促；逼近。[392]著　明；明顯。[393]懼然　驚視貌；驚貌。[394]祗畏　敬畏。祗，敬。[395]葦然　動容貌。[396]閔　哀傷；憐念。後多作「憫」。[397]斖斖　同「亹亹」。勤勉的樣子。[398]左右　通「佐佑」。幫助；輔佐。[399]改元定號　指改年號為始建國，定國號為新。[400]更始　重新開始；除舊布新。[401]仍　頻繁。[402]宜民宜人四句　出自《詩・大雅・假樂》。右，通「佑」。[403]齎　帶；送。[404]更　更改；改變。[405]徼外　塞外；邊外。徼，邊塞。[406]賜吏爵人二級　賞賜官吏每人提升兩級爵位。[407]民爵人一級　賜百姓爵位每人一級，最高限於公乘。[408]女子百戶羊酒　女子以每百戶為單位賞賜羊和酒。[409]差　次第；等級。[410]乾文車　飾有天文圖象的車輛。[411]坤六馬　六匹母馬。坤，牝馬。六，地數。[412]鷩鳥　形狀與雉相似，雄性頭上有金色的冠毛，頸橙黃色，背暗綠色，雜有紫色，尾巴很長，雌性羽毛暗褐色。[413]方面色數　即五方與相配的顏色、數字。東方色青，數三；南方色赤，數二；西方色白，數四；北方色黑，數一；中央色黃，數五。[414]太一　天神名。戰國秦漢時為最尊貴的天神。[415]幢　一種旌旗。垂筒形，飾有羽毛、錦繡。古代常在軍事指揮、儀仗行列、舞蹈表演中使用。[416]迄至；到。[417]玄菟　郡名。漢武帝元封三年（西元前一〇八年）置。轄境包括遼寧東部及朝鮮咸鏡道一帶。治沃沮縣（今朝鮮咸鏡南道咸興）。[418]樂浪　郡名。漢武帝元封三年（西元前一〇八年）置。治朝鮮縣（今朝鮮平壤市南大同江南岸土城洞）。一說即今平壤市。[419]高句驪　國名。相傳西元前三七年朱蒙所建，轄境相當今鴨綠江及其支流渾江流域一帶。[420]夫餘　古國名。漢代夫餘族所建。在今東北地區。[421]隃　通「踰」。逾越；超過。[422]益州　州名。漢代十三州部之一。在今四川、雲南、貴州至湖北、陝西、甘肅邊界地區。[423]句町　古國名。在今雲南、廣西一帶。[424]庭　單于設幕立朝的地方。[425]去璽曰章　漢朝原頒印文為「匈奴單于璽」，王莽改為「新匈奴單于章」。[426]椎破　擊破；砸壞。[427]匈奴傳　見卷九十四。[428]卒　終於；最後。429畔　通「叛」。背叛；叛離。430靁　古「雷」字。431華　開花。432五威司命　新朝官名。掌以六條監督糾察上公以下百官，六條內容詳見下面正文。433中城　指首都長安。434四關　長安周圍的四座關塞。即下文的南嶢關、北壺口關、東函谷關、西成固關。435姦猾　奸詐狡猾。姦，「奸」的古字。436偽金錢　指民間私鑄的錢幣。437寶貨　王莽改革幣制，對所發行的各種貨幣通稱寶貨。438踰制　超過當時等級制度規定的限度。踰，通「逾」。439省中　宮禁之中。一說，宮廷門戶有禁，非侍御者不得入，故曰禁中。元帝王皇后父大司馬陽平侯名禁，避諱，改稱省中。一說，省，察之意，入宮中都要接受察視，故稱。一說漢制，王所居曰禁中，諸公所居曰省中。440機事不密則害成　語出自《易・繫辭上》「君不密則失臣，臣不密則失身，機事不密則害成」，意思為機密要事洩露就會妨礙成功。441私門　指大臣之家。相對公室而言。442公室　指君主之家。公，本意指周分封諸侯五等爵或二等爵的公爵。443柔亦不茹四句　語出自《詩・大雅》。茹，吃；吞嚥。鰥寡，老而無妻或無夫的人，引申指老弱孤苦者。圉，抵禦；禁止。444帥繇　遵循。帥，循。繇，通「由」。445重門擊柝二句　語出自《易・繫辭下》。重門，層層設門。擊柝，敲梆子巡夜。暴客，強盜；盜賊。指警戒森嚴。446繞霤　地名。意思為四面險阻，道路彎曲，溪谷迴繞的地方。指嶢關一帶，有七盤十二繞之稱，是關中通往南陽地區的衝要，舊址在今陝西商州西北。447荊楚　泛指今湖北、湖南一帶。這個地區在春秋、戰國時為楚國，別稱荊，因而合稱荊楚。448羊頭　山名。在今山西長子東。449燕趙　泛指今山西、河北一帶。這個地區在春秋、戰國時分別為燕國、趙國。450壺口　山名。又名壺關山、壺山。在陝西長治東南，跨壺關縣界。漢於此置壺口關。451捶扼　意思為占據險阻之地而捶擊。452尉　「慰」的古字。安撫；慰問。453掌　掌原作「堂」，據《漢書補注》引王念孫說當為「掌」。454肴黽　肴即崤山，在今河南西部，主峰在靈寶東南。黽，古城名。即澠池，舊址在今河南澠池西。455鄭衛　指今河南中東部地區。這個地區在春秋、戰國時期屬鄭國、衛國。456函谷　古關名。是關中通往東方各地的咽喉要道，舊址在今河南靈寶東北。457批難　抗擊仇敵。批，擊。458汧隴　汧，山名。又名吳山、西鎮山。在今陝西隴縣西南。隴，山名。又名隴阺，即六盤山的南段，在今陝西隴縣西北。459戎狄　泛指西北少數民族。戎，也稱西戎，古代中原華夏族對西北各部族的泛稱。狄，也稱北狄，古代中原華夏族對北方各部族的泛稱。460成固　縣名。在今陝西城固西北。461懷　招致；招徠。462羌　古代民族名。秦漢時主要分布在今甘肅、青海、四川一帶，部落眾多，總稱羌或西羌，以游牧為主，其後逐漸與西北地區的漢族及其他民族融合。463碧　人名。464呼　叫喊。465趣　趕快；從速。466不　通「否」。不然。467收捕　拘捕。468治者　指負責盜賊的官吏。469掌寇大夫　新朝官名。470真定　國名。在今河北石家莊一帶，治真定（今河北正定南）。471常山　郡名。在今河北西部，治元氏（今元氏西北）。472雨　動詞。下；降下。

【語譯】始建國元年正月一日，王莽率領公侯卿士捧著皇太后璽綬，呈上太皇太后，順應上天的符命，去掉漢的名號。

2 當初，王莽娶宜春侯王咸的女兒為妻，現在立她為皇后。王氏本來生了四個兒子：王宇、王獲、王安、王臨。王宇和王獲以前被處死，王安精神有問題，於是立王臨為皇太子，封王安為新嘉辟。封王宇的兒子六人：王千為功隆公，王壽為功明公，王吉為功成公，王宗為功崇公，王世為功昭公，王利為功著公。全國大赦。

3 王莽於是下策書命孺子說：「唉！你劉嬰啊，以前上天幫助你的始祖漢高帝，已經歷經十二代，享有國家二百一十年，現在繼承皇位的天命輪到我本人了。《詩》不是這樣說的嗎？『商的後代成了周的侯服，臣服於周，天命變化無常。』賜封你為定安公，永遠做新朝的國賓。嗚呼！你要感激上天的好意，前去赴任你的公位，不要違背我的命令。」接著說：「把平原、安德、漯陰、鬲、重丘縣，總共一萬戶百姓，土地方圓一百里，作為定安公的封國。在你的封國建立漢祖宗的宗廟，跟周代的後裔一樣，採用漢的曆法和車馬、祭牲的顏色。世世代代侍奉你的祖宗，永遠依靠你祖先崇高的德行和卓著的功績，享受後代的祭祀吧。賜封孝平皇后為定安太后。」宣讀策書完畢，王莽親自握著孺子的手，流著眼淚歎息，說道：「從前周公代理王位，最後能夠把王位歸還給明君，如今我卻只能迫於上天的威嚴命令，不能夠像周公一樣如願以償呀！」悲傷歎息了很長時間。中傅帶著孺子下了殿階，面向北對王莽稱臣。百官陪在旁邊，沒有不感動的。

4 又按照哀章獻上的金匱圖、金策書，輔政的大臣都被封爵授官。任命太傅、左輔、驃騎將軍安陽侯王舜為太師，賜封安新公；任命大司徒就德侯平晏為太傅，賜封就新公；任命少阿、羲和、京兆尹紅休侯劉歆為國師，賜封嘉新公；任命廣漢梓潼縣人哀章為國將，賜封美新公：以上為四輔，位列上公。任命太保、後丞承陽侯甄邯為大司馬，賜封承新公；任命丕進侯王尋為大司徒，賜封章新公；任命步兵將軍成都侯王邑為大司空，賜封隆新公：以上為三公。任命大阿、右拂、大司空、衛將軍廣陽侯甄豐為更始將軍，賜封廣新公；任命京兆王興為衛將軍，賜封奉新公；任命輕車將軍成武侯孫建為立國將軍，賜封成新公；任命京兆王盛為前將軍，賜封崇新公：以上是四將。總共賜封十一位公。王興原是城門校尉下的令史。王盛是賣餅的。王莽按照符命找到叫這兩個名字的有十多人，這兩個人的相貌符合占卜看相的標準，直接從平民進用為高官，以顯示出於神意。其他同名的人都任命為郎官。這一天，授任卿大夫、侍中、尚書官職的共有幾百人。各劉姓皇族為郡守的，都調任諫大夫。

5 把明光宮改名為定安館，讓定安太后居住在那裡。把原來的大鴻臚官署作為定安公宅第，都設置了門衛、使者監護管理。命令保姆和奶媽不能和孺子嬰說話，經常讓他待在只有四壁的房間中，以至於長大後不能叫出六畜的名字。後來王莽把自己的孫女即王宇的女兒嫁給他為妻。

6 王莽向百官發布策書說：「木星主管莊嚴，東嶽太師執掌實現雨水適時適量，青色的光華冉冉上升，用日晷考校日影。火星主管明智，南嶽太傅負責實現炎熱適時適度，赤色的光華寬容平和，用音律來考校五聲。金星主管安寧，西嶽國師負責實現乾燥適時適度，白色的光輝成長均平，用銓來考校量器。水星主司謀略，北嶽國將負責實現寒冷適時適度，黑色的光輝合適平均，用漏刻來考校五星的運行。月亮象徵威刑，是天的左股，司馬負責實現武功，用曲尺來驗證方正，主管天文，恭敬地順從偉大的上天，謹慎地傳授人民時令，勸勉百姓進行農業生產，使糧食獲得豐收。太陽象徵德政，是天的右臂，司徒負責實現文治，以圓規來考校圓形，主管人道，以父義、母慈、兄友、弟恭、子孝這五教來輔助教化，率領人民服從君上，宣揚教化，使風俗淳美，仁、義、禮、智、信五常才能深入人心。北斗處於天的中心，司空負責實現招致符命祥瑞，用準繩來考校計量長短的器具，主管地理，開墾土地，興修水利，管理名山大川，使鳥獸多多地繁殖，使草木長得更為茂盛。」對百官都按照各自的職掌頒布了策書，文字和典誥相同。

7 設置大司馬司允，大司徒司直，大司空司若，官位都是孤卿。把大司農改名為羲和，後來又改為納言，大理改名為作士，太常改名為秩宗，大鴻臚改名為典樂，少府改名為共工，水衡都尉改名為予虞，加上三公司卿共九卿，分別隸屬於三公。每一卿下面設置大夫三人，每一位大夫下設置元士三人，總共二十七大夫，八十一元士，分別主管中央各官府諸職。把光祿勳改名為司中，太僕改名為太御，衛尉改名為太衛，執金吾改名為奮武，中壘中尉改名為軍正，又設置大贅官，主管皇帝的車馬、衣服以及御用的各種器具，後來又掌管軍秩俸祿，以上官員的官位都是上卿，號稱六監。把郡太守改名為大尹，都尉改名為太尉，縣令、長改名為宰，御史改名為執法，公車司馬改名為王路四門，長樂宮改名為常樂室，未央宮改名為壽成室，前殿改名為王路堂，長安改名為常安。將秩百石吏改名叫庶士，三百石改名叫下士，四百石改名叫中士，五百石改名叫命士，六百石改名叫元士，千石改名叫下大夫，比二千石改名叫中大夫，二千石改名叫上大夫，中二千石改名叫卿。他們使用的車馬、禮服和禮帽，各有不同的等級。又設置司恭大夫、司從大夫、司明大夫、司聰大夫、司中大夫及誦詩工、徹膳宰，來伺察過失。下策書說：「我聽說上聖想要彰明自己的德行，無不謹慎地修養自己的身心，用以安定遠方，因此設置你們這些官職從貌恭、言從、視明、聽聰、思睿這五個方面進行監督。不要遮掩過失，不要助長虛美，喜愛和憎惡都不偏頗，站在公正的立場上。嗚呼，要努力啊！」下令在通往皇宮的道路上設置聽取建議的進善旌，接受批評的誹謗木，聽取申訴的敢諫鼓。派諫大夫四人平日坐在宮門接待反映情況的人。

8 賜封王氏喪服為齊縗的男性親屬為侯爵，喪服為大功的男性親屬為伯爵，喪服為小功的男性親屬為子爵，喪服為緦麻的男性親屬為男爵，所有女性親屬都封為任爵。男的用「隆」做封號，女的用「睦」做封號，都授予印綬。下令諸侯立太夫人、夫人和世子，也都授予印綬。

9 又說道：「天上沒有兩個太陽，地上沒有兩個君王，這是百代帝王不能更改的原則。漢氏的諸侯有的稱王，至於四方夷族也有稱王的，違反了古代的典章制度，違背了一統的原則。現在規定諸侯王的名號都稱作公，以及四方夷族僭越名號稱王的都改為侯。」

10 又說：「帝王的道統，前後相繼而通；有崇高德行的國統，世代享受祭祀。我追念黃帝、帝少昊、帝顓頊、帝嚳、帝唐堯、帝虞舜、帝夏禹、皋陶、伊尹都有聖明的德行，上達皇天，功勳事業崇高偉大，光輝流傳久遠。我很讚賞他們，尋訪他們的後代，打算延續他們的祭祀。」認為王氏是虞舜帝的後代，出自帝嚳；劉姓是唐堯的後代，出自顓頊。於是賜封姚恂為初睦侯，奉黃帝後嗣；梁護為脩遠伯，奉少昊後嗣；皇孫功隆公王千，奉帝嚳後嗣；劉歆為祁烈伯，奉顓頊後嗣；國師劉歆的兒子劉疊為伊休侯，奉堯後嗣；媯昌為始睦侯，奉虞帝後嗣；山遵為褒謀子，奉皋陶後嗣；伊玄為褒衡子，奉伊尹後嗣。漢的後嗣定安公劉嬰，位為國賓。周公的後嗣衛公姬黨，改封為章平公，位也是國賓。殷的後嗣宋公孔弘，時運轉變，位次移動了，改封為章昭侯，位是恪。夏的後人遼西郡人姒豐，賜封為章功侯，位也為恪。這四個朝代的始祖，在明堂進行宗祭，以陪祭皇始祖考虞帝。周公的後嗣褒魯子姬就，宣尼公孔子的後嗣褒成子孔鈞，以前已經進行了賜封。

11 王莽又說道：「我以前攝政時，修建郊祀壇，確定遠祖廟，建立社稷壇，神明回報酬贈，有時有神光從上面籠罩下來，流化為烏鴉，有時有黃氣蒸騰，照耀光明，來顯揚黃帝、虞舜的功業。從黃帝到濟南伯王，祖輩的姓氏有五個。黃帝有二十五個兒子，分別賜給他們姓氏十二個。虞帝的先祖，接受的姓氏為姚，其在陶唐時為媯，在周代姓陳，在齊國姓田，在濟南姓王。我俯伏思念皇初祖先黃帝，皇始祖先虞舜帝，已經在明堂舉行了宗廟祭祀，還應當列入祖宗的親廟。建立祖廟五所，親廟四所，王后、夫人都配享。在郊外祭祀黃帝以配享上天，黃后以配享大地。以新都侯的東宅第作為大祠廟，每年按時祭祀。王氏家族所奉的家祀為種祀，讓天下人都奉祀。姚姓、媯姓、陳姓、田姓、王姓這五姓的人，都是黃帝、虞舜的後代子孫，都是我的同族。《書經》不是說嗎？『按照順序促使九族親愛和睦。』全國各地把這五姓的名冊上報給秩宗，都作為我的宗室。世世代代免除他們的賦稅和勞役，不要有所興派。元城縣的王氏，不准和姚姓、媯姓、陳姓、田姓結為婚姻，以此區別宗族理順親屬。」賜封陳崇為統睦侯，奉胡王後嗣；田豐為世睦侯，奉敬王後嗣。

12 全國的州牧和郡太守都因為以前在翟義、趙明等人叛亂時領導州郡，心懷忠孝，賜封州牧為男爵，郡太守為附城。又賜封舊日恩人戴崇、金涉、箕閎、陽並等人的兒子都為男爵。

13 派遣騎都尉囂等人分別在上都橋畤修繕黃帝陵園，在零陵郡九疑山修繕虞帝陵園，在淮陽郡陳縣修繕胡王陵園，在齊郡臨淄縣修繕齊敬王陵園，在城陽國莒縣修繕齊愍王陵園，在濟南郡東平陵縣修繕伯王陵園，在魏郡元城縣修繕孺王陵園，派遣使者春夏秋冬四時前往祭祀。他們的祠廟應當修建的，因為全國剛剛安定，暫且祫祭在明堂太廟。

14 把漢高帝廟作為文祖廟。王莽說：「我的皇始祖先虞帝從唐堯那兒接受禪讓的帝位，漢氏的始祖是唐堯帝，世代有禪讓國家的表現，我又在漢高帝的神靈面前親自接受了禪讓的金策書。我一直想表彰優待前朝，哪有忘記的時候？漢氏的祖宗有七位，要按照禮儀在定安國建立祠廟。他們的陵園寢廟設在京城的，不要廢除，祭祀供奉像以前一樣。我將在秋季九月親自到漢氏高帝、元帝、成帝、平帝的祠廟祭祀。各劉氏宗族改在京兆大尹登記族譜，不要取消他們免除賦稅勞役的特權，至其終生為止，州牧要時常慰問，不要讓他們受到侵害和冤屈。」

15 王莽又說道：「我以前任大司馬、宰衡，直到任攝皇帝、假皇帝時，深深憂慮漢氏遭到二百一十年的厄運，漢朝火德的氣數已盡，反覆思考廣泛尋求，凡是能夠幫助劉氏延長氣運的辦法，沒有不採用的。因此鑄造新貨幣錯刀、契刀，希望以此來幫助它。然而自從孔子撰寫《春秋》作為後代帝王的法則，截止於魯哀公十四年而一個時代結束了。對照現在的情況看，從漢哀帝即位算起來到今年也是十四年了。火德的運數已經走到了盡頭，終究不能勉強挽救。偉大的上天宣明威嚴，黃德應當興起，隆重地彰顯大命，將天下委託給我。現在老百姓都說上天革除漢朝而建立新朝，廢掉劉家而興盛王家。『劉』字是由卯、金、刀構成的，因此正月剛卯的佩飾和金刀類的貨幣，都不准再使用和流通。廣泛徵求百官的意見，都說天道和人事相互感應，昭然顯明。摘掉剛卯不要作為佩飾，廢止刀錢不要作為貨幣，接受順從上天的意旨，滿足老百姓的心願。」於是改鑄小錢，直徑六分，重量一銖，上面鑄有「小錢直一」的字樣，和以前「大錢五十」的貨幣為兩個等級，同時流通。為了防止民間私自鑄造，便下禁令不准持有銅和炭。

16 這一年四月，徐鄉侯劉快集結黨羽幾千人從他的封國起兵。劉快的哥哥劉殷，是原漢朝的膠東王，這時已經改為扶崇公。劉快率領軍隊進攻即墨城，劉殷關閉城門，自首關進牢獄。城裡的官吏和民眾抵抗劉快，劉快失敗逃跑，逃到長廣縣而死。王莽說：「從前我的祖先濟南愍王被燕國的敵寇圍困，從齊國的都城臨淄逃出到莒邑堅守。族人田單設計了很多奇策，擒殺了燕國的主將，重新安定了齊國。現在即墨城的士大夫又同心協力殲滅反賊，我非常讚賞那些忠心的人，憐憫那些無罪的人。赦免劉殷等人，除劉快的妻子兒女外，其他應當受到連坐處罰的親屬都不要治罪了。弔唁死者慰問傷殘，給死者賞賜喪葬費，每人五萬錢。劉殷懂得天命，深深地憎惡劉快，所以劉快他們很快就伏罪受死。把劉殷封國的戶數增至滿一萬戶，土地方圓各一百里。」又封賞進獻符命的大臣十多人。

17 王莽說：「古代，設立八家共一廬井，一夫一婦授田一百畝，將收穫物的十分之一繳納田稅，於是國家豐裕人民富足，頌揚的聲音出現了。這是唐、虞時代的政策，為夏、商、周三代所遵循。秦朝政治黑暗，加重賦稅來供自己享受，竭盡民力盡情滿足自己的欲望，毀壞聖人的制度，廢除井田，因此兼併土地的現象出現了，貪婪卑鄙的行為發生了，有勢力的人占據的田地以千來計算，而貧弱的人連立錐之地都沒有。又設置買賣奴隸的市場，把他們和牛馬關在一個畜欄裡，受制於百姓和官吏，決斷他們的生死命運。奸詐殘暴的人相互勾結以此牟利，甚至搶劫拐賣人家的妻子兒女，違背上天的心意，擾亂人倫，也有悖於『天地間的生命中人最寶貴』的道理。《書經》說『我要施以刑辱，把你變為奴隸』，只有不遵行命令的人，才會受到這樣的懲罰啊。漢朝減輕田租，按三十分之一徵稅，但經常有更賦，老病殘疾的人都要交納，而且有勢力的豪民欺凌他們，通過出租土地收取高額地租。名義上按三十分之一徵稅，實際上農民交納了收穫物的一半。父子夫婦一年到頭在田間勞作，所得的收入卻不足以維持生存。所以富人的犬、馬有吃不完的糧食，他們因驕奢而幹壞事；窮人卻連酒渣糠皮也吃不飽，因貧窮而幹壞事。他們都陷入罪惡之中，刑罰因此不能擱置不用。我從前在擔任大司馬、宰衡時，初次下令把全國的公田按人口多少規劃井田，當時就出現了嘉禾的祥瑞，因為遭遇翟義等反叛逆賊而停止了。現在把全國的田地改名為『王田』，奴婢改名為『私屬』，都不准買賣。家中男性人口不滿八人，而占有田地超過一井的，要把多餘的田分給親屬和鄉里鄰居。原來沒有田地，現在應當分到田的，按照制度執行。敢有誹謗井田聖制，無視法律惑亂民眾的人，把他們流放到四方荒蠻之地去，以抵擋妖魔鬼怪，按照皇始祖考虞帝懲罰四凶的成例。」

18 當時老百姓習慣使用漢朝的五銖錢，認為王莽錢大小兩種同時流通難以辨識，而且又多次改變沒有信用，都暗地裡用五銖錢進行交易。謠傳大錢將要廢除，沒有人肯持有。王莽擔心這件事情，再次下詔書說：「所有私藏五銖錢、說大錢將要廢除的人，比照誹謗井田制，流放到四方邊地去。」於是農民和商人喪失產業，經濟陷入癱瘓狀態，人民甚至在市場和道路上號哭流淚。此外因買賣田宅奴婢、私自鑄錢犯罪的人，從諸侯、卿大夫以至平民百姓，被治罪的不計其數。

19 秋天，派遣五威將王奇等十二人到全國各地頒布《符命》四十二篇。德祥類五篇，符命類二十五篇，福應類十二篇，總共四十二篇。其中德祥類談到漢文帝、漢宣帝時有黃龍出現在成紀縣、新都縣，高祖考王伯墓門的梓木柱子上長出枝葉一類的事情。符命類談到武功縣出現井石、高帝廟出現金匱圖策一類的事情。福應類談到母雞變成公雞一類的事情。它們仿照經文文辭典雅，都依據古意作出解說，主要意思是說王莽應當代替漢朝統治天下。最後總結說明道：「帝王承受天命，一定有德祥的徵兆，配成五命，一再出現福氣的兆應，然後才能建立偉大崇高的功業，傳給子孫後代，永享無窮的國祚。所以新朝的興起，德祥發生於漢朝傳遞九世、經歷二百一十年之後。從新都國開始受命，從黃支國接受祥瑞，從武功縣得到丹書白石開創王業，在子同縣決定受命，到巴郡宕渠縣得到石牛完成受命，再加上十二次福應，上天保佑新室的態度是深切而堅決的啊！武功縣的丹書白石出現於漢朝平帝末年，漢朝的火德氣運消亡，新朝的土德應當取而代之，上天眷顧，拋棄漢朝扶助新朝，用丹書白石開始授命給皇帝。皇帝謙虛地推辭，用攝皇帝的名義代居皇位，不符合上天的心意，所以那年秋天七月，上天又降下三能星和文馬。皇帝又謙虛地推辭，沒有登上皇位，因此第三次出現鐵契，第四次出現石龜，第五次出現虞符，第六次出現文圭，第七次出現玄印，第八次出現茂陵石書，第九次出現玄龍石，第十次出現神井，第十一次出現大神石，第十二次出現銅符帛圖。重申天命的祥瑞，越來越明顯，以至有十二次之多，用來明白告示新皇帝。皇帝深深感到上天的威嚴不可以不畏懼，所以去掉『攝』的稱號，但還是稱假皇帝，改年號為初始，想以此來接受天命，能夠滿足上帝的心意。然而這不符合皇天所以反覆賜降符命的本意。因此這天上天又賜降勉勵的金匱圖策，令他做出決斷。而且侍郎王盱看見一個人穿著白布單衣，方衣領上繪著紅色圖案，頭戴小帽子，站在王路殿前面，對王盱說：『今天五方天帝同色，把全國人民委託給皇帝。』王盱感到奇怪，走了十多步，那個人忽然不見了。到丙寅日傍晚，漢朝高帝廟出現了金匱圖策：『高帝秉承天命，把國家傳給新皇帝。』第二天早晨，宗伯忠孝侯劉宏把這件事上報，於是召集公卿大臣商議，還沒有做出決定，而大神石像人一樣說話道：『趕快叫新皇帝前往高帝廟接受天命，不要耽擱！』於是新皇帝立即上車，前往漢高帝廟領受天命。接受天命的那日，是丁卯日。丁，屬火，象徵漢朝的德運。卯，是構成『劉』字的一部分。這表明漢朝劉姓的火德氣數已經窮盡，而命運傳給了新室。皇帝謙虛遜讓，已經多次堅決推辭，十二次符應催促得很急，天命不能推辭，驚疑敬畏，傷感憐憫漢朝最終不可挽救，努力地幫助它都不能如願，為此三晚沒有睡覺，三天沒有吃飯。徵詢公侯卿大夫，都說：『應當按照上天的威嚴命令執行。』於是改元年定國號，四海之內除舊布新。新朝一經建立，神明歡喜，再次賜降福應，祥瑞接二連三出現。《詩經》說：『利國利民，得到上天的福祿；上天保佑他，命他掌有邦國。』就是指的這種情況啊。」五威將捧著《符命》，帶著印綬，自王侯以下以及更改了官吏名稱的，對外包括匈奴、西域，和塞外的外族，都就地授予新朝的印綬，並收繳原來漢朝的印綬。賞賜官吏爵位每人兩級，普通百姓男性戶主爵位每人一級，女子按百戶為單位賞賜羊和酒，賞賜外族幣帛等財物各不等。宣布全國大赦。

20 五威將坐著繪有天文圖象的車子，駕駛著六匹母馬，背上插著鷩鳥的羽毛，服裝配飾很威武。每一將下面各置左帥、右帥、前帥、後帥、中帥，共五帥。衣冠車服駕馬，各按照其方位的顏色和數目。五威將舉著節，稱天帝太一的使者；五帥舉著幢，稱五帝的使者。王莽下策書說：「普天之下，直到四周極遠的地方，沒有不到達的。」前往東方的使者，到達玄菟、樂浪、高句驪、夫餘；前往南方的，越過了邊塞，經過益州，貶黜句町王為侯；前往西方的，到達西域，全部改那裡的王為侯；前往北方的，到達匈奴的王庭，授予單于印，更改漢印上的文字，去掉「璽」改叫「章」。單于想要回原來的印，陳饒砸壞了它，這些事記載在〈匈奴傳〉中。單于大怒，而句町、西域各國後來終於因為這個原因都背叛了。陳饒回來後，被任命為大將軍，賜封威德子。

21 冬季，打雷，桐樹開花。

22 設置五威司命、中城將軍、四關將軍。五威司命糾察彈劾上公以下的官員，五威中城將軍掌管首都的十二座城門。下策書命令統睦侯陳崇道：「啊，你陳崇。不遵守命令，是禍亂的根源；大奸巨猾，是殘害的本源；私自鑄造假貨幣，是妨害法定寶貨流通的原因；驕橫奢侈超越制度，是凶惡禍害的開端；洩漏宮禁中和尚書的事情，『機密要事不能保密就會妨礙成功』；從朝廷接受官職爵位，而到私家去表示感謝，封官拜爵的大權不由朝廷掌握，政權就會隨之滅亡：以上這六條，是國家的綱常法紀。因此任命你為五威司命，『軟的也不吞嚥，硬的也不吐掉，不欺侮鰥寡，不畏懼強暴』，皇帝命令你遵循此道，在朝廷統領百官和睦守法。」命令說符侯崔發道：「『層層設門，敲梆子巡夜，以防備盜賊。』你做五威中城將軍，首都的德化若已完成，天下對符命就心悅誠服。」命令明威侯王級道：「七盤十二繞的險固，南面正對著荊楚之地。你做五威前關將軍，振奮勇武奮力保衛，在前面顯示威嚴。」命令尉睦侯王嘉道：「羊頭山的險阨，北面正對著燕、趙之地。你做五威後關將軍，占據壺口天險向下攻擊，在後面安撫敦睦。」命令掌威侯王奇道：「崤山、澠池的險要，東面正對著鄭、衛之地。你做五威左關將軍，扼守函谷關抗擊敵人，在左翼行使威嚴。」命令懷羌子王福道：「汧山、隴阪的險阻，西面正對著西戎和北狄。你做五威右關將軍，據守成固，在右翼招徠安撫羌人。」

23 又派遣諫大夫五十人分別到各郡國鑄造錢幣。

24 這一年，長安有個名叫碧的瘋女子在路上大聲呼喊道：「高皇帝大怒，說趕快把國家歸還給我。不然的話，到九月一定殺死你！」王莽把她抓起來殺死。主管官員掌寇大夫陳成自動請求免掉他的官職。真定國劉都等人謀劃起兵，被發覺，都被處死。真定國、常山郡下了很大的冰雹。

1 二年二月，赦天下。

2 五威將帥七十二人還奏事，漢諸侯王為公者，悉上璽綬為民，無違命者。封將為子，帥為男。

3 初設六筦❶之令。命縣官❷酤酒❸，賣鹽鐵器，鑄錢，諸采取名山大澤眾物者稅之。又令市官❹收賤賣貴，賒貸❺予民，收息百月三。羲和置酒士，郡一人，乘傳❻督❼酒利。禁民不得挾弩❽鎧❾，徙西海。

4 匈奴單于❿求故璽，莽不與，遂寇⓫邊郡，殺略吏民。

5 十一月，立國將軍建⓬奏：「西域將欽⓭上言，九月辛巳，戊己校尉史⓮陳良、終帶共賊殺校尉刁護，劫略吏士，自稱廢漢大將軍⓯，亡入匈奴。又今月癸酉，不知何⓰一男子遮臣建車前，自稱『漢氏劉子輿，成帝下妻⓱子也。劉氏當復，趣空⓲宮』。收繫⓳男子，即常安姓武字仲。皆逆天違命，大逆無道⓴。請論㉑仲及陳良等親屬當坐者。奏可。漢氏高皇帝比㉒著戒云，罷吏卒，為賓食㉓，誠欲承天心，全子孫也。其宗廟不當在常安城中，及諸劉為諸侯者當與漢俱廢。陛下至仁，久未定。前故安眾侯劉崇、徐鄉侯劉快、陵鄉侯劉曾㉔、扶恩侯劉貴㉕等更聚眾謀反。今狂狡㉖之虜或妄自稱亡漢將軍，或稱成帝子子輿，至犯夷滅㉗，連未止者，此聖恩不蚤㉘絕㉙其萌牙故也。臣愚以為漢高皇帝為新室賓，享食明堂。成帝，異姓之兄弟，平帝，壻㉚也，皆不宜復入其廟。元帝與皇太后為體㉛，聖恩所隆，禮亦宜之。臣請漢氏諸廟在京師者皆罷。諸劉為諸侯者，以戶多少就五等之差；其為吏者皆罷，待除於家[32]。上當天心，稱[33]高皇帝神靈，塞狂狡之萌。」莽曰：「可。嘉新公國師以符命為予四輔，明德侯劉龔、率[34]禮侯劉嘉等凡三十二人皆知天命，或獻天符，或貢昌言[35]，或捕告反虜，厥功茂焉。諸劉與三十二人同宗共祖者勿罷，賜姓[36]曰王。」唯國師以女配莽子，故不賜姓。改定安太后號曰黃皇室主，絕之於漢也。

6 冬十二月，雷。

7 更名匈奴單于曰降奴服于。莽曰：「降奴服于知[37]威侮五行[38]，背畔四條[39]，侵犯西域，延及邊垂[40]，為元元[41]害，辠當夷滅。命遣立國將軍孫建等凡十二將，十道並出，共行皇天之威，罰于知之身。惟知先祖故呼韓邪單于稽侯狦[42]累世忠孝，保塞守徼，不忍以一知之罪，滅稽侯狦之世。今分匈奴國土人民以為十五，立稽侯狦子孫十五人為單于。遣中郎將藺苞、戴級馳之塞下，召拜當為單于者。諸匈奴人當坐虜知之[43]法者，皆赦除之。」遣五威將軍苗訢、虎賁將軍王況出五原[44]，厭難將軍[45]陳欽、震狄將軍王巡出雲中[46]，振武將軍王嘉、平狄將軍王萌出代郡[47]，相威將軍李棽、鎮遠將軍李翁出西河[48]，誅貉將軍陽俊、討穢將軍嚴尤出漁陽[49]，奮武將軍王駿、定胡將軍王晏出張掖[50]，及偏裨[51]以下百八十人。募天下囚徒、丁男、甲卒三十萬人，轉眾郡委輸(52)五大夫(53)衣裘、兵器、糧食，長吏(54)送自負海江淮(55)至北邊，使者馳傳(56)督趣，以軍興法(57)從事(58)，天下騷動。先至者屯邊郡，須畢具(59)乃同時出。

8 莽以錢幣訖(60)不行，復下書曰：「民以食為命，以貨為資，是以八政(61)以食為首。寶貨皆重則小用不給(62)，皆輕則僦載(63)煩費，輕重大小各有差品，則用便而民樂。」於是造寶貨五品(64)，語在食貨志(65)。百姓不從，但行小大錢二品而已。盜鑄錢者不可禁，迺重(66)其法，一家鑄錢，五家坐之，沒入(67)為奴婢。吏民出入，持布錢以副符傳(68)，不持者，廚傳(69)勿舍(70)，關津(71)苛留(72)。公卿皆持以入宮殿門，欲以重而行之。

9 是時爭為符命封侯，其不為者相戲曰：「獨無天帝除書(73)乎？」司命陳崇白莽曰：「此開姦臣作福(74)之路而亂天命，宜絕其原(75)。」莽亦厭之，遂使尚書大夫(76)趙並驗治(77)，非五威將率(78)所班，皆下獄。

10 初，甄豐、劉歆、王舜為莽腹心，倡導(79)在位，褒揚功德；「安漢」、「宰衡」之號及封莽母、兩子、兄子，皆豐等所共謀，而豐、舜、歆亦受其賜，並富貴矣，非復欲令莽居攝也。居攝之萌(80)，出於泉陵侯劉慶、前煇光謝囂、長安令田終術。

莽羽翼已成，意欲稱攝。豐等承順[81]其意，莽輒復封舜、歆兩子及豐孫。豐等爵位已盛，心意既滿，又實畏漢宗室、天下豪桀。而疏遠欲進者，並作符命，莽遂據以即真，舜、歆內懼而已。豐素剛強，莽覺其不說，故徙大阿[82]、右拂[83]、大司空豐，託符命文，為更始將軍，與賣餅兒王盛同列。豐父子默默[84]。時子尋為侍中京兆大尹茂德侯，即作符命，言新室當分陝，立二伯[85]，以豐為右伯，太傅平晏為左伯，如周召故事。莽即從之，拜豐為右伯。當述職[86]西出，未行，尋復作符命，言故漢氏平帝后黃皇室主為尋之妻。莽以詐立，心疑大臣怨謗[87]，欲震威以懼下，因是發怒曰：「黃皇室主天下母，此何謂也！」收捕尋。尋亡，豐自殺。尋隨方士[88]入華山[89]，歲餘捕得，辭[90]連國師公歆子侍中東通靈將[91]、五司大夫[92]隆威侯棻、棻弟右曹[93]長水校尉[94]伐虜侯泳、大司空邑弟左關將軍掌[95]威侯奇，及歆門人[96]侍中騎都尉丁隆等，牽引[97]公卿黨親[98]列侯以下，死者數百人。尋手理[99]有「天子」字，莽解[100]其臂入視之，曰：「此一大[101]子也，或曰一六子也。六者，戮也。明尋父子當戮死也。」迺流[102]棻于幽州[103]，放[104]尋于三危[105]，殛[106]隆于羽山[107]，皆驛車載其屍傳致云。

11 莽為人侈口蹷頤[108]，露眼[109]赤精[110]，大聲而嘶[111]。長七尺五寸[112]，好厚履高冠，以氂(113)裝衣，反膺(114)高視(115)，瞰臨(116)左右。是時有用方技(117)待詔(118)黃門者，或問以莽形貌，待詔曰：「莽所謂鴟(119)目虎吻豺狼之聲者也，故能食人，亦當為人所食。」問者告之，莽誅滅待詔，而封告者。後常翳(120)雲母(121)屏面(122)，非親近莫得見也。

12 是歲，以初睦侯姚恂為寧始將軍。

【章　旨】以上為卷中的第二部分，記載始建國二年事。王莽推行六筦經濟統制政策。匈奴單于因王莽將其「璽」改為「章」，與新決裂，開始侵犯邊境。王莽徵調大軍駐紮北邊，準備討伐匈奴，天下騷動。王莽第一次貨幣改革失敗，又推行寶貨五品。曾為王莽心腹的甄豐、甄尋父子與王莽產生嫌隙，被殺，牽連公卿大臣數百人。

【注　釋】❶六筦　王莽為增加稅收所實行的六項財政經濟政策，即下文所載酒、鹽、鐵專賣，官鑄錢和收山澤稅，設五均官管理市場。筦，通「管」。❷縣官　朝廷；官府。❸酤酒　賣酒。❹市官　管理市場的官員。❺賒貸　賒欠；借貸。❻乘傳　傳，指驛站或驛站的車馬。漢制：用四匹上等馬駕車，稱置傳；用四匹中等馬駕車，稱馳傳；用四匹下等馬駕車，稱乘傳；用一匹或兩匹馬駕車，稱軺傳。❼督　監督。❽弩　用機械發箭的弓。❾鎧　古代作戰時護身的服裝，金屬製成。皮甲亦可稱鎧。❿匈奴單于　指烏珠留單于。⓫寇　劫掠；侵犯。⓬建　即孫建。⓭欽　指但欽（？—西元一三年）。此時任西域都護，後被焉耆所殺。⓮戊己校尉史　戊己校尉的官佐。戊己校尉，漢元帝初元元年（西元前四八年）設置，掌管西域屯田事務。⓯廢漢大將軍　陳良、終帶自稱漢大將軍，孫建上書時站在新朝的立場，所以稱「廢」，後文的「亡漢將軍」意亦同。⓰何　何處。省「處」或「所」字。⓱下妻　正妻之外的妻，地位低於正妻。⓲空　動詞。空出來；騰空。⓳收繫　拘捕囚禁。⓴大逆無道　罪名。古代稱危害君父、宗廟、宮闕等重大罪行。也稱「大逆不道」或簡稱「大逆」。㉑論　定罪。㉒比　副詞。連續；頻頻。㉓罷吏卒二句　撤掉守衛漢朝宗廟的官吏和士兵，願意作為宗廟中的賓客分享祭祀。㉔陵鄉侯劉曾　楚思王劉衍子，宣帝孫，哀帝建平四年（西元前三年）封。舉兵反王莽，被殺。㉕扶恩侯劉貴　身世不詳。㉖狂狡　狂妄狡詐。

㉗夷滅　誅殺；消滅。㉘蚤　通「早」。㉙絕　動詞。斷絕。㉚壻　通「婿」。女婿。㉛體　夫婦一體。㉜其為吏者皆罷二句　那些任官吏的人，都罷免他們的職務，令其回家等待新的任命。除，拜官；授職。㉝稱　符合；滿足。㉞率　前文作「帥」。㉟昌言　善言；正言。㊱賜姓　古代帝王常將自己的姓氏賞賜給功臣，以示恩寵。㊲知　匈奴單于本名囊知牙斯，王莽當初為了給篡位造輿論，表示蠻夷慕義，賄賂他，將名字改為「知」。見卷上。㊳威侮五行　引自《尚書・甘誓》。威侮，凌虐侮慢。五行，水、火、木、金、土。我國古代稱構成各種物質的五種元素，古人常以此說明宇宙萬物的起源和變化。㊴四條　王莽曾與匈奴約定，匈奴不得接受四種人（漢朝人、受漢朝節制的西域各國人、烏孫人、烏桓人）的投降。參見卷九十四〈匈奴傳下〉。㊵邊垂　邊境。垂，通「陲」。㊶元元　百姓；庶民。㊷呼韓邪單于稽侯狦　（？—西元前三一年）攣鞮氏，名稽侯狦。西漢宣帝神爵四年（西元前五八年）立為單于，後與其兄郅支骨都侯單于爭奪單于位，被擊敗，甘露二年（西元前五二年）率眾降漢。次年，至長安謁宣帝。在漢朝支持下，於元帝永光元年（西元前四三年）趕走郅支單于，恢復對匈奴的統治。竟寧元年（西元前三三年）復入漢朝見，元帝妻以宮女王嬙（昭君）。直至王莽時與漢長期保持和親關係。㊸之　至。㊹五原　郡名。在今內蒙古包頭一帶，治九原（今包頭西北）。㊺厭難將軍　新朝武官名。以下的「震狄」、「振武」、「平狄」、「相威」、「鎮遠」、「誅貉」、「討穢」、「奮武」、「定胡」等將軍都是新朝武官名。㊻雲中　郡名。在今內蒙古東南部，治雲中（今內蒙古托克托東北）。㊼代郡　郡名。在今河北西北部、山西東北部，治代縣（今河北蔚縣東北）。㊽西河　郡名。在今陝西、山西、內蒙古交界地區，治平定（今內蒙古準噶爾旗西南）。㊾漁陽　郡名。在今河北灤河以南、薊運河以西和天津、北京兩市部分地區，治漁陽（今北京密雲西南）。㊿張掖　郡名。在今甘肅中部，治觻得（今張掖西北）。51偏裨　偏將、裨將。將佐的通稱。52委輸　輸送積聚的物資。把物資裝到車船上稱委，轉運到別地交卸稱輸。53五大夫　爵位名。秦漢時二十等爵的第九級。劉奉世疑為衍文。54長吏　俸祿從二百石到四百石的縣級官吏，如丞、尉等。又指六百石以上地位較高的官吏。55負海江淮　指東南廣大地區。負海，背靠大海。江，古代長江的專名。淮，淮河。56馳傳　古代驛站的一種馬車。駕四匹中等馬。漢律規定：四馬高足為置傳，四馬中足為馳傳，四馬下足為乘傳。57軍興法　軍事動員法令；戰時法令制度。興，興發；徵發。58從事　處理事務。59畢具　齊全；完全具備。60訖　副詞。終究；竟然。61八政　古代國家施政的八個方面。具體內容說法不一。《書・洪範》：一曰食，二曰貨，三曰祀，四曰司空，五曰司徒，六曰司寇，七曰賓，八曰師。後世所稱「八政」多指此而言。62給　供應；供給。63僦載　雇車船載送。64寶貨五品　指錢、銀、龜、貝、布五種貨幣。65語在食貨志　詳見卷二十四〈食貨志下〉。66重　增；加重。67沒入　沒收財物家人等歸官府。68持布錢以副符傳　拿著布錢輔助

符傳才能通行。副，輔助；佐證。符傳，古代的通行證，用於出入門、關。69廚傳　古代供應過客食宿、車馬的處所。廚，供應飲食之處。傳，驛站。70舍　留宿；安置。71關津　水陸要道的關卡。陸路稱關，水路稱津。72苛留　盤問扣留。苛，通「呵」。訊問；詰問。73除書　任命官吏的文書。74作福　原指做善事而獲福祉，此處指奸臣利用不正當手段追求功名利祿。75原　通「源」。76尚書大夫　新朝官名。77驗治　查驗處治。78率　通「帥」。79倡導　也作「倡道」。帶頭提倡。80萌　比喻事情剛剛顯露的發展趨勢或情況；開端。81承順　遵奉順從。82大阿　根據前文應為「太阿」。83拂　通「弼」。輔佐。84默默　不得意。85分陝立二伯　《公羊傳·隱公五年》載，周初曾將周朝的直屬領地分成兩部分，陝以東由周公治理，陝以西由召公治理。陝，即今河南陝縣。伯，古代管領一方的長官。86述職　原指諸侯向天子陳述職守，後來也指外任官員向朝廷陳述職守。87怨謗　怨恨非議。88方士　方術之士。古代自稱能訪仙煉丹以求長生不老的人。89華山　山名。在今陝西東部，屬於秦嶺山脈東段，主峰又名太華山，古稱西嶽。90辭　審訊的供詞。91東通靈將　新朝官名。92五司大夫　司恭、司從、司明、司聰、司睿五大夫的統稱。93右曹　加官名。漢武帝時置左、右曹，受尚書奏事，典掌樞機。94長水校尉　官名。西漢武帝初置，為北軍八校尉之一，秩二千石，位次列卿，屬官有丞、司馬等。領長水宣曲胡騎，屯戍京師，兼任征伐。95掌　掌原作「堂」，據《漢書補注》改。96門人　弟子。97牽引　牽連；株連。98黨親　親屬。99手理　手紋。100解　用刀分割動物或人的肢體。101大　原作「天」。景祐諸本作「大」。當是。102流　古代五刑之一。把罪人放逐到遠方。103幽州　州名。漢武帝所置十三刺史部之一。轄境相當今河北北部及遼寧等地。104放　驅逐；流放。105三危　山名。一說在甘肅敦煌東南，屬祁連山脈。三峰聳峙，其勢欲墜，故名。一說在甘肅岷山之西南。一說在雲南。106殛　流放；放逐。107羽山　山名。傳說舜流放鯀之處。按：《書·舜典》載虞舜這樣懲罰四凶：「流共工于幽州，放驩兜于崇山，竄三苗于三危，殛鯀于羽山。」王莽仿照虞舜懲罰四凶的方法處置劉棻、甄尋、丁隆。108侈口蹷頤　口大，下巴短。侈，大；寬大。蹷，通「蹶」。短。頤，下巴。109露眼　眼球突出。110赤精　眼球赤紅。精，通「睛」。111嘶　沙啞。112長七尺五寸　長，指身高。漢制一尺，約合今〇．二三一公尺。七尺五寸合今制一．七三公尺。113氂　毛氈類。114反膺　挺胸。115高視　向高處看。116瞰臨　居高俯視。117方技　泛指醫、卜、星、相等術。118待詔　官名。漢代徵士尚未任職者，均待詔公車司馬門，其特異者待詔金馬門，以備顧問，後遂以待詔為官名。119鴟　貓頭鷹的一種。120翳　遮蔽；隱藏。121雲母　礦石名。俗稱千層紙。晶體常呈假六方片狀，集合體為鱗片狀。薄片有彈性。玻璃光澤，半透明，有白色、黑色、深淺不同的綠色或褐色等。122屏面　也稱「便面」。古代用以遮面的扇狀物。

【語譯】二年二月，全國大赦。

2 五威將帥七十二人回來上奏疏彙報說，漢朝諸侯王去掉王號改稱為公的，全都上繳了璽綬成為新的臣民，沒有違抗命令的。賜封五威將為子爵，帥為男爵。

3 開始實行六項財政經濟政策。規定由官府專賣酒，專賣食鹽和鐵器，鑄錢，向在大山大湖採挖各種資源的人徵稅。又命令市官低價收購貨物，高價出售，發放貸款給人民，按月利率百分之三收息。羲和下面設置酒士，每郡一人，乘坐傳車去監督徵收賣酒錢。禁止百姓不准私藏弩弓和鎧甲，違反規定的流放到西海郡。

4 匈奴單于索取原來漢朝頒發的璽印，王莽不給，單于便侵犯沿邊的郡縣，殺戮搶劫官吏和百姓。

5 十一月，立國將軍孫建報告：「西域將領但欽上書說，九月辛巳日，戊己校尉史陳良、終帶一起殺害戊己校尉刁護，脅迫官吏和士兵，自稱是已被廢除的漢朝大將軍，逃往匈奴。又本月癸酉日，不知道是何地的男子攔在臣孫建的車前，自稱是『漢氏劉子輿，漢成帝妃子的兒子。劉家應當復興，趕快空出皇宮來』。臣拘禁那個男子，原來是常安人姓武字仲。這都是違背上天之命，大逆不道。臣請求判處武仲和陳良等以及應當連坐的親屬的罪行。奏章被批准了。漢朝高皇帝多次顯靈告誡說，應當撤掉守衛漢朝宗廟的官吏和士兵，願意作為宗廟中的賓客分享祭祀，他真心想要順從天意，保全子孫。因此劉氏宗廟不應當設在常安城中，以及所有劉姓皇族做諸侯的都應當隨著漢朝一起被廢除。陛下至為仁慈，很久都沒有下定決心。以前前安眾侯劉崇、徐鄉侯劉快、陵鄉侯劉曾和扶恩侯劉貴等人接連聚集眾人圖謀反叛。現在狂妄狡猾的強盜，有的胡亂自稱是已滅亡的漢朝將軍，有的冒充漢成帝的兒子子輿，以至犯下殺身滅族的罪行，之所以接連發生沒有停止，都是因為您仁慈沒有早點杜絕其萌芽的緣故。臣愚蠢地認為漢朝高皇帝應作為新朝的國賓，在明堂享受祭祀。漢成帝是您的姑表兄弟，漢平帝是您的女婿，都不應當再進入祠廟。漢元帝和皇太后夫婦一體，是您的恩情所要尊崇的，按照禮儀也應當那樣對待他們。臣懇請全部廢除在都城的漢氏各祠廟。那些封為諸侯的劉氏，根據封戶的多少來配公侯伯子男的等級；那些做官吏的都予以罷免，在家中等待授予新的官職。這樣做，上符合天意，符合漢高帝神靈的心願，杜絕狂妄狡詐的萌芽。」王莽說：「可以。嘉新公國師根據符命擔任我的四輔，明德侯劉龔、率禮侯劉嘉等共三十二人都了解天命，有的進獻天符，有的提出好意見，有的拘捕、告發反賊，他們的功勞巨大。各劉姓皇族和這三十二人同宗共祖的不罷免，賞賜他們姓王。」只有國師因把女兒許配給王莽的兒子，所以沒有賜姓。更改定安太后的稱號為黃皇室主，斷絕她與漢朝的關係。

6 冬季十二月，打雷。

7 把匈奴單于的名稱改為降奴服于。王莽說：「降奴服于知凌虐侮慢五行，背叛四條協議，侵犯西域，戰火蔓延到我國的邊境，成為百姓的禍害，所犯的罪行應當殺身滅族。命令派遣立國將軍孫建等共十二位將領，十條路線同時出擊，恭敬地行使上天的威嚴，懲罰知本人。想到知的先祖前呼韓邪單于稽侯狦幾代忠孝，保衛邊塞，不忍心因為一個知的罪過，就消滅稽侯狦的後代。現在將匈奴的國土和人民分為十五國，封立稽侯狦的子孫十五人分別為單于。派遣中郎將藺苞、戴級迅速前往塞下，徵召賜封那些應當為單于的人。那些應當受知連坐要法辦的匈奴人，都赦免他們的罪。」派遣五威將軍苗訢、虎賁將軍王況從五原郡出擊，厭難將軍陳欽、震狄將軍王巡從雲中郡出擊，振武將軍王嘉、平狄將軍王萌從代郡出擊，相威將軍李棽、鎮遠將軍李翁從西河出擊，誅貉將軍陽俊、討穢將軍嚴尤從漁陽郡出擊，奮武將軍王駿、定胡將軍王晏從張掖郡出擊，以及偏將裨將以下軍官一百八十人。募集全國監獄犯人、成年男子、披甲士兵共三十萬人，從各郡轉運衣服、裘皮、兵器和糧食，郡縣長吏親自護送，從背負大海的長江、淮河流域一直運送到北部邊郡，使者駕馭驛站車馬監督催促，按戰爭狀態法令辦事，全國動盪不安。先到達的部隊在邊郡駐紮，要等到全部到齊才同時出擊。

8 王莽因為錢幣始終不能流通，再下文告說：「人民把糧食看作生命，把貨幣看作資本，因此八政中把糧食放在首位。貨幣的價值都太貴重，那麼小額交易就無法使用，都太輕賤，那麼運輸裝載就麻煩費事，輕的、重的、大的、小的各有等級，那麼使用就方便而人民也歡迎。」於是製造五種貨幣，這些事情記載在〈食貨志〉中。百姓不依從，只使用小錢和大錢兩種而已。私自鑄錢的無法禁止，於是加重這方面的刑罰，一家鑄錢，鄰居五家都要連坐，將他們收歸官府做奴婢。官吏和百姓出行，要攜帶布錢和符傳一起作為通行證，不攜帶的人，旅社和驛站不讓他住宿，關卡和渡口要盤問扣留。公卿大臣都要攜帶它才能進入宮殿門，想要用這種辦法提高它的身價使它能夠流通。

9 這時人們爭著製作符命以求封侯，那些沒有做過的人互相開玩笑說：「你獨獨沒有天帝的任命狀嗎？」五威司命陳崇報告王莽說：「這開啟了奸臣作威作福的道路，而擾亂了天命，應當斷絕其根源。」王莽也厭倦了這種事情，便讓尚書大夫趙並去審核處理，凡不是五威將帥頒布的符命，其他提出符命的人都關進監獄。

10 起初，甄豐、劉歆、王舜是王莽的心腹，倡議讓王莽據有高位大權，讚美表彰他的功德。「安漢公」和「宰衡」的稱號以及賜封王莽的母親、兩個兒子和姪子，都是甄豐等人共同謀劃的，而甄豐、王舜、劉歆也因此得到了王莽的賞賜，都富貴了，但他們並沒有想讓王莽居帝位攝政。居帝位攝政的主意，發端於泉陵侯劉慶、前煇光謝囂、長安令田終術。王莽的羽翼已經豐滿，想要稱攝皇帝。甄豐等人遵奉順從了他的意圖，王莽就又封賞王舜、劉歆的兩個兒子以及甄豐的孫子。甄豐等人的爵位已經尊顯，欲望已經滿足，又實在畏懼漢朝的宗室和天下豪傑。而那些身處統治外圍想要向上爬的人，紛紛製作符命，王莽於是憑藉這些符命做了真皇帝，王舜、劉歆只是內心恐懼罷了。甄豐素來性格剛強，王莽覺察到他對此不悅，所以假託符命文，調任太阿、右拂、大司空甄豐為更始將軍，讓他與賣餅兒王盛處於同一級官位。甄豐父子很失意。當時甄豐的兒子甄尋擔任侍中、京兆大尹、爵茂德侯，便製作符命，說新朝應當把陝縣分成兩部分，設立兩個地區長官，任命甄豐為右伯，太傅平晏為左伯，仿照周公、召公的成例。王莽就聽從了他的意見，拜甄豐為右伯。當甄豐彙報完工作準備到西部上任，還沒有成行，甄尋又製作了一道符命，說原來漢朝平帝的皇后黃皇室主是甄尋的妻子。王莽靠欺騙登上皇位，心裡懷疑大臣怨恨誹謗自己，正想要顯示威嚴來懾服臣下，因此發怒說：「黃皇室主是國母，這是什麼話！」下令拘捕甄尋。甄尋逃跑了，甄豐自殺。甄尋跟隨方術之士躲進了華山，一年多後才捉到，供詞牽連到國師公劉歆的兒子侍中、東通靈將、五司大夫、隆威侯劉棻，劉棻的弟弟右曹、長水校尉、伐虜侯劉泳，大司空王邑的弟弟左關將軍、掌威侯王奇，以及劉歆的學生侍中、騎都尉丁隆等，供詞株連公卿、親屬、列侯以下，死的有幾百人。甄尋的手紋呈現有「天子」的字樣，王莽令人割下他的胳膊拿到皇宮裡觀察，說：「這是『一大子』，有的說是『一六子』。六，就是戮。這表明甄尋父子應當被殺戮而死。」於是流放劉棻到幽州，流放甄尋到三危山，流放丁隆到羽山，都是用驛站的傳車拉著他們的屍體運去的。

11 王莽長得大嘴短下巴，凸眼紅目，聲音粗大而沙啞。他身高七尺五寸，喜歡穿厚底鞋，戴高帽子，用毛氈襯墊在衣服裡，挺胸昂頭，俯視著旁邊的人。當時有一個憑藉方術在黃門待詔的人，有人問他王莽的形體相貌，待詔說：「王莽是所謂鷹目、虎唇、豺狼之聲的人，因此能夠吃人，也會被別人吃掉。」發問的人告發了他，王莽處死待詔，而封賞了告發的人。此後他經常用雲母屏面遮著自己的臉，不是親近的人無法看到他的面孔。

12 這一年，任命初睦侯姚恂做寧始將軍。

1 三年，莽曰：「百官改更❶，職事❷分移，律令❸儀法❹，未及悉定，且因漢律令儀法以從事。令公卿大夫諸侯二千石舉吏民有德行通政事能言語❺明文學❻者各一人，詣王路四門。」

2 遣尚書大夫趙並使勞❼北邊，還言五原北假❽膏壤❾殖❿穀，異時⓫常置田官。乃以並為田禾將軍，發戍卒⓬屯田⓭北假，以助軍糧。

3 是時諸將在邊，須⓮大眾⓯集，吏士⓰放縱，而內郡⓱愁於徵發⓲，民棄城郭⓳流亡為盜賊，并州⓴、平州㉑尤甚。莽令七公㉒六卿㉓號皆兼稱將軍，遣著武將軍逯並等填[24]名都，中郎將、繡衣執法[25]各五十五人，分填緣邊[26]大郡，督大姦猾擅弄兵[27]者。皆便為姦於外，撓亂州郡，貨賂[28]為市，侵漁[29]百姓。莽下書曰：「虜知罪當夷滅，故遣猛將分十二部，將同時出，一舉而決絕[30]之矣。內置司命軍正[31]，外設軍監[32]十有二人，誠欲以司不奉命，令軍人咸正也。今則不然，各為權勢[33]，恐猲[34]良民，妄封人頸，得錢者去[35]。毒蠚[36]竝[37]作，農民離散。司監若此，可謂稱[38]不[39]？自今以來，敢犯此者，輒捕繫[40]，以名聞。」然猶放縱自若[41]。

4 而藺苞、戴級到塞下，招誘單于弟咸、咸子登入塞，脅拜[42]咸為孝單于，賜黃金千斤，錦繡[43]甚多，遣去；將[44]登至長安，拜為順單于[45]，留邸[46]。

5 太師王舜自莽篡位[47]後病悸[48]，寖劇[49]，死。莽曰：「昔齊太公以淑德累世，為周氏太師，蓋予之所監[50]也。其以舜子延襲父爵，為安新公，延弟褒新侯匡為太師將軍，永為新室輔。」

6 為太子置師友各四人，秩以大夫。以故大司徒馬宮為師疑[51]，故少府宗伯鳳為傅丞，博士袁聖為阿輔，京兆尹王嘉為保拂[52]，是為四師；故尚書令唐林為胥附，博士李充為犇[53]走，諫大夫趙襄為先後，中郎將廉丹為禦侮，是為四友。又置師友祭酒及侍中、諫議、六經祭酒各一人，凡九祭酒[54]，秩上卿。琅邪[55]左咸為講春秋、潁川(56)滿昌為講詩、長安國由為講易、平陽(57)唐昌為講書、沛郡(58)陳咸為講禮、崔發為講樂祭酒。遣謁者(59)持安車(60)印綬，即拜(61)楚國龔勝為太子師友祭酒，勝不應徵，不食而死。

7 寧始將軍姚恂免，侍中崇祿侯孔永為寧始將軍。

8 是歲，池陽縣(62)有小人景(63)，長尺餘，或乘車馬，或步行，操持萬物，小大各相稱(64)，三日止。

9 瀕河郡(65)蝗生。

10 河決(66)魏郡，泛清河(67)以東數郡。先是，莽恐河決為元城冢墓(68)害。及決東去，元城不憂水，故遂不堤塞。

【章旨】以上為卷中的第三部分，記載始建國三年事。駐紮在北部邊境的將士放縱為害，內郡百姓疲於徵發，紛紛流亡起義，社會矛盾激化。黃河沿岸出現蝗災。黃河在魏郡決口，氾濫數郡。

【注釋】❶改更　更改；改變。❷職事　職務。❸律令　法令。中國古代法律的兩種載體形式。律主要指刑法；令主要指以皇帝詔書形式頒布的行政法規。❹儀法　禮儀法度。指吉禮（祭祀）、嘉禮（冠婚）、賓禮（朝會）、軍禮（軍事）、凶禮（喪葬）等方面的規則。❺能言語　善於言詞；口才好。❻文學　指文獻典籍。❼勞　慰勞。❽北假　地名。在今內蒙古河套以北、陰山以南一帶地區。❾膏壤　肥沃的土地。❿殖　種植。⓫異時　往時；從前。⓬戍卒　戍守邊疆的士兵。⓭屯田　政府組織戍卒或農民、商人墾殖荒地的政策，始於西漢。⓮須　等待。⓯大眾　指大部隊。⓰吏士　指軍吏和士兵。⓱內郡漢代稱沿邊各郡為外郡，與邊境不接壤的郡為內郡。(18)徵發　官府徵集動用民間的人力和物資。(19)城郭　城牆。城指內城的牆，郭指外城的牆。漢代鄉聚閭里也有圍牆，故此城郭常泛指民居。(20)并州　漢武帝置，為十三州部刺史之一。(21)平州　據沈欽韓推測，可能是王莽分幽州所置州。(22)七公　四輔和三公。(23)六卿　羲和（納言）、作士、秩宗、典樂、共工、予虞。(24)填　通「鎮」。安定。(25)繡衣執法　王莽改繡衣直指稱。漢武帝天漢年間（西元前一〇〇年－前九七年）置繡衣直指，為皇帝特使，衣繡衣，持斧仗節，到地方督辦專門事務。繡衣，表示地位尊貴。直指，謂處事無私。本由侍御史充任，故亦稱「繡衣御史」。(26)緣邊　沿邊。指邊境。(27)弄兵　指擅自輕率發兵。(28)貨賂　賄賂。(29)侵漁　盜竊或侵奪公眾或他人財物。(30)決絕　斬盡殺絕。(31)司命軍正　新朝官名。司命屬官，掌管全軍監察，執行軍法。(32)軍監　皇帝派往軍中負責監督之職者。(33)為權勢　憑藉權勢作威作福。(34)猲　通「嚇」。以威力脅迫人。(35)妄封人頸二句　當時有權勢者常藉法律之名冤枉平民，罰他們做奴隸，在脖子上套上枷鎖以區別平民，若交納贖金，才可取下枷鎖，予以釋放。(36)蠱　指毒蟲。(37)竝　「並」的古字。(38)稱　稱職。(39)不　通「否」。(40)捕繫　逮捕拘繫。(41)自若　自如；如常。(42)脅拜　脅迫授予封號。(43)錦繡　花紋色彩精美華麗的絲織品。錦，織錦。繡，繡有圖案的絲織物。(44)將　帶領；攜帶。(45)拜為順單于　最初拜咸的兒子助為順單于，助病死，以登代助為順單于。詳見卷九十四〈匈奴傳下〉。(46)邸　漢代各郡國以及外國等為朝見皇帝而在京城設置的住所。(47)篡位　指臣子奪取君位。(48)病悸　驚悸；驚心。(49)寖劇　逐漸加劇。寖，漸漸。(50)監　視見；借鑑。(51)師疑　新朝官名。下文中的傅丞、阿輔、保拂、胥附、犇走、先後、禦侮，都是新朝官名。(52)拂　通「弼」。(53)犇　古「奔」字。(54)九祭酒　師友、侍中、諫議三祭酒，再加上《六經》六祭酒，合為九祭酒。(55)琅邪　郡名。治東武縣（今山東諸城）。(56)潁川　郡名。在今河南許昌、平頂山一帶，治陽翟（今河南禹州）。(57)平陽　縣名。屬河東郡，在今山西臨汾西南。(58)沛郡　郡名。西漢高帝改泗水郡置，治相縣（今安徽濉溪西北）。(59)謁者　官名。始置於春秋、戰國時，秦漢因之。掌管接待賓客，傳達訊息。(60)安車　古代可以坐乘的小車。當時多為立乘，此為坐乘，故稱安車。供年老的高級官員及貴婦人乘用。高官告老還鄉或徵召有重望的人，往往賜乘安車。安車多用一馬，禮尊者則用四馬。(61)即拜　就在他家裡授予官職。這是表示特殊尊敬的做法。(62)池陽縣　縣名。在今陝西涇陽西北。(63)景　通「影」。影子。(64)小大各相稱　所乘車馬或所持器物的大小跟人影的大小成比例。(65)瀕河郡　沿黃河南北兩岸的各郡。河，古代黃河的專稱。(66)決　沖破堤岸；堤壩決口。(67)清河　郡名。在今河北、山東交界地區，治清楊（今河北清河縣東南）。(68)元城冢墓　王莽的曾祖王賀等的墳墓都在元城。冢，古代稱蓋有封土隆起如山丘的墳墓。墓，古代稱上不蓋封土、平的墳墓。

【語　譯】三年，王莽下令道：「百官的名稱進行了更改，職務有變動，法令禮儀法度，還沒來得及全部制定，權且沿襲漢朝的法令禮儀法度來辦事。公卿大夫、諸侯、二千石級官吏推舉官吏和平民中有德行、熟悉政務、擅長辭令、精通文獻典籍的各一人，前往王路四門。」

2 派遣尚書大夫趙並出使慰勞北方邊郡駐兵，回來彙報說五原郡北假地區土壤肥沃適宜種植穀物，從前經常在此設置田官進行屯田。王莽便任命趙並為田禾將軍，徵發戍卒在北假屯田，用來幫助解決軍糧問題。

3 這時各將領駐紮在邊境，等待大軍全部集結，軍官和士兵胡作非為，而內地各郡都為官府的徵派發愁，百姓拋棄家園逃亡做了盜賊，并州和平州情況尤其嚴重。王莽下令七公、六卿都要兼稱將軍之號，派遣著武將軍逯並等鎮守大都城，派遣中郎將、繡衣執法各五十五人，分別鎮守靠近邊境的大郡，監察大奸大惡擅自發兵的人。他們都趁便在外地做不法之事，擾亂州郡，廣開賄賂之門像市場一樣公開交易，侵犯掠奪百姓。王莽下文告說：「外賊知犯下了殺身滅族的罪行，所以派遣猛將分為十二路，準備同時出擊，一舉把他們消滅乾淨。軍隊內設置司命軍正，外設軍監十二人，本來想要讓他們來監察不遵守命令的人，讓全體軍人都行為端正。現在卻不是這樣，他們各自憑藉權勢作威作福，恐嚇善良的百姓，隨意將他們變成奴隸，將枷鎖套在他們脖子上，勒索到贖金才取下。內憂外患一起發生，以致農民妻離子散。司命軍正和軍監這樣子，能夠說稱職嗎？自今以後，膽敢再犯這類罪行的，就逮捕監禁，把名字報上來。」但是這些人還是像以前一樣胡作非為。

4 而藺苞、戴級到達邊境，引誘單于的弟弟咸和咸的兒子登進入塞內，脅迫賜封咸為孝單于，賞賜黃金一千斤，以及很多精緻華麗的絲織品，讓他回去；帶領登來到長安，賜封他為順單于，留在邸舍。

5 太師王舜自從王莽奪取皇位以後患驚悸病，病情逐漸加劇，死了。王莽說：「從前齊太公因美好的德行流傳許多代，做周朝的太師，應當是我要借鑑的。讓王舜的兒子王延繼承父親的爵位，為安新公，王延的弟弟褒新侯王匡擔任太師將軍，永遠做新朝的輔佐。」

6 給太子設置師、友各四人，定官秩為大夫。任命前大司徒馬宮做師疑，前少府宗伯鳳做傅丞，博士袁聖做阿輔，京兆尹王嘉做保拂，這是四師；前尚書令唐林為胥附，博士李充為犇走，諫大夫趙襄為先後，中郎將廉丹為禦侮，這是四友。又設置師友祭酒及侍中祭酒、諫議祭酒、《六經》祭酒各一人，共九祭酒，定官秩為上卿。琅邪左咸擔任講《春秋》祭酒、潁川滿昌擔任講《詩》祭酒、長安國由為講《易》祭酒、平陽唐昌為講《書》祭酒、沛郡陳咸為講《禮》祭酒、崔發為講《樂》祭酒。派遣謁者攜帶安車和印綬，到楚國龔勝家拜他為太子師友祭酒，龔勝不肯接受任命，絕食而死。

7 寧始將軍姚恂免職，侍中崇祿侯孔永擔任寧始將軍。

8 這一年，池陽縣出現了小人影子，高一尺多，有的乘坐車馬，有的步行，拿著各種各樣的器物，車馬、器物的大小跟人影比例相稱，三天才停止。

9 瀕臨黃河兩岸各郡發生了蝗蟲災害。

10 黃河在魏郡境內決口，氾濫清河郡以東幾郡。原先，王莽一直擔心黃河決口淹了元城縣他的祖墳。等到這次決口河水向東流去，元城沒有水害之憂，所以他就不下令築堤堵塞決口。

1 四年二月，赦天下。

2 夏，赤氣❶出東南，竟❷天。

3 厭難將軍陳欽❸言捕虜生口❹，虜犯邊者皆孝單于咸子角所為。莽怒，斬其子登於長安，以視❺諸蠻夷。

4 大司馬甄邯死，寧始將軍孔永為大司馬，侍中大贅侯輔為寧始將軍。

5 莽每當出，輒先搜索城中，名曰「橫搜」。是月，橫搜五日。

6 莽至明堂，授諸侯茅土❻。下書曰：「予以不德，襲于聖祖，為萬國主。思安黎元，在于建侯，分州正域，以美風俗。追監前代，爰❼綱❽爰紀❾。惟❿在堯典⓫，十有二州，衛有五服⓬。詩國十五⓭，抪⓮徧九州。殷頌有『奄有九有』之言⓯。禹貢之九州無并、幽，周禮司馬則無徐、梁。帝王相改，各有云為。或昭⓰其事，或大⓱其本，厥⓲義著明，其務⓳一矣。昔周二后⓴受命，故有東都、西都㉑之居。予之受命，蓋亦如之。其以洛陽為新室東都，常安為新室西都。邦畿㉒連體，各有采任㉓。州從禹貢為九，爵從周氏有五。諸侯之員㉔千有八百，附城之數亦如之，以俟㉕有功。諸公一同㉖，有眾萬戶，土方百里。侯伯一國，眾戶五千，土方七十里。子男一則，眾戶二千有五百，土方五十里。附城大者食邑九成，眾戶九百，土方三十里。自九以下，降殺以兩㉗，至於一成。五差㉘備具，合當一則。今已受茅土者，公十四人，侯九十三人，伯二十一人，子百七十一人，男四百九十七人，凡七百九十六人。附城千五百一十一人。九族之女為任者，八十三人。及漢氏女孫㉙中山承禮君、遵德君、脩義君更以為任。十有一公，九卿，十二大夫，二十四元士。定諸國邑采之處，使侍中講禮大夫孔秉等與州部眾郡曉知地理圖籍㉚者，共校治㉛于壽成朱鳥堂。予數與群公祭酒上卿親聽視，咸已通矣。夫褒德賞功，所以顯仁賢也；九族和睦，所以褒親親㉜也。予永惟匪解㉝，思稽㉞前人，將章㉟黜陟㊱，以明好惡，安元元焉。」以圖簿未定，未授國邑，且令受奉㊲都內㊳，月錢數千。諸侯皆困乏，至有庸作㊴者。

7 中郎區博㊵諫㊶莽曰：「井田雖聖王法，其廢久矣。周道既衰，而民不從。秦知順民之心，可以獲大利也，故滅廬井而置阡陌㊷，遂王㊸諸夏，訖㊹今海內未厭其敝㊺。今欲違民心，追復千載絕迹，雖堯舜復起，而無百年之漸㊻，弗能行也。天下初定，萬民新附，誠未可施行。」莽知民怨，迺下書曰：「諸名㊼食㊽王田，皆得賣之，勿拘以法。犯私買賣庶人㊾者，且一切勿治。」

8 初，五威將帥出，改句町王以為侯，王邯㊿怨怒不附。莽諷(51)牂柯(52)大尹周歆詐殺邯。邯弟承起兵攻殺歆。先是，莽發高句驪兵，當伐胡(53)，不欲行，郡強迫之，皆亡出塞，因犯法為寇。遼西大尹田譚追擊之，為所殺。州郡歸咎於高句驪侯騶。嚴尤奏言：「貉(54)人犯法，不從騶起，正(55)有它心(56)，宜令州郡且尉安(57)之。今猥(58)被(59)以大罪，恐其遂畔，夫餘之屬必有和(60)者。匈奴未克(61)，夫餘、濊貉(62)復起，此大憂也。」莽不尉安，濊貉遂反，詔尤擊之。尤誘高句驪侯騶至而斬焉，傳首長安。莽大說，下書曰：「迺者，命遣猛將，共行天罰(63)，誅滅虜知，分為十二部，或斷其右臂，或斬其左腋，或潰[64]其胸腹，或紬[65]其兩脅[66]。今年刑在東方[67]，誅貉之部先縱焉。捕斬虜騶，平定東域，虜知殄滅，在于漏刻[68]。此乃天地群神社稷宗廟佑助之福，公卿大夫士民同心將率虓虎[69]之力也。予甚嘉之。其更名高句驪為下句驪，布告天下，令咸知焉。」於是貉人愈犯邊，東北與西南夷[70]皆亂云。

9 莽志方盛，以為四夷不足吞滅，專念稽古之事，復下書曰：「伏念予之皇始祖考虞帝，受終[71]文祖，在璿璣玉衡以齊七政[72]，遂類[73]于上帝，禋[74]于六宗[75]，望秩[76]于山川，徧[77]于群神，巡狩[78]五嶽[79]，群后[80]四朝[81]，敷奏[82]以言，明試以功。予之受命即真，到于建國五年，已五載矣。陽九之阸既度，百六之會已過[83]。歲[84]在壽星[85]，填[86]在明堂[87]，倉龍癸酉[88]，德[89]在中宮[90]。觀[91]晉[92]掌歲[93]，龜策[94]告從，其以此年二月建寅之節[95]東巡狩，具禮儀調度[96]。」群公奏請募吏民人馬布綿，又請內郡國十二買馬，發帛四十五萬匹，輸常安，前後毋相須[97]。至者過半，莽下書曰：「文母太后[98]體不安，其且止待後。」

10 是歲，改十一公號，以「新」為「心」，後又改「心」為「信」。

【章　旨】以上為卷中的第四部分，記載始建國四年事。王莽分封諸侯，因封邑未定，諸侯貧困，以致有給人當傭工的。王莽下令允許王田、私屬買賣，標誌改革失敗。南方句町王、東北高句驪相繼反叛。王莽欲慕古舉行東巡狩之禮，大肆賦斂百姓。

【注　釋】❶赤氣　紅色的雲氣。古代以二至（夏至、冬至）、二分（春分、秋分）之日觀雲色，認為赤色者主兵荒。又傳說為帝王的祥瑞。舊史稗說中每載帝王降生或所處之地有赤氣出現。❷竟　遍；全。❸陳欽　原作「陳歆」。錢大昭據〈匈奴傳〉認為當為「陳欽」。楊樹達亦說上下文都作「陳欽」，「陳歆」誤。❹生口　指俘虜。❺視　通「示」。以事或物示人。❻茅土　指王、侯的封爵。古天子分封王、侯時，用代表方位的五色土築壇，按封地所在方向取一色土，包以白茅而授之，作為受封者得以有國建社的象徵。❼爰　助詞。無義。用在句首或句中，起調節語氣的作用。❽綱　綱維；法度。❾紀　法則；準則。❿惟　也作「唯」、「維」。助詞。用於句首。⓫堯典　《尚書》篇名。⓬五服　古代王畿外圍，以五百里為一區劃，由近及遠分為侯服、甸服、綏服、要服、荒服，合稱五服。服，服事天子之意。⓭詩國十五　指《詩經‧國風》中的十五國，即周南、召南、衛、王、鄭、齊、魏、唐、秦、陳、鄶、曹、豳、魯、商。一說為周南、召南、邶、鄘、衛、王、鄭、齊、魏、唐、秦、陳、鄶、曹、豳。⓮拚　散布；分布。⓯殷頌有奄有九有之言　〈殷頌〉即《詩經‧商頌》，「奄有九有」句出自〈玄鳥〉，讚美商湯有功德，故能擁有九州。奄，覆蓋；包括。⓰昭　動詞。顯揚；顯示。⓱大　動詞。擴大；光大。⓲厥　助詞。無義。⓳務　從事；致力。⓴二后　指周武王、周成王。一說，指周文王、周武王。后，君主；帝王。㉑東都西都　周武王都鎬（今陝西西安西南灃水東岸），至成王時別營洛邑為東都（今河南洛陽西），因稱鎬京為西都。㉒邦畿　王城及其所屬周圍千里的地域。㉓采任　在王畿內分封給男子的食邑稱采，分封給女子的食邑稱任。㉔員　官員的定額；人員的數額。㉕俟　等待。㉖一同　古謂方百里之地。此處指公的封國。下文侯伯稱國，子男稱則，意同。㉗降殺以兩　每次遞減兩個。即九減二為七，七減二為五，五減二為三，三減二為一。降殺，遞減。㉘差　兩數相減的結果。㉙女孫　孫女。㉚圖籍　地圖和戶籍。㉛校治　考訂整理。㉜親親　親愛親屬。第一個「親」為動詞。㉝匪解　不懈怠。匪，通「非」。解，通「懈」。㉞稽　相合；相同。㉟章　通「彰」。彰明。㊱黜陟　指人才的進退、官吏的升降。㊲奉　通「俸」。官員的薪水。㊳都內　大司農屬官，設令、丞。掌管國家所藏貨幣、布帛等財物。㊴庸作　受雇而為人勞作。庸，通「傭」。㊵區博　姓名。姓區，名博。㊶諫　諫諍；規勸。㊷滅廬井而置阡陌　戰國中期，秦孝公採用商鞅的建議，廢除井田制，依據爵位等級分配土地，以阡陌為界，准許土地買賣。阡陌，田界，也用作田間道路。西部地區以南北為阡，東西為陌，河東以東西為阡，南北為陌。㊸王　稱王；成就王業。㊹訖　通「迄」。㊺敝　通「弊」。弊病；害處。㊻漸　緩進；逐漸發展的過程。㊼名　以己名占有。㊽食　享受土地上的收穫物；享受俸祿。㊾庶人　平民；百姓。㊿邯　句町王的名字。51 諷　用委婉的語言暗示、勸告。52 牂柯　郡名。在今貴州、雲南、廣西交界地區，治故且蘭（今貴州貴陽附近）。53 胡　古代對北方和西方各部族的泛稱。此處指匈奴。54 貉　古代東北方部族名。亦稱濊。漢時朝鮮南部的三韓（馬韓、辰韓、弁韓）皆屬貉。55 正　連詞。縱然；即使。56 它心　二心；異心。57 尉安　安撫；安慰。尉，通「慰」。58 猥　猝；突然。59 被　加；受。60 和　響應；附和。61 克　戰勝；攻取。62 濊貉　對貉人的貶稱。63 天罰　上天的誅罰。舊時帝王自謂稟承天意行事，其誅罰不臣常以此為名。64 潰　使腐爛。65 紬　抽引；拔出。66 脅　身軀兩側自腋下至腰上的部分。亦指肋骨。67 今年刑在東方　按照五行說，這年是壬申年，刑罰會出現在東方。68 漏刻　古計時器。即漏壺。因漏壺的箭上刻符號表時間，故稱。這裡為「頃刻」的意思。69 虓虎　咆哮怒吼的猛虎。多用來比喻勇士猛將。70 西南夷　漢代對在今甘肅南部、四川西南部和雲南、貴州一帶的部族的總稱，其中較大的有夜郎、靡莫、滇、邛都、嶲、昆明等。漢武帝時通西南夷，在此設置犍為、牂柯、益州等郡。71 受終　承受帝位。72 璿璣玉衡以齊七政　璿，景祐諸本作「璇」。璿，「璇」的異體字。有多種說法。一說，璇璣玉衡指北斗七星，前四星為璇璣，也叫魁，杓三星為玉衡。七星各有所主：第一曰正日；第二曰主月；第三曰命火，謂熒惑；第四曰煞土，謂填星；第五曰伐水，謂辰星；第六曰危木，謂歲星；第七曰剽金，謂太白。日、月、五星各異，故曰七政。齊，整治；整理。73 類　古代祭名。以特別事故祭告天神。74 禋　祭名。升煙祭天以求福。75 六宗　古所尊祀的六神。六宗為何神，說法不一。漢伏勝、馬融認為六宗為天、地、春、夏、秋、冬。漢歐陽、大小夏侯、王充認為位於天地四方之間助陰陽變化之神。漢孔光、劉歆認為是乾坤六子：水、火、雷、風、山、澤。漢賈逵認為六宗為天宗三：日、月、星；地宗三：河、海、岱。漢鄭玄認為是星、辰、司中、司命、風師、雨師。76 望秩　按等級望祭山川。望，祭山川禮。77 徧　「遍」的古字。遍及。78 巡狩　天子出行，視察邦國州郡。79 五嶽　我國五大名山的總稱：東嶽泰山、南嶽衡山、西嶽華山、北嶽恆山、中嶽嵩山。80 群后　四方諸侯及九州牧伯。81 四朝　四方諸侯分區集中到方嶽所在地朝見皇帝。82 敷奏　陳奏；向君主報告。83 陽九之阸既度二句　古代術數家的學說。其說有二：一是以四千六百一十七歲為一元，初入元一百零六歲，內有旱災九年，謂之「陽九」。詳見本書卷二十一〈律曆志上〉。二指太乙數。以四百五十六年為一「陽九」，以二百八十八年為一「百六」。後來泛指災荒年景和厄運。84 歲　歲星。即木星。85 壽星　星次名。指地球公轉到秋分前後所在的黃道帶和相應的天區。86 填　通「鎮」。即土星。

我國古代認為土星每二十八年運行一周天，歲鎮二十八宿中的一宿，故名。87明堂　古代稱二十八星宿德房宿、心宿為明堂。88倉龍癸酉　倉龍，即「蒼龍」。古代二十八宿中東方七宿的總稱。又是太歲的別稱，即指紀年的干支，如逢甲子年，就說太歲在甲子。這年是癸酉年，故說「倉龍癸酉」。89德　按五行說，德指一種相生相剋循環不息，當運時能主宰天道人事的天然勢力。相傳為帝王受命之符，帝王或朝代代表一「德」。90中宮　指北極星所在天區。91觀　卦名。六十四卦之一。〈坤〉下〈巽〉上。92晉　六十四卦之一。〈坤〉下〈離〉上。93掌歲　主歲；值年。占卜術有所謂主歲卦，每年都有一定的卦來當值。94龜策　龜甲和蓍草。古代占卜之具。亦指以龜甲、蓍草占卜之人。95二月建寅之節　古代以北斗星斗柄的運轉計算月分，斗柄指向十二辰中的寅即為夏曆正月。二月建寅，正值初春時節，萬物新生，所以選擇此時。96調度　安排；調遣。97須　等待。98文母太后　新室文母太皇太后的簡稱，即漢元帝皇后王政君。

【語　譯】四年二月間，宣布大赦全國。

2 夏季裡，火紅的雲氣從東南上升，逐漸彌漫滿天。

3 厭難將軍陳欽報告說抓獲匈奴俘虜，說匈奴侵犯邊境的事情都是孝單于咸的兒子角幹的。王莽震怒，在長安將咸的兒子登斬首，以此給各外族人看。

4 大司馬甄邯死了，寧始將軍孔永擔任大司馬，侍中大贅侯輔擔任寧始將軍。

5 王莽每當要外出，就先搜查城裡，稱為「全面搜查」。這個月，全面搜查了五天。

6 王莽到明堂，授予諸侯象徵封國的茅土。下文告說：「我以無德之身，承繼了聖祖虞舜的事業，成為天下萬國的君主。想到要安定老百姓，在於建立諸侯，劃分州確定疆域，從而改善風俗。追思借鑑古代，以此為綱紀法則。在〈堯典〉中，有十二州，和藩衛的五服。《詩經・國風》記載的國家有十五個，分布遍及九州。〈商頌〉有『領土包括九州』的話。《書・禹貢》記載的九州中沒有并州、幽州，《周禮・司馬》的記載中沒有徐州、梁州。帝王先後更改，各有各的主張和追求。有的為了顯揚他的事業，有的為了擴大他的根基，他們的意圖都很明確，所致力的目標是一致的。從前周武王、周成王承受天命，所以有了東都、西都兩處都城。我承受天命，也應當和他們一樣。把洛陽作為新朝的東都，常安作為新朝的西都。兩座都城王畿連成一體，各自有分封的采邑和任地。州依從〈禹貢〉劃分為九個，爵依照周朝的制度分為五等。諸侯的名額有一千八百，附城數目也和諸侯的數目一樣，以等待有功勞的人來接受爵位。各公爵的封地叫做「一同」，領有居民一萬戶，土地縱橫各一百里。侯爵、伯爵的封地叫「一國」，有居民五千戶，土地縱橫七十里。子爵、男爵的封地稱為「一則」，有居民二千五百戶，土地縱橫五十里。附城最大的封地為九成，有居民九百戶，土地縱橫三十里。自九成以下，每降低一級減少兩成，到一成為止。五品附城都齊備了，封地合起來相當於一則。現在已經接受茅土的人，有公爵十四人，侯爵九十三人，伯爵二十一人，子爵一百七十一人，男爵四百九十七人，一共七百九十六人。附城千五百一十一人。九族的女兒受封任爵的，有八十三人。另外，漢氏的孫女中山承禮君、遵德君、脩義君改為任爵。還有十一公，九卿，十二大夫，二十四元士。劃定所有封國、食邑、采地的範圍，讓侍中講禮大夫孔秉等人和各州所領各郡通曉地理地圖和戶籍冊的官吏，在壽成室朱鳥堂共同考訂規劃。我多次和各位公、祭酒、上卿親自聽取彙報進行審查，都已全部了解了。褒獎有德賞賜有功，是為了宣揚仁愛賢能；九族和睦，是為了褒揚親愛親屬。我銘刻於心不敢懈怠，思考效法古人，將要公開賞罰，以此表明愛憎，安定老百姓。」由於地圖和戶籍還沒有做好，沒有授予封國采邑，暫時讓他們到中央財政官署內領取俸祿，每月幾千錢。諸侯都生活困難，甚至有受雇於人做傭工的。

7　中郎區博諫諍王莽道：「井田制雖然是聖王的制度，但它被廢除已經很久了。周朝的統治已經衰落，因而人民不依從。秦國懂得順從人民的心願，可以獲得巨大的利益，所以廢除廬井而建立阡陌，終於稱王中國，至今百姓還沒有嫌棄這種制度的弊害。現在想要違背民心，追求恢復千年以來已經滅亡的制度，就是唐堯、虞舜再世，如果沒有百年的發展，也不可能實現。國家政權剛剛建立，百姓剛剛歸附，確實不可以施行。」王莽知道人民怨恨，於是下文告說：「所有以私人名義占有或朝廷賞賜的王田，都可以買賣它，不要用法律去限制。違犯了私自買賣平民禁令的人，暫時一概不予追究。」

8　當初五威將帥出巡，改句町王為句町侯，句町王邯怨恨憤怒，不願歸附。王莽暗示牂柯郡大尹周歆用計殺死了邯。邯的弟弟承起兵攻殺周歆。原先，王莽徵發高句驪的士兵，讓他們參與攻打匈奴，他們不想去，郡裡強迫他們，他們都逃亡出邊界，就此犯法搶劫殺人。遼西郡大尹田譚追擊他們，被他們殺死。州郡長官把罪責歸結到高句驪侯騶身上。嚴尤上奏說：「貉人犯法，不是從騶開始的，即使他們已心懷異心，也應當命令州郡權且安撫他們。現在突然給他們加上重大的罪名，恐怕會激起他們反叛，夫餘那些部族一定會有響應他們的。匈奴還沒有打敗，夫餘和濊貉再反叛，這是最大的憂患啊。」王莽不加以安撫，濊貉於是反叛，王莽命嚴尤攻擊他們。嚴尤把高句驪侯騶騙來而後殺了他，傳送他的首級到長安。王莽非常高興，下文告說：「前些日子，我命令派遣猛將，恭敬地執行上天的誅罰，誅滅賊知，分為十二路大軍，有的砍斷他的右臂，有的斬斷他的左腋，有的搗爛他的胸腹，有的抽掉他的兩脅。今年刑罰殺戮要出現在東方，討伐貉的部隊先行一步了。捕獲斬殺賊騶，平定東方地區，距離殲滅賊知，就在頃刻之間。這是天地、群神、社稷、宗廟保佑幫助的福氣，公卿大夫、士人、百姓和將帥勇士同心同德的力量。我很讚賞這些。把高句驪改名為下句驪，布告天下，讓所有的人都知道。」於是貉人更加侵犯邊境，東北與西南夷都亂起來。

9 王莽正志得意滿，認為四方外族不用費力就能夠吞併消滅，一心想著模仿古事改制的事情，又下文告說：「俯伏思念我的偉大始祖考虞舜，在文祖廟接受政權的禪讓，位於北斗七星以主導日、月、五星七政，於是類祭上帝，禋祭六宗，按等級望祭山川，遍祭眾神，巡視五座名山，四方諸侯及九州牧伯分別來朝見，陳奏報告工作，明白地考察他們的功勞。我承受天命正式登上皇位，到建國五年，已經五年了。數在陽九的災難已經度過，數在百六的厄運也已經過去。木星在壽星宮，土星在明堂座，太歲在癸酉，德運在北極區。〈觀卦〉、〈晉卦〉主歲，占卜告訴人們如何行動，在此年二月建寅時節到東部地區巡視，擬定禮儀程序並進行安排。」群公上奏請求徵集官吏百姓人員、馬匹、布綢、絲綿，又請求內地十二個郡國購買馬匹，徵調了絲綢四十五萬匹，輸送到常安，前後不要互相等待。送達的超過了一半，王莽下文告說：「文母太后身體不適，暫時停止，等以後再說。」

10 這一年，更改了十一公的稱號，把「新」字改為「心」字，後來又把「心」字改為「信」字。

1 五年二月，文母皇太后崩，葬渭陵❶，與元帝合而溝絕之❷。立廟於長安，新室世世獻祭❸。元帝配食❹，坐於牀❺下。莽為太后服喪三年。

2 大司馬孔永乞骸骨❻，賜安車駟馬❼，以特進就朝位❽。同風侯逯並為大司馬。

3 是時，長安民聞莽欲都❾雒陽，不肯繕治❿室宅，或頗徹⓫之。莽曰：「玄龍石文曰『定帝德，國⓬雒陽』。符命著明，敢不欽奉！以始建國八年，歲纏⓭星紀⓮，在雒陽之都。其謹繕脩常安之都，勿令壞敗。敢有犯者，輒以名聞，請其罪。」

4 是歲，烏孫⓯大小昆彌⓰遣使貢獻。大昆彌者，中國外孫也⓱。其胡婦子為小昆彌⓲，而烏孫歸附之。莽見匈奴諸邊⓳並侵，意欲得烏孫心，迺遣使者引小昆彌使置大昆彌使上。保成師友祭酒滿昌劾⓴奏使者曰：「夷狄以中國有禮誼㉑，故詘㉒而服從。大昆彌，君也，今序㉓臣使於君使之上，非所以有㉔夷狄也。奉使㉕大不敬㉖！」莽怒，免昌官。

5 西域諸國以莽積㉗失恩信㉘，焉耆先畔，殺都護㉙但欽。

6 十一月，彗星㉚出，二十餘日，不見。

7 是歲，以犯挾銅炭者多，除其法。

【章　旨】以上為卷中的第五部分，載始建國五年事。王太后駕崩。長安人因王莽欲在雒陽建東都，人心動盪。以焉耆為首的西域諸國相繼反叛，殺西域都護。廢除元年頒布的禁挾銅炭令。

【注　釋】❶渭陵　元帝墓地，在今陝西西安西北。❷合而溝絕之　與元帝合葬，但中間開一條溝使他們隔開。絕，斷；切斷。❸獻祭　奉祀；祭供。❹配食　祔祭；配享。❺牀　安放神主的龕架。❻乞骸骨　古代官吏自請退職，意謂使骸骨得歸葬故鄉。❼駟馬　指用四匹馬駕車。❽朝位　在朝會中的位置。❾都　定都；建都。❿繕治　整修；整治。⓫徹　拆毀；拆下。⓬國　國都。⓭纏　通「躔」。日月星辰在黃道上運行，亦指其運行的軌跡。⓮星紀　星次名。十二次之一，與十二辰之丑相對應，二十八宿中之斗、牛二宿屬之。⓯烏孫　西域部族名、國名。原居住在今甘肅西北，後被匈奴所迫，西遷今伊犁河上游一帶，建立烏孫國，王都在赤谷城（今新疆阿克蘇河上源前蘇聯境內伊什提克一帶）。武帝時曾派張騫出使烏孫，並兩次把皇族女稱作公主嫁給烏孫王。後烏孫分裂為兩部。⓰昆彌　烏孫國王的稱號。⓱大昆彌者二句　此時的大昆彌名伊秩靡，是楚王劉戊的孫女劉解憂在烏孫所生的孫子。⓲其胡婦子為小昆彌　此時的小昆彌為安犁靡，他的高祖母是匈奴人。詳見卷九十六〈西域傳下〉。⓳諸邊　指上文提到的東北的高句驪、西南的句町。⓴劾　彈劾；檢舉揭發過失或罪行。㉑誼　同「義」。指符合正義或道德規範。㉒詘　折服；屈服。㉓序　排序；排位次。㉔有　統治；領導。㉕奉使　奉命出使的使者。㉖大不敬　封建時代重罪之一。指不尊敬皇帝。㉗積　累積；不斷增加。㉘恩信　恩德信義。㉙都護　官名。漢宣帝時置西域都護，總監西域諸國，並護南北道，為西域地區最高長官。㉚彗星　繞太陽運行的一種星體。後曳長尾，呈雲霧狀。俗稱掃帚星。舊謂彗星主除舊布新，其出現又為重大災難的預兆。

【語　譯】五年二月間，文母皇太后逝世，安葬在渭陵，與元帝合葬在一起，中間開了一條溝把兩棺隔開。在長安設立祠廟，新室要世世代代供祭。元帝配享，他的神主安放在太后神主的龕架下面。王莽為王太后守了三年喪服。

2 大司馬孔永自請退職，王莽賞賜坐車一輛、套馬四匹，按照特進的榮譽官銜參加朝會。同風侯逯並擔任大司馬。

3 這時，長安居民聽到王莽想要建都雒陽，都不願意修理房屋，有的還拆毀了一些。王莽說：「玄龍石的文辭說『確定皇帝的德運，國都建在雒陽』。符命明確，敢不恭敬地遵行！到始建國八年，木星運行到星紀，相應於雒陽的都城。仔細修繕常安都城，不要讓它毀壞了。敢有違犯的，就把名字報上來，依法判定他的罪行。」

4 這一年，烏孫國的大小昆彌派遣使者來進貢。大昆彌是中國的外孫。前代昆彌的匈奴妻子的兒子做了小昆彌，而烏孫人都歸附他。王莽看到匈奴和許多邊境外族都反叛入侵，想要籠絡烏孫的人心，於是派使者領著小昆彌使者坐在大昆彌使者的上位。保成師友祭酒滿昌上奏章彈劾使者說：「外族因為中國講究禮義，所以才屈己而服從。大昆彌是國君，現在將臣的使者的座次安排在國君使者之上，這不是統治外族的辦法。奉命的使者犯了大不敬罪！」王莽非常惱怒，罷免了滿昌的官職。

5 西域各國由於王莽不斷喪失恩德信義，焉耆首先反叛，殺死了西域都護但欽。

6 十一月，彗星出現，二十多天後，不見了。

7 這一年，由於違犯私藏銅、炭禁令的人太多，所以廢除了這項法令。

1 明年改元曰天鳳。

2 天鳳元年正月，赦天下。

3 莽曰：「予以二月建寅之節行巡狩之禮，大官齎❶糒❷乾肉，內者行張❸坐臥❹，所過毋得有所給。予之東巡，必躬載耒❺，每縣則耕，以勸東作❻。予之南巡，必躬載耨❼，每縣則薅❽，以勸南僞❾。予之西巡，必躬載銍❿，每縣則穫⓫，以勸西成⓬。予之北巡，必躬載拂⓭，每縣則粟⓮，以勸蓋臧⓯。畢北巡狩之禮，即于土中⑯居⑰雒陽之都焉。敢有趨讙⑱犯法，輒以軍法從事。」群公奏言：「皇帝至孝，往年文母聖體不豫⑲，躬親供養，衣冠稀解。因遭棄群臣悲哀，顏色未復，飲食損少。今一歲四巡，道路萬里，春秋尊，非糒乾肉之所能堪。且無⑳巡狩，須閡㉑大服㉒，以安聖體。臣等盡力養牧㉓兆民，奉稱㉔明詔。」莽曰：「群公、群牧、群司、諸侯、庶尹㉕願盡力相帥養牧兆民，欲以稱予，繇㉖此敬德㉗，其勗㉘之哉！毋食言㉙焉。更以天鳳七年，歲在大梁㉚，倉龍庚辰，行巡狩之禮。厥明年，歲在實沈㉛，倉龍辛巳，即土之中雒陽之都。」迺遣太傅平晏、大司空王邑之雒陽，營相㉜宅㉝兆㉞，圖起宗廟、社稷、郊兆㉟云。

4 三月壬申晦㊱，日有食之。大赦天下。策大司馬逯並曰：「日食無光，干戈㊲不戢㊳，其上大司馬印韍，就侯氏㊴朝位。太傅平晏勿領尚書事，省侍中諸曹兼官者。以利苗男訢㊵為大司馬。」

5 莽即真，尤備㊶大臣，抑奪㊷下權，朝臣㊸有言其過失者，輒拔擢㊹。孔仁、趙博、費興等以敢擊大臣，故見信任，擇名官而居㊺之。公卿入宮，吏有常數，太傅平晏從吏過例，掖門㊻僕射苛問不遜㊼，戊曹㊽士㊾收繫僕射。莽大怒，使執法發車騎數百圍太傅府，捕士，即時死。大司空士夜過奉常亭，亭長苛㊿之，告以官名，亭長醉曰：「寧[51]有符傳耶？」士以馬箠[52]擊亭長，亭長斫[53]士，亡，郡縣逐之。家上書[54]，莽曰：「亭長奉公，勿逐。」大司空邑斥士以謝[55]。國將哀章頗不清[56]，莽為選置和叔[57]，敕曰：「非但保國將閨門[58]，當保親屬在西州[59]者。」諸公皆輕賤[60]，而章尤甚。

6 四月，隕[61]霜，殺屮[62]木，海瀕[63]尤甚。六月，黃霧[64]四塞。七月，大風拔樹，飛[65]北闕[66]直城門[67]屋瓦。雨雹，殺牛羊。

7 莽以周官、王制[68]之文，置卒正、連率、大尹，職如太守；屬令、屬長，職如都尉。置州牧，見禮如三公[69]；郡監[70]二十五人，監位上大夫，各主五郡。公氏作牧，侯氏卒正，伯氏連率，子氏屬令，男氏屬長，皆世[71]其官。其無爵者為尹。分長安城旁六鄉[72]，置帥各一人。分三輔[73]為六尉郡[74]，河東[75]、河內[76]、弘農[77]、河南[78]、潁川、南陽為六隊郡[79]，置大夫，職如太守；屬正，職如都尉。更名河南大尹曰保忠信卿。益[80]河南屬縣滿三十。置六郊州長[81]各一人，人主五縣。及它官名悉改。大郡至分為五。郡縣以亭為名者三百六十，以應符命文也。緣邊又置竟尉[82]，以男為之。諸侯國閒田，為黜陟增減[83]云。莽下書曰：「常安西都曰六鄉，眾縣曰六尉。義陽[84]東都曰六州，眾縣曰六隊。粟米之內[85]曰內郡，其外曰近郡。有鄣徼[86]者曰邊郡。合百二十有五郡。九州之內，縣二千二百有三。公作甸服[87]，是為惟城[88]；諸在侯服，是為惟寧；在采[89]、任[90]諸侯，是為惟翰[91]；在賓服[92]，是為惟屏；在揆文教，奮武衛[93]，是為惟垣[94]；在九州之外，是為惟藩[95]：各以其方為稱，總為萬國焉。」其後，歲復變更，一郡至五易名，而還復其故。吏民不能紀[96]，每下詔書，輒繫[97]其故名，曰：「制詔陳留[98]大尹、太尉：其以益歲[99]以南付新平。新平，故淮陽。以雍丘[100]以東付陳定。陳定，故梁郡[101]。以封丘[102]以東付治亭。治亭，故東郡。以陳留以西付祈隧[103]。祈隧，故滎陽[104]。陳留已無復有郡矣。大尹、太尉，皆詣行在所[105]。」其號令變易，皆此類也。

8 今天下小學[106]，戊子代甲子為六旬首[107]。冠[108]以戊子為元日[109]，昏[110]以戊寅之旬為忌日[111]。百姓多不從者。

9 匈奴單于知死，弟咸立為單于，求和親[112]。莽遣使者厚賂之，詐許還其侍子[113]登，因購求[114]陳良、終帶等。單于即執良等付使者，檻車[115]詣長安。莽燔燒[116]良等於城北，令吏民會觀之。

10 緣邊大饑，人相食。諫大夫如普行邊兵，還言：「軍士久屯塞苦，邊郡無以相贍[117]。今單于新和，宜因是罷兵[118]。」校尉韓威進曰：「以新室之威而吞胡虜，無異口中蚤蝨[119]。臣願得勇敢之士五千人，不齎斗糧，饑食虜肉，渴飲其血，可以橫行。」莽壯[120]其言，以威為將軍。然采普言，徵還諸將在邊者。免陳欽等十八人，又罷四關[121]填都尉[122]諸屯兵。會匈奴使還，單于知侍子登前誅死，發兵寇邊，莽復發軍屯。於是邊民流入內郡，為人奴婢，迺禁吏民敢挾邊民者棄市[123]。

11 益州[124]蠻夷殺大尹程隆，三邊[125]盡反。遣平蠻將軍馮茂[126]將兵擊之。

12 寧始將軍侯輔免，講易祭酒戴參為寧始將軍。

【章　旨】以上為卷中的第六部分，記錄天鳳元年事。改元為天鳳，開始規劃東都雒陽，並對地方行政制度進行改革。匈奴單于知死，新單于咸請求和親，王莽撤回駐軍，後咸得知王莽殺死其侍子，又侵犯邊境，王莽再度發兵駐屯。南方益州少數部族反叛。頻發災害，緣邊各郡出現人吃人現象。

【注　釋】❶齎　持；帶。❷糒　乾飯；乾糧。❸張　張設；陳設。❹坐臥　指坐臥的器具，如帷帳茵席等。❺耒　古代一種可以腳踏的木製翻土農具。❻東作　春耕生產。按五行學說，東代表春，南代表夏，西代表秋，北代表冬。故稱。下文的南偽、西成等均源此說。❼耨　小手鋤。❽薅　除去雜草。❾南偽　夏季的農事活動。偽，成；長成。❿銍　短鐮刀。⓫穫　收割莊稼。⓬西成　秋季萬物成熟。⓭拂　脫粒用的農具。後稱連枷。⓮粟　穀物名。北方通稱「穀子」。此處用作動詞，指收拾穀物。⓯蓋臧　儲藏。臧，通「藏」。⓰土中　四方的中心地區。⓱居　定居；定都。⓲趨讙　奔走喧譁。⓳不豫　天子有病的諱稱。亦泛稱尊長有疾。⓴無　副詞。表示禁止，相當於「不可」、「不要」。㉑闋　古代指服喪期滿。㉒大服　謂帝王、王后死後國人為之持服。㉓養牧　養育治理。㉔稱　符合。㉕庶尹　百官。㉖繇　通「由」。自；從。㉗德　景祐諸本作「聽」。均為善行義。㉘勗　勉勵。㉙食言　言已出而又吞沒之。指言而無信。㉚大梁　星次名。在十二支中為酉，在二十八宿為胃、昴、畢三星。指地球公轉到穀雨前後所在的黃道帶和相應的天區。㉛實沈　星次名。指地球公轉到小滿前後所在的黃道帶和相應的天區。㉜相　察看風水。相術之一。㉝宅　居。㉞兆　指壇域、墓地等界域。㉟郊兆　祭壇外所圍的土界。亦泛指祭壇。㊱晦　農曆每月的最後一日。㊲干戈　干，盾牌。戈，兵器，青銅製，盛行於商至戰國時期，秦以後逐漸消失。其突出部分名援，援上下皆刃，用以橫擊和鉤殺。干和戈是古代常用武器，因以「干戈」用作兵器的通稱，引申為戰爭。㊳戢　收藏兵器，引申指停止戰爭。㊴侯氏　侯爵。㊵利苗男訢　沉欽韓認為「訢」前脫「苗」字。楊樹達《漢書窺管》認為「利」前或後有缺文，「苗」是倒文。㊶備　防備；戒備。㊷抑奪　剝奪；強行奪取。㊸朝臣　朝廷官員。㊹拔擢　選拔提升。㊺居　擔任；安置。㊻掖門　宮殿正門兩旁的邊門。㊼不遜　傲慢無禮。㊽戊曹　王莽自以為得土德，故在太傅府下設置戊曹。㊾士　掾史類辦事人員。㊿苛　譴責；詰問。(51)寧　反詰副詞。豈；難道。(52)馬箠　亦作「馬捶」、「馬垂」。馬杖；馬鞭。(53)斫　原作「斬」，根據《漢書補注》改。(54)家上書　亭長家上書申訴，請求重新審理此案。(55)謝　認錯；道歉。(56)清　清廉；清白。(57)和叔　王莽仿古制設置此官，為國將副職。(58)閨門　宮苑、內室的門。借指宮廷、家庭。(59)西州　指哀章的家鄉廣漢郡。(60)輕賤　被輕視。(61)隕　墜落。(62)屮　古「草」字。(63)瀕　通「濱」。水邊。(64)黃霧　大氣混濁呈現灰黃色的天氣現象，俗稱黃沙。(65)飛　吹起；吹落。(66)北闕　未央宮北面的門樓，是臣子等候朝見或上書奏事之處。(67)直城門　長安城門之一。(68)王制　《禮記》篇名，記載古代帝王制度。(69)見禮如三公　五字原在下文「監二十五人」之後，據《漢書補注》引王念孫說，移至此。(70)郡監　原作部監，據《漢書補注》引王念孫說改。(71)世　世襲。動詞。(72)鄉　基層行政區劃名，王莽仿古而設，不同於漢代縣下所統之鄉。傳說周制，一萬二千五百家為鄉。春秋齊制，郊內二千家為一鄉。(73)三輔　西漢治理都城長安地區的三個職官的合稱，亦指其所轄地區。漢初京畿官稱內史，景帝二年（西元前一五五年）分置左、右內史，與主爵中尉（後改都尉）合稱三輔。武帝太初元年（西元前一〇四年）更名右內史為京兆尹（轄長安等十二縣），左內史為左馮翊（轄高陵等二十四縣），主爵都尉為右扶風（轄渭城等二十一縣），治所皆在長安城中。(74)六尉郡　京尉，轄渭城等十縣；師尉，轄高陵等十縣；翊尉，轄新豐等十縣；光尉，轄霸陵等十縣；扶尉，轄茂陵等十縣；列尉，轄長陵等十縣。(75)河東　郡名。在今山西黃河東岸地區，治安邑（今夏縣西北）。(76)河內　郡名。在今河南黃河以北地區，治懷縣（今武陟西南）。(77)弘農　郡名。在今河南黃河以南和陝西交界地區，治弘農（今河南靈寶北）。(78)河南　郡名。在今河南洛水、伊水下游地區，治雒陽（今洛陽東北）。(79)六隊郡　把河東等六郡改稱前隊、後隊、左隊、右隊、祈隊、兆隊，相當於郡，所以也稱為隊郡。隊，通「遂」。周代稱遠郊區為遂。(80)益　增加。河南郡原只有二十二縣。(81)六郊州長　把東都雒陽京畿分為六郊州，每州設州長。(82)竟尉　新朝武官名。竟，通「境」。邊境。(83)為黜陟增減　留作賞功罰罪的機動田地。(84)義陽　也稱宜陽。

王莽所改雒陽名。85粟米之內 《書・禹貢》記載，距離京城四百里以內的地區田租交納粟（未脫粒的小米），五百里以內的地區田租交納米（脫粒的小米）。此處指四五百里的範圍，在甸服之內。86鄣徼 邊界上作防禦用的城堡。87甸服 原作「甸侯」。景祐諸本作「甸服」。當是。88惟城 和下文的惟寧、惟翰、惟屏、惟垣、惟藩，均出自《詩・大雅・板》：「价人維藩，大師維垣，大邦維屏，大宗維翰。懷德維寧，宗子維城，無俾城壞，無獨斯畏。」惟，也作「唯」、「維」。介詞。相當於「以」、「由於」。城，城池；堡壘。89采 指采服。90任 女爵位名。相當於男服。91翰 通「榦」。古代築牆時，豎在夾板兩邊起固定作用的木柱。引申為主幹。92賓服 即衛服，古代九服之一。93揆文教二句 語本《書・禹貢》：「五百里綏服；三百里揆文教；二百里奮武衛。」揆，度量；揣度。揣度王者文教而行之。94垣 矮牆。95藩 籬笆。96紀 通「記」。記住；記下來。97繫 附記；附上。98陳留 郡名。在今河南中部，治陳留（今開封東南）。99益歲 一說，王莽改陳留郡圉縣為益歲。100雍丘 縣名。在今河南杞縣境內。101梁郡 郡名。在今河南東南部和安徽交界地區，治睢陽（今河南商丘南）。102封丘 縣名。即今河南封丘。103祈隧 即祈隊。104滎陽 漢代只有滎陽縣（今河南滎陽），屬於河南郡。大概王莽時分設滎陽郡。105行在所 指皇帝所在的地方。106小學 漢代稱文字學為小學。因兒童入小學先學文字，故名。隋唐以後為文字學、訓詁學、音韻學之總稱。107六旬首 用干支紀日六十天為一周，古代原以甲子為首，王莽自以為靠土德建立新朝，而戊屬土，因此改以戊子為首。108冠 古代男子成年後要舉行加冠禮，叫做冠。一般在二十歲。109元日 吉日。元，善；好。110昏 通「婚」。指婚禮。111戊寅之旬為忌日 從戊寅到丁亥的十天，其中沒有逢子的日子，所以認為是忌日。忌日，迷信稱不吉利的日子。112和親 漢朝皇帝與匈奴單于之間為兩國的和平友好進行聯姻。始於漢高祖劉邦。113侍子 古代屬國之王或諸侯遣子入朝陪侍天子，稱侍子，帶有人質性質。114購求 用金錢物資作為報酬去徵求。115檻車 用柵欄封閉的車，用於囚禁犯人或裝載猛獸。116燔燒 焚燒。燔，焚燒。117贍 供給；供養。118罷兵 停戰。119蚤蝨 跳蚤和蝨子。120壯 認為豪壯。意動用法。121四關 即前文中的前、後、左、右四關將軍。122填都尉 新朝武官名。四關將軍下設置的鎮都尉。填，通「鎮」。123棄市 古代在鬧市執行死刑，陳屍示眾，表示罪犯為眾人所唾棄，稱為棄市。124益州 郡名。漢武帝元封二年（西元前一〇九年）置，治滇池縣（今雲南晉寧東北晉城鎮）。125三邊 指北邊的匈奴、高句驪，西邊的西域，南邊的益州，故稱三邊。126馮茂 後因攻句町失敗，下獄死。

【語 譯】明年改年號為天鳳。

2 天鳳元年正月，宣布全國大赦。

3 王莽說：「我要在二月建寅的初春時節舉行巡狩的禮儀，太官攜帶乾糧乾肉，內者在途中陳設幃帳床席，所經過的地方不准提供任何東西。我去東方巡視，一定親自帶著耒，每到一個縣就進行耕作，以此勸勉春耕。我去南方巡視，一定親自帶著鋤頭，每到一個縣就去除草，以此鼓勵夏耘。我去西方巡視，一定親自帶著鐮刀，每到一縣就去收割莊稼，以此勸勉秋收。我去北方巡視，一定親自帶著連枷，每到一縣就揚場脫粒，以此鼓勵儲藏。結束北方巡視禮儀之後，就在全國的中心定居雒陽都城。敢有奔走喧譁觸犯法紀的，就依照軍法處置。」群公報告說：「皇帝最為孝順，前年文母太后聖體不適，您親自侍奉，衣服帽子都很少脫下來。因為遭遇文母逝世的悲痛，臉色還沒有恢復，飲食減少。現在要在一年中巡視四方，路途萬里，您年歲那麼高，不是吃乾糧乾肉能忍受的。暫且不要去巡狩，等待國喪期滿，從而保養聖體。臣等將盡力撫育治理全國人民，努力符合您英明的詔示。」王莽說：「各位公、牧、司、諸侯、百官願意盡力互相督促撫育治理好全國人民，想要以此配合我，由此敬重美好的德行，要勉勵啊！不要食言啊。改在天鳳七年，木星在大梁宮，太歲在庚辰，舉行巡狩的禮儀。再過一年，木星在實沈宮，太歲在辛巳，就前往全國的中心雒陽都城。」於是派遣太傅平晏、大司空王邑前往雒陽，選擇地點，打算興建宗廟、社稷壇、郊祀壇等。

4 三月壬申晦日，出現了日食。宣布全國大赦。下策書給大司馬逯並道：「日食出現，全被吞沒，戰爭沒有停止，你應當繳上大司馬印韍，按照侯爵的身分參加朝會。太傅平晏不要兼管尚書事務，取消兼任的侍中諸曹。任命利苗男訢擔任大司馬。」

5 王莽正式登上皇位後，更加防備大臣，抑制奪取大臣的權力。朝臣中有指出大臣過失的，就予以提拔。孔仁、趙博、費興等人因為敢於抨擊大臣，所以受到王莽信任，挑選好的官職讓他們擔任。公卿大臣進入宮殿，隨從官吏有定額，太傅平晏隨從的吏員超過了規定，掖門僕射嚴加盤問，態度傲慢，太傅府戊曹的屬吏拘捕了這個僕射。王莽大怒，讓執法調集數百車馬包圍太傅府，逮捕了屬吏，當即處死。大司空府的屬吏夜裡經過奉常亭，亭長盤問他，他報上自己的官職，亭長喝醉了，說：「難道有出入的符傳嗎？」屬吏用馬鞭抽打亭長，亭長砍傷屬吏後，逃跑了，郡縣追捕他。他的家人上書請求重審此案，王莽說：「亭長奉行公事，不要追捕了。」大司空王邑開除了那個屬吏來請罪。國將哀章行為很不清廉，王莽為他選置和叔，告誡道：「不僅要在公府裡輔佐國將本人，還應當輔導他在西州的親屬。」諸公都被人們輕視，而哀章最為嚴重。

6 四月間，降霜，凍死草木，沿海地區尤其嚴重。六月間，黃沙滿天。七月間，大風吹倒了樹木，吹落了北闕直城門樓上的瓦。下冰雹，砸死牛羊。

7 王莽按照《周官》、〈王制〉的經文，設置卒正、連率、大尹，職務如郡太守；設置屬令、屬長，職務如郡都尉。設置州牧，皇帝接見他們的禮儀和三公一樣；郡監二十五人，監位為上大夫，每人管轄五郡。公爵做州牧，侯爵做卒正，伯爵做連率，子爵做屬令，男爵做屬長，這些官職都可以世襲。那些沒有爵位的稱為大尹。把長安郊區劃分為六鄉，每鄉設置鄉帥一人。把三輔劃分為六尉郡，把河東郡、河內郡、弘農郡、河南郡、潁川郡、南陽郡作為六隊郡，設置大夫，職務和郡太守一樣；設置屬正，職務和郡都尉一樣。更名河南大尹為保忠信卿。增加河南郡的屬縣到三十個。設置六郊州長各一人，每人管轄五縣。以及其他官名全部改定。大郡甚至被分為五個小郡。郡、縣用「亭」命名的有三百六十個，以順應符命的文辭。邊境地區又設置竟尉，讓男爵擔任這個職務。各諸侯國中閒置的土地，作為賞罰官吏時增減土地使用。王莽下文告說：「常安西都叫六鄉，各縣叫六尉。義陽東都叫六州，各縣叫六隊。距離東都、西都五百里以內的地方叫內郡，以外的地方叫近郡。有障塞亭徼防禦工事的叫邊郡。合計一百二十五郡。在九州範圍之內，共有縣二千二百零三個。公爵作為甸服，是國家的城池；那些在侯服的，是安寧的保證；在采服、任服的諸侯，是支柱；在賓服的，是屏障；在施行文教、振奮武衛的地方，是牆垣；在九州以外的，是藩籬：各以其方位確定名號，總合起來就是萬國。」此後，每年又有更改，一個郡甚至改了五次名字，最後又恢復了原來的名稱。官吏百姓記不住新改的名字，每次下詔書時，就要附記上它原來的名字，如：「命令陳留大尹、太尉：把益歲縣以南的地區劃歸新平郡。新平郡，就是原來的淮陽。把雍丘以東的地區劃歸陳定郡。陳定郡，就是原來的梁郡。把封丘以東的地區劃歸治亭郡。治亭郡，就是原來的東郡。把陳留郡以西的地區劃歸祈隧。祈隧，就是原來的滎陽。陳留已經不再設郡了。大尹和太尉，都到皇帝所在的地方來謁見。」王莽號令的更改，就像這個樣子。

8 命令天下小學，用戊子日代替甲子作為每六十天的第一天。舉行冠禮把戊子日作為吉日，舉行婚禮把從戊寅開始的十天作為不吉利的日子。百姓多不遵從。

9 匈奴單于知死了，他的弟弟咸被擁立為單于，請求與新朝和親。王莽派遣使者贈送大批財物給他，欺騙答應送還他在新朝的侍子登，就此出重金要求換回陳良、終帶等人。單于就抓獲陳良等人交付使者，用囚車將他們送到長安。王莽在長安城北焚燒陳良等人，讓官吏百姓集合去看行刑。

10 沿邊地區發生了嚴重的饑荒，人吃人。諫大夫如普巡視邊境駐軍，回來彙報說：「軍隊士兵常年駐紮在邊塞十分艱苦，邊郡沒有東西供給。如今剛剛和單于和親，應當藉此撤回軍隊。」校尉韓威進言說：「憑藉新室的威力吞滅胡虜，無異於口中噬咬跳蚤和蝨子。臣願意率領勇敢士五千人，不帶一斗糧食，餓了就吃胡虜的肉，渴了就喝他們的血，可以橫掃匈奴。」王莽認為他的話很豪邁，就任命韓威為將軍。但是採納了如普的建議，徵召駐紮在邊境的諸將班師回朝。免了陳欽等十八人的職務，並撤銷四關鎮都尉率領的所有駐紮部隊。恰好匈奴使者從長安回來，單于知道了侍子登之前就已被誅殺，就興兵侵犯邊境，王莽又徵發軍隊駐紮邊境。於是邊境百姓流亡到內郡，做了他人的奴婢，王莽就下令禁止官吏百姓挾持邊境百姓，膽敢違犯者在鬧市處死。

11 益州郡的部族殺死了大尹程隆，北、西、南三邊的邊境部族都反叛了。派遣平蠻將軍馮茂率領軍隊攻打他們。

12 寧始將軍侯輔被免職，講《易》祭酒戴參擔任寧始將軍。

1 **二年二月，置酒王路堂，公卿大夫皆佐酒❶。大赦天下。**

2 是時，日中❷見❸星。

3 大司馬苗訢左遷❹司命，以延德侯陳茂❺為大司馬。

4 訛言黃龍墮死黃山宮❻中，百姓犇走往觀者以❼萬數。莽惡之❽，捕繫問語所從起，不能得。

5 單于咸既和親，求其子登屍，莽欲遣使送致，恐咸怨恨害使者，迺收前言當誅侍子者故將軍陳欽，以他辠繫獄。欽曰：「是欲以我為說❾於匈奴也。」遂自殺。莽選儒生能顓對❿者濟南王咸為大使⓫，五威將琅邪伏黯等為帥，使送登屍。敕令掘單于知墓，棘鞭⓬其屍。又令匈奴卻塞⓭於漠北⓮，責⓯單于馬萬匹，牛三萬頭，羊十萬頭，及稍所略⓰邊民生口在者皆還之。莽好為大言⓱如此。咸到單于庭，陳莽威德，責單于背畔之辠，應敵從橫⓲，單于不能詘，遂致命⓳而還⓴。入塞，咸病死，封其子為伯，伏黯等皆為子。

6 莽意以為制定則天下自平，故銳思於地里㉑，制禮作樂，講合六經之說。公卿旦入暮出，議論連年不決，不暇省㉒獄訟冤結㉓民之急務。縣宰缺者，數年守兼㉔，一切貪殘㉕日甚。中郎將、繡衣執法在郡國者，並乘權勢，傳㉖相舉奏㉗。又十一公士㉘分布勸農桑，班㉙時令㉚，案㉛諸章㉜，冠蓋㉝相望，交錯㉞道路，召會吏民，逮捕證左㉟，郡縣賦斂㊱，遞相㊲賕賂㊳，白黑㊴紛然㊵，守闕告訴㊶者多。莽自見前顓權㊷以得漢政，故務自攬眾事，有司受成㊸苟免㊹。諸寶物㊺名、帑藏㊻、錢穀官，皆宦者領之；吏民上封事㊼書，宦官左右開發，尚書不得知㊽。其畏備臣下如此。又好變改制度，政令煩多，當奉行者，輒質問㊾乃以從事，前後相乘㊿，憒眊(51)不渫(52)。莽常御燈火至明，猶不能勝(53)。尚書因是為姦寢事(54)，上書待報者連年不得去，拘繫郡縣者逢赦而後出，衛卒不交代(55)三歲矣。穀常貴，邊兵二十餘萬人仰(56)衣食，縣官愁苦。五原、代郡尤被其毒(57)，起為盜賊，數千人為輩(58)，轉入旁郡。莽遣捕盜將軍(59)孔仁將兵與郡縣合擊，歲餘迺定，邊郡亦略將盡(60)。

7 邯鄲(61)以北大雨霧(62)，水出，深者數丈，流殺數千人。

8 立國將軍孫建死，司命趙閎(63)為立國將軍。寧始將軍戴參歸故官，南城將軍(64)廉丹為寧始將軍。

【章旨】以上為卷中的第七部分。天鳳二年，新與匈奴和親，對匈奴提出各種荒誕的要求。王莽專心託古改制，荒廢政事，官吏乘機為非作歹。北方邊境長期駐軍，給人民帶來沉重負擔，人民紛紛起義，一年多才平定，但邊郡亦因此空虛。

【注釋】❶佐酒　陪同飲宴；陪酒。❷日中　正午。❸見　通「現」。出現。❹左遷　降官；貶職。古人以右為尊，以左為卑，故稱降職為左遷。❺陳茂　（？—西元二三年），後任秩宗將軍，在汝南敗死。❻黃山宮　宮名。在扶風槐里境（今陝西興平西南）。❼以　原作有，據《漢書窺管》改正。❽莽惡之　因為王莽自以為得黃德，黃龍死於黃山宮，為不吉兆，故嫌惡此事。❾為說　作為解釋的理由，藉以推託責任。❿顓對　指任使節時能獨自隨機應答。顓，通「專」。⓫大使　奉帝王之命行事的臨時使節。⓬棘鞭　用刺木抽打。棘，指酸棗樹的樹枝，上有刺。鞭，動詞，鞭打。⓭卻塞　將邊塞後撤，實即讓出土地。⓮漠北　蒙古高原大沙漠以北地區，在今蒙古國境。⓯責　索取；求取。⓰稍所略　逐漸搶走的。⓱大言　誇大的言詞；大話。⓲從橫　即「縱橫」。指隨機應變，對答如流。⓳致命　傳達言詞、使命。⓴還　還字下原有之字，據《漢書補注》引劉奉世說，此「之」字衍，故刪去。㉑地里　區域；區劃。㉒省　省察；處理。㉓寃結　寃屈。結，形容憂愁、氣憤積聚不得發洩。㉔守兼　官吏出缺，由職位較低的官吏暫時代理。㉕貪殘　貪婪兇殘。㉖傳　移動；轉移。原作「傅」。據景祐諸本改。㉗舉奏　上奏章檢舉。㉘公士　公府之士。士，漢代稱掾。㉙班　頒布。㉚時令　月令。按季節制定有關農事、祭祀等行事的政令。㉛案　通「按」。查考；考核。㉜章　典章制度。㉝冠蓋　泛指官員的冠服和車乘。冠，禮帽。蓋，車蓋。㉞交錯　形容往來不斷。㉟證左　證人。左，通「佐」。㊱賦斂　徵收賦稅。斂，聚集；徵稅。㊲遞相　互相。㊳賕賂　賄賂。賕，行賄。㊴白黑　比喻是非、善惡、賢愚、清濁等相反的人或事物。㊵紛然　雜亂的樣子。指是非混淆。㊶告訴　向上申訴。㊷顓權　獨攬大權。㊸受成　接受成事。指王莽事事親自處理，待決定成熟後才交與有關部門辦理，故官吏只是接受成事而已。㊹苟免　苟且免於罪責。㊺寶物　一說，指珠玉珍寶。一說，指印璽符節。㊻帑藏　國庫。帑，財帛，亦指藏金帛的府庫。㊼封事　密封的奏章。臣下上書奏事，防有洩漏，用皁囊封緘，故稱。㊽宦官左右開發二句　封事本應由尚書拆封審閱，然後呈遞皇帝。王莽怕尚書從中做手腳，遂將這一工作交由宦官及左右負責。開發，開拆；啟封。㊾質問　詢問以正其是非。質，正。㊿相乘　相加；相繼。意為前事尚未處理完，後面的事情又來了。乘，積；登。(51)憒眊　昏亂糊塗。憒，心亂。眊，視物不清。(52)渫　原指清除汙穢，引申為辦理妥帖。(53)勝　盡。(54)寢事　擱置事情不處理。寢，病臥之意，病倒則不能辦事，此處指尚書不將官吏的上書報告王莽。(55)交代　指前後任相接替、移交。漢制，京師衛卒服役期限為一年。(56)仰　依賴；依靠。(57)毒　傷害；危害。(58)輩　量詞。批；群。(59)捕盜將軍　新朝武官名。(60)略將盡　差不多快沒人了。當時邊郡百姓有的流亡，有的成寇賊，剩下的很少。(61)邯鄲　古地名。今河北邯鄲。(62)雨霧　雨水和霧氣。有時也指很細的雨。(63)趙閎　（？—西元二三年），後來投降劉玄，被殺。(64)南城將軍　新朝武官名。

【語譯】天鳳二年二月，在王路堂舉行宴會，公卿大夫都陪同飲酒。宣布全國大赦。

2 這天，正午時分出現了星星。

3 大司馬苗訢降職擔任司命，任命延德侯陳茂擔任大司馬。

4 謠傳有黃龍摔死在黃山宮中，老百姓奔跑著去看熱鬧的數以萬計。王莽嫌惡這件事，逮捕了一些人訊問謠言是從誰那兒傳出來的，未能找到。

5 單于咸既已和新朝和親，索要他兒子登的屍體，王莽想要派遣使者送去，擔心咸怨恨而傷害使者，於是逮捕了從前提議要處死侍子登的前將軍陳欽，用別的罪名把他關進監獄。陳欽說：「這是想拿我向匈奴交待啊。」就自殺了。王莽挑選能言善辯的儒生濟南郡人王咸作為特使，五威將琅邪郡人伏黯等人作為將帥，讓他們護送登的屍體。命令匈奴掘毀單于知的墳墓，用棘條鞭撻他的屍體。又命令匈奴把邊界撤退到大沙漠以北地區，向單于索取一萬匹馬，三萬頭牛和十萬頭羊，以及把他們長期以來擄去的活著的邊民俘虜都交回來。王莽就像這樣子好說大話。王咸到了單于的王庭，陳述了王莽的聲威德行，譴責單于背叛的罪行，應對敵人對答如流，單于說不過他，於是傳達完命令就回來了。進入邊境，王咸病死，賜封他的兒子為伯爵，伏黯等人都為子爵。

6 王莽心中認為只要制度一經確定那麼天下自然太平，所以集中精力思考行政區劃，制定禮法，創作樂教，考校統一《六經》的說法。公卿大臣早上上朝，傍晚出朝，連續議論幾年都不能做出決斷，沒有時間處理訴訟官司和冤案這些百姓迫切需解決的問題。縣宰出現空缺，好幾年都由人代理而不正式任命，到處都貪婪殘暴，一天比一天嚴重。派往各郡國的中郎將、繡衣執法，紛紛利用權勢，互相檢舉揭發。另外，十一公府的士分布各地勸勉農耕和蠶桑生產，頒布按月行事的政令，檢查各種規章制度的施行情況，戴冠的公士乘坐有車篷的馬車前後相望，在路上交錯而行，他們召集官吏和百姓，逮捕證人，各郡縣徵收賦稅搜刮財物，層層賄賂，是非混淆，守在宮闕前申訴告發的人很多。王莽有鑒於自己從前是通過獨攬大權而取得漢朝政權的，因此一心自己包攬全部政事，主管部門只是接受既定的政令，苟且免除罪責而已。那些掌管印璽符節、國庫和錢糧的部門，都由宦官管理；官吏和平民上呈的密封的奏章，都由宦官親信拆封，尚書無法知道。他就是這樣提防臣下的。他又喜歡改變制度，政令繁多，本來應該直接奉命執行的，卻要反覆討論以後才去執行，以致前面的事情還沒有處理好，後面的事情又接踵而至，搞得混亂不堪。王莽時常點著燈火處理到天明，還是不能辦完。尚書藉機作惡擱置不辦，上書等待批覆的地方官幾年都不能離開，被關押在郡縣監獄的犯人要遇到大赦才能出獄，京師衛戍士兵有三年沒有更換了。穀價居高不下，駐守邊境的士兵二十多萬人需要衣服和糧食，官府為此十分發愁。五原、代郡受此之害尤其嚴重，人民起來反抗做了盜賊，幾千人結成一夥，轉到鄰近各郡搶劫。王莽派遣捕盜將軍孔仁率領軍隊與郡縣部隊聯合進擊，一年多才平定，邊郡也差不多沒人了。

7 邯鄲城以北地區降了大霧一樣的雨，水從地下湧出，深的地方達幾丈，沖走淹死了幾千人。

8 立國將軍孫建死了，司命趙閎擔任立國將軍。寧始將軍戴參重新回到原來的職務，南城將軍廉丹擔任寧始將軍。

1 三年二月乙酉，地震，大雨雪，關東❶尤甚，深者一丈，竹柏或枯。大司空王邑上書言：「視事❷八年，功業不效❸，司空之職尤獨廢頓❹，至迺有地震之變。願乞骸骨。」莽曰：「夫地有動有震，震者有害，動者不害。春秋記地震，易繫坤動，動靜辟脅，萬物生焉❺。災異❻之變，各有云為。天地動威，以戒予躬，公何辜❼焉，而乞骸骨，非所以助予者也。使諸吏散騎❽司祿大衛脩寧男遵諭❾予意焉。」

2 五月，莽下吏祿制度，曰：「予遭陽九之阸，百六之會，國用不足，民人騷動，自公卿以下，一月之祿十緵布[10]二匹[11]，或帛一匹。予每念之，未嘗不戚[12]焉。今阸會[13]已度，府帑[14]雖未能充，略頗稍[15]給，其以六月朔庚寅始，賦[16]吏祿皆如制度。」四輔公卿大夫士，下至輿僚[17]，凡十五等[18]。僚祿一歲六十六斛[19]，稍以差增，上至四輔而為萬斛云。莽又曰：『普天之下，莫非王土；率土之濱，莫非王臣[20]。』蓋以天下養[21]焉。周禮膳羞[22]百有二十品，今諸侯各食其同、國、則[23]；辟、任、附城食其邑；公、卿、大夫、元士食其采。多少之差，咸有條品[24]。歲豐穰[25]則充[26]其禮，有災害則有所損，與百姓同憂喜也。其用上計[27]時通計[28]，天下幸無災害者，太官膳羞備其品矣；即有災害，以什率多少[29]而損膳焉。東嶽太師立國將軍保[30]東方三州[31]一部二十五郡；南嶽太傅前將軍保南方二州[32]一部二十五郡；西嶽國師寧始將軍保西方一州[33]二部二十五郡；北嶽國將衛將軍保北方二州[34]一部二十五郡；大司馬保納言卿、作士卿、[35]京尉、扶尉、兆隊、右隊、中部左洎[36]前十郡[37]；大司徒保典樂卿、秩宗卿[38]、翼尉、光尉、左隊、前隊、中部、右部，有五郡；大司空保予虞卿、共工卿[39]、師尉、列尉、祈隊、後隊、中部洎後十郡；及六司[40]，六卿[41]，皆隨所屬之公保其災害，亦以十率多少而損其祿。郎、從官、中都官吏食祿都內之委[42]者，以太官膳羞備損而為節。諸侯、辟、任、附城、群吏亦各保其災害。幾[43]上下同心，勸進農業，安元元焉。」莽之制度煩碎如此，課計[44]不可理[45]，吏終不得祿，各因[46]官職為姦，受取賕賂以自共給[47]。

3 是月戊辰，長平館[48]西岸崩，邕[49]涇水[50]不流，毀[51]而北行。遣大司空王邑行視[52]，還奏狀，群臣上壽[53]，以為河圖[54]所謂「以土填水[55]」，匈奴滅亡之祥[56]也。乃遣并州牧宋弘[57]、遊擊都尉[58]任萌等將兵擊匈奴，至邊止屯。

4 七月辛酉，霸城門[59]災[60]，民間所謂青門[61]也。

5 戊子晦，日有食之。大赦天下。復令公卿大夫諸侯二千石舉四行[62]各一人。大司馬陳茂以日食免，武建伯嚴尤為大司馬。

6 十月戊辰，王路朱鳥門鳴[63]，晝夜不絕[64]，崔發等曰：「虞帝闢四門，通四聰[65]。門鳴者，明[66]當脩先聖之禮，招四方之士也。」於是令群臣皆賀，所舉四行從朱鳥門入而對策[67]焉。

7 平蠻將軍馮茂擊句町，士卒疾疫[68]，死者什六七，賦斂民財什取五，益州虛耗[69]而不克，徵還下獄死。更遣寧始將軍廉丹與庸部牧[70]史熊擊句町，頗斬首，有勝。莽徵丹、熊，丹、熊願益調度[71]，必克乃還。復大賦斂，就都[72]大尹馮英不肯給，上言：「自越巂[73]遂久[74]仇牛[75]、同亭[76]邪豆[77]之屬反畔以來，積且[78]十年，郡縣距擊不已。續用馮茂，苟(79)施一切(80)之政。僰道(81)以南，山險高深，茂多毆(82)眾遠居，費以億計，吏士離(83)毒氣(84)死者什七。今丹、熊懼於自詭(85)期會(86)，調發諸郡兵穀，復訾民(87)取其十四，空破梁州，功終不遂(88)。宜罷兵屯田，明設購賞(89)。」莽怒，免英官。後頗覺寤(90)，曰：「英亦未可厚非。」復以英為長沙連率。

8 翟義黨王孫慶(91)捕得，莽使太醫(92)、尚方(93)與巧屠共刳(94)剝之，量度(95)五臧(96)，以竹筳導其脈，知所終始(97)，云可以治病。

9 是歲，遣大使五威將王駿、西域都護李崇將戊己校尉出西域，諸國皆郊迎(98)貢獻焉。諸國前殺都護但欽，駿欲襲之，命佐帥(99)何封、戊己校尉郭欽別將(100)。焉耆詐降，伏兵擊駿等，皆死。欽、封後到，襲擊老弱，從車師(101)還入塞。莽拜欽為填外將軍，封剼(102)胡子，何封為集胡男。西域自此絕。

【章　旨】以上為卷中的第八部分，載天鳳三年事。王莽頒布了新的吏祿制度，但無法施行，官吏利用職權收受賄賂以維持生活。王莽為了附會自然現象，發兵準備攻打匈奴。平定句町的戰爭給新朝軍隊和當地人民帶來巨大損失，馮英建議罷兵屯田。西域與新朝斷絕關係。

【注　釋】❶關東　秦漢時指函谷關、潼關以東地區。❷視事　就職治事。❸不效　沒有效果。❹廢頓　廢弛。頓，疲弊；挫傷。❺易繫坤動三句　《易・繫辭上》說：「夫坤，其動也辟，其靜也翕，是以廣生焉。」辟，張開。脅，通「翕」。收斂。❻災異　指自然災害和異常的自然現象。❼辜　罪；罪過。❽諸吏散騎　加官名。諸吏為中朝官，得檢舉不法。散騎，皇帝出行時騎馬侍從。(9)諭　告曉；告知。(10)十緵布　較粗的布。布之八十縷稱緵，十緵即在二尺二寸幅度之內用八百根經線織成。(11)匹　量詞。布帛等織物長度的計量單位。布帛寬二尺二寸、長四丈為一匹。(12)戚　憂傷。(13)阸會　即前文所說「陽九之阸，百六之會」。泛指厄運、災難。(14)府帑　國庫。府，收納物品的倉庫。帑，收藏金錢幣帛的倉庫。(15)略頗稍　三個副詞連用。均為稍微之意。(16)賦　授；給與。(17)輿僚　最低級的吏。輿、僚，均指職位低賤的吏卒。《左傳・昭公七年》：「故王臣公，公臣大夫，大夫臣士，士臣皁，皁臣輿，輿臣隸，隸臣僚，僚臣僕，僕臣臺。」(18)十五等　漢制分二十等，最高的三公號稱萬石，實際年俸是四千二百斛，最低的為百石，實際年俸為一百九十二斛。王莽的制度把差距拉得很大。(19)斛　量詞。多用於量糧食。古代一斛為十斗，南宋末年改為五斗。(20)普天之下四句　語出自《詩經・小雅・北山》。率，由；從。之，到。濱，海濱。(21)養　供給人食物及生活所必需，使生活下去。(22)膳羞　美味的食品。膳，牲肉。羞，有滋味的食物。(23)諸侯各食其同國則　指公食同，侯伯食國，子男食則。(24)條品　條款等級。(25)豐穰　豐、穰均指莊稼豐收。(26)充　足；滿。(27)上計　戰國、秦、漢時地方官於年終將境內戶口、賦稅、盜賊、獄訟等項編造計簿，遣吏逐級上報，奏呈朝廷，藉資考績，謂之上計。(28)通計　總計。也指統計數據。(29)什率多少　計算比率多少。什，指滿數為十。率，比率。(30)保　保證；負責。(31)東方三州　指豫州、徐州、青州。(32)南方二州　指揚州、荊州。(33)西方一州　指梁州。《漢書窺管》認為「一」為「二」之誤，二州指雍州、梁州。(34)北方二州　冀州、兗州。(35)納言卿作士卿　原作「納卿言卿仕卿作卿」，據《漢書補注》引劉攽說改。(36)洎　通「及」。(37)十郡　原作七部，據《漢書補注》引王念孫說改。(38)典樂卿秩宗卿　原作「樂卿典卿宗卿秩卿」，據《漢書補注》引劉攽說改。(39)予虞卿共工卿　原作「予卿虞卿共卿工卿」，據《漢書補注》引劉攽說改。(40)六司　即六監：司中、太禦、太衛、奮武、軍正、大贅。(41)六卿　即納言、作仕、典樂、秩宗、予虞、共工卿。(42)都內之委　中央倉庫的儲積糧。委，儲積；聚積。(43)幾　通「冀」。希望。(44)課計　統計；核算全國的計簿。(45)理　整理。(46)因　憑藉；利用。(47)共給　供給。共，通「供」。(48)長平館　宮館名。也稱長平觀。在涇河南岸涇河入渭河的匯合口附近。(49)邕　通「壅」。堵塞。(50)涇水　渭河的支流，也稱涇河。發源於今寧夏南部六盤山東麓，向東南流經甘肅，到陝西高陵匯入渭河。(51)毀　沖決堤岸。(52)行視　巡行視察。(53)上壽　向人敬酒，祝頌長壽。秦漢時重要禮儀。(54)河圖　讖緯書。後世已不傳。(55)以土填水　填，通「鎮」。王莽新室自認為得土德，匈奴在北方，北方對應的五行為水。大臣以此解說此次事件。(56)祥　吉凶的預兆。(57)宋弘　長安人。王莽時曾任侍中、共工，東漢時任太中大夫、大司空，封宣平侯。(58)遊擊都尉　新朝武官名。(59)霸城門　長安東南城門名。(60)災　自然發生的火災。(61)青門　《三輔黃圖》記載，民間因霸城門色青，故稱之青門。(62)四行　選舉的四個科目：有德行、通政事、能言語、明文學。63嗚　發出聲響。64絕　斷；斷絕。65虞帝闢四門二句　語出自《書・舜典》：「辟四門，明四目，達四聰。」66明　動詞。明示；表明。67對策　古時就政事、經義等設問，由應試者對答，稱為對策。自漢起作為取士考試的一種形式。68疾疫　發生疫病。69虛耗　人民財物空虛消耗。70庸部牧　王莽改革的州部制度，不詳。一說，王莽改益州為庸部。牧，州牧。71調度　指徵調兵力和物資。72就都　一說王莽改廣漢郡為就都，一說王莽分蜀郡廣都為就都郡。73越嶲　郡名。在今四川、雲南交界地區，治邛都（今四川西昌東南）。74遂久　縣名。在今四川鹽源西。75仇牛　西南地區部族名。76同亭　王莽改牂柯郡為同亭。77邪豆　西南地區部族名。78且　副詞。將近；幾近。79苟　草率；勉強。80一切　權宜；臨時。81僰道　縣名。在今四川宜賓西南。82敺　「驅」的古字。驅趕；驅逐。83離　通「罹」。遭受。84毒氣　指瘴癘之氣。85自詭　自以為憂責。詭，責。86期會　規定期限。87訾民　向百姓徵收財產稅。訾，通「貲」。錢財。用為動詞。88遂　成。89購賞　懸賞；獎賞。90覺寤　通「覺悟」。91王孫慶　（？—西元一六年），複姓王孫，名慶，東郡人。有勇略，通曉兵法，隨翟義起兵反對王莽。92太醫　官名。皇帝御醫，負責給皇帝及皇族看病。93尚方　官名。負責給皇帝製作御用器物。94刳　挖空；剖開。95量度　測量；測定。96五臧　指心、肝、脾、肺、腎五種器官。臧，通「臟」。97以竹筳導其脈二句　意為用竹枝沿著血脈的方向走，以了解開始結束的地方。筳，竹枝。98郊迎　古代出郊迎賓，以示隆重、尊敬。99佐帥　五威將的副手。100別將　率領獨立部隊與主力軍配合作戰。101車師　古西域國名。在今新疆吐魯番一帶。分為前後兩部，前國都交河城（今新疆吐魯番雅爾和屯）；後國都務塗谷（今新疆吉木薩爾南山）。102劋　「剿」的古字。

【語　譯】天鳳三年二月乙酉日，發生了地震，下了大雪，關東最嚴重，雪深的地方有一丈多，竹子、柏樹有的凍死了。大司空王邑上呈報告說：「我就職任事已經八年，工作沒有成效，司空的職責尤其廢弛，以至於發生了地震的災變。我希望免官回鄉。」王莽說道：「地有地動有地震，地震有害，地動無害。《春秋》上記載了地震，《易・繫辭》提到地動，動靜開閉，萬物因此而生。災害和怪異現象的發生，各有不同的原因和作用。天地動用威嚴，用來警戒我本人，公有什麼罪過呢，竟然請求免官還鄉，這不是幫助我的方法啊。派諸吏散騎司祿大衛脩寧男遵轉告我的意思。」

2　五月間，王莽下達官吏的俸祿制度，說道：「我遭受陽九的惡運，百六的週期，國家財政用度不足，人民騷動，從公卿以下，一個月的俸祿只有十緵布二匹，或者縑絹一匹。我每每想到這件事情，沒有不悲傷的。

現在厄運已經度過了，國庫雖然還不夠充足，但略微可以供給一些了，從六月初一庚寅日開始，都按照制度發放官吏俸祿。」從四輔、公、卿、大夫、士，下至最低的屬吏，共分為十五等。最低的僚俸祿為一年六十六斛，逐步按等級增加，上至四輔為一萬斛。王莽又說道：「『普天之下，沒有哪個地方不是王的領土；全國範圍之內，沒有哪個人不是王的臣子。』是拿天下的財物來供養你們啊。《周禮》規定周王的御膳有一百二十種，令諸侯各從自己的封地同、國、則領取俸祿；辟爵、任爵、附城各從自己的封邑領取俸祿；公、卿、大夫、元士各從自己的采地領取俸祿。數量級別，都有條例規定。年成豐收就滿足禮制規定，發生災害就有所減損，和老百姓同甘共苦。根據年終上計時的統一核算，全國幸而沒有災害，太官負責的御膳就可以備齊種類；如果遇到災害，就按照比例減損御膳。東嶽太師立國將軍負責東方三州一部二十五郡；南嶽太傅前將軍負責南方二州一部二十五郡；西嶽國師寧始將軍保西方一州二部二十五郡；北嶽國將衛將軍保北方二州一部二十五郡；大司馬負責納言卿、作士卿、京尉、扶尉、兆隊、右隊、中部從左部到前部共十郡；大司徒負責典樂卿、秩宗卿、翼尉、光尉、左隊、前隊、中部、右部，共五郡；大司空負責予虞卿、共工卿、師尉、列尉、祈隊、後隊、中部及後部十郡；以及六司、六卿，都隨他們所隸屬的公一起負責所轄地區的災害，也按比率多少減省俸祿。從中央倉庫領取俸祿的郎、從官、中央各官署官員，其俸祿根據太官對御膳的增減進行調節。諸侯、辟爵、任爵、附城、眾吏的俸祿也都要與所轄地區的災害一起考量。希望君臣上下同心同德，勸勉發展農業生產，安撫百姓啊。」王莽的制度就是這樣繁瑣細碎，核算時難以計算清楚，官吏始終拿不到俸祿，各自利用職權違法亂紀，收受索取賄賂來供給生活所需。

3 這個月的戊辰日，長平館西岸坍塌，阻塞了涇水水流不通，沖決堤壩向北流去。派遣大司空王邑去巡視，回來彙報情況，大臣們向王莽敬酒祝壽，認為這就是《河圖》書上所說的「用土去鎮服水」，是匈奴滅亡的好兆頭。於是派遣并州牧宋弘、游擊都尉任萌等率領軍隊攻擊匈奴，到達邊境駐紮下來。

4 七月辛酉日，霸城門發生火災，這裡就是民間所說的青門。

5 戊子晦日，出現了日食。宣布全國大赦。又命令公卿大夫、諸侯、二千石官員推舉有德行、通政事、能言語、明文學四科各一人。大司馬陳茂因為出現日食被免職，武建伯嚴尤擔任大司馬。

6 十月戊辰日，王路朱鳥門發出叫聲，晝夜不停，崔發等人說：「虞帝打開四座門，讓自己能夠遠聽四方。朱鳥門鳴叫，明示新朝應該遵行古代聖王的禮制，招引四方的賢士。」於是讓大臣們都來祝賀，所推舉的四科士人從朱鳥門進入宮殿回答皇帝的策問。

7 平蠻將軍馮茂攻打句町，士卒發生瘟疫，死亡的有十分之六七，徵收人民的財物十分中拿走五分，益州財力耗盡卻沒有打敗句町，徵召馮茂回來關進監獄而死。重新派寧始將軍廉丹與庸部牧史熊攻打句町，殺死一些敵人，取得了一些勝利。王莽徵召廉丹、史熊回京，廉丹、史熊希望增加兵力和物資，一定消滅句町後才回來。又大肆徵發賦稅和兵員，就都大尹馮英不肯提供，上呈報告說：「自從越巂郡遂久縣仇牛部和同亭縣邪豆部等反叛以來，累計已近十年，郡縣軍隊進行阻擊沒有停止過。接著任用馮茂，實施戰時臨時政策。僰道以南地區，山勢險峻，馮茂大量驅趕人民到遠方居住，費用以億來計算，官吏士兵遭受瘴氣瘟疫而死的有十分之七。如今廉丹、史熊害怕無法在自己保證的期限內打敗敵人，徵發調集各郡的軍隊和糧食，又向人民徵收十分之四的財產稅，白白耗費梁州，最終仍無法取得戰功。應當停止戰爭，讓軍隊駐守屯田，明白制定捕獲句町人的賞格。」王莽很生氣，罷免了馮英的官職。後來有所醒悟，說：「也不應當過分指責馮英。」又任命馮英擔任長沙連率。

8 翟義的黨羽王孫慶被抓到，王莽命令太醫、尚方與靈巧的屠夫一同解剖他，測量五臟的大小，用小竹枝貫通他的血脈，弄清來龍去脈，說是可以幫助尋找治病之道。

9 這一年，派遣大使五威將王駿、西域都護李崇率領戊己校尉出使西域，各國都到郊外迎接並進獻財物。各國以前殺死了西域都護但欽，王駿想要襲擊他們，命令副帥何封、戊己校尉郭欽分領一部分軍隊單獨行動。焉耆國謊稱投降，埋伏軍隊襲擊王駿等部，王駿等都被殺。郭欽、何封後來才到，襲擊了焉耆國的老弱民眾，取道車師國返回邊塞。王莽授任郭欽為鎮外將軍，封爵為剿胡子，何封封爵為集胡男。西域各國從此斷絕了與中原的關係。

卷九十九下

王莽傳第六十九下

1 四年❶五月，莽曰：「保成師友祭酒唐林、故諫議祭酒琅邪紀逡，孝弟❷忠恕❸，敬上愛下，博通❹舊聞❺，德行醇備❻，至於黃髮❼，靡❽有愆失❾。其封林為建德侯，逡為封德侯，位皆特進，見禮❿如三公。賜第⓫一區⓬，錢三百萬，授几杖⓭焉。」

2 六月，更⓮授諸侯茅土於明堂，曰：「予制作⓯地理⓰，建封五等，考之經藝⓱，合之傳記⓲，通於義理⓳，論之思之，至於再三，自始建國之元以來九年于茲⓴，迺今定矣。予親設文石之平㉑，陳菁茅㉒四色之土㉓，欽㉔告于岱宗㉕泰社㉖后土㉗、先祖先妣㉘，以班授㉙之。各就厥國，養牧民人，用成功業㉚。其在緣邊，若㉛江南㉜，非詔所召，遣侍于帝城㉝者，納言掌貨大夫㉞且調都內㉟故錢，予其祿，公歲八十萬，侯伯四十萬，子男二十萬。」然復不能盡得。莽好空言，慕古法，多封爵人，性實遴嗇㊱，託以地理未定，故且先賦茅土，用慰喜封者。

3 是歲，復明六筦之令。每一筦下，為設科條㊲防禁㊳，犯者罪至死，吏民抵罪者寖㊴眾。又一切㊵調上公以下諸有奴婢者，率㊶一口出錢三千六百，天下愈愁㊷，盜賊起。納言馮常以六筦諫，莽大怒，免常官。置執法左右刺姦㊸。選用能吏㊹侯霸㊺等分督㊻六尉、六隊，如漢刺史，與三公士郡一人從事。

4 臨淮㊼瓜田儀㊽等為盜賊，依阻㊾會稽㊿長州(51)，琅邪女子呂母亦起。初，呂母子(52)為縣吏，為宰(53)所冤殺。母散家財，以酤酒(54)買兵弩，陰(55)厚(56)貧窮少年，得百餘人，遂攻海曲縣(57)，殺其宰以祭子墓。引兵入海，其眾浸多，後皆萬數。莽遣使者即(58)赦盜賊，還言「盜賊解，輒復合。問其故，皆曰愁法禁(59)煩苛，不得舉手。力作所得，不足以給貢稅(60)。閉門自守，又坐鄰伍(61)鑄錢挾銅，姦吏因以愁(62)民。民窮，悉起為盜賊」。莽大怒，免之。其或順指(63)，言「民驕黠(64)當誅」，及言「時運(65)適然(66)，且滅不久」，莽說，輒遷之。

5 是歲八月，莽親之南郊(67)，鑄作威斗(68)。威斗者，以五石銅(69)為之，若北斗，長二尺五寸，欲以厭勝(70)眾兵。既成，令司命負之，莽出則在前，入則(71)御(72)旁。

鑄斗曰，大寒㊸，百官人馬有凍死者。

【章　旨】以上為卷下的第一部分，述新天鳳四年事。六月重新分封諸侯，但王莽性吝嗇，假託封疆未定，不予實封。重申六筦令，向家有奴隸者徵收人頭稅，引發民怨。納言馮常以六筦諫被免官。臨淮郡瓜田儀、琅邪郡呂母起義，王莽派使者赦免，復聚集。使者如實彙報情況者被貶斥，隱瞞實情迎合者得到提拔。王莽鑄威斗，欲以此壓服起義軍。

【注　釋】❶四年　新天鳳四年（西元十七年）。❷孝弟　弟，通「悌」。孝順父母，敬愛兄長。❸忠恕　儒家的一種道德規範。忠，謂盡心為人。恕，謂推己及人。❹博通　廣泛地通曉。亦謂廣具各種知識。❺舊聞　指往昔的典籍和傳聞。❻醇備　淳厚完美。❼黃髮　高齡老者之稱。指白髮掉光後，又長出黃色的頭髮。❽靡　無；沒有。❾愆失　過失。愆，罪過；過失。❿見禮　朝見之禮。⓫第　第宅。高級官員的住宅。⓬區　住宅單位。所；棟。⓭几杖　坐几和扶杖。皆老者所用，古常用為敬老者之物。⓮更　改正；改變。⓯制作　製造；造作。⓰地理　區域；區劃。⓱經埶　埶，通「藝」。經藝，儒家經書的統稱。古稱《六經》為《六藝》，經藝是複合詞。⓲傳記　經書的注釋。⓳義理　指講求儒家經義的學問。⓴茲　今；現在。㉑文石之平　用有紋理的石頭鋪砌的臺階。文石，有紋理的石頭。㉒菁茅　一種茅草。亦名香茅、苞茅、瓊茅，生於湖南及江淮間，葉有三脊，其氣芬香。一說，菁茅為二物。㉓四色之土　指東方青土，南方赤土，西方白土，北方驪土。古代分封諸侯時，取封地所在方向色土，上覆蓋一點象徵中央王朝的黃土，包以白茅而授之，意為受列土。㉔欽　敬。㉕岱宗　即泰山。古時以泰山為五嶽之首，為諸山所宗，故稱。㉖泰社　古代天子的宗社。㉗后土　指土神或地神。亦指祀土地神的社壇。㉘妣　稱祖母和祖母輩以上的女性祖先。㉙班授　頒發授予。班，布。㉚功業　功勳事業。㉛若　及。㉜江南　指長江以南的地區。㉝帝城　京都；皇城。㉞掌貨大夫　新朝官名。納言的屬官，掌管財政金融。㉟都內　羲和（大司農）屬官，設令、丞。掌管國家所藏貨幣、布帛等財物。㊱遴嗇　猶吝嗇。遴，通「吝」。㊲科條　法令條文；法律條文。㊳防禁　防備禁戒。㊴寖　逐漸。㊵一切　權宜；臨時。猶如以刀切物，苟取整齊，不顧長短縱橫，故言一切。㊶率　比例；比率。㊷愁怨尤；怨恨。㊸刺姦　督察奸吏。後作為行使此種職責的官名。㊹能吏　能幹的官吏。㊺侯霸　（？—西元三七年），河南密縣人。後任淮平大尹，東漢時任尚書令、大司徒，封則鄉侯。㊻督　察。㊼臨淮　郡名。在今江蘇、安徽交界地區，治徐縣（今江蘇泗洪南）。㊽瓜田儀　人名。姓瓜田，名儀。㊾依阻　憑藉；仗恃。㊿會稽　郡名。治吳縣（今江蘇蘇州）。51長州　地名。在今蘇州西南。52呂母子　名呂育，任縣游徼。53宰　王莽改縣令為宰。54酤酒　賣酒。55陰　暗中；偷偷地。56厚　厚待；優待。57海曲縣　縣名。在今山東日照西南。58即　就其地。59法禁　刑法和禁令。60貢稅　也稱貢賦，即土貢和賦稅。土貢指古代臣民或藩屬向君主進獻的土產、珍寶和財物。61坐鄰伍　古代居民組織以五家為伍，以相鄰四家為鄰，一家犯法，其餘四家要連坐。62愁　通「揫」。斂束；聚斂。63順指　通「順旨」。指曲意逢迎。64驕黠　傲慢狡猾。65時運　古人迷信，認為人一生的吉凶遭際均由命運決定，並通過時間的運轉表現出來，稱為時運。66適然　正當這樣；就是這樣。67南郊　古代天子在京都南面的郊外築圜丘以祭天的地方。68威斗　新莽為顯示威嚴所鑄，形狀見下文。69五石銅　摻入五色藥石的銅合金。70厭勝　古代用符咒等方法制勝、壓服人或物的一種巫術。71則　原作「在」，據《漢書補注》引王念孫說改。72御　侍。73大寒　十分寒冷。新曆八月，為夏曆七月，出現大寒天氣，為反常現象。

【語　譯】天鳳四年五月，王莽說：「保成師友祭酒唐林、前諫議祭酒琅邪人紀逡，孝順父母，敬愛兄長，敬上愛下，廣泛地通曉往昔的典籍故事，道德和行為淳厚完美，一直到老年，都沒有過失。封唐林為建德侯，封紀逡為封德侯，官位都為特進，朝見之禮和三公相同。賞賜每人一棟宅第，三百萬錢，授予坐几和扶杖。」

2　六月，王莽重新在明堂授予諸侯象徵封地的茅土，說：「我制定封土疆域，建立分封五等爵位，以儒家經書進行考訂，看是否與傳記相吻合，與義理相貫通，一而再再而三地論證思考，從始建國元年以來到現在已經九年了，到今天才定下來。我將親自鋪設文石臺階，陳設菁茅和青、赤、白、黑四種顏色的泥土，敬告岱宗、宗社、土地神以及先祖和先祖母，而後頒布授予各位諸侯。你們各自到自己的封國去，養育治理人民，建立功勳事業。那些在邊境，以及在長江以南的諸侯，不是詔書召見、派遣到京城侍衛的，納言掌貨大夫暫且調撥國家金庫的錢物，作為他們的俸祿，公爵每年八十萬，侯爵、伯爵每年四十萬，子爵和男爵每年二十萬。」但還是不能全部拿到自己的俸祿。王莽喜好說空話，仿效古代的制度，大量封諸侯授爵位，本性其實很吝嗇，託辭說封疆還沒有確定，所以暫且只授予諸侯茅土，用以慰撫喜好分封的人。

3 這一年，重申六筦法令。每一項筦令下達，就設置具體法令條文來防備禁戒，違犯的人最重的要處以死刑，官吏和百姓犯罪受罰的人越來越多。又臨時對上公以下擁有奴婢的人徵稅，稅率是一個奴婢出三千六百錢，天下人更加怨恨，盜賊興起。納言馮常對六筦制度提出諫言，王莽大怒，免去了馮常的官職。設置執法左右刺姦。選用能幹的官吏侯霸等人分別督察六尉、六隊，職權如同漢朝的刺史，每郡派一人和三公府士一起負責此事。

4 臨淮郡瓜田儀等人做了盜賊，以會稽郡長州為根據地，琅邪郡婦女呂母也起事。起初，呂母的兒子呂育做縣吏，被縣令冤枉殺死。呂母傾盡家財，用以買酒和買兵器弓弩，暗中厚交貧窮少年，聚集了一百多人，便進攻海曲縣，殺死了縣令祭奠她兒子的墓。然後率兵到海上活動，隊伍逐漸壯大，後來達到上萬人。王莽派遣使者就地赦免這些盜賊，使者回來說「盜賊解散了，不久就又聚集起來。詢問他們原因，都說刑法和禁令繁雜苛細，動輒得咎。努力耕作的收入，不夠用來繳納貢品和賦稅。關著門安分守己，又因鄰伍私自鑄錢和私藏銅而連坐入獄，奸吏趁機勒索百姓。百姓走投無路，全都起來做了盜賊」。王莽大怒，免掉了使者的官職。有的官吏曲意逢迎，說「刁民傲慢狡猾應當誅殺」，或是說「您命中註定要遇到這樣的事，不久就會消滅」，王莽聽了高興，就提拔他們。

5 這年八月，王莽親自去南郊，鑄造威斗。威斗是用銅摻進五色藥石鑄造而成，形狀像北斗，長二尺五寸，想以此來制服各地起兵。威斗鑄成後，命令司命扛著它，王莽外出時在前面開路，進宮時就在旁邊侍衛。鑄造威斗的那天，天氣特別寒冷，百官人馬有凍死的。

1 五年正月朔，北軍❶南門災。

2 以大司馬司允費興為荊州❷牧，見，問到部方略❸，興對曰：「荊、揚❹之民率依阻山澤，以漁采❺為業。間者，國張❻六筦，稅❼山澤，妨奪民之利，連年久旱，百姓饑窮，故為盜賊。興到部，欲令明曉告盜賊歸田里，假貸❽犁牛種食，闊❾其租賦，幾❿可以解釋⓫安集⓬。」莽怒，免興官。

3 天下吏以不得奉祿⓭，並為姦利⓮，郡尹縣宰家累千金。莽下詔曰：「詳考始建國二年胡虜猾⓯夏以來，諸軍吏及緣邊吏大夫以上為姦利增產致富者，收其家所有財產五分之四，以助邊急。」公府士馳傳天下，考覆⓰貪饕⓱，開⓲吏告其將，奴婢告其主，幾以禁姦，姦愈甚。

4 皇孫功崇公宗坐自畫容貌，被服天子衣冠，刻印三：一曰「維⓳祉⓴冠存己㉑夏處南山㉒臧薄冰㉓」，二曰「肅聖寶繼㉔」，三曰「德封昌圖㉕」。又宗舅呂寬家前徙合浦㉖，私與宗通，發覺按驗㉗，宗自殺。莽曰：「宗屬㉘為皇孫，爵為上公，知寬等叛逆族類㉙，而與交通㉚；刻銅印三，文意甚害，不知厭足㉛，窺欲非望㉜。春秋之義，『君親毋將，將而誅焉㉝。』迷惑失道，自取此辜，嗚呼哀哉！宗本名會宗，以制作㉞去二名，今復名會宗。貶厥爵，改厥號，賜諡㉟為功崇繆㊱伯，以諸伯㊲之禮葬于故同㊳穀城郡㊴。」宗姊妨為衛將軍王興夫人，祝詛㊵姑㊶，殺婢以絕口㊷。事發覺，莽使中常侍㊸䢢惲責問妨，并以責興，皆自殺。事連及司命孔仁妻，亦自殺。仁見莽免冠㊹謝，莽使尚書劾仁：「乘乾車，駕巛㊺馬，左蒼龍，右白虎，前朱鳥，後玄武㊻，右杖㊼威節，左負威斗，號曰赤星㊽，非以驕㊾仁，迺以尊新室之威命也。仁擅免天文冠㊿，大不敬。」有詔勿劾，更易新冠。其好怪(51)如此。

5 以直道侯王涉為衛將軍。涉者，曲陽侯根子也。根，成帝世為大司馬，薦莽自代，莽恩(52)之，以為曲陽非令稱(53)，乃追諡根曰直道讓公，涉嗣其爵。

6 是歲，赤眉(54)力子都(55)、樊崇(56)等以饑饉相聚，起於琅邪，轉鈔(57)掠，眾皆萬數。遣使者發郡國兵擊之，不能克。

【章旨】以上為卷下的第二部分，述新天鳳五年事。任命費興為荊州牧，因批評六筦，旋即罷其官。官吏因得不到俸祿，紛紛以權謀私，王莽派公府士沒收貪官財產，鼓勵舉報，仍不能禁。王莽孫王宗覬覦皇位，被發覺後自殺，衛將軍王興受牽連亦自殺，以叔父王根子王涉代衛將軍。赤眉軍力子都、樊崇等在琅邪起義，郡國兵不能克。

【注釋】❶北軍　指位於長安城北的北軍營壘。❷荊州　王莽所置九州之一。轄境大致與漢荊州部相當，包括今湘鄂二省及豫桂黔粵的一部分。❸方略　權謀；策略。❹揚　州名。在今江西、浙江、福建和河南、湖北、安徽、江蘇的部分地區。❺漁采　捕魚採集果蔬。❻張　施行；舉用。❼稅　動詞。徵稅。❽假貸　借貸。❾闊　放寬。❿幾　通「冀」。希望。⓫解釋　消除；消解。⓬安集　安定輯睦。⓭奉祿　通「俸祿」。⓮姦利　用不正當的手段取得利益。⓯猾　擾亂；侵犯。⓰覆審察；查核。⓱貪饕　貪得無厭。饕，極貪婪。⓲開　開導；啟發。⓳維　念；想。⓴祉　福祚；福氣。㉑冠存己　皇冠存在己處。意為繼位當皇帝。㉒夏處南山　南山，即終南山。秦嶺主峰之一，在陝西西安南。夏處南山，就其陰涼。㉓臧薄冰　臧，通「藏」。臧薄冰，用以除暑。㉔肅聖寶繼　王莽自以為承聖舜後，能肅敬，得天寶龜，以建立新朝。王宗想要繼承王莽皇位，故作此印文。㉕德封昌圖　王宗自稱以德封爵，其後必然昌盛，受天下圖籍。㉖合浦　郡名。在今廣東、廣西交界地區，治合浦（今廣西合浦東北）。是漢代流放罪犯的地方。㉗按驗　查驗。按，查驗；考核。㉘屬　種類。㉙族類　指同族或同類的人。㉚交通　勾結；串通。㉛厭足　滿足。厭，吃飽。引申為滿足。㉜非望　非分的希望。㉝君親毋將二句　語出《春秋公羊傳》。公子牙將為殺逆，被誅殺。君親，指君主和父母。將，本指「將為亂」，後因以指逆亂。㉞制作　指王莽託古改制。㉟諡　古代帝王、貴族、大臣、士大夫或其他有地位的人死後，據其生前業跡評定的帶有褒貶意義的稱號。亦用作動詞。㊱繆　錯誤；乖誤。這是一個貶諡。㊲伯　原作「侯」。景祐等舊本作「伯」，當是。㊳同　王莽分封公爵一同之地。㊴穀城郡　王莽所置郡名。㊵祝詛　祝告鬼神，使加禍於別人。㊶姑　丈夫的母親；婆婆。㊷絕口　即滅口。為防止洩露祕密而殺死知情的人。㊸中常侍　官名。元帝時設，為加官，列侯至郎中等加此官，即可出入禁中，常侍皇帝左右。無定員。東漢以後為專職，安帝以後專用宦官。㊹免冠　脫帽。古人用以表示謝罪。㊺巛　古坤字。㊻左蒼龍四句　古代神話中掌東西南北四方之神。帝王建造宮闕殿閣時常取法。㊼杖　動詞。拄杖；扶杖。㊽赤星　星名。當時用作司命的稱號。㊾驕　驕傲；驕縱。㊿天文冠　上面繪有或繡著天文圖案的禮帽。(51)怪　指鬼神怪異之事。(52)恩　感恩；感謝。(53)令稱　美好的名稱、稱號。令，善；好。(54)赤眉　這支農民起義軍曾用赤色染眉作為標誌，因此被稱為赤眉軍。(55)力子都　東海（今山東郯城北）人，後被部下所殺。(56)樊崇　（？—西元二七年），琅邪呂縣（今江蘇銅山縣東南）人。後在成昌（今山東東平西）大破王莽軍隊，部眾發展到十多萬人。西元二五年率軍進攻長安，消滅劉玄政權，隨即因為饑荒向東撤退，被劉秀軍包圍，投降後被殺。(57)鈔　搶掠；強取。後作「抄」。

【語　譯】五年正月朔日，北軍營壘的南門發生火災。

2　任命大司馬司允費興擔任荊州牧，王莽接見他，詢問他到任後的方針策略，費興回答道：「荊州、揚州的百姓大都依靠山林湖沼，靠捕撈、採集生活。前一段時間，國家施行六筦制度，徵收山林漁澤稅，妨礙剝奪了人民的利益，加上連年久旱，百姓飢餓窮困，所以起來做了盜賊。我到荊州後，想下令明白地告諭盜賊返回家園，借貸給他們犁、耕牛、種子、糧食，減免他們的賦稅，希望可以消解他們的疑慮使他們安定和睦。」

王莽大怒，免除了費興的官職。

3 全國的官吏因為得不到俸祿，紛紛以不正當手段牟取利益，郡尹、縣宰家產累至上千斤黃金。王莽下詔書說：「認真調查始建國二年匈奴擾亂中國以來，各軍官和邊境官吏大夫以上為奸牟利發財致富的人，沒收他們家中所有財產的五分之四，用來幫助邊防的急用。」公府士乘坐傳車跑遍全國，仔細查劾貪汙案件，動員軍吏告發他們的將領、奴婢告發他們的主人，希望用這樣的辦法來禁止違法的事，可是違法的事卻愈演愈烈。

4 皇孫功崇公王宗因給自己畫了一幅畫像，穿戴著天子的衣服和冠，刻了三枚印章：第一枚上刻著「維祉冠存己夏處南山臧薄冰」，第二枚上刻著「肅聖寶繼」，第三枚上刻著「德封昌圖」，觸犯法律。而且王宗的舅舅呂寬家以前被流放到合浦，他暗中和王宗交往，被發覺後受到審查，王宗自殺。王莽說：「王宗身為皇孫，封爵為上公，知道呂寬等人是叛逆之類，還與他們勾結；刻製了三枚銅印，印文的意思很忤逆，不知滿足，心存非分的欲望。《春秋》的原則是，『對國君和父母不得逆亂，若有逆亂就要誅殺他。』王宗被迷惑而背離了正道，自取此罪，可悲可歎啊！王宗的本名叫王會宗，為了效法古制取消了雙名，現在恢復原名會宗。既損他的爵位，改變他的名號，賜予諡號為功崇繆伯，按照伯爵的禮儀安葬在他原來的封國穀城郡。」王宗的姊姊王妨是衛將軍王興的夫人，祈禱鬼神給她的婆婆降臨災害，殺死奴婢來滅口。事情被發覺，王莽派遣中常侍䠠惲責問王妨，並且以此責問王興，他們都自殺了。這件事情牽連到司命孔仁的妻子，她也自殺。孔仁面見王莽摘下帽子請罪，王莽讓尚書彈劾孔仁道：「乘坐繪有天文圖象的車，駕著母馬，左邊是蒼龍，右邊是白虎，前面是朱鳥，後面是玄武，右手拄著五威節，左肩扛著威斗，司命號稱赤星，這些不是用來驕縱你孔仁，而是用來尊崇新室威嚴命令的。孔仁擅自摘下天文冠，犯了大不敬的罪行。」王莽又下詔書不要治他罪，更換一頂新帽子。他就是這樣喜歡鬼神怪異之事。

5 任命直道侯王涉為衛將軍。王涉，是曲陽侯王根的兒子。王根在成帝朝擔任大司馬，推薦王莽接替自己的職務，王莽對他十分感恩，認為曲陽不是一個好稱號，於是追諡王根為直道讓公，讓王涉繼承他的爵位。

6 這一年，赤眉力子都、樊崇等人因為饑荒聚集起來，在琅邪起事，到處搶掠，部眾各有上萬人。派遣使者徵發郡國地方部隊攻打他們，不能攻克。

1 六年春，莽見盜賊多，乃令太史❶推三萬六千歲曆紀，六歲一改元，布天下。下書曰：「紫閣圖❷曰『太一、黃帝皆僊❸上天，張樂❹崑崙❺虔山❻之上。後世聖主得瑞者，當張樂秦終南山❼之上』。予之不敏❽，奉行未明，乃今諭矣。復以寧始將軍為更始將軍❾，以順符命。易不云乎？『日新之謂盛德，生生之謂易❿』。予其饗⓫哉！」欲以誑燿⓬百姓，銷解⓭盜賊。眾皆笑之。

2 初獻新樂⓮於明堂、太廟。群臣始冠麟韋之弁⓯。或聞其樂聲，曰：「清厲⓰而哀，非興國之聲也。」

3 是時，關東饑旱數年，力子都等黨眾寖⓱多。更始將軍廉丹擊益州不能克，徵還。更遣復位後大司馬護軍郭興、庸部牧李曄擊蠻夷若豆等，太傅羲叔⓲士孫喜清潔⓳江湖⓴之盜賊。而匈奴寇邊甚。莽乃大募天下丁男及死罪囚、吏民奴㉑，名曰豬突㉒豨㉓勇，以為銳卒。一切稅天下吏民，訾三十取一，縑帛㉔皆輸長安。令公卿以下至郡縣黃綬㉕皆保養㉖軍馬，多少各以秩為差。又博募有奇技術可以攻匈奴者，將待以不次㉗之位。言便宜㉘者以萬數：或言能度水不用舟楫㉙，連馬接騎，濟百萬師；或言不持斗糧，服食藥物，三軍㉚不饑；或言能飛，一日千里，可窺匈奴。莽輒試之，取大鳥翮㉛為兩翼，頭與身皆著㉜毛，通引環紐，飛數百步墮。莽知其不可用，苟欲獲其名，皆拜為理軍㉝，賜以車馬，待發。

4 初，匈奴右骨都侯㉞須卜當，其妻王昭君女㉟也，嘗內附。莽遣昭君兄子和親侯王歙誘呼當至塞下，脅將詣長安，強立以為須卜善于㊱後安公㊲。始欲誘迎當，大司馬嚴尤諫曰：「當在匈奴右部㊳，兵不侵邊，單于動靜，輒語㊴中國，此方面之大助也。于今迎當置長安槀街㊵，一胡人耳，不如在匈奴有益。」莽不聽。既得當，欲遣尤與廉丹擊匈奴，皆賜姓徵㊶氏，號二徵將軍，當誅單于輿㊷而立當代之。出車㊸城西橫廄㊹，未發。尤素有智略，非莽攻伐四夷，數諫不從，著古名將樂毅㊺、白起㊻不用之意及言邊事凡三篇，奏以風諫㊼莽。及當出廷議㊽，尤固言匈奴可且以為後，先憂山東㊾盜賊。莽大怒，乃策㊿尤曰：「視事(51)四年，蠻夷猾夏不能遏絕，寇賊姦宄(52)不能殄滅，不畏天威，不用詔命，皃很(53)自臧(54)，持(55)必不移，懷執異心，非沮(56)軍議。未忍致于理(57)，其上大司馬武建伯印韍，歸故郡。」以降符伯董忠(58)為大司馬。

5 翼平[59]連率田況[60]奏郡縣訾民不實[61]，莽復三十稅一。以況忠言憂國，進爵為伯，賜錢二百萬。眾庶皆詈[62]之。青[63]、徐[64]民多棄鄉里[65]流亡，老弱死道路，壯者入賊中。

6 夙夜[66]連率韓博上言：「有奇士，長丈，大十圍[67]，來至臣府，曰欲奮擊胡虜。自謂巨毋霸[68]，出於蓬萊[69]東南，五城西北昭如海[70]瀕[71]，軺車[72]不能載，三馬不能勝。即日以大車四馬，建虎旗，載霸詣闕。霸臥則枕鼓，以鐵箸[73]食，此皇天所以輔新室也。願陛下作大甲高車，賁育[74]之衣，遣大將一人與虎賁[75]百人迎之於道。京師門戶不容者，開高大之，以視[76]百蠻，鎮安天下。」博意欲以風莽[77]。莽聞惡之，留霸在所[78]新豐[79]，更其姓曰巨母氏，謂因文母太后而霸王符也[80]。徵博下獄，以非所宜言，棄市。

7 明年改元曰地皇，從三萬六千歲曆號[81]也。

【章　旨】以上為卷下的第三部分，述新天鳳六年事。王莽推曆，六歲一改元，改將軍號，欲順符命壓服義軍。更始將軍廉丹攻益州不能克，復遣他將。匈奴寇邊日甚，王莽欲攻打匈奴，招募士兵、有奇才者，大肆賦斂百姓，兩次徵收財產稅。誘王昭君女婿匈奴右骨都侯須卜當到長安，欲以代單于輿。大司馬嚴尤諫不聽，並免其官。青、徐百姓流離失所。夙夜連率韓博薦奇士巨毋霸以讖諷王莽，被棄市。

【注釋】❶太史　官名。秩宗（太常）屬官，其長官為太史令。掌天文、曆法及修撰史書。❷紫閣圖　王莽的主要符命書籍。❸僊　古「仙」字。成仙人。❹張樂　置樂；奏樂。❺崑崙　崑崙山。在新疆與西藏之間，西接帕米爾高原，東延入青海境內。勢極高峻，多雪峰、冰川。最高峰達七七一九公尺。古代神話傳說，崑崙山上有瑤池、閬苑、增城、縣圃等仙境。❻虔山　傳說中崑崙山的一座山峰名。❼秦終南山　終南山屬故秦地，故稱秦終南山。❽敏　通達；聰慧。❾以寧始將軍為更始將軍　始建國元年（西元九年）設更始將軍，由甄豐擔任。二年，甄豐死，改為寧始將軍，此又改回，相繼任職的有姚恂、孔永、侯輔、戴參和廉丹。到地皇四年（西元二三年）三月，由於劉玄建立了「更始」年號，再改為寧始將軍，由史諶擔任。❿日新之謂盛德二句　語出《易・繫辭上》。日日更新可稱為高尚的品德，繁衍不息可稱為易。易，指陰陽變化消長的現象。⓫饗　通「享」。⓬誑燿　欺騙迷惑。⓭銷解　消除瓦解。⓮新樂　王莽時創作的樂曲。⓯麟韋之弁　鹿皮冠。麟，大公鹿。韋，去毛熟治的獸皮；柔軟的皮革。弁，古代貴族戴的一種帽子，通常穿禮服時戴（吉禮之服用冕）。⓰清厲　淒清；淒厲。形容聲音尖銳高昂。⓱寖　逐漸。⓲羲叔　太傅屬官。羲，羲和的略稱，指太陽。太傅主夏，故置此官。⓳清潔　清除；平靖。⓴江湖　江河湖海。泛指四方各地。㉑吏民奴　官吏百姓的奴隸。㉒豬突　豬，同「猪」。突，衝撞。豬突，比喻橫衝直撞，流竄侵擾。㉓豨　豬。㉔縑帛　絹類的絲織物。古代多用作賞賜酬謝之物，亦用作貨幣。㉕黃綬　漢制，比二百石以上至四百石級的官員都用銅印黃綬。㉖保養　認養；領養。保，指保證不得死亡和走失。㉗不次　不依尋常次序。意指破格提拔。㉘便宜　指有利國家、合乎時宜之事。㉙楫　船槳。短的叫楫，長的叫櫂。㉚三軍　周制，諸侯大國三軍。中軍最尊，上軍次之，下軍又次之。一軍一萬二千五百人，三軍合三萬七千五百人。後來成為軍隊的通稱。㉛翮　鳥的翅膀。㉜著　附著。㉝理軍　新朝武官名。㉞右骨都侯　匈奴官名。屬匈奴右賢王統領，位在右谷蠡王、右大將、右大都尉、右大當戶下。㉟王昭君女　即須卜居次。隨須卜當到長安，後死在兵亂中。㊱善于　王莽稱臣服的單于為善于。㊲後安公　公爵號。王莽封其匈奴號的同時，加封新朝爵。㊳匈奴右部　匈奴分左、中、右部，中部由單于親自統領，東西兩部由左、右賢王分領。匈奴尚左，左部地位高於右部。㊴語　告訴。㊵槀街　長安街道名。設有蠻夷館，專供外族人居住。㊶徵　通「懲」。懲戒；懲罰。王莽希望通過文字符咒來懲罰匈奴。㊷輿　現任單于名。㊸車　《漢書補注》疑「車」當為「軍」。㊹廄　用柵欄圈馬的馬房。泛指牲口棚。㊺樂毅　戰國時中山國靈壽（今河北平山）人。任燕昭王的亞卿。西元前二八四年，他率軍攻破齊國，攻下七十多城，以功封昌國君。燕惠王即位，中齊國反間計，改用騎劫為將，樂毅逃到趙國，被封為望諸君，後死在趙國。㊻白起　（西元前？—西元前二五七年），戰國時秦國郿（今陝西眉縣）人。秦昭王時任大良造，屢戰獲勝，奪得韓、趙、魏的很多土地，並攻下楚國的郢都，以功封武安君。後因和相國范睢意見不合，被迫自殺。[47]風諫　用委婉迂迴的語言規勸君主或長輩、上司。風，通「諷」。[48]廷議　大臣在朝廷上商議或發表議論。[49]山東　秦漢時通稱崤山以東為山東。[50]策　古代君主對臣下封土、授爵、免官或發布其他教令的文件。[51]視事　就職治事。多指政事言。[52]姦宄　指違法作亂的人。宄，作亂或盜竊的壞人。在外稱姦，在內稱宄。[53]皃很　面貌兇狠。皃，古「貌」字。很，兇狠。[54]臧　善；好。[55]持主張；抱有（思想、見解）。[56]非沮　非議詆毀。沮，壞。[57]理　治理獄訟的官。[58]董忠　（？—西元二三年），後來企圖發動政變，事洩被殺。[59]翼平　新朝郡名。在今山東中北部。[60]田況　後曾兼領青州牧、徐州牧，為王莽所畏懼，調任師尉大夫。[61]訾民不實　不據實徵收財產稅。[62]詈　罵；責備。[63]青　王莽所置九州之一。在今山東一帶。[64]徐　王莽所置九州之一。在今淮北一帶。[65]鄉里　家鄉；故里。[66]夙夜　新朝郡名。在今山東東部，漢為東萊郡不夜縣（今山東榮成北）。[67]圍　計量周長的約略單位。舊有多種說法，現多指兩手或兩臂之間合拱的長度。[68]巨毋霸　其人後在昆陽戰役時任壘尉，驅趕猛獸上陣以助聲勢。[69]蓬萊　蓬萊城。在今山東蓬萊，漢武帝始在此築城。[70]昭如海　大海名。[71]瀕　涯；水邊。[72]軺車　一匹馬駕的輕便車。[73]箸　筷子。原作「著」。景祐等舊本均作「箸」，當是。[74]賁育　戰國時勇士孟賁和夏育的合稱。傳說孟賁水行不避蛟龍，陸行不避豺狼，發怒吐氣，聲響動天。[75]虎賁　禁軍名。屬司中（漢為光祿勳），執掌執兵護從皇帝，戰時也被徵調作戰。[76]視　通「示」。[77]以風莽　諷言王莽不得篡盜王位而霸。因為王莽字巨君，王莽認為「巨毋霸」含有「巨君毋得稱霸」之意。風，通「諷」。[78]在所　指巨毋霸現在所到處。[79]新豐　縣名。在今陝西臨潼東北。[80]謂因文母句　說他是因文母太后而使王莽成為霸王的符命。巨母氏的「母」取文母太后意。[81]從三萬六千歲曆號　據載，王莽所造曆稱：「天地立，有天皇十二頭，號曰天靈，治萬八千歲；地皇十二頭，治萬八千歲。」故王莽改元為地皇，以合天地皇曆數。

【語　譯】六年春天，王莽看到盜賊越來越多，於是命令太史推算出三萬六千年的曆數，每六年改一次年號，布告全國。下文告說：「《紫閣圖》說『太一和黃帝都成為神仙升天了，在崑崙虔山上奏樂。後代獲得祥瑞的英明帝王，應當在秦地終南山上奏樂』。我不聰慧，遵行天道不明，至今才明白過來。再把寧始將軍改為更始將軍，以順從符命的意思。《易經》不是說過嗎？『日日更新可稱為高尚的品德，繁衍不息可稱為易。』我要享有這一點啊！」想以此欺騙迷惑百姓，分化瓦解盜賊。大家都嘲笑他。

2　初次向明堂、太廟進獻〈新樂〉。大臣們開始戴鹿皮帽子。有的人聽到〈新樂〉的曲調，說道：「淒厲而且悲哀，不是振興國家的音樂。」

3 當時，關東地區饑荒乾旱已有數年，力子都等黨眾逐漸增多。更始將軍廉丹攻打益州反叛的部族未能取勝，徵調他回來。改派復位後大司馬護軍郭興和庸部牧李曅攻打部族首領若豆等，太傅羲叔士孫喜清除各地江湖盜賊。而匈奴侵犯邊境越來越嚴重。王莽便大規模招募全國丁男以及死刑犯、吏民的家奴，取名叫豬突豨勇，作為精銳士卒。向全國官吏和百姓臨時徵收財產稅，徵收全部財產的三十分之一，綢絹都運送到長安。命令公卿以下至郡縣佩帶黃色印綬的官吏都要認養軍馬，認養的數量按照祿秩確定等差。又廣泛招募有異能奇計可以用來攻打匈奴的人，說要提供給他們破格提升的職位。自薦說有利國家的人以萬計：有的說不用舟槳就能渡河，戰馬騎兵相連，可以渡過百萬大軍；有的說不攜帶一斗糧食，只要服食藥物，三軍就可以不飢餓；有的說能夠飛翔，一天飛行一千里，可以偵察匈奴動靜。王莽就試了試他，那人用大鳥的翅膀做成兩個羽翼，頭上和身上都附上羽毛，渾身都繫滿了結，飛行幾百步後墜落在地。王莽知道他的辦法不能用，只是想利用異人的名聲，都任命他們為理軍，賞賜給車馬，等待出發。

4 當初，匈奴右骨都侯須卜當，他的妻子是王昭君的女兒，曾經歸附過中國。王莽派遣王昭君的姪兒和親侯王歙引誘須卜當到邊塞，脅迫他來到長安，強迫立他為須卜善于後安公。開始王莽想要引誘須卜當到長安，大司馬嚴尤勸阻道：「須卜當在匈奴右部，他的軍隊沒有侵犯過中國邊境，匈奴單于一有動靜，就告訴中國，這是在匈奴方面的巨大佐助。現在迎接須卜當把他安置在長安槀街，不過是一個普通的匈奴人罷了，不如讓他在匈奴更有幫助。」王莽不聽從嚴尤的建議。已經得到了須卜當，想派遣嚴尤和廉丹攻打匈奴，都賜姓徵氏，稱為二徵將軍，想殺死單于輿後立須卜當替代他。從城西橫廄出車騎，尚未起行。嚴尤向來有才智謀略，反對王莽攻打四方外族，多次諫諍王莽不聽，於是撰寫了古代名將樂毅、白起不被信用的歷史教訓以及議論邊疆事宜的三篇奏章，呈上來委婉地勸諫王莽。等到出兵前夕在朝廷討論此事，嚴尤堅持說匈奴的事情可以權且放在後面，應當先憂慮山東地區的盜賊。王莽大怒，於是下策書給嚴尤道：「就職治事四年，外族擾亂中華不能遏止禁絕，盜賊違法作亂不能消滅，不畏懼上天的威嚴，不服從皇帝的詔命，樣子兇狠，自以為是，固執己見不可改變，心懷二心，非議詆毀軍事計劃。我不忍心將你交給司法部門處理，繳上大司馬武建伯印綬，回到原籍去。」任命降符伯董忠為大司馬。

5 翼平郡連率田況報告郡縣不據實徵收財產稅，王莽又徵收了一次三十分之一的財產稅。王莽認為田況進獻忠言憂心國家，提高他的爵位為伯，賞賜錢二百萬。廣大百姓都罵田況。青州、徐州的百姓大多拋棄家園流亡，老的弱的死在道路上，強壯的加入到起義的隊伍中。

6 夙夜郡的連率韓博報告說：「有一個奇士，身高一丈，體大十圍，來到臣的官府，說想要奮力攻擊匈奴。自稱名叫巨毋霸，出生於蓬萊城東南，五城西北的昭如海邊，軺車裝不下他，三匹馬拉不動他。今日就用大車套了四匹馬，豎立虎旗，載著巨毋霸來拜見朝廷。巨毋霸枕在鼓上睡覺，用鐵筷子吃飯，這是上天派下來輔佐新室的呀。希望陛下製造一輛大甲高車，一套孟賁、夏育穿的衣服，派遣大將一人和虎賁百人到路上迎接他。京師門戶無法容納他的，就把它們加高拓寬，以此展示給各外族看，鎮懾安定天下。」韓博想要以此譏諷王莽。王莽聽了後很嫌惡這件事，讓巨毋霸留在他到達的新豐縣，更改他的姓為巨母氏，說他是因文母太后而使自己成為霸王的符命。將韓博關進監獄，因為他說了不應當說的話，處以棄市死刑。

7 第二年改年號為地皇，是依照三萬六千年曆數的年號。

1 地皇元年正月乙未❶，赦天下。下書曰：「方出軍行師，敢有趨讙❷犯法者，輒論斬，毋須時❸，盡歲止❹。」於是春夏斬人都市，百姓震懼，道路以目❺。

2 二月壬申，日正黑。莽惡之，下書曰：「迺者日中見昧❻，陰薄❼陽，黑氣為變，百姓莫不驚怪。北城❽大將軍王匡❾遣吏考問❿上變事⓫者，欲蔽上之明，是以適[12]見于天，以正于理，塞大異焉。」

3 莽見四方盜賊多，復欲厭[13]之，又下書曰：「予之皇初祖考黃帝定天下，將兵為上將軍，建華蓋[14]，立斗獻[15]，內設大將，外置大司馬五人，大將軍二十五人，偏將軍百二十五人，裨將軍千二百五十人，校尉萬二千五百人，司馬三萬七千五百人，候十一萬二千五百人，當百[16]二十二萬五千人，士吏四十五萬人，士千三百五十萬人，應協[17]於易『弧矢之利，以威天下[18]』。予受符命之文，稽[19]前人，將條備[20]焉。」於是置前後左右中大司馬之位，賜諸州牧號為大將軍，郡卒正、連帥、大尹為偏將軍，屬令長為裨將軍，縣宰為校尉。乘傳使者經歷郡國，日且十輩，倉無見[21]穀以給，傳車馬不能足，賦取[22]道中車馬，取辦[23]於民。

4 七月，大風毀王路堂。復下書曰：「乃壬午餔時[24]，有列風[25]雷雨發屋折木之變，予甚弁[26]焉，予甚栗焉，予甚恐焉。伏念一旬，迷迺解矣[27]。昔符命文立安[28]為新遷王[29]，臨國雒陽，為統義陽王。是時予在攝假，謙不敢當，而以為公。其後金匱文至，議者皆曰：『臨國雒陽為統，謂據土中為新室統也，宜為皇太子。』自此後，臨久病，雖瘳[30]不平[31]，朝見挈茵輿行[32]。見王路堂者，張[33]於西廂及後閣更衣中室[34]，又以皇后被疾，臨且去本[35]就舍[36]，妃妾在東永巷[37]。壬午，列風毀王路西廂及後閣更衣中室。昭寧堂池東南榆樹大十圍，東僵[38]，擊東閣，閣即東永巷之西垣也。皆破折瓦壞，發屋拔木，予甚驚焉。又候官[39]奏月犯心[40]前星，厥有占[41]，予甚憂之。伏念紫閣圖文，太一、黃帝皆得瑞以僊，後世褒主[42]當登終南山。所謂新遷王者，乃太一新遷之後也[43]。統義陽王乃用五統[44]以禮義登陽[45]上遷之後也。臨有兄而稱太子，名不正。宣尼公[46]曰：『名不正，則言不順，至於刑罰不中，民無錯手足[47]。』惟即位以來，陰陽未和，風雨不時[48]數，遇枯旱蝗螟[49]為災，穀稼鮮[50]耗[51]，百姓苦饑，蠻夷猾夏，寇賊姦宄，人民正營[52]，無所措手足。深惟厥咎，在名不正焉。其立安為新遷王，臨為統義陽王[53]，幾以保全二子，子孫千億，外攘四夷，內安中國焉。」

5 是月，杜陵[54]便殿乘輿虎文衣[55]廢臧在室匣[56]中者，出自樹[57]立外堂上，良久乃委[58]地。吏卒見者以聞，莽惡之，下書曰：「寶黃[59]廝赤[60]，其令郎從官[61]皆衣絳[62]。」

6 望氣[63]為數[64]者多言有土功[65]象，莽又見四方盜賊多，欲視[66]為自安能建萬世之基者，乃下書曰：「予受命遭陽九之戹，百六之會，府帑空虛，百姓匱乏，宗廟未修，且祫祭於明堂太廟，夙夜[67]永念，非敢寧息。深惟吉昌莫良於今年，予乃卜波水[68]之北，郎池[69]之南，惟玉食[70]。予又卜金水[71]之南，明堂之西，亦惟玉食。予將親築焉。」於是遂營長安城南[72]，提封[73]百頃。九月甲申，莽立載[74]行視，親舉築[75]三下。司徒王尋、大司空王邑持節，及侍中常侍執法杜林等數十人將作[76]。崔發、張邯說莽曰：「德盛者文[77]縟[78]，宜崇其制度，宣視海內，且令萬世之後無以復加[79]也。」莽乃博徵天下工匠諸圖畫[80]，以望法[81]度算[82]，及吏民以義入錢穀助作者，駱驛[83]道路。壞徹[84]城西苑中建章、承光、包陽、大臺、儲元宮[85]及平樂、當路、陽祿館[86]，凡十餘所，取其材瓦，以起九廟。是月，大雨六十餘日。令民入米六百斛為郎，其郎吏增秩賜爵至附城。九廟：一曰黃帝太初祖廟，二曰虞帝始祖昭廟[87]，三曰陳胡王統祖穆廟，四曰齊敬王世祖昭廟，五曰濟北愍王王祖穆廟，凡五廟不墮[88]云；六曰濟南伯王尊禰[89]昭廟，七曰元城孺王尊禰穆廟，八曰陽平頃王[90]戚禰[91]昭廟，九曰新都顯王戚禰穆廟。殿皆重屋[92]。太初祖廟東西南北各四十丈，高十七丈，餘廟半[93]之。為銅薄櫨[94]，飾以金銀琱[95]文，窮極百工之巧。席[96]高增下，功費數百鉅萬[97]，卒徒[98]死者萬數。

7 鉅鹿[99]男子馬適求[100]等謀舉燕趙兵以誅莽，大司空士王丹發覺以聞。莽遣三公大夫逮治[101]黨與[102]，連及郡國豪傑[103]數千人，皆誅死。封丹為輔國侯。

8 自莽為不順時令[104]，百姓怨恨，莽猶安之，又下書曰：「惟設此壹切之法[105]以來，常安六鄉巨邑之都，枹鼓[106]稀鳴，盜賊衰少，百姓安土，歲以有年[107]，此乃立權之力也。今胡虜未滅誅，蠻僰[108]未絕焚，江湖海澤麻沸[109]，盜賊未盡破殄[110]，又興奉宗廟社稷之大作[111]，民眾動搖。今復壹切行此令，盡二年止之，以全元元，救愚姦[112]。」

9 是歲，罷大小錢，更行貨布[113]，長二寸五分，廣一寸，直貨錢二十五。貨錢[114]徑一寸，重五銖，枚直[115]一。兩品竝行。敢盜鑄錢及偏行[116]布貨，伍人[117]知不發舉[118]，皆沒入為官奴婢。

10 太傅平晏死，以予虞[119]唐尊[120]為太傅。尊曰：「國虛民貧，咎在奢泰[121]。」乃身[122]短衣小褎，乘牝馬柴車[123]，藉藁[124]，瓦器[125]，又以歷[126]遺[127]公卿。出見男女不異路者，尊自下車，以象刑[128]赭[129]幡[130]汙染[131]其衣。莽聞而說之，下詔申敕[132]公卿思與厥齊[133]。封尊為平化侯。

11 是時，南郡[134]張霸、江夏[135]羊牧、王匡[136]等起雲杜[137]綠林[138]，號曰下江[139]兵，眾皆萬餘人。武功中水鄉[140]民三舍墊[141]為池。

【章 旨】以上為卷下的第四部分，述新朝地皇元年事。兩度實行戰爭臨時法，春夏行刑。因正午天色昏暗，將北城大將軍王匡治罪。順應符命改革軍隊編制稱號。為壓服災異，改立太子，崇黃色賤紅色，令郎官從官皆穿絳色衣服。順應望氣，修建九廟。鉅鹿男子馬適求謀反被殺，株連數千人。廢除大小錢，更行貨布、貨錢。張霸、羊牧、王匡等在雲杜縣綠林山起義，號下江兵。

【注 釋】❶正月乙未 夏曆十二月二十七。❷趨讙 奔走喧譁。❸毋須時 不要等到執行死刑的時期。漢朝根據月令精神，規定春夏兩季不執行死刑。須，待。❹盡歲止 到今年年終停止。❺道路以目 路上相見以目示意，不敢交談。❻昧 暗；昏暗。❼薄 逼迫；侵犯。❽北城 原作「兆域」，據《漢書補注》引劉奉世說改。❾王匡 此王匡與〈王莽傳中〉太師王舜子褒新侯太師將軍王匡不是一人。❿考問 審訊；拷問。⓫變事 突然發生的重大事件。一般指謀反事。⓬適 通「讁」。譴責；責備。⓭厭 一物壓在另一物上。⓮華蓋 帝王或貴官車上的傘蓋。相傳黃帝與蚩尤戰於涿鹿之野，常有五色雲氣，金枝玉葉，停在黃帝頭上，有花葩之象，黃帝因而作華蓋。⓯斗獻 北斗星形的飾物。獻，指斗魁及杓末，象勺之形。⓰當百 新朝武官名，應取以一擋百之意。⓱應協 順應符合。⓲弧矢之利二句 語出《易・繫辭下》：「弦木為弧，剡木為矢，弧矢之利，以威天下。」弧，木弓。矢，箭。王莽立將帥是為了合此意。⓳稽 考；考察。⓴條備 逐條置備。㉑見 通「現」。現成。㉒賦取 徵收；徵用。㉓取辦 置備；置辦。㉔晡時 午後三時至五時。晡，景祐等舊本作「餔」。兩字通。㉕烈風 暴風。㉖弁 驚懼；戰抖。㉗迷迺解矣 傳說舜曾在山林中遇暴風雨而不迷路。王莽取此意。㉘安 王莽第三子王安。㉙新遷王 王莽把汝南郡新蔡縣改為新遷，以應符命。遷，通「仙」。㉚瘳 病癒。㉛平 平復；康復。㉜挈茵輿行 提著墊子的四角像車子一樣行走。挈，提起；懸持。原作「挐」。景祐等舊本作「挈」，當是。茵，襯墊；褥子。㉝張 通「帳」。建帳。㉞更衣中室 舉行朝會時換衣服的處所。室字原缺，據《漢書補注》補。㉟本 指王臨本來居住的地方。㊱舍 指皇后所居。㊲永巷 漢代皇帝和諸侯王嬪妃居住的地方。宮人有罪也關押於此。㊳僵 倒下。㊴候官 迎送賓客的候人、主管斥候的軍候、占卜吉凶的官員等，都可稱候官。這裡指候望天文之官。㊵心 星名。二十八宿之一，東方蒼龍七宿的第五宿，有三顆星。㊶占 徵兆。㊷褒主 大主。㊸所謂新遷王者二句 意為太一、黃帝想讓王安繼承其後。㊹五統 五倫。古時指君臣、父子、兄弟、夫妻、朋友之間五種倫理關係。㊺登陽 登天。陽，天。《楚辭》王褒〈九懷・通路〉：「乘虬兮登陽，載象兮上行。」王逸注：「意欲駕龍而陞雲也。」㊻宣尼公 平帝時追諡孔丘為褒成宣尼公。㊼名不正四句 語出《論語・子路》。

中，正確；恰當。錯，通「措」。放置；安置。(48)不時　不適時；不合時。(49)螟　螟蛾的幼蟲。一種蛀食稻心的害蟲。(50)鮮少。(51)耗　虛；不足。(52)正營　同「怔營」。惶恐不安貌。(53)立安為新遷王二句　王莽將王安改為新遷王，太子王臨貶為統義陽王，所謂正名，以順應符命文。(54)杜陵　漢宣帝陵墓，在今陝西西安東南。(55)虎文衣　織有虎紋圖案的衣服。原為皇帝衛士虎賁武騎所穿，皇帝死後則作為陪葬品置於陵寢。(56)匣　盛物的小箱子。一般大的叫箱，小的稱匣。(57)樹　豎。(58)委下垂；墜落。(59)寶黃　以黃色為貴。王莽自以為得土德，故尚黃。(60)廝赤　以紅色為賤。廝，古代幹粗活的男性奴隸或僕役，地位低賤。漢為火德，尚紅，王莽為了壓制漢的運數，故以紅色為賤。(61)郎從官　中央官中地位較低者。(62)絳　深紅色。(63)望氣　古代方士的一種占候術。觀察雲氣以預測吉凶。(64)數　方術。(65)土功　指治水、築城、建造宮殿等工程。(66)視　通「示」。(67)夙夜　朝夕；早晚。夙，早。(68)波水　水名，在長安城南上林苑中。(69)郎池　水名，在上林苑中，池中建有郎池觀。(70)玉食　古謂占卜灼龜甲時得玉兆之文而墨食。食，通「蝕」。(71)金水　水名。一說為昆明池。(72)長安城南　據中國社會科學院考古研究所發掘查明，王莽九廟遺址在今西安南郊棗園村附近。(73)提封　土地面積；疆域。(74)立載　站立著乘車。(75)築　搗土的杵。(76)將作　率領製作之人。將，率領。(77)文　禮文。(78)縟　繁。(79)無以復加　不能再增加。謂已至極限。(80)圖畫　此處指繪畫工程設計圖者。(81)望法　一種測量方法，即勾股定理。(82)度算　計算。(83)駱驛　通「絡繹」。連續不斷；往來不絕。(84)壞徹　拆毀；拆除。徹，拆毀；拆下。(85)建章承光包陽大臺儲元宮　均為上林苑中宮名。大臺，《漢書窺管》說當作「犬臺」。(86)平樂當路陽祿館　均為上林苑中館名。(87)昭廟　古代宗法制度，宗廟或宗廟中神主的排列次序，始祖居中，二、四、六、八代排在始祖的左邊，稱為昭；三、五、七、九代排在始祖的右邊，稱為穆。(88)隳　毀。(89)尊禰　禰，親廟；父廟。王莽把高祖、曾祖的廟號稱為尊禰。(90)陽平頃王　王莽的祖父王禁在元帝時被封為陽平侯，死後被謚為頃侯，所以尊為陽平頃王。陽平，在東郡，今地不詳。(91)戚禰　王莽把祖、考的廟號稱為戚禰。(92)重屋　重簷之屋。(93)半　折半。(94)薄櫨　即欂櫨。又稱斗拱。是一種墊在立柱頂上用以承接橫梁的建築結構。(95)琱　通「雕」。(96)席　憑藉。(97)鉅萬　鉅，大。大萬；萬萬。形容為數極多。(98)卒徒　服勞役之卒與刑徒。漢代稱服勞役和兵役者為卒。徒，刑徒。(99)鉅鹿　郡名。在今河北滹沱河以南地區，治鉅鹿（今平鄉西南）。(100)馬適求　人名，姓馬適，名求。(101)逮治　逮捕懲治。(102)黨與　同黨之人。(103)豪傑　社會上有地位有勢力的人。(104)不順時令　指春夏季節殺人等事。(105)壹切之法　壹切，通「一切」。暫時；權宜。指地皇元年（西元二〇年）正月為鎮壓赤眉軍而發布的命令。(106)枹鼓　鼓槌和鼓。指戰鼓或報警之鼓。(107)有年　豐收的年成。(108)蠻僰　猶蠻夷。僰，西南夷的一支，今雲南、貴州尚有其種族。(109)麻沸　如亂麻般沸湧。一說，「麻」為「縻」字之省，「麻沸」即「縻沸」，乃擾亂之義，言如糜粥之沸於鼎。(110)破殄 破滅；消滅。殄，滅絕；絕盡。(111)大作 大興土木。(112)愚姦 愚頑奸詐的人。(113)貨布 貨幣名。布，通「鎛」。一種鏟形的金屬鑄幣。卷二十四〈食貨志下〉記載更行貨布在天鳳元年（西元一四年），與此處記載不合。(114)貨錢 卷二十四〈食貨志下〉稱貨泉。泉、錢相通。(115)直 通「值」。(116)偏行 片面流通。(117)伍人 戶籍編在同伍的人。當時實行什伍制，戶籍以五戶為一伍，是最基層的居民組織。(118)發舉 揭發檢舉。(119)予虞 新朝官名。王莽改原水衡都尉為予虞。(120)唐尊 （？—西元二三年），沛郡人。後隨王莽敗死。(121)奢泰 奢侈。泰，奢侈。(122)身 穿著。(123)柴車 又名棧車，簡陋無飾的車子。(124)藉槀 藉，原指古時祭祀朝聘時陳列禮品的草墊，這裡為以物襯墊之意。槀，通「稿」。禾稈。藉槀，以秸稈作席，不用蒲蒻作的席子。(125)瓦器 用泥土燒製的器皿。亦泛指粗拙的陶器，以別於瓷器。(126)歷 古炊器，釜鬲類。(127)遺 給予；饋贈。(128)象刑 相傳上古無肉刑，僅用與眾不同的服飾加之犯人以示辱，謂之象刑。(129)赭 紅色的。(130)幡 冠上的巾飾。(131)汙染 沾染。(132)申敕 告誡。(133)思與厥齊 語出《論語》孔子語「見賢思齊」。此句意為思考與唐尊同此操行。(134)南郡 郡名。在今湖北中西部，治江陵（今湖北江陵）。(135)江夏 郡名。在今湖北東北部和河南南部交界地區，治安陸（今湖北雲夢）。(136)王匡 （？—西元二五年），江夏新市（今湖北京山）人。後率部分起義軍進攻南陽，號稱新市兵。西元二三年攻下洛陽，部隊併入赤眉軍。後投降劉秀，被殺。這是本傳中第三個同名的。(137)雲杜 縣名。在今湖北京山境內。(138)綠林 山名。在今湖北當陽東北。(139)下江 本起於江夏雲杜縣，後沿長江西進，入南郡屯田，故稱下江兵。(140)中水鄉 鄉名。據本書卷二十八〈地理志〉記載，在陝西美陽境內。(141)墊 陷沒；下陷。

【語譯】地皇元年正月乙未，全國大赦。下文告說：「正當出兵行軍的時候，敢有奔跑吵鬧觸犯法律的，當即處死，不要等到行刑季節，這個命令實行到年底為止。」於是春、夏兩季在都市裡執行斬刑，百姓震驚恐懼，路上相見以目示意，不敢交談。

2 二月壬申，太陽正當午時天色突然黑下來。王莽嫌惡這件事，下文告說：「近來出現日中昏暗的事，陰氣侵犯陽氣，就形成黑氣的災異，百姓沒有不驚異奇怪的。北城大將軍王匡派遣屬吏拷問上報非常事件的人，想要遮蔽皇帝的光明，所以上天發出了譴責，讓他受到法律制裁，來堵塞更大的災異吧。」

3 王莽看到全國的盜賊很多，仍然想壓制他們，於是下文告說：「我偉大的始祖考黃帝平定天下，統率軍隊擔任上將軍，建起華麗的車蓋，立起北斗形的禮器，內軍設置大將，外軍設置大司馬五人，大將軍二十五人，偏將軍一百二十五人，裨將軍一千二百五十人，校尉一萬二千五百人，司馬三萬七千五百人，候十一萬二千五百人，當一百二十二萬五千人，士吏四十五萬人，士一千三百五十萬人，順應符合《易經》所說的『弓箭的銳利，用來威懾天下』。我接受符命的文辭，取法於古人，將逐條置備啊。」於是設置前大司馬、後大司馬、左大司馬、右大司馬、中大司馬的職位，授予各州牧軍號為大將軍，郡卒正、連帥、大尹軍號為偏將軍，屬令、屬長軍號為裨將軍，各縣宰軍號為校尉。乘坐傳車的使者經過各郡國，每天將近十批，倉庫裡沒有現成的糧食可供給，驛傳的車馬不夠用，就徵用路上的車馬，從百姓那裡籌措。

4 七月，大風損毀了王路堂。又下文告說：「最近壬午日午後三時至五時，發生了暴風雷雨掀翻房屋摧折樹木的災害，我非常驚懼，我非常戰慄，我非常恐懼啊。俯伏考慮了十天，迷惑才解開了。以前符命文辭說要立王安為新遷王，讓王臨在雒陽建國，做統義陽王。當時我在代行皇帝職權，謙讓不敢接受，而讓他們接受了公爵。此後金匱文辭到了，議論的大臣都說：『王臨在雒陽建國為本，說他據有全國的中心而為新朝之本，應當作為皇太子。』從此以後，王臨久病，雖然痊癒但沒有完全康復，朝見時需要坐在墊子上，由別人抬著行走。在王路堂朝見時，要在西廂房和後閣更衣中室陳設帷帳，又因為皇后染病，王臨暫時離開自己的住處到皇后那兒侍奉，他的妃妾住在東永巷。壬午日，暴風損毀了王路堂西廂和後閣更衣中室。昭寧堂池東南有一棵榆樹大十圍，向東面倒下，撞擊了東閣，東閣就是東永巷的西邊圍牆。這些地方都破碎折斷，屋瓦毀壞，掀翻房屋，拔起樹木，我非常驚駭。另外天文候官報告月亮侵犯心宿前星，這是徵兆，我很擔心這件事。俯伏思考《紫閣圖》的文辭，太一、黃帝都獲得祥瑞而成仙，後代偉大的君主應當登上終南山。所謂新遷王，就是太一新遷的後繼者。統義陽王就是用五倫憑藉禮義登天升仙的後繼者。王臨有兄長而稱為太子，名分不正當。宣尼公說：『名分不正當，語言就不順理，以至於刑罰不恰當，老百姓就不知道該怎麼辦。』我即位以來，陰陽不調和，風雨不適時，多次遇到乾旱和蝗蟲螟蟲造成的災害，糧食短缺，百姓為饑荒所苦，外族擾亂中國，寇賊奸邪搗亂，人民惶恐不安，不知道該怎麼辦。深深地思考這些災禍，在於名分不正當。應當立王安為新遷王，王臨為統義陽王，希望用這樣的辦法來保全我的兩個兒子，子孫昌盛，對外驅除四方外族，對內安定中國。」

5 這個月，漢宣帝杜陵寢廟便殿中已經廢置不用的陪葬皇帝的虎文衣，從收藏的內室箱子裡出來自行豎立在外堂上，很長時間才墜落到地上。看見的官吏和士兵把這件事上報，王莽嫌惡這件事，下文告說：「以黃色為貴，以紅色為賤，讓郎官、侍從官都穿著深紅色的衣服。」

6 觀察雲氣的方術之士紛紛說出現了大興土木的徵象，王莽又看到各地的盜賊很多，想要顯示自己是一個能建立萬世基業的人，便下文告說：「我承受天命，遭遇陽九的厄運，百六的週期，國庫空虛，百姓貧窮，祖宗祠廟尚未修建，權且在明堂太廟進行合祭，日夜惦念這件事，不敢安寧休息。深思吉祥昌盛沒有比今年更好的了，於是我占卜波水的北面、郎池的南邊，是好地方。我又占卜金水的南邊，明堂的西邊，也是好地方。我將親自動土奠基。」於是就在長安城南營建宗廟，面積一百頃。九月甲申日，王莽站在車上巡視，親自舉起木杵夯了三下。司徒王尋、大司空王邑手持符節，和侍中常侍執法杜林等幾十人領導建造。崔發、張邯勸說王莽道：「德行崇高的人禮節繁多，應當尊崇這一制度，宣揚告示全國，而且要讓千秋萬代之後都無法再增加。」王莽於是廣泛地徵召全國的工匠和設計師，運用勾股定理來測量計算，還有官吏和百姓以道義捐獻錢糧幫助建造的，在道路上往來不絕。拆毀長安城西上林苑中的建章宮、承光宮、包陽宮、大臺宮、儲元宮和平樂館、當路館、陽祿館，共十多處宮館，取用它們的木材磚瓦，來修建九廟。這個月起，大雨連續下了六十多日。下令百姓繳納米糧六百斛的可以做郎官，原來是郎官的可增加俸祿，最高可賜以附城爵。九所祠廟：一是黃帝太初祖廟，二是虞帝始祖昭廟，三是陳胡王統祖穆廟，四是齊敬王世祖昭廟，五是濟北愍王王祖穆廟，這五所祖廟不能廢毀；六是濟南伯王尊禰昭廟，七是元城孺王尊禰穆廟，八是陽平頃王戚禰昭廟，九是新都顯王戚禰穆廟。殿堂都是重簷結構。太初祖廟東西南北各長四十丈，高十七丈，其餘的祠廟相當它的一半。用銅皮包裹斗拱，用金銀雕刻花紋進行裝飾，用盡了各種工藝的技巧。因高地而建，把低窪的地方墊高，工程花費了數百鉅萬，士卒和刑徒死的以萬來計算。

7 鉅鹿郡男子馬適求等人謀劃發動燕地、趙地百姓起兵來誅討王莽，大司空府士王丹發覺並上報了這件事。

王莽派遣三公大夫逮捕懲治他的同黨，牽連到各郡國有權勢的人士幾千人，都被處死。賜封王丹為輔國侯。

8 自從王莽施行了不合乎時令的法令，百姓怨恨，王莽卻很滿意這項法令，又下文告說：「制定這項權宜之策以來，常安這個六向大邑的都市，報警的鼓聲很少鳴響，盜賊越來越少，百姓安居鄉土，年成也獲得了豐收，這就是採取權宜措施的效力。現在匈奴沒有滅亡，西南夷沒有滅絕，四方各地一片混亂，盜賊也沒有全部被消滅，又在興建供奉宗廟社稷的大工程，民眾動搖。從現在開始繼續實行這項法令，到二年底終止，用來保全百姓，挽救那些愚頑奸詐的人。」

9 這一年，廢止大錢和小錢，改用貨布，貨布長二寸五分，寬一寸，價值等於貨錢二十五枚。貨錢直徑一寸，重五銖，每枚價值為一個貨幣單位。兩種貨幣同時流通。敢有私自鑄錢和只用貨布或貨錢的，同伍之人知情卻不揭發檢舉的，都沒收做官府的奴婢。

10 太傅平晏死了，任命予虞唐尊做太傅。唐尊說：「國家空虛，人民貧困，災禍的根源在於奢侈。」於是穿著小袖短衣，乘坐著母馬駕的簡陋車子，用秸稈作席子，用粗陶器作餐具，又用陶瓦器盛著食物贈送給公卿。外出時看見不分開走路的男女，唐尊親自下車，用象刑的紅巾沾染他們的衣服以示懲罰。王莽聽了很讚賞他的做法，下詔書告誡公卿要想著怎樣向唐尊看齊。封賜唐尊為平化侯。

11 這時，南郡人張霸和江夏郡人羊牧、王匡等在雲杜縣綠林山起義，號稱下江兵，部眾共有一萬多人。武功縣中水鄉居民三家房屋下陷成為池沼。

1 二年正月，以州牧位三公，刺舉❶怠解❷，更置牧監副，秩元士，冠法冠❸，行事❹如漢刺史。

2 是月，莽妻死，諡曰孝睦皇后，葬渭陵長壽園❺西，令永侍文母，名陵曰億年。初，莽妻以莽數殺其子，涕泣失明❻，莽令太子臨居中養焉。莽妻旁侍者原碧，莽幸❼之。後臨亦通❽焉，恐事泄，謀共殺莽。臨妻愔，國師公女，能為星❾，語臨宮中且有白衣會❿。臨喜，以為所謀且成。後貶為統義陽王，出在外第，愈憂恐。會莽妻病困，臨予書曰：「上於子孫至嚴，前長孫、中⓫孫年俱三十而死。今臣臨復適三十，誠恐一旦不保中室⓬，則不知死命⓭所在！」莽候⓮妻疾，見其書，大怒，疑臨有惡意，不令得會喪⓯。既葬，收原碧等考問，具服⓰姦、謀殺狀。莽欲祕⓱之，使殺案⓲事使者司命從事⓳，埋獄中，家不知所在。賜臨藥，臨不肯飲，自刺死。使侍中票騎⓴將軍同說侯林賜魂衣㉑璽韍，策書曰：「符命文立臨為統義陽王，此言新室即位三萬六千歲後，為臨之後者乃當龍㉒陽㉓而起。前過聽㉔議者，以臨為太子，有烈風之變，輒順符命，立為統義陽王。在此之前，自此之後，不作信順㉕，弗蒙厥佑，夭年㉖隕命㉗，嗚呼哀哉！迹㉘行賜謚，謚曰繆王。」又詔國師公：「臨本不知星，事從愔起。」愔亦自殺。

3 是月，新遷王安病死。初，莽為侯就國㉙時，幸侍者增秩、懷能、開明。懷能生男興㉚，增秩生男匡㉛、女曅，開明生女捷，皆留新都國，以其不明㉜故也。及安疾甚，莽自病㉝無子，為安作奏，使上言：「興等母雖微賤，屬猶皇子，不可以棄。」章視[34]群公，皆曰：「安友[35]于兄弟，宜及春夏加封爵。」於是以王車遣使者迎與等，封與為功修公，匡為功建公，曅為睦修任，捷為睦逯任。孫功明公壽病死，旬月[36]四喪[37]焉。莽壞漢孝武、孝昭廟，分葬子孫其中。

4 魏成[38]大尹李焉與卜者王況[39]謀，況謂焉曰：「新室即位以來，民田奴婢不得賣買，數改錢貨，徵發煩數，軍旅[40]騷動，四夷並侵，百姓怨恨，盜賊並起，漢家當復興。君姓李，李音徵[41]，徵火也[42]，當為漢輔。」因為焉作讖書，言「文帝發忿，居地下[43]趣[44]軍，北告匈奴，南告越人。江中劉信，執敵報怨[45]，復續古先[46]，四年當發軍。江湖有盜，自稱樊王，姓為劉氏，萬人成行，不受赦令，欲動秦[47]、雒陽。十一年當相攻，太白[48]揚光，歲星[49]入東井[50]，其號[51]當行」。又言莽大臣吉凶，各有日期。會合十餘萬言。焉令吏寫其書，吏亡告之。莽遣使者即捕焉，獄治皆死。

5 三輔盜賊麻起[52]，乃置捕盜都尉[53]官，令執法謁者追擊長安[54]中，建鳴鼓[55]攻賊幡，而使者隨其後。遣太師羲仲[56]景尚、更始將軍護軍王黨將兵擊青、徐，國師和仲[57]曹放助郭興擊句町。轉天下穀幣詣西河、五原、朔方[58]、漁陽，每一郡以百萬數，欲以擊匈奴。

6 秋，隕霜殺菽[59]，關東大饑，蝗。

7 民犯鑄錢，伍人相坐，沒入為官奴婢。其男子檻車[60]，兒女子步，以鐵鎖琅當[61]其頸，傳詣鍾官[62]，以十萬數。到者易其夫婦[63]，愁苦死者什六七。士[64]孫喜、景尚、曹放等擊賊不能克，軍師放縱，百姓重[65]困。

8 莽以王況讖言荊楚當興，李氏為輔，欲厭[66]之，迺拜侍中掌牧大夫[67]李棽為大將軍、揚州牧，賜名聖[68]，使將兵奮擊。

9 上谷[69]儲夏[70]自請願說[71]瓜田儀，莽以為中郎，使出[72]儀。儀文降[73]，未出而死。莽求其尸葬之，為起冢[74]、祠室，諡曰瓜寧殤[75]男，幾[76]以招來其餘，然無肯降者。

10 閏月丙辰，大赦天下，天下大服[77]、民私服[78]在詔書前亦釋除[79]。

11 郎陽成脩獻符命，言繼立民母[80]，又曰：「黃帝以百二十女致[81]神僊。」莽於是遣中散大夫[82]、謁者各四十五人分行天下，博采鄉里所高[83]有淑[84]女者上名。

12 莽夢長樂宮銅人[85]五枚起立，莽惡之，念銅人銘有「皇帝初兼天下」之文，即使尚方[86]工鐫[87]滅所夢銅人膺[88]文。又感漢高廟神靈[89]，遣虎賁武士入高廟，拔劍四面提擊[90]，斧壞[91]戶牖[92]，桃湯[93]赭鞭[94]鞭[95]灑屋壁，令輕車校尉居其中，又令北軍中壘[96]居高寢。

13 或言黃帝時建華蓋以登僊，莽乃造華蓋九重，高八丈一尺，金瑵[97]羽葆[98]，載以祕機[99]四輪車，駕六馬，力士三百人黃衣幘[100]，車上人擊鼓，輓者皆呼「登仙」。莽出，令在前。百官竊言：「此似輀車[101]，非僊物也。」

14 是歲，南郡秦豐眾且萬人。平原[102]女子遲昭平能說博經[103]以八投[104]，亦聚數千人在河阻中。莽召問群臣禽[105]賊方略，皆曰：「此天囚行尸[106]，命在漏刻[107]。」故左將軍公孫祿徵來與[108]議，祿曰：「太史令宗宣典星曆[109]，候氣變，以凶為吉，亂天文，誤朝廷。太傅平化侯飾虛偽以媮[110]名位，『賊夫人之子[111]』。國師嘉信公顛倒五經[112]，毀師法[113]，令學士疑惑。明學男張邯、地理侯孫陽造井田，使民棄土業。羲和魯匡設六筦，以窮[114]工商。說符侯崔發阿諛[115]取容[116]，令下情不上通。宜誅此數子以慰天下。」又言：「匈奴不可攻，當與和親。臣恐新室憂不在匈奴，而在封域[117]之中也。」莽怒，使虎賁扶祿出。然頗采其言，左遷魯匡為五原卒正，以百姓怨非[118]故。六筦非匡所獨造，莽厭[119]眾意而出[120]之。

15 初，四方皆以饑寒窮愁起為盜賊，稍稍群聚，常思歲孰得歸鄉里。眾雖萬數，亶[121]稱巨人、從事、三老、祭酒，不敢略有城邑，轉掠求食，日闋[122]而已。諸長吏牧守皆自亂鬬中兵[123]而死，賊非敢欲殺之也，而莽終不諭[124]其故。是歲，大司馬士按章[125]豫州，為賊所獲，賊送付縣。士還，上書具言狀。莽大怒，下獄以為誣罔[126]。因下書責七公[127]曰：「夫吏者，理也。宣德明恩，以牧養[128]民，仁之道也。抑強督[129]姦，捕誅盜賊，義之節也。今則不然。盜發不輒得，至成群黨，遮略[130]乘傳[131]宰士。士得脫者，又妄自言：『我責數[132]賊：「何故為是？」賊曰「以貧窮故耳」。賊護出我。』今俗人議者率多若此。惟貧困饑寒，犯法為非，大者群盜，小者偷穴[133]，不過二科，今乃結謀連黨[134]以千百數，是逆亂之大者，豈饑寒之謂邪？七公其嚴敕卿大夫、卒正、連率、庶尹，謹牧養善民，急捕殄盜賊。有不同心并力，疾惡黜賊，而妄曰饑寒所為，輒捕繫，請其罪。」於是群下愈恐，莫敢言賊情者，亦不得擅發兵，賊由是遂不制[135]。

16 唯翼平連率田況素果敢，發民年十八以上四萬餘人，授以庫兵，與刻石為約[136]。赤糜[137]聞之，不敢入界。況自劾奏[138]，莽讓[139]況：「未賜虎符[140]而擅發兵，此弄兵[141]也，厥辠乏興[142]。以況自詭[143]必禽滅賊，故且勿治。」後況自請出界擊賊，所嚮皆破。莽以璽書[144]令況領青、徐二州牧事。況上言：「盜賊始發，其原甚微，非部吏[145]、伍人所能禽也。咎在長吏不為意，縣欺其郡，郡欺朝廷，實百言十，實千言百。朝廷忽略，不輒督責，遂至延曼[146]連州，乃遣將率，多發使者，傳相監趣[147]。郡縣力[148]事上官，應塞[149]詰對[150]，共[151]酒食，具資用，以救斷斬[152]，不給[153]復憂盜賊治官事。將率又不能躬率吏士，戰則為賊所破，吏氣寖[154]傷，徒費百姓。前幸蒙赦令，賊欲解散，或反遮擊，恐入山谷，轉相告語，故郡縣降賊，皆更驚駭，恐見詐滅，因饑饉易動，旬日之間更十餘萬人，此盜賊所以多之故也。今雒陽以東，米石二千。竊見詔書，欲遣太師、更始將軍，二人爪牙重臣，多從人眾，道上空竭，少則亡以威視[155]遠方。宜急選牧、尹以下，明其賞罰，收合離鄉[156]。小國無城郭者，徙其老弱置大城中，積臧穀食，并力固守。賊來攻城，則不能下，所過無食，勢不得群聚。如此，招之必降，擊之則滅。今空復多出將率，郡縣苦之，反甚於賊。宜盡徵還乘傳諸使者，以休息郡縣。委任臣況以二州盜賊，必平定之。」莽畏惡[157]況，陰為發代，遣使者賜況璽書。使者至，見況，因令代監其兵。況隨使者西，到，拜為師尉大夫。況去，齊地[158]遂敗。

【章旨】以上為卷下的第五部分，述新朝地皇二年事。王莽皇后、子王臨、王安、孫王壽相繼死。各地紛紛起義，王莽派軍隊平亂，士兵放縱為害，仍大肆徵發錢糧，欲攻打匈奴。秋季發生霜凍、蝗災，關東大饑荒。吏民因違反鑄錢令沒為官奴婢者以十萬數，死者十六七。為壓服災禍，鑿毀銅人銘文，搗毀漢高廟，建華蓋等。彙報起義軍實情的大司馬士被治罪。翼平連率田況平叛有功，王莽令其領青、徐二州牧，但忌憚其才能，很快令人取代，齊地遂無法控制。

【注釋】❶刺舉　檢舉奸惡。刺，舉；揭發。❷解　通「懈」。❸法冠　古代冠名。本為楚王冠，從秦漢起，御史、使節和執法官皆戴此冠。❹行事　辦事；從事。❺長壽園　渭陵王太后墓地名。❻失明　喪失視力。❼幸　特指帝王與女子同房。❽通　通姦。❾為星　治星相術。❿白衣會　據《晉書・天文志》，土與金合為白衣之會。意為德運將更替。⓫中　通「仲」。⓬中室　指皇后。一說，指室中。⓭死命　生死。⓮候　問候；探視。⓯會喪　共同參加喪葬儀式。⓰具服　完全服罪。⓱祕　隱藏；保守祕密。⓲案　通「按」。審查；考問。⓳從事　司命的屬官稱從事者。⓴票騎　通「驃騎」。㉑魂衣　死者所穿之衣。㉒龍　象徵帝王。㉓陽　象徵興盛。㉔過聽　錯誤地聽取。㉕信順　忠信而順從。㉖夭年　指盛年。夭，茂盛；少壯。㉗隕命　喪失生命；死亡。㉘迹　追蹤；追尋。㉙就國　回到封國。㉚興　本傳中第二位稱王興者。㉛匡　本傳中第四位稱王匡者。㉜不明　一說，王莽為新都侯就國時，偽裝言行謹敕，私下裡卻與侍者私通生下孩子，所以不敢告訴外人，故稱；一說，王莽不知是否侍者與外人私通所生，故稱。㉝病　憂慮；擔心。㉞章視　將王安上的奏章給群臣看。視，通「示」。㉟友　親愛。多用於兄弟之間。㊱旬月　一個月。㊲四喪　指王莽妻、子王臨、王安、孫王壽。㊳魏成　郡名。王莽改魏郡名，本書卷二十八〈地理志上〉作「魏城」。㊴王況　本傳中第二位名王況者。㊵軍旅　部隊。軍、旅均為傳說中周制軍隊編制，《周禮・地官・小司徒》：「五人為伍，五伍為兩，四兩為卒，五卒為旅，五旅為師，五師為軍，以起軍旅，以作田役。」故以此代稱軍隊。㊶李音徵　徵，音「止」，竹里反。李，《廣韻》：「良士切，上止，來。」故說「李音徵」。㊷徵火也　古代音樂理論，以五聲配五行。宮屬土，商屬金，角屬木，徵屬火，羽屬水。㊸地下　陰間。㊹趣　督促；催促。㊺報怨　報復仇怨。㊻古先　祖先；祖宗。㊼秦　秦地，指長安。㊽太白　星名，即金星。古星象家以為太白星主殺伐，故多以喻兵戎。㊾歲星　即木星。古人認識到木星約十二年運行一周天，其軌道與黃道相近，因將周天分為十二分，稱十二次。木星每年行經一次，即以其所在星次來紀年，故稱歲星。㊿東井　星宿名。即井宿，二十八宿之一。因在玉井之東，故稱。(51)號　號令。(52)麻起　像亂麻一樣興起。(53)捕盜都尉　新朝官名。(54)長安　王莽改長安為常安，此處為班固隨意書寫故。(55)鳴鼓　鼓。(56)羲仲　新朝官名。王莽因太師主春，故在其下置此屬官。(57)和仲　新朝官名。因國師主秋，故王莽在其下置此屬官。(58)朔方　郡名。在今內蒙古河套西北部和後套地區，治朔方（今杭錦旗北）。(59)菽　豆類的總稱。(60)檻車　用柵欄封閉的車，用於囚禁犯人或裝載猛獸。(61)琅當　即「鋃鐺」。用鐵鏈鎖人。(62)鍾官　掌管鑄錢的官府。(63)易其夫婦　改相婚配。(64)士　士字原缺，據《漢書補注》引汪遠孫說補。(65)重　增加；加重。(66)厭　通「壓」。(67)掌牧大夫　新朝官名。(68)賜名聖　將其舊名「棽」改名為「聖」，以「聖」代替讖言。(69)上谷　郡名。轄境在今河北西北。治沮陽（今河北懷來東南）。(70)諸夏　人姓名。(71)說　遊說；說服。(72)出　使動用法。讓他出降。(73)文降　上文書表示投降。(74)起冢　營造墳墓。古代土葬制度，與地面平的稱墓，堆土隆起的稱墳，土堆較高的稱冢。(75)殤　夭折；戰死。王莽藉此表示對瓜田儀的惋惜態度。(76)幾　通「冀」。希望。(77)大服　帝王、王后死後國人為之服喪服。(78)私服　百姓為死去的親人穿喪服。私，與「公」相對。個人的。(79)除　舊時守孝期滿，去喪服，謂之「除」。(80)民母　指皇后。古代以皇后為萬民之母。(81)致　達到。(82)中散大夫　新朝官名。參與議論政事，秩六百石，屬司中。王莽所設置的新官名中，似只有此職流傳後代。(83)高　推崇。動詞。(84)淑　指婦女貞靜柔善。(85)長樂宮銅人　秦始皇收集全國兵器，鑄成十二個銅人，每個重十二萬斤（一說重二十四萬斤）。漢代把這些銅人移置長樂宮門前。(86)尚方　官名。負責給皇帝製作御用器物，其長官稱尚方令，屬共工（漢稱少府）。(87)鐫　鑿。(88)膺　胸。(89)感漢高廟神靈　指始建國元年長安狂女子碧在道中呼喊「高皇帝大怒，趣歸我國。不者，九月必殺汝」事。(90)提擊　擲擊。(91)斧壞　用斧頭砍壞。(92)牖　窗戶。(93)桃湯　用桃木煮成的液汁。古人迷信，認為可用以揮灑驅鬼。(94)赭鞭　赤色鞭子，古代用為驅邪之物。(95)鞭　動詞。鞭打。(96)北軍中壘　原作中軍北壘，據《漢書補注》改。北軍在漢初是京師警衛部隊，因駐紮在長安城北，所以稱為北軍。武帝時設中壘校尉掌管原北軍營壘，因而有北軍中壘之稱。(97)瑵　通「爪」。指古代車蓋弓端伸出的爪形部分，通常以玉為飾。(98)葆　古代有鳥羽裝飾的一種蓋形儀仗。(99)祕機　隱藏內部機關，不使外見的機械。(100)幘　古代包紮髮髻的頭巾。(101)輀車　載運棺柩的車子。(102)平原　郡名。在今山東西北部，治平原（今山東平原西南）。(103)博經　有關博戲方法的書籍，其中含有概率論的因素。原作「經博」，據《漢書補注》改。(104)八投　用八枚博具（箭、箸、棋）投擲。(105)禽　通「擒」。捉拿。(106)行尸　指徒具形骸，雖生猶死的人。(107)命在漏刻　指命在須臾。漏刻，古計時器，漏壺的箭刻移動極快，以形容時間之短。(108)與　通「豫」。參與。(109)星曆　天文曆法。(110)媮　竊取。(111)賊夫人之子　語出《論語・先進》。謂害了別人的兒子。賊，害。夫，指示代詞。(112)國師嘉信公　國師嘉信公，劉歆。劉歆主張古文經，而公孫祿屬今文經學派，故稱其顛倒《五經》。(113)師法　老師傳授的學問和技術。(114)窮　使動用法。使貧困。(115)阿諛　迎合諂媚。(116)取容　討好別人以求自己安身。(117)封域　疆域；國土。(118)非　通「誹」。從旁指責過失。(119)厭　通「懨」或「猒」。滿足。(120)出　貶黜出京。(121)亶　通「但」。僅；只。(122)日闋　隨日而盡。意為夠每日吃的即可。闋，罄盡；無剩餘。(123)中兵　被兵器所傷。中，傷。(124)諭　知曉；明白。

(125)按章　根據奏章進行查處。(126)誣罔　罪名。欺騙。(127)七公　指四輔三公。(128)牧養　治理；統治。(129)督　察視；監察。(130)遮略　攔截劫奪。(131)乘傳　乘坐驛車。引申為奉命出使。傳，驛站的馬車。(132)數　數落；責備。(133)偷穴　穿牆鑿壁進行偷竊。(134)連黨　結黨。(135)制　控制；制服。(136)約　以語言或文字訂立共同應遵守的條件。(137)赤麋　麋，通「眉」。眉毛。聚眾者以朱紅色塗在眉毛上，故稱「赤眉」。(138)劾奏　向皇帝檢舉官吏的過失或罪行。(139)讓　責備；責問。(140)虎符　古代帝王授予臣下兵權和調發軍隊的信物，為虎形，背有銘文，剖為兩半，右半留中央，左半給予地方官吏或統兵的將帥。調發軍隊時，朝廷使臣須持符驗對，符合，始能發兵。此制盛行於戰國、秦、漢，直至隋代。唐代始改用魚符。(141)弄兵　輕率動兵。(142)乏興　罪名。即乏軍興，不按皇帝指示採取軍事行動。(143)自詭　責成自己；自己許諾。(144)璽書　蓋有皇帝御璽的詔書。(145)部吏　指郡賊曹、縣游徼、鄉亭長等主管治安的官吏。(146)延曼　亦作「延蔓」。草木綿延伸展，引申指不斷擴展。(147)趣　通「促」。督促。(148)力　勤。(149)應塞　應付搪塞。(150)詰對　詰問和對質。(151)共　通「供」。(152)斷斬　斬殺。(153)給　暇；空閒。(154)寖　漸漸；逐漸。(155)視　通「示」。(156)離鄉　指郡縣治所之外的小城邑。(157)畏惡　畏懼；忌憚。惡，憚。(158)齊地　指戰國時期齊國舊地，在今山東一帶。

【語　譯】二年正月間，提高州牧的官位和三公相同，檢舉揭發懶惰鬆懈的官員，另外設置州牧監副之職，官秩為元士，戴法冠，職掌如同漢朝的刺史。

2　這個月，王莽的妻子死了，起謚號為孝睦皇后，安葬在渭陵長壽園西邊，讓她永遠侍奉文母，給她的陵墓取名為「億年」。當初王莽的妻子因為王莽接連殺死她的兒子，哭瞎了眼睛，王莽命令太子王臨住在宮中照顧她。王莽妻子身邊的侍者原碧，王莽臨幸了她。後來王臨也和她通姦，恐怕事情洩露，兩個人謀劃要一同殺死王莽。王臨的妻子劉愔，是國師公的女兒，會星相術，告訴王臨宮中將會有白衣會。王臨很高興，以為自己所計劃的事情將會成功。後來被貶降為統義陽王，搬出去在宮外的宅第居住，更加憂慮恐懼。當王莽妻子病重的時候，王臨給她寫了一封信說：「皇上對於子孫極為嚴厲，以前長孫和中孫都是在三十歲的時候死的。現在臣王臨又剛好三十歲，真的害怕一旦皇后有什麼不測，我也就不知道能活到何時了！」王莽探望妻子的病情，看見了這封信，大怒，懷疑王臨懷有惡意，不讓他參加葬禮。已經安葬後，逮捕原碧等人拷問，全部承認了通姦、謀殺的罪行。王莽想要隱藏這件事，派人殺死了辦理此案的司命從事，埋在監獄裡，他家人不知道他到哪裡去了。賜給王臨毒藥，王臨不肯喝，拿兵器自刺而死。派遣侍中驃騎將軍同說侯林賜給魂衣和璽綬，下策書說：「符命文辭說要冊立臨做統義陽王，這是說新室開國三萬六千年之後，到王臨的後人才會成為帝王興盛起來。以前錯誤地聽從了議論者的意見，立王臨為太子，後來發生了暴風的災異，於是順從符命，冊立他為統義陽王。在此之前，自此以後，他都不忠信順從，不能享受自己的福氣，壯年短命而死，可悲可歎呀！考察他的所作所為，賜給他謚號為繆王。」又給國師公頒布詔書說：「王臨本來不懂星相，事情是從劉愔發端的。」劉愔也自殺了。

3 這個月，新遷王王安病死。當初，王莽做新都侯回到封國時，寵幸侍者增秩、懷能和開明。懷能生下兒子王興，增秩生下兒子王匡、女兒王曅，開明生下女兒王捷，都留在新都國，因為他們身世不明不白的緣故。等到王安病得厲害，王莽自己擔心沒有子嗣，替王安寫了一封奏章，讓他上奏道：「王興等人的母親雖然微賤，但身分仍然是皇子，不可以拋棄。」王莽把王安的奏章給各位公卿看，都說：「王安友愛兄弟，應當到春夏時節加給封爵。」於是派遣使者用王車迎接王興等人，賜封王興為功修公，王匡為功建公，王曅為睦修任，王捷為睦逯任。王莽的孫子功明公王壽病死了，一個月死了四個人。王莽毀壞漢武帝、漢昭帝的祠廟，把子孫分別埋葬在裡面。

4 魏成大尹李焉與占卜的人王況謀劃，王況對李焉說：「新朝開國以來，百姓田地和奴婢不准買賣，幾次改變貨幣，頻繁地徵調民間的人力和物資，軍隊屢屢出動，四方外族紛紛入侵，百姓怨恨，盜賊紛紛起事，漢朝將會復興。您姓李，李讀徵音，徵屬火，應當成為漢朝的輔佐。」因而為李焉寫作讖書，說道「文帝發怒，在陰間督促軍隊，北方通知匈奴，南方通告越人。江中的劉信，抓住敵人報復仇怨，再續祖先的事業，四年會發兵。江湖上有大盜，自稱為樊王，姓是劉氏，萬人成群結隊，不接受赦免的命令，要對長安和雒陽採取行動。十一年將進攻，太白星發出光輝，歲星進入東井，他的號令應當實行」。又預言王莽大臣們的吉凶生死，各有日期。彙編成十多萬字。李焉讓屬吏抄寫這本書，屬吏逃走告發了他。王莽派遣使者就地逮捕了李焉，下獄治罪，都被處死。

5 三輔地區的盜賊紛起如麻，於是設置捕盜都尉的官職，命令執法謁者在長安城中追擊盜賊，建立鳴鼓攻賊的旗幟，而使者跟隨在他們後面。派遣太師羲仲景尚、更始將軍護軍王黨率領軍隊攻擊青州和徐州，國師和仲曹放協助郭興攻打句町。轉運天下的錢糧前往西河郡、五原郡、朔方郡和漁陽郡，每一郡以百萬計，想要以此攻打匈奴。

6 秋天，降霜凍死了豆子，關東地區饑荒嚴重，發生了蝗蟲災害。

7 百姓違犯了鑄錢的禁令，同伍的鄰居連坐，沒收做為官府的奴婢。男子坐著囚車，兒童和婦女步行，用鐵鎖鏈拴著他們的脖子，輾轉押送到主管鑄錢的鍾官府，以十萬計。到的人重新婚配，憂愁苦悶而死的十有六、七。士孫喜、景尚和曹放等人攻打盜賊未能取勝，軍隊放縱不受約束，百姓更加困苦。

8 王莽因為王況的讖書說荊楚地區有人將會興起，李氏成為輔佐，想要壓制它，於是授任侍中掌牧大夫李棽為大將軍、揚州牧，賜名叫李聖，讓他統率軍隊奮勇進擊。

9 上谷郡的儲夏自動請願去勸說瓜田儀投降，王莽任命他為中郎，讓他說服瓜田儀出來投降。瓜田儀上文書願意投降，沒有出來就死了。王莽找到他的屍體安葬了他，並為他修建了高大的墓冢和祠廟，賜諡號為瓜寧殤男，希望通過這樣的做法招來其餘的人，可是沒有肯投降的人。

10 閏月丙辰日，全國大赦，除去全國國喪的喪服和在詔書下達前服私親的喪服。

11 郎官陽成脩進獻符命，說應當再立皇后，又說：「黃帝靠著一百二十名女子成為神仙。」王莽於是派遣中散大夫和謁者各四十五人分路巡行天下，廣泛選取鄉里所推崇的貞靜柔善的女子送上名冊。

12 王莽夢見長樂宮銅人有五個立了起來，王莽嫌惡這件事，想到銅人身上刻有「皇帝初兼天下」的銘文，馬上讓尚方工鑿掉所夢見的銅人胸前的文字。又想起漢高廟神靈發出警示的事，派遣虎賁武士進入高廟，抽出劍四面擲擊，用斧頭砍壞門窗，用桃木湯揮灑牆壁並用土紅色的鞭子抽打，命令輕車校尉駐紮在裡面，又命令北軍中壘校尉駐紮在漢高帝的寢廟裡。

13 有人說黃帝時建造了華麗的車蓋才升仙，王莽於是製造了九層華麗的車蓋，高八丈一尺，用黃金裝飾車蓋的骨架，用羽毛裝飾車蓋，用內部裝置隱祕機關的四輪大車裝載，套著六匹馬，力士三百人穿著黃衣服裹著黃頭巾護衛，車上的人敲著鼓，拉車的人都呼喊著「登仙」。王莽外出時，讓它走在前面。官吏們私下裡說：「它像靈柩車，不是神仙器物。」

14 這一年，南郡秦豐起事部眾將近一萬人。平原郡女子遲昭平能解說《博經》，可用八枚博具投擲，也在黃河險阻地帶聚集數千人。王莽召集群臣詢問捉拿盜賊的策略，都說：「這些是上天囚禁的如行屍走肉的人，命在旦夕。」前左將軍公孫祿應徵參與會議，他說：「太史令宗宣主管天文曆法，觀測氣運變化，他把凶兆當成吉兆，淆亂天文，貽誤朝廷。太傅平化侯用虛偽的言行粉飾自己，竊取名譽和地位，真是『賊害別人的子弟』。國師嘉信公顛倒《五經》，毀壞老師的家法，讓學者疑惑。明學男張邯、地理侯孫陽制定井田制度，使百姓喪失土地家業。羲和魯匡設立六筦制度，使工商業者破產。說符侯崔發阿諛逢迎，使得下情不能上達。應該處死這幾個人來安慰天下。」又說：「匈奴不可攻打，應當與它和親，臣擔心新朝的憂患不在匈奴，而在疆域之內。」王莽發怒，命虎賁武士攙扶公孫祿出殿。但還是採納了他的一些意見，把魯匡降為五原郡卒正，因為百姓都怨恨指責他的緣故。六筦制度並非魯匡一人獨創，王莽為了滿足民眾的意願才把他貶黜出京。

15 當初，各地民眾都因為飢寒窮困才起事做盜賊，逐漸聚集到一起，時常盼著年成豐收能夠回歸故里。人數雖然以萬計，為首的只是稱巨人、從事、三老、祭酒，不敢攻占城市，輾轉掠取食物，夠每天吃的就行。各縣長吏、州牧、郡守都是在混戰中受兵器所傷而死，盜賊並不敢預謀殺他們，而王莽始終不了解其中原委。這一年，大司馬府士到豫州辦案，被盜賊抓獲，盜賊把他送交縣府。士回到京城後，上書詳細報告了這一情況。王莽大怒，以誣罔罪把他關進了監獄。因此下文告責備七公說：「吏的職責，是治理。宣揚道德明示恩惠，以統治人民，是仁的方法。抑制豪強，督察奸邪，捕殺盜賊，是義的節操。現在卻不是這樣。盜賊起事不能馬上捕獲，以至於成群結黨，攔劫奉命出使的宰士。士脫身以後，又胡言亂語說：『我責備數落盜賊：「為什麼這樣做？」盜賊說「只是因為貧窮」。盜賊護送我出來。』如今俗人議論大都如此。如果因為貧困飢寒犯法幹壞事，大的成群搶劫，小的穿牆偷竊，不外這兩種情況。現在卻共同謀劃結成黨徒數以千百計，這是最嚴重的謀反作亂，怎可以用飢寒來解釋？七公要嚴肅告誡卿大夫、卒正、連率、庶尹，小心治理良民，迅速逮捕殲滅盜賊。有不同心協力，憎恨邪惡譴責盜賊，而胡說是飢寒所迫的，就逮捕入獄，依法定他們的罪。」於是官吏們更加恐慌，沒有敢說盜賊情況的，也不能擅自調動軍隊，盜賊因此就無法控制了。

16 只有翼平郡連率田況一向果斷勇敢，他徵發十八歲以上百姓四萬餘人，發給他們武庫中的兵器，和他們刻石盟誓。赤眉軍聽說後，不敢進入翼平郡界。田況上奏章彈劾自己，王莽責備田況：「沒有賜給虎符而擅自調集軍隊，這是輕率動兵，屬貽誤軍機罪。因為你田況保證一定捉拿消滅盜賊，所以姑且不治罪。」後來田況自動請求出郡界攻擊盜賊，所攻打的盜賊都被攻破。王莽用加蓋璽印的文書命令田況代理青州和徐州二州州牧事務。田況上書說：「盜賊剛起事時，勢力很弱，但也不是地方官吏和伍人所能捕獲的。過失就在於縣級長吏不放在心上，縣欺騙郡，郡欺騙朝廷，實際上有一百人說有十人，實際上是一千人說是百人。朝廷疏忽，不及時督促查辦，以至於蔓延到幾個州，這才派遣將帥，多派出使者，輾轉監察督促。郡縣竭力服侍上級官員，應付搪塞詰問和對質，供給酒飯，準備物資和費用，以免於問刑處死，無暇再考慮盜賊和處理公事。將帥又不能親自率領軍官和士兵衝鋒陷陣，交戰就被盜賊打敗，官吏的氣勢逐漸削弱，白白地耗費百姓財力。前段時間幸而得到朝廷的赦免令，盜賊想要解散，有的官吏卻反而加以截擊，以致他們恐懼逃入山谷輾轉相告，因此各郡縣已經投降的盜賊，都更加驚慌，害怕被欺騙消滅，加上饑荒人心容易動搖，十來天之內又聚集起十餘萬人，這就是盜賊眾多的原因。現在雒陽以東地區米價每石二千錢。我私下看到詔書，準備派遣太師和更始將軍前來，二人是皇帝的親信重臣，一定會帶很多隨從人馬，沿途郡縣竭盡民力財力來供給，因為隨從人馬少就不能向遠方顯示威力。應當迅速選擇州牧、大尹以下官員，明確規定賞罰，合併小城邑。沒有城垣的小城，把老弱婦孺遷徙安置到大城市中，儲存糧食，合力堅守。盜賊來攻城，就攻不下，沿途路過的地方沒有糧食，勢必不能集結在一起。這樣一來，招撫他們就一定會投降，攻擊他們就一定會消滅。如今徒然一味地多派將帥，郡縣苦於供給徵調，反而比盜賊為害更重。應該全部召回乘坐傳車的使者，以便讓郡縣休養生息。委任臣田況專門對付青、徐二州盜賊，臣一定平定他們。」王莽忌憚田況，暗中準備派人取代他，派使者賜給田況加蓋璽印的詔書。使者到達，會見田況，就勢令此人接管他的軍隊。田況跟隨使者西行，到長安後，被任命為師尉大夫。田況離開以後，齊地的局勢就失控了。

1 三年正月，九廟蓋構成，納神主❶。莽謁見，大駕❷乘六馬，以五采毛為龍文衣❸，著角，長三尺。華蓋車，元戎❹十乘在前。因賜治廟者司徒、大司空錢各千萬，侍中、中常侍以下皆封。封都匠❺仇延為邯淡❻里附城。

2 二月，霸橋災，數千人以水沃救，不滅。莽惡之，下書曰：「夫三皇❼象春，五帝❽象夏，三王❾象秋，五伯❿象冬。皇王，德運也；伯者，繼空續乏以成曆數，故其道駁⓫。惟常安御道⓬多以所近為名。迺二月癸巳之夜，甲午之辰，火燒霸橋，從東方西行，至甲午夕，橋盡火滅。大司空行視考問，或云寒民⓭舍居橋下，疑以火自燎，為此災也。其明日即乙未，立春之日也。予以神明聖祖黃虞遺統⓮受命，至于地皇四年為十五年。正以三年終冬絕滅霸駁之橋，欲以興成新室統壹長存之道也。又戒⓯此橋空東方之道。今東方歲荒民饑，道路不通，東岳太師亟⓰科條，開東方諸倉，賑貸⓱窮之，以施仁道。其更名霸館為長存館，霸橋為長存橋。」

3 是月，赤眉殺太師羲仲景尚。關東人相食。

4 四月，遣太師王匡、更始將軍廉丹東⑱，祖⑲都門外，天大雨，霑衣上。長老歎曰：「是為泣軍⑳！」莽曰：「惟陽九之阸，與害氣㉑會，究㉒于去年。枯旱霜蝗，饑饉薦臻㉓，百姓困乏，流離道路，于春尤甚，予甚悼之。今使東岳太師特進褒新侯開東方諸倉，賑貸窮乏。太師公所不過道，分遣大夫謁者並開諸倉，以全元元。太師公因與大使五威司命位右大司馬更始將軍平均侯廉丹㉔之㉕兗州，填撫㉖所掌，及青、徐故不軌㉗盜賊未盡解散，後復屯聚者，皆清潔㉘之，期於安兆黎㉙矣。」太師、更始合將銳士十餘萬人，所過放縱。東方為之語曰：「寧逢赤眉，不㉚逢太師！太師尚可，更始殺我！」卒如田況之言。

5 莽又多遣大夫謁者分教民煮草木為酪㉛，酪不可食，重㉜為煩費㉝。莽下書曰：「惟民困乏，雖溥㉞開諸倉以賑贍之，猶恐未足。其且開天下山澤之防㉟，諸能采取山澤之物而順月令㊱者，其恣聽㊲之，勿令出稅。至地皇三十年如故，是王光㊳上戊㊴之六年也。如令豪吏猾民辜而攉之㊵，小民弗蒙，非予意也。易不云乎？『損上益下，民說無疆㊶。』書云：『言之不從，是謂不艾㊷。』咨㊸虖㊹群公，可不憂哉！」

6 是時下江兵盛，新市[45]朱鮪[46]、平林[47]陳牧[48]等皆復聚眾，攻擊鄉聚[49]。莽遣司命大將軍孔仁部[50]豫州，納言大將軍嚴尤、秩宗大將軍陳茂擊荊州，各從吏士百餘人，乘船從渭入河，至華陰[51]迺出乘傳，到部[52]募士。尤謂茂曰：「遣將不與兵符，必先請而後動，是猶紲[53]韓盧[54]而責之獲[55]也。」

7 夏，蝗從東方來，蜚[56]蔽天，至長安，入未央宮，緣[57]殿閣。莽發吏民設購賞捕擊。

8 莽以天下穀貴，欲厭[58]之，為大倉[59]，置衛交戟[60]，名曰「政始掖門[61]」。

9 流民入關者數十萬人，迺置養贍官[62]稟食[63]之。使者監領，與小吏共盜其稟，飢死者十七八。先是，莽使中黃門王業領長安市買[64]，賤取於民，民甚患之。業以省費為功，賜爵附城。莽聞城中饑饉，以問業。業曰：「皆流民也。」乃市所賣粱飰[65]肉羹[66]，持入視莽，曰：「居民食咸如此。」莽信之。

10 冬，無鹽[67]索盧恢[68]等舉兵反城[69]。廉丹、王匡攻拔之，斬首萬餘級[70]。莽遣中郎將奉璽書勞丹、匡，進爵為公，封吏士有功者十餘人。

11 赤眉別校[71]董憲[72]等眾數萬人在梁郡，王匡欲進擊之，廉丹以為新拔城罷[73]勞，當且休士[74]養威。匡不聽，引兵獨進，丹隨之。合戰成昌[75]，兵敗，匡走。

丹使吏持其印韍符節付匡曰：「小兒可走，吾不可！」遂止，戰死。校尉汝雲、王隆等二十餘人別鬬，聞之，皆曰：「廉公已死，吾誰為[76]生？」馳犇[77]賊，皆戰死。莽傷之，下書曰：「惟公多擁選士[78]精兵，眾郡駿馬倉穀帑藏[79]皆得自調[80]，忽[81]於詔策，離其威節，騎馬呵譟[82]，為狂刃所害，烏呼哀哉！賜謚曰果公。」

12 國將哀章謂莽曰：「皇祖考黃帝之時，中黃直為將，破殺蚩尤[83]。今臣居中黃直之位，願平山東。」莽遣章馳東，與太師匡并力。又遣大將軍陽浚守敖倉[84]，司徒王尋將十餘萬屯雒陽填南宮[85]，大司馬董忠養士習射北軍中壘[86]，大司空王邑兼三公之職。司徒尋初發長安，宿霸昌廄[87]，亡其黃鉞[88]。尋士房揚素狂直[89]，迺哭曰：「此經所謂『喪其齊斧[90]』者也！」自劾去。莽擊殺揚。

13 四方盜賊往往數萬人攻城邑，殺二千石以下。太師王匡等戰數不利。莽知天下潰畔[91]，事窮計迫，迺議遣風俗大夫司國憲等分行天下，除井田奴婢山澤六筦之禁，即位以來詔令不便於民者皆收還之。待見未發，會世祖[92]與兄齊武王[93]伯升、宛人李通[94]等帥舂陵[95]子弟數千人，招致新市平林朱鮪、陳牧等合攻拔棘陽[96]。是時嚴尤、陳茂破下江兵，成丹[97]、王常[98]等數千人別走，入南陽界。

14 十一月，有星孛[99]于張[100]，東南行，五日不見。莽數召問太史令宗宣，諸術數[101]家皆繆[102]對，言天文安善，群賊且滅。莽差[103]以自安。

【章　旨】以上為卷下的第六部分，述新朝地皇三年事。關東饑荒嚴重，出現人吃人的情況，數十萬流民進入關中，餓死者十七八。各地起義風起雲湧，眾多郡縣被占領，長吏被殺，王莽派軍隊鎮壓，太師羲仲景尚、更始將軍廉丹相繼被殺。而新朝軍隊放縱搶掠，為害嚴重。王莽正在商議廢除王田私屬山澤六筦制，劉演、劉秀兄弟等起兵舂陵，與新市、平林兵會合，攻下棘陽。

【注　釋】❶神主　古代為已死的君主、諸侯作的牌位，用木或石製成。帝王的長一尺二寸，諸侯的長一尺。後代民間也立神主以祭祀死者，俗稱靈神。❷大駕　皇帝出行，儀仗隊之規模最大者為大駕，在法駕、小駕之上。大駕由公卿前導，太僕駕車，大將軍陪伴，車隊由八十一輛車組成。❸龍文衣　龍形圖案的衣服。用以披在馬身上。❹元戎　大的兵車。❺都匠　王莽改將作大匠為都匠。❻邯淡　豐盛意。❼三皇　傳說中上古三帝王。說法不一。一說為伏羲、神農、黃帝；一說為伏羲、神農、女媧；一說為伏羲、神農、燧人；一說為伏羲、神農、祝融。❽五帝　上古傳說中的五位帝王，說法不一。司馬遷《史記》依《世本》、《大戴禮》，以黃帝（軒轅）、顓頊（高陽）、帝嚳（高辛）、唐堯、虞舜為五帝。❾三王　指夏、商、周三代開國之君。一說夏禹、商湯、周武王；一說夏禹、商湯、周文王。❿五伯　伯，通「霸」。諸侯盟主。五伯指春秋時先後稱霸的五個諸侯，也有不同的說法，一說為齊桓公、晉文公、宋襄公、楚莊公、秦繆公；一說為齊桓公、晉文公、楚莊王、吳王闔閭、越王句踐；一說為齊桓公、宋襄公、晉文公、秦穆公、吳王夫差。⓫駁　原指馬毛色不純，亦指毛色不純的馬。這裡指駁雜、雜亂。⓬御道　供帝王車駕通行的道路。⓭寒民　貧民；受凍之民。⓮遺統　遺緒；後裔。⓯戒　指上天示鑑戒。⓰亟　通「急」。⓱賑貸　救濟。⓲東　東征。⓳祖　出行時祭祀路神。⓴泣軍　兵書《六韜》等載，大軍出行前，雨沾衣裳者，謂之「潤兵」；不沾者謂之「泣兵」，是凶兆。此處把沾衣稱泣兵，與兵書所說不同。㉑害氣　邪氣；有害之氣。㉒究　窮盡；終極。㉓薦臻　接連到來；屢次降臨。薦，通「荐」。頻繁；一再。㉔廉丹　二字原在前文「太師公因與」之後，據《漢書補注》移到「平均侯」後。㉕之　到；往。㉖填撫　鎮定安撫。填，通「鎮」。㉗不軌　越出常軌；不合法度。㉘清潔　清除。㉙兆黎　兆民。黎，眾。㉚不　莫；不要。㉛酪　用果子或果仁做的糊狀食品。此處指草木熬成的草酪。㉜重　更加；

加重。(33)煩費　大量耗費。(34)溥　通「普」。普遍。(35)山澤之防　指六筦中有關山澤的禁令。(36)順月令　順應月令規定。(37)恣聽　聽任。(38)王光　可能是天鳳六年制定的「曆紀」中預定的第五個年號。(39)上戊　戊，土。王莽自以為得土德，故紀年均稱「上戊」。(40)辜而擢之　辜，加罪；懲罰。擢，通「榷」。專。辜榷，指阻止他人而自取其利。(41)損上益下二句　語出《易・益卦・彖》。意思是損上以益下，百姓都歡悅無窮。(42)言之不從二句　語出《書・洪範》。艾，通「乂」。治。(43)咨　歎詞。(44)虖　通「乎」。(45)新市　地名。在今湖北京山東北。(46)朱鮪　後屬劉玄，任大司馬。又投降劉秀，任平狄將軍、少府，封扶溝侯。(47)平林　地名。在今湖北隨縣東北。(48)陳牧　（？—西元二五年），後屬劉玄，任大司空，封陰平王。終被劉玄所殺。(49)鄉聚　鄉里聚落。(50)部　管轄；治理。(51)華陰　縣名。治今陝西華陰東南。(52)部　指所節制的轄區。(53)紲　拴；縛。(54)韓盧　戰國時韓國的名犬，黑色。(55)獲　捕獲獵物。(56)蜚　古「飛」字。(57)緣　攀援。(58)厭　通「壓」。(59)大倉　設在京城的國家糧庫。(60)交戟　衛士執戟相交。(61)政始掖門　掖門，宮殿正門兩旁的邊門。《書・洪範》八政以食為首，故為「政始」；大倉位於未央宮旁側，相當其「掖門」，所以王莽稱大倉為「政始掖門」。(62)養贍官　臨時設置專門贍養流民的官吏。贍，供給；供養。(63)稟食　公家發給糧食。(64)市買　貿易；採購。市，交易；購買。(65)粱飰　精細的小米飯。(66)羹　用肉類或菜蔬等製成的帶濃汁的食物。(67)無鹽　縣名。在今山東東平東。(68)索盧恢　複姓索盧，名恢。(69)反城　占據城邑造反。(70)級　秦制，戰爭中斬敵首一，賜爵一級，稱為首級。後以「級」為所斬之首的量詞。(71)別校　單獨領軍作戰的中級軍官。(72)董憲　（？—西元三十年），後來堅持鬥爭，抗擊劉秀軍，在朐縣（今江蘇連雲港西南）戰死。(73)罷　通「疲」。(74)休士　使士卒休息。(75)成昌　地名。當在無鹽縣（今山東東平東）界。(76)誰為　為誰。疑問代詞做賓語前置。(77)犇　古「奔」字。(78)選士　挑選士兵。亦指精選出來的兵士。(79)帑藏　指錢幣、財產。帑，財帛。(80)自調　自行徵發調撥，不需請示。(81)忽　怠忘；忽略。(82)呵譟　眾聲呼叫。譟，群呼。(83)蚩尤　傳說黃帝時，曾與黃帝戰於涿鹿，失敗被殺。有不同說法，一說為炎帝臣；一說為黃帝臣；一說為九黎族首領；一說為古天子。(84)敖倉　漢朝在河南滎陽敖山（今河南鄭州西北邙山）上設置穀倉，是當時重要的糧倉。(85)南宮　雒陽城內宮殿名，舊址在今洛陽東北郊。(86)北軍中壘　原作中軍北壘，據《漢書補注》移正。(87)霸昌廄　霸昌觀設置的廄，在長安城西二十五里處。(88)黃鉞　飾以黃金的長柄斧頭。天子儀仗，亦用以征伐。有時特賜給主持征伐的大臣。(89)狂直　粗狂率直。(90)喪其齊斧　語出《易・巽卦・上九爻辭》。齊，通「資」。齊斧，利斧。借指象徵帝王權力的黃鉞。(91)潰畔　叛亂離散。畔，通「叛」。(92)世祖　東漢開國皇帝光武帝劉秀的廟號。漢景帝七代孫。(93)齊武王　劉秀的哥哥劉演（？—西元二三年），表字伯升。後屬劉玄，任大司徒，終被劉玄所殺。東漢時追封為齊武王。(94)李通　（？—西元四二年），隨劉演起兵，後屬劉玄，任柱天大將軍，封西平王。劉秀稱帝後，他留守京師（雒陽），先後任前將軍、大司徒，為東漢開國功臣。95春陵　鄉名。原在零陵郡泠道（今湖南寧遠東北）境，漢景帝的孫子劉買封春陵侯於此。後劉買的孫子劉仁時，把侯國遷到南陽蔡陽白水鄉（今湖北棗陽南），遂將此地改名為春陵。96棘陽　縣名，在今河南南陽南。97成丹　（？—西元二五年），後屬劉玄，任水衡大將軍，封襄邑王。以後被劉玄所殺。98王常　（？—西元三六年），潁川郡舞陽（今河南舞陽）人。後屬劉玄，任南陽太守，封鄧王。東漢時，任橫野大將軍，封山桑侯。99孛　彗星出現時光芒四射的現象。舊以為不祥之兆，預示有兵災悖亂發生。100張　星名，二十八宿之一。朱雀七宿的第五宿，有星六顆，在長蛇座內。101術數　以種種方術，觀察自然界可注意的現象，來推測人的氣數和命運。也稱「數術」。本書卷三十〈藝文志〉列天文、曆譜、五行、蓍龜、雜占、形法六種，並云：「數術者，皆明堂羲和史卜之職也。」但史官久廢，除天文、曆譜外，後世稱術數者，一般專指星占、卜筮、六壬、奇門遁甲、命相、拆字、起課、堪輿、占候等。102繆　虛偽；欺詐。103差　略微；勉強。

【語　譯】地皇三年正月，九座祠廟竣工，安放上神主牌位。王莽前往參拜謁見，乘坐套六匹馬的大駕，馬身上披著五彩羽毛織成的龍形圖案的衣服，頭上裝著角，有三尺長。華蓋車和十輛大戰車走在前面。因此賞賜主持修建祠廟工程的司徒、大司空各一千萬錢，侍中、中常侍以下都有封賞。賜封都匠仇延為邯淡里附城。

2 二月，霸橋發生火災，數千人澆水救火，沒有熄滅。王莽嫌惡這件事，下詔書說：「三皇象徵春天，五帝象徵夏天，三王象徵秋天，五霸象徵冬天。三皇、三王，是靠德行得到氣運的；霸，是填補空缺接續匱乏而獲得天命的，因此他們稱霸之道駁雜無章。常安城中的御道大多根據鄰近的地方取名。二月癸巳日深夜，到甲午日清晨，火燒霸橋，火勢從東方向西蔓延，直到甲午日的黃昏，橋燒光了火才熄滅。大司空巡視察問，有人說貧民在橋下留宿，懷疑是他們烤火取暖引起這場災難。第二天就是乙未日，是立春的日子。我以神明聖祖黃帝、虞帝後裔的身分接受天命，到地皇四年就十五年了。正好在地皇三年冬季將要結束的時候斷絕毀滅了象徵駁雜霸道的霸橋，想以此來興建新朝統一長存之道。又以此橋警告我們要開闢東方的道路。如今東方年成不好，人民飢餓，道路不通，東岳太師立即制定法令條規，打開東方各處糧倉，賑濟窮苦百姓，來施行仁慈之道。把霸館改名為長存館，霸橋改名為長存橋。」

3 這月，赤眉軍殺死太師羲仲景尚。關東地區出現人吃人現象。

4 四月，派遣太師王匡、更始將軍廉丹東征，在京城門外祭祀路神餞行。天降大雨，衣服都淋溼了。長老歎息說：「這是為軍隊哭泣！」王莽說：「陽九的厄運，與災害之氣會合，一直到去年。乾旱、霜災、蝗災，饑荒接連而至，百姓困苦貧窮，流亡在道路上，到了春天尤其嚴重，對此我非常悲傷。現在派東岳太師特進褒新侯打開東方各地糧倉，賑濟借貸窮困者。太師公不經過的地方，分別派大夫、謁者一起打開各處糧倉，以保全百姓。太師公和大使五威司命、位右大司馬、更始將軍平均侯廉丹前往兗州，鎮定安撫所負責的地區，以及青、徐二州原來不法盜賊還沒有解散，或者又重新結集起來的，都把他們消滅乾淨，期望能安定萬民。」太師和更始將軍共同率領精銳士兵十餘萬人，所到之處胡作非為。東部地區的人為此編歌謠說：「寧可遇到赤眉軍，不要遇上太師兵！太師兵還算好的，更始將軍要殺我！」果真和田況預言的一樣。

5 王莽又大量派遣大夫、謁者分別到各地教導民眾用草木煮草酪，草酪不能吃，卻更加重了人力和物力的耗費。王莽下詔書說：「想到民眾生活貧窮，雖然廣開各處的糧倉來賑濟他們，還是擔心不夠。暫時解除全國山林池澤管制的禁令，凡能採取山川物產而又順應月令規定的，聽任採取，不要讓他們繳稅。到地皇三十年再恢復禁令，那是王光上戊六年。如果讓有權勢的官吏和奸詐的豪民壟斷了山澤之利，普通百姓得不到好處，那不是我的本意。《易》不是說嗎？『削減上層的利益以增加平民的利益，百姓歡樂無邊。』《書》說：『說了卻不聽從，就是所謂的不治。』唉，諸位公卿，能不憂慮嗎！」

6 這時下江兵強盛，新市朱鮪、平林陳牧等都重新聚集眾人，攻擊鄉里聚落。王莽派司命大將軍孔仁統轄豫州，納言大將軍嚴尤、秩宗大將軍陳茂攻打荊州，分別隨從軍吏士兵百餘人，從渭水乘船進入黃河，到華陰縣才上岸乘坐驛車，到達轄區後招募士兵。嚴尤對陳茂說：「派遣將領卻不給發兵的虎符，遇事一定要先請示然後才能行動，這好比拴住韓盧犬卻要求牠捕獲獵物。」

7 夏天，蝗蟲從東方飛來，遮住了天空，到達長安，進入未央宮，攀援在殿堂樓閣上。王莽發動官民，設置賞格獎勵捕殺。

8 王莽因為全國糧食價格昂貴，想抑制糧價，建造大倉，設置衛士交叉執戟把守，稱為「政始掖門」。

9 流民進入函谷關的有數十萬人，於是設立養贍官發放糧食給他們吃。使者監督管理，和小官吏一起盜竊發放的糧食，流民餓死的有十之七八。此前，王莽讓中黃門王業主管長安的貿易，王業低價購進百姓的貨物，百姓非常憂慮這件事。王業卻因為節省國家費用有功，賞賜爵位為附城。王莽聽說城中發生了饑荒，就向王業詢問情況。王業說：「飢餓的都是流民。」就買來市場上的精米飯和肉羹，拿進宮給王莽看，說：「城內居民吃的都像這樣。」王莽相信了他。

10 冬天，無鹽縣索盧恢等人占領縣城起兵造反。廉丹、王匡進擊，攻陷縣城，斬殺一萬多人。王莽派中郎將捧著加蓋了璽印的詔書慰勞廉丹、王匡，進升二人爵位為公爵，賜封有功的軍吏和士兵十多人。

11 赤眉軍別校董憲等部眾幾萬人在梁郡，王匡想要進攻他們，廉丹認為剛剛攻陷城池，士兵疲勞，應當暫且讓士卒休息，重振威風。王匡不聽，單獨帶領軍隊進擊，廉丹只好跟隨他。在成昌與赤眉軍交戰，新朝軍隊被打敗，王匡逃跑了。廉丹派官吏攜帶自己的印綬符節交給王匡說：「小孩子可以逃跑，我不能！」於是留下來，奮戰而死。校尉汝雲、王隆等二十餘人在別的地方戰鬥，聽到這個消息，都說：「廉公已經死了，我們還為誰活著？」飛馬衝向赤眉軍，全部戰死。王莽傷悼廉丹，下詔書說：「只有公擁有眾多精選的士兵，各郡的駿馬、倉庫的糧食、內府的錢財都允許你自己調用，卻疏忽了詔書策命，離開了自己的威嚴符節，騎馬呼喊著衝擊，被亂刀殺害，可悲呀！賜諡號為果公。」

12 國將哀章對王莽說：「在偉大的祖考黃帝時代，中黃直做大將，擊敗並殺死蚩尤。現在臣居於中黃直的位置，願意領兵平定山東。」王莽派遣哀章奔赴東方，和太師王匡合力進剿。又派大將軍陽浚據守敖倉，司徒王尋率十餘萬部隊駐紮雒陽，鎮守南宮，大司馬董忠訓練士兵在北軍中壘營地練習騎射，大司空王邑兼領三公職務。司徒王尋剛從長安出發，夜宿霸昌廄，丟失了他的黃鉞。王尋的士房揚一向狂放率直，於是哭著說：「這就是經書所說的『喪失了它的利斧』啊！」自我彈劾離職而去。王莽派人擊殺了房揚。

13 各處的盜賊常常幾萬人攻打城邑，殺死二千石級以下的官員。太師王匡等人作戰數次不利。王莽知道全國民眾叛亂離散，已到窮途末路，無計可施，於是商議派遣風俗大夫司國憲等分別巡視全國各地，廢除井田制、不准買賣奴婢、徵收山林池澤稅以及六筦等禁令，凡是登上皇位以來頒布的不利於百姓的詔令全部收回。使者們等正等待接見尚未出發，恰在此時世祖和兄長齊武王劉伯升、宛人李通等率領舂陵縣子弟數千人，招來新市平林的朱鮪、陳牧等部，聯合攻下棘陽縣。這時候，嚴尤、陳茂打敗下江兵，成丹、王常等數千人單獨逃走，進入南陽郡境內。

14 十一月，有彗星出現在張宿，向東南方向運行，五天後消失。王莽屢次召見太史令宗宣詢問，各術數家都虛偽應答，說天文星象平安吉祥，各處盜賊就要被消滅。王莽勉強用這些話來安慰自己。

1 四年正月，漢兵❶得下江王常等以為助兵，擊前隊❷大夫甄阜、屬正梁丘賜，皆斬之，殺其眾數萬人。初，京師聞青、徐賊眾數十萬人，訖❸無文號❹旌旗表識❺，咸怪異❻之。好事者竊言：「此豈如古三皇無文書號諡邪？」莽亦心怪，以問群臣，群臣莫對。唯嚴尤曰：「此不足怪也。自黃帝、湯、武行師❼，必待部曲❽旌旗號令，今此無有者，直❾饑寒群盜，犬羊相聚，不知為之耳。」莽大說，群臣盡服。及後漢兵劉伯升起，皆稱將軍，攻城略地，既殺甄阜，移書❿稱說；莽聞之憂懼。

2 漢兵乘勝遂圍宛城。初，世祖族兄聖公⓫先在平林兵中。三月辛巳朔，平林、新市、下江兵將王常、朱鮪等共立聖公為帝，改年為更始元年，拜置百官。莽聞之愈恐。欲外視自安，迺染其須髮，進所徵天下淑女杜陵史氏女為皇后，聘黃金三萬斤，車馬奴婢雜帛珍寶以巨萬計。莽親迎於前殿兩階⑫間，成同牢⑬之禮于上西堂。備⑭和嬪、美御、和人⑮三，位視⑯公；嬪人九，視卿；美人二十七，視大夫；御人八十一，視元士：凡百二十人，皆佩印韍，執弓韣⑰。封皇后父諶為和平侯，拜為寧始將軍，諶子二人皆侍中。是日，大風發屋折木。群臣上壽曰：「迺庚子雨水灑道，辛丑清靚⑱無塵，其夕穀風⑲迅疾，從東北來。辛丑，巽之宮日⑳也。巽為風為順，后誼㉑明，母道得，溫和慈惠之化也。易曰：『受茲介福，于其王母㉒。』禮曰：『承天之慶，萬福無疆㉓。』諸欲依廢漢火劉，皆沃灌㉔雪除㉕，殄滅無餘雜㉖矣。百穀豐茂，庶㉗草蕃㉘殖㉙，元元驩喜㉚，兆民賴福，天下幸甚！」莽日與方士涿郡昭君等於後宮考驗㉛方術㉜，縱淫樂焉。大赦天下，然猶曰：「故漢氏春陵侯㉝群子劉伯升與其族人婚姻黨與，妄流言惑眾，悖畔㉞天命，乃手害更始將軍廉丹、前隊大夫甄阜、屬正梁丘賜，及北狄胡虜逆輿㉟洎㊱南夷虜若豆、孟遷㊲，不用此書㊳。有能捕得此人者，皆封為上公，食邑萬戶，賜寶貨五千萬。」

3 又詔：「太師王匡、國將哀章、司命孔仁、兗州牧壽良、卒正王閎、揚州牧李聖亟[39]進所部州郡兵凡三十萬眾，迫措[40]青、徐盜賊。納言將軍嚴尤、秩宗將軍陳茂、車騎將軍王巡、左隊大夫王吳亟進所部州郡兵凡十萬眾，迫措前隊醜虜[41]。明告以生活[42]丹青[43]之信，復迷惑不解散，皆并力合擊，殄滅之矣！大司空隆新公，宗室戚屬[44]，前以虎牙將軍東指則反虜破壞，西擊則逆賊靡[45]碎，此迺新室威寶[46]之臣也。如黠賊不解散，將遣大司空將百萬之師征伐剿[47]絕之矣！」遣七公幹士[48]隗囂[49]等七十二人分下赦令曉諭[50]云。囂等既出，因逃亡矣。

4 四月，世祖與王常等別攻潁川，下昆陽[51]、郾[52]、定陵[53]。莽聞之愈恐，遣大司空王邑馳傳之雒陽，與司徒王尋發眾郡兵百萬，號曰「虎牙五威兵」，平定山東。得顓封爵，政決於邑，除用徵諸明兵法[54]六十三家[55]術者，各持圖書，受器械，備[56]軍吏。傾府庫以遣邑，多齎[57]珍寶猛獸，欲視饒富，用怖[58]山東。邑至雒陽，州郡各選精兵，牧守自將，定會者四十二萬人，餘在道不絕，車甲士馬之盛，自古出師未嘗有也。

5 六月，邑與司徒尋發雒陽，欲至宛，道[59]出潁川，過昆陽。昆陽時已降漢，漢兵守之。嚴尤、陳茂與二公會，二公縱兵[60]圍昆陽。嚴尤曰：「稱尊號者[61]在宛下，宜亟進。彼破，諸城自定矣。」邑曰：「百萬之師，所過當滅，今屠此城[62]，喋血[63]而進，前歌後舞，顧[64]不快邪！」遂圍城數十重。城中請降，不許。嚴尤又曰：「『歸師勿遏，圍城為之闕[65]』，可如兵法，使得逸出，以怖宛下。」邑又不聽。會世祖悉發郾、定陵兵數千人來救昆陽，尋、邑易[66]之，自將萬餘人行陳[67]，敕諸營皆按部[68]毋得動，獨迎，與漢兵戰，不利。大軍不敢擅相救，漢兵乘勝殺尋。昆陽中兵出竝戰，邑走，軍亂。大風蜚瓦，雨如注水，大眾崩壞號謼[69]，虎豹[70]股栗[71]，士卒犇走，各還歸其郡。邑獨與所將長安勇敢數千人還雒陽。關中[72]聞之震恐，盜賊竝起。

6 又聞漢兵言，莽鴆殺[73]孝平帝。莽迺會公卿以下於王路堂，開所為平帝請命[74]金縢[75]之策，泣以視群臣。命明學男張邯稱說其德及符命事，因曰：「易言：『伏戎于莽，升其高陵，三歲不興[76]。』『莽』，皇帝之名。『升』謂劉伯升。『高陵』謂高陵侯[77]子翟義也。言劉升[78]、翟義為伏戎之兵於新皇帝世，猶殄滅不興也。」群臣皆稱萬歲。又令東方檻車傳送數人，言「劉伯升等皆行大戮[79]」。民知其詐也。

7 先是，衛將軍王涉素養[80]道士[81]西門君惠。君惠好天文讖記[82]，為涉言：「星孛埽宮室，劉氏當復興，國師公姓名[83]是也。」涉信其言，以語大司馬董忠，數俱至國師殿中廬[84]道[85]語星宿，國師不應。後涉特[86]往，對歆涕泣言：「誠[87]欲與公共安宗族，柰何不信涉也！」歆因為言天文人事，東方必成。涉曰：「新都哀侯[88]小被病[89]，功顯君[90]素耆[91]酒，疑帝本非我家子也[92]。董公主中軍[93]精兵，涉領宮衛，伊休侯主殿中，如同心合謀，共劫持帝，東降南陽天子，可以全宗族；不者，俱夷滅矣！」伊休侯者，歆長子也，為侍中五官中郎將，莽素愛之。歆怨莽殺其三子[94]，又畏大禍至，遂與涉、忠謀，欲發。歆曰：「當待太白星出，迺可。」忠以司中大贅起武侯孫伋亦主兵，復與伋謀。伋歸家，顏色變，不能食。妻怪問之，語其狀。妻以告弟雲陽[95]陳邯，邯欲告之。七月，伋與邯俱告，莽遣使者分召忠等。時忠方講兵[96]都肄[97]，護軍王咸[98]謂忠謀久不發，恐漏泄，不如遂斬使者，勒兵入。忠不聽，遂與歆、涉會省戶下。莽令蹛惲責問，皆服。中黃門各拔刃將忠等送廬，忠拔劍欲自刎[99]，侍中王望傳言大司馬反，黃門持劍共格殺[100]之。省中相驚傳，勒兵[101]至郎署[102]，皆拔刃張弓。更始將軍史諶行[103]諸署，告郎吏曰：「大司馬有狂病，發，已誅。」皆令弛[104]兵。莽欲以厭凶[105]，使虎賁以斬馬劍[106]挫[107]忠，盛以竹器，傳曰「反虜出」。下書赦大司馬官屬吏士為忠所詿誤[108]，謀反未發覺者。收忠宗族，以醇醯[109]毒藥、尺白刃[110]叢棘[111]并一坎[112]而埋之。劉歆、王涉皆自殺。莽以二人骨肉舊臣[113]，惡其內潰，故隱其誅。伊休侯疊又以素謹，歆訖[114]不告，但免侍中中郎將，更為中散大夫。後日殿中鉤盾土山[115]僊人掌[116]旁有白頭公青衣，郎吏見者私謂之國師公。衍功侯喜[117]素善卦，莽使筮之，曰：「憂兵火。」莽曰：「小兒安得此左道[118]？是迺予之皇祖叔父子僑[119]欲來迎我也。」

8 莽軍師外破，大臣內畔，左右亡所信，不能復遠念郡國，欲謼[120]邑與計議。崔發曰：「邑素小心，今失大眾而徵，恐其執節[121]引決[122]，宜有以大慰其意。」於是莽遣發馳傳諭[123]邑：「我年老無適[124]子，欲傳邑以天下。敕亡得謝[125]，見勿復道[126]。」邑到，以為大司馬。大長秋張邯為大司徒，崔發為大司空，司中壽容苗訢為國師，同說侯林為衛將軍。莽憂懣[127]不能食，亶[128]飲酒，啗[129]鰒魚[130]。讀軍書倦，因馮[131]几寐，不復就枕矣。性好時日[132]小數[133]，及事迫急，亶為厭勝。遣使壞渭陵、延陵[134]園門罘罳[135]，曰：「毋使民復思漢也。」又以墨洿色[136]其周垣。號將軍[137]曰「歲宿」，申水為「助將軍」，右庚「刻木校尉」，前丙「燿金都尉」，又曰：「執大斧，伐枯木；流大水，滅發火。」如此屬不可勝記。

9 秋，太白星流入太微[138]，燭[139]地如月光。

10 成紀隗崔兄弟[140]共劫大尹李育[141]，以兄子隗囂為大將軍，攻殺雍州牧陳慶、安定卒正王旬[142]，并其眾，移書郡縣，數莽罪惡萬[143]於桀紂[144]。

11 是月，析[145]人鄧曄[146]、于匡起兵南鄉[147]百餘人。時析宰將兵數千屯鄡亭[148]，備武關[149]。曄、匡謂宰曰：「劉帝已立，君何不知命也！」宰請降，盡得其眾。曄自稱輔漢左將軍，匡右將軍，拔析、丹水[150]，攻武關，都尉[151]朱萌降。進攻右隊[152]大夫宋綱，殺之，西拔湖[153]。莽愈憂，不知所出。崔發言：「周禮及春秋左氏，國有大災，則哭以厭之[154]。故易稱『先號咷而後笑[155]』。宜呼嗟[156]告天以求救。」莽自知敗，迺率群臣至南郊，陳其符命本末，仰天曰：「皇天既命授臣莽，何不殄滅眾賊？即令臣莽非是，願下雷霆[157]誅臣莽！」因搏[158]心大哭，氣盡，伏而叩頭。又作告天策，自陳功勞千餘言。諸生小民會旦夕哭，為設飧[159]粥，甚悲哀及能誦策文者除以為郎，至五千餘人。䢵惲將領[160]之。

12 莽拜將軍九人，皆以虎為號，號曰「九虎」，將北軍精兵數萬人東，內[161]其妻子宮中以為質[162]。時省中黃金萬斤者為一匱[163]，尚有六十匱，黃門、鉤盾、臧府[164]、中尚方[165]處處各有數匱。長樂御府[166]、中御府[167]及都內、平準[168]帑臧錢帛珠玉財物甚眾，莽愈愛[169]之，賜九虎士人四千錢。眾重[170]怨，無鬭意。九虎至華陰回谿[171]，距[172]隘，北從河南至山[173]。于匡持數千弩，乘堆[174]挑戰。鄧曄將二萬餘人從閔鄉[175]南出[176]棗街[177]、作姑[178]，破其一部，北出九虎後擊之。六虎敗走。史熊、王況詣闕歸死[179]，莽使使責死者安在，皆自殺；其四虎亡。三虎郭欽、陳翬、成重收散卒，保京師倉[180]。

13 鄧曄開武關迎漢，丞相司直李松[181]將二千餘人至湖，與曄等共攻京師倉，未下。曄以弘農掾王憲為校尉，將數百人北度渭，入左馮翊[182]界，降城略地。李松遣偏將軍韓臣等徑西至新豐，與莽波水將軍[183]戰，波水走。韓臣等追奔，遂至長門宮。王憲北至頻陽[184]，所過迎降[185]。大姓[186]櫟陽[187]申碭、下邽[188]王大皆率眾隨憲。屬縣[189]斄[190]嚴春[191]、茂陵董喜、藍田[192]王孟、槐里汝臣、盩厔[193]王扶、陽陵[194]嚴本、杜陵屠門少[195]之屬，眾皆數千人，假號[196]稱漢將。

14 時李松、鄧曄以為京師小小倉尚未可下，何況長安城，當須更始帝大兵到。即引軍至華陰，治攻具[197]。而長安旁兵四會城下，聞天水[198]隗氏兵方到，皆爭欲先入城，貪立大功鹵掠[199]之利。

15 莽遣使者分赦城中諸獄囚徒，皆授兵[200]，殺豨[201]飲其血，與誓曰：「有不為新室者，社鬼[202]記之！」更始將軍史諶將度渭橋[203]，皆散走。諶空還。眾兵發掘莽妻子父祖冢，燒其棺椁[204]及九廟、明堂、辟雍，火照城中。或謂莽曰：「城門卒，東方人，不可信。」莽更發越騎士[205]為衛，門置六百人，各一校尉。

16 十月戊申朔，兵從宣平城門[206]入，民間所謂都門也。張邯行城門，逢兵見殺。王邑、王林、王巡、蹛惲等分將兵距擊北闕下。漢兵貪莽封[207]力戰者七百餘人。會日暮，官府邸[208]第[209]盡犇亡。二日己酉，城中少年朱弟、張魚等恐見鹵掠，趨讙並和[210]，燒作室門[211]，斧[212]敬法闥[213]，謼曰：「反虜王莽，何不出降？」火及掖庭[214]承明[215]，黃皇室主[216]所居也。莽避火宣室[217]前殿，火輒隨之。宮人婦女謕謼[218]曰：「當奈何！」時莽紺[219]袀服[220]，帶璽韍，持虞帝匕首[221]。天文郎[222]按栻[223]於前，日時加某[224]，莽旋席隨斗柄[225]而坐，曰：「天生德於予，漢兵其如予何[226]！」莽時不食，少[227]氣困矣。

17 三日庚戌，晨旦明，群臣扶掖[228]莽，自前殿南下椒除[229]，西出白虎門[230]，和新公王揖[231]奉車待門外。莽就車，之漸臺[232]，欲阻池水[233]，猶抱持符命、威斗，公卿大夫、侍中、黃門郎從官尚千餘人隨之。王邑晝夜戰，罷[234]極，士死傷略盡，馳入宮，間關[235]至漸臺，見其子侍中睦解衣冠欲逃，邑叱之令還，父子共守莽。軍人入殿中，謼曰：「反虜王莽安在？」有美人出房曰：「在漸臺。」眾兵追之，圍數百重。臺上亦弓弩與相射，稍稍落去。矢盡，無以復射，短兵接。王邑父子、豐惲、王巡戰死，莽入室。下晡[236]時，眾兵上臺，王揖、趙博、苗訢、唐尊、王盛、中常侍王參等皆死臺上。商人杜吳[237]殺莽，取其綬。校尉東海公賓就[238]，故大行治禮[239]，見吳問綬主所在。曰：「室中西北陬[240]間。」就識，斬莽首。軍人分裂莽身，支節[241]肌骨臠分[242]，爭相殺者數十人。公賓就持莽首詣王憲。憲自稱漢大將軍，城中兵數十萬皆屬焉，舍[243]東宮[244]，妻[245]莽後宮，乘其車服。

18 六日癸丑，李松、鄧曄入長安，將軍趙萌[246]、申屠建[247]亦至，以王憲得璽綬不輒上，多挾宮女，建天子鼓旗，收斬之。傳莽首詣更始，縣[248]宛市，百姓共提擊[249]之，或切食其舌。

19 莽揚州牧李聖、司命孔仁兵敗山東，聖格死，仁將其眾降，已而[250]歎曰：「吾聞食人食者死[251]其事。」拔劍自刺死。及曹部監[252]杜普、陳定[253]大尹沈意、九江[254]連率賈萌[255]皆守郡不降，為漢兵所誅。賞都[256]大尹王欽及郭欽守京師倉，聞莽死，乃降，更始義[257]之，皆封為侯。太師王匡、國將哀章降雒陽，傳詣宛，斬之。嚴尤、陳茂敗昆陽下，走至沛郡譙[258]，自稱漢將，召會吏民。尤為稱說王莽篡位天時所亡聖漢復興狀，茂伏而涕泣。聞故漢鍾武侯劉聖[259]聚眾汝南[260]稱尊號，尤、茂降之。以尤為大司馬，茂為丞相。十餘日敗，尤、茂并死。郡縣皆舉城降，天下悉歸漢。

20 初，申屠建嘗事[261]崔發為詩，建至，發降之。後復稱說，建令丞相劉賜斬發以徇[262]。史諶、王延、王林、王吳、趙閎亦降，復見殺。初，諸假號兵人人望封侯。申屠建既斬王憲，又揚言三輔[263]黠共殺其主。吏民惶恐，屬縣屯聚，建等不能下，馳白更始。

【章旨】以上為卷下的第七部分，述新朝地皇四年、更始帝更始元年事。眾義軍匯合，殺前隊大夫甄阜、屬正梁丘賜，乘勝攻占宛。三月擁立劉玄為更始帝。四月劉秀等率別部攻克昆陽、郾、定陵。六月大司空王邑、大司徒王尋率百萬大軍攻打昆陽，大敗。衛將軍王涉、大司馬董忠、國師劉歆等合謀劫持王莽降劉玄，事洩敗亡。析縣鄧曄、于匡等紛紛起兵，匯集漢軍麾下，攻打長安，在漸臺殺死王莽，分其屍，新莽滅亡。各地新莽將帥或死，或降。

【注釋】❶漢兵　指以劉演、劉秀為首的舂陵軍。❷前隊　王莽改南陽郡為前隊。❸訖　終究；竟然。❹文號　用色彩或花紋標識爵位與名號。文，花紋圖案。號，稱號。一說號令。❺表識　標記；標識。❻怪異　驚異；感到奇怪。❼行師　用兵；出兵。❽部曲　古代軍隊編制單位。漢制，大將軍營五部，校尉一人；部有曲，曲有軍候一人。此處借指軍隊。❾直　不過；只是。❿移書　發送公文；布告。⓫聖公　指劉玄（?—西元二五年），字聖公，南陽蔡陽（今湖北棗陽西南）人。漢景帝七代孫，起初參加平林軍，被推為更始將軍，後合併於綠林軍。西元二三年稱帝，年號更始。王莽敗死後，他在長安建都。西元二五年赤眉軍進攻長安，投降，不久被絞死。⓬兩階　宮廷的東、西階梯。主人走東階，客人走西階。⓭同牢　古代婚禮中，新婚夫婦共食一牲的儀式。⓮備　完備；齊備。⓯和嬪美御和人　新莽時嬪妃的稱號。下文中的嬪人、美人、御人亦同。⓰視　比照；比擬。⓱執弓韣　韣，弓袋。《禮記・月令》載仲春月行高禖禮，嬪妃皆佩弓韣，天子在高禖前授之以弓矢，預示妃妾受孕生男孩。王莽仿照此禮。⑱靚　同「靜」。⑲穀風　東風。穀，取其生長之意，故稱穀風。⑳巽之宮日巽，卦名。八卦之一。漢代孟喜、京房等把《易》的卦爻分配四季稱為四時卦，分配十二月稱為消息卦，分配三百六十日稱為主日卦，每季、每月、每日都有一個卦爻輪值主宰。㉑誼　同「義」。指符合正義或道德規範。㉒受茲介福二句　語出自〈晉卦〉六二爻辭。茲，此；這。介，大。王母，皇后。㉓承天之慶二句　今《儀禮．士冠禮》有「承天之慶，受福無疆」文，此處所引「受」作「萬」。㉔沃灌　滌蕩；洗濯。㉕雪除　清除。㉖餘雜　遺餘混雜。㉗庶　眾多。㉘蕃　滋；繁殖。㉙殖生長。㉚驩喜　通「歡喜」。㉛考驗　實驗；試驗。㉜方術　泛指天文（包括星占、風角等）、醫學（包括巫醫）、神仙術、房中術、占卜、相術、遁甲、堪輿、讖緯等。這裡特指房中術。㉝舂陵侯　指劉演、劉秀的父親第四代侯劉敞。㉞悖畔　通「悖叛」。背叛。悖，違逆；違背。㉟輿　匈奴單于名。見前文。㊱洎　通「曁」。及；和。㊲若豆孟遷　西南的兩支部族。詳見前文。㊳不用此書　指劉伯升以下、孟遷以上，不在詔書赦令範圍。㊴亟　通「急」。快速；急速。㊵迫措　逼近。措，通「笮」。逼迫；追捕。㊶醜虜　指劉演、劉秀兄弟。㊷生活　使活命。㊸丹青　丹青色豔而不易泯滅，故用以比喻始終不渝。㊹戚屬　親屬；親戚。㊺靡　散。㊻威寶　尊貴的寶器。喻棟梁之材。㊼𠞰　「剿」的古字。截；削斷。㊽幹士　七公的屬官。㊾隗囂　（？—西元三三年），字季孟，西漢末天水成紀（今甘肅靜寧）人。事跡詳見《後漢書．隗囂列傳》。該傳載國師劉歆引隗囂為士，劉歆死，隗囂歸鄉里，與本傳記載不同。㊿曉諭　明白勸導；告知。多用於上對下。51昆陽　縣名。在今河南葉縣。52郾　縣名。在今河南郾城。53定陵　縣名。在今郾城西北。54兵法　用兵作戰的策略和方法。55六十三家　當時世上傳兵書者有六十三家，亦見《後漢書．光武帝紀》。然本書卷三十〈藝文志〉載五十三家，少十家。56備　充任；充當。57齎　攜帶。58怖　動詞。恐嚇。59道　取道；經過。60縱兵　發兵；出兵。61稱尊號者　自稱皇帝的人，指更始帝劉玄。62屠此城　破城時殺光全城的人。屠，屠殺；毀滅。63喋血　形容殺人流血很多。喋，流血貌。64顧　豈；難道。65歸師勿遏二句　語出《孫子．軍爭》：「歸師勿遏，圍師必闕。」遏，阻擊；抵禦。闕，空隙；缺口。意為留一生路。66易　輕視。67行陳　巡行軍陣。陳，通「陣」。68按部　帶領部屬。69謼　通「呼」。號叫；大聲喊叫。70虎豹　即前文所說「多齎」之「猛獸」。71股栗　大腿發抖。形容恐懼之極。72關中　古地域名。或泛指函谷關以西戰國末故秦地（有時包括秦嶺以南的漢中、巴蜀，有時兼有陝北、隴西）；或指居於眾關之中的地域。今指陝西渭河流域一帶。73鴆殺　用鴆酒毒殺。鴆，傳說中的一種毒鳥，以羽浸酒，飲之立死。74請命　請求保全生命或解除困苦。75金縢　金屬製的收藏書契的櫃子。縢，緘封。76伏戎于莽三句　語出《易．同人卦》九三爻辭。莽，草叢。高陵，高丘；山丘。此句意思是軍隊埋伏在草莽之中，登上高陵瞭望，不敢前進，三年後不興起。77高陵侯　翟義的父親翟方進在成帝時曾任丞相，封高陵侯。78劉升　劉伯升的省稱。79大戮　處死並陳屍示眾。80素養　平素所供養。81道士　煉丹服藥、修道求仙之士。82讖記　即讖書。記載讖語的書。83國師公姓名　有兩種說法：一用「劉歆」諧音「劉興」；二是劉歆於建平元年（西元前六年）改名劉秀（《漢書》為避光武帝名諱，仍用其舊名），而當時社會上流行「劉秀發兵捕不道，四七之際火為主」的讖言。84廬　古代官員值宿所住的房舍。85道　述說。86特　單個；單獨。87誠　真正；確實。88新都哀侯　指王莽的父親王曼。89小被病　從小疾病纏身。被，蒙受。90功顯君　王莽的母親。平帝元始四年（西元四年）賜此封號。91耆　通「嗜」。嗜好。92疑帝本非我家子也　意思說王莽母親酒後與人私通生下王莽。93中軍　古代行軍作戰分左、中、右或上、中、下三軍，由主將所在的中軍發號施令。此指大司馬直接統率的軍隊。94三子　指劉棻、劉泳、劉愔。95雲陽　縣名。治今陝西淳化西北。96講兵　講武練兵。97肄檢閱操練士卒。98王咸　本傳中第三個稱王咸的人。99自刎　自割其頸。即自殺。100格殺　擊殺。101勒兵　指揮軍隊。102郎署　指宮中宿衛郎官所屬官署。103行　巡行。104弛　放。105厭凶　用迷信方法抵制壓服可能發生的災禍。厭，通「壓」。106斬馬劍　漢寶劍名。其利可以斬馬，故稱。以其藏於尚方，後世俗稱尚方寶劍。107挫　通「剉」。截；砍。108詿誤　貽誤；連累。109醇醯　純醋。110尺白刃　短小鋒利的刀子。111叢棘　叢生的荊棘。112坎　坑。113骨肉舊臣　王涉是王莽的堂弟，而劉歆是王莽的舊臣。114訖　副詞。終究；竟然。115鉤盾土山　鉤盾令管理的土山。鉤盾，共工（漢稱少府）屬官，有鉤盾令，執掌園苑遊觀之事。116僊人掌　承接所謂天上降下的甘露的盤子。117衍功侯喜　可能是王莽兄子衍功侯王光的兒子王喜。118左道　邪門旁道。多指非正統的巫蠱、方術等。119子僑　王子僑。也作「王子喬」。傳說中仙人。120謼　古「呼」字。傳喚。121執節　堅守節操。122引決　自殺。決，通「訣」。別；辭別。123諭　告曉；告知。124適　通「嫡」。125謝　謝罪。謝其失師之罪。126見勿復道　相見不要再說以前的事。127懣　煩悶。128亶　通「但」。僅；只。129啗　吃。130鰒魚　即鮑魚，又叫石決明。131馮　通「憑」。倚靠。132時日　時辰和日子。古人以為時日有吉凶，常以卜筮決之。133小數　術數。泛指陰陽卜筮、鬼神仙道、祈禳厭勝之類。134延陵　成帝的墓地。在今陝西咸陽西北。135罘罳　古代設在門外或城角上的網狀建築，用以守望和防禦。136洿色　洿，通「汙」。塗染使改變原來的顏色。137軍　原作「至」，據《漢書補注》改。138太微　也作「大微」。古代星官名。三垣之一。位於北斗之南，軫、翼之北，大角之西，軒轅之東。諸星以五帝座為中心，作屏藩狀。也用來指朝廷或皇帝之居。139燭　照耀。動詞。140隗崔兄弟　指隗崔和哥哥隗義，後都屬劉玄，被殺。141李育　任鎮戎（漢天水郡）大尹。142王旬　《後漢書・隗囂列傳》作「王向」。143萬　萬倍。動詞。144桀紂　夏桀、商紂，分別為夏王朝、商王朝的末代君主，以殘暴著稱。(145)析　縣名。屬南陽郡。在今河南西峽。(146)鄧曄　後屬劉玄，任復漢將軍、執金吾。(147)南鄉　鄉名。屬析縣。在今河南淅川東南。(148)鄔亭　亭名。在今河南西峽境內。(149)武關　關隘名。在陝西商南南，是弘農郡通往南陽郡的關隘。(150)丹水　縣名。在今河南淅川西。(151)都尉　即武關都尉。武官名。執掌守衛武關，盤查過關人員。(152)右隊　王莽改弘農郡為右隊。(153)湖　縣名。屬右隊（弘農郡）。在今河南唐河西南。(154)哭以厭之　厭，通「壓」。《周禮・春官》女巫氏之職，凡國家遇到大災難，就唱著哭著而請求，以此報告哀傷。《左傳・宣公十二年》載，楚軍圍困鄭國十七日，鄭國占卜議和不吉，占卜在太宮臨哭且巷出車吉，國人和守衛者遂都大哭。崔發引此典故建議王莽仿效。(155)先號咷而後笑　語出《易經・同人卦》九五爻辭。號咷，也作「嚎啕」，放聲大哭。(156)呼嗟　呼號哀歎。(157)雷霆　震雷；霹靂。霆，迅雷。(158)搏　拍；擊。(159)飧　亦作「飡」、「飱」。熟食品；飯食。(160)將領　率領。(161)內　通「納」。使進入。(162)質　人質。(163)匱　古「櫃」字。大型藏物器。(164)臧府　官署名。掌倉庫。臧，通「藏」。(165)中尚方　官署名。掌皇后宮營造雜作。(166)長樂御府　官署名。其長官為御府令，屬共工（漢稱少府），掌長樂宮珍寶財物。(167)中御府　官署名。掌皇后宮珍寶財物。(168)平準　官署名。羲和（漢稱大司農）屬官有平準令、丞，掌管收購貨物，平抑物價，貴則賣之，賤則買之。(169)愛　吝嗇。(170)重　加重；格外。(171)回谿　回谿阪。古地名，即東崤山阪。在河南洛寧東北。長四里，寬二丈，深二丈五尺。(172)距　通「拒」。據守。(173)山　指崤山。(174)堆　指風陵堆。在山西永濟南黃河北岸。(175)閿鄉　鄉名。屬湖縣。在今河南靈寶西北文鄉。閿，通「聞」。(176)出　原作「山」。景祐等舊本作「出」。當是。(177)棗街　地名。(178)作姑　地名。在今陝西韓城北。(179)歸死　接受死刑；請死。(180)京師倉　舊址在今陝西華陰東北，或稱渭口倉。(181)李松　後任劉玄的丞相，被赤眉軍俘虜。(182)左馮翊　政區名。漢太初元年（西元前一〇四年）改左內史置，為拱衛首都長安的三輔之一，治長安（今西安市西北），轄境約當今陝西渭河以北、涇河以東洛河中下游地區。(183)波水將軍　新朝武官名。時竇融任此官，班固修史時，竇氏正盛，故避其諱。(184)頻陽　縣名。治今陝西富平東北美原鎮西南。(185)所過迎降　所過之處人們都來迎接並降附。(186)大姓　世家；大族。(187)櫟陽　縣名。治今陝西臨潼東北武屯鎮附近古城村南。(188)下邽　縣名。治今陝西渭南北下邽鎮東南渭河北岸。(189)屬縣　指京兆尹、左馮翊、右扶風三輔管轄下的縣。(190)斄　縣名。屬右扶風。古縣名。治今陝西武功西南。(191)嚴春　人名。姓嚴名春。(192)藍田　縣名。在今陝西藍田西。(193)盩厔　縣名。治今陝西周至東終南鎮。(194)陽陵　縣名。治今陝西咸陽東北。漢景帝陵墓設在此，因此置縣。(195)屠門少　人名。姓屠門名少。(196)假號　古時稱起事者自立的名號。亦用以稱起事者。(197)攻具　攻城用的器械。(198)天水　郡名。在今甘肅天水一帶，治平襄（今通渭西北）。(199)鹵掠　虜掠。鹵，通「虜」。(200)兵　兵器。(201)豨　豬。(202)社鬼　即社公。指土地神。(203)渭橋　長安附近渭水上的橋梁。秦代始建，本名橫橋，漢代改名為渭橋。舊址在今陝西咸陽東。204棺椁　棺與槨。古代貴族的棺材有兩層，內棺外槨。205越騎士　由越人充當的騎兵，其長官為越騎校尉，為八校尉之一，漢武帝時始置。206宣平城門　長安城東出北頭第一扇城門。207貪莽封　貪圖捉獲或殺死王莽後得到封賞之利。208邸　地方諸郡、諸侯王、列侯為朝見而在京都設置的住所。209第　達官貴族的府第。210趨讙並和　奔跑喧譁，彼此呼應。趨，疾行；奔跑。讙，喧譁。和，附和；響應。211作室門　作室是尚方的作坊，作室門是未央宮的便門。212斧　名詞作動詞。用斧頭砍。213敬法闥　敬法，殿名。闥，內門；小門。214掖庭　宮中官署名。掌後宮貴人採女事，以宦官為令丞。秦及漢初名永巷，漢武帝太初元年（西元前一〇四年）改為掖庭。東漢分為二，設掖庭令、永巷令。215承明　未央宮殿名。216黃皇室主　即王莽女、平帝皇后，平帝死後封為定安太后，王莽篡位後改稱黃皇室主。217宣室　未央宮殿名。218謕謼　啼哭呼喊。謕，古「啼」字。219紺　天青色；深青透紅之色。220袀服　衣、裳質地相同的服裝。袀，純；同。221虞帝匕首　以虞帝名義命名的匕首。222天文郎　觀察天象、推算時日的郎官。223栻　古代用木頭製成的占卜時日的器具，後稱為星盤。224某　指占卜的實際時刻。225斗柄　指栻上的斗柄所指的方向。226天生德於予二句　《論語・述而》記載，孔子有一次路過宋國，遭到司馬桓魋的迫害，孔子對隨行的弟子說：「天生德于予，桓魋其如予何？」王莽引孔子語以自慰。227少　通「稍」。稍微。228扶掖　攙扶。掖，拉人手臂；挾持。229椒除　宮殿的陛道。除，宮殿的臺階。椒，取芳香之名。230白虎門　漢代長安宮門名。231和新公王揖　安陽侯王音孫，始建國三年（西元一一年）嗣父安新公爵，改號和新公。詳見卷十八〈外戚恩澤侯表〉。232漸臺　臺名。在陝西長安。漢武帝作建章宮，太液池中有漸臺，高二十餘丈，臺址在水中，故名。233阻池水　以池水為阻。234罷　通「疲」。235間關　崎嶇輾轉，繞來繞去。236下晡　申後五刻，即下午五時三刻。晡，景祐等舊本作「餔」。兩字可通。237商人杜吳　周壽昌說，《三輔故事》作「屠兒杜虞」，《東觀漢記》亦作杜虞。吳、虞，古字通。238公賓就　人名。姓公賓，名就。後受封滑侯。239大行治禮　官名。典樂（漢稱大鴻臚）屬官大行令下設有主治禮郎。240陬　隅；角落。241支節　四肢。支，通「肢」。242臠分　切割分裂。臠，碎割。243舍　住宿。244東宮　漢代稱長樂宮為東宮，未央宮為西宮。245妻　以為妻；姦淫。246趙萌　南陽棘陽（今河南南陽南）人。後任更始帝劉玄的右大司馬，其女嫁給更始帝為夫人，趙萌專權，和李松並為劉玄的左右臂膀。247申屠建　（?—西元二五年），綠林軍將領，任繡衣御史。後屬更始帝劉玄，任西屏大將軍，封平氏王。後與隗囂等合謀劫劉玄，發覺被殺。248縣　通「懸」。懸掛。249提擊　擲擊。250已而　旋即；不久。251死　效死。用作動詞。252部監　二十五部監之一。253陳定　郡名。王莽改梁國為陳定郡，屬豫州。治今河南商丘南。254九江　王莽改豫章郡為九江郡，屬揚州，治今江西南昌。255賈萌　關於賈萌之死，《太平御覽》引謝承《後漢書》等與本傳記載不同。256賞都　即賞都尉，王莽從汝南郡（王莽改為汝汾郡）分出，屬豫州。257義　用作動詞。認為合乎正義或道德規範而加以稱許。258譙　縣名。治今安徽亳州。259鍾武侯劉聖　《後漢書》卷十一〈劉玄列傳〉作「劉望」。260汝南　郡名。治上蔡（今河南上蔡西南）。261事　指從師求學。262徇　宣示於眾。263三輔　指三輔吏民。《資治通鑑》引作「三輔兒」。

【語　譯】地皇四年正月，漢軍得到下江王常等部作為協助友軍，攻打前隊大夫甄阜、屬正梁丘賜，把他們都殺死了，殲滅他們的部隊幾萬人。當初，京城聽說青州和徐州地區盜賊有幾十萬人，始終沒有圖徽、名號、旗幟、標識，對此都感到奇怪。好事的人私下說：「這難道是像古代的三皇沒有文書稱號嗎？」王莽心裡也感到奇怪，以此事詢問大臣，大臣們沒人能回答。只有嚴尤說：「這不足為奇。自黃帝、商湯、周武王行軍用兵以來，必須有部隊編制、旗幟號令，現在這些人沒有，是因為他們只是一群飢寒交迫的盜賊，像羊狗一樣聚集在一起，不知道要做這些罷了。」王莽非常高興，群臣也都信服他的說法。等到後來漢軍劉伯升起事，都自稱將軍，攻打城池占領地盤，殺死甄阜後，發布文書，宣傳自己的政見主張；王莽聽說後十分憂慮恐懼。

2 漢軍於是乘勝包圍了宛城。當初，世祖同族兄劉聖公先加入平林兵。三月辛巳朔日，平林兵、新市兵和下江兵的將領王常、朱鮪等共同擁立劉聖公做皇帝，改年號為更始元年，設置並任命百官。王莽聽到這個消息更加恐慌。他想向外界顯示自己鎮定自若，於是染黑了鬍鬚、頭髮，進升在全國徵選的淑女杜陵縣史家的女兒為皇后，聘禮是三萬斤黃金，車馬、奴婢、綢緞、珠寶等數以萬萬計。王莽親自在前殿東西臺階之間迎接，在上西堂舉行新婚夫婦同食一牲的儀式。設置和嬪、美御、和人三人，爵位比照三公；嬪人九人，爵位比照卿；美人二十七人，爵位比照大夫；御人八十一人，爵位比照元士：共一百二十人，都佩帶印綬，手執弓袋。賜封皇后的父親史諶為和平侯，任命為寧始將軍，史諶的兩個兒子都任侍中。這天，大風掀起房屋折斷樹木。大臣們祝賀說：「前庚子日雨水洗滌了道路，辛丑日清淨沒有灰塵，那天晚上東風迅猛，從東北方向吹來。辛丑，是〈巽卦〉主宰的日子，〈巽〉象徵風、象徵順，表明皇后深明大義，具備做母親的道德，受過溫和慈惠的教化。《易》說：『接受這洪福，在此君母。』《禮》說：『承受上天的賜予，多福沒有止境。』

那些想依靠廢黜的漢室、火德劉氏的人，都被滌蕩清除，消滅得徹底乾淨了。百穀豐收，草木繁殖，人民歡欣，萬民託福，全國上下都很幸運啊！」王莽天天和方士涿郡人昭君等在後宮研究實驗房中術，縱情荒淫享樂。宣布全國大赦，但是還說：「原漢朝舂陵侯的幾個兒子劉伯升和他的族人親家黨羽，胡亂製造流言迷惑眾人，背叛天命，還有親手殺害更始將軍廉丹、前隊大夫甄阜、屬正梁丘賜的人，以及北狄胡人叛逆輿和南蠻僰虜若豆、孟遷，都不適用這個大赦文書。有能捕獲這些人的，都賜封為上公，封邑一萬戶，賞賜錢五千萬。」

3 又下詔書說：「太師王匡、國將哀章、司命孔仁、兗州牧壽良、卒正王閎和揚州牧李聖急速率領所屬州郡兵共三十萬人進軍，逼近青州和徐州二州盜賊。納言將軍嚴尤、秩宗將軍陳茂、車騎將軍王巡、左隊大夫王吳急速率領所屬州郡兵共十萬進擊，逼近前隊敵人。明確宣告保證不殺投降的人，倘若仍然執迷不悟不肯解散的，都要協力圍剿，徹底消滅他們！大司空隆新公，是皇室親戚，以前曾任虎牙將軍，向東進擊反賊就潰敗，向西進擊逆賊就分崩離析，這是新朝威嚴寶貴的重臣。如果狡猾的盜賊不解散，將派遣大司空統率百萬大軍征伐剿滅他們！」於是派遣七公幹士隗囂等七十二人分別下達赦令告知各地。隗囂等人出了京城，便趁機逃跑了。

4 四月，世祖和王常等人分兵進攻潁川郡，攻克昆陽縣、郾縣和定陵縣。王莽聽到這個消息後更加恐慌，派遣大司空王邑疾馳驛車到雒陽，和司徒王尋徵發各郡兵上百萬人，號稱「虎牙五威兵」，平定崤山以東地區。可以自行賜封爵位，政事由王邑決定，任用徵選來的精通六十三家兵法的軍事人才，各自攜帶圖書，領受武器，充當軍吏。傾盡府庫的物資以滿足派遣王邑的需要，大量攜帶珍寶和猛獸，想要炫耀朝廷的富饒，用來震懾崤山以東地區。王邑抵達雒陽，州郡各選派精兵，由州牧郡守親自率領，如約會合的有四十二萬人，其餘的還在路上連綿不絕，兵車、鎧甲、士兵、馬匹之浩大，自古出兵作戰以來都沒有過。

5 六月，王邑和大司徒王尋從雒陽出發，打算到宛縣，取道潁川郡，路過昆陽縣。昆陽當時已經投降漢軍，漢軍把守著它。嚴尤、陳茂和王邑、王尋二公會合，二公指揮大軍包圍了昆陽城。嚴尤說：「自稱皇帝的人在宛城，應當急速進軍那裡。宛城被攻下，其他城邑自然就平定了。」王邑說：「百萬大軍，所經之處的敵人就應當消滅。現在屠滅此城，喋血前進，前頭的部隊唱著歌後面的部隊跳著舞，豈不痛快！」於是包圍昆陽城幾十重。城中的漢軍請求投降，王邑不許。嚴尤說：「『返回的軍隊不要攔截，包圍城池要留下一個缺口』，可按照兵法所說，讓漢軍得以逃出，以此震懾宛城。」王邑又不聽從。正在此時世祖徵調郾縣和定陵縣的全部兵士幾千人來援救昆陽，王尋、王邑輕視他們，親自率一萬餘人巡視陣地，命令各軍營約束部眾不得擅自行動，自己單獨迎敵，和漢軍交戰，結果局勢不利。大軍不敢擅自援救，漢軍乘勝殺死王尋。昆陽城中的守兵出城共同作戰，王邑逃跑，軍隊大亂。突然颳起大風掀掉屋瓦，下起大雨像潑水一樣，新朝軍隊崩潰，號呼一片，虎豹嚇得戰慄不止，士卒奔逃，各自逃回自己的郡縣。王邑只和他率領的長安勇敢兵幾千人回到雒陽。關中地區聽到這個消息震驚恐懼，盜賊紛紛而起。

6 又聽漢軍說，王莽用鴆酒毒死了漢平帝。王莽於是召集公卿以下官員到王路堂，打開收藏在金匱裡當年他為漢平帝請求保全生命而寫的策書，流著淚把策書拿給大臣看。命令明學男張邯稱頌他的德行並解說符命的事，然後說：「《易》說：『軍隊埋伏在草莽之中，升上高陵，三年後不能興起。』『莽』，是皇帝的名字。『升』就是劉伯升。『高陵』說的是高陵侯的兒子翟義。這是說劉伯升、翟義是新朝皇帝時埋伏在草莽的軍隊，終歸要被消滅，不能興旺。」大臣們都高呼萬歲。又命令東方用囚車押送數人進京，說「劉伯升等人都被處死了」。百姓都知道那是假的。

7 原先，衛將軍王涉平素供養著道士西門君惠。君惠喜好星象讖緯，對王涉說：「有彗星掃過皇宮，劉氏當重新興起，是國師公的姓名。」王涉相信他的話，並告訴了大司馬董忠，兩人多次到國師在殿中住宿的廬舍告訴他彗星的事，國師默不應聲。後來王涉隻身前往，對劉歆流淚說：「實在是想和您共同安定宗族，為什麼不相信我王涉呢！」劉歆於是對他講述天文人事，說東方一定會成功。王涉說：「新都哀侯從小生病，功顯君一向嗜酒，我懷疑皇帝本不是我們王家的子孫。董公掌管中軍精兵，我掌管宮中衛士，伊休侯負責殿中守衛，如果我們同心合力，一起劫持皇帝，東去投降南陽的天子，就可以保全我們的宗族；不然，全都會被殺身滅族呀！」伊休侯是劉歆的長子，任侍中五官中郎將，王莽一向喜愛他。劉歆怨恨王莽殺死他三個兒女，又害怕大禍臨頭，就和王涉、董忠合謀，想發動政變。劉歆說：「應當等到太白星出現，才可以動手。」董忠因為司中大贅起武侯孫伋也掌握軍權，又和孫伋商議。孫伋回家後，臉色變了，吃不下飯。他的妻子感到奇怪，便問他，孫伋講了這一情況。他妻子把此事告訴她弟弟雲陽人陳邯，陳邯想告發他們。七月，孫伋和陳邯一起去告發，王莽派使者分頭召見董忠等人。此時董忠正在訓練士兵舉行大演習，護軍王咸對董忠說密謀很長時間而不行動，恐怕會走漏風聲，不如就此殺掉使者，率領軍隊進宮。董忠不聽，於是和劉歆、王涉在皇宮門前會合。王莽命豐惲審問他們，全都招認了。中黃門各個拔出刀劍將董忠等人押送到官舍，董忠拔劍想自殺，侍中王望傳話說大司馬謀反，黃門拿劍一起殺死了董忠。宮中互相轉告，一片驚慌，將領率領士兵湧到中郎將府，都拔出刀劍、拉開弓弩。更始將軍史諶巡行各中郎將府，告訴郎官們說：「大司馬有瘋癲病，病情發作，已被誅殺。」命令全部放下武器。王莽想藉此鎮伏凶災，讓虎賁武士用斬馬劍剁碎董忠，用竹器盛著，傳告說「反賊出來了」。下詔書赦免大司馬屬官屬吏士兵中被董忠所蒙蔽、參與謀反而沒被發覺的人。逮捕董忠的宗族，用濃醋、毒藥和鋒利的短刀及荊棘一起埋入坑中。劉歆、王涉都自殺了。王莽因為這兩個人是親屬和舊臣，嫌惡他們從內部潰亂，所以隱瞞了誅殺他們的事。伊休侯劉疊因為一向謹慎，劉歆始終沒告訴他謀反的事，所以王莽只免去他侍中中郎將的職務，改任中散大夫。後來，殿中鉤盾管理的假山上接露水的托盤旁出現了穿著青衣的白髮老翁，看見的郎官都私下說那是國師公。衍功侯王喜平日擅長占卦，王莽讓他用蓍草卜問此事，他說：「有兵火之憂。」王莽說：「小孩子從哪裡學會了這些旁門左道？這是我的偉大祖叔父王子僑要來迎接我。」

8 王莽軍隊在外面吃了敗仗，大臣又在內部叛變，身邊沒有人可以信賴，顧不上再考慮遠方郡國的事，想叫王邑回來跟他商議。崔發說：「王邑一向小心，現在損失了大軍而徵召他回京，恐怕他堅持氣節自殺，應該用什麼好好地安撫他的心意。」於是王莽派遣崔發乘坐驛車飛速告知王邑：「我年老沒有嫡子，想把國家傳給你王邑。命令你不要檢討罪責，見面後不必再提那些事情。」王邑到了後，任命他為大司馬。任命大長秋張邯為大司徒，崔發為大司空，司中壽容苗訢為國師，同說侯王林為衛將軍。王莽憂愁煩悶吃不下飯，只喝酒，吃鮑魚。閱讀上報的軍情疲倦了，就靠著几案打盹，沒有再上床睡覺過。王莽生性喜好占卜看時辰等方術，等到事情緊急，只一味用壓勝的辦法。派遣使者毀掉渭陵、延陵園門的罘罳，說：「不要讓人民再想念漢朝。」又用墨塗黑陵園的圍牆。稱將軍為「歲宿」，申水為「助將軍」，右庚為「刻木校尉」，前丙為「耀金都尉」，還說：「拿著大斧，砍伐枯樹；流出大水，滅掉燃燒的火。」諸如此類多得無法全部記錄下來。

9 秋天，太白星流進太微垣，如月光般照耀大地。

10 成紀縣隗崔兄弟共同劫持了大尹李育，擁立他們哥哥的兒子隗囂做大將軍，攻擊殺死雍州牧陳慶和安定卒正王旬，合併了他們的軍隊，發布文書到各個郡縣，歷數王莽的罪惡，聲稱是夏桀、商紂的一萬倍。

11 這個月，析縣人鄧曄、于匡等一百多人在析縣南鄉起兵。此時析縣宰率領數千士兵駐紮在鄡亭，防守武關。鄧曄、于匡對縣宰說：「劉氏皇帝已經登基，您怎麼不明白天命呢！」縣宰請求投降，鄧曄接收了他全部的軍隊。鄧曄自稱輔漢左將軍，于匡自稱輔漢右將軍，攻下析縣和丹水縣，進攻武關，武關都尉朱萌投降。進攻右隊大夫宋綱，殺死了他，向西攻下湖縣。王莽更加憂慮，不知怎麼辦好。崔發說：「據《周禮》及《春秋左傳》記載，國家有大災難，就用哭來鎮伏它。所以《易》說『先放聲大哭而後才笑』。應該呼號哀叫報告上天請求救援。」王莽自己知道敗局已定，就率領大臣們到南郊，陳述他接受符命登基的經過，仰面對天說：「上天既然授命給臣王莽，為什麼不消滅那些盜賊？如果臣王莽有過錯，希望降下霹靂擊殺臣王莽！」然後捶胸大哭，哭得上氣不接下氣，趴在地上叩頭。又寫了一篇禱告上天的文書，陳述自己的功勞，有一千多字。讓儒生們和百姓早晚集合起來哭，為他們準備粥飯，哭得特別悲傷以及能背誦告天策文的，任命他們為郎官，以致五千多人做了郎官，由釁惲統領他們。

12 王莽任命九名將軍，都用虎作為名號，號稱「九虎」，率領北軍精銳部隊幾萬人向東方進發，把他們的妻子兒女接進宮做人質。當時宮中的黃金一萬斤裝在一個櫃子中，還有六十櫃，黃門、鉤盾、臧府、中尚方每處各有幾櫃。長樂御府、中御府以及都內、平準庫存的錢幣絲綢珠寶玉器財物有很多，王莽越來越吝惜它們，賜給九虎部隊的士兵每人才四千錢。大家都怨氣沖天，沒有戰鬥意志。九虎將軍到達華陰縣回谿阪，據守關隘，北起黃河南到崤山。于匡率領幾千名弓弩手，登上風陵堆挑戰。鄧曄率兩萬多人從閿鄉向南推進到棗街、作姑，擊敗了其中一路守軍，又向北從九虎將軍後面進攻。六虎敗逃。史熊、王況回京請死，王莽派使者責問他們死的人在哪裡，二人自殺；其餘四虎逃走了。剩下的三虎郭欽、陳翬、成重收集散兵，保衛京師倉。

13 鄧曄打開武關迎接漢軍，丞相司直李松率領兩千多人到湖縣，和鄧曄等人一起進攻京師倉，沒能攻打下來。鄧曄任命弘農掾王憲為校尉，帶領幾百人向北渡過渭河，進入左馮翊境內，攻陷城池，占據土地。李松派偏將軍韓臣等徑直向西，到達新豐縣，和王莽的波水將軍交戰，波水將軍敗逃。韓臣等人追逐逃跑的敗兵，最後到了長門宮。王憲向北到達頻陽縣，所到之處人們都來迎接降附。名門大族櫟陽縣的申碭、下邽縣的王大都率領部眾追隨王憲。三輔地區屬縣斄縣人嚴春、茂陵縣人董喜、藍田縣人王孟、槐里縣人汝臣、盩厔縣人王扶、陽陵縣人嚴本、杜陵縣人屠門少等，部眾都有幾千人，自立名號稱漢將軍。

14 當時李松、鄧曄認為京師小小的糧倉尚且攻打不下來，更何況長安城，應當等更始皇帝的大軍到達後再進攻。於是率領部隊到達華陰，準備攻城用的器械。而長安附近的軍隊從四面會集到城下，聽說天水郡隗家的部隊將要到來，都爭著想要先進入長安城，貪圖建立大功以及搶掠財物的好處。

15 王莽派遣使者分頭赦免城中各個監獄的囚犯刑徒，發給他們武器，殺豬飲血，和他們盟誓說：「有不為新朝效力的，土地神會記住他！」更始將軍史諶率領他們渡過渭橋，囚徒們都四散逃走。史湛一個人返回。起義軍眾將士挖掘王莽妻子、兒子、父親、祖父的墳墓，焚燒了棺槨以及九廟、明堂、辟雍，大火照耀長安城中。有人對王莽說：「守城門的士卒都是東方人，不可信任。」王莽更換越人騎兵擔任守衛，每座城門設置六百名騎兵，各設一名校尉統領。

16 十月戊申朔日，攻城部隊從宣平城門衝入，宣平城門就是民間所說的都門。張邯巡行城門，遇到攻進來的士兵，被殺死。王邑、王林、王巡、曹惲等分頭帶兵在皇宮北闕阻擊。漢軍士兵貪圖斬獲王莽以得到封賞，奮勇作戰的有七百多人。到了日暮黃昏，官府、郡國邸、宅第中的人都逃光了。二日己酉，長安城中少年朱弟、張魚等人擔心遭到搶劫，奔跑呼喊，彼此響應，焚燒了作室門，用斧頭砍開敬法殿的小門，喊道：「反賊王莽，為何還不出來投降？」大火蔓延到掖庭的承明殿，這是黃皇室主居住的地方。王莽逃到宣室前殿躲避大火，火卻跟著燒到那裡。宮女、婦人哭叫著說：「應當怎麼辦啊！」當時王莽穿著全套天青色衣服，佩帶璽綬，拿著虞帝匕首。天文郎就在王莽座前轉動占卜時日的星盤，隨時撥動星盤的指針，王莽跟隨著斗柄的方向轉動座席，說：「上天把德運賜予給我，漢軍又能把我怎樣！」王莽當時沒有吃飯，神色有些困乏。

17　三日庚戌，清晨天亮了，大臣們攙扶著王莽，從前殿向南走下宮殿的陛道，從西邊的白虎門出來，和新公王揖準備好車子等候在門外。王莽上了車，前往漸臺，想憑藉池水阻擋大火，王莽還抱著符命、威斗，公卿大夫、侍中、黃門郎等隨從官員還有一千餘人跟隨著他。王邑晝夜苦戰，疲憊極了，士兵死傷殆盡，王邑飛馬馳入宮中，輾轉到達漸臺，看見他兒子侍中王睦脫下衣帽想逃，王邑喝住他讓他回來，父子倆共同守衛王莽。攻城軍士進入殿中，喊道：「反賊王莽在哪裡？」有個美人走出房間，說：「在漸臺。」眾兵追去，包圍了幾百層。漸臺上王莽的衛兵也用弓箭和圍兵對射，圍兵略微後退。箭用光了，不能再射，便短兵相接。王邑父子、䣛惲、王巡戰死，王莽逃進內室。申時過後，士兵們蜂擁上漸臺，王揖、趙博、苗訢、唐尊、王盛、中常侍王參等都死在臺上。商人杜吳殺死了王莽，取下他佩帶的印綬。校尉東海郡人公賓就，是前大行治禮，看見杜吳所持綬帶，追問綬帶主人在哪裡。杜吳說：「在室內西北角的屋子裡。」公賓就認識王莽，砍下他的首級。士兵們分裂了王莽的身軀，四肢、肌肉、筋骨一塊一塊分割，幾十個人爭相砍殺。公賓就拿著王莽的首級去見王憲。王憲自稱是漢大將軍，城中的軍隊幾十萬人都歸屬於他，他住在長樂宮，把王莽的妃嬪都收為妻妾，乘王莽的車，穿用王莽的禮服、器物。

18　六日癸丑，李松、鄧曄進入長安，將軍趙萌、申屠建也到了，因為王憲得到王莽的印璽綬帶不即刻上交，大量霸占宮女，使用天子的儀仗，將他逮捕斬首。傳送王莽的首級到更始皇帝那裡，懸掛在宛城市場示眾。百姓都用東西擲擊他，有人割下王莽的舌頭吃。

19　王莽的揚州牧李聖、司命孔仁在山東地區打了敗仗，李聖格鬥而死，孔仁率領他的部眾投降，過不久又歎息說：「我聽說，吃人家的飯就要為他的事業效死命。」於是拔劍自殺了。還有曹部監杜普、陳定大尹沈意、九江連率賈萌都據守郡城不肯投降，被漢軍殺死。賞都大尹王欽和郭欽守衛京師倉，聽說王莽死了，就投降了，更始帝認為他們守節義，都賜封為侯。太師王匡、國將哀章在雒陽投降，傳送到宛城，斬了他們。嚴尤、陳茂在昆陽城下被打敗，逃到沛郡譙縣，自稱是漢朝將軍，召集官民。嚴尤講述王莽篡位、天意讓他滅亡以及偉大的漢朝復興的情形，陳茂趴在地上哭泣。聽說前漢朝鍾武侯劉聖在汝南郡聚集眾兵自稱皇帝，嚴尤、陳茂就投降了他。劉聖任命嚴尤為大司馬，陳茂為丞相。十幾天就失敗了，嚴尤、陳茂都死了。各郡縣紛紛全城投降，天下都歸附了漢軍。

20 當初，申屠建曾經跟隨崔發學習《詩經》，申屠建到長安後，崔發投降了他。後來崔發又宣揚王莽接受符命的事，申屠建命丞相劉賜殺死崔發示眾。史諶、王延、王林、王吳、趙閎也投降了，後來都被殺死。當初各地自立名號的軍隊人人希望封侯。申屠建殺死王憲後，又揚言說三輔地區的民眾狡猾，一起殺死他們的君主。官吏和百姓恐慌起來，所屬各縣屯兵聚集，申屠建等攻不下來，派人飛馬報告更始帝。

二年❶二月，更始到長安，下詔大赦，非王莽子，他皆除其罪，故王氏宗族得全❷。三輔悉平，更始都長安，居長樂宮。府藏完具❸，獨未央宮燒攻莽三日，死則案堵❹復故。更始至，歲餘政教❺不行。明年夏，赤眉樊崇等眾數十萬人入關，立劉盆子❻，稱尊號，攻更始，更始降之。赤眉遂燒長安宮室市里，害更始。民饑餓相食，死者數十萬，長安為虛❼，城中無人行。宗廟園陵皆發掘，惟霸陵❽、杜陵完。六月，世祖即位❾，然後宗廟社稷復立，天下艾安❿。

【章　旨】以上為卷下的第八部分，粗略記述更始二年至光武帝劉秀即位事。更始帝定都長安一年多，赤眉軍樊崇另立劉盆子為帝，更始帝投降。赤眉軍焚燒長安城，殺更始帝，失去民心。六月，劉秀登基，建立東漢政權，遂平定天下。

【注　釋】❶二年　劉玄更始二年，西元二四年。❷得全　獲得保全。❸完具　完整；完備。❹案堵　安居；安定有序。案，通「安」。安於次序。堵，牆堵。❺政教　政治與教化。❻劉盆子　（西元十一—?年），泰山式縣人。漢高帝十一代孫。被擁立後，年號建世。後投降劉秀。❼虛　通「墟」。廢墟；荒地。❽霸陵　縣名。在今陝西西安東。原為芷陽縣，漢文帝在此起陵，稱霸陵，故改名。❾世祖即位　劉秀在常山鄗縣（今河北柏鄉北）稱帝，到十月間定都洛陽。❿艾安　民生安定，宇內承平。艾，通「乂」。

【語　譯】更始二年二月間，更始帝劉玄到達長安，下詔令宣布全國大赦，除王莽的子女外，其他人全部都赦免他們的罪責，因此王氏宗族得以保全。三輔地區全部平定，更始帝建都長安，住在長樂宮。府庫珍藏都完好無損，只有未央宮因為攻打王莽火燒三天，王莽死後又安定下來和以前一樣。更始帝到達長安後，一年多政令教化未能推行。第二年夏天，赤眉軍樊崇等數十萬軍隊進入函谷關，擁立劉盆子，稱皇帝，攻打更始帝，更始投降了他們。赤眉軍於是焚燒長安城的宮殿、市區和住宅，殺害了更始帝。百姓飢餓以至於人吃人，死的人有幾十萬，長安城成為廢墟，城裡沒有人行走。宗廟、園陵全都被挖掘，只有霸陵、杜陵保存下來。六月，世祖登上皇帝位，隨後宗廟、社稷重新建立，天下安定。

贊曰：王莽始起外戚，折節❶力行❷，以要❸名譽❹，宗族稱孝，師友歸仁。及其居位輔政❺，成、哀之際，勤勞國家，直道❻而行，動見稱述❼。豈所謂「在家必聞，在國必聞」，「色取仁而行違」❽者邪？莽既不仁而有佞邪❾之材，又乘四父⑩歷世之權，遭漢中微⑪，國統三絕⑫，而太后壽考⑬為之宗主，故得肆⑭其姦慝⑮，以成篡盜⑯之禍。推是言之，亦天時，非人力之致矣。及其竊位南面⑰，處非所據，顛覆之勢險於桀紂，而莽晏然⑱自以黃、虞復出也。迺始恣睢⑲，奮其威詐，滔天⑳虐民，窮凶極惡，毒流諸夏，亂延蠻貉，猶未足逞其欲焉。是以四海之內，囂然㉑喪其樂生之心，中外憤怨，遠近俱發，城池㉒不守，支體分裂，遂令天下城邑為虛㉓，丘壠㉔發掘，害徧生民，辜及朽骨㉕，自書傳㉖所載亂臣賊子無道㉗之人，考其禍敗，未有如莽之甚者也。昔秦燔詩書㉘以立私議㉙，莽誦六藝以文㉚姦言，同歸殊塗㉛，俱用滅亡，皆亢龍㉜絕氣，非命㉝之運，紫色㉞蠅聲㉟，餘分閏位㊱，聖王之驅除㊲云爾！

【章旨】以上是班固在上中下三分卷之末對王莽所作的評論。班固分析了王莽能夠篡奪皇位的原因，認為除了他個人有佞邪之材外，更是時勢使然。王莽為禍有史以來最為慘烈，他依託《六經》達成自己篡逆的野心，雖與秦始皇焚書形式不同，但其性質和結果卻完全相同。

【注釋】❶折節　屈己下人。❷力行　竭力而行。❸要　探求；求取。❹名譽　名望與聲譽。❺輔政　輔佐治理政事。❻直道　正道。指確當的道理、準則。❼稱述　稱揚述說。❽在家必聞三句　語本《論語・顏淵》。子張問孔子，士怎樣才能稱之為達，孔子問他所謂的達指什麼，子張說：「在邦必聞，在家必聞。」孔子說：「是聞也，非達也。夫達也者，質直而好義，察言而觀色，慮以下人。在邦必達，在家必達。夫聞也者，色取仁而行違，居之不疑。在邦必聞，在家必聞。」意思是不仁之人假借仁者之色，但所作所為卻違背仁，結為朋黨，在家在國都能得到朋黨的讚譽。❾佞邪　奸邪。❿四父　指王鳳、王音、王商、王根四位伯父、叔父。⓫中微　中道衰微。⓬國統三絕　指成帝、哀帝、平帝均無後。⓭壽考　年高；長壽。⓮肆縱恣。⓯姦慝　奸惡。慝，邪惡。⓰篡盜　篡權盜位。⓱南面　古代以坐北朝南為尊位，故帝王諸侯見群臣，或卿大夫見僚屬，皆面向南而坐。此處用以指居帝王之位。⓲晏然　安適；安閒。⓳恣睢　放縱。睢，恣意。⓴滔天　彌漫天際。比喻罪惡、災禍或權勢等極大。滔，彌漫。㉑嚻然　憂愁的樣子。㉒城池　城牆和護城河。泛指城、城市。㉓虛　通「墟」。廢墟。㉔邱壠　墳墓。邱，景祐等舊本作「丘」。兩字可通。㉕朽骨　死者之骨。亦指死者。㉖書傳　著作；典籍。㉗無道　不行正道；做壞事。多指暴君或權貴者的惡行。㉘燔詩書　指秦始皇焚書事。燔，焚燒。㉙私議　個人的看法或主張。與「王道」對言。㉚文　掩飾；粉飾。㉛同歸殊塗　亦作「殊途同歸」。本謂由不同途徑達到同一目的地。後以喻採用不同方法得到相同結果。㉜亢龍　《易．乾卦》：「上九，亢龍有悔。」指居高位而不知謙退，則盛極而衰，不免敗亡之悔。㉝非命　不合天命；違反天道。㉞紫色　紫色由藍色和紅色合成，故古人認為不是正色，為雜色。㉟鼃聲　指輕佻、淫蕩的樂聲。㊱餘分閏位　農曆把一年定為三百五十四天或三百五十五天，所餘的十一、二天約每三年積累成一個月，置一閏月。閏非正日，故用「閏位」指代非正統的帝位。㊲聖王之驅除　聖王指東漢光武帝。意為驅逐清除以待聖王。

【語譯】史官評議說：王莽最初從皇帝外戚起家，屈己下人，身體力行，以博取名望和聲譽，宗族的人稱他孝順，老師和朋友認為他仁義。等到他位居輔政大臣，正值成帝、哀帝之際，他為朝廷辛勤工作，正直行事，所作所為都被稱頌讚揚。難道這就是孔子所說的「在家一定聽到頌揚，在朝廷一定聽到頌揚」，「表面上假扮仁的樣子，而他的行為卻違背仁」嗎？王莽既然沒有仁厚的品德卻有奸邪的才能，又憑藉四位伯父、叔父歷代累積的權勢，遇到漢代中道衰落，連著三代皇帝沒有子嗣，而他的姑母王太后長壽且主持朝政，所以他能夠肆意放縱他的奸邪，從而造成他篡權盜國的禍患。由此推之，這也是天命，不是人力所致。等到他篡盜皇位南面稱帝，處在他本不應當占據的位置，覆亡的形勢比夏桀、商紂時還要危險，而王莽卻坦然地自認為是黃帝、虞舜再世。於是開始恣意妄為，盡情發揮他的淫威和奸詐，極端虐待民眾，窮凶極惡，毒害流播中原大地，禍亂延伸到四方外族，還不能滿足他的欲望。所以四海之內，人民愁苦，喪失了生活的樂趣，國內外憤怨恨，遠近一起起兵，王莽守護不住城池，身體被分解割裂。於是讓天下的城邑變成了廢墟，墳墓被挖開，不僅害盡了活著的人，還殃及死了的朽骨。那些典籍中記載的亂臣賊子、無道之人，考察他們的禍害和敗亡，沒有像王莽這樣嚴重的。以前秦始皇焚燒《詩經》、《書經》以確立自己私人的主張，王莽引用儒家《六經》來修飾他的奸邪之言，兩者殊途同歸，全都因此滅亡了，就是因為沒有德行而占據高位，氣數已絕，沒有天命的運氣。就像紫色的雜色，淫邪的樂聲，多餘日子組成的閏月一樣的「閏位」，都要被驅逐乾淨等待聖王到來！

【研析】王莽篡漢成功，登上皇位，建立新朝，但班固未將其列入「本紀」，而置於「傳」之末，顯然是基於漢正統的立場。王莽自成帝綏和元年（西元前八年）任大司馬把持朝政，至其滅亡（西元二三年），共三十一年時間。《漢書》將這三十一年王朝的更替興亡結合王莽的個人經歷全部記於本傳，是關於兩漢之際的基本史料。

王莽之所以能夠篡漢成功，正如班固〈贊〉所分析，一方面在於王莽個人的努力，一方面憑藉的是「天時」。成、哀、平三帝不僅沒有子嗣，而且政治上腐敗無能，倚重外戚，西漢王朝的衰落已成必然之勢。然而，王莽能夠在王氏中脫穎而出，一步步實現他的政治野心，憑藉的卻是他的堅韌和手腕，所謂「有佞邪之材」。他父親是王太后的異母弟，早亡，因此，王莽在王氏家族中本沒有任何優勢可言。但是，處於逆境的王莽不甘於自己的命運，他一方面折節力行，沽名釣譽，為實現自己的一個個政治野心而造勢；一方面則使用各種詭計討好王太后，排除異己，終於達成登上權力頂峰的願望。在王莽篡漢過程中，託古和符命成為他實現自己政治野心的兩個銳利工具，而這兩點都與西漢中期以來社會思想的發展密切相關。

王莽登基後，為了宣揚王朝的正統性，派遣五威將分行全國，頒布《符命》四十二篇，以迷惑百姓。雖然數年中朝野內外發生了幾起反對王莽篡漢自立的事件，但對新政權均未造成大的威脅。如果王莽此時致力安撫民心，穩重行事，新政權或許可以實現平穩過渡，站穩腳跟。然而，王莽恰恰反其道而行之，醉心於復古改制，將被經學家理想化的周制照搬到現實中，完全不顧其是否可行、會有怎樣的後果。如果說其實行的王田、私屬、六筦政策還有實質內容的話，那麼，諸如官制改革、貨幣改革、地方行政制度改革則完全是為了附會古義，沒有任何實際意義。對照王莽發跡之初的行徑，可以看到王莽的人格是怎樣的矛盾、複雜、多變。當初他為了達到向上爬的目的，不惜採用一切手段，虛偽、諂媚、狡詐……，可謂實用至極，復古、符命不過是他實現野心的工具而已。然而，當他實現篡權之後，他似乎也為他所利用的蠱惑工具而迷惑，沉迷於他自己所編織的理想王國。可悲的是，他個人的這種不可思議的蛻變，因為其所處的位置，竟成為中國歷史上一場不可避免的災難。

〈王莽傳〉雖未列入「本紀」，卻是《漢書》個人傳記中篇幅最長的一卷。漢朝歷史硬生生被攔腰截斷，當代人必有深刻地反省。此所以班固要不厭其詳地記述王莽一生的行事及其教訓，使後人知所警惕吧！

卷一百上

敘傳第七十上

【題解】本傳上、下兩分卷，是班固寫作《漢書》的自敘。卷上敘說作者的家世、生平，卷下敘說撰寫《漢書》的旨趣及各篇的要義。卷下類似今天一部書的目錄。

1 班氏之先，與楚同姓❶，令尹子文❷之後也。子文初生，棄於瞢中❸，而虎乳❹之。楚人謂乳「穀❺」，謂虎「於檡❻」，故名穀於檡，字子文。楚人謂虎「班」❼，其子❽以為號。秦之滅楚❾，遷晉❿、代之間，因氏焉⓫。

2 始皇⓬之末，班壹避墬於樓煩⓭，致⓮馬牛羊數千群。值漢初定，與民無禁⓯，當孝惠、高后⓰時，以財雄邊⓱，出入弋獵⓲，旌旗鼓吹⓳，年百餘歲，以壽終⓴，故北方多以「壹」為字㉑者。

3 壹生孺。孺為任俠㉒，州郡歌㉓之。孺生長，官至上谷守㉔。長生回，以茂材為長子令㉕。回生況，舉孝廉為郎㉖，積功勞㉗，至上河農都尉㉘，大司農奏課連最㉙，入為左曹越騎校尉㉚。成帝㉛之初，女為倢伃㉜，致仕就第㉝，貲累千金㉞，徙昌陵㉟。昌陵後罷㊱，大臣名家皆占數于長安㊲。

4 況生三子：伯、游、穉。伯少受詩於師丹㊳。大將軍王鳳薦伯宜勸學㊴，召見宴昵殿㊵，容貌甚麗，誦說有法，拜為中常侍㊶。時上方鄉學㊷，鄭寬中、張禹朝夕入說尚書、論語於金華殿中㊸，詔伯受焉。既通大義，又講異同於許商㊹，遷奉車都尉㊺。數年，金華之業絕㊻，出與王、許㊼子弟為群，在於綺襦紈絝㊽之間，非其好也。

5 家本北邊，志節忼慨㊾，數求使匈奴㊿。河平(51)中，單于(52)來朝，上使伯持節迎於塞(53)下。會定襄大姓石、李群輩報怨(54)，殺追捕吏(55)，伯上狀(56)，因自請願試守期月(57)。上遣侍中中郎將王舜馳傳代伯護單于(58)，并奉璽書印綬(59)，即(60)拜伯為定襄太守。定襄聞伯素貴，年少，自請治劇(61)，畏其下車(62)作威，吏民竦息(63)。伯至，請問耆老父祖故人有舊恩者(64)，迎延滿堂，日為供具(65)，執子孫禮。郡中益弛(66)。諸所賓禮(67)皆名豪，懷恩醉酒，共諫伯宜頗攝錄盜賊(68)，具言本謀亡匿處(69)。伯曰：「是所望於父師(70)矣。」迺召屬縣長吏(71)，選精進掾史(72)，分部(73)收捕，及它隱伏，旬日盡得。郡中震栗[74]，咸[75]稱神明。歲餘，上徵伯。伯上書願過故郡上父祖冢[76]。有詔，太守都尉以下會[77]。因召宗族，各以親疏加恩施，散數百金。北州[78]以為榮，長老紀[79]焉。道病中風[80]，既至，以侍中光祿大夫養病[81]，賞賜甚厚，數年未能起。

6 會許皇后[82]廢，班倢伃供養東宮[83]，進侍者[84]李平為倢伃，而趙飛燕[85]為皇后，伯遂稱篤[86]。久之，上出過臨候[87]伯，伯惶恐，起眂事[88]。

7 自大將軍薨[89]後，富平、定陵侯[90]張放、淳于長等始愛幸，出為微行[91]，行則同輿執轡[92]；入侍禁中[93]，設宴飲之會，及趙、李諸侍中皆引滿舉白[94]，談笑大噱[95]。時乘輿幄坐張畫屏風[96]，畫紂醉踞妲己[97]作長夜之樂。上以伯新起，數目禮[98]之，因顧指畫而問伯：「紂為無道，至於是虖[99]？」伯對曰：「書云『迺用婦人之言[100]』，何有踞肆[101]於朝？所謂眾惡歸之，不如是之甚者也[102]。」上曰：「苟不若此[103]，此圖何戒？」伯曰：「『沉湎于酒』，微子所以告去也[104]；『式號式謼』，大雅所以流連也[105]。詩書淫亂之戒，其原[106]皆在於酒。」上迺喟然[107]歎曰：「吾久不見班生[108]，今日復聞讜言[109]！」放等不懌[110]，稍自引起更衣[111]，因罷出。時長信庭林表適使來[112]，聞見之。

8 後上朝東宮，太后(113)泣曰：「帝閒顏色(114)瘦黑，班侍中(115)本大將軍所舉，宜寵異(116)之，益求其比(117)，以輔聖德。宜遣富平侯且就國(118)。」上曰：「諾。」車騎將軍王音(119)聞之，以風丞相御史(120)奏富平侯罪過，上迺出放為邊都尉(121)。後復徵入(122)，太后與上書曰：「前所道尚未效(123)，富平侯反復來，其(124)能默虖？」上謝(125)曰：「請今奉詔(126)。」是時許商為少府(127)，師丹為光祿勳(128)，上於是引商、丹入為光祿大夫(129)，伯遷水衡都尉(130)，與兩師並(131)侍中，皆秩中二千石(132)。每朝東宮，常從(133)；及有大政，俱使諭指(134)於公卿。上亦稍(135)厭游宴，復修經書之業，太后甚悅。丞相方進復奏，富平侯竟就國(136)。會伯病卒(137)，年三十八，朝廷愍(138)惜焉。

9 斿博學有俊材，左將軍史丹舉賢良方正(139)，以對策為議郎(140)，遷諫大夫、右曹(141)中郎將，與劉向校祕書(142)。每奏事(143)，斿以選受詔進讀(144)群書。上器(145)其能，賜以祕書之副(146)。時書不布(147)，自東平思王以叔父求太史公、諸子書，大將軍白不許(148)。語在東平王傳。斿亦早卒，有子曰嗣，顯名當世。

10 穉少為黃門郎(149)中常侍，方直自守(150)。成帝季年(151)，立定陶王(152)為太子，數遣中盾(153)請問近臣，穉獨(154)不敢答。哀帝即位(155)，出穉為西河屬國都尉(156)，遷廣平相(157)。

11 王莽少與穉兄弟同列(158)友善，兄事斿而弟畜穉(159)。斿之卒也，修緦麻(160)，賻賵(161)

甚厚。平帝[162]即位，太后臨朝[163]，莽秉政[164]，方欲文致太平[165]，使使者分行[166]風俗，采頌聲[167]，而稺無所上[168]。琅邪太守公孫閎言災害於公府[169]，大司空甄豐遣屬馳至兩郡諷吏民[170]，而劾閎空造不祥，稺絕嘉應，嫉害聖政，皆不道[171]。太后曰：「不宣德美，宜與言災害者異罰。且後宮賢家[172]，我所哀也。」閎獨下獄誅。稺懼，上書陳恩[173]謝罪，願歸[174]相印，入補延陵園郎[175]，太后許焉。食故祿[176]終身。由是班氏不顯[177]莽朝，亦不罹咎[178]。

12 初，成帝性寬，進入[179]直言，是以王音、翟方進等繩法舉過[180]，而劉向、杜鄴、王章、朱雲之徒肆意犯上[181]，故自帝師安昌侯[182]，諸舅大將軍兄弟及公卿大夫、後宮外屬史許之家有貴寵者[183]，莫不被文傷詆[184]。唯谷永[185]嘗言「建始、河平之際[186]，許、班[187]之貴，傾動[188]前朝，熏灼[189]四方，賞賜無量，空虛內臧[190]，女寵[191]至極，不可尚[192]矣；今之後起[193]，天所不饗[194]，什倍[195]於前」。永指以駮譏趙、李[196]，亦無間[197]云。

【章　旨】以上為卷上的第一部分，敘述班彪之前的班氏世系及有關事跡。

【注　釋】❶與楚同姓　楚，周代諸侯國名，在今湖北、湖南、安徽、江西、江蘇、浙江一代，曾先後建都丹陽（今湖北秭歸東南）、郢（今湖北江陵西北）等地。同姓，楚國君主本姓羋，其旁支演變為若敖氏、鬭氏、班氏。❷令尹子文　令尹，楚國最高官職，相當於丞相。子文，姓鬬。春秋時楚成王賢臣。❸棄於瞢中　鬬伯比與邔國國君的女兒私通，生了子文，所以拋棄他。瞢，通「夢」。雲夢澤。大致在今湖北潛江一帶。❹乳　哺乳；餵奶。❺穀　當時的楚地方言，意為牛羊乳汁。這裡用作動詞。❻於檡　亦作「於菟」。當時的楚地方言，即虎。❼謂虎班　疑作「謂虎文『班』」。施之勉曰：「按：《說文》『彪，虎文彪也。』段玉裁曰：『假借作班。《漢書・敘傳》「楚人謂虎班，其子以為號」。』上文即曰楚人『謂虎於檡』矣。此正當作『楚人謂虎文班』。今本《漢書》奪去『文』字，則文義不貫矣。」❽其子　子文之子名鬬班，亦為楚令尹，後被人譖殺。❾秦之滅楚　楚在西元前二二三年為秦所滅。秦，春秋戰國時諸侯國名。在今陝西一帶，先後建都雍（今陝西鳳翔東南）、咸陽（今陝西咸陽東北）。至嬴政時統一中國，建立秦朝，自稱始皇。❿晉　周代諸侯國名。在今山西大部、河北西南部、河南北部，先後建都唐（今山西翼城西）、絳（今翼城西南）、新田（今山西曲沃西北）。春秋末年，分為韓、趙、魏三國。這裡的晉國實際指趙國。⓫因氏焉　遂以班為姓。氏，姓；作為姓。焉，之。指代「班」。⓬始皇　（西元前二五九－前二一〇年），秦王嬴政統一中國建立秦朝後，自稱始皇帝。西元前二四六－前二一〇年在位。⓭避墬於樓煩　避墬，即避地。為躲避禍患而遷居某地。樓煩，部族名。春秋戰國時分布於今山西西北部、陝西北部、內蒙古南部。秦代於其地設樓煩縣（今山西寧武）。⓮致　獲得；畜養。⓯與民無禁　指國家沒有規定衣服車旗之類的限制。⓰孝惠高后　孝惠（西元前二一六－前一八八年），漢惠帝劉盈。西元前一九五－前一八八年在位。詳見卷二〈惠帝紀〉。高后（西元前二四一－前一八〇年），漢高帝皇后呂雉。其子惠帝在位期間，她控制實權。惠帝死後，她臨朝稱制，前後掌握政權達十五年。詳見卷三〈高后紀〉。⓱以財雄邊　言以多財而為邊地之雄豪。雄，稱雄。邊，邊境地帶。樓煩一帶為漢朝北方邊境。⓲弋獵　射獵。弋，用繩索繫在箭上發射。⓳鼓吹　用鼓鉦、簫、笳等樂器合奏，以壯大聲威。起源於北方的狄族。漢代邊防軍隊也常採用作儀仗。⓴終　指有地位的人士死亡或年老死亡。㉑以壹為字　用「壹」作為名字。如漢武帝時樓煩附近馬邑（今山西朔州）有豪強聶壹。㉒任俠　行俠仗義，愛打抱不平。㉓歌　歌頌；傳頌。㉔上谷守　上谷，郡名。在今北京至河北張家口一帶。治沮陽（今河北懷來東南）。守，秦漢時的地方軍政長官，為一郡之長。漢景帝時改稱太守。㉕以茂材為長子令　茂材，即秀才。漢代舉用人才的一種科目。東漢時因避光武帝劉秀名諱，改稱秀為茂材。長子，上黨郡屬縣。在今山西長子西南。㉖舉孝廉為郎　孝廉，為漢代選舉官吏的兩種科目（孝、廉）名。郎，郎官的通稱。為帝王的侍從官，有議郎、中郎、侍郎、郎中等名目，屬郎中令（光祿勳）。㉗積功勞　累積功勞。這是漢代官吏升遷的重要途徑。㉘上河農都尉　上河，地名。在今寧夏青銅峽附近。農都尉，主管屯墾農事的長官。㉙大司農奏課連最　大司農，官名。原稱治粟內史。掌管租稅、錢穀、鹽鐵和國家的財政收支，為九卿之一。

課連最，政績考核連年第一。課，考核官吏的政績。漢代每年考核一次。最，指考績第一。㉚左曹越騎校尉　左曹，加官。加此官者，可以出入禁中，協助皇帝處理文書。越騎校尉，官名。漢武帝所置八校尉之一。掌管由歸附越人組成的騎兵，或說「越騎」乃取材力超越為名。㉛成帝　（西元前五一—前七年），漢成帝劉驁。西元前三三—前七年在位。詳見卷十〈成帝紀〉。㉜女為倢伃　班況的女兒為成帝妃。詳見卷九十七〈孝成班倢伃傳〉。倢伃，通作「婕妤」。妃嬪的稱號，位次於皇后和昭儀。㉝致仕就第　致仕，辭官、退休。就第，回家。第，第宅。指貴族官僚的住宅。㉞貲累千金　貲，通「資」。財產。累，積累。千金，指一千斤黃金或一千萬銅錢。漢代稱黃金一斤為一金，值萬錢。㉟昌陵　漢成帝最初打算修建的陵墓，後因地形和土質不好，工程難度大而停建，另選址修建延陵。其事詳見卷十〈成帝紀〉。漢代各帝每修造一座陵墓就要設置一個新縣，並抽調豪富移居新縣。㊱罷　停建。㊲占數于長安　占數，登記戶籍。長安，西漢都城。在今陝西西安西北郊。㊳受詩於師丹　詩，即《詩經》。漢代立於學官。當時《詩經》傳授有齊、魯、韓、毛四家。班伯跟隨師丹所學的是《齊詩》。師丹，琅邪郡東武（今山東諸城）人。歷任大司馬、大司空，封高樂侯。詳見卷八十六〈師丹傳〉。㊴大將軍句　大將軍，武官名。將軍的最高稱號。執掌統兵征戰。在漢代多由貴戚擔任，掌握政權，職位很高。王鳳，魏郡元城（今河北大名）人。漢成帝的大舅父，任大司馬大將軍，封陽平侯。輔政十一年，專斷朝政，為王氏家族控制朝政的開始。勸學，勸皇上學習。如後世的侍講、侍讀之類。㊵宴昵殿　殿名。在未央宮中，專供皇帝會集親戚，舉行宴飲。㊶中常侍　加官名。出入禁中，侍從皇帝。㊷上方鄉學　上，皇上。此指漢成帝。鄉學，進行學習。鄉，通「嚮」。㊸鄭寬中句　鄭寬中，右扶風平陵（今陝西咸陽）人。為《尚書》博士，傳《尚書》小夏侯之學。張禹，河內軹（今河南濟源）人。歷任光祿大夫、丞相，封安昌侯。西漢《論語》主要分《齊論》、《魯論》、《古論》三家。張禹以《魯論》為主，合以《齊論》而考之，刪《齊論》之〈問王〉、〈知道〉，號《張侯論》。詳見本書卷八十一〈張禹傳〉。金華殿，殿名。在未央宮中。㊹講異同於許商　講，討論；比較。異同，指《尚書異同。許商，夏侯勝的再傳弟子，傳《尚書》大夏侯之學。班伯從鄭寬中學的是《尚書》小夏侯之學，故與許商《尚書》大夏侯之學相比較異同。㊺奉車都尉　官名。掌管皇帝車馬。㊻金華之業絕　指在金華殿為成帝講學之事中止。㊼王許　王，指成帝母家王氏。許，指成帝皇后家許氏。㊽綺襦紈絝　用有花紋的絲織品製作的短衣和用細絹製作的套褲，皆為貴族子弟所服，因以借指貴族子弟。絝，通「褲」。古代指套褲。㊾志節忼慨　志節，志氣和節操。忼慨，即慷慨。意氣激昂，胸懷開闊。㊿數求使匈奴　數，多次；屢次。使，出使。匈奴，北方部族名，亦稱胡。分布在今內蒙古自治區和蒙古國一帶，是漢朝在北方的主要軍事外交對手。詳見卷九十四〈匈奴傳〉。(51)河平　漢成帝年號（西元前二八—前二五年）。(52)單于　匈奴君主的稱號。此指復株累若鞮單于。53塞　此指漢朝在北部邊境修建的軍事防禦工事，用於防禦、警報匈奴對邊郡的寇略。54會定襄句　會，恰逢；恰值。定襄，郡名。在今內蒙古和林格爾一帶。治成樂（今內蒙古和林格爾西北）。李，慶元本、蔡琪本、殿本作「季」，此依北宋本、正統本、汲古閣本作「李」。報怨，報私怨而殺人。55追捕吏　追捕罪犯的官吏。56狀　情形；情況。57試守期月　試守，試任太守。期月，周月，指周一年之十二月。即一整年。58上遣句　侍中，加官名。出入宮禁，侍從皇帝左右。中郎將，官名。漢代在郎中令（光祿勳）之下，分設五官、左、右三署，各設中郎將來統率中郎（皇帝的侍衛官）。王舜，魏郡元城人。歷任太保、太傅，封安陽侯。至王莽時，任太師，封安新公。馳傳，漢代驛站的車馬分四等：用四匹上等馬駕的車稱置傳，用四匹中等馬駕的車稱馳傳，用四匹下等馬駕的車稱乘傳，用一匹或兩匹馬駕的車稱軺傳。59璽書印綬　璽書，古代用印信封記的文書。從秦代起，專指皇帝用璽封記的詔書，一般是專門頒發給某一人的，與通行詔書有別。印綬，印與繫印鈕的絲帶。漢代官員被任命時即授予印綬，印以綬戴於身。60即　就地；就其所在。61治劇　漢代人用語，指治理那些治安混亂、盜賊眾多的郡縣。能治劇，反映了官員有較強的行政管理能力。62下車　稱官吏剛到任。63竦息　恐懼到停止呼吸的程度，比喻惶恐不安的樣子。竦，通「悚」。64請問句　請，召請；邀請。耆老，有聲望的老人。故人，舊友；舊相識。65供具　供設飲食的器具，引申為陳設酒食。66益弛　逐漸鬆懈。弛，懈怠；鬆弛。67賓禮　以賓客之禮相待。68共諫伯句　諫，勸說。頗，稍微；略微。攝錄，抓捕。攝，拘捕。錄，束縛。69具言本謀亡匿處　具，都；完全；詳細地。本謀，主謀；首謀。亡，逃跑。匿，隱藏；躲避。70父師　對年老有學問人的尊稱。71長吏　漢代對秩級二百石以上官吏的統稱，皆由朝廷任免。在縣級行政機構中，長吏有縣令（長）、縣丞、縣尉等。72精進掾史　精進，精明果敢，有進取精神。掾史，漢代官府中屬吏，分曹辦理各項事務。73分部　劃分區域。即按照所管轄地域。漢代地方大小軍政官員所負責管轄的地域稱為部界。居延漢簡中有「部界中毋詔所名捕不道亡者」（《居延漢簡釋文合校》簡一一六・七三）、「書到，遣都吏與縣令以下逐捕搜索部界中，聽亡人所隱匿處，以必得」（同上，簡一七九・九）的話，與此處的情形類似。74震㮚　震動、恐懼。㮚，通「栗」。害怕。75咸　皆；都。76過故郡上父祖冢　故郡，指雁門郡（今山西北部、內蒙古南部）。冢，高大的墳墓。77都尉以下會　都尉，官名。秦和漢初在各郡設有尉，輔佐郡守，並主管本郡軍事。漢景帝時改稱都尉。會，同赴其所。78北州　漢代對北部州郡的泛稱。此處具體指并州的雁門郡及其附近地區。79紀　記述；記載。80病中風　病，害病；患病。中風，病名。腦內小血管被堵塞或破裂，使病者突然昏倒。中醫稱為中風。或認為指傷風，即被風寒侵襲。81以侍中光祿大夫養病　謂以侍中光祿大夫的秩俸在家養病。光祿大夫，官名。掌議論，備顧問。為光祿勳屬官。82許皇后　漢成帝皇后。詳見卷九十七〈孝成許皇后傳〉。(83)東宮　長信宮。因其位於當時長安城東南隅而得名，常為太后住處。這裡指元帝皇后、成帝母親王政君。(84)侍者　侍候於左右的人。(85)趙飛燕　漢成帝皇后。詳見卷九十七〈孝成趙皇后傳〉。(86)篤　病重。(87)出過臨侯　外出經過班家，親臨問候班伯。當時成帝常微服出行，尋歡作樂。(88)眡事　理事；辦事。眡，即「視」字。(89)大將軍薨　大將軍，指王鳳。薨，古代稱諸侯死為薨，《漢書》用以稱諸侯王、丞相、太尉、大司馬、大將軍之死。(90)富平定陵侯　富平侯，即張放，京兆尹杜陵（今西安）人，繼承先祖張安世爵位為富平侯，曾任侍中中郎將、光祿大夫。詳見卷五十九〈張湯傳〉。定陵侯，即淳于長，魏郡元城人。曾任衛尉，封定陵侯。詳見卷九十三〈淳于長傳〉。(91)微行　隱瞞自己的身分改裝出行。(92)同輿執轡　同輿，同乘一輛車。輿，車箱；車。執轡，手執韁繩。指駕車。(93)禁中　宮中皇帝居住的地方。(94)引滿舉白　謂杯中斟滿酒，一飲而盡，然後舉空杯表示酒盡。即乾杯。舉白，有三種解說：一說舉杯告盡。白，宣告。一說舉杯看有無餘白瀝，檢驗是否確實酒盡。一說白為罰酒用的杯子名稱，飲酒有未乾杯酒者，則以此種杯子罰酒。(95)談关大噱　关，即「笑」字。噱，張口大笑。(96)時乘輿句　乘輿，本指皇帝乘坐的車輛，這裡代指皇帝。幄坐，用布帛做成的帷幕，四面合圍像宮室的座位。坐，通「座」。張，陳設。屏風，室內擋風或作為障蔽的用具。(97)紂醉踞妲己　紂，商朝末代君主，歷史上有名的暴君。踞，憑依；倚靠。妲己，商紂王的寵妃，姓己。(98)目禮　目視而表示敬意。(99)至於是虖　是，此；這。虖，通「乎」。表示疑問的語助詞。(100)迺用婦人之言　語出《今文尚書・泰誓》。(101)肆　放縱；陳列。(102)所謂眾惡歸之二句　《論語・子張》載子貢曰：「紂之不善，不如是之甚也。是以君子惡居下流，天下之惡皆歸焉。」班伯引此為言。(103)苟不若此　苟，如果；假如。若，如；像。(104)沉湎于酒二句　事見《尚書・微子》。其誥曰：「用沉酗於酒，用亂敗厥德於下。我其發出狂，吾家耄遜於荒。」微子，姓子，名啓（一作開）。商紂的庶兄，被封於微（今山東梁山西北），子爵。因多次進諫紂，被拒，他就出走。商朝滅亡後，他歸降周朝，被封為宋國的始祖。(105)式號式謼二句　語出《詩經・大雅・蕩》，曰：「式號式呼，俾晝作夜。」言醉酒號呼，以晝為夜。詩人看到紂王晝夜狂飲，喧譁吵鬧，遂作此詩，表達自己的感歎傷痛。流連，言作詩之人因感歎痛心而淚流不止。連，通「漣」。大雅，《詩經》的組成部分之一，包括三十一篇，多是西周王室貴族的作品。(106)原　根本原因；根源。(107)喟然　歎息的聲音。(108)生　尊稱。「先生」的省稱。(109)讜言　正直的言論。(110)懌　喜悅。(111)更衣　更換衣服。常用來指宴會時中途藉故上廁所離席。(112)長信庭林表適使來　長信，宮名。太后所居。庭林表，宮中婦人官名（孟康說）。顏師古認為指長信宮庭之林表。林表是官名，庭不是官名。吳恂說：「愚疑『庭林』或為『保林』之誤，表，其名也。觀下文太后之泣諫帝，可知表為太后之近侍已告帝之所為矣。孟康所見時或尚未誤，故云『庭林表，宮中婦人官名也』。「官」

謂保林，「名」謂表也。」適使來，恰好被派前來。適，正巧；恰好。(113)太后　指成帝母親王太后（政君）。詳見卷九十八〈元后傳〉。(114)帝間顏色　間，比日；近來。顏色，面色；臉色。(115)班侍中　指班伯。(116)寵異　尊重；優待。(117)益求其比　尋求更多像班伯這樣的人。益，增加；增多。比，類，指同類人。(118)且就國　且，姑且；暫且。就國，當時的列侯大都住在京城，並不住在自己的封國。命令他們回到封國，也算是一種懲罰。(119)車騎將軍王音　車騎將軍，武官名。職位略次於大將軍、驃騎將軍。王音，魏郡元城人。王鳳的從弟。任大司馬車騎將軍，封安陽侯。(120)風丞相御史　風，通「諷」。暗示；示意。御史，指御史大夫。(121)出放為邊都尉　當時張放被外調為北地郡都尉。參卷五十九〈張湯傳〉。出，外派任職。邊，邊郡。此指北地郡。(122)後復徵入　張放被徵調入朝為侍中。參卷五十九〈張湯傳〉。徵，徵調；徵召。(123)前所道尚未效　前所道，指前次所說應該尊寵班伯的事。效，生效；起作用。(124)其　豈；難道。反問副詞。(125)謝　認錯；道歉；請罪。(126)請今奉詔　請，謙敬副詞。今，即；就。奉詔，接受詔令。猶言遵行、照辦。(127)少府　官名。九卿之一。掌管山海池澤收入和皇家手工業製造，是皇帝的私府。(128)光祿勳　官名。九卿之一。原稱郎中令。為皇帝左右親近的高級官職，所屬有大夫、郎、謁者和羽林宿衛官等。(129)為光祿大夫　楊樹達曰：「光祿大夫為光祿勳屬官，丹為光祿勳，不當以為大夫。丹本傳先敘光祿大夫，後敘光祿勳，則此文兩官為互誤也。」案：楊氏之說似有道理，然認為「商、丹入為光祿勳」也欠妥，漢代無兩人同為光祿勳一官之規與例；且〈公卿表〉永始三年記「師丹為光祿勳，二年遷侍中光祿大夫」，「許商為少府，二年為侍中光祿大夫」，與本文一致。(130)遷水衡都尉　遷，調動或升任官職。水衡都尉，官名。掌管上林苑，兼保管皇家財物和鑄錢。(131)與兩師並　兩師，指許商、師丹。班伯曾跟從師丹學《齊詩》，又與許商請教《尚書》大夏侯之學，故許商與師丹並為班伯之師。並，一同；一起。(132)中二千石　漢代官吏俸祿級別之一，次於三公。石，即一斛，等於十斗。(133)從　使跟從。(134)諭指　諭，告知。用於上級對下級。指，通「旨」。旨意；意圖。(135)稍　逐漸。(136)丞相方進復奏二句　按：張放被漢成帝自北地郡徵調回京後，因王太后反對，又被外派為天水郡屬國都尉，調任河東郡都尉。後復徵調入朝為侍中光祿大夫，秩中二千石。丞相翟方進再次就張放之事上奏，即在此時。成帝不得已，免除張放官職，賜錢五百萬，令其回到封國。此處記述簡略，不易明白前後原因，可詳見卷五十九〈張湯傳〉附〈張放傳〉。方進，翟方進，汝南郡上蔡（今河南上蔡）人。歷任御史大夫、丞相，封高陵侯。詳見卷八十四〈翟方進傳〉。竟，終於；到底。(137)會伯病卒　會，適逢；恰巧。伯病卒，〈公卿表〉：元延元年「趙彪大伯為侍中水衡都尉，三年卒」。錢大昕曰：「計其年，正許商、師丹除侍中光祿大夫之時也。伯為水衡都尉，〈表〉失載，疑「趙彪」即「班伯」之訛。錢疑可以成立。按「三年卒」推算，伯死於元延三年（西元前一〇年）；而〈表〉於此年適有「水衡都尉南陽王超」云云，更證明伯死元延三年無誤。卒，去世；死亡。138愍　通「憫」。憐恤。139左將軍句　左將軍，武官名。漢代有時設前、後、左、右將軍，執掌統兵征戰，位列上卿。史丹，魯國（今山東曲阜、泗水至滕州一帶）人。歷任衛尉、將軍、光祿大夫。詳見卷八十二〈史丹傳〉。賢良方正，漢代舉薦人才的科目之一，始於文帝時，簡稱賢良。140以對策為議郎　對策，漢代應薦舉、科舉的士人對答皇帝有關政治、經義的策問，叫對策。議郎，官名。備顧問應對。屬郎中令（光祿勳）。141諫大夫右曹　諫大夫，官名。掌議論，屬光祿勳。右曹，加官名。受理尚書事務。142與劉向校祕書　劉向（西元前七六—前五年），沛郡沛縣（今江蘇沛縣）人。經學家、目錄學家、文學家。詳見卷三十六〈楚元王傳〉附〈劉向傳〉。校，校勘；校訂。祕書，宮廷藏書；皇家珍藏之書。143每奏事　指班斿每次上奏校書之事。144進讀　在天子之前讀。145器　器重；重視。146副　副本。147布　公布；外借。148自東平思王二句　顏師古注曰：「此言東平王求書不得，而斿獲賜祕書，明見寵異。」東平思王，即劉宇。漢宣帝的兒子，成帝的叔父。詳見卷八十〈東平思王劉宇傳〉。太史公，即《太史公書》。《史記》的最初書名。東漢以後則稱《史記》。諸子書，指先秦諸子的書籍，如《老子》、《莊子》、《商君書》、《韓非子》等。白，告訴；稟告。149黃門郎　官名。黃門為供應皇宮生活物資的官署，設有黃門侍郎、給事黃門侍郎等，在宮廷中侍候。150方直自守　方直，端方正直。自守，自己保持。151成帝季年　成帝（西元前五一—前七年），漢成帝劉驁，西元前三三—前七年在位。詳見卷十〈成帝紀〉。季年，晚年；末年。152定陶王　（西元前二六—前一年），劉欣。漢元帝孫，成帝的姪子。後繼位為哀帝，西元前七—前一年在位。詳見卷十一〈哀帝紀〉。153中盾　亦作「中允」。官名。太子詹事的屬官，秩四百石，負責警戒巡查宮中。154獨　一個人。155即位　帝王登位。156西河屬國都尉　西河，郡名。在今內蒙古、山西、陝西交界地區。治平定（今內蒙古東勝境內）。屬國都尉，官名。西漢後期常於西北邊郡設屬國都尉，管理內附的外族。157廣平相　廣平，封國名。在今河北南部，建都廣平（今河北曲周東北）。相，官名。當時的諸侯王國相，職權相當於郡太守。158王莽句　王莽（西元前四五—前二三年），魏郡元城人。西漢末年擔任大司馬輔政，後稱攝皇帝，終於奪取西漢政權，建立新朝，西元九—二三年在位。詳見卷九十九〈王莽傳〉。同列，成帝時王莽與班穉同為黃門郎，故稱同列。159兄事斿而弟畜穉　謂事班斿如兄，待班穉如弟。事，侍奉；服事。畜，教育培養。160修緦麻　修，此指行喪禮、服喪。緦麻，喪服名。五服中最輕的一種，喪服以細麻布做成，服喪期為三個月。161賻賵　送給死者家屬財物。既為幫助辦理喪事，又為資助死者家屬的日後生活。財物曰賻，車馬曰賵。162平帝　（西元前九—五年），漢平帝劉衎。西元前一—五年在位。詳見卷十二〈平帝紀〉。163太后臨朝　漢平帝九歲登位，由嫡祖母王政君（太皇太后）臨朝聽政，王莽掌權。164秉政　執政。165文致太平　實不太平而文飾太平。文，文飾；虛飾。致，達到；求得。166分行　分部巡視。167采頌聲　采，搜集。頌聲，指歌功頌德的民間歌謠之類。168無所上　不向朝廷虛報符瑞及歌頌之辭。169琅邪句　琅邪，郡名。在今山東東南部，治東武（今山東諸城）。公孫閎，人名。公府，三公府，即丞相（大司徒）、御史大夫（大司空）、太尉（大司馬）的官府都稱公府。170甄豐句　甄豐，歷任太阿、大司空，封廣陽侯。王莽時，任更始將軍，封廣新公。兩郡，指琅邪郡與廣平國。漢代諸侯王國與郡同為地方最高行政區域，常合稱郡國。諷吏民，意謂暗示吏民虛報祥應而隱瞞災害。171劾閎空造不祥四句　此為彈劾公孫閎與班穉的罪名。劾，彈劾；揭發罪狀。嘉應，吉祥的報應。古人認為朝廷政治清明，天下大治，天地間就會出現某些祥瑞，作為祝賀；否則，就會有災異發生，作為警告。嫉害，妒忌，妨害。不道，漢代的一種嚴重的政治罪名。172後宮賢家　班倢伃有賢德。後宮，指班倢伃。173陳恩　陳述並感謝朝廷的恩德。174歸　歸還；交還。175補延陵園郎　補，擔任官職。延陵園郎，官名。負責守護、管理延陵園。延陵園，漢成帝陵園。176故祿　指班穉擔任廣平國相時的俸祿標準。這是一種特殊照顧。177顯　顯貴；顯赫。178罹咎　遭遇災禍。罹，遭受。咎，災禍；罪責。179進入　聽得進。180是以句　是以，以是；因此。繩法舉過，繩之法令，舉出過錯。指糾正皇上的過失。181杜鄴句　杜鄴，魏郡繁陽（今河南內黃）人。歷任侍御史、刺史。詳見卷八十五〈杜鄴傳〉。王章，泰山郡鉅平（今山東泰安）人。歷任司隸校尉、京兆尹。詳見卷七十六〈王章傳〉。朱雲，魯國人。為《易經》博士，以狂直著稱。詳見卷六十七〈朱雲傳〉。徒，指同類的人。肆意，任意；毫無顧忌。182安昌侯　張禹。安昌，縣名。在今河南確山縣西。183諸舅句　大將軍兄弟，指大將軍王鳳兄弟。王鳳的弟弟有：平阿侯王譚、安成侯王崇、成都侯王商（曾任大司馬大將軍）、紅陽侯王立、曲陽侯王根（曾任大司馬驃騎將軍）、高平侯王逢時。漢末外戚的顯貴，以王氏為最。後宮，本為妃嬪居住的地方，借指妃嬪。外屬，指妻家、母家、祖母家等的親屬，有時也指姊妹家、姑母家、姨母家等親屬。史，指漢成帝高祖母家史氏。184莫不被文傷詆　莫，沒有。被，遭受。傷詆，傷害、詆毀。185唯谷永　唯，獨；只有。谷永，長安人。歷任光祿大夫、太守、大司農。詳見卷八十五〈谷永傳〉。186建始河平之際　指成帝初年。建始共四年（西元前三二—前二九年）。河平共四年（西元前二八—前二五年）。187許班　指成帝許皇后、班倢伃之親屬。188傾動　超越、震驚。189熏灼　比喻氣焰逼人。190空虛內臧　空虛，使之空虛。內臧，皇宮儲積財物的倉庫。臧，通「藏」。191女寵　指皇帝寵愛後宮皇后或妃嬪。192尚　通「上」。超過。193今之後起　指趙飛燕（成帝皇后）、趙合德（成帝昭儀）、李平（成帝倢伃）。194饗　歆饗（祭品）；保佑。195什倍　十倍。什，通「十」。196指以駮譏趙李　指，通「旨」。旨意。駮譏，斥責、諷刺。趙李，指成帝寵愛的趙飛燕、趙合德、李平等。197亦無間　師古曰：「雖谷永嘗有此言，而意專在趙、李耳。自餘劉向之徒，又皆不論班氏也。間，非也。」

【語　譯】班氏的祖先與楚國王族同姓，是令尹子文的後代。子文剛出生，被拋棄在雲夢澤中，老虎以乳汁餵養他。楚國人稱乳汁為「穀」，稱老虎為「於檡」，所以，給他起名穀於檡，字子文。楚國人又稱老虎身上的花紋為「班」，子文的兒子用「班」作為名號。秦國滅亡了楚國，班的子孫遷徙到趙國、代國交界的地區，便用班作為姓。

2 秦始皇末年，班壹躲避禍亂遷居樓煩，所畜養的馬牛羊有幾千群。遇上漢朝剛剛平定天下，對民眾沒有限制，當漢惠帝、呂太后時期，倚仗財富稱雄邊境，出外打獵回來，使用旗幟鼓號作儀仗，活了一百多歲，享盡天年過世，所以北方多有用「壹」起名的。

3 班壹生了班孺。班孺為人仗義行，州郡裡的人歌頌他。班孺生了班長，官位做到上谷郡守。班長生了班回，以茂材資格擔任了長子縣令。班回生了班況，班況被舉薦為孝廉，做了郎官，累積功勞，做到上河農都尉，大司農上報考核成績，連年第一，內調擔任左曹越騎校尉。漢成帝初年，班況的女兒做了倢伃，他辭職回家，財產累積千金，遷居昌陵。昌陵後來被停建、撤消，大臣名家都在長安落戶。

4 班況生了三個兒子：班伯、班斿、班穉。班伯年輕時跟隨師丹學習《詩經》。大將軍王鳳推薦班伯適宜輔導皇上學習，在宴昵殿被皇上召見，他儀容很漂亮，誦讀講解有法度，被任命為中常侍。這時皇上正在學習，鄭寬中、張禹隨時進宮在金華殿講解《尚書》、《論語》，皇上命令班伯聽講、學習。班伯通曉大義之後，又跟許商討論各家的異同，升任為奉車都尉。幾年後，金華殿的講學停止了，他出外與王氏、許氏的子弟成為夥伴，但是在一群公子少爺裡相處，不是他的愛好。

5 老家本在北部邊郡，志氣節操慷慨激昂，多次請求出使匈奴。河平年間，單于來朝見，皇上派班伯手持節到邊塞迎接。遇上定襄郡豪族石姓、李姓成幫結夥報仇殺人，殺死了追捕的官吏，班伯上報了有關情況，並自動請求希望試任郡太守一年。皇上派遣侍中中郎將王舜乘坐馳傳代替班伯迎護單于，並帶著璽書和印綬，就地任命班伯為定襄太守。定襄人聽說班伯一向顯貴、年輕，自動請求治理盜賊橫行的大郡，擔心他一到任就來個下馬威，官吏和百姓恐懼得連粗氣也不敢出。班伯到任後，邀請慰問有威望的老人和自己父輩、祖輩有舊交的老朋友，迎來的人坐滿了屋子，每天擺酒宴招待，行子孫輩分的禮節。郡人的心裡逐漸鬆懈下來。所有被招待的人都是些豪傑人士，因感懷恩情而喝醉了酒，一同勸說班伯應當稍加捕捉盜賊，詳細說出了首謀主犯逃亡藏匿的地方。班伯說：「這全靠父老們的幫助了。」於是召集所屬各縣的令長、丞、尉等官員，要他們挑選精明果敢的掾史，按照所管轄區域，各自負責收捕，包括其他潛伏的罪犯，十來天全部抓獲。全郡人受到震懾，都稱他神明。一年多後，皇上徵調班伯。班伯上書，希望經過原籍給父祖輩掃墓。皇上下詔，令原籍的太守、都尉以下的主要官員都會集去接待。班伯便召集宗族，各按親疏遠近給予賞賜，散發了數百金。北部州郡的百姓都以此為榮，長老們都記下這件事。班伯在回京的途中得了中風病，回到京城後，以侍中光祿大夫的身分在家養病，皇上賞賜很優厚，他數年沒能上朝。

6 恰值許皇后被廢黜，班倢伃到東宮供養太后，把侍者李平提升為倢伃，而趙飛燕做了皇后，班伯便推說病重。過了很久，皇上外出，經過班家，親臨問候班伯，班伯感到惶恐，起身上朝辦事。

7 自從大將軍王鳳去世後，富平侯張放、定陵侯淳于長等人開始受到寵愛，同皇上一起化裝成平民外出遊玩，出外就與皇上乘坐同一輛車並為皇上手持韁繩駕車；進宮就在宮禁內侍候，擺設宴席，飲酒作樂，還有趙、李各位侍中都端酒杯暢飲，談笑喧譁。這時皇上的帷幄等處陳設著繪畫的屏風，上面畫著商紂王醉醺醺地依偎著妲己通宵達旦尋歡作樂。皇上因為班伯新近上朝，多次注視他表示敬意，順便轉身指著畫像詢問班伯：「商紂行為荒淫，到了這步田地嗎？」班伯回答說：「《書經》上說『商紂王竟然聽信婦人的話』，哪裡會在朝廷上依偎放縱？所謂各種惡名都歸到了他的身上，並不是像這樣地嚴重啊。」皇上說：「如果不是這樣，這幅圖畫警戒的是什麼？」班伯說：「『沉湎在酒裡』，是微子逃離開紂王的原因；『又喧譁又吵鬧』，是〈大雅〉的作者落淚的原因。《詩經》、《書經》對淫亂行為的警戒，它們的根源都在於酒。」皇上歎息說：「我好久沒有見到班先生了，今天又聽到了正直的言論！」張放等人不高興，逐漸各自藉故離席，因而停止了宴會散去。這時長信宮的林表正好奉命前來，聽到和看到了這一情況。

8 後來皇上去東宮朝見母親，王太后流著眼淚說：「你近來臉色又瘦又黑，班侍中原本是大將軍所舉薦的，應該尊重優待他，還要尋求更多像他這樣的人，來輔佐你。應當打發富平侯暫且回到封國。」皇上說：「好吧。」車騎將軍王音聽說這件事，便暗示丞相、御史大夫上奏揭發富平侯的罪過，皇上於是把張放外派擔任邊郡的都尉。後來又徵調進京，王太后給皇上書信說：「我前次所說的話還沒有起作用，富平侯反而又回來了，我難道能保持緘默嗎？」皇上認錯說：「我立即按您說的辦。」這時許商擔任少府，師丹擔任光祿勳，皇上當即調許商、師丹任光祿大夫，班伯調任為水衡都尉，跟兩位老師一同加侍中銜，都享受中二千石級別的待遇。皇上每次到東宮朝見，常讓他們跟從；遇有重要政務，都讓他們向公卿大臣轉告皇上的意圖。皇上也逐漸厭棄遊玩宴飲，又開始學習經書課業，太后很高興。丞相翟方進又上奏說富平侯的事，富平侯終於回到封國去了。恰好班伯因病去世，剛三十八歲，朝廷眾人都對他的去世感到憐憫痛惜。

9 班斿博學有傑出的才能，左將軍史丹推舉他為賢良方正，因為對策好而做了議郎，升任諫大夫、兼右曹中郎將，和劉向一起校讎宮中藏書。每次上奏校書之事，班斿都被挑選奉詔向皇上進呈並誦讀許多書籍。皇上重視他的才能，把宮中藏書的副本賞賜給他。當時宮中藏書不向外公開，即便東平思王憑皇上叔父的身分請求《太史公書》、諸子書，大將軍告知不准許。這些事記載在〈東平思王傳〉中。班斿也早年去世，有個兒子叫班嗣，著名於當代。

10 班穉年輕時擔任黃門郎官加中常侍銜，為人保持端方正直。漢成帝晚年，立定陶王為太子，多次派遣中盾請問近旁的臣子，只有班穉一個人不敢回答。漢哀帝即位，外派班穉擔任西河郡屬國都尉，調任廣平國相。

11 王莽年輕時與班穉兄弟同職位相友善，把班斿看作自己的兄長，把班穉看作自己的弟弟。班斿去世時，王莽守了緦麻孝服，贈送助喪的禮物很豐厚。漢平帝即位，王太后臨朝，王莽主持朝政，正想要粉飾太平，派使者分區考察風俗，搜集歌功頌德的歌謠，而班穉沒有任何呈獻。琅邪郡太守公孫閎在公府彙報災害的情況，大司空甄豐派遣屬吏奔馳到琅邪郡和廣平國，示意這兩個郡國的官吏和百姓向朝廷獻祥瑞，而彈劾公孫閎憑空捏造災害，彈劾班穉使祥瑞斷絕，嫉妒妨害聖明的政治，都是不道之罪。王太后說：「不宣揚德政美績，應該和對報告災害的人的懲罰區別開來。況且班倢伃有賢德，班家是我所哀憐的。」公孫閎一個人被關押並誅殺。班穉害怕了，上書感謝恩德，檢討罪責，希望交還相印，進京擔任延陵園郎，王太后答應了他的請求。他享受原來的俸祿直到老死。從此班氏一家在王莽時期沒有顯達，也沒有遭遇災禍。

12 起初，漢成帝性情寬和，聽得進正直的話，因此王音、翟方進等人按照法律檢舉皇上過失，而劉向、杜鄴、王章、朱雲等人隨意冒犯皇上，所以包括皇上的老師安昌侯張禹在內，皇上的幾位舅父大將軍王鳳兄弟和公卿大夫、以及史家、許家這些後宮外家親屬，凡是顯貴受寵幸的，沒有不被依照律法抨擊指責的。只有谷永曾經說「建始、河平年間，許家、班家的顯貴，壓倒前朝，威逼四方，賞賜沒有限量，把宮中府庫都耗空了，對妃妾的寵愛達到了極點，沒法再超過了；今天的後起者，是上天所不保佑的，比起以前又超過十倍」。谷永的主旨是藉以斥責諷刺趙家、李家，對班家也沒有非議。

1 穉生彪❶。彪字叔皮，幼與從兄嗣共遊學❷，家有賜書，內足於財，好古❸之士自遠方至，父黨揚子雲以下莫不造門❹。

2 嗣雖修儒學❺，然貴老嚴之術❻。桓生❼欲借其書，嗣報❽曰：「若夫嚴子❾者，絕聖棄智❿，修生保真⓫，清虛澹泊⓬，歸之自然⓭，獨師友造化⓮，而不為世俗所役⓯者也。漁釣於一壑⓰，則萬物不奸⓱其志；棲遲於一丘⓲，則天下不易⓳其樂。不絓聖人之罔⓴，不齅驕君之餌㉑，蕩然肆志㉒，談者不得而名㉓焉，故可貴也。今吾子已貫仁誼之羈絆㉔，繫名聲之韁鎖㉕，伏周、孔之軌躅㉖，馳顏、閔之極摯㉗，既繫攣於世教矣，何用大道為自眩曜㉘？昔有學步於邯鄲者，曾未得其髣髴，又復失其故步，遂匍匐而歸耳[29]！恐似此類，故不進[30]。」嗣之行己持論[31]如此。

3 叔皮唯聖人之道然後盡心焉。年二十，遭王莽敗，世祖即位於冀州[32]。時隗囂據隴[33]擁眾，招輯[34]英俊，而公孫述稱帝於蜀漢[35]，天下雲擾[36]，大者連州[37]郡，小者據縣邑[38]。囂問彪曰：「往者周[39]亡，戰國[40]並爭，天下分裂，數世然後乃定，其抑者從橫[41]之事復起於今乎？將承運迭興[42]在於一人也？願先生論之。」對曰：「周之廢興與漢異。昔周立爵五等[43]，諸侯從政[44]，本根既微，枝葉強大[45]，故其末流[46]有從橫之事，其勢然也。漢家承秦之制，並立郡縣[47]，主有專己[48]之威，臣無百年之柄[49]，至於成帝，假借外家[50]，哀、平短祚[51]，國嗣三絕[52]，危自上起，傷不及下。故王氏之貴，傾擅[53]朝廷，能竊號位，而不根[54]於民。是以即真[55]之後，天下莫不引領[56]而歎，十餘年間，外內騷擾，遠近俱發，假號雲合[57]，咸稱劉氏[58]，不謀而同辭[59]。方今雄桀帶州城者[60]，皆無七國世業之資[61]。詩云：『皇矣上帝，臨下有赫，鑒觀四方，求民之莫[62]。』今民皆謳吟[63]思漢，鄉仰[64]劉氏，已可知矣。」囂曰：「先生言周、漢之勢，可也，至於但見愚民習識[65]劉氏姓號之故，而謂漢家復興，疏[66]矣！昔秦失其鹿[67]，劉季逐而掎之[68]，時民[69]復知漢虖！」既感囂言，又愍狂狡[70]之不息，迺著王命論以救時難[71]。其辭曰：

4 昔在帝堯之禪[72]曰：「咨爾舜！天之歷數在爾躬[73]。」舜亦以命禹[74]。臮于稷契[75]，咸佐唐虞，光濟四海[76]，奕世載德[77]，至于湯武[78]，而有天下。雖其遭遇異時，禪代不同，至乎應天順民，其揆一也[79]。是故劉氏承堯之祚，氏族之世，著乎春秋[80]。唐據火德，而漢紹之[81]，始起沛澤，則神母夜號，以章赤帝之符[82]。由是言之，帝王之祚[83]，必有明聖顯懿之德，豐功厚利積絫[84]之業，然後精誠通於神明，流澤加於生民，故能為鬼神所福饗[85]，天下所歸往；未見運世[86]無本，功德不紀[87]，而得屈起[88]在此位者也。世俗見高祖興於布衣[89]，不達其故，以為適[90]遭暴亂，得奮其劍，游說之士至比天下於逐鹿[91]，幸捷而得之，不知神器[92]有命，不可以智力求也。悲夫！此世所以多亂臣賊子者也。若然[93]者，豈徒闇於天道[94]哉？又不覩[95]之於人事矣！

5 夫餓饉流隸[96]，飢寒道路，思有裋褐之褻[97]，儋石之畜[98]，所願不過一金，然終於轉死溝壑[99]。何則[100]？貧窮亦有命也。況虖天子之貴，四海之富，神明之祚，可得而妄處[101]哉？故雖遭罹阨會[102]，竊其權柄，勇如信、布[103]，彊如梁、籍[104]，成如王莽[105]，然卒潤鑊伏質，亨醢分裂[106]，又況幺麿[107]，尚不及數子，而欲闇奸天位[108]者虖！是故駑蹇之乘不騁千里之塗[109]，燕雀之疇不奮六翮之用[110]，楶梲之材不荷棟梁之任[111]，斗筲之子不秉帝王之重[112]。易曰「鼎折足，覆公餗[113]」，不勝[114]其任也。

6 當秦之末，豪桀共推陳嬰而王[115]之，嬰母止之曰：「自吾為子家婦[116]，而世[117]貧賤，卒[118]富貴不祥，不如以兵屬人[119]，事成少[120]受其利，不成禍有所歸。」嬰從其言，而陳氏以寧。王陵之母亦見項氏之必亡[121]，而劉氏之將興也。是時陵為漢將，而母獲於楚[122]，有漢使來，陵母見之，謂曰：「願告吾子，漢王長者[123]，必得天下，子謹事之，無有二心[124]。」遂對漢使伏劍[125]而死，以固勉[126]陵。其後果定於漢，陵為宰相封侯。夫以匹婦[127]之明，猶能推事理之致[128]，探禍福之機[129]，而全宗祀[130]於無窮，垂策書於春秋[131]，而況大丈夫[132]之事虖！是故窮達有命[133]，吉凶由人，嬰母知廢[134]，陵母知興[135]，審此四[136]者，帝王之分[137]決矣。

7 蓋在高祖[138]，其興也有五：一曰帝堯之苗裔[139]，二曰體貌多奇異，三曰神武有徵應[140]，四曰寬明而仁恕，五曰知人善任使。加之以信誠好謀，達於聽受[141]，見善如不及[142]，用人如由己[143]，從諫如順流，趣時如嚮赴[144]；當食吐哺，納子房之策[145]；拔足揮洗，揖酈生之說[146]；寤戍卒之言，斷懷土之情[147]；高四皓之名，割肌膚之愛[148]；舉韓信於行陳[149]，收陳平於亡命[150]，英雄陳力[151]，群策畢舉[152]：此高祖之大略[153]，所以成帝業也。若迺靈瑞符應[154]，又可略聞矣。初劉媼任高祖而夢與神遇，震電晦冥，有龍蛇之怪[155]。及其長而多靈，有異於眾，是以王、武感物而折券[156]，呂公覩形而進女[157]；秦皇東游以厭其氣[158]，呂后望雲而知所處[159]；始受命則白蛇分，西入關則五星聚[160]。故淮陰、留侯謂之天授[161]，非人力也。

8 歷[162]古今之得失，驗[163]行事之成敗，稽帝王之世運[164]，考五者之所謂，取舍不厭斯位[165]，符瑞不同斯度[166]，而苟昧於[167]權利，越次[168]妄據，外不量力，內不知命[169]，則必喪保家之主[170]，失天年之壽[171]，遇折足之凶，伏鈇鉞[172]之誅。英雄誠[173]知覺寤，畏若[174]禍戒，超然遠覽，淵然深識[175]，收陵、嬰之明分[176]，絕信、布之覬覦[177]，距逐鹿之瞽說[178]，審神器之有授[179]，毋貪不可幾[180]，為二母之所咲[181]，則福祚流于子孫，天祿其永終[182]矣。

9 知隗囂終不寤，迺避墜於河西[183]。河西大將軍竇融嘉其美德[184]，訪問[185]焉。舉茂材，為徐[186]令，以病去官。後數應三公[187]之召。仕不為祿[188]，所如不合[189]；學不為人[190]，博而不俗；言不為華[191]，述而不作。

【章 旨】以上為卷上的第二部分，記班彪生平及其〈王命論〉。班彪〈王命論〉認為，君主的名位由上天決定，不是任何人都能夠得到的。他提出成為帝王的五個基本條件，這與陳勝所說「王侯將相，寧有種乎」的話，完全不同，反映了時代與社會的變遷。

【注 釋】❶彪 班彪（西元三—五四年），右扶風安陵（今陝西咸陽）人。他收集《史記》以後的西漢史料，著《後傳》百餘篇，後來班固把它們併入《漢書》。❷與從兄嗣共遊學 從兄，堂兄。遊學，遠遊外地，從師求學。❸好古 愛好古代典籍；愛好學問。❹父黨句 父黨，即父輩。黨，猶「輩」。揚子雲，即揚雄，字子雲，蜀郡成都（今四川成都）人。哲學家、文學家、語言學家。詳見卷八十七〈揚雄傳〉。造門，臨門；登門。造，至；到。❺儒學 以孔丘為代表的儒家學說。❻貴老嚴之術 貴，以……為貴；崇尚。老嚴之術，指以老聃、莊周為代表的道家學說。老，老聃，即老子。嚴，指莊周（約西元前三六九—前二八六年），即莊子，戰國時宋國蒙（今河南商丘）人。哲學家，道家學派的主要代表，著有《莊子》。班氏為避東漢明帝劉莊名諱而改「莊」為「嚴」。❼桓生 桓譚，沛郡相縣（今安徽濉溪）人，生活在西漢末至東漢初，哲學家、經學家，著《新論》二十九篇，今僅存〈形神〉一篇。❽報 回覆；答覆。❾若夫嚴子 若夫，句首語氣詞。表示要發表議論。嚴子，即莊子。❿絕聖棄智 斷絕聖賢，摒棄才智。⓫修生保真 修養心性，保全天真。⓬清虛澹泊 清虛，清靜虛無。澹泊，安靜。⓭歸之自然 之，通「於」。介詞。自然，天然；非人為的。⓮師友造化 以自然為老師和朋友。即按照自然規律行事。師友，以……為師友。造化，指自然界創造化育萬物的規律和功能。⓯不為世俗所役 世俗，指當時社會的風俗習慣。役，驅使；役使。這裡指受到影響。⓰漁釣於一壑 漁釣，捕魚、釣魚。比喻自由自在的閒適生活。壑，幽谷；深溝。比喻脫離世俗的「世外桃源」。⓱奸 通「干」。觸犯；侵擾；破壞。⓲棲遲於一丘 棲遲，遊息。丘，小山；土堆。比喻狹窄孤立的小天地。⓳易 交換；改變。⓴不絓聖人之罔 絓，絆住。聖人，指周公、孔子等。罔，通「網」。比喻綱常名教之類。㉑不齅驕君之餌 齅，通「嗅」。聞。餌，釣魚用的食物。指君主用來控制、使用臣子的官位功名爵祿等。㉒蕩然肆志 蕩然，廣大的樣子。肆志，讓心志自由馳騁。肆，放縱；不加約束。㉓談者不得而名 談者，論說事理的人。名，品評；指稱。動詞。㉔今吾子句 子，對男子的美稱。貫，貫穿；串聯。此處作被動用法。誼，通「義」。羈絆，束縛；牽制。㉕繫名聲之韁鎖 繫，拴縛。此處作被動用法。名聲，指名譽和地位。韁鎖，韁繩和鎖鏈，是拴縛牲畜和罪犯的用具。韁，馬韁。㉖伏周孔之軌躅 伏，俯伏；遵循。周孔，指周公和孔子。軌躅，車轍和足跡。比喻古人的遺軌。軌，車輪的轍跡。躅，足跡。鄭氏注曰：「三輔謂牛蹄處為躅。」㉗馳顏閔之極摯　馳，追逐；追求。顏閔，顏回、閔損。皆孔子弟子。顏回，字子淵。孔子最得意的學生，以德行著稱。閔損，字子騫。亦以德行著稱。極摯，最高的頂點。摯，通「至」、「致」。㉘既繫攣於世教矣二句　謂桓譚既然服膺於儒術，又何必再學習道家的學說以自眩惑（吳恂說）。攣，維繫不斷；留戀；顧念。世教，指當時處於正統地位的儒家思想和教化。為，猶「以」。大道，指老、莊之道。眩曜，通「炫耀」。光彩奪目。引申為誇耀賣弄。㉙昔有學步於邯鄲者四句　事本於《莊子・秋水》，說戰國時燕國有個人不大會走路，聽說趙國邯鄲的人走路姿勢很好，就去學習。結果沒有把邯鄲人的走路姿勢學會，反倒忘記自己原來是怎樣走路的，只好爬著回去了。這則故事比喻模仿他人不成功，反而喪失了固有的技能。曾，乃；還。髣髴，近似。故步，舊時的步伐。匍匐，伏地而行。㉚不進　言不與其書。㉛行己持論　行己，立身行事。持論，自持所見，發表議論。㉜世祖即位於冀州　世祖，東漢光武帝劉秀（西元前六—五七年）的廟號。南陽郡蔡陽（今湖北棗陽）人，漢景帝七代孫。西元二二年，他利用農民大起義的時機起兵，加入綠林軍。西元二三年到河北地區活動，以恢復漢朝為號召，取得部分官僚、地主的支援，鎮壓和收編了銅馬等農民軍，西元二五年稱帝。後來鎮壓了赤眉軍，消滅各地割據勢力，統一全國，建立東漢王朝，建都洛陽。西元二五—五七年在位。冀州，漢十三刺史部之一。轄區約當今河北中南部及山西、河南、山東一部分。㉝隗囂據壟　隗囂（？—西元三三年），字季孟，天水郡成紀（今甘肅寧靜）人。王莽末年，擁眾盤據於今甘肅東部地區，據有天水等郡，自稱西州上將軍。後敗亡於劉秀軍。壟，通「隴」。山名。古稱隴阪，即今六盤山的南段，在陝西、甘肅邊界地區。當時泛稱隴山以西的隴西、天水等郡為隴。㉞招輯　招集。輯，通「集」。聚集。㉟而公孫述句　公孫述（？—西元三六年），姓公孫，名述，字子陽，右扶風茂陵（今陝西興平）人。王莽時任蜀郡太守，趁農民大起義之機起兵，占據益州稱帝，國號成家。後為漢軍破滅。蜀，郡名。在今四川西部，治成都（今四川成都）。漢，指漢中郡。郡名。在今陝西西南部、湖北西北部，治西城（今陝西安康西北）。㊱雲擾　指當時各地武裝起義眾多，如亂雲紛擾。㊲州　漢武帝時，除京畿七郡外，分全國為豫、兗、青、徐、冀、幽、并、涼、益、荊、揚、交趾、朔方十三州作為監察區。㊳邑　古代稱居民聚居區為邑，漢代稱皇后、公主的食邑為邑。漢代的縣級行政單位還有侯國和道（少數民族聚居區）。㊴周　朝代名。西元前十一世紀周武王姬發所建立，建都鎬京（今陝西長安西北），至西元前七七〇年周平王遷都雒邑（今河南洛陽），西元前二五六年被秦國滅亡。歷史上稱平王遷都之前為西周，之後為東周。㊵戰國　時代名。東周後期各諸侯國之間連年戰爭，所以稱為「戰國」。到西漢末年，劉向編纂《戰國策》，才作為時代的名稱。戰國開始時的年限說法不一，《資治通鑑》把周威烈王二十三年（西元前四〇三年）作為戰國開始，現在通常把周元王元年（西元前四七五年）到秦始皇二十六年（西元前二二一年）統一中國為止，稱為戰國時代。(41)抑者從橫　抑者，或者。從橫，「合縱連橫」的簡稱。從，通「縱」。戰國時許多弱國聯合起來防止強國兼併，稱為「合縱」；強國迫使弱國靠邊攻伐其他弱國，稱為「連橫」。這裡借指類似戰國時期的割據分裂，彼此混戰的局勢。(42)將承運迭興　將，抑然之辭。承運，承受天賜的命運。迭興，更替而興。(43)立爵五等　周代分封諸侯有公、侯、伯、子、男五等爵位。(44)諸侯從政　言諸侯之國各自為政。(45)本根既微二句　本根，指周王室。枝葉，指諸侯。(46)末流　末世。(47)郡縣　秦漢實行郡縣制，地方由中央王朝直接統治。(48)專己　皇帝個人可以獨斷專行。(49)百年之柄　百年，指終身、終生。柄，權柄；權力。(50)假借外家　假借，暫時委託。外家，外戚。(51)祚　指皇帝在位的時間。(52)國嗣三絕　謂成帝、哀帝、平帝都無子嗣。國嗣，皇位繼承人。(53)傾擅　壓倒同僚，獨攬權威。(54)不根　言無根基。(55)即真　謂稱帝。指王莽由居攝而正式登上帝位。(56)引領　伸長脖子。意思是說，天下人都熱切盼望漢朝復興。(57)假號雲合　指有各種稱帝稱王的旗號湧現。假號，指武裝起事時假託名號以自立。(58)咸稱劉氏　指武裝起事者都自稱是劉氏後代。因人心思漢，不滿新莽，故起事者都打著劉氏旗號。當時有王郎、盧芳等詐稱劉氏。王郎詐稱漢成帝之子劉子輿，稱帝於邯鄲；盧芳詐稱漢武帝曾孫劉文伯，得到匈奴單于支持而稱帝。(59)同辭　指理論宗旨、宣傳口號等相同。(60)方今雄桀帶州城者　方今，當今。桀，通「傑」。帶州城者，謂割據各州者。城，通「域」。(61)七國世業之資　七國，指戰國時的韓、趙、魏、楚、燕、齊、秦七國。世業，世代相傳的基業。資，憑藉；基礎。(62)皇矣上帝四句　見《詩經・大雅・皇矣》。顏師古注曰：「言大矣！天之視下，赫然甚明，監察眾國，求人所定而授之。」皇，光明偉大。上帝，上天；天帝；天神。赫，光明。鑒觀，監視觀察。四方，指各國。莫，安定。一說通「瘼」，疾苦。(63)謳吟　歌頌；讚美。(64)鄉仰　嚮往仰慕。鄉，通「嚮」。(65)習識　指逐漸形成而難以改變的認識。(66)疏　粗疏迂闊，不合實際。(67)鹿　比喻帝位或政權。(68)劉季逐而掎之　劉季，劉邦，字季。逐而掎之，意謂捷足而先得之。掎，拉住；牽制。(69)時民　謂秦漢當時之民眾。(70)狂狡　狂妄狡詐。代指政治野心家。(71)時難　當時的災難。(72)堯之禪　堯，陶唐氏，號放勳，史書上稱為唐堯。古代傳說時期的部落聯盟領袖。他選定虞舜作為繼承人，對舜進行三年考察後，安排舜攝位行政。他死後，由舜繼位。禪，即禪讓、把帝位讓與他人。是古代傳說時期的部落首領職位的繼承方式。(73)咨爾舜二句　見《論語・堯曰》。咨，歎息。爾，你或你們。舜，有虞氏，姓姚，號重華，史書上稱為虞舜。古代傳說時期的部落聯盟領袖。他繼承堯位之後，選拔夏禹作為繼承人，把帝位傳給了禹。天之歷數，制定曆法決定政治活動和農業生產活動的大權。指治理國家的權力。歷，同「曆」。爾躬，你的身上。(74)禹　姓姒，號文命，也稱大禹、夏禹。古代傳說時期的部落聯盟領袖。原來為夏后氏部落首領，因治洪水有功，被舜選作繼承人，舜死後，他繼位。

後來，他的兒子夏啟建立了我國歷史上第一個王朝，即夏朝。❼㊄臮于稷契　臮，通「暨」。及；與。稷，名棄。古代周部落的始祖，他善於種莊稼，曾在堯、舜時代做過農官，教民耕種，故稱為后稷。契，即「契」，一作「卨」。古代商部落的始祖，曾幫助夏禹治水有功，被虞舜任為司徒，掌管教化。⑯光濟四海　濟，有益；有利。四海，天下；全國各處。古人以為我國四周都有大海環繞，故常以四海指稱全國。⑰奕世載德　奕世，累世；一代接一代。載德，言德澤相因不絕。載，繼承並傳遞。⑱湯武　湯，商湯。姓子，名天乙。商部族領袖，用武力推翻夏桀，建立商朝。武，周武王姬發，用武力打敗商紂王，建立周朝。⑲雖其遭遇異時四句　意謂唐堯、虞舜以文德相禪，商湯、周武王以征伐代興，各自都是上應天命，下順人心。禪代，禪讓或取代。揆，準則。⑳劉氏承堯之祚三句　傳說古代的劉姓出自唐堯的子孫。《左傳・昭公二十九年》曰：「陶唐氏既衰，其後有劉累，學擾龍于豢龍氏，以事孔甲。」此為班彪所說的根據。氏族，「氏」是古代標誌貴族宗族系統的稱號，是「姓」的支系，由某個貴族男子派生的子孫就稱為某氏族。世，世系。乎，於；在。春秋，這裡指《春秋左氏傳》，即《左傳》。㉑唐據火德二句　根據「五行」學說，按照五行生剋的循環體系來解釋各個王朝的興衰更替，唐堯為火德，漢朝也為火德。紹，繼承。㉒始起沛澤三句　傳說劉邦做亭長時，押送刑徒去驪山修築秦始皇陵墓，夜晚經過大澤，遇有大蛇當道，劉邦抽劍斬蛇。後來的同伴在斬蛇處見到一老婦在號哭，聲言此蛇為白帝子的化身，被赤帝子殺了。詳見卷一〈高帝紀〉。沛澤，古代沛縣有大澤，大概指今微山湖和昭陽湖一帶。章，通「彰」。彰明；顯揚。符，符命。古代把所謂「祥瑞」的徵兆附會為君主得到天命的憑證，稱為符命。㉓祚　指帝王的福氣、位號。㉔絫　通「累」。累積。㉕福饗　降靈賜福。㉖運世　命運與世系。指天神旨意和氏族血統。㉗不紀　不為人所記。紀，通「記」。㉘屈起　特起；勃起。屈，通「崛」。㉙布衣　古代平民的服裝。代指平民。㉚適　恰巧；正好。㉛游說之士至比天下於逐鹿　這是漢初辯士蒯徹（通）答漢高祖語，說：「秦失其鹿，天下共逐之，高材者先得。」詳見卷四十五〈蒯通傳〉。游說之士，這裡指蒯徹（通）。游說，戰國時的策士周遊各國，陳述形勢，提出主張，以謀求官爵，稱為游說。㉜神器　帝王賞罰之權力。指帝位。㉝若然　像這樣。若，如；像。然，如此；這般。㉞豈徒闇於天道　豈，難道。徒，只；但。闇，通「暗」。愚昧不明。天道，這裡指上天對王朝更替的安排。古人認為上天主宰世間一切事物，支配人類命運，決定王朝更替。㉟覩　明察；洞察。㊱夫餓饉流隸　夫，彼；那些。指示代詞。饉，飢；餓。隸，奴隸；貧賤者。㊲裋褐之褻　裋褐，粗陋的衣物，古代多為貧賤者穿著。裋，正統本、殿本作「短」。褻，有二說。一說親身之衣，即內衣（顏師古說）。一說通「襲」，重衣，即夾衣（錢大昕說）。㊳儋石之畜　儋石，亦作「擔石」。常用來形容米粟不多。儋，通「擔」。古代以十斗為石，兩石為擔。畜，通「蓄」。積蓄。㊴轉死溝壑　死後不能埋葬，屍體流轉在溝壑之中。即拋屍於野，沒有入土埋葬。溝壑，溪谷。〔100〕何則　何者；何故。〔101〕處　居住；占據。〔102〕遭罹阸會　遭罹，遭遇。罹，遭遇（不幸的事）。阸會，厄運；混亂的時機。〔103〕信布　指韓信和英布。詳見卷三十四〈韓信傳〉、〈英布傳〉。〔104〕梁籍　指項梁、項羽（名籍）。詳見卷三十一〈項籍傳〉。〔105〕成如王莽　謂王莽雖然已經完全取得政權，建立新朝，但仍不免於敗亡。〔106〕然卒潤鑊伏質二句　謂終於被烹醢或斬首。卒，終於。潤鑊，用自己的肌肉脂肪去沾潤鼎鑊，即受到烹煮的酷刑。鑊，無足的鼎，即鍋。伏質，伏在砧上，接受斬刑。質，通「鑕」。古代斬刑用的墊座。亨，通「烹」。指烹殺。醢，肉醬。這裡指把人剁成肉醬。〔107〕么麿　微小；細小。亦指微不足道之人。麿，通「磨」（麼）。〔108〕奸天位　奸，通「干」。謀求。天位，指帝位。〔109〕駑蹇句　駑，能力低下的馬。蹇，跛腳。乘，古代一車套四馬稱為一乘。塗，通「途」。道路。〔110〕燕雀句　疇，通「儔」。同類；同伴。六翮，強健的羽毛。翮，羽毛；羽毛的根部。〔111〕窾梲句　窾，柱頭斗拱。梲，梁上短柱。荷，擔負；承擔。〔112〕斗筲句　斗筲，斗、筲皆較小的容器，比喻才短識淺。斗，量器，容十升。筲，盛飯的竹器，容一斗二升。秉，執掌；主持。〔113〕鼎折足二句　見《易・鼎》九四爻辭。謂鼎足斷了，裡面的美好食物就會傾倒。比喻才力弱小而擔負重任，一定會招致失敗。鼎，古代炊具，圓形的有三足，長方形的有四足。公，公家。餗，米飯和肉羹，指鼎中的美食。〔114〕勝　承擔得起。〔115〕推陳嬰而王　陳嬰，秦末起義者之一。東海郡東陽（今江蘇盱眙）人。曾任本縣令史。陳勝起義後，東陽少年回應，推陳嬰為王。陳嬰母加以勸阻，初屬項梁，後歸劉邦，封堂邑侯。見卷三十一〈陳勝項籍傳〉。王，使為王；立為王。〔116〕子家婦　子，你（的）。婦，媳婦。就陳嬰父、祖而言。〔117〕而世　而，通「爾」。你。世，世代；世世代代。〔118〕卒　通「猝」。突然。〔119〕不如以兵屬人　不如，不若；比不上。屬，委託；託付。〔120〕少　稍微；略微。〔121〕王陵句　王陵，泗水郡沛縣（今江蘇沛縣）人。曾任丞相，封安國侯。詳見卷四十〈王陵傳〉。項氏，指項羽。〔122〕獲於楚　獲，俘虜。楚，項羽國號西楚。〔123〕長者　有德行的人。多指忠厚的人。〔124〕無有二心　無，通「毋」、「勿」。不要。二心，同「貳心」。異心；不忠實。〔125〕伏劍　用劍自殺。〔126〕固勉　固，使堅定。勉，勉勵。〔127〕匹婦　謂普通婦女。〔128〕猶能推事理之致　猶，尚；還。推，推究；推求。致，指精深奧妙之所在。〔129〕機　事物的樞要、關鍵。〔130〕宗祀　對祖宗的祭祀。〔131〕垂策書於春秋　垂，流傳。策書，帝王對臣下封土、授爵的文告。策，通「冊」。春秋，泛稱史書。〔132〕大丈夫　指有志氣、有作為、有氣節的男子。〔133〕窮達有命　窮達，窮困或顯達。命，命運。迷信者認為命運是由上天決定的。〔134〕廢　指放棄名位。〔135〕與　指追隨受天命者建立功勳。〔136〕四　《文選》作「二」，承輿、廢言之（蘇輿說）。〔137〕分　名分。指充當帝王的資格、條件。〔138〕蓋在高祖　蓋，句首助詞。表示原因。高祖，漢高帝劉邦（西元前二五六—前一九五年）的廟號。泗水郡沛縣人。西漢王朝的創建者，西元前二〇二—前一九五年在位。

詳見卷一〈高帝紀〉。❶❸❾苗裔　後代子孫。❶❹⓿徵應　徵兆驗證。❶❹❶聽受　聽取，接受。❶❹❷不及　趕不上。❶❹❸用人如由己　信任使用別人像信任自己一樣。❶❹❹趣時如嚮赴　趣時，抓住時機；趕上形勢。如嚮赴，如回響之赴聲。嚮，通「響」。❶❹❺當食吐哺二句　漢高帝接受酈食其的建議，準備分封戰國時六國的後代為諸侯，張良分析古今形勢不同，反對分封，高帝醒悟，當時就輟食吐哺，接受了張良的意見。哺，含在口中的食物。詳見卷一〈高帝紀〉、卷四十〈張良傳〉。子房，張良的字。❶❹❻拔足揮洗二句　漢高帝進軍至陳留（今河南開封東南陳留鎮）境，酈食其求見，他正在踞床洗腳，酈食其當場批評了他的傲慢態度，劉邦立即停止洗腳，更衣行禮，延請上座，與談天下大事。詳見卷一〈高帝紀〉、卷四十三〈酈食其傳〉。酈生，指酈食其。❶❹❼寤戍卒之言二句　漢高帝建國之初，建都雒陽（今河南洛陽）。婁（劉）敬應徵去戍守隴西，經過雒陽，順便求見高帝，建議定都關中。此建議得到張良的支援，駁倒了許多反對意見，高帝最終遠離鄉土沛縣，定都長安。拜婁敬為奉春君，賜姓劉。詳見卷一〈高帝紀〉、卷四十二〈婁敬傳〉。寤，醒悟。戍卒，指婁敬。斷懷土之情，割斷留戀鄉土的感情。因為洛陽靠近沛縣，高祖與其功臣多為沛縣人，建都關中，則遠離鄉土。❶❹❽高四皓之名二句　漢高帝曾經想要改立寵姬戚夫人所生的兒子劉如意為太子，以取代原來的太子劉盈（呂后所生，後為惠帝），但遭到許多大臣的反對。張良為呂后設計，由劉盈以卑辭厚禮請商山四皓作他的貴賓，以表示對他的支援，高帝顧忌劉盈羽翼已成，難以動搖，便打消了改立太子的念頭。詳見卷四十〈張良傳〉。高，以……為高。四皓，即商山四皓：東園公、綺里季、夏黃公、甪里先生，秦時隱居商山（今陝西商州東南），漢高帝曾敦聘他們，都被拒絕。割肌膚之愛，指不立戚夫人之子為太子。❶❹❾舉韓信於行陳　韓信在任大將之前曾僅任治粟都尉，職位很低。詳見卷三十四〈韓信傳〉。行陳，猶言「行伍」。陳，通「陣」。❶❺⓿收陳平於亡命　陳平，秦三川郡陽武（今河南原陽）人。原追隨項羽，以功封信武君，後因事被項羽追究，他畏罪隻身潛逃降漢。詳見卷四十〈陳平傳〉。亡命，改換姓名，逃亡在外。❶❺❶陳力　貢獻才力。❶❺❷畢舉　全部提出來。畢，全；都。❶❺❸大略　遠大的謀略。❶❺❹若迺靈瑞符應　若迺，至於。靈瑞，上天降賜的祥瑞。符應，把上天降賜的祥瑞，牽強附會與人事相對應，稱為「符應」。❶❺❺初劉媼任高祖而夢與神遇三句　傳說漢高帝的母親劉媼有一次在大澤旁邊打瞌睡，夢見一位天神。這時正值雷鳴電閃，白晝如夜一般漆黑，他的父親劉太公去尋找，看到有一條龍騎在她身上。劉媼就這樣懷孕，生下劉邦。詳見卷一〈高帝紀〉。媼，婦女；老年婦女。任，通「妊」。懷孕。震，雷。晦冥，黑暗；昏暗。❶❺❻王武感物而折券　劉邦年輕時常向賣酒的王媼、武婦賒酒喝，有時喝醉睡著了，她們看到他身上有怪異現象；而且劉邦每次到她們家喝酒，她們的營業額就會增加很多倍。因此她們每到年終就折毀劉邦的債券，放棄討帳。詳見卷一〈高帝紀〉。❶❺❼呂公覩形而進女　漢高祖的岳父喜好看相，在沛縣令家中看見劉邦的相貌，認為是貴人之相，決定把女兒呂雉嫁給劉邦。詳見卷一〈高帝紀〉。(158)秦皇東游以厭其氣　秦始皇曾經望氣，認為東南有天子氣，所以親自巡行東南地區來制服、堵塞那裡的天子氣。詳見卷一〈高帝紀〉。厭，厭勝。古代的一種巫術，認為能用詛咒等方法制服敵對者。(159)呂后望雲而知所處　漢高帝曾畏罪躲避到鄰郡的芒縣、碭縣的山澤中，呂后去找他，經常很容易就找到他。據說是因為看到他隱藏的地方上空有雲氣。詳見卷一〈高帝紀〉。所處，指所藏身的位置。(160)西入關則五星聚　漢元年冬十月（漢初沿用秦《顓頊曆》，以十月為一年的第一個月），高帝從武關攻打到秦的都城咸陽，這時五大行星正好會合於井宿天區。這本是一種正常的天文現象，但古人迷信，認為是預兆劉邦將來統一天下、登上帝位的祥瑞。詳見卷一〈高帝紀〉。(161)故淮陰留侯謂之天授　淮陰留侯，淮陰侯韓信、留侯張良。淮陰，縣名。在今江蘇淮陰西南。天授，上天所授予、所降賜。(162)歷歷觀；遍覽。(163)驗　驗證。(164)稽帝王之世運　稽，查考。世運，指世代盛衰治亂的氣運。(165)取舍不厭斯位　取舍，採取和捨棄。即斟酌選擇。厭，當；適合。斯位，此位。指帝位。(166)符瑞不同斯度　符瑞，祥瑞的徵兆。斯度，這個標準。(167)苟昧於　苟，苟且。昧，貪圖。於，王念孫說此字乃衍文。(168)越次　超越等級。(169)知命　懂得天命。(170)喪保家之主　喪失家長，即使父母喪命。主，指家長。(171)天年之壽　指人的自然壽命。(172)鈇鉞　同「斧鉞」。殺人的斧子。(173)誠　果真；如果。(174)若　猶「此」。一說順從。(175)超然遠覽二句　謂見識遠而深邃。超然，廣闊遙遠的樣子。淵然，深透的樣子。(176)收陵嬰之明分　獲得王陵、陳嬰那樣光明正大的功名地位。收，得到；獲得。明分，光明正大的名位和權利。(177)絕信布之覬覦　摒棄韓信、英布那樣非分的企圖。絕，斷絕；放棄。覬覦，指非分地希望或企圖。(178)距逐鹿之瞽說　拒絕追趕野鹿的瞎說。距，通「拒」。拒絕。瞽說，瞎說；不合事理的言論。(179)審神器之有授　明確知道上天已把帝王寶座授予某人。審，詳知；明悉。有授，即有所授，有了授予的物件。(180)毋貪不可幾　毋，通「無」。莫；不要。幾，通「冀」。希望；盼望。(181)為二母之所咲　二母，指陳嬰母親與王陵母親。咲，即「笑」。(182)天祿其永終　天祿，上天賜給的祿位。其，將要。永終，長久享受。(183)避墜於河西　墜，通「地」。河西，指河西五郡，即武威、金城、張掖、酒泉、敦煌。(184)竇融嘉其美德　竇融，字周公，東漢初扶風平陵（今陝西咸陽）人。王莽末年，任波水將軍；後割據河西五郡，自稱河西大將軍；最後歸劉秀，任大司空，封安豐侯。嘉，嘉許；讚賞。(185)訪問　即諮詢，商討事情。(186)徐　縣名。在今江蘇泗洪南。(187)三公　東漢時以太尉、司徒、司空為三公。(188)仕不為祿　仕，做官。祿，俸祿；薪金。(189)所如不合　如，往；就。不合，不迎合上司。(190)學不為人　《論語・憲問》孔子曰：「古之學者為己，今之學者為人。」為人，即為了博得他人的讚賞。(191)言不為華　言，言詞。指文章。為華，追求華麗。

【語譯】班穉生了班彪。班彪字叔皮，幼時與堂兄班嗣一同出外求學，家裡有皇上賞賜的書籍，家財富足，愛好學問的人士從遠方來到班家，自父輩揚子雲以下沒有不登門的。

2 班嗣雖然學習儒學，然而崇尚老莊的學說。桓先生想要借閱老莊的著作，班嗣答覆說：「像莊子這樣的人，斷絕聖賢，摒棄才智，修養心性，保全天真，清虛寧靜，聽任自然，只把自然作為老師和朋友，而不受社會風俗的影響驅使。有如在一條溝壑裡垂釣，那麼萬物都不能破壞他的心志；在一座小山上遊息，那麼一切都不能改變他的快樂。不被聖人的羅網所羈絆，不嘗試驕君的誘餌，無拘無束地讓心志自由馳騁，談論的人無由品評稱呼他，所以可貴。如今你先生已經受到仁義道德的束縛，受到名譽地位的拴縛，遵循周公、孔子的規範，追求顏回、閔損的成就，已經留戀於當代的正統思想，哪裡用得著超脫的大道來供自己誇耀賣弄？從前有到邯鄲學習走路的人，還沒有把那裡走路的姿勢學會一點，又忘記了自己原來是怎樣走路的，就爬著回去了！恐怕你也像這樣，所以不送上書籍。」班嗣的立身行事、主張的觀點就是這樣。

3 班叔皮唯獨對聖人的道理盡心學習。他二十歲時，遇上王莽敗亡，光武帝在冀州登位。這時隗囂占據隴地，擁有部眾，招攬英俊，而公孫述在蜀郡、漢中郡一帶稱帝，天下形勢風雲擾攘，大的武裝勢力占據的州郡相連，小的武裝勢力也占據縣邑。隗囂問班彪說：「從前周朝滅亡，戰國紛爭，天下分裂，經過數代才得到安定，是否諸侯割據相互之間合縱連橫的局面再次出現在今天呢？還是會有一個人承接漢朝而興起呢？希望先生論述一番。」班彪回答說：「周朝的興起與滅亡與漢朝不同。從前周朝設置五等爵位，諸侯各自為政，本根衰弱，枝葉強大，所以到後來出現了合縱連橫的局面，這是形勢發展的必然結果。漢朝承襲秦朝制度，設立郡縣，君主有獨斷專行的權威，臣下沒有終身的權力，傳到成帝，把權力暫時委託給外戚，哀帝、平帝在位時間短，皇位接連三代沒有繼承人，危機從上面產生，沒有傷害到下面。所以王氏家族顯貴，獨攬朝廷大權，能夠竊取皇帝的名位，但是沒有紮根於民眾。因此王莽正式登位之後，天下沒有人不伸著脖子歎息，十多年時間裡，朝廷內外動盪不安，遠處和近處都發動起來，各種稱帝稱王的旗號湧現，都自稱是劉家後代，沒有經過商討卻喊出了同樣的口號。當今據有州城的豪傑，都沒有像戰國七雄那樣世代相傳的基業作為憑藉。

《詩經》說：『偉大的上帝啊，視察下土，顯耀光明，觀察四方各國，尋求百姓能夠安身立命的地方。』如今百姓都謳歌思念漢朝，嚮往仰慕劉氏，已經可以看出來了。」隗囂說：「先生談論周朝、漢朝的形勢，是對的，至於僅僅看到愚昧的民眾習慣於認知劉氏漢朝姓號的緣故，就說漢朝將要再次振興，這個說法就不切實際了！過去秦朝喪失了政權，劉邦追逐並獲得到它，當時的百姓知道有漢朝嗎！」班彪既受到隗囂話語的觸動，又痛惜那些狂妄狡詐人物不斷出現，就撰寫〈王命論〉來解救當代的災難。其文辭說：

4 從前帝堯讓位給舜時說：「唉，虞舜啊！現在治理國家的權力轉到你的身上了。」後來虞舜也這樣讓位給夏禹。至於周稷、商契，都曾輔佐唐堯、虞舜，光輝普照四海，德澤一代代傳承不絕，直到商湯、周武王，才取得天下。雖然他們遭遇的時代有差異，禪讓和取代的方式不同，至於符合天心，順從民意，他們的原則是一致的。所以劉氏繼承唐堯的福澤，家族的系統，明白地記載在《春秋》中。唐堯為火德，漢朝繼承了它，開始從沛縣大澤中起兵時，就有神母夜晚哭號，從而彰明作為赤帝子的符瑞。根據這些，說明了一個道理，能夠登上帝王之位的，一定要有明聖顯美的德行，豐功厚利積累起來的基業，然後精誠通達於神明，恩澤施加於人民，所以能夠被鬼神所保佑，為天下人所歸附；沒有見到過天命和世系都沒有根基，功德不被人們稱頌，而能夠崛起登上帝位的人。世俗的人看到漢高祖出身於平民，不懂得其中的道理，以為他恰好遭逢極為混亂的世道，得以發揮他的才能，遊說之士甚至把取得天下比作追趕無主的野鹿，運氣好、手腳快就能捉到牠，而不懂得帝王位號由天命決定，不可能憑才智氣力去求取。可悲啊！這就是世間有很多亂臣賊子的原因。如果是這樣的話，難道只是不懂得天道嗎？還沒洞察人事啊！

5 那些飢餓的流民，在流亡的道路上忍受飢餓和寒冷，希望能有一件粗陋的衣物，能有升斗的糧食，所希望的這些東西價值不超過一金，然而最終拋屍荒野，沒有埋葬。為什麼呢？貧窮也是命定的。何況像天子這樣尊貴的地位，擁有天下的財富，身處神聖的權位，可能隨便占據嗎？所以，雖然有人遭遇混亂時期，竊取了帝王的權力，勇武像韓信、英布，強悍像項梁、項籍，成功像王莽，卻最終下湯鍋、伏砧板，被烹煮、剁成肉醬，肢體分解，又何況那些微不足道的人，還比不上這幾位，卻想要覬覦帝王寶座呢！因此劣馬駕車不能馳騁千里長途，燕雀之類的鳥不能振動強健的翅膀，短小的木材不能充當棟梁的用途，才短識淺的人不能執掌帝王的重任。《易經》說「鼎折斷了腳，傾翻了公家的美食」，是說才力弱小的人不能承擔得起那樣的重任啊。

6 當秦朝末年，豪傑們共同推舉陳嬰為王，陳嬰的母親阻止他說：「自從我做你家的媳婦，你家世代貧賤，突然富貴不吉利，不如把軍隊交給別人，事情成功了，可以稍微得到些好處，不成功，災禍有人承當。」陳嬰聽從她的話，而陳家因此得以安寧。王陵的母親也看到項羽必然滅亡，而劉邦將要興起。這時王陵擔任漢軍將領，而他的母親被楚軍俘虜，有漢軍使者來到，王陵的母親見到了使者，對他說：「希望你告訴我的兒子，漢王是位有德行的人，必定能取得天下，我兒子應當謹慎地服事漢王，不要有背叛的心思。」就當著漢軍使者的面用劍自殺，以此來堅定和勉勵王陵。後來天下果然由漢朝平定了，王陵做了宰相，被封為列侯。她們憑普通婦女的見識，還能夠推究事理的奧妙，探知禍福的關鍵，從而保全祖宗的祭祀傳於永久，流傳功名於史冊，更何況大丈夫的作為呢！因此窮困或顯達由天命決定，吉祥或者凶災由人自己選擇，陳嬰的母親懂得放棄名位，王陵的母親懂得建立功名，審知這四點，帝王的名分屬於何人就可以判斷了。

7 至於漢高祖，他興起為帝王的原因有五個：一是帝堯的後代，二是身體形貌多有奇異的特徵，三是他的神武有徵兆驗證，四是他寬明而仁恕，五是他了解人才，善於任用。加上他因為誠實守信用，愛好謀略，善於聽取和接受意見，看到優點生怕趕不上，對人才的信任使用如同對自己一樣，聽從勸諫如同順水流而下，趕上時機如同回響應聲；正當進食而吐出食物，採納張子房的計策；把腳從水盆中提出來停止洗腳，敬聽酈先生的論說；感悟戍邊士卒婁敬關於定都的言論，割斷了懷念鄉土的感情；尊崇商山四皓的名聲，割斷了寵姬嬌子的恩愛；從行伍中提拔韓信，從逃亡者中錄用陳平，英雄貢獻才能，各種策略全部提出：這些都是漢高祖的遠大謀略，憑著這些建成了帝王的事業。至於祥瑞和人事的應驗，也可以約略聽到。起初劉媼懷有漢高祖時，夢見與神靈相遇，雷震電閃，白天如同黑夜，有龍蛇的怪異。等到他長大而多有靈異，與普通人不同，因此王媼、武婦有感於怪異現象而折毀了債券，呂公看到他的相貌，就把女兒嫁給他；秦始皇到東南巡遊以制勝那裡的天子之氣，呂后望見雲氣就知道他的所在；開始承受天命就把白蛇斬斷，向西進入關中就出現五星連珠。所以淮陰侯、留侯說他登上帝位是上天所授予的，不是人力所能達到的。

8 歷觀古今的得與失，驗證行事的成功與失敗，查考帝王的盛衰興廢，考究上述五條的內容，那些所斟酌選擇而不配居帝王位號，符命祥瑞不夠帝王的標準，而苟且貪圖權利，超越等級狂妄地去占據，對外不估量自己的力量，對內不審察自己的命運，就一定會喪失父母的性命，折損自己的壽命，遭遇鼎足折斷的兇險，受到刀斧的誅殺。英雄如果真的知道醒悟，畏懼災禍的警戒，能夠早早地、透徹地認識清楚，獲得王陵、陳嬰那樣光明正大的功名地位，摒棄韓信、英布那樣非分的企圖，拒絕追趕野鹿的瞎說，明悉帝王寶座自有主人，不要貪圖非分，不被王陵母親和陳嬰母親所譏笑，那麼福澤可以流傳到子孫，天賜的爵祿將能夠長久享受。

9 班彪知道隗囂終究不會覺悟，便逃避到河西地區。河西大將軍竇融讚賞他的美好德行，向他諮詢。他被推舉為茂材，擔任了徐縣令，因為有病而離開職任。後來多次接受三公的徵召。他做官不為俸祿，所到的地方不迎合上司；做學問不是為了求得人們的賞識，學識廣博而不庸俗；言詞不追求華麗，闡述而不創作。

1 有子曰固，弱冠而孤❶，作幽通❷之賦，以致命遂志❸。其辭曰：

2 系高頊之玄冑兮❹，氏中葉之炳靈❺，繇凱風而蟬蛻❻兮，雄朔野以颺聲❼。皇十紀而鴻漸兮，有羽儀於上京❽。巨滔天而泯夏❾兮，考遘愍以行謠❿。終保己而貽則⓫兮，里上仁之所廬⓬。懿前烈之純淑⓭兮，窮與達其必濟⓮。咨孤矇之眇眇[15]兮，將圮絕而罔階[16]。豈余身之足殉[17]兮？愇世業之可懷[18]。

3 靖潛處以永思[19]兮，經日月而彌遠[20]。匪黨人之敢拾[21]兮，庶斯言之不玷[22]。魂煢煢與神交兮，精誠發於宵寐[23]。夢登山而迥眺兮，覿幽人之髣髴[24]，攬葛藟而授余兮，眷峻谷曰勿墜[25]。昒昕寤而仰思兮，心蒙蒙猶未察[26]。黃神邈而靡質兮，儀遺讖以臆對[27]。曰乘高而遌神兮，道遐通而不迷[28]。葛緜緜於樛木兮，詠南風以為綏[29]。蓋惴惴之臨深兮，乃二雅之所祗[30]。既訐爾以吉象兮，又申之以炯戒[31]：盍孟晉以迨群[32]兮？辰倏忽其不再[33]。

4 承靈訓其虛徐兮，竚盤桓而且俟[34]。惟天墜之無窮兮，鮮生民之脢在[35]。紛屯亶與蹇連兮，何艱多而智寡[36]！上聖寤而後拔兮，豈群黎之所御[37]！昔衛叔之御昆兮，昆為寇而喪予[38]。管彎弧欲斃讎兮，讎作后而成己[39]。變化故而相詭兮，孰云豫其終始[40]！雍造怨而先賞兮[41]，丁繇惠而被戮[42]；栗取弔于逌吉兮[43]，王膺慶於所慼[44]。畔回冗其若茲兮，北叟頗識其倚伏[45]。單治裡而外凋兮[46]，張修襮而內逼[47]，聿中龢為庶幾兮，顏與冉又不得[48]。溺招路以從己兮，謂孔氏猶未可[49]，安慆慆而不萉兮，卒隕身虖世既[50]。游聖門而靡救兮，顧覆醢其何補[51]？固行行其必凶兮，免盜亂為賴道[52]。形氣發于根柢兮，柯葉彙而靈茂[53]。

5 恐罔蜽之責景兮，慶未得其云已[54]。黎淳耀于高辛兮，芈彊大於南氾[55]；嬴取威於百儀兮[56]，姜本支虖三止[57]：既仁得其信然兮，卬天路而同軌[58]。東厶虐而殲仁兮[59]，王合位虖三五[60]；戎女烈而喪孝兮[61]，伯徂歸於龍虎[62]；發還師以成性兮[63]，重醉行而自耦[64]。震鱗漦于夏庭兮，帀三正而滅周[65]；巽羽化于宣宮兮，彌五辟而成災[66]。

6 道悠長而世短兮，敻冥默而不周[67]。胥仍物而鬼諏兮，迺窮宙而達幽[68]。媯巢姜於孺筮兮[69]，旦筭祀于挈龜[70]。宣、曹興敗於下夢兮[71]，魯、衛名諡於銘謠[72]。妣聆呱而刻石兮[73]，許相理而鞠條[74]。道混成而自然兮，術同原而分流[75]。神先心以定命兮，命隨行以消息[76]。斡流遷其不濟兮，故遭罹而嬴縮[77]。三欒同於一體兮，雖移盈然不忒[78]。洞參差其紛錯兮，斯眾兆之所惑[79]。周、賈盪而貢憤兮，齊死生與旤福，抗爽言以矯情兮，信畏犧而忌鵩[80]。

7 所貴聖人之至論兮，順天性而斷誼[81]。物有欲而不居兮，亦有惡而不避[82]。守孔約而不貳兮，迺輶德而無累[83]。三仁殊而一致兮[84]，夷、惠舛而齊聲[85]。木偃息以蕃魏兮[86]，申重繭以存荊[87]。紀焚躬以衛上兮[88]，皓頤志而弗營[89]。侯屮木之區別兮[90]，苟能實而必榮[91]。要沒世而不朽兮，迺先民之所程[92]。

8 觀天罔之紘覆兮，實棐諶而相順[93]。謨先聖之大繇兮，亦厸悳而助信[94]。虞韶美而儀鳳兮，孔忘味於千載[95]。素文信而底麟兮，漢賓祚于異代[96]。精通靈而感物兮，神動氣而入微[97]。養游睇而猨號兮[98]，李虎發而石開[99]。非精誠其焉通兮，苟無實其孰信[100]！操末技猶必然兮，矧湛躬於道真[101]！

9 登孔、顥而上下兮，緯群龍之所經[102]。朝貞觀而夕化兮，猶諠己而遺形[103]。若胤彭而偕老兮，訴來哲以通情[104]。

10 亂[105]曰：天造屮昧，立性命兮[106]。復心弘道，惟賢聖兮[107]。渾元運物，流不處兮[108]。保身遺名，民之表兮[109]。舍生取誼，亦道用兮[110]。憂傷夭物，忝莫痛兮[111]！昊爾太素，曷渝色兮[112]？尚粵其幾，淪神域兮[113]！

【章　旨】以上為卷上的第三部分，錄班固所作的〈幽通賦〉。班固撰寫此賦時，父親班彪剛去世不久，諸事叢集，朝廷上奸佞充斥，時勢險惡，是非難明，吉凶禍福，變化莫測，故班固此賦以「幽通」為題，希望自己能與神靈相通，洞察世事隱微。反映了作者對現實生活的憂慮，也表明了自己的追求，微諷之意盡在其中。該賦通篇為騷體，敘事為抒情言志服務，雖不如班固其他作品出色，仍不失其嚴整、典雅、富實、曉暢的藝術風格。

【注　釋】❶弱冠而孤　弱冠，指男子二十歲左右的年齡，因古代男子二十歲舉行冠禮。案，班彪死於建武三十年（西元五四年），當時班固確切年齡為二十三歲。孤，幼年無父。❷幽通　謂與神靈相通，亦即使自己思緒深邃入神，洞明世事。❸致

命遂志　致命，言述說吉凶的性命。遂志，言申明自己的心志。❹系高頊之玄冑兮　謂本是顓頊高陽氏的遠代子孫。系，原本是。高頊，指顓頊高陽氏。傳說中的古代部族首領。《史記》列為五帝之一，據說是皇帝的孫子。玄，遠。冑，指帝王或貴族的後代。兮，語氣助詞。相當於「啊」。❺氏中葉之炳靈　謂家世傳到中葉時英靈顯赫。氏，姓氏。指自己的家世。中葉，中期。指令尹子文。炳靈，顯赫的英靈。❻繇凱風而蟬蛻　言先祖自楚國遷居到北方，如同蟬之蛻變。繇，飄颻。同「飄搖」。一說，繇，通「由」。由，從；自。凱風，南風。蟬蛻，蟬由幼蟲脫殼而變為成蟲。這裡比喻遷居。指班氏祖先由南方遷移到北方。❼雄朔野以颺聲　謂班氏家族在北方稱雄邊郡，顯揚名聲。雄，稱雄。朔，北方。颺，通「揚」。顯揚。❽皇十紀而鴻漸兮二句　謂到漢成帝時，班氏家族地位上升，女為倢伃，父子在朝為官。皇，指漢朝皇帝。十紀，十世；十代。指從漢高帝到漢成帝，為第十代。鴻漸，《易．漸》上九爻辭曰：「鴻漸於陸，其羽可用為儀。」意思是說，鴻雁從水中漸進到陸地上，表示地位上升，但不驕傲自滿，所以牠的羽毛可以作為他物的儀表。成帝時，班況女為倢伃，父子並在京師為朝臣，享有富貴的地位和美好的聲譽。鴻，水鳥。漸，謂鴻飛漸進。比喻升遷。羽儀，古時儀仗隊中用鳥羽裝飾旗幟等。後人因以羽儀比喻被人尊重，可以為表率。上京，指西漢京城長安。❾巨滔天而泯夏　謂王莽欺侮上天而滅掉漢朝。巨，指王莽。莽字巨君。滔天，欺侮上天。滔，倨傲；侮慢。泯，消滅。夏，諸夏；中國。這裡指漢朝。❿考遘愍以行謠　先父遭難而行吟。考，稱去世了的父親曰考。這裡是班固稱其先父班彪。遘，遭遇。愍，憂患。行謠，邊走邊吟唱。這裡指王莽敗亡後，班彪從長安逃難到安定（今甘肅涇川境內），途中作〈北征賦〉。⓫終保己而貽則　言班彪在亂世中終於保全了自己的節操和性命，留下為人的法則。保己，指班彪在混亂的時代保全了自己的節操和生命。貽則，遺留下為人的法則。貽，遺留；留下。則，準則；榜樣。⓬里上仁之所廬　謂與高尚仁德之士一樣擇善而居。《論語．里仁》孔子曰：「里仁為美，擇不處仁，焉得智？」班固此處引以為辭。里、廬，皆為居住之處。這裡用作動詞，意思是居住。上仁，最有仁德的人。⓭懿前烈之純淑　謂善美的祖先純正賢良。懿，美善。前烈，前人的功業；有功業的前人。烈，功業。純淑，純正而善良。⓮窮與達其必濟　謂窮困則獨善其身，顯達就兼濟天下。窮，窮困。指仕途不得志。達，通達；顯達。指仕途上飛黃騰達。濟，濟世。⓯咨孤矇之眇眇　謂自己孤弱蒙昧而渺小。咨，歎息。孤矇，孤弱蒙昧。即孤獨幼稚無知。眇眇，微小。⓰將圮絕而罔階　班固害怕先人的功業將要毀壞斷絕，而自己卻無所成就。圮，坍塌；毀壞。絕，斷絕。罔階，沒有進身的臺階。即無所成就的意思。罔，無；沒有。階，階梯。⓱豈余身之足殉　言我自身不足以營治先人之事。殉，謀劃；營治。⓲愇世業之可懷　言只有世代相傳的祖業值得懷念。愇，通「韙」。是。一說遺憾、恨的意思。世業，世代相傳的事業。懷，懷念；顧惜。⓳靖潛處以永思　安靜隱居而深思。李善《文選注》引曹大家曰：「言己安靜長思，不欲毀絕先人之功跡。」靖，安靜。潛處，隱居。永思，長思；深思。⑳經日月而彌遠　此言祖先的功業經歲月流逝，更加遙遠。彌，更加。㉑匪黨人之敢拾　不敢與鄉人競進。匪，通「非」。黨人，同鄉里之人。黨，古代地方組織，五百家為黨。拾，更迭；輪流。㉒庶斯言之不玷　希望我的言詞沒有過錯。語出《詩・大雅・抑》：「斯言之玷，不可為也。」庶，庶幾；也許可以。表示希望。玷，玉上的斑點。比喻缺點、過失。㉓魂煢煢與神交兮二句　此言魂魄孤飛，若與神靈相會，發我精誠於夜夢之中。煢煢，孤獨的樣子。與神交，與神相會。精誠，真誠。宵寐，夜裡睡著。㉔夢登山而迥眺兮二句　此言夢見登上高山而遠眺，看見了神人模糊的身影。迥眺，遠望。覿，見；相見。幽人，神人。髣髴，模糊不分明。㉕擥葛藟而授余兮二句　此言夢中身臨深峻的山谷，神人手持葛藤遞給我，注視著深谷說不要墜落下去。顏師古注曰：「言入峻谷者當攀葛藟，可以免於顛墜，猶處時俗者當據道義，然後得用自立。故設此喻，託以夢也。」擥，即「攬」。把持；手持。葛藟，葛和藟（即藤），皆為蔓生植物。眷，關心地看。峻谷，高峻（深而陡）的山谷。隧，通「墜」。落下。㉖昒昕寤而仰思兮二句　此言黎明醒來回想此夢，心中矇矇，不知其吉凶。昒昕，拂曉；黎明。寤，睡醒。蒙蒙，模糊不明的樣子。察，了解明白。㉗黃神邈而靡質兮二句　李善《文選注》引應劭曰：「言黃神邈遠，無所質問，依其遺讖文，以胸臆為對也。」黃神，黃帝，或言黃帝之神。傳說黃帝善於占夢。邈，久遠。靡質，無從質問。儀，法度；準則。遺讖，指黃帝遺留的占夢書。臆對，憑自己的主觀想像作出回答。㉘曰乘高而遻神兮二句　此占夢之辭。言已經登高而遇神人，是道術將通，不迷惑之象。乘高，登高。遻，遇到。遐通，遠通，即通得很遠。㉙葛緜緜於樛木兮二句　《詩・周南・樛木》有「南有樛木，葛藟纍之。樂只君子，福履綏之」的詩句。緜緜，連綿不斷的樣子。樛木，樹木向下彎曲。南風，指《詩・國風・周南》。〈周南〉包括〈樛木〉等十一篇。綏，安；安撫。㉚蓋惴惴之臨深兮二句　二雅，指《詩經・小雅》之〈小旻〉、〈小宛〉兩篇。〈小旻〉有「戰戰兢兢，如臨深淵，如履薄冰」的詩句。〈小宛〉有「惴惴小心，如臨于谷」的詩句。這句是說擔心墜落、陷落，所以稱二〈雅〉之所敬。惴惴，恐懼的樣子。臨深，如臨深淵。比喻謹慎戒懼。祗，恭敬；慎重。㉛既誶爾以吉象兮二句　李善《文選注》引曹大家曰：「登高為吉象，深谷為明戒。」誶，告知。吉象，吉祥的徵象。申，表達；表明。炯戒，彰明昭著的警戒。炯，明。㉜盍孟晉以迨群　意謂何不早入仕擠進官場。盍，何不。孟，勉力。晉，進；進取。迨群，趕上同輩。㉝辰倏忽其不再　謂時光逝去疾速而不再來。辰，時光。倏忽，轉眼之間；迅速。㉞承靈訓其虛徐兮二句　此言雖然接受神靈的訓示而仍疑惑不定，逗留不前且有所待。靈訓，指上文夢中神靈的訓誡。虛徐，懷疑；疑惑。竚，久立而等待。盤桓，徘徊；逗留。且，姑且；暫且。俟，等待。㉟惟天墜之無窮兮二句　此言天地長久無窮盡，而人壽短促。惟，想到。墜，即「地」。鱻生民之脢在，謂人生短暫。鱻，即「鮮」字。寡；少。生民，人類。脢，「晦」字之誤。指時間不多。㊱紛屯亶與蹇連兮二句　此言世事艱難多，而智者少，故遇禍。紛，紛紜；眾多。屯亶、蹇連，皆謂處境艱難。《易・屯》六四爻辭「屯如亶如」。《易・蹇》六四爻辭「往蹇來連」。屯亶，通「迍邅」。何，何其；多麼。智，智者。㊲上聖寤而後拔兮二句　顏師古注曰：「言上聖之人猶遇紛難，睹機能寤，然後自拔。文王羑里，孔子於匡是也。至於眾庶，豈能豫禦之哉?」上聖，高明的聖人。寤，醒悟；覺悟。《文選》作「迕」。拔，指解脫困境。群黎，眾庶；群眾。御，預防；防備。㊳昔衛叔之御昆兮二句　《左傳・僖公二十八年》記載：春秋時，衛成公因事與晉國有隙，國人攻成公，成公奔襄中，後奔楚、陳，命大夫元咺奉事衛叔武攝國政。有人向成公訴說元咺已經立衛叔武代成公為衛君。後衛人幫成公恢復君位，成公返國。衛叔武聞訊，大喜，出外迎接，衛成公卻命令前驅射殺叔武。衛叔，指衛國叔武，衛成公的弟弟。御，迎接。昆，兄長。指衛成公。喪，死亡。予，我。指衛叔武。㊴管彎弧欲斃讎兮二句　管，管仲，春秋齊人。初事公子糾，後相齊桓公。初，齊襄公無道，公子糾奔魯，公子小白奔莒。及齊襄公死，小白欲歸國奪君位。魯亦發兵護送公子糾，派管仲在莒道截擊小白，射中小白的帶鉤。小白搶先返國，被立為君，是為齊桓公。桓公攻魯，欲殺管仲，後聽從鮑叔牙之言，以管仲為相。事見《史記・齊太公世家》。彎弧，拉弓射箭。斃，使死亡；使滅亡。讎，指齊桓公。作，興起。指公子小白奪得君位。成，成就；成全。㊵變化故而相詭兮二句　此言世事變化如此難料，誰預知其始終吉凶。故，如此。相詭，互相矛盾之意。詭，違背；顛倒。孰，誰；哪個。豫其終始，預知其始終吉凶。豫，通「預」。預料；預知。㊶雍造怨而先賞兮　此言雍齒背叛過劉邦，卻得到封爵。雍，雍齒。雍齒為劉邦同鄉，奉命防守豐邑，雍齒叛變歸降魏國，後又歸漢。高帝心中非常怨恨他，後來為了穩定功臣爭奪封賞的情緒，聽從張良的計策，首先封雍齒為侯。詳見卷一〈高帝紀〉。㊷丁繇惠而被戮　此言丁固曾放走劉邦，卻被劉邦殺死。丁，丁固，又稱丁公。丁固為項羽部將，有一次緊緊追擊劉邦，劉邦向他求情，他放走了劉邦。後來劉邦敗項羽，稱帝，丁固拜見他，他以丁固不忠於項羽為理由，把丁固殺了。詳見卷一〈高帝紀〉。繇，通「由」。由於。惠，恩惠。㊸㮚取弔于逌吉兮　㮚，通「栗」。指漢景帝栗姬。栗姬生子劉榮立為太子，後栗姬因在爭權爭寵鬥爭中失敗，劉榮被廢黜為臨江王，她也憂愁而死。詳見卷九十七〈外戚傳〉。取弔，招致不幸。弔，憐憫；傷痛。逌吉，認為吉慶之事。逌，通「攸」。所。㊹王膺慶於所慼　此言宣帝王倢伃以無子為憂，而以謹敕終為元帝之母。王，漢宣帝王倢伃。宣帝許皇后早死，宣帝憐太子（漢元帝）年幼無依靠，特選為人謹慎而無子的王倢伃立為皇后，讓她專心撫養太子。後來元帝繼位，她被尊為皇太后。膺慶，受福。慼，通「戚」。憂愁；悲傷。㊺畔回穴其若茲兮二句　此謂世事如此顛倒錯亂、禍福無常，而北邊的塞翁很懂得一些禍福轉化的道理。畔，亂。回穴，即「回穴」。轉旋。形容變化無定。若茲，如此。指上文衛叔武、雍齒、丁固、栗姬、王倢伃等事例。北叟頗識其倚伏，此指《淮南子・人間》所說的塞翁失馬的故事，即因禍得福、因福得禍的轉化道理。北叟，即塞翁。叟，是對老人一種稱呼。倚伏，《老子》：「禍兮福之所倚，福兮禍之所伏。」意思是禍與福相互依存，相互轉化。㊻單治裡而外凋兮　《莊子・達生》曰：「魯有單豹者，岩居而水飲，不與民共利，行年七十，而猶有嬰兒之色；不幸遇餓虎，餓虎殺而食之。……豹養其內，而虎食其外。」單，單豹。治裡，指修養身心。外，指身軀。凋，損傷；摧殘。㊼張修襮而內逼　《莊子・達生》曰：張毅外修恭敬，斯徒馬圉皆與亢禮，不勝其勞，內熱而死。張，張毅。襮，外表。內逼，指生病。㊽欥中龢為庶幾兮二句　這兩句的意思是：若說採取中和之道差不多可以使人免於禍難，而顏回卻早死，冉耕患惡疾，行善的人又不能得到好的報應。欥，通「聿」。曰。龢，通「和」。中和；中庸和平之道。儒家倫理思想認為，感情隱藏在內心叫作「中」，發洩得適度叫作「和」。顏、冉，即顏回、冉耕。皆孔子弟子。顏回早死，冉耕身患惡疾。不得，不得其報。㊾溺招路以從己兮二句　溺，桀溺。春秋時的隱士。路，子路。孔氏，孔子。《論語・微子》記載：有名叫長沮、桀溺的兩個人在耕田，孔子路過，派子路前去問路。二人不答所問，而批評孔丘只想躲避亂國去尋求治國，以便有所作為，這是空想。他們認為當時是亂世，天下烏鴉一般黑，只有像他們一樣逃避社會去隱居，才是正確的，並勸說子路跟著他們走。謂，說；認為。孔氏，孔丘。㊿安慆慆而不葩兮二句　此言子路不能避世隱居，最終被人殺死。安，安於；以……為安。慆慆，紛亂不止的樣子。葩，躲避；逃避。卒隕身虖世禍，指子路後來終於死在衛國的內亂中，並被剁成肉醬。卒，終於。隕身，殞命；喪命。隕，通「殞」。死亡。51游聖門而靡救兮二句　謂子路跟隨孔子，而孔子不能救之，使免於難，雖為覆醢，無所補益。游，遊學；求學。聖門，指孔子門下。顧，當作「雖」（王先慎說）。覆醢，言棄掉肉醬不忍食。《禮記・檀弓上》記載：子路在衛國被殺死並剁成肉醬的消息傳到孔子那裡時，孔子非常悲痛，命人把家中的肉醬倒掉了。補，補益；補救。52固行行其必凶兮二句　謂子路性格剛暴，必然凶死；而免於為亂盜者，仰賴他聞道於孔子。固，本來。行行，剛強的樣子。盜亂，指犯上作亂的行為。賴，仰賴；依賴。道，指儒家的忠君事親之道。53形氣發于根柢兮二句　謂草木的形體氣勢發源於根柢，枝葉也隨之或繁茂或凋零。比喻子孫的成就決定於祖先的功德。根本各殊，其後盛衰相因，人生也是如此。柢，根本。柯，樹枝。彙，類聚；品類。霝，「零」之借字。零落。茂，茂盛。54恐网蜽之責景兮二句　《莊子・齊物論》曰：「罔兩問影曰：『曩子行，今子止，曩子坐，今子起，何其無持操歟？』影曰：『吾有待而然。吾所待，又有待而然。』」此處借用這一故事，也是比喻人的成就決定於祖先的功德。网蜽，通「罔兩」。本是傳說中的精怪，這裡指影子外層的淡影。責，責問。景，通「影」。慶，《文選》作「羌」。句首助詞。已，止。(55)黎淳耀于高辛兮二句　顏師古注曰：「言黎在高辛之時為火正，有美光耀，故其後嗣霸有楚國於南方也。」黎，人名，楚人的祖先。淳耀，光明。高辛，帝嚳之號，《史記》列為五帝之一。羋，先秦時楚國王族的姓。南氾，指漢江、長江的支流或水邊。(56)嬴取威於百儀兮　謂秦人的先祖伯益有使百物服從的功德，而嬴秦因此發展強大起來。嬴，秦國王族的姓。秦人的先祖伯益，在虞舜時擔任虞官，主管山林川澤、漁獵畜牧，征服草木鳥獸有功。取威，獲得威望、德聲。百儀，使草木鳥獸百物都服從。(57)姜本支虖三止　姜，先秦時齊國王族的姓。其遠祖伯夷，在虞舜時擔任秩宗，主管祭祀天地人鬼之禮。本支，原指樹木的根幹和枝葉。引申為嫡系子孫和旁支子孫的合稱。三止，即三禮。指祭祀天神、地祇、祖先三者的禮儀。(58)既仁得其信然兮二句　意謂人世既是求仁得仁，仰視天道也如此。仁得，謂求仁而得仁。信然，確實如此。卬，通「仰」。天路，天道。軌，法度；法則。(59)東厶虐而殲仁兮　謂商紂王暴虐，殘害「三仁」。東厶，指商紂王。以周朝都城在鎬京，商紂王的都城在朝歌（今河南淇縣），位於鎬京之東，故有此稱。殲，滅。仁，謂三仁，指商末的微子、箕子、比干。(60)王合位虖三五　王，周武王。此言周武王討伐商紂所選擇的時間合於五位（歲在鶉火，月在天駟，日在析木之津，辰在斗杓，星在天黿）、三所（日之所在，有建星及牽牛，為周太王妃大姜的先祖逢公所憑依；歲之所在，為周的分野；月之所在，辰為農祥，是周人的祖先后稷所主管的事業）（參考《國語・周語下》所載泠州鳩對周景王語）。(61)戎女烈而喪孝兮　春秋時晉獻公夫人驪姬為把自己所生的兒子立為太子，譖殺太子申生。戎女，驪姬是驪戎部族的女兒。烈，殘酷。孝，指太子申生。(62)伯徂歸於龍虎　春秋時，晉文公以木星在大火次之歲出逃，流亡十九年，於木星在大梁次之歲回國。伯，通「霸」。霸主。指晉文公。徂歸於龍虎，謂以龍往出，以虎歸入。出走時，歲在大火，故曰龍；返國時，歲在大梁，故曰虎。（劉敞說）徂，往；出外。(63)發還師以成性兮　周武王起初觀兵於孟津，八百諸侯不期而會，皆曰紂可伐矣。武王曰：「爾未知天性。」還師二年，紂殺比干，囚箕子，武王乃伐克之，於是完成天命。發，周武王之名。還師，使軍隊返回。成，完成。性，命，謂天命。(64)重醉行而自耦　晉文公流亡到齊國，齊桓公為他娶妻，並給他二十乘車馬，因此，他想長期待下去。他的妻子齊姜就和晉文公的主要臣子犯謀劃，把他灌醉，然後挾持著離開齊國。重，晉文公名重耳。自，從；出自。耦，通「偶」。配偶。指晉文公之妻齊姜。(65)震鱗漦于夏庭兮二句　謂褒姒禍周。傳說夏朝末年，有兩條龍降到宮廷吐出唾沫，夏帝用匣子盛著，傳經商、周兩代，沒有人敢動。到周厲王時打開一看，唾沫流出變成黑蜥蜴，爬進後宮，一個年幼的宮女碰著牠，懷孕生下個女嬰，這就是褒姒。後來，周幽王寵愛褒姒，導致了周朝的滅亡。震鱗，指龍。震，《易》八卦之一，與龍對應。龍生鱗，故稱「震鱗」。漦，龍的涎沫。這裡作動詞。夏，朝代名。約西元前二十一世紀夏禹的兒子啟所建立，建都陽城（今河南登封東南）、安邑（今山西夏縣西北）等地。庭，王庭。帀三正，經歷夏、商、周三朝。帀，通「匝」。環繞一周。周，指周朝。66巽羽化于宣宮兮二句　謂王氏篡漢。漢宣帝時，未央宮路軨廄中有雌雞化為雄雞，迷信者認為這是後來漢元帝王皇后在平帝時臨朝執政的預兆。歷五代君主，到平帝時，王莽篡奪帝位。巽羽，指雞。巽，《易》八卦之一，與雞對應。雞生羽毛，故稱「巽羽」。化，變化。指雌雞變為雄雞。宣宮，漢宣帝的未央宮。宣，指漢宣帝劉詢（西元前七四—前四九年在位）。彌，滿。五辟，指宣、元、成、哀、平五世。成災，指漢朝帝位被王莽篡奪。67道悠長而世短兮二句　言天道長遠而人生短促，天道玄深，難以探究。道，指天道。悠長，長遠；長久。世，人生。夐，通「迥」。遠。冥默，玄深。周，至；達到。68胥仍物而鬼諏兮二句　意謂聖人須借助卜筮而向鬼神詢問，極古今，通幽微。胥，須；待。仍，因；憑藉；通過。物，指蓍草與龜甲等占卜用物。諏，詢問；諮詢。宙，往古來今曰宙。達，達到。幽，深；隱微。69嬀巢姜於孺筮兮　陳厲公的兒子陳完初生時，厲公請周太史為他占卦，太史說陳完將來會住在齊國，他的子孫會據有齊國。後來陳完的子孫終於取代了齊國的姜氏政權。嬀，陳國的始祖（陳胡公嬀滿）本姓嬀。巢，居住。姜，齊國的始祖太公為姜姓呂氏。孺，幼小；幼兒。筮，用蓍草占卜。70旦筭祀于挈龜　謂周公旦開始營建洛邑時，占卦得兆可以傳三十代、七百年。旦，周公，姓姬名旦。筭，數。祀，年。這裡指傳國的年代。挈，通「鍥」。刻。龜，占卜用的龜甲。71宣曹興敗於下夢兮　周宣王時，有牧人夢見許多魚與旗幟，成為宣王中興的徵兆。曹伯陽時，有人夢見許多人站立在社宮前，謀劃滅亡曹國，後來曹國被滅亡。宣曹，指周宣王、曹伯陽。下，指下層人。72魯衛名謚於銘謠　魯文公、成公的時候，有童謠說「稠父喪勞，宋父以驕」。後來魯昭公（姬稠）失國逃亡死在外地。魯定公（姬宋）乘便即位而驕縱。衛靈公掘地獲得石槨，其上有銘文曰「靈公」，他死後就以「靈公」作為諡號。魯衛，指魯文公和成公、衛靈公。諡，古代在人死後根據他生前事跡評定褒貶給予的稱號。73妣聆呱而刻石兮　春秋時，晉國大夫羊舌肸（叔向）的母親聽到孫子（羊舌石）剛出生時的啼哭聲尖厲，就知道他將來必定會惹禍，使羊舌氏家族滅亡。妣，母親死後的稱謂，古代也可以稱在世的母親。這裡指叔向之母。聆呱，聽其啼聲。刻，指哭聲尖厲。一作「劾」，揭發罪狀。引申為知其罪。石，叔向之子羊舌石。74許相理而鞠條　周亞夫為河內郡太守時，許負為他相面，說他三年後封侯；又說他面部有縱向紋理伸入口中，這是餓死的面相。後來都應驗了。事見卷四十〈周亞夫傳〉。許，許負，西漢河內郡人。善相面。相理，觀察面部紋理。鞠，窮困（使動用法）；審訊（通「鞫」）。指周亞夫後來被拘禁審訊，絕食而死。條，條侯，為周亞夫的封爵。75道混成而自然兮二句　顏師古注曰：「大道混壹，歸於自然，人之所趨雖有流別，本則同耳。」混成，混沌成為一個整體。術，學術。原，通「源」。本源；根源。76神先心以定

命兮二句　顏師古注曰：「言神明之道，雖在人心之前已定命矣，然亦隨其所行，以致禍福。」神，神靈；神明。先心，先於心性是非善惡的表現。行，指人的行為。消息，消滅或增長，即變化的意思。⑰斡流遷其不濟兮二句　意謂人生是窮困還是顯達，不能保證必然成功，各隨其遭遇而贏虧。斡，旋轉。流遷，變化推移。濟，成功。遭罹，遭遇。「贏」，通「贏」。贏縮，指伸縮、增減、進退。⑱三欒同於一體兮二句　此謂三欒善惡不一，終於報應不誤。春秋時晉國大夫欒書有賢德，兒子欒黶有罪惡，孫子欒盈有善行，但到欒盈時卻遭到滅族之禍。當時有人解釋說，欒書的賢德庇蔭了欒黶，欒黶的罪惡連累了欒盈，而欒盈的善行還沒來得及發揮作用就敗亡了。參見《左傳・襄公十四年》。三欒，即春秋時晉大夫欒書、欒黶（書之子）、欒盈（黶之子）。一體，指直系血親一脈相承。移，移易；轉變。盈，指欒盈。移盈，《文選》作「移易」。忒，差誤。⑲洞參差其紛錯兮二句　只有賢哲能夠洞察紛紜錯雜的現象，這使萬民百姓感到迷惑。洞，洞察；明察。參差，不整齊；不一致；多種多樣。紛錯，分運錯雜。斯，此；這。眾兆，民眾。⑳周賈盪而貢憤兮四句　此謂莊周、賈誼雖然都說齊死生，壹禍福，而實際上他們的思想觀點與行為有矛盾。周賈，即莊周、賈誼。盪，狂放；放縱。貢，通「憒」。昏憒；惑亂。齊，齊等；等同。使動用法。抗，舉起。這裡有高談闊論的意思。爽，差謬；錯失。矯情，違反本心，違反常情，以立異鳴高。信，真實；實行。畏犧，言莊周害怕成為祭祀用的牛。這是莊周在《莊子・列禦寇篇》中表達的思想，他不願應聘去做官，就是害怕招惹禍患，危及生命。忌鵩，賈誼在做長沙王太傅時，有鵩鳥飛到座上，他傷悼自己，以為會短命，寫了〈鵩鳥賦〉。鵩鳥行狀像鴞鳥，貓頭鷹之類，古人認為是不祥之鳥。㉑所貴聖人之至論兮二句　李善《文選注》引曹大家曰：「至論，謂《五經》六藝。所以貴之者，順天之性也，亦當以義斷之，不可貪苟生而失名。」至論，精闢的言論；深切中肯的言論。天性，先天的本性。斷誼，謂以義理裁斷。誼，通「義」。㉒物有欲而不居兮二句　言富貴是所有人想要得到的，不以其道得之，則君子不會享有；死亡貧賤是人都厭惡的，處得其節，則君子不會迴避。語出《論語・里仁》孔子曰：「富與貴，是人之所欲也；不以其道得之，不處也。貧與賤是人之所惡也；不以其道得之，不去也。」物，指外界的事物。欲，所欲者，指富貴名利。居，處；占有；享受。惡，所惡者，指死亡貧賤。避，迴避。㉓守孔約而不貳兮二句　李善《文選注》引曹大家曰：「言聖人所守甚約，而無二端，則平心立而思慮輕矣。」謂聖人堅守原則而不動搖，只輕鬆地操持德行而無罣礙。孔約，十分簡約。指代最基本的德行原則。孔，甚；很。不貳，謂用心不貳，不動搖。輶德，易於實行之德。語出《詩・大雅・烝民》，曰：「德輶如毛，人鮮克舉之。」輶，輕。無累，不為事物所牽累。㉔三仁殊而一致兮　言微子、箕子、比干的行動看起來差異很大，而實際上是一致的，都實現了仁德。三仁，指微子、箕子、比干，皆為商紂賢臣。《論語・微子》稱「微子去之，箕子為之奴，比干諫而死」。殊，異；不同。一致，言同稱仁。85夷惠舛而齊聲　言伯夷、柳下惠的行為不同，卻都享有美名。夷，伯夷。商孤竹君之子。父死，與其弟叔齊推讓君位，逃之周。武王伐紂，兄弟二人叩馬諫阻。商滅，二人不食周粟，餓死在首陽山中。詳見《孟子・萬章下》、《史記・伯夷列傳》。惠，柳下惠，春秋時魯大夫。任士師，三次被黜不去，戀父母之邦。與伯夷並稱夷惠，為古清高廉潔之士。詳見《論語・微子》、《孟子・萬章下》、《國語・魯語上》、《左傳・僖公二十六年》。舛，違背；相背離。齊聲，齊名。86木偃息以蕃魏兮　木，段干木，春秋時的名士，客居於魏，不受官祿，受到魏文侯禮敬，使秦不敢對魏用兵。偃息，安臥。蕃，通「藩」。藩籬；屏障。魏，戰國時諸侯國名，在今陝西、山西交界地區直至河南東北部，初建都安邑（今山西夏縣西北），後遷都大梁（今河南開封），從此魏國也被稱為梁國。87申重繭以存荊　楚昭王時，吳國軍隊攻入楚國都城郢，申包胥奔至秦國請求救援，歷經長途跋涉，腳底長出厚厚的老繭，立秦庭號哭七日，終於使秦出兵打敗吳國軍隊，挽救了楚國。申，申包胥，春秋時楚大夫。繭，足下傷起如繭也。重繭，層層老繭。指腳底的老繭很厚。荊，即楚國。88紀焚躬以衛上兮　楚漢相爭時，項羽曾圍困漢王劉邦於滎陽，紀信為使劉邦突出重圍，主動請求裝扮成漢王出城投降，吸引項羽兵馬，劉邦乘機逃出城，而紀信被項羽燒死。詳見卷三十一〈項籍傳〉。紀，紀信。躬，身體；自身。上，指漢王劉邦。89皓頤志而弗營　言四皓處商洛深山，自養其志，而不為利祿所迷惑。皓，指商山四皓。頤，涵養；保養。營，通「熒」。迷惑；眩惑。90侯中木之區別兮　言人的志趣才能各不相同，立德、立言、立功都可以永垂不朽，不能強求一律。就像草木一樣千差萬別，松柏可以作棟梁，蘭蕙可以供芳香，各有本性，各有特色也不能一概而論。《論語・子張》子夏曰：「君子之道，譬諸草木，區以別矣。」故賦引其意。侯，語首助詞。中，即「草」字。91苟能實而必榮　此言人雖各有特點，但如果能實行仁義之道，就必定有榮名。苟，如果。實，實行。榮，榮耀。92要沒世而不朽兮二句　此言追求死後聲名永垂不朽，這是先賢所遵循的正道。要，總要。沒世，指死後。乃，是。先民，指古代賢聖。程，正，謂正道。這裡用作動詞。93觀天罔之紘覆兮二句　此言天道雖然包容萬象，實只輔助誠信而保護善良。天罔，指天道，比喻天道如大網，一切善惡是非都在它的籠罩之下。罔，通「網」。紘，通「宏」。宏大。覆，覆蓋。棐諶而相順，語出《尚書・大誥》「天棐諶辭」及《詩・大雅・蕩》「天生烝人，其命匪諶」以及《易・繫辭上》「天之所助者，順也」。顏師古注曰：「賦言天道惟誠是輔，唯順是助，故引以為辭也。」棐，輔助。諶，誠信。相，輔助。94謨先聖之大繇兮二句　顏師古注曰：「賦言若能謀聖人之大道，有德者必為同志所依，履信者必獲他人之助。」此二句的出處見於《詩・小雅・巧言》曰：「秩秩大繇，聖人謨之。」《論語・里仁》孔子曰：「德不孤，必有鄰。」《易・繫辭上》曰：「人之所助者信也。」謨，諮詢。繇，通「猷」。道術。厸，通「鄰」。接近。

意，指有德者。信，指守信者。95虞韶美而儀鳳兮二句　此言虞舜的〈韶〉樂美，不僅招來鳳凰，而且在千載後仍使孔子聞而入迷。虞，虞舜。韶，舜樂名。儀鳳，使鳳凰飛來。《尚書・虞書・舜典》有「簫〈韶〉九成，鳳皇來儀」句。孔忘味，語出《論語・述而》：「孔子在齊聞〈韶〉，三月不知肉味。」千載，指孔丘上距虞舜約一千年。96素文信而底麟兮二句　此言孔子作《春秋》而招致麒麟，其後裔至漢代受到封賞。素文，素王之文，指孔子作《春秋》。孔子作《春秋》，昭明褒貶，漢代人認為這是代帝王立法，有帝王的權威而無帝王的位號，故稱孔子為「素王」。底麟，傳說孔丘作《春秋》，導致魯國獵獲麒麟。底，導致；招致。漢賓祚，漢成帝綏和元年（西元前八年）封孔子後代孔吉為殷紹嘉侯，後進爵為公。見卷十〈成帝紀〉。漢平帝元始元年（西元元年），封孔丘的十六代孫孔均為褒成君，並追謚孔子為褒成宣尼公。見卷十二〈平帝紀〉。賓，以客禮相待。祚，賜福。異代，孔丘生於東周，與漢代不屬於一個時代，故稱「異代」。97精通靈而感物兮二句　此言精神通於神靈而感動萬物，能運動精氣達到微妙的境界。精，精神。通靈，通於神靈。神，精神。與上句「精」字為互文。動氣，運動精氣。入微，達到微妙的境界。「微」，廣元本、蔡琪本、白鷺洲書院本、殿本作「徹」，此依北宋本、正統本、汲古閣本、局本作「微」。98養游睇而猨號兮　據說楚王使養由基射猿，養由基持弓瞄準猿，猿抱木而號，知其必被射中。事見《呂氏春秋・博志》。養，養由基，楚國大夫，善射。游睇，流盼。99李虎發而石開　李，李廣。李廣曾出獵，看見草中的一塊大石頭，誤以為猛虎而射之，箭深入石頭以至於沒羽。詳見卷五十四〈李廣傳〉。虎發，以為是虎而向它發射。虎，這裡名詞作狀語用。100非精誠其焉通兮二句　《文選》五臣注劉良曰：「非精神所感，焉能通達猿、石，且無實誰肯信也。」精誠，至誠。焉，何；怎麼。實，實事。101操末技猶必然兮二句　此言射箭這樣的微小技藝，尚且能使精誠感於猿猴、堅石，何況由衷熱愛天道的真諦呢。操，掌握；從事。末技，微不足道的技術，此指射箭。矧，況且；何況。湛，通「耽」。酷好；熱愛。躬，親自。道真，大道的真諦。102登孔顥而上下兮二句　此言自伏羲以下至孔子，聖人的經典已闡述完備。孔，孔子。顥，太皞（皓、昊），即伏羲氏。傳說中的遠古聖王。上下，指自古至今。緯群龍之所經，意謂聖人作經，群賢闡述。緯，闡述。群龍，指乙太顥、孔丘為代表的眾多聖賢。103朝貞觀而夕化兮二句　此言如果早上能夠看到大道而晚上死去也是甘心的，還可以忘身忘我。貞觀，正觀。言天道以正為人觀瞻。語出《易》曰：「天地之道，貞觀者也。」貞，正。觀，看。化，死亡。猶，尚且；還。諠，忘記。遺形，遺棄形體。104若胤彭而偕老兮二句　此言如果能像彭祖、老聃一樣長壽，就可以與後來的智者傳述心得。若，如果。胤，繼續；延續。彭，彭祖，傳說中著名的長壽者，經歷夏、商兩代，活了八百多歲。老，老聃。訴，訴說；告訴。來哲，後來的賢哲。以，相當於「而」。連接副詞。通情，把自己的思想感情傳達給他人。105亂　整理的意思。顏師古曰：「亂者，理也，總理一賦之終也。」案，古代樂曲的最後一章叫亂。辭賦篇末用來總結全篇要旨的話也叫亂。106天造中昧二句　此言天道始造萬物，草創於冥昧之中，皆確立其本性和命運。《易・屯》彖辭有「天造草昧」句，故賦引之。中昧，蒙昧。指原始未開化的狀態。性命，指人的本性和命運。107復心弘道二句　此言只有聖賢能夠恢復本心而弘揚大道。復心，返歸天地本心。語出《易大傳》「〈復〉，其見天地之心乎！」弘道，弘揚聖人大道。語出《論語・衛靈公》孔子曰：「人能弘道，非道弘人。」108渾元運物二句　言元氣運動萬物，周行而不止。渾元，天地之氣。運物，萬物運動。流不處，言運動而不停止。處，停止。109保身遺名二句　言能保全自己並留下美名，是民眾的表率。保身，保全身軀。遺名，指死後遺留好名聲。表，表率；典型。110舍生取誼二句　語出《孟子・告子上》曰：「生，亦我所欲也；義，亦我所欲也。二者不可得兼，舍生而取義者也。生亦我所欲，所欲有甚於生者，故不為苟得也。死亦我所惡，所惡有甚於死者，故患有所不辟也。」舍生取誼，捨棄生命，堅持原則。舍，捨棄。誼，通「義」。道用，言行為符合於道，是大道的體現。111憂傷夭物二句　即「憂傷夭於物」。顏師古注曰：「言不達性命，自取憂傷，為物所夭，既辱且痛，莫過於是。」夭，摧殘；傷害。物，外物。此特指富貴名利。忝，恥辱。莫，沒有。112昊爾太素二句　此言人若能篤信好學，守死善道，不受流俗的熏染，那麼潔白樸素的本質，是不會改變的。昊，通「皓」。潔白；純潔。爾，猶「然」。形容詞詞尾。太素，真質樸素。曷，何；哪裡。渝，通「踰」。改變。113尚粵其幾二句　謂庶幾於神道之幾微，而入於神明之域。尚，庶幾；差不多。粵，猶今言「於是」。於。其，指代神明之道。幾，幾微；細微的跡象；微妙的道理。《易傳・繫辭下》曰：「幾者，動之微，吉之先見者也。」淪，進入；深入。神域，神明的境域。古人幻想中的神奇境界。

【語譯】他有個兒子叫班固，剛成年就失去了父親，撰寫了〈幽通賦〉，以陳述性命的吉凶，申明自己的心志。其語辭說：

2　本是顓頊高陽氏的遠代子孫啊，家世傳到中葉在楚國英靈顯赫，乘南風離開故土而到北方啊，稱雄北邊而顯揚聲名。漢皇十世時家族地位上升啊，在京城為人表率。王莽欺侮上天而滅掉漢朝啊，先父遭難而行吟。終於持身守己而留下榜樣啊，與高尚仁德之士一樣擇善而居。我善美的祖先多麼純正賢良啊，無論窮困還是顯達必定能成功。可歎我孤弱蒙昧而渺小啊，先人的功業將要毀壞斷絕而我卻無所成就。難道我自身還足以營治先人之事嗎？遺憾的是只有世代相傳的祖業值得懷念。

3 安靜隱居而深思啊，經歲月而更加遙遠。非敢與鄉里朋輩競爭啊，希望我的言詞沒有過錯。孤獨的靈魂與神靈交遊啊，精誠產生於夜晚的睡夢中。夢見登高山而遠眺啊，看見了神人模糊的身影，神人採葛藤遞給我啊，注視著深谷說不要墜落下去。拂曉醒來而抬頭回想啊，心意模糊還不甚明白。黃神邈遠而無從質問啊，信奉占夢書籍卻只能憑主觀臆測。說是登高山而遇見神人啊，道路遠遠通達而不會迷失。葛藤連綿於高大彎曲的樹木啊，歌唱〈南風〉篇以示安慰。原來戒慎恐懼如臨深淵啊，才是二〈雅〉詩人所叮嚀的。既告訴你吉祥的徵象啊，又提出彰明昭著的警戒：何不努力進取從而趕上同輩啊？時光逝去迅速而不再回來。

4 接受神靈的訓示而疑惑不定啊，逗留徘徊而姑且等待。想到天長地久無窮盡啊，人生短暫有幾何。世間多少艱難和困苦啊，何其災難多而智者少！高明的聖人覺悟了然後才能擺脫啊，難道是普通百姓所能防備！從前衛叔去迎接兄長啊，兄長採用強盜手段殺害了他。管仲拉滿弓想要殺死仇敵啊，仇人興起後反而成就了自己。變化多端而因果顛倒啊，誰能預料到最後結果的吉凶！雍齒結怨而首先得到封賞啊，丁固因為施惠而被殺死；栗姬因為升了太子而招致不幸啊，王倢伃因為無子而享受尊榮。顛倒錯亂竟然到了如此地步啊，北邊塞翁很懂得一些禍福轉化的道理。單豹修養身心而被餓虎吞食啊，張毅多做好事而患內熱夭折。遵循中庸和平之道該差不多了吧，顏回和冉耕卻沒得到好報應。桀溺招子路跟隨自己走啊，說孔子還不行，子路安於亂世而不逃避啊，終於遭受殺身殞命於亂世的禍害。求學於聖人門下而不能得救啊，只倒掉肉醬有什麼補益？本來剛強暴躁一定會有兇險啊，沒有犯上作亂是因為依賴聖道。草木的形體氣勢發源於根柢啊，枝葉也隨之繁茂或凋零。這恐怕像罔蜽詢問影子啊，難以說出個究竟。

5 黎氏大明於高辛氏的時代啊，芈姓強大於江漢地區；嬴秦立威於征服百物啊，姜齊的世系出於三禮：求仁得仁確實如此啊，仰觀天道也是同樣的準則。商紂王暴虐殘害『三仁』啊，周武王滅商的時間合於五位三所；驪姬殘酷地殺害孝子啊，晉文公出國當蒼龍、返國當白虎；姬發還軍伺機完成天命啊，重耳醉行的主意出自齊女。龍吐涎沫於夏朝王庭啊，歷經三代而褒姒滅周；雌雞化為雄雞於宣帝時啊，歷經五位君主而成災。

6 天道長遠而人生短促啊，玄妙幽深無限而難以探究。有待通過蓍龜而諮詢鬼神啊，才能窮盡時空而達到隱微幽靜。陳厲公占卜到了田齊的建國啊，周公旦占卜到了東周的命運。周宣中興、曹國滅亡預兆於平民的夢境啊，魯昭公的名字、衛靈公的謚號早現於童謠和碑銘。羊舌祖母聽清了孫子石的尖厲啼哭聲啊，許婦相條侯當餓死。大道混沌自天生啊，方術同源而分流。天神在人性形成以前就決定了人的命運啊，但命運隨人的行為而有變化。想要扭轉怕難以辦到啊，所以遭遇有盈虧遲速。三欒是直系血親啊，雖然災禍移易到欒盈身上但不是差錯。唯有賢哲能明察紛紜錯雜啊，這使萬民百姓感到迷惑。莊周、賈誼也昏亂啊，宣稱死生禍福都一樣，高談闊論而違背本心啊，實際是怕做犧牲或厭惡忌諱鵩鳥。

7 可貴的是聖人的至理名言啊，順從天性而仍堅持原則。有想要的富貴而不貪求啊，有可惡的死亡貧賤也不逃避。聖人堅守基本原則而不動搖啊，只愉快地操持德行而無罣礙。『三仁』表現不同而道理一致啊，伯夷、柳下惠作風迥異而同有美名。段干木安臥而保衛了魏國啊，申包胥腳板跑出了老繭才保存了楚國。紀信焚身來保衛皇上啊，四老涵養心志而不受利祿迷惑。操行像草木一樣千差萬別啊，如果確實能行仁義之道就必有榮名。總要死後的聲名不朽啊，這是先賢遵循的正道。

8 觀看天道包容萬象啊，實輔助誠信而保護善良。考察先聖的大道啊，也是親近有德者而幫助守信者。虞舜的〈韶〉樂優美招引來鳳凰啊，使孔丘忘掉肉味於千百年之後。《春秋》的褒貶彰顯而引來麒麟啊，漢朝於異代加以追謚加封。精神溝通神靈而感動萬物啊，能運動精氣達到微妙的境界。養由基瞅一眼猿猴牠就嚇得叫啊，李廣以石為猛虎而箭入堅石。不是至誠怎麼能通靈感物呢，如果沒有實效又有誰相信！射箭這樣微小的技藝尚且能精誠感於猿猴和石頭啊，更何況由衷熱愛天道的真諦！

9 自伏羲以至孔子啊，聖人的經典闡述完備。早上能夠看到大道而晚上死去也甘心啊，還可以忘記自己遺棄形體。如果能像彭祖老聃一樣而長存啊，更可以向後來的賢哲傳述心得。

10 尾聲：天造混沌世界，確定人性和命運啊。恢復本心而弘揚大道，只有聖賢啊。元氣運動萬物，周流而不停止啊。保全自己留下美名，是民眾的表率啊。捨棄生命而堅持原則，也是大道的體現啊。被外物摧殘而憂傷，那是莫大的恥辱和痛苦啊！潔白樸素的本質怎麼會變色呀？要領會微妙的道理，進入神奇的境界啊！

1 永平中為郎❶，典❷校祕書，專篤志❸於博學，以著述為業。或譏以無功❹，又感東方朔、揚雄自論以不遭蘇、張、范、蔡之時❺，曾不折❻之以正道，明君子之所守❼，故聊復應❽焉。其辭曰：

2 賓❾戲主人曰：「蓋聞聖人有壹定之論，列士有不易之分❿，亦云名而已矣。故太上有立德，其次有立功⓫。夫德不得後身而特盛，功不得背時而獨章⓬，是以聖喆之治，棲棲皇皇⓭。孔席不煗，墨突不黔⓮。由此言之，取舍者昔人之上務，著作者前列之餘事耳⓯。今吾子幸游帝王之世，躬帶冕之服⓰，浮英華，湛道德⓱，彎龍虎之文，舊矣⓲。卒不能攄首尾，奮翼鱗，振拔洿塗，跨騰風雲，使見之者景駭，聞之者響震⓳；徒樂枕經籍書，紆體衡門⓴，上無所蒂，下無所根㉑。獨攄意虖宇宙之外，銳思於豪芒之內㉒，潛神默記，恆以年歲㉓。然而器不賈於當己，用不效於一世，雖馳辯如濤波，摛藻如春華，猶無益於殿最㉔。意者，且運朝夕之策，定合會之計，使存有顯號，亡有美謚，不亦優虖㉕？」

3

主人逌爾㉖而咲曰：「若賓之言，斯所謂見勢利之華，闇道德之實㉗，守窔奧之熒燭，未卬天庭而覩白日也㉘。曩者王塗蕪穢，周失其御，侯伯方軌，戰國橫騖㉙，於是七雄虓闞，分裂諸夏，龍戰而虎爭㉚。游說之徒，風颺電激，並起而救之㉛，其餘猋飛景附，煜霅其間者，蓋不可勝載㉜。當此之時，搦朽摩鈍，鉛刀皆能壹斷㉝，是故魯連飛一矢而蹶千金㉞，虞卿以顧眄而捐相印㉟也。夫啾發投曲，感耳之聲，合之律度，淫[扌黽]而不可聽者，非韶、夏之樂也㊱；因勢合變，偶時之會，風移俗易，乖忤而不可通者，非君子之法也㊲。及至從人合之㊳，衡人散之㊴，亡命漂說㊵，羇旅騁辭㊶，商鞅挾三術以鑽孝公㊷，李斯奮時務而要始皇㊸，彼皆躡風雲之會，履顛沛之勢㊹，據徼乘邪以求一日之富貴㊺，朝為榮華，夕而焦瘁，福不盈眦，旤溢於世㊻，凶人且以自悔，況吉士而是賴虖㊼！且功不可以虛成，名不可以偽立㊽，韓設辯以徼君㊾，呂行詐以賈國㊿。說難既酉，其身迺囚(51)；秦貨既貴，厥宗亦隧(52)。是故仲尼抗浮雲之志(53)，孟軻養浩然之氣(54)，彼豈樂為迂闊(55)哉？道不可以貳(56)也。方今大漢洒埽群穢，夷險芟荒(57)，廓帝紘，恢皇綱(58)，基隆於羲、農，規廣於黃、唐(59)；其君(60)天下也，炎(61)之如日，威(62)之如神，函(63)之如海，養之如春。是以六合(64)之內，莫不同原(65)共流，沐浴玄德(66)，稟卬太和(67)，枝附葉著(68)，譬猶山木之殖山林(69)，鳥魚之毓(70)川澤，得氣者蕃滋(71)，失時者苓落(72)，參天墬而施化，豈云人事之厚薄哉(73)？今子處皇世(74)而論戰國，耀所聞而疑所覿(75)，欲從旄敦而度高虖泰山(76)，懷氿濫而測深虖重淵(77)，亦未至(78)也。」

4 賓曰：「若夫鞅、斯之倫(79)，衰周之凶人，既聞命(80)矣。敢(81)問上古之士，處身(82)行道，輔世成名，可述於後者，默而已(83)虖？」

5 主人曰：「何為其然也！昔咎繇謨虞(84)，箕子訪周(85)，言通帝王，謀合聖神；殷說夢發於傅巖(86)，周望兆動於渭濱(87)，齊甯激聲於康衢(88)，漢良受書於邳沂(89)，皆俟命而神交，匪詞言之所信，故能建必然之策，展無窮之勳也(90)。近者陸子優繇(91)，新語以興；董生下帷，發藻儒林(92)；劉向司籍，辯章舊聞(93)；揚雄覃思，法言、太玄(94)：皆及旹君之門闈，究先聖之壼奧(95)，婆娑虖術蓺(96)之場，休息虖篇籍之囿(97)，以全其質而發其文，用納(98)虖聖聽，列炳於後人(99)，斯非其亞與(100)！若迺夷抗行於首陽(101)，惠降志於辱仕(102)，顏耽樂於簞瓢(103)，孔終篇於西狩(104)，聲盈塞於天淵(105)，真吾徒之師表也。且吾聞之：壹陰壹陽，天墬之方(106)；

迺文迺質，王道之綱[107]；有同有異，聖喆[108]之常。故曰：慎修所志，守爾天符[109]，委命共己[110]，味道之腴[111]，神之聽之，名其舍諸[112]！賓又不聞龢氏之璧韞於荊石[113]，隨侯之珠臧於蜯蛤[114]虖？歷世莫眂[115]，不知其將含景耀[116]，吐英精[117]，曠[118]千載而流夜光也。應龍潛於潢汙[119]，魚黿媟之[120]，不覩其能奮靈德[121]，合[122]風雲，超忽荒[123]，而躆顥蒼[124]也。故夫泥蟠而天飛[125]者，應龍之神也；先賤而後貴者，龢、隨之珍[126]也；旹闇而久章[127]者，君子之真也。若迺牙、曠清耳於管絃[128]，離婁眇目於豪分[129]；逢蒙絕技於弧矢[130]，班輸榷巧於斧斤[131]；良、樂軼能於相馭[132]，烏獲抗力於千鈞[133]；龢、鵲發精於鍼石[134]，研、桑心計於無垠[135]。僕亦不任廁技於彼列[136]，故密爾自娛於斯文[137]。」

【章　旨】以上為卷上的第四部分，錄班固所作的〈答賓戲〉。用典較多。班固此賦的寫作受了東方朔〈答客難〉、揚雄〈解嘲〉的啟示，他力圖通過賓主之間的問答，揭示無功與有功的分別在於弘道與否，真正的君子不在乎一時的榮辱，只要去修心，弘大道，就能流芳百世，以此說明自己不汲汲於富貴功名，篤志於為文著述，無怨無悔的心志。

【注　釋】❶永平中為郎　永平，漢明帝年號，共十八年（西元五八－七五年）。為郎，據《後漢書・班固傳》，明帝先任命班固為蘭臺令史，參與撰寫〈世祖本紀〉，後來改任為郎，典校祕書。❷典　主管；執掌。❸篤志　專心致志。❹或譏以無功　或，有人。無功，無功勞於當時。❺東方朔揚雄自諭句　參見東方朔〈答客難〉、揚雄〈解嘲〉。東方朔（西元前一五四一前九三年），平原郡厭次（今山東惠民）人。文學家，曾任太中大夫。詳見卷六十五〈東方朔傳〉。揚雄，詳見卷八十七〈揚雄傳〉。自諭，曉諭自己。蘇張范蔡，指蘇秦、張儀、范雎、蔡澤。蘇秦，戰國時東周洛陽人。縱橫家，曾任縱約長，兼六國相。張儀，戰國時魏國人。縱橫家，曾任秦相、魏相。范雎，戰國時魏國人。曾任秦相。蔡澤，戰國時燕國人。曾任秦相。❻曾不折　曾，乃；竟。折，折服；憑道理說服人。❼君子之所守　君子，泛指有德行的人。守，操守。❽聊復應　聊，姑且；略微。復應，回答。❾賓　賓客。此為作者虛擬的人物。❿蓋聞聖人有壹定之論二句　此言聖人有確當不移的言論，剛烈之士有不變易的職分。語出《淮南子．原道》：「士有一定之論，女有不易之行。」壹定之論，一旦確定即不更改的言論。列士，《文選》作「烈士」。剛烈之士。不易，不改變。分，職分。⓫故太上有立德二句　《左傳．襄公二十四年》載叔孫豹對范宣子說：「豹聞之，大上有立德，其次有立功。」太上，最上者；上聖。立德，樹立德業，所謂「創制垂法，博施濟眾，聖德立于上代，惠澤被於無窮」。其次，次於聖人，指大賢之人。立功，建立功勳，所謂「拯厄除難，功濟于時」。⓬夫德不得後身而特盛二句　《文選》李善注：「言德以潤身，而功以濟世，故德不得後其身而特盛，功不得背其時而獨彰。言貴及身與時也。」後身，身後；死後。特，單獨。背時，過時。章，通「彰」。彰顯。⓭是以聖喆之治二句　言聖哲之人立身行事，奔忙不定，不能安居。棲棲，忙碌不安的樣子。皇皇，通「遑遑」。匆忙的樣子。⓮孔席不煖二句　此二句互文見義。言孔子、墨子周遊列國，急欲推行其道，每至一處，灶突未黑，座席未暖，又急急他去，不暇安居。孔，孔子。墨，墨子。煖，通「暖」。突，灶火的煙囪。黔，黑色。⓯取舍者昔人之上務二句　言「取捨」為重，「著作」為輕。取，施行道德。舍，守靜無為。（劉德說）上務，首要任務。前列，前賢；古代的賢者。餘事，末事；閒事。⓰今吾子幸游帝王之世二句　此言有幸生在聖明的時代，為官任職。躬，身。此處作動詞，意思為身穿。帶冕，指官員服裝。帶，衣帶。冕，冠。⓱浮英華二句　言外則有美名善譽，內則履道崇德。浮，外部表現。英華，秀美的草木。此指美好的名譽。湛，通「沉」。指內心修養。⓲矕龍虎之文二句　意謂文章之盛很長久了（孟康說）。矕，被覆；佩飾。文，文采。舊，久。⓳卒不能攄首尾六句　此以龍為喻，謂不能奮力向上，居處高位，使人感到你的威風和權勢。卒，終於。攄，舒展；伸展。翼鱗，翅膀和鱗甲。振拔，奮起；超出。洿塗，汙泥濁水。洿，低窪處混濁的積水。塗，泥。見之者景駭，言見其影就感到害怕。景，通「影」。聞之者嚮震，言聽見它的聲響就心中震動。嚮，通「響」。⓴徒樂枕經籍書二句　言徒然樂於埋頭讀經書，身居簡陋的房屋。徒，徒然；白白地。枕經籍書，枕著經典，墊著書籍。形容埋頭讀書，沉溺其中。枕，頭枕著。籍，通「藉」。坐臥其上。紆體，委屈自己。紆，屈曲。衡門，橫木為門，指簡陋的房屋。㉑上無所蒂二句　此言上下無人幫助。蒂，瓜果與枝莖相聯的部分。比喻聯繫、援引。此處用作動詞。根，基礎；依靠。此處用作動詞。㉒獨攄意虖宇宙之外二句　此言思索學問，或放縱思緒於廣闊的天地之外，思考很大的問題，或精心思考極為微小的問題。攄，伸展。宇宙之外，形容宏大廣闊的問題。銳思，精心思考。豪芒之內，形容極為纖細的問題。豪，通「毫」。細毛。芒，穀物外殼的尖刺。㉓潛神默記二句　常用神思，潛默記事，以終年歲。潛神，專心從事。恆，通「亙」。綿延。㉔器不賈於當己五句　此言需要盡早施展才能，建立功績，不能專意於縱橫辯論，鋪陳文辭。器，才能。賈，售；賣。當己，謂正當自己在世之時。馳辯，縱橫辯論。濤，大的波浪。藻，同「藻」。摛藻，鋪陳文辭，謂施展才華。摛，施展；鋪陳。藻，文辭。春華，春天的花。華，通「花」。殿最，漢代考核官吏的政績，成績最先的稱最，成績最末的稱殿。㉕意者六句　此為「賓客」勸「主人」且為權宜之計策以取富貴。意者，表示猜測。料度，猜想。朝夕之策，指早晨定策，傍晚就能見到功效。形容計策功效實現迅速。合會，際會；遇合。意思是能夠贏得朝廷和公眾對自己的賞識。存，生存；活著。顯號，顯赫的稱號，指官職、爵位之類。亡，去世；死亡。美諡，褒美的諡號。㉖逌爾　舒適自得的樣子。逌，通「攸」。㉗見勢利之華二句　只見到勢利的外表顯赫，卻看不到道德本質的長遠實效。勢利，權勢和財利。華、實，分別指花和果實。這裡以花和果實比喻華麗的外表與實際內容。闇，愚昧不明；不了解。㉘守突奧之熒燭二句　此又以室內角落的微弱燈光和天空中的燦爛陽光，分別比喻勢利和道德之間的差異。突奧，指室內。突，室內的東南角。奧，室內的西北角。熒燭，光亮小而暗的火燭。卬，通「仰」。天庭，指天空。㉙曩者王塗蕪穢四句　此言周朝末年，王室衰落，諸侯強大，相互之間爭戰不休。曩者，從前；過去。王塗，指從政於周天子的門路。王，指周天子。塗，道。蕪穢，雜草叢生、荒蕪。比喻混亂失度。周，周王朝。御，治理；統治。侯伯，周代五等爵位的第二、三等。這裡泛指諸侯。方軌，兩車並行、並駕齊驅。引申為競爭、爭鬥。橫鶩，縱橫馳騁。㉚於是七雄虓闞三句　言戰國七雄割據，天下分裂，各國之間相互爭鬥。七雄，指秦與齊、燕、趙、韓、魏、楚。虓闞，虎暴怒咆哮的樣子。引申為勇猛強悍。語出《詩・大雅・常武》：「闞如虓虎。」諸夏，原指周代所分封的各國，後指中原地區各國。也泛稱中國。㉛游說之徒三句　此言從事遊說的縱橫家四處奔走，參與諸侯國之間的爭戰活動。游說，戰國時的策士周遊各國，向國君陳述局勢，提出政治主張，以獵取官爵，稱為游說。風颺，風大而急。比喻氣勢盛。颺，通「揚」。電激，如電激發。比喻迅速威猛。救之，救諸侯的危急。㉜其餘猋飛景附三句　此言史書所沒有記載的遊說之士更多。其餘，指史傳所未記載的遊士。猋飛，像狂風一樣飛揚。比喻策士奔走爭逐。猋，通「飆」。狂風。景附，如同影子一樣依附形體。比喻回應、追隨。景，通「影」。煜霅，光耀顯赫的樣子。蓋，殆；大概。勝，盡。載，記載。㉝搦朽摩鈍二句　言當此之時，沒有才能的人也激勵以求僥倖，如同鉛刀，也能割斷。朽、鈍，指朽木和鈍刀。比喻沒有才能的人。搦，手按；握持。摩，通「磨」。搦、摩，在這裡比喻沒有才能的人激勵自己。鈆刀，即鉛刀，以鉛為刀，言其鈍。比喻才力微弱。㉞魯連飛一矢而蹶千金　魯連，即魯仲連，戰國時齊人。多次為諸侯國排難解紛。秦軍曾圍困趙國都城邯鄲（今河北邯鄲），他勸說趙、魏兩國聯合抗秦，使秦軍撤退五十里，趙國得以安全。趙王給予他千金，他不接受。又齊國曾想要收復被燕軍占據的聊城（今山東聊城西北），久攻不下。魯仲連寫信並繫在箭上射進城中，陳述利害，勸燕將或撤退或投降。燕將讀後，泣而自殺。齊軍收復聊城。詳見《史記・魯仲連鄒陽列傳》。蹶，用足踢、蹋。此處為推卻的意思。㉟虞卿以顧眄而捐相印　虞卿，戰國時人，曾任趙國上卿。魏國相魏齊因遭秦迫害來投奔虞卿，他為了救助魏齊，放棄官位，與魏齊從小路投奔魏公子無忌。後來魏齊走投無路，被迫自殺，他就從此隱居著述。事見《史記・平原君虞卿列傳》。顧眄，回頭看；轉眼看。此處為關懷之意。或說表示無所謂的神態。捐，拋棄。㊱夫啾發投曲五句　此言隨口唱出的有曲調而且悅耳的聲音，不符合樂律，都淫邪輕佻、不堪入耳，不屬於〈韶樂〉、〈夏樂〉那樣的音樂。啾發，隨口唱出。發，發聲。投曲，應合曲調。感耳，悅耳好聽。律度，樂律的法度標準。淫䵷，曲調淫邪不正。䵷，通「哇」。不正之音。韶，舜樂名。夏，即大夏，周「六舞」之一。相傳是夏禹時的樂舞。㊲因勢合變五句　此言那種追逐形勢，迎合時變，偶然投合時機，背反抵觸正道的權術，不是君子的常法。因勢，順應形勢。合變，迎合形勢變化。偶時之會，偶然適合時機。乖忤，背反；抵觸。㊳從人合之　主張合縱的人聯合東方六國以抗秦。從，通「縱」。㊴衡人散之　主張連橫的人拆散六國聯盟以助秦。衡，通「橫」。㊵亡命漂說　亡命，改換姓名，逃亡在外。這裡指背棄國家的遊士。漂說，空泛虛浮，不切實際的說辭。漂，虛浮。㊶羈旅騁辭　羈旅，寄居作客。此指在外遊說諸侯的人。騁辭，施展口才，恣意發表議論。㊷商鞅挾三術以鑽孝公　商鞅（約西元前三九〇—前三三八年），即公孫鞅，戰國時衛國人。曾任秦國大良造，封於商（今陝西商州東南），稱商君。著有《商君書》。商鞅初入秦國，曾以王道、霸道遊說秦孝公，均未被採納。後來以富國強兵之策遊說孝公，孝公採用，秦國力大增。詳見《史記・商君列傳》。挾，懷藏。三術，即指王道、霸道、富國強兵之術。鑽，鑽營；迎合。孝公（西元前三八一—前三三八年），即嬴渠梁。戰國時秦國君，西元前三六一—前三三八年在位，任用商鞅，推行變法。事跡見《史記・秦本紀》。㊸李斯奮時務而要始皇　李斯，戰國末年楚國上蔡（今河南上蔡）人，曾任秦國廷尉，後任秦朝丞相。著有〈諫逐客書〉、〈論督責書〉。事跡見《史記・李斯列傳》。時務，此指戰國時東方六國相互攻伐之事。要，要求；要幸；討好。始皇（西元前二五九—前二一〇年），即嬴政。秦王朝的建立者。西元前二四六—前二一〇年在位。事跡見《史記・秦始皇本紀》。㊹彼皆躡風雲之會二句　謂商鞅、李斯等人都身處各國爭戰的動亂局勢。躡，追逐；追隨。風雲，《文選》作「風塵」。王念孫曰：「風雲」，當依《文選》作「風塵」。……「風塵之會，謂七國兵爭時也，商鞅、李斯之遇合；與下文所稱周望、漢良者不同，皆不得言風雲之會。」風塵、顛沛，都是用來比喻時代局勢的動盪危亂。會，時機。履，經歷。㊺據徼乘邪以求一日之富貴　謂選擇小道，通過邪途，以求一時富貴。據，憑藉；利用。徼，小道；歪道。乘，趁著；利用。邪，邪門；邪路。㊻朝為榮華四句　此言商鞅、李斯這樣取得富貴榮華的人都沒有維持長久，很快就遭到殺身之禍。案，秦孝公死後，商鞅被車裂而死；秦始皇死後，李斯被腰斬而亡。朝、夕，此二詞對舉，形容時間短暫。榮華，盛開的花朵。焦瘁，通「憔悴」。花朵萎靡凋謝的樣子。不盈眦，未滿眼眶，形容時間很短。眦，眼眶。毆溢於世，謂災禍發生後，如同洪水，迅速蔓延，無法阻止。溢，橫流；氾濫。㊼凶人且以自悔二句　指商鞅、李斯等人臨死之前尚且後悔自己的選擇，正人君子更不會像他們這樣去做。凶人，指商鞅、李斯等。自悔，指商鞅、李斯臨死前的自我悔恨。《史記・李斯列傳》記載：「二世二年七月，具斯五刑，論腰斬咸陽市。斯出獄，與其中子俱執，顧謂其中子曰：『吾欲與若復牽黃犬俱出上蔡東門逐狡兔，豈可得乎！』遂父子相哭，而夷三族。」吉士，正人君子。這裡是班固自指。賴，依靠。㊽功不可以虛成二句　言功名不能夠憑藉虛偽欺詐來實現。㊾韓設辯以徼君　韓，韓非（約西元前二八〇—前二三三年），戰國末期韓國人。法家學派的集大成者，著有《韓非子》，其中〈孤憤〉、〈五蠹〉、〈說難〉等篇流傳到秦國後，受到秦王嬴政的賞識。事跡見《史記・老子韓非列傳》。徼，通「邀」。希求。㊿呂行詐以賈國　呂，呂不韋，戰國末年衛國人，大商人出身。在趙國都城邯鄲遇到為人質於趙國的秦公子嬴異人（子楚），認為「奇貨可居」，遊說秦王立嬴異人為太子，並為此前後花費幾千金。後嬴異人繼位，呂不韋任丞相，封文信侯。嬴異人傳位於嬴政（即秦始皇），呂不韋繼任相國，主政，被尊為「仲父」。事跡見《史記・呂不韋列傳》。賈國，指替嬴異人買得王位。賈，買。(51)說難既酋二句　言韓非揣摩辯說之難既成，而卒遭拘囚。（吳恂說）韓非子被脅迫至秦國後，因遭同學李斯嫉妒他的才能，加以陷害，囚禁韓非於獄中，並迫其自殺。事跡見《史記・老子韓非列傳》。說難，《韓非子》篇名。酋，完成；完結。(52)秦貨既貴二句　言子楚既貴，而呂不韋喪身。秦貨，指子楚（嬴異人）。秦王嬴政親政後，呂不韋因嫪毒獲罪牽連，被免職，流放西蜀，途中自殺。事跡見《史記・呂不韋列傳》。隧，通「墜」。墜毀；敗壞。(53)仲尼抗浮雲之志　語出《論語・述而》載孔子曰：「不義而富且貴，於我如浮雲。」仲尼，孔丘，字仲尼。抗，通「亢」。高尚。這裡作「推崇」解。浮雲之志，把不合正義的富貴看得如同浮雲一樣的志向。(54)孟軻養浩然之氣　語出《孟子・公孫丑上》載孟子曰：「我善養吾浩然之氣，而無害，則塞乎天地之間也。」孟軻（約西元前三七二—前二八九年），戰國時鄒國（今山東鄒縣）人。思想家、教育家，儒家的重要代表人物之一，地位僅次於孔丘。著《孟子》。浩然之氣，正大剛直之氣。(55)迂闊　迂遠而不切實際。(56)貳　指有二心，心意不專，不守原則。57洒埽群穢二句　此言芟除社會上所有邪惡東西。洒埽，灑水掃地，引申為消除、肅清的意思。埽，通「掃」。群穢，指秦末各地的反秦武裝。夷險，消除危險。芟荒，刪除亂草。比喻消滅敗類。58廓帝紘二句　言擴大五帝三皇的綱紀。廓，擴張；強化。帝紘，指帝王治國的綱紀。恢，擴大發揚。皇綱，指統治國家的原則方針。59基隆於羲農二句　言漢朝的帝業超過五帝三皇。基，基礎。隆，崇高。羲，伏羲氏。農，神農氏。規，規模。廣，廣大。黃，黃帝。唐，唐堯。60君　君臨；統治。61炎　照耀；溫暖。62威　尊敬；畏懼。此處作使動用法。63函　通「含」。包含；包容。64六合　指天地四方。65原　通「源」。水流所從出的地方。66沐浴玄德　沐浴，比喻受到滋潤。玄德，天德、廣博深遠的德澤。67稟卬太和　稟卬，承受瞻望。卬，通「仰」。太和，天地之間的沖和之氣，此指世間的太平。68著　附著。69譬猶屮木之殖山林　譬猶，譬如。屮，即「草」字。殖，生長。70毓　孕育；養育。71蕃滋　亦作「蕃孳」。繁殖。72苓落　零落；凋謝；死亡。苓，通「零」。73參天墬而施化二句　言漢朝效法天地而普施化育，沒有厚此薄彼。參，比擬。墬，即「地」字。施化，布施化育。厚薄，有厚有薄，指不公平。74皇世　偉大光輝的時代。75耀所聞而疑所覿　言受傳聞的眩惑，對親眼看到的現實產生懷疑。此句為「耀於所聞而疑於所覿」的省略。耀，眩惑。覿，見到；看到。76從旄敦而度高虖泰山　此言根據土丘不能測量出泰山的高度。旄敦，低矮的小山丘。旄，即旄丘，指前高後低的土丘。敦，即敦丘，指高土堆。度，測量；計算。泰山，即今山東泰安北面的東嶽泰山。77懷氿濫而測深虖重淵　此言根據小的泉水不能知道深淵有多深。氿濫，小泉水。氿，即氿泉，是從側面流出的泉水。濫，即濫泉，是向上湧出的泉水。78至　至言。深切中肯的言論。79鞅斯之倫　鞅斯，指商鞅、李斯。倫，類；同類。80聞命　即「聞名」。聲名為人所知、著名。81敢　表示冒昧的意思。82處身　修身；立身。83已　止；終止。84咎繇謨虞　咎繇，通作「皋陶」。傳說中東夷族的首領，虞舜時曾擔任掌管刑法的官，《尚書》有〈皋陶謨〉，記載了他的言論。謨，謀劃；謀議。虞，虞舜。85箕子訪周　箕子，商紂王的叔父，封於箕。曾被紂囚禁。武王滅商後，釋放他出來，並向他詢問天地的大法，他的回答記載在《尚書·洪範》中。訪，廣問；詢問。這裡作被動用法。86殷說夢發於傅巖　殷說，殷（即商朝）高宗武丁的大臣傅說，原為在傅巖（今山西平陸東）地方從事版築的奴隸。武丁夜夢聖人，名說。後於傅巖求得，任用為相，使天下大治。87周望兆動於渭濱　周望，周代呂望。姜姓，呂氏，名望，一說字子牙。周初功臣，封於齊。傳說他曾垂釣於渭（今陝西境內的渭河）濱，周文王出獵，占卦將得賢臣，果遇呂望，載歸任為軍師。呂望後來輔佐周武王滅商，成為周朝的開國元勳，受封於齊國。兆，占卦時鑽灼龜甲或獸骨而出現的裂紋。88齊甯激聲於康衢　齊甯，春秋時衛國人甯戚，衛國人，家貧，為人挽車，至齊販牛，夜宿於齊東門外。齊桓公夜出，甯戚正餵牛，叩牛角而歌。桓公聽到後，知道他有才能，給予重用。激聲，指甯戚叩牛角而歌。康衢，四通八達的大路。89漢良受書於邳沂　漢良，漢代張良。秦末，張良刺殺秦始皇不中，逃到下邳（今江蘇邳州東南）隱居，遇見黃石公，在下邳橋上受《太公兵法》。後佐漢高帝，屢出奇計。沂，河岸。此指下邳水的岸邊。90皆俟命而神交四句　言以上四人都是等待天命而與君主之間心意相通，不是憑藉言詞而取信，所以提出的計策能夠讓君主聽從，建立不朽的功勳。俟命，等待天命。神交，指君臣之間心意投合。匪，通「非」。詞言，言詞；言語。必然之策，指賢臣獻策，明主一定採納。91陸子優繇　陸子，即陸賈，秦末楚地人，政論家、辭賦家，著有《新語》十二篇，主要論述秦漢興亡的道理。漢初曾任太中大夫，兩次出使南越，均建奇功。詳見卷四十三〈陸賈傳〉。優繇，通「優遊」。不做官，安閒自得的樣子。92董生下帷二句　董生，即董仲舒（西元前一七九—前一〇四年），廣川（今河北棗強）人。哲學家、經學家，著有《春秋繁露》、《董子文集》。曾向漢武帝建議「罷黜百家，獨尊儒術」，開此後兩千多年以儒學為正統的先聲。他任博士時，下帷講誦，三年不窺園。詳見卷五十六〈董仲舒傳〉。下帷，放下帷幕。儒林，儒者之林，通指學術界。93劉向司籍二句　劉向，卷三十六〈楚元王傳〉附其傳。司籍，掌管典籍。指校勘宮中藏書。辯章，辨別彰明。辯，通「辨」。94揚雄覃思二句　覃思，深思；精深的思考。覃，大；深。法言，揚雄類比《論語》體裁寫成，內容以闡述儒家傳統思想為中心，共十三卷。大玄，即《太玄》，又稱《太玄經》。揚雄類比《易經》體裁寫成，內容是儒、道、陰陽三家學派思想的混合，以「玄」為中心思想，共十卷。95皆及旹君之門闈二句　言以上四人都達到了當代君主要求的標準，能夠推究先聖深奧的道理。及，大道；進入。旹君，當時的君主。門闈，比喻規範、標準。闈，宮中的小門。究，徹底推求。壼奧，亦作「閫奧」。本指室內深處，後比喻深奧的道理。壼，宮中的巷路。《文選》呂向注曰：「言能儘先聖之大道者，如入於先聖所居室中。」96婆娑虖術蓺　婆娑，縱逸自得的樣子。蓺，同「藝」。術藝，道術；學術。97篇籍之囿　篇籍，典籍；書籍。囿，帝王畜養禽獸的園林，借指事物彙集的地方。98用納　貢獻；獻納。99列炳於後人　謂功業照耀後人。列，通「烈」。功業。炳，光明；顯著。100斯非其亞與　言陸賈、董仲舒、劉向、揚雄四人從事著述立說所建立的功業僅次於皋陶、箕子、傅說、呂望、甯戚、張良。亞，次。與，通「歟」。表示疑問的語氣助詞。101夷抗行於首陽　夷，伯夷。抗行，高尚的品德，體現高尚的品德。抗，通「亢」。首陽，山名。在今山西永濟南，相傳為伯夷、叔齊隱居餓死的地方。102惠降志於辱仕　惠，柳下惠。降志，降低志節。辱仕，因做官而受辱。仕，做官。柳下惠曾三次擔任魯國的士師，三次被罷免。103顏耽樂於簞瓢　顏，顏回。《論語‧雍也》載孔子曰：「賢哉，回也！一簞食，一瓢飲，在陋巷，人不堪其憂，回也不改其樂。賢哉，回也！」謂顏回安貧樂道。耽樂，非常快樂。簞，盛飯的圓形竹器。瓢，舀水的用具。104孔終篇於西狩　孔子編《春秋》，絕筆於「西狩獲麟」。孔，孔子。西狩，即西狩獲麟，指魯哀公十四年（西元前四八一年）春，在魯國西郊打獵獲得麒麟。(105)聲盈塞於天淵　言伯夷等四人聲名很大，充塞於天地之間。盈塞，充滿。天淵，上至高空，下至深淵，無所不到。(106)壹陰壹陽二句　言陰與陽是天地之間的基本規律。語出《易傳・繫辭上》：「一陰一陽之謂道。」陰陽，中國古代哲學的一對範疇。墜，即「地」字。方，道；規律。(107)迺文迺質二句　言文采與樸實是王道的綱領。迺，語首助詞。文，文采，也指外在的形式。質，樸實，也指內容。綱，綱領；綱要。(108)喆　通「哲」。(109)天符　天生的才智、命運。或曰指天之符命。(110)委命共己　委命，聽任命運支配。共己，謹守自己的本分。共，通「恭」。(111)味道之腴　味，體察。腴，肥美，引申為精妙。(112)神之聽之二句　顏師古注曰：「言修志委命，則明神聽之，祐以福祿，自然有名，永不廢也。」謂修志守道，神明就會祐護，賜予福祿，自然名存而不廢。神之聽之，前一「之」字，為語中助詞；後一「之」字為代詞，指代自己的言行。其，通「豈」。難道。舍，捨棄；放棄。諸，「之乎」的合音。(113)龢氏之璧韞於荊石　春秋時，楚國人卞和在荊山得到一塊璞玉，兩次獻給楚王，都被認為是石頭不是玉，先後被砍去雙腳。等到楚文王登位，他只好懷抱璞玉哭泣，文王使人剖開，果然得到美玉，名為「和氏璧」。事見《韓非子・和氏》。龢，通「和」。韞，蘊藏；包含。荊，楚。(114)隨侯之珠臧於蜯蛤　相傳周代隨國（今湖北隨州）君有一次醫好了一條受傷的大蛇，後來大蛇從江中銜來一顆明珠報答他，稱為「隨侯珠」。事見《淮南子・覽冥》。隨，亦作「隋」。臧，同「藏」。蜯，即「蚌」。蛤，蛤蜊。(115)眡　即「視」字。看見。(116)景耀　光彩；光焰。(117)英精　光輝；光耀。(118)曠　空缺；前所未有。(119)應龍潛於潢汙　應龍，傳說中一種有翼的龍。潢汙，窪坑裡停滯不流的水。(120)魚黿媟之　黿，大鱉。媟，狎侮；因親昵而戲侮。(121)奮靈德　奮，發起；奮起。靈德，神靈的恩德。(122)合　會集；聚合。(123)忽荒　猶「恍惚」。渺茫恍惚的境界，指天空。(124)躆顥蒼　躆，踞；蹲。顥蒼，昊天；蒼天。指太空。顥，通「昊」。(125)泥蟠而天飛　蟠居於泥水而騰飛於天空。(126)龢隨之珍　龢氏璧、隨侯珠。(127)旹闇而久章　一時暗淡長久彰顯。旹，一時。闇，暗淡。章，通「彰」。彰明；彰顯。(128)牙曠清耳於管絃　牙，伯牙。傳說為春秋時人。伯牙善彈琴，鍾子期是他的知音，二人相友善。鍾子期死，伯牙認為世間再無知音，就不再鼓琴。事見《呂氏春秋・本味》。曠，師曠。春秋時晉國樂師，善彈琴，辨別音聲樂律的能力很強。事見《左傳》襄公十四年、十八年、三十年，以及昭公八年，《國語・晉語八》等。清耳，指耳朵能清晰地分辨出音律。管絃，指樂器。(129)離婁眇目於豪分　離婁，傳說是黃帝時人，視力極強，能於百步之外見秋毫之末。事見《孟子・離婁上》。眇目，眯著眼睛仔細看。豪，通「毫」。(130)逢蒙絕技於弧矢　逢蒙，古代善射者，相傳逢蒙學射於羿，全部學會了羿的射箭技藝，覺得天下只有羿勝過自己，便殺了羿。事見《孟子・離婁下》。絕技，技藝精絕。弧矢，弓箭。(131)班輸榷巧於斧斤　班輸，即公輸般，亦作公輸班。相傳為春秋時魯國人，故又稱魯班。著名的工匠。或說「班輸」指魯班、公輸氏，為二人，都是古代的巧匠。事見《墨子・公輸》、《戰國策・宋策》。榷巧，專精於技巧。榷，專一；專門。斤，橫刃的斧子。132良樂軼能於相馭　良，王良。傳說為春秋時晉國善於馭馬駕車的人。事見《孟子・滕文公下》、《荀子・王霸》。樂，孫陽，字伯樂，春秋時秦國人。善相馬。事見《莊子・馬蹄》、《列子・說符》。軼能，才能卓越。軼，通「逸」。超越；卓越。相，相馬。馭，馭馬。133烏獲抗力於千鈞　烏獲，戰國時秦國力士，能舉千鈞，受到秦武王的重用。事見《史記・秦本紀》。抗力，憑力氣爭鬥。鈞，古代以三十斤為一鈞。134龢鵲發精於鍼石　龢，通「和」。醫和。春秋時秦國醫學家，倡論六氣病因說。事見《左傳・昭公元年》。鵲，扁鵲，戰國初期名醫。《史記》有傳，稱其為渤海郡人，姓秦，名越人。為醫或在齊，或在趙，在趙者名扁鵲。擅長多科醫術，治病以診脈為名，而洞見五臟癥結，遂以精醫名天下。一說扁鵲為黃帝時良醫名，世以秦越人醫術與古之扁鵲相類，因以其名名之。著有《扁鵲內經》、《外經》，已失傳。事跡見《史記・扁鵲倉公列傳》。發精，發揮精妙的醫術。鍼石，古代用砭石作針的醫療技術，亦稱「針砭」，用以代指各種醫術。135研桑心計於無垠　計研與桑弘羊皆古之善計算者。研，計研，一號計倪，亦曰計然，春秋末年宋國人。經濟學家，善於計算。其事詳卷九十一〈貨殖傳〉及顏師古注。桑，桑弘羊（西元前一五二—前八〇年），洛陽人。漢武帝時的理財家，歷任大司農、御史大夫。事跡詳見卷二十四〈食貨志〉。心計，心算。泛指財政經濟的計劃與管理。無垠，沒有邊際。垠，邊際。136僕亦不任廁技於彼列　我也不能參與他們的行列中從事那些末技。僕，作者自稱的謙辭。任，擔任；從事。廁技，末技；小技。彼列，彼輩、他們的行列。指伯牙、師曠、離婁、逢蒙、班輸、王良、伯樂、烏獲、醫和、扁鵲、計研、桑弘羊等。137密爾自娛於斯文　密爾，安靜地。自娛，自以為娛樂。斯文，即此文，意為這些禮樂制度，指文史之業、文辭、文章。

【語譯】永平年間擔任郎官，主持校勘宮中藏書，專心致志於博學，以著述為職業。有人譏笑這沒有實際效用，又有感於東方朔、揚雄曾經認為自己沒有遭逢蘇秦、張儀、范雎、蔡澤的時代來作自我解釋，竟沒有用堂堂正正的道理去說服對方，表明君子的操守，所以聊且回答一下譏笑者。其文辭說：

2　賓客調笑主人說：「聽說聖人有確當不移的言論，剛烈之士有不變易的職分，也就是名譽罷了。所以上聖要樹立德業，其次要建立功勳。那德業不會到死後而特別興盛，功勳不會錯過了時宜而單獨彰顯，因此聖人哲人的立身行事，忙忙碌碌，來去匆匆。孔子的座席等不得轉暖，墨子的煙囪等不得燻黑。由這些事實推論，作為取捨是古人的首要任務，著作是前賢的末事而已。現在先生你有幸生在聖明的時代，身穿官員的服裝，外界有美好的聲響，內裡修養高尚的道德，佩飾彪炳的文采，夠長久的啦。終究沒有能夠昂首伸尾，奮翅振鱗，超出汙泥之中，騰躍風雲之上，使人家見到影子就驚駭，聽到應聲就震動；徒然陶醉於頭枕經典，身臥書籍，讓自己委屈於破廬舊舍，上沒有人援引，下沒有人依靠。孤身肆意冥想於太空之上，精心思考去鑽牛角尖，專心默記，經年累月。然而才能不能趁自己活著就發揮出來，功用不能貢獻於當代，即使縱橫辯論像波濤洶湧，寫作文章像春花怒放，還是無益於考績評級，加官進爵。想來還是考慮早晚就可以見功效的辦法，採取能夠贏得朝野賞識的手段，讓自己活著有顯赫的稱號，死了有褒揚的諡號，不也高明嗎？」

3

主人悠閒地笑著說：「像客人你的言論，這就是所謂只看到了勢利的顯赫外表，卻看不到道德的長遠實效，守著屋內角落的微弱燈光，沒有抬頭看到天空的燦爛陽光呢。從前政治道路混亂，周朝失去了統治天下的能力，諸侯競爭，列國追逐，當時七雄怒吼，分裂中國，龍爭虎鬥。說客們東奔西跑，紛紛起來解救這種局勢，其他奔走追逐，顯赫一時的人物，大概記也記不清。當在這樣的時代，沒有才能的人也激勵自己爭取功名，就像鉛刀一樣，也能一割即斷，因此魯仲連發射一箭而謝絕千金的賞賜，虞卿一轉眼就拋棄相位。那種隨口唱出的有曲調而且悅耳的聲音，用樂律標準一檢驗，卻是淫邪輕佻、不堪入耳的聲音，算不上〈韶〉樂、〈夏〉樂那樣的莊嚴音樂；那種追逐形勢，迎合時變，偶然投合時機，等到社會風氣轉變正常，就背反抵觸而行不通的權術，不是君子的常法呢。等到合縱派組織聯盟，連橫派拆散聯盟，背棄故國誇誇其談，流浪異邦振振有詞，商鞅懷藏三術去投合秦孝公，李斯大談時務去討好秦始皇，他們都是追逐危亂的時機，遭逢動亂的局勢，利用歪門邪道以追求一時的富貴，早晨像盛開的花朵，傍晚就萎靡凋謝了，福運沒有持續多久，災禍就發生蔓延了，他們自己還因此後悔偶時之會，何況正人君子還會依靠這些方法嗎！而且功業不可以憑虛偽建成，名聲不可以靠詐偽樹立，韓非巧設辯辭而希求君上，呂不韋施行詐術而買得政權。〈說難〉等篇取得了成就，而自己竟遭到囚禁；秦國質子繼承了王位，而自己的家族卻毀滅了。所以孔子昂揚不以正當手段得到的富貴如同浮雲的志氣，孟軻修養至大至剛的正氣，他們難道是陶醉於疏遠空泛的議論嗎？因為正道是不可以心意不專的。當今大漢肅清盜賊，解除危險，消滅禍害，強化國家法紀，弘揚原則方針，基礎比伏羲、神農還崇高，規模比黃帝、唐堯還廣大；它的統治天下，照耀人民像太陽，監督人民像神明，包容人民像大海，養育人民像春天。因此普天之下，無不同源共流，滋潤著廣博深遠的德澤，享受太平幸福，像樹枝依附樹幹，樹葉依附樹枝一樣，好比草木生長在山林中，魚鳥養育在江湖裡，適應氣候的就繁殖，不合季節的就零落，效法天地而普施化育，難道有什麼人際關係的厚薄彼此嗎？如今您處在偉大光輝的時代而談論戰國，眩惑於聽聞而懷疑現實，想要從土丘去計算泰山的高度，想從小泉去測量深潭的深度，也不合事理呢。」

4 賓客說：「像商鞅、李斯之流，是衰亂的周朝末年的人，已經很有名了。冒昧請問上古的士人，那些立身行道，輔世成名，受到後代稱道的，就是默默地過完一生嗎？」

5 主人說：「怎麼會是這樣呢！從前皋陶為虞舜謀劃，箕子接受周武王的諮詢，言論通於帝王的事業，謀劃合於聖神的道理；商代的傅說通過夢境從傅巖發跡，周代的呂望通過卦兆從渭濱起家，齊國的甯戚在大路上慷慨高歌，漢代的張良在下邳河岸接受兵書，都是等待天命而君臣遇合，不是靠言語而取得信任的，所以能夠提出言聽計從的策略，創建永垂不朽的功勳。近來陸賈逍遙自在，《新語》從而誕生；董仲舒下帷講學，在儒林發揚文采；劉向掌管典籍，整理古代典章制度；揚雄深思熟慮，撰寫了《法言》、《大玄》：他們都達到了當時君主要求的標準，推究先聖深奧的道理，徘徊於學術園地，休息於書籍的領域，得以保全他們的本質並發揮他們的文采，貢獻於聖主，功業照耀於後人，他們不是皋陶、箕子等人的繼起者嗎！至於像伯夷在首陽山表現出的高尚品德，柳下惠在官場降志辱身，顏回十分滿足於簞食瓢飲，孔子擱筆於西狩獲麟，名聲充塞於天地宇宙，真是我們這些人的師表啊。而且我聽說過：有陰氣有陽氣，是天地的規律；有文采有實質，是王道的大綱；有同一有差異，是聖哲的常理。所以說：慎重修養自己的志氣，保持天賦的條件，聽憑命運的支配，謹守自己的本分，體察聖道的精妙，神明會要觀察自己的言行，名譽難道會抛棄自己嗎！客人又沒聽說過和氏的美玉藏在荊山的石頭裡，隨侯的明珠藏在蚌殼裡嗎？歷代沒有人看到，就不會知道它們包含光彩，可以放射光輝，因而耽誤千百年不能放射出夜光呢。飛龍潛藏在汙水中，魚鱉狎侮牠，看不到牠能夠奮發靈德，會合風雲，升騰高空，以至於蹲踞太空呢。所以那盤伏汙泥中而能飛騰天際的，是飛龍那樣的神靈；開始輕賤而後來貴重的，是和氏璧與隨侯珠那樣的珍寶；有時隱晦而久後彰顯的，是君子的本質。至於像伯牙、師曠的耳朵善於分辨琴聲，離婁的眼睛能夠看清秋毫的末端；逢蒙的射箭技術精絕，班輸使用刀斧的技巧專精；王良、伯樂相馬、馭馬的才能卓越，烏獲力氣巨大能舉起千鈞重物；醫龢、扁鵲的針灸等醫術發揮精巧，計研、桑弘羊對於廣泛精細的財經事務能夠精心計算。我也不能加入他們的行列從事那些小技藝，所以安心地把文史之業作為自己的樂趣。」

卷一百下

敘傳第七十下

固以為唐虞三代❶，詩書所及，世有典籍，故雖堯舜之盛，必有典謨❷之篇，然後揚名於後世，冠德於百王❸，故曰：「巍巍乎其有成功也，煥乎其有文章也❹！」漢紹堯運❺，以建帝業，至於六世❻，史臣乃追述功德，私作本紀❼，編於百王之末，廁於秦、項之列❽。太初以後，闕而不錄❾，故探篹前記，綴輯所聞❿，以述漢書，起元高祖，終于孝平王莽之誅，十有二世⓫，二百三十年，綜其行事⓬，旁貫五經⓭，上下洽通⓮，為春秋考紀⓯、表、志、傳，凡百篇⓰。

【章旨】以上為卷下的第一部分，班固自述撰作《漢書》的旨趣。

【注釋】❶唐虞三代　指唐堯、虞舜，以及夏、商、周三代。❷典謨　指《尚書》中的〈堯典〉、〈皋陶謨〉等篇。❸冠德於百王　言德在古代所有帝王之上。冠，位居第一。百王，泛指古代帝王。❹巍巍乎其有成功也二句　《論語・泰伯》載孔子讚美堯舜之言。巍巍，高大的樣子。煥，光彩鮮明。文章，指禮樂制度。❺漢紹堯運　指漢朝皇族劉氏出自唐堯的後代；又按照五行說，漢朝和唐堯都為火德。❻六世　六代。漢朝自高帝起，經惠帝、高后、文帝、景帝，到武帝時，為第六代。❼史臣乃追述功德二句　謂漢武帝時司馬遷作《史記》。史臣，指司馬遷，他在漢武帝時曾任太史令，故稱史臣。私作本紀，《史記》是司馬遷的私家著作，不是由當時朝廷決定編修的史書。本紀，指《史記》中的〈高祖本紀〉、〈呂太后本紀〉、〈孝文本紀〉、〈孝景本紀〉、〈孝武本紀〉五篇。❽編於百王之末二句　班固批評司馬遷《史記》，認為不應把〈高祖本紀〉等漢代帝王本紀列於所有本紀之後。班氏的指責毫無道理，《史記》乃通史，非專寫西漢歷史，漢高祖等帝王的本紀自然應按照年代順序列在「百王之末」、「秦、項之列」。廁，安排；排列。秦項，指秦朝、項羽。❾太初以後二句　《史記》記事始於黃帝，迄於漢武帝太初年間，故曰太初以後，沒有記載。太初，漢武帝年號，共四年（西元前一〇四—前一〇一年）。闕，通「缺」。空缺。❿探篹前記二句　此言撰寫《漢書》的材料來源：一是《史記》等前人已經撰寫的有關西漢歷史的著作，二是自己搜集的其他資料。探篹，尋求、編輯。篹，通「撰」。綴輯，編輯。輯，通「集」。⓫十有二世　西漢自高帝至平帝共十二位皇帝。⓬行事　行跡、史事。⓭五經　指《易》、《書》、《詩》、《禮》、《春秋》等五部儒家經典。⓮洽通　完全貫通。洽，周遍。⓯為春秋考紀　為，撰寫；著作。春秋考紀，指帝紀。意思是仿照《春秋》經文，以歲月日為綱，整理史事。⓰凡百篇　《漢書》原本一百篇，分為一百卷。鑑於部分篇卷的內容較多，顏師古分為上下卷（如〈高帝紀〉）或上中下卷（如〈王莽傳〉）。

【語譯】我認為陶唐氏、有虞氏、夏代、商代、周代，是《詩經》、《書經》所提到的，世間典籍有記載，所以即使有唐堯、虞舜的盛世，也一定要有〈堯典〉、〈皋陶謨〉這樣的篇章，才能揚名於後世，功德居於百代帝王的前列，所以孔子說：「他建立的功勳多麼崇高啊，他創造的典章制度多麼完美啊！」漢朝繼承唐堯的德運，來建立帝王之業，傳到第六代，史官才追述這六代的功德，私下寫作了本紀，編在自古以來帝王的末尾，排列在秦始皇、項羽的後面。太初年間以後的事跡空缺，沒有記載，所以我搜集前代記載，彙輯遺聞，來撰述《漢書》，起始於高帝，終止於平帝以後王莽被誅滅，共有十二代，二百三十年，綜合這個時期的事跡，貫穿《五經》的內容，古今貫通，撰寫編年體大事紀、表、志、傳，共一百篇。

1 其敘曰：

2 皇矣漢祖，纂堯之緒❶，實❷天生德，聰明神武。秦人不綱❸，罔漏于楚❹，爰茲發迹❺，斷蛇奮旅❻。神母告符❼，朱旗❽迺舉，粵蹈❾秦郊，嬰來稽首❿。革命創制⓫，三章是紀⓬，應天順民，五星同晷⓭。項氏畔換⓮，黜我巴、漢⓯；西土宅心⓰，戰士憤怨⓱。乘釁而運，席卷三秦⓲，割據河山，保此懷民⓳。股肱蕭、曹⓴，社稷是經㉑，爪牙信、布㉒，腹心良、平㉓，龔行天罰㉔，赫赫㉕明明。述高紀第一。

3 孝惠㉖短世，高后稱制㉗，罔顧天顯㉘，呂宗以敗㉙。述惠紀第二，高后紀第三。

4 太宗穆穆㉚，允恭玄默㉛，化民以躬㉜，帥下以德。農不供貢㉝，辠不收孥㉞，宮不新㉟館，陵不崇墓㊱。我德如風，民應如草㊲，國富刑清，登我漢道㊳。述文紀第四。

5 孝景莅政㊴，諸侯方命㊵，克伐七國㊶，王室以定。匪怠匪荒㊷，務在農桑，著于甲令㊸，民用㊹寧康。述景紀第五。

6 世宗曄曄㊺，思弘祖業，疇咨熙載㊻，髦俊㊼並作。厥作伊何㊽？百蠻是攘㊾，恢我疆宇[50]，外博四荒[51]。武功既抗[52]，亦迪[53]斯文，憲章六學，統壹聖真[54]。封禪郊祀[55]，登秩[56]百神。協律改正[57]，饗茲永年[58]。述武紀第六。

7 孝昭幼沖[59]，冢宰惟忠[60]。燕、蓋譸張[61]，實叡[62]實聰，皐人斯得[63]，邦家和同[64]。述昭紀第七。

8 中宗[65]明明，寅用刑名[66]，時舉傳納[67]，聽斷[68]惟精。柔遠能邇[69]，燀燿威靈[70]，龍荒幕朔[71]，莫不來庭[72]。不顯祖烈[73]，尚[74]於有成。述宣紀第八。

9 孝元翼翼[75]，高明柔克[76]，賓禮故老[77]，優繇亮直[78]。外割禁囿[79]，內損御服[80]，離宮不衛[81]，山陵不邑[82]。閹尹之呰，穢我明德[83]。述元紀第九。

10 孝成煌煌[84]，臨朝有光，威儀之盛，如圭如璋[85]。壼闈恣趙[86]，朝政在王[87]，炎炎燎火[88]，亦允不陽[89]。述成紀第十。

11 孝哀彬彬[90]，克攬威神[91]，彫落洪支[92]，底剭鼎臣[93]。婉孌董公[94]，惟亮天功[95]，大過之困，實橈實凶[96]。述哀紀第十一。

12 孝平不造[97]，新都作宰[98]，不周不伊[99]，喪我四海[100]。述平紀第十二。

【章旨】以上為卷下的第二部分，述《漢書》十二帝王紀的各篇要義。

【注　釋】❶纂堯之緒　纂，通「纘」。繼承。緒，前人未完成的功業。❷實　實在。❸不綱　不能統治天下。綱，統治；治理。❹罔漏于楚　指秦王朝雖然法網嚴密，卻沒有能夠防止楚地發生陳勝等起義。罔漏，指法網有疏漏。罔，通「網」。指法網。楚，陳勝為楚地人，起義後建國號為「張楚」。❺爰茲發迹　爰，通「於」。介詞。茲，此；這。發迹，指一個人由隱微而發達得志。❻斷蛇奮旅　斬白蛇起義。奮旅，使軍隊奮起。即率眾人起義。❼神母告符　指傳說劉邦斬白蛇之後，有同伴在斬蛇處見到一老婦號哭，稱此蛇為其子，乃白帝子的化身，被赤帝子殺了。神母，即指此老婦。告符，指老婦的話中暗示劉邦乃赤帝之子，將有天下。❽朱旗　赤旗。赤帝子的旗子。❾粵蹈　粵，句首助詞。蹈，踩上；踏進。❿嬰來稽首　嬰，指秦王嬴子嬰。子嬰在劉邦攻打到咸陽時向劉邦投降。稽首，叩頭到地。古代九拜禮中最恭敬的一種。⓫革命創制　革命，變革天命。古代指改朝換代。創制，創立制度。⓬三章是紀　三章，劉邦攻進咸陽後，向關中地區吏民宣布，廢除秦朝的嚴刑苛法，規定「殺人者死，傷人及盜抵罪」三條，稱為「約法三章」。是，復指前置賓語「三章」的指示代詞。紀，法紀。此處作以動用法。⓭五星同晷　謂五星星聚於東井。晷，通「軌」。道路。此指天區。⓮項氏畔換　項氏，指項羽。畔換，同「畔援」。橫暴、跋扈。語出《詩・大雅・皇矣》曰：「無然畔換。」⓯黜我巴漢　當初，楚懷王派項羽等人北上援救趙國，派劉邦西進攻打秦王朝，約定先進入關中者即在關中稱王，結果劉邦先進入關中。後來項羽以諸侯上將軍的霸主身分實行分封，卻違背約定，把關中地區分封給秦降將章邯（雍王）、司馬欣（塞王）、董翳（翟王），合稱三秦；而劉邦封於偏僻的西南地區，即漢中郡、巴郡、蜀郡。巴，指巴郡，在今四川東部，治江州（今重慶嘉陵江北岸）。漢，指漢中郡。在今陝西南部、湖北西北部，治南鄭（今陝西漢中東）。⓰西土宅心　謂關中之人歸心於漢。西土，函谷關以西地區，即關中。漢高祖入關後，約法三章，秦民大悅，皆歸心高祖。宅心，歸心。⓱戰士憤怨　言戰士思欲東歸。⓲乘釁而運二句　劉邦受封為漢王，定都南鄭，心有不甘，隨即回軍襲破章邯，擊降司馬欣、董翳，平定三秦，擴大了勢力範圍。釁，間隙；破綻。席捲，像捲席子一樣包括無餘。⓳保此懷民　安撫這裡的人民。保，保安。此，這裡。指秦、蜀地區，即今四川、陝西一帶。懷，安撫。⓴股肱蕭曹　股肱，分別指大腿和前臂。比喻帝王左右輔佐得力的大臣。蕭，蕭何。曹，曹參。㉑社稷是經　指治理國家。社稷，古代祭祀的土神和穀神。常用作國家和朝廷的代稱。經，治理。㉒爪牙信布　韓信、英布作為爪牙。比喻輔佐帝王的人，在古代是中性詞。信，韓信。布，英布。㉓腹心良平　張良、陳平是高帝的心腹。心腹，比喻親信的人。良，張良。平，陳平。㉔龔行天罰　嚴肅認真地執行上天施加的懲罰。此指推翻秦王朝、擊敗項羽，直到消滅臧荼、韓王信、韓信（淮陰侯）、彭越、英布等人的一系列戰爭和誅殺。龔，通「恭」。㉕赫赫　顯要盛大的樣子。㉖孝惠　漢惠帝劉盈（西元前二一六—前一八八年），西元前一九五—前一八八年在位。漢朝統治者標榜以孝治天下，自第二代惠帝起，每位皇帝的諡號前都冠以「孝」字，但史書行文多半省略了。㉗高后稱制　高后（西元前二四一—前一八〇年），漢高帝皇后呂雉。自高帝死後，惠帝在位時，她掌握實權；惠帝死後，她臨朝稱制，前後控制政權達十五年之久。稱制，行使皇帝權力。秦制，皇帝的文書有兩種：命稱為「制」，用以頒布法令制度；令稱為「詔」，用以傳達一般政令。漢代皇后的文書本不能稱為制書，當呂后臨朝執政時，開始用制書，因此，以後相沿用「稱制」作為太后代行皇帝職權的代稱。㉘罔顧天顯　意謂不顧天命。指呂后殺死（或迫害致死）劉邦的庶子趙王劉如意、趙王劉友、趙王劉恢、燕王劉建的幼子。詳見卷三十五〈高五王傳〉。罔，不。顧，念。天顯，上天的明察、威靈。㉙呂宗以敗　言呂氏家族敗亡。指呂后死後，大臣周勃、陳平等擁立漢文帝，誅殺呂產、呂祿、呂更始、呂嬃等呂氏家族成員。㉚太宗穆穆　太宗，漢文帝劉恆（西元前二〇三—前一五七年）的廟號，西元前一八〇—前一五七年在位。穆穆，儀表美好，舉止端莊恭敬。㉛允恭玄默　允恭，誠信恭敬。玄默，深沉靜默。㉜化民以躬　以自身的行動去教化民眾。化，教化；感化。躬，親自；親身。㉝農不供貢　謂減輕和免除田租稅。供貢，繳納租稅。㉞辠不收孥　謂廢除收孥諸相坐律令。收孥，古代連坐法，逮捕犯罪者的妻子兒女，沒收為官府奴婢，稱為收孥。孥，妻子兒女的統稱。㉟新　使……新。即重新修建。㊱陵不崇墓　陵，帝王的墳墓。崇，使……隆高。墓，最古的土葬制度，平地稱墓，隆起稱墳。㊲我德如風二句　語出《論語．顏淵》，孔子曰：「君子之德風，小人之德草，草上之風必偃。」㊳登我漢道　登，成就；完成。漢道，指漢朝治國的理論和原則。㊴孝景蒞政　孝景，漢景帝劉啟（西元前一八八—前一四一年），西元前一五六—前一四一年在位。蒞政，主持政事。蒞，臨；到。㊵方命　違命。孟康注曰：「《尚書》云『方命圮族』，言鯀之惡，壞其族類。吳楚七國亦然。」㊶七國　指吳楚七國之亂。七國分別是吳王劉濞、楚王劉戊、趙王劉遂、膠西王劉卬、膠東王劉雄渠、濟南王劉辟光、菑川王劉賢。㊷匪怠匪荒　匪，通「非」。不。荒，沉迷；迷亂。㊸著于甲令　著，收錄；記錄。甲令，又稱〈令甲〉。漢代法令文獻按照甲、乙、丙等的次序編類，〈甲令〉即其中的甲編，屬於第一類。㊹用　因；以。㊺世宗曄曄　世宗，漢武帝劉徹（西元前一五六—前八七年）的廟號。西元前一四〇—前八七年在位。曄曄，光明興盛的樣子。㊻疇咨熙載　訪求、諮詢賢能。疇，誰。咨，詢問；諮詢；訪求。熙，興起；興盛。載，事；事業。㊼髦俊　英俊傑出的人才。㊽厥作伊何　言其有何作為。厥，其。指武帝。作，所作所為。伊，句中助詞。㊾百蠻是攘　驅逐百蠻。百蠻，泛指除華夏族以外的四方各部族，含有輕貶之意。是，指示代詞，用以復指前置賓語「百蠻」。攘，斥逐；排除。㊿恢我疆宇　開拓擴大漢朝疆土。恢，擴大。疆宇，疆土；國境。(51)外博四荒　指漢朝勢力達到四方邊遠地區。博，廣大；通達。四荒，指漢朝疆土以外的邊遠地區。(52)抗　高舉；卓著。53迪 開導；進用。54憲章六學二句 指專崇《六藝》，罷黜百家。憲章，效法。六學，即《六藝》，指儒家的《詩》、《書》、《禮》、《樂》、《易》、《春秋》六經之學。統壹，即統一。聖真，指儒家學說的正統。55封禪郊祀 封禪，帝王登上泰山築壇祭祀天神稱為「封」，在泰山南面的梁父山上闢場祭祀地神稱為「禪」。漢武帝曾多次舉行封禪大典。郊祀，帝王在京城南郊祭天或在北郊祭地，稱為郊祀。56登秩 獻祭。秩，或作「而」。宋祁曰：「『秩』當作『祭』。」57協律改正 協律，與樂律相協調。古人認為曆法導源於樂律，參見卷二十一〈律曆志〉。改正，改變曆法。漢代前期沿用秦代的曆法，以建亥之月（夏曆十月）為正月，漢武帝太初元年（西元前一〇四年）改行《太初曆》，恢復夏代的曆法，以建寅之月為正月。58饗茲永年 饗，通「享」。享受。永年，長壽。漢武帝是西漢壽命最長（七十歲）、在位最久（五十三年）的皇帝。59孝昭幼沖 孝昭，漢昭帝劉弗陵（西元前九四－前七四年），西元前八七－前七四年在位。幼沖，幼小。60冢宰惟忠 冢宰，官名。在周代為輔佐周王的最高官職，後代常借以指稱宰相。此指輔政的大司馬大將軍霍光。惟，為；是。61燕蓋譸張 燕，燕剌王劉旦。他曾勾結蓋長公主、上官桀、上官安等圖謀奪取皇位。詳見卷六十三〈燕剌王劉旦傳〉。蓋，縣名，在今山東沂源東南。此指蓋長公主。漢武帝的女兒，因其湯沐邑在鄂邑，原稱鄂邑公主，後嫁給蓋侯，又是漢昭帝的姊姊，故又稱蓋長公主。譸張，欺誑放肆。62叡 通達；明智。63辠人斯得 辠人，指燕剌王劉旦、蓋長公主。斯，指示代詞，用以復指前置賓語「辠人」。得，獲得；捕獲。64和同 和睦團結。65中宗 漢宣帝劉詢（西元前九一－前四九年）的廟號，西元前七四－前四九年在位。66夤用刑名 夤，通「寅」。肅敬。刑名，指先秦法家關於法、術、勢相結合的統治術，主張循名責實，慎賞明罰。刑，通「形」。形體。名，指事物名稱。67時舉傳納 時舉，意謂舉用當時的賢能之士。李奇注曰：「時，是也。於是時也，選用賢者。」傳納，鼓勵人們陳述意見並加以採納。傳，通「敷」。臣下陳述意見。納，君主採納諫諍。68聽斷 聽取和決斷。69柔遠能邇 安撫遠方，善待近鄰。柔，安撫。能，親善和睦。邇，近。70燀燿威靈 燀燿，光輝照耀。燀，火花飛迸的樣子。威靈，威力顯赫。71龍荒幕朔 龍，指匈奴龍城，匈奴王庭所在，地在今蒙古國和碩柴達木湖附近。荒，荒遠之地。幕，通「漠」。沙漠，指今內蒙古北部至蒙古國南部的大沙漠。朔，北方。72來庭 前來朝見漢天子。庭，通「廷」。朝廷。73丕顯祖烈 丕，大。顯，彰顯；顯揚。祖烈，祖先的功業。74尚 祈使副詞。75孝元翼翼 孝元，漢元帝劉奭（西元前七六－前三三年），西元前四九－前三三年在位。翼翼，恭敬謹慎的樣子。76高明柔克 語出《尚書・洪範》。意謂人雖然高明，但當執柔，才能成德。言元帝有柔克之姿。柔克，以柔取勝。77賓禮故老 賓禮，以賓客之禮相待。故老，年老而有聲望的人，多指舊臣。此指貢禹、于定國、韋玄成、薛廣德等人。78優繇亮直 優繇，寬容。繇，通「遊」。亮直，忠誠正直。此指貢禹的直言正諫。

(79)外割禁囿　指裁省宜春下苑（今陝西西安東南）。禁囿，帝王畜養禽獸的園林。(80)內損御服　指撤銷齊郡三服官。御服，帝王穿的衣服。(81)離宮不衛　指減省上林苑部分宮館和建章宮、甘泉宮的衛卒。離宮，帝王正宮以外的臨時居住宮室。(82)山陵不邑　指元帝的陵墓渭陵建成之後沒有徙民置縣。西漢各帝大都在陵墓所在地設置新縣，遷徙官僚富豪住到那裡守護陵園，稱為陵縣。(83)閹尹之呰二句　謂弘恭、石顯之徒譖毀蕭望之、劉向、周堪等，使元帝殺賢傅良臣，有累明德。閹尹，宦官頭目。此指弘恭、石顯等，他們先後擔任中書令，作惡多端。詳見卷九十三〈石顯傳〉。閹，宦官。尹，官名。呰，詆譭。穢，汙穢、骯髒。此作使動用法。(84)孝成煌煌　孝成，漢成帝劉驁（西元前五一—前七年），西元前三三—前七年在位。煌煌，光彩鮮明。(85)如圭如璋　比喻人品高尚。圭，玉製的禮器，長條形，上尖下方。璋，玉製的禮器，頂端作斜銳角形。(86)壼闈恣趙　壼闈，亦作「閫圍」。古代婦女居住的內室，此指後宮，為帝王后妃居住之處。恣，放縱。趙，指漢成帝皇后趙飛燕及昭儀趙合德姊妹。(87)王　指外戚王鳳、王音等，王氏一家有九人封侯，有五人擔任大司馬輔政，最終導致王莽奪取政權。(88)炎炎燎火　謂天子之威嚴，若燎火之熾。炎炎，火焰熾盛的樣子。引申指威權顯赫。燎，火炬；火把。(89)亦允不陽　言成帝委政王氏，天子的威嚴不再炎熾。允，信然；誠然。不陽，言火不熾。(90)孝哀彬彬　孝哀，漢哀帝劉欣（西元前二六—前一年），西元前七—前一年在位。彬彬，文質兼備的樣子。(91)克擥威神　言哀帝忿成帝時權在臣下，故自把持威權。擥，通「攬」。執取；手握。威神，即威權。(92)彫落洪支　意謂廢黜東平王劉雲、中山太后馮媛。彫落，草木凋殘零落。此作使動用法，使凋落。即摧殘。洪支，比喻皇族。此指漢宣帝孫子東平王劉雲、漢元帝昭儀中山太后馮媛。(93)底剭鼎臣　殺戮大臣。底，致；施加。剭，殺戮。古代指在屋下處死貴族。鼎臣，比喻三公。此指朱博、王嘉等。(94)婉孌董公　婉孌，年少美貌的樣子。董公，董賢。左馮翊雲陽（今陝西淳化）人，曾任大司馬。詳見卷九十三〈董賢傳〉。(95)惟亮天功　謂哀帝想要靠董賢輔助自己。《尚書・舜典》有「僉亮天功」，故引之。惟，思；想。亮，輔助。天功，指治理好國家。(96)大過之困二句　語出《易・大過》「棟橈，凶」，言以小材為棟梁，不能勝其任，以致折橈而凶險。困，窘迫；急難。橈，通「撓」。曲折。(97)孝平不造　孝平，漢平帝劉衎（西元前九—五年），西元前一—五年在位。不造，不幸。(98)新都作宰　新都，新都侯王莽。王莽初封新都侯（封國在今河南新野東南），後封安漢公，其官銜是宰衡、太傅、大司馬。作宰，言王莽自號宰衡。(99)不周不伊　言無周公、伊尹之忠。周，指周公姬旦，曾輔佐年幼的姪子周成王，直到成王成年才交還政權。伊，指伊尹，曾輔佐少主外丙、仲壬、太甲，當太甲破壞商湯法制時，他放逐了太甲，後來太甲悔悟，又接回復位。(100)喪我四海　謂漢朝喪失政權。四海，古代傳說我國四周都有大海環繞，因稱全國範圍為四海，此指漢朝對全國的統治權。

【語譯】敘文如下：

2 偉大的漢高帝，繼承唐堯的遺業，天生的德性，聰明神武。秦朝政治衰敗，導致了張楚起事，高帝由此起家，斬白蛇起義。神母通告天命，赤帝的旗號於是舉起，直接打到秦朝的京郊，嬴子嬰來投降。變革天命，創立法制，約法三章，上應天心，下順民意，五大行星聚會在東井。項羽蠻橫跋扈，把高帝貶到巴蜀、漢中；關中人民歸心，漢軍將士憤怒怨恨。趁此機會，回軍反擊，席捲三秦地區，割據秦、蜀河山，安撫這裡的人民。謀劃國家大計，蕭何、曹參是股肱之臣，韓信、英布是爪牙之臣，張良、陳平是心腹之臣，嚴肅認真地執行上天決定的誅罰，威靈顯赫，賞罰嚴明。撰述〈高帝紀〉第一。

3 惠帝短命，高后行使皇帝權力，不顧上天的威靈，呂氏家族因而敗亡。撰述〈惠帝紀〉第二，〈高后紀〉第三。

4 文帝端莊，誠信恭敬，深沉靜默，以身作則教化人民，用德行統帥臣下。農民減免賦稅，罪犯的妻子兒女不受牽連，宮殿不修建新館，墓地不修築高墳大冢。自己的德行像風行一樣傳播四方，民眾受影響像風吹草伏，國家富足，刑罰清平，形成了漢朝的優良傳統。撰述〈文帝紀〉第四。

5 景帝主政，王國叛亂，戰勝七國，皇室得以安定。不怠惰不迷亂，致力於發展農業桑蠶業，著錄在〈甲令〉中，人民因此安寧康樂。撰述〈景帝紀〉第五。

6 武帝英明，想要光大祖業，訪求賢能，振興事業，英俊人才，紛紛湧現。他所做的事業是些什麼呢？驅逐敵對部族，擴大漢朝疆土，勢力達到四方邊遠地區。武功已經卓著，也發展文化學術，傳播《六經》之學，尊崇儒學正統。舉行封禪大典，祭祀天神地祇，獻祭眾多神靈。協調樂律，改換曆法，享受無疆壽考。撰述〈武帝紀〉第六。

7 昭帝幼小，大臣盡忠。燕王、蓋主欺誑，昭帝智慧聰明，罪犯才被破獲，國家團結和睦。撰述〈昭帝紀〉第七。

8 宣帝精明，嚴明賞罰，任用賢能，採納諫諍，聽取決斷都很精審。安撫遠方，親善近鄰，光輝照耀，聲威顯赫，遙遠的龍城，大漠以北，無不前來朝拜。大顯祖先功業，終於獲得成功。撰述〈宣帝紀〉第八。

9 元帝恭敬謹慎，高明而能柔順取勝，禮敬年老大臣，寬容忠誠正直。在外裁撤遊獵園林，在內減少奢侈衣服，離宮不設警衛，陵寢不建城邑。宦官頭目弄權，玷汙皇上明德。撰述〈元帝紀〉第九。

10 成帝儀表堂皇，臨朝風姿俊爽，威儀旺盛，好像美玉圭璋。後宮放縱趙氏姊妹，朝政偽託王氏兄弟，本應是炎炎的火炬，也就變得暗然無光了。撰述〈成帝紀〉第十。

11 哀帝文雅，能夠掌握威權，摧殘皇族，殺戮大臣。親近寵愛董賢，想要靠他輔助治理國家，小材大用，不勝重任，必定彎曲折斷導致凶險。撰述〈哀帝紀〉第十一。

12 平帝不幸，王莽擔任宰輔，不像周公，不像伊尹，漢朝天下被他篡奪。撰述〈平帝紀〉第十二。

1 漢初受命❶，諸侯並政❷，制自項氏，十有八姓❸。述異姓諸侯王表第一。

2 太祖元勳❹，啟立輔臣❺，支庶藩屏❻，侯王並尊。述諸侯王表第二。

3 侯王之祉❼，祚及宗子❽，公族蕃滋❾，支葉碩茂❿。述王子侯表第三。

4 受命之初，贊功剖符⓫，奕世⓬弘業，爵土迺昭⓭。述高惠高后孝文功臣侯表第四。

5 景征吳楚，武興師旅，後昆承平，亦有紹土⓮。述景武昭宣元成哀功臣侯表第五。

6 亡⓯德不報，爰存二代⓰，宰相外戚，昭韙見戒⓱。述外戚恩澤侯表第六。

7 漢迪於秦⑱，有革有因⑲，觕舉僚職⑳，並列其人。述百官公卿表第七。

8 篇章博舉㉑，通于上下㉒，略差㉓名號，九品之敘㉔。述古今人表第八。

【章　旨】以上為卷下的第三部分，述《漢書》八表的各篇要義。

【注　釋】❶受命　古代帝王假託神權來抬高自己，說自己稱帝稱王是承受了上天的旨意。❷並政　憑藉武力互相征伐。政，通「征」。❸制自項氏二句　謂項羽分封十八個諸侯王，即西楚霸王項羽、漢王劉邦、雍王章邯、塞王司馬欣、翟王董翳、河南王申陽、殷王司馬卬、九江王英布、臨江王共敖、衡山王吳芮、西魏王魏豹、遼東王韓廣、燕王臧荼、膠東王田市、齊王田都、濟北王田安、代王趙歇、常山王張耳。❹太祖元勳　太祖，漢高帝的廟號。元勳，首功；大功。❺啟立輔臣　啟立，開始封爵。輔臣，輔佐大臣。❻支庶藩屏　支庶，宗法社會指除嫡長子以外的旁支親屬。藩屏，通作「屏藩」。比喻衛國的重臣。藩，籬笆。屏，屏風。❼祉　福氣。❽祚及宗子　祚，福氣；福蔭。宗子，古代宗法制度，嫡長子為其他兄弟所宗，故稱宗子。❾公族蕃滋　公族，統治家族的子弟，猶言公子、公姓。蕃滋，繁衍增加。蕃，通「繁」。❿支葉碩茂　支葉，比喻支庶子孫。支，通「枝」。碩茂，大而且茂盛。碩，大；壯大。⓫贊功剖符　贊功，輔佐帝王創業的功勳。剖符，帝王分封諸侯或功臣，把符券剖分為兩半，雙方各執一半，作為信守的憑證，稱為「剖符」。⓬奕世　一代接一代。⓭爵土迺昭　爵土，爵位和封土。昭，彰明。⓮景征吳楚四句　謂景帝、武帝之世興師征伐，故封侯者多，後世雖然承平，尚有襲爵邑者。景，景帝。吳楚，指吳楚七國之亂。武，武帝。師旅，古代軍事編制單位，後來用作軍隊的通稱。後昆，後代；子孫。承平，社會秩序持續安定的狀態。亦有紹土，疑有誤。宋祁曰：「監本、浙本、越本作『亦猶有紹』。」王念孫考證宋說為是。紹，繼承。⓯亡　通「無」。⓰爰存二代　爰，句首助詞。二代，古代新王朝建立之後，常對前代王朝順服的後代採取一些安撫措施，封為諸侯，作為鎮壓籠絡的手段。此指殷、周兩代（漢代的理論家把短命的秦朝只看作戰國最末的霸主，而不看作正統的王朝）。⓱昭韙見戒　言表彰正確的，警戒錯誤的。昭，表彰。韙，是；正確。見，顯示。⓲漢迪於秦　謂漢朝沿襲秦朝的制度。迪，至；到。⓳有革有因　革，變革；改革。因，繼承；沿襲。⓴觕舉僚職　觕，粗略；大略。僚職，官吏的職責。㉑篇章博舉　謂引證文獻很多。博，廣泛；廣博。舉，列舉；引用。㉒上下　謂古今。㉓差　次第；等級。這裡用作動詞。㉔九品

之敘　九品，即上上、上中、上下、中上、中中、中下、下上、下中、下下九等。敘，次第；次序。

【語譯】漢朝開始承受天命，各諸侯國互相征伐，分封出自項羽，共有十八國。撰述〈異姓諸侯王表〉第一。

2 高帝賞賜開國元勳，開始分封輔佐大臣，以旁支親屬作為屏障，王侯並立稱尊。撰述〈諸侯王表〉第二。

3 王侯各有福氣，福澤流傳嫡長子孫，公族繁衍，支庶興旺。撰述〈王子侯表〉第三。

4 開國之初，元功領受符券，祖孫世代繼承祖業，封爵食邑，制度昭明。撰述〈高惠高后孝文功臣侯表〉第四。

5 景帝征討吳楚叛軍，武帝出動軍隊征伐，後代雖然承平，也還有爵位和封土繼承。撰述〈景武昭宣元成哀功臣侯表〉第五。

6 有功德就要給予報答，安撫前朝兩代，宰相和外戚，表彰正確，警戒錯誤。撰述〈外戚恩澤侯表〉第六。

7 漢朝繼承秦朝，有變革有因襲，大致介紹官吏職責，並開列出擔任官職的人名。撰述〈百官公卿表〉第七。

8 廣泛地引據典籍，貫通古今上下，區別賢愚善惡，排列出九等的次序。撰述〈古今人表〉第八。

1 元元本本❶，數始於一，產氣黃鍾❷，造計秒忽❸。八音七始❹，五聲六律❺，度量權衡❻，曆算逌出❼。官失❽學微，六家分乖❾，壹彼壹此❿，庶研其幾⓫。述律曆志第一。

2 上天下澤⓬，春靁奮作⓭，先王觀象⓮，爰制禮樂⓯。厥後崩壞，鄭衛荒淫⓰，風流民化⓱，湎湎紛紛⓲。略存大綱，以統舊文。述禮樂志第二。

3 靁電皆至，天威震耀[19]，五刑[20]之作，是則是效[21]，威實輔德，刑亦助教。季世不詳[22]，背本爭末[23]。吳、孫狙詐[24]，申、商酷烈[25]。漢章九法[26]，太宗改作[27]，輕重之差，世有定籍[28]。述刑法志第三。

4 厥初生民[29]，食貨[30]惟先。割制廬井[31]，定爾土田，什一供貢[32]，下富上尊。商以足用，茂遷有無[33]，貨自龜貝[34]，至此五銖[35]。揚搉[36]古今，監世盈虛[37]。述食貨志第四。

5 昔在上聖，昭事[38]百神，類帝禋宗[39]，望秩[40]山川，明德惟馨[41]，永世豐年。季末淫祀[42]，營[43]信巫史，大夫臚岱[44]，侯伯僭畤[45]，放誕之徒[46]，緣間[47]而起。瞻前顧後，正其終始[48]。述郊祀志第五。

6 炫炫[49]上天，縣象[50]著明，日月周輝[51]，星辰垂精[52]。百官立法[53]，宮室混成[54]，降應王政，景以燭形[55]。三季[56]之後，厥事放紛[57]。舉其占應[58]，覽故考新。述天文志第六。

7 河圖命庖[59]，洛書賜禹[60]，八卦成列，九疇逌敘[61]。世代寔寶[62]，光演文武[63]，春秋之占[64]，咎徵[65]是舉。告往知來，王事之表[66]。述五行志第七。

8 坤作墜勢[67]，高下九則[68]，自昔黃、唐，經略萬國，燮定東西，疆理南北[69]。

三代損益(70)，降及秦、漢，革剗五等，制立郡縣(71)。略表山川，彰其剖判(72)。述地理志第八。

9 夏乘四載(73)，百川是導(74)。唯河為囏(75)，災及後代。商竭周移(76)，秦決南涯(77)，自茲距漢(78)，北亡八支(79)。文陻棗野(80)，武作瓠歌(81)，成有平年(82)，後遂滂沱(83)，爰及溝渠(84)，利我國家。述溝洫志第九。

10 虙羲(85)畫卦，書契(86)後作，虞夏商周，孔纂其業(87)，篹書刪詩(88)，綴禮正樂(89)，彖系大易(90)，因史立法(91)。六學既登(92)，遭世罔弘(93)，群言紛亂，諸子相騰(94)。秦人是滅(95)，漢修其缺(96)，劉向司籍，九流以別(97)。爰著目錄(98)，略序洪烈(99)。述蓺文志第十。

【章旨】以上為卷下的第四部分，述《漢書》十志的各篇要義。

【注釋】❶元元本本　追溯本源。❷黃鍾　古樂十二律之一。聲調最洪大響亮。古人認為黃鐘律應在子月，子數為一，故數始於黃鐘律。這是一種玄學觀念。❸造計秒忽　造計，制定數量。秒忽，比喻極其微小。秒，禾芒。忽，蜘蛛絲。❹八音七始　八音，古代稱金（鐘）、石（磬）、絲（琴瑟）、竹（簫管）、匏（笙竽）、土（壎）、革（鼓）、木（柷敔）為八音。七始，古代認為音律發端於七始：黃鐘、林鐘、太簇為天地人之始；姑洗、蕤賓、南宮、應鐘為春夏秋冬之始。後來也用作樂曲名。❺五聲六律　五聲，古樂五聲音階的五個階名：宮、商、角、徵、羽。也稱五音。六律，律，定音器。樂律有十二，陰陽各六，陽為律，陰為呂。六律即黃鐘、太簇、姑洗、蕤賓、夷則、無射。❻度量權衡　度，計算長度的標準。量，計算容量的標準。權衡，計算重量的標準。權，秤錘。衡，秤桿。❼曆算逌出　曆算，曆法和算學。逌，通「攸」。所。❽官失　主管官吏喪失了職守。❾六家分乖　六家，指古代相傳的《黃帝曆》、《顓頊曆》、《夏曆》、《殷曆》、《周曆》、《魯曆》。分乖，互相歧異矛盾。❿壹彼壹此　或此或彼。壹，或。⓫庶研其幾　希望探索精微。庶，幸、希望的意思。幾，幾微；細微的跡象。⓬上天下澤　語出《易・履卦・象辭》：「上天下澤，履，君子以辯上下，定民志。」意思是：古代聖王根據〈履卦〉來制定禮儀，〈履卦〉由〈兌卦〉在下，〈乾卦〉在上組成，〈乾卦〉象徵天，〈兌卦〉象徵澤，天尊居上位，澤卑居下位，君子取法此象以分辨尊卑上下，規範人民的思想認識。⓭春靁奮作　語出《易・豫卦・象辭》：「雷出地奮，豫，先王以作樂崇德，殷薦之上帝，以配祖考。」意思是：古代聖王根據〈豫卦〉來制定音樂，〈豫卦〉由〈坤卦〉在下，〈震卦〉在上組成，〈震卦〉象徵雷，〈坤卦〉象徵地，雷是陽氣的聲音，奮是震動的狀態，雷既出於地，萬物秉承陽氣而發生，各自歡欣悅樂，先王取法此象以創作音樂，尊崇功德，祭祀天地鬼神。⓮觀象　觀察天地自然的現象。⓯禮樂　禮儀和音樂；禮制和樂教（禮樂在社會生活中的應用形式）。⓰鄭衛荒淫　先秦時，鄭、衛兩國（都在今河南境內）的俗樂很發達，同儒家提倡的雅樂大相逕庭，受到儒家的排斥，被視為淫蕩之樂。鄭衛，指鄭衛之音。⓱風流民化　言上面的風氣流行，下面的民眾受到感染。⓲湎湎紛紛　湎湎，沉迷；流移。紛紛，雜亂。⓳靁電皆至二句　語出《易・噬嗑・象辭》曰：「雷電，噬嗑，先王以明罰敕法。」意思是：先王取象於雷震電擊，口中有物咬齧而合之，從而整飭法紀，嚴明刑罰。天威，天神的威靈；帝王的威嚴。震，震懾。耀，顯明。⓴五刑　古代的五種刑罰，指墨（刺刻面額，染黑）、劓（割鼻）、刖（斷足，一說是切去膝蓋骨）、宮（殘害生殖器）、大辟（死刑）。㉑是則是效　是，指代上文的「靁電」二句。則、效，皆為效法、仿效的意思。㉒季世不詳　季世，衰微的末世。詳，詳刑，即指斷獄詳審，用刑謹慎。㉓背本爭末　指放棄道德教化，競相使用刑罰。㉔吳孫狙詐　吳，吳起，戰國時衛國人，政治家、軍事家。曾任魯國、魏國將領、楚國令尹。孫，孫武，春秋時齊國人，軍事家。曾任吳國將領。著有《孫子兵法》，是我國現存最早最著名的軍事著作。狙詐，狡猾奸詐。㉕申商酷烈　申，申不害。戰國時鄭國人，法家。曾任韓國相。商，公孫鞅，戰國時衛國人，因封於商（今陝西商州東南），故稱商君或商鞅。政治家，曾任秦國大良造，著有《商君書》，是法家的主要代表人物。酷烈，刑罰嚴峻、殘暴。㉖漢章九法　指漢初由蕭何制定的法典《九章律》，分為〈盜律〉、〈賊律〉、〈囚律〉、〈捕律〉、〈雜律〉、〈具律〉、〈戶律〉、〈興律〉、〈廄律〉。㉗太宗改作　謂漢文帝下令廢除肉刑（黥刑、劓刑、刖刑），改為笞刑，結果是外有輕刑之名，實際則死人更多。㉘定籍　即成文法規。㉙生民　人類；人們。㉚食貨　指財政經濟。食，糧食。貨，物資和金錢。㉛割制廬井　割制，劃分規定。廬井，古代井田制，八家共一井，因稱八家的廬舍（建在田地中間供耕作時住宿用的屋舍）為廬井。這裡代指井田制度。㉜什一供貢　按照十分之一的比例繳納租稅。什一，十分之一。什，通「十」。十成或十倍。供貢，繳納租稅。㉝茂遷有無　指商業販賣活動可以實現各地物產的互通有無。茂遷，販賣流通。茂，通「貿」。遷，流通。㉞貨自龜貝　言最早的貨幣始自龜甲和海貝。㉟五銖　漢代的主要貨幣，圓形，中央有方孔，重五銖（一銖為二十四分之一兩）。漢武帝時開始鑄造，以後長期通用。㊱揚搉　約略論述；略舉大概。揚，舉。搉，引。㊲監世盈虛　考察世上的貧富。監，考察；監察。盈虛，指財富的有或無、多或少。㊳昭事　光明地祭祀。㊴類帝禋宗　類，通「禷」。古祭名。祭祀天神。帝，上帝；天帝。禋，禋祀。古代升煙祭天的典禮。泛指祭祀。宗，指六宗。有三說：一指水、火、雷、風、山、澤，二指天、帝、東、西、南、北，三指日、月、星、四時、寒暑、水旱。㊵望秩　遙望祭祀名山大川。㊶明德惟馨　明德，完美的德性。馨，芳香。特指散播很遠的香氣。㊷季末淫祀　季末，衰微的時代。淫祀，不合禮制規定的祭祀。㊸營　通「熒」。惑亂。㊹大夫臚岱　指春秋末年魯國大夫季孫氏祭祀泰山之事，這違背當時的禮制規定。臚，指陳列祭品。岱，泰山別稱。㊺侯伯僭時　指春秋末年秦襄公建造西畤祭祀白帝（西方天神），這也違背當時的禮制規定。僭，超越本分。時，祭祀天神的壇址。㊻放誕之徒　指言神仙之術的方士。放誕，虛妄。㊼緣間　乘機；乘隙。㊽終始　指事物的起源與演變。㊾炫炫　光輝照耀的樣子。㊿縣象　指天上的日月星辰，即天象，因其如懸掛空中，故曰「懸象」。縣，通「懸」。(51)周輝　周而復始地放出光輝。(52)星辰垂精　辰，兼指日、月、星，或泛指眾星。垂精，由上向下放射光芒。(53)百官立法　古人把天上的眾星同人間的百官相比擬，認為它們也有職權位置的尊卑關係，並用它們來分別象徵人間百官的吉凶禍福。(54)宮室混成　古人把天上的星空區劃同人間的宮室相比擬，如五大星區即稱為中宮、東宮、南宮、西宮、北宮之類。混成，混沌之中自然生成。(55)降應王政二句　謂天人感應，如影之象形。古人認為人間政治的好壞能得到天象正常或異常的反應。張晏注曰：「王政失於此，星辰變於彼，猶影之象形。」景，通「影」。燭，照耀。這裡有「反映」的意思。(56)三季　夏商周三代的末年。(57)放紛　放，散失。紛，紊亂。(58)占應　預兆和應驗。(59)河圖命庖　傳說伏羲氏時，有龍馬從黃河中出現，背負河圖，伏羲氏根據它畫成八卦。命，授予。庖，庖犧氏，一作宓犧氏，即伏羲氏，傳說中的上古帝王。(60)洛書賜禹　傳說夏禹時，有神龜從洛水中出現，背列九數，夏禹根據它演成九類常道，或認為即〈洪範〉九疇（李奇說）。禹，夏禹，傳說中的古代部落聯盟首領。(61)九疇逌敘　九疇，九種治理天下的大法，即五行、五事、八政、五紀、皇極、三德、稽疑、庶征、五福、六極。詳見《尚書．洪範》。逌，通「攸」。所。(62)世代寔寶　世世代代以此為寶。世，慶元本、南監本、殿本作「三」，此依北宋本、蔡琪本、白鷺洲書院本、正統本、汲古閣本、局本作「世」。寔，通「是」。指示代詞作前置賓語用。寶，以為寶。(63)光演文武　演，長流；延及。文武，即周文王姬昌、周武王姬發。傳說文王把八卦演成六十四卦，並作了卦辭、爻辭；武王從箕子那裡接受了〈洪範〉。(64)春秋之占　《春秋》中記載了許多自然災異和人事災害，如日食、彗星、水旱、蝗災等。(65)咎徵　災禍的徵兆。(66)表　表徵；標誌。(67)坤作墜勢　語出《易．坤．象辭》：「地勢坤，君子以厚德載物。」意思是：地形方直，地勢順承，君子效法大地的這種容載萬物的厚德。墜，古「地」字。(68)高下九則　高下，謂地形高低。一說指地的肥瘠。九則，古代把土質分為上上至下下共九等，以確定租賦的多少。(69)自昔黃唐四句　傳說黃帝最早劃分州域，唐堯也曾把全國劃分為十二州。漢代人根據《尚書．禹貢》、《周禮．職方》、《爾雅．釋地》拼湊十二州名為：冀、幽、并、兗、青、營、徐、揚、荊、豫、梁、雍。經略，籌劃、治理。爕定，調理、安定。疆理，謂立封疆而統理之。(70)損益　指地理區劃的增減、分合。(71)降及秦漢三句　謂秦漢時廢除分封制，推行郡縣制。革剗，廢除。革，革除。剗，削除。五等，指公、侯、伯、子、男五等諸侯國。郡縣，秦漢時期地方政區的兩級建制，縣統於郡，郡直屬於中央。(72)彰其剖判　彰，表明。剖判，劃分。(73)夏乘四載　夏，指夏禹。四載，古時的四種交通工具。相傳禹治水時，水行乘舟，陸行乘車，泥行乘橇，山行著檋。載，乘坐，此指乘坐的工具。(74)百川是導　百川，泛指眾多河流。導，疏導；疏浚。(75)唯河為囏　河，古代黃河的專名。囏，通「艱」。(76)商竭周移　商竭，據說商代末年黃河枯竭。周移，相傳周代黃河曾經改道。移，指河道移徙。(77)秦決南涯　秦始皇進攻魏國時，挖決黃河水淹灌大梁城，黃河水南徙入淮水、泗水。(78)自茲距漢　言自秦至漢。茲，此；這。距，抵達；直到。(79)北亡八支　傳說古代黃河下游原本分作九條支流，後來經過大規模整理，只留下南邊的一條幹流。(80)文陻棗野　言漢文帝時，黃河在酸棗縣境（今河南延津一帶）潰決，沖決白馬縣境（今河南滑縣一帶）的金堤，政府組織進行了大規模的堵塞工作。陻，通「堙」。堵塞。棗，指酸棗。(81)武作瓠歌　漢武帝時，黃河在瓠子口（今河南濮陽西南）潰決，氾濫二十多年後才堵塞成功。武帝曾親臨瓠子口，視察堵塞決口，感慨此事長久未能成功，作〈瓠子之歌〉。(82)成有平年　漢成帝時，黃河在館陶縣境（今河北館陶一帶）潰決，建始五年堵塞治理成功，改元河平。(83)滂沱　大水湧流的樣子。(84)溝渠　供灌溉或排水用的田間水道，小的稱溝，大的稱渠或洫。(85)虙羲　即伏羲。虙，通「伏」。(86)書契　指文字。契，刻。文字以刀刻，故曰「書契」。(87)孔纂其業　孔，孔丘。纂，通「纘」。繼承。(88)篹書刪詩　指孔子編輯《尚書》，整理《詩經》。篹，編輯。刪，削除。據說孔子整理《詩經》時，刪除了其中重複或不合乎禮義的詩篇。(89)綴禮正樂　綴，搜集彙編。禮，指《儀禮》和《周禮》。前者是春秋戰國時部分禮制的彙編，計十七篇；後者是周代官制和戰國時各國制度的彙編，計六篇。二書皆為儒家經典。樂，即《樂經》，相傳為儒家《六經》之一，至漢代時已無流傳。後世或說亡於秦始皇焚書，或說本無《樂經》，樂教體現於《詩經》和《禮經》中。(90)彖系大易　彖，《易》中總括每卦含義的文字稱為彖辭，相傳為孔子所作。系，闡述《易》要義的文字稱為繫辭，相傳為孔子所作。大易，又稱《周易》、《易經》。儒家重要經典之一。包括「經」和「傳」兩部分：「經」主要是六十四卦和三百八十三爻，有卦辭、爻辭分別加以解說，供占卜用。「傳」包括解釋卦辭、爻辭的文章十篇，統稱「十翼」。91因史立法　指孔子修訂《春秋》，通過褒貶人物史事，確立評判是非的標準。史，指《春秋》。92六學既登　六學，指上文所述《六經》。登，完成。93遭世罔弘　遭世，遭遇亂世。罔弘，沒有能夠弘揚光大儒家的道理。罔，無；沒有。弘，發揚光大。94群言紛亂二句　指百家爭鳴。諸子，春秋戰國時代各種學派的代表人物。騰，馳騁；競爭。95秦人是滅　指秦始皇焚書坑儒。96漢修其缺　指西漢時朝廷多次下令徵集典籍。97劉向司籍二句　指劉向主管校勘宮中藏書，總結先秦以來的學術流派，歸納為十家，即儒、道、陰陽、法、名、墨、縱橫、雜、農、小說，除去小說家外，其中「可觀者」為九家。此即所謂「九流以別」。98著目錄　指將劉向、歆父子整理出來的目錄著錄下來。按：劉向、劉歆父子相繼主持校勘宮中藏書，分別撰著《別錄》、《七略》二書，皆已失傳。本書卷〈藝文志〉即根據《七略》編纂。99洪烈　偉大的事業。洪，大。烈，功業。

【語　譯】追溯本源，數目起始於一，用黃鐘律管吹氣，據以制定精細的計量。八種樂器，七始樂曲，五聲音階，十二樂律，度量衡制，曆法算學都由此派生而出。主管官吏喪失了職守，學術衰微，六家曆法互有分歧矛盾，或彼或此，希望探索精微。撰述〈律曆志〉第一。

2 上尊下卑，春雷振奮，古代聖王觀察這些現象，類比它們來制定禮儀音樂。後來禮樂制度崩壞，鄭國、衛國的民樂淫蕩，風氣流行，民眾受到感染，沉迷紛亂。略舉大綱要目，整理原有記載。撰述〈禮樂志〉第二。

3 雷鳴電閃，上天威嚴震動閃耀，五刑的制定，就是模仿這種威嚴，威嚴是用來輔助德政，刑罰也是用來輔助教化。衰微的時代不能審慎公平，放棄德政教化，專用刑罰。吳起、孫武狡猾奸詐，申不害、商鞅嚴酷暴烈。漢初制定了《九章律》，文帝進行了修改，輕重有差別，世間有了成文的法規。撰述〈刑法志〉第三。

4 自有人類以來，糧食物資是首要的東西。建立井田制度，分配田地，按照十分之一的比例繳納租稅，民眾富足，王侯尊貴。商業滿足生活需要，販運買賣，互通有無，貨幣從龜甲貝殼開始，到現在使用五銖錢。扼要論述古今財經事業，考察社會的盛衰貧富。撰述〈食貨志〉第四。

5 自古聖王，隆重地祭祀眾多神靈，特別祭祀天帝，升煙祭祀六宗，遙望祭祀山川，完美的德行才是最好的祭品，永遠賜降豐年。亂世濫行祭祀，迷信巫師，大夫妄行祭祀泰山，諸侯妄行祭祀天神，那些狂妄的傢伙，乘機裝神弄鬼。回顧過去，瞻望未來，理清其起源與演變。撰述〈郊祀志〉第五。

6 上天光輝照耀，懸空的天象顯明，太陽月亮晝夜發散光輝，眾星辰向下放射光芒。像百官一樣建立制度，像宮室一樣混沌生成，天象與王政互相感應，就像影子是形體的反映。在三代的末年，天文觀測工作散失紊亂。列舉天象的預兆和人事的應驗，檢閱過去可以考察未來。撰述〈天文志〉第六。

7 河圖授予伏羲，洛書賜給夏禹，八卦成為體系，九疇有所闡述。世世代代以此為寶，光輝流傳到周文王、周武王，《春秋》記載了災異，列舉了災禍的徵兆。曉諭往事可以推知來者，這是帝王政事好壞的標誌。撰述〈五行志〉第七。

8 〈坤卦〉象徵地勢，高下分為九等，自古黃帝、唐堯，籌劃治理萬國，調理安定，規劃整理，四面八方，阡陌縱橫。三代相沿，略有改革，下至秦、漢，廢除五等諸侯，建立郡縣制度。大略記述山脈河流，表明政區的分合沿革。撰述〈地理志〉第八。

9 夏禹乘坐四種交通工具，疏導眾多河流。只有黃河最難治理，洪災延及後代。商代乾涸，周代遷徙，秦代挖掘南岸，從此直到漢代，北岸堵塞了八條支流。漢文帝時，在酸棗縣境堵塞決口，漢武帝寫作〈瓠子之歌〉，漢成帝有「河平」年號，以後就宣洩暢通，以至大小渠道，都有利於我們的國家。撰述〈溝洫志〉第九。

10 伏羲首畫八卦，文字隨後產生，經過虞、夏、商、周四代，孔子繼承了他們的事業，編輯《書經》，刪定《詩經》，彙編《禮經》，訂正《樂經》，寫作《易傳》，闡述《易經》，修訂《春秋》，褒貶是非。《六經》已經完備，遭遇戰國時代，沒能發揚光大，眾說紛亂，諸子相爭。秦始皇毀滅了這些經典，漢朝搜集遺書，修補缺漏，劉向主持整理典籍，九大學派，劃分清晰。姑且登記目錄，粗略敘述這一偉大事業。撰述〈藝文志〉第十。

上嫚下暴[1]，惟盜是伐[2]，勝、廣熛起[3]，梁、籍扇烈[4]。赫赫[5]炎炎，遂焚咸陽[6]，宰割諸夏，命立侯王[7]，誅嬰放懷[8]，詐虐以亡。述陳勝項籍傳第一。

張、陳之交，游如父子[9]，攜手遂秦[10]，拊翼俱起[11]。據國爭權，還為豺虎[12]，耳謀甘公，作漢藩輔[13]。述張耳陳餘傳第二。

三枿之起，本根既朽[14]，枯楊生華，曷惟其舊[15]！橫雖雄材，伏于海隝[16]，沐浴尸鄉，北面奉首[17]，旅人慕殉，義過黃鳥[18]。述魏豹田儋韓信傳第三。

信惟餓隸[19]，布實黥徒[20]，越亦狗盜[21]，芮尹江湖[22]。雲起龍襄[23]，化為侯王，割有齊、楚[24]，跨制淮、梁[25]。綰自同閈[26]，鎮我北疆[27]，德薄位尊，非胙[28]惟殃。吳克忠信，胤嗣迺長[29]。述韓彭英盧吳傳第四。

賈廑從旅，為鎮淮、楚[30]。澤王琅邪，權激諸呂[31]。濞之受吳，疆土踰矩[32]，雖戒東南，終用齊斧[33]。述荊燕吳傳第五。

太上[34]四子：伯兮早夭[35]，仲氏王代[36]，斿宅于楚[37]。戊實淫軼，平陸迺紹[38]。其在于京，奕世宗正，劬勞王室，用侯陽成[39]。子政博學，三世成名[40]。述楚元王傳第六。

季氏之詘，辱身毀節[41]，信于上將，議臣震栗[42]。欒公哭梁[43]，田叔殉趙[44]，見危授命[45]，誼[46]動明主。布歷燕、齊，叔亦相魯，民思其政，或金或社[47]。述季布欒布田叔傳第七。

8 高祖八子，二帝六王[48]。三趙不辜[49]，淮厲自亡[50]，燕靈絕嗣[51]，齊悼特昌[52]。掩[53]有東土，自岱徂[54]海，支庶分王，前後九子[55]。六國誅斃[56]，適齊亡祀[57]。城陽、濟北，後承我國[58]。赳赳景王，匡漢社稷[59]。述高五王傳第八。

9 猗與元勳[60]，包漢舉信[61]，鎮守關中，足食成軍[62]，營都立宮[63]，定制修文[64]。平陽玄默，繼而弗革[65]，民用作歌[66]，化我淳德[67]。漢之宗臣[68]，是謂相國[69]。述蕭何曹參傳第九。

10 留侯襲秦[70]，作漢腹心[71]，圖折武關[72]，解阸鴻門[73]。推齊銷印[74]，敺致越、信[75]；招賓四老，惟寧嗣君[76]。陳公擾攘[77]，歸漢遁安，斃范亡項[78]，走狄擒韓[79]，六奇既設[80]，我罔[81]艱難。安國廷爭，致仕杜門[82]。絳侯矯矯，誅呂尊文[83]。亞夫守節[84]，吳楚有勳[85]。述張陳王周傳第十。

11 舞陽鼓刀[86]，滕公廄騶[87]，潁陰商販[88]，曲周庸夫[89]，攀龍附鳳[90]，並乘天衢[91]。述樊酈滕灌傅靳周[92]傳第十一。

12 北平志古，司秦柱下，定漢章程，律度之緒[93]。建平質直，犯上干色[94]。廣阿之虔(95)，食厥舊德(96)。故安執節，責通請錯，蹇蹇帝臣，匪躬之故(97)。述張周趙任申屠傳第十二。

13 食其監門(98)，長揖(99)漢王，畫襲陳留(100)，進收敖倉(101)，塞隘杜津(102)，王基以張。賈作行人，百越來賓(103)，從容風議，博我以文(104)。敬繇役夫，遷京定都(105)，內強關中(106)，外和匈奴(107)。叔孫奉常(108)，與時抑揚(109)，稅介免冑(110)，禮義是創(111)。或哲或謀(112)，觀國之光(113)。述酈陸朱婁叔孫傳第十三。

14 淮南僭狂(114)，二子受殃(115)。安辯(116)而邪，賜頑以荒(117)，敢行稱亂，窘世薦亡(118)。述淮南衡山濟北傳第十四。

15 蒯通壹說，三雄是敗，覆酈驕韓，田橫顛沛(119)。被之拘繫，迺成患害(120)。充、躬罔極，交亂弘大(121)。述蒯伍江息夫傳第十五。

16 萬石溫溫，幼寤聖君(122)，宜爾子孫，夭夭伸伸(123)，慶社于齊(124)，不言動民。衛、直、周、張(125)，淑慎其身(126)。述萬石衛直周張傳第十六。

17 孝文三王，代孝二梁(127)，懷折(128)亡嗣，孝乃尊光(129)。內為母弟(130)，外扞吳楚(131)，怙寵矜功(132)，僭欲失所(133)，思心既霿(134)，牛旤告妖(135)。帝庸親親，厥國五分，德不堪寵，四支不傳(136)。述文三王傳第十七。

18 賈生矯矯[137]，弱冠[138]登朝。遭文叡聖[139]，屢抗其疏[140]，暴秦之戒，三代是據。建設藩屏，以強守圉，吳楚合從，賴誼之慮[141]。述賈誼傳第十八。

19 子絲[142]慷慨，激辭納說[143]，攬轡正席[144]，顯陳[145]成敗。錯之瑣材[146]，智小謀大[147]，既如發機[148]，先寇受害[149]。述爰盎鼂錯傳第十九。

20 釋之典刑[150]，國憲[151]以平。馮公矯魏[152]，增主之明。長孺[153]剛直，義形於色[154]，下折淮南[155]，上正元服[156]。莊之推賢[157]，於茲為德。述張馮汲鄭傳第二十。

21 榮如辱如，有機有樞[158]，自下摩上，惟德之隅[159]。賴依[160]忠正，君子采諸[161]。述賈鄒枚路傳第二十一。

22 魏其翩翩[162]，好節慕聲[163]，灌夫矜[164]勇，武安驕盈[165]，凶德相挻，既敗用成[166]。安國壯趾[167]，王恢兵首[168]，彼若天命，此近人咎[169]。述竇田灌韓傳第二十二。

23 景十三王，承文之慶[170]。魯恭館室[171]，江都訬輕[172]；趙敬險詖[173]，中山淫醟[174]；長沙寂漠[175]，廣川[176]亡聲；膠東不亮[177]，常山[178]驕盈。四國絕祀[179]，河間賢明，禮樂是修[180]，為漢宗英[181]。述景十三王傳第二十三。

24 李廣恂恂[182]，實獲士心，控弦貫石[183]，威動北鄰[184]，躬戰七十，遂死于軍[185]。敢怨衛青，見討去病[186]。陵不引決，忝世滅姓[187]。蘇武信節，不詘王命[188]。述李廣蘇建傳第二十四。

25 長平桓桓[189]，上將之元[190]，薄伐獫允[191]，恢我朔邊[192]，戎車七征[193]，衝輣閑閑[194]，合圍單于，北登闐顏[195]。票騎冠軍[196]，猋勇紛紜[197]，長驅六舉[198]，電擊雷震，飲馬翰海[199]，封狼居山[200]，西規大河[201]，列郡祁連[202]。述衞青霍去病傳第二十五。

26 抑抑[203]仲舒，再相諸侯[204]，身修國治，致仕縣車[205]，下帷覃思[206]，論道屬書[207]，讜言訪對[208]，為世純儒[209]。述董仲舒傳第二十六。

27 文豔用寡，子虛烏有[210]，寓言淫麗[211]，託風[212]終始，多識博物[213]，有可觀采[214]，蔚為辭宗[215]，賦頌[216]之首。述司馬相如傳第二十七。

28 平津斤斤[217]，晚躋金門[218]，既登爵位，祿賜頤賢[219]，布衾疏食[220]，用儉飭身[221]。卜式耕牧，以求其志，忠寤明君[222]，迺爵迺試[223]。兒生亹亹[224]，束髮[225]修學，偕[226]列名臣，從政輔治[227]。述公孫弘卜式兒寬傳第二十八。

29 張湯遂達[228]，用事[229]任職，媚茲一人[230]，日旰忘食[231]，既成寵祿[232]，亦罹咎慝[233]。安世[234]溫良，塞淵其德[235]，子孫遵業[236]，全祚[237]保國。述張湯傳第二十九。

30 杜周治文[238]，唯上淺深[239]，用取世資[240]，幸而免身[241]。延年[242]寬和，列于名臣。欽用材謀[243]，有異厥倫[244]。述杜周傳第三十。

31 博望杖節[245]，收功大夏[246]；貳師秉鉞[247]，身釁胡社[248]。致死為福[249]，每生作禍[250]。述張騫李廣利傳第三十一。

32 嗚呼史遷，薰胥以刑[251]！幽[252]而發憤，迺思迺精，錯綜群言[253]，古今是經[254]，勒成一家[255]，大略孔明[256]。述司馬遷傳第三十二。

33 孝武六子，昭、齊亡嗣[257]。燕剌謀逆[258]，廣陵祝詛[259]。昌邑短命[260]，昏賀失據[261]。戾園不幸[262]，宣承天序[263]。述武五子傳第三十三。

34 六世眈眈，其欲浟浟[264]，文武方作，是庸四克[265]。助、偃、淮南[266]，數子之德，不忠其身，善謀於國[267]。述嚴朱吾丘主父徐嚴終王賈傳第三十四。

35 東方贍辭[268]，詼諧倡優[269]，譏苑扞偃[270]，正諫舉郵[271]，懷肉汙殿[272]，弛張沉浮[273]。述東方朔傳第三十五。

36 葛繹內寵[274]，屈氂王子[275]。千秋時發[276]，宜春舊仕[277]。敞、義依霍[278]，庶幾云已[279]。弘惟政事[280]，萬年容己[281]。咸睡厥誨，孰為不子[282]？述公孫劉田楊王蔡陳鄭傳第三十六。

37 王孫嬴葬[283]，建迺斬將[284]。雲廷訐禹[285]，福逾刺鳳[286]，是謂狂狷[287]，敞近其衷[288]。述楊胡朱梅云傳第三十七。

38 博陸堂堂[289]，受遺武皇[290]，擁毓[291]孝昭，末命導揚[292]。遭家不造[293]，立帝廢王[294]，權定[295]社稷，配忠阿衡[296]。懷祿耽寵[297]，漸化不詳[298]，陰妻之逆[299]，至子而亡[300]。秺侯狄孥[301]，虔恭忠信，奕世載德[302]，貤[303]于子孫。述霍光金日磾傳第三十八。

39 兵家之策，惟在不戰[304]。營平皤皤[305]，立功立論[306]，以不濟可[307]，上諭其信[308]。武賢父子，虎臣之俊[309]。述趙充國辛慶忌傳第三十九。

40 義陽樓蘭[310]，長羅昆彌[311]，安遠日逐[312]，義成郅支[313]。陳湯誕節[314]，救在三悊[315]。會宗勤事，疆外之桀[316]。述傅常鄭甘陳段傳第四十。

41 不疑膚敏[317]，應變當理[318]，辭霍不婚[319]，逡遁[320]致仕。疏克有終，散金娛老[321]。定國之祚，于其仁考[322]。廣德、當、宣，近於知恥[323]。述雋疏于薛平彭傳第四十一。

42 四皓遯秦[324]，古之逸民[325]，不營不拔[326]，嚴平、鄭真[327]。吉困于賀，涅而不緇[328]；禹既黃髮[329]，以德來仕。舍惟正身[330]，勝死善道[331]；郭欽、蔣詡，近遯之好[332]。述王貢兩龔鮑傳第四十二。

43 扶陽濟濟[333]，聞詩聞禮。玄成[334]退讓，仍世作相[335]。漢之宗廟[336]，叔孫是謨[337]，革自孝元，諸儒變度[338]。國之誕章[339]，博載其路[340]。述韋賢傳第四十三。

44 高平師師，惟辟作威，圖黜凶害，天子是毗[341]。博陽不伐[342]，含弘光大[343]，天誘其衷[344]，慶流苗裔[345]。述魏相丙吉傳第四十四。

45 占往知來[346]，幽贊神明[347]，苟非其人，道不虛行[348]。學微術昧[349]，或見仿佛[350]，疑殆匪闕[351]，違眾迕[352]世，淺為尤悔[353]，深作敦害[354]。述眭兩夏侯京翼李傳第四十五。

46 廣漢尹京[355]，克聰克明；延壽作翊[356]，既和且平。矜能訐上[357]，俱陷極刑[358]。翁歸承風，帝揚厥聲[359]。敞亦平平[360]，文雅自贊[361]；尊實赳赳[362]，邦家之彥[363]；章死非辠[364]，士民所歎。述趙尹韓張兩王傳第四十六。

47 寬饒[365]正色，國之司直[366]。豐繄[367]好剛，輔[368]亦慕直。皆陷狂狷，不典不式[369]。崇執言責[370]，隆持官守[371]。寶曲定陵[372]，並有立志[373]。述蓋諸葛劉鄭毋將孫何傳第四十七。

48 長倩懊懊[374]，覲霍不舉[375]，遇宣迺拔[376]，傳亢作輔[377]，不圖不慮，見蹪石、許[378]。述蕭望之傳第四十八。

49 子明光光[379]，發迹西疆[380]，列於禦侮[381]，厥子亦良[382]。述馮奉世傳第四十九。

50 宣[383]之四子，淮陽[384]聰敏，舅氏蘧蒢，幾陷大理[385]。楚孝[386]惡疾，東平失軌[387]，中山凶短[388]，母歸戎里[389]。元之二王[390]，孫後大宗[391]，昭而不穆，大命更登[392]。述宣元六王傳第五十。

51 樂安褭褭[393]，古之文學[394]，民具爾瞻[395]，困于二司[396]。安昌貨殖[397]，朱雲作娸[398]。博山敦慎[399]，受莽之疢[400]。述匡張孔馬傳第五十一。

52 樂昌篤實，不橈不詘，遘閔既多，是用廢黜[401]。武陽殷勤[402]，輔導副君[403]，既忠且謀，饗茲舊勳[404]。高武守正，因用濟身[405]。述王商史丹傅喜傳第五十二。

53 高陽文法[406]，揚鄉武略[407]，政事之材，道德惟薄，位過厥任[408]，鮮終[409]其祿。博之翰音[410]，鼓妖先作[411]。述薛宣朱博傳第五十三。

54 高陵修儒[412]，任刑[413]養威，用合時宜，器周世資[414]。義[415]得其勇，如虎如貔[416]，進不跬步[417]，宗為鯨鯢[418]。述翟方進傳第五十四。

55 統微[419]政缺，災眚[420]屢發。永陳[421]厥咎，戒在三七[422]。鄴指丁、傅，略窺占術[423]。述谷永杜鄴傳第五十五。

56 哀、平之卹，丁、傅、莽、賢[424]。武、嘉戚之，乃喪厥身[425]。高樂[426]廢黜，咸列貞臣[427]。述何武王嘉師丹傳第五十六。

57 淵哉若人！實好斯文[428]。初擬相如，獻賦黃門[429]，輟而覃思，草法篹玄，斟酌六經，放易象論[430]，潛于篇籍[431]，以章[432]厥身。述揚雄傳第五十七。

58 獷獷亡秦，滅我聖文[433]，漢存其業，六學析分[434]。是綜是理[435]，是綱是紀[436]，師徒彌散[437]，著[438]其終始。述儒林傳第五十八。

59 誰毀誰譽，譽其有試[439]。泯泯群黎，化成良吏[440]。淑人君子，時同功異[441]。沒世遺愛，民有餘思[442]。述循吏傳第五十九。

60 上替下陵[443]，姦軌不勝[444]，猛政橫作，刑罰用興。曾是強圉，掊克為雄[445]。報虐以威，殃亦凶終[446]。述酷吏傳第六十。

61 四民食力[447]，罔有兼業[448]。大不淫侈[449]，細不匱乏[450]。蓋均無貧[451]，遵王之法。靡法靡度[452]，民肆[453]其詐。偪上并下[454]，荒殖其貨[455]。侯服玉食[456]，敗俗傷化。述貨殖傳第六十一。

62 開國承家[457]，有法有制，家不臧甲[458]，國不專殺[459]。矧乃齊民[460]，作威作惠[461]，如台不匡[462]，禮法是謂！述游俠傳第六十二。

63 彼何人斯，竊此富貴！營損高明，作戒後世[463]。述佞幸傳第六十三。

64 於惟帝典，戎夷猾夏[464]；周宣攘之，亦列風雅[465]。宗幽既昏，淫於褒女，戎敗我驪，遂亡酆鄗[466]。大漢初定，匈奴強盛，圍我平城，寇侵邊境[467]。至于孝武，爰赫斯怒，王師雷起，霆擊朔野468。宣承其末，迺施洪德，震我威靈，五世來服469。王莽竊命，是傾是覆470。備其變理，為世典式471。述匈奴傳第六十四。

65 西南外夷，種別域殊472。南越尉佗，自王番禺473。攸攸外寓474，閩越、東甌475。爰洎朝鮮，燕之外區476。漢興柔遠，與爾剖符477。皆恃其岨，乍臣乍驕478，孝武行師，誅滅海隅479。述西南夷兩越朝鮮傳第六十五。

66 西戎即序480，夏后是表481。周穆觀兵，荒服不旅482。漢武勞神，圖遠甚勤483。王師驒驒，致誅大宛484。婼婼公主，迺女烏孫485，使命迺通，條支之瀕486。昭、宣承業，都護是立，總督城郭，三十有六487，修奉朝貢，各以其職488。述西域傳第六十六。

67 詭矣禍福，刑于外戚489。高后首命，呂宗顛覆490。薄姬碌魏，宗文產德491。竇后違意，考盤于代492。王氏仄微，世武作嗣493。子夫既興，扇而不終494。鉤弋憂傷，孝昭以登495。上官幼尊，類禡厥宗496。史娣、王悼，身遇不祥，及宣饗國，二族後光497。恭哀產元，夭而不遂498。邛成乘序，履尊三世499。飛燕之妖，禍成厥妹500。丁、傅僭恣，自求凶害501。中山無辜，乃喪馮、衛502。惠張、景薄，武陳、宣霍，成許、哀傅，平王之作，事雖歆羨，非天所度503。怨咎504若茲，如何不恪505！述外戚傳第六十七。

68 元后娠母，月精見表[506]。遭成之逸，政自諸舅[507]。陽平作威，誅加卿宰[508]。成都煌煌，假我明光[509]。曲陽歊歊，亦朱其堂[510]。新都亢極，作亂以亡[511]。述元后傳第六十八。

69 咨[512]爾賊臣，篡漢滔天[513]，行驕夏癸，虐烈商辛[514]。偽稽黃、虞[515]，繆稱典文[516]，眾怨神怒，惡復誅臻[517]。百王之極[518]，究其姦昏[519]。述王莽傳第六十九。

70 凡漢書，敘帝皇[520]，列官司[521]，建侯王[522]。準天地[523]，統陰陽[524]，闡元極，步三光[525]。分州域，物土疆[526]，窮人理[527]，該萬方[528]。緯六經，綴道綱[529]，總百氏[530]，贊篇章[531]。函雅故，通古今，正文字，惟學林[532]。述敘傳第七十。

【章　旨】以上為卷下的第五部分，述《漢書》七十篇傳的各篇要義。

【注　釋】❶上嫚下暴　長上傲慢，下民兇暴。語出《易・繫辭上》曰：「小人而乘君子之器，盜思奪之矣；上嫚下暴，盜思伐之矣。」引此以謂秦二世時期的政治局面。嫚，輕侮；倨傲。❷惟盜是伐　言反叛者攻占殺戮。盜，反叛者。伐，攻占殺戮。❸勝廣熛起　言陳勝、吳廣起義。勝，陳勝。廣，吳廣。熛起，突然興起。熛，疾速。❹梁籍扇烈　言項梁、項羽起義。梁，項梁。籍，項羽。扇烈，熾盛猛烈。扇，通「煽」。火勢熾盛。烈，猛。❺赫赫　顯耀盛大的樣子。❻咸陽　秦朝都城，在今陝西咸陽東北。❼宰割諸夏二句　指項羽以諸侯上將軍的身分分封十八個諸侯王。宰割，分割。諸夏，原指周朝分封的各國，後泛指中國。命立，冊命；冊立。侯王，諸侯王。❽誅嬰放懷　誅嬰，指項羽誅殺秦王嬴子嬰。放懷，指項羽分封諸侯王時，把原由項梁擁立的楚懷王（熊心）虛尊為義帝，把他安排到極為僻遠的長沙郡郴縣（今湖南郴州），並指使英布迫殺他。❾張陳之交二句　張耳、陳餘皆為大梁人，原為極好的朋友，關係如父子。游，通「遊」。交遊。❿逯秦　逃避秦朝的追捕。逯，通「遯」。逃避。⓫拊翼俱起　謂秦末張耳、陳餘參與反秦起義，如鳥鼓翼並飛。拊，擊拍。⓬還為豺虎　言張耳、陳餘二人反目成仇。還，反。豺虎，比喻互相吞噬。⓭耳謀甘公二句　謂張耳聽取甘德的建議，歸附漢劉邦。甘公，即甘德，戰國末年齊國人，天文學家，曾勸說張耳歸附劉邦，張耳後被封為趙王。藩輔，保衛；輔佐。⓮三枿之起二句　謂魏、齊、韓皆已滅亡，秦末魏王豹、齊田儋、韓王信的起兵反秦，若斫伐後的樹木生長出新芽，指魏王豹、齊田儋、韓王信，皆為戰國末年已被滅亡的魏、齊、韓的後代。枿，樹木經斫伐後重新生長的枝條。本根，謂魏、齊、韓三國沒落貴族之後。⓯枯楊生華二句　謂枯楊生華，不能長久。應劭注曰：「《易》云『枯楊生華』，暫貴之意也。曷惟其舊，言不能久也。」華，新枝葉。曷，何；怎麼。舊，通「久」。⓰橫雖雄材二句　田橫，田儋從弟，楚漢戰爭中曾自立為齊王，被漢軍打敗後，率徒眾五百多人逃往海島。材，通「才」。海隝，即海島。隝，通「島」。⓱沐浴尸鄉二句　田橫逃亡海島之後，漢高帝迫令他來洛陽歸降，他走到尸鄉（鄉名，在漢洛陽東，在今河南偃師西），自殺，讓兩位隨從將首級送給漢高帝。沐浴，古代大臣在參加重大朝會之前，常需齋戒沐浴。此處田橫為了讓漢朝陪同的使者停留下來而託詞沐浴。北面，古代君主南面而坐，臣子朝見君主則面北，因此說向君主稱臣為「北面」。面，面向。⓲旅人慕殉二句　田橫自殺的消息傳到海島，其賓客五百人慕義自殺相殉，超過〈黃鳥〉之詩諷刺的秦穆公要人從死甚遠。旅人，指跟隨田橫逃亡在海島上的五百賓客。慕殉，因忠於田橫而殺身報效。義過黃鳥，春秋時秦穆公死，命令子車氏的三位賢人殉葬，秦人作黃鳥詩（《詩經・秦風》篇名）來哀悼他們，並譏刺秦穆公。劉德注曰：「〈黃鳥〉之詩刺秦穆公要人從死，言今橫不要而有從者，故曰過之。」⓳信惟餓隸　韓信少年時曾乞食於人。⓴布實黥徒　英布在秦朝時曾受過黥刑，被罰到驪山服勞役。徒，此指刑徒，即服勞役的罪犯。㉑越亦狗盜　彭越曾在巨野澤做過強盜。狗盜，原指身披狗皮作狗形去進行偷竊的人，後泛指偷盜者。㉒芮尹江湖　吳芮在秦朝時做過番陽縣（今江西鄱陽東北）令。尹，主宰。江，古代長江的專名。湖，指彭蠡澤（大致即今鄱陽湖）。番陽縣位於長江與彭蠡澤之間。㉓襄　上舉；飛騰。㉔割有齊楚　韓信先封為齊王，後改封為楚王。齊國，漢初封國名，在今山東境內，建都臨菑（今淄博東北）。楚國，漢初封國名，在今江蘇、安徽一帶，建都下邳（今江蘇邳州西南）。㉕跨制淮梁　指英布封為淮南王，彭越封為梁王。淮南，漢初封國名，在今安徽、湖北、江西一帶，建都六縣（今安徽六安東北）。梁，漢初封國名，在河南、山東一帶，建都定陶（今山東定陶）。㉖綰自同閈　盧綰與劉邦同為沛縣豐邑中陽里人。同閈，敦煌殘卷本作「閭閈」。閈，里巷之門。此指里巷。㉗鎮我北疆　盧綰封為燕王，鎮守漢朝北部邊境。燕國領地在今河北北部，建都薊縣（今北京市）。㉘胙　通

「祚」。福氣。㉙吳克忠信二句　漢初分封的八個異姓諸侯王相繼敗亡，只有長沙王吳芮一直傳到玄孫吳差死後，因無子國除。胤嗣，後嗣；後代。㉚賈廑從旅二句　謂劉賈從軍有功，被封為荊王。劉賈，漢高帝堂兄，封荊王，領地在今江蘇、安徽、浙江一帶，建都吳（今江蘇蘇州）。廑，通「勤」。勤勞。從旅，從軍；參軍。淮楚，荊國地在淮河東南，當時稱為東楚（指戰國時楚國東部地區）。㉛澤王琅邪二句　謂劉澤採用田生的計策，促使呂后先封呂台、呂產、呂祿等為王，然後再封劉澤為琅邪王。劉澤，漢高帝遠房兄弟。琅邪，原為郡名，在今山東半島東南部，治東武（今諸城）。㉜濞之受吳二句　劉濞，漢高帝之姪，封為吳王，領地包括三郡五十三縣，地域很大。建都廣陵（今江蘇揚州西北）。踰矩，超過制度。㉝雖戒東南二句　謂漢高帝在賜封劉濞為吳王時，曾告誡他：「漢後五十年東南有亂，豈若耶？……慎無反！」後來劉濞終於反叛，被漢景帝以武力平定。齊斧，利斧。借指討伐性質的戰爭。㉞太上　太上皇。劉邦之父劉太公。㉟伯兮早夭　漢高帝長兄劉伯早年死亡。伯，劉伯。夭，短命；早死。㊱仲氏王代　漢高帝次兄劉仲封為代王。代，漢初封國名，在今河北、山西、內蒙古一帶，建都代縣（今河北蔚縣東北）。㊲斿宅于楚　漢高帝同父少弟劉交，字斿，封為楚王。宅，居住。引申為立國。楚，漢初封國名。在今山東、江蘇、河南一帶，建都彭城（今江蘇徐州）。㊳戊實淫軼二句　謂楚王劉戊在為薄太后服喪期間有淫亂行為，被削東海郡、薛郡，遂與吳王共反，失敗被誅，景帝更立平陸侯劉禮，續元王之後。戊，劉戊，劉交之孫，繼位為楚王。淫軼，淫亂、敗壞。劉戊在為漢文帝母薄太后服喪期間，於居喪之所姦淫，事後被揭發，削奪封地。軼，通「缺」。平陸，劉交的庶子劉禮，被封為平陸侯。劉戊敗亡後，漢景帝讓他繼承王位。㊴其在于京四句　劉交的庶子劉富為躲避七國叛亂，移居京城，劉富的庶子劉辟彊、孫劉德、玄孫劉慶忌都擔任過宗正，劉德在漢宣帝時被封為陽城侯。奕世，累世；一代接一代。宗正，官名。九卿之一。掌皇族事務。劬勞，勞苦。用，因。侯，封侯。陽成，一作「陽城」，侯國名，在今河南商水縣西南。㊵子政博學二句　意謂劉向（子政）博學，故其子劉歆（子駿），孫劉伯玉（劉歆兄子）、曾孫劉龔（孟公）三代都成名。㊶季氏之詘二句　季布為逃避漢朝的追捕，曾化裝為奴隸供買賣。詘，通「屈」。屈辱。㊷信于上將二句　漢惠帝時，匈奴單于寫信來輕侮呂太后，上將軍樊噲提出親自率領十萬大軍討伐。季布當場據理嚴斥，說：「噲可斬也。」當時議臣皆震恐。信，通「申」。指敢於直言，無所顧忌。上將，樊噲，呂太后的妹夫。震栗，震驚恐懼。㊸欒公哭梁　欒布跟梁王彭越有舊交，後又任梁國大夫。彭越被殺後，欒布公然違反漢高帝的命令，到彭越首級下哭祭。梁，指梁王彭越。㊹田叔殉趙　田叔原任趙王張敖的郎中，趙相貫高等以謀殺漢高帝之事洩漏被捕，張敖也牽連被捕。田叔等十餘人公然違反漢高帝的命令，主動要求替張敖分擔罪責，殺身報效。趙，指趙王張敖。㊺授命　獻出生命。㊻誼　通「義」。正義。㊼布歷燕齊四句　欒布曾任燕國丞相，吳楚七國反叛時，曾率軍平定齊地。田叔為人忠直，燕、齊一帶為之立社，稱為欒公社。田叔曾任魯國丞相，死於任上，魯國人送百金弔唁，其家人沒有接受。(48)二帝六王　二帝，漢惠帝、漢文帝。六王，齊悼惠王劉肥、趙隱王劉如意、趙幽王劉友、趙恭王劉恢、燕靈王劉建、淮南厲王劉長。(49)三趙不辜　謂趙隱王劉如意被呂后所毒殺，趙恭王劉恢被呂后迫害自殺，趙幽王劉友被呂后禁閉餓死。(50)淮厲自亡　淮南厲王劉長驕縱，屢次犯法，後因謀反被廢黜，在流放途中絕食而死。(51)燕靈絕嗣　燕靈王劉建死後，有庶子被呂后殺死，斷絕了後代。(52)齊悼特昌　齊悼惠王劉肥初封時，領地有六郡七十三縣，他的兒子前後有九人封王。(53)掩　通「奄」。覆蓋；包括。(54)徂　往；到。(55)九子　指齊悼惠王的九個兒子，分別是：齊哀王劉襄、城陽景王劉章、濟北王劉興居、齊孝王劉將閭、濟北王劉志、濟南王劉辟光、菑川王劉賢、膠西王劉卬、膠東王劉雄渠。(56)六國誅斃　言齊悼惠王被封王的九個兒子中有六個誅滅，他們是：劉興居在漢文帝時謀反，被俘自殺；劉將閭牽涉七國之亂，畏罪自殺；劉辟光、劉賢、劉卬、劉雄渠都參與了七國之亂，失敗後被殺或自殺。(57)適齊亡祀　齊悼惠王劉肥太子劉襄死後，傳位劉則。漢武帝元朔年間，劉則死，無子，國除。漢文帝時，另立劉將閭為齊王，那就不是「嫡齊」了。適，通「嫡」。亡祀，無人來祭祀，即斷絕了後代。亡，通「無」。(58)城陽濟北二句　元朔中，齊國斷絕，齊悼惠王的後代只有城陽王、菑川王（濟北王劉志，吳楚之亂後，改封菑川），武帝乃割取臨淄環繞悼惠王冢一帶的地域，劃歸菑川，令奉祭祀。(59)赳赳景王二句　謂城陽景王劉章英武，協助周勃、陳平誅殺諸呂有功於漢。赳赳，威武的樣子。匡，輔助；救助。(60)猗與元勳　猗與，歎美詞。元勳，指蕭何。(61)包漢舉信　包漢，意謂勸漢高帝先王漢中，徐圖發展。舉信，蕭何曾推薦韓信為大將。(62)鎮守關中二句　楚漢戰爭期間，蕭何一直留守關中，供給前方軍糧和兵員。關中，秦漢京畿地區處於函谷關以西，散關以東，武關以北，蕭關以南，居四關之中，故稱關中，大致即今陝西中部。(63)營都立宮　蕭何先後經營櫟陽和長安，修建長樂宮、未央宮。(64)定制修文　指主持制定《九章律》。(65)平陽玄默二句　言曹參為相，守靜無為，一遵蕭何約束，不作變改。平陽，即曹參封平陽侯，封國在今山西臨汾西南。革，更改。(66)民用作歌　曹參死後，百姓歌頌他，曰：「蕭何為法，講若畫一；曹參代之，守而勿失。載其清靖，民以寧壹。」(67)化我淳德　化，教化；感化。淳德，質樸敦厚的美德。(68)宗臣　大家所景仰歸向的大臣。(69)相國　漢代任相國者只有蕭何、曹參二人。(70)留侯襲秦　張良曾偕力士襲擊秦始皇於博浪沙，誤中副車。留侯，張良的封號，封國在今江蘇沛縣東南。(71)腹心　即心腹，比喻親信的人。(72)圖折武關　張良跟隨劉邦入武關，建議採用收買和突襲的策略，在武關和嶢關之間大破秦軍。這是咸陽周邊的一次決定性戰役。武關，關名，舊址在今陝西丹鳳東南丹江邊。(73)解阸鴻門　張良利用項伯在鴻門宴上解救了漢高帝。鴻門，地名。在今陝西臨潼東北。(74)推齊銷印　推齊，韓信欲王齊，劉邦不同意，張良勸劉邦順水推舟，封韓信為齊王，以穩定韓信以及齊地局勢。銷印，酈食其曾建議劉邦冊封戰國時六國後代，劉邦已經命令刻印，張良聞知，力陳不可，提出八條理由。劉邦聽了，輟食吐哺，下令立即銷毀刻好的印。75毆致越信　垓下之戰前夕，彭越、韓信持觀望態度，張良建議擴大和確定他們的封地，二人立即會師垓下，圍困並打敗了項羽。毆，通「驅」。越，彭越。信，韓信。76招賓四老二句　漢高帝曾想改立寵姬戚夫人所生的兒子劉如意為太子，以取代太子劉盈（呂后所生，後為惠帝），但遭到許多大臣的反對。張良為呂后設計，由劉盈以卑辭厚禮請商山四皓作他的貴賓，以表示對他的支援，高帝顧忌劉盈羽翼已成，難以動搖，便打消了改立太子的念頭。四老，即商山四皓：東園公、綺里季、夏黃公、甪里先生，秦時隱居商山（今陝西商州東南），漢高帝曾敦聘他們，都被拒絕。嗣君，太子劉盈。77陳公擾攘　陳平先後從魏咎、項羽手下逃跑，經過情形狼狽。擾攘，匆忙急促。78斃范亡項　陳平設計離間項羽及其重要謀臣范增，范增憤然離開，半途病死。項羽失去范增，加速了滅亡。斃，死。此處作使動用法。范，范增。項，項羽。79走狄擒韓　走狄，漢高帝出征匈奴，在平城被匈奴圍困，陳平獻祕計，使單于閼氏解圍。走，逃跑。此處作使動用法。狄，古代北方部族名，後來用作北方各部族的泛稱，此指匈奴。擒韓，陳平為漢高祖設計偽遊雲夢以擒拿韓信。80六奇既設　陳平曾六次出奇計：一、離間楚國君臣，二、滎陽突圍，三、促成封韓信，四、偽遊雲夢，五、平城解圍，六、可能是在平定臧荼、陳豨、英布的戰爭中，曾出計謀，史傳無載。81罔　無；沒有。82安國廷爭二句　呂后想要封諸呂為王，丞相王陵公開反對，呂后把他調任太傅，他辭官家居，拒不參加朝會。安國，王陵封安國侯，封國在今河北安國東南。廷爭，在朝廷上和皇帝力爭。致仕，交還官職；辭官。杜門，閉門不出。83絳侯矯矯二句　呂后死後，絳侯周勃與陳平謀劃誅除諸呂而迎立文帝。絳侯，周勃封號，封國在今山西曲沃東。矯矯，勇武的樣子。84亞夫守節　周亞夫信守名分，保持節操。如在細柳營嚴格執行軍規，攔阻漢文帝隨意進入軍營，他還反對景帝廢黜太子劉榮、賜封王信為侯等。85吳楚有勳　周亞夫以太尉的身分統帥大軍，平定了吳楚七國之亂，立下卓著功勳。86舞陽鼓刀　樊噲出身於屠狗業。舞陽，樊噲封舞陽侯，封國在今河南舞陽西北。鼓刀，舞弄屠刀，指宰殺牲畜。87滕公廄騶　夏侯嬰曾在沛縣馬房擔任馭手。跟隨劉邦起義後，經常奉陪高帝，為之駕車。漢二年（西元前二〇五年），夏侯嬰保護劉邦的子女孝惠帝、魯元公主有功。滕公，戰國時楚國稱縣令為公，夏侯嬰曾任滕縣令，故稱「滕公」。廄，馬廄。騶，古代管理馬匹和駕車的官員。88潁陰商販　灌嬰出身綢緞商。潁陰，灌嬰封潁陰侯，封國在今河南許昌。89曲周庸夫　酈商是很普通的人。曲周，酈商封曲周侯，封國在今河北曲周東北。90攀龍附鳳　比喻臣下追隨帝王以建立功業。龍，比喻帝王。鳳，比喻皇后。91並乘天衢　乘，升登。天衢，天路。比喻朝廷。92傅靳周　傅，傅寬。靳，靳歙。周，周緤。

[93]北平志古四句　北平侯張蒼記得很多古事，在秦朝擔任過柱下史，制定了漢朝的樂律、曆法和度量衡制度。北平，張蒼封北平侯，封國在今河北滿城北。志，記，謂多記古事。司，主管；掌管。柱下，指在殿柱下辦事的御史。章程，指樂律、曆法、度量衡制度。律度，樂律和度（量衡）制。緒，發端；導源。

[94]建平質直二句　周昌樸實剛直，敢於一再頂撞漢高帝和呂后。建平，周昌先封為建成侯，後改封建平侯，封國在今河南夏邑西南。干色，冒犯君主或尊長的威嚴。

[95]廣阿之廑　任敖封廣阿侯，封國在今河北隆堯東。廑，通「勤」。勤勞。

[96]食厥舊德　語出《易・訟卦・六三》爻辭曰：「食舊德。」食，猶「饗」。厥，其。舊德，任敖年輕時任沛縣獄吏，有恩於呂后。

[97]故安執節四句　謂故安侯申屠嘉召責鄧通，請誅鼂錯，不為自己，實有蹇蹇之節。故安，申屠嘉封故安侯，封國在今河北易縣東南。執節，守節；堅持原則。責通請錯，申屠嘉任丞相時，曾經要誅殺漢文帝的幸臣鄧通，後又曾藉故奏請漢景帝誅殺鼂錯。蹇蹇帝臣二句，語出《易・蹇卦・六二》爻辭曰：「王臣蹇蹇，匪躬之故。」意思是：大臣不避艱險，解救君主的危難，不考慮個人的利害。蹇蹇，艱難的樣子。匪，通「非」。不是。躬，自身；自己。

[98]食其監門　酈食其曾任里的監門，即看守里門之人。

[99]長揖　古代平等的見面禮，拱手作揖，從上而下。

[100]畫襲陳留　畫，籌劃；謀劃。襲，掩襲；襲擊。陳留，縣名。在今河南開封東南。

[101]敖倉　秦漢時在敖山上所設的重要糧倉，舊址在今河南滎陽東北，鄭州西北的邙山上。

[102]塞隘杜津　酈食其曾建議以滎陽為戰略據點，阻塞成皋險要，斷絕太行通道，拒守飛狐口，扼守白馬津的戰略部署。隘，關口。杜，堵塞。

[103]賈作行人二句　陸賈曾兩次出使南越，說服南越王趙佗向漢朝稱臣。賈，陸賈。行人，官名。掌出使交際等事務。屬大鴻臚。百越，又作「百粵」。古代南方越人部族眾多，統稱百越，南越為其中一支。來賓，古代指藩屬國來朝貢。賓，服從。

[104]從容風議二句　指陸賈有「馬上得之，安能馬上治之」之議，著《新語》，論述秦亡漢興的道理，每奏一篇，高祖稱善。風，通「諷」。勸告。博我以文，語出《論語・子罕》，顏回喟然歎曰：「夫子博我以文。」謂以文章開博我。博，開導。我，這裡是擬用漢高帝的口氣。

[105]敬繇役夫二句　婁（劉）敬被徵調戍守隴西，途經洛陽，向漢高帝建議定都關中，被採納。敬，婁敬，後賜姓劉。繇，通「由」。役夫，戍卒。

[106]內強關中　婁敬建議把關東原六國貴族的後代和豪傑名家十多萬人遷移到關中，以加強關中的力量。

[107]外和匈奴　婁敬建議對匈奴單于採用和親政策。

[108]叔孫奉常　叔孫，叔孫通。奉常，官名，九卿之一。掌宗廟禮儀，兼掌選試博士。漢景帝時改稱太常。

[109]抑揚　或高或低，或進或退，或伸或屈。

[110]稅介免冑　脫掉甲衣，除下頭盔。指戰爭結束，軍事活動停止。稅，通「脫」。介，鎧甲。

[111]禮義是創　叔孫通制定了漢朝的禮儀制度。義，通「儀」。儀節；儀式。

[112]或悊或謀　語出《詩經・小雅・小旻》：「或哲或謀」，言有智者，有謀者。悊，通「哲」。智慧。

[113]觀國之光　語出《易・觀・六四》爻辭：「觀國

之光」。謂顯示國家的盛德光輝。114淮南僭狂　淮南，淮南厲王劉長。僭狂，指劉長由僭擬皇帝到公然謀反。115二子受殃　淮南厲王劉長的兩個兒子淮南王劉安、衡山王劉賜，皆因謀反事洩，自殺。劉長自殺後，封國被廢除。後來，漢文帝又封其三個兒子：劉安為淮南王；劉勃為衡山王，後改封濟北王；劉賜為廬江王，後改封衡山王。其中，劉安、劉賜皆以謀反自殺。116安辯　安，劉安。辯，指能言善辯。117賜頑以荒　賜，劉賜。以，通「而」。連詞。118窘世薦亡　指劉長父子接連犯罪，自取滅亡。窘，仍；頻繁。薦，屢次；接連。119蒯通壹說四句　蒯通勸說韓信進攻田廣，平定齊地，又勸韓信背漢獨立，結果酈食其被田廣烹殺，韓信索封齊王，田橫失國逃亡。蒯通，本名蒯徹，史家因避漢武帝劉徹名諱改。壹，通「一」。三雄，指酈食其、韓信、田橫。覆，翻倒；滅亡。使動用法。驕，驕傲；放縱。使動用法。顛沛，傾覆；仆倒。120被之拘繫二句　伍被初不從淮南王劉安謀反，後因劉安拘囚其父母，並一再逼迫，才參與亂謀，招致殺身之禍。121充躬罔極二句　語出《詩・小雅・青蠅》曰：「讒言罔極，交亂四國。」江充、息夫躬都是讒佞的小人，江充利用漢武帝的年老昏聵，息夫躬利用漢哀帝的猜忌愚妄，詐惡多端，為害很大。充躬，分別指江充、息夫躬。罔極，(施逞陰謀詭計)沒有窮盡。交亂，挑撥離間，造成混亂。弘大，擴大。122萬石溫溫二句　言石奮年少時為人恭謹，感悟高祖，得到賞識提拔。萬石，漢景帝時，石奮及其四子皆擔任二千石級別的官吏，因而被稱為「萬石君」。溫溫，恭謹的樣子。《詩經・小雅・小宛》有「溫溫恭人」句。寤，感悟。123宜爾子孫二句　語出《詩・周南・螽斯》曰：「宜爾子孫振振兮。」以及《論語・述而》稱孔子：「燕居，伸伸如也，夭夭如也。」此言萬石子孫既多，又皆和睦，故引以為辭。夭夭，和悅的樣子。伸伸，安詳舒適的樣子。124慶社于齊　石奮少子石慶曾任齊國相，齊國人為其立社。社，此處用作動詞。立社。125衛直周張　衛，衛綰。直，直不疑。周，周仁。張，張驅。126淑慎其身　《詩經・邶風・燕燕》有「終溫且惠，淑慎其身」之詩句。引此詩句以讚美衛、直、周、張四人。淑慎，善良謹慎。127代孝二梁　代孝，代孝王劉參，漢文帝之子。二梁，梁孝王劉武，梁懷王劉揖，皆漢文帝之子，早死。128懷折　梁懷王夭折。折，夭折；短命而死。129孝乃尊光　梁孝王受到竇太后和漢景帝的寵愛，享受許多特殊優待。130母弟　漢景帝與梁孝王同為竇太后所生，梁孝王為漢景帝之弟。131外扞吳楚　吳楚七國之亂時，梁國首當其衝，打敗吳楚聯軍，梁國出了大力。扞，抵禦。132怙寵矜功　怙，憑恃；依靠。矜，自負；自誇。133僭欲失所　僭欲，超越本分的欲望。失所，失當；違反常理。134思心既霿　思心，心思；思想。霿，晦暗，引申為愚昧、蒙昧。135牛骶告妖　梁孝王死前不久，到梁山打獵，有人獻怪牛，腳從背部長出。迷信者作了很多有關妖異的解說。136帝庸親親四句　謂漢景帝根據親親的道理，分梁國為五國，立梁孝王五子為王，其中支子四人，皆斷絕而不傳。庸，用；援用。親親，愛護自己的親屬。厥國五分，指漢景帝分梁國為五國，立孝王男五人為王：太子買為梁王，次子明為濟川王，彭離為濟東王，定為山陽王，不識為濟陰王。四支不傳，指所分封的五王中只有梁恭王買有後代，其他四人都沒有後代。支，支庶。137矯矯　才能出眾。138弱冠　指男子二十歲左右的年齡。弱，年少。冠，古代男子二十歲舉行冠禮。139澧文叡聖　文，漢文帝。叡聖，明智而神聖。140屢抗其疏　賈誼多次針對漢文帝的詔令或朝廷的公議上疏極諫。141建設藩屏四句　賈誼曾勸漢文帝加強梁國，以控制齊國、趙國；加強淮陽國，以控制吳國、楚國。後來，吳楚七國叛亂時，梁國抵禦吳楚聯軍，使之不得向西推進，發揮了重要作用。守圉，守衛防禦。圉，通「禦」。142子絲　爰盎，字絲。「子」是古代對男子的美稱，此加「子」者，以成偶句。143激辭納說　用激切的言詞進諫。144擥轡正席　擥轡，抓住轡繩。漢文帝曾乘車下陡坡，欲縱馬奔馳，爰盎抓住轡繩勸阻，以保證安全。擥，通「攬」。正席，漢文帝曾到上林苑遊覽，竇皇后及愛妾慎夫人陪同，侍從人員把他們三人的席位擺在同列，這不合當時禮制。爰盎把慎夫人的席位挪後一些，慎夫人及文帝皆怒，爰盎以禮制及長遠利害勸說，二人皆心服。145顯陳　明白地陳述。146瑣材　才智微小。瑣，細小；微賤。材，通「才」。147智小謀大　語出《易・繫辭下》曰：「德薄而位尊，智小而謀大，力少而任重，鮮不及矣。」此言鼂錯遭受禍患的原因。148⿰鬲旡如發機　比喻禍害來臨疾速。發機，撥動弩機。比喻事態發展迅速。149先寇受害　言鼂錯在吳楚失敗之前被殺。150釋之典刑　釋之，張釋之。典刑，掌管刑獄（司法）。151憲　法令。152馮公矯魏　漢文帝時，魏尚任雲中太守，因戰功多報了六個首級，被撤銷官職爵位並判刑，馮唐向文帝直言正諫，文帝立即讓魏尚復職。矯，匡正；糾正。正言其事。魏，魏尚。153長孺　汲黯之字。154形於色　形，顯露；表現。色，顏色；臉色。155下折淮南　淮南王劉安謀反時，曾表示畏懼汲黯的直言揭發。折，壓抑；使之有所顧忌。156上正元服　言武帝害怕汲黯的正直，不戴冠不敢見汲黯。上，指武帝。元服，冠。元，首，故謂冠為元服。157莊之推賢　莊，鄭當時之字。推賢，推薦賢能。158榮如辱如二句　《易・繫辭》曰：「言行者，君子之樞機也。樞機之發，榮辱之主也。」引此謂賈山等四人皆有言論。陳直曰：「『榮』謂枚乘、賈山也，『辱』謂梁王欲殺鄒陽也。」機、樞，指事物變化之所由。159自下摩上二句　此言賈山等直詞刺上，可謂直道。一說，隅謂得道德之一隅。《詩經・大雅・抑》有「抑抑威儀，惟德之隅」句。摩，磨礪；切磋。隅，廉隅。本義為棱角，引申為端方正直。160賴依　依賴；憑藉。161采諸　采，選擇從而加以肯定。諸，之。162魏其翩翩　魏其，竇嬰封魏其侯，封國在今山東臨沂南。翩翩，沾沾自喜的樣子。163好節慕聲　節，志節；操守。聲，聲譽。164矜　自負；自恃。165武安驕盈　武安，田蚡封武安侯，封國在今河北武安。驕盈，驕傲自滿。166凶德相挻二句　言三人的兇惡性行相互碰撞，導致禍患敗亡。挻，揉合。用，因而。167安國壯趾　言韓安國正要任丞相，墮車傷足而蹇。後為將，多所傷失而憂死。壯，通「戕」。傷。動詞。趾，腳。

168王恢兵首　言王恢為發動戰爭的謀首。169彼若天命二句　言韓安國傷腳像是天命，王恢首先謀發戰爭則是人禍。彼，指韓安國。此，指王恢。170景十三王二句　謂文帝由藩邸而登大位，故景帝諸子皆得封王，所謂承文之慶。文，漢文帝。慶，德澤；福澤。171魯恭館室　魯恭王劉餘喜好修築宮室。魯國在今山東泗水至滕州一帶，建都魯縣（今山東曲阜）。172江都訬輕　江都，江都易王劉非，封國在今江蘇、浙江、安徽一帶，建都廣陵（今江蘇揚州西南）。訬輕，狡獪輕薄。173趙敬險詖　趙敬，趙敬肅王劉彭祖，封國在今河北南部，建都邯鄲（今河北邯鄲）。險詖，陰險邪僻。174中山淫醟　中山，中山靖王劉勝，封國在今河北中南部，建都盧奴（今河北定州）。淫，好色。醟，酗酒。175長沙寂漠　長沙，長沙定王劉發，封國在今湖南中北部，建都臨湘（今湖南長沙）。寂漠，通「寂寞」。冷落、孤獨。劉發因生母唐姬出身卑微而不受寵，長沙國當時也是地勢低窪貧瘠之地，故受冷遇。176廣川　廣川惠王劉越，封國在今河北東部，建都信都（今河北冀州）。177膠東不亮　膠東，膠東康王劉寄，封國在今山東半島中部，建都即墨（今山東平度東南）。不亮，謂不信於漢朝。指劉寄與淮南王劉安謀反事有牽涉。亮，信任。178常山　常山憲王劉舜，封國在今河北西北部，建都元氏（今河北元氏西北）。179四國絕祀　指臨江哀王劉閼、臨江閔王劉榮、膠西于王劉端、清河哀王劉乘皆無子，國除。180河間賢明二句　河間獻王劉德尊崇儒學，修習禮樂，搜集了許多先秦古書，成為漢代古文經學的重要來源之一。181宗英　宗族中的英俊人物。182恂恂　謙恭謹慎的樣子。183控弦貫石　李廣曾外出狩獵，見草中巨石，以為是虎，一箭射去，箭鏃射進石中，審視方知是石塊，以後再射，就射不進去了。控弦，開弓。184威動北鄰　李廣任右北平太守時，匈奴號曰「漢飛將軍」，避之，數歲不入界。北鄰，指匈奴。185遂死于軍　李廣隨大將軍衛青出擊匈奴，因迷失道路而沒有按時趕到指定地點。回軍後，衛青追究責任，李廣憤而自殺。186敢怨衛青二句　李廣少子李敢擔任郎中令，他認為父親自殺與衛青有關，怨恨衛青，伺機擊傷衛青。後來在一次大獵中，衛青外甥霍去病又乘機射死李敢。見，被。討，誅殺。187陵不引決二句　李陵出擊匈奴，戰敗，未自殺，歸降匈奴，結果全家被誅殺，其家鄉人認為他使李氏家族蒙受恥辱。引決，自殺。忝世，辱沒世人；有愧於世人。滅姓，指全家被誅殺。188蘇武信節二句　蘇武出使匈奴，被扣留十九年，始終堅貞不屈，不辱使命。信節，伸張氣節。信，通「伸」。詘，通「屈」。屈辱。189長平桓桓　長平，衛青封長平侯，封國在今河南西華東北。桓桓，威武的樣子。190元　首。191薄伐獫允　討伐匈奴。薄，句首助詞。獫允，也作「獫狁」。我國古代北方部族名。相傳為匈奴祖先。192恢我朔邊　恢，開拓；拓展。朔邊，北方邊境。193戎車七征　戎車，兵車；戰車。代指軍隊。七征，衛青前後七次出擊匈奴。194衝輣閑閑　衝輣，古代一種衝擊的戰車。閑閑，從容自得的樣子。195合圍單于二句　西元前一一九年，漢軍大舉出擊匈奴，衛青進軍至漠北，包圍了伊穉斜單于，伊穉斜單于率衛隊突圍逃走，衛青迫至闐顏山才回軍。闐顏，山名。在今蒙古國境。(196)票騎冠軍　票騎，通作「驃騎」。霍去病任驃騎將軍，封冠軍侯，封國在今河南鄧州西北。(197)猋勇紛紜　如猋之勇，紛紜然盛。猋，犬奔跑的樣子。引申為迅捷的樣子。紛紜，旺盛的樣子。(198)長驅六舉　長驅，指軍隊英勇無畏地向遠方挺進。六舉，霍去病前後共六次出擊匈奴。(199)翰海　又稱「北海」。一說即今俄羅斯境內的貝加爾湖，一說為今內蒙古的呼倫湖或貝爾湖。(200)封狼居山　封，在山上築土堆作為紀念。狼居山，即狼居胥山。約在今蒙古國烏蘭巴托東。(201)規大河　規，籌劃；規劃。此指征服占領。大河，指黃河。(202)列郡祁連　置郡至祁連山。列郡，設置新郡。祁連，山名，即今甘肅西部的祁連山。漢武帝征服這裡之後，在此先後設置了酒泉、張掖、武威、敦煌等郡。(203)抑抑　謙虛謹慎的樣子。(204)再相諸侯　再相，董仲舒曾任江都國、膠西國的相。諸侯，漢代分封的國王，類似春秋、戰國時期的諸侯，故有諸侯王之稱。(205)致仕縣車　謂辭官家居。縣車，停車不用，指辭官居家。縣，通「懸」。(206)下帷覃思　下帷，董仲舒任博士時，放下帷帳專心講學。覃思，深入思考。(207)屬書　著書。屬，撰著。(208)讜言訪對　讜言，正直的言論。訪對，意謂董仲舒家居時，朝廷來使訪問，應對皆有明法。(209)純儒　指專尊孔、孟學說的儒者。純，純粹；純正。(210)子虛烏有　司馬相如作〈子虛賦〉中有三個假想的人物：子虛、烏有先生、無是公。(211)寓言淫麗　寓言，有所寄託或比喻的言詞。寓，寄託。淫麗，浮誇豔麗。(212)託風　用含蓄委婉的語言進行勸誡。風，通「諷」。(213)多識博物　多識，知識豐富。博物，見聞廣博。(214)觀采　參考借鑑。(215)蔚為辭宗　蔚，文采華美。辭宗，文章大師。(216)賦頌　賦，鋪敘事物的文體。頌，歌頌功德的文體。(217)平津斤斤　平津，公孫弘封平津侯，封國在今河北鹽山東南。斤斤，拘謹的樣子。(218)晚躋金門　公孫弘七十一歲時以賢良文學應徵，對策第一，待詔金馬門（當時宮門名，為宦者署所在地，負責接待才能優異的應徵者）。躋，登；升。(219)祿賜頤賢　祿賜，俸祿和賞賜。頤賢，謂招引賢人而養之。頤，養；供養。(220)布衾疏食　布衾，麻布被子。疏食，蔬菜飯食。疏，通「蔬」。(221)飭身　修養自身；謹慎自身。飭，整飭；修正。(222)忠寤明君　寤，通「悟」。覺悟。此處作使動用法。明君，指漢武帝。(223)洒爵洒試　洒，於是。爵，賜封爵位。卜式先後受爵左庶長、關內侯。試，卜式一再表示不願做官，漢武帝想要試試他的才能，兩次試任他做縣令，政績都很好。(224)兒生亹亹　兒，通「倪」。姓氏。生，「先生」的簡稱。亹亹，通「娓娓」。勤勉。(225)束髮　古代男孩成童時（十五歲）束髮為髻，因用作成童的代稱。(226)偕　俱；同。(227)輔治　輔佐治理。(228)遂達　貴顯。(229)用事　當權。(230)媚茲一人　語出《詩・大雅・下武》曰：「媚茲一人，應侯順德。」此敘言張湯見愛於武帝。媚，愛。一人，指天子。(231)日旰忘食　張湯每次向武帝彙報工作，天晚了，武帝還忘記了進餐。日旰，天晚。(232)寵祿　榮寵和爵祿。(233)羅咎慝　羅，遭遇。咎慝，災禍；災害。(234)安世　張安世，張湯的兒子。(235)塞淵其德　謂其德行既實且深。語出《詩・邶風・燕燕》曰：

「仲氏任只，其心塞淵。」塞，實。淵，深。[236]遵業　遵循先輩的思想作風。[237]全祚　保全福澤。[238]治文　辦理文案（司法案件）。[239]唯上淺深　意謂阿從天子的意旨。上，皇上。淺深，上下其手，或寬或嚴。[240]世資　處世治事的才能。[241]免身　免除自身的禍患；脫身。[242]延年　杜延年，杜周的兒子。[243]欽用材謀　欽，杜欽，杜延年的兒子。材謀，才智和謀略。[244]有異厥倫　言異於其本類。杜欽兄弟七人，其他都做過大官，只有他沒有做過大官，而以才略著稱。倫，類；同類。[245]博望杖節　博望，張騫封博望侯，封國在今河南南陽東北。杖節，執持使節。節，使者用作憑證的信物，用竹、木製成。[246]收功大夏　張騫兩次出使西域，最遠到達大夏（今阿富汗北部）、安息（今伊朗、伊拉克一帶），交通西域取得成功。[247]貳師秉鉞　貳師，貳師將軍李廣利。漢武帝以此為將軍名號，是想要他到貳師城獲得良馬。貳師本為大宛國城名，舊址在今中亞吉爾吉斯西南部。秉鉞，手執鉞斧。意為擔任主帥。鉞，古代兵器，類似斧，常用以象徵軍事指揮權。[248]身釁胡社　李廣利兵敗投降匈奴後，匈奴單于殺李廣利以血祭神。釁，用血祭神。胡社，匈奴祭神壇址。[249]致死為福　言張騫出使西域，出生入死，最終封侯。致死，拼死；效力至死。[250]每生作戲　言李廣利求生反而被殺死。每，貪戀。[251]嗚呼史遷二句　謂司馬遷因牽連而受刑。嗚呼，歎詞。史遷，司馬遷曾任太史令，故稱「史遷」。他因替李陵辯護，以致遭受宮刑。薰胥，相率；牽連。以，相當於「而」。刑，受刑。[252]幽　囚禁。[253]錯綜群言　錯綜，整理；綜合。群言，指各種古籍，特別是史籍。[254]經　貫通。[255]勒成一家　勒，彙集。一家，一家之言。指有宗旨有系統的言論。[256]大略孔明　大略，大概；大要。指《史記》中本紀、表、書、世家、列傳的組織體系。孔，甚；很。[257]昭齊亡嗣　昭帝及齊王沒有子嗣。昭，昭帝劉弗陵。齊，指齊懷王劉閎。[258]燕剌謀逆　燕剌王劉旦曾經圖謀奪取漢昭帝的皇位。[259]廣陵祝詛　廣陵厲王劉胥曾先後祝詛過漢昭帝、漢宣帝等人。廣陵國在今江蘇寶應至長江邊一帶，建都廣陵（今揚州西北）。祝詛，通作「詛祝」，祈求鬼神加禍於他人。[260]昌邑短命　昌邑哀王劉髆早死。昌邑國在今山東巨野至單縣一帶，建都昌邑（今金鄉西北）。[261]昏賀失據　劉髆死後，其子劉賀繼位；漢昭帝死，無子嗣，霍光等徵立劉賀為帝，不到一個月，劉賀又被廢黜，改封海昏侯。失據，失去依靠，指劉賀失去帝位、王位。[262]戾園不幸　戾太子劉據因受江充誣陷，起兵對抗，失敗逃亡自殺，其母、妻、子、媳皆自殺或被殺，只有剛出生數月的孫子劉詢幸免於死。戾園，戾太子劉據的陵園，借指戾太子。[263]宣承天序　劉賀被廢黜後，霍光等人又擁立身處民間的劉詢為帝，此即漢宣帝。宣，指漢宣帝。天序，帝王世系。[264]六世耽耽二句　語出《易・頤卦・六四》爻辭曰：「虎視耽耽，其欲浟浟。」此言漢武帝威嚴，追求功利。六世，指漢武帝，他是漢朝的第六位皇帝。耽耽，通「眈眈」。威嚴注視的樣子。浟浟，猶「汲汲」，競相追求名利的樣子。[265]文武方作二句　言漢武帝同時任用文武之臣，因此能夠成功地征伐四方。方，並。庸，用。四克，四方征伐都能戰勝。克，戰勝。[266]助偃淮南　助，嚴助。偃，主父偃。淮南，淮南王劉安。劉安不屬於本傳的傳主，但因為他與嚴助關係密切，且三人的形跡和下場有共同點，故此處連帶敘述到。[267]不忠其身二句　言此三人都有智略，善於謀劃國事，卻不善於保全自己，招致殺身之禍。[268]贍辭　文辭豐富。[269]詼諧倡優　詼諧，說話富有風趣。倡優，古代以歌舞戲謔為業的藝人。[270]譏苑扞偃　譏苑，勸阻漢武帝修建上林苑。扞偃，漢武帝曾在未央宮宣室宴請姑母兼岳母劉嫖，並擬請劉嫖的情夫董偃隨同參加，時東方朔在場擔任警衛，堅決勸阻，漢武帝只好把宴請地點移至北宮（非正式場所）。扞，抵制；拒絕。[271]舉郵　揭發過失。郵，通「尤」。過錯。[272]懷肉汙殿　懷肉，漢武帝曾於三伏日以肉賜予侍從官員，東方朔等不得主管分肉的太官到來，徑自割了一小塊肉回家。後來，武帝追問他，要他自我批評，他說了一番自我表彰的詼諧話後，武帝再次賞賜他一百斤肉。汙殿，東方朔曾於醉後入殿中，於殿上小便，受到撤職處分。[273]弛張沉浮　或鬆弛，或緊張，或下沉，或上浮。比喻與時俯仰、隨俗沉浮的處世態度。[274]葛繹內寵　葛繹，即葛繹侯公孫賀，封國在今江蘇邳州西南。內寵，公孫賀妻乃武帝衛皇后姊，故曰內寵。[275]屈氂王子　劉屈氂是中山靖王劉勝之子。[276]千秋時發　謂田千秋適時而訟衛太子冤，立即受任大鴻臚，隨後超遷丞相，封侯。[277]宜春舊仕　宜春，即宜春侯王訢，封國在今河南確山縣東。舊仕，王訢從郡縣吏員積累年資逐漸升遷到丞相。[278]敞義依霍　敞，楊敞。義，蔡義。依霍，依附霍光。[279]庶幾云已　意謂這類人無益於治，只是得到僥倖的機會罷了。[280]弘惟政事　鄭弘通曉法律政事，所定規章制度有榜樣作用。[281]萬年容己　謂陳萬年阿世取寵。[282]咸睡厥誨二句　陳萬年教戒其子陳咸，陳咸睡覺頭觸屏風，萬年大怒，咸叩頭謝曰：「具曉所言，大要教咸諂耳。」這二句的意思是，陳萬年先失父道，不能譴責陳咸不是合格的兒子。[283]王孫贏葬　楊王孫主張死後裸體下葬。[284]建迺斬將　胡建守軍正丞（掌軍法之官），將違法的監軍御史先斬後奏。[285]雲廷訐禹　朱雲曾在朝廷上揭發張禹。訐，揭發他人陰私。禹，張禹。本書卷八十一有其傳。[286]福逾刺鳳　梅福曾從遙遠的家鄉上書指責王鳳。逾，遙遠。鳳，王鳳，元后之兄。[287]是謂狂狷　此言楊王孫至梅福四人皆屬於狂狷之人。《論語・子路》孔子曰：「不得中行而與之，必也狂狷乎！狂者進取，狷者有所不為也。」狂，激進。狷，拘謹保守。[288]敞近其衷　謂云敞的操行近於中行。衷，中。謂中行、中庸之道。[289]博陸堂堂　博陸，博陸侯霍光。博陸，封號。霍光封地在東武陽，在今山東莘縣南。一說博陸為鄉名，在今北京密雲西南。堂堂，形容儀表壯偉。[290]受遺武皇　接受漢武帝的遺詔，輔佐漢昭帝。武皇，即武帝。[291]擁毓　擁戴、保育。[292]末命導揚　武帝臨終之命，霍光能導達顯揚。末命，臨終遺命。導揚，宣示、顯揚。[293]遭家不造　家，指皇家。不造，不成就；不順利。[294]立帝廢王　擁立漢宣帝，廢黜昌邑王。[295]權定　運用威權使之安定。[296]配忠阿衡　配忠，忠心比得上。阿衡，商初大臣伊尹的名字或官名。[297]懷祿耽

寵　懷祿，懷戀祿位。耽寵，自恃受到寵信。指霍光在宣帝時居功自傲。(298)漸化不詳　漸化，逐漸變化；逐漸演變。不詳，不吉利。詳，通「祥」。(299)陰妻之逆　霍光之妻設謀毒死宣帝許皇后，霍光事後知情，在處理此案時予以掩蓋。陰，通「蔭」。謂覆蔽、庇護、隱瞞。(300)至子而亡　霍光死後不久，其子霍禹等欲謀反，全家誅滅。(301)秺侯狄孥　秺侯，金日磾封秺侯，封國在今山東成武西北。狄孥，金日磾乃匈奴休屠王之子，故曰狄孥。狄，古代北方部族名，此指匈奴。孥，兒女。(302)載德　承受德澤。(303)貤　通「迤」。延展；延伸。(304)兵家之策二句　語出《孫子兵法・謀攻》曰：「百戰百勝，非善之善也；不戰而屈人之兵，善之善者也。故上兵伐謀，其次伐交，其次伐兵，其下攻城。」(305)營平皤皤　趙充國七十六歲時任主帥征撫西羌，主持屯田，勝利完成任務。至八十六歲去世前，一直參與朝廷軍事謀議。營平，營平侯趙充國，封國在今山東濟南東。皤皤，形容白髮。(306)立功立論　立功，指完成平定西羌的任務。立論，指提出正確的意見和建議。(307)以不濟可　語出《春秋左氏傳》晏子對齊景公曰：「君所謂可，而有不焉；臣獻其不，以成其可。」意思是：君主認為正確的政策措施，而其中包含有缺陷失誤，臣子就應當給君主指出來，以促使形成正確的政策措施。此處言宣帝令趙充國立即進擊西羌，趙充國不從，堅持上奏屯田之策。(308)上諭其信　皇上理解他的忠信。諭，知道；理解。(309)武賢父子二句　辛武賢曾任破羌將軍，其子辛慶忌曾任左將軍。虎臣，比喻勇武的大臣。俊，才智出眾的人。(310)義陽樓蘭　傅介子在奉命出使樓蘭時，誅殺多次遮殺漢朝使者的樓蘭王安歸，被封為義陽侯。義陽，封國在今河南唐河東南。樓蘭，西域國名，在今新疆羅布泊西南。(311)長羅昆彌　常惠曾監護烏孫軍隊攻打匈奴，有功，封長羅侯。長羅，封國在今河南長垣東北。昆彌，西域烏孫國君主的稱號。(312)安遠日逐　鄭吉曾發動西域諸國軍隊，迎護歸降漢朝的匈奴日逐王先賢撣，以功封安遠侯。安遠，封國在今安徽潁上西北。(313)義成郅支　甘延壽在任西域都護時，與陳湯共同發兵誅殺郅支單于，封義成侯。義成，封國在今安徽懷遠東北。郅支，匈奴分裂時期一個單于的名字。詳見卷六十四〈匈奴傳〉。(314)誕節　放蕩不拘小節。(315)救在三悊　謂劉向、谷永、耿育皆曾上書為陳湯申冤辯誣，指陳功績。悊，通「哲」。指哲人（才能見識卓越的人）。(316)會宗勤事二句　段會宗擔任西域都護，威望崇高，功績卓著。桀，通「傑」。(317)不疑膚敏　不疑，雋不疑。膚敏，品德優美，言行敏捷。膚，美。敏，敏捷。(318)應變當理　雋不疑任京兆尹時，有卜者成方遂（相貌類衛太子）冒稱衛太子來到未央宮前，當時轟動長安，數萬人圍觀，公卿大臣都來辨認，不敢肯定真假。雋不疑來到，果斷命令將成方遂逮捕。有人建議他先弄清真假，他說：按照《春秋》大義，衛太子得罪於武帝，即便是真的，也應當逮捕治罪。後來查明是假冒，處死了成方遂。(319)辭霍不婚　霍光欲以女嫁給雋不疑，雋不疑堅持推辭。(320)逡遁　隨後。遁，通「巡」。(321)疏克有終二句　疏廣、疏受叔姪同時擔任太子太傅、少傅五年，主動堅決辭職回鄉，把資財全部用來宴請賓客，歡度晚年。[322]定國之祚二句　謂于定國的福氣源自其父親的仁慈。仁，仁慈；仁愛。考，已故的父親。于定國之父于公曾任郡縣司法官吏多年，判案一貫公平正直。[323]廣德當宣二句　謂薛廣德、平當、彭宣三人都能主動放棄官職或爵位。廣德，薛廣德。當，平當。宣，彭宣。[324]遯秦　躲避秦朝的禍亂。遯，通「遁」。[325]逸民　避世隱居的人。[326]不營不拔　謂爵祿不能迷惑其心志，威武不能動搖其身。營，迷惑；迷亂。宋祁曰：「『營』當作『榮』。」《易》曰：「不可榮以祿」，又曰「確乎不可拔也。」拔，移動；動搖。[327]嚴平鄭真　嚴平，嚴君平，名遵，西漢蜀郡人。終身不仕。鄭真，鄭子真，西漢人，隱居於雲陽谷口（今陝西淳化南），終身不仕。[328]吉困于賀二句　王吉處於昌邑王劉賀周圍的惡濁環境中，卻能夠保持潔白的天性。涅而不緇，言天性潔白，雖處汙泥而顏色不變。《論語》孔子曰：「不曰白乎？涅而不緇。」涅，黑色染料。這裡用作動詞。緇，黑色。[329]禹既黃髮　貢禹出任御史大夫時已經八十多歲。禹，貢禹。黃髮，指年老。[330]舍惟正身　龔舍想修養自身。[331]勝死善道　龔勝堅持到死以保全道義。[332]郭欽蔣詡二句　郭欽、蔣詡在王莽居攝時主動辭官回鄉里。近遯之好，意謂雖遇亂世，好以和順遁去，而不遭害。語出《易・遯卦・九四》象辭：「君子好遁。」[333]扶陽濟濟　扶陽，扶陽侯韋賢，其封國在今安徽淮北東北。濟濟，莊嚴恭敬的樣子。[334]玄成　韋玄成，韋賢之少子。[335]仍世作相　韋賢父子兩代都做了丞相。此種情況於漢代只有兩例，另一例為平當、平晏父子。仍世，累代。[336]宗廟　帝王、諸侯祭祀祖宗的場所。此指舉行祭祀的禮儀制度。[337]叔孫是謨　叔孫，叔孫通。謨，謀劃；規劃。[338]諸儒變度　貢禹、韋玄成、鄭弘、匡衡等多次提出宗廟迭毀的建議，主張廢除五代以上的宗廟（始祖廟除外）和建立在各郡國的宗廟。[339]誕章　大的憲章；重大的制度。誕，大。[340]博載其路　博載，廣泛記載。路，指過程。[341]高平師師四句　言魏相建議漢宣帝貶黜霍氏家族的權力，加強皇帝對國家大權的控制。高平，高平侯魏相。師師，相師法。惟辟作威，言只有君主才能夠掌握國家威權。語出《尚書・洪範》。辟，君主。威，威權。圖，圖謀。黜，貶黜；減損。凶害，指霍氏家族掌握朝廷大權，對國家構成危害。天子是毗，意謂大臣之職在於輔佐天子。語出《詩・小雅・節南山》曰：「尹氏太師，惟周之氐，秉國之鈞，四方是維，天子是毗。」毗，輔助。此敘言魏相欲崇君道而黜私權，故引《書》、《詩》以為言。[342]博陽不伐　博陽，即博陽侯丙吉，其封國在今河南商水縣東南。伐，自我誇耀。[343]含弘光大　胸懷廣闊得以發揚光大。[344]天誘其衷　上天開導他的心意。指丙吉冒險犯難，終於得以保全漢宣帝。[345]苗裔　子孫後代。[346]占往知來　預測後果，審知前因。語出《易・繫辭上》曰：「神以知來，智以藏往。」[347]幽贊神明　言暗中受神明之助，故占筮靈驗。《易・說卦》曰：「昔者聖人之作《易》也，幽贊於神明而生蓍。」贊，幫助。[348]苟非其人二句　謂占卜的卦爻之變化與卦爻辭義理，可以指導人事，但在於人的善於體會運用，否則，占卜不會靈驗。《易・繫辭下》有此語。

349學微術昧　道理微妙，方法隱祕。350仿佛　指非本質的皮毛現象。351疑殆匪闕　語出《論語·為政》孔子曰：「多聞闕疑，慎言其餘，則寡尤；多見闕殆，慎行其餘，則寡悔。」謂有疑則闕之。此言眭弘等人不闕疑殆，妄加解說，故招致殺身之禍。352迕　背逆；違反。353淺為尤悔　淺，指小而輕。尤悔，過錯；災殃。354深作敦害　深，指大而重。敦害，奸惡、禍害。敦，通「憝」。355廣漢尹京　廣漢，趙廣漢。尹京，官為京兆尹。京，京兆尹，三輔之一，地在今陝西西安以東一帶，治長安（今西安西北郊）。356延壽作翊　延壽，韓延壽。作翊，官為左馮翊。翊，指左馮翊，三輔之一，地在今陝西西安東北一帶，治長安（今西安西北郊）。357上　指丞相魏相和御史大夫蕭望之。358陷極刑　陷，陷入。極刑，最重的刑罰。通常指死刑。359翁歸承風二句　尹翁歸受任右扶風，去世後，宣帝下詔書予以褒揚，賜金百斤。承，承擔；受任。風，指右扶風，三輔之一，地在今陝西西安西北一帶，治長安（今西安西北郊）。帝，指漢宣帝。360敞亦平平　敞，張敞。平平，形容治理有序。361文雅自贊　以經學輔助治術。贊，輔助。362尊實赳赳　尊，王尊。赳赳，雄壯勇武的樣子。363彥　優秀人才。364章死非辜　王章因為直言被王鳳陷害致死。365寬饒　蓋寬饒。366司直　官名。漢武帝元狩五年（西元前一一八年）置。秩比二千石，掌佐丞相，舉不法。這裡以「司直」指代監察官員。蓋寬饒曾任司隸校尉。367豐繄　豐，諸葛豐。繄，猶「惟」。368輔　劉輔。369不典不式　典，常道；常法。式，模範；範式；榜樣。370崇執言責　鄭崇為尚書僕射，哀帝及傅太后欲封從弟商，鄭崇勸阻不聽從。言責，指臣子對君主有進諫的責任。371隆持官守　毋將隆勸諫武庫兵不宜給董賢家，此為堅持職責。官守，官吏的職責。372寶曲定陵　孫寶受定陵侯淳于長的囑託，不敢懲辦惡霸杜穉季。曲，屈從；屈服於。定陵，淳于長封定陵侯，封國在今河南臨潁西南。373並有立志　謂何並不畏懼鍾廷尉（鍾元）的權勢，誅殺侍中王林卿的替身家奴和鍾威。374長倩懊懊　長倩，蕭望之的字。懊懊，行步安舒的樣子。375覿霍不舉　蕭望之進見霍光，不接受霍光解衣搜身的要求，故不被推舉，不得大官。376遇宣迺拔　遇見漢宣帝時才得到提拔。377傅元作輔　漢元帝為太子時，蕭望之擔任太傅；元帝即位後，他擔任前將軍光祿勳輔政。378不圖不慮二句　謂蕭望之謀慮不詳，終於被石顯及許章所挫敗。語出《詩·小雅·雨無正》曰：「旻天疾威，不慮不圖。」圖，謀劃。慮，思考。見，被。蹎，跌倒；挫折。石許，指石顯及許章等人，皆為奸佞之徒。379子明光光　子明，馮奉世之字。光光，光明顯耀。380發迹西疆　馮奉世首次出使西域時，斬殺莎車王，並取得大宛良馬。發迹，指由隱微而發達得志。381禦侮　抵禦外侮。382厥子亦良　馮奉世的五個兒子皆有建樹，女為元帝昭儀，亦有賢名。383宣　宣帝。384淮陽　淮陽憲王劉欽，封國在今河南扶溝至鹿邑一帶，建都陳縣（今河南淮陽）。385舅氏蘧蒢二句　言淮陽憲王舅張博為諂佞之辭，幾乎陷王於大罪。舅氏，指張博。蘧蒢，諂佞之人。幾，幾乎。大理，古代掌管刑罰之官。此指刑罰。386楚孝　楚孝王劉囂。[387]東平失軌　東平，東平思王劉宇，封國在今山東濟寧一帶，建都東平（今山東東平東）。軌，法則；法制。[388]中山凶短　中山，中山哀王劉竟。凶短，幼年死亡。[389]母歸戎里　劉竟之母戎婕妤回娘家居住。[390]元之二王　元，元帝。二王，指定陶恭王劉康和中山孝王劉興。[391]孫後大宗　漢元帝的兩個庶孫（劉康之子劉欣、興之子劉衎）先後繼承漢成帝的皇位，為哀帝、平帝。後，為後。作動詞用。大宗，指嫡長子（即成帝）。[392]昭而不穆二句　漢哀帝劉欣和漢平帝劉衎為兄弟，二人皆做了漢成帝的繼承人，但進入祖廟為並列關係，而非繼承關係。昭、穆是古代宗廟神主的輩次排列：始祖在中間，二、四、六、八代排於始祖之左，稱為「昭」；三、五、七、九代排於始祖之右，稱為穆。昭而不穆，即於成帝之左有兩塊神主，而右側則暫時無神主，所謂有父無子。大命，皇帝之位。更，連續。[393]樂安褭褭　謂匡衡經學絕倫，所解經義深美。樂安，樂安侯匡衡。褭褭，美盛的樣子。[394]文學　指文章學術之士。[395]民具爾瞻　人民都在看著你。語出《詩經·小雅·節南山》曰：「赫赫師尹，民具爾瞻。」言師尹之任，位尊職重，下所瞻望，怎可為不善呢？這是深刻責備。此敘言匡衡失德，不能在丞相之位善終，故引以為辭。具，通「俱」。瞻，望。[396]困于二司　司隸校尉王尊劾奏匡衡為傾覆之臣，王駿劾奏匡衡專地盜土。二司，指司隸校尉王尊、司隸校尉王駿。[397]安昌貨殖　安昌，安昌侯張禹，封國在今河南確山縣西。貨殖，發財致富。張禹買田多達四百頃。[398]朱雲作娸　朱雲在朝廷上攻擊張禹，聲稱要斬殺他。娸，詆毀；醜化。[399]博山敦慎　博山，博山侯孔光，封國在今河南內鄉西南。敦慎，敦厚謹慎。[400]受莽之疚　孔光曲意屈從王莽，從而毀損了自己的德行。疚，因做了虧心事而內心不安。[401]樂昌篤實四句　謂王商深為王鳳等排擠陷害。樂昌，即王商，宣帝舅父，繼承父爵為樂昌侯，封國在今河南南樂西北。官至丞相。篤實，誠實；忠實。撓，曲折；屈服。遘閔，遭遇禍患。指王商受到王鳳的排擠陷害和張匡的誣陷詆毀。遘，遇。閔，病。[402]武陽殷勤　武陽，武陽侯史丹，封國在今山東郯城境。殷勤，情意懇切深厚。[403]副君　指皇太子（漢成帝）。[404]饗茲舊勳　饗，通「享」。享受。舊勳，指輔導太子的功勞。[405]高武守正二句　高武侯傅喜不阿附堂姊傅太后（漢哀帝祖母），受到貶黜，後來傅氏家族垮臺，他未受牽連，得以免禍。高武，高武侯傅喜，封國在今河南南陽西南。守正，保持正道。濟身，保全自己。[406]高陽文法　高陽，高陽侯薛宣，封國在今山東莒縣東南。文法，法令條文。[407]揚鄉武略　揚鄉，揚鄉侯朱博。封國在今安徽太和東南。揚，或作「陽」、「楊」。武略，勇武有才略。[408]任　擔當；承擔。引申指擔當任務的能力。[409]鮮終　鮮，少。終，竟；盡。[410]翰音　向高空飛揚的聲音。比喻朱博才德不足，不配居丞相之位。[411]鼓妖先作　朱博任丞相封侯舉行典禮時，殿上有聲大如鐘鳴。迷信者認為此為鼓妖作怪。[412]高陵修儒　高陵，高陵侯翟方進，封國在今山東半島南部。修儒，修習儒學。[413]任刑　依靠刑罰。[414]器周世資　器，才能；本領。周，廣泛適應。世資，處世治事的才能。

415義　翟義，翟方進少子。416貔　傳說中的一種猛獸。417跬步　古人稱人行走，提腳一次為跬，提腳兩次為步。418宗為鯨鯢　宗，指家族。鯨鯢，比喻兇惡之人，引申比喻被殺戮者。鯢，雌鯨。419統微　皇統衰微，指漢成帝無子。420災眚　災異。指自然界的怪異現象和災害，如日月食、地震山崩、水旱災害等。421永陳　永，谷永。陳，陳述。422三七　當時有所謂漢厄三七（二百一十年）之間的說法，意思是漢朝建國二百一十年將會遭逢厄運。谷永於漢成帝元延年間答問時，已將近二百年，故有「涉三七之節紀」之語。423鄴指丁傅二句　漢哀帝元壽元年正月朔日，授任丁明（哀帝舅父）為大司馬驃騎將軍，傅晏（哀帝岳父）為大司馬衛將軍，恰遇上日食，杜鄴被推舉為方正直言答問，利用解說日食之機，指斥丁、傅兩家。丁傅，指外戚丁氏、傅氏。占術，占星術，以觀察星辰運行來預測人事禍福的迷信方術。424哀平之卹二句　言漢哀帝、平帝時國家的憂患在於丁氏、傅氏、王莽、董賢等人。卹，憂患。丁，指以丁明為首的丁家。傅，指以傅晏為首的傅家。莽，王莽。賢，董賢。425武嘉戚之二句　言何武、王嘉皆因反對外戚專權和寵幸佞臣而死。武，何武，因拒絕推舉王莽任大司馬而被免職。嘉，王嘉，因反對封賞董賢而被下獄，絕食而死。戚，憂慮。厥，其；他（們）。426高樂　高樂侯師丹，其封國在今河南新野。427咸列貞臣　言何武、王嘉、師丹皆屬於正直的大臣。咸，皆；都。貞臣，正直有操守之臣。428淵哉若人二句　此言揚雄知識淵博，愛好文章學術。淵，深遠；淵博。若，此；如此。斯文，指文章學術。斯，此。429初擬相如二句　此言揚雄起初仿效司馬相如，致力於辭賦的創作。擬，摹擬；模仿。相如，指司馬相如。黃門，指宮禁門。漢代設黃門署，主管為內廷服務。揚雄曾任黃門侍郎，獻〈羽獵賦〉即在此時。430輟而覃思四句　謂揚雄停止辭賦的創作，他吸收《六經》的內容，摹擬《周易》、《論語》，開始撰寫《法言》及《太玄經》。輟，停止。篹，通「撰」。法，《法言》，是模仿《論語》的著作。玄，《太玄》，是模仿《周易》的著作。斟酌，參考；吸收。放，通「仿」。模仿。象，摹擬。論，指《論語》。431潛于篇籍　謂揚雄專心從事著述之事。潛，潛心；專心從事。篇籍，指著作。432章　通「彰」。彰明。433獷獷亡秦二句　此言秦始皇焚書坑儒。獷獷，兇惡暴虐、粗暴無情。亡秦，已經滅亡的秦朝。此為漢朝人貶斥秦朝的用詞。聖文，指儒家的經傳典籍。434六學析分　指儒家《六經》都各自分成多個學術流派，如《詩經》分為魯國申培、齊國轅固生、燕國韓嬰三家。析分，分開；劃分。435是綜是理　綜，匯合；匯總。理，整理；分清體系；使之條理化。436是綱是紀　綱，總綱。此處作動詞，意謂抓住總綱。紀，頭緒。此處作動詞，意謂理清頭緒。437彌散　流派的析分更加多。散，指分派、派別析分。438著　記錄；著錄。439誰毀誰譽二句　顏師古注曰：「《論語》稱孔子曰：『吾之於人，誰毀誰譽，如有所譽，其有所試。』此敘言人之從政，可試而知，故引以為辭也。」誰毀誰譽，即「毀誰譽誰」，「誰」為賓語前置。譽，稱揚；讚美。有試，有所試，即有所實踐的成績。440泯泯

群黎二句　言民眾無知，需要良吏的教化才能形成好的風俗。泯泯，混亂的樣子。群黎，民眾。化，教化；風俗習慣。441淑人君子二句　謂這些良吏所處時代相同，但功績各不相同。淑人，善良的人。時同功異，時代相同，功績各異。442沒世遺愛二句　謂良吏死後，在後世尚留有仁愛，百姓懷念他們。沒世，死後。遺愛，遺留仁愛於世間。餘思，對人死後的懷念感激。443上替下陵　替，衰落。陵，嚴峻。444姦軌不勝　姦軌，指犯法作惡之人。勝，盡。445曾是強圉二句　言任用此類人，將為虐於百姓。語出《詩經・大雅・蕩》曰：「曾是強圉，曾是掊克。」強圉，強橫暴虐。掊克，聚斂剝削。446報虐以威二句　言皇帝對暴虐者以威刑報復。語出《尚書・呂刑》曰：「皇帝哀矜庶戮之不辜，報虐以威。」447四民食力　四民，士、農、工、商。食力，自食其力。448罔有兼業　言專一其業。兼業，同時從事多種職業。449大不淫侈　豪富之人不淫亂奢侈。大，指豪富人家。450細不匱乏　小民不貧困缺乏。細，指小家，財產較少的人家。匱乏，缺乏、貧困。451蓋均無貧　《論語》稱孔子曰「蓋均無貧」，言為政平均財富，不相侵陵剝削，則無貧匱之人。故班氏引之。蓋，表示推測原因。452靡法靡度　沒有法度。靡，沒有。度，制度；標準。453肆　任意施逞。454偪上并下　偪上，僭擬追逐地位高、財富多的人。偪，通「逼」。靠近。并下，吞併弱小者。并，併吞；兼併。455荒殖其貨　蘇輿曰：言諸侯大夫競為僭侈，其流及於士庶，於是商通難得之貨，工作無用之器，故曰荒殖其貨。數語當與〈傳〉序參觀。荒，大。456侯服玉食　侯服，王侯的衣服。玉食，比喻珍貴的美食。457開國承家　開國，指諸侯開創國家。承家，指大夫承受家邑。458臧甲　收藏兵器。臧，通「藏」。甲，甲衣，此泛指兵器。459專殺　指不經請求批准，即予殺死。460矧乃齊民　矧，況且；何況。齊民，齊等之人，即平民。此指游俠。461作惠　即「作福」。為押韻而改字。462如台不匡　如台，如何；奈何。匡，匡正；糾正。463彼何人斯四句　語出《詩・小雅・巧言》曰：「彼何人斯？居河之麋。」譏刺讒佞之人。故引此以譏之。斯，句末助詞。營，通「熒」。迷惑；眩惑。464於惟帝典二句　《尚書・舜典》載舜命咎繇作士，戒之曰：「蠻夷猾夏。」於，歎辭。帝典，指《尚書・虞書・舜典》。戎夷，代指匈奴。戎，本指西方、西北各部族。夷，本指東方各部族。猾，擾亂。夏，諸夏。古代中國稱華夏，亦單稱華或夏。465周宣攘之二句　周宣王時，玁狁侵犯周，宣王先後派大將南仲、尹吉甫領兵出征，擊退玁狁。此事見於《詩・小雅・出車》，曰：「王命南仲，往城于方；出車彭彭，旂旐央央。天子命我，城彼朔方。赫赫南仲，玁狁於襄。」又《詩・小雅・六月》曰：「薄伐玁狁，至於大原。文武吉甫，萬邦為憲。」周宣，周宣王姬靜，西元前八二七—前七八二年在位，當時周朝號稱中興。攘，排除；驅逐。風雅，《詩經》的兩大部分。此處代指《詩經》。466宗幽既昏四句　周幽王寵愛褒姒，廢申后及太子宜臼，以褒姒為后，立褒姒所生之子伯服為太子，引起申侯不滿，申侯聯合犬戎，入攻西周，殺死幽王於驪山下，酆、鄗一帶多為犬戎所控制，周平王東徙都成周。宗幽，周幽王居於宗周，故稱宗幽。褒女，褒姒。戎，犬戎。古代部族名，戎族的一支，當時游牧於今陝西彬縣一帶。驪，驪山。酆，豐京，周文王時都城，舊址在今陝西西安西灃水西岸。鄗，即鎬京，西周都城，舊址在今陝西西安西灃水東岸。467大漢初定四句　謂漢初高帝出征匈奴，被圍困於平城。當時匈奴勢力強盛，屢屢侵犯漢朝邊郡。平城，縣名。在今山西大同東北。寇侵，掠奪侵犯。468至于孝武四句　謂漢武帝時出兵征伐並打敗匈奴。赫斯怒，勃然震怒。斯，相當於「然」，形容詞詞尾。霆，霹雷；迅猛的雷。朔野，北方。此指匈奴活動的地域。469宣承其末四句　宣帝時派五將軍出擊匈奴，從此匈奴削弱，之後匈奴發生內訌，五單于爭立，於是郅支單于被殺，呼韓邪單于來歸附。一直到平帝時，北邊的匈奴與漢朝和平相處，基本上沒有對漢朝構成危害。宣，宣帝。震，震懾。威靈，神奇的威力。五世，指自宣帝至平帝五代帝王統治時期。470王莽竊命二句　謂王莽篡奪漢朝政權，挑起對匈奴戰爭，措施荒謬，後果嚴重。竊命，盜取國家政權。傾覆，失敗。471備其變理二句　班固撰寫〈匈奴傳〉的目的，是為了總結中原王朝與匈奴之間戰與和的歷史過程，為後世提供借鑑。他在「傳贊」中提出對付匈奴的主張是「圖萬世之固」，「來則懲而禦之，去則備而守之」。變理，變動的事理（敵我形勢）。典式，範例；指導原則。472西南外夷二句　此言西南夷分為很多種族，各自所處地域不同。西南夷，是漢代對分布於今甘肅南部和四川、雲南、貴州一帶的各部族的總稱。種別，種族各有分別。域殊，地域各有不同。473南越尉佗二句　此言趙佗於番禺自稱南越王。南越，又作「南粵」。古越族之一，分布於今兩廣及越南部分地區。又是南越王趙佗所建的國名，秦漢之際勃興，立國近百年，於百越中最為強盛。漢武帝時滅南越，設置南海等九郡。尉佗，即趙佗，秦恆山郡東垣（漢改名真定，今河北石家莊）人。秦代任龍川（今廣東龍川西北）令，後自任南海尉，故稱尉佗。尉，即郡尉。掌管一郡之軍事。漢初改名「都尉」。秦時在南粵設立桂林、南海、象郡，三郡不設郡守，只設郡尉。王，稱王；統治。番禺，縣名。今廣州。原為南海郡治所，後為南越國都城。474攸攸外寓　攸攸，遙遠的樣子。外寓，國境以外。寓，「宇」之訛（王念孫說）。475閩越東甌　閩越，又作「閩粵」，即「東粵」、「東越」。古代部族名、國名。是古代南方越人的一支，分布於今福建和浙江南部。漢初封其首領無諸為閩越王，建都東治（今福建福州）。東甌，地名。在今浙江溫州。漢初所封南方另一支越族的首領搖為東海王，建都於此。476爰洎朝鮮二句　此言朝鮮位於燕國的境外。洎，及；到。朝鮮，國名。漢初燕國人衛滿所建立，領地大致在今朝鮮北部，建都王險城。漢武帝時被征服，在此設置郡縣。外區，指國境以外。477漢興柔遠二句　漢初，國力正待恢復，朝廷對邊遠部族多採取安撫政策，承認它們各自的實際統治權，派使者封賜其首領為王。柔遠，以德安撫恃遠不服的外族。柔，安撫。遠，謂遠離者。剖符，謂封之、立之為王。478皆恃其岨二句　此言漢初周邊各部族大都仰仗地理險阻，對漢朝時而表示臣服，時而驕縱不服，漢朝難以有效控制它們。岨，通「阻」。險阻，即地形險要，交通不便。乍，驟然；忽然。臣，稱臣；臣服。驕，驕縱；叛離。[479]孝武行師二句　謂漢武帝出兵征伐四夷。時西南夷、南越、東越、朝鮮皆被征服，設立郡縣。海隅，沿海地區。隅，邊遠的地方。[480]西戎即序　西戎，對西方、西北方各部族的泛稱。即序，就其次序。有接受教化之意。[481]夏后是表　夏后，即夏后氏，夏朝的別稱，指夏禹。表，明；照。以德化開導。[482]周穆觀兵二句　周穆王時，出兵征伐犬戎，得四白狼四白鹿而歸，自此之後，犬戎一度遠離西周，不再向西周入貢。周穆，即周穆王姬滿。觀兵，檢閱軍隊以顯示武力。荒服，周文王時，征服犬戎，犬戎按時向西周入貢，名曰荒服。旅，陳列。指入貢物品陳列於朝廷。[483]漢武勞神二句　言漢武帝時致力於征伐遠方（此處指西域）。如派張騫兩次出使西域，派霍去病出擊匈奴西部地區，派李廣利遠征大宛。勤，勞苦。[484]王師驒驒二句　謂漢遠征大宛，使人馬疲弊。驒驒，馬因疲勞而喘息的樣子。此指人馬疲弊。[485]姼姼公主二句　此言漢以美好的女子嫁與烏孫。漢武帝曾先後把江都王劉建之女細君和楚王劉戊之女解憂作為公主嫁給烏孫兩王。姼姼，美好的樣子。女，以女嫁人。烏孫，西域部族名。原居住於今甘肅境內，漢初遷移至今新疆伊犁河一帶。[486]使命迺通二句　此言漢朝打通了西域通道，使者能夠一直到達條支的海邊。使命，使者所奉之命。此指使者。條支，地名。當時屬於安息國，約在今伊拉克南部，瀕臨西海（今波斯灣）。瀕，通「濱」。水邊。[487]昭宣承業四句　此言漢昭帝、漢宣帝繼續經營西域，設立都護管轄西域三十六個城邦國家。都護，即西域都護，漢宣帝時所設，為漢朝派駐西域的最高長官。初為加官，以騎都尉、諫大夫使護西域三十六國（後增至五十餘國），有副校尉。新莽時，西域不通，都護亦廢。西漢時，都護府設在烏壘城（今新疆輪臺東野雲溝附近）。總督，統一監督。城郭，原意為內城和外城，此指西域各國都城，代指西域各國。[488]修奉朝貢二句　此言西域各國歸附漢朝，向漢朝進行朝拜、入貢。修奉，履行和進獻。朝貢，朝見和進貢。職，指規定交納的物產。[489]詭矣禍福二句　謂外戚之禍福變易無常。詭，變；多變化。（楊樹達說）刑，通「型」。示範；典型的表現。[490]高后首命二句　漢高帝皇后呂雉為開國皇后，後來臨朝稱制，大封呂氏兄弟子姪為王侯，但她死後，呂氏家族全部被誅滅。顛覆，傾敗；滅亡。[491]薄姬碳魏二句　薄姬初嫁魏王豹，許負為她相面，說她當生育天子。魏豹聞知後，以為自己當得天下，遂背棄與漢聯合擊楚（項羽）的盟約而中立，最終被漢將曹參擊敗並俘虜，殺死。薄姬被漢高帝納入後宮，生漢文帝（初封代王），然不得寵幸，故未如受寵的戚夫人那樣遭到呂后迫害。文帝繼位，為漢朝的太宗，之後西漢的皇帝乃至東漢皇帝，皆由此而一脈相傳，薄姬遂為漢朝國母。碳，即「墜」字。毀滅。此處作使動用法。魏，指魏王豹，項羽所立十八諸侯之一。文，文帝。[492]竇后違意二句　呂太后時，將部分宮女分賜諸王各五人，竇姬娘家臨近趙國，請負責此事的宦官分自己列入到趙國的名單，主事宦官忘記，誤分她到代國（文帝時封代王），違背其本意，被迫前往。後來生下景帝，她成為皇后、皇太后。考，成就。盤，歡樂。493王氏仄微二句　漢景帝王皇后出身卑賤，父（平民）死母（罪犯孫女）嫁，自己出嫁後，背棄前夫再嫁漢景帝，生下漢武帝，成為皇后、皇太后。她一家（包括異父弟和前夫女）皆得富貴。仄微，微賤。世武，漢武帝廟號世宗。494子夫既興二句　漢武帝皇后衛子夫出身低下，但生下劉據，母子被立為皇后和太子，衛家也得到富貴，其弟衛青及外甥霍去病成為一代名將。但巫蠱事件發生後，衛皇后、衛太子（劉據）、史皇孫（劉進）三代都遭毀滅，衛氏全家也被毀滅。扇，通「煽」。火炎熾盛。495鉤弋憂傷二句　漢武帝趙婕妤居鉤弋宮，稱鉤弋夫人，生昭帝（劉弗陵）。武帝晚年欲立弗陵為太子，擔心將來母壯子幼，女主亂政，迫令鉤弋夫人自殺。後來昭帝繼承皇位。496上官幼尊二句　漢昭帝上官皇后（上官桀孫女，上官安之女，霍光外孫女）六歲被立為皇后，後來上官桀父子因謀反而全家被誅，她因年少而未捲入其中，又有霍光庇護，得以保全。其母早死，與謀反事件無關，得以皇后母親的身分被尊為敬夫人，享受祭祀禮儀；她還派私奴婢為父祖守墓。類，通「禷」。指軍隊出發前祭祀天神。禡，指軍隊抵達目的地後祭祀軍神。類禡，此處借指特殊情況下舉行的祭祀。497史娣王悼四句　衛太子史良娣（謚為戾后）和史皇孫王夫人（謚為悼后）分別為漢宣帝祖母、母親，皆死於巫蠱之禍。宣帝繼位，封史良娣之姪史高、史曾及姪孫史丹為列侯，史高、史丹皆位居高官；封王夫人之母為博平君，兄弟王無故、王武為列侯。饗國，登上帝位。宣，宣帝。498恭哀產元二句　漢宣帝許皇后生漢元帝，立為皇后僅三年，即被霍光之妻串通醫生毒死，謚為恭哀皇后。元，元帝。遂，終。499邛成乘序二句　許皇后死，宣帝娶霍光女為皇后，因其企圖謀害太子（漢元帝）被廢黜。宣帝挑選後宮一向謹慎而又無子的王婕妤立為皇后，撫養太子，並封其父為邛成侯。元帝時，尊王皇后為皇太后，成帝時又被尊為太皇太后（因成帝母親亦姓王，稱王太后，故當時習慣稱她為邛成太后）。乘序，謂登至尊之處，即登上帝后之位。三世，指宣、元、成三世。500飛燕之妖二句　漢成帝時先有童謠曰：「燕飛來，啄皇孫；皇孫死，燕啄矢。」後來，趙飛燕、趙合德姊妹專寵，趙合德指使殺死了漢成帝與宮女生的兩個嬰兒，趙氏姊妹也先後被迫自殺。501丁傅僭恣二句　此言丁、傅兩家貴盛驕橫，導致敗落。漢哀帝傅太后（祖母）和傅皇后的家族有六人封侯，二人任大司馬，六人為九卿，十餘人為中朝官。哀帝死後，王莽治兩家之罪，免其官爵，丁氏發回原籍。502中山無辜二句　中山馮太后（漢平帝祖母）被傅太后陷害自殺，其家族數十人自殺或被殺；中山衛姬（漢平帝母）兄弟及支屬皆被王莽誣殺。503惠張景薄六句　謂惠帝之張皇后、景帝之薄皇后、武帝之陳皇后、宣帝之霍皇后、成帝之許皇后、哀帝之傅皇后、平帝之王皇后等，雖一時處於尊位，令人羨慕，因為不是天意安排，故終究不昌。作，起。歆羨，欣羨；羨慕。度，考慮；安排。504怨咎　怨恨、責備。505恪　謹慎；恭敬。506元后娠

母二句　漢元帝王皇后之母懷她時，夢見月落於其懷。娠，懷孕。表，形影。507遭成之逸二句　謂成帝貪於逸樂，而委政於舅父王氏兄弟手中。諸舅，指王鳳、王音、王商、王根等。508陽平作威二句　王鳳任大司馬輔政，壟斷朝政，迫害丞相王商和京兆尹王章。陽平，即王鳳，他繼承父爵為陽平侯，封國在今山東莘縣。卿宰，指王商、王章。王商，史皇孫妻姪、宣帝舅父，涿郡人。因不附和王鳳而被迫害免官，嘔血而死。王章，時任京兆尹。因反對王鳳專權而被下獄治死罪。509成都煌煌二句　謂王商（漢元帝妻弟，魏郡人）權勢炙手可熱，竟然向漢成帝借明光宮避暑。成都，即成都侯王商，封國在今山東鄄城東南。煌煌，火光猛烈的樣子。比喻王商權勢薰天。假我明光，指王商向成帝借明光宮避暑。510曲陽歊歊二句　謂王根氣勢很盛，竟然仿效皇上規格，用朱泥塗抹臺階。曲陽，曲陽侯王根，封國在今安徽淮南東南。歊歊，氣盛的樣子。朱其堂，指王根用朱泥塗抹臺階，此為帝王規制。511新都亢極二句　謂王氏家族到王莽時篡奪漢朝政權，權勢達到極點，終於因為作亂而滅亡。新都，王莽曾封新都侯。亢極，過分；極度。512咨　歎詞。513滔天　欺忤上天。滔，傲慢；欺忤。514行驕夏癸二句　言王莽之惡超過夏桀、商紂。夏癸，夏朝末代君主桀，名履癸。商辛，商朝末代君主紂，名辛。桀、紂皆為歷史上有名的暴君。515偽稽黃虞　言王莽偽造世系，自稱為黃帝、虞舜後代。稽，查考。516繆稱典文　指王莽附會《周禮》，託古改制。繆，通「謬」。虛偽。典文，指儒家經典。517惡復誅臻　惡復，罪惡滿盈，報應來到。誅臻，誅殺來臨。臻，至；到。張晏注曰：「復，周也。臻，至也。十二歲歲星一復，莽稱帝十三歲而見誅也。」518極　最。此指最壞。519究其姦昏　究，窮盡。姦昏，奸惡昏亂。520敘帝皇　指十二紀。521列官司　指《百官公卿表》。官司，官制。522建侯王　指《諸侯王表》。523準天地　指《天文志》。準，觀測。524統陰陽　指《五行志》。統，統合；綜理。525闡元極二句　謂大推元始以來，及日月星辰度數。指《律曆志》。闡，大。元極，太極上元。指日月星辰運行的起點。步，推步；觀測。三光，日、月、星。526分州域二句　指《地理志》及《溝洫志》。物，察看。土疆，指土質、物產等。527窮人理　指《古今人表》。人理，人的品格。528該萬方　謂《郊祀志》有日月星辰、天地山川、人鬼之神。該，通「晐」。包括無餘。萬方，指天地、日月、山川、鬼神等。529緯六經二句　指《藝文志》。緯，貫穿。綴，繼續；延續。道綱，道統。指儒家學說的傳授系統。530總百氏　指諸子百家學說。一說指諸傳。531贊篇章　贊，著明。篇章，典籍。532函雅故四句　謂整部《漢書》包羅宏富，確實是文學之林藪。函，包含。雅故，規範的注解。學林，學問的林藪。比喻學術的總匯。

【語　譯】長上傲慢，下民兇暴，叛逆者就會起來造反，陳勝、吳廣突然興起，項梁、項籍熾盛猛烈。威武強大，焚燒咸陽，宰割中國，分封諸侯王，誅殺嬴子嬰，放逐楚懷王，狡詐暴虐，因而滅亡。撰述〈陳勝項籍傳〉第一。

2 張耳、陳餘的交情，關係如同父子，攜手躲避秦朝，振翅共同奮起。據有趙國，爭奪權柄，反目成仇，如狼似虎，張耳諮詢並聽從甘德，得做漢朝藩臣。撰述〈張耳陳餘傳〉第二。

3 韓、魏、齊三國殘餘勢力的復起，根本已經腐朽，枯樹發出新芽，哪裡能維持長久！田橫雖有雄才，只能潛伏海島，留駐尸鄉沐浴，送上腦袋稱臣，徒眾自殺相殉，義氣超過〈黃鳥〉詩中所述的秦穆公要子車氏從死。撰述〈魏豹田儋韓信傳〉第三。

4 韓信是個飢餓的乞丐，英布是個黥面刑徒，彭越也是盜賊出身，吳芮擔任過縣令。雲起龍飛，一變而為王侯，據有齊國、楚國，跨有淮南國、梁國。盧綰起於寒素，鎮守北方邊境，才德綿薄，爵位崇高，不是福氣，而是災殃。吳芮能守忠信，後代才得以久長。撰述〈韓彭英盧吳傳〉第四。

5 劉賈從軍勤勞有功，鎮守淮、楚地區。劉澤稱王琅邪，權術激發諸呂。劉濞受封吳國，領地超過制度，雖曾告誡「莫反」，終於招致誅伐。撰述〈荊燕吳傳〉第五。

6 太上皇四個兒子：劉伯早死，劉仲稱王代國，劉交分封楚國。劉戊淫亂敗壞，劉禮才得以繼位。劉交移居京城的子孫，數代擔任宗正，勤勞王室，因此封為陽成侯。劉向父子博學，祖孫三代成名。撰述〈楚元王傳〉第六。

7 季布自己委屈，辱沒身體，毀壞名譽，後來斥責上將，使參與討論的大臣震驚。欒布哭祭梁王，田叔冒死追隨趙王，看到危難，自願獻出生命，正義行為感動了明主。欒布經歷了燕國、齊國，田叔也做過魯國丞相，百姓思念他們的政績，或贈金助喪，或建立生祠。撰述〈季布欒布田叔傳〉第七。

8 高帝八個兒子，二人稱帝，六人封王。三個趙王無罪被害，淮南厲王自取滅亡，燕靈王被斷絕了後代，齊悼惠王子孫特別昌盛。領有全部的東部地區，從泰山直到海濱，庶子分封為王，前後有九人。其中有六王誅死，嫡子齊王沒有後代。城陽、濟北兩國，一直傳遞下來了，奉行祭祀。勇武的城陽景王，維護了漢朝的政權。撰述〈高五王傳〉第八。

9 好啊元勳，勸取漢中，推薦韓信，留守關中，保證軍糧，補足兵員，營建都城，修建宮殿，建立制度，制定法律。曹參深沉靜默，繼承而不變動，人民因此作歌稱讚，用敦厚的德行教化我們。漢朝最受人景仰的大臣，就是這兩位相國。撰述〈蕭何曹參傳〉第九。

10 張良襲擊秦始皇，成為漢高帝的心腹大臣，用謀略攻克武關，在鴻門宴上解救了危難。建議封韓信為齊王，銷毀賜封六國後代的印信，誘使彭越、韓信會師垓下；招來商山四老，維護了太子的地位。陳平狼狽逃亡，歸附漢朝才得安身，逼死范增，滅亡項羽，趕走匈奴，六次奇計奏效，漢朝擺脫了艱難的局面。王陵在朝廷上力爭無效，辭官居家，閉門不出。周勃勇武，誅滅諸呂，擁立文帝。周亞夫堅守節操，平定吳楚叛亂有功。撰述〈張陳王周傳〉第十。

11 樊噲執刀殺狗，夏侯嬰駕車，灌嬰販賣絲綢，酈商是平常人，攀龍附鳳，登上朝廷。撰述〈樊酈滕灌傅靳周傳〉第十一。

12 張蒼熟悉古事，在秦朝擔任柱下史，制定漢朝的樂律、曆法和度量衡制度，開創了這些制度的端緒。周昌樸實剛直，敢於冒犯皇上的威嚴。任敖勤勞，享受了舊日施德的報酬。申屠嘉堅持原則，斥責鄧通，請誅鼂錯，是不避艱險的大臣，不考慮自身的利害。撰述〈張周趙任申屠傳〉第十二。

13 酈食其看守里門，對漢王只拱手作揖，獻計奪取陳留，進占敖倉，阻塞險要，扼守渡口，帝王的基業因而張大。陸賈做使臣，百越被招來歸附，從容勸諫，用文治開導漢高帝。婁敬出身戍卒，建議遷移京城定都關中，對內加強關中地區的力量，對外與匈奴和親。叔孫通擔任奉常，緊跟時代潮流，戰爭結束，軍事活動停止，創立禮儀制度。他們有的富有智慧，有的擅長謀略，顯示出國家的盛德光輝。撰述〈酈陸朱婁叔孫傳〉第十三。

14 淮南王劉長狂妄僭竊，兩個兒子遭殃。劉安能言善辯而心懷邪惡，劉賜愚頑而荒淫，敢於謀反作亂，兩代三人滅亡。撰述〈淮南衡山濟北傳〉第十四。

15 蒯通一番遊說，三個英雄因此敗亡，促使酈食其覆滅，韓信驕矜，田橫傾覆。伍被家屬被拘囚，才構成禍害。江充、息夫躬陰謀詭計，層出不窮，挑撥離間，造成禍亂，危害巨大。撰述〈蒯伍江息夫傳〉第十五。

16 石奮溫柔和平，年少遭遇聖明的君主，他的子孫，和悅安詳，少子石慶在齊國被建立了生祠，不多說話而能感動民眾。衛綰、直不疑、周仁、張歐，善良謹慎，明哲保身。撰述〈萬石衛直周張傳〉第十六。

17 孝文帝有三個兒子封王，代孝王劉參、梁孝王劉武、梁懷王劉揖，梁懷王夭折，沒有後代，梁孝王卻尊寵光大。梁孝王是景帝的同母弟，又抵禦住了吳楚叛軍，自恃受寵愛，自誇有功勞，有僭竊帝位的欲望，違反常理，心思愚昧，怪牛預兆災禍。景帝根據愛護親屬的原則，把梁國分為五國，封給劉武的五個兒子，德行不勝恩寵，四個庶子都沒有傳到下一代。撰述〈文三王傳〉第十七。

18 賈誼超然出眾，剛成年就登上了朝廷。遭遇聖明的文帝，多次上書直言勸諫，提出以暴虐的秦朝為鑑戒，以三代聖王為榜樣。建設能夠防衛漢朝中央的諸侯王國，以加強守衛力量，吳楚叛亂，漢朝得益於賈誼的預先謀慮。撰述〈賈誼傳〉第十八。

19 爰盎慷慨，用激切的言詞進諫，抓住韁繩保證皇上安全，擺正席位維護禮制，明白地陳述事情的成敗利害。鼂錯有小才，智慮短淺，卻謀劃大政，禍亂迅速發生，自己首先受害。撰述〈爰盎鼂錯傳〉第十九。

20 張釋之掌管刑法，國法因而公平。馮唐糾正對魏尚的錯誤處分，增進了主上的英明。汲黯剛直，堅持原則的態度表現在臉上，對下曾使淮南王劉安有所畏忌，對上使漢武帝一定要戴好帽冠才敢接見他。鄭當時推薦賢能，當代人稱讚他的德行。撰述〈張馮汲鄭傳〉第二十。

21 光榮恥辱，自有緣由，臣下勸諫君上，表現了端方正直的德性。他們憑藉忠誠正直，受到君子的肯定。撰述〈賈鄒枚路傳〉第二十一。

22 魏其侯竇嬰沾沾自喜，講究操守，愛好名譽，灌夫自恃勇敢，田蚡驕傲自滿，各種邪惡的德性相互觸發，災禍敗亡因此造成。韓安國傷腳，王恢發動戰爭，前者好像是天命，後者近於人為的災禍。撰述〈竇田灌韓傳〉第二十二。

23 景帝有十三個兒子封王，承受文帝的福澤。魯恭王劉餘喜歡修建宮室，江都王劉非狡獪輕薄；趙敬王劉彭祖陰險邪僻，中山王劉勝好色好酒；長沙王劉發遭遇冷落，廣川王劉越沒有聲譽；膠東王劉寄不信實，常山王劉舜驕傲自滿。劉榮、劉閼、劉端、劉乘四人沒有後代，河間王劉德賢明，修習禮樂，成為漢朝皇族的精英。撰述〈景十三王傳〉第二十三。

24 李廣謙恭謹慎，深受士兵愛戴，開弓將箭射進石頭，聲威震動北方匈奴，親身參戰七十多次，最終死在軍中。李敢怨恨衛青，被霍去病誅殺。李陵不自殺，辱沒了家世，全家遭誅滅。蘇武伸張氣節，沒有屈辱君王的使命。撰述〈李廣蘇建傳〉第二十四。

25 衛青威武，是上將的魁首，征伐匈奴，擴大了北方邊境，軍隊七次出征，陣容嚴整從容，包圍單于，向北登上闐顏山。霍去病勇冠全軍，敏捷勇敢，意氣旺盛，遠征深入，六次挺進，霹雷震響，閃電突擊，戰馬馳騁至翰海，在狼居胥山上堆積封土以為紀念，經略河西地區，設郡到祁連山。撰述〈衛青霍去病傳〉第二十五。

26 董仲舒謹慎謙虛，兩次任王國相，品德修養純正，王國政治清明，辭去官職，放下帷帳，深思講學，論道著書，用正直的言論回答皇上的詢問，成為一代純正的大儒。撰述〈董仲舒傳〉第二十六。

27 文辭豔麗，功用不多，子虛使者，烏有先生，寓意措辭，浮誇豔麗，寄託勸誡，貫徹始終，知識豐富，見聞廣博，值得參考借鑑，成為文學大師，是辭賦頌贊的魁首。撰述〈司馬相如傳〉第二十七。

28 公孫弘拘謹，晚年登進金馬門，已經做了丞相封了侯爵，俸祿賞賜用來供養賢士，自己蓋麻布被子，吃蔬菜飯，按儉樸原則約束自身。卜式耕種畜牧，以求實現自己的志願，忠心感悟了明君，於是賜封爵位，試任官職。兒寬勤勉，童年就修習儒學，同列於名臣之中，參與政務，輔佐治國。撰述〈公孫弘卜式兒寬傳〉第二十八。

29 張湯顯貴，任職當權，諂媚皇帝，使得皇上天晚了卻忘記吃飯，固然贏得了寵幸和俸祿，也遭遇了災禍。張安世溫良，他的德性誠實而深遠，子孫遵循他的思想作風，保全了福澤，保住了封國。撰述〈張湯傳〉第二十九。

30 杜周辦理文案，只根據皇上的旨意而或寬或嚴，定罪輕重，由此獲得處世治事的才能，幸而脫身。杜延年寬和，列於名臣。杜欽運用才智謀略，不同於他的兄弟們。撰述〈杜周傳〉第三十。

31 張騫手執使節，交通大夏立了功；李廣利手握斧鉞，叛降後被匈奴殺死祭神。拼死的獲得了福氣，貪生的招惹了災禍。撰述〈張騫李廣利傳〉第三十一。

32 哎呀司馬遷，牽連受了刑！遭囚禁而發憤，於是思想精深，搜集整理各家著述，貫通古今，彙集成有宗旨有系統的著作，組織體系非常分明。撰述〈司馬遷傳〉第三十二。

33 孝武帝有六個兒子，昭帝劉弗陵、齊王劉閎沒有後代。燕剌王劉旦圖謀叛逆，廣陵王劉胥祝詛害人。昌邑王劉髆短命，愚妄的劉賀失去了皇位和王位。戾太子劉據不幸，宣帝劉詢卻得以繼承皇位。撰述〈武五子傳〉第三十三。

34 漢武帝威嚴，追求功利，文臣武將，同時興起，因此四方征伐，都能戰勝。嚴助、主父偃、淮南王劉安，這幾位的才德，不善於保全自己，卻善於謀劃國事。撰述〈嚴朱吾丘主父徐嚴終王賈傳〉第三十四。

35 東方朔文辭豐富，說話風趣幽默像個藝人，勸阻興建上林苑，抵制董偃進宮赴宴，直言正諫，揭發過失，自動割肉帶回家，醉後小便玷汙殿上，與時俯仰，隨俗浮沉。撰述〈東方朔傳〉第三十五。

36 公孫賀有內寵，劉屈氂是王子。田千秋適時為衛太子訟冤，王訢靠積累年資。楊敞、蔡義依附霍光，僥倖遭逢機會罷了。鄭弘通曉法律政事，陳萬年阿世取寵。陳咸聽著那樣的教誨睡過去了，誰能責怪他不是好兒子？撰述〈公孫劉田楊王蔡陳鄭傳〉第三十六。

37 楊王孫主張裸屍安葬，胡建斬殺監軍御史。朱雲在朝廷上攻擊張禹，梅福從遠地上書指責王鳳，這叫作激進，云敞算是得乎其中。撰述〈楊胡朱梅云傳〉第三十七。

38 霍光儀表壯偉，接受漢武帝的遺詔，擁立保育孝昭帝，使臨終遺命得以實現。遭遇漢朝不順利，廢黜昌邑王，另立漢宣帝，運用權威安定國家，忠誠配得上伊尹。懷戀權位，自恃寵信，逐漸變化，招致不祥，庇護妻子的罪行，到兒子時就滅亡了。金日磾是匈奴王的兒子，虔誠恭敬，忠貞信實，世代承受德澤，延及子子孫孫。撰述〈霍光金日磾傳〉第三十八。

39 軍事家的策略，在於不戰而勝。趙充國頭髮雪白，立了軍功，提出了許多軍事建議，通過提出反對意見來促使皇上形成正確的政策措施，皇上理解他的忠誠。辛武賢父子都是武將中的俊傑。撰述〈趙充國辛慶忌傳〉第三十九。

40 傅介子誅殺樓蘭王，常惠監護烏孫軍隊，鄭吉迎接日逐王，甘延壽誅殺郅支單于。陳湯為人放縱不拘，多虧三位具有卓越見識的人士援救了他。段會宗勤勞辦事，是西域都護中的英傑。撰述〈傅常鄭甘陳段傳〉第四十。

41 雋不疑品德良好，言行敏捷，處理突發事件符合大道理，推辭霍家，不與霍氏女兒結婚，隨後辭官了。疏廣叔姪能夠善終，散財宴請賓客，歡度晚年。于定國的福氣，來源於他的仁慈的父親。薛廣德、平當、彭宣，不貪戀官爵，可算是有羞恥心。撰述〈雋疏于薛平彭傳〉第四十一。

42 商山四皓躲避秦朝禍亂，古代的隱士，不迷惑不動搖，有嚴平、鄭真。王吉受困於劉賀，染沒而不變黑；貢禹已經年老，憑德行出來做官。龔舍只想修養自身，龔勝堅持到死以保全道義；郭欽、蔣詡，接近於喜歡和順退隱的君子。撰述〈王貢兩龔鮑傳〉第四十二。

43 韋賢莊嚴恭敬，懂得《詩經》、懂得《禮經》。韋玄成退讓，兩代做丞相。漢朝的宗廟禮儀，叔孫通規劃了它，從漢元帝開始議論改革，許多儒者主張變更制度。這是國家的重大制度，詳細地記載它的經過。撰述〈韋賢傳〉第四十三。

44 魏相善於向同僚學習，勸漢宣帝收攬威權，謀劃貶黜霍氏的權位，以輔佐宣帝。丙吉不自誇，胸懷廣闊得以發揚光大，上天開導他的心意，福澤流傳到子孫後代。撰述〈魏相丙吉傳〉第四十四。

45 聖人審知前因，預測後果，暗中受神明之助，如果沒有聖哲，神道不可能憑空自動發揮作用。道理微妙，方法隱祕，有人看到了一些皮毛現象，對於疑難的道理和危險的事情，不是抱謹慎態度讓它保留，而是妄加解說或擅作主張，違反當代大多數人的心意，那麼輕一點會成為錯誤，招致災殃，重一點會成為奸惡，招致災害。撰述〈眭兩夏侯京翼李傳〉第四十五。

46 趙廣漢擔任京兆尹，表現聰明；韓延壽擔任左馮翊，為政和平。二人自負能幹，攻擊上官，都陷入死刑。尹翁歸受任右扶風，皇帝下詔表彰。張敞也治理清明有序，用經學輔助施政；王尊雄壯勇武，是國家的優秀人才；王章被陷害致死，士人民眾都嗟歎。撰述〈趙尹韓張兩王傳〉第四十六。

47 蓋寬饒作風嚴正，是國家的優秀監察官員。諸葛豐喜歡剛正，劉輔亦仰慕正直。都陷於激進，不合乎常道，不成榜樣。鄭崇負有對君主進諫的責任，毋將隆堅持官吏的職責。孫寶屈服於淳于長，何並有堅強的志節。撰述〈蓋諸葛劉鄭毋將孫何傳〉第四十七。

48 蕭望之雍容典雅，進見霍光卻沒有得到薦舉，遇到宣帝才得到提拔，先做元帝的太傅，後來擔任輔政大臣，考慮謀劃不周詳，被石顯、許章挫敗。撰述〈蕭望之傳〉第四十八。

49 馮奉世光明閃耀，在西域立功起家，位列抵禦外侮的功臣，他的兒子們也都賢良。撰述〈馮奉世傳〉第四十九。

50 宣帝有四個兒子，淮陽王劉欽聰敏，由於舅父諂佞，幾乎陷入刑獄。楚孝王劉囂患有惡疾，東平王劉宇違反法律，中山王劉竟幼年死亡，母親回歸娘家。元帝的兩個兒子封為王，兩個孫子先後繼承了嫡長房，都列在昭位，而不在穆位，接連登上皇位。撰述〈宣元六王傳〉第五十。

51 匡衡經學絕倫，像古代的學術大師，民眾都景仰他，卻遭到兩位司隸校尉的彈劾。張禹發財致富，朱雲對他大加詆毀。孔光敦厚謹慎，卻因屈從王莽做了虧心事。撰述〈匡張孔馬傳〉第五十一。

52 王商忠實，堅強不屈，遭逢許多災禍，因此被廢黜。史丹真誠懇切，輔導太子，又忠誠又有謀略，後來享受了這樣做的報酬。傅喜堅守正道，因此得以保全自己。撰述〈王商史丹傅喜傳〉第五十二。

53 薛宣熟悉法令條文，朱博擅長武略，都有政治才能，可惜道德修養不夠，權位超過他們的能力，少有能夠長享爵祿的。朱博的才德不配居宰相的高位，鼓妖先出現了。撰述〈薛宣朱博傳〉第五十三。

54 翟方進修習儒學，依靠刑罰來樹立威嚴，運用得適合當時的需要，才識廣泛，具備處世治事的才能。翟義繼承了父親的勇敢作風，像虎豹，像貔貅，前進沒有幾步，家族成為犧牲品。撰述〈翟方進傳〉第五十四。

55 皇統衰微，政治缺失，災異多次發生。谷永陳述它們的禍害，警戒漢朝傳國二百一十年的厄運。杜鄴指責丁、傅兩家，約略掌握了占術。撰述〈谷永杜鄴傳〉第五十五。

56 哀帝、平帝的憂患，在於丁家、傅家、王莽、董賢。何武、王嘉憂慮他們，以致毀滅了自己。師丹被廢黜，都列入堅貞的大臣。撰述〈何武王嘉師丹傳〉第五十六。

57 淵博呀，像這樣的人！十分愛好文章學術。起初模仿司馬相如，到宮門進獻辭賦，又中止作賦，轉而深沉思索，起草《法言》，編寫《太玄》，參考採擇了《六經》的道理，模仿了《易經》和《論語》，專心從事著述，藉以彰顯自身。撰述〈揚雄傳〉第五十七。

58 兇惡暴虐而已經滅亡的秦朝，毀滅了儒家的經典，漢朝保存了那些經典，《六經》分成許多流派。把它們綜合整理，分清體系，抓住總綱，理清頭緒，老師與弟子分派越來越多，記錄它們的源流。撰述〈儒林傳〉第五十八。

59 誰該斥責，誰該稱讚，稱讚他是因為他治理政事有績效。眾多的民眾，靠賢良的官吏給予教化。這些賢人君子，雖然所處時代相同，他們的功績各不相同。死後遺留下仁愛，百姓懷念不已。撰述〈循吏傳〉第五十九。

60 朝廷衰落，官吏嚴峻，犯法作惡的人就多，暴政盛行，刑罰因此繁多。這些都是強暴威猛、搜刮貪狠的官吏。皇帝用威刑來回答那些暴虐的官吏，作惡者也落得了悲慘的下場。撰述〈酷吏傳〉第六十。

61 士農工商各食其力，沒有兼業。豪富不淫亂奢侈，小民不貧困缺乏。因為財富平均就沒有貧困，能夠遵守先王的常法。沒有法律，沒有制度，民眾任意施逞奸詐。僭擬追逐在上者，併吞弱小者，極力製造、販賣奢侈的物品。穿王侯的衣服，吃珍貴的食物，傷風敗俗。撰述〈貨殖傳〉第六十一。

62 諸侯開創國家，大夫承受家邑，有法律，有制度，家邑不准收藏武器，諸侯不能專主誅殺。何況平民，作威作福，怎麼能不予糾正，這叫什麼禮法！撰述〈游俠傳〉第六十二。

63 他們是些什麼人，居然竊取這樣的富貴！這種現象一時迷惑損害了人們的理智，可以供後人作鑑戒。撰述〈佞幸傳〉第六十三。

64 啊！〈舜典〉有記載，外族擾亂中國；周宣王驅逐他們，也反映在《詩經》裡。周幽王昏庸，寵愛褒姒，在驪山被犬戎打敗，西周於是滅亡。大漢剛剛平定天下，匈奴強盛，在平城把漢高祖圍困，侵犯邊境。直到孝武帝，於是勃然震怒，大軍奮起，像炸雷一樣攻擊北方的匈奴。宣帝時正當匈奴已經衰弱，於是施予大德，顯示神奇的威力，從此以後，五代期間匈奴歸服。王莽竊取漢朝政權，招致嚴重的失敗。詳細地記載下其間演變的過程，作為後世決策的參考依據。撰述〈匈奴傳〉第六十四。

65 西南外族，種族各有分別，地域各有不同。南越尉佗，在番禺自我稱王。遙遠的國境以外，有閩越國、東甌國。直到朝鮮，在燕國的境外。漢朝興起，以德安撫恃遠不服的外族，與它們盟約分封。它們都依仗險阻，時而順服，時而驕縱，漢武帝採取軍事行動，消滅了這些沿海地區的割據政權。撰述〈西南夷兩越朝鮮傳〉第六十五。

66 西戎接受教化，夏禹用教化去開導。周穆王顯示軍威，極遠地區的貢物不再陳列。漢武帝勞神，籌劃遠方事物很是辛勤。大軍疲弊，遠征大宛。美好的公主，於是嫁給烏孫王，西域通道完全打通，使者能夠達到條支海濱。昭帝、宣帝繼承了這項事業，設置西域都護，總管當地城邦，三十六國都來進行朝貢，各國奉行自己的職責。撰述〈西域傳〉第六十六。

67 禍福變化無常，典型的表現在外戚。高后是開國皇后，呂氏家族卻遭誅滅。薄姬嫁到魏國，使魏國滅亡，後來嫁給漢高帝，生下漢文帝，成為漢朝的太宗。竇皇后違反本意嫁到代國，最終卻能成就歡樂。王娡出身微賤，生下武帝做了皇位繼承人。衛子夫興起之後，熾盛卻不得善終。鉤弋夫人憂傷而死，孝昭帝得以登位。上官氏幼年立為皇后，後來得以維持她被殺的父祖的祭祀。史良娣和王悼后，自身遭遇殺身之禍，等到宣帝繼位，史、王二家後來光彩。恭哀皇后生了元帝，短命而不得善終。邛成太后登上皇后尊位，安居尊位經歷三代。趙飛燕的怪異童謠，災禍由她妹妹造成。丁、傅兩家僭越放縱，自找禍害。中山馮太后和衛姬都無罪，而竟害了馮、衛兩家。惠帝張皇后、景帝薄皇后、武帝陳皇后、宣帝霍皇后、成帝許皇后、哀帝傅皇后，以及平帝王皇后的出現，雖然受到人們羨慕，但不是天意所安排。外戚是這樣地招致怨恨和斥責，後來者怎麼可以不謹慎呢！撰述〈外戚傳〉第六十七。

68 元后的母親孕育她時，夢見月亮降落到懷抱裡。遇上成帝貪圖享樂，政令出自舅父們的手中。王鳳逞威風，殺戮丞相王商和京兆尹王章。王商顯耀，向皇上借用明光宮。王根氣盛，用朱泥塗抹堂屋臺階。王莽高傲已極，作亂而滅亡。撰述〈元后傳〉第六十八。

69 啊！王莽賊臣，篡奪漢朝，欺忤上天，行為驕縱超過夏桀，暴虐酷烈超過商紂。謊稱自己是黃帝、虞舜的後代，虛偽地引用儒家經典，眾人怨恨，神明憤怒，罪惡滿盈，報應輪到，誅殺來臨。百代帝王中最壞的典型，使盡了他的奸惡和昏亂手段。撰述〈王莽傳〉第六十九。

70 總括《漢書》，記敘漢朝皇帝，列舉秦漢官職，分封功臣王侯。觀測天象，綜理陰陽災異，闡明太極上元，推算日月星辰。劃分州郡縣界，察看土壤物產，考察人情風俗，包括萬方神靈。貫通《六經》要義，接續儒家道統，總結百家學說，著明古代典籍。包含規範注解，溝通古今語言，訂正古今文字，形成學術總匯。撰述〈敘傳〉第七十。

【研析】班固〈敘傳〉的價值可以從以下幾個方面把握：

首先，它保存了班固家世的資料。今天要了解這位傑出歷史學家的家世與其史學思想之間的關係，不能不讀此〈敘傳〉。班氏家世顯赫，對班固思想不無影響。班彪〈王命論〉「神器有命，不可以智力求」之說，更對《漢書》的編纂思想產生了重要作用。

其次，本篇〈敘傳〉是研究《漢書》主旨不可缺少的資料。班固寫《漢書》的目的，是要歌頌西漢統一大業。他對司馬遷所作《史記》不滿，說：「漢紹堯運，以建帝業，至於六世，史臣乃追述功德，私作本紀，編於百王之末，廁於秦、項之列。太初以後，闕而不錄。」因此，他「探篹前記，綴輯所聞，以述《漢書》，起元高祖，終于孝平王莽之誅，十有二世，二百三十年，綜其行事，旁貫《五經》，上下洽通，為春秋考紀、表、志、傳，凡百篇」，這段話說明寫作《漢書》的旨意及概況。

再次，班固對《漢書》各紀、表、志、傳主旨的概括，是對西漢歷史的簡要評論，反映了他對歷史人物、事件的褒貶態度。

第四，〈敘傳〉中全文引錄了班彪〈王命論〉、班固〈幽通賦〉和〈答賓戲〉，這些作品既是研究班氏父子思想、情感的直接依據，也是研究漢代文學作品的重要篇章，很有價值。

後記

數年前，三民書局二位編輯先生奉劉董事長振強先生之命，來北京負責落實前四史的今注新譯的組稿工作。期間，他們通過古文字學家裘錫圭先生找到吳榮曾先生，希望吳先生能負責主編《新譯漢書》這項任務。二位編輯先生還帶來了「叢書」的體例、範文與合同文本，使人有照葫蘆畫瓢、工作易做之感，故很快就簽訂合同，搭起班子開展工作。因此，我們不能掠人之美，本書有今天的成果，完全是三民書局領導、編輯們與先前作三民所出古籍今注新譯者的功勞。對此，數年來我們一直是心存感激的。沒有他們，這部《新譯漢書》是不可能面世的。

初始階段，我們約請了北京一些高校與科研單位的十幾位學者共同參與，討論了工作細節，分配任務。但隨著工作的展開，發現任務繁重，從初稿的注譯到審改稿都有意想不到的艱難處，故不得不請人再增添力量，作者團隊成員也就越來越多。先後參加本書工作的，謹列單位與大名如下：他（她）們是北京大學的吳榮曾、張衍田、劉華祝、何晉、張積、孫鴻艷，國家圖書館的汪桂海，中國人民大學的王子今、孫家洲、黃樸民、皮慶生、張忠煒、王俊梅，北京師範大學的曾磊、王海、党超、劉志平，首都師範大學的楊生民、蘇俊良，首都經貿大學的張小鋒，中國科學院的陳久金，中國社會科學院的彭衛、楊振紅、宋超，南開大學的劉敏，內蒙古師範大學的閻崇東，河北師範大學的王文濤，湖南大學的于振波，咸陽師範學院的雷依群，秦俑博物館的田靜、張文立諸位專家學者。正是經過大家數年的精誠合作，《新譯漢書》這項工程才得以完成。對這些專家學者，主編者也深表謝意。

最後參加統審稿工作的有吳榮曾、張衍田、劉華祝、何晉、汪桂海等先生，大家都是為本書能符合三民書局的高質量要求而辛勞工作的。

眾所周知，《漢書》喜用古字古訓，在正史中讀起來屬難度較大的一部，清人將《史記》、《漢書》和經書並列是很有道理的；自流布後就使人有難讀之感。我們雖要求作者嚴格照三民書局的體例去做，但因難度較大，加之作者水準參差不一，故撰寫內容有些不合要求。對此，主事者只好請汪桂海、王文濤、劉華祝等先生補作或刪改。凡此種種原因，都使工作加重，以致延緩了出版時間。我們已盡力達成書局交代的任務，而書中的錯誤與缺漏在所難免，還祈讀者與方家不吝指正！

癸巳年初　吳榮曾、劉華祝謹記